2001—2021

云冈石窟

申遗成功 20 周年纪念文集

研 究 卷

云冈研究院 编

江苏凤凰美术出版社

编　委　会

编委会主任：张　焯　杭　侃

委　　　员：何建国　闫　丁　卢继文　崔晓霞
　　　　　　王雁卿　赵昆雨　刘贵斌

执 行 主 编：王雁卿

编　　　辑：张轩鑫　靳浩琛　周世茂　王若芝
　　　　　　师海婧　安瑾煜　马　静　兰　静
　　　　　　关晓磊

序

2001 年 12 月 14 日，是云冈历史上一个值得铭记的日子。在芬兰首都赫尔辛基召开的联合国教科文组织世界遗产委员会第 25 次会议上，云冈石窟被列入世界文化遗产名录。这标志着历经了一千五百多年风霜雨雪、无数次战火摧残的云冈石窟终于赢得了世界的掌声，被永久定格为人类瑰宝。

20 年后的今天，我们再度回首，云冈石窟早已不复往昔寂寞寒窑或凌乱村庄的破败景象。从申报遗产前夕的核心区域环境治理，到接踵而来的大景区建设，再到近年来各色文化场馆、艺术景观的星罗棋布，绿色云冈，人文云冈，美丽云冈，一步步幻化为令人赞叹的现实，成为代表国家形象的文化地标和旅游名片。就云冈石窟的历史而言，20 年并非漫长，这却是一段罕有的跳跃式发展时期。告别衰败，改良生态，彰显人文，铸造辉煌。

在沧桑巨变、圣地重新的同时，当然离不开云冈研究的深入和文物保护力度的增强。从 20 世纪初日本学者的发现之旅与云冈调查，到随后中国学者的史实考证和考古发掘，云冈学从无到有，由浅入深，经历了几个波段的曲折发展，呈现出一浪高过一浪的良性循环。研究领域逐步扩展、涉及学科逐渐增多，追根溯源持续推进，云冈面貌日益清晰。特别是进入 21世纪，云冈研究再掀热潮，云冈研究院专业队伍迅速崛起。云冈学如日中天，正在演化成为一门多维度、全方位的文化系统工程：地域突破云冈、超越大同，扩及中国北疆辽阔地区；时间聚焦北朝、涵盖汉唐，延续至今；波长跨越新疆、中亚、印度、希腊、罗马，甚至两河流域、古埃及。云冈石窟的多元文化性质，注定其研究视角和发展方向必定是世界范围的。

新时期的云冈学根基正在筑牢，包括地质地理、历史考古、民族宗教、建筑装饰、造像艺术、音乐舞蹈、色彩服饰、空间艺术、墓葬时尚、中西文化交流等领域课题，进入全面深入解析阶段。《云冈石窟编年史》《云冈石窟词典》《云冈石窟全集》《云冈石窟山顶佛教寺院遗址发掘报告》等著作陆续出版；《云冈石窟志》《云冈石窟窟前遗址发掘报告》《云冈石窟纹饰全集》《云冈石窟雕刻分类全集》《山西省石窟寺保护现状调查报告》等正在编纂过程中。云冈学术成果不断积累，定将绽放出更加绚丽的花朵。

云冈石窟文物保护事业空前繁荣。在 20 世纪 70 年代解决洞窟稳定性问题的基础上，近年来开展的山顶防渗水工程、五华洞窟檐建设、洞窟日常性保养维护项目，都取得了显著成效。云冈研究院文物保护队伍发展壮大，与全国文保单位、科研院校建立起密切合作关系，云冈石质文物保护修复中心、彩塑壁画保护修复中心、馆藏文物修复中心、数字化中心、文物监测中心，"五驾马车"合力齐行。岩土文物的水害研究和防风化治理，传统材料与工艺的研究、运用，现代材料与技术的研究、应用，全面提高了云冈石窟的文物保护水平。

2020 年 5 月 11 日，习近平总书记视察云冈石窟并发表重要讲话："云冈石窟是世界文化遗产，保护好云冈石窟，不仅具有中国意义，而且具有世界意义。历史文化遗产是不可再生、不可替代的宝贵资源，要始终把保护放在第一位。发展旅游要以保护为前提，不能过度商业化，让旅游成为人们感悟中华文化，增强文化自信的过程。要深入挖掘云冈石窟蕴含的各民族交往交流交融的历史内涵，增强中华民族共同体意识。"

这里，我们可以满怀信心地说：云冈的春天，云冈文化的春天，正在向我们走来！

张　焯

2021 年 12 月

目 录

云冈石窟是如何列入世界文化遗产名录的

邹玉义

云冈，已经恢复开放。

回想当年，北京时间 2001 年 12 月 14 日零时 25 分，在芬兰首都赫尔辛基，联合国教科文组织世界遗产委员会第 25 届会议上，中国政府申报的大同云冈石窟，被列入《世界遗产名录》。

由此，云冈石窟成为中国第 28 处世界遗产。

云冈石窟申报世界遗产正式进入程序始于 1999 年秋，但为此事做准备工作则已有若干年了。特别是造成云冈石窟严重污染的 109 国道云冈段的改线，云冈旅游专线的建设，云冈峪的绿化工程，都是大举措、大手笔。

进入申报程序后的工作也是一个庞大而复杂的综合工程。申报的文本需要集纳大量翔实准确的文字、图片、图表资料，云冈内部环境、管理程序、各类设施，都要按国际标准进行全面治理和配置。石窟周围环境的整治，更是一项令人望而生畏的艰巨工程——第一期即需拆迁 5 万多平方米的公用和民用建筑，继而建设现代化的配套设施和进行高标准绿化。这一切饱含了方方面面干部群众的艰辛劳动和奉献精神。

2001 年 3 月世界古迹遗址理事会专家拉菲卡·姆高先生的检查评估，2001 年 6 月世界遗产委员会在巴黎召开的主席团会议初审，云冈石窟"过关斩将"都通过了，剩下的就是年底在芬兰赫尔辛基举行的世界遗产委员会全体会议表决，可以说云冈石窟申报世界遗产工作进入最后的"冲刺撞线"了。大同的党政领导，300 万人民群众，满怀深情与

第 20 窟

第 13 窟南壁过去七佛立像

热望，期待着成功的那一刻。

对于每一处世界遗产，获得通过的时刻是神圣的、历史性的。世界遗产委员会允许遗产地派代表以观察员身份列席会议。大同市委、市政府决定派代表团赴赫尔辛基，由市委副书记、市长孙辅智任团长。2001 年 12 月 7 日，大同市代表团满载着云中儿女的深切期盼，踏上了充满希望、充满悬念的旅程。

代表团于 12 月 9 日当地时间 21 时抵达赫尔辛基，这里已是深夜了。

赫尔辛基，北欧名城，被人亲昵地称作"波罗的海的女儿"。芬兰是森林之国、千湖之国，赫尔辛基整个被森林包围着，市区也大小湖泊棋布。城市不算大，有 50 万人口（目前人口为 65 万），芬兰人引以为豪的是曾于 1952 年在这里举办过第 15 届奥运会。位于城市北部的当年奥运会主体育场，如今成了重要的旅游景点。在赫尔辛基看不见高层建筑，市区内的道路、广场都是方形石块铺成，当有轨电车驶过时，使人仿佛回到了 20 世纪前半叶。

到达赫尔辛基后，代表团于 9 日晚前去拜会国家团的同志。在驻地饭店的前厅，国家文物局文保司司长杨志军，国际古迹遗址理事会理事、该会中国秘书处秘书长郭旃等已等候在那里。郭旃是大同的老朋友了，申报工作为他一手操作，多次到大同；他高大魁梧，在对世界遗产有着极大影响力的国际古迹遗址理事会中颇有人缘，中国遗产的申报工作，他功不可没。

这次会晤使代表团的同志了解到，世界遗产委员会由 21 个成员国组成，其中有 7 个主席团成员国。从 7 日至 10 日举行主席团会议，11 日至 16 日举行全体委员会。新申报的世界遗产项目在委员会上评审表决。会议采取民主协商形式，先由国际古迹遗址理事会代表陈述项目情况、专家的评价结果、主席团意见，然后请委员们评审，无异议或无大的分歧即通过，否则做下列处理：（1）驳回；（2）补充材料；（3）推迟研究。

12 日 10 时 30 分，代表团来到芬兰大厦，也叫芬兰国际会议中心——世界遗产委员会会址。这是芬兰著名的现代建筑，宛若横卧湖边的一架巨大的钢琴。大家要提前认认地方。在这里有翻译成中文的会议日程，是手写的，密密麻麻好几页。13 日的议程载明，新遗产项目的评审表决于 9 时 45 分开始，顺序是先文化遗产，后自然遗产，最后为双遗产。

代表团立即通知家里，按明天 10 时做准备，即北京时间 16 时。家里一切准备就绪，当云冈石窟获准通过后，即刻在红旗广场和云冈石窟第 20 窟前举行一个小型庆祝活动。在广场边的文化活动艺术中心设置一部专线电话，号码是 0352-2063202。

12 日这天代表团也是忙碌的，主要做两件事：第一件，明天的越洋电话具有历史意义，不能草率，必须有一个正式的通话文稿；第二件，打电话时要布置个场面，需要两块标语牌。做两块标语牌在家里是小事一桩，但在异国他乡却绝非容易，最后办妥此事，竟用了 7 个小时。

13 日是代表团与会的日子，作为观察员，只能参加有相关评审项目的会议。头一次参加国际性会议，同志们心中的神秘感是不言而喻的，加之适逢"9·11"事件之后，保安措施极为严格，那就更加神秘了。

代表团早上 8 时 40 分到会场。在一层大厅，领到了出席证，是个绿色胸卡，印有联合国教科文组织和世界遗产委员会的徽标、英文观察员字样、名字、国别。二楼是休息厅，人们可以在这里饮水喝咖啡。一个告示牌上贴着当天的会议议程，两个显示器悬在顶棚上，播放会场实况。三楼才是会场，门外有一个长架子，上面挂满耳机，戴上可以听到英语、法语、西班牙语同声翻译。

会议厅不是很大，呈扇形，可以坐 300 人。烟色的会议桌，做工考究。主席台正中和左侧，各有一块很大的屏幕。此刻占据整个屏幕的是世界遗产委员会中方外圆的徽标。前几排有桌签标示着委员国的名称，后面几排随便坐，即佩绿色胸卡的人。代表团同志在后排左面找了座位坐定，面前摆着两份英文文件。

会议开始了，会场立刻安静下来。主席台前排坐 5 个人，3 男 2 女，有个座位空着，主席位置前有一台液晶电脑显示器。主持人是位 50 多岁的男子，稀疏的灰白头发，蓄有胡子，是东道主芬兰的国家文物委员会主席汉瑞克·利留斯，他是作为世界遗产委员会主席团主席弗朗西斯克·班德瑞的代表来主持会议的。在利留斯的左边那个高大的面孔威严的人，是主席班德瑞。大屏幕上打出了当天的议程，接着打出第一项：《世界遗产名录代表性和平衡性全球策略地区行动进展报告》。报告人是坐在最右边的一位女士，黑头发、黄皮肤，是个日本人，名叫梁明子。随着报告，大屏幕不断变换文字内容，间有图片。

待梁明子报告完已经 10 点了，是代表团与家里约定的时间，连忙派一人出去打电话，说明议程尚未到，要家里人再等候。

会议进行讨论，发言者不必上台，每个座位都有麦克风，但大屏幕要显示发言者的镜头。很快又到 11 点了，主持人宣布休会 15 分钟，喝咖啡。照目前的进度，一时还轮不到中国项目，于是通知家里两小时以后再集中，即北京时间 19 时。

人们都到二楼喝咖啡了，代表团的同志则从后面来到前排，找到中国的席位，见到我国代表团的首席代表、中国联合国教科文组织全国委员会副秘书长师淑云同志。她人到中年，虽然青春不再，然而活力未减。

云冈石窟老山门

礼佛大道旁千佛列柱

与她在一起的是国家文物局外事处副处长盛蔚蔚，一位娇小的职业女性。她们邀代表团的同志坐到中国席位上拍照，充当了几分钟的中国代表。

复会后，代表团终于等到了评审新的遗产项目，然而却不是原来的顺序，先评审的是自然遗产，之后才是文化遗产，这样自己的项目被推后了，这使代表团的同志非常失望。

对代表团的同志们来说，这一天的时间过得飞快，不觉中已是13点，与家里约定的时间又到了，但仍然毫无结果，电话中只好无奈地向家里同志重复先前的话。13点40分上午的会议结束，与会人员午餐。

按照原计划，上午云冈石窟胜利通过，中午代表团设宴庆祝申报成功，同时感谢国家团的同志。可是计划赶不上变化，庆祝是不能了，但饭不能不吃。代表团招呼国家团的同志集中齐了，大家一同走出芬兰大厦，来到一家名曰"中国城"的餐馆，按中国的习惯，将小桌拼为大桌，大家围坐一周。菜上来了，先是一道汤，接着是五个盘：一盘炒牛肉片，四样炒青菜，一大盘白米饭，在国人，这是地地道道的家常便饭。

席间，孙市长一再感谢国家文物局、教科文组织中国全委会对云冈石窟申报工作的关心和大力支持，并向他们介绍了大同的情况。师淑云没到过大同，她听得十分认真，她说，孙市长亲自带团来赫尔辛基，充分说明大同市的领导对文物工作、对申报工作的高度重视，她很感动，相信大同其他方面的工作也一定很好。她还说："我对山西感情很深，因为'文革'中在山西忻州插过队，当时十五六岁，虽然生活艰苦，但难以忘怀。"闻此，代表团的同志与她的距离一下子拉近许多，言谈也更加投契了。孙市长说，申报成功后，大同市要举行盛大的庆典活动，他们这些对申报工作做出直接贡献的人，是大同最尊贵的嘉宾，盛邀他们务必赴会。师淑云当即愉快地接受了邀请。

下午的会议继续进行，中国申报项目排在第4项。会议极不顺利，开始不久便发生幻灯损坏事故，耽误了20分钟。第一和第二项评议都发生很大争议，耗去了近3个小时。待第三项开始，已是6点，即北京时间午夜12点。感谢家里的同志们，已经苦苦熬了9个小时，依然是人心不乱，队伍不散，下定决心，坚持到底。

就在代表团的同志极度焦躁不安之际，屏幕上出现了中国和云冈的英文字样，继而出现了云冈石窟的图片，先是占据整个屏幕的大幅画面，显示的是第7窟到第14窟中部窟群外景，第9、第10和第12窟的高大廊柱十分突出、壮观。这些熟悉的画面出现在这里，令这些大同人太亲切、太激动了。陈述人是世界

山堂水殿

遗产委员会主席团主席助理尤戈博士，40 岁左右，亚麻色的头发，有些秃顶，目光锐利。他概括了云冈石窟的价值，介绍了当地对古迹的有效保护，无疑云冈石窟符合世界文化遗产的各项标准。主席请委员们评议。接着有个人发言，是位女士，表示完全赞同。主席又问有没有异议，无回应，便宣布通过，会场上响起热烈的掌声。云冈石窟从此刻起列入世界遗产名录，成为全世界人民共同关注、共同加以爱护的文化遗产。

一件天大的事（对大同人民来说），就这么简单地、平淡无奇地、轻而易举地成功了。

掌声过后，中国代表师淑云作表态发言，她代表中国政府向世界遗产委员会各成员国致谢，并表示"中国有关当局将以此为契机，按照保护世界文化和自然遗产公约的原则保护好云冈石窟"。她还特别提到，"云冈石窟所在地大同市市长孙辅智和他的同事们专程来到会场也表达了同样的心情"，这时屏幕上出现了孙市长的镜头。师淑云发言后，会场再次响起热烈的掌声。

会议继续进行，代表团的同志则抓紧时间走出会场，要履行那最为重要而神圣的使命。来到外面，拨通家里的专线电话，孙市长用他那高亢的音调说道："我是孙辅智，现在在芬兰首都赫尔辛基。我向你们，并通过你们向大同全市人民报告一个特大喜讯：刚才，也就是当地时间下午 6 时 25 分，在这里举行的联合国教科文组织世界遗产委员会第 25 次会议上，我国政府申报的、我们大同的云冈石窟被正式通过列入《世界文化遗产名录》。整个过程只有 7 分钟，非常顺利。我国政府出席会议的代表和我们大同市代表团的全体同志，万分喜悦，无比激动。我市广大干部群众多年的梦想，如今已变成美好的现实！"

完全可以想见万里之外电话那一端的情景：苦苦熬盼了近 10 个小时的人们，疲惫、倦意为之一扫，蓄积已久的喜悦和激奋，伴随着腾空而起的烟花，尽情地喷发迸射。还可以想见，大同报社的印刷机一定欢快地唱起了"夜半歌声"。

试释云冈石窟的分期
——《云冈石窟卷》画册读后

宿　白

　　即将刊行的《云冈石窟卷》画册是《山西文物精品典藏》中的一册，它与已出版的同类画册相比，较突出地显示了云冈石窟可分早、中、晚三期的时间特征。我想就这个问题汇辑一些具体内容试述如下。这样的文字作为全面概括《云冈石窟卷》画册的序言很不合适，勉强跋于书后，供读者作为欣赏古代雕塑之余的参考吧。

　　云冈早期石窟即《魏书·释老志》所记"和平初（460）……昙曜白（文成）帝于京城西武州塞，凿山石壁，开窟五所"，亦即今云冈第16窟至第20窟。此五窟内早期设计并雕凿的部分，有近椭圆形平面、穹隆顶、模拟草庐形式的窟室；充满窟内的巨大佛像；佛像的主要内容是与昙曜当时一再翻译佛教历史《付法藏传》相配合的三世佛[1]；以及佛像的姿态、布局和浑厚磅礴的造型等。这些都与比它早的河西北凉以佛塔为中心的塔庙式石窟有异。因此，似可认为是综合了东方和西方多方面的因素，在当时北魏都城平城新出现的一种模式。五窟中第19窟的西胁洞、第16窟和五窟内外的小龛大都竣工较晚，有可能迟到云冈中期乃至晚期。

　　中期即位于云冈石窟中部的第七、八窟，第九、十窟，第十一至十三窟，第五、六窟和东端的第一、二窟与第3窟[2]等。这一期石窟有前后两室，也有单室，俱较方整，顶多凿平棊，且多双窟并开的组窟；窟内壁面上下分层、左右分栏地排列，内雕佛龛和本生、佛传题材，后者并附雕榜题；还有佛像出现宽大多褶的衣着和石窟的整体雕饰追求工丽等，都与前期情况异趣，显然这是石窟日趋东方化的演变。特别值得重视的是，中期石窟的造像，出现了汉译《妙法莲华经》和《维摩诘所问经》的内容（前者如《见宝塔品》所记释迦、多宝并坐塔内的形象，后者如《示疾品》所记维摩诘和侍者像）。这些形象早于云冈的，现仅见于甘肃永靖炳灵寺石窟第169窟壁画一处，壁画的时代约与该窟第6号龛左侧的墨书题记中西秦建弘元

---

[1]　参看《云冈石窟分期试论》，刊《考古学报》1978年第1期，第25~26页。后辑入《中国石窟寺研究》，第78页，文物出版社，1996年。《历代三宝记》卷九记元魏北台译经云："《付法藏传》四卷……和平三年（462）诏玄统沙门释昙曜慨前凌废，欣今载兴，始于北台石窟寺内集诸僧众，译斯传经流通后贤。"为了译文内容准确，文字工丽，"西域沙门吉迦夜……延兴二年（472）为沙门统释昙曜于北台重译，刘孝标笔受"《付法藏因缘传》六卷。462-472年，恰是昙曜于武州塞（今云冈）石窟雕造"昙曜五窟"期间。开窟、译经和译经地点显然不是偶然集聚，而当是关系密切的反映。这种密切关系，汤用彤先生于《汉魏两晋南北朝佛教史·佛教之北统·昙曜复兴佛法》条论释云："太武帝毁法之时，诬言佛法本是虚诞，胡无此教，乃汉人无赖者所伪造。昙曜于大法复兴之后，乃译《付法藏传》以明释教之传来历然可考。而且不数年中，吉迦夜又为曜重译之，盖皆意在昭示传灯之来由，而'庶使法藏住持无绝'也。"

[2]　以上皆以开凿石窟的时间言，有的窟内龛像雕造较晚，甚至迟到北魏以后，如第3窟右侧的一佛二菩萨。

年（420）纪年相距不远 [①]，而炳灵寺壁画的来源有可能与 406 年鸠摩罗什与门下在西秦东邻——当时佛教圣地的姚秦都城长安，重新译就并宣讲《法华》《维摩》两经有关 [②]。至于云冈中期《法华》《维摩》形象题材的雕造，似亦受到长安影响。云冈中期的具体时间，主要在北魏迁洛之前文明太后冯氏执政时（471-490）的孝文帝时期。冯氏，长乐信都人，家世奉佛 [③]，公元 5 世纪中期其父朗曾任秦、雍二州刺史，441 年生冯氏于长安，冯氏执政后又于长安为父朗兴建燕宣王庙。417 年姚秦亡，罗什弟子留中原者东聚彭城，其后彭城高僧又多为冯氏和孝文帝所敬重，且颇有北入平城者 [④]。因可推测，冯氏、孝文期间崇奉的佛教与长安派系关系密切 [⑤]，因而云冈中期和前期比较，石窟的许多方面出现了差异，这种差异应是北魏平城地区佛教更进一步汉化的反映。

晚期石窟的时期，始于迁洛（494）前后迄于正光五年（524）。迁洛后，上层亲贵对"旧都意重"（《魏书·广陵王羽传》），宣武帝时（500-515），犹"冬朝京都（洛阳），夏归部落"（《魏书·尔朱荣传》），景明四年（503）"诏尚书左仆射源怀抚劳代都、北镇，随方拯恤"（《魏书·世宗纪》），孝明帝熙平二年（517）诏还说："北京根旧，帝业所基，南迁二纪，犹有留住，怀本乐故，未能自遣，若未迁者，悉可听其仍停，安堵永业……"（《魏书·肃宗纪》）可见迁都二十余年之后，平城尚大体维持着旧都风貌，云冈当亦不应有太大变化。云冈晚期石窟的特色，主要表现在多建中小型窟室和单独的佛龛：中小型窟龛多开凿在云冈西部，其形制在中期平棊顶近方形平面的石窟的基础上缩小、简化，流行三壁三龛式或三壁设坛式的窟内布局；单独的佛龛遍布于早中期石窟内外，龛楣雕饰复杂。此外，窟龛中的造像多成组配置，佛像都渐趋清秀，下垂衣襞折叠增多，菩萨帔帛出现交叉穿璧装饰等，也多展现于晚期。这类云冈晚期窟龛的新情况，应予关注的是它们发生或流行的时间，都早于类似的洛阳龙门的北魏窟龛，前引熙平二年诏明令"若未迁者，悉可听其仍停"，但接着又说"门才术艺应于时求者自别征引，不在斯例"，因知此时平城仍有"门才术艺"之士为洛京所征求，所以推测龙门魏窟受到云冈晚期发展的影响，并不是不可理解的 [⑥]。

（原文刊载于《文物》2010 年第 7 期）

---

① 炳灵寺第 169 窟内约绘于西秦时期的壁画有此二内容的共三号：第 10 号壁画右侧绘"维摩诘之像"，中绘"释迦牟尼佛"，左绘"文殊师利"；第 11 号壁画分上、下两栏，上栏绘"维摩诘之像"与"侍者之像"，下栏绘"释迦牟尼佛多宝佛"并坐塔内；第 24 号壁画千佛下方绘"多宝佛与释迦牟尼佛"并坐塔内。其中第 10 号壁画维摩诘示疾的布局与大同云冈石窟第 7、8 两窟同题材的雕刻极为相近。参看炳灵寺文物保管所《炳灵寺石窟内容总录》，刊《中国石窟·永靖炳灵寺》，第 256~257 页，文物出版社，1989 年。

② 僧人宣讲，多辅以有关宣讲内容的壁画——"变相"，《历代名画记》卷五记晋兴宁（363-365）中顾恺之"曾于瓦棺寺北小殿画维摩诘"，应是较早之例。

③ 参看《中国石窟寺研究》第 132 页。

④ 如《广弘明集》卷二四孝文帝为亡僧《施帛设斋诏》所记"唱谛鹿苑"（平城北苑西山鹿野佛图）的徐州慧纪和"唱法北京"（平城）的徐州僧统等。

⑤ 参看《云冈实力的集聚和"云冈模式"的形成与发展》，刊《中国石窟·云冈石窟》一，第 76~78 页，文物出版社，1991 年；后辑入《中国石窟寺研究》，第 130~137 页。490 年，冯氏卒，孝文帝亲政，494 年迁洛后，益重罗什，《续高僧传》卷六《道登传》记罗什再传弟子道登及其同学法度"及到洛阳，（孝文）君臣僧尼莫不宾礼"。496 年，又诏曰："罗什法师可谓神出五才，志入四行者也，今（长安）常住寺……可于（罗什）旧堂所为建三级浮图。"并访其"子胤，当加叙接"（《魏书·释老志》）。

⑥ 参看《中国石窟寺研究》第 139~192 页。

从穹庐到殿堂
——漫谈云冈石窟洞窟形制变迁和有关问题

杨　泓

一

　　"敕勒川，阴山下。天似穹庐，笼盖四野。天苍苍，野茫茫，风吹草低见牛羊。"①

　　据《北史·齐神武帝纪》记载，东魏武定四年（546）"十一月庚子，舆疾班师……是时，西魏言神武中弩，神武闻之，乃勉坐见诸贵。使斛律金勅勒歌，神武自和之，哀感流涕"②。斛律金，字阿六敦，朔州敕勒部人也，当时为齐神武时重臣，从攻玉壁。齐军失利后，"军还，高祖使金总督大众，从归晋阳"③。因他是敕勒部人，所唱"敕勒"，当为该部流行的民歌。《北史》斛律金本传并没有记"神武使敕勒歌"事，而《神武纪》虽言斛律金敕勒歌，但未记歌词内容。从"神武自和之，哀感流涕"的记述可推知，这一定是当时众人皆知的鲜卑民歌，能够唤起听众的民族情怀。

　　幸运的是，这首原用鲜卑语演唱的民歌，倒是由与北朝对峙的南朝人"易为齐言"而保留下来。现在看到的歌词，录自《乐府诗集》。《乐府诗集》云："《乐府广题》曰：'北齐神武攻周玉壁，士卒死者十之四五，神武恚愤，疾发。周王下令曰：高欢鼠子，亲犯玉壁，剑弩一发，元凶自毙。神武闻之，勉坐以安士众。悉引诸贵，使斛律金唱《敕勒》，神武自和之。'其歌本鲜卑语，易为齐言，故其句长短不齐。"④ 虽由"鲜卑语"易为"齐言"，但原诗歌的雄浑气势并未减色，也可以显现出鲜卑族对原来游牧于大草原中生活的怀念心情。诗中以平时居住的"穹庐"来比喻天穹，更显草原民族的本色。

二

　　鲜卑族的"穹庐"到底是什么模样？史家并未详述，一般认为是一种草原游牧中使用的穹顶帐幕。后来学者也大致认为，它的形貌可能与后世蒙古族人住的蒙古包近似。南齐永明十年（北魏太和十六年，492），武帝派遣司徒参军萧琛、范云出使北魏，见魏帝于都城西郊天坛祀天，使用可容百人的大型穹庐宴息，其结构为"以绳相交络，纽木枝枨，覆以青缯，形制平圆，下容百人坐，谓之'繖'，一云'百子帐'也。

①　（宋）郭茂倩编《乐府诗集》卷八六，第1213页，中华书局，1979年。
②　（唐）李延寿.《北史·齐神武帝纪》，第230页，中华书局，1974年。另见（唐）李白药.《北齐书·神武纪下》，第23页，中华书局，1972年。《北齐书·神武纪》已佚，现行本系依《北史》补，故文字与《北史》全同。
③　《北齐书·斛律金传》，第219、220页，中华书局，1972年。
④　同①，第1212页。

于此下宴息"[①]。这说明，拓跋鲜卑的穹庐的围墙系"纽木枝枨"而成。在能容纳百人的大穹庐中仰视，确易生有如置身天穹之下的感觉。但仅凭诗文，还难以认识鲜卑族"穹庐"的形貌。要想弄清它的庐山真面目，只有从考古发掘获得的标本中去探寻。在考古新发现中，最先获得的是关于"穹庐"构件的信息。

20 世纪 50 年代，在山西太原地区发现了北齐时期的墓葬。1958 年，山西省博物馆（今山西博物院）将馆藏的张肃俗墓出土遗物编成了第一本北齐墓的文物图录[②]。我曾于 1959 年写过对该书的书评。书评刊出后，夏作铭对我说："你在书评中校正了图录中对'碓'和'磨'的误读是对的，但没有注意陶驼背上的驮载物，那应是鲜卑族毡帐的部件，包括帐幕的圆顶、围墙的栅栏和卷起的幕布。"从那时起，我才懂得必须认真观察北朝墓随葬俑群中各种动物模型的装具和驮载物品（图 1）。

据墓志记载，张肃俗葬于北齐天保十年（559），可见当时人们远行时，还携带着具有鲜卑族民族传统的毡帐。张肃俗墓陶驼毡帐的捆扎方式是将围墙栅栏放在驼体两侧，幕布卷起呈筒状，两端打结，横置于两个驼峰之间，并将圆圈形帐顶置于幕布之上中央位置。后来，不断在北齐时期的陶驼背上看到这种捆扎方式的毡帐部件，例如武平元年（570）娄睿墓随葬的两件立姿骆驼（图 2~5）和两件卧姿骆驼（图 6~9）驮载的毡帐部件[③]。而在天统四年（568）韩祖念墓随葬的陶驼背上，除驮载帐幕部件外，还塑有一个骑驼俑（图 10）[④]。

以上墓葬皆发现于晋阳地区，但在邺城地区的东魏—北齐墓中，随葬的陶驼驮载的毡帐之上并没有圆圈形帐顶，例如东魏武定八年（550）茹茹公主闾叱地连墓（图 11）[⑤]、北齐武平七年（576）高润墓[⑥] 和湾漳大墓（图 12、13）[⑦] 出土标本。

向上追溯，东魏以前，北魏迁都洛阳以后的墓葬中已经出现背驮帐幕部件的陶骆驼模型，如建义元年（528）元邵墓随葬的陶骆驼，背上就驮负着帐幕的围墙栅栏和捆扎好的幕布，上面未见圆形帐顶（图 14）[⑧]。河北曲阳正光五年（524）韩赔妻高氏墓中随葬的陶骆驼也是如此[⑨]。或许这是早期的做法，到东魏—北齐时还沿用，只是在晋阳地区的北齐墓中，才兴起将圆形帐顶放在位于骆驼双峰之间的幕布上面的新风尚，亦未可知。

而在关中地区的西魏墓中，驮负帐幕部件的随葬陶驼也还是依北魏迁都洛阳以后的旧制，没有把圆形帐顶摆放在上面，例如西魏大统十年（544）侯义（侯僧伽）墓[⑩] 出土的标本（图 15）。

同样在这一时期的墓室壁画中，如北齐娄睿墓墓道两侧所绘出行和归来的队列的队尾，也都绘有背负

① （梁）萧子显.《南齐书·魏虏传》，第 991 页，中华书局，1972 年。关于"百子帐"，有关迁居陇西的慕容鲜卑住所的记述中，也说"有屋宇，杂以百子帐，即穹庐也"，见（唐）姚思廉.《梁书·西北诸戎·河南传》，第 810 页，中华书局，1973 年。

② 山西省博物馆.《太原圹坡北齐张肃墓文物图录》，中国古典艺术出版社，1958 年。据墓志，墓主名张肃俗，但原书作者对墓志原文断句有误，将其误为"张肃"，应予更正。

③ 山西省考古研究所等.《北齐东安王娄睿墓》，第 121~126 页，图一〇四，彩版一二八、一二九，文物出版社，2006 年。

④ 太原市文物考古研究所.《太原北齐韩祖念墓》，第 27、28 页，图二四，图版二六，科学出版社，2020 年。

⑤ 磁县文化馆.《河北磁县东魏茹茹公主墓发掘简报》，《文物》1984 年第 4 期。

⑥ 磁县文化馆.《河北磁县北齐高润墓》，《考古》1979 年第 3 期。

⑦ 中国社会科学院考古研究所等.《磁县湾漳北朝壁画墓》，第 122 页，图 91，彩版 29，科学出版社，2003 年。

⑧ 洛阳博物馆.《洛阳北魏元邵墓》，《考古》1973 年第 4 期。

⑨ 河北省博物馆等.《河北曲阳发现北魏墓》，《考古》1972 年第 5 期。

⑩ 咸阳市文管会等.《咸阳市胡家沟西魏侯义墓清理简报》，《文物》1987 年第 12 期。

帐幕的骆驼图像（图 16）。

上述从北魏迁都洛阳以后到东魏—北齐时期的墓例清楚地表明，当时陶骆驼模型是属于出行仪卫俑群中的驮载牲畜，背上负载的是出行时使用的帐幕部件，在旅途休息时张开、支架起来，就成为鲜卑族传统的毡帐——穹庐。这也廓清了一些人对北朝墓中这种模型明器的误解，他们一见到陶骆驼就认为与行走商路的商队有关，所驮载的都是商品。实际情况是，到隋唐时期，埋葬制度发生变化，北朝时的出行仪卫俑群不再流行，随葬的骆驼模型虽然有的仍依北朝传统——驮载帐幕部件，但更多的标本出现新的造型，或背上跨骑有各种人物，甚至载有舞乐队，或驮载各种商品，与行走商路的商队产生关联。但那是后话，按北朝时期的葬俗，墓葬随葬的骆驼模型，应属出行仪卫俑群中的驮载牲畜。

图 1　北齐张肃俗墓陶骆驼

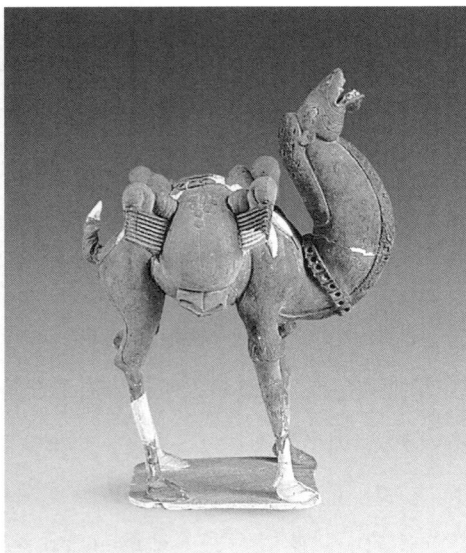

图 2　北齐娄睿墓陶骆驼（标本 622）

图 3　北齐娄睿墓陶骆驼（标本 622）

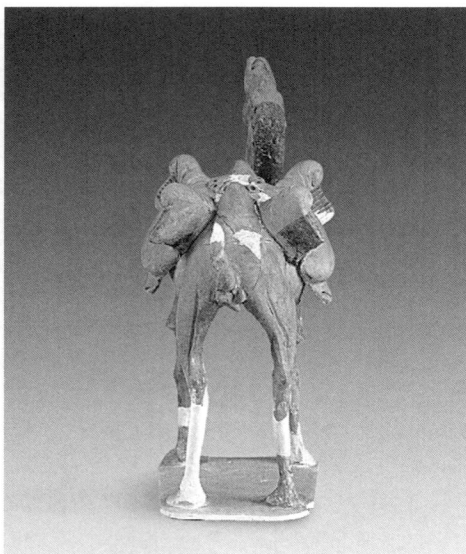

图 4　北齐娄睿墓陶骆驼（标本 622）

东魏—北齐时期邺城和太原地区墓葬中，普遍出现于出行仪卫俑群中的驮载帐幕部件的骆驼模型，显示出当时的风习。其时鲜卑族已经融入中华民族大家庭，特别是经北魏孝文帝时期的大力改革，从姓氏到服装乃至生活习俗，都有彻底的变革。生活在广大城乡的鲜卑族人，早已舍弃原来游牧生活时使用的传统的毡帐，与汉族和其他古代少数民族一起，居住于殿堂房舍之中，只是在远途出行时，还是携带便于随时随地张设的毡帐。但是出于对原有民族传统的怀念，民歌中用传统的毡帐——穹庐比拟天穹，在天穹下的无边草原上放牧，豪迈雄浑，激发了鲜卑族的民族情怀。正如前文所引齐神武帝因战场受挫，回军后命斛律金高歌"敕勒"，自己也因之"哀感流涕"，万分激动。

三

虽然我们已经从陶骆驼模型的驮载物，认识了鲜卑族穹庐的构件，但是还难以复原其全貌。不过从圆圈形帐顶和围墙栅栏已可以看出，它的形貌与周秦以来军中使用的帐幕并不相同。

在东周墓的出土遗物中，有青铜的帐顶，如山西太原春秋晋国赵卿墓[①]和河北平山战国中山王陵[②]中所见，形制大致相同。赵卿墓出土标本，通高 17.6 厘米，下面是圆筒状柱銎，上面是圆顶，圆顶周围设 11 个用于系结帐幕牵索的扁环（图 17）。圆顶直径 18 厘米，柱銎直径 7.6 厘米，说明在帐幕中央立有直径略小于 7.6 厘米、顶端可纳入銎内的立柱，形同当时殿堂建筑的都柱。这类帐幕张设起来后，周边没有直立的围墙，整体大致呈覆钵形，供行军作战中临时宿营之用，不宜用于长期生活居住。

图 5　北齐娄睿墓陶骆驼（标本 622）

直到汉魏时期，战时军队行军宿营，仍沿袭旧俗，使用这样形貌的帐幕。在甘肃嘉峪关魏晋时期的墓室壁画中[③]，还可以看到这类军帐的图像（图 18）。古代在草原游牧为生的鲜卑族，虽逐水草迁徙牧场，但一般按季节有相当长的居留期，所以帐幕要适于人们在一段时间内的家居生活，其结构自然与军帐有所不同。从陶驼模型所驮载的帐幕部件可知，它有栅栏结构的围墙，从栅栏横置在驼身侧的长度估计，墙高应超过 1 米。围墙应上接穹状帐顶，因此民歌中称之为"穹庐"。圆圈形帐顶安置于穹顶中央，周边圆孔为系结帐幕牵索之用。但是这也只能是对穹庐形貌的大致推断，还是

图 6　北齐娄睿墓陶骆驼（标本 625）

缺少真正能表述它的确切形貌的考古标本。这一缺憾终于在 2000 年得到补足，该年大同市考古研究所发掘大同市雁北师院北魏墓群时，获得了陶质的穹庐模型[④]，终于让我们见到"穹庐"的庐山真貌。

在雁北师院北魏墓群的 2 号墓中，出土了 3 件陶质的帐房模型，其中 2 件平面呈方形，1 件平面呈圆形。

① 山西省考古研究所等.《太原晋国赵卿墓》，第 132~134 页，图七一，图版九二，文物出版社，1996 年。
② 河北省文物研究所.《鲁墓——战国中山国国王之墓》，第 281 页，图一二七，图版二〇三，文物出版社，1995 年。
③ 甘肃省文物队等.《嘉峪关壁画墓发掘报告》，第 69 页，图版八六：1，文物出版社，1985 年。
④ 大同市考古研究所.《大同雁北师院北魏墓群》，第 66~68 页，图四六、四七，彩版四一、四二，文物出版社，2008 年。

图 7　北齐娄睿墓陶骆驼（标本 625）　　　图 8　北齐娄睿墓陶骆驼（标本 625）

标本 M2 ：73（图 19），平面方形，面阔 23.4 厘米、进深 25.3 厘米、高 26.1 厘米，卷棚式顶，上设两个天窗，并浮塑出开启调节天窗的绳索垂结于后壁。前壁中开一门，门两侧各开一方窗，左、右两壁也各开一方窗。天窗和门开有孔洞，门上有凸出的门楣，上设三个红色门簪。其余方窗仅在壁上刻画出窗形，并绘出红色边框。

标本 M2 ：82 形制与前一件相同，仅尺寸略小，面阔 21.2 厘米、进深 23.1 厘米、高 26 厘米。标本 M2 ：86（图 20）与前两件不同，平面呈圆形，直径 24.6 厘米、高 18.2 厘米。上部是圆形穹顶，下部是高 10.4 厘米的圆形围壁，围壁开有宽 6.2 厘米、高 8 厘米的门，门额浮凸，上有两个门簪。穹顶中心是外径 6.9 厘米的圆圈形帐顶，帐顶周圈向下连出 13 条弧形牵索，表明顶内侧相应有弧形帐杆，形成穹顶的支架。穹顶外表面涂黑色，牵索涂红色，其中 9 条下部绘有花形绾结。这件穹顶的圆形帐房模型，应是模拟当时鲜卑族的穹庐。不仅如此，出于对穹庐的喜爱，该墓群出土的一部分牛车模型的车顶还一改西晋以来流行的卷棚顶（图 21），而变为穹顶（图 22），使整体车棚形成穹庐的形貌（图 23、24），也可以说将牛车改成装了轮子的穹庐。

又过了五年，2005 年，在大同沙岭发掘了太延元年（435）破多罗氏父母墓[1]，墓室右壁壁画以庖厨宴饮为题材，其中也绘有穹庐的图像（图 25），加深了我们对穹庐形貌的认识[2]。

---

[1]　大同市考古研究所 .《山西大同沙岭北魏壁画墓发掘简报》，《文物》2006 年第 10 期。
[2]　古代居于大漠以游牧为生的诸民族，均以帐幕为居所，其结构大同小异，国内外常有学者将它们联系在一起研究。1979 年北齐娄睿墓发掘后，《文物》1983 年第 10 期发表简报，立即吸引了苏联学者的注意，因简报的图片不够清晰，苏联学者刘克甫委托我向山西省有关单位找到了清晰的照片，后来与世界各地游牧民族帐幕进行了比较研究。进入 21 世纪，也有中国学者关注骆驼模型驮载的帐幕，并与丝路商队联系，如葛承雍 .《丝路商队驼载"穹庐""毡帐"辨析》，原刊于《中国历史文物》2009 年第 3 期，后经修改，收入《胡汉中国与外来文明·胡俑卷：绿眼紫髯胡》，生活·读书·新知三联书店，2020 年。

四

在认识了鲜卑族传统的穹庐的真实形貌后，我对于存在头脑中半个多世纪的一个学术难题寻到了新的思路。那就是山西大同云冈石窟早期洞窟的窟形问题。

云冈石窟的开创，始于北魏文成帝拓跋濬和平年初。《魏书·释老志》："和平初（460），师贤卒。昙曜代之，更名沙门统…昙曜白帝，于京城西武州塞，凿山石壁，开窟五所，镌建佛像各一。高者七十尺，次六十尺，雕饰奇伟，冠于一世。"①

图 9　北齐娄睿墓陶骆驼（标本 625）

图 10　北齐韩祖念墓陶骆驼（Hzn : 319）

图 11　东魏茹茹公主闾叱地连墓陶骆驼（标本 1120）

图 12　磁县湾漳大墓陶骆驼（标本 974）

图 13　磁县湾漳大墓陶骆驼（标本 1018）

① （北齐）魏收.《魏书·释老志》，第 3037 页，中华书局，1974 年。

图14　北魏元邵墓陶骆驼

图15　西魏侯义墓陶骆驼（标本64）

图16　北齐娄睿墓出行壁画中载帐幕骆驼图像

当时平城城内佛寺的重要造像，皆为皇帝而建，如文成帝复法之年（兴安元年，452），"诏有司为石像，令如帝身。既成，颜上足下，各有黑石，冥同帝体上下黑子。论者以为纯诚所感。"又："兴光元年（454）秋，敕有司于五级大寺内，为太祖已下五帝，铸释迦立像五，各长一丈六尺，都用赤金二十五万斤。"[①] 因此，昙曜在武州塞所建五窟中佛像，也应为太祖及以下四帝，即太祖道武帝拓跋珪、明元帝拓跋嗣、太武帝拓跋焘、景穆帝拓跋晃和文成帝拓跋濬。

昙曜主持开凿的五座石窟，应即今山西大同云冈石窟的第16~20窟（图26）。这5座大型石窟，平面均为椭圆形（或称马蹄形）（图27），顶为穹隆顶。它们依次布列在云冈石窟区的中部偏西处，多在窟内雕造三佛[②]，正壁主像形体巨大，高13.5~16.8米，两侧雕像形体较小，更显主像高大雄伟（图28）。除第17窟主像为弥勒菩萨，其余主像均为释迦。洞内主尊最高的是第19窟中的佛坐像，高达16.8米（图29）。其中的第20窟，因为前壁和左、右两壁前部早年已经塌毁，以致窟内大像处于露天状态，所以后世之人一来到云冈，首先映入眼帘的就是

图17　太原春秋赵卿墓青铜帐幕顶（M251：231）

---

① 同上，第3036页。
② 刘慧达《北魏石窟中的"三佛"》，《考古学报》1958年第4期。

图 18　嘉峪关魏晋墓壁画中军帐图像

这座大佛的宏伟身姿，也因此这座大佛不断出现在中外的书刊之中，成为云冈石窟艺术的象征（图 30），其实它的高度在昙曜五窟主尊中排在倒数第二，仅有 13.7 米。

佛像的容貌，有人认为有仿效拓跋族甚至是北魏帝王容貌的可能，但椭圆平面、穹隆顶的窟形，过去多认为"应是仿印度草庐式的"①。但是在古印度，并没有草庐式样的石窟。再看中国境内自新疆到河西走廊比云冈石窟建造为早的诸石窟，从拜城克孜尔石窟到武威天梯山石窟（凉州石窟），以及有西秦建弘纪年的炳灵寺 169 窟等，也都看不到这样的椭圆形穹隆顶窟形的先例。再查阅佛典，释迦从苦修、得道、初转法轮到说法，都是在林野、园中树下进行的，从未见有在草庐中传道说法的记述。昙曜主持为皇帝修窟时，怎么就会凭空想出将窟形修造成"印度草庐式"呢？这就是我从 20 世纪 50 年代听阎述祖讲授"石窟寺艺术"课以来，一直困扰我的学术难题。

当在山西太原、河北磁县、河南洛阳地区发掘的北朝墓随葬陶驼模型的驮载物中，辨识出穹庐部件，特别是看到山西大同北魏平城时期墓葬出土的陶质穹庐模型，加上壁画中所绘成群的穹庐画像以后，再联系拓跋鲜卑族用鲜卑语高唱的豪迈歌谣"天似穹庐，笼盖四野"，就可以看出，昙曜五窟椭圆形平面穹隆顶的窟形，并不是仿效鲜卑族并不知晓的域外的草庐，而是将象征皇帝的佛像供奉进鲜卑民族在长期游牧生活中的传统居室——穹庐中。穹庐又象征着天穹，也就意味着将佛像供奉在天地之间，显示出浓郁的民族文化特征。所以，昙曜五窟的新样式"应是公元 5 世纪中期平城僧俗工匠在云冈创造出的新模式"，可

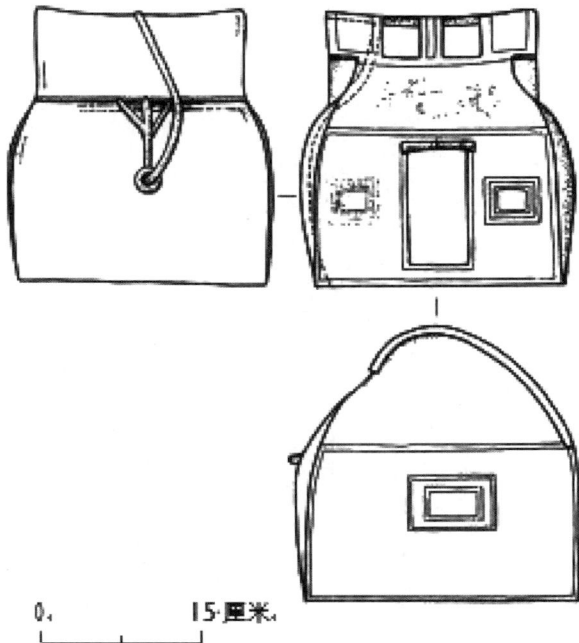

图 19　大同雁北师院北魏 2 号墓陶帐幕模型（M2∶73）

① 国家文物局教育处.《佛教石窟考古概要》，文物出版社，1993 年，第 104 页。

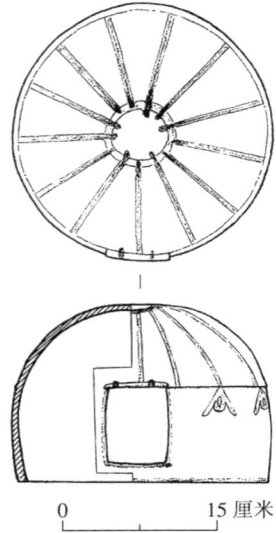

图 20　大同雁北师院北魏 2 号墓陶帐幕模型（M2：86）

图 21　洛阳春都路西晋墓陶卷棚顶牛车（IM1568：5~7/9）

图 22　大同雁北师院北魏墓陶牛车（M2：46、47）

图 23　大同雁北师院北魏墓"穹庐"状车棚（M2：47）

图 24　大同雁北师院北魏墓"穹庐"状车棚（M2：47）

图 25　大同北魏太延元年墓壁画"穹庐"图像

称之为"云冈模式"的开始[①]。

用民族传统居室穹庐的形貌来凿建石窟，继而引起对早期云冈石窟佛像艺术造型的思考，通俗地讲，就是当时造像所依据的"粉本"究竟来自何方？这又引起对佛教艺术是如何传入中土的思考。

昙曜五窟的艺术造型特征，首先在于其雄浑宏伟的气势。各窟的主尊佛像，都以其巨大的体量和雄伟的体姿，显露出北魏各代皇帝的无上权威。佛的面容前额宽阔，直鼻方颐，弯眉细目，大耳下垂，口唇紧闭而微露笑意（图 31），面相威严又显慈祥。佛衣衣纹厚重，更增造像宏伟气势的力度。再结合粗犷的毡帐穹庐窟形，谱写了一曲歌颂新兴北魏王朝不可阻挡的发展势头的赞歌。

佛教在鲜卑族皇帝统治的北魏得以盛行，其缘由也应与后赵近同，创建以本民族的传统建筑形式穹庐形貌的石窟窟形，在一定意义上拉近了拓跋鲜卑与西来的胡神佛陀之间的距离，更具亲切感。至于昙曜五窟内佛陀艺术造型的最初的渊源，自然是来自佛教的故乡——古印度。但是佛教的艺术造型开始并不是由印度直接输入，而是辗转迂回经由中亚，进入今中国新疆境内，再沿河西走廊，继续输往中原北方地区。佛教从进入中国境内开始，随着一步步深入内地，开启了不断中国化的历程。

还应注意到，随着北魏王朝逐渐掌控了北方，将陆续占有的地域内的民众、僧徒和工匠等人迁徙到平城地区，来自青州、凉州、长安以及定州等地的僧徒和工匠，应该全都会聚到昙曜指挥的工程队伍之中，带来了不同来源的粉本和工艺技能。所以当时对佛像的雕造，应是博采国内外众家之长、对艺术造型的再

图 26　云冈石窟第 16~20 窟（昙曜五窟）外观

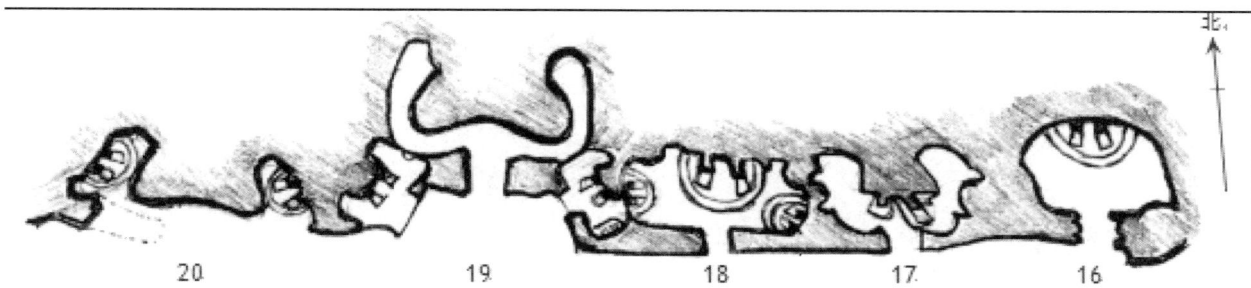

图 27　云冈石窟第 16~20 窟（昙曜五窟）平面示意图

① 宿白.《平城实力的集聚和"云冈模式"的形成与发展》，《中国石窟寺研究》，生活·读书·新知三联书店，2019 年。

图28　云冈石窟第18窟主尊大佛和右侧佛像

图29　云冈石窟第19窟大佛

图30　云冈石窟第20窟（前排人物右起：宿白、杨泓）

图31　云冈石窟第20窟大佛头部

图 32　云冈石窟太和年间所开诸窟外观

创造，从而形成了北魏自身的时代特色。这也就使仅重视样式学的某些美术史家，可以从云冈造像中或探寻到犍陀罗艺术的影响，或注意到秣菟罗艺术的风格，甚至关注到地中海沿岸诸文明（希腊、埃及）的辐射；或是将统一的艺术作品生硬地分割成西来的及中国的传统，不一而足。但是，像云冈昙曜五窟这样具有艺术震撼力和时代风格的造型艺术品，其创作绝不能只被认为是不同来源艺术的拼盘。"北魏皇室以其新兴民族的魄力，融合东西各方面的技艺，创造出新的石窟模式，应是理所当然的事。"①

图 33　云冈石窟第 13 窟外崖面石雕瓦垄残迹

五

昙曜五窟艺术造型的粗犷而雄浑的气势，随着时间的推移而逐渐消逝，从北魏孝文帝太和初年开始，代之而起的是新的精雕细琢的富丽之风。这时，在昙曜主持修凿石窟时被请入模拟"穹庐"形貌佛窟中的佛祖，又转而被供养在模拟中国传统样式的殿堂形貌的佛窟之中。这一时期（约孝文帝继位至迁都洛阳时期，471–494），在云冈雕造的洞窟的代表是第 5、6 窟，第 7、8 窟，第

图 34　云冈石窟第 13 窟外观复原图（1）

9、10 窟等几对双窟；还有第 11、12、13 窟一组三窟，是在崖面上从昙曜五窟向东延伸而逐渐开凿的（图 32）。目前除第 5、6 窟前有清代修建的四层木构楼阁遮掩外，其余诸窟的外貌还都能观察到，只是岩石风化严重，细部雕刻已漫漶不清，猛然一看，有些像颇富异域色彩的列柱长廊，但是仔细观察，它们并不是连接在一起的长廊，而是各窟前自成一组的窟前雕刻，因风化过甚，像连接成一体。

---

① 宿白《平城实力的集聚和"云冈模式"的形成与发展》，《中国石窟寺研究》，生活·读书·新知三联书店，2019 年。

图 35　云冈石窟第 12 窟东壁殿堂形貌佛龛

　　1972~1974 年，为配合云冈石窟修缮工作，曾对第 9~13 窟前的基岩面等处进行过清理。在清除第 13 窟前室顶板积土后，发现了原来雕刻的脊饰、瓦垄残迹（图 33），再结合下方的列柱来看，全窟原来外貌应是雕成具有瓦顶的四柱三开间的佛殿前廊（图 34），顶部为筒板瓦庑殿顶，正脊长约 3.6 米，距地面 9 米，脊两端有鸱尾残迹，中央有鸟形残迹；下部为四柱三开间，柱高 3.4 米，断面八角形，柱基座高 1.5 米。柱檐风化剥蚀，轮廓处不清，但从前室侧壁和柱头内侧浮雕还可推测，该窟前壁面是柱头刻皿板，栌斗上托额枋，柱头一斗三升，补间人字拱的式样[①]。其外貌正与第 12 窟内前室东壁所雕殿堂形貌的佛龛相同（图 35）。

图 36　大同北魏太和元年宋绍祖墓殿堂形貌石棺正面

图 37　大同北魏太和元年宋绍祖墓殿堂形貌石棺正侧面

　　这类前有四柱三开间前廊的殿堂，应是当年流行的建筑样式，也为当时墓葬中新兴的殿堂形貌石棺所效仿，最典型的考古标本就是大同出土的北魏太和元年（477）宋绍祖墓石棺，它显示出这类殿堂的立体形貌（图 36~38）。宋绍祖墓石棺模拟的是一座四柱三开间，前廊进深一间，其后殿堂进深两间，或为以墙承重，上设木梁架和瓦顶的建筑。这种殿堂建筑很可能是北魏太和初年都城平城流行的新式样，因为一时风尚，而影响了石窟改变为殿堂形貌。

　　与昙曜五窟的雕建不同，在太和年间，除皇室外，官吏和上层僧尼也参与开凿石窟，最典型的实例是

_____

[①]　云冈石窟文物保管所等《云冈石窟建筑遗迹的新发现》，《文物》1976 年第 4 期。

文明太后宠阉钳耳庆时于太和八年（484）建，太和十三年（489）工毕的第9、10窟，其为"国祈福之所建"，应是为二圣——冯太后与孝文帝所造，故为双窟。另完工于太和十八年（494）迁洛以前的第6窟，最能展示出这一阶段石窟艺术精致而华美的场景（图39）。这些洞窟呈现在人们面前的是与昙曜五窟完全不同的景观，除了穹庐形貌的窟形变成模拟中国式样的仿木构建筑的石雕外，还出现了披着宽博的汉式佛衣的清秀面庞的佛像，佛像的服饰宽博飘垂，一般认为具有汉式袍服"褒衣博带"之情趣（图40），显示出与此前的石窟明显不同的新兴的造型艺术风格。这一突然的变化，难道只是出自那一时期指导开建石窟的僧人和雕窟造像的匠师因师承和艺术流派而做的主观改变吗？答案是否定的。因为决定佛教石窟的雕造面貌的不是幕前的僧人和匠师，真正决定权握于幕后的功德主——北魏的皇室和权臣手中，在他们的心目中，宗教行为是从属于当时政治大方向的。

在孝文帝初年，直到太和十四年（490）文明太后冯氏去世，主持政务的实际是临朝听政的文明太后，而当时摆在北魏最高统治集团面前的主要问题，正是如何巩固已被拓跋鲜卑政权统一了的中国北半部江山，以及以广大汉族为主的各民族民众。原来以拓跋鲜卑传统制定的政治构架，已然难以维持，为了长治久安，必定要在政治层面进行彻底改革，在一些历史书中也被简单地称为"汉化"。有着汉文化素养的文明太后冯氏，起用了汉族官员李冲、游明根、高闾等，改革鲜卑旧习、班俸禄、整顿吏治、推行均田制，不断进行政治改革。在这样的大背景下，生活习俗、埋葬礼仪等方面的"汉化"势头也越来越大，与之相关的造型艺术自然也随之呈现出新的面貌。

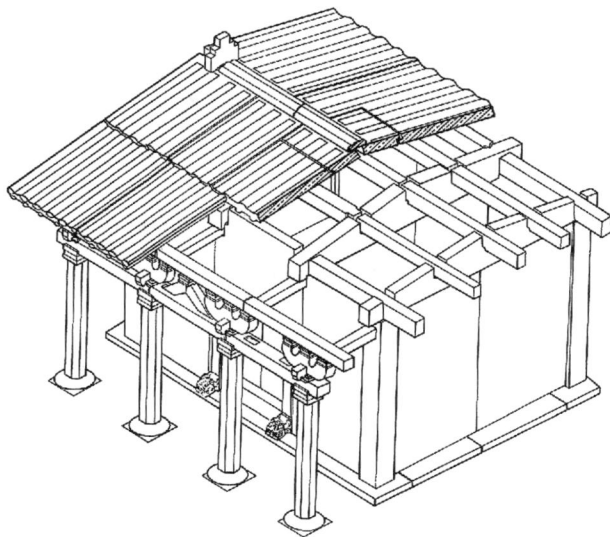

图38　大同北魏太和元年宋绍祖墓石棺透视图

图39　云冈石窟第6窟内景

以墓内葬具为例，前已述及的太和元年（477）宋绍祖墓中葬具是仿木构建筑的石棺，在三开间的殿堂前还设置檐柱和门廊。除殿堂形貌的石棺外，在延兴四年（474）至太和八年（484）司马金龙夫妇墓中，

图 40　云冈石窟第 6 窟西壁上层立佛

以石础漆画木屏风三面围护的石床，也是令人瞩目的典型考古标本①。漆画中，人物的面相、体态、服饰，都与传世东晋画家顾恺之绘画的后世摹本中的人物相似，面容清秀而衣裾宽博，女像衣带飘飞，男像褒衣博带、高冠大履，明显是受到当时江南绘画艺术新风熏陶的作品（图 41）。司马金龙家族本是东晋皇族，于刘宋政权建立之初逃亡北地，故能在北魏急于获取南方画艺新风时将其介绍到北方。

当时北魏朝廷也起用来自青州地区（这一地区并入北魏版图前曾由东晋、刘宋统治了半个世纪）熟悉工艺技能的人士，其中代表人物就是蒋少游。当时为了获取先进的汉文化艺术，北魏朝廷一方面力图从解析汉魏旧制来承袭汉文化传统，另一方面想方设法去南方获取那里新的文化艺术信息。蒋少游在这两方面都起了很大作用，前一方面，如北魏朝廷曾特地派他去洛阳"量准魏晋基址"②，以在平城营建太庙太极殿；后一方面，曾在李彪出使南朝时，派他担任副使，密令其观南方"宫殿楷式"，以获取南朝建筑艺术等方面的

新成就。这也引起南方士人的警惕，清河崔元祖就向齐武帝建议将蒋少游扣留，说："少游，臣之外甥，特有公输之思，宋世陷房，处以大匠之官，今为副使，必欲模范宫阙。岂可令毡乡之鄙，取象天宫？"③从中也可窥知当时北魏朝廷想获取江南汉族先进文明的急迫心态。就在这样的大历史背景下，孝文帝太和初年，云冈石窟开始第二度开窟造像的热潮。

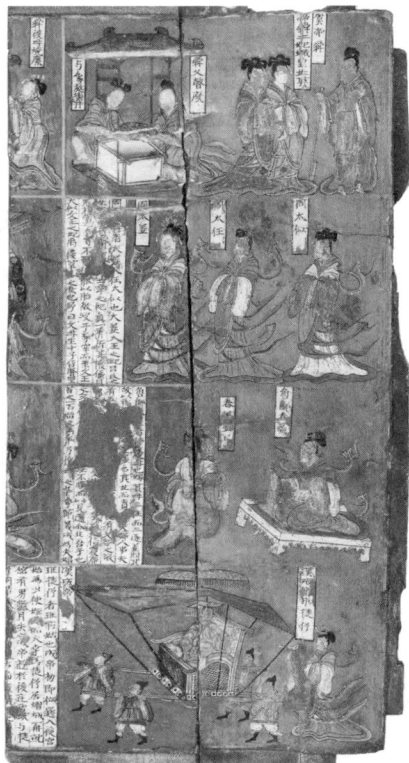

图 41　大同北魏司马金龙墓漆屏画

太和初年距和平年间昙曜在云冈开窟造像虽然不到二十年，但是北魏平城景观已有较大的改变，鲜卑族传统的毡帐在郊野才有保留，在都城内依汉魏旧制的宫殿和礼制建筑群，日趋完备，而且宫殿的修建力求华丽，建筑装饰更趋精美。前述太和元年宋绍祖墓石棺作前带檐柱、前廊的殿堂形貌，正是模拟人间殿堂的造型。同样，在凿建佛教石窟时，舍弃了鲜卑族传统居室毡帐穹庐的形貌，改为模拟人间帝王的殿堂，前列由巨大檐柱支撑起

图 42　云冈石窟第 9 窟前廊

① 山西省大同市博物馆等《山西大同石家寨北魏司马金龙墓》，《文物》1972 年第 3 期。
① 《南齐书·魏虏传》，中华书局，1972 年，第 990 页。
② 《魏书·蒋少游传》，中华书局，1974 年，第 1971 页。

图 43　云冈石窟第 6 窟文殊、维摩诘对坐

前廊（图 42），室内顶部模拟殿堂中的平棊藻井，连许多佛龛也雕成上为脊装鸱尾的庑殿顶，下为带有前廊的四柱三开间殿堂形貌，和宋绍祖墓石棺的形貌，如出一辙。对洞窟内部的布局，也打破了原昙曜五窟仅在正壁安置主尊而两侧安置立佛的"三佛"布局，而是在室内中央凿建直达室顶的方形塔柱，在塔柱三壁和室内两侧壁开龛造像，塔柱与后壁间留出佛徒旋塔礼拜的通道，明显是汲取了自龟兹到河西凉州诸石窟中心塔柱室内布局的成熟经验。又由于这样的布局，使得塔柱正面龛内的主尊与昙曜五窟比，身高和体量都有所缩减，以致雕造精细而绮丽有加，但缺乏雄浑气势。加之壁面及藻井均满布雕刻，除龛像和飞天伎乐外，还出现许多颇具故事情节的新题材，如文殊、维摩诘对坐（图 43），特别是第 6 窟中佛传故事雕刻占据了壁面的绝大部分，形成连续的释迦从投胎诞生直到得道的历程（图 44），生动具体。

　　更值得注意的是窟内佛像的艺术造型，同样出现很大的变化。太和年间的云冈佛像，不仅失去以前巨大的体量和雄伟的体姿，面相也不再是直鼻方颐的威严形貌，而转向面容清秀慈祥可亲。佛体所披佛衣（袈裟）的质地也由模拟厚重的毛织物，改为模拟轻柔的丝绸。披着方法排除了斜袒裸臂等旧模式，改为自双

图 44　云冈石窟第 6 窟佛传雕刻之乘象入城

图 45　云冈石窟第 13 窟明窗下七佛之一

肩下垂再裹披身躯，外貌近似双领下垂的汉式袍服，且佛衣下垂宽博飘展，近似汉装士大夫的"褒衣博带"形貌（图 45）。

云冈石窟的窟形、室内布局和佛像造型的变化，强烈地显示出随着北魏汉化的加剧，将来自山东青州、江苏徐州，乃至河西凉州诸地的影响进一步汇聚融合，形成太和初年平城石窟造像的时代特点，不仅反映了佛教艺术造型向中国化又迈进了一大步，也反映了鲜卑族融入中华民族大家庭的步伐向前迈进了一大步。

当太和年间云冈石窟进入新的艺术高潮的时候，北魏王朝的政治生活又出现了新的转折，太和十四年（490）文明太后逝世，孝文帝终于摆脱了祖母阴影的笼罩。只过了三年，孝文帝就借口伐齐统领大军南下，实际是开启了迁都洛阳的行程，经过两年，到太和十九年（495）北魏六宫及文武官员尽迁洛阳，平城从此失去了都城的地位。随着皇室和显贵的离去，云冈石窟持续了 30 余年的大规模营建活动随即戛然而止。今日云冈第 3 窟的前庭和前室未完成的工程遗迹，就是那段历史的实物见证。但是，直到孝昌初年因六镇起义致平城荒废为止，云冈还有小规模的开窟活动，继续凿建的都是集中于崖面西部的一些中小型的洞窟，造像面容更趋清秀，而且还有些领先于洛京的新创举，例如三壁设坛，形成三壁三龛的佛像组合，就是滥觞于云冈，以后才流行于中原石窟的。

太和初年，云冈石窟造像出现了面相清秀、佛衣轻薄飘展的艺术风格，表明北魏平城造型艺术已追赶上江南自顾恺之至陆探微为代表的艺术水平。但是，那时在江南又已出现了艺术新风，人物造型由瘦骨清像转向面短而艳的新风格，后世的绘画史中，都将艺术新风的代表人物归于张僧繇，其实这一风格的佛教造像在南齐永明年间就已出现。四川成都西安路南朝佛像窖藏出土的齐永明八年（490）比丘释法海造弥勒成佛石像的面相，已经显现出这种艺术新风，且蜀地造像较南朝统治中心的都城建康还会滞后一些时日，比之北魏，时当太和十四年，云冈造像尚以清秀面相为新兴时尚。当以张僧繇为代表的艺术新风影响呈现于北魏洛阳，已是皇家大寺永宁寺塔中的塑像，大约塑造于孝明帝神龟二年（519）至正光元年（520）。那时，柔然主阿那瓌日益强大，侵扰北魏旧京（平城），云冈石窟因而彻底衰落，从历史记载中消逝了很长时间。

六

综观云冈石窟的窟形从"穹庐"到"殿堂"的转变，可以看清，这不仅是佛教艺术造型（艺术史的"样式学"）的变更，主导其变更的不仅是宗教行为，它还有着深刻的历史原因，反映了鲜卑拓跋氏加速融入中华民族的历史进程。在佛教造型艺术方面，则体现出佛教在中国化和民族化的进程中，向前迈出了关键的一大步。

（原文刊载于《文物》2021 年第 8 期）

云冈石窟的历史与艺术

张 焯

大同与云冈

大同地处晋、冀、内蒙古交界，介于内外长城之间，自古属于边塞用武之地。大同，意取"世界大同"之义，因唐代大同军驻扎而得名。大同，古称平城，曾用代都、恒州、云内、定襄、云州、云中等名。

最初的雁门郡平城县之设，大致在战国中期（公元前3世纪初），即赵武灵王胡服骑射、征伐西北的过程中。汉高祖七年（200），刘邦率大军北击匈奴，被困于平城县东之白登山（今名马铺山），平城由此闻名天下。平城之围的历史意义在于：直接引发出一项中国历代正确处理民族关系的重大方略——和亲政策。

东汉以后，匈奴式微，来自遥远北方的鲜卑民族成为蒙古高原的主人。西晋灭亡后，整个中国北方陷入了匈奴、鲜卑、羯、氐、羌五胡争霸的混战之中，鲜卑拓跋部渐次崛起。386年，拓跋珪称王建元登国，398年，称帝北魏王朝正式建立，定都平城，439年，拓跋焘统一北方；448年，征服西域（今新疆）；494年，拓跋宏迁都洛阳。平城建都九十七年，一直是北朝的政治、经济和文化中心，也是当时亚欧丝绸之路东端的国际型都会。

北魏以后，平城衰败，时而为北方游牧民族盘踞，时而由中原汉族军队驻守，直到唐朝中后期方始稳定。五代时，后晋石敬瑭献幽云十六州于契丹。辽金两代，大同复兴，立为"西京"陪都。元代，大同府是中国馈饷蒙古要道上的一大中转站。明清时代，大同系九边重镇之一，号称"京师北门"，实为首都西北的军事屏障。

云冈石窟坐落在大同城西16公里的武州（周）山南麓，武州川（今名十里河）的北岸。石窟倚山开凿，东西绵延一公里。按自然地势划分为三个区域：东部第1~4窟，中部第5~13窟，西部第14~45窟。现存大小窟龛254个，主要洞窟45座，造像59000余尊，其余动植物、花纹图案不计其数。石窟规模宏大，雕刻

昙曜五窟外景（第 16~20 窟）

艺术精湛，造像内容丰富，形象生动感人，堪称中国佛教艺术的巅峰之作，代表了公元 5 世纪世界美术雕刻的最高水平。

　　云冈峪自古是通往内蒙古阴山腹地的古道，秦汉时代的武州塞，大约就在云冈石窟西侧或南面附近，可惜早已消失在残石碎瓦之中。武州山，北魏早期即被奉为神山。据《魏书·礼志》记载，明元帝拓跋嗣做太子时，"乃于山上祈福于天地神祇。及即位，坛兆，后因以为常祀，岁一祭，牲用牛，帝皆亲之，无常日"。后来，逐渐成为北魏皇帝祈雨、开窟、礼佛的"鹿苑"圣地。

　　云冈石窟，北魏称武州山石窟寺或灵岩寺。关于石窟的开凿，《魏书·释老志》记述的很简略："和平初，师贤卒。昙曜代之，更名沙门统。初，昙曜以复佛法之明年，自中山被命赴京，值帝出，见于路，御马前衔曜衣，时以为马识善人。帝后奉以师礼。昙曜白帝，于京城西武州塞，凿山石壁，开窟五所，镌建佛像各一。高者七十尺，次六十尺，雕饰奇伟，冠于一世。"文中讲述的五所佛窟，即今云冈第 16~20 窟，学者称之为"昙曜五窟"。周一良《云冈石佛小记》曰："唯昙曜在兴安二年见帝后即开窟，抑为沙门统之后始建斯议，不可晓。要之，石窟之始开也，在兴安二年（453）至和平元年（460）之八年间。"

　　然而，昙曜五窟的兴工，实为武州山皇家大窟大像营造的起始，此前小规模的石窟或佛像雕制必定已有基础，否则昙曜大师

第 18 度外景

第 9~13 窟外景

不会突发奇想。现今存世的北魏题记佛雕，如河北正定的太平真君元年（440）朱恒造石佛像、日本国收藏的太平真君三年鲍篆造石塔基座铭和石造半跏趺思惟菩萨像、河北蔚县石峰寺的太平真君五年朱业微石造像、日本国收藏的太安元年（455）张永造石佛坐像和太安三年宋德兴造石佛坐像，都是砂岩质，造像风格与云冈石窟早期作品极为相近，应是北魏武州山及其石窟寺开凿的产物。《魏书·释老志》曰："凉州自张轨后，世信佛教。敦煌地接西域，道俗交得其旧式，村坞相属，多有塔寺。太延中，凉州平，徙其国人于京邑，沙门佛事皆俱东，象教弥增矣。"由此印证，太武帝太延五年（439）平北凉，徙凉州（治今甘肃武威）吏民三万户于京师，平城佛教随之兴盛；特别是凉州民中有三千僧侣作为战俘到达京城，从此成为平城佛教和武州山石窟建设的主力。

太武帝拓跋焘于太平真君七年（446）诏令灭法，《释老志》记载北魏民间"金银宝像及诸经论，大得秘藏。而土木宫塔，声教所及，莫不毕毁矣"。当此，武州山开山取石的锤声大约仍在继续，但石窟、佛雕的制作停止了。文成帝拓跋濬兴安元年（452），初复佛法，"方诏遣立像，其徒惟恐再毁，谓木有时朽，土有时崩，金有时烁，至覆石以室，可永无泐。又虑像小可凿而去，径尺不已，至数尺；数尺不已，必穷其力至数十尺。累数百千，而佛乃久存不坏，使见者因像生感"。（朱彝尊《云冈石佛记》）于是乎，昙曜五窟应运而生。

昙曜五窟的开凿，掀起了武州山石窟寺建设的高潮。从文成帝开始，经献文帝、冯太后，到孝文帝迁都，皇家经营近四十年，完成了所有大窟大像的开凿。同时，云冈附近的青磁窑石窟、鲁班窑石窟、吴官屯石窟、

第11窟洞壁上层《太和七年造像志》

焦山寺石窟、鹿野苑石窟等，也相继完成。其间，广泛吸收民间资金，王公大臣、各地官吏、善男信女纷纷以个人、家族、邑社等形式参与石窟建造，或建一窟，或捐一龛，或造一壁，或施一躯，遂成就了武州山石窟寺的蔚为大观。迁都之后，武州山的小规模石窟建设并未停息，直到正光五年（524）六镇起义的战鼓响起。

云冈石窟是北魏一个朝代完成的伟大工程，从文成复法启动，到北魏末终结，大致开凿了近70年之久。云冈石窟的诞生绝非偶然，而是诸多历史必然性的结果。佛教自东汉进入中国，最初假借黄老道术在民间传播，魏晋时逐渐独立。十六国时期，由于来自西北的胡族统治者的推奉而迅速发展，同时迎合了苦难深重的中原人民的精神需求。北魏太武帝灭佛，则从反方向刺激了佛教的勃兴。石窟建造之风，由古印度、西域、河西渐次东传，至平城而特盛。北魏自道武帝建国，到太武帝结束北方群雄割据的战乱局面，各国各地的贵族官僚、儒士僧侣、能工巧匠、金银财富荟萃平城。特别是随后对西域的征服，直接迎来了我国历史上东西文化交流的新一轮高峰。武州山石窟的创作，最初是凉州高僧带来了西域风格的佛教造像艺术，然后是古印度、师子国（今斯里兰卡）、西域诸国的胡沙门带着佛经、佛像和画本，随商队、使团而至，再后是昙曜建议征集全国各地的宝像于京师，最后是徐州僧匠北上主持云冈佛事。一代代、一批批高僧大德、精工艺匠，共同设计、共同制作，创造出云冈石窟一座座旷世无双的佛国天堂。

北魏以后，云冈石窟衰落了，梵音唱晚之声，再没有越过雁门山峦。隋大业三年（607），炀帝北巡塞外，归途大约曾经游幸云冈。唐太宗贞观四年（630），李靖平突厥，收复雁北；十四年，移云州及定襄城于恒安；次年，守臣重建大石窟寺。大约当时，有俨禅师等曾对云冈石窟佛像进行过修理。高宗永淳元年（682），突厥攻陷云州，城池荒废。玄宗开元十八年（730），复置云州及云中县，天宝元年（742），筑大同军城于云中。不久，诗人宋昱北上，写下了《题石窟寺——即魏孝文之所置》五言诗。之后，云冈石窟阒寂无闻。

辽代以后，武州山石窟寺又称石佛寺。契丹人佞佛，残塔旧寺无不兴复。据《大金西京武州山重修大石窟寺碑》记载：辽兴宗重熙

第11窟中心塔柱南龛及东壁

十八年（1049），皇太后发愿重修石窟寺，但因工程规模巨大，一时没有完成。道宗清宁六年（1060），朝廷委托山西转运使刘某监修。咸雍五年（1069），禁山樵牧，又差军巡守。寿昌五年（1099），又委托转运使提点。天祚帝天庆十年（1120），幸西京，赐大字额。可见，辽代武州山石窟寺的修建工程，延续了半个多世纪。也许是对旧有寺院的陆续修复，也许是仿效北宋重修五台山十寺的做法，辽代西京大石窟寺内分立了十座寺院：一曰通乐，二曰灵岩，三曰鲸崇，四曰镇国，五曰护国，六曰天宫，七曰崇福，八曰童子，九曰华严，十曰兜率。可惜十寺郁立的好景不长，"亡辽季世，盗贼群起，寺遭焚劫，灵岩栋宇，扫地无遗。"（《金碑》）

第 5 窟前木结构重檐楼阁

金朝"天会二年，大军平西京，故元帅、晋国王到寺随喜赞叹，晓谕军兵，不令侵扰；并戒纲首，长切守护。又奏，特赐提点僧禅紫衣，并'通慧大德'号。九年，元帅府以河流近寺，恐致侵啮，委烟火司差夫三千人，改拨河道"。（《金碑》）。西路元帅完颜宗翰（粘罕）于天会九年（1131）将石窟前的武州川河道南移，遂形成今天十里河云冈段现状，可谓功德千秋。皇统三年至六年（1143-1146），住持法师禀慧重修"灵岩大阁"（今第3窟外的阁楼），"自是，山门气象，翕然复完矣"。（《金碑》）

金代中后期，迫于蒙古族逐渐强盛的压力，在西京北境加强了边墙、边堡的防御体系建设，武州山前筑起了一座军堡。这座名为石佛寺堡的建立，宣告了云冈石窟的再次走向衰微。1214年，金朝迁都汴梁（今河南开封），五京旧都相继沦陷。据《至元辨伪录》记载，蒙古大举"兵火已来，精刹名蓝率例摧坏"，各地佛寺，"兵火之后，无僧看守"。正是在这种山寺无僧钟自鸣的情况下，全真道士进驻了云冈石窟，并在东部留下了"碧霞洞""云深处""山水有清音"等遗迹。云冈之名，大约从此酝酿、产生。

元代忽必烈至元年间（1264-1294），西京大华严寺慧明大师僧徒，重新收复了石佛寺，但是无法挽回云冈石窟的整体颓势。明朝嘉靖三十七年（1558），重修石佛寺堡为云冈堡，万历二年（1574），又建云冈上堡并上下堡间的夹墙。从此，石佛寺局缩于第5、6窟，彻底变作山野小寺。尽管清初地方官曾经维修、康熙皇帝曾经临幸。

发现与探索

对云冈石窟的研究，始于金代曹衍《大金西京武州山重修大石窟寺碑》，继以清初朱彝尊《云冈石佛记》，然而真正学术意义上的研究则是百年之事。20世纪蓬勃而兴的云冈研究，功归于两次发现：一是伊东忠太博士发现了石窟寺；二是宿白先生发现了《金碑》。

1902年6月，日本学者伊东忠太等在中国进行考察旅行，无意中踏入云冈石窟破败的庙门，博士惊讶地发现这里竟保存着最为壮观的北魏石窟建筑群，其艺术形式直接来源于西方，且与日本的推古式若合符契。随后，他发表的《云冈旅行记》《支那山西云冈石窟寺》，引起了世界学术界的注意与兴趣。1907年，法国的东方研究专家沙畹来到云冈，不久将其收集的云冈石窟和龙门石窟的照片与图录，著成《华北考古学使命记》。从此，云冈石佛寺声名鹊起，开始成为海内外学者和美术家的一大巡礼地。

最初半个世纪的云冈研究，以日本学者居多，主要探讨的是云冈石窟的艺术形式与艺术来源。中国学者陈垣、梁思成、周一良、戴蕃豫的文章，则重在解析云冈历史，介绍邻邦的研究成果。关于云冈艺术的源流，有埃及影响说、希腊影响说、拓跋氏影响说，有印度马吐腊雕刻影响说、巴基斯坦犍陀罗雕塑影响说、西域艺术传承说等，并逐渐形成共识："云冈样式，是由印度、波斯、中亚、中国等风格之混合融汇而成，同时也有希腊及罗马的痕迹之遗留。"（岩崎继生《大同风土记》）1938-1944年，以水野清一、长广敏雄为首的京都大学调查队，对云冈石窟进行了迄今最为详细的调查。其摄影、实测、线描、拓片、论文等研究成果，结集为16卷本《云冈石窟》巨著，1951-1956年陆续出版，代表了云冈研究的最高水平。水野、长广将云冈艺术区分为西方外来与中国传统两个方面，指出北魏平城佛教文化艺术是带有浓郁中亚（此指新疆）色彩的凉州风格的再现，尽管云冈石窟的西方样式具有多元性，明显受到西方诸地石雕、泥塑、壁画等的影响，但其早期雕刻显示出的是犍陀罗风格、中印度风格和中亚风格，而中亚各国寺院与云冈石窟

第20窟全景

第 16 窟南壁西侧佛龛上部伎乐天 1

第 16 窟南壁西侧佛龛上部伎乐天 2

有着直接的渊源关系。中国传统则主要表现在动物雕刻、仿木构建筑雕刻等方面，石窟造像明显存在着一个逐步中国化的过程。

《金碑》即《大金西京武州山重修大石窟寺碑》，皇统七年（1147）曹衍撰，记述了云冈石窟的历史及金初的寺院维修。原碑早佚，碑文幸存于清人缪荃茹传抄的《永乐大典》天字韵《顺天府》条引《析津志》文中。1947 年，宿白整理北京大学图书馆善本书籍时发现，并于 1956 年发表了《大金西京武州山重修大石窟寺碑校注》一文，此后又陆续发表了《云冈石窟分期试论》《〈金碑〉的发现与研究》《平城实力的集聚和"云冈模式"的形成与发展》《恒安镇与恒安石窟》等。对北魏平城政治、军事、经济、文化与佛教的发展，对云冈石窟乃至大同历史，对云冈洞窟形制、造像组合、佛装服饰等特征，对云冈石窟开凿分期问题，从历史学与考古学角度，进行了全方位的探讨，取得了突破性进展，遂使云冈石窟的历史与艺术脉络豁然清晰。

云冈石窟研究的推进，也得益于四个阶段的考古发掘。1938 年和 1940 年，水野、长广等对第 8 窟与五华洞（第 9~13 窟）窟前遗址、昙曜五窟窟前遗址、西部山顶北魏寺庙遗址、东部山顶北魏寺庙遗址、龙王庙附近辽代寺庙遗址分别进行了小规模的考古发掘。1972-1974 年，云冈石窟文物保管所为配合洞窟维修加固工程，对五华洞窟前遗址进行了较大规模的考古发掘。1987 年，云冈石窟文物保管所为保护龙王沟西侧石窟，进行了窟前清理发掘。1992-1993 年，为了配合"八五"保护维修与窟前降低硬化地面工程，由山西省考古研究所、云冈石窟文物研究所、大同市博物馆联合进行了大规模的窟前考古发掘。通过这些考古发掘，出土了大量的北魏石雕残件和不同时期的文物，对于研究云冈石窟的开

第 18 窟东壁弟子像局部

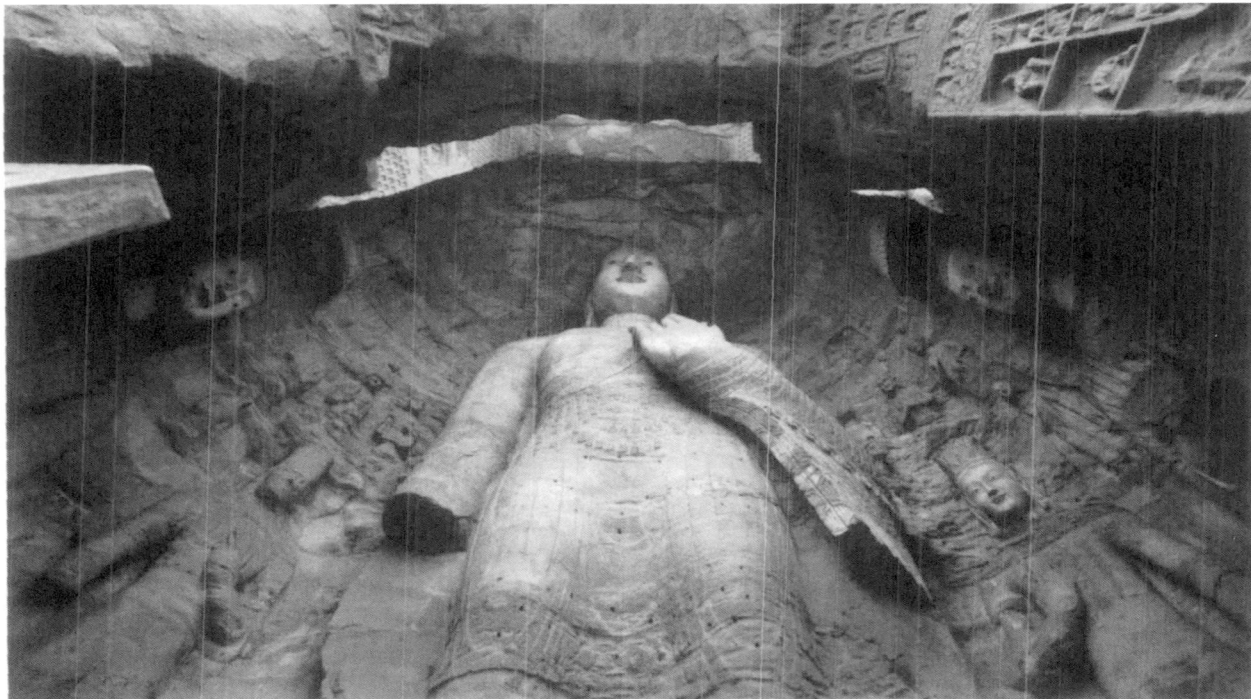

第 18 窟主佛

凿与原貌、历代寺庙与维修工程，具有十分重要的参考价值。

进入 21 世纪，张焯的《云冈石窟编年史》问世，成为目前云冈石窟的第一部通史。其中《〈鹿苑赋〉与云冈石窟》一文指出，献文帝时代云冈石窟进入了一个新的大发展阶段，《徐州高僧与云冈石窟》，则澄清了孝文帝太和年间云冈造像中国化背后的历史，即凉州系高僧失宠，徐州僧匠入主云冈石窟，《〈金碑〉小议》，对碑文传抄中出现的错简进行了梳理，证明云冈十寺中的护国寺为今第 1、2 窟；《全真道与云冈石窟》，考述了金元之际道教势力侵入云冈石窟的历史事实，《云冈筑堡与古寺衰微》，考订出金代中晚期石佛寺堡的建立，揭示了八百年来云冈石窟走向衰微的必然历程。

洞窟与艺术

石窟寺最早出现在古印度，佛像最早于贵霜王朝的政治中心犍陀罗地区（都城布路沙布罗，即富楼沙，今巴基斯坦的白沙瓦）诞生。佛教石窟造像之风的东渐，大约首先是新疆，然后经河西走廊，波及关陇，公元 5 世纪因云冈石窟的开凿，达到鼎盛，进而流布中华。云冈石窟的不同凡响之处在于：一改葱岭以东昔日佛窟的石刻、泥塑、壁画三位一体的模式，直接比照古印度的大型石窟建筑，在东方首次营造出气势磅礴的全石雕性质的佛教石窟群；同时，广泛吸收中外造像艺术精华，兼容并蓄，融会贯通，成为中国早期佛教艺术的集大成者。从而，对华夏佛教石窟的推广、雕刻艺术的发展，产生了深远的影响。

一、帝王象征的昙曜五窟及诸窟大像

沙门礼拜皇帝，是北魏首创。《魏书·释老志》载："皇始中，赵郡有沙门法果，诚行精至，开演法籍。太祖闻其名，诏以礼征赴京师。后以为道人统，绾摄僧徒。每与帝言，多所惬允，供施甚厚。至太宗，

第18窟东壁弟子群像及胁侍菩萨

弥加崇敬。……初，法果每言，太祖明叡好道，即是当今如来，沙门宜应尽礼，遂常致拜。谓人曰：'能鸿道者人主也，我非拜天子，乃是礼佛耳。'"法果和尚以皇帝为佛的弘法思想，确立了北魏佛教为统治者服务的基调，也奠定了北魏佛教昌盛的基础。半个世纪后，先是师贤建议文成帝"诏有司为石像，令如帝身"。然后，又"敕有司于五级大寺内，为太祖已下五帝，铸释迦立像五，各长一丈六尺"。最后，昙曜则进一步建议将这五位皇祖雕造成顶天立地的石窟巨佛，从而使武州山石窟寺升格为北魏皇室的家庙，神圣不可侵犯。

云冈第16~20窟，经日本学者研究确认为昙曜五窟，属于云冈石窟最早开凿的洞窟。这五座洞窟形制相同，平面呈马蹄形，顶部为穹隆状，每窟一门一窗，窗在上，门在下，外壁雕满千佛。各窟造像主要是三世佛（过去、未来和现在佛），主佛居中而设，身躯高大（都在13米以上），或坐或立，姿态各异，神情有别。根据主像和石窟布局，这五个窟可分为两组：第18、19、20窟为一组，第16、17窟为一组。这五座洞窟虽然曾经统一设计和施工，但完成的时间并不一致，前三窟较早，后二窟略晚，尤其是洞窟内的许多壁面、门洞、明窗的雕刻，大概是献文帝、孝文帝时代陆续填补完成的。昙曜五佛是云冈石窟的典型代表，也是西域造像艺术东传的顶级作品。大佛身着的袈裟，或披或袒，衣纹厚重，似乎表明是毛纺织品，这无疑是中亚葱岭山间牧区国家的服装特征。大佛高肉髻，方额丰颐，高鼻深目，眉眼细长，嘴角上翘，大耳垂肩，身躯挺拔、健硕，神情威严、睿智而又和蔼可亲，气度恢宏。与北魏晚期佛像的清瘦、谦恭，东魏北齐佛像的缺乏神俊、刚毅，唐朝佛像的夸张、柔弱，以及后世佛像的无精打采，判若两类，不可同日而语。诚如唐代道宣大师所云："造像梵相，宋、齐间，皆唇厚、鼻隆、目长、颐丰，挺然丈夫之相。"（宋《释氏要览》卷2）。特别是第20窟的露天大佛，法相庄严，气宇轩昂，充满活力，将拓跋鲜卑的剽悍与强大、粗犷与豪放、宽宏与睿智的民族精神表现得淋漓尽致、出神入化，给人以心灵的震撼。

第18窟是昙曜五窟中造像组合最为合理、完备的洞窟，主尊大佛身披千佛袈裟，东、西两侧对称分布着十弟子、一菩萨、一立佛。立佛脚踏莲花，

第10窟明窗顶部中间雕一团莲周围环绕着飞舞的飞天

第 11 窟西壁七身立佛

第 10 窟后室窟门

头罩华盖，神清气朗，端庄慈祥；菩萨头戴宝冠，面如满月，衣饰华美，高贵典雅；十位弟子相貌各异，均为西方人种特征，神态生动、微妙，或闭目聆听，或若有所悟，或喜从心生，令人叹为观止。

昙曜五窟，在艺术效果上突出了造像雄浑伟大、旷世无双的气势在宗教意义上体现了佛法流传不息、世代长存的思想，从而将一个英姿勃发的民族、一种百折不挠的精神刻入山岩，化作永恒。

关于昙曜五佛雕造的是哪几位皇帝，学术界长期争论不休。一般认为，分别是道武帝、明元帝、太武帝、景穆帝、文成帝的象征。但是，各种观点都忽视了一个事实，那就是文成时代的"太祖以下五帝"，其"太祖"指的是平文帝，而非道武帝。道武帝被尊为太祖，是在孝文帝太和十五年四月以后。由此说来，昙曜五佛象征的是平文、昭成、献明、道武、明元五帝。至于何窟为何帝，盖由昭穆次序或左右次序排列决定，我们今天实难臆测。

按照这样的思路，我们可以大胆地讲，云冈石窟的其他大窟大像代表的依然是皇帝，且其归属以及开凿时间，也大致可以推断；第 9、10 窟双窟的主像，前者为倚坐大佛，后者为交脚菩萨，应与文成帝太安元年（455）"奉世祖、恭宗神主于太庙"（《魏书·高宗纪》）的含义相同，意在补全"天子七庙"制度，是文成帝为其祖父太武帝、父亲景穆帝所建（当然，工程的完成大约经献文帝，延续到了孝文帝）；第 13

第 1 窟中心塔

窟交脚菩萨大像，当系文成帝为自己或献文帝为其父开凿；第 5 窟坐佛，是献文帝为自己或孝文帝为其父建造；第 3 窟倚坐大佛，则是孝文帝为自己雕凿。

关于第 3 窟大像的雕造时间，学者们的意见分歧很大，有的认为与昙曜五窟同期，有的认为在孝文帝迁都之前，有的说是隋炀帝为其父隋文帝所建，有的说是初唐作品，还有的讲是唐朝中后期产物。后三种说法，

第 5 窟西壁及北壁

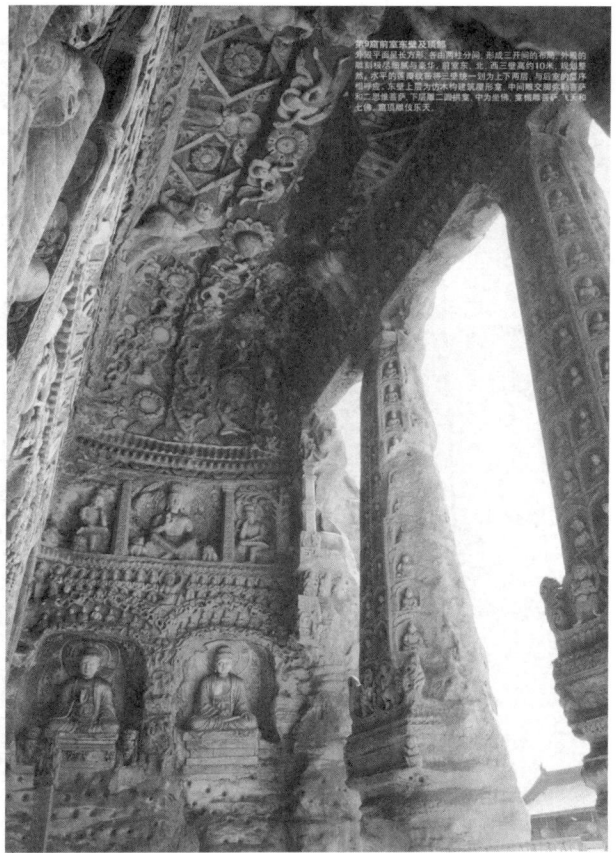

第 9 窟前室东壁及顶部

根据大同历史条件分析，基本没有可能性。我们赞成第二种观点，因为第 3 窟是云冈最大的洞窟，工程因某种变故而中途停止；窟外二层中央的弥勒窟，呈殿堂式，居中一尊交脚弥勒；弥勒窟两侧，各有一座三级石塔，这显然是一组弥勒天宫的完整造型，属于北魏作品无疑；窟内仅有一佛二菩萨，佛做说法态，目光直视左前方，左前方隔壁正是窟外的弥勒殿，整个第 3 窟造像，内外呼应，刻画的是佛说观弥勒菩萨上生兜率天经的情景，反映的是进入净土世界的神圣与庄严。

二、绚丽多彩、富丽堂皇的中期风格

从献文帝时代开始，云冈石窟皇家工程转入大规模建设阶段，到孝文帝太和年间达到鼎盛。这一时期大约二十多年，不仅昙曜五窟的雕刻仍在进行，而且云冈所有的巨型洞窟都陆续开工。关于献文帝时的云冈工程情况，北魏高允《鹿苑赋》有所描述："暨我皇之继统，……追鹿苑之在昔，……于是命匠选工，

第 8 窟门拱西侧

第 8 窟门拱东侧

第 13 窟东壁圆拱龛

刊兹西岭；注诚端思，仰模神影；庶真容之仿佛，耀金晖之焕炳。即灵崖以构宇，疏百寻而直上；組飞梁于浮柱，列荷华于绮井。图之以万形，缀之以清永；若祇洹之瞌对，埶道场之途迥。嗟神功之所建，超终古而秀出。"就是说，献文帝继位后对武州山石窟工程进行了重新部署，云冈建设进入了洞窟形制多样化、图像内容多元化的快速发展轨道。孝文帝时代云冈的新建工程，我们知道的不多。曹衍说："护国、天宫则创自孝文，崇福则成于钳耳。"但实际上对辽金时的护国、天宫、崇福这三座寺院，我们现在很难确定其对应的洞窟，只能大体推测为第 1、2 窟，第 3 窟，第 5、6 窟。不过，有一点可以肯定，那就是太和十八年（494）迁都洛阳之前，云冈的皇家大窟基本都已竣工。

这一时期开凿完成的洞窟，有第 1、2 窟，第 5、6 窟，第 7、8 窟，第 9、10 窟四组双窟和第 11、12、13 窟一组三窟，以及未完工的第 3 窟。在洞窟形制上，不仅有穹庐型，还出现了方形中心塔柱窟，以及前后室殿堂式洞窟。此外，有的还在大佛后壁开凿出隧道式的礼拜道。在佛龛造型上，不仅有圆拱龛、尖拱龛、盝形龛、宝盖龛，又增加了屋形龛、帷幕龛和复合形龛等。平面方形洞窟的大量出现，较早期穹庐型洞窟而言，雕刻面积大幅增加，雕刻内容与形式也变得复杂起来。洞窟的顶部，多采用平棊藻井式雕刻。壁面的雕刻，采取了上下重层、左右分段的方式。在设计完整的洞窟中，可能主要用来体现佛国人物不同层次的"果位"关系，或是展示不同的故事情节，在设计不完整的洞窟中，可能主要为了便于善男信女对补凿佛龛的出资捐施。这一时期的造像题材，虽仍以释迦、弥勒为主，但雕刻内容不断增加，依凭的佛经明显增多，普遍流行的是释迦说法或禅定龛像、释迦与多宝并坐龛式，七佛造型，维摩与文殊问答，以及菩萨装或佛装的交

第 10 窟后室南壁

第 6 窟千佛雕刻

脚菩萨龛式，等等。护法天神像，开始雕刻在门拱两侧，佛本生、佛本行故事龛和连环画刻，出现在列壁最直观的位置，特别是作为出资者的供养人形象，以左右对称排列的形式出现在壁龛的下方。佛塔、廊柱、庑殿等建筑造型，跃然而出，飞天、比丘、力士、金刚、伎乐天、供养天，千姿百态，各种动物、花纹图案，争奇斗艳。至此，云冈石窟佛教艺术宝库的真容毕具。

第 7、8 窟是云冈营造最早的双窟，窟顶用莲花与飞天装饰的平棋藻井，赋予中国传统建筑样式以佛国仙境般的浪漫。第 7 窟门拱两侧的三头四臂神像，头戴尖顶毡帽，极具中西亚特征；第 8 窟门拱两侧，三头八臂的摩醯首罗天骑神牛，五头六臂的鸠摩罗天驾金翅鸟，其形象来源于古印度神话中的天神湿婆和毗湿奴，一位可以毁灭宇宙，另一位则能够创造世界。这种将婆罗门教大神转化为佛教护法神的现象，是印度密教思想的反映，完全属于西来像法，为中西石窟寺的绝版遗存。第 9、10 窟是中国传统的殿堂式建筑，但其窟外前庭由雄狮、大象驮起的廊柱和建筑造型，则混合具备了古印度与希腊、罗马建筑艺术风格；后室门廊两侧的金刚天王，不似其他窟的逆发胡神，而是头顶鸟翅。第 5、6 窟规模宏大，前者为大像窟，主尊高达 17.4 米，为云冈佛像之最，后者为塔庙窟，设计完整，雕刻纷繁，尤以描述释迦牟尼生平故事的系列浮雕"壁画"，著称于世。第 12 窟亦为廊柱式殿堂窟，

第 37 窟东壁佛龛右上角乘象投胎浮雕

第 35 窟东壁坐佛形体清秀

俗称音乐窟，其前室北壁上方的伎乐天手持各种东西方乐器，宛若一支"交响乐团"，是研究我国古代音乐史的珍贵素材。这些富丽堂皇的石刻艺术，惊世骇俗的伟大建筑，是中华民族奉献给全人类的不朽杰作。

云冈石窟的中期建设，正处于一个继往开来的蓬勃发展阶段。一方面是西来之风不断，胡风胡韵依然浓郁，占据着主导地位；另一方面是中华传统势力抬头，汉式建筑、服饰、雕刻技艺和审美情趣逐渐显露。我们能够感觉到，佛、菩萨等造像的雕凿，主要模仿的是新疆泥塑，那种制作便利、样式纷繁、面如满月、充满异国情调的黄泥制品，当时已在北魏都城附近大批量生产，并用来装潢佛塔、寺院，这为云冈雕刻提供了鲜活的样本。与早期造像相比，中期造像健硕、美丽依旧，但似乎丧失了内在的刚毅与个性，雕刻如同拓制泥塑一样程式化了。大像、主像和重要造像雕琢精细，虽然造像普通略显草率，但工匠洗练的刀法仿佛于漫不经心间流淌出来，反而给人以自由、活泼、奔放的感觉。部分佛像开始变得清秀，面相适中，佛衣除了袒右肩式、通肩式袈裟之外，出现了"褒衣博带"样式。菩萨的衣饰也发生了变化，头戴宝冠者外，又流行起花蔓冠；身佩璎珞，斜披络腋，转变为身披帔帛；裙衣贴腿，转变为裙裾张扬。这些佛装、菩萨装向着汉族衣冠服饰转化的倾向，显然是太和十年（486）后孝文帝实行服制改革、推行汉化政策的反映。由此，填补了我国南北朝佛教艺术从"胡貌梵相"到"改梵为夏"的演变过程的空白。

三、异军突起的秀骨清像

在云冈石窟中，汉民族意识的觉醒，我们说不清经历了多长时间。但是，深受西域佛教、像法影响的凉州僧团的领导地位，大约从太和五年（481）开始动摇了。随后，徐州义学高僧接受了孝文帝的邀请，率徒北上，"唱谛鹿苑，作匠京缁"（《广弘明集》卷 24《元魏孝文帝为慧纪法师亡施帛设斋诏》），代京平城的佛学风气为之一变。到太和十三年（489），褒衣博带、秀骨清像，登上了云冈第 11 窟外壁的佛龛，并从此成为时尚。如果说云冈第

第 29 窟南壁东侧下层阿育王施土因缘

第 39 窟中心五层塔柱

第 34 窟西壁

第 33 窟北壁

第 36 窟北壁

云冈石窟山门山门内为第 5、6 窟前木构楼阁

6 窟中最早出现的褒衣博带式佛像，尚未脱离"胡貌梵相"，那么第 11、12、13 窟外壁众多龛洞的造像则是完全"改梵为夏"了。

孝文帝迁都洛阳后，平城依然为北都，云冈的皇家工程基本结束，但民间盛行的开窟造像之风犹烈。尽管大窟减少，但中小窟龛却自东迄西遍布崖面。晚期主要洞窟分布在第 20 窟以西，第 4、14、15 窟和第 11 窟以西崖面上部的小窟，第 4 窟至第 6 窟间的小窟，大多属于晚期作品。这些数量众多的中小型洞窟，类型复杂，式样多变，但洞窟内部日益方整。塔窟、四壁三龛及重龛式的洞窟，是这一时期流行的窟式。造像内容题材趋于模式化、简单化。佛像一律褒衣博带，面容消瘦，细颈削肩，神情显得缥缈虚无，菩萨身材修长，帔帛交叉，表情孤傲。从效果上看，给人以清秀俊逸、超凡脱俗的感觉，显然符合了中国人心目中对神仙形象的理解。从艺术上看，相貌、衣着的改变，仿佛失却了造像内在的活力；但民间自发、自由的行为，仿佛又激发了另一种创造力。造像衣服下部的褶纹越来越重叠，龛楣、帐饰日益繁杂，窟外崖面的雕饰也越来越繁缛。这种风格与特征，与龙门石窟的北魏造像如出一辙，标志着中华民族对西来佛教像法做引进与吸收过程的初步结束。

（原文刊载于《中国文物报》2008 年 1 月 1 日）

沉默的佛尊
——云冈石窟中的主尊造像与胁侍造像

杭　侃

　　有一位考古专业的同学曾经给笔者发过一条短信，大意是说她本科时上历史系的课，一位老师直接说考古就是给历史打工的，引得课堂一片哗然，所以她对这件事记得很清楚，她问艺术史不会也把考古看成打工的吧？

　　笔者没有回复她的短信，但是一直在想怎么回答她的问题。因为这个问题不是她一个人会问到的。直到最近带学生在云冈石窟测绘，由于云冈石窟中部窟群正在搭架维修，我们有机会调查到一些未完成的窟龛造像，使得笔者又想起了这位学生的问题。笔者想可以用云冈石窟调查的实例来回答这个问题了。

　　云冈石窟位于山西大同城西16公里的十里河北岸，武州山南侧崖面上，东西绵延约一公里。石窟绝大部分开凿于北魏中后期，其"龛之大者，举高二十余丈，可受三千许人，面别镌像，穷诸巧丽，龛别异状，骇动人神"。云冈石窟是佛教传入中国后，在甘肃以东地区最早开凿的皇家石窟，是当时统治北中国的北魏皇室集中全国人力、物力和财力开凿的大型石窟。它所创造和不断发展的新模式，在北中国影响的范围之广、时间之长，是任何其他石窟无法比拟的，在佛教艺术的东传和石窟艺术的中国化进程中具有重要意义。所以，国内外学术界均对云冈石窟给予了很大关注。通过多年的努力，学者们建立了云冈石窟分期的基本框架体系。

　　目前对云冈石窟分期比较一致的看法认为可以分为三期，其中第一期即所谓的昙曜五窟（图1）。

　　和平元年（460），高僧昙曜上奏开五座石窟。《魏书·释老志》载："和平初，师贤卒。昙曜代之，更名沙门统……昙曜白帝，于京城西武州塞，凿山石壁，开窟五所，镌建佛像各一。高者七十尺，次六十尺，雕饰奇伟，冠于一世。"昙曜五窟即现在中区编号16至20的五座洞窟，学术界普遍认为这五座石窟是为魏太祖道武帝拓跋珪（371-409）、太宗明元帝拓跋嗣（392-423）、世祖太武帝拓跋焘（408-452）、恭宗（北魏高宗时追尊）景穆帝拓跋晃（428-451）和高宗文成帝拓跋濬（440-465）开凿的。文成帝之后，北魏平城时代还有两位皇帝，即显祖献文帝拓跋弘（454-476）和高祖孝文帝元宏（467-499）。献文帝在与冯太后集团的争斗中失势被杀，冯太后去世之前，孝文帝虽然为帝，但实权掌握在冯太后手中，史称"自太后临朝专政，高祖雅性孝谨，不欲参决，事无巨细，一禀于太后"。当时朝野将冯太后与孝文帝并称"二圣"。

　　第二期洞窟一般认为是孝文帝迁都洛阳之前开凿的。冯太后崇席，二期洞窟中有数组双窟被认为是为"二圣"所开。

　　第三期洞窟开凿于迁都洛阳到北魏正光年间。云冈现存的题记很少，但三期洞窟中均有大量的补凿龛像、存在打破关系的和未完成的窟龛。这些遗迹现象对于深入研究题记留存很少的云冈石窟具有很高的学术价值。

　　云冈中区编号为第9~13窟的五座第二期洞窟雕饰繁缛，有"五华洞"之称。这五座洞窟外壁风化严重，

图 1　第 20 窟主尊

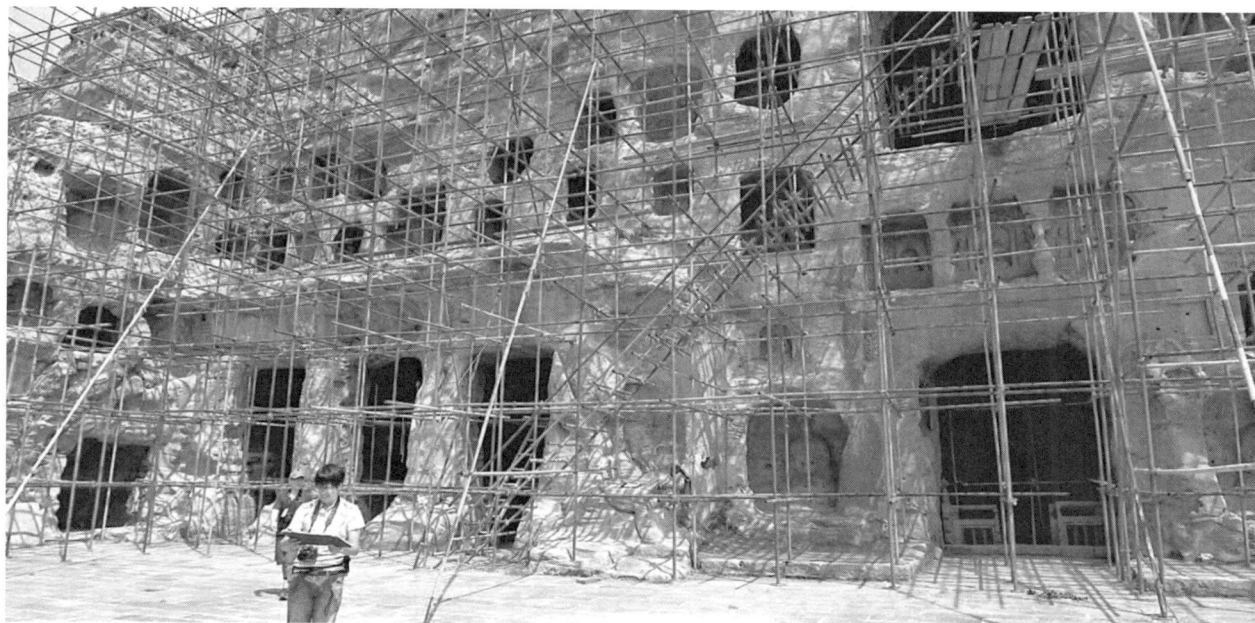

图 2　云冈中区维修工程施工照

第 9、10 窟的前檐柱雕刻精美，前檐柱朝南的一面风化殆尽，朝北（朝里）的一面保存情况要好得多。我们在云冈的时候，有一天下大雨，雨水顺着第 9、10 号窟的前檐柱流下来，形成的分界线正好是朝南的残破面与朝北的保存较好面之间的分界线，说明风雨等自然因素对云冈石窟造成的损害很明显。为减缓"五华洞"遭受自然侵蚀，国家决定在洞前搭建保护性窟檐，而为实施保护工程在洞前搭起来的脚手架（图 2），使我们有机会认真观察、记录到一些以前没有注意到的遗迹现象。

第 13 窟明窗东侧编号第 13-29 窟，从下面看是一个龛，但实际上是一个方形平顶的洞窟，现在尚能看到窟内上方西南角保留下来的一小部分前壁。窟内三壁设坛，坛上高浮雕造像，现存五尊。正壁主尊为坐像，仅凿出了粗坯。左右壁均为一佛一菩萨，靠近窟门的两身立佛稍高，已经完工。靠近主尊的两身菩萨，身体轮廓和衣纹大样都已经凿出，面部还是粗坯（图 3）。主尊完成度最差，仅凿出了轮廓（图 4）。

云冈还有一些未完成的窟龛，且完成程度不一，通过这些窟龛造像，我们基本上可以复原云冈石窟的开凿工序。这些工序对于我们认识过去学术界关注较少的石窟开凿工程相关问题，以及

图 3　第 13-29 窟西壁造像

图 4　第 13-29 窟正壁主尊造像

重新认识云冈石窟的补修和改作，进而认识其原来的布局设计等问题都是非常重要的。

第 13-29 窟较完整地再现了当时的雕凿方法及造像次第，窟内造像从窟口到正壁完成程度逐渐降低。门口的两身立佛高肉髻，脸型椭圆，穿褒衣博带式袈裟，肩部较为瘦削。右手施无畏印，左手施与愿印，跣足立于低坛上，造像已经全部雕凿完工。保留造像过程信息最多的是侧壁里端的两身菩萨，整体分为冠部、头部、颈部、上身、下身、基坛等六部分，各部分组成要素如头部的额发、双耳，上身的手臂、手掌、帔帛，胸前项饰以及下身着裙的轮廓都已雕凿出来，有规律地分布着錾刻痕迹。结合同期同类已经完工的造像，可以判断此处原本计划雕凿一尊高冠、戴项圈、左手执拂尘、帔帛交叉于腹前的菩萨像。尤其难得的是，菩萨像的高冠、脸部和身体上还保留着竖向的中轴线以及与之近乎垂直的横线，菩萨冠部、脸部的几道横线分别用来控制发髻、眼、鼻尖的位置（图 5）。

这种控制线在两身菩萨与坐佛石坯的脸部都有，尤其以西侧壁上的菩萨像最为清晰，且正好与我们传统测绘佛像时所设置的测绘线一致，由此回答了云冈石窟造像是如何控制各部分比例的问题。

完成程度最差的是正壁的坐佛，仅凿出坯形，整体分为头部、身部及座部（含腿部）三大段。其中头部留出椭圆形的石块，尚未做任何雕饰；身部凿出轮廓和手势，并预留了手臂上搭附佛衣的石料；座部大略凿出了佛腿部与基座的界限。石坯上的凿痕间距三厘米，斜向，加工粗糙，造像的各组成要素尚未区分（见图 4）。

第 13-29 窟正壁主尊和东西壁立佛、菩萨像的面部，正好反映了云冈造像面部加工的不同工序。正壁主尊的面部仅凿出一个粗坯，这个粗坯应该就是文献中所说的"面璞"。刘勰在《梁建安王造剡山石城寺石像碑》里记述浙江新昌宝相寺弥勒大佛开凿过程时说，南朝齐永明四年（486），高僧僧护到此游历，见寺北石壁上有如佛焰之形，于是"愿造弥勒，敬拟千尺，故坐形十丈……克勤心力，允集劝助，疏凿积年，仅成面璞"。可见开凿程序是从上而下进行的，首先凿成的是"面璞"。

从主尊的"面璞"加工到立佛的面部雕刻完工，中间经历了雕刻菩萨面部等环节。菩萨的头部加工成一个上部略小于下部的蛋状圆坯，与已完成的佛像面部对比，可以发现它已经具备了从额头至眉心、鼻梁一线的断面轮廓，下巴底缘位置也已确定。圆坯上纵、横辅助线卡定了面部各细节的比例，下一步就是参考这些辅助线，在石坯上凿去多余的石料，用减地法雕刻出五官。也就是说，云冈造像并非用凸起的五官来表现脸部，而是将额头至下巴的外轮廓线大体设计在一条弧线上，然后通过减去面部石料的手法来表现五官（图 6）。

这种用平直刀法加工而成的造像面部，可以用"斩金削玉"来形容，与唐代用圆刀法雕刻成的佛像有显著差别。西壁的佛像和菩萨像相距不远，当用双手同时抚摩这一身完成、另一身正在加工过程中的造像面部时，这种凹凸有致的加工手法可以清晰地传达至人的感官，而这种雕刻技法从现场的三维立体造像转变为二维图片时是看不出来的。

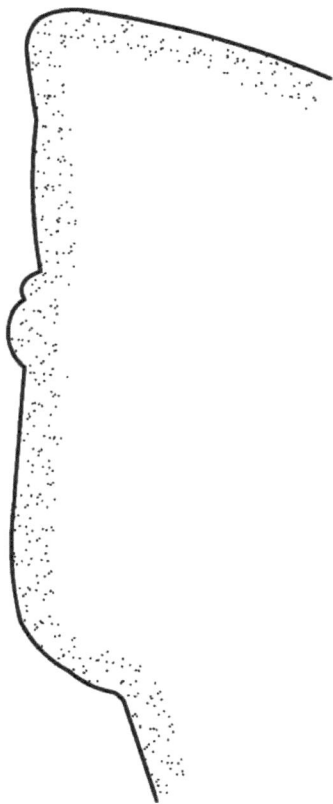

图 5　第 13-29 窟西壁菩萨头部的控制线和剖面示意图

图 6　第 13-29 窟西壁菩萨头部的雕刻过程示意图

图 7　第 5 窟主尊头部控制线和剖面示意图

图 8　第 5 窟主尊与火焰纹背光

云冈造像在雕刻头部过程中还有一个有趣的现象，即很多主尊的头部反而是最后雕凿完成的。例如第 13-30 窟西壁主像，双领下垂的袈裟已经雕刻完毕，唯独颈部以上还留有规律的錾凿痕迹。从这种痕迹可以知道，这尊佛像的面部不是后来被破坏的，而是计划留到衣纹雕刻完成之后再进行细刻。类似情况并非孤例，如第 5-36 窟正壁佛像，衣纹已打磨，唯独手部和头部没有加工；又如第 40-4 窟，窟内仅主尊和胁侍头部未完成。头部直接表现造像神情，是造像当中最难雕刻的，有资格进行主尊头部雕刻的人，应该是技艺最高的工匠。从上述信息我们推测，洞窟主尊头部完成的时间，可能就是整座洞窟完成的时间。具体到云冈石窟而言，文献所记一些皇帝巡幸武州山石窟寺的时间，当与某座大窟主体造像的最终完工相关。

至于手部推迟雕刻的原因，应该和工程问题有关。浙江新昌大佛在雕刻右掌的过程中，石材发生了断裂，所以只好调整原来的雕刻方案。这就是刘勰所记的"雕刻右掌，忽然横绝，改断下分，始合折中，方知自断之异，神匠所裁也"。刘勰在文章中将右掌断裂的原因归之为"神匠所裁"的"自断"，这是不符合历史真相的。实际上造成这种情况的原因在于，手臂与身体分开的空间在雕镂的过程中极易发生断裂。根据宿白先生的研究，这尊佛像原状应该是右手上举前伸、施无畏印的倚坐弥勒像，而不是现在双手重叠、呈禅定印的跏趺像。因为云冈石窟雕凿在砂岩上，许多地方石质不佳，手部断裂的情况难免发生。从文献记载和实物所带给我们的启示看，那些现存手臂残缺的古代造像，其残缺的手臂不一定全是人为或自然破坏所造成的，有些可能在雕刻过程中就已经损坏了。而古代造像中经常可以看到手臂残缺后修补的榫眼，有些可能是工匠在雕刻过程中为弥补手臂残损所采取的补救措施。

云冈石窟保留下来的这批未完成的窟龛，连同补凿遗迹和打破关系，为我们提供了深入进行云冈石窟研究的许多有用信息。如以云冈石窟主尊的大小而论，最大的造像并不在云冈中部的昙曜五窟，而是在第 5 窟。第 5 窟和昙曜五窟形制接近，均为马蹄形窟，主尊占据窟内的大部分面积，题材上以三世佛为主，这样规模的大像肯定是为皇家所开凿的。在云冈二期石窟中，也只有第 5 窟上述特点能与第一期昙曜五窟相连。问题是不论从主尊还是从东、西壁的两身佛像看，三身佛像的佛衣都是云冈偏晚的，所以过去一般认为第 7、8 窟最早，第 9、10 窟次之，第 5、6 号窟已经接近迁都洛阳之际了。但是，第 5 窟主尊背光上的火焰纹依旧属于第一期的典型样式（图 7、8）。

从目前调查所见云冈造像的雕凿程序看，一座洞窟中的造像，往往是装饰纹样和次要造像先完成，然后才是主要造像，主要造像又是主尊的脸部最后完成。所以，第 5 窟目前所呈现给世人的面貌，可能是出于于某种原因停工之后，再次补凿时留下来的。第 5 窟的开凿时间早，和完工时间不一致。笔者推测第 5 窟就是为献文帝开凿的石窟，由于献文帝集团在与冯太后集团的政治斗争中很快失败而停工，在孝文帝居平城后期又再次补凿完工。

像云冈石窟这样规模宏大的工程在当时如何开凿，文献上没有明确记载。由于中国古代轻视工匠技艺，文献中关于石窟开凿的记载都是粗略的，但通过缀合这些片段，我们还是能够知道古代石窟开凿的大致工序。开凿石窟首先要"斩山"，就是将坡状的自然山体修整出平整的崖面。《魏书·释老志》在记载龙门石窟开凿工程时说：

景明初，世宗诏大长秋卿白整准代京灵岩寺石窟，于洛南伊阙山，为高祖、文昭皇太后营石窟二所。初建之始，窟顶去地三百一十尺。至正始二年中，始出斩山二十三丈。至大长秋卿王质，谓斩山太高，费功难就，奏求下移就平，去地一百尺，南北一百四十尺。永平中，中尹刘腾奏为世宗复造石窟一，凡为三所。从景明元年至正光四年六月已前，用功八十万二千三百六十六。

由于有高差，"斩山"还需要修筑类似栈道的脚手架。刘勰在《梁建安王造剡山石城寺石像碑》中记述新昌大佛开凿过程时说："构立栈道……锥凿响于霞上，剖石洒于云表，命世之壮观，旷代之鸿作也。"说明开凿石窟所用的工具为锥、凿等传统工具，需要"剖石"，还要"构立栈道"，以便施工。云冈石窟现在还保留了几处"斩山"遗迹，其中有的还是二次"斩山"，即在第一次"斩山"保留的崖面上，再次利用这些崖面开凿洞窟。观察这些"斩山"痕迹，可以帮助我们考察洞窟的开凿次第和洞窟群的原初设计。

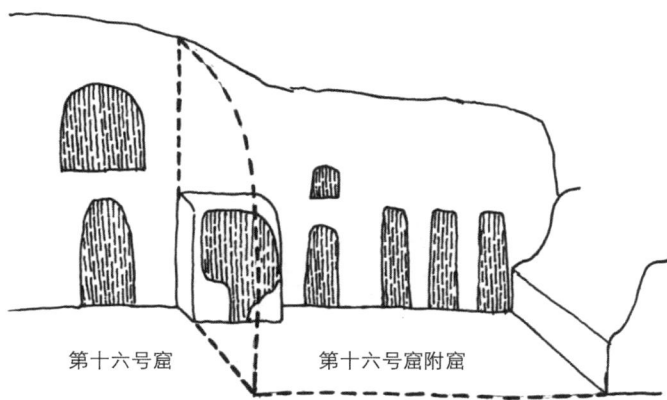

图 9　第 16 窟附近的"斩山"痕迹与洞窟开凿之间的关系示意图

石窟工程中的"斩山"遗迹一般容易被注意到的是开窟的那一面崖壁，实际上，伴随着"斩山"工作还会形成三个"斩山"壁面，分别为正壁两侧的"斩山"侧壁，以及正壁下缘向前的"斩山"平台。"斩山"平台为进一步开窟提供了基础工作面，有的"斩山"平台就成为后来参观者的地面。云冈石窟有数处明显的"斩山"遗迹，其中第 14 窟东侧的一处"斩山"遗迹明显。但仔细观察就可以知道，第 14、15 窟开凿在二次"斩山"的崖体上。在第一期昙曜开凿五座大窟的时候，第 16 窟东侧的"斩山"痕迹原来在现在第 15 号窟西侧的位置，和第 16 窟靠得很近。这可能是由于第 16 窟原来并不是规划在现在这个位置上，而是位于第 20 窟西侧。第 20 窟早于第 16 号窟开凿，在开凿的过程中，第 20 窟西壁出现大面积坍塌，形成现在露天大佛的模样。昙曜所规划的第 16 窟的位置，据研究原来应该在第 20 窟的西边，而在施工过程中，由于石质关系出现了严重问题，不得已把第 16 窟调整到现在的位置上。现在编号第 16 窟的附窟，实际上开凿在昙曜最初规划的东侧"斩山"遗留的山体上。该附窟为横长方形，窟的后部与第 16 窟前壁之间的岩体很薄，现在已经有穿透的地方，窟的前部凸出于第 16 窟的前壁，清楚表明它利用了残留的崖面，即第 14 窟未开凿之前，第 16 窟和现在第 14 窟东面的崖体之间是第一次"斩山"遗留的崖体，因为第 14 窟的开凿需要，这个崖体被再次修整，第 14、15 窟便开凿在二次"斩山"的崖面上（图 9）。

第 14 窟开凿时还有较大空间，而第 15 窟开凿时，就已经没有多少空间，所以开凿成了垂直方向很高的带明窗的窟。这样就可以看出原来昙曜五窟附近的岩体是怎样被逐渐利用的，也就可以研究洞窟开凿次第，进而深入讨论它们在社会历史、佛教和艺术史中的价值。在以往的工作中，研究者对造像比较精美的洞窟给予了重视，但对残破的洞窟、石窟中大量存在的打破关系、未完成窟龛和施工遗迹注意得比较少。实际上，完整记录所有洞窟的信息，使石窟寺的研究建立在科学基础之上，这种研究既不是单纯的文献研究所能完成的，也不同于以往艺术史的解析。

（原文刊载于《美在成久》2015 年第 3 期）

云冈石窟第 20 窟立佛与佛龛

王雁卿

云冈石窟昙曜五窟是据《魏书·释老志》的记载而命名的，和平初，"昙曜白帝，于京城西武州塞，凿山石壁，开窟五所，镌建佛像各一，高者七十尺，次六十尺，雕饰奇伟，冠于一世"。此五所窟即云冈石窟现在的第 16~20 窟。五个窟内均以三尊大像作为造像中心，即北壁雕一尊大佛像，东、西壁各雕一尊形体次于主尊的佛像，第 19 窟的过去佛和未来佛则另开耳窟。五个窟的佛像形体高大，气势宏伟，占据窟内面积的大部分，其他三壁刻满千佛龛，间雕佛龛、小立佛等，可以看出昙曜五窟是以开凿大像为主要目的。第 20 窟的主像雕凿三佛，北壁主尊佛像结跏趺坐，东、西壁各雕一立佛。第 20 窟本不露天，后来南壁坍塌，佛容露天。露天大佛成为云冈石窟的代表。

图 1　第 20 窟西壁

现存的第 20 窟东西壁立佛之上有不等的二佛并坐佛龛，布局上稍不对称，从昙曜造大像窟的计划看，佛龛不可能是最初的设计，那它开凿于什么时候？与立佛的关系如何？文献资料中对昙曜五窟仅有几笔记载，更多则只能用考古方法来推论。杭侃先生曾撰文论及第 20 窟西壁立佛，认为两个释迦多宝并坐佛龛打破了西壁立佛头光无疑，并绘制了平面图[①]。从图上看，杭侃先生的推测确有道理。笔者最近特意观察了第 20 窟的东西壁，发现了新的情况。

我们先看一下西壁，如果西壁立佛之上的小佛龛打破立佛头光的话，那么，佛龛是在头光忍冬纹环带的壁面上进行雕凿，也就是说，佛龛的壁面应该低于，或至少与忍冬纹环带的壁面平行，主尊耳后追刻的小佛龛便嵌进岩壁里（图 1）。而实际上，佛龛圆拱梁柱立面较忍冬纹环带要高一些，而且与圆拱相接部分的忍冬纹叶的雕刻并没有按图案排列顺序继续雕凿，而是变形了。只可惜，仅剩这么一点相连的关系，不能清楚地说明问题（图 2）。

图 2　第 20 窟西壁主尊头光与小佛龛

再看东壁。东壁从上至下到东立佛头光之上有四个佛龛，其中第三个佛龛龛底右下角"进入"东立佛

① 杭侃.《云冈第 20 窟西壁坍塌的时间与昙曜五窟最初的布局设计》,《文物》1994 年第 10 期, 第 56 页。

头光之中（图 3）。

雕刻头光忍冬纹环带花纹的最大叶子向上延伸就应该雕下那个龛底右角才能形成完整的圆形头光。但那一个忍冬纹叶子并没有延伸上去，叶头未雕出来，而是保存了佛龛的完整。因为龛底右角和忍冬纹环带的叶子处在同一个壁平面，忍冬叶如果雕出叶头，就有可能破坏掉佛龛龛底。所以说并不是佛龛龛底一角打破了忍冬纹的叶头，而是已有佛龛在前（图版 4）。

日本学者水野清一、长广敏雄也注意到这一点，他们在《云冈石窟》第 13、14 卷的图版说明中写到第 20 窟西壁立佛之上较大佛龛的"左侧有一个小的二佛坐龛。它明显侵入右胁侍佛的头光中央顶部，难以明白意味着什么，好像是右胁侍佛的附属部分，面向小龛有五体供养小像，其间刻题名"。又在另一个图版说明中写道："注意到在这个唐草纹带的中央，残留着二佛并坐尖拱龛的一半。这明显从当初就雕进头光唐草纹带的顶点，不是后期追刻的。而且，比东胁侍佛的头光早，或者是与此同时雕的小佛龛。如果那样，也许是偶然雕进这个位置，这个小龛的东侧有供养天人二体。"[1] 他们也看到了佛龛与立佛头光的关系。

关于佛龛的特点，笔者在做硕士论文《云冈石窟佛龛的类型与分期》时，曾比较仔细地考察了云冈石窟众多的佛龛，并把第 20 窟佛龛列为早期佛龛，它的特点是：佛龛龛楣空白素面且向里凹，龛楣尾的龙仅雕出龙头回顾，或是简单地雕出涡形圆角，拱柱头雕成束帛座，束帛座的形体较小，褶较密细，上部雕成两瓣同心圆状，柱身隐约雕出。有矩形铭刻雕刻于龛外上部。龛内坐佛多右手上举，左手握衣角或作禅定印。衣纹搭在右肩的袈裟面积特小，袈裟内的僧祇支用两条凸棱来表示，腿部衣纹从足踝处向两膝底部雕出一条宽裙缘，两腿衣纹竖向略带弧状，口朝足部，左臂及胸部衣纹阴刻密集，同主佛背光内的坐佛风格一致。背光内有的小坐佛就裸露着右肩。

昙曜五窟中其他四窟尖拱佛龛的龛楣增加了小禅定坐佛，龛内坐佛右手上举，左手握衣角。衣纹僧祇支仍用凸棱来表示，但披在右肩的袈裟面积加大，左腿衣纹呈弧状且口朝膝部，弧度加大，衣纹不如第 20 窟佛龛内坐佛的密集。中期第 7、8 窟及第 11、12、13 窟诸窟佛龛变化更大，龛楣内容增加，龛楣尾的龙头变成站立的龙或凤身，束帛座的形体变大，龛内除坐佛外，还雕有飞天或胁侍菩萨等像，坐佛右手上举，左手手心向上握衣角或手背向外持帛坐须弥座或覆莲座。内着僧祇支，披在右肩的袈裟面积明显加大，腿部衣纹朝左膝，呈尖弧状，且两足间的衣纹雕成尖状。第 9、10 窟佛龛龛内坐佛像裙缘呈折带纹，腿部衣纹出现相背弧形，僧祇支呈半圆弧状提高进入腋下。

第 20 窟佛龛外侧胡跪的供养天人，头戴花冠，臂、腕戴钏，斜披络腋，帔帛顺臂进入肘间，飘于两侧，下束大裙，衣纹密集，上身长于下身，身体浑圆，双手捧物，与主像背光内的胡跪供养菩萨如同一形。而此形头戴花冠供养天人不见于别窟他龛。其他窟的供养天人身后的帔帛

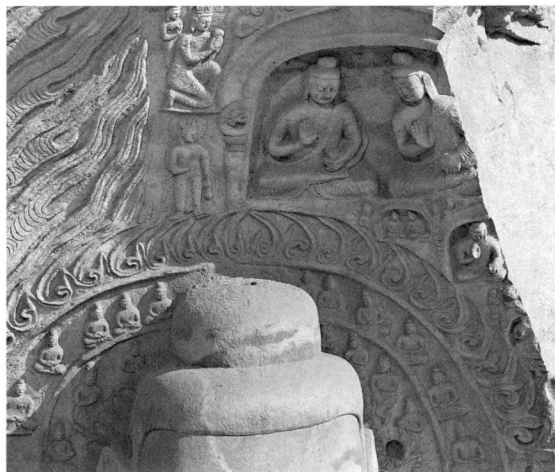

图 3　第 20 窟东壁

① 水野清一、长广敏雄.《云冈石窟》第 13 卷、第 14 卷图版说明，日本，京都大学人文科学研究所，1954 年。日本学者称忍冬纹为唐草纹。

呈横圆状，身体比例匀称，衣纹疏朗。

第 20 窟西壁立佛之上的佛龛龛外上侧有矩形铭刻区及供养人，线刻文"□□□及知识，造多宝佛二区"和"佛弟子□□为七世父母、所生父母□□"等二条，可能是云冈石窟早期的铭刻形式。因为其他窟内的佛龛的铭刻均置于龛下，两侧排列供养人。

综上所述，第 20 窟窟壁佛龛的佛像雕刻特征以及供养天人的特征等都与第 20 窟主像背光内的佛像、供养天人的风格一致，

图 4　第 20 窟东壁主尊头光与小佛龛

佛龛明显具有早期特征。所以，推测第 20 窟窟壁佛龛的开凿时间至少与第 20 窟立佛像的开凿时间一致，或者还要早。此式佛龛可能是云冈石窟开凿最早的二佛并坐龛[①]。

第 20 窟西壁佛龛龛外左侧与其上部的一群供养菩萨、供养天人、弟子等像均背着主尊而面向佛龛，明显是供养佛龛的。而面向主像的三身胡跪供养天人，尤其最下一层的双手合十的供养天人与其右侧面向佛龛的捧物供养天人同处一个平面，风格一致，应该是经过设计而同时雕刻的。所以不论是面向佛龛的，还是面向主尊的这一群像与佛龛都是同时雕刻的。

从开凿石窟的过程来看，未完成的第 3 窟的发掘提供了开凿洞窟程序与方法的实物资料[②]。第 3 窟前壁呈阶梯状，系当年削山劈壁时自上而下层层开凿所致。之后的开窟也是自上而下、由外及里。石窟开凿之始，必有审慎的设计，有严密的施工图。在陡壁上放样之后先凿明窗，沿窗口引进水平线和窟内中心线，从明窗外看昙曜五窟，均可看到主尊头部。然后自上而下开凿，开凿到一定工作面时，窟顶造像工程已开始。而造像在开凿窟形时已预留坯体，依度量造像经在窟内开好的壁上布置已计划好的佛像组合之后再精雕细作。具体到佛像，我推测，至少雕出佛像头部的大致轮廓，或雕出佛头部才雕刻头光，这样第 20 窟立佛始雕头光时，佛龛已存在，头光的花纹只好稍做一点改动。而西壁佛龛旁的供养人和铭刻又恰如其分地跪在立佛头光的外边缘上，这是否说明佛龛、立佛头光或立佛、供养人雕刻相隔时间不会太远。

第 20 窟立佛与佛龛的关系，给我们提供以下信息：

一、众所周知，昙曜五窟是皇家工程，属神圣之地，怎容民间成分夹杂，这群雕像和佛龛所处的位置又不同于后期追刻在明窗、拱门的佛龛。长广敏雄在解释第 5 窟内第一次开凿未雕刻的壁面时认为："云冈巨大的本尊像窟，其营建的目的本来就是极其单纯的。即北魏朝廷为亡故祖先祈求冥福的所谓追善供养，并通过此举，发扬他们的英雄主义，夸耀国力。因此，大佛必然日益巨大。大佛坐像第 19 窟超过 16 米，第 5 窟超过 16 米。许愿者北魏朝廷一定相信，建造巨大石佛，只要为大佛开眼，就达到目的。以后怎样都行。后事就可委托给在武州山石窟寺住持的众多僧侣们。既然开眼供佛已结束，就是说，已施行造佛造寺的功德，

---

①　长广敏雄.《云冈日记》第 123 页，书中也讲此像是云冈石窟最早的二佛并坐像。日本放送出版协会刊，1988 年。

②　国家文物局主编，《十年百大考石新发现》"洞窟开凿技术揭秘——云冈石窟第 3 窟遗址"，文物出版社，2002 年。笔者参加了当时的发掘。

完成了礼仪。那么，朝廷便不再感到有参与石窟寺的必要。本尊像窟对于朝廷来说存在的理由仅此而已。"[①]
那么第 20 窟的佛龛是否也是这种情况！从佛龛旁的造像记内容上看，是属于佛弟子等所造像。众所周知，
第 18 窟窟前地面不平整，而且立佛的莲花座还没有完整雕出，第 17 窟胁侍佛龛飞天披帛绕在身后成环状，
是中期飞天的特征，第 16 窟主佛脸型与衣饰属中期的特征，第 19 窟西侧耳窟是中期完成的等，说明昙曜
五窟并没有按设计圆满完工便结束了昙曜五窟的皇家工程。我推测也许昙曜建议"开窟五所，镌建佛像各一"
后，真的只建了佛像各一，例如第 19 窟连胁侍佛都未完成，便禀报朝廷，尊重北魏王朝"为石像，令如帝
身"的造佛像以象征帝王的传统，完成皇家工程。之后再按预先设计及宗教界的思想造三世佛，来宣传佛
法流通后世，永存无绝的思想（第 19 窟的双耳窟是据五窟营造计划预先设计好的）。这时佛弟子和僧尼也
开始造像。佛像是神圣的，后来的立佛头光也不能将佛像破坏，只好保存佛龛的完整。如果皇兴元年（467）
献文帝行幸武州山石窟寺是为了五窟开凿成功，那么，第 20 窟东、西两壁的佛龛的开凿时间在 467 年之后。

二、还有一种可能，即在雕造两侧主像的同时，供养佛龛的雕刻就开始了。就是说在开凿昙曜五窟时，
因监督不力，参与开窟的或是参与开窟佛事活动的佛弟子就在窟壁开龛造像。时间是在 460 年至 465 年[②]。

三、二佛并坐龛与立佛相继雕成，造像记明确"造多宝佛二区"，在其他四窟窟壁上部也有许多早期
风格的二佛并坐龛，第 18 窟窟壁上部的佛龛全是二佛并坐龛，第 19 窟南壁上部立佛旁的千佛龛里也有二
佛并坐小龛，说明在云冈早期开凿昙曜五窟时就已流行《妙法莲华经》。《法华经·普贤菩萨劝发品》中
说受持读诵书写"法华"，"是人命终，当生忉利天上……为千佛授手，令不恐怖，不坠恶趣"。《思惟略
要法·法华三昧观法》曰："正忆念法华经者，当念释迦牟尼佛于耆阇崛山与多宝佛在七宝塔共坐。"所以，
早期二佛并坐龛的开凿正反映了佛教僧俗对法华经的推崇与弘扬。后因冯太后长期擅政的政治原因，云冈
石窟中期大量出现二佛并坐龛，不仅常作为主像置于正壁，而且装饰华丽，还建造了一系列双窟，是当时
北魏王朝既有皇帝在位，又有太后临朝的反映。一方面佛教在北魏大行"法华"，另一方面又反映出北魏
佛教与世俗皇权相互利用的功利主义色彩。

四、第 20 窟窟壁除下部有晚期的佛龛外，未发现比立佛和佛龛还晚的东西，说明南壁坍塌的时间很早，
晚期的佛龛是在南壁坍塌之后雕刻的。

---

① ［日］长广敏雄.《云冈石窟的研究笔记》，张丽波译，《北朝研究》1992 年第 1 期。
② 这里采用宿白先生的分期观点，即云冈一期，460-465 年。参见宿白《云冈石窟分期试论》，《考古学报》1978 年第 1 期。

北魏洞窟究竟是如何开凿的

刘建军

　　我国古代开凿山岩洞穴一般惯用火烧法，具体方法就是先用木材在岩石面进行烧烤，当岩石达到一定的温度后，再往灼热的岩石上泼水，俟炸开裂缝再用大铁楔或其他工具进行加工。然而使用火烧的方法有一个问题，岩石酥裂已不成材，洞穴壁面的岩石结构也遭到破坏，只能在特殊的情况下作辅助之用，因此它广泛地应用于道路、水利工程。那么洞窟究竟是如何开凿的？它的开凿方法具体又是怎样的呢？

　　1993 年，云冈石窟第 3 窟遗址的发掘解决了洞窟开凿程序和方法问题。遗址中一些新发现的未开凿完工遗迹现象，不仅是北魏平城地区石窟工程、乃至北魏其他地区石窟工程研究方面的最基础材料，同时对分析确定洞窟壁面和窟顶等部位是否北魏开凿石窟时留下的遗迹，都有着十分重要的参考价值。

　　在这个洞窟的前庭、前室与后室经过考古发掘的基岩地面全部保留着如何分割或揭取岩石的大量信息，为我们今天研究石窟工程问题提供了详细的实证材料。值得注意是：后室东侧基岩遗迹，它反映了石窟工程技术中岩石分割与揭取的过程。在东西宽约 5.90 米、南北长约 8.35 米范围内，由东至西分别凿有纵向（即南北向）沟槽 6 条，将岩石面分割 5 条南北向长方形条石，它的长度分别在 4.8~8.3 米之间不等，宽度大约在 0.90~1.2 米之间；再由北至南又分别凿有横向（即东西向）沟槽 6~8 条，将每条纵向沟槽分割的岩石面又分成 5 至 7 个规格不同的石块，石块大小不等，根据需求来确定。不仅如此，洞窟的内外其他岩石表面也布满分割或揭取岩石的考古遗迹。很显然，这种岩石分割方式适应规模较大的大型洞窟岩石开采，可见大的施工作业面也是工程项目能够顺利实施的必备条件。因此，分割岩石是石窟工程开凿程序的需要，也是想让开凿的洞窟岩石能够迅速采集出来首先要进行的步骤。这应是石窟工程的洞窟开凿程序岩石第一项工作。

　　与此同时，分割岩石的沟槽形制也决定着揭取石块的大小和规格。一般分割、揭取石块沟槽的宽窄、深浅，直接影响着分割石块的大小。石块大者沟槽普遍宽深，小者沟槽明显浅窄。沟槽断面基本上呈 "U" 字形，上面口部较宽，向下逐渐缩小变窄，底部为圆弧形。根据遗址保存沟槽实际情况测量，沟槽的宽一般为 9~21 厘米，深为 30 厘米左右。槽壁遗留有斜向凿痕，凿痕间距 2.5 厘米左右。沟槽将岩石面分割后，如何揭取地面岩石，我们只能从细部观察其具体方法：矩形石块从分割石块的一端依次逐块揭取，首先选择分割石块的某一端，将沟槽再沿着岩石面呈 30°~40° 方向继续凿成斜向沟槽，随后打入铁质楔子，从一端撬起。这种分割、揭取石块方式应与云冈石窟地区沉积性砂岩的结构有着密切的关系。

　　从上述洞窟内、外的岩石面遗迹分割、揭取现象分析：洞窟形制确定后，一般洞窟的开凿和开采石料的工序基本相同，像云冈第 3 窟这样大的石窟，洞窟的内外都有相当大的空间和足够施工作业面，因此在施工过程中如果需要大面积凿去的岩石，就要首先对岩石进行分割，然后再揭取，这样就形成了自上而下的逐层开采石料的方法。这种逐层开采石料的方法，不仅适用于面积较大的洞窟，也适应洞窟内空间高旷的石窟。

在第 3 窟后室壁面上接近明窗的位置，因风化比较严重，发现了一层断断续续凸出石窟壁面的残石，根据该窟考古发掘后地层推断，这些遗迹是北魏开凿洞窟时残存的遗物。其实，这个现象是石窟工程过程中的洞窟上部与下部空间分别开凿后，打通上部与下部之间隔层时遗留的残迹。从这些凸出壁面的残石基本上可以形成接近明窗地表位置看，假如相互连接就可以覆盖全部洞窟后室，并且形成了一个平面。这个遗迹现象告诉我们第 3 窟后室的开凿工程分两个阶段：上层开采的石料由明窗运出，下层开采石料由门拱运出，当上层洞窟的窟形基本完成，下层洞窟开凿到一定程度，才能将这个隔层打通，所以壁面残留北魏遗迹能够说明这一问题。同时，联系前庭的正立面和两侧立壁的遗迹现象观察，洞窟前庭的前立壁和两侧立壁形成了三个明显台阶遗迹，并且东、西侧立壁的遗迹完全对称，可以说明前庭开凿工程分成三个阶段。

根据新发现的第 3 窟洞窟窟内外的基岩面分割的沟槽情况和揭取岩石的凿痕以及壁面、窟门等遗迹现象局部开凿情况分析，结合窟外前庭两侧立壁及前室顶部平台等存在的一些遗迹现象研究发现。第一阶段施工作业的位置是前立壁顶部到两侧立壁顶部位置的台阶；第二阶段施工作业的位置是两侧立壁顶部到前室顶部平台位置的台阶，其中也包括后室的明窗上层洞窟空间；第三阶段施工作业的位置是前室顶部平台到前庭地面甚至更下的位置，其中包括后室明窗以下至现存岩石面的下层洞窟空间和东、西两个前室。

此外，洞窟内、外凿取的岩石面还发现其他的一些遗迹现象。如封闭式圆形沟槽将地面的岩石分割成圆形石块，这是有计划、目的开采石料的方式。圆形石块揭取，是将环形沟槽某一段，凿成缺口，再从这个缺口的地方撬起，具体方法也与矩形石块撬起的方法相同。还有一种圆形石块揭取的方法是将环形沟槽外沿凿 6~8 个较小的缺口，在每个缺口岩石的底部斜向打入铁质楔子，让岩石彼此分离，最后从某一缺口撬起。可见，开凿岩石目的完全是考虑了石材利用。

云冈石窟开凿于侏罗纪长石石英砂岩层，洞窟所选择的位置多集中在中砂岩与细砂岩的区域地带，只有少量的窟龛分布在粗砂岩和粉砂岩中。这种地质情况形成的岩石结构与石灰岩比较，它的质地就显得十分脆弱，结构松软，也容易开采。尤其沉积性砂岩的特殊岩性和构造更适合于分层开采石料，即由上向下地逐层揭取石块。因此，当一个较大的岩石面彼此相互用沟槽分割后，再进行石块的揭取就显得容易，工作效率也很高。通过云冈石窟第 3 窟的遗址研究发现，北魏时代的每一个大型石窟的开凿都应根据洞窟形制的设计要求进行，先凿出石窟的基本窟形，然后才进行壁面的雕刻造像。如果造像超出或突出壁面，则采用在凿取窟形时预先留下每一组中每尊造像的坯料，然后再进行艺术加工。一般大型石窟的开凿大致可以划分为三个阶段，即第一阶段主要是斩出洞窟外部接近窟顶的崖壁；第二阶段主要是斩出洞窟外部明窗位置的崖壁，并通过明窗开凿洞窟内的上层空间；第三阶段主要是斩出洞窟外部门拱位置的前庭崖壁，并通过门拱开凿洞窟内的下层空间，这些都反映洞窟的施工程序与方法，说明石窟工程的计划性和目的性都十分明确。

（原文刊载于《中国文物报》2006 年 12 月 22 日第 7 版）

云冈筑堡与古寺衰微

张　焯

朱明建国，大同、宣府（今河北宣化）一线成为防御蒙古人南侵的极边，广设卫所，屯扎重兵捍蔽京师。嘉靖中，因鞑虏入寇，又于大同西路增筑军堡，扼守塞口，云冈堡始有其名。然而，云冈堡并非新筑，乃是对一座叫作"石佛寺堡"的重修与更名。从历史角度看，这种防御性质的军事堡垒的次第设立，意味着对周围地带的军事管辖；武州山石窟寺为其侵逼，受其影响，无疑是巨大的。就是说，石窟寺在很早以前，已不再是众善趋鹜的清修佛地。因此，考察云冈筑堡的历史，搞清楚其建置的时间、规制、嬗变等情况，将有助于我们了解云冈石窟步入衰微的历史轨迹。

一、云冈堡建置始末

清雍正《朔平府志》卷 8《武备》曰："云冈堡，建于前明嘉靖三十七年，万历甲戌改建于冈上，周一里四分零，高连女墙三丈五尺。地近腹里，无分管边墙，止火路墩八座，今裁并。"从中可知，明代曾先后在崖前、山顶建筑过两座云冈堡。同卷又云："云冈堡，今裁，归左云县，改为民堡。明设操守一员，旗军二百一十八名，马一十二匹。以上官军，国初奉裁。"就是说，云冈堡屯兵驻守，是在明代；进入清朝，划归地方管理，成了百姓居住的村庄。对于云冈堡，光绪《左云县志》卷 3 叙述的最为条理清楚：

> 云冈堡，东至大同，西至高山，各三十里；南北俱村。接火墩八座。新旧二堡：旧设崖下，
> 嘉靖之戊午也；因北面受敌，议移岗上，万历之甲戌也。旧者仍留，以便行旅；新者尚土筑，女
> 墙系包砖，共高三丈五尺，周围一里五分。下有寒泉，皆佛窟，亦灵境也。

嘉靖戊午，即嘉靖三十七年（1558），所建之堡在云冈石窟崖前。这座堡垒，大约清朝时已经毁坏，所以方志的作者没有描述其形制。关于筑堡之事起原委，见《明世宗实录》卷 459 该年五月九日的记录：宣大山西"总督、尚书杨博言：'大同边墙倾圮，城堡破坏，虽有士马，不能遏虏之不南。臣请以修复墩堡为要，'疏入，下所司覆议，俱可。博乃再陈修筑堡塞事宜：'请自右卫至左卫，每四里加筑二墩；左卫至南山站，每五里加筑一墩；南山站至镇城，每五里创筑一墩。其左卫、高山站之间，总筑一大堡二小堡，大堡设操守一人，戍卒五百人，马百匹；小堡设把总一人，以充守御。高山站至镇城，亦如之。'报可。"右卫，即今右玉县；左卫，今左云县；高山站，今高山镇；镇城，大同府城。随后，在"高山站至镇城"之间修筑的大堡，即"东至大同，西至高山，各三十里"的云冈堡。

嘉靖筑堡工程的概况，见云冈石窟研究院藏碑，题名曰《重修云冈堡记》：

> 古者，石佛寺通西四卫道也。于嘉靖二十七年，内为右卫饷道，改名云冈堡，设操守一员，

把总二员，坐堡一员；招募官□五百名。所以保障地方、转送粮饷甚便。是我□巡抚杨爷、镇守张爷垂恩，而民沾其泽也。累年风雨推坏，操守吴公殚厥心思，随其规模，委把总陈公，用本堡军士河南运土，修造堡门一□、□楼一座；筑堡东面敌台三座，上盖城楼□间；修公馆二所；修塌堡墙一面，周围栏□墙，挑洗壕堑；修盖披塌营房百间，改□□装，什物鲜明；要路挑宂，赚窖三百余个；□饬火路烽［火＋候］、墩台十座。公早兴晚休，□□不问巨费，区处捐财，不时犒赏，始终勤□，一一修饬。其忠于为国者哉。乃我吉宣，具重修始末。事工虽未□，前请为纪工记录。其大者，操守、指挥吴公昆，把总陈公嘉谟、袁公镇，兴斯举者悉□之。嘉靖四十三年七月吉日，坐堡官吉宣。

"巡抚杨爷"，指大同巡抚杨选，嘉靖三十七年三月任，八月丁忧，三十九年十一月复任，明年六月调离；"镇守张爷"，即大同总兵张承勋，三十七年三月任，次年九月离任。云冈堡兴工，应在嘉靖三十七年八月以前，杨选、张承勋曾亲临部署。推敲碑文，我们发现：嘉靖三十七年设立的云冈堡，系由一座叫作"石佛寺"的旧堡改建，故而作者称之为"重修"。当年重修云冈堡时，旧堡已经"累年风雨推坏"；新筑工程"随其规模"，是依照原样进行的重建。所谓"修造堡门一□、□楼一座"，可能是指西门楼；"筑堡东面敌台三座，上盖城楼□间"，指东堡墙及其门楼；"修塌堡墙一面"，约为南北堡墙之一。整个工程，历时七年。从此，便有了"云冈堡"之称，云冈石窟也因此得名。

万历甲戌，即万历二年（1574），所建之堡在云冈山巅。堡城长方形，南墙中央开门，外筑瓮圈。现在，除南门与西南墙体被拆毁外，基本完整。该堡的特别之处在于：东南、西南二角，各有向南斜筑的土墙，墙宽约为堡墙的一半，分别延伸至第9窟、31窟崖顶。这样"八"字形的土墙，显然是堡城的附属设施，为的是屏护上下山之路的畅通，保证二堡间的相互联系与援助。

山下的土堡，现有遗址两处，但已看不出完整的样式。为我们提供相关信息的是一幅老照片，那是1939年秋在云冈石窟进行调查、测绘的日本学者拍摄的航空照，刊登于长广敏雄的《云冈日记》。照片中，云冈山川清晰，残堡突现。依据照片记录和对现存遗迹的测量，我们绘制了下面的"云冈堡图"（见下图）。如图所示，嘉靖云冈堡（下堡）在万历上堡的西南崖下，大致为纵向长方形。南墙、东墙及东堡门尚在，西墙、北墙部分存在。这座嘉靖重修的古堡，今天只剩下了东墙的南半段。

在东、西堡门处的稍南，向外各箍筑有一道围墙，将堡城劈中抱定：西墙自第31窟处向南（今铺为坡路），与现在残余的"凹"型堡门、土墙相连；东墙自"无名窟"西的残留山体，西南向斜插，与现在残存的"匚"型墙相连。二墙的建筑意图，与山上的"八"字墙相同，应系统一规划的工程。崖下这两道围箍堡城的土墙，亦各有堡门，门洞上镶嵌石刻题额，东曰"迎薰"，西曰"怀远"，万历十四年（1586）立。这两座门洞，1961年拆毁。唯西门洞残台，后来包砌片石，改为气象台（今废）；其"怀远"门额，被移放在第7窟前室。嘉靖堡东门的拆除时间，要更早些。

综上所述，云冈山前旧有石佛寺堡，明嘉靖三十七年后重修，改名云冈堡。万历二年，另在山上筑堡，云冈遂分上堡、下堡，形成犄角之势。万历十四年，两堡间的夹墙竣工，将上堡、下堡连属一体，

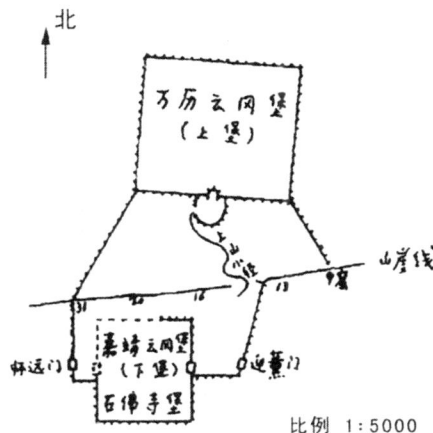

北↑

云冈上、下堡图

比例 1:5000

构成了封闭式的防守体系。万历工程，整整用了十三年。清代以后，废为民堡，逐渐颓坏。

二、石佛寺堡的创建时间

石佛寺堡之筑，诸书没有记载。明正德八年（1513）成书的《大同府志》卷2《土堡·续设》中，列有"石佛寺堡"。所谓"续设"，就是继续设置。同卷《关塞》曰："石佛寺口，在府城西三十里，左卫东一百十里，有墙堡。"可见，该堡是被用作从大同西出蒙古道路上的一个关口。也就在这一年，《明武宗实录》卷117记："三月十七日，虏大举入寇……五月四日，复以五千骑从八股泉入……复以百骑从大窑山墩入，来往石佛寺堡、滑石岭、安边堡至东山村诸处，四散大掠。"大窑山，在云冈东北约10公里处。这三条史料证明，石佛寺堡早于云冈堡近半个世纪已经存在。

再往前追，《明宪宗实录》卷245记成化十九年（1483）秋，镇朔大将军朱永奏："大同东西延袤千里平漫，居民星散，无险可守，宜及此闲暇修治边墙，及增筑野口、宣宁、四方涧、石佛寺六堡，虏至，驱人畜入其中，既可以自固，亦可以伏兵。"所谓"增筑"，是指对旧堡的增高增厚夯筑，说明当时石佛寺堡的堡墙比较低矮，不足以固守。至于此时是否进行了增筑，书中没有皇帝的答复，而不久朱永就被诏令回京。另外，明成化十年（1474）编纂完成的《山西通志》其卷3《关塞》曰："石佛寺口，在大同府城西三十里，左卫东一百十里，有墙堡。"卷4《驿递》："大同行都司十三铺，俱三十里至……西路七：石佛寺铺、高山站铺、左卫北门铺、牛心站铺、右卫在城铺、双山儿铺、威远在城铺。"铺，即铺递、驿站（明清铺递一般围筑土墙，像一个四合院）。由此证实，石佛寺堡既是一个关口，同时也是驿站，驻有驿卒和守关之兵。时值云冈堡之前近一个世纪。

按照明清方志的惯例，对本朝的建筑工程，一般都有记载。石佛寺堡周长约500米，工程规模不能说小，而成化距有明开国适才百年，对此仅言"有堡墙"，不讲建于何时；且当时已经破弊，需要增筑。显然表明，那不是明代的建筑物。对于这座残堡，嘉靖《重修云冈堡记》以"古者"相称，说明碑记的作者也不知其历史来源。今天残存的嘉靖堡墙，南北49米，墙体分为两重，外层（东侧）斜压内层（西侧），外层的土质混杂，夯筑疏松；内层的土质纯净，夯层坚硬。这一现象表明，被包压的夯土要比包压它的土层更古老，而后来增筑的工程质量不佳。《明神宗实录》卷22中，载有万历二年二月兵部的一道回复，讲："修理大同沿边墙堡，限以五年报完……但向来所筑边墙，俱欠坚固。"文中"向来"二字，有些含糊，却用意明显，表达了兵部对大同边墙屡修屡坏的一种不满。由此，透露出明代大同筑墙工程的缺陷与特征。据此断定：那些疏松的外包墙，应是嘉靖遗物；被包压的坚硬矮墙，属于石佛寺堡旧墙，建筑于明朝以前。

郦道元《水经注》卷13引《魏土地记》曰："平城西三十里，武州塞口者也。"平城，即大同城的古称；武州塞，汉代闻名，北魏沿袭。《旧唐书》卷39《地理志二》："善阳，汉定襄地，有秦时马邑城、武周塞。"说明其始建于秦，唐代犹存。这座关塞的作用与性质，与石佛寺堡、云冈堡大致相同，应该就建筑在云冈石窟附近的某处滨水的道路上，今天却不见踪迹。明嘉靖云冈堡的夯土取自河南，在现存残墙中，我们没有发现什么特殊的包含物；万历上堡及其"八"字墙，土源不明，但夯层中却含有大量的河卵石和陶器片、布纹瓦，叫人不禁想起那销声匿迹的武州塞，只是现在我们尚难确定其坐落位置。不过，有一点很明确，北魏武州塞与后代的石佛寺堡的基址不在一处。因为石佛寺堡正好坐落在武州川（今十里河）的故道上，而这段河道直到金代初年仍然流水汤汤。据曹衍《大金西京武州山重修大石窟寺碑》记：金天会九年（1131），"元帅府以河流近寺，恐致侵啮，委烟火司差夫三千人，改拨河道。"改拨后的河道，就是今天的十里河云冈段；而其故道在石窟前25米以南，经1993年考古发掘得到了证实。由此可以断定，石佛寺堡的建筑时间，是在金代南移河道之后。

《辽史》卷48《百官志四》曰："不能州者谓之军，不能县者谓之城，不能城者谓之堡。"堡是最小一级的城镇建制，具有军事防御性质。从《金史》《元史》中看，金代的城堡建设较多，在北抵御蒙古，在西阻击西夏，在南与宋朝对垒；元代却极少有城堡建设，对外始终采用的是一种秋风扫落叶式的骑兵攻击战术。若就二朝的形势论，女真人的强敌是蒙古族，特别金朝后期，来自蒙古高原的压力越来越大，当西京（治今大同市）部分地区沦陷后，首都被迫由燕京（今北京市）南迁汴京（今河南开封）。蒙古人所向无敌，灭西夏、金、南宋，建立了统一的大元王朝。元朝时，统治者视山西为其腹里，往日的战略地位已失去意义，于是罢置西京，改设为大同路。因而，元代在大同城西建堡的可能性几乎为零。由此分析，石佛寺堡之筑，可能在金代防御蒙古南侵之时。

金代在西京北境设立两路招讨司，《金史》卷44《兵志》曰："西北路者置于（应）[桓]州，西南路者置于（桓）[丰]州，以重臣知兵者为使，列城堡濠墙，戍守为永制。"桓州，在今内蒙古正蓝旗；丰州，在今呼和浩特东。大致在金世宗大定年间（1161-1189），北边一线初步构筑起城堡、濠墙等防御体系。章宗（1190-1208）即位以后，北疆形势更趋紧张，进一步加强了边墙边堡建设。尽管史书中没有石佛寺堡之建的记载，但其设立于此时，大概不会出错。

三、石窟寺的衰微时代

清康熙初年，江南名士朱彝尊客游大同，在《云冈石佛记》一文中，开门见山地说："云冈之寺有十，建自拓跋氏，今之存者，特其一耳。"可见，云冈石窟给他的第一印象，即古寺衰败。竹垞先生看到的唯一寺院，就是今天第5、6窟所在的"石佛古寺"。这种遍山石窟、独有一寺的荒凉场景，最晚于明朝万历云冈工程以后业已形成。万历十四年，在云冈下堡两侧向北增筑的夹墙，一墙在第31窟，一墙在无名窟旁，将整个石窟区域截为三段，彻底破坏了北魏以来依山凿窟、傍窟建寺的传统布局。在残存于今的夹墙夯土中，我们发现含有大量的砂岩石块和青砖，石块属于遍布山前的开山废料，青砖仿佛来自近处某些坍塌的房屋。这项工程，明显属于急就章。从此开始，云冈的西部半壁石窟沦为兵营、马厩，迫使古老的石佛寺拘缩一隅，成为山野小寺。

1939年，长广敏雄在《云冈日记》（王雁卿译）中写道："石佛寺以第5、6窟为中心，大体上具备木造楼阁、僧侣宿泊的僧房，以及其他伽蓝建筑。以五华洞西端土墙为界，以东是伽蓝寺庙院。因而把第14窟以西的昙曜五窟，以至更远的西方窟群看作神圣区域之外，变成农民们利用的场所。是难以言喻的荒芜村落……傍晚，变得寂静了。石窟成为野鸠和蝙蝠的栖息场所，到处都是野鸠的屎，弄脏了佛像，已堆积了几百年……几百年以来，农家长期利用石窟做土房，从不感觉到心痛。石窟从很早以前就不再是宗教圣地。"长广先生看到的，从第5窟到无名窟土墙的石佛寺范围，大约与275年前朱彝尊所见情景相同。他讲土墙以西的石窟，村民入住了几百年，与清初云冈堡废为民堡的历史相符。

《云冈日记》又讲："第 10 窟前室，还堆放着千年土堆。要清除需要很多劳力。已清除的正面的八角柱基部和四周壁的基部前及窟中央，还残留着五十公分以上的土堆。"长广谓第 10 窟前室被尘土覆盖了千年之久，应是针对半米以上土层的一种推测。不可能很准确，但也不无道理。公元 5 世纪的下半叶，北魏皇帝在武州山开凿石窟，石窟寺达到鼎盛。《水经注》中描述当时的景致为："山堂水殿，烟寺相望。"隋唐及其前后的 500 年，石窟寺衰落了，梵音唱晚之声，再没越过雁门山峦。辽兴宗重熙十八年（1049），皇太后发愿重修大寺，一时间，十寺郁立，佛国复兴。怎奈，好景不长。金皇统七年（1147）曹衍《大金西京武州山重修大石窟寺碑》记："亡辽季世，盗贼群起，寺遭焚劫，灵岩栋宇，扫地无遗。皇统初，缁白命议，以为欲图修复，须仗当仁，乃请惠公法师住持。师既驻锡，即为化缘。富者乐施其财，贫者愿输其力，于是重修灵岩大阁九楹，门楼四所，香厨、客次之纲常住寺位，凡三十楹，焕然一新。又创石垣五百余步，屋之以瓦二百余楹。皇统三年二月起工，六年七月落成，约费钱二千万。自是，山门气象，翕然复完矣。"碑中讲，辽末石窟寺遭受火灾，灵岩大阁被焚。至于其他寺宇的情况，没有说明。推敲碑文，所谓"重修大石窟寺"，修建的主体实为"灵岩大阁"，就是今天第 3 窟外的阁楼；其"九楹"（面阔九间）之制，遗迹犹在；"门楼四所"及寺舍"三十楹"，今皆荡然无存。不过，曹衍似乎告诉了我们，辽金时期的石窟寺以灵岩大阁为核心，是最重要的建筑。"创石垣五百余步"，在第 3 窟前 20 米处，曾有石坝发现，实际是一道东西向延伸的武州川故道的堤岸。这道石坝，北魏即有，今天仍然新砌为石墙。"屋之以瓦二百余楹"，应指灵岩寺之外的房屋，说明当时不仅重修了灵岩大阁，同时还恢复了不少其他洞窟前面的建筑。曹衍之后，石窟寺便阒寂无闻了。

大约 12 世纪后期建立的石佛寺堡其北墙距昙曜五窟仅 30 余米。这样，石佛寺堡实际上已与石窟寺连成一体。戍守兵卒的入驻，军事形势的恶化，必然使本已衰微的石窟寺雪上加霜，日益萧条。至晚在 13 世纪初，西京大同陷落时，云冈石窟已是僧去楼空。

以后的石窟寺历史，我在《金元之际全真道入据云冈石窟》（载 2004 年 11 月 5 日《中国文物报》）一文进行过考述。这里，引录金末刘祁《归潜志》卷 9 中的一则故事："李瀚公渡因游围城，会云中一僧，曰德超，谈及乡里名家刘、雷事。公渡留诗云：邂逅云中老阿师，里人许我话刘雷；略谈近日诸孙事，颇觉襄怀一笑开。众道髯参宜帅幕，人怜短簿去霜台；围城香火西庵地，尝记秋高雨后来。"故事发生的时间，在金朝迁都汴梁以后。围城，不知在今天河南杞县南的围县故城，还是洛阳东南的围乡；云中，是大同市的旧称；刘、雷，指大同府浑源州的两大儒学名门，刘祁即在诸孙之列。大同籍沙门德超，老年云游，反映的正是《至元辩伪录》所载：蒙古大举"兵火已来，精刹名蓝率例摧坏"；西京地区佛寺，"兵火之后，无僧看守"的这种僧人逃遁的情状。也正是在这种的山寺无僧钟自鸣的情况下，全真道士住进了云冈石窟。

忽必烈至元年间（1264–1294），西京大华严寺慧明大师僧徒，重新收复了石佛寺。但此时已无力修复灵岩大阁，于是乎佛寺改在第 5、6 窟以西。从此，石窟寺的佛国庄严气象淡矣。在云冈的东部，很可能道教的势力并没有完全撤离，霞洞、云深处、山水有清音等遗址，也许曾长时间存有生气。道士占据石窟一隅，标新立异，甚至成为时尚，一直影响到了明代大同的文坛风气。我们翻阅云冈诗文，会发现一个有趣的现象：明代大同文人题咏的"云中八景"中，以"石窟寒泉"为一景，描写的是云冈第 2 窟"寒泉洞"的景致，追求的依然是道家闲云野鹤式的逍遥；到了清代，"石窟寒泉"退出了"云中八景"，取而代之的是"云冈佛阁"或"石窟摩云"，描写的是顺治年间宣大总督佟养量所修的第 5、6 窟阁楼的风景。明清两朝官宦文人，对云冈审美时尚的这一变化，根源来自现实，是时代发展的必然，是石窟寺历史的折射。

从云冈第 1 窟到碧霞洞之间的石壁上，除"碧霞洞""云深处""山水有清音"三处大字额外，尚有摩崖题刻十几处。现在，能够看到字迹的仅剩三四处，可辨识文字内容的两处。一是顺治初年巡按宣大、监察御史朱廷翰《游云冈石佛寺和成韵》，二是他的后任高景的无名题刻。朱廷翰的草书题诗，为唱和石碣韵《石佛寺》而作。石碣韵，殆非人名，盖指刻在石碑或石壁上的诗。顺治《云中郡志》卷 14 录有石碣韵《石佛寺》四首：

> 峻嶒龛峇倚云开，昙影缤纷天际来。三十二观随处是，石莲浮动现金胎。
>
> 茎草原从帝释开，妙同宝月印川来。推开慧海留生面，亿万恒沙结髻胎。
>
> 宝宫杰构五丁开，金粟飞花匝地来。
>
> 何处是空何处色？须弥芥子一（班）[般] 胎。
>
> 心眼关头不易开，维摩悟后（谒）[偈] 飞来。
>
> 饱参玉版三乘偈，笑指摩尼五色胎。

按"胎"字韵诗，最早出现于辽末。辽道宗时，僧人智化刻造玉石观音像，立于兴中府（今辽宁朝阳）南境的天庆寺，并首唱胎字韵诗二首，官僧和者 24 人。寿昌五年（1099），勒石寺中。云冈石碣韵，年代、作者失载，说是辽末金元之时则无凭，说是明代以前则无疑。大约朱廷翰来云冈，览罢石碣韵，即和其韵于石壁。

云冈石窟东区的摩崖题记，我们今天已经说不清楚是从什么时候开始，也不知道那些消失了的题刻是什么。若参照北方地区山间佛寺的摩崖石刻推测，始于辽金的可能性极大。若依据清初迄今 360 年朱氏、高氏题刻风化殆尽的速度推测，那些消失的题刻，最晚应是明代的作品。另外，明代各地风尚"八景"之咏，成化《山西通志》卷 7《景致》中说："寰宇之内，大而一方，次而一郡一邑，各有景致。近世，词人撼而拟之，其目不一，各形图咏，盖表其名胜以为伟观云。"所云"近世"，应指有明，也许宋辽金元（金李俊民《庄靖集》有"平水八咏"）。而明代以"石窟寒泉"为云中胜景，方志中留诗七首，作者有洪武间大同府学训导王达善，正统间大理寺丞仰瞻，景泰间大同巡抚年富等。题刻于石壁的可能性，也不能说没有，可惜我们今天已无法证实了。

要之，蒙元以来道仙遗踪、风流歌咏，赏月吟云，煮雪戏水，云冈东部窟崖早已成为隐逸者、锄云客，乃至迁客骚人的乐土。"云冈"二字的由来，非此区域莫属。其后官绅之众，追风逐雅，趋之若鹜，良有因也。

最后，我想说，云冈石窟这八百年衰微的原因，与石佛寺堡、云冈堡的建立，因果相联。这座军堡的兴废历史，同时也是石窟寺走向衰落的历史。当然，此就微观角度而言。从宏观上讲，石窟寺的衰微，与金代以后佛教在中国的整体颓势有关，与元代以后大同城市地位的下降有关，与后代佛僧崇尚城居广刹的世俗化倾向有关。

（原文刊载于《敦煌研究》2007 年第 6 期）

云冈石窟的建筑脊饰

张　华

云冈建筑雕刻中的屋顶，皆为"庑殿"式的屋瓦——四坡五脊，诚然，这是中国古建筑中屋顶等级最高的形式，这种形式一般在宫殿抑或重要寺庙的建筑中之所用。云冈本是北魏皇家开凿的石窟寺，极自然、合理地雕刻为庑殿顶，竭力显示切合实际需求的匠心，亦特具一种意趣装饰的艺术风格。本文试图从以下三个方面来讨论北魏云冈建筑的脊饰。

一

云冈石窟建筑屋顶的脊饰呈露出既有建筑上的结构构件，又有非结构上的附属装饰，具有多种式样。作为建筑屋顶内容上的饰物，排列的大小、配置的类别、数量的多少、布局的搭配等具有不同的诸多式样，现例见如下（按正脊分六种类型）：

A 型：正脊中央为金翅鸟，垂脊不同（按垂脊分三式）

Ⅰ式：正脊中央为正面金翅鸟，垂脊为侧身金翅鸟

例：第 9、10 窟前室东、西壁屋形龛，正脊两端为鸱尾，正中为一正面金翅鸟，两侧各雕二忍冬三角纹样；

图 1　云冈第 10 窟前室西壁

图 2　云冈第 12 窟前室北壁西侧

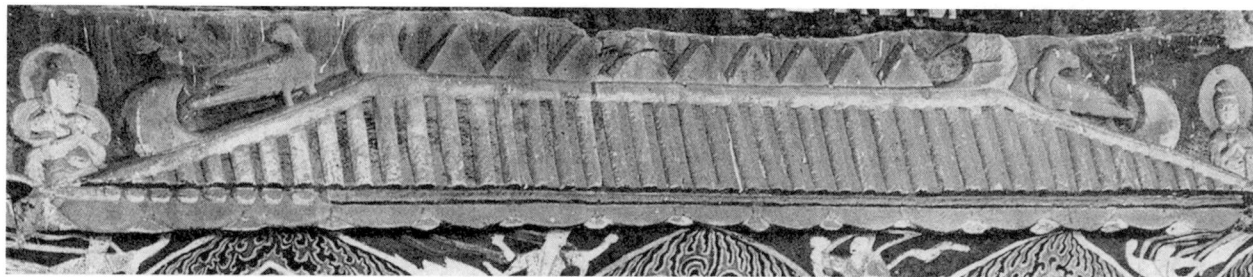

图 3　云冈第 13 窟南壁正中屋形龛

垂脊上雕侧身式金翅鸟（图 1）。

Ⅱ式：正脊中央为金翅鸟，垂脊为鸟首反顾金翅鸟

例：第 12 窟前室北壁门拱西侧屋顶，正脊两端为鸱尾，正中为正面金翅鸟，两侧各雕一素面三角纹样；垂脊上雕侧身式鸟首反顾金翅鸟（图 2）。

Ⅲ式：正脊中央为金翅鸟，垂脊无装饰构件

例：第 13 窟东壁第四层南侧屋形龛，正脊两端为鸱尾，正中为金翅鸟；垂脊上无装饰构件。

B 型：正脊为三角纹样，垂脊不同（按垂脊分三式）

Ⅰ式：正脊为三角纹样，垂脊为金翅鸟和鸱尾

例：第 13 窟南壁七佛立像并列三个屋形龛，正中屋形龛，正脊上九个素面三角纹样，两端为鸱尾；垂脊上段装饰侧身金翅鸟，下段为鸱尾（图 3）。

Ⅱ式：正脊为三角纹样，垂脊亦为三角纹样

例：第 9 窟后室西壁南侧上层屋形龛正脊上五个素面三角纹样，两端为鸱尾；垂脊正中饰一素面三角纹样。

Ⅲ式：正脊为三角纹样，垂脊无装饰构件

例：第 13 窟东壁第四层北侧屋形龛，正脊为三个素面三角，两端为鸱尾；垂脊上无装饰构件。

C 型：正脊无装饰构件，垂脊不同（按垂脊分二式）

Ⅰ式：正脊无装饰构件，垂脊为三角纹样

例：第 10 窟后室南壁第三层东侧屋形龛，两端为鸱尾，正脊无装饰构件；垂脊为一忍冬纹三角。

Ⅱ式：正脊无装饰构件，垂脊亦同

例：第 9 窟后室南壁门拱与明窗间屋形龛、第 6 窟中心塔柱南面下层佛龛左侧以及第 11 窟西壁第三层南侧屋形龛，两端为鸱尾，正脊与垂脊均无装饰构件。此式在第 9、10 窟后室南壁较为多见。

D 型：正脊中央为金凤鸟，垂脊为金翅鸟和鸱尾

例：第 13 窟南壁七佛立像并列三个屋形龛，两侧屋形龛正脊两端为鸱尾，正中为金凤鸟；垂脊上段装饰侧身鸟首反顾金翅鸟，下段为鸱尾（图 4）。

E 型：正脊中央为圆形宝珠，垂脊为三角纹样

例：第 6 窟东壁下层佛传故事的宫中娱乐画中，屋形龛正脊中央为圆形宝珠；垂脊为三角纹样。

F 型：正脊中央为三角纹样，垂脊亦为三角纹样

图 4　云冈第 13 窟南壁东侧

图 5　云冈第 6 窟南壁

例：第 6 窟南壁维摩诘经变屋形龛，正脊中央为三角纹样，两侧宝珠与三角纹样间之；垂脊亦为三角纹样（图 5）。

二

中国古代建筑的三个基本要素（台基、柱梁和屋顶）中的历来被视作巍然高举的屋顶部，在云冈石窟雕刻中作为佛龛的一种表现形式比比皆是，从以上列举的例子中不仅显示出中国传统建筑融合在佛教艺术中之，同时屋顶部的装饰为龛形的美丽冠冕，这两者在实用和美观方面皆具功效作用。

其一：真实地表现古代建筑结构

云冈石窟建筑雕刻中的"庑殿"式屋顶，雕出了实际方面的功效。这种屋顶形式，正脊称"房脊"，即屋顶中间部位与面阔平行的脊，它的骨架是脊桁，为前后两坡交汇的屋脊，其作用是封护两坡面瓦垄交汇处，防止雨水渗入；斜脊称"垂脊"，它的骨架是从脊桁斜角，下伸至檐桁上的部分。正脊两端的构件，无疑本来即是结构上的部分，此瓦作构件古称之为"鸱尾"。云冈庑殿顶上的正脊两端均雕饰有这种"鸱鸟之尾"，这突出脊上之物，既表现出"扶脊木"和脊桁的关键枢纽性质；又带有鸱鸟能吐水可防火灾，胡璩《谭宾录》"南海有鱼虬，尾似鸱，激浪即降雨，遂设象与屋脊"，因而做成鸱尾象来压火灾有象征意义，故将其形象用于建筑脊饰。

正脊两端装饰鸱尾形象的记载最早见于晋代，《晋书·安帝纪》（晋书卷十、帝纪第十）云："……

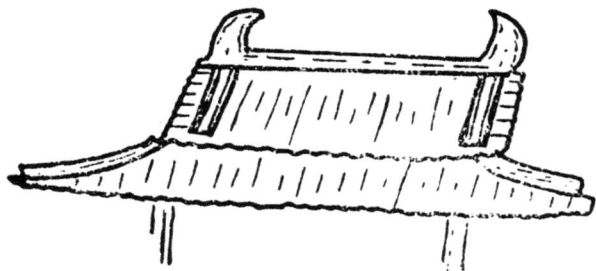

图 6 日本法隆寺玉虫厨子

丙寅，震太庙鸱尾①。"又《晋书·五行下》（晋书卷二十九、志第十九）云："义熙四年十一月辛卯朔……。五年六月丙寅，雷震太庙，破东鸱尾，彻柱，……②。"早期实物多见于汉代画像石刻诸建筑形象中。而反映于雕刻和壁画中的则见石窟和寺庙中，北魏时期云冈屋顶雕刻中所见鸱尾的外形则为内缘线微弯曲，外廓线呈半圆状，整个轮廓做尖尾状内卷，

背后无鳍（图1，图2），与敦煌莫高窟北魏257窟等壁画中建筑屋顶上的鸱尾所见相同，云冈在其身内剔刻有弧状线，显示出层次弯曲面，颇具立体感。应是鸱尾中比较早期的原始形象。这种虹尾上指，尾尖向内，似一尖叶上翘的简单式样，与龙门石窟古阳洞内刻有正始四年（507）铭记旁边的建筑雕刻中和麦积山第30窟崖阁屋脊和第133窟第10号造像碑下层屋脊等相类似，表明南北朝时期使用范围已相当广泛。凡此数处

足证现存北魏时期以及日本飞鸟时代（相当我国南北朝晚期至唐代早期）的法隆寺玉虫厨子屋顶上的鸱尾（图6）等同属一个类型，使用无不与汉代鸱尾一样。

垂脊亦雕饰鸱尾，云冈见于第13窟南壁（图3，图4）和第1窟南壁（上段未雕金翅鸟），这种应用于垂脊上的鸱尾，与正脊的尖叶状形式相同。敦煌莫高窟第254窟（北魏）阙形龛（图7）、

图 7 敦煌莫高窟第 254 窟南壁东侧上层

第257窟西壁中层和南壁后部中层垂脊的前端上绘有鸱尾亦与云冈相类似，这应是具有结构原则上的脊饰，但这不同于后代屋顶上戗脊的尽端安戗兽，但与后代的戗兽脊饰规则相似。在结构上亦具有意义，不纯为偶然。

其二：表现出美观的合乎审美装饰的布置

屋顶本是建筑上最实际必需的部分，两坡面隆起之处的屋脊，最初是一种防漏水措施，后演变成优美的曲线轮廓和活泼的屋顶装饰。"古代匠师在解决功能的同时，更注意了它的艺术处理。由简单的式样逐渐发展成形式多样的各种脊饰。"③云冈石窟建筑中的仿木构式屋顶更为活泼美观，并没有不自然的造作之处，屋顶上的种种装饰物严靓巧丽，为需求布置但显得美观，屋顶正脊和垂脊上雕饰的附属装饰构件，如金翅鸟、忍冬纹或素面三角纹样和圆形宝珠等，这些被视作极其简易的装饰，不具结构关节，只为美观的需求而布置，使本来无趣简拙的屋顶部，成为具有点缀之美和佛教寓意之功用的佛龛。

1. 云冈屋顶雕刻佛教寓意上的金翅鸟。正脊和垂脊上用金翅鸟装饰，除了具有宗教的意义外，尚承袭汉石刻中所示的"凤鸟、朱雀"之制的影响而出现的。南北朝时期由于佛教的盛行，表示在佛教石窟里的

---

① （唐）房玄龄.《晋书》卷十《安帝经》。中华书局，1974年，第262页。
② （唐）房玄龄.《晋书》卷二十九《五行下》。中华书局，1974年，第879页。
③ 祁英涛.《中国古代建筑的脊饰》，文物，1978年第3期，第62页。

图 8　云冈第 9 窟前室北壁

图 9　云冈第 13 窟东壁第四层南侧

中国传统建筑中出现佛教内容上的形象，那么云冈石窟汉式建筑雕刻中出现佛教内容上的金翅鸟，亦是北魏时代所展示的形象特征。

金翅鸟，又名妙翅鸟。梵名迦楼罗，是佛教八部众之一。《大方广佛华严经搜玄分齐通智方轨·世间净眼品》（卷第一上）云："迦楼罗者金翅鸟也"[1]。《华严经探玄记·世间净眼品》（卷第二）"迦留罗新名'揭路荼（荼）'此云妙翅鸟。鸟翅有种种宝色庄严，非但金色。依海龙王经，其鸟两翅相去三百三十六万里，阎浮提止容一足……"[4]《妙法莲华经文句》（卷第二下）"迦楼罗，此云金翅。翅翮金色居四天下大树上，两翅相去三百三十六万

图 10　云冈第 12 窟前室西壁

图 11　龙门古阳洞西北隅上部

里。"[2] 一般来说，迦楼罗是以人面鸟身、鸟面人身或全鸟身形出现，是五方佛中北方羯摩不空成就佛的坐骑。但遗存中迦楼罗（金翅鸟）的造型式样与佛经记载中是不同的。"中世纪雕刻家无法形容出它是什么样的鸟，就把中国传统中所形容的'鸷鸟之不群兮，自前世而固然'、嘴尖翻硬、秦以前铜器中曾经雕造出的大鸟，

---

① 　《大正新修大藏经·经疏部三》（第 35 册），新文丰出版有限股份公司，1983 年，第 17 页。

② 　《大正新修大藏经·经疏部二》（第 34 册），新文丰出版有限股份公司，1983 年，第 25 页。

图 12　固原北魏墓中棺盖板屋脊

央，式样为圆头，大眼，鹰喙，头上饰物，两爪衔脊，双翅向上展开，但具体又有所不同，如第9前室北壁的双翅分两层，即尖翅与卷翅（图8）；第13窟东壁第四层南侧的双翅均为尖翅（图9）；第12窟前室西壁的更为特殊，有头光，头戴"花蔓冠"，双翅为尖翅，双脚似鸡爪（图10）；龙门石窟（图11）与云冈第12窟以及宁夏固原北魏墓中 [4] 彩画漆棺的棺盖上方左右屋顶正脊各绘一只金翅鸟（图12），与云冈第9窟前室北壁正脊中央的基本类似，但头上未饰物。因此石窟和

图 14　云冈第6窟中心塔柱南面下层佛龛左侧

当作迦楼罗鸟，运用在佛教艺术中"，[1] 敦煌壁画"劳度叉斗圣变"中金翅鸟尖嘴利爪，面颜略像鸱鸮（鸟类的一科，猫头鹰亦属于鸱鸮科），以鸱鸮和鸡为母体 [2]。那么这些既非汉代画像石（砖）凤鸟或朱雀之式样，亦非南北朝墓中的"千秋万岁"（亦称人面鸟）形象 [3]。但具体的造型式样各个时期和区域却有所不同。

云冈屋顶金翅鸟正面形的多表现于正脊中

图 13　犍陀罗塔基浮雕

墓中是借用鸟类，大体方面在同一时间段和同一朝野时期基本相同，但在具体式样有一些差异的。

云冈这种正面金翅鸟不仅出现于正脊中央，亦表现于拱额两端如第9窟前室北壁第三层西侧二佛并坐圆拱龛等；龙门古阳洞南壁中层西部一盝拱龛楣，龛楣上沿中央亦出现金翅鸟，两端刻鸱尾。侧面的多表现于垂脊上，这与古印度犍陀罗塔基浮雕 [5] 的楣拱龛上侧面的表现极为相似（图13）。但云冈侧身式的形状各不相同，第13窟垂脊上的为一类，鸟首反顾，双翅垂下；第12窟前室北壁西侧的亦鸟首反顾，但双翅为尖翅和卷翅；第9、10、12窟前室东西壁的为另一形状，与正脊上表现的为同一类。云冈出现的这种侧身鸟饰，不仅呈露于垂脊上，也有如第9窟前室北壁侧身金翅鸟表现于正脊中央的两侧（图8）。

① 　阎文儒.《云冈石窟研究》，广西师范大学出版社，2003年，第141页。

② 　欧阳琳.《敦煌壁画中的凤属禽鸟类纹样》《麦积山石窟艺术研究所·石窟艺术》，陕西人民出版社，1990年，第61页。

③ 　朱岩石.《"千秋万岁"图像源流浅识》，中国社会科学院考古研究所，汉唐与边疆考古研究编委会，《汉唐与边疆考古研究（第一辑）》，科学出版社，1994年，第131页，图1、2。

④ 　宁夏固原博物馆.《固原历史文物》，科学出版社，2004年，第161页。

⑤ 　〔日〕长广敏雄，水野清一.《云冈石窟装饰意义》《云冈石窟：第四卷（序章）》，京都大学人文科学研究所，1952年，第4页。

总之，云冈屋脊上含有承袭汉代凤鸟式样之规制。金翅鸟替代凤鸟的意义，这呈现出由于南北朝佛教的兴盛，在某种意义上来说，含有护法、守卫的意义。因此，在佛教建筑中金翅鸟具有的佛教寓意是显而易见的。然而，在北魏墓中屋脊上亦出现的与云冈相似之金翅鸟，显示出北魏太和年间的风格。

2. 云冈屋顶雕刻金凤鸟，第13窟南壁东西两侧屋形龛正脊两端为鸱尾，正中为金凤鸟（图4），与第6窟中心塔柱南面下层龛额上的同为一类（图14）。汉代建筑如东汉画像石中的函谷关[3]以及汉代石棺画像中的简阳三号石棺天门[1]等等所示屋顶装置"金凤或朱雀"。这两种鸟为汉代观阙等建筑上相当流行的饰物，但两者形象很难分辨。金凤为一种"祥瑞"神鸟，在画像砖（石）中较多出现，似与当时统治者十分重视天灾和"祥瑞"之兆的思想意识无不关联。汉代画像石中屋顶正脊、垂脊上亦大量装饰凤鸟，那么北魏石窟和墓中金凤鸟的出现亦应渊于汉代，也起着守卫作用，抑或具有突出祥瑞的涵义。

图 15　大同方山北魏永固陵

北魏时期，现在我们已知的大同方山北魏永固陵墓（481-490）中甬道南端石券门西侧门框石门柱的上端浮雕"金凤"形象[2]（图15），与云冈第13窟南壁和第6窟之鸟相比较，不难看出为同一式样，在整体轮廓及细部处理上具有一定的相似性，比如尾部的姿势等。

3. 正脊和垂脊上雕饰的"素面三角""火焰形三角"或"忍冬叶形三角"的纹样，作为装饰性构件在屋脊上也表现得较为突出。

图 16　云冈第 21 窟东壁

---

① 高文.《四川汉代石棺画像集》，人民美术出版社，1997年，第52页，图98。
② 大同市博物馆，山西省文物工作委员会.《大同方山北魏永固陵》，文物，1978年第7期，第29页。

这种"三角纹样"式装饰早在汉代就出现，见于汉代石棺画像石，如四川合江四号石棺车临天门和彭山二号石棺双阙等正脊中央[11]60-70；以及山东滕州汉画像石"百戏·乐舞"屋顶等①，这种素面三角纹样在云冈诸屋顶中呈露的如上述第二类型式样，与汉代屋脊相比较云冈多为组合式样，一般以单数出现，一个、三个、九个等，个别出现偶数，如第10窟后室东壁南侧正脊上为两个忍冬三角纹样及第9窟前室北壁屋顶正脊上为四个火焰形三角纹样。

云冈屋脊所见的三角纹样有些在外缘线作火焰形和忍冬叶形，火焰形三角纹样见于第9窟（图8），火焰应寓意为"灼灼的光明"，法显称"七宝的炎光"②，这种纹样也见于宁夏固原北魏彩画棺侧板上栏，与云冈基本相类似。忍冬叶形三角较素面三角为少，见于第10、12窟，但第10窟的（图1）的外缘线镂雕并列忍冬纹样，内剜刻三叶忍冬纹样，较为繁华；但第12窟（图10）外缘线镂雕并列忍冬纹样，内无雕刻。总之，三角纹样作为汉代特定的装饰纹样，南北朝时期受外来因素的影响，采用之后被概念化、程式化，但在北魏匠师的镂刻下显示出特有的面貌。

4.正脊雕置宝珠与三角纹样，见于第6窟南壁维摩诘经变（图5）和第21窟东壁屋形龛上等（图16）。显示的这种组合，在建筑脊饰的表现较为少见，这种装饰在云冈华盖龛上（第6窟东壁上层南侧）和装饰纹带中（如第21窟西壁上层）或帐形龛上（如第35-1窟西壁）多见之，且多见于云冈第6窟和第三期石窟中。上述诸例表明，在云冈出现这种宝珠和三角纹样的组合是一种新的装饰纹样，日本长广敏雄、水野清一称为"葱头"饰和三角饰，译者按"即宝珠和火焰"[14]，笔者认为即"宝珠和三角纹样"。但是这一纹样来源如何？笔者以为源于汉代的三角纹样，多见于汉画像（砖）上，如山东安丘董家庄墓中室东壁北侧立石花纹③和洛阳画像砖④等。北魏云冈承袭这种三角纹饰，又与圆形宝珠相结合组成新式的装饰图案纹样——三角宝珠纹样，其用意和流行应与佛教思想密切关联。

三

屋顶是建筑结构上最实用必需的部分，中国自古就表现得尽善尽美。云冈屋顶的脊饰实用美观明晰，以独特的风格展示出艺术上的大成功。以下就云冈石窟的建筑脊饰中所反映的几个特点和现象，作一归纳：

1.展示出造型方面的特点。大凡一个时代或一个时代的某个时期的建筑式样均有承袭、创造及演变，云冈雕刻中的北魏建筑脊饰亦始而繁衍汉代传统成分，又冀求变换，这便是云冈屋顶脊饰的造型特点：其一是屋顶脊饰排列十分的规律有序，正脊多数以鸟饰居中，左右对称雕刻三角纹样，垂脊上相对表现侧身式鸟饰，这与中国传统的对称构图观念有关；其二是动静结合、相互对比，如舒展双翅的金翅鸟富含强烈的动态，与三角纹样和宝珠的静态形成强烈的对比；其三是强调动感，凡是涉及的鸟饰，在塑造时大多取其动态，有时甚至采用稍许夸张的手法强调其动势，譬如双翅展开的瞬间动作。云冈这种脊饰中的表现手法、创新立意和排列组合不见于其他石窟和地区，而是云冈特有的特征，也充分体现出平城匠师的艺术才能和

① 汉风楼，藏，江继甚，编著.《汉画像石选》，上海书店，2000年，图51。
② 〔日〕长广敏雄，水野清一.《云冈石窟装饰的意义》王雁卿译，文物季刊，1997年第2期。
③ 蒋英炬，杨爱国.《汉代画像石与画像砖》，文物出版社，2001年，第66页，图16。
④ 黄明兰，《洛阳汉画像砖》，河南美术出版社，1986年，第19、23、62页。

独特的地域风格。

2. 装饰构件组合与主题。从上述具体的不同式样可窥之，在云冈以金翅鸟、三角纹样、宝珠等间杂用之，其位置或数目不一，其中以金翅鸟占主要位置，并多于其他装饰构件，而且从目的来看是借用金翅鸟来表示护法守卫，因此可以认为脊饰的主题具有佛教寓意，其他饰件只是辅助来达到美观而采用的多种组合，这些不同的组合不是汉代抑或西方原有式样，而是在受到外来因素的积极影响下，在汉代简单的式样上加以吸收和融合，进行了更进一步多样的演变组合，从而形成了云冈鲜明的民族特点和自身独特的脊饰。所以说一个时代具有一个时代的特征，而特定的环境所展示的形象亦有所不同。

3. 体现出北魏平城（大同）文化艺术极强的时代性。这里指的时代性是包含纵向和横向的两个方面，首先从纵向上看，北魏云冈屋脊中增加了一些汉式中不曾见到的组合内容和式样，云冈以后的石雕（绘画）虽然沿袭云冈的一些式样，但因地域的差异和时间的变迁，组合内容和式样有了一些变化，如龙门石窟屋脊的式样变化，反映的其他组合内容或式样亦不见于麦积山石窟、天龙山石窟等，实际上作为云冈特定的组合内容和式样已不复存；其次从横向上看，云冈的脊饰内容并非其所独有，在其他形式中也出现，譬如龛额两端的金翅鸟、帐形龛或华盖龛上的三角与宝珠纹样，以及方山永固陵门楣的金凤式样，等等，可以看出，云冈建筑屋脊一些装饰式样在有些方面是重合的，这种一致性，从一个侧面也反映了北魏平城艺术的时代特征。而在其他地区如固原北魏漆棺上所见相对照，这些迹象表明，在政治一统、文化趋同的北魏时代，出于地域、文化传统等诸多方面的原因，文化艺术的区域特征依然在一定程度上存在着，因此，这种特征反映了北魏平城时代性极强的风格，特殊的雕饰是北魏时期建筑外形上显著的特征，是融会佛教寓意与中国传统建筑的结果。

总之，云冈建筑中屋顶脊饰的鸱尾、金翅鸟、三角纹样、三角与宝珠的这些饰物相互搭配而成的不同组合式样，既根据当时的实际组合装饰构件予以设置和雕造，又与宗教要素相结合，是中国独特的，也是云冈首次出现的装饰，是社会发展的产物，是建筑技术与艺术统一的整体。

（原文刊载于《敦煌研究》2007 年第 6 期）

云冈石窟佛衣类型

陈悦新

云冈石窟位于山西大同旧城西 16 公里武州川北岸的山崖面上，东西连续约 1 公里。洞窟绝大部分雕凿于北魏中后期，一般分为三期①：第一期（460~470）为昙曜主持开凿的五座窟，即位于石窟群中部西侧的第 16~20 窟；第二期（471~494）窟室主要开凿在石窟群中部东侧，有第 7、8 双窟，第 9、10 双窟，第 1、2 双窟，第 11~13 组窟和第 5、6 双窟，还有第 3 窟等；第三期（494~524）多中小型窟室，主要集中在第 20 窟以西崖面，此外，许多第一期、第二期开凿的窟室内、窟口两侧和窟外崖面也多有第三期补凿的小窟龛。

云冈石窟是甘肃以东最早出现的大型石窟群，又是当时统治北中国的北魏皇室集中全国技艺和人力、物力兴造，它所创造和不断发展的新模式，在北中国影响范围之广和影响延续时间之长，是任何其他石窟所不能比拟的，在东方早期石窟中占有极重要的地位②。云冈石窟佛衣的演变发展正是一个具体体现。

一、云冈石窟佛衣类型

佛衣的穿着方式是以一张衣由身后向前披着。关于佛衣的件数、层次以及类型演变等，已有专文论述③，兹略摘要。佛衣共有三层四件：外层的上衣（僧伽梨）、中层的中衣（欝多罗僧）、里层的下衣（安陀会）和僧祇支；据印度和汉地佛衣穿着的不同特征，首先将佛衣归纳为甲、乙两类，然后将两类中并存的各有自身演化序列的形态，确定为不同的型别，其中甲类有 A、B、C、D、E 五型，乙类有 A、B、C 三型。

云冈石窟的佛衣占有这两类八型佛衣中的五型，即甲类 A 型、B 型、C 型和乙类 A 型、C 型。

上述类型划分是运用考古类型学方法对实物材料所做的分析与归纳。此外，在考古类型学中，每一个演化序列即型别，还有前后阶段变化的连接点，也就是式别的区分，用以说明演化序列中形态差异的先后次序，一般以罗马字母Ⅰ、Ⅱ、Ⅲ等表示式别。本文对云冈石窟佛衣的考察，运用类、型、式这三个层次的概念，有助于较为全面地把握云冈佛衣演变的脉络。以下是云冈两类五型佛衣的特点和分布的洞窟情况。

甲类佛衣：上衣外覆，表示中衣被外层上衣所掩不露出的形式。

甲类 A 型——通肩佛衣，指上衣自背部覆双肩后，右衣角自颈下绕过搭向左肩的式样。根据通肩佛衣

---

① 分期参考宿白《平城实力的集聚和"云冈模式"的形成与发展》，收入作者《中国石窟寺研究》，北京：文物出版社，1996 年，第 114~144 页，原载《中国石窟·云冈石窟》（一），北京：文物出版社，1991 年。

② 宿白《平城实力的集聚和"云冈模式"的形成与发展》，收入作者《中国石窟寺研究》，北京：文物出版社，1996 年，第 144 页，原载《中国石窟·云冈石窟》（一），北京：文物出版社，1991 年。

③ 陈悦新《佛装概念与汉地佛装类型演变》，《文物》2007 年第 4 期，第 60~69 页。本文略有改动：1. 以"佛衣"替代"佛装"；2. 甲类 A、B、C、D、E 五型的顺序稍作调整。

衣褶的变化可分前后变化的两个阶段。

Ⅰ式：衣褶形成相互咬合的勾联纹。如第 20 窟、第 17 窟佛衣（图 1，1、2）。

Ⅱ式：衣褶作窄浅阶梯纹。如第 18 窟、第 17 窟佛衣（图 2，3、4）。

甲类 B 型——袒右佛衣，指上衣自背部覆左肩后，右衣角自右腋下绕过搭左肩。仅见于第 20 窟正壁大佛头光内（图 1，5）。

甲类 C 型——覆肩袒右佛衣，指上衣自背部覆双肩后，上衣右侧沿肩臂处经右腋下绕过搭左肩，裸露出右侧胸臂。根据覆肩袒右佛衣衣褶的变化可分前后变化的两个阶段。

Ⅰ式：衣褶突起形成相互咬合的勾联纹。如第 20 窟、第 19 窟[①]佛衣（图 1，6、7）。

Ⅱ式：衣褶作窄浅阶梯纹。如第 18 窟，第 7、8 窟，第 9~13 窟佛衣（图 1，8、9），其中第 11 窟东壁上方有"太和七年（483）"题记[②]。

乙类佛衣：中衣外露，乃中衣露到上衣外面的形式。

乙类 A 型——上衣搭肘佛衣，指上衣自背部覆双肩后，上衣右衣角自胸腹前绕过搭向左肘，衣褶作宽深阶梯纹，中衣在胸口及下端可见。立佛与坐佛佛衣底端差异较大，故分别分析。根据立佛佛衣底端外侈程度及层次变化可分前后变化的三个阶段。

Ⅰ式：底端较残层次不清，外侈不甚。如第 16 窟、第 5 窟佛衣（图 2，1、2）。

Ⅱ式：底端两层、外侈。如第 6 窟、第 11 窟佛衣（图 2，3、4）。

Ⅲ式：底端三层、外侈，有的在外层与中层之间右侧有一块衣角。如第 6 窟、第 11 窟、第 13 窟佛衣（图 2，5~8）。

根据坐佛佛衣底端形状变化可分前后变化的三个阶段。

Ⅰ式：上衣底端不覆座，两手伸出将上衣底端分作三份。如第 5 窟以及有"太和十三年（489）"铭文的第 11-14 窟[③]佛衣（图 3，1、2）。

Ⅱ式：上衣底端覆座，右脚伸出，上衣底端分作三份。如第 6 窟佛衣（图 3，3）。

Ⅲ式：底端多层覆座，有的将底端后身部分也表现出来[④]；右脚伸出，上衣底端分作两个椭圆形，或两手伸出将上衣底端分作三份。如有"正始四年（507）"铭记的第 28-2 窟[⑤]及第 30 窟、第 35-1 窟[⑥]、第 5-11 窟[⑦]（图 3，

①　文中 19 指主窟。19 窟左耳洞主尊着衣同主窟佛衣，约与其同时；右耳洞主尊着中衣外露佛衣，为二期补凿。

②　参见《云冈金石录》，载水野清一、长广敏雄.《云冈石窟》第 2 卷（文字）附录第 3~4 页，京都大学人文科学研究所，1955 年。

③　第 11-14 窟，水野、长广编号 11：d。参见李雪芹《云冈石窟新编窟号说明》，载云冈石窟文物研究所编《云冈百年论文选集》（二），北京：文物出版社，2005 年，第 148 页。"太和十三年（489）"铭记在 11：d 龛外东（左）侧壁，参见《云冈金石录》，载水野清一、长广敏雄《云冈石窟》第 2 卷（文字）附录第 4 页，京都大学人文科学研究所，1955 年。

④　有的佛衣底端虽达三层之多，但表现"有"后部，置于中间的层次不知是下衣的前端，还是中衣的前端，故图中未按中衣做着色处理。

⑤　第 28-2 窟，水野、长广编号 27B。参见李雪芹《云冈石窟新编窟号说明》，载云冈石窟文物研究所编《云冈百年论文选集》（二），北京：文物出版社，2005 年，第 149 页。"正始四年（507）"铭记在 27B 窟东（左）壁，参见《云冈金石录》，载水野清一、长广敏雄《云冈石窟》第 2 卷（文字）附录第 6 页，京都大学人文科学研究所，1955 年。

⑥　第 35-1 窟，水野、长广编号 34A。参见李雪芹《云冈石窟新编窟号说明》，载云冈石窟文物研究所编《云冈百年论文选集》（二），北京：文物出版社，2005 年，第 149 页。

⑦　第 5-11 窟，水野、长广编号 5A。参见李雪芹《云冈石窟新编窟号说明》，载云冈石窟文物研究所编《云冈百年论文选集》（二），北京：文物出版社，2005 年，第 147 页。

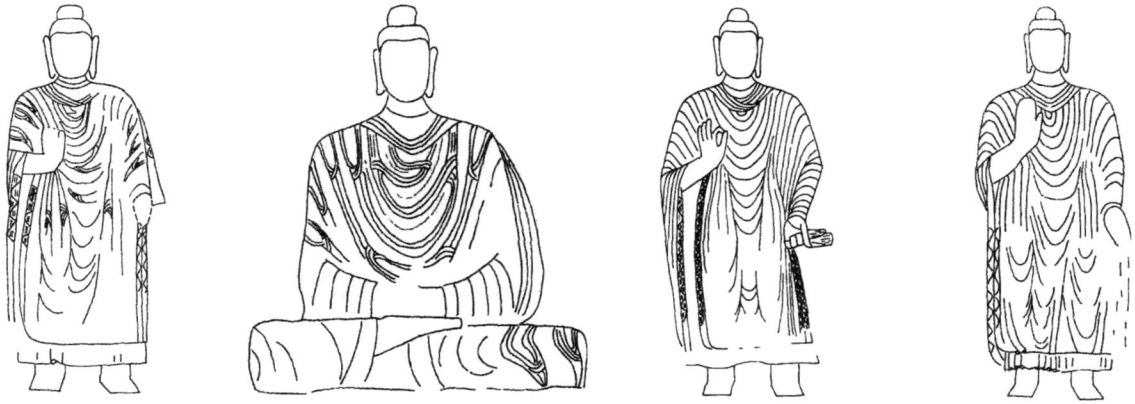

1. 第20窟左壁（甲ＡⅠ）　　2. 第17窟左壁（甲ＡⅠ）　　3. 第18窟右壁（甲ＡⅡ）　　4. 第17窟右壁（甲ＡⅡ）

5. 第20窟头光内左侧（甲Ｂ）　　6. 第20窟正壁（甲ＣⅠ）　　7. 第19窟正壁（甲ＣⅠ）

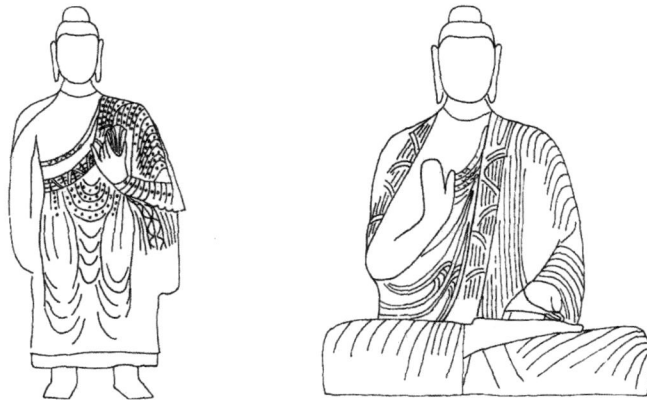

8. 第18窟正壁（甲ＣⅡ，上身衣
褶间圆点表示布列的化佛）

8. 第7窟右壁下数第二层里侧
（甲ＣⅡ）

图1　甲类上衣外覆佛衣

1. 第16窟左壁（乙
A Ⅰ，着边表示中衣，下同）

2. 第5窟右壁（乙A Ⅰ）

3. 第6窟中心柱上层正壁
（乙A Ⅱ）

4. 第11窟中心柱上层右壁
左侧（乙A Ⅱ）

5. 第6窟右壁上层外侧
（乙A Ⅲ）

6. 第6窟右壁上层中央
（乙A Ⅲ）

7. 第11窟右壁外数
第三身（乙A Ⅲ）

8. 第13窟前壁门楣中央
（乙A Ⅲ）

图2　乙类中衣外露佛衣（立佛）

1. 第5窟左壁下第三层再
三距离（乙A Ⅰ）

2. 太和十三年（689）锡11：14
龛右侧佛（乙A Ⅰ）

3. 第6窟前壁下层右侧
（乙A Ⅱ）

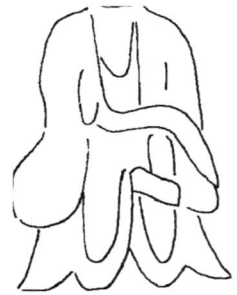

4. 正始四年（504）铸
28：2窟左壁（乙A Ⅲ）

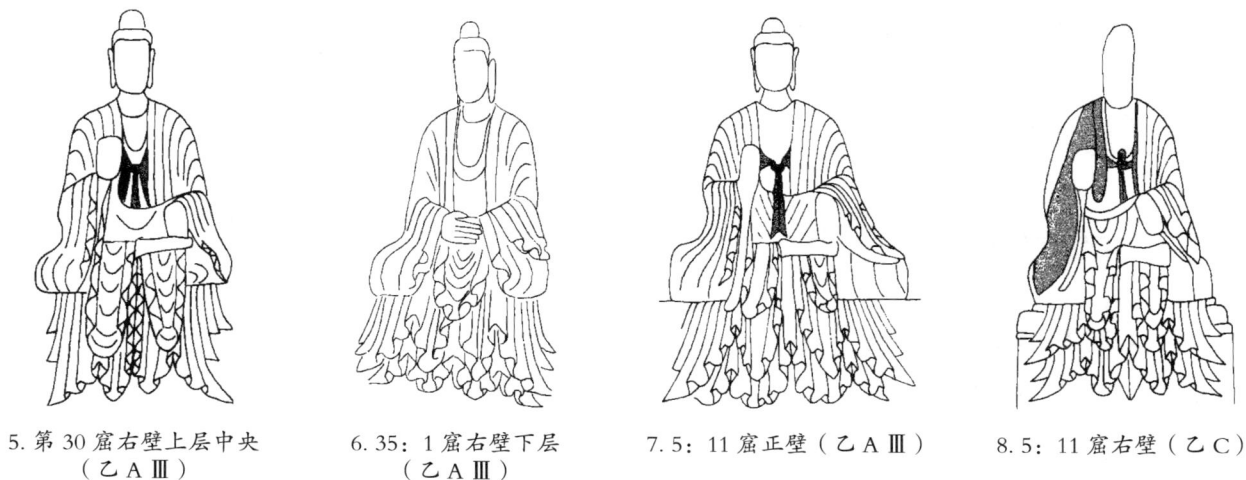

5. 第 30 窟右壁上层中央　　　6. 35:1 窟右壁下层　　　7. 5:11 窟正壁（乙 A Ⅲ）　　　8. 5:11 窟右壁（乙 C）
　（乙 A Ⅲ）　　　　　　　　　（乙 A Ⅲ）

图 3　乙类中衣外露佛衣（坐佛）

4~7）。

乙类 C 型——中衣搭肘，指中衣的右衣角搭在右肘上，上衣自背部覆双肩后，右侧沿肩臂处经右腋下绕过搭左肩。第 5-11 窟（图 3，8）。

兹将上述云冈石窟分期和佛衣类型之间的关系列为"云冈佛衣类型演变表"，以说明每期的佛衣特点。

云冈佛衣类型演变表

| 分期 | 窟号 | 甲类（上衣外覆） | | | 乙类（中衣外露） | | 备注 |
		A 型（通肩）	B 型（袒右）	C 型（覆肩袒右）	A 型（上衣搭肘）	C 型（中衣搭肘）	
一期 460~470	20	Ⅰ	√	Ⅰ			
	19			Ⅰ			
	18	Ⅱ		Ⅱ			
	17	Ⅰ，Ⅱ					
二期 471~494	7~13			Ⅱ			太和七年
	16（后补）				Ⅰ		
	5				Ⅰ	Ⅰ	
	11-14					Ⅰ	太和十三年
	6			Ⅱ，Ⅲ	Ⅱ		
	11（后补）			Ⅱ，Ⅲ			
	13（后补）				Ⅲ		
三期 494~524	28-2					Ⅲ	正始四年
	30					Ⅲ	
	35-1					Ⅲ	
	5-11					Ⅲ　√	

第一期：第 20 窟通肩与覆肩袒右佛衣均有勾联纹（甲 A Ⅰ、甲 C Ⅰ），并仅见袒右佛衣（甲 B）；第 19 窟覆肩袒右佛衣在僧祇支上保留勾联纹，上衣为窄浅阶梯纹（甲 C Ⅰ）；第 17 窟通肩佛衣有勾联纹和窄浅阶梯纹两种形式（甲 A Ⅰ、甲 A Ⅱ）；第 18 窟通肩与覆肩袒右佛衣均为窄浅阶梯纹（甲 A Ⅱ 与甲 C Ⅱ）。

第二期：太和改制（486-494）①以前，第 7~13 窟以窄浅阶梯纹覆肩袒右佛衣为主（甲 C Ⅱ）。太和改制（486-494）以后多为上衣搭肘佛衣，其中第 16 窟、第 5 窟及太和十三年（489）铭第 11-14 窟等，立

---

① 此处主要指孝文帝新服制的实施，大约在太和十年正月迄十八年十二月（486-494）这一阶段完成。参见宿白《〈大金西京武州山重修大石窟寺碑〉的发现与研究》注 33，收入作者《中国石窟寺研究》，北京：文物出版社，1996 年，第 105 页；原载《北京大学学报》（哲学社会科学版），1982 年 2 期。

佛佛衣底端外侈较少（乙 A I）、坐佛佛衣上衣不覆座（乙 A I）；第 6 窟，第 11~13 窟等，立佛佛衣底端外侈（乙 A II、III）、坐佛佛衣上衣覆座（乙 A II）。

第三期：流行底端多层覆座的上衣搭肘佛衣（乙 A III），同时出现少量中衣搭肘佛衣（乙 C）。

二、云冈佛衣类型来源

（一）通肩、袒右、覆肩袒右佛衣

第一期及第二期太和改制（486-494）以前的这三种佛衣，多沿袭印度传统。佛教沿丝绸之路传入中国，中亚地区是非常重要的媒介，目前对中亚的佛衣情况或存在认识上的缺环，或发现的材料不够充分，因而讨论云冈这三种佛衣来源，有的条件还不成熟。文中仅就已知汉地材料提出初步认识。

通肩佛衣源于印度。但在通肩佛衣上装饰勾联纹为印度、中亚佛像所罕见，现知最早有纪年可据的是太平真君四年（443）高阳县（今属河北保定）菀申造像[1]（图 4，1）。云冈的这种勾联纹通肩佛衣，除了可能直接源于丝路东传外，或许也有今河北地区的影响。

袒右佛衣亦源于印度。云冈袒右佛衣底端呈"人"字形、右衣角搭左肩后垂于左臂后侧、衣边"之"字形褶纹，这在印度与中亚佛像上也不见，可能是云冈的特点。

覆肩袒右佛衣最早见于西秦和北凉地区，如炳灵寺第 169 窟西秦约 420 年前后的 9 号塑像[2]（图 4，2）及北凉缘禾[3]四年（435）索阿后塔佛衣（图 4，3）；勾联纹最早见于上述菀申造像。云冈覆肩袒右佛衣，其上装饰勾联纹，这种将覆肩袒右佛衣与勾联纹结合在一起的形式，或许也是在云冈形成的。北魏自都平城之年起，强制徙民集中到平城及其附近，被徙出的地点如太行山以东六州、关中长安、河西凉州、东北龙城和东方的青州等，又都是北中国当时的经济、文化发达地区。云冈第一期石窟的开凿，可以认为是融合了东西各方面的技艺，创造出的新的石窟模式[4]，另外，主持第一期石窟开凿的高僧昙曜，又同时具有在凉州与河北地区活动的经历[5]，因此云冈勾联纹覆肩袒右佛衣表现出这两个地区的特点有一定合理性。

第二期太和改制（486-494）以前，覆肩袒右佛衣为主，通肩佛衣较少见，勾联纹逐渐消失了。

（二）上衣搭肘和中衣搭肘佛衣

第二期太和改制（486-494）以后及第三期主要流行上衣搭肘佛衣，第三期开始少量出现中衣搭肘佛衣。

---

① 造像铭文参见松原三郎《中国佛教雕刻史论》（文本编），吉川弘文馆，1995 年，第 245 页。插图据该书（图版编一）第 23 图绘制，仅见左腹处勾联纹较清楚。

② 9 号塑像年代参见常青《炳灵寺 169 窟塑像与壁画的年代》，载北京大学考古系编《考古学研究》（一），北京：文物出版社，1992 年，第 472 页。

③ 缘禾年号，史籍无证，目前学界基本认同北凉"缘禾"即北魏"延和"之谐音异写的观点。关于该塔年号考证问题参见殷光明《北凉石塔研究》，新竹：财团法人觉风佛教艺术文化基金会，2000 年，第 65~67 页。

④ 宿白《平城实力的集聚和"云冈模式"的形成与发展》，收入作者《中国石窟寺研究》，北京：文物出版社，1996 年，第 114~126 页；原载《中国石窟·云冈石窟》（一），北京：文物出版社，1991 年。

⑤ （梁）释慧皎. 《高僧传》卷 11《宋伪魏平城释玄高传附昙曜传》"时河西国沮渠茂虔。时有沙门昙曜，亦以禅业见称，伪太傅张潭伏膺师礼"，汤用彤校注本，北京：中华书局，1992 年，第 413 页。（北齐）魏收. 《魏书》卷 114《释老志》"初昙曜以复法之明年，自中山被命赴京"，北京：中华书局，1974 年，第 3037 页。

图 4　影响云冈的佛衣

1. 河北太平真君四年（403）苑中造像
2. 炳灵寺 169 窟 9 号中间塑像（采自常青《炳灵寺 169 窟塑像与壁画的年代》图 18）
3. 北凉缘禾四年（435）索阿后塔造像
4. 茂汶南齐永明元年（483）造像碑阳佛像
5. 茂汶南齐永明元年（483）造像碑阳佛像
6. 普陀山法南寺背屏式玉佛像
7. 栖霞山 18 窟正壁右侧佛像

　　这两种佛衣偏重汉地传统，可能与南朝的影响有关。四川茂县南齐永明元年（483）造像碑[①]，碑阳、碑阴一坐一立佛，均着上衣搭肘佛衣（图 4，4、5），立佛佛衣底端三层，坐佛底端多层覆座，云冈似与其同受一个来源的影响。浙江普陀山法雨寺原存一佛二菩萨背屏式三尊玉像[②]，从背屏形制、题材、造像特点、

---

① 袁曙光《四川茂汶南齐永明造像碑及有关问题》，载《文物》1992 年第 2 期，第 67~71 页。
② 法雨寺背屏三尊像仅见一张全图，参见常盘大定、关野贞《支那佛教史迹》（五），佛教史迹研究会，1926 年，图版 120；作者简单说明其位于法雨寺玉佛殿左侧小龛，为南北朝时代三尊玉像，是普陀山中最优秀的造像，参见《支那佛教史迹评解》（五），佛教史迹研究会，1928 年，第 192 页。2007 年 1 月北京大学考古文博学院李志荣老师前往普陀山考察，访得造像早已不存。

纹饰等方面综合考虑，初步判断其时代大致在齐梁之际[1]；主尊着上衣搭肘佛衣，底端右侧外层和里层之间有一衣角[2]（图 4，6），云冈立佛与之近似。普陀山属建康所在地扬州范围内，根据以上情况，或者可从逻辑上推测云冈、茂汶的上衣搭肘佛衣似与建康有关。云冈中衣搭肘佛衣与南京栖霞山石窟千佛岩区齐梁之际的第 18 窟佛衣[3]（图 4，7）相似，大概源头仍在建康。

另外，长安曾为汉地佛教中心，前后秦时期高僧道安在长安 7 年（379–385）、鸠摩罗什在长安 13 年（401–413），他们极力奖励译事，长安义学沙门群集，佛法兴盛[4]。北魏文成帝文明皇后冯氏本籍长乐信都，父冯朗于北燕亡前入魏，任秦雍二州刺史，生冯氏与其兄冯熙于长安。冯氏尊奉释教，既"立文宣王（冯氏祖北燕王弘）庙于长安，又立思燕佛图于龙城"[5]。冯熙亦"信佛法，自出家财，在诸州镇建佛图精舍，合七十二处；写十六部一切经，延致名德沙门日与讲论，精勤不倦"[6]。从冯氏兄妹与长安的关系考虑，云冈与南朝佛衣不尽相同之处，亦可估计或者还有长安的因素；同时气候条件可能也是佛衣发生变化的因素之一。

云冈最流行的覆肩袒右佛衣和上衣搭肘佛衣，在北中国辐射影响之广泛、延续发展之长久，通过西部的麦积山、莫高窟以及中原的龙门石窟佛衣可窥见一斑。

三、云冈与麦积山石窟、莫高窟以及龙门石窟

（一）云冈与麦积山和莫高窟

麦积山石窟与莫高窟地处西部，麦积山位于甘肃天水市东南距市区约 45 公里处，莫高窟位于甘肃敦煌市东南约 25 公里处。两地早期洞窟的开凿年代甚为学术界关注，根据云冈与麦积、莫高之间佛衣的关系，或可对早期洞窟的开凿时间提供进一步认识的可能性。

麦积山现存较早的洞窟，一般认为有第 74、78、165 等窟，但关于其始凿时间意见分歧较大，主要有以下三种：后秦至西秦期间（384–431）[7]；西秦至北朝早期或十六国晚期至北魏灭法前（385–446）[8]；北魏中期（452–486）[9]。莫高窟第 268、272、275 三窟左右毗，是公认现存最早的一组洞窟，其年代问题亦深受研究我国石窟遗迹的学者们注意，代表性的意见一种是开凿于北凉时期（421–439）[10]；另一种是开凿

---

① 陈悦新《浙江普陀山法雨寺背屏式造像》，《文物》2008 年第 4 期。

② 这种形式在萧梁及北魏末东魏的单体造像中多见。

③ 栖霞山 18 窟佛衣胸以上部分原凿已不存，不知右肩是否被上衣遮覆。

④ 参见汤用彤《汉魏两晋南北朝佛教史》，第 219~227 页，"道安在长安与译经"；第 290~296 页，"罗什在长安"，中华书局，1963 年。

⑤ （唐）李延寿 .《北史》卷 13《文成文明皇后冯氏传》，中华书局，1974 年，第 495~496 页。

⑥ （唐）李延寿 .《北史》卷 80《冯熙传》，中华书局，1974 年，第 2676~2677 页。

⑦ 董玉祥《麦积山石窟的分期》，载《文物》1983 年第 6 期，第 18~30 页；金维诺《麦积山石窟的兴建及其艺术成就》，载《中国石窟·天水麦积山》，北京：文物出版社，1998 年，第 165~180 页。

⑧ 阎文儒《麦积山石窟的历史、分期及其题材》，张宝玺《麦积山石窟开凿年代及现存最早洞窟造像壁画》，二文俱收入麦积山石窟艺术研究所编《麦积山石窟研究论文集》，兰州：甘肃人民出版社，2006 年，第 167~189 页、第 89~96 页。阎文原载《麦积山石窟》，兰州：甘肃人民出版社，1984 年；张文原载《中国考古学会第一次会议论文集》，北京：文物出版社，1984 年。

⑥ 国家文物局教育处编《佛教石窟考古概要》第一编·三·第三章"麦积山北朝石窟"，北京：文物出版社，1993 年，第 79~90 页。

⑦ 樊锦诗，马世长，关友惠 .《敦煌莫高窟北朝洞窟的分期》，载《中国石窟·敦煌莫高窟》（一），北京：文物出版社，1982 年，第 185~197 页。

1. 麦积山第 78 窟正壁

2. 莫高窟第 272 窟正壁

3. 龙门莲花洞正壁

4. 龙门宾阳中洞正壁

5. 龙门皇甫公窟左壁右侧

6. 龙门路洞正壁

图 5　麦积山、莫高窟和龙门佛衣

于北魏，从接近太和八年（484）和太和十一年（487）起，至太和十八年（494）都城迁洛阳以后不久[①]。

勾联纹覆肩袒右佛衣在麦积与莫高早期洞窟中流行，如麦积第 78 窟（图 5，1）、莫高第 272 窟（图 5，2）。根据"云冈模式"形成的历史背景，大致可以推测勾联纹覆肩袒右佛衣自云冈向麦积、莫高影响的可能性较大，反向影响或各自衍生的可能性似较少合理性。由此或许可以推论麦积山与莫高窟两地早期洞窟中佛像始凿的时间大概不早于云冈第一期。

（二）云冈与龙门

太和十八年（494），北魏都城由平城迁至洛阳，在今洛阳市南约 12 公里的龙门山麓开凿龙门石窟，但平城并未荒废，至少到熙平年间（516-518）还维持着旧都风貌[②]，云冈石窟仍持续雕凿，同时龙门石窟赓续，上衣搭肘佛衣样式在两地并行发展。

龙门孝文、宣武帝时期（494-515）[③]，上衣搭肘佛衣占主导地位，如古阳洞、莲花洞正壁佛衣（图 5，3），底端两层。

胡太后时期（516-528），龙门的新样式成为主线，正壁主尊多着增加外披的佛衣[④]。上衣搭肘佛衣作为副线发展，多布局于非正壁的位置，如宾阳中洞、皇甫公窟侧壁佛衣（图 5，4、5），立佛佛衣底端三层，坐佛佛衣底端多层覆座。

孝庄帝及以后的北魏末期（528-534），上衣搭肘佛衣又成为主流，如路洞、党屈蜀窟正壁佛衣（图 5，6），只是此时佛衣底端几无外侈，趋向直平[⑤]，改变了云冈上衣搭肘佛衣底端的形状。

云冈石窟的佛衣自 460 年延续至 534 年，兴替变革，繁盛了七十余年的时间[⑥]，代表了整个北中国佛衣从沿袭印度传统到偏重汉地传统的发展过程，充分反映出云冈石窟的地位和巨大影响。

【附记[⑦]】本文插图未注明者为笔者所绘。收集资料期间得到云冈石窟研究院、南京市博物馆、麦积山石窟艺术研究所、敦煌石窟研究院、龙门石窟研究院的热诚帮助，谨致谢忱！

（原文刊载于《故宫博物院院刊》2008 年第 3 期）

---

⑧　宿白.《莫高窟现存早期洞窟的年代问题》，收入作者《中国石窟寺研究》，北京：文物出版社，1996 年，第 270~278 页；原载香港中文大学《中国文化研究所学报》第 20 卷（1989）。

①　宿白.《莫高窟现存早期洞窟的年代问题》，收入作者《中国石窟寺研究》，北京：文物出版社，1996 年，第 270~278 页；原载香港中文大学.《中国文化研究所学报》第 20 卷（1989）。

②　宿白.《平城实力的集聚和"云冈模式"的形成与发展》，收入作者《中国石窟寺研究》，北京：文物出版社，1996 年，第 139~141 页；原载《中国石窟·云冈石窟》（一），北京：文物出版社，1991 年。

③　分期参见宿白.《洛阳地区北朝石窟的初步考察》，收入作者《中国石窟寺研究》，文物出版社，1996 年，第 153~159 页；原载《中国石窟·龙门石窟》（一），北京：文物出版社，1991 年。

④　增加外披的佛衣，属乙类 B 型，指在上衣搭肘佛衣的外面增加一层外披，可能也与南朝的影响有关。

⑤　据栖霞山石窟齐梁时期的佛衣，龙门石窟上衣搭肘佛衣底端的这种变化似仍由南朝影响所致。栖霞山佛衣参见林蔚《栖霞山千佛岩区南朝石窟的分期研究》中的文图，载《燕京学报》新十九期（2005），第 275~307 页。

⑥　北魏后期至北周麦积山、须弥山、莫高窟等石窟出现的佛衣样式，依然是在云冈和龙门两地流行的上衣搭肘佛衣。

云冈石窟造像题记及其书法

殷　宪

　　有史可稽的云冈石窟的始凿时间是北魏兴安、和平年间，即 452-460 年。北魏太武帝拓跋焘太平真君七年（446）行灭佛之策，"土木宫塔，声教所及，莫不毕毁矣"[①]。六年后，即兴安元年（452），其孙文成帝拓跋濬践极，即下令修复佛法。逃离京畿的罽宾高僧师贤、昙曜等被尽悉召回。并在当年"诏有司为石像，令如帝身"。[②] 据说因为"纯诚所感"，佛像凿成后，脸上、脚上的几处小黑石头竟然暗合文成帝身上的黑痣。现在，在云冈石窟能够看到脚上有黑石的主像，是第 13 窟的弥勒像（因脸上敷泥，不明有无黑石）。兴许这是云冈的最早洞窟。与此项工程几乎是同时进行的就是名闻遐迩的昙曜五窟了。这是从"复佛法之明年（453）"，昙曜"自中山被命赴京"，至和平初（460-461），"于京城西武州塞，凿山石壁，开窟五所，镌建佛像各一"的五个早期大型洞窟。昙曜向文成帝汇报佛像"高者七十尺，次六十尺，雕饰奇伟，冠于一世"的情况，[③] 与今天我们所见云冈第 16~20 窟的昙曜五窟完全相符。其工期为 7 至 8 年。

　　像云冈石窟如此重大的皇家工程，包括上述西部及中部部分洞窟的早期工程，东中部孝文帝太和年间的中期工程，以及迁都洛阳后在更靠西开凿的民间工程，应当说皇家工程的组织者、能工巧匠，以及发愿造像的僧俗人士，一定会留下许多创建庙像、歌颂功德、发愿祈福的文字。令人遗憾的是，云冈石窟的造像题记不但在数量上与龙门石窟不能相比，而且反映其早期工程情况的碑石、题刻几乎没有见到。

　　从现有资料看，云冈石窟尚存造像题记 32 种、47 题。其中见于日本水野清一、长广敏雄侵华期间整理的资料的是 30 种，45 题[④]，1956 年从 20 窟前积土中发现景明四年比丘尼昙媚造像题记，一为近年本人在第 6 窟南壁东浮雕界格上微型造像旁发现的"道昭"二字。这些造像题记集中见于中部第 11、12、13 窟，散见于昙曜五窟和西部第 22 至 38 窟，同时也偶见于东部第 4 窟、第 6 窟等。兹择要简述于后。

　　云冈石窟早期造像题记，以第 11 窟《五十四人造像题记》为代表。它记下了平城内 54 名信士女在云冈第 11 窟东壁雕造 95 尊石佛的缘由，对文成帝复法后佛事中兴的"盛世"称颂有加，对当权者孝文帝、文明太后的感激之情溢于言表。其文云：

　　　　太和七年，岁在癸亥，八月卅日，邑义信士女等五十四人，自惟往因不积，生在末代，甘寝昏境，

　　　　靡由自觉，微善所钟，遭值圣主。道教天下，绍隆三宝；慈被十方，泽流无外。乃使茕夜改昏，

　　　　久寝斯悟。弟子等得蒙法润，信心开敷，意欲仰酬洪泽，莫能从遂。是以共相劝合，为国兴福，

---

① 　（北齐）魏收 .《魏书·释老志》，中华书局 1974 年，第 3035 页。

② 　同上，第 3036 页。

③ 　同上，第 3037 页。

④ 　〔日〕日水野清一、长广敏雄 .《云冈石窟·云冈金石录》，1954 年。这些题记也为张焯《云冈编年史》（文物出版社，2006 年）所著录。

敬造石庙形象九十五区及诸菩萨。愿以此福，上为皇帝陛下、太皇太后、皇子德合乾坤，威逾转轮，神被四天，国祚永康，十方归伏，光扬三宝，亿劫不隧。又愿义诸人，命过诸师；七世父母，内外亲族，神栖高境，安养光接，托育宝花，永辞秽质，证悟无生，位超群首，若生人天；百味天衣，随意殡服，若有宿殃，堕落三途；长辞八难，永与苦别。又愿同邑诸人，从今已往，道心日隆，戒行清洁；明鉴实相，晕扬慧日。使四流倾竭，道风堂扇，使慢山崩颓，生死永别。佛性明显，登阶住地。未成佛间，愿生生之处，常为法善知识，以法相亲，进止俱游。形容影响，常行大士八方诸行。化度一切，同善正觉。逮及累劫，七世父母。

　　第 11 窟东壁造像记的价值，除在确定开凿云冈石窟的分期外，还为研究北魏平城时期书法提供了实物资料。此题记共 341 字，字径 2~3 厘米，书法高古质朴，墨酣笔凝，温文敦厚。基本面目是楷书而存隶意。结字方而略长，宽绰而外拓，略呈左高右低之势。用笔以圆笔为主，偶然杂以方笔。横、撇画起笔全为圆笔楷法，捺笔全为楷脚，方折也用圆转，肩多方平。惟直钩、戈钩、竖弯钩以及少数横收和短点、短撇捺犹存隶法。气息与在大同地区陆续发现的延兴二年（472）的《申洪之墓铭》后三行题记和太和元年（477）的《宋绍祖枢砖》有较多相通之处。[①] 充分显现了北魏太和年间古健丰腴的书风，以它与北魏平城时期的代表性铭刻书迹《东巡碑》《南巡颂》等相较，最明显的不同之处，是更多一些手书的意味。一是结字不拘方整密集而是笔圆体博，从这里可以找到当时写经体甚至是后来的《经石峪》的影子。二是体势非右昂反呈右垂之势，颇似始光元年（424）的《魏文朗造像记》。三是横画捺笔收笔处无上挑之态，这当然是与上述字体无右昂之势和更多行押书风尚有关。

　　属于太和时期的作品，尚有刻在昙曜五窟之一的第 17 窟明窗东侧的太和十三年（489）《比丘尼惠定造像题记》。其文为：

　　　　大代太和十三年，岁在己巳，九月壬寅朔，十九日庚申，比丘尼惠定身愚（遇）重患，发愿造释加多宝弥勒像三区。愿患消除，现世安隐（稳），戒心猛利，道心日增，誓不退转。以此造像功德，逮及七世父母，累劫诸师，无边众生，咸同斯庆。

　　此刻共 11 行，86 字。愿文记石佛寺比丘尼惠定"身遇重患，发愿造释加多宝弥勒像三区"之事。有两点不同于寻常愿文：一是造像缘起反映的世俗观念。以此造像功德一则为自己消除病患，求得现世安稳，二则为"七世父母，累劫诸师，无边众生"祈福。二是造像内容打着时代的印记。释迦、多宝二佛并坐龛，是北魏太和年间出现的一种特殊造像形式，所反映的是自延兴元年（471）迄于太和十四年（490），年幼的孝文帝拓跋宏践极后，其祖母文明太后冯氏临朝，"二圣"共掌朝纲的情况。而弥勒这位未来佛的菩萨身份则象征太和十三年年仅 7 岁的皇子拓跋恂。待到太和十九年（495）十一窟的《妻周为亡夫故常山太守田文彪、亡息思须（颜）、亡女阿觉（贲）造像题记》，[②] 便只造"释迦文佛、弥勒二躯"了，因此时文明太后早已故去，释迦、弥勒所对应的就只有皇帝和太子了。这说明发愿造像的现实性是云冈石窟造像内容的一个重要特点，它与北魏建国初期沙门法果所谓"皇帝即是当今如来"，"我非拜天子，乃是礼佛耳"

① 皆见殷宪.《平城北魏书法综述》，《东方艺术·书法》，2006 年第 3 期，第 6 页。
② 《魏书·节义传·石祖兴传》，"石祖兴，常山九门人也。太守田文彪、县令和真等丧亡，祖兴自出家绢二百余匹，营护丧事。州郡表列，高祖嘉之，赐爵二级，为上造。后拜宁陵令，卒。"此田文彪即云冈十一窟题记之常山太守。

的思想是一脉相承的。[①] 佛教的政治化也便成了贯穿于云冈石窟开凿过程中一个不变的主题。

《比丘尼惠定题记》书迹，仍可归入平城铭刻体的范畴。其特点有三：一是点画多见魏楷笔法。如起笔方落重按（横、竖、撇、捺落笔皆如此）；又如长捺和反捺已具楷则，如“大”“太”“父”“庆”“安”“像”等字；竖弯钩已出锋，如“九”“尼”“无”等字的右钩。这些已粗具龙门题刻和北邙墓志的基本特点。二是隶意犹存。长横收笔的方挑、折笔处的圆转和“岁”“戒”“咸”等“戈”法的斜出而无挑，是隶则，也是平城期书刻风格。三是更具有民间书迹的特征。其面目似《五十四人题记》而粗率过之，因隶笔时现而更见稚拙，以结体宽舒、正侧不拘而愈显自然。有些字如“在”“尼”“愚”“重”“消”“誓”的拙中寓巧，“道”“退”“造”“逮”“边”等字“辵”旁的亦隶亦楷，非隶非楷，都为这件书刻平添了几分奇逸之致。

云冈石窟西部38窟外壁的《吴氏忠伟为亡息冠军将军吴天恩造像并窟》，在云冈石窟是一件可与《五十四人题记》相提并论的大作品。吴天恩其人官冠军将军，爵封散侯，秩在从三品[②]。是云冈石窟所存像主中官职最高的，惜《魏书》《北史》皆不载其名。题记凡300余言，可识者尚有250余字。日本人水野清一氏《云冈金石录》及今人张焯《云冈石窟编年史》均有录文，恕不照录。

其书宽博肃穆，艺术水准在《五十四人题记》和《惠定题记》之上。可惜长期处于室外，字面风化严重，拓固不能，读亦高不可攀。所有云冈石窟研究者都认为21窟以西诸多洞窟都是北魏迁都洛阳之后的晚期作品，但这方造像题记书风高古，气象恢宏，不像是迁都之后的书风。近读张焯君的《云冈石窟编年史》，谜底终于揭开了！其书云，1929年年底当时的历史语言研究所赵邦彦来大同，所撰《调查云冈造像小记》中曾经记述：“太和十九年碑——碑在第四十三洞口外（按即今38窟）左方。记文甚长，惜风雨剥蚀，文字漫漶。”同年秋9月，当时的古物保管委员会常惠来云冈调查佛头被盗事件，其报告中，也提及此碑。其文云：“太和十九年碑在此洞外，约于民国十年左右发现者，字迹模糊，未有拓片。”[③] 看来，此题记刻于太和十九年（495）是没有问题的。太和十九年，即孝文自平城迁都洛阳的次年。那么，洞窟开凿的时间一定在尚未迁都之时了。所以其书风依旧是平城体面目，与迁都洛阳后龙门石窟记的《孙秋生造像记》《尉迟为亡息牛橛造弥勒像记》《解伯达造弥勒像记》等早期题记还是有明显区别的。这则题记不仅把云冈石窟西部窟区的离造时间提早了数年，从而也为研究云冈石窟及佛像的分期和各分期内的雕造风格提供了新的着眼点和依据。

云冈石窟晚期的题记，以20窟《比丘尼昙媚题记》为代表[④]。此刻是1956年云冈文物保管所在整修20窟前积土时出土的。这是云冈石窟难得的一块完整的造像题记。其石为云冈细砂岩，略呈方形，高30厘米，宽28厘米。楷书10行，行12字，共110字。愿文除首尾稍有缺泐外，大部完好。此记末行年号已漫灭不可连缀，所幸第二字右半“月”字尚存。考北朝年号，第二字右为“月”者，有孝文帝承明，宣武帝景明，东海王建明和北齐废帝乾明，而其中数到四年者唯有景明。这就可以断定此石年代为景明四年（503）了。其文云：

---

① 《魏书·释老志》：“初，法果每言，太祖明睿好道，即是当今如来，沙门宜应尽礼，遂常致拜。谓人曰：‘能鸿道者人主也，我非拜天子，乃是礼佛耳。’”

② 《魏书·官氏志》，第2995页。

③ 前引《云冈石窟编年史》第135~136页。

④ 殷宪.《平城北魏书法综述》，《东方艺术·书法》，2006年第3期，第6页。

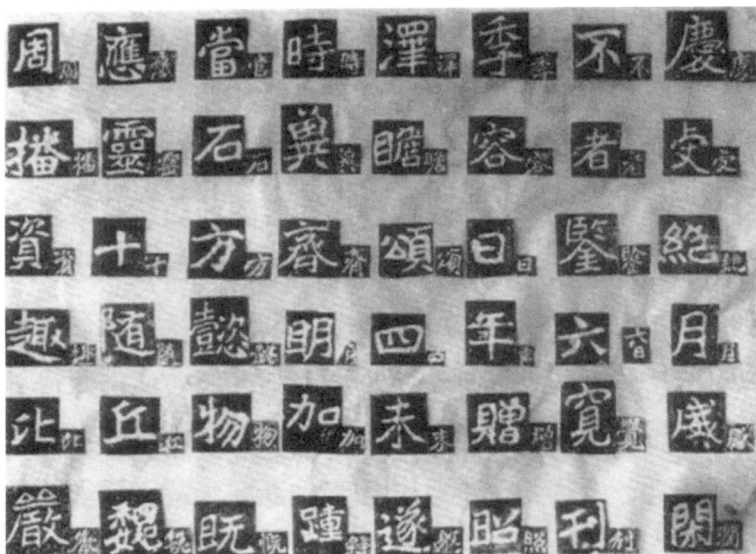

图 1　昙媚题记与郑文公碑节比较

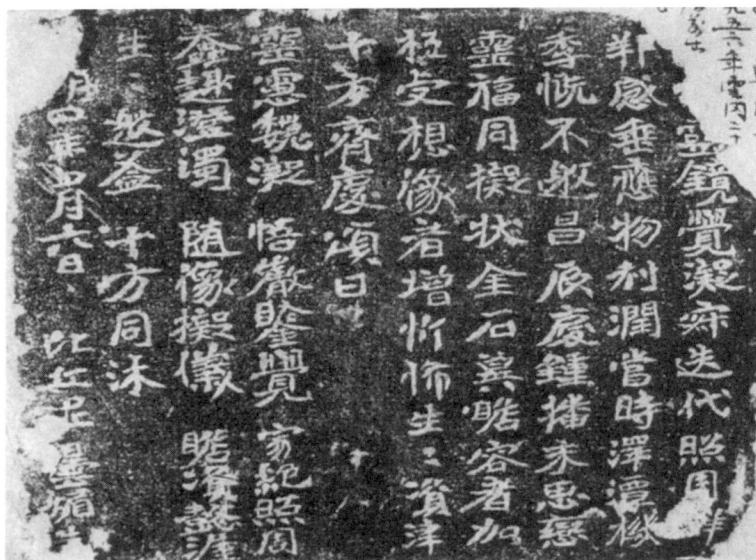

图 2　昙媚造像

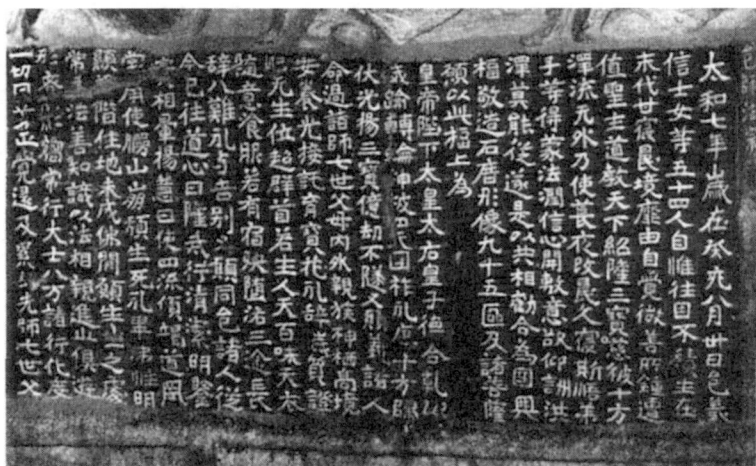

图 3　五十四人题记

（夫含）灵镜觉，凝寂迭代。照周群邦，感垂应物。利润当时，泽潭机季。慨不邀昌辰，庆锺播末。

思恋灵福，同拟状金石。冀瞻容者加祗虔，想象者增忻悌（或为怖）。生生资津，十方齐庆。颂曰：

灵虑巍凝，悟岩鉴觉。寂绝照周，蠢趣澄浊。随像拟仪，瞻资懿渥。生生邀益，十方同庆。

景明四年四月六日　　　比丘尼昙媚造

这方题记内容可证之事至少有两点，其一，此记虽为佛门造像发愿文，但却与常见造佛像几躯、菩萨几躯不同，只云"同拟状金石"，说明所造可能是单体金铜像、石雕像。其二，造像而供养者为比丘尼昙媚，联系昙曜五窟中的另外两个洞窟第17窟前壁明窗侧太和十三年（489）比丘尼惠定造像题记，18窟前门西壁茹茹可敦造像题记，可见至少是昙曜五窟这几个西部洞窟自太和年间至迁都以后皆为比丘尼所居。唐代高僧所记武周山石窟寺"东为僧寺，西头尼寺"的格局，[1] 于此可否得到证明呢？

《比丘尼昙媚造像题记》书法极佳。纵观其以圆笔为主，宽博雄浑的书风，应与魏碑名品《郑文公碑》相类。特点之一是圆润冲和。此记用笔几乎是笔笔中锋，不似一般魏碑书体大起大落的方头重脑。除少数点画偶见方起外，起落之处大多破方为圆了。横画一改露起为藏入，鲜见刀斧棱角，叠横多见连带和笔断意连的行书笔致。折笔除"照""寂"等个别例子外，都取篆法，用圆转作方折。捺画写得饱满开张，起笔出锋全是圆笔，既存隶意，又具楷则。斜提和戈挑，全无"丑魏"方重面目，颇多钟王冲和内撅之态。此石书法的另一个特点是宽博从容。结字方整，笔势开张，宽厚稳健，古朴闲逸。总而言之，其书结体为方形，分而观之则寓方整于变化之中。像"镜""觉"等字，下部宽舒而不局促，存天趣而去雕饰。"感""机""仪"等字中的"戈"都不上趯，而是斜曳至右下缓缓带住，无剑弩之态而具沉雄之势。"时""末""浊"等字的竖钩平缓左出，犹遗分书之法。余如"鉴""严""趣""益"的结字更是不泥成法，天趣盎然。

清人包世臣、康有为曾以"篆势、分韵、草情毕具"，"圆笔之极轨"极赞郑道昭书[2]，把这些移来评价《比丘尼昙媚造像题记》，同样十分贴切。那么，这方佛门题记碣是不是就是郑道昭本人的作品呢？笔者曾将二石中相同和相近的字进行过剪贴对比，二者的亲缘关系是显而易见的。前些年笔者在云冈石窟第6窟窟门东侧满刻佛本生故事的界格上发现了几尊很小的造像，像旁觅得"道昭"二字题名，是见棱见角的魏碑书体。如果此人就是郑道昭，那么他到过武周山石窟寺并替比丘尼昙媚书写发愿文就坐实了。因为此时正是郑道昭的时代，景明四年比《郑文公碑》永平四年（511）的创立时间早八年，应为其书法创作和书事活动的全盛期。而二者的一些小异之处，如"题记"比"郑碑"点画上圆笔更多，气息上更显自然闲逸，可能与书家8年的经历有关，更与不同的书写环境、对象和字体大小有关。《郑文公碑》是郑道昭郑重其事地为其父颂扬功德的鸿篇巨制，整个书写过程肯定更为严肃、拘谨，官方铭刻中惯用的方起方折和方正字形会多一些，甚至有时显得过于匀落而少变化。《比丘尼昙媚造像题记》为寺院小品，此类创作类乎经生写经，其虔诚之情另有表达方式。书丹者达乎天地，通乎神灵，心驰神往，逸趣横生，既格高韵秀，又不失郑氏书法艺术的本色。到这里，我们完全有理由说，《比丘尼昙媚造像题记》比之《郑文公碑》毫不

---

① （唐）道宣《广弘明集·元魏书释老志》："今时见者传云，谷深三十里，东为僧寺，名曰灵岩。西头尼寺，各凿石为龛，容千人已还者。"《弘明集、广弘明集》第106页，下。上海古籍出版社，1991年。

② （清）包世臣《艺舟双楫》："北碑体多旁出，郑文公字独真正，而篆势分韵草情毕具其中。"北京图书出版社，2004年，第51页。康有为《广艺舟双楫·余论第十九》："《龙门》为方笔之极轨，《云峰》为圆笔之极轨。"《广艺舟双楫注》，第189页。上海书画出版社，1981年。

逊色。如果包康在世，一定会将他列入神品名单。

在云冈石窟，完全是魏体楷书面目的题记，尚有第 18 窟窟门西侧的《茹茹可敦题记》①。这是一件残题，日本人水野清一《云冈石窟·云冈金石录》所录 12 行，27 字：

大茹茹……可敦因……迳斯□……维□……壤乃□……满□……载之□……何常乎……以兹

微福……谷浑□人……方（玄）妙□□……□□……

此刻结体、用笔全是楷则，娴熟而老到；入笔藏得很深，圆而不方；行笔势如力耕，铁画银钩，楷书而多篆籀气。与百年后的唐楷已无大异。周伟洲先生认为，大茹茹为北魏后期柔然选择而接受的名号，此名号虽与太武帝强加于柔然的侮辱性名称蠕蠕相同，但经过弃虫豸而取草木的选择，已有了很大不同。周先生指出，534 年后，北魏分裂为东魏、西魏，北方的茹茹乘机脱离对北魏的臣属关系，重新强盛起来。先是西魏于西魏于元宝炬大统三年（537）以元翌女称化政公主，嫁茹茹可汗阿那瓌兄弟塔寒，又自娶阿那瓌女为皇后。以后是高欢以常山王妹乐安公主改号兰陵公主远嫁阿那瓌，又自娶阿那瓌女，号蠕蠕公主②。因而他断定大同云冈石窟的《大茹茹可敦造像题记》当成于 534–552 年。从题记十分成熟的楷书铭刻，也可判定此说的正确性。

（原文刊载于《艺术评论》2008 年第 4 期）

---

① 周伟洲.《关于云冈石窟"茹茹造像题记"——兼谈柔然的名号问题》，《西北大学学报》，1983 年第 1 期。

② （唐）李延寿.《北史·蠕蠕传》，中华书局 1974 年，第 3263 页，《魏书·蠕蠕传》，第 2303 页。

读水野清一、长广敏雄《云冈石窟》

陈悦新

20 世纪 50 年代以来中国石窟寺调查与研究工作取得了突飞猛进的发展[①]。许多湮没已久的石窟寺得到重新发现，如甘肃永靖炳灵寺、武威天梯山、庆阳北石窟寺以及陕西境内的石窟寺等；考古学方法被运用到石窟寺调查研究中，如北京大学考古系在响堂山石窟、敦煌石窟、克孜尔石窟、须弥山石窟、龙门石窟、剑川石窟和栖霞山石窟等所进行的工作；一些石窟的照片、实测图或示意图以及文字资料陆续刊行，如《中国石窟》《中国美术全集》以及《敦煌石窟内容总录》《须弥山石窟内容总录》《克孜尔石窟内容总录》等[②]。半个世纪的积累，为石窟寺考古学的科学记录奠定了基础，当前建立石窟寺档案和撰写石窟寺考古报告的条件业已成熟[③]，在今后相当长的时期内，这项工作应成为各石窟保护研究机构的主要任务。这是石窟寺考古学学术发展的必然趋势，只有植根于全面、翔实、丰富的基础资料之上，研究水平才能提升到新高度。

我国石窟寺最早的考古报告，是日本在 20 世纪 50 年代出版的《云冈石窟》。日本学者的调查工作是在日军占领晋北期间进行的，其如此快速完成规模巨大的考古报告，仓促之弊必然难免，当然这和他们文化侵略的性质是相一致的。作为日本研究我国石窟半世纪的总结，《云冈石窟》对于我们今后的工作仍具有一定参考价值。

一、《云冈石窟》工作

（一）缘起

位于大同西郊武州山的云冈石窟，是甘肃以东最早出现的大型石窟群，又是当时统治北中国的北魏皇室集中全国技艺和人力、物力兴造，它所创造和不断发展的新模式，在北中国影响的范围之广和影响的时间之长，是任何其他石窟所不能比拟的，具有极重要的历史地位。

近代重新发现云冈石窟，始于 1902 年日本伊东忠太《北清建筑调查报告》的介绍[④]，遂引起世人瞩目；

---

① 李裕群《中国石窟寺考古五十年》，《考古》1999 年第 9 期，第 91~93 页。

② 《中国石窟》1~17 卷，北京：文物出版社，1981–1998 年。《中国美术全集·雕塑编》7~13 卷，上海人民美术出版社（上海）、人民美术出版社（北京）、文物出版社（北京）等，1987–1989 年。《敦煌石窟内容总录》（在 1982 年出版的《敦煌莫高窟内容总录》基础上增补而成），1996 年；《须弥山石窟内容总录》，1997 年，以上均文物出版社。《克孜尔石窟内容总录》，乌鲁木齐：新疆美术摄影出版社，2000 年。

③ 已刊行的石窟寺考古报告如《新疆克孜尔石窟考古报告》（第一卷），北京：文物出版社，1997 年。《义县万佛堂石窟》，2001 年；《麟溪桥与慈善寺——佛教造像窟龛调查研究报告》，2002 年；《天龙山石窟》，2003 年，以上均科学出版社（北京）。这些石窟寺考古报告对学术研究起到了积极的促进作用，但如何科学、全面地记录石窟寺仍待进一步完善。

④ 〔日〕伊东忠太《北清建筑调查报告》，《建筑杂志》189 号，1902 年，第 272~277 页。

1909 年法国沙畹《北中国考古图录》，最早发表了一批云冈石窟照片并有文字概说[①]；1925 年瑞典喜龙仁《五—十四世纪中国雕刻》[②] 与日本常盘大定、关野贞《支那佛教史迹》关于云冈石窟的内容较沙畹又进一步[③]；此外，还有其他一些研究云冈石窟的论著、图集[④]。但石窟的调查研究尚不充分，没有进行全面考察，也没有实测图。大同沦陷后，京都帝国大学（日本投降后改名京都大学）东方文化研究所（人文科学研究所前身）对云冈石窟展开了系统的考古学调查，代表人物即水野清一和长广敏雄。

云冈石窟考古工作之前，水野、长广于 1936 年春首先对响堂山石窟和龙门石窟进行了为期各约一周的调查[⑤]，此项工作为云冈大规模的考察做了准备。

1938 年 4 月 14 日至 6 月 15 日，水野清一、羽馆易和徐立信等组成五人团队，首先集中于第 5、6 窟，进行测绘、摄影、拓片工作，同时开展了其他一些考察、发掘工作。1939 年 8 月 1 日至 10 月 15 日，水野清一、长广敏雄、羽馆易、徐立信、北野正男等组成八人团队，主要调查第 7、8 窟，第 9 窟。此后调查工作逐年进行，每年春秋期间工作 3~6 个月，从 1938–1944 年共调查七次。1945 年日本投降战争结束，终止了石窟调查。云冈 45 个编号洞窟中[⑥]，当时主要完成了第 1~20 窟的测绘图，其中第 12 窟、第 14 窟、第 15 窟以及西端 25 个中小型洞窟均未及测绘，云冈石窟以西与之同处武州川北岸的焦山和吴官屯石窟也未测绘。此外，还有些完成的图纸丢失，如第 1、2 窟，第 3 窟，第 6 窟，第 16 窟，第 19 窟的实测图等。

（二）组织

《云冈石窟》主要的调查及出版历时近 20 年，所以能贯彻始终，首先得益于京都帝国大学及东方文化研究所的学术氛围。东方文化研究所[⑦] 首任所长狩野直喜教授致力于为专业人员提供充分自由的研究空间，他一生伟绩中最值得称颂的，要数最早将敦煌遗书的消息公之于世[⑧]。京都帝国大学校长滨田耕作教授是著名的东方考古学者，曾于 1925 年考察云冈石窟等处，撰有《云冈から明陵へ》《辽宁义县の石窟寺》[⑨]；推荐水野和长广任职京都帝国大学东方文化研究所；亲自指导响堂山和龙门的调查工作，并为《响堂山石窟》

① Chavannes E. *Mission Archeologique Dans La Chine Septentrionale*. Planches（Premiére partie）Paris: Leroux, 1909, nos. 200−277. Mission Archeologique Dans La Chine Septentrionale. Tome Ⅰ（*La Sculpture Bouddhique*）. Paris: leroux, 1915, pp.294~319.

② Siren O. *Chinese scrlpture from the fifth to the fourteenth centuries*. London：E.Benn, 1925, vol.1, pp. 8–19, vol.2, pls. 17−69.

③ 〔日〕常盘大定、关野贞《支那佛教史迹》（2），东京：佛教史迹研究会，1925 年，图版 20~48；《支那佛教史迹评解》（2），东京：佛教史迹研究会，1926 年，第 24~58 页。

④ 如：〔日〕伊东忠太《支那山西云冈の石窟寺》，《国华》197、198 号，1906 年。大村西崖《支那美术史雕塑篇》，东京：日本佛书刊行会图像部，1915 年。陈垣《记大同武州山石窟寺》，载《东方杂志》第十六卷 2、3 号，1919 年。〔日〕新海竹太郎、中川忠顺《云冈石窟》published by Bunkyudo, Tokyo and Yamaoto photographic Studio, Peking, 1921. 〔日〕田中俊逸《支那山西大同石佛写真集解说》，东京：东洋古美术研究会，1922 年。〔日〕小野玄妙《极东の三大艺术》，东京：丙午出版社，1924 年。梁思成、林徽因、刘敦桢《云冈石窟中所表现的北魏建筑》，《中国营造学社会刊》，第四卷 3、4 期，1933 年。木下杢太郎《大同石佛寺》，东京：座右宝刊行会，1938 年。〔日〕小川晴暘《大同云冈の石窟》，东京：日光书院，1944 年。

⑤ 〔日〕水野清一、长广敏雄《响堂山石窟》，京都：东方文化学院京都研究所，1937 年。水野清一、长广敏雄《龙门石窟の研究》，京都：东方文化学院京都研究所，1941 年。

⑥ 李雪芹《云冈石窟新编窟号说明》，《中国石窟‵云冈石窟》（一），北京：文物出版社，1991 年，第 210 页。

⑦ 东方文化研究所成立于 1929 年。

⑧ 参见〔日〕神田喜一郎《狩野先生与敦煌古书》，收入作者《敦煌学五十年》，高野雪等译，北京：北京大学出版社，2004 年。

⑨ 〔日〕滨田耕作先生著作集刊行委员会编《滨田耕作著作集》第七卷"附：年谱‧著作总目录"，京都：同朋舍，1987 年，第 408、441、447 页。

作序①。继滨田出任京都帝国大学校长的羽田亨（卸任后任东方文化研究所所长）教授是卓越的西域史、敦煌学者②，他以京都大学前校长的身份为《云冈石窟》作序。时任东方文化研究所所长、著名的佛教史学家松本文三郎教授③，在调查期间亲自前往云冈，给予全体人员莫大鼓励并提供多方帮助。如此等等培植了《云冈石窟》深厚的学术根基。

其次，日本政府的财政援助为《云冈石窟》完成提供了保障。云冈石窟调查期间得到日本外务省特别研究经费和华北交通株式会社、大同炭矿株式会社调查费的帮助，出版刊行时得到日本文部省的经费支持。

最后，以水野、长广为中心组成的业务水平高、稳定性强的工作班子，是《云冈石窟》顺利进展的重要因素。负责照相的是京都帝国大学东方文化研究所经验丰富的摄影师羽馆易，响堂山和龙门石窟调查的拍摄任务皆为其所完成。拓片工作由北京碑帖铺拓工徐立信担任，他曾参加响堂山石窟调查，技术精湛熟练。参与测绘的人员最多，包括京都帝国大学东方文化研究所和工学部、奈良国立博物馆以及朝鲜总督府京城博物馆等单位；其中京都帝国大学东方文化研究所北野正男和高柳重雄学习过绘画④，二氏基本清绘了全部实测图；水野和长广自始至终承担具体洞窟的测绘任务。

（三）出版

《云冈石窟》作者水野清一、长广敏雄为京都大学教授，均毕业于京都帝国大学文学部史学科，水野专攻东洋史、考古学，曾留学北京近两年，长广专攻美术史、考古学。

《云冈石窟》副题《公元 5 世纪中国北部佛教石窟寺院的考古学调查报告》，1951~1956 年作为京都大学人文科学研究所研究报告陆续刊行，凡 16 卷 32 巨册，全文英译。1951~1955 年出版第 1~15 卷，每卷合本文和图版共两册⑤，本文包括文字、拓片和实测图 3 部分，图版均黑白照片，总 15 卷计日文 902 页、英文 820 页、拓片 85 张、实测图 122 幅、图版 1711 幅。1956 年出版第 16 卷，一册补遗，一册索引，计日文 12 页、英文 10 页、中、日、英三种文字合页 79 页、拓片 6 张、实测图 7 幅。1975 年作为京都大学人文科学研究所研究报告又出版单行本《〈云冈石窟〉续补第 18 窟实测图》⑥，日文 20 页、英文 2 页、实测图 14 张。另外《云冈石窟》报告中未收录当时调查所得的瓦、陶器、瓷器等出土遗物，2006 年作为京都大学人文科学研究所研究报告继续出版《云冈石窟——遗物篇》⑦。

《云冈石窟》全文英译加强了国际性。但英文与日文有时不同，据长广《云冈日记》，水野、长广意见分歧时，日文多以水野意见为主，而英文则未必全然跟从；另外翻译主要由牛津大学东方美术馆的 Swann

---

① 《龙门石窟の研究》亦请滨田作序，但出版时滨田已去世，故以题献给滨田的形式表示纪念。

② 〔日〕羽田亨著作如《西域文明史概论（外一种）》，耿世民译，北京：中华书局，2005 年。

③ 〔日〕松本文三郎著作如《支那佛教遗物》，东京：大镫阁，1919 年；《印度の佛教美术》，东京：丙午出版社，1920 年。

④ 〔日〕长广敏雄《云冈日记——大战中的佛教石窟调查》，东京：日本放送协会，1988 年，第 42 页，记二氏在京都绘画专科学校学习过日本画。

⑤ 个别有所调整，如第 6 窟图版内容较多，第 3 卷为第 6 窟的一册文字和一册图版（第 1 部），另一册图版（第 2 部）置入第 9 卷中；第 8、9 卷为合集，包括第 11、12 窟一册文字和第 11 窟一册图版，又另置第 9 卷包括第 6 窟和第 12 窟两册图版。

⑥ 《〈云冈石窟〉续补第 18 窟实测图》由当年参与云冈调查的日比野丈夫解说，分三章：第一章"第十八洞实测图"〔水野清一、田中（旧姓高柳）重雄实测〕，第二章"第十八洞概观"，第三章"实测图说明"，英文翻译了第一章概要。第一章中详细介绍了第 18 窟实测图失而复得的经过：战后云冈石窟调查班从大同撤回时，第 18 窟实测图寄留北京，1957 年水野访华期间，中国科学院郭沫若院长将图返还，因之得以补刊单行本。

⑦ 〔日〕冈村秀典编《云冈石窟——遗物篇》，京都：朋友书店，2006 年。

担任，长广认为其英文严谨、流畅，有的甚至比日文准确达意，这大概是日文、英文略有不同的原因[1]。

《云冈石窟》1951 年获日本朝日文化奖。1952 年获日本学士院恩赐奖，时首相吉田茂祝辞，天皇接见作者[2]。

二、《云冈石窟》内容

（一）记录手段

《云冈石窟》的记录包括文字、绘图、拓片和照相等四项内容，其功能各有侧重。文字可以描述洞窟的全面情况，但缺乏直观形象；绘图可以反映洞窟的结构布局，但不具备实物的真确质感；拓片着重局部细节神似，但无法掌控全局；照相可以逼真地再现实景，但空间和比例受到限制。故此，这四个方面互相配合成为有机整体，尽可能客观地反映洞窟的实际情形。《云冈石窟》文字、拓片和实测图集中一册，照片另册的形式，提供了文图记录与实景记录相互对比的便利；另外，拓片和实测图目录中标识出正文参照页码，使文字、拓片和实测图这三个部分贯通在一起，便于对照比较。兹略分别介绍记录及其他内容。

（二）拓片与照相记录

《云冈石窟》拓片记录的对象主要是洞窟的局部浅浮雕和碑刻、铭记等内容，如龛楣装饰，造像背光，窟顶及地面的莲花纹样，特别在浮雕有弧曲度时，更显出优势，如菩萨的头冠可以用展开图反映全貌。

照相记录是取得真实资料的主要手段（图 1，1、2）。《云冈石窟》照片由全景至细节逐次分解表现洞窟面貌，如记录 5 窟南壁，画面顺序为全景、明窗两侧、窟门两侧、明窗与窟门中间、明窗与窟门中间细部、明窗与窟门两侧细部等。画面角度尽可能保持水平与垂直，使拍摄物能形象而真实地显现出来；画面构图布局合理、主次分明、井然有序，既反映了古迹的原状，又具有艺术性。图版整体上主题突出，画面清晰，做到了科学性和艺术性兼顾。

（三）绘图记录

《云冈石窟》的实测图（图 1，2），采用考古绘图中的正投影原理，记录洞窟的空间、立面以及局部雕刻内容，主要包

1. 第 7 窟前用于窟内摄影照明的反光镜

2. 第 20 窟用于正壁摄影与测绘的脚手架

图 1　现场工作照片

---

[1]　〔日〕长广敏雄《云冈日记——大战中的佛教石窟调查》，东京：日本放送协会，1988 年，第 187、192 页。
[2]　〔日〕长广敏雄《云冈日记——大战中的佛教石窟调查》，东京：日本放送协会，1988 年，第 187~188 页。

括洞窟的平剖面图、纵剖面图、壁面正视图和窟顶仰视图等。正投影原理指平行光线通过目的物上各点垂直投射于平面上的影像，即为该物的"正投影"，其中的平面称为"投影面"。按水平位置设置的投影面叫作水平投影面，与之垂直的投影面叫作垂直投影面[1]。首先在洞窟中设定十字基线坐标，图纸上亦预先标出十字基线坐标，其次在实测对象上确定若干点，分别测量这些点的坐标值，边测量边按比例换算标绘在图纸上，然后将图纸上的这些点连接起来即可得到实测对象的正投影图形。以下列举第 7 窟实测图说明。

平剖面图：反映洞窟平面结构。以十字基线的高度为标准设置水平投影面，其又作为洞窟的平剖面，向下俯视将地面内容垂直投射到平剖面上；向上仰视将窟顶轮廓垂直投射至平剖面上。这样在面上可以表现三个层次的平面结构：地面、基线平剖面、窟顶面。云冈大窟较多，为方便全面认识，一般在中部（明窗）高度，再设置一个水平投影面，即另一个高度的平剖面，形成四个层面叠在一起，表现洞窟空间不同高度上的平面变化。图中（图 3，1），0.00m. 表示十字基线坐标，S.8.00m 表示横向基线南移 8 米。图例中细线表示地面，粗线表示基线平剖面，断线表示 7 米高度的平剖面，点线表示窟顶轮廓面[2]。

纵剖面图：反映洞窟纵向空间结构。在纵向基线上设置垂直投影面，其又作为洞窟的纵剖面，可将侧面的内容垂直投射到纵剖面上。图中（图 3，2），0.00m.H. 表示基线坐标高度，0.00m. 表示横向基线坐标，S.8.00m 表示横向基线南移 8 米。粗线表示纵剖面线，细线表示右侧面内容。

壁面正视图：反映壁面全貌。在十字基线上设置两个垂直投影面：横向面和纵向面。正壁和前壁的内容分别垂直投射到横向面上，形成正壁立面图和前壁立面图；左壁和右壁的内容分别垂直投射到纵向面上，形成左壁立面图和右壁立面图。图中（图 3，3），0.00m.H 表示基线坐标高度，0.00m. 表示纵向基线坐标。

窟顶仰视图：反映窟顶全貌。将窟顶内容垂直投射到水平投影面上，图中（图 3，4），0.00m. 表示十字基线坐标，EWSN 表示窟顶东、西、南、北方向。

局部实测图同样置于基线框架中。如明窗展开图中（图 3，5），7.00m.H. 表示高于基线 7 米处，S.2.00m.、S.3.00m. 和 S.4.00m. 表示明窗位于横向基线以南 2~4 米宽的范围内。

此外，《〈云冈石窟〉续补第 18 窟实测图》中发表了两幅实测底图，其上密布测绘点的坐标值（图 4，1），反映了人工测量的过程。今天随着科学技术的发展，一些仪器测绘方法被引入，如近景摄影等。实践证明，在扩展测绘范围、提高测绘数据精确度等方面，仪器可以代替过去较多人工的实测，但仪器不能完全替代人工，因为绘图记录是一个复杂的、不断深入的认识过程。比如仔细分辨不同时期的叠压遗迹，将不同遗迹之间的关系在测绘记录中表现出来，这是需要具备一定专业知识的人员在现场仔细观察、比较才能进行的工作，而非仪器可以完成。

与十八窟实测底图对照，清绘图（图 4，2）忠实地反映了底图内容的原貌，线条流畅清晰，这不仅由于清绘者具备绘画能力，更重要的是清绘者参与了整个测绘工作，在掌握实测对象的基础上完成清绘，所以才有如此准确、清楚、线条轻重有度的成效。

---

[1]　中国社会科学院考古研究所编《考古工作手册》，北京：文物出版社，1982 年，第 238 页。

[2]　平剖面图中时常有图例错讹的情况，如第 9 窟平剖面图图例：粗线为现在地平面、细线为地平面、虚线为 4.50 米高平剖面，点线为窟顶，而实际上粗线表示的是基线平剖面。

（四）文字记录

《云冈石窟》的文字记录分作宏观和微观两个层面，以文字将图版、实测图、拓片各项联系起来描述洞窟。宏观部分为正文记录，配合图版、实测图，三者合而为一纲领式顺序展示洞窟全貌，最后归纳总结洞窟特征。微观部分为图版解说，配合图版、拓片，三者结合详解洞窟内容。这种处理方式既保证了全面掌握，又照顾到了具体细节，形式上统一规范、清楚明了，避免文字冗长、眉目不清之弊。

正文部分一般以壁面为单位，客观记录全部内容。壁面内容少，只设一个标题描述；壁面内容多，则分设标题描述。如第 9 窟只设［主室东壁］［主室西壁］［主室北壁］分别记录；第 8 窟主室南壁，则设有［南壁拱门］［南壁明窗］［南壁东西部］［南壁第四层］［南壁第三层］［南壁第二层］［南壁第一层］等多个标题详叙。在每个标题下，大体的记录顺序是形制、装饰、造像。

正文中附有较多插图，对一些在拓片、实测图和照片中反映不足的局部位置、细节、题材布局等，以测图或示意图的形式插入文中，进一步配合文字说明洞窟的情况。表示位置的如第 5 窟上层诸小窟的连续平面图、第 6 窟中心柱上层平面图等；表示细部情节的如第 6 窟中心柱上层四立佛纵剖面图、第 6 窟中心柱及壁面的单幅佛传画面、第 5 窟壁面小龛之间的浮雕塔形等。还有洞窟壁面结构示意图，对壁面小龛分别以阿拉伯数字详细编号，并用不同符号标识造像姿势，如 ⊥ 表示结跏趺坐式，× 表示交脚坐式等，编号及符号使文字叙述简单、清楚，同时易于与实测图和图版对照。

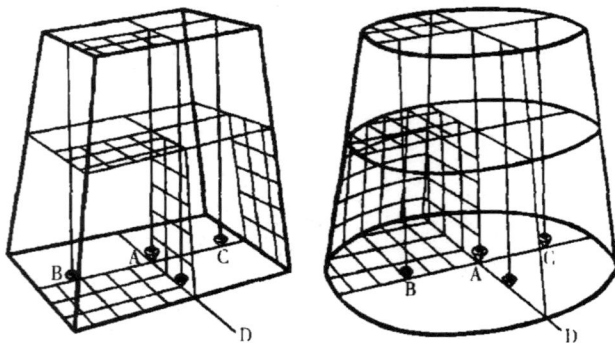

图 2　石窟测量图解（采自《云冈石窟》

（五）其他

《云冈石窟》1~15 卷开篇为"序章"，属专题性论文，内容涉及云冈的历史地理环境、云冈发展史、云冈开凿的历史背景、云冈石窟装饰、云冈调查概要、云冈石窟的系谱、云冈佛传雕刻、云冈图像学、云冈与龙门样式、云冈以前的汉地造像、云冈石窟中的西方样式、昙曜与云冈石窟、中国的石窟寺院概况等；此外，第 16 卷的正文"总括"，是分析云冈石窟开凿次第的总结性论文。这些论述范围广泛，所揭示的问题有一定的广度和深度，显示了对云冈石窟研究的全面性。

《云冈石窟》考古调查除了科学记录洞窟内容外，还对部分窟前遗址、冈上北魏寺院遗址、龙神庙辽代庙址及石佛古寺址等处进行局部发掘，并调查了云冈周边以及大同附近平城、方山遗迹，这些发掘、调查的记录和有关云冈石窟的金石、正史文献一并作为"附录"收入报告中。这些材料对于深入了解云冈石窟的开凿与历史情况提供了更为广泛地信息。

《云冈石窟》第 16 卷《补遗》册专论云冈凿窟次第，对前 15 卷中分别推定的洞窟年代、出版六年中观点上的一些变化以及矛盾等做了调整总结；附录的英译《魏书·释老志》，翻译底本为京都大学人文科学研究所塚本善隆教授的日文译注本[1]。《索引》册列有全十六卷三十二册的简目、索引、术语解释以及引用文献，便于查阅《云冈石窟》内容和了解其学术基础。

---

① 〔日〕塚本善隆译注本 20 世纪 60 年代单本刊行，《魏书释老志の研究》，京都：佛教文化研究所出版部，1961 年。

0.00m 0.00m

S.8.00m. S.8.00m.

■ 基线平剖图
— 地面
--- 7米高平剖图
··· 窟顶面

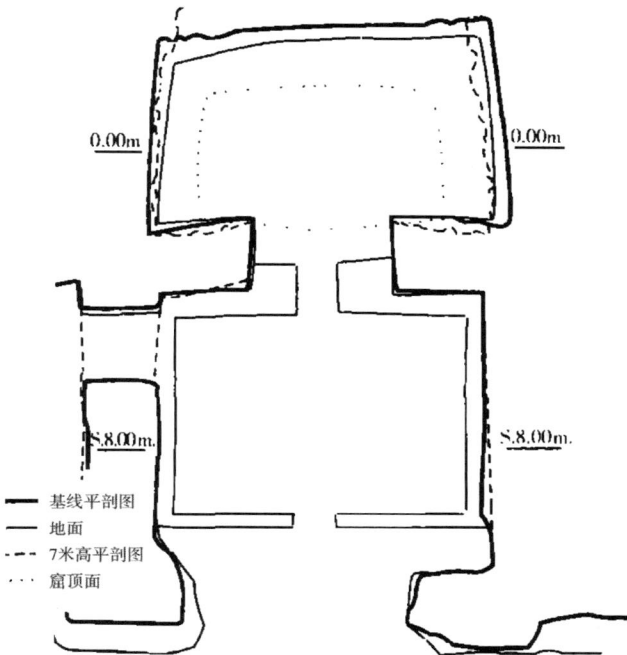

1. 第 7 窟实测图示意平剖面图

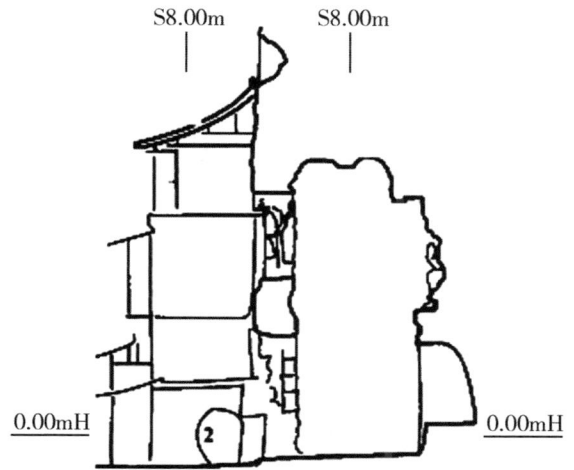

S8.00m S8.00m

0.00mH 0.00mH

2. 第 7 窟实测图示意纵剖面图

0.00m.

E
0.00m.

W
0.00m.

S

4. 第 7 窟实测图示意主室窟顶仰视图

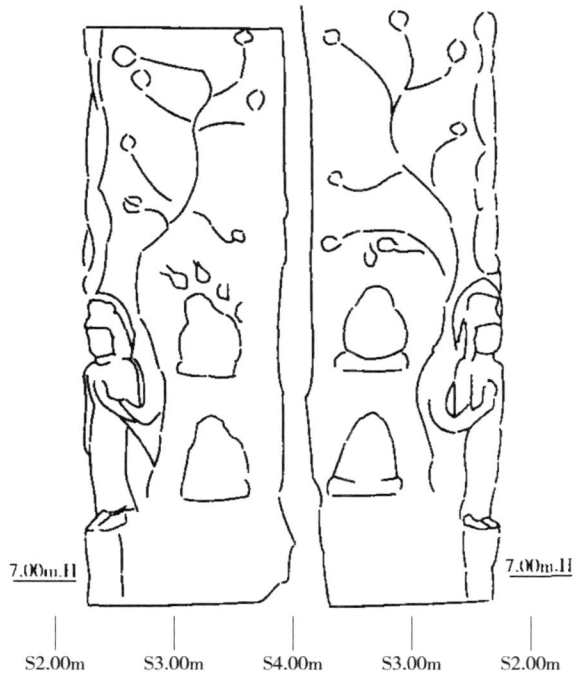

0.00m.

0.00m.H

3. 第 7 窟实测图示意主室正壁立面图

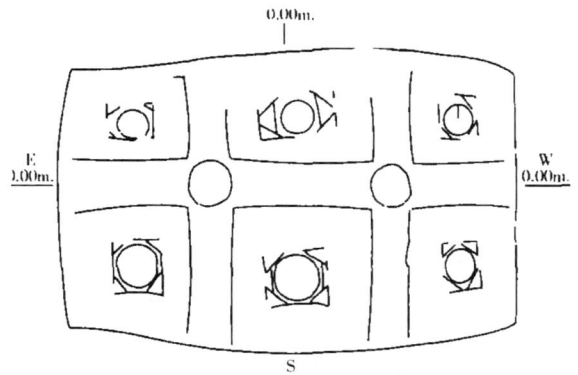

7.00m.H 7.00m.H

S2.00m S3.00m S4.00m S3.00m S2.00m

5. 第 7 窟实测图示意明窗展开图

图 3 第 7 窟实测图

三、《云冈石窟》局限

（一）体例

《云冈石窟》在处理洞窟始凿与后补内容的关系时没有明确的原则，对于后补内容，实测图有时以简略的线条表示；正文有时说明 ×× 为"二次追刻佛龛"；图版解说有时加以区别。但报告体例上没有对二者进行系统的区分。

我国石窟寺调查与研究工作反映出，一般洞窟在始凿后普遍存在补修情况。如栖霞山石窟千佛岩区始凿于南朝，隋唐续有扩建兴修，明代和民国大规模修缮，特别是造像多经改造，已非原状。南响堂石窟始凿于北齐时期，壁面多有隋代补刻小龛，有的还将北齐造像凿平改为碑刻。须弥山石窟圆光寺窟群始凿于北周时期，明代进行过大规模重妆，窟内遍覆泥皮，有的壁面还绘有壁画。这些情况使得进行石窟寺考古调查与撰写报告时，面临如何客观、科学记录的问题。

石窟寺考古作为考古学的分支学科，具有同样的考古学方法论。考古学科学取得考古资料的方法是地层学，在考古发掘获取资料的过程中，首先要准确划分遗址的文化层，只有分层清理同一层次的遗迹，才

1. 云冈第 18 窟实测底图
（采自《云冈石窟》续补第 18 窟实测图）
第 6 页及图版 6 西壁实测底图

2. 清绘图局部
（采自《云冈石窟》续补第 18 窟实测图）
第 6 页及图版 6 西壁清绘图

图 4　云冈第 18 窟实测底图与清绘图局部

1. 中心柱正壁（着色表示中衣服）　　2. 右壁上层右侧（着色表示中衣服）　　3. 右臂上层中央（着色表示中衣服）

图 5　云冈石窟第 6 窟立佛

能更完整地看到遗址内各活动时期的遗痕全貌，因此必须按层位记录遗迹、遗物的情况。与之相同，石窟寺记录也应甄别始凿与重修的不同情况，包括后代补修内容，亦存在时间早晚问题。石窟寺考古报告的体例对此应予以明确，方能使洞窟各时期遗迹的信息含量更清楚、全面。

（二）记录

《云冈石窟》记录有的内容较为粗简。以造像为例，实测图只记录正面，而未表现侧面的情况；文字记录对第 6 窟复杂多变的佛衣仅简单描述为"中国衣制"。研究表明佛衣构成一般为三层四件：外层的上衣、中层的中衣、里层的下衣和僧祇支四件构成，汉地和印度佛衣的穿着形式不同，同时汉地佛衣自身又有着错综的演变脉络①。云冈第 6 窟的立佛均着上衣搭肘式衣，即外层的上衣自身后披覆两肩，右衣角向左横过胸腹搭在左肘上。看似相同的着衣形式，但细节却有变化，中心柱上方立佛佛衣底端两层（图 5，1），窟内左右壁面上方两侧的立佛佛衣底端三层（图 5，2），窟内左右壁面上方中间的立佛佛衣底端三层、在外层与中层之间右侧有一块衣角（图 5，3）。印度佛衣的下端只有两层，按照律文规定②，上衣最大，中衣次之，下衣又次之，故中衣被上衣所掩不露出，但汉地的佛衣着意表现中衣，使其显露出来。第 6 窟中心柱立佛的佛衣上身露出中衣，下端不露；壁面立佛的佛衣上身和下端均露出中衣，有的下端右侧多出一块衣角，这可能说明中心柱和壁面凿刻的时间或工匠等因素有所差异。

（三）观点

云冈考古调查受到当时资料以及研究方法的局限，有些结论有重新审视的必要。如与葱岭东西及汉地石窟的对比、讨论很少，难于全面认识云冈石窟的历史地位，这是当时的工作不够所致③；又如只重视单体

---

① 陈悦新《佛装概念与汉地佛装类型演变》，载《文物》2007 年第 4 期，第 60~69 页。
② 如后秦弗若多罗共罗什译《十诵律》《大正藏》23 册，第 30c~31a 页。
③ 这一点今天仍为我们各石窟工作者所忽视。

造像，忽略整体组合，更重要的是没有将内容题材的变化与历史背景联系起来考虑。随着云冈研究的领域和视野的开拓，中国学者的研究取得了新的进展，《云冈石窟》中的某些观点已经得到修正和突破[①]。

例如《云冈凿窟次第》一文，以 15 年为一个期限，将云冈石窟分作三期。第一期（460—475），开凿昙曜五窟，第 7、8 双窟和第 9、10 双窟，第一期还可分前后，第 7、8 双窟约与昙曜五窟同时在 460—471 年，第 9、10 双窟约在 467—475 年。第二期（475—490），开凿第 1、2 双窟，第 11~13 窟，第 5、6 双窟，其中第 1、2 窟约始于 477 年，第 5、6 窟约在 477—483 年。第三期（490—505），主要开凿西端诸窟及补刻窟龛。这种划分表现出对北魏历史和云冈石窟洞窟类型逻辑演化过程认识上的不足。

20 世纪 50 年代以来，中国学者将考古类型学方法运用到石窟寺研究中，通过窟室形制、题材布局、造像特点、装饰纹样等类型因素，排比云冈洞窟的先后次序，并根据文献记载，结合新发现的史料和实物，归纳出云冈石窟的分期。第一期（460—470）昙曜五窟。第二期（471—494）窟室主要在石窟群中部东侧，有第 7、8 双窟，第 9、10 双窟，第 1、2 双窟，第 11~13 组窟和第 5、6 双窟，还有第 3 窟等。第三期（494—524）多中小型窟室，主要集中在第 20 窟以西崖面；此外，许多第一期、第二期开凿的窟室内、窟口两侧和窟外崖面也多有第三期补凿的小窟龛[②]。这个分期将云冈石窟与北魏社会历史的发展密切地结合，证实云冈石窟的分期是北魏历史的具体反映[③]。实际上，不只是云冈石窟，大石窟群如龙门北朝石窟[④]、敦煌早期洞窟[⑤] 等都有其形成与发展的历史原因。

其他还有云冈模式的形成及其典型意义，云冈石窟与中原北方地区各石窟的关系，云冈石窟与僧人禅居，昙曜开窟与三世佛题材，自第 7、8 双窟开始出现释迦多宝、维摩文殊等形象的意义，唐至金代的云冈历史等问题，都在《云冈石窟》的基础上，得到了进一步的研究和取得了重要进展。

（原文刊载于《文物》2009 年第 1 期）

---

④　丁明夷《云冈石窟研究五十年》，《中国石窟·云冈石窟》（二），北京：文物出版社，1994 年，第 174~186 页。

①　分期参见宿白《平城实力的集聚和"云冈模式"的形成与发展》，收入作者《中国石窟寺研究》，北京：文物出版社，1996 年，第 114~144 页；原载《中国石窟·云冈石窟》（一），北京：文物出版社，1991 年。

②　〔日〕长广敏雄先生在《云冈石窟第 9、10 双窟的特征》一文注 30 中，认为宿白先生的分期论是符合逻辑的，表示赞同"宿白说"，并进一步提出，云冈大窟群中尚有许多美术史和考古学上未被解明的问题，因而《云冈凿窟次第》也有必要加以订正。见《中国石窟·云冈石窟》（二），北京：文物出版社，1994 年，第 207 页。

③　宿白《洛阳地区北朝石窟的初步考察》，收入作者《中国石窟寺研究》，北京：文物出版社，1996 年，第 153~159 页；原载《中国石窟·龙门石窟》（一），北京：文物出版社，1991 年。

④　宿白《莫高窟现存早期洞窟的年代问题》，收入作者《中国石窟寺研究》北京：文物出版社，1996 年，第 270~278 页；原载香港中文大学《中国文化研究所学报》第 20 卷，1989 年。

鹿野苑石窟调查报告
——关于新发现禅窟的问题

刘建军

大同，古称平城，398-494 年北魏在此建都，是中国北方政治、经济、文化的中心。北魏时期的大同不仅在经济、文化等方面高度发达，而且佛教与佛教艺术的发展亦空前潮。据《魏书·释老志》记载：孝文帝太和元年（477）京都平城畿内有佛寺约百所，僧尼二千余人。多年来大同及周边地区陆续发现与报道的佛教石窟、单体造像及相关的考古遗物已引起了学术界的关注和重视，[①] 因此详细的调查和研究这一地区的石窟，对进一步深入地理解"云冈模式"的形成和发展[②] 等问题都具有十分重要的学术价值。近年，笔者专门就鹿野苑石窟进行了多次的考古调查，特别是调查中新发现了一个洞窟形制比较完整的禅窟[③]，这对平城地区佛教石窟的研究具有重要意义，现在将鹿野苑石窟的窟室形制、造像特点、保存现状等详细地考古调查的测绘与记录报告如下，并且就新发现的禅窟有关问题进行讨论。

一、石窟的现状

石窟位于大同市西北约 10 公里的雷公山脉北端大石崖背沟北山崖面上，北纬 40° 09′ 45.4″，东经113° 14′ 41.9″，海拔高度 1233 米。东南距小石寺村 1.8 公里，南距安家小村的北魏城垣遗迹 4 公里。洞窟就开凿在高出河滩 10 多米的大沙沟三岔口北侧山体上，石窟东、北两面依山，西、南两面临大沙沟，隔沟远望是高低起伏的山峦。石窟前面（即南面）与西侧面的大沙沟是古代季节性河流遗迹，由北向南和由西北向东南的两支河流在此石窟开凿处汇合，20 世纪八九十年代河滩上还保存有泉眼，现在已经干枯（图 1）。

洞窟坐北朝南，东西"一"字形排列，全长 32 米，依东向西编号，现有大小洞窟 11 个，其中第 6 窟为大像窟，余皆为禅窟。整

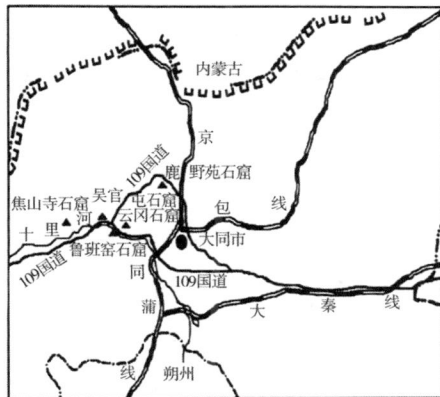

图 1　鹿野苑石窟位置图

---

① 关于近年北魏平城（大同）及周边地区的石窟调查和石雕造像出土情况发表的作品有：丁明夷、李治国.《焦山、吴官屯石窟调查记》，《中国石窟·云冈石窟》一，文物出版社，1991 年 9 月；刘建华.《河北张家口下花园石窟》，《文物》1998 年 7 期；张洪印、金申《河北易县发现一批石造像》，《文物》1997 年 7 期；曹彦玲.《大同市博物馆藏三件北魏石造像》《文物》2002 年 5 期。还有北京大学赛克勒博物馆收藏的在方山遗址中采集北魏泥塑残像，参见《北京大学考古系发掘成果》日本出光美术馆，1995 年；大同市博物馆 1981 年发掘北魏方山思远浮图遗址出土的泥塑等残像；云冈石窟文物研究所收藏的 1981 年于马武山出土的北魏菩萨像。

② 宿白.《平城实力的集聚和"云冈模式"的形成与发展》，《中国石窟·云冈石窟》（一），文物出版社，1991 年 9 月。

③ 新发现的第 5 窟为典型禅窟，洞窟形制保存十分完整，第 5 的实测图是笔者 2002 年 9 月 16 日至 18 日调查时绘制，现在该洞窟已被新建大殿的塑像封堵。

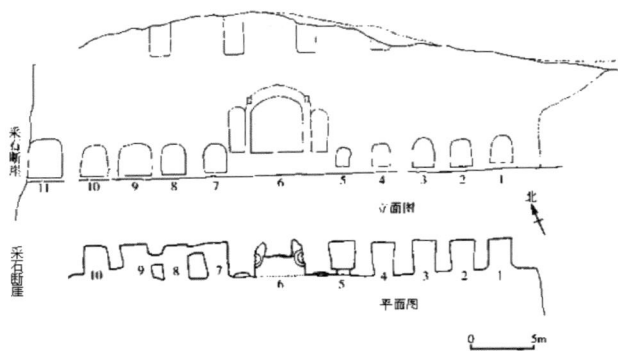

图 2　鹿野苑石窟总平、立面图

个洞窟以大像窟为中心，禅窟分列左、右两侧各 5 个，大像窟的位置较高，其窟内地面高出禅窟的窟内地面约 1 米。全部洞窟外立壁的崖面比较平整。在崖面顶部上遗留四个长方形梁孔，除东侧的第一个梁孔损坏严重外，其他的三个梁孔保存较好。相邻的梁孔中心距离：当心间为 4.40 米，东西次间皆为 4.20 米，窟前曾建过木结构窟檐建筑，其时代最晚也应在辽金时期（图 2）。另外，在石窟区西面隔一条大沙沟，跨过大沙沟约 80 米处的距离山坡上，与石窟遥相对峙的地方，在 1989 年曾发现过北魏时期生活用器的陶片及筒、板瓦等建筑构件，说明此处北魏时有过营建活动，它应该是鹿野苑石窟寺的组成部分[①]。十分可惜的是 1989 年沿大沙沟的河岸滩地修建大新（大同—新荣）公路时将该遗址破坏。

在整个石窟中，第 6 窟大像窟的窟型保存完整，但是窟内的造像风化与破坏比较严重，外立壁仅存力士与券面的残迹。现在 10 个禅窟中有 9 个被新建大雄宝殿、配殿遮挡，除最东面的第 1 窟外，大像窟左、右两侧相邻的第 4 窟、第 5 窟，第 7、8 窟等 4 个洞窟位于大雄宝殿内的塑像后面，第 2 窟，第 3 窟，第 9~11 窟等 5 个洞窟位于配殿后面，其中最西面第 11 窟在 20 世纪 80 年代因在石窟区西侧开山采石将第 11 窟右（西）壁破毁。由于新建寺院的建筑将石窟部分洞窟的窟口垒砌封堵，所用图纸与公布实测数据均采用本人 1987 年、2002 年和 2010 年三次调查资料。

第 1 窟

洞窟平面趋于纵长方形，窟顶为纵券式。面阔 1.53 米、进深 1.90 米、窟高 1.80 米。洞窟的外立面的窟口风化严重，形制不清，两侧现用砖重砌。窟内壁面较为平整，无任何雕饰，东壁残损较重，西壁保存较好，东、西两壁上部圆弧处与北壁的壁面交界呈直角，结构十分分明。属典型的禅窟。

第 2 窟

洞窟平面趋于长方形，窟顶为纵券式。前宽 1.40 米，后宽 1.56 米、进深 1.90 米、窟高 1.80 米。洞窟的外立面的窟口风化严重，现在两侧用砖重砌封堵。窟内壁面平整、光滑，保存较好，无任何雕饰。东、西两壁及上部圆弧处与北壁的壁面交界呈直角，而洞窟顶部与北壁的壁面顶端交界处则不甚分明。属典型的禅窟。

第 3 窟

洞窟平面趋于长方形，窟顶为纵券式。前宽 1.45 米、后宽 1.54 米、进深 2.07 米、窟高 1.98 米。洞窟的外立面的窟口风化严重。窟内壁面平整，无任何雕饰，除东壁与北壁的上面局部风化外，其他壁面保存较好。东、西两壁及洞窟顶部与北壁的壁面交界处分明。属典型的禅窟。

第 4 窟

洞窟平面趋于长方形，窟顶为纵券式。前宽 1.40 米、后宽 1.55 米、进深 2.03 米、窟高 1.57 米。洞窟

---

① 这处北魏遗址位于鹿野苑石窟西侧约 80 米，隔着大沙沟可与石窟相望。近读梅林先生在《艺术史研究》第四辑发表了针对"鹿野佛图"讨论的《仰模神影，仿佛真容——云冈鹿野苑石窟造像揭秘》一文，对造像窟图像重新做了解读，颇有新意。但是这处北魏遗址与鹿野苑石窟并非一处建筑，因此梅林先生对"鹿野佛图"推测存在着许多疑问。

的外立面的窟口风化比较严重，两侧现用砖重砌。窟内壁面平整、光滑，无任何雕饰。东、西两壁及洞窟顶部与北壁的壁面交界处比较清晰。属典型的禅窟。

第5窟

洞窟平面趋于长方形，窟顶为纵券式。前宽1.28米、后宽1.58米、进深1.64米、窟高1.70米，窟平面为后宽前窄（图3）。

洞窟外立壁，窟门的左侧风化比较严重，右侧残存部分圆拱形遗迹。经过观察：从壁面的窟门外右上方亦残留一部分尖拱楣的遗痕推测，窟门应为圆拱形。现在窟门高1.30米、宽1.00米、厚0.13~0.24米。窟门有下槛，高0.18米、长0.73米、宽0.24米。该洞窟的窟门因后代安置木质门框将北魏时期的窟门损坏，现根据残存遗迹复原窟门为高1.08米、宽0.73米、厚0.40米。

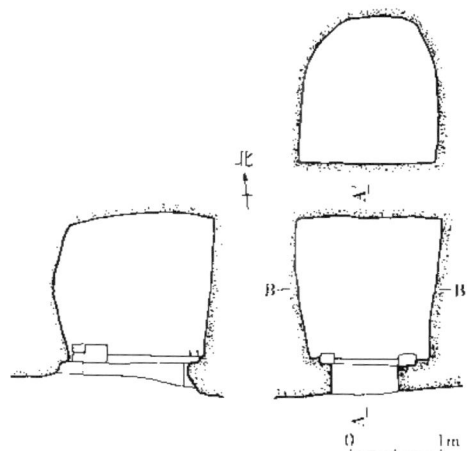

图3　鹿野苑石窟第5窟平、剖面图

主室：四壁的壁面十分平整，而且打磨光滑，无任何雕饰。其中后壁的壁面呈圆拱形，高1.56米、宽1.58米，壁面的下部比较直，上部逐渐内收，收分0.13米。北壁的壁面与东、西壁及窟顶券面的交接处界线十分明确。

左壁的壁面呈漫圆与券式顶相接，壁面的前部上、下两端各凿方孔，上孔高0.09米、宽0.10米、深0.10米；下孔高、宽、深皆为0.10米，上、下两孔的间距为1.25米。右壁的壁面与左壁的壁面相同，前部上、下各凿方孔，上孔先凿出一个方形平面，高0.36米、宽0.20米，之后再凿方孔，高0.11米、宽0.10米、深0.06米；下孔高0.09米、宽0.09米、深0.06米，上、下两孔的间距为1.20米。前壁的壁面左侧上部崩塌，仅存右侧圆拱局部，壁面与窟顶无明显的交接界线，呈圆弧连接。前壁是后代安装木质窟门框将洞窟的壁面破坏，门额上方左、右两侧各凿有方形小槽，并且将左、右壁的壁面局部凿掉，这样将南壁凿成一个方形立面，使南壁门槛厚度变薄，其高1.35米、宽1.02米、厚0.08米。窟内地面上，在窟门左、右两侧各凿横长方形孔。左孔横长0.15米、宽0.12米、深0.10米；右孔横长0.14米、宽0.13米、深0.11米，两孔间距0.90米。左、右方孔与左、右壁的壁面

1.鹿野苑石窟第6窟剖面图

上的方孔均系后代安置木门框所致残存的遗迹。推测作用为后代安装木质窟门框残留的遗迹，其具体时间不详。

这个禅窟2002年年初由当时住寺院的僧人清理，2002年9月16日至18日调查时发现该窟因为长期被掩埋，保存十分完好，洞窟的形制与结构清晰，所以笔者进行了全面测量和记录。第5窟是鹿野苑石窟禅

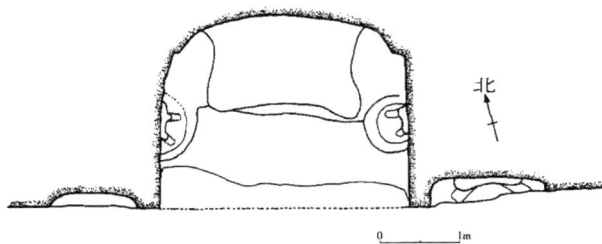

2.鹿野苑石窟第6窟平面图

图4　鹿野苑石窟第6窟平剖面图

图 5 第 6 窟窟门外力士

窟中保存最为完整的一例，对认识平城地区禅窟形制提供了十分可靠的实物资料。

第 6 窟

洞窟的平面呈马蹄形，穹窿顶，窟门为敞口。洞窟面宽 3.20 米、进深 2.53 米、窟高 3.50 米（图4，1、2）。

窟外立面：位于全部洞窟崖面的中央，为敞口圆拱形窟门，宽 3.16 米、高 3.45 米。洞窟门拱的外壁左、右两侧雕方形门柱，宽 0.20~0.22 米，左立柱的柱头残，右立柱残存部分圆顶束帛柱头。拱门梁与梁尾的风蚀比较严重，从右侧局部残存部分痕迹观察，拱门梁断面为半圆形，宽 0.12 米，厚 0.06 米。拱门的梁尾雕龙首，呈反顾状，龙首无角。门楣为尖拱形，楣面素而无饰，上面残存直径 1.5~3 厘米的圆形小孔，推测为后代维修时塑泥施彩固定木桩所为[1]。另外，在门楣的左、右两隅对称凿有长方形小梁孔，东梁孔已残毁，西梁孔宽 0.18 米，高 0.36 米、深 0.23 米。估计与门楣上后代维修时塑泥施彩时间相同。窟门左、右立柱的外侧各雕圆拱浅龛。左龛高 2.88 米、宽 1.50 米、深 0.32 米，内雕力士像 1 身，风化比较严重，但存轮廓。右龛高 2.92 米、宽 1.20 米、深 0.09 米，内雕力士像已经风化。

左侧力士像残高 2.40 米，头残，饰圆形头光，粗颈，两肩宽厚并且微微上耸，帔帛似由左肩斜搭至右腋下，仅存右胸前的局部痕迹，下身穿大裙，仅存部分裙摆，腰间系束带。左手似撑腰，右臂似上举，双手均残。左腿略向前伸直，右腿前伸微曲，身体略做扭动，跣足，双脚呈"八"字形外撇（图5，图6）。

右侧力士像残损十分严重，仅存部分圆形头光。

窟门的下端雕方形座，座高 1.06 米、宽 5.00 米，下沿作叠涩。佛座中间被现代水泥修筑台基遮挡，方座式样仅能从两侧观察到局部。佛座中央有雕刻图案，2004 年新建大雄宝殿塑造新像时将其挡住，具体内容不详。

主室正（北）壁：正中雕结跏趺坐佛，佛像残高 2.60 米。头部的鼻子以上部位在 20 世纪 70 年代被人为破毁，但从残存下颚及两颊部分观察，面相方圆，两颊丰满。身体健硕，双肩宽厚。内着僧祇支，由右肩斜搭至右腋下，上刻成弧形阴线，衣领边刻微微凸起双线；外着半袒右肩式袈裟，左、右衣领边皆刻折带纹，袈裟的褶襞由凸起双棱线组成，双肩和腿部与左臂的衣纹线在尾

图 6

---

[1] 前引梅林《仰模神影，仿佛真容——云冈鹿野苑石窟造像揭秘》一文将小孔误以为用于泥塑华盖，如果细致观察第 6 窟窟口的尖拱门楣，就会发现当时开凿洞窟内的一佛二菩萨二力士组合一铺五尊式造像时，假如设计为华盖应该是石雕，那就没有必要再泥塑华盖。

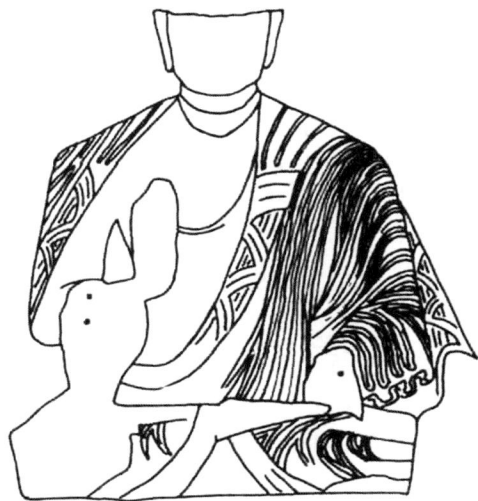

图 7　第 6 窟佛像

端刻成带有钩形分叉的厚重衣纹。^①左手已残置于膝头，右手亦残似上举胸前，疑为说法印，双膝残存凸起双棱线衣褶（图 7）。身后刻舟形背光，素面无饰，背光上残存 0.5 厘米的细泥地仗层，上涂浅红色，剥落背光处残存凿有直径 1.5~2 厘米的小圆孔，估计背光泥彩的年代与窟外券面敷彩泥塑时代相同。

左（东）壁：壁面雕菩萨立像，高 1.88 米，头部与身躯风化十分严重，饰桃形头光，右侧残存三角折叠下垂式宝缯。左手下垂置于腰际，右手上举胸前，双手均已残损。双脚残损，踏圆形台座，台座高 0.25 米。

右（西）壁：壁面雕菩萨立像，高 1.84 米，头、手、脚均残。宝冠仅存轮廓，饰桃形头光，额上的发髻束带，束带的两端刻三叶忍冬纹，宝缯作三角折叠下垂式，耳朵后的长发分缕披于双肩之上。颈饰桃形项圈，右胸残存局部蛇饰的躯干。上身着斜披络腋，衣纹作阶梯状，下身穿大裙，裙摆两侧内收。帔帛沿肩与臂侧下垂绕肘外扬。左手下垂，右手上举胸前，手中似在握物，双手皆已残损。双脚残损，立于圆形台座之上，台座高 0.28 米（图 8）。

第 7 窟

洞窟平面趋于纵长方形，窟顶为纵券式。面宽 1.45 米、进深 2.01 米，高度不详。洞窟内西壁北端凿一方形小洞与第 8 窟相通，高 1.05 米、宽 0.45 米、深 0.98 米。系后代所为，具体时间不详。窟口风化严重。壁面平整无任何雕饰。属典型的禅窟。

图 8　第 6 窟右壁菩萨像

① 有关该衣褶纹样的名称没有形成统一称谓：李裕群先生称这种衣纹样式为带有钩形分叉的厚重衣纹，参见《山西北朝时期小型石窟的考察与研究》，27~60 页，文载巫鸿主编《汉唐之间的宗教艺术与考古》，文物出版社，2000 年 6 月；李玉珉先生说：这种衣纹的袈裟的褶襞由二腹隆起的棱线组成，在肩部、上肘的衣纹尾端还叉开作"丫"字形，参见李玉珉《中国佛教美术史》，台湾东大图书股份有限公司，2001 年 8 月；金申先生称这种衣纹为凸起双棱，分叉末端呈燕尾形叉形褶，参见金申《易县北魏交脚菩萨像造型上的几个问题》，《文物》1997 年 7 期。这里暂依李裕群先生衣褶纹样的称谓。

第 8 窟

洞窟平面趋于纵长方形，窟顶为纵券式。面宽 1.50 米、进深 2.10 米，高度不详。洞窟的西壁中间凿一近似方形小洞与第 9 窟相通，高 1.25 米、宽 0.65 米、深 0.89 米，时间应与东壁同期。窟口风化严重。壁面平整无任何雕饰。属典型的禅窟。

第 9 窟

洞窟平面趋于纵长方形，窟顶为纵券式。面宽 1.52 米、进深 1.97 米、窟高 2.05 米。东、西两壁及洞窟顶部与北壁的壁面交界处清晰分明。属典型的禅窟。

第 10 窟

洞窟平面趋于纵长方形，窟顶为纵券式。面阔 1.55 米、进深 1.82 米，高度不详。洞窟的外立面的窟口形制不清，两侧现用砖重砌。窟内壁面较为平整，无任何雕饰，壁面保存较好，东、西两壁上部圆弧处与北壁的壁面交界呈直角，结构十分分明。属典型的禅窟。

第 11 窟

洞窟平面趋于长方形，窟顶已经崩塌。面宽 1.72 米、进深 1.90 米，高度不详。西壁与窟顶为 20 世纪 90 年代开山采石时破坏。东壁的壁面较为平整，无任何雕饰，属典型的禅窟。

二、石窟的开凿年代

关于鹿野苑石窟的开创时间，史料没有确切年代记载，但《魏书》和《北史》有献文帝、孝文帝巡幸鹿野苑石窟的记录，最早的是"（皇兴）四年（470）十二月甲辰，（献文帝）幸鹿野苑石窟寺"，说明 470 年前鹿野苑石窟已建成，这次皇帝的巡幸究竟是鹿野苑石窟洞窟造像雕凿完工的信息，还是与皇帝专门亲临礼佛有关，无论如何它可作为这处石窟开凿年代的下限。因此，我们根据该处石窟洞窟形制、内容题材、造像特征等参照有纪年可考的造像，对鹿野苑石窟的年代略做推断。

1. 洞窟形制

鹿野苑石窟的第 6 窟平面为椭圆形，穹窿顶，窟口为敞口式，窟内主像占据洞窟大部分空间，属于大像窟类型的中型窟室。这种洞窟形制是云冈第一期昙曜五窟的最基本窟室结构，也是 460 年至 470 年平城地区北魏石窟的流行式样[①]。虽然云冈一期没有敞口形式的洞窟，鹿野苑石窟的第 6 窟敞口式形制属于洞窟特例，它的设置似乎与专门观像、礼拜有关。云冈二期此类窟室结构承袭一期形式，但洞窟内的主像已经逐渐后退，窟内的空间感明显增加，改变了云冈一期洞窟的空间局促的问题。

若从鹿野苑石窟第 6 窟的大像窟外立面的券面观察，它的圆拱尖楣的形式，如楣面无雕饰、梁尾兽头无角、圆顶束帛柱头等样式都与云冈第 18~20 窟洞窟内壁面的一些小龛的楣面、楣尾及柱头装饰相同，这些特征对云冈一期洞窟壁面上小龛的年代推断亦具有十分重要的价值。

2. 造像题材与特征

鹿野苑石窟第 6 窟为一佛二菩萨一铺三尊式造像题材，这是云冈一期洞窟的第 18 窟、第 20 窟主尊造像

① 宿白.《平城实力的集聚和"云冈模式"的形成与发展》，《中国石窟·云冈石窟》（一），文物出版社，1991 年 9 月。

常见的题材布局。但是，门拱外壁的左、右两侧雕护法力士像，如果将洞窟内、外造像统一考虑的话，就形成了一佛二菩萨二力士组合的一铺五尊式造像题材，这种新的造像题材的出现，显然是有目的的对一个洞窟进行统筹设计与布局，它对云冈二期如第5窟，第7、8窟，第9、10窟等在门拱两侧造像内容产生了一定影响。鹿野苑石窟的佛、菩萨、力士像的造像样式具有云冈一期昙曜五窟的特征，但也有其自身的特色。

佛像面相方圆，半袒右肩式袈裟，衣领边缘刻折带纹，衣纹线厚垂重并且为钩形分叉等方面，颇具云冈一期的佛像造型特点。在造像的细部处理方面却与云冈一期有别，如双耳略小，但并未垂肩，左腿上的弧线衣纹，这种造像式样是北魏太安元年（455）的一佛二菩萨的单体石雕造像样式，[1] 其年代早于云冈一期。同时，如肩与臂部的厚重衣纹线上带有钩形分叉处理手法与河北易县出土的和平六年（465）交脚菩萨像大腿侧面衣纹处理一致[2]。从菩萨像体貌、服饰等特征比较，在云冈能够找到确定为一期菩萨造像很少，而且大部分造像残损严重，但残存的局部菩萨像，亦不乏相似式样：如宝冠两侧外张的三角宝缯、桃形头光、贴肩与臂下垂帔帛样式，显然来源于云冈第18窟北壁主尊左侧胁侍菩萨立像，只是鹿野苑菩萨像头冠上束带两端三叶忍冬纹饰较云冈造像更加艺术化，大裙双腿中间下垂的菱形纹束带和下摆两侧内收上敛的裙摆与云冈第20窟北壁主尊右胁侍菩萨立像残存裙摆几乎完全相同[3]。力士像的肩宽胸厚、体态强健，身躯似S形，它是平城地区出现最早的新造像样式，被云冈二期造像模仿。

从上述的洞窟形制、造像题材与特征等诸多方面考虑，同时比较附近一些石窟和出土单体石雕造像特点，结合献文帝于"（皇兴）四年（470）十二月甲辰，幸鹿野苑石窟寺"记载分析，鹿野苑石窟开凿时间应在皇兴四年（470）之前，此为开凿石窟时间下限，其上限时间依据《鹿苑赋》描述"暨我皇（献文帝）之继统"，[4] 于是开凿石窟，及近年河北易县发现的和平六年（465）石雕菩萨像确定，初步推测鹿野苑石窟的开凿年代应在皇兴元年至皇兴四年之间（467–470）。

三、新发现禅窟的问题

鹿野苑石窟新发现的禅窟，不仅丰富了平城地区石窟的洞窟类型，也进一步印证文献中有僧人在平城地区习禅修定记载的史实和填补了云冈石窟没有典型禅窟的空白。《魏书·释老志》：北魏在天兴元年（398）就在寺院中"别构讲堂、禅堂及沙门座"，这里所指的"禅堂"应该与僧人坐禅有关。《高僧传》卷十一《玄高传》云："时魏虏拓跋焘潜据平城，军侵凉境（按：北魏灭北凉，时在太延五年八月，即439），焘舅阳平王杜（按：阳平王杜超，密皇后之兄），请（玄）高同还伪都。既达平城，大流禅化。伪太子拓跋晃事（玄）高为师。……至伪太平（按：太平真君）五年九月，（玄）高与崇公（按：凉州沙门慧崇），俱被幽系，其月十五日就祸，卒于平城之东隅，春秋四十有三。……当尔之夕，门人莫知。是夜三更，忽见光绕（玄）高先所住处塔三匝，还入禅窟中。……"可知玄高在平城时所居的寺宇就有"禅窟"，虽然目前我们没有

---

① 日本大阪市美术馆.《中国石佛——庄严之美》，图74，株式会社，1995年10月。

② 张洪印、金申.《河北易县发现一批石造像》一文，见图版1、3，《文物》1997年7期。

③ 关于云冈第20窟北壁主尊两侧胁侍菩萨像问题，过去一直没有引起研究者们重视。根据实地调查胁侍菩萨像与后面甬道两者之间，明显的存在着考古学上打破关系，关于这个问题将另文讨论。

④ 《广弘明集》卷27，大正新修《大藏经》第52册，史传部4。

发现玄高修禅时的"禅窟"遗迹，但是这一资料说明，至迟在太平真君五年（444）九月时平城附近已存在禅窟。[1]

鹿野苑石窟新发现的洞窟平面趋于纵长方形，纵券顶，圆拱形窟门，这种结构形式的禅窟就云冈石窟及附近地区现存的石窟遗迹而言，除鹿野苑石窟外，其他石窟都没有发现类似形制。特别是第 5 窟的纵券顶这种窟顶形制，在新疆的龟兹地区的克孜尔石窟中，开凿于第一阶段（大约接近于 310 ± 80–350 ± 60）的中心塔柱窟、大像窟、僧房窟等各种类型的窟室，其洞窟的窟顶十分盛行券顶式结构形式，而且两侧壁面与窟顶连接处均有简洁的出檐线脚[2]。在高昌附近的吐峪沟石窟，北凉时期的第 42 窟以及壁面的 5 个禅窟的窟顶皆亦为纵券顶[3]。鹿野苑石窟的这种形式相似的窟顶出现，或许与新疆石窟的影响有关。

四、结语

鹿野苑石窟丰富了平城地区的北魏石窟寺内涵，弥补了云冈石窟洞窟类型的不足。从洞窟性质方面考察，一般石窟寺从窟龛功能与作用大致可分为有造像的像窟与无雕像的禅窟两大类。大家知道，北魏时平城地区的禅法十分盛行，云冈石窟无论大窟小龛都有雕像，究竟有无禅窟，根据目前调查情况表明，至少说没有典型的禅窟，鹿野苑石窟正好填补了这一空白。在洞窟形制方面，作为鹿野苑石窟的中心窟第 6 窟，洞窟椭圆形平面、穹窿顶的形制，模仿了昙曜五窟的洞窟结构，无论在布局方面，还是空间的构筑方面都与云冈早期洞窟形式相似，充分地反映了大同地区早期石窟的特征。同时，敞口大像窟的洞窟形制，窟门外左、右新出现护法像，也清晰地表明大像窟的窟形演变过程和造像组合关系。鹿野苑的禅窟皆为长方形平面，纵券式窟顶的形式结构，显然与云冈石窟的小型窟龛有别，这或许受到新疆地区石窟室的影响。关于僧人修行时，修禅习定的禅窟究竟是什么样形制，除鹿野苑石窟外云冈石窟及平城周边其他的小型石窟并没有发现，而且鹿野苑石窟是唯一的一处发现有典型禅窟的石窟寺，尤其是新发现的第 5 窟，保存着完整的洞窟形制，这对研究平城地区石窟中的禅窟形制，提供了弥足珍贵的实物资料。

（原文刊载于《石窟寺研究》2010 年第 1 辑）

---

[1]　温玉成.《谈云冈石窟之开创年代》，《中国文物报》1989 年 1 月 27 日。

[2]　宿白.《新疆拜城克孜尔石窟部分洞窟的类型与年代》，《中国石窟·克孜尔石窟》（一），文物出版社，1989 年 10 月。

[3]　贾应逸.《鸠摩罗什译经与北凉时期的高昌佛教》，参见新疆龟兹石窟研究所《鸠摩罗什和中国民族文化——纪念鸠摩罗什诞辰 1650 周年国际学术讨论会文集》新疆美术摄影出版社，2001 年。

云冈石窟第3窟开凿遗迹所反映的问题

杭 侃

云冈第3窟位于云冈石窟群的东部，它的西侧与第4窟毗邻，隔龙王沟与中部窟群相望。东侧距第2窟165米，两窟之间有宽约6至10米的道路。从东部洞窟前现在发现的古代车辙紧靠崖壁的情况看（图1），东部通往石窟群的道路不宽。但是，第3窟由于开凿的崖壁多，从而在洞窟前形成了一个前庭。第3窟分前、后室，前室有东西两个，平面都接近凸形，东西长约24米，南北宽约7米；后室平面为凹形，东西长约43米，南北宽约16米。后室北壁中部为较大的向前凸出的岩体，岩体东西长约29米，南北宽约11米。在后室北壁正对西侧前室的窟门处，开凿有一铺三尊式造像，主尊为倚坐佛，高10米，左右的立姿胁侍菩萨高5.7米（图2），这一铺三尊像学术界多认为是唐初完成的[①]。

图1　原道路与窟面关系

云冈第3窟规模宏大，因为没有完工，保存了许多珍贵的石窟开凿的信息。不论是其立面（图3），还是洞窟内的开凿遗迹，均值得深入研究。为了深入了解云冈第3窟遗址的情况，1993年云冈石窟文物研究所等单位曾经联合对其进行了考古发掘。由于20世纪50年代到80年代曾经对第3窟进行过多次清理，"其中1975年和1982年两次维修工程，清理规模最大，当时该遗址地表与这次发掘前的地表高度相差很多，因此就得晚期的文化堆积层损失严重，将较早期甚至是北魏开凿洞窟的文化堆积层有部分直接暴露出地表。经这次清理后发现，洞窟窟外前庭和窟内地层堆积深浅不一，基岩地表高度差异亦很大"[②]，因此，这次大规模的发掘，布方主要在前庭和前室的局部地区（图4）。发掘者根据文化堆积和出土遗物的分析，结合有关云冈石窟的历史文献研究，将这次发掘的文化遗存分为北魏、隋唐、辽代和金及元初四期，其中北魏的地层堆积又可以分为前、后两期。前期以开凿的石窟工程为主体，后期出土了许多陶器和兽骨，"这些遗物的发现，说明该窟开凿工程停止后可能成为一个生活场所。从文化层堆积范围、厚度、盆类堆积及碎片兽骨等分析，推测可能居住者为集体活动的

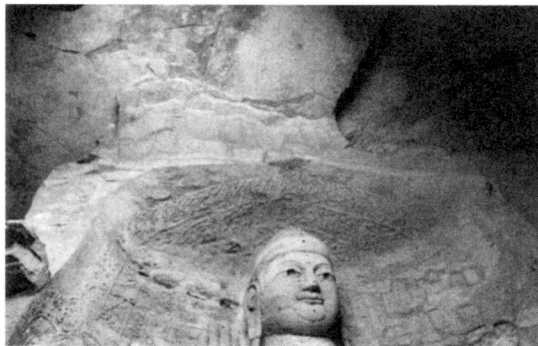

图2　大佛顶部岩层变化

① 宿白.《恒安镇与恒安石窟——隋唐时期的大同与云冈》，《云冈石窟》（二），文物出版社，1994年，第187~192页。
② 云冈石窟文物研究所、山西省考古研究所、大同博物馆，《云冈石窟第3窟遗址发掘简报》，《文物》2004年第6期，第66页。

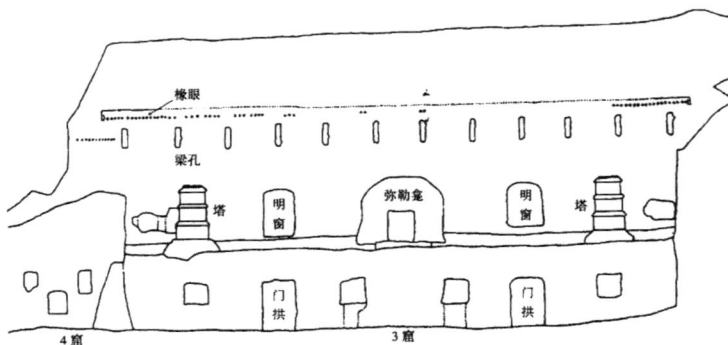

图3　第3窟外壁立面图

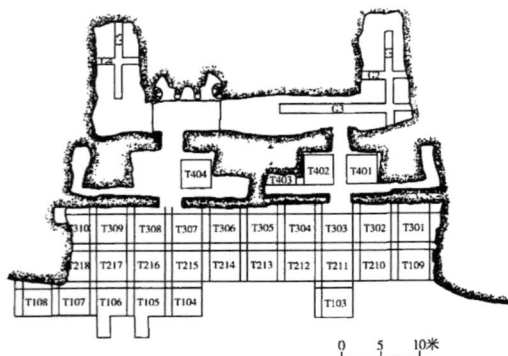

图4　1993年第3窟发掘探方分布图

工匠而非僧人"。北魏地层中还发现了石磨盘、槽碾和柱础石、莲花座等。

这次发掘之后，后室中部又在2000年9月进行了全部清理，通过上述几次工作，发现窟外前庭、窟内前后室的基岩不在同一个平面上，其中窟内前室最低，窟外前庭较前室要高出1~1.5米，而后室的基岩面普遍要高出前室2米以上，即使在同一个空间中，比如前室内，也存在着高差，总体上是北高南低，发掘者认为"这在一定程度上反映了洞窟开凿程序和方法"。

第3窟的前庭、前室和后室均保留了开凿石窟揭取地面石块的遗迹，到处是沟槽分割成矩形和圆形凸起的石块，或是取石后留下的矩形和圆形凹坑（图5）。矩形石块的分割"一般沟槽方向绝大部分与洞窟的纵横剖线方向一致，呈东西向和南北向，二者方向沟槽纵横交错将基岩分割成矩形方块，形状呈井田样，石块大小根据需要来确定。圆形石块的分割有两种方式，其中一种是"先确定圆心，然后以圆心为中心，刻出一个规整的圆，再依该圆外缘扩充10~20厘米，形成一个近似的圆，这样两圆形成一个封闭圆环，凿去内圆外侧与外圆内侧之间的环形部分，内圆为所需揭取的圆形石块，以留它用"。圆形石块的另一种揭取方式是"将环形沟槽外沿凿6~8个缺口，每个缺口的岩石底部斜向打入楔子，与岩石分离，最后从某一缺口撬起"。这些石块被再次利用了，"该窟的窟前缘并没有留下大量的石块、石屑堆积，显然揭取的圆形或方形石料大部分被运走以作它用，关于这个问题从近年大同城南发现的北魏明堂遗址夯土台基外围多砌与云冈石窟的岩石质地相同的大石块得到证实。目前虽然还不能确指北魏明堂台基的石材就是取自第3窟，但这些石材来源于云冈石窟却毫无疑问"。

2011年7月我们针对与云冈石窟中开凿工程有关的遗迹又进行了一次调查，同时考察了周边的鲁班窑石窟、吴官屯石窟和鹿野苑石窟，结合以往的工作，有一些新的认识，简述如下：

图5　第3窟开凿痕迹

首先，古代工匠在开凿第3窟的时候，考虑到了岩层的实际情况。在第3窟的明窗下沿，有一周比较坚硬的岩石带，这周岩石带目前在窟内仍有清晰的表现，部分坚硬的岩石突出崖体(图6)。云冈石窟经过了数十年的开凿历程，从第1、2窟之东再无洞窟的开凿（因为第1、2窟之东是大面积的紫红色页岩，这种页岩很脆弱，用手即可剥离），和第20窟主尊胸部周围分布着这种紫红色页岩来看，开凿云冈石窟的工匠在工程进行的过程中在不断总结经验。

其次，有可能现存所有的开凿遗迹不都是北魏时期遗留的。吴官屯石窟位于云冈以西约4公里武州川北岸崖壁上，东西相连200余米，现存窟龛32个，皆为北魏遗存，其中除第19窟高、宽、深在2米左右之外，多是1米以下的窟龛[①]。但在西部有一窟如果以现在的地面计，必须登上约一米多高的左右壁，从左右壁上看后壁的造像，则高度适当，而如果从现在的地面看，就必须仰视；在该窟的壁面中部四角，恰好残存了原始地面的痕迹，而现在的地面上，又有圆形取石的遗迹，因此，可以

图6　明窗下岩层残留突起

图7　吴官屯石窟采石痕迹与原壁面关系

明确地认为，该窟的地面有两个，一个是北魏时期的地面，一个经过了后代的开凿取石，地面较原来下降1米多，形成现在的地面（图7）。从吴官屯石窟这处洞窟的采石情况，引发了我们一种思索，那就是云冈石窟第3窟现存的采石遗迹，有没有可能包括了北魏以后的呢？

我们认为是存在这种可能的。第3窟后壁西侧的造像，龛底就低于后室内的其他地面数十厘米，在开凿这铺大像的时候，对三尊像腿部的岩体进行了下凿，使现在三尊造像前的地面，与西侧前室地面基本上同高，也修治了西侧的参观道路，使得西侧相对较平整。这样，就可以肯定西侧窟外、西侧前室及这铺大像前的长方形地面都是北魏以后开凿，换句话说，第3窟明确存在北魏之后继续开采遗迹。

近年来在云冈中部洞窟前二三十米的地方，发现了河道岸边的碎石遗迹（图8）。根据《大金西京武州山重修大石窟寺碑》，金天会九年"元帅府以河流近寺，恐致侵啮，委烟火司差夫三千人改拨河道"[②]，如前所述，在云冈石窟东部发现的车辙痕迹显示，联系云冈东西交通的道路在云冈东区紧贴崖壁，在云冈中区从现在发现的改拨河道之后的情况看，原来也不宽阔，这样，北魏时期开凿云冈多余的石料，正如第3窟发掘简报所推测的那样，并没有堆积在云冈石窟前，而是使用在了别的地方。云冈石窟的采石方量相当大，但平城的建设规模也相当宏大，因此，在明堂等处发现采自云冈的石料是合乎情理的。同样，改拨河道是一项比较大的工程，需要的石方量是比较大的，那么，这些石料从哪里来？辽、金时期云冈兴建了一批寺院，修补了一些造像，但从其他洞窟的现存遗迹看，看不到后代大规模开采的痕迹，因此，改拨河道所用石料的一个可能的来源地，就是就近的第3窟。我们在云冈石窟附近找了一块与第3窟石质相近的地方，采用从第3窟采石遗迹中推测出来的云冈石窟开凿工序，进行了一块石芯方90厘米，周边取石槽宽10厘米，深30厘米的开采实验，结果一个人工花费了24个小时（图9）。这样的话即使将石窟中有些地方石质不佳，凿取较此容易的因素考虑在内（在第3窟中，不同部位的岩石情况也不一样。石质比较差的岩层开凿要容

①　丁明夷，李治国.《焦山、吴官屯石窟调查记》，《云冈石窟》（一），文物出版社，1991年，第216~221页。

②　宿白.《〈大金西京武州山重修大石窟寺碑〉校注——新发现的大同云冈石窟寺历史材料的初步整理》，《中国石窟寺研究》，物出版社，1996年，第55页。

图 8　河堤与窟面关系

图 9　开凿实验

易一些，可以片状剥离），第 3 窟开凿成现在这个状况工程量也是十分浩大的。而第 3 窟中两种不同的圆形石料开采方式，也存在是不同时期采石遗迹的可能性。

2010 年，云冈石窟在西部洞窟顶上发现北魏时期的寺院遗迹，今年在云冈堡东侧发现的北魏寺院遗迹，它的前部是塔基，其中内层方形的塔基是北魏时期兴建的，而外层八角形的台基是辽金时期再次补筑的。在塔基的北面，还发现了辽金时期的铸铁遗址。在加工台的一周，圆形分布着许多冶铁炉，这个发现很重要。辽金时期云冈没有发现有用铁铸造的佛教造像，冶铁的用途最大的可能是用于铸造加工工具，以供云冈当时大规模的寺院建设所需。这与云冈以往发现的辽金时期的建筑遗迹，以及金碑的记载都能对应得上。再结合原来对云冈东部北魏寺院遗迹的调查，笔者认为推测北魏时期和辽金时期寺院景观有很大不同的观点是有道理的。"石窟前出土的大量瓦，都是用于建造在石窟前的木造佛殿屋顶的瓦。而这里出土的辽金时代陶瓷器几乎都是日常生活用的白瓷碗，由此可以说明寺院内层生活过许多僧侣。在石窟的台上分布着许多北魏时代的僧坊，而辽金时代的大部分遗迹则在石窟之前。因此可以认为云冈石窟寺景观在北魏时代和辽金时代是完全不同的"，北魏时期"根据云冈石窟前的发掘，石窟的前庭部仅有 17 米的宽度，没有设计僧院的空间。但是在 20 世纪 40 年代的发掘中，发现了后部台上有和石窟同时期的石壁建筑遗址。根据瓦的编年来看，东部台上寺院遗址出土云冈 1 期的瓦当，西部台上寺院遗址出土云冈 3 期的瓦当。如果昙曜翻译经典的僧院在石窟背后台上的话，从瓦的年代来看，把它比定为东部台上寺院遗址更为妥当"[①]。所以，金代改拨河道是为了防止水患对寺院造成冲击，从云冈中部窟群前发现的大面积辽代建筑遗迹看，辽代窟前的面积已经增大，增大的面积才为十寺的兴建提供了足够的空间，至于有些辽代建筑遗迹之下有北魏的建筑旧基也并不奇怪，寺院和窟前木构还是有区别。像云冈像云冈第 5、6 窟和第 7、8 窟前的木构，根据窟内的造像布局，是难以作为一个寺院看待的，寺院应该有更大的僧俗活动的空间。金代改拨河道"恐致侵啮"的是辽代已经建造的寺院，假如以上推测能够成立，那么《水经注》中所记录的当年云冈石窟的壮丽景象："凿石开山，因岩结构，真容巨壮，世法所希。山堂水殿，烟寺相望，林渊锦镜，缀目所眺"，根据上述山顶寺院遗址的发现和北魏时期窟前面积有限，河流靠近石窟的实际情况，也是理解为石像庄严，木构倒映在水中更加合理。

（原文刊载于《石窟寺研究》2011 年）

①　〔日〕冈村秀典 .《云冈石窟遗物篇》，日本朋友书店，2006 年，第 172，173 页。

图 10　云冈石窟第 20 窟主尊

图 11　龙门石窟宾阳中洞

论云冈石窟所见楼阁式佛塔的起源及演变

朴基宪

一、前人研究

20世纪60年代，德国学者泽克尔提出东亚楼阁式塔的起源问题。他认为东亚楼阁式塔源于印度的窣堵坡，虽然传播过程中外表形式受到各地的文化特征的影响，但基本性质和概念却没有变化，到中国后形成楼阁式[①]。他所提出的楼阁式塔形成阶段是按印度桑吉窣堵坡—犍陀罗窣堵坡—西安大雁塔—云冈石窟石雕中楼阁式塔的循序发展（图1）。泽克尔认为，在印度覆钵塔结构中占比例最大的覆钵部逐渐失去原来安置舍利的实际功能，因而覆钵部变得越来越少，塔身部和基座部分的结构变大。结果形成楼阁式塔的造型。不过变迁过程中，泽克尔所指出的西安大雁塔（公元7世纪初）和云冈石窟（公元5世纪末）在时间上构成了矛盾。

图1　泽克尔的楼阁式塔演变循序

20世纪80年代，德国学者雷德侯针对东亚楼阁式塔的起源问题，提出与泽克尔的印度窣堵坡样式变迁说正相反的中国本土起源说。他认为楼阁式塔的起源与中国汉代明器望楼和明堂有密切的关系。这两种建筑在结构和用途上都不同，不过雷德侯把这两种建筑都指定为楼阁式塔的原形，其理由是与它的象征性有关。窣堵坡和明堂在宗教意义上都是个神圣的场所，并且是宇宙的中心。他认为中国接受印度窣堵坡的时候，采用了窣堵坡这种象征性[②]。

在中国，20世纪60年代梁思成先生也谈到了关于楼阁式塔的起源问题。梁思成先生根据《后汉书·陶谦传》中载笮融"大起浮屠寺。上累金盘，下为重楼，又堂阁周回，可容三千许人。作黄金涂像，衣以锦彩"[③]，来推断当时佛塔的造型。他认为中国最早的楼阁式塔，是在古代中国神仙信仰等宗教用途的多层木构高楼[④]基础上，根据当时中国人对印度窣堵坡的理解，加上一个塔刹形成的。后来我们所知的楼阁式塔，是400年前后，受法显《佛国记》中相关记载等因素的影响而形成的[⑤]。

---

① Dietrich Seckel. *The Art of Buddhism*. Methuen. London. 1964. P113.

② 〔德〕Lothar Ledderose. *Chinese Prototypes of the Pagoda. In The stupa: its Religious, Historical and Architectural Significance*.1980. PP234~248.

③ （南朝宋）范晔.《后汉书》卷七三，中华书局标点本，1965年版，第2368页。

④ 如《史记》载汉武帝造迎神仙的高楼："（泰液池）中有蓬莱、方丈、瀛洲、壶梁……乃立神明台、井干楼，度五十丈，辇道相属焉。"《索隐》："《关中记》：宫北有井干台，高五十丈，积木为楼。"见《史记·卷一二·孝武本纪第一二》，中华书局标点本，1982年版，第482页。

⑤ 梁思成.《中国的佛教建筑》，《现代佛学》，1961年2期。

20 世纪 80 年代，孙机先生发表了关于中国早期高层佛塔造型起源问题的文章。他认为木构楼屋顶上立的标柱，被印度式的刹所代替，从而形成中国的楼阁式塔 [①]。他与梁思成先生的说法有相似之处，都认为楼阁屋顶以下为中国本土原有的木构建筑形式。雷德侯同样认为，它的起源为汉代明器望楼的形状，屋顶塔刹部分的装饰是外来的印度因素。

二、楼阁式塔的最初源起

图 2　世纪犍陀罗昌迪加尔博物馆

本文从印度传统浮雕中，找出了与上述学者的观点有所不同的证据，尝试对楼阁式塔起源问题进行另一种解释。巽伽（Sunga）、桑吉（Sanci）、帕鲁德（Bharhut）、贵霜（Kushan）时代的犍陀罗（Gandhara）和马图拉（Mathura），还有南部的阿默拉沃蒂（Amaravati）等地区，保存有很多佛传故事和各种各样装饰纹饰的浮雕。这些浮雕的单一或多样主题同时在一个空间上进行描述。一般是在板状石头上，各自的空间按照长方形条状纹饰或者建筑结构状纹饰来划分为多个区域的。尤其是划分左右空间时，常用柱子状的建筑结构浮雕，划分上下时常用栏杆、屋顶装饰或者龛楣状的建筑结构浮雕。并且这种结构中，常见每个空间中浮雕佛像或者人物像。

这种浮雕方式的典型例子，可在公元 3 世纪的犍陀罗时期作品中看到（图 2）。上下部分由直状龛楣、左右部分由龛中的柱子来划分形成有规划的多个空间。然后从上到下的各空间中雕刻佛像和人物像，排列很有规律，并且这种浮雕方式在犍陀罗地区非常流行。

图 3 是收藏在印度国立博物馆的公元 3 世纪犍陀罗浮雕，整体造型类似于印度石窟三叶状拱的石板。雕刻分上下两部分的 2 层佛龛，左右各雕着多层结构的类似望楼形建筑，并在其中安置整齐的人物像。这种多层结构建筑也与图 2 同样，上下部分是由直状龛楣划分空间的，很明显是采用了印度流行的空间划分方式。

图 3　公元 3 世纪键陀罗印度国立博物馆

图 4　第 7 窟后室西壁

这种印度的空间划分传统也明显反映在云冈石窟浮雕中，图 4 中的佛龛整体上与图 2 采用了同样的结构和方式来划分区域，左右作为柱子作用的建筑结构也是起到了与图 1、2 同样的划分空间作用，并且其中安置了整齐的佛像或人物像。从图 5、6 中的佛像和双人像浮雕中，也可以看到他们之间的空间分配方式和浮雕题材上的共同点：即每层雕有划一的佛像，上下部分由直檐状结构来划分，形成类似于佛塔的结构。特别是栏杆中的三角纹饰与图 2 中犍陀罗浮雕的纹饰很相似。

---

① 孙机 .《关于中国早期高层佛塔造型的渊源问题》，《中国历史文物》，1984 年 01 期。

图 5　第 9 窟前室
西壁

图 6　第 9 窟
前室北壁明窗

图 7　罗里延唐盖出土佛塔塔基部浮雕

图 8　哈达佛塔塔身部浮雕

云冈石窟第二期中常见的佛龛造型（图 4）在公元 2、3 世纪犍陀罗覆钵塔的浮雕装饰造型中很容易找到。如（图 7、8），它们佛龛龛楣的浮雕造型以及用柱子来划分空间的方式，都与云冈石窟第二期的浮雕造型有类似之处。值得注意的是其柱子采用的柱头造型，图 4 与图 9 中的犍陀罗和云冈石窟中的柱子浮雕都采用了希腊科林斯式①（Corinthian）风格的柱头。

图 9　犍陀罗艺术中的科林斯式柱头

虽然柱头造型来自希腊，经过犍陀罗地区逐渐简化而来到中国，但可以知道它们属于一类装饰形式②。

另外在云冈石窟中的柱头顶部，于两侧对称卷草叶中间，常雕有佛像，这种造型也常见于犍陀罗艺术中（图 10）③。这种浮雕在云冈二期石窟第 7、8 窟和第 9、10 窟中出现很多。

梁思成先生认为云冈石窟中（图 6）的这种建筑结构，因为其上无相轮，疑为浮雕柱的一种④。不过有的学者把它看作层柱式的塔形，即层柱塔⑤。且后秦弗若多罗和鸠摩罗什等译的《十诵律》有云："佛言。听作。佛听我施柱作塔者善。……佛言。听庄严柱。佛听我画柱塔上者善。"⑥ 由此可知当时它除了柱子的功能以外，应该具有塔的概念。

三、云冈石窟中汉式楼阁式塔的诞生

宿白先生在《平城实力的聚集和"云冈模式"的形成与发展》一文⑦中，对北魏时期云冈石窟进行了分

① 〔美〕Nancy H. Ramage、Andrew Ramage 著，郭长刚、王蕾译 . *Roman Art*：*Romulus To Constantine*，广西师范大学出版社，2005 年，第 102 页：科林斯式柱头出现于公元前 4 世纪，在希腊发展起来。特色为弯曲的卷须与茛苕叶饰柱头，其造型为四面皆有装饰环绕。

② 吴仁华 .《云冈石窟中纹饰之探讨——以莲花纹、火焰纹、龛柱装饰纹为例》，《云冈国际学术研讨会论文集》，2005 年。

③ 晁华山 .《佛陀之光—印度与中亚佛教胜迹》，文物出版社，2001 年，第 139 页。

④ 梁思成，林徽因，刘敦桢 .《云冈石窟中所表现的北魏建筑》，《中国营造学社汇刊》，1933 年 03 期。

⑤ 张华 .《云冈石窟浮雕塔形浅议》，《文物世界》，2003 年 04 期。

⑥ 《十诵律·卷四十八》："给孤独居士往到佛所。头面作礼一面坐已。白佛言。世尊。若世尊游行人间教化时。我恒渴仰欲见佛。愿世尊与我少物使得供养。佛即与发爪甲。汝供养是。即白佛言。世尊。听我以发爪起塔。……佛言。听作。佛听我覆窟中塔者善。佛言。听覆。佛听我出舍楸头者善。佛言。听出。佛听我安棹拱者善。佛言。听作。佛听我施柱作塔者善。……佛言。听庄严柱。佛听我画柱塔上者善。"见《大正新修大藏经》卷 123，第 1435、507 页。

⑦ 宿白《平城实力的聚集和"云冈模式"的形成与发展》，《中国石窟·云冈石窟》（一），文物出版社，1994 年，第 176 页。

图10　彩绘泥朔柱头犍陀罗三四世纪

期。第一期石窟为昙曜五窟（第16~20窟），这些石窟整体风格接近于印度，佛龛造型也是如此。石窟中只见到印度犍陀罗传统的尖拱龛和楣拱龛①。第一期石窟中也没有出现类似佛塔造型的浮雕。

第二期石窟主要有第5、6窟、第7、8窟、第9、10窟等。这一时期的第9、10窟中新出现屋形龛②。这是中国本土起源的新形式的佛龛（图11、12）③。第二期石窟中这种新出现的浮雕造型也许与当时汉化政策有一定的关系。北魏汉化政策，从太和之初（477）即已积极进行。此外如青齐入魏之事（481）④等，让北魏获得了南朝工艺，又便利了南北交往。这段时期历史事实符合第9、10窟的开凿时间，或许可以理解为什么开凿于484年至489年的第9和10窟中新出现了屋形龛。

屋形龛在第二期石窟中的出现是有时间顺序的，并且我认为这与云冈石窟中的汉式重层形楼阁式塔的出现有密切关系。表1是按宿白先生对北魏时期云冈第二期石窟开凿时间推测，简单整理了佛龛、佛塔等的不同风格出现的情况。

表1　云冈第二期石窟中佛龛和佛塔的不同风格出现情况

建造时期⑤	窟号	佛龛风格	佛塔造型	其他
471—	第7窟	犍陀罗	犍陀罗（层柱塔）	
	第8窟	犍陀罗	犍陀罗（层柱塔）	
484—489	第9窟	犍陀罗＋汉式屋形龛	犍陀罗（层柱塔）	
	第10窟	犍陀罗＋汉式屋形龛	犍陀罗（层柱塔）	
—494	第6窟	犍陀罗＋汉式屋形龛	楼阁塔（图13）	
	第5窟	犍陀罗	楼阁塔（图14）	汉式服装出现在佛像上（褒衣博带式服饰）

图11　第9窟前室西壁佛龛

图12　第10窟前室东壁佛龛

云冈第二期早期的第7、8窟，第9、10窟中，除了科林斯式柱头的层柱塔之外，没有出现塔式造型的浮雕。在第9窟和第10窟中新出现屋形龛的时候，情况也是如此。

中国传统的楼阁塔最早出现在云冈石窟第二期的第5窟和第6窟中。这一

① 王恒《从犍陀罗到云冈——对云冈石窟雕刻艺术表现中有关片断的讨论》，《文物季刊》，1999年01期。

② 王恒《从犍陀罗到云冈——对云冈石窟雕刻艺术表现中有关片断的讨论》，《文物季刊》，1999年01期。

③ 〔日〕长广敏雄、水野清一著，王雁卿译《云冈石窟装饰的意义》，《文物季刊》1997年2期。

④ 宿白.《平城实力的聚集和"云冈模式"的形成与发展》，《中国石窟·云冈石窟》（一），文物出版社，1994年，第190页。"自太和五年（481）二月，冯熙击破南齐豫州刺使桓崇祖以来，直迄十八年（494）迁洛，其间基本上疆场无事，不仅魏齐使节互聘不绝，还有高僧上北，文艺亦徒平城。"

⑤ 宿白《平城实力的聚集和"云冈模式"的形成与发展》，《中国石窟·云冈石窟》（二），文物出版社，1994年，第183页。第二期石窟的具体开凿时期已在宿白先生文中推定。最早的石窟为第7和8窟，根据《金碑》记载推测为孝文帝初开始开凿。第9、10窟，从太和八年（484）开始开凿，完工在太和十三年（489）。第5、6窟中，第6窟完工在太和十八年（494），第5窟因迁都未完成。

时期，太和十四年（490）孝文帝登基以来一直都掌权[①]的太后冯氏去世。冯氏去世后，孝文帝更积极于既定汉化政策的推行[②]。此时期与云冈第5窟和第6窟的开凿时间几乎相同，因而进一步深化汉化政策的结果，在第5、6窟中出现了中出现了，即第二期一直都盛行的层柱塔造型与中国新出现的屋形龛造型结合，形成了汉式重层形楼阁式塔（图13、14）。这种抛弃了传统的印度犍陀罗风格，并与中国传统建筑结构结合的情况，也脱离不了和历史事件的关系，特别是和孝文帝的汉化政策的关系。

图 13　第 6 窟佛塔　图 14　第 5 窟佛塔

图 15　第 6 窟南壁中层中部佛龛

四、云冈石窟中科林斯式柱头层柱塔和楼阁式塔的继承关系

从开凿情况和窟内浮雕风格来看，云冈第5、6窟中出现了之间应该有时间差距，至少之间存在整体造型设计上的时间差距。首先，第6窟完工在太和十八年（494），而第5窟反因迁都没有完工。其次，更浓厚的汉式化风格反映在第5窟中，如佛像中的褒衣博带衣。最后，从佛塔的演变形态来看，第6窟中的佛塔（图13）更接近于第7、8窟和第9、10窟中科林斯式风格柱头的层柱塔造型。此理由存在于塔刹下面的山花蕉叶造型之中。

有的研究认为，中国塔刹中的山花蕉叶造型不见于印度的窣堵坡，应是中国塔刹特有之物，即由中国屋盖脊饰演变而得[③]。不过将第6窟（图13）中山花蕉叶的造型与同窟南壁中屋檐佛龛中的脊饰（图15：彩图3）相比，可以知道它们是完全不同的类型，反而（图13）中的山花蕉叶造型与云冈第7、8窟和第9、10窟中层柱塔上的科林斯式风格柱头造型（图4、5、6、11、12）完全相同。可知，云冈第6窟中佛塔的山花蕉叶装饰并非来自中国的屋盖脊饰，而是来自希腊经犍陀罗传来的科林斯式柱头造型中。

还有一件值得注意的事是，佛塔既是佛教统治的视觉标志，也是佛法尊崇和永恒的象征。而且，它还可以被看作佛祖的化身[④]。如果佛塔等同于佛的传统观念成立，那么我们就可以更清楚地解释，为什么云冈第7、8窟和第9、10窟层柱塔柱头两侧卷草叶中间常雕的佛像被印度传统的窣堵坡造型所代替，并诞生了云

①　《魏书·卷七上·帝纪第七上》："尊皇太后为太皇太后，临朝称制。"中华书局标点本，1974年版，第142页；又同书第329页，《魏书·卷一三·列传第一·文成文明皇后冯氏传》："自太后临朝专政，高祖雅性至孝，不欲参议，事无巨细，一禀于太后。太后多智略，猜忍，能行大事，生杀赏罚，决之俄顷，多有不关高祖者。是以威福兼作，震动内外。"

②　宿白.《平城实力的聚集和"云冈模式"的形成与发展》，见《中国石窟·云冈石窟》（二），文物出版社，1994年，第176页。

③　吴庆洲.《佛塔的源流及中国塔刹形制研究（续2）》，《华中建筑》，2000年2期。

④　李崇峰.《中印佛教石窟寺比较研究》，北京大学出版社，2003年，第27页。

图 16　第 11 窟南壁
佛塔浮雕

图 17　第 14 窟主室
西壁浮雕

冈第 6 窟中的塔刹造型（图 13）。这种造型直到云冈石窟第三期一直盛行（图 16、17）。云冈二期的塔刹高大、雄健，刻画细腻。不过这种造型经过云冈第三期，到了龙门，塔刹变得矮小，塔刹中的覆钵、山花等组件有简略的趋向①。至此，我们可以看到原来科林斯式风格卷草叶的造型已逐渐演变为类似中国屋顶脊饰的造型了（图 18）。

五、结语

上述讨论中，我们简要探讨了北魏云冈石窟中楼阁式塔的起源及演变问题。不过，云冈第 5 窟石塔（图 14）和北魏曹天度石塔（图 19）似乎不符合上述提出的演变规律。第 5 窟石塔中不见此时期流行的塔刹下对称卷草叶状山花蕉叶的装饰，曹天度石塔虽然在塔刹中有山花蕉叶装饰，但已是很简化的形式。

从造窟情况和风格来看，云冈第 5 窟的开凿时期比第 6 窟晚一些，这可以解释第 6 窟和第 5 窟间的演变顺序。而且，除塔刹部分的山花装饰和单叉、三叉的区别之外，第 5 窟的塔基、塔颈等的造型都类似于第 6 窟佛塔，可以认为是同时期的另一种造型。云冈第三期石窟中，这种单叉造型添加山花装饰后继续延续（图 16）。

公元前2世纪（希腊）　　公元2~3世纪（印度犍陀罗）　　云冈石窟第二期（471年~）　云冈石窟第三期（494年~）　龙门石窟时期

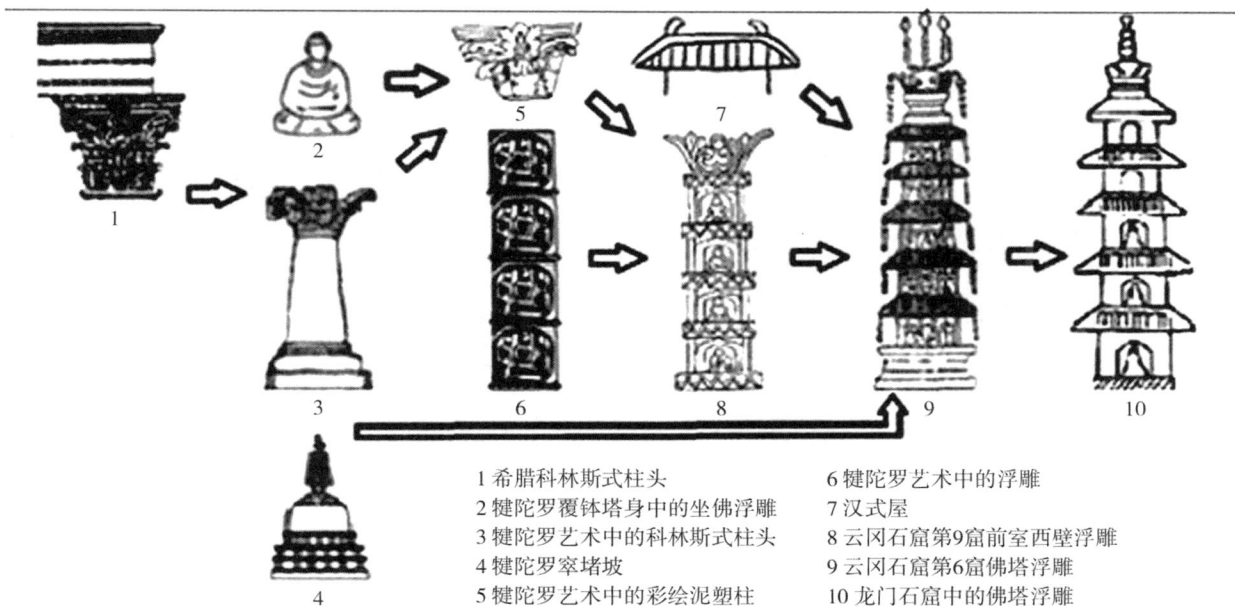

1 希腊科林斯式柱头　　　　　　6 犍陀罗艺术中的浮雕
2 犍陀罗覆钵塔身中的坐佛浮雕　7 汉式屋
3 犍陀罗艺术中的科林斯式柱头　8 云冈石窟第9窟前室西壁浮雕
4 犍陀罗窣堵坡　　　　　　　　9 云冈石窟第6窟佛塔浮雕
5 犍陀罗艺术中的彩绘泥塑柱　　10 龙门石窟中的佛塔浮雕

图 18　楼阁式塔的起源及演变

① 严辉、杨超杰.《云冈、龙门北魏佛塔的比较研究》,《云冈国际学术研讨会论文集》, 2005 年。

不过据题记知曹天度石塔建于466年①，相当于云冈第一期石窟开凿之时。这种情况又如何解释呢。

通过上述内容以及过去其他学者的研究，比较清楚的是，云冈石窟中反映着强烈的汉化的政策，如汉式屋檐佛龛、楼阁式塔和佛像中的褒衣博带式服装。不过这些因素并非在同一窟中同时出现，而是有时间顺序的。即先在石窟中出现层柱塔，然后在不同石窟中出现屋檐佛龛，最后又在不同石窟中出现楼阁式塔。这说明它们之间确乎存在着一定的演变规律。

而太和十四年（490）冯太后刚去世后，孝文帝的汉化欲求更为强烈，表现在云冈第5、6窟中出现了中出现了楼阁式佛塔以及佛像中的褒衣博带式服装。新出现的佛塔造型一定程度上脱离了前段的层柱塔造型，并接近于曹天度石塔的造型。从这一点上看，曹天度佛塔应是北魏早期接受的带有汉文化风格的楼阁

图19　曹天度石塔

式塔，这种形象逐渐与石窟的汉化情况合流，最终促成了石窟中的层柱塔演变为楼阁式塔。此外，从曹天度塔每层的格局，可以很清楚地看到石窟艺术的影响（图20），其二佛对坐龛、千佛和犍陀罗风格的层柱塔，都体现了云冈早期的特点，从另一个方面印证了石窟中塔形象的演变。

图20　曹天度石塔塔座与第一层

（原文刊载于《石窟寺研究》2011年第2辑）

① 史树青.《北魏曹天度造千佛石塔》,《文物》1980年01期。

东方佛教的第一圣地——云冈石窟

东方佛教艺术的旷世绝唱

张 焯

图1 犍陀罗佛像头部（栗田功.ガンダーラ美术Ⅱ [M]. 东京：株式会社二玄社，1990.）

关于云冈石窟的艺术源流，一百多年来中外学者论述颇丰：有埃及影响说、希腊影响说、拓跋氏影响说，还有犍陀罗艺术、秣菟罗艺术、笈多艺术、西域（新疆）艺术输入说等。其中，以犍陀罗艺术、秣菟罗成分、新疆风格等观点最为流行。北魏文成帝"太安初，有师子国胡沙门邪奢遗多、浮陀难提等五人，奉佛像三，到京都。皆云，备历西域诸国，见佛影迹及肉髻，外国诸王相承，咸遣工匠，摹写其容，莫能及难提所造者，去十余步，视之炳然，转近转微。又沙勒胡沙门，赴京师致佛 并画像迹"。上述记载表明，平城、云冈佛像与印度、新疆艺术有着一定的传承关系。然而，考察犍陀罗、秣菟罗佛教造像（图1至图4），我们总会产生一种似是而非的困惑，因为实在找不到多少与云冈完全相同的东西。而那些造型、气韵、时尚方面的差异，显然表明彼此之间文化、艺术关系的断裂，或存有阙环。相反，对新疆早期佛教遗存的观摩，则令我们倍感熟悉和亲切。这种亲近的感受，来自库车克孜尔石窟，也来自新疆遗存的中心方塔式佛殿，更来自塔里木盆地南北那种拓制便利、样式纷繁、面如满月、充满异国情调的黄泥塑像（图5、6）。

从佛法东传的时代背景分析，凉州僧匠最初带到平城的只能是凉州模式或西域样式，而凉州模式实际上就是西域南北两道佛教的混合艺术。新疆式的犍陀罗艺术甚至秣菟罗艺术，移花接木般地在云冈石窟翻版，应当属于历史的必然。尤其是大乘佛教盛行的于阗、子合等地像法。从云冈石窟的工程本身分析，凉州僧匠是规划设计的主体，其所依凭的佛像、画本及其造像法则，无论直接地还是间接地模仿西域，但设计蓝图必定是经过北魏皇帝、有司会审批准的，鲜卑与汉民族的审美愿望自然渗透其中。而开凿洞窟的工匠，包括部分凉州僧人，但主体是来自中原各地的汉人，因而大量运用的是中国传统的雕刻技艺和表达方式（图7）。我们讲，西式设计与中式技艺是云冈最大特点。当然，越往后来，中华传统的分量越重，自主创新的意识越强。这就是为什么云冈造像艺术并不简单雷同于印度、中亚、新疆的原因（图8、9）。

作为西来像法在中华大地绽放出的第一朵奇葩，云冈石窟一改葱岭以东石窟寺泥塑、壁画、木雕等艺术模式。直接比照印度的大型石窟建筑，在东方首次营造出气势磅礴的全石雕性质的佛教石窟群（图10）。同时，广泛吸收中外造像艺术精华，兼容并蓄，融会贯通，成为中国早期佛教艺术的集大成者。云冈石窟开凿大致分为三期，即三个阶段。早期为文成帝时昙曜五窟的开凿，中期为献文帝、冯太后、孝文帝时皇家营造的大窟大像，晚期为迁都洛阳后民间补刻的窟龛。云冈造像分为两类：前者西域风格，后者

图 2　犍陀罗菩萨立像（栗田功 . ガンダーラ
美术 Ⅱ [M]. 东京：株式会社二玄社，1990.）

图 3　犍陀罗坐佛像（栗田功 . ガンダーラ美术 Ⅱ [M]. 东京：株式会社
二玄社，1990.）

图 4　犍陀罗祇园布施（奈良 . シルクロード博覽會 [Z]. 奈良：奈良国立博物馆，
1988.）

图 5　新疆泥塑菩萨头像（穆舜
英 . 等 . 中国新疆古代艺术 [M]. 乌
鲁木齐：新疆美术摄影出版社，
1994.）

图 6 新疆泥塑飞天（新疆文物局 .《新疆文物古迹大观》[M]. 乌鲁木齐：新疆美术摄影出版社，1999.）

图 7 北魏泥塑头像（云冈山顶寺院遗址出土）

图 8 北魏太平真君五年（444）朱业微石佛（河北蔚县博物馆藏）

图 9 北魏泥塑菩萨头像（大同出土）

图 10　云冈石窟全景

华夏新式。集中展现了西来像法逐步中国化、世俗化的演进过程，堪称中华佛教艺术发展的里程碑。

昙曜五佛是云冈石窟的典型代表，也是西域造像艺术东传的顶级作品。大佛身着的袈裟，或披或袒，衣纹厚重，似属毛纺织品，这无疑是中亚葱岭山间牧区国家的服装特征。大佛高肉髻，方额丰颐，高鼻浮目，眉眼细长，嘴角上翘，大耳垂肩，身躯挺拔、硕，神情庄严、睿智而又和蔼可亲，气度恢宏。诚如唐代道宣大师所云："造像梵相，宋、齐间，皆唇厚、鼻隆目长、颐丰，挺然丈夫之相。"（宋《释氏要览》卷）特别是第 20 窟的露天大佛，法相庄严，气宇轩昂，充满活力，将拓跋鲜卑的剽悍与强大、粗犷与豪放、宽宏与睿智的民族精神表现得淋漓尽致、出神入化，给人心灵的震撼（图 11）。而第 18 窟主尊大佛东侧的十位弟子相貌、神态各异，均为西方人种，具有显著的西域特色。

献文帝继立（466）后，对武州山石窟工程进行了重新部署，建设规模扩大化、洞窟形制多样化，图像内容多元化的步伐加快。迄孝文帝太和十八年（494）迁都洛阳，云冈石窟建设达到鼎盛。这一时期，开凿完成的洞窟，有第 1、2 窟，第 5、6 窟，第 7、8 窟，第 9、10 四组双窟和第 11、12、13 窟一组三窟，以及未完工的第 3 窟。在洞窟形制上，不仅有穹庐形，还出现了方形中心塔柱窟，以及前后殿堂式洞窟。在佛龛造型上，不仅有拱龛、尖拱龛、盝型龛、宝盖龛，又增加了屋形龛、帷幕龛和复合形龛等。

平面方形洞窟的大量出现，较早期穹庐型洞窟而言，雕刻面积大幅增加，雕刻内容与形式也变得复杂起来。洞窟的顶部，多采用平棊藻井式雕刻。壁面的雕刻，采取了上下重层、左右分段的方式。这一时期的造像题材，虽仍以释迦、弥勒为主，但雕刻内容不断增加，依凭的佛经明显增多，普遍流行的是释迦说法或禅定龛像、释迦与多宝并坐龛式、七佛造型，维摩与文殊问答以及菩萨装或佛装的交脚菩萨龛式等。护法天神像，开始雕刻在门拱两侧；佛本生、佛本行故事龛和连环画刻，出现在列壁最直观的位置；作为出资者的供养人形象，以左右对

图 11　露天大佛

称排列的形式出现在壁龛的下方。佛塔、廊柱、庑殿等建筑造型，跃然而出；飞天、比丘、力士、金刚、伎乐天、供养天、千姿百态；各种动物、花纹图案，争奇斗艳。至此，云冈艺术宝库的真容毕具。

第7、8窟是云冈营造最早的双窟，窟顶用莲花与飞天装饰的平棊藻井，赋予中国传统建筑样式以佛国仙境般的浪漫。第7窟门拱两侧的三头四臂神像，头戴尖顶帽，极具中、西亚特征；第8窟门拱两侧，三头八臂的摩醯首罗天骑神牛，五头六臂的鸠摩罗天驾金翅鸟，其形象来源于古印度神话中的天神湿婆和毗湿奴，他俩一位可以毁灭宇宙，另一位则能够创造世界。这种将婆罗门教大神转化为佛教护法神的现象，是印度密教思想的反映，完全属于西来像法，为中西石窟寺的绝版遗存。第9、10窟是中国传统的殿堂式建筑，但其窟外前庭由雄狮、大象驮起的廊柱和建筑造型，则混合皆备了古印度与希腊、罗马建筑艺术风格；后室门廊两侧的金刚天王，不似他窟的逆发胡神，而是头顶鸟翅。第5、6窟规模宏大，前者为大象窟，主尊高达17.4米，为云冈佛像之最；后者为塔庙窟，设计完整，雕刻纷繁，尤以描述释迦牟尼生平故事的系列浮雕"壁画"，著称于世。第12窟亦为廊柱式殿堂窟、俗称音乐窟，其前室北壁上方的伎乐天手持各种东、西方乐器，宛若一支"交响乐团"，是研究我国古代音乐史的珍贵素材。这些富丽堂皇的洞窟建筑，绚丽多彩的石刻艺术，惊世骇俗的伟大创造，是中华民族奉献给全人类的不朽杰作。

（原文刊载于《全佛》中国台湾 2012 年）

云冈石窟中的地神造像

解　华

近几年，随着对佛教研究的日渐深入，学者们对地神造像及其相关佛教经典的分析和探讨，使得一些与地神相关的造像内容重新被人们认识和理解。云冈石窟的地神造像鲜有提及，笔者在前人研究的基础上，对云冈石窟中的地神造像试做分析，敬请指正。

一

地神，佛教色界十二天之一。后秦佛陀耶舍与竺佛念翻译的《长阿含经·忉利天品》云"：佛告比丘，有四大天神。何等为四？一者地神，二者水神，三者风神、四者火神。"[①]可见，汉魏时期，佛经中就提出了地神的存在。地神，梵名 Prthivi，又作坚牢、坚固地神、坚牢地神、地神天、坚牢地祇、持地神、地天。此神原系印度太古时代崇祀之神，《梨俱吠陀》《阿达婆吠陀》等赞颂彼为具有伟大、坚固、不灭性、群生繁育、土地繁生等诸德之女神。[②]地神虽早在公元前 1500 年—前 1000 年形成的《梨俱吠陀》中就已经出现，但在中国，其造像多出现在公元 5-9 世纪。学者根据其在石窟中的表现形式，多将地神造像分为托举型和供养型两种。托举型出现的时间较早，流行时间也长，石窟中多有表现。供养型地神出现的时间较晚，于阗、龟兹、敦煌等地石窟中均可见到。云冈石窟中的地神以托举型为主，供养型地神并没有看到。

云冈石窟中出现的托举型地神造像，根据其组合对象的不同分为两类：一是托举交脚弥勒菩萨的地神造像，二是托举立像菩萨（或弟子）的地神造像。

（一）托举交脚弥勒菩萨的地神造像

这种地神造像多在交脚弥勒菩萨足下，现半身像，双手向上托举菩萨双脚。一般认为，这种造像形式是依据释迦牟尼降魔成道、地神为佛证言的佛传故事而来。据佛经记载，释迦牟尼即将成佛，魔军前来扰乱其修行，魔王反问释迦牟尼谁能为他证明，"菩萨（释迦牟尼）答言：'我之果报，唯此地知。'说此语已，于时大地六种震动，于是地神持七宝瓶，满中莲花，

图 1　第 5 窟东壁托举型地神造像

---

① 大藏经刊行会．《大藏经》第一册，台北：新文丰出版有限股份公司，1983 年，第 136 页。
② 慈怡．《佛光大辞典》，高雄：佛光山出版社，1989 年，第 445 页。

从地踊出'为释迦牟尼证言，之后地神"礼菩萨足，以花供养，忽然不现"。[①]
地神做证的形象虽然在降魔品中所占比例不大，但起到了提纲挈领的作用，
降魔的主题思想不言而喻[②]。在云冈石窟的降魔图中，并没有雕刻出地神，
有的因石雕下部风化严重，也看不出地神的形象，但地神托举交脚弥勒菩萨
造像是符合早期佛传故事原意的。（见图1）

在云冈石窟第38窟南壁，雕有佛本行故事"三道宝阶"，讲述释迦牟
尼成道后前往忉利天为母说法的情景。在云冈石窟的雕刻中，表现释迦牟尼
佛时，是以地神托交脚弥勒菩萨的形象出现的。以地神证言释迦牟尼成正觉
的瞬间来诠释佛陀的身份，更为生动地向母亲说明儿子业已取得的成果，极
具说服力。（见图2）

图2　第38窟南壁三道宝阶造像

在云冈石窟中，地神托交脚弥勒菩萨的造像约有27尊，早、中、晚期
洞窟中均有出现。其形象多为从地涌出，现正面半身像，双手向上托举交脚
弥勒菩萨足，头戴高冠，头后有时出现头光，著短袖上衣，帔帛缠绕自臂下
翻飞，似菩萨装束。有的地神腰腹下雕刻出圈状莲花瓣或素面圈状物，整体
造像丰满，线条流畅。交脚弥勒菩萨足下的女性化地神形象在云冈石窟中较
为普遍，虽然有些造像面部和服饰已经有所风化，但从其轮廓还是可以看出，
从早期到晚期形象变化不大。

（二）托举立像菩萨（或弟子）的地神造像

在云冈石窟第5窟、第9、10窟、第11、12窟、第20窟、第38窟中
均有出现。托举立像菩萨（或弟子）的地神形象与托举力士像相似。地神双
手向上托举菩萨（或弟子）足，体形粗犷，胸肌发达，裸体，帔帛翻飞自臂
下垂，头后有的有头光，头部略微上扬，现四分之三面相。有时也现正面像，
面部表情呆板，年代越晚，体态越笨拙，雕刻手法越简练。与早期力士像的
体态轻盈表情欢快形成鲜明的对比。这种男性化的地神与托举交脚弥勒菩萨
的女性化地神不同，虽然在《金光明最胜王经·王法正论品》中记载："尔
时此大地神女，名曰'坚牢'……"[③]指出了地神的女性形象，但早期的地
神造像并没有摹本可以借鉴，因此地神和力士这两种造像互相影响，互相借
鉴。在云冈石窟中，交脚弥勒菩萨足下的女性化地神和托举立像菩萨（或弟
子）的男性化地神，表现较为稳定。同时，这两种形象的地神也出现在佛座
下，或手举香炉，或在佛龛两端托举龛楣。这时的地神形象没有大的变化，
并无固定格式，这两种形态的地神雕刻随意自如，没有局限性。（见图3）

图3　第11窟东壁协侍之地神
形象

---

①　大藏经刊行会.《大藏经》第四册，台北：新文丰出版有限股份公司，1983年，第640页。

②　大藏经刊行会.《大藏经》第一册，台北：新文丰出版有限股份公司，1983年，第76~88页。

③　大藏经刊行会.《大藏经》第十六册，台北：新文丰出版有限股份公司，1983年，第442页。

二

这种托举立像菩萨（或弟子）的地神，一般认为它是依据北凉昙无谶译的《金光明经》雕刻的。该经《坚牢地神品》中记载："尔时地神坚牢白佛言，……世尊，随是经典所流布处，是地分中敷狮子座。令说法者坐其座上，广演宣说是妙经典。我当在中常作宿卫，隐蔽其身于法座下，顶戴其足。我闻法已，得服甘露无上法味，增益气力，而此大地深十六万八千由旬。从金刚际至海地上，悉得众味增长具足，丰肥壤浓过于今日。以是之故，阎浮提内药草树木，根茎枝叶华果滋茂，美色香味皆悉俱足，众生食已增长寿命，色力辩安……"① 可以看出，地神为"说法者""常作宿卫""顶戴其足"，经中对地神的描绘非常具体，应该不难雕刻出其形态。有学者认为，这大概就是地神呈托举姿势的文献依据。当然，该经同时提到地神使土地"丰肥壤浓过于今日"，"根茎枝叶华果滋茂"，这也是地神地位被极力提高的主要原因②。

地神的信仰源自古印度，源远流长。昙无谶是北凉著名译经高僧，数十年间共译经 82 部 311 卷，使河西走廊地区成为当时中国的译经中心之一，对中原和南朝也产生了影响。再者，昙无谶翻译的《金光明经》在凉州等地广为流行，地神地位被极力提高，更为重要的一点便是授记思想。有学者指出，《金光明经·授记品》中指出了君王授记的方便法门，应是受到封建帝王们青睐并大力推崇的重要原因。在《授记品》中，佛为十千天子授记，在解答菩提树神疑问时说："何以故？以是天子于所住处舍五欲乐，故来听是《金光明经》。既闻法已，于是经中净心殷重，如说修行。复得闻此三大菩萨受于记莂，亦以过去本昔发心誓愿因缘。是故我今皆与受记，于未来世，当成阿耨多罗三藐三菩提③。"由此可知，天子授记不需要像佛那样经历无量无边劫数，只需舍五欲乐，听《金光明经》，就可获得授记。这样的方便法门，也应是能够实现君王们梦寐以求的愿望。

439 年，北魏灭北凉，曾将凉州的僧侣、工匠及宗室吏民等迁至平城（今大同）。《魏书·释老志》载："太延中，凉州平，徙其国人于京邑，沙门佛事皆俱东，象教弥增矣。"④ 发达的凉州佛教得以东传，北魏与西域的交通往返不绝，也开通了以龟兹为代表的西域佛教艺术东传的通道。

北魏由鲜卑族拓跋部所建，君王们更需要得到认可，授记的愿望应更为强烈。北魏道人统法果曾带头礼拜皇帝，提出"我非拜天子，乃是礼佛耳"。魏文成帝"诏有司为石像，令如帝身"，以其帝王形象为蓝本雕造佛像，体现了君王强烈的授记愿望。云冈石窟中期洞窟降魔品中没有地神图像，张善庆认为是降魔粉本没有沿着佛教东传的路线到达内地，汉地工匠无现成的摹本可以参考。⑤ 但北魏的佛教首领师贤和昙曜都曾去过凉州，昙曜又主持开凿云冈石窟，不可能不受到凉州造像的影响。《金光明经》即便没有在云冈石窟的造像中广为流行，但它所宣扬的地神思想受佛教东传的影响，在云冈石窟雕刻中还是有所表现的。不论女性化的地神形象，还是男性化的地神形象，雕刻手法都已相当成熟，运用自如随意。虽然早期地神形象并没有统一定格，但这也为以后的雕刻传承提供了参照和依据。

（原文刊载于《山西大同大学学报》，2012 年第 1 期）

① 大藏经刊行会.《大藏经》第一册，台北：新文丰出版有限股份公司，1983 年，第 345 页。
② 梁涛等.《于阗地神图像流变相关问题再探》，《敦煌研究》，2009 年第 5 期，第 68~73 页。
③ 大藏经刊行会.《大藏经》第十六册，台北：新文丰出版有限股份公司，1983 年，第 351 页。
④ （北齐）魏收.《魏书》卷 114，北京：中华书局，1974 年，第 3032 页。
⑤ 张善庆.《论龙门石窟路洞降魔变地神图像》，《中原文物》，2009 年第 1 期，第 73~76 页。

云冈石窟雕刻中的长柄香炉小议

李雪芹

2009 年在作云冈石窟第 13 窟供养人调查的课题时，有关供养人手中的供器、特别是长柄香炉的雕刻引起了我的关注，之后对云冈主要洞窟中的供器进行了一次梳理并查阅了相关论述，发现有关云冈石窟雕刻中长柄香炉的论述目前所及甚少，基本没有系统地论述。本文试图就云冈石窟雕刻中长柄香炉出现的时间、样式及对后世的影响作一简单论述，不妥之处，恳请专家学者指正。

香炉，顾名思义是烧香之器。有金香炉、土香炉、火舍香炉，皆供于佛前。导师手中所持者称之为柄香炉。柄手炉，又称为手炉、提炉、香斗、长柄香炉，是一种带有长握柄的小香炉，多用于供佛。柄头常雕饰莲花或瑞兽，薰烧香粉或香丸。《金光明经·四天王品第六》中描述了以香炉供佛时的情景："佛告四王，是香盖光明，非但至汝四天王宫殿，何以故，是诸人王手擎香炉，供养经时其香遍布，于一念顷遍至三千大千世界……所有种种香烟云盖，皆是此经威神力故。是诸人王手擎香炉供养经时，种种香气，不但遍此三千大千世界……于诸佛上虚空之中亦成香盖，金光普照，亦复如是。"由此可知，长柄香炉是香炉的一种，常于供养佛或佛经时使用。

长柄香炉在我国北朝开凿的石窟中就有雕刻，最早出现于炳灵寺西秦壁画编号为第 11 号中[1]，比丘穿袒右肩式袈裟，左手执长柄香炉。敦煌最早出现于第 285 窟，这个窟有明确纪年，开凿于西魏大统四、五年（538、539）间，长柄香炉为女性供养人所持[2]。敦煌到唐代，洞窟中长柄香炉广为流行。李力先生在《从考古发现看莫高窟唐代壁画中的香炉》一文中，论述了香炉的起源、性质、用途及全国各地发现的香炉实物，并与敦煌唐代壁画中的香炉做了对比研究[3]，使我们对长柄香炉的渊源关系有了较明确的认知。

云冈石窟雕刻的供器中使用长柄香炉，就目前所掌握的材料来看，多为导引僧所执，个别为世俗供养人所掌。云冈石窟第一期供养人雕刻中没有出现长柄香炉的形象，即使供养人手中持有带茎（柄）的供物，亦多为莲花之类。开始出现手持长柄香炉的供养人雕刻是在云冈石窟第二期洞窟中，而且集中出现在中部洞窟的第 11、13 窟内（不排除有第三期的雕刻）。云冈石窟第三期西部洞窟中，还有长柄香炉的雕刻，数量虽少但出现新的样式，这一点值得关注。

就目前云冈石窟雕刻的长柄香炉而言，有杯式、豆式、组合式 3 种形制，分别叙述如下。

杯式：现存 6 只。（1）位于第 11 窟东壁太和七年碑左侧，首位导引僧手中所执，前有榜题"邑师法宗"。供养人着半袒右肩式袈裟，左手执长柄香炉，右手托炉底。香炉炉体呈杯形，敛口、鼓腹、圈足，

① 甘肃省文物工作队，炳灵寺文物保管所．《中国石窟·永靖炳灵寺》，北京：文物出版社，1989 年，图版 38。

② 敦煌文物研究所．《中国石窟·敦煌莫高窟》，卷 1，北京：文物出版社，1982 年，图版 123。

③ 李力．《从考古发现看莫高窟唐代壁画中的香炉》，《1990 年敦煌国际学术讨论会文集·石窟考古编》，沈阳：辽宁美术出版社，1995 年，第 300~307 页。

图1　第11窟东壁太和
七年碑左侧（白描图）

图2　第11窟南壁东侧（白描图）

图3　第13窟东壁（白描图）

图4　第35窟门拱东壁延昌题记左侧（白描图）

图5　第31窟前室北壁门拱上部（白描图）

图6　第11窟太和七年碑右侧供养人（白描图）

柄前半部呈直状与炉体相连，尾部略弯曲握在手中（图1）。（2）位于第11窟南壁门拱东侧龛下铭刻石左侧，首位导引僧手中所执。供养人着半袒右肩式袈裟，双手捧长柄香炉。香炉炉体呈杯式，侈口、鼓腹、圈足，柄前半部为直状与炉体相连，尾部呈弯曲状握在僧人手中（图2）。（3）位于第11窟中心塔柱东面主像南侧佛龛下，为后补小龛，造像较随意且保存一般。似世俗供养人居供养者首位，双手捧长柄香炉。炉体呈杯式，直柄握在手中，雕刻粗糙，细部不详。（4）位于第13窟东壁第3层南侧圆拱龛下左侧首位供养人所执（紧靠铭刻石）。世俗供养人头戴圆帽垂裙，着交领窄袖衣。双手持长柄香炉。香炉炉体呈杯状，直腹，上有宽口沿，平底，柄前半部呈直状与炉体相接（图3）。（5）位于第35窟门拱东壁延昌题记左侧，首位供养人手中所执。供养人头戴冠，着双领下垂宽袖衣，左手执长柄香炉，右手残（似往炉中添加香料）。香炉炉体呈杯式，直腹，有宽口沿，平底，柄前部呈直状与炉体相接，柄尾握于手中（图4）。（6）位于第31窟前室北壁门拱上部铭刻石左侧，导引僧手中所执。供养人着圆领宽袖僧衣，右手执长柄香炉，左手置于胸前。香炉炉体呈杯式，侈口、直腹、平底。直柄前部与平底中部相连，柄尾握于手中。这是杯式长柄香炉新出现的一种造型样式，与前述样式均不相同（图5）。

豆式：现存2只。（1）位于第11窟东壁太和七年碑右侧，导引僧手中所执，无榜题。供养人上着半袒右肩式袈裟，下着裙，双手握长柄香炉。香炉体呈豆式，直腹、粗颈、圈底，直柄前部与炉体相连，尾部握在手中（图6）。（2）位于第13窟南壁第2层门拱东侧圆拱龛下铭刻石右侧，导引僧所执。供养人着半袒右肩式袈裟，左手执长柄香炉。香炉炉体呈豆式，直腹、细颈、圈底。直柄前部接炉体，尾部执于供养人左手中，右手提香袋垂于腹间（图7）。

组合式：仅见1只，位于第13窟南壁明窗西侧二佛并坐龛下正中、供养天人所执。供养天人头戴冠，

图7　第13窟南壁侧门拱东侧
（白描图）

图8　第13窟南壁组合式（白描图）

上身斜披胳腋、披帛绕臂而下。组合式长柄香炉居于供养天人行列之中间。其中右侧供养天人左手在前，右手在后，双手握直柄，左侧供养天人右手托炉底，左手提香袋于胸前。香炉炉体分三部分，中部呈圆柱体，且与直柄前端相接，柄尾握于手中；下部为高圈足；与中部圆柱上层相接的是喇叭口菱形体，外饰莲瓣纹样，局部残（图8）。

从以上的描述中，我们可以看出，杯形长柄香炉雕刻数量最多，有6只，大致可分为3式。Ⅰ式，杯腹为鼓腹，杯底为圈足，直柄前端与杯口相接，柄尾呈弯曲形。Ⅱ式，杯口有宽口沿，直腹，平底，直柄前端与杯口相接，柄尾端握于手中，细部不详（或柄尾为直状）。Ⅲ式，侈口，直腹，平底，直柄前端与杯体底部相接。这是云冈石窟雕刻中长柄香炉直柄前端与炉体连接的新样式，十分罕见。以上三种形式长柄香炉的雕刻特点明确，出现的时间不一。其中Ⅰ式出现的时间最早，为太和七年（483），Ⅱ式出现的时间下限为北魏延昌年间。由此可以推断，云冈石窟长柄香炉雕刻的流行时间介于太和七年至延昌年间（483-515）。

综观云冈石窟雕刻中的长柄香炉，虽然数量有限，但特点鲜明：

一、云冈石窟雕刻的长柄香炉时间明确。位于第11窟东壁太和七年（483）碑两侧的长柄香炉，是云冈石窟出现最早的有明确纪年的长柄香炉。而雕于第35窟延昌年间题记左侧的长柄香炉，是云冈现存最晚的有明确纪年的长柄香炉。

二、样式丰富，有3种。其中豆式、

图9　左为炳灵寺169窟中长柄香炉　右为克孜尔石窟205窟中长柄香炉
（白描图）

125

杯式长柄香炉，是云冈石窟出现最早的样式。它们同时出现在第 11 窟太和七年造像碑两侧。组合式长柄香炉的出现令人耳目一新，颇具新意。

三、杯式长柄香炉是云冈石窟长柄香炉雕刻的主要样式，也是长柄香炉在云冈石窟出现的新样式，特别是长柄前端与杯底相接的样式更是少见，是一种创新。

四、导引僧所执长柄香炉者占多数。导引僧手执长柄香炉的形式沿袭了炳灵寺石窟最早出现长柄香炉的做法。同时又出现了世俗供养人手执长柄香炉的形式，开了世俗供养人手执长柄香炉供养的先河。

五、出现供养天人手执长柄香炉的造像形式，这在他处较为罕见。就目前石窟寺雕刻的长柄香炉而言，以炳灵寺第 169 窟壁画中出现的最早，在《中国石窟·永靖炳灵寺》中，将手执长柄香炉的供养人称为"比丘""弟子"，长柄香炉炉体为豆式、圆口、直腹、细颈、圈底，直柄前端与炉体口沿部相接，尾部握在手中。这是石窟现存最早的导引僧手执豆式长柄香炉的记录。豆式长柄香炉可以说是长柄香炉最初出现的形式，不仅见于炳灵寺第 169 窟的西秦壁画中，克孜尔石窟第 205 窟主室券顶壁画中亦见一盛装妇女手执豆式长柄香炉的[①]，区别仅是直柄尺寸的长短及外壁的装饰。云冈石窟雕刻中的豆式长柄香炉样式与炳灵寺的大致相同（图 9），区别最大的是豆腹。应该说云冈石窟中雕刻的豆式长柄香炉承袭了炳灵寺的样式，但不是完全照搬，而是与当地流行的器物相结合，形成平城地区的豆式长柄香炉样式，这种样式的香炉对后世香炉的发展流行影响巨大。尽管说豆式长柄香炉在云冈石窟雕刻中仅出现 2 只，数量相对较少，但对于豆式长柄香炉的传承过程中所起的作用却不可低估。它一方面说明云冈长柄香炉继承了凉州石窟长柄香炉的雕刻样式，从而佐证了云冈石窟造像的部分工匠源于古代凉州地区这一说法。另一方面也说明云冈石窟长柄香炉的雕刻具有鲜明的地域特色，杯式长柄香炉的雕刻数量较多的现象，正是这种地域特点的表现。云冈石窟中的长柄香炉雕刻为什么会集中在第 11、13 窟中，而其他洞窟中出现的较少，难道说这两座洞窟是由一个造像集团统一筹划与雕刻的吗？这个问题有待进一步探讨。

目前，大同地区共发掘数百座北魏墓葬，其中不乏带有壁画的大型墓葬，就已发表的发掘报告而言，没有找到长柄香炉的实物与图像资料。为什么这种香炉仅仅出现在石窟雕刻中，而同时期或稍晚的墓葬中没有一点表现。我认为，长柄香炉是北魏时期供养佛的专用器物，还没有走进平常百姓的日常生活，只有身份和地位较高的贵族、高僧才有资格拿此物供养（河北赞皇墓中就出现长柄香炉，也可佐证这一说法。本人没有找到

1. 巩县石窟第 1 窟南　　　2. 巩县石窟第 4 窟南壁　　　3. 巩县石窟第 4 窟北壁壁角下
　壁门拱东侧(白描图)　　　　东部（白描图）　　　　　　　（白描图）

图 10　巩县石窟第 1、4 窟长柄香炉

① 姚士宏等.《中国石窟·克孜尔石窟》卷 3，北京：文物出版社，1997 年，图版 117。

图 11　第 13 窟东壁（白描图）

相关的图片，故不在此讨论），一般百姓是没有这种殊荣的，这种器物还不是广泛流行于民间的供器。所以作为皇家石窟寺院雕刻手持长柄香炉的供养者形象是历史的客观记录。作为高僧位居普通僧人之上，所以石窟中导引僧手执长柄香炉的雕刻数量明显多于世俗供养人。

云冈石窟手持长柄香炉的导引僧所占比例较大是一个明显的特点。龙门石窟古阳洞南壁有正始四年（507）安定王元燮为亡祖考妣等造释迦像记，屋形龛内雕一佛二菩萨，龛下中间刻造像记，两侧浮雕列队行进的供养人，最前面有比丘尼手执长柄香炉引导，供养行列贵族气氛浓厚，雍容华贵。元燮为太武帝之孙，于宣武帝之初袭王位，拜太中大夫等职，延昌四年（515）卒。该供养人行列中的导引僧，手执长柄香炉，其后的供养行列贵族气息强烈，在一定程度上说明手执长柄香炉的导引僧的社会地位相对较高，也就是说手持长柄香炉的僧人地位较一般的僧人较高。巩县（今巩义）石窟第 1、4 窟中出现的长柄香炉①与云冈石窟中的雕刻有惊人的相似，样式上有豆式、杯式，均出现在帝后礼佛图中（图 10，1、2），多为侍者身份。第 1 窟南壁西部上层礼佛图中出现帝后手执长柄香炉的造型，当然这里的帝后仍是供养者的身份，是为了供养诸佛、期望自己得道成佛而精心设计的。所以，说凡持长柄香炉的供养者其社会地位较为显赫。

云冈石窟雕刻的长柄香炉对后世及周边石窟寺雕像产生了深远的影响。我们从晚于云冈石窟开凿的其他石窟中，均能找到长柄香炉受云冈石窟影响的例子。豆式、杯式及组合式长柄香炉的出现为后世长柄香炉的雕刻形式奠定了基础，为唐代长柄香炉的发展做出了贡献。

总之，云冈石窟中出现的长柄香炉雕刻是难得的实物资料，通过对长柄香炉的调查使我们对云冈石窟供养人的社会地位及长柄香炉对后世的影响有了一个清楚的认知。云冈石窟雕刻中的长柄香炉造型古朴，柄直且较短，豆式与杯式炉体没有出现装饰纹样，只有组合式出现装饰纹样，这也开启了唐代长柄香炉华丽造型的先河。持长柄香炉的首先是导引僧，之后才出现世俗供养人手持的造型。第 13 窟东壁佛龛下出现的供养人手持莲花状供器（图 11），如果能确定此物为长柄香炉，那么莲花状的长柄香炉则始于云冈，滥觞于唐代敦煌石窟。同样这一器物的出现，说明了云冈石窟二期工程的雕刻，已非同于第一期工程简单的礼佛之功用，更多的是开始了诠释佛教义理之后，人们开始接受佛教思想而对佛教崇敬。

本文插图由云冈石窟研究院高平传所绘，特此感谢。

（原文刊载于《敦煌研究》2012 年第 6 期）

① 河南省文化局文物工作队 .《巩县石窟寺》，北京：文物出版社，1963 年。

试析云冈石窟第 3 窟原来的设计

彭明浩

云冈石窟第 3 窟位于整个窟群的东部，龙王沟东侧山体的南坡，是一处未完成的大型洞窟。根据 1993 年窟前和窟内遗址发掘[①]，可知北魏之后，唐代曾增修窟前台基，利用室内岩体雕凿一佛二菩萨，辽金在窟外搭建木构楼阁。至今，唐辽金时期的增改除后室造像和壁面梁孔外，都没有保存下来，唯有北魏未完成的洞窟窟形还保持基本面貌。

第 3 窟坐北向南，立面分上、下两层：上层东、西两侧各立一座三级佛塔，中间凿一横长方形、方格平棊顶弥勒窟。下层东、西各开一窟门，窟门内各具一前室。两前室大体对称，平面都略呈凸字形。以西前室为例，室内靠西的一侧开曲尺形通道，留出方形岩体，岩体正处于上层佛塔的下方，现存东、西两壁开有龛形；室内靠东的一侧依前壁开凿通道，留出方

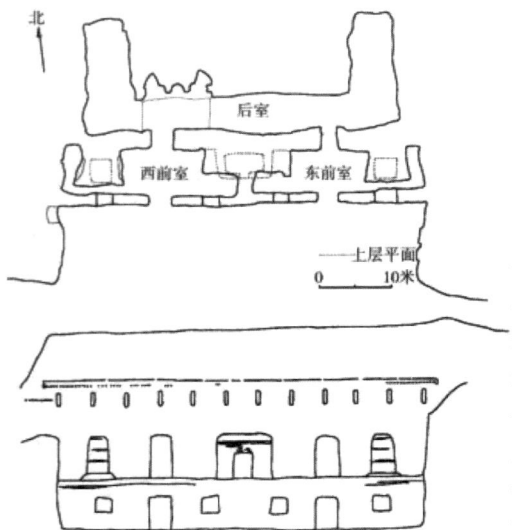

图 1　云冈石窟第 3 窟平立面图（根据《云冈石窟第 3 窟遗址发掘简报》绘制）

形岩体，与东前室这一侧的岩体相连，正处于上层弥勒窟的下方。两前室之后为连通的后室，平面呈凹形（图 1）。一般认为，第 3 窟原设计为一组双窟，窟分前后室，后室为一大型塔洞，这是由现状得到的最直观认识。

但若以此为基础分析洞窟各部分的空间形式，则存在一些异常的情况。如双窟的前室，平面皆呈凸形，但室内两侧的大小和布局却不同，这并非窟室常见的对称空间，而一侧突起的岩体似有意每面设龛，做成塔柱样式，这种塔柱偏于一侧的做法在云冈也未曾见过；又如云冈石窟中有前后室的洞窟，两室平面大小虽有不同，空间高度却基本一致，而第 3 窟这样前室高度当后室之半的做法尚无他例；再如 3 窟上层形成一个窟外的平台，其上立塔凿窟，这种上下分层，上层独立于窟外的布置在云冈石窟中也是仅有的。以上种种异常的情况，如果不是当时有意的新创造，则有必要反思对第 3 窟已有的认识。

鉴于云冈一二期洞窟的开凿是一个在较短时间内连续进行的大型工程群[②]，因此其同一类型洞窟的空间形式当有关联性，要尝试对未完成的第 3 窟原来的设计进行推测，就需要先分析已完成洞窟的基本空间形式。第 3 窟开双门，与其空间形式相关的是云冈二期常见的双窟，现较为明确并基本完成的云冈双窟有 1、2 窟，

① 云冈石窟文物研究所，山西省考古研究所，大同市博物馆.《云冈石窟第 3 窟遗址发掘简报》,《文物》, 2004 年 6 期。
② 云冈一二期石窟的开凿始于和平初（460），迄太和十八年（494）北魏迁洛，前后仅 35 年，开凿大型洞窟近 20 个，且绝大多数由皇家经营，虽太和七年（483）后皇室可能不再具有主导地位，但大型洞窟的开凿仍由强有力的达官显贵发愿营造。见〔日〕石松日奈子著，姜捷译.《云冈中期石窟新论——沙门统昙曜的地位丧失和胡服供养人像的出现》,《考古与文物》, 2004 年 5 期。

第 5、6 窟，第 7、8 窟，9、10 窟 [1]，这四组洞窟，它们有以下两方面共通的空间布局形式 [2]：

第一，窟前左、右侧及双窟之间，外壁岩体突出，雕成碑、塔等形式，围合成一开敞的前庭（表 1）。

表 1　云冈双窟壁面组合

	1、2 窟	第 5、6 窟	第 7、8 窟	9、10 窟
平面示意图 [3]				
立面示意图				
两窟外壁东西侧	现各存一级浮屠 [4]，北侧与窟外岩体相连，三壁开龛，浮屠两外侧还凿有一龛	现各存多级塔柱，与窟室大体同高，北侧与窟外岩体相连，各级三壁开数小龛	现状已风化严重，但仍可见巨大高耸的柱体，与窟室大体同高	东侧尚存风化了的塔体，与窟室大体同高；西侧仅存较大的基础，其上被后期窟龛打破
两窟外壁之间	现已无任何遗迹，但从史料来看，有可能立有一大碑 [5]	凿有与窟室大体同高的塔柱，风化严重	下部可见明显的龟趺造型，其上风化的柱体可能为丰碑	柱体风化严重，较窟檐下其他塔柱粗壮，底有大象驮负，顶端尚存楼阁勾栏雕刻的局部
壁面组合	塔—碑（？）—塔	塔—塔—塔	塔—碑—塔	塔—阁—塔

第二，双窟后部划分为双室，且室内较普遍采用供右旋礼拜的环行空间。

每组双窟中，均有从两窟门往后纵向的两条轴线，这两条轴线后端布置相互独立的双室。四组双室中，除最早建成的第 7、8 窟为佛殿窟外，[6] 其他三组双窟后室均有供右旋礼拜的内部空间，可分为两种类型：一类如第 1 窟、第 2 窟、第 6 窟，后室中心立塔柱；一类如第 5 窟、第 9 窟、第 10 窟，后室中部偏后虽凿有大佛，但绕大佛身后，皆凿有一条沿后壁通行的礼拜隧道（见表 1）。因此，双窟后部多采用供僧人绕塔（像）礼拜的室内空间。

基于对云冈已完成双窟空间形式的分析，再反观第 3 窟，其也具有与以上两基本特点相关的构成要素，如果去除前室外壁及顶部除塔、弥勒窟之外的岩体，并将后室横长方形岩体进一步开凿为双中心塔柱，则

---

① 宿白.《云冈石窟分期试论》,《中国石窟寺考古》, 文物出版社, 1996 年 8 月。

② 关于双窟的布局特点及其历史背景等问题前辈学者已有论述, 参见宿白.《平城实力的聚集和"云冈模式"的形成与发展》,《中国石窟寺考古》, 文物出版社, 1996 年 8 月; 王恒.《云冈双窟研究》,《敦煌研究》, 2003 年第 4 期。

③ 双窟平立面示意图根据〔日〕水野清一、长广敏雄.《云冈石窟—西历五世纪中国北部佛教窟院的考古学调查报告》中平面图, 结合云冈石窟立面正射影像图（云冈石窟研究院《云冈石窟测绘方法的新尝试——三维激光扫描技术在石窟测绘中的应用》）绘制。

④ 这两方形浮屠上现存突起的残迹, 是否还有塔层, 需要进行清理。

⑤ （唐）道宣.《大唐内典录》卷 4《后魏元氏翻传佛经录》载："恒安郊西大谷, 石壁皆凿为窟, 高余十丈, 东西三十里, 栉比相连, 其数众矣。谷东石碑见在, 纪其功绩, 不可以算也。其碑略云: 自魏国所统赀赋, 并成石龛。故其规度宏远, 所以神功逾久而不朽也。" 又《续高僧传》卷一《昙曜传》载 "东头僧寺, 恒共千人, 碑碣见存, 未卒陈委。"《大金西京武州山重修大石窟寺碑》载 "今寺中遗刻所存者二: 一载在护国, 大而不全, 无年月可考; 一在崇教, 小而完……", 宿白于《〈大金西京武州山重修大石窟寺碑〉校注》注二五即指明金中有关护国寺的相关语句顺序错乱, 文字脱讹, 张焯于《〈大金西京武州山重修大石窟寺碑〉小议》中进而考证, 1、2 窟有可能即是碑文所载的 "护国寺", 只是当时护国大碑即已不存, 此即金碑所指, "以灵岩古刹既为灰烬, 护国大碑又复摧毁, 胜概不传, 居常叹息"。

⑥ 同①。

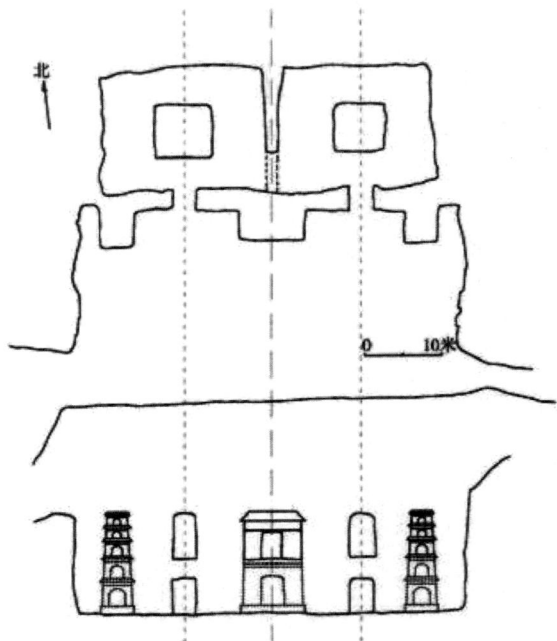

图 2　云冈石窟第 3 窟设计原状平立面推测图

第 3 窟成为一组各具单室的双窟，窟内中心塔室，窟外东、西两侧立塔，之间立阁上承弥勒天宫（图 2）。这种窟形较现状更显出与已完成双窟的关联，因此很可能是原来的设计。

关于这种推测，以下有几点补充说明，也是从不同角度对本文观点所做的补证。

1. 云冈石窟开凿中，利用斩山岩体是石窟设计施工的进步

"斩山"是云冈石窟开凿的首要工序，指的是在山体上切凿出垂直崖面[①]。云冈所在的武州山，是一条丘状的山脉，并无天然的峭壁，因此要斩出垂直窟壁，需要凿去窟壁以外巨大的石方，云冈一期的几个洞窟，从现状来看均采用了这种方式，在 20 窟的西侧还保留了清晰的斩山痕迹。而至云冈二期的洞窟，则改进了斩山工序，预留出窟壁以外的部分岩体加工为塔、碑，赋予石窟立面更多层次装饰、明确各窟位置的同时，也节省了大量的斩山工程量，当是施工经验积累、设计更加科学的表现[②]。

2. 云冈石窟开凿中存在预留岩体作为工作面而后再凿除的施工方法

前文认为第 3 窟原计划去除前室外壁及顶部的岩体，这种推断不仅出于窟形的考虑，也基于云冈石窟开凿中存在这种施工方法的事实。以第 3 窟为例，其后室空间并非一体凿成，而是分上、下两个工作层分别开凿，上方的工作层从明窗进入，下方的工作层从窟门进入。明窗和窟门之间是分隔两个工作层的岩体，也是上方工作层的工作面，待上、下两层均开凿出窟形后，再打破这部分岩体，形成一贯通的高敞空间，现在呈一线分布在明窗之下后室壁面略突起的岩体即是当时上下层之间工作面的残留[③]（图 3）。以此推之，云冈石窟中普遍存在的窟门、明窗组合也是这种施工方法广泛使用的反映。再看第 3 窟现存的"前室"，仅具雏形，而其上的塔和窟已经雕凿得细致非常，若从充分利用即将被打破的工作面的角度考虑，似乎是较为合理的解释。

图 3　第 3 窟工作面残迹

---

①　杭侃.《云冈石窟的开凿工程》，《中国文化遗产》，2007 年 5 期。

②　傅熹年主编.《中国古代建筑史》第二卷第二章第七节《石窟寺——窟群总体规划与窟室设计、开凿方式》，中国建筑工业出版社，2001 年 12 月。

③　刘建军，王克林，曹承明.《洞窟开凿技术揭秘——云冈石窟第 3 窟遗址》，《中国十年百大考古新发现》，文物出版社，2002 年 5 月；刘建军.《新中国云冈石窟的考古发现》，《中国文化遗产》，2007 年 5 期。

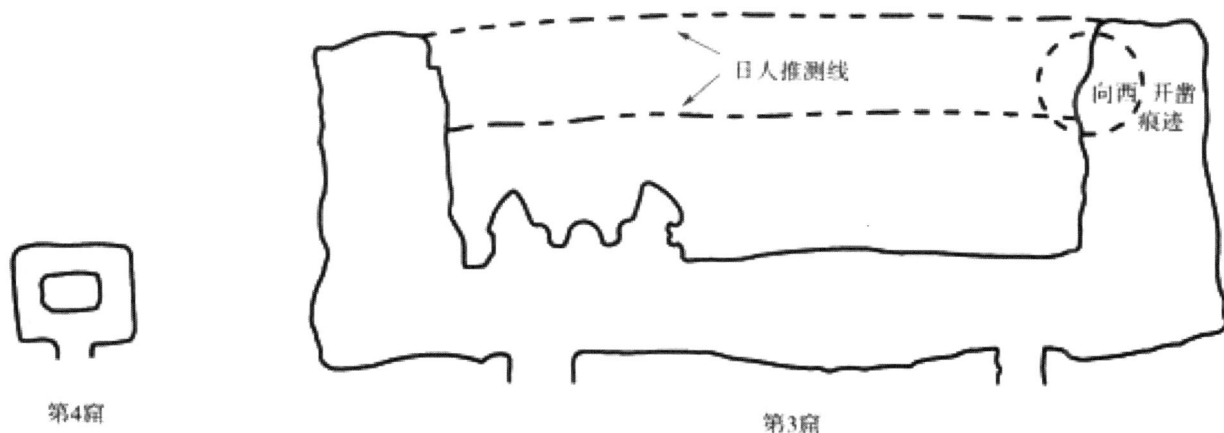

图 4　水野清一、长广敏雄对第 3 窟内平面推测图

3. 关于窟内平面

以往学者多认为第 3 窟为大型塔洞，以水野清一、长广敏雄的意见为代表[①]，他们观察到第 3 窟后室东部西墙的北端有朝西开凿通道的痕迹，推测其原计划在室中心设置呈长方形平面的中心柱，很可能与第 4 窟中心柱的形式相似（图 4）。这种观点注意到了开凿痕迹，也找到了与其推测平面相似的洞窟，但没有考虑到窟内的空间高度。实际上，第 3 窟窟内平面较其他塔洞远大，但窟内高度却没有相应提升，按水野、长广的推测，则进入窟室看到的不是中心柱或塔耸立的形象，而是一横踞室中东西延亘的巨墩，这恐非塔洞一向的空间意向。另外，第 4 窟的主体造像风格属于云冈三期（北魏迁洛后），该窟南壁窟口还有云冈现存最晚的北魏纪年铭记[②]，而第 3 窟这样云冈最大型洞窟的开凿在北魏迁洛以后的可能性极小，若说第 3 窟借鉴第 4 窟，则与洞窟的开凿年代相抵牾；而若说第 4 窟参考第 3 窟，则 3 窟中心塔柱尚未凿出，第 4 窟又何来参考的原型呢[③]？

考虑到前文所述其他双窟的室内布局，结合水野、长广注意到的开凿痕迹，我们推测第 3 窟内分为两中心塔室。首先，这符合窟室的现状条件，若以两窟门中心分别作纵向轴线，将后室两端朝北转的部分以轴线对称，则两窟中心线附近正留有分隔两室的墙体（图 2），即窟室现状尚具备继续开凿为两对称塔室（两室以中心线对称，且各自以轴线对称）的条件。其次，这样将窟内平面分隔，各自中心柱高度与平面比例恰当，也符合塔洞一贯的空间意向。最后，还需要对推测图（图 2）中两室相连的通道予以说明。实际上，这条通道是不是原来的设计，还存有疑问，它也可能是工程失误或者后期补凿所致。借助于现代测绘成果，我们注意到第 3 窟中心线位置左右，也即推测的通道附近，地面上留有南北贯穿的沟槽（图 5），而现在室内地平尚高于计划开凿的地平 1 米左右，这是否即是原来下挖地面时，预设的隔墙槽线？退一步说，即使通道是原来的设计，在形式和功能两方面均非不合理：形式上，云冈第 5、6 窟、第 7、8 窟已有开凿连接双窟通道的先例；功能上，通过第 6 窟内佛本行故事雕刻的分析，可知僧人在塔室内礼拜时，先礼拜中心

[①]　〔日〕水野清一、长广敏雄 .《云冈石窟—西历五世纪中国北部佛教窟院的考古学调查报告》第 1 卷，京都大学人文科学研究所，1952 年。

[②]　宿白 .《云冈石窟分期试论》，《中国石窟寺考古》，文物出版社，1996 年 8 月。

[③]　为避免这种矛盾，水野、长广认为第 4 窟、4 窟附窟为第 3 窟的附属窟，它们的开凿时间均在北魏迁洛前，只是由于第 4 窟、4 窟附窟的规模较小，因此率先完工，但仍没有解决与其报告所载中心柱上造像风格和铭记时间上的矛盾。参见水野清一、长广敏雄 .《云冈石窟—西历五世纪中国北部佛教窟院的考古学调查报告》第 16 卷，京都大学人文科学研究所，1956 年。

图 5　第 3 窟室内地面正射影像图（《三维激光扫描技术在云冈石窟的应用》）

图 6　第 5、6 窟壁面浮雕五层楼阁塔（《中国石窟·云冈石窟》一）

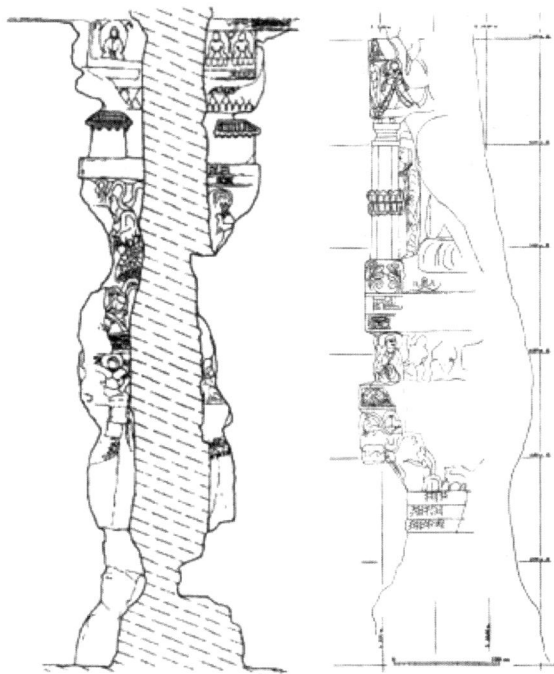

图7　云冈石窟第9窟楹柱顶楼阁勾栏(《云冈双窟研究》,
《云冈石窟》第6卷)

柱再及四壁,绕行不仅一圈①,因此,双窟间开凿通道不仅加强了双层间的联系,也不会影响到礼拜流线的延续性。

4. 关于窟壁立面

前文推断第3窟窟外两侧设计有自下而上的佛塔,从现状分析,其上部三层均凿有屋檐和斗栱,为一楼阁式塔。而云冈现存塔柱和浮雕塔所示,楼阁塔均逐层收分,多为奇数层②。结合塔下部岩体的相对高度,整个塔以五层为宜,这种塔的样式,见于云冈二期洞窟的有第5、6窟和第11窟(图6)。

而两塔之间的弥勒窟,其外壁雕有仿木构装饰,尚存屋檐和檐下斗栱残迹,实际上是一座屋宇的样式,如果将其与第9、10窟外檐塔柱上的天宫楼阁对照来看的话,其于塔龛上层布置天宫的手法是有先例的(图7)。现弥勒窟下部岩体前缘向内缩进,似乎不具备承

负上部的条件,但这并非历史情况。云冈石窟内部,由于渗水、积水、凝结水等与岩石长期作用,促使石质风化③,这在第3窟"前室"内岩体表现得尤为明显,而至少在20世纪以前,3窟窟上崖壁坍塌,砸穿了"前室"顶部④,也将室内风化岩体压毁。因此,推测图(图2)中按上层弥勒阁的平面大体复原了下层岩体的前缘。

5、云冈石窟壁面雕刻从侧面反映了洞窟的空间形式

云冈石窟开凿从窟到窟内壁面再到各龛各像,虽分不同的空间层次,但往往有呼应和对照关系,如第9、10窟作仿木构窟檐,其前室东西两壁所凿的四柱三间龛就再现了这两窟的立面形象(图8)。

图8　云冈石窟第9、10窟立面与窟内壁面雕刻对比

---

① 杨泓.《云冈第6窟的佛本行故事雕刻》,《现代佛学》,1963年2期。

② 梁思成,林徽音,刘敦桢.《云冈石窟中所表现的北魏建筑》,《中国营造学社汇刊》第四卷第三、四期,1933年。

③ 黄克忠.《水在云冈石窟中的危害及防治》,《文物保护技术(1981-1991)》,科学出版社,2010年12月。

④ 见日本人云冈3窟照片,〔日〕水野清一、长广敏雄.《云冈石窟—西历五世纪中国北部佛教窟院的考古学调查报告》第1卷,京都大学人文科学研究所,1952年。

　　云冈二期大量出现塔的造型，这不仅是在窟外与窟内开凿塔柱，在壁面上也雕刻有佛塔的立面形象，其中较为流行的是以佛塔作分隔、立于成排分布的各龛两侧，以第 1、2 窟最为典型。第 1、2 窟东西两壁中部凿有四龛，各龛之间均立有一佛塔，塔基与龛底平，塔顶与龛楣齐（图 9）。如果将这种布局形式与双窟的立面组合对比，则能看到明显的对应关系。这从一个侧面说明了双窟两侧及之间立塔这种空间形式的流行，因此第 3 窟原来的布局设计有可能与此相似。

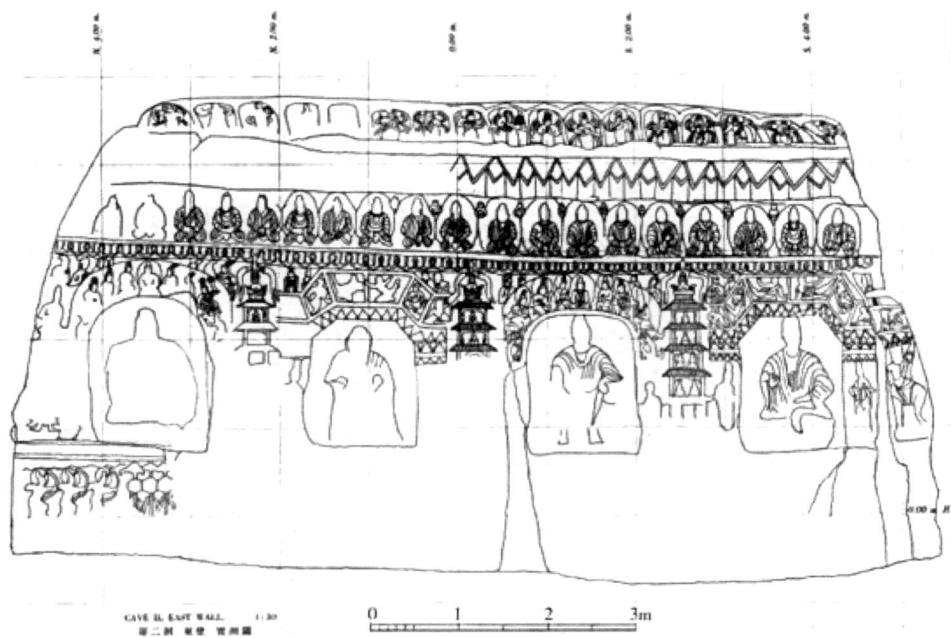

图 9　云冈石窟第 2 窟东壁实测图（《云冈石窟》第 1 卷）

　　如果以上推断可以成立，则第 3 窟虽然未完成，却留给我们思考云冈二期洞窟空间形式及开凿工序的许多珍贵信息。

（原文刊载于《石窟寺研究》2013 年）

佛教戒律下的音声理念
——云冈石窟伎乐雕塑引发的思考

项 阳

　　佛教音声问题，学界常以"佛教音乐"来认知，殊不知对这个概念应以历史眼光分阶段考量，笼统地以佛教音乐认知，显然有悖佛教戒律。佛教体系为重者在于有一系列律条约束。佛教在异文化中传播，虽然要在接受层面上做出改变，但核心理念不变。全面把握佛教于世俗之不同，佛教戒律应为首先考虑的选项。把握住这一点，相关佛教音声的学术研究就不会走偏，这是我多篇研究佛教音声文论的出发点，即在佛教戒律基础上把握佛教进入中土之时的矛盾性，以此关注矛盾解决和发展演化的意义[①]。

　　从佛教进入中土近两千年的历程来看，作为中国几大石窟寺之一的云冈石窟是一颗璀璨的明珠。石窟中直到当下依然能够清晰所见相当数量与音声伎乐相关的雕塑图像，特别是第 12 窟更是迎面展现，成为云冈石窟的一大特色。然而，与历史学界、宗教学界、建筑学界和艺术学界对云冈石窟大量学术研究成果相比，从音乐视角的研究有些偏弱。20 世纪 80 年代以来，对于云冈与音乐的相关研究侧重图像学的视角更多关注乐器辨识、乐舞形态、佛传故事等层面，诸多相关问题还需深层研究方能够有所解决。

　　北朝时期，佛教进入中土已有数百年，在这个过程之中，一些高僧大德进入中原腹地传教，但总体上讲佛教还处在逐渐被认知的过程之中。毕竟作为外来宗教需要有一个不断被接受的过程，甚至可以讲佛教经历了数百年方在中原之地站稳脚跟。平城时期，佛教非一帆风顺，太武帝灭佛使得佛教受到重创，佛教发展与统治者的喜好有着直接关联。

　　20 世纪 90 年代，为了《中国音乐文物大系·山西卷》的编纂，我先后数次到云冈，其后也曾设计"云冈与龙门石窟音乐图像的比较研究"课题，由于多种因素而未实施。应云冈研究院张焯院长的邀请，我于 2012 年 6 月又一次来到云冈，同行者有中国音乐学院刘勇教授以及中国艺术研究院的几位博士，云冈方面张焯院长和对佛教伎乐造像有深入研究的赵昆雨兄全程陪同，在考察与交流中引发新的思考。

　　刘勇教授与我交流：云冈石窟中的乐器是否为佛教带来？西域之乐律是否因佛教传入？你说佛教洞窟中伎乐形象为供养人，是否佛教传入之时这伎乐供养之人也一并带入？这的确是值得思考而又必须面对的问题。由此引发的还不止这些，诸如这样的音声形态在怎样的场合方被使用等。要辨析以上问题，有一些基本层面必须考量，虽然我曾有多篇文章探讨，或许学科之间有些障碍，或者有些问题尚需进一步考辨。总之，感觉学界对这些相关问题还没能引起足够的重视。

---

① 　参见项阳.《释俗交响之初阶：中土早期佛教音乐浅释》，刊《文艺研究》2003 年第 5 期；项阳.《关于音声供养与音声法事》，刊《中国音乐》2006 年第 4 期；项阳.《北周灭佛后遗症：再论音声供养与音声法事的合一》，刊《文艺研究》2007 年第 10 期；项阳.《"改梵为秦"中"学者之宗"的曹植》，刊《天津音乐学院学报》2007 年第 1 期；项阳.《五台山用世俗音声的启示》，刊《佛教文化》2008 年第 4 期。

一、佛教音声理念

首先辨析的基本问题是佛教所用音声在戒律规定性下的几对概念：神圣与世俗；声明与供养；改梵为秦与改梵为鲜卑；南北朝乃至隋唐时期寺院中音声供养人的身份。

佛教作为一种宗教，来自世俗社会然后有一系列规范使得化内之人从行为上有别于世俗者，这就形成所谓神圣与世俗的差异性。宗教需要有信众崇奉，与世俗社会有着剪不断的机缘。从音声视角看，"梵呗"这个带有音调与旋律诵经意义的词汇，在古印度时期有着世俗的涵义。印度语即为梵语，呗是印度所有歌唱音调的统称，梵呗为印度语言加印度音调的意义。佛教创制经文当然用印度语——梵语，吟诵佛经之声明当然用印度音调——呗，佛教运用印度语言和音调以诵经。佛教进入中土，诵经之梵呗似乎成为佛教所用的专有名词，如此从世俗到神圣之间完成了转换，佛教"食人间烟火"的行为在中土打上了佛教专用的标签。

印度语言以及印度音调并非就是具有宗教意义，我们显然不能说在印度梵呗仅为佛教所用，如此则会形成这样的逻辑：佛教生成于印度，印度的语言与音调都是佛教专利，这样的逻辑显然不通，佛教属于借用者。印度佛教中也不认为其所用的音调与旋律全是为音乐的意义，这是我们必须明确的道理。

> 然东国之歌也，则结韵以成咏；西方之赞也，则作偈以和声。虽复歌赞为殊，而并以协谐钟律，符靡宫商，方乃奥妙。故奏歌于金石，则谓之以为乐；设赞于管弦，则称之以为呗。夫圣人制乐，其德四焉；感天地，通神明，安万民，成性类。如听呗，亦其利有五：身体不疲，不忘所忆，心不懈倦，音声不坏，诸天欢喜。

> 然天竺方俗，凡是歌咏法言，皆称为呗。至于此土，咏经则称为转读，歌赞则号为梵呗。昔诸天赞呗，皆以韵入弦绾。五众既与俗违，故宜以声曲为妙。原夫梵呗之起，亦兆自陈思。始著《太子颂》即《睒颂》等，因为之制声。吐纳抑扬，并法神授。今之皇皇顾惟，盖其风烈也。其后居士支谦，亦传梵呗三契，皆淹没而不存。世有共议一章，恐或谦之余则也。唯康僧会所造《泥洹》梵呗，于今尚传。即敬谒一契，文出双卷《泥洹》，故曰泥洹呗也。爰至晋世，有高座法师初传觅历。今之行地印文，即其法也。䉣公所造六言，即"大慈哀愍"一契，于今时有作者。近有西凉州呗，源出关右，而流于晋阳，今之"面如满月"是也①。

慧皎在此将东国呗赞与音声之关系说得比较清楚。问题在于：佛教中音声与乐、僧尼与俗人在寺院中实施音声供养有怎样的差异？佛经中俗界人士在寺院中实施供养者是怎样的身份？寺院中为何必须有俗人音声伎乐供养之存在？佛教中哪些尊者可享"伎乐供养"？我们看到，佛教中接受伎乐供养的对象明确。《佛说长阿含经》卷三：佛告阿难：天下有四种人应起塔，香花缯盖伎乐供养。何等为四？一者如来，应得起塔，二者辟支佛，三者声闻人，四者转轮王。阿难，此四种人应得起塔，香华缯盖伎乐供养②。在佛教中并非所有僧侣、只有应得起塔者才能接受伎乐供养。《无量寿经义疏》卷下：宝者宝供，香者香供。无价衣者，以衣供养。奏天乐等，伎乐供养，伎乐音中，歌叹佛德③。音声供养有多种，这伎乐供养显然不是指僧尼承载。

---

① （南朝梁）释慧皎撰、汤用彤校注.《高僧传》，中华书局 1992 年，第 508 页。
② 王昆吾，何剑平.《汉文佛经中的音乐史料》，巴蜀书社 2002 年，第 261 页。
③ 同②，第 267 页。

《大比丘三千威仪》（东汉安世高译）卷上：（僧尼）不得歌咏作唱伎。若有音乐，不得观听。①《十诵律》卷四十：佛……语诸比丘："不得弹琴鼓簧，不得齰齿作节，不得吹物作节，不得弹铜杅作节，不得击多罗树叶作节，不得歌，不得拍节，不得舞。犯者皆突吉罗②。《优婆塞五戒威仪经》：远离放逸五事：一者歌，二者舞，三者作乐，四者严饰乐器，五者不往观听。此五戒随力所堪，若能终身具持五为上③。《善见律毗婆沙》云：问曰：云何为供养？答曰：男女诸乐、琴瑟箫笛、箜篌琵琶，种种音声，与诸知识而娱乐之。诸知识人方便慰喻，令其心退，于五欲中食④。

从以上诸种涉及佛教戒律的经卷中可见，僧尼不得动乐，甚至不能够观听，违者要受惩戒。因此，一般僧尼既非伎乐的演奏者，亦非伎乐的享有者。换言之，这伎乐供养也不是针对一般僧尼为用者。

法显《佛国记》云：到摩羯提国巴连弗邑。巴连弗邑是阿育王所治城……凡诸中国，唯此国城邑为大，民人富盛，竞行仁义。年年常以建卯月八日行像，作四轮车，缚竹作五层；有承橹楄栻高二丈许，其状如塔，以白氎缠上，然后彩画作诸天行像，以金银琉璃庄校其上，悬缯幡盖；四边作龛，皆有坐佛，菩萨立侍。可有二十车，车车庄严各异。当此日，境内道俗皆集，做倡伎乐，华香供养。婆罗门子来请佛，佛次第入城。入城内再宿，通夜然灯，伎乐供养。国国皆尔⑤。

《弥沙塞和醯五分律》卷十四载：尔时诸比丘尼自歌舞，诸居士讥呵言："此比丘尼自歌舞如淫女人。"诸长老比丘尼闻种种呵责，乃至今为诸比丘尼结戒，亦如上说。从今是戒应如是说："若比丘尼自歌舞，波逸提。式叉摩那沙弥尼突吉罗。"

同上卷二十载：诸比丘便自歌舞以供养塔，诸白衣讥呵言："白衣歌舞，沙门释子亦复如是，与我何异？"诸比丘以是白佛。佛言："比丘不应自歌舞供养塔，听使人为之，听比丘自赞叹佛华香幡盖供养于塔"⑥。

这就是我们要从戒律认知与佛教相关音声供养的道理所在。文献所见，音声供养分为两类，一是比丘以佛经赞叹供养，该类供养虽有音调与旋律意义，却不被认为是音乐；以歌舞供养塔者是居士和白衣，他们展现俗人信众伎乐供养。从佛教戒律规定性的层面把握俗界中人对佛教高僧大德以伎乐供养，是将世间美好的东西如同馔食等奉献在佛祖面前，伎乐供养可谓诸种供养中较高层级的行为。这种供养虽为佛教所用，但系俗人为之。政教合一所谓"佛国"之状况如此，在佛教新传之地音声供养如何实施呢？居士们不能面对如来、世尊真身，只好雕刻与绘制诸佛之像以为供养。在佛教所传之地，音声供养中之伎乐供养也是不可或缺。

《大智度论》载⑦："诸佛贤圣是离欲人，则不须音乐歌舞，何以伎乐供养？答曰：诸佛虽于一切法中心无所著，于世间法尽无所须，诸佛怜悯众生故出世，应随供养者，令随愿得福故受。如以华香供养，亦非佛所须，佛身常有妙香，诸天所不及，为利益众生故受。是菩萨欲净佛土，故求好音声，欲使国土中众

① 王昆吾，何剑平.《汉文佛经中的音乐史料》，巴蜀书社 2002 年，第 261 页。
② 同①，第 230 页。
③ 同①，第 245 页。
④ 同①，第 265 页。
⑤ 转引自张焯.《云冈石窟编年史》，文物出版社 2006 年，第 61 页。
⑥ 同①，第 220~221 页。
⑦ 《大正藏》第 25 册《大智度论·卷九十三》，中华电子佛典协会 2007 年，第 710 页。

生闻好音声，其心柔软，心柔软故易可受化，是故以音声因缘而供养佛。

　　佛教文献中对音声与乐的认知是比较清楚的。广义之音声为最上层级，其下类分音声与乐并置，狭义之音声为僧尼所用，与乐相关的概念是僧尼所不能用者。音声这个概念更加中性化，毕竟人类需要用语言作为工具来交流。虽然声音可以反映多种情感因素，但作为交流工具、作为辅助诵经的音声（诸如声明、歌赞、呗、偈、祝延）在佛教中并不认为其为乐。这使我们想到了西人汉斯立克对于音乐为"乐音的运动形式"（现代意义上的音乐定义中噪声亦可入乐）之定义，这将声音分出了不同类型，只有那些乐音组成表情抒怀为用者方为音乐。在这种意义上讲，佛教中由僧尼用于吟诵佛经的音调显然不被认定具有"乐"的意义，对于乐，是世俗社会中更多为情感因素所需的有组织的音声行为。有意思的是，似乎中国音乐美学中两大体系所谓自律与他律在这里有机结合了。音声以为工具或称媒介物助以诵经不为乐，僧尼可用；音声由居士、白衣、白徒有组织地承载，将世间最为美好的情感奉献在佛祖面前，这是俗界之乐奉献的意义。如此形成佛教所用音声理念：

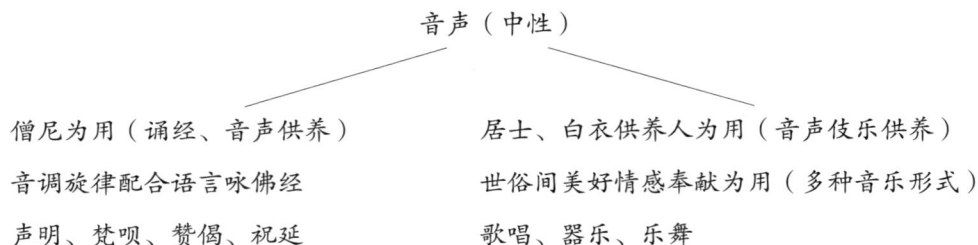

音声（中性）

僧尼为用（诵经、音声供养）	居士、白衣供养人为用（音声伎乐供养）
音调旋律配合语言咏佛经	世俗间美好情感奉献为用（多种音乐形式）
声明、梵呗、赞偈、祝延	歌唱、器乐、乐舞

　　作为广义、中性、却有极强包容性的音声概念，涵盖了僧尼诵经和歌赞供养所用以及世俗人等音声伎乐供养为用。同在寺院中，即便是居士与白衣、白徒伎乐供养以及世俗社会中其他场合的音声行为，僧尼也不可听、不可视，否则便属犯戒。在寺院中发生的伎乐供养行为僧尼也会感知，所谓"音声入耳"，但却要求"视而不见听而不闻"。世俗尊崇方显宗教意义。寺院中以绘、雕、塑的方式展现如来、世尊等形象都是为了感知，如此使得包括信众在供养之时有所依凭，这就为佛教"艺术"存在极大的展示空间。但还是应该强调，佛教以音声作为整体概念，其下再有细分，依附于佛教之音声形态需分类辨析。

二、佛教入中土之音声改造与受容

　　佛教在异文化传播中所产生的诸种问题历来是学界探讨的重点。我们关注佛经解译亦应把握与之相关诸多层面的问题，如此方能真正理解佛教走向"国际"的意义。以下几个问题属于必须关注者。

　　首先是原发地经文与音声如何为传播地所接受，若有乖戾如何化解；其次是把握佛教在本土和文化相近区域保障有效传播在制度层面的坚守与变异。厘清这些方能感知在不同文化和国家制度背景下佛教传播之时如何解决矛盾，从而实施真正意义上的有效传播。

　　佛教东传必依高僧大德之功力，在恶劣的交通条件下为了教义而不辞辛劳的高僧的确值得尊崇。高僧们有效传教需克服语言障碍：（汉）哀帝元寿元年，博士弟子秦景宪，受大月氏王使伊存口授《浮屠经》。中土闻之，未之信了也[①]。这是佛教经由大月氏实质性传入中土的早期状况，时间为公元前 2 年，可见此时

---

① 北齐·魏收.《魏书·卷 114·释老志》，中华书局 1974 年，第 3025 页。

中土之人对佛教尚将信将疑。翦伯赞先生谓"一种宗教，从它的传播到它获得人民的信仰，需要经过相当长的时间。特别是一种外国宗教，还要经过翻译的过程，才能传达其教义于人民之中，因而需要更长久的时间，才能成为人民之信仰"①。从汉、魏晋至南北朝，西来高僧不可胜记，诸如支谦、支谶、鸠摩罗什等，他们首先要过语言关。

> 先有优婆塞支谦，字恭明，一名越，本乐支人，来游汉境。初汉桓、灵之世，有支谶译出众经。
> 有支亮字纪明，资学于谶，谦又受业于亮。博览经籍，莫不精究，世间伎艺，多所综习，遍学异书，
> 通六国语。……谦以大教虽行，而经多梵文，未尽翻译，已妙善方言，乃收集众本，译为汉语。从
> 吴黄武元年至建兴中，所出《维摩》《大般泥洹》《法句》《瑞应本起》等四十九经，曲得圣义，
> 辞旨文雅。又依《无量寿》《中本起》制菩提连句梵呗三契，并注《了本生死经》等，皆行于世②。

这是253年的事。要使佛经为中土所依所本，必须依靠像支谦这样"通六国语"且"妙善方言"的高僧方能完成，梵呗新制亦如此。西来高僧鸠摩罗什也是先到凉州一十七载，在精熟汉语的前提下译解经文，他在译经过程中深切感受到印度与中土的巨大差异，如此精益求精，终达极高境界。

> 天竺国俗，甚重文制，其宫商体韵，以入弦为善。凡觐国王，必有赞德，见佛之仪，以歌叹为贵，经中偈颂，
> 皆其式也。但改梵为秦，失其藻蔚，虽得大意，殊隔文体。有似嚼饭与人，非徒失味，乃令呕哕也③。

矛盾客观存在，鸠摩罗什力解，使之以崭新的面貌展示在中土国人面前。

> 自大教东流，乃译文者众，而传声者寡。良由梵音重复，汉语单奇。若用梵音以咏汉语，则
> 声繁而偈迫；若用汉曲以咏梵文，则韵短而辞长。是故金言有译，梵响无授④。

> 爰至安清、支谶、康会、竺护等，并异世一时，继踵弘赞。然夷夏不同，音韵殊隔，自非精括诂训，
> 领会良难。属有支谦、聂承远、竺佛念、释宝云、竺叔兰、无罗叉等。并妙善梵汉之音，故能尽
> 翻译之致。一言三复，词旨分明，然后更用此土宫商，饰以成制。论云："随方俗语，能示正义，
> 于正义中，置随义语。"盖斯谓也⑤。

佛经是要被咏诵的，有些经文需配合音调抑扬以成旋律定势，这在印度是为梵呗，佛教诵经之赞偈、祝延，亦需旋律音调配合，这是在印度形成的形态，传入中土当然也需要这些形式，但"夷夏不同"，要适应则须在保留咏诵形式的前提下改换传入之地的"宫商"（音声带有旋律意味的音调）以成式成制，改变之后达到形式与内容的统一。这些文献我在此前研究中多有引用，只不过分于不同篇目，集精华于此我们可相对清晰地把握佛教能被中土信众接受必须"改梵为秦"的意义。

从音声之视角考量，佛教改梵为秦（尚有"改梵为汉""改梵为晋"的表述）并非仅限于佛经纸质文本的译解，相当数量的经卷属于配合旋律与音调实施咏诵，所谓"唱经""咏诵"者。佛教视音调与旋律为辅助诵经的工具与手段，因此借"此土宫商"改造为用。在天竺（印度）之时梵呗可入教为用，在中土必寻与之相应者，当然只能是"为用"的意义，如此对于守戒、"受戒"之僧尼讲来以音声论为宜。

---

① 翦伯赞.《秦汉史》，转引自张焯撰.《云冈石窟编年史》，文物出版社2006年，第14页。
② （南朝梁）释慧皎撰、汤用彤校注.《高僧传·卷1·魏吴建业建初寺支谦》，中华书局1992年，第15页。
③ 王昆吾，何剑平.《汉文佛经中的音乐史料》，巴蜀书社2002年，第588~589页。
④ （南朝梁）释慧皎撰，汤用彤校注.《高僧传》，中华书局1992年，第507页。
⑤ 同④，第141页。

佛教之于中土除音声诵经为用的改造还有音声供养层面。以音声供养浮图是为必须，佛教甚至规定了哪些浮图能够享有音声供养。作为佛教如果缺失了音声供养显然不够全面整体。这音声供养分为两类，一是僧尼以佛经歌赞供养，一是信众将世俗间最为美好的乐舞形态带至寺院对浮图唱奏以为供养。乐舞是为社会上广泛传播者，乐器亦属所在地之常规，佛教戒律规制僧尼与俗人用乐行为：

> 昙柯迦罗，此云法时，本中天竺人，……诵大、小乘经，及诸部毗尼。常贵游化，不乐专守。以魏嘉平中，来至洛阳。于时魏境虽有佛法，而道风讹替，亦有众僧未禀归戒，正以剪落殊俗耳。设复斋忏，事法祠祀。迦罗既至，大行佛法。时有诸僧共请迦罗译出戒律，迦罗以律部曲制，文言繁广，佛教未昌，必不承用。乃译出《僧祇戒心》，止备朝夕。更请梵僧立羯磨法受戒。中夏戒律，始自于此[①]。

250年（魏嘉平二年），佛教戒律经卷首入中土。其后佛教戒律得到全面展示，所谓《四分律》《弥沙塞和醯五分律》《十诵律》《根本说一切有部毗奈耶》《中阿含经》等系列涉及佛教戒律经卷的译出，使得中土之佛教在戒律之规范下前行。

> 宝谓七宝。宝类者，谓诸兵器弓刀之属，及音乐具鼓笛之流。自捉使人及以结罪，广如上说。……若捉琵琶等诸杂乐具有弦柱者，便得堕罪；无弦恶作。乃至竹筒作一弦琴，执亦恶作。若诸蠡贝是堪吹者，捉得堕罪；不堪吹者，恶作。诸鼓乐具，堪与不堪，得罪重轻亦同此说[②]。

> 阿难，难提波罗陶师，离歌舞倡伎及往观听，断歌舞倡伎及往观听。彼于歌舞倡伎及往观听，净除其心[③]。

> 在完备的佛教戒律基础上，唐代国家律典依佛教理念针对释教中人立规：（若僧尼）作音乐、博戏，毁骂三纲、凌突长宿者，皆苦役也"[④]。

既然佛教戒律不允许僧尼动乐，甚至乐器等都"不得捉"，那么，僧尼之音声供养只限于歌赞与梵呗等层面，在严格戒律规范下若说持乐器和乐舞的伎乐供养由僧尼所掌显然不合情理。辨析佛教入中土音声之改梵为秦应该考量三个层面：佛经内容自身，唱诵经卷音声以及供养之音声。这样考量是因戒律前提之下佛教整体传入。至于伎乐供养所涉及人群承载我们将在下面讨论。

三、"改梵为鲜卑"和寺院经济一体化中的昙曜

佛教在中土传播的第一个高峰期在两晋和南北朝，受统治者青睐佛教传播方比较迅猛，但也有必须面对的矛盾，即儒、释、道三者的角力。

中国在不同历史阶段形成了多个不同民族的政权，但经历了西周、东周乃至汉代，周公以来所制定的具有等级观念的礼制文化已然具有国家文化基因的意义。历朝历代统治者治国平天下以此为本，加之中土产生了具有全国性影响的道教，所以，佛教作为一种外来宗教，在进入中土两千年的传播过程中可谓历尽

---

① （南朝梁）慧皎撰，汤用彤校注.《高僧传·卷一·魏洛阳昙柯迦罗》，中华书局1992年，第12~13页。
② 王昆吾，何剑平.《汉文佛经中的音乐史料》，巴蜀书社2002年，第235页。
③ 同②，第237页。
④ 《唐六典·卷四》，近卫公府藏版，昭和十年京都帝国大学文学部印。

沧桑，得失于盛衰之间。

平城时期，是指 398 年（北魏天兴元年）到 497 年（北魏太和二十一年）鲜卑拓跋由盛乐移都至此（当今大同）作为北魏都城的一段时间。《魏书·太祖纪》载：

（398 年）十一月辛亥，诏尚书吏部郎中邓渊典官制，立爵品，定律吕，协音乐；仪曹郎中董谧撰郊庙、社稷、朝觐、飨宴之仪；三公郎中王德定律令，申科禁；太史令晁崇造浑仪，考天象；吏部尚书崔玄伯总而裁之[①]。

（463 年）十二月辛丑，诏曰："各位不同，礼亦异数，所以殊等级，示轨仪。今丧葬嫁娶，大礼未备，贵势豪富，越度奢靡，非所谓式昭典宪者也。有司可为之条格，使贵贱有章，上下咸序，著之于令。[②]"

城西有祠天坛，立四十九木人，长丈许，白帻、练裙、马尾被、立坛上，常以四月四日杀牛马祭祀，盛陈卤簿，边坛奔驰奏伎为乐[③]。

少数民族政权入主中原，礼乐制度理念必得"正统"意义的沿袭。虽用乐会掺进本民族所谓"土风"，但从形式上讲一定是要符合制度。《隋书·音乐志中》引北齐祖珽言：

魏氏来自云、朔，肇有诸华、乐操土风，未移其俗。至道武帝皇始元年，破慕容宝于中山，获晋乐器，不知采用，皆委弃之。天兴初，吏部郎邓彦海，奏上庙乐，创制宫悬，而钟管不备。乐章既缺，杂以《簸逻回歌》。初用八佾，作《皇始》之舞。至太武帝平河西，得沮渠蒙逊之伎，宾嘉大礼，皆杂用焉。此声所兴，盖苻坚之末，吕光出平西域，得胡戎之乐，因又改变，杂以秦声，所谓《秦汉乐》也[④]。

《通鉴》亦云：魏入中国以来，虽颇用古礼祀天地、宗庙、百神，而犹循其旧俗，所祀胡神甚众。崔浩请存合于祀典者五十七所，其余重复及小神悉罢之。魏主从之[⑤]。

初，魏世祖克统万及姑臧，获雅乐器服工人，并存之。其后累朝无留意者，乐工浸尽，音制多亡。高祖始命有司访民间晓音律者议定雅乐，当时无能知者。然金、石羽旄之饰，稍壮丽于往时矣。辛亥，诏简置乐官，使修其职；又命中书监高闾参定[⑥]。

如此，北魏从不解中逐渐认知中原理念中作为皇权象征的宫悬、八佾，到胡戎之乐融入《皇始》乐舞，内容属于胡汉交融，但要吸收、依凭中原之传统的意义展现。这种理念的延续还可见《周书》相关记述：

573 年（北周建德二年）十二月癸巳，集群臣及沙门、道士等，帝升高座，辨释三教先后，以儒教为先，道教为次，佛教为后[⑦]。

中土之道教在此时已经相当成熟，虽然炼丹之术并未给统治者带来长生，但在得道成仙之欲望的驱使下，

① （北齐）魏收.《魏书·卷 2·太祖纪》，中华书局 1974 年，第 33 页。
② （北齐）魏收.《魏书·卷 5·高宗纪》，中华书局 1974 年，第 122 页。
③ （梁）萧子显.《南齐书·卷 57·魏虏》，中华书局 1972 年，第 985 页。
④ （唐）魏徵等.《隋书·音乐志中》，中华书局 1973 年，第 313 页。
⑤ （宋）司马光.《资治通鉴·卷 124》，中华书局 1956 年，第 3906 页。
⑥ （宋）司马光.《资治通鉴·卷 137》，中华书局 1956 年，第 4315~4316 页。
⑦ （唐）令狐德棻等.《周书·卷 5·武帝纪上》，中华书局 1971 年，第 83 页。

不同时期统治者之笃信为其推波助澜：

> 太祖好老子之言，诵咏不倦。天兴中，仪曹郎董谧因献《服食仙经》数十篇。于是置仙人博士，立仙坊，煮炼百药，封西山以供其薪蒸。令死罪者试服之，非其本心，多死无验。太祖犹将修焉[①]。

虽然在盛乐时期佛教即有传入，但拓跋珪初入平城之时佛道兼顾。鸠摩罗什在晋时所传释教，不能不对北魏产生影响。当"太宗践位，遵太祖之业，亦好黄老，又崇佛法，京邑四方，建立图像，仍令沙门敷导民俗"[②]。统治者之喜好在佛道间，以礼制为统的状况一直延续。佛、道两家由此亦在博弈中。统治者偏好一方，另一方则有劫难，北魏太平真君七年（446）的太武灭佛即是例证：三月，诏诸州坑沙门，毁诸佛像[③]。……有司宣告征镇诸军、刺史，诸有佛图、形象及胡经，尽皆击破焚烧，沙门无少长悉坑之[④]。这场浩劫延续数载，直至高宗文成帝复法，方使得佛教在恢复中逐渐进入一个新的高潮：

> 高宗践极，下诏曰："夫为帝王者，必祗奉明灵，彰显仁道。其能惠著生民，济益群品者，虽在古昔，犹序其风烈。是以《春秋》嘉崇明之礼，祭典载功施之族。况释迦如来功济大千，惠流尘境，等生死者叹其达观，览文义者贵其妙明，助王政之禁律，益仁智之善性，排斥群邪，开演正觉。故前代以来，莫不崇尚，亦我国家常所尊事也"……天下承风，朝不及夕，往时所毁图寺，仍还修矣。佛像经论，皆复得显……是年（452年），诏有司为石像，令如帝身[⑤]。

佛教传播要从教义核心内容之经文到系列佛教仪轨体现全面受容，培养信众"益仁智之善性"的理念，把握佛教内涵是为根本。与中原有所不同在于，要使得佛教被接受，当然要能够让鲜卑人明了，毕竟统治阶层属于鲜卑族。这种状况在佛教发展过程中客观存在，诸如藏传佛教要以藏语改造，佛教进入韩国、日本也要以当地语言改造一样，所谓"改梵为秦"泛指中国，但佛教要被平城的统治者所钟好，一定要从多方面显现"改梵为鲜卑"的样态。那么，这里所指"改梵为鲜卑"究竟体现在哪些层面，平城时期又有哪些措施对佛教在中土之传播产生了决定性的影响呢？

佛教进入中土的数百年间，在改梵为秦中所谓"金言有译"，从口译到书写于纸质传媒，应以汉字为主，在平城时期的佛教经卷应为汉语。但传教非仅为译经，在平城这种"胡汉杂居"之地，这佛经既要被熟悉汉语的民众把握，又要能够被鲜卑人所理解，这就有将佛经与鲜卑语言结合的问题。

从国家意义上来讲，统治者会巧妙地将帝身与佛教联系在一起，"是年，诏有司为石像，令如帝身"[⑥]，这反映了统治者造石窟寺的心态，还是要使得佛教为"我"所用，这在某种意义上也是一种改梵为秦：初，法果每言，太祖明叡好道，即是当今如来，沙门宜应尽礼，遂常致拜。谓人曰："能鸿道者人主也，我非拜天子，乃是礼佛耳"[⑦]。统治者以这样的心态来崇佛礼佛，而僧尼也将礼佛与参拜明君联系起来，如此方

① （北齐）魏收.《魏书·释老志》，中华书局 1974 年，第 3049 页。

② 同①，第 3030 页。

③ （北齐）魏收.《魏书·卷 4·世祖纪下》，中华书局 1974 年，第 100 页。

④ （北齐）魏收.《魏书·释老志》，中华书局 1974 年，第 3035 页。

⑤ 同④，第 3035~3036 页。

⑥ 同④，第 3036 页。

⑦ 同④，第 3031 页。

有这样的表述。佛教进入中土，我们既要把握华夏文化整体，又要考量不同区域的差异性，特别是作为外来宗教在接受过程中最大限度地为用，北魏时期对佛教的接受与改造应是"改梵为鲜卑"，这还是因为鲜卑与中原之差异。

> "北狄乐皆马上之声，自汉后以为鼓吹，亦军中乐，马上奏之，故隶鼓吹署。后魏乐府初有《北歌》，亦曰《真人歌》，都代时，命宫人朝夕歌之。周、隋始以西凉乐杂奏。至唐存者五十三章，而名可解者六章而已。一曰《慕容可汗》。二曰《吐谷浑》，三曰《部落稽》，四曰《钜鹿公主》，五曰《白净王》，六曰《太子企喻》也。其余辞多可汗之称，盖燕、魏之际鲜卑歌也。隋鼓吹有其曲而不同。贞观中，将军侯贵昌，并州人，世传北歌，诏隶太乐，然译者不能通，岁久不可辨矣"[①]。

唐代上述记载反映出这样一个基本事实，即在短短的一两百年间，北朝后魏时期的乐章虽经口传心授还有活态，但其歌词竟然不为时人所解，这就是鲜卑语与中原话语的差异性所在。这使我想起前些年在内蒙古一座藏传佛教寺庙所见蒙古族僧人诵经用藏语，其所念诵自己也不了然，如此只能在寺院中以为功课，却无法实现向社会传播教义的情状。

佛教需要传播，一般信众若要把握教义更多靠僧侣口传，还是音声入耳。改梵为鲜卑，这音声之音调和旋律当然要与鲜卑语结合。伎乐供养要用当地"俗乐"——鲜卑和当地人所承载的区域音乐以供养佛图。这种改梵为鲜卑涵盖了几乎所有层面，学者们对服饰、雕塑风格的区域特征多有探讨。总之，一切都要打上"鲜卑"印记。北朝时期对佛教产生整体影响的举措的确值得辨析，最主要者应是昙曜与魏文成帝和孝文帝之间为了佛教长期发展互动所采取的相关措施，涉及在佛教戒律把握下将西域佛教供养引入中土改梵为鲜卑过程中的新变化。

我曾经从音声视角切入探讨了中土佛教"寺院经济一体化"[②]的道路，西域一些信仰佛教的国家属政教合一，国家规定由所在地民众供养寺院，从而保障僧尼持戒修行前提下为社会提供宗教服务。《大唐西域记》有云：（羯）若鞠阇阇国曲水城石精舍南不远，有日天祠。祠南不远，有大自在天祠。并莹青石，俱穷雕刻，规摹度量，同佛精舍。各有千户，充其洒扫。鼓乐弦歌，不舍昼夜[③]。佛教来到中土，虽然某些统治者对佛教有偏好，但毕竟中土有儒学与道教，所以佛教在这种兴与灭的博弈中艰难前行。就是在魏太武灭佛以及文成帝复法的过程中，一个在北魏乃至整个中国佛教史上都有重要贡献的沙门昙曜出场了。他在文成帝和孝文帝时期被封为沙门统，这位高僧总结佛教在中土与社会之矛盾性，要想让僧侣持戒修行必须探寻一条相对独立的道路。由于昙曜的建议为皇帝采纳，佛教在北朝至少有百年相对良性前行，在某种意义上也影响了该时段乃至其后相当长时间佛教在中土的整体发展。《魏书·释老志》云：

> （446年）先是，沙门昙曜有操尚，又为恭宗所知礼。佛法之灭，沙门多以余能自效，还俗求见。曜誓欲守死，恭宗亲加劝喻，至于再三，不得已，乃止。密持法服、器物，不暂离身，闻者叹重之。[④]

> （469年）初昙曜以复佛法之明年，自中山被命赴京，值帝出，见于路，御马前衔曜衣，时

① （宋）欧阳修，宋祁.《新唐书·礼乐十二》，中华书局1975年，第479页。
② 参见项阳.《北周灭佛后遗症：再论音声供养与音声法事的合一》，《文艺研究》2007年第10期。
③ 王昆吾，何剑平.《汉文佛经中的音乐史料》，巴蜀书社2002年，第571页。
④ （北齐）魏收.《魏书·释老志》，中华书局1974年，第3035页。

以为马识善人。帝后奉以师礼。昙曜白帝，于京城西武州塞，凿山石壁，开窟五所，镌建佛像各一。高者七十尺，次六十尺，雕饰奇伟，冠于一世。昙曜奏：平齐户及诸民，有能岁输谷六十斛入僧曹者，即为"僧祇户"，粟为"僧祇粟"，至于俭岁，赈给饥民。又请民犯重罪及官奴以为"佛图户"，以供诸寺扫洒，岁兼营田输粟。高宗并许之。于是僧祇户、粟及寺户，遍于州镇矣。昙曜又与天竺沙门常那邪舍等，译出新经十四部。又有沙门道进、僧超、法存等，并有名于时，演唱诸异[①]。

沙门统昙曜，昔于承明元年，奏凉州军户赵苟子等二百家为僧祇户，立课积粟，拟济饥年，不限道俗，皆以拯施[②]。

《魏书·释老志》中没有记录昙曜大师来自何地、生卒年月，但应为外来高僧。他在逆境中能够坚守操尚，从而得到僧侣们的爱戴。大师在文成帝复法之后应诏自中山到京，帝奉以师礼，由是开创了平城佛教的新阶段。昙曜深明佛教东来发展过程中的种种艰辛，思考如何健康发展，如此建言从国家意义上设置这两种人户以为戒律下佛教生存之保障，这就是所谓"寺院经济一体化"的道路。先是将凉州俘虏的"军户"转为僧祇户，进而奏请输六十斛入僧曹者为僧祇户，再奏请将罪犯和官奴为佛图户，做佛教戒律约束下僧尼不能为的事情，如此保障僧尼持戒修行。这种做法随即遍于州镇，成为全国性制度。依附于寺院而生存的佛图户或称寺户，所言为洒扫，但我们有理由相信在寺院经济一体化保障僧尼持戒修行的情状下，这种人户为寺院全方位服务，即他们也承担了实时伎乐供养之类的事物。我们可以从敦煌卷子和破历中把握这一点。虽然敦煌卷子和破历记录的时代在唐、五代，考虑到这些区域距中原较远，北周及唐会昌灭佛可能没有更多波及，因此能够一直延续这种寺院依附人口的样态。

《吐蕃酉年（841）正月沙州乐人奉仙等牒［并荣照判辞］》（P.3730）

1. 牒：奉仙等，虽霑乐人，八音未辨。常蒙抚恤，频受赏荣。

2. 突课差科，优矜至甚。在身所解，不敢隐欺。自恨德薄。

3. 无能，不升（胜）褒荐，数朝惶怖。希其重科，免有悚遗，

4. 却加重赏。奉仙等四人，弟子七人，中心忻喜，贵。

5. 荷非常。所赐赏劳，对何司取？请处分。谨牒。

6. 酉年正月日奉仙等谨牒。

7. 检习博士卿卿、奉仙、君君、荣荣，已上四人，各赏绢。

8. 一匹；太平已下，弟子七人，各赏布一匹。付瓢司。

9. 依老宿商量，断割支给分付。二十日荣照。

作判的荣照，是当时敦煌的最高僧官。"博士"是唐代对技艺人的俗称，"检习"是"教习弟子"之意。由于奉仙等乐人演出成功，僧司特予"优矜"突课、差科。"突课"是地租，"差科"是力役。这一事实，揭示奉仙等人的"正业"，乃是承担突课差科的寺领劳动者，兼业乐人。前揭隋京清禅寺选20名净人"学鼓舞"，"鼓舞"即"乐人"和"音声人"。京寺选取"净人"学"鼓舞"，表明佛寺"乐人"有来自寺领贱口的。吐蕃占领敦煌时期，寺领土地上的主要劳动者是"寺

---

① 转引自张焯.《云冈石窟编年史》，文物出版社2006年，第106页。

② 王昆吾，何剑平.《汉文佛经中的音乐史料》，巴蜀书社2002年，第3042页。

户"。他们向寺院交纳地租，承担力役。奉仙等乐人的身份，大约属于"寺户"贱口。所谓"优矜"，其实是以他们的演奏服务，抵充突课和差科。

敦煌写本中的寺院"音声"，见于唐末五代诸寺《入破历》，即佛寺的支出账簿。如：

某寺，月日不详："（付）音声麦粟二斗。"（S.4705）

报恩寺，正月二日："麦一十石，（付）某音声。"（S.6064）

某寺，正月一日："油叁升，梁户局席，赏音声用。"（P.3490）

另件《某寺面破历》（P.4542）中，正月有四天、二月有一天，各支出一笔粮，均写作"充与音声"，合计给粟一石七斗、麦七斗。这些所谓"付音声""充音声"的支出，时间都在大岁日（夏历正月一日）之际。上件敦煌都司赏乐人奉仙等，也在正月。可见敦煌诸寺及都僧统司"赏"的粮油，都是为新年期间，音声在诸寺及都司演出歌舞给予的奖赏。"梁户"是寺院依附人户之一，供应寺院用油。所谓"梁户局席"，可能指该寺的新年宴席由梁户承办，音声则在宴席之间歌舞助兴。

《唐咸通十四年（873）正月四日某寺常住物一伴交历》（P.2613），是新旧直岁转年交接时的寺库清点账簿。有一笔账是："紫檀鼓腔一，在音声。"意为该寺有一付檀木鼓腔（无皮之鼓身），现在音声之手。《某寺入破历计会》（P.2040背面）有笔账："粟一斗，安老富车团，于南沙张音声庄折木用。"车团是专供车役的寺院依附人户，南沙是敦煌一地名。寺院车团到张音声住在的庄子伐木，可知此庄是寺庄，张某是寺院音声人[1]。

张弓先生对敦煌卷子和破历中有关寺户和音声人的辨析的确精到。音声人的概念在唐代凸显，寺院音声人属寺院依附人口，既往学界少有探究音声人这个概念实为遗憾。这种作为寺院依附人口的寺户北周时至少在其所辖区域内几至无存。《法苑珠林》有云：

至建德六年（577），东平齐国（北齐），又殄前代数百年来公私寺塔，扫地除尽。融刮圣容，焚烧经典。州县佛寺出四十千，尽赐王公。三方释子减三百万，还归编户[2]。

我在"北周灭佛后遗症"文中引用王仲荦先生的分析，北周三千万人口中寺院及其依附人口占了三百万，以《法苑珠林》所言，这三百万均被还归编户。应该明了，昙曜奏请获批僧祇户和佛图户的寺院依附人口在诸州县延续了上百年，如此保障北朝佛教徒能够在这种寺院经济一体化情状下持戒修行，这种样态应对当时的中土产生广泛影响，这也就是其后隋统一中国之时还能够承继的道理所在（从北齐等地）。在下以为在百年中，北朝这些依附于寺院的人口其实逐渐明确了分工，从而分离出在寺院专事音声供养的音声人群体。这可以实现佛教在西域所具有的实时伎乐供养形态，是解决整体意义上音声供养最佳方式，也为北朝之外的区域提供范式，毕竟解决了佛教在中土音声供养之矛盾性。这种用罪民、贱民在寺院服务的模式——寺属音声人群体不仅解决了佛教自身需求，甚至反过来影响了世俗社会。这样讲还在于其后音声人的概念问题。

太常音声人依令婚同百姓。其有杂作婚姻者并准良人。其部曲奴婢有犯本条无正文者，依律

[1]　参见张弓.《汉唐佛寺文化史》，中国社会科学出版社 1997 年，第 860~862 页；项阳.《山西乐户研究》，第 107~108 页。

[2]　《法苑珠林·卷 97·感应缘》，转引自张焯.《云冈石窟编年史》，文物出版社 2006 年，第 165 页。

各准良人。如与杂户、官户为婚，并同良人，其官户等为婚之法仍各正之①。

诸丁夫杂匠在役，及工乐杂户亡者（太常音声人亦同），一日笞三十，十日加一等，罪止徒三年。主司不觉亡者，一人笞二十，五人加一等，罪止杖一百。故纵者，各与同罪。疏义曰：丁谓正役夫，谓杂徭及杂色工匠诸司工乐杂户。注云：太常音声人亦同。丁夫杂匠并据在役逃亡工乐以下在家亡者亦是一日笞三十，十日加一等，罪止徒三年。主司谓监，当主司不觉逃亡者，计人数坐之。一人笞二十，五人加一等。四十一人逃亡即至罪止，杖一百。主司故纵者各与逃亡者同罪②。

太常音声人，谓在太常作乐者。元与工乐不殊，俱是配隶之色，不属州县，唯属太常，义宁以来，得于州县附贯，依旧太常上下，别名太常音声③。

唐之盛时，凡乐人、音声人、太常杂户子弟隶太常及鼓吹署，皆番上，总号音声人，至数万人④。

神龙三年八月敕：太常乐鼓吹散乐音声人，并是诸色供奉，乃祭祀陈设，严警卤簿等用，须有矜恤，宜免征徭杂科⑤。

虽然音声之说在中国典籍中早有涉及，但却不似有唐一代成为全国性一类人的指代。在下以为，这音声概念在佛教典籍翻译过程为用还是因为其中性的意义。其实社会上的音声现象也不尽为乐的认知，这大概就是此概念能够为社会重新把握的道理。唐代音声人是宫廷和各级地方官府均有之的专业乐人，他们"俱是配隶之色"，承载官方所用的礼乐与俗乐。音声人成为唐代宫廷和各级地方官府如此身份乐人总称，所谓"总号音声人"。从敦煌卷子和破历来看，这音声人涵盖了寺属音声人。也就是说，在中土既有音声理念的把握下，在佛经翻译中高僧大德们相对严密地把握了音声之中性概念，在戒律规范下，在音声的下一层级类分明确，既有僧尼所用音声，又有居士、白衣、白徒所用音声，后一种音声为用在这一时期改由寺户承载。前者将音声用于诵经及以歌赞等形式供养佛图，后者则为俗人所从事伎乐供养之音声行为，即乐的涵义。在北朝改梵为鲜卑的过程中，昙曜为了保证僧尼能够持戒修行而采取"寺院经济一体化"，其后百余载，佛图户——寺户中分离出专事音声供养之伎乐供养的群体，他们将社会上所用的音声——音乐形态带入寺院中实时供养，这个群体与其后唐代音声人的贱民身份具有一致性。

我们应该关注这样一个事实，中国以专业、贱民、官属乐人为主体的乐户——乐籍制度也是从北朝开始，在其后延续了一千余年对中国音乐文化造成决定性影响。唐代之音声人就是在乐籍的官属乐人。如此一条脉络跃然而出：从北朝佛图户中分项实施，且州县寺院均有存在，在百年间逐渐形成专事音声伎乐供养的贱民团队，这是世俗社会之罪民在寺院服务者。这种为了僧尼持戒修行所专设户籍，在发展中成为一种模式。这个群体从身份上与相同时段所产生的面向官府与社会服务的官属乐人群体是为一类。音声概念在唐代为官方接受的原因很复杂，尚需进一步辨析研讨。但有一点，以宗教与世俗两分的理念来看，当世俗社会中存在礼乐与俗乐类分，这两种用乐显然存在相当差异。如此，将两种用乐统一以音声论更为确切。逞我们

---

① （唐）长孙无忌.《唐律疏义》卷十四·户婚·杂户不得娶良人，光绪十七年春钱塘诸可宝书本。

① （唐）长孙无忌.《唐律疏义》卷二十八·捕亡·丁夫杂匠亡，光绪十七年春钱塘诸可宝书本。

③ （唐）长孙无忌.《唐律疏议》卷三·名例三，光绪十七年春钱塘诸可宝书本。

④ （宋）欧阳修、宋祁.《新唐书》卷二十二·礼乐十二，中华书局1975年，第477页。

⑤ （宋）王溥.《唐会要》卷三十三·散乐，中华书局1955年，第612页。

的想象，这大概是统治者用音声理念来认定有唐一朝官属职业乐人承载的道理所在。其实，唐代世俗社会体制中之音声人只是一种别样称谓，人户还应归于乐籍。这种对官属乐人以音声人相称的现象存在于唐——五代的三百余年间，至宋在官方意义上趋于消解，这种现象真是值得探究。

我在"合一"①一文中探讨了经历数次灭佛之后，当中原区域的寺院只保留了僧尼而少有依附人口为其持戒修行服务之时，僧尼们为了生存探索另一条路，这就是将音声法事与音声供养合一，在面向世俗社会做法事之时采用世俗之乐器、乐曲以法器、法曲相称融入佛教仪式之中，在面向社会服务之时成为取得布施的手段，在没有寺属音声人在场的情状下寺院实时音声供养全部改由僧尼完成。适者生存，毕竟佛教戒律不变，这也就是我们检索《四库全书》难有"艺僧""乐僧"的道理。明明僧尼参与了奏乐，却有实无名，能做不能说，一说便犯戒。以法事、佛事的名义，以音声供养表达更为适宜。当依附于寺院的寺户、奴婢现象逐渐淡化（不是不为，实属统治者不允），当僧尼们缺少经济上的供养，当寺院收入只能维持僧尼生存，当这种音声供养与音声法事合一，却没有世俗群体来专事佛教之音声伎乐供养，佛教戒律在这一层面上有实无名为无奈而权宜的选择。

中原佛教可谓历经磨难，常有所谓外来宗教论出现，不断重击。诸如唐代武德年间傅奕上书攻击佛教：七年，奕上疏请除去佛教，曰：佛在西域，言妖路远，汉译胡书，恣其假托。故使不忠不孝，削发而揖别君亲；游手游食，易服以逃租赋。演其妖书，述其邪法，伪启三涂，谬张六道，恐吓愚夫，诈欺庸品。……至于汉、魏，皆无佛法，君明臣忠，祚长年久②；会昌灭佛（845），所谓"区区西方之教，与我抗衡哉！"，如此"敕祠部检括天下寺及僧尼人数，大凡寺四千六百，兰若四万，僧尼二十六万五百"，"其天下所拆寺四千六百余所，还俗僧尼二十六万五百人，收充两税户，拆招提、兰若四万余所，收膏腴上田数千万顷，收奴婢为两税户十五万人"③。在祠部检括的僧尼全部还俗，寺院皆被拆毁，可谓灭顶之灾。我们看到此间寺院依附人口，寺院经济受到重挫。经历如此折腾，再兴之时，中原佛教少见专门依附群体以为供养，这些寺属音声人的称谓也就趋于消失④。敦煌卷子和破历中所见寺属音声人，或许是远离京师的缘故。

音声人称谓在宋代之后不见踪影，但作为一种专业、贱民、官属乐人制度，所谓乐籍者却一直延续到清代。如此说来，佛教传入中土"改梵为鲜卑"（改梵为秦之一种）中由沙门统昙曜在解决矛盾过程中引发的系列反应，所具内涵应深入辨析。

四、云冈石窟雕塑所见佛教用音声辨析

此次云冈考察与刘勇兄和昆雨兄探讨云冈石窟雕塑中西域乐器缘何而来，确为有意思的话题。首先应把握佛教自身，其次是应搞清楚云冈石窟性质，最后要考量平城作为魏都的地位、大量西域人士通过官方

① 项阳.《北周灭佛后遗症：再论音声供养与音声法事的合一》，刊《文艺研究》2007年第10期。
② （后晋）刘昫.《旧唐书·卷79·傅奕传》，中华书局1973年，第2715页。
③ （后晋）刘昫.《旧唐书·卷18上·武宗纪》，中华书局1973年，第606页。
④ 这种寺院有奴婢的现象其实延续到金代尚存。《金史·卷94·内族襄传》云：章宗初即政，议罢僧道奴婢。太尉克宁奏曰："此盖成俗日久，若遽更之，于人情不安。陛下如恶其数多，宜严立格法，以防滥度，则自少矣。"襄曰："出家之人安用仆隶？乞不问从初如何所得，悉放为良。若寺观物力元系奴婢之数推定者，并合除免。"诏从襄言。由是二税户多为良者。

与民间形式造访此间的意义。

武州塞石窟群是从昙曜到平城之后开凿。昙曜来到平城取代师贤并更名为沙门统，时间为北魏和平元年（460），这是拓跋氏以平城为帝都 62 年之后的事情。既为帝都，平城经过数十年的建设已是中国北方具有相当实力与影响的国际都市，商业活动频繁，各国纷纷派使节造访，在这样的背景下，云冈石窟开始了开凿。

云冈石窟肇于文成帝和平元年（460），终于孝明帝正光五年（524），历时 64 年。……云冈石窟蕴含着丰富的佛教艺术内容，乐舞雕刻即是其中的重要题材内容之一。经调查统计，云冈目前尚有 22 个洞窟雕刻乐器，可辨识者 600 余件，近 30 种。

特别第 12 窟是为"极盛"之典范。第 12 窟共有乐器雕刻 146 件，14 种。窟顶壁衔接处高浮雕六伎乐，均高 1.4 米，雕凿之巨，空前绝后。窟内佛教内容集中表现在对释迦成道的庆贺上，其中隐蕴着深刻的内涵——建立盛世王朝有如佛之成道。窟前室北壁门楣雕刻专门性舞伎群，其中一组舞蹈，伎者举止轻飙，气韵雄放，动作十分连贯，给人以强烈的节奏感。北壁上层天宫伎乐列龛结构宏大，"诸栏楣间，诸女自然执众乐器竞起歌舞"，所雕乐器自西向东为：吹指、齐鼓、排箫、琵琶、横笛、筝、琵琶、筚篥、竖箜篌、卧箜篌、腰鼓、义觜笛、螺、鼓。伎者皆梳高发髻，是汉族形象。

赵昆雨先生对云冈石窟伎乐表现形式的分类如下：天宫伎乐、飞天伎乐、故事图伎乐、化生伎乐、七宝树、幢倒伎乐、龛楣伎乐。他具体分析了佛教对云冈乐舞雕刻的影响，鲜卑乐舞文化遗风在云冈，少数民族乐舞与中原乐舞的融合，云冈晚期音乐舞蹈风格的走向，以及西凉乐对云冈乐舞雕刻的影响[1]，这些认知体现了他长期关注和研究云冈石窟伎乐雕塑的思想结晶。如此众多音乐雕刻，如此丰富的音乐文化内涵真有继续研讨之必要。厘清伎乐雕刻与佛教文化之关联，是我们首先将佛教戒律作为考量选项的重要原因。

作为一种宗教形态，一切违背佛教戒律的行为被视为"非法"应受惩戒。这戒律规定僧尼不得动乐，世俗奏乐僧尼不得驻往观听，何以这"神圣"的佛教洞窟中会如此密集展现乐器以及多种乐舞形态呢？承载者何许人？我们看到，并非仅在云冈，诸如克孜尔、柏孜克里克、敦煌、榆林、麦积山、龙门等石窟都有相当数量乐舞壁画和雕塑，若与佛教戒律相悖何以于佛教洞窟中存在？在我们看来，最为合理的解释洞窟中这些乐舞形态以及乐器统统归于音声伎乐供养，至少在佛教戒律得到严格实施的时段应如此。既然镌刻了可以接受这些供养的尊者之形象，与之相辅相成伎乐供养之存在顺理成章。那些顶着漫漫风沙来到中土的高僧带来佛经以及佛教文化整体理念，其所在国的诸种乐器不应在其行囊之中，这些乐器应该是另有传入的途径。

如果我们能够明确佛教戒律，显然不应认定佛教传入即由高僧将所在国乐器以及音律理论也一并传入者。我们将在佛教戒律的前提下对云冈洞窟中所展现的乐舞、乐器雕塑形象进行宏观把握。我们以为，这乐舞与乐器恰恰是随"世俗间"之交流来到此地，当开凿洞窟之时，在音声伎乐供养理念下，将这些与佛教的氛围有机融为一体。所谓与西域广泛交流应该有战争、礼贡、商旅等多种途径。

当鲜卑拓跋氏从盛乐迁都至平城，在短短的几十年内这里已经成为中国北方重要的政治、经济、文化中心。多国、多地人士纷至沓来，渠道多样。

[1]　项阳、陶正刚.《中国音乐文物大系·山西卷》，大象出版社 2000 年，第 306 页。

战争是文化交流的有效手段。北魏时期太武帝征伐河西，将其俘获的乐舞带回帝京。"《西凉》者，起符氏之末，吕光、沮渠蒙逊等，据有凉州，变龟兹声为之，号为秦汉伎。魏太武既平河西得之，谓之《西凉乐》"。张焯先生据此以为，"北魏平城时代皇家乐舞华戎杂糅，以戎为主"①。

时间岁讨蠕蠕。是秋（449）九月，上复自将征之，所捕虏凡百万余。②

（434）十二月，诏成周公万度归自焉耆西讨龟兹。③征战所获的事例具有相当数量。

礼贡的意义非常重大，特别是一些相对强大政体之间更是不可或缺，且相对频繁。

（449）秋七月，浮图沙国遣使贡献。……十有一月，龟兹、疏勒、破洛那、员阔诸国各遣使朝献。④

（455）夏六月壬戌，诏名皇子曰弘，曲赦京城，改年。……是月，遮逸国遣使朝贡。……冬十月，波斯、疏勒国并遣使朝贡。⑤

（467）九月壬子，高丽、于阗、普岚、粟特国各遣使朝献。

（468）二年春二月癸未，田于西山，亲射虎豹。崔道固及刘彧梁邹戍主、平原太守刘休宾举城降。……夏四月……高丽、库莫奚、契丹、具伏弗、郁羽陵、日连、匹黎尔、叱六手、悉万丹、阿大何、羽真侯、于阗、波斯国各遣使朝献。……十有二月……是月，悉万丹等十余国各遣使朝贡。⑥

（475）夏四月丁丑，龟兹国遣使朝献……秋八月丁卯，高丽、吐谷浑、地豆于诸国遣使朝献。⑦

以上仅引数年记载，其实朝贡、朝献现象一直存在，特别是随北魏之壮大更是如此。

至于商旅带入西域乐器有相关记载："后魏有曹婆罗门，受龟兹琵琶于商人，世传其业，至孙妙达，尤为北齐高洋所重，常自击胡鼓以和之。"⑧婆罗门是为古印度人的祭祀贵族，掌神权、占卜之事，并非就是佛教中人。是否为破落贵族到中土淘金者也未可知。

以上这几种渠道都可以得到西域之乐舞与乐器。其实，隋之七部伎中西域乐部相当数量都是在南北朝、甚至此前渐入中土者。耽于佛教戒律乐舞与乐器不会由僧尼带入，则主要应从魏都的意义上考量。如此，云冈石窟开凿之时这几个先决条件可以解释西域乐舞与乐器的由来。应该提及的是，相当数量来自西域者多为佛教信众，他们明白作为伎乐供养的道理，这个多种缘由来自西域的群体也会带来原住之地的乐器与乐舞。

遵从佛教戒律仪轨，云冈石窟作为国家开凿的佛教洞窟，定然不会越界。佛教洞窟应该是描绘一个理想的佛国世界，讲述佛教最高层级的佛经故事，受世俗人等供养是佛教宣传的境界，这是诸多佛教洞窟中所见乐伎和乐器的主因。供养之内涵丰富，伎乐音声实时供养，主要在于戒律之规僧尼所不能做由世俗人等所为者。

《僧史》卷3《城阙天王》云："帝因敕诸道节度，所在州府于城西北隅，各置天王形象、

① 张焯.《云冈石窟编年史》，文物出版社 2006 年，第 46 页。
② （北齐）魏收.《魏书·卷 105·天象志三》，中华书局 1974 年，第 2406 页。
③ （北齐）魏收.《魏书·世祖纪下》，中华书局 1974 年，第 103 页。
④ 同②，第 103 页。
⑤ （北齐）魏收.《魏书·卷 5·高宗纪》，中华书局 1974 年，第 114~115 页。
⑥ （北齐）魏收.《魏书·卷 6·显祖纪》，中华书局 1974 年，第 128 页。
⑦ （北齐）魏收.《魏书·卷 7·高祖纪上》，中华书局 1974 年，第 141 页。
⑧ （后晋）刘昫.《旧唐书·卷 29·音乐志二》，中华书局 1973 年，第 1069 页。

部从供养。至于佛寺，亦敕别院安置。迄今朔日，州府上香华、食馔，动歌舞，谓之乐天王也。所号毗沙门者，由此天王与于阗国最有因缘，偏多应现于阗国。是毗沙部，故号毗沙门天王，如言于阗国天王也。"①

音声伎乐供养人是追随高僧一起来中土吗？显然不是。这种体现音声伎乐供养意义者不是高僧本人，说不定是自幼受音声伎乐供养熏陶多种身份的西域人士也未可知。既有相关研讨在某种意义上只关注得到高僧自身，而忽略了这种整体意义。

我们注意到，云冈石窟中昙曜五窟所用基本是西域乐器，其后开凿的洞窟则有一定数量的中原乐器与鲜卑乐器融入。这是作为皇家佛教洞窟所展现的示范意义，告知大家西域音声伎乐供养的样态，接下来则显现地方或称区域音乐文化融入的状况。在这样的氛围下，一系列"改梵为鲜卑"的样态持续实施。佛教传播中这种改梵为秦是全方位的，既有佛经译解，改造少不了"此土宫商"融入，这是"就地取材"的意义。拓跋氏家族为使佛教能为鲜卑人所接受，当然要使用鲜卑语以及鲜卑人所用音声。至于供养之乐器及更为广泛意义上的伎乐供养，当然会融入地方特色。作为国际性都市，更是彰显西域、鲜卑和中原三种文化交织的意义。

音声、音声歌赞供养、音声伎乐供养既以辨清，则不能让高僧们冒犯戒之大不韪。如此说佛教高僧将印度伎乐供养之音声（含乐律理论）传入中土有些立不住。音声入耳，持戒勿听勿视。依当下所见，一般乐工很难能够讲出系统乐律理论，而史上熟谙乐律理论的苏祇婆显然不是高僧。西域音乐以何种方式进入中土是值得探讨的问题，往佛教上靠有生拉硬扯之嫌。音乐学界既往对于佛教所用音声的探研，笼统而不分时段、分层次地辨析，忽视佛教戒律是为根本，如此难对佛教洞窟中乐伎形象以及众多乐器之归属深层把握，而以佛教音乐相称，这是音乐学界既有对佛教所用音声（涵盖整体意义）研究中的缺失。如此，佛教源自印度，佛教进入中土则将佛教所在国多层次音声一并传入，所有音声都以音乐论，这样的理念就会畅行无阻，这是问题的症结所在。我们应该审视自己的学术立论，将自己"所居"建立在沙滩上显然不可靠。既然是研究佛教文化，则应以佛教的整体理念来思考，注意中土佛教使用音声理念的层次和时段，研究者应避免那种笼而统之以"世俗"把握佛教音声存在，虽然当下学界在称谓上已经"约定俗成"，但辨清有益。

佛教进入中土印度音声形态一概没有进入？这样认知有从一个极端走向另一个极端之嫌，毕竟早期这些来自天竺以及相近区域的高僧其所用诵经音调（梵呗）就是印度和西域的东西。需要辨析的是，高僧更多是将诵经音调带入，但很难说系统把握印度乐律理论。既然佛教有戒律，让僧侣们冒天下之大不韪精习不得做、不得捉之乐律理论岂非怪哉！

至此，我们所辨析佛教音声在平城的运用有所明晰，佛教传至异地就要与当地音声形态融合。既然我们明确了佛教戒律不允许僧尼动乐，西域之乐律融入中土音乐文化之渠道就应该考虑他途。说到天竺和龟兹乐部，学界总喜欢将其与佛教相联系。我们说，天竺与龟兹之音声形态非佛教专利。云冈石窟的伎乐图像的确为后世研究提供了相当丰富的学术研究空间，但要对其解读，一定要对历史的多个层面有整体把握，不如此则局限尽显。

（原文刊载于《中国音乐》2013 年第 2 期）

---

① 转引自张焯.《云冈石窟编年史》，文物出版社 2006 年，第 202 页。

兜率之约
——从道安弥勒信仰到云冈弥勒塑造

王　恒

兜率（梵名 Tuṣita，巴利 Tusita，藏文 Dgah-idan），佛教天宫之一。意译为"上足""妙足""知足""喜足"等。谓于五欲境，知止满足，为欲界六天中之第四天名。分内、外二院，内院为弥勒菩萨的净土，外院为天人享乐的地方。对弥勒的描述，较有代表性的是鸠摩罗什[①] 所译《大智度论》：

> 过去久远，有佛名弗沙，时有二菩萨：一名释迦牟尼，一名弥勒。弗沙佛欲观释迦牟尼菩萨心纯淑未，即观见之，知其心未纯淑。而诸弟子心皆纯淑。又弥勒菩萨心已纯淑，而弟子未纯淑。是时弗沙佛，如是思惟，一人之心，易可速化，众人之心，难可疾治。如是思惟竟，弗沙佛欲使释迦牟尼菩萨疾得成佛，上雪山上于宝窟中入火定……

佛经说，弥勒"生于兜率天内院。彼经四千岁（即人中五十六亿七千岁）下生人间，于华林园龙华树下成正觉，初过去之弥勒，值佛而修得慈心三味，……"[②] 所以，弥勒就是兜率天弥勒净土的弥勒。不仅弥勒净土是佛教信仰者（在家或出家的人们）向往的地方，而且弥勒也能为人们带来幸福的生活。弥勒的下世，可以使"一种七收""雨润和适"。[③] 因而人们对弥勒的供养非常重视。很多经论中都把弥勒当作一个菩萨，而且是一个"功行满足，位登十地"[④] 的正觉菩萨[⑤]，正觉菩萨与佛非常接近，一转就成佛了，因此，也被称为未来弥勒佛。

佛教认为，弥勒在兜率天宫时的活动为上生，在娑婆[⑥] 世界的活动为下生。因此，弥勒信徒们希望能死后往生兜率天宫，与弥勒同处一处，将来随弥勒一起下生娑婆世界。

---

① 鸠摩罗什（344-413）。其父名鸠摩罗炎，母名耆婆，属父母名字的合称，汉语的意思为"童寿"。祖籍天竺，母亲为龟兹人，从小出家，先后学过大小乘佛教理论。前秦建元十八年（382），符坚派部将吕光率兵伐龟兹，临行前嘱吕设法带回罗什。384 年吕光破龟兹获罗什。但回来途中听说符坚败亡，故占据凉州以为王。鸠摩罗什在凉州居 16 年。401 年（弘始三年）后秦军攻后凉，于是罗什被姚兴请到长安，开始佛经翻译事业。从弘始三年到十五年（401-413）罗什去世前的十余年间，他与弟子等共译大小乘经律论 35 部 294 卷。

② 丁福保.《佛学大辞典》第 1384 页"弥勒"条，文物出版社 1984 年版。

③ （后秦）鸠摩罗什译.《佛说弥勒下生成佛经》。

④ 宋天竺三藏求那跋陀罗译.《过去现在因果经·卷第一》。

⑤ 正觉菩萨，即"正等正觉"菩萨。"等"即是等于佛，还没成佛；对宇宙人生的看法、想法，与诸佛如来非常接近，所以称之为"正等正觉"。弥勒菩萨，文殊、普贤二菩萨，观世音、大势至二菩萨等均为正觉菩萨。尤其是弥勒菩萨，是为未来佛，亦常称为弥勒佛。因此在佛教艺术的塑造中，多将正觉菩萨塑造的与佛像一样庄重。云冈石窟中许多交脚弥勒菩萨像，如第 13 窟和 17 窟主像，第 6 窟中心塔柱东面下垂交脚菩萨等，不仅装饰了与佛像同样的头光、身光等背光光芒，其周边的胁侍供养者亦与佛像一致。

⑥ "娑婆"是梵语的音译，也译作"索诃""娑河"等，意为"堪忍"。根据佛教的说法，人们所在的"大千世界"被称为"娑婆世界"，教主即释迦牟尼佛。娑婆世界为释迦牟尼佛教化的世界。此界众生安于十恶，堪于忍受诸苦恼而不肯出离，为三恶五趣杂会之所。

一、佛教弥勒信仰渊源与道安弥勒信仰

弥勒信仰是在两晋时期随着弥勒经典的译出而开始流行，自从西晋竺法护①译出《弥勒下生经》后，鸠摩罗什、沮渠京声②等相继译出多种弥勒经典，于是便逐渐出现弥勒的信仰者。根据目前的资料，汉地最早的弥勒信仰者应该是生活并活跃在公元 4 世纪佛教界的释道安③了。

梁慧皎④《道安传》曰："安每与弟子法遇等于弥勒前立誓愿生兜率。"《竺僧辅⑤传》曰："后憩荆州上明寺，单蔬自节，礼忏翘勤，誓生兜率。"《昙戒传》⑥曰：

> 后笃疾，常诵弥勒佛名，不辍口。弟子智生侍疾，问何不愿生安养。戒曰："吾与和尚等八人同愿生兜率，和尚及道愿等皆已往生，吾未得去，是故有愿耳。"言毕，即有光照于身，容貌更悦，遂奄尔迁化，春秋七十，仍葬安公墓右。道安与僧辅、法遇、昙戒、道愿等八人，立誓往生兜率，必在襄阳。盖法遇于符秦取襄阳，即与其师别也。

鉴于释道安在中国佛教史中的重要地位，现代国学大师汤用彤⑦先生在其著作《汉魏两晋南北朝佛教史》中，设专章⑧予以介绍，更由于道安突出的弥勒信仰，特在该"释道安"章下设"弥勒净土之信仰"之一节。文中，汤先生引经据典遍数道安弥勒信仰之言行：

（一）发表誓言。

据《高僧传》，道安第一次所读之经为《辩意经》。而现存之北魏法场译之《辩意长者经》之末，有

---

① 竺法护，又称昙摩罗刹（梵 Dharmaraksa），月氏人，世居敦煌郡，8 岁出家，礼印度高僧为师，随师姓"竺"，具有过目不忘的能力，读经能日诵万言。为了立志求学，不辞辛劳，万里寻师，不但精通六经，且涉猎百家之说。

② 沮渠京声：（？ -464），世称安阳侯。先祖为甘肃天水临城县胡人（匈奴族）。幼时即受五戒，锐志于内典之研究。凡所读经，皆能背诵。少年时代曾西度流沙至于阗，于衢摩帝大寺巧遇印度著名学者佛陀斯那，并向其请教义义，受《禅要秘密治病经》。后东还至高昌，得《观世音》《弥勒》二观经各一卷。回到河西之后，即译出《禅要》。数年后，北魏拓跋焘攻灭凉州，沮渠京声南奔于刘宋，"晦志卑身，不交世务。常游止塔寺，以居士自毕"。他初出《弥勒》《观世音》二观经、丹阳尹孟顗见之，称善。及与相见，即雅崇爱。乃设供馔，厚相优赡。后有竹林寺比丘尼慧浚，闻京声诵禅经，请其翻译。沮渠京声仅以十七日，即出五卷。后又在钟山定林上寺出《佛母泥洹经》一卷。宋大明末年（464），遭疾而卒。

③ 释道安（312-385），东晋、前秦时高僧，翻译家。本姓卫，常山抚柳（河北冀州）人。十二岁出家，受"具足戒"（僧侣的最高戒律）后，24 岁至邺城（河北临漳县），成为佛图澄的弟子。佛图澄死后，道安因避战乱，颠沛流离于冀、晋、豫一带，后在襄阳、长安等地总结了汉代以来流行的佛教学说，整理了新译旧译的经典，编纂目录，确立戒规，主张僧侣以"释"为姓。培养了慧远、慧持等高僧。

④ （南朝梁）慧皎（497~554），南朝梁时僧人，佛教史学家。会稽上虞（今属浙江）人。出家后博通内外学及佛教经律。住会稽嘉祥寺，春夏讲经传法，秋冬专心著述，撰《涅槃义疏》10 卷、《梵网经疏》3 卷行世（今已佚）。曾住会稽宏普寺博览该寺藏书。因对梁僧宝唱所撰《名僧传》不满，遂集前人资料，依据史籍、地志、僧传等，采各家之长，于梁天监十八年（519）撰成《高僧传》（《梁高僧传》，简称《梁传》《皎传》），14 卷，记汉明帝以来 400 余年间数百名僧人传略，为汉传佛教史上第一部较系统的僧传，所创僧传体例为后世所依。承圣二年（553），为避兵乱迁居浔城（今江西九江）。

⑤ 《高僧传》卷五：竺僧辅。邺人也。少持戒行执志贞苦。学通诸论兼善经法。道振伊洛一都宗事。值西晋饥乱。辅与释道安等隐于濩泽。研精辩析洞尽幽微。后憩荆州上明寺。单蔬自节礼忏翘勤。誓生兜率仰瞻慈氏。时琅琊王忱为荆州刺史。藉辅贞素请为戒师。一门宗奉。后未亡二日。忽云明日当去。至于临终妙香满室梵响相系。道俗奔波来者万数。是日后分无疾而化。春秋六十。因葬寺中僧人为起塔。

⑥ 《大正藏》第五十五卷。

⑦ 汤用彤（1893~1964），字锡予，祖籍湖北省黄梅县，生于甘肃省渭源县。中国著名哲学史家、佛教史家，教育家、著名学者。曾任北京大学副校长、校长，中国科学院哲学社会科学部委员。现代中国学术史上会通中西、接通华梵、熔铸古今的国学大师之一。与陈寅恪、吴宓并称"哈佛三杰"。

⑧ 汤用彤 .《汉魏两晋南北朝佛教史》"第八章释道安"，中华书局 1983 年 3 月出版。

弥勒佛授决云云。弥勒受记于释迦，留住为世间决疑[①]。道安每与弟子法遇、道愿、昙戒等于弥勒前立誓愿生兜率。而安公之愿生兜率天宫，目的亦在决疑。故僧睿（安公弟子）《维摩序》有曰："先匠所以辍章遐慨，思决言于弥勒者，良在此也。"

（二）勤勉自觉。

安公《僧迦罗刹经序》文，载僧伽罗刹死后与弥勒大士高谈。其《婆须蜜经序》亦谓婆须蜜集此经已，入三昧定，如弹指顷，神升兜率，与弥勒等集乎一堂。且曰："对扬权智，贤圣默然，洋洋盈耳，不亦悦乎！"而此序中谓入三昧定，神乃升兜率，可见安公之弥勒念佛，仍得禅定原意。虽昙戒死时，口诵弥勒名号不辍，但当时人仍知念佛乃禅之一种。如《广弘明集·僧行篇》载《僧景行状》有曰："初法师入山二年，禅味始具，每敛心入寂，偏见弥勒。"《高僧传》载智严以事问天竺罗汉，"罗汉不能判决，乃为严入定，往兜率宫谘菩萨（严之师觉贤，亦曾定中往兜率见弥勒）。"而《慧览传》曰："达摩（西域比丘）曾入定，往兜率天，从弥勒受菩萨戒。"又《道安传》中，谓安梦见梵道人，头白眉毛长，语安曰："君所注经，殊合道理。我不得入涅槃，住在西域，当相助弘通，可时设食。"后远公知所见为宾头卢，乃立座饭之，世世成则。传又谓安公将死前十一日，忽有异僧来告其须浴圣僧。安请问来生所住处。彼乃以手虚拨天之西北，即见云开，备睹兜率妙胜之报。此异僧谓即宾头卢。按宾头卢为不入涅槃在世护法之阿罗汉，其性质亦与弥勒菩萨相似也。

（三）翻译经卷

据《乐邦文类》载遵式《往生西方略传序》，称安公有《往生论》六卷，唐怀感亦引及道安《净土论》（但古今目录均未著录））。

……

《弥勒》经典，在安公以前已有译出。据《祐录》，知《安录》载有竺法护译之《弥勒成佛经》《弥勒菩萨本愿经》失译，《弥勒经》《弥勒当来生经》。

（四）制作形象。

苻坚曾送结珠弥勒像至襄阳［《僧传》云，送像五尊。又谓安在襄阳造铜佛像，《广弘明集》载有慧远晋襄阳丈六金像序，疑代安公作。传并言时有一外国铜像，其髻中得舍利。又《珠林·敬佛篇》言，道安造弥陀像一躯，叙事显出附会，不可信。如言像上铭云，太元十九年（394）造。但其时安公已卒于长安矣］。或亦知其特崇弥勒。

---

① 决疑。即解决疑难问题，判断疑案。《左传·桓公十一年》："卜以决疑，不疑何卜？"《鹖冠子·天则》："圣王者有听微决疑之道。"《史记·循吏列传》："公以臣能听察微决疑，故以为理。"司马贞索隐："言能听察微理，以决疑狱。"唐代白居易《答卜者》诗："知君善《易》者，问我决疑不。"明代刘基《郁离子·枸橼》："夫使者所以达主命，释仇讲好，决疑解纷。"汤用彤《汉魏两晋南北朝佛教史》第二十章："嵩在建业，常诣真谛之弟子法泰决疑。"佛教决疑多指弥勒决疑。即许多修佛者，在有佛法疑难问题不能自决时，常于定中上升到兜率天宫向弥勒菩萨请教。

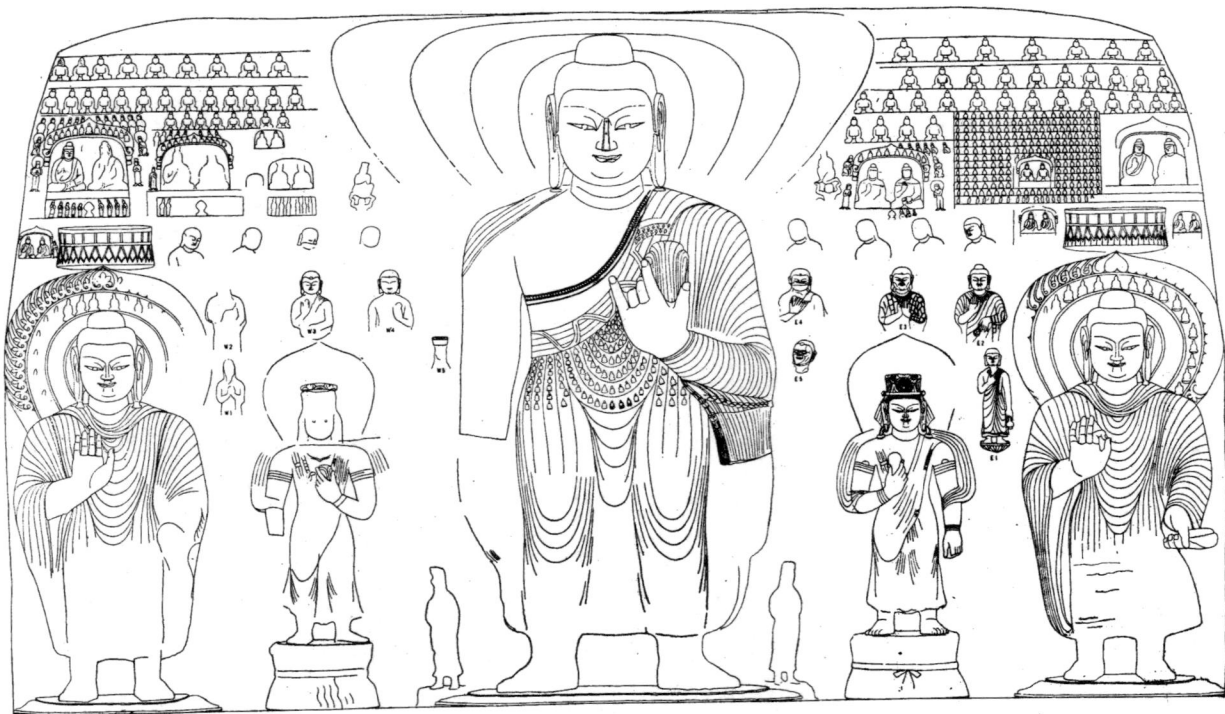

图 1　第 18 窟三世佛

二、北朝社会弥勒信仰及云冈弥勒造像

圣凯法师《论弥勒礼忏仪的演变与发展》[1]一文指出："道安以后，弥勒信仰在中国迅速流行，成为中国早期最为流行的净土法门。同时，在公元 5 世纪北朝的民间社会则开始大量出现了弥勒的造像，'龙华三会'[2]与'忏悔灭罪'是造像题记发愿文中的主题。"这里，不得不明确地指出的是，不仅是民间社会，作为北魏皇家石窟寺院的云冈石窟，亦出现了数量庞大的弥勒造像。初步统计，仅现存的倚坐佛像、交脚佛像和交脚菩萨、思惟菩萨等表示弥勒不同时空形象的造像即达到 792 尊之多。

云冈第 1~20 窟等大型洞窟中，主尊造像为弥勒的有 11 个洞窟，其中 3 组双窟：

（一）第 1、2 窟。主尊为交脚菩萨和交脚佛像。

（二）第 3 窟。主尊交脚弥勒菩萨与善财（弥勒阁楼）。

（三）第 7、8 窟。主尊弥勒三像（交脚弥勒菩萨、倚坐弥勒佛像、舒相弥勒菩萨）。

（四）第 9、10 窟。第 9 窟后室主尊倚坐弥勒佛像；第 9、10 窟前室东西两壁交脚弥勒菩萨与交脚菩萨，北壁交脚菩萨与倚坐弥勒佛像等。

（五）第 12 窟。主尊倚坐弥勒佛像；前室东西两壁的交脚菩萨与思惟菩萨，交脚佛像。

（六）第 13 窟。主尊交脚弥勒菩萨。

（七）第 15 窟。正壁上弥勒，下二佛并坐。

---

①　百度搜索《显密文库·佛教文集》。

②　佛教故事：弥勒菩萨于龙华树下成道的三会说法。又称龙华会、弥勒三会，略称龙华。乃指佛陀入灭后五十六亿七千万年，弥勒菩萨自兜率天下生人间，出家学道，坐于翅头城华林园中龙华树下成正等觉，前后分三次说法。昔时于释迦牟尼佛的教法下未曾得道者，至此会时，以上中下根之别，悉可得道。

1. 第 17 窟主尊交脚弥勒菩萨

2. 第 17 窟主尊交脚弥勒菩萨复原线图

图 2　第 17 窟主尊交脚弥勒菩萨及复原线图

（八）第 17 窟。主尊交脚弥勒菩萨。

此外，西部晚期洞窟中的第 30~2 窟和第 37 窟的北壁盝形龛内，均雕刻交脚弥勒菩萨像。在云冈，弥勒形象有六种形式表现：一是佛像形式。与其他佛像外貌一致，洞窟中主像为三世佛[①]中的一尊为弥勒佛。二是交脚佛像形式。头顶肉髻、穿佛装或头顶肉髻、穿菩萨装。三是交脚菩萨像形式。头顶宝冠、穿菩萨装。四是倚坐佛像形式。五是舒相坐思惟菩萨形式。六是交脚欲起菩萨像形式。

弥勒造像在云冈洞窟中体现一定宗教和艺术意义的安置如下：

图 3a　第 13 窟主像　　　图 3b　第 13 窟南壁七佛

图 3　第 13 窟主像及南壁七佛

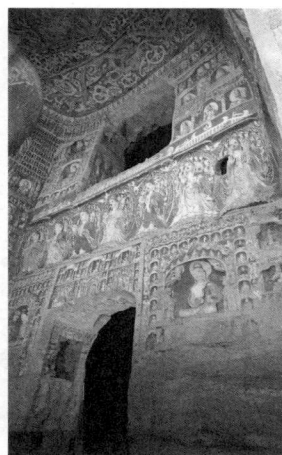

① 三世佛，佛像组合形式之一。丁福保.《佛学大辞典》"三世佛"条："三世者，过去现在未来也。过去佛，为迦叶诸佛；现在佛，为释迦牟尼佛；未来佛，为弥勒诸佛。此即佛经所云三世诸佛也"。"三世佛"题材是云冈石窟表现最多的内容。其中将"三世佛"以三尊并列佛像雕刻在一起的作品，最突出的是大型椭圆形洞窟，如昙曜五窟（除第 16 窟）、第 5 窟等均是以"三世佛"题材为洞窟主要内容。但各座洞窟中所雕刻的"三世佛"，又表现了不同的形式。一是中间坐佛像两侧立佛像形式，第 20 窟和第 5 窟即是这种形式；二是将三尊佛像分别置于主洞窟和两侧耳洞窟的形式，第 19 窟即是这种形式；三是三尊佛像皆为立姿形象的形式，第 18 窟即是这种形式；四是将交脚弥勒作为主尊的形式，第 17 窟即是这种形式。此外，在云冈其他洞窟中，亦有三世佛题材的塑造，有以三世佛为洞窟主像的，亦有一些造像龛为三世佛题材的。

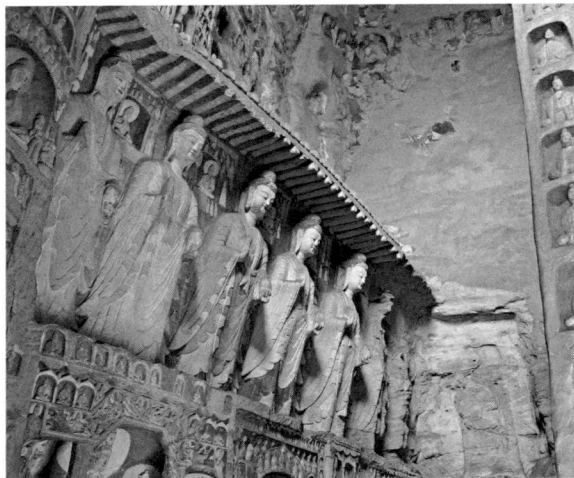

图4　第11窟西壁七佛和北壁已风化弥勒

（一）三世佛中的未来弥勒佛。这种形象多塑造为顶上肉髻的立佛像，其外貌与其他立佛像一致，如第5窟主像三世佛，第6窟北壁下层三世佛，第18窟主像三世佛（图1），第20窟主像三世佛等；

（二）三世佛中的弥勒菩萨。这种形象塑造为头顶宝冠、身着菩萨装的交脚菩萨像，如第17窟的主尊交脚弥勒菩萨像（图2，1、2）；

（三）与七佛像同时出现，并突出表现的弥勒。如第13窟主尊交脚菩萨像（南壁七佛列像，北壁交脚菩萨）（图3，1、2）；

（四）与七佛像并列的弥勒形象。如第11窟西壁瓦垄屋顶下七佛像和北壁弥勒像（图4）（此形象完全风化坍塌，具体形象不明，但与西壁七佛像的位置关系明确，是为弥勒。其创作源泉来自犍陀罗艺术 [①] 中过去七佛与弥勒菩萨图像 [②]）；

（五）在双窟中予以突出表现的弥勒菩萨与弥勒佛像。如第1、2窟北壁主像（第1窟弥勒菩萨，第2窟弥勒佛像），第9、10窟前室东、西两壁（第9窟东壁弥勒菩萨，西壁弥勒佛像。第10窟东壁弥勒佛像，西壁弥勒菩萨）等（图5，1、2）。

（六）交脚弥勒菩萨、倚坐弥勒佛、舒相坐思惟弥勒菩萨同时出现。如第7、8双窟后室北壁上层大龛造像组合（图6），第9、10窟前室东西北三壁的弥勒形象（第9窟北壁窟门两侧为交脚弥勒菩萨，第10窟北壁窟门两侧为

1. 第10窟前室西交脚菩萨

2. 第10窟前室东交脚佛

图5　第10窟前室东西壁交脚佛

倚坐弥勒佛像。双窟前室东、西两壁交脚菩萨两侧的舒相坐思惟菩萨。第12窟前室亦如此）。

---

①　即犍陀罗佛教艺术，佛教艺术流派之一。发祥于印度半岛西北部（今巴基斯坦北部），而这片土地古名犍陀罗，所以后世的考古学家们将该地区出土的佛教艺术品所呈现的一种特殊风格或所代表的一种特殊流派定名为犍陀罗佛教艺术。其基本特征是：采用古希腊、罗马的艺术技巧和艺术形式以宣传印度佛教思想内容。迄今为止，所发现的犍陀罗佛教艺术作品都是雕刻作品。犍陀罗佛教艺术初启于公元前1世纪，发育在公元1世纪，成熟于公元2-3世纪，进化并终结于公元4-5世纪。佛教艺术的研究者普遍认为，佛像最初产生于犍陀罗。这是因为受到希腊罗马自由思想的影响，在希腊罗马早有制作各种神像的传统。犍陀罗佛像的脸型长方，眉与眼距离较近，眼眶微深，半睁或常态，视前下方。额高，眉间有白毫。鼻梁高且直，与眉脊连接，鼻翼较窄。嘴唇轮廓显著，嘴小，嘴角深陷，常有胡须。表情娴静祥和，微有笑意。额中部发际前伸，两鬓有发，由前向后梳理的头发呈波状缕发，晚期亦有其他发型。顶上肉髻于头顶稍前，如同束扎而成。面型倾向欧罗巴人种，后期表情渐入俗套。其他佛教人物的塑造亦与同时期佛像接近。此外，犍陀罗佛教艺术在图像布局、仿建筑雕刻、人物服饰、装饰等方面，均具有明显的欧洲文化风格。

②　国家文物局教育处编.《佛教石窟考古概要》第261页，文物出版社1993年出版。

图6　第7窟后室上层盝形龛

（七）主像交脚、胁侍舒相三弥勒菩萨龛像[1]（图7）。

（八）交脚弥勒与善财童子在弥勒阁楼[2]。存第3窟弥勒洞北壁盝形龛（图8）。

（九）二交脚弥勒菩萨并坐[3]盝形龛形式。存第11窟西壁上层龛像间（图9）。

（十）壁面中与二佛并坐同时出现的交脚菩萨龛像形式。

图7　第5窟南壁西侧三菩萨龛

图8　第3窟弥勒洞主像

图9　第11窟西壁上层二交脚菩萨并坐

① 交脚、思惟三像龛，云冈造像之一种。即交脚菩萨为主像，两侧胁侍为对称形式舒相坐菩萨像的龛式。这种造像组合往往以盝形龛装饰。贯穿了从早期到晚期的整个云冈时代。是为一种强化大乘佛教"弥勒决疑"的造像形式：双手叠压于胸的交脚弥勒菩萨端坐方座上；左侧胁侍菩萨以左手指抚腮，右手抚右腿，左腿垂地作左舒相坐于束帛座上；右侧胁侍菩萨以右手指抚腮，左手抚左腿，右腿垂地做右舒相坐于束帛座上。毫无疑问，中间的交脚菩萨是为弥勒，他已然是住在兜率天宫内院的补处菩萨。两侧的思惟菩萨，亦应是所谓"思惟成佛"的弥勒。

② 弥勒阁楼。佛经记载的"天堂"式建筑。亦即善财童子历经千辛万苦，终于寻到由弥勒"弹指"开启的大阁楼。东晋天竺三藏佛驮跋陀罗所译《大方广佛华严经卷第五十八·入法界品第三十四之十五》曰："……于此南方有一国土名曰海涧，彼有园林，名大庄严藏。于彼林中有大楼观，名严净藏。……彼园中有菩萨摩诃萨，名曰弥勒。"同经卷第五十九《入法界品第三十四之十六》曰："尔时善财童子，敬绕弥勒菩萨，合掌白言：唯愿大圣开楼观门，令我得入。尔时弥勒菩萨，即弹右指，门自然开，善财即入，入已还闭。尔时善财，观察楼观，广大无量犹如虚空。"云冈最大的第3窟应是寓意"弥勒阁楼"形态的洞窟。位于主洞窟外平台顶部平台之中央的矩形"弥勒洞"，洞中正面盝形龛内雕刻了主像交脚菩萨像及其两侧的立姿比丘形象，即是弥勒菩萨和善财童子。此"弥勒洞"尽管单个洞窟规模不是很小（外形高约5.4米，东西宽约8米，南北进深约3.7米，内室空间体积为65.3立方米），但以此洞为中心的整个洞窟，不仅具有双前室空间，还有规模巨大的后室空间；不仅在各前后室开辟了主要空间，还在这些主要空间的两侧开辟了耳道。然而在这整体空间达到约86757.3立方米及其面积巨大的壁面上，则没有看到任何佛教雕刻内容。这一现象正与经文中"广大无量犹如虚空"的意义相吻合。显然，第3窟的开凿状况与华严经叙述的"弥勒阁楼"有着吻合关系：弥勒洞位于由前室顶部构成的平台之上，高高在上。是为"楼观"也。矩形洞中交脚弥勒菩萨端坐其中，身边两侧明显塑造了双手合十的童子形象。善财童子已然进入弥勒阁楼。正所谓"观察楼观，广大无量犹如虚空"也。

③ 二菩萨并坐龛。云冈特殊造像形式。即二位交脚菩萨同坐于一个龛式中的形象。这一造像龛出现在第11窟西壁上层南侧，盝形帷幕龛内，二身交脚菩萨像端坐其中，左侧菩萨双手抱于胸前，作供养手，右侧菩萨右手举于胸。除此手势不同外，其余穿着、装饰均一致：饰圆形头光，戴宝冠，垂宝缯，面相方圆，上身袒裸，下束长裙。两个相同造像于同一龛式中，是云冈"二佛并坐"的常见形式，有其塑造的佛经依据。但将两位交脚菩萨置于同一龛式中，则不见佛经根据。云冈艺术家作此造像，虽然只此一例，但极大地强化了弥勒在佛教中的重要地位，也表达了期盼弥勒早日下世造福人民的愿望。

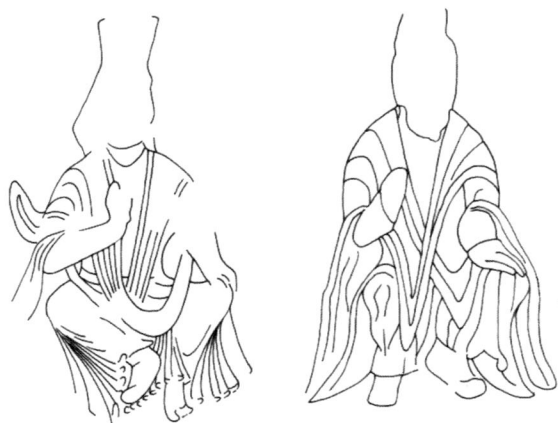

1. 第 18 窟明窗东壁欲起　　　2. 第 33-4 窟上层南侧交　　
弥勒菩萨　　　　　　　　脚欲起弥勒菩萨

图 10　交脚欲起菩萨像形式

（十一）交脚欲起菩萨像形式。往往出现在窟门明窗等接近洞窟外的位置，如第 18 窟明窗东壁南侧和第 33-4 窟东壁南侧的交脚欲起弥勒菩萨等，以表示弥勒即将由兜率天宫下凡成佛救世（图 10，1、2）。

（十二）装饰隆重同佛陀。在云冈，举凡以龛式装饰的弥勒形象，早中期的交脚弥勒形象多以盝形龛装饰。中期以后出现了以屋形龛装饰交脚弥勒的现象①。两种龛式均设计严谨、雕刻华丽、形式多样。同时，弥勒形象多为狮子座②，以象征佛法的强大。其背后光芒，亦非其他菩萨仅雕刻心形头光，而是雕刻了与佛陀形象完全一致的圆形头光和舟形背光，并以化佛、飞天以及莲瓣、火焰等图案隆重装饰（图 11）。此外，还出现了地神③托脚的交脚弥勒（图 12，1、2）。

（十三）弥勒信仰场面。在第 5 窟南壁西侧第四层，三个圆拱坐佛像龛各自下方的铭记位置两侧，塑造了供养人弥勒信仰活动的场面（图 13）。这些由三个纵向长方形铭记位置间隔成四个场面的图像，位居同一个大型叠涩座上。但遗憾的是由于西侧龛式下方被凿坍塌，仅存中间和东侧圆拱龛以下的两个完整场面和西侧的一个不完整场面了。西侧不完整画面可见 4 人；中间的画面雕刻 7 人，其中站立者 3 人，欲交脚者 1 人，逍遥坐摇麈尾者 2 人，升至空中盘腿坐者 1 人；东侧的画面雕刻共 3 人，其中站立者 2 人，交脚者 1 人。

在云冈，造像龛下中间置铭记位置，并将排列整齐的立姿供养人（出资雕刻龛像者）雕刻于两侧的画面随处可见。而这里出现的龛下铭记位置两侧的供养人雕刻，则并非排列整齐的立姿形象，其特点有二：一是横向排列的三个龛式联为一体，并将包括各自下方铭记位置及其两侧的供养人雕刻在内的所有内容，由一个大型叠涩座承托。二是将龛式铭记位置间的邻近空间合并，并打破常规雕刻了姿态不一的供养者，

---

① 盝形、屋形两种龛式的交替时间，虽有以中期最早的第 9 窟出现屋形龛伊始，但却没有明确的时间界限。亦即屋形龛出现后，直至云冈晚期，依旧有大量交脚弥勒像是以盝形龛装饰的。

② 狮子座，佛教艺术造像座之一种。在叠涩座（须弥座）或方形座的两侧各雕刻反顾狮子头的造像座即是狮子座。《智度论》曰："佛为人中狮子"，以示佛的伟大力量和神圣。为了在佛教艺术中体现这一意义，人们就在佛像座的两侧雕刻了狮子的形象。狮子形象是印度早期佛教艺术最突出的、表示佛法可以"威震四方"的象征性雕刻。在云冈，有将狮子形象雕刻在佛像龛下方者，如第 35~1 窟西壁佛龛下二大象以鼻承托"博山炉"的供养形象，双象身后各有雄狮侧卧的形象；也有雕刻在"涅槃像"两侧者，如第 11 窟西壁南侧坐佛圆拱龛下的卧狮形象。其中最大量出现的是将狮子形象雕刻在佛座的两侧，即两只雄狮的头和前爪分别由佛座两侧对称向中心回头相望的形式，这种雕刻形式就被称之为"狮子座"。狮子座在云冈的表现形式大致可以划分为两种，即方座式狮子座和叠涩座（须弥座）式狮子座。一般来讲，狮子座以交脚菩萨龛中最为多见，但由于第 7、8 窟和第 9、10 窟出现了交脚佛像的形式，因而在云冈中晚期洞窟中也往往可以见到交脚佛像坐狮子座的画面。与此同时，云冈的狮子座所雕刻的狮子形象，也表现了不同的形态。有回首狮子形式，如第 9 窟前室北壁窟门东西两侧盝形龛中交脚菩萨所坐狮子座的狮子形象；面向外的侧面狮子形式，如第 7、8 双窟后室东、西两壁第三层外侧的盝形坐佛像龛中的狮子座之狮子形象；须弥座上下层包容狮子形式，如第 13 窟南壁窟门西侧圆拱坐佛像龛狮子座。

③ 地神，大地之神。《周礼·夏官·校人》"凡将事于四海山川"唐贾公彦疏："山川，地神。土色黄，故用黄驹也"。而于佛教，地神，名曰坚牢，女神也。《最胜王经》八曰："此大地神女名曰坚牢"。《诸天传》曰："地祇乃总号。安住不动皆地神故。坚牢乃别名。"此地神意义与夜叉金刚力士同出一辙，因而以此形象托举交脚菩萨及其供养菩萨，成为云冈石窟菩萨造像形式之一种。

以表达供养人的弥勒信仰活动。就画面中供养人的四种不同姿态，我们试做如下分析：1. 在东侧和中间的两个完整画面中，分别出现了一个交脚坐姿人物和一个欲交脚坐的人物，这显然是一种追随式的模仿，模仿弥勒坐姿，以表达自己愿往生兜率并与弥勒同处一处，将来随弥勒一起下生娑婆世界。2. 中间画面中的两个摇麈尾的人，是为要将自己学习佛法以及修行的体会告诉大家，以唤起更多人的佛教弥勒信仰。3. 画面中升至高处的跏趺坐人物，已然往生弥勒净土了。4. 站立的供养人多靠近铭记位置，表达了普通供养人对佛法的敬仰。

图 11　第 9 窟前室北壁西侧交脚弥勒菩萨

（十四）说法手印赋予弥勒。说法，亦即释迦成就佛道后将自己悟得佛教"真谛"传于弟子及众生的举动。由此的重要象征是手印的结法。丁福保《佛学大辞典》总结的三种"说法手印"是：1. 左右手各捻其无名指与拇指之指头，余指舒散，左手仰于心前，右手覆于其上，而勿使相着；2. 捻两手中指与拇指，无名指与头指散而稍曲，使小指直立，横左手按于胸上，竖右手安于乳；3. 捻两手头指与拇指，中、无名、小三指并舒，左手仰掌，安于胸上，以右手腕著于中指等头，以掌向外。以上三种不同结法的说法手印，被次第分为"化报法三身说法之相"。云冈雕刻的说法像很多，但多数说法像均以举伸展之右手于胸，左手掌伸开掌心向外的无畏、与愿手印，亦即无畏与愿说法。应与社会上曾经出现排斥佛法的事件有关。而符合佛教文献说法手印的形象，则仅出现在第 6 窟的弥勒身上，即是中心塔柱东面下层大龛和西壁第三层南起第一龛内的交脚菩萨身上。他们均为左手仰掌，右手覆于其上的说法手印（图 14）。将弥勒说法与娑婆世界的和谐无争结合起来的思想动机，源于人们期盼未来世界的和谐美满。

1. 第 12 窟东壁地神托脚弥勒菩萨　2. 第 5-12 窟东壁地神托脚弥勒菩萨

图 12　地神托脚弥勒菩萨

1. 第 5 窟南壁西侧弥勒信仰图像

图 13　第 5 窟南壁西侧弥勒信仰图像

2. 第 5 窟南壁西侧弥勒信仰图像

图 13　第 5 窟南壁西侧弥勒信仰图像

（十五）菩萨装交脚弥勒佛像（图 15）。是为云冈特殊造像形式，即穿着菩萨服装的佛像。此特殊造像出现在第 5 窟西壁第四层北侧。圆拱龛内一佛二菩萨，主像交脚佛像，左手抚左膝，作降魔印，右手伸展于右胸，作无畏说法印。佛像肉髻高耸，面相饱满方圆，身姿挺拔，上身交叉帔帛之两侧上翘于双臂，下身系长裙，跣脚于狮子座上。此著菩萨装佛像，虽然在云冈只发现一例，但却置于大型洞窟之中，显然有其雕刻依据而不是贸然之作。作为大乘佛教的主角，弥勒是居住在兜率天宫内院的补处菩萨。然而作为未来佛，弥勒的下世，可以使"一种七收""雨润和适"。因此，人们期盼他早日下世成佛救世。为此，在佛教艺术的表现中，虽然弥勒多被塑造为菩萨像，然亦有将其塑造为佛像的。在云冈，就有不少于 10 余处弥勒佛像的出现。但著菩萨装的弥勒佛则只此一例。云冈艺术家将弥勒既是菩萨，又一定是佛的特点，在此交叉而隆重地表现了一番。

图 14　第 6 窟西壁交脚盝形龛

图 15　第 5 窟西壁著菩萨装弥勒佛像

三、云冈弥勒造像之社会含义

弥勒造像及各种信仰画面在云冈的表现，展现了一幅北魏云冈时期弥勒信仰的壮观景象。作为中国第一座大型皇家石窟寺院，在充分表达政治含义的同时，大量出现的弥勒造像，体现了云冈独特的佛教艺术风貌。就弥勒造像的表现而言，不仅出现了依据《观弥勒上生兜率天经》塑造的交脚弥勒菩萨像和思惟菩萨像，根据《弥勒大成佛经》和《弥勒下生经》塑造的弥勒佛像。还出现了弥勒与善财童子在阁楼，二交脚弥勒菩萨并坐盝形龛，著菩萨装的交脚弥勒佛以及交脚欲起弥勒菩萨[①]像等特殊的弥勒形象。不可忽视的是，云冈石窟五组大型双窟（第1、2窟，第3窟，第5、6窟，第7、8窟，第9、10窟）均表达了强烈的弥勒信仰含义。由此，云冈双窟与弥勒信仰的关系问题，亦成为人们进一步探讨的重要内容。以上种种，充分说明北魏云冈时期弥勒信仰的广泛性和普遍性。可从以下两个层面解析说明：

第一．象征皇权永续的弥勒信仰。

众所周知，在以象征五位北魏皇帝[②]著称的昙曜五窟，多以三世佛为主像进行图像表达，三世佛中当然有未来弥勒佛的存在。但特别要指出的是，其中第17窟的三世佛塑造，不是以三尊佛像组成的三世佛，却是以两尊佛像和一尊交脚菩萨组合而成为三世佛，并且将交脚菩萨像塑造为高达15.6米的主尊（见图2），占据洞窟大部空间，突出于中心地位。由此人们推测，此即象征了没有继位当皇帝就因废佛事件[③]就死去的皇太子拓跋晃[④]。如是，这种极具象征意义的安排，就为我们提供了北魏皇室之所以信奉弥勒的重要线索。

---

① 欲起弥勒，云冈特殊造像形式。即交脚菩萨分开双腿即欲起立的形象。此造像出现在第18窟明窗东壁上，这是一个塑造了几个同样龛式主像同为弥勒菩萨的壁面。此一特殊造像位于壁面南侧，由于常年在风吹雨打之中，左侧龛式造像风化严重。三间式盝形龛，左侧梢间已然毁坏，明间左侧亦不完整，主像头部风化，只存高浮雕宝冠及头像轮廓，面部五官风化模糊。菩萨身躯左侧虽风化严重，却可见身姿挺拔，两侧溜肩，双翘角帔帛披上身，下系长裙明显。双手臂部分风化，但见左手臂于左膝，右手迫上举。左、右两下肢稍许分开，左下右上做欲交脚而未交脚状，与周边及云冈大量交脚菩萨姿势形成鲜明的不同。这一特殊形式造像塑造了一个给人以极大的动感的弥勒菩萨，亦即弥勒即要起身离去的形象。显然，这是云冈艺术家的创造，代表了北魏时代佛教意识形态对期盼弥勒下世，带来"一种七收""雨润和适"的幸福。

② 道武帝拓跋珪、明元帝拓跋嗣、太武帝拓跋焘、景慕帝拓跋晃、文成帝拓跋濬。

③ 即太武灭法，指发生于北魏太武帝太平真君七年（446）的灭佛事件。太武帝拓跋焘是为北魏定都平城（大同）后的第三位皇帝。《魏书》记载，在即位之初，他也信仰佛教，在平定凉州后，在迁徙大量人口的同时，亦将凉州地区的佛教僧徒带入京城，使平城佛教很快发展起来。他经常与高德沙门谈论佛经。四月八日佛诞节总是亲临门楼观赏行像仪式，并散花敬意。但与此同时，道士寇谦之通过司徒崔浩接近太武帝，使其逐渐信奉道教。致使太武帝改年号为"太平真君"，并至道坛接受符箓。438年，太武帝下令50岁以下的沙门一律还俗，以充兵役。444年，更下令禁止官民私养沙门。太平真君七年（446），因盖吴之乱太武帝出兵，偶尔在长安一寺院内发现藏有武器、酿具及官民寄存的财物。又有暗室，沙门与贵室女私行淫乱等事。太武帝大怒，认为佛教与盖吴叛乱有关，随"诏诛长安沙门，焚破佛像，敕留台下四方，令一依长安行事"。使"土木宫塔，声教所及，莫不毕毁矣"。但太武灭法活动很快就烟消云散了。"佛沦废终帝世，积七八年。然禁稍宽弛，笃信之家，得密奉事，沙门专至者，犹窃法服诵习焉。"正平二年（452），文成帝拓跋濬继位，改元兴安，即下诏恢复佛法，允"诸州郡县，于众居之所，各听建佛图一区，任其财用，不制会限"。所谓"天下承风，朝不及夕，往时所毁图寺，仍还修矣。佛像经论，皆复得显"（《魏书·释老志》）。"太武灭法"是佛教传入中国后遭受的第一次沉重打击。虽然延续时间不长，且由于太子的暗中阻碍未达目的，但这一行动在中国佛教史上具有重大影响，并且影响了后来的中国佛教发展进程。

④ 拓跋晃（428-451），北魏太武帝拓跋焘的长子，432年被立为皇太子，在他年长后，太武帝经常让他监国视政。拓跋晃尊崇佛教，在446年的"太武灭法"事件中，具有监国职权的拓跋晃极力挽救。《魏书·释老志》："时恭宗为太子监国，素敬佛道。频上表，陈刑杀沙门之滥，又非图像之罪。今罢其道，杜诸寺门，世不修奉，土木丹青，自然毁灭。"并"缓宣诏书"，为复法保存了力量。《魏书·释老志》："恭宗言虽不用，然犹缓宣诏书，远近皆豫闻知，得各为计。四方沙门，多亡匿获免，在京邑者，亦蒙全济。金银宝像及诸经论，大得秘藏。"451年，由于宦官宗爱陷害许多太子宫的属官被杀，拓跋晃惊惧而死，追谥景穆太子。次年，其子文成皇帝拓跋濬即位，追尊拓跋晃为景穆皇帝，庙号恭宗。

大代太和十三年岁
在已巳九月壬寅朔
十九日庚申比丘尼惠
定身遇重患遂发愿造
释迦弥勒多宝弥勒第三
区愿患消除愿现世
安稳戒行猛利道心
日增哲言不退转吹此
造像功德速及七世
父母累叔诸师无边
众生咸同斯庆

图 16　第 17 窟明窗东壁惠定造像组合

　　北魏自太祖拓跋珪① 信仰佛教并建立主管佛教事务的僧官制度② 后，北魏的社会发展稳步前进。无论道武帝"好黄老，颇览佛经"，还是明元帝"又崇佛法，京邑四方，建立图像，仍令沙门敷导民俗"③，佛教均在社会文化发展方面起到润滑剂作用。但在太武帝时期发生灭佛事件不久，由于宦官宗爱陷害许多太子宫的属官被杀，拓跋晃惊惧而死。亦因拓跋焘使用刑罚过于残酷，诛戮太多。正平二年二月被宦官宗爱暗杀。导致北魏皇室发生短期内讧政变④，虽经大臣平息迎来文成帝拓跋濬，但隐隐中的皇室创伤，使文成帝及其北魏政权不得不留恋过去文化建设时期的社会平稳。灭佛事件不仅使佛教受到打击，似乎亦成为北魏政权不稳定的原因了。于是，文成帝即位后，本着以静为治的方针，于兴安元年（452）十二月，下诏解除佛禁，恢复佛法。并允"诸州郡县，于众居之所，各听建佛图一区，任其财用，不制会限"。《释老志》：

　　　　天下承风，朝不及夕，往时所毁图寺，仍还修矣。佛像经论，皆复得显。

　　至此，随着佛教的复兴，佛教艺术以前所未有的规模和速度，在北魏国土上生成壮大。《释老志》：

　　　　是年（452），诏有司为石像，令如帝身。既成，颜上足下，各有黑石，冥同帝体上下黑子。

　　论者以为纯诚所感。

　　显然，这是文成复法之后的第一项佛教建设工程。值得注意的是，此项被记录在案的重要工程的最终作品，既未言及其在平城的位置，亦未言及其形象的性质，佛像乎？菩萨乎？对于现在的我们来说，这大概是一个不大不小的问题了。直到1988年，问题被提出来并做了回答。当年的《中原文物》第1期，发表了陆屼峰、员海瑞《云冈石窟开创问题新探》一文，文章认为，第13窟高达13.5米的主尊交脚菩萨像即是

---

① 拓跋珪（371-409），北魏开国皇帝（386-409在位），鲜卑族人。《魏书·太祖纪》："太祖道武皇帝，讳珪，昭成皇帝（拓跋什翼犍）之嫡孙，献明皇帝（拓跋寔）之子也"。公元376年，前秦灭代国，拓跋珪被母亲贺兰氏携走出逃。九年后的385年，15岁的拓跋珪趁前秦苻坚败亡、北方混乱的机会重兴代国，于386年正月在盛乐即位为王，四月改国号"魏"，是为北魏，建元"登国"。398年，他将国都从盛乐迁到平城（今大同），并自称皇帝。拓跋珪复国当政，积极扩张疆土，戎马一生，并不排斥汉族文化，对佛教有敬意之心。《魏书·释老志》："太祖平中山，经略燕赵，所迳郡国佛寺，见诸沙门、道士，皆致精敬，禁军旅无有所犯。帝好黄老，颇览佛经。"经营平城之时，于"天兴元年（398）……敕有司，于京城建饰容范，修整宫舍，令信向之徒，有所居止。是岁，始作五级佛图、耆阇崛山及须弥山殿，加以缋饰。别构讲堂、禅堂及沙门座，莫不严具焉"。佛教在平城发展起来。又于皇始中集中高僧大德，设立僧官道人统，管理佛教事务。《魏书·释老志》："皇始中，赵郡有沙门法果，诚行精至，开演法籍。太祖闻其名，诏以礼征赴京师。后以为道人统，绾摄僧徒。每与帝言，多所惬允，供施甚厚"。因而，在文成帝复法之后，即便为拓跋珪及其已下五位皇帝铸造释迦立像。《魏书·释老志》："兴光元年（454）秋，敕有司于五级大寺内，为太祖（拓跋珪）已下五帝，铸释迦立像五，各长一丈六尺，都用赤金二万五千斤。"

② 僧官制度，古代为管理全国佛教事务而设置官吏、机构的制度。始于北魏前期和后秦，此后各朝沿袭，代有变革。初称监福曹，后改名昭玄寺，设置大昭玄统一员，昭玄统、都维那若干员，亦置功曹、主簿员，以管诸州、郡、县沙门曹。北朝寺职也已纳入到僧官系统中，所以僧官也分中央、地方和基层三级。其任务是：编制们尼户籍，制定寺院建制、僧尼定额，发放度牒，任命下属僧官以及寺庙住持，主持重要的建寺、塑像与译经活动，管理僧尼日常生活及处理违法事件。北魏僧官始于道武帝皇始中。《魏书·释老志》："初，皇始（396~398）中，赵郡有沙门法果，诚行精至，开演法籍。太祖闻其名，诏以礼徵赴京师。后以为道人统，绾摄僧徒。"是为汉地僧官之始。后来的道人统由北魏沙门师贤担任，北魏和平初年（460）师贤去世后，由昙曜继任并同时更名沙门统。

③ 《魏书·释老志》。

④ 正平二年（452）二月，宗爱杀死太武帝，密迎南安王拓跋余入宫，立为皇帝，改元永（承）平。宗爱自封为大将军、大司马、太师，都督中外诸军事，领中秘书，将军事大权全部控制在自己手里。南安王余为太武帝庶子，他当上皇帝后自知并非众望所归，内不自安，便广赐财物，收买人心，以致"旬月之间，府藏虚竭"。对于宗爱独揽大权，南安王亦十分不满。这年十月，他不甘心做傀儡皇帝，密谋夺权。宗爱得悉后，就指使小黄门贾周害死南安王。秘不发丧，图谋为乱。当时担任羽林郎中的代人刘尼得知了这一消息，即找殿中尚书源贺商量。源贺是一个非常有胆识的大臣，他分析宗爱弑逆，必然要图谋不轨，便暗中串通南部尚书陆丽和禁军将军长孙渴侯等，密谋定策，发动兵变，杀死宗爱。并迎接太武帝之孙拓跋濬入宫，继承皇位，改元兴安，是为文成帝（摘自杜士铎主编《北魏史》185~186页。山西高校联合出版社1992年出版）。

文成帝"诏有司为石像，令如帝身"的作品。其根据是，该造像右脚面上，发现了直径约 6.5 厘米的两颗似为镶嵌的黑石。显然这是一个具有重要意义的发现，无论这些出现在菩萨脚面上的"黑石"，是人为镶嵌的，还是因"纯诚所感"而自然现出的天然石结核①，均与《释老志》所记相符（因面部存敷泥层，有无"黑石"不得而知）。不仅回答了石像所在的位置，即云冈石窟，也回答了石像的性质，即交脚弥勒菩萨。同时将云冈石窟的开凿年代提前到了 452 年。笔者以为，这一结论不仅符合皇帝即"当今如来"②的思想，更与北魏皇室"灭佛"事件后试图以佛教弥勒信仰着眼于"未来"的寄托，企盼统治平稳、政权永久的思想有关。继而又在五级大寺"为太祖已下五帝，铸释迦立像"③。亦再次出现了象征皇帝的弥勒形象。按照云冈石窟分期④说，云冈石窟的开凿顺序中，继昙曜五窟之后即是第 7、8 双窟的开凿，而第 7、8 窟后室北壁上层的主像配置，更进一步地出现了通过思惟、交脚、倚坐三种坐姿体现弥勒不同时空状态的大型龛像。当然，这不是偶然的，其深刻的思想根源和行为动机不言而喻。而第 9、10 双窟中主要造像的多姿态弥勒配置，依旧沿袭了同样的思想动机。以后的云冈洞窟造像，无论主像的配置，还是其他位置的设计雕刻，一直延续了对弥勒形象的重彩塑造，无不与北魏统治者以弥勒信仰期盼永久的思想有关。

第二、社会俗僧的弥勒信仰。

初步统计表明，云冈石窟雕刻弥勒形象最多的洞窟，除早期的第 17 窟（76 尊）外，就是第 11 窟和第 13 窟了，分别为 73 尊和 49 尊。这一情形，不仅与洞窟主像为弥勒有关，亦与石窟开凿者的扩大有关。有保存于第 11 窟东壁南侧的《邑义信士女等五十四人造石庙形象九十五区及诸菩萨记》为证。此邑义⑤信士造像碑记雕刻于太和七年（483）。此碑不仅是目前发现的时间最早的北魏铭记，同时它还是云冈北魏铭记中文字较多、具有重要意义的铭记。从碑记内容看，这是一个具有组织性的集体造像活动。多年以来，这条铭记最重要的文献作用是，证明了北魏太和年间参与云冈石窟造像活动者，除皇室、官吏、上层僧尼外，亦有在俗的邑善信士等。结合云冈中期石窟造像之内容和形式表现，"进一步说明云冈这时已成了北魏京城附近佛教徒的重要宗教活动的场所"⑥。碑文所云"文殊师利菩萨、大势至菩萨、观世音菩萨"，说明了碑记上方三身菩萨像的形象性质，其中虽然未名弥勒，却是以三尊正觉菩萨像阐明了着眼于未来的思想动机。

当佛教石窟的开凿由皇室、贵族扩大至普通社会佛教组织，再由这些组织进一步扩大至更加广泛的僧俗民众，通过佛教思想追求和试图实现个性理想，就成为不少人通过雕刻形象表达自身追求的重要方式了。

---

① 石结核就是在沉积岩里边渗进了含氢氧化合物的水分子或金属离子的溶液，从而改变了沉积岩的内部结构，导致一部分岩石的硬度大于其他岩石，从而形成了各种形状的石结核。它们的化学成分与岩石别无二致。
② 《释老志》：初，皇始（396-398）中，赵郡有沙门法果，诚行精至，开演法籍。太祖闻其名，诏以礼徵赴京师。后以为道人统，绾摄僧徒。……初，法果每言，太祖明睿好道，即是当今如来，沙门宜应尽礼，遂常致拜。谓人曰："能鸿道者人主也，我非拜天子，乃是礼佛耳。"
③ 《释老志》：兴光元年（454）秋，敕有司于五级大寺内，为太祖已下五帝，铸释迦立像五，各长一丈六尺，都用赤金二十五万斤。
④ 一、〔日〕水野清一、长广敏雄.《云冈石窟·第十六卷》"云冈石窟造营次第年表"。京都大学人文科学研究所报告，1956 年出版；二、宿白.《云冈石窟分期试论》，收入作者《中国石窟寺研究》一书，文物出版社 1996 年出版。
⑤ 邑义，南北朝时期出现的由佛教徒组成的信仰团体。这些信仰团体有帝王、官僚、贵族组成的；有僧团比丘、比丘尼组成的；有豪族大姓为中心组成的；也有以村邑小区为范围组成的。以上这些数据被保存在佛教石窟、崖壁、寺院、佛像等上面。城乡小区佛教信仰团体，以邑、邑义、合邑、都邑、邑仪、义邑、法仪、法义等名称来代表。其中以"邑义"的名称最多。云冈第 11 窟东壁上方的"太和七年（483）碑记"，就书写了"邑义信士女等五十四人造石庙形像九十五区及诸菩萨"的事迹。
⑥ 宿白.《中国石窟寺研究》中《云冈石窟分期试论》一文，文物出版社 1996 年出版。

而这些具有个性特点的理想，正好与佛典中对弥勒的描述产生了共鸣。佛经在叙述人们供养礼拜弥勒菩萨之好处时说："我（释迦牟尼）灭度后，四众八部，闻名礼拜，命终往生兜率天中，若有男女犯诸禁戒，造众恶业，闻是菩萨大悲名字，五体投地，诚心悔一切恶业，速得清净[①]。"为指导人们庄严供养弥勒，《观弥勒菩萨上生兜率天经》说：

> 未来世中，诸众生等，闻是菩萨大悲名称，造立形象，香花衣服，缯盖幢幡，礼拜系念，此人命欲终时，弥勒菩萨放眉间白毫大人相光，与天工丽曼陀罗花，来迎此人，此人须臾即得往生。

当然，人们总是试图通过为弥勒造像积德，就可能实现"天下太平""雨润和适"，从而达到"人常慈心，恭敬和顺""一种七获"的目的。于是，弥勒信仰极易成为社会佛教意识形态的重要内容。

关于北魏云冈弥勒信仰，从云冈洞窟中零星保存的造像铭记中，亦有明确表达[②]。其中突出的是雕刻于第17窟明窗东壁的"惠定造像铭"，曰：

> 太和十三年（489），岁在己巳，九月壬寅朔，十九日庚申，比丘尼惠定身遇重患，发愿造释加、多宝、弥勒像三区。愿患消除，愿现世安稳，戒行猛利，道心日增，誓不退转。以此造像功德，速及七世父母、累劫诸师、无边众生，咸同斯庆。

对此条铭记的阐释，早在1989年即有大同人文学者辛长青《云冈第17窟比丘尼惠定造像题记考释》发表于《北朝研究》1989年创刊号。文章通过对造像铭的分析考释后作出9项结论，其中最后两项有如下认识：

> ……
>
> 8. 通过惠定造像题记的考释，启迪了我们对云冈石窟一个粗浅的和基本的认识。云冈石窟可以分为三种工程。即皇家工程……；官吏工程……；还有民间工程。民间工程又可分为僧尼工程和善男信女、老百姓的工程……
>
> 9. 惠定造像题记说明了北魏在太和年间弥勒信仰已经是相当普遍的。但它反映在云冈石窟的造像上不仅仅局限于中部洞窟。

以上两点认识，一是肯定了云冈工程广泛的社会性特点，二是说明了北魏平城时代佛教弥勒信仰普遍性特点。由此观点出发，我们来观察"惠定造像铭"上方的石刻图像（图16）：分两层造像，下层为二佛并坐圆拱龛，即是过去多宝佛和现在释迦佛；上层为三间式盝形龛，明间交脚菩萨狮子座，即是处于兜率天宫内院的弥勒，两梢间为对称舒相坐思惟菩萨，即是面对"一人之心，易可速化，众人之心，难可疾治"的弥勒，决定"使释迦牟尼菩萨疾得成佛"的思惟形象。

我们看到，这是一个与铭记内容十分一致的形象组合，也是一个由过去现在未来三世佛组成的造像单元。这种单元组合，不仅符合弥勒信仰的宗旨，亦是云冈自早期石窟（昙曜五窟）就突出表现的三世佛系统的延续和深化。因此，云冈石窟的弥勒信仰，始终伴随着"三世佛"主题的塑造而存在。也就是说，在云冈，

---

① 《法苑珠林·上·业因部第四》。

② 云冈洞窟内的铭记中，目前至少发现有三条中的文字中出现了"弥勒"二字，这些出自普通僧众的雕刻铭记，明确表达了弥勒信仰的至高无上。它们是：一、位于第17窟明窗东壁，铭于太和十三年（489）的《比丘尼惠定造释迦多宝弥勒像记》；二、位于第11窟明窗东壁，铭于太和十九年（495）的《妻周氏为亡夫造释迦文佛弥勒二躯记》；三、位于第35窟窟门东壁，铭于延昌四年（515）的《常主匠造弥勒七佛菩萨记》。

无论是官方的营造，还是民间的开凿，在宗教意义的表达上，无不具有严格的规范。仅在弥勒信仰的问题上，就体现了皇权与僧众、百姓的高度一致性。由此，我们发现，在不少洞窟壁面上，由二佛并坐龛与交脚弥勒龛组成的单元雕塑比比皆是。这些寓"三世佛"于弥勒信仰中的图像组合，尽管没有铭文宣示，但所表达的佛教信仰主题是不容置疑的。

以上所述表明：从佛教弥勒经典传译中国开始出现的弥勒信仰，由于其内容深刻而描述浅显，并与人的自然属性、社会属性和人生道路高度契合，从而引起汉地上至皇室政权，下到普通百姓的高度共鸣。而由东晋时北方高僧道安提倡并实践的弥勒信仰，更使这种信仰不断加深和传递扩展。直至北魏开凿云冈石窟，弥勒形象得以全方位表现，神采奕奕的弥勒形象使信仰方式从以文思信，达到文形皆备、信仰者入脑入心的程度，似乎就要看到弥勒下世送来和谐幸福了。而云冈之后的佛教信仰，有圣凯法师《论弥勒礼忏仪的演变与发展》一文，不仅备述"南北朝时期有关弥勒礼忏仪的制作"，亦有"唐、五代时期弥勒礼忏仪的制作与流行"和"明代如惺《得遇龙华修证忏仪》无不延续着这种属于大众的宗教思潮"的论述。

（本文图 2，1、图 3，1.2、图 4、图 5，1.2、图 6、图 7、图 8、图 13、图 14，由张海雁、员新华、张旭云提供；图 1、图 2，2、图 11，引自水野清一、长广敏雄《云冈石窟》第四卷、第六卷、第十二卷；图 4、图 9、图 10，1.2、图 12，1.2、图 15、图 16，由作者自拍或自绘）

（原文刊载于《云冈石窟研究院院刊》2014 年总二期）

云冈石窟研究院收藏的一件北魏菩萨石造像

刘建军　解　华

1981 年 10 月，大同晋华宫矿在马武山上进行基建工程施工时发现一件北魏石刻菩萨像，现收藏在云冈石窟研究院陈列馆内。

这是一件砂岩质地的单体北魏石雕菩萨像，像高 61 厘米、座高 4 厘米、通高 70 厘米（包括菩萨的头光）。菩萨头戴三珠宝冠，冠上三个圆盘之间用忍冬纹装饰，冠箍两侧垂下三角形冠披[①]。额上发际由中间分开。

图 1　造像正面

图 2　造像侧面

造像面相方圆，眉骨微微隆起，眉线清晰，双眼微睁，嘴角上翘，鼻尖和嘴部在出土时残损。双耳佩戴圆形耳铛，素面无饰。直径 22 厘米的圆形头光右上部残破。身躯壮硕，双肩直挺，宽胸细腰，颈部饰桃形项圈，左臂上用阴线刻出臂钏。上身斜披络腋，仅刻出轮廓，下身穿羊肠大裙，腰间束带。右手持莲蕾贴置胸前，左手执桃形物垂在体侧。帔帛沿两肩贴身搭下，穿绕双肘后下垂外扬。跣足立于方座上，两脚稍向外撇（图 1~3）。

这尊菩萨像的样式与云冈二期菩萨像面相丰满、躯体健壮的造型特征一致[②]，菩萨头上的冠式和两耳的圆形耳铛在平城地区最早出现于云冈第 7、8 窟的这组双窟[③]，在稍晚的第 9、10 窟仍然沿用。考虑到马武山新出土菩萨造像的样式与云冈第 7 窟明窗东侧的供养菩萨[④] 和第 8 窟主室东壁第 3 层南龛右胁侍菩萨像[⑤]

[①]　"冠披"一词的用法见于樊锦诗、马世长、关友惠《敦煌莫高窟北朝洞窟的分期》文中，参见敦煌文物研究所编《中国石窟·敦煌莫高窟》（一），文物出版社，1982 年。

[②]　宿白.《平城实力的集聚与"云冈模式"的形成与发展》，参见云冈石窟文物保管所编《中国石窟·云冈石窟》（一），文物出版社，1991 年。

[③]　〔日〕水野清一，长广敏雄.《云冈石窟——公元五世纪中国北部佛教寺院考古学的调查报告》第五卷，图版 49~52、80~83，京都大学人文科学研究所，1951 年；第四卷，图版 24、25，京都大学人文科学研究所，1952 年。

[④]　李治国主编，刘建军副主编.《中国美术分类全集·中国石窟雕塑全集》第三卷《云冈》，图版 63，重庆出版社，2001 年。

[⑤]　同③，第五卷，图版 51。

1.正面　　　　2.侧面

图3　菩萨像

相同，再结合第7、8窟和第9、10窟的菩萨像风格以及大同北魏方山出土的佛教造像①一起分析，可以推断在马武山上新发现的这身菩萨造像的完成时间应在孝文帝太和八年（484）前后。除此之外，还有两个问题值得思考。

第一，大同地区近年来出土的单体北魏佛教石雕像数量十分有限，然而从出土地点来看基本上可以确定是北魏时代的文化遗存，再联系到史料中对当时宗教建筑的记载，这些遗址可能与北魏佛教寺院有关。举例来说，1980年大同市城南轴承厂出土的交脚弥勒菩萨像，同时发现有北魏石柱础和瓦砾等②。1987年大同市城西的小站村附近发现的一处北魏建筑遗址中，在残存着曲尺形排列的五个柱础的建筑一侧，发现一件北魏云冈三期石刻佛像屋形龛③。尽管未对这些发现地点进行考古发掘，但根据建筑遗址和出土遗物的并存情况，基本上可以确定这些出土佛教文物的地方与北魏寺院建筑有一定关系。北魏自文成帝复兴佛法以后，僧人和寺庙的数目代有增加④，《魏书·释老志》记载孝文帝太和元年（477）平城京内有寺院约百所，以上两处可能即属于当时的佛教寺院遗址。然而，马武山发现的这身菩萨像因尚未完工⑤，目前很难解释为被供奉礼拜的尊像。其出土地点究竟是一处佛教寺院抑或是一个石刻加工场，有待深入地调查与研究。

另外，20世纪90年代云冈石窟窟前遗址考古发掘期间，据当地群众提供线索，发现云冈石窟东面的山顶上，距第1窟约300米处一个大土堆顶端正中有一个盗洞。经抢救性清理得知，这是一处北魏塔基遗址，基座平面接近正方形，东西长12.2、南北宽12.1米，四周用砂岩石片包砌，内部填以夯土，其上为类似塔庙窟的平面呈"回"字形的建筑结构。基座南、北两面分别有东西向、南北向的斜坡慢道。根据塔基形制及所处位置等，认为其可能属于一处寺院遗址。此塔可视为山下的云冈石窟与山上的寺院连接的纽带，与郦道元描述的云冈"山堂水殿，烟寺相望"的记载相吻合⑥。近年云冈山顶的考古工作收获颇丰，新发现两处佛教寺院遗址：西部窟群第33窟的山顶上发掘出一处较完整的北魏佛教寺院遗址，有塔基、北房、东房和西房等，其中北房为前廊后室；中部窟群第5、6窟的山顶上发掘一处实心塔遗址，其中部方形夯土塔心应是北魏遗存，外形经辽金时重修成为八角形，进一步印证了《水经注》描写的云冈石窟雄大气象⑦。以上发现使我们对北魏时期云冈寺院分布情况有了新的认识。

---

① 大同市博物馆.《大同北魏方山思远佛寺遗址发掘报告》，《文物》2007年第4期。

② 关于这个遗址当时发现情况的资料，承蒙大同市博物馆解廷琦先生相告，十分感谢。

③ 曹彦玲.《大同市博物馆藏三件北魏石造像》，《文物》2002年第5期。

④ 汤用彤.《汉魏两晋南北朝佛教史》第十四章《佛教之北统》，中华书局，1983年。

⑤ 云冈第12～4窟东壁龛内交脚菩萨和西壁龛内坐佛、第13～29窟东壁立佛等造像均为仅雕出衣服轮廓线，未在上面施刻衣纹线，与这件石像的情况相同。而第12～4窟的正壁佛像与第13～29窟的西壁佛像则是完成品。

⑥ 刘建军.《云冈山顶佛塔基址发现及其相关问题》，董瑞山主编《北魏平城研究文集》，山西人民出版社，2008年。

⑦ 张庆捷，江伟伟.《云冈窟顶再次发现北魏至辽金佛教寺院遗址》，《中国文物报》2011年12月5日。

　　第二，菩萨雕像表面虽然没有发现任何凿刻的痕迹，但是明显地用扁铲进行过修整，而且铲痕比较清晰，这些现象可以帮助我们进一步认识石窟造像的雕刻工艺。首先，菩萨立像的斜披络腋、下身的衣裙、腰间的束带、臂上的钏饰等仅刻出大的轮廓线，甚至是头冠装饰的细部也没有进行雕琢，为我们研究北魏平城地区石刻造像的雕凿程序提供了可靠依据。其次，结合云冈石窟一些洞窟中遗留的没有雕凿完的佛、菩萨像等实例以及大同地区近年出土的北魏石雕器物，可以对云冈北魏造像的工艺方法与雕刻技术进行细致的分析与研究。通过考古发现的遗迹、遗物去认识和了解石窟开凿时一些具体尊像的凿刻过程和有关技术工艺，总结其中的基本规律，也是北魏云冈石窟考古研究工作中十分有趣的一个方面。

（原文刊载于《文物》2014 年第 3 期）

云冈石佛陶眼回归记

马丽霞

　　云冈石窟博物馆藏有一件陶眼（图 1），圆锥形体，直径 11.5 厘米，高 14.4 厘米，由细腻的胎土烧制而成，大的一端端头略凸为圆面，表层涂有厚重的黑釉，其余周身呈现出暗黄橙色。这是石窟中佛像失落的一只眼球，球体上有烧制时留下的近圆形凹坑状疤痕，当时眼球被嵌入佛眼时，这个位置可能也被利用作为粘接眼球的一个固定点。此眼球具体归属云冈哪一洞窟，哪一尊造像，目前尚不清楚。

　　2006 年，（日）冈村秀典在《云冈石窟遗物篇——京都大学人文科学研究所研究报告》一著中披露，京都大学人文科学研究所现存两例佛眼，均"采集"自第 8 窟内，其中一件高 7.2 厘米，直径 7.0 厘米，来自该窟北壁上层中央倚坐佛，该像通高 4.5 米。云冈石窟中陶眼的大小与对应造像的身高是否普遍存在一个比例？若然，则云冈博物馆陶眼所对应的原造像高度应为 7 米左右。我们注意到，云冈第 13 窟主尊菩萨像高 13m，眼球依存，而直径仅 13.5 厘米 [①]。第 17 窟是一个按照三世佛造像组合布局设计的洞窟，主尊为一交脚菩萨，高 15.6m，西壁一胁侍立佛，高 6.38 米，东壁一胁侍坐佛，高 5.45 米，二胁侍佛像双目眼球均失，而其眼部孔口直径一为 17.5 厘米，一为 16 厘米。这样看来，石窟中，陶眼的大小与其所对应造像身高，并无可循比例。第 19-1 窟为一佛二菩萨造像组合布局，本尊倚坐佛像高 7.75 米，双目眼球均失（图 2），经测量，孔口直径为 10~10.5 厘米，其与云冈博物馆所藏陶眼规格大致相符，故疑为该像眼球。当时首先是在造像的眼洞内填充黄色黏土，然后再将锥形陶眼嵌入，以进行固定安装。

　　北魏营凿之初，云冈石窟佛像的眼睛并没有额外的装置，兴作镶嵌陶眼之事，一般认为始自辽金时期。

图 1　云冈博物馆馆藏陶眼

图 2　第 19-1 窟主佛佛眼

[①]　第 16 窟立佛高 13.5 米，双目眼球均失，眼部孔口更达 16 厘米。

据《大金西京武州山重修大石窟寺碑》记载，辽代自兴宗重熙十八年（1049）皇太后重修石窟寺，至天祚帝天庆十年（1120）幸西京，在武州山石窟寺的修建工程持续半个世纪之久，除了"修大小一千八百七十六尊"造像，还兴建云冈十寺。2011年，云冈石窟山顶考古发掘中，发现了辽金时期的寺庙遗址以及辽金铸造井台和30座熔铁炉遗迹，可见云冈当时佛教活动的再度繁盛。云冈石窟中几个主要洞窟内的主像安装陶眼，大致就是在这一阶段完成的。

云冈博物馆的这件陶眼，本于20世纪30年代不幸流失海外，80年代中期，原藏者——已经退休的原美国纳尔逊博物馆史克门先生发愿捐赠，使其漂泊50多年后重归故地。它不但承载着云冈石窟营造史上的重要信息，也汇集了数位老一辈文物工作者关心流失文物回归的那份凝重的爱。

事情发生在1985年春，山西云冈石窟文物保管所（云冈石窟研究院前身）收到一封来自中国文化部文物局（1987年更为国家文物局）转来的特殊信函。信是著名考古学家、北大考古系教授宿白先生写给时任中国文化部文物局局长吕济民的（图3），内容如下：

> 济民同志：
>
> 您好！
>
> 送上云冈石佛陶眼一件，请考虑是否转至云冈保管所保存。
>
> 此物系美国堪萨斯纳尔逊美术馆退休董事史协和先生所赠。其来源，据史协和说是他1932年参观云冈时，用一块大洋购自云冈附近农民的。史还写了一纸说明，一并附上。史过去在我国多年，喜爱我国文物并颇有收藏，近年我国学者去堪萨斯参观者多蒙热情接待，现又送还此罕见文物（云冈大佛遗失陶眼者甚多，但现知传世的陶眼只此一件，殊值称赞。我的意见，请文物局具函致谢，以示郑重。上述意见，局领导如认为可行，英文谢函一事是否可烦史协和的老友王世襄同志代拟。
>
> 匆匆敬上此致
>
> 敬礼！
>
> 宿白
>
> 1985.2.14

信中的史协和，即史克门（（Laurence Sickman，1906-1988），又译为"史克曼""席克门"等，美国科罗拉多州丹佛人，毕业于哈佛大学，师从兰登·华尔纳（Landon Warner），主修艺术史。华尔纳，"二战"中曾保护了日本京都和奈良，奈良、镰仓等地均有为他设立的纪念石碑。同时，他又是一个因用化学胶布剥离敦煌唐代壁画而遭世人谴责的人物。1930年，史克门获得当时中美最大的文化交流机构——哈佛燕京学社的资助，在中国留学深造五年。这期间，他遍历华北城镇，购买了大量中国艺术品。1932年他来云冈，也正值此期间。史克门是西方研究中国艺术史的先驱，他对中国古代绘画、古建筑以及明清家具等具有深入全面的认识，纳尔逊博物馆近7500件中国艺术藏品，有一大半都是他收集采购来的。该馆内现在另藏有一尊云冈晚期风格的北魏佛头，不知是否与他有关。1935年，史克门返美后供职于纳尔逊博物馆，1945年荣任副馆长，1953年升任馆长，1977年退休，并将个人收藏捐赠给纳尔逊博物馆。

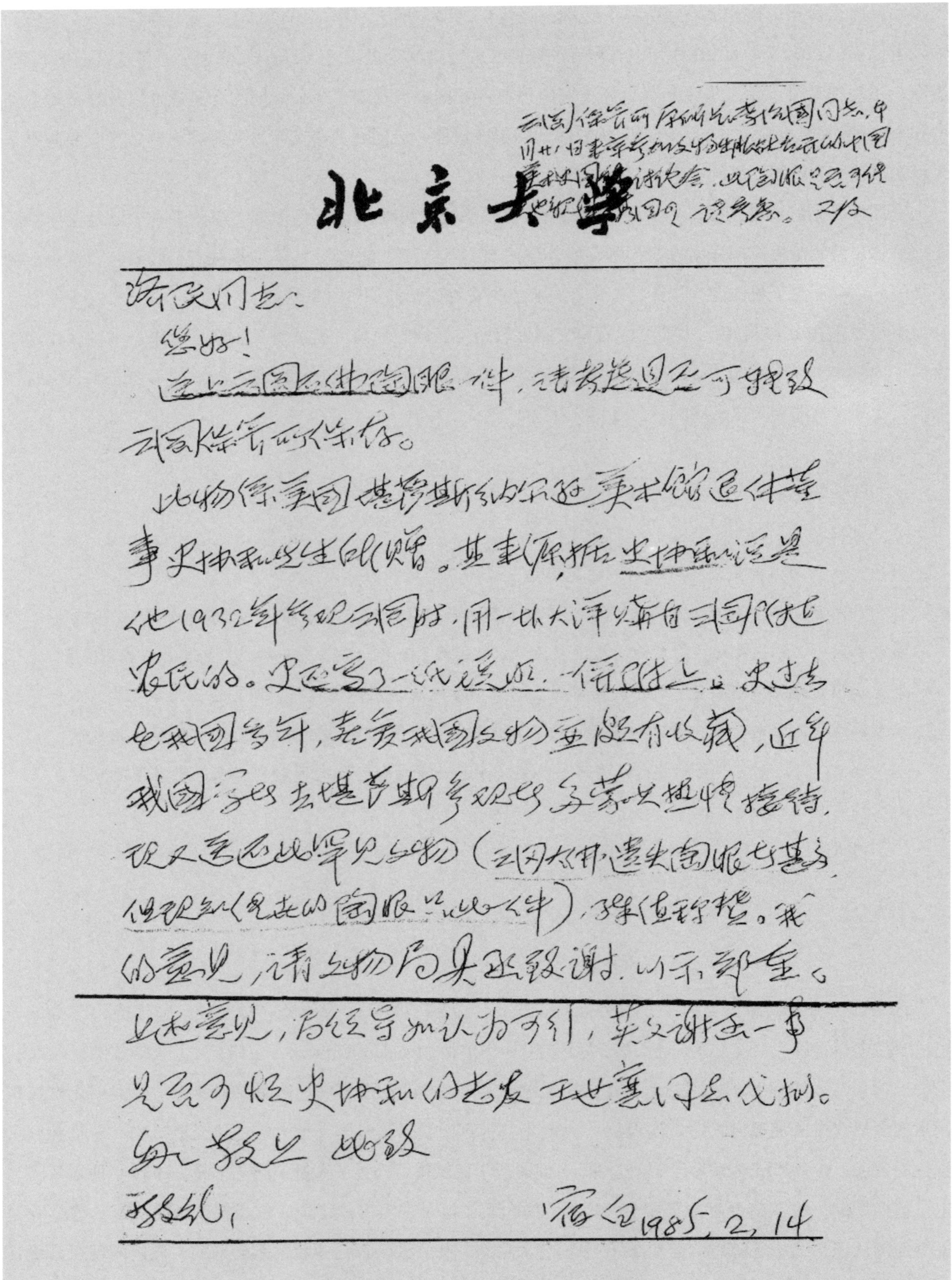

云冈保管所原所长李治国同志，中
月廿八日来京参加文物出版社在京的全国
美术考古座谈会，此信原是给我的，现交参
加会议成员阅览参考。 宿白

北京大学

济民同志：

您好！

这上云冈佛光窗眼一件，请考虑过去可提交
云冈保管所保存。

此物原美国甘博斯纳尔延美术馆这件董
事史坦利先生所赠。其书原批史坦利运是
他1932年参观云冈时用一块大洋购自当地附近
农民的。史还写了一段说明，信已附上。史过去
是我国多年，老为我国文物画册有收藏，近年
我国学部去堪萨斯州参观多蒙其热情接待。
现又送出此罕见文物（云冈太武遗失窗眼当其
但现知是失的窗眼只此一件），殊值重视。我
的意见，请文物局具函致谢，以示郑重。
上述意见，当领导如认为可行，英文谢函一事
已商请好史坦利的老友 王世襄同志代拟。

　　敬礼， 此致

　　敬礼，

　　　　　　　宿白1985.2.14

图3

172

史克门与王世襄先生颇有交情。当年，史克门的母亲在北京一所美侨教会学校教授英文时，少年王世襄是她的学生。1948 年 6 月，受美国洛克菲勒基金会的支持，王先生得到赴美国纳尔逊博物馆学习观摩半年的机会。这期间，他与史克门共事相识，两人互相交流探讨，建立了良好的关系。宿先生建议由王先生代拟谢函，说明了解他们之间的这份情谊。

宿白先生是中国石窟寺考古学学科的开创者与奠基人，而这一卓越成就，正是从云冈出发的。先生之与云冈，早在 1942 年学生时代就结下不解之缘。到了 1947 年，他发现《大金西京武州山重修大石窟寺碑》碑文，结合已有考古调查以及发掘材料，将古代文献引入石窟寺研究，分别刊布《〈大金西京武州山重修大石窟寺碑〉校注》《云冈石窟分期试论》《平城实力的集聚和"云冈模式"的形成与发展》等宏著，取得中国石窟寺研究突破性的重要成果。先生对云冈的热爱与关注是真挚的、持恒的。这可能也是这件云冈佛像陶眼首先与他相遇的缘故，并终在他的帮助下返还故地。

1985 年 7 月 19 日，云冈石窟文物保管所委派解庭藩副所长赴京护送石佛陶眼回归云冈。这是时至今日，唯一一件回归云冈的流失海外文物。

（原文刊载于《中国文物报》2014 年 3 月 28 日第 7 版）

云冈第 9 窟窟顶的雕刻艺术

张旭云

　　大同云冈石窟第 9 窟位于石窟群中部，是著名的"五华洞"之一，洞窟分前、后室。窟内四壁分层布龛，满雕佛像。整座洞窟布局严谨，雕刻内容丰富多彩，装饰华丽精美，特别是窟顶的雕刻装饰韵味浓郁，是云冈石窟顶部雕刻中的精品佳作之一。

　　云冈石窟早期洞窟均为大像窟，穹隆顶的雕饰历经岁月沧桑，几乎无存。方形洞窟、平顶样式的流行，为窟顶雕饰提供了前提，因此以仿木构的平棊作为顶部雕饰，使冰冷坚硬的洞窟顶部异彩纷呈，雕刻千变万化，令人赞叹不已。

　　平棊是中国古代建筑顶部的一种装修形式。用纵横的木枋作"支条"使房屋顶部呈现出棋盘一样的形状，增加屋顶的形式美。藻井也是中国古代建筑中顶部装饰的一种方法，将建筑物顶棚向上凹进如井状，藻井处于顶部中央，在其上或绘彩画、或浮雕形象。与平棊相结合，形成平棊藻井式的窟顶装饰，成为中国古代建筑中不可缺少的顶部装修形式。云冈石窟中的第 7、8 窟最早出现了平棊藻井的表现式样，纵横交叉的"支条"将顶部分格，格内中心雕有斗四（四边形）天花，雕刻飞天围绕莲花飞舞盘旋；支条相交的中心点雕团莲、平行的支条上雕饰飞天，如此雕刻，使洞窟顶部灵动飞舞，充满动感，大有风吹影像飘舞之美感，令人赞不绝口。

一、第 9 窟前室

　　云冈石窟第 9 窟是一座典型的佛殿窟，分为前后室，前室窟顶为长方形，雕平棊藻井。以高浮雕"支条"

云冈第 9 窟前室顶部全景

云冈第 9 窟前室顶部 1

云冈第9窟前室顶部2

云冈第9窟前室顶部3

（可称为"梁"）将顶部分为东、中、西三个不同的区域，东、西两部分向下延伸至壁面屋形龛上部。东、西两侧顶部雕刻大体对称，均雕有飞天与莲花。

第9窟东、西两侧顶部飞天双手托举莲花，面带微笑，双手向上举力托起，双臂上一条舞动的帔帛将飞天的动态表现得淋漓尽致，莲花在飞天的托举下缓缓升起；旁侧的飞天则姿态各异，头梳大髻，笑意满面，双手或捧物、或前伸，挥舞着帔帛游动在窟顶。飞天与莲花在这里相伴相随、相得益彰。窟顶中部的雕刻与东、西两侧不同，为中国式的平棊藻井，突出了其中心位置的特点。以支条分为四格，正方形四格中雕斗四天花，中间为团莲盛开舒展，四角雕有4身小飞天，围绕在藻井四角，背向藻井上下翻飞，极具动感。两方格间雕一天人形象，端庄大气，双手合十呈供养状。

云冈第9窟前室顶部4

云冈是以佛教内容为主题，莲花在佛教装饰中是最重要的装饰图案，也是人们非常喜欢的一种花卉植物，作为佛诞生象征，莲花装饰在云冈每个洞窟随处可见。佛教虽然是由印度发展而来，但云冈莲花的应用不亚于印度，甚至是有过之而无不及，变化也是丰富多样的。莲花与佛教联系在一起后，显得尤为圣洁。中国古代常把莲花作为藻井的主要装饰内容，这是因为莲花是佛教净土的象征，素称"莲之出淤泥而不染"。

第9窟莲花，比较有特点的是顶部中央平棊纵横"支条"交界处雕刻的两朵高浮雕重瓣莲花，这是云冈石窟中仅有的两朵高浮雕莲花。它突出窟顶壁面约40厘米，可谓横空出世。它像一朵正在怒放的莲花慢镜头，让我们一步步看清了鲜花开放的过程，底层舒展的花瓣，是花蕾的最外层，它慢慢张开，露出紧裹的花蕾，饱满的莲蕾充满张力，正在奋力盛开，这样充满立体感的雕刻，撼动人心。在这里，我们可以找到莲花生成、开花的全景图：从拖着尾巴的小莲花，到含苞欲放的花蕾，再到盛开莲花花蕊中的点点莲子，诠释了莲花生长的过程，也意味着生命轮回的过程。

在该窟顶部还有一景不容忽视，就是在纵向"支条"的两端、以高浮雕的形式雕刻了8躯夜叉形象，这样的形象也只有在第9、10窟前室顶部出现，其他洞窟中绝无此像。

夜叉，佛教的护法神"天龙八部"之中的一部，梵文Yaksa的音译，意思是"能啖鬼""捷疾鬼""勇健""轻捷"等。音译又称"阅叉""药叉""夜乞叉"。佛教艺术中的夜叉是以人的形象表现的，在云冈，夜叉的形象以地夜叉和虚空夜叉两种形式出现。虚空夜叉，是指在虚空中飞行的夜叉。

第9窟夜叉健硕、敦厚，一手上举，双脚着地，将身躯悬挂在窟顶，在壁面与窟顶间形成一种支撑力，支撑着一座宏伟的艺术宫殿。北侧西部的这两身夜叉像，背靠背地雕刻在一起，形象塑造得健壮魁梧，充满力量。头发上竖，大有怒发冲冠之势，眉头紧皱，嘴角上翘，长舌吐出，

云冈第9窟后室顶部

云冈第9窟前室顶部飞天

突起的面部肌肉让人感受到狰狞的一面。其上身赤裸，两臂挂飘带，下穿短裙，又拉近了与世俗人的距离。其肌体健硕，双腿分开，用力支撑，着力刻画其充满力量的本性，同时捕捉到用手抓脚的瞬间，表达了夜叉调皮可爱的另一面。另一身夜叉，双手上举，手指向上弯曲，身躯前倾，臀部翘起，颇具舞蹈美感。不管怎样，这 8 身夜叉形象的雕刻，既给人以无穷的力量感，又给人以观赏的动态美感。其悬挂于顶部，用力托举窟顶，神情是那样的泰然自若，充分体现了夜叉作为护法天神尽职尽责的使命感与对佛祖的敬爱和忠诚之情，同时表明古代艺术家在塑造人物形象时，准确理解、合理应用佛教仪轨的能力和精湛的雕刻技艺。

二、第 9 窟后室

第 9 窟后室窟顶雕刻的表现形式与前室相似，但雕刻内容有较大变化。纵横交叉的"支条"将后室顶部分为 12 格，每格的划分并不规整，有长方形、正方形、梯形等，且大小不一。其中靠近大佛华盖处的 4 格平棊雕为斗四天花，正中雕一朵盛开的莲花，与前室顶部的雕刻图案相同，风格简练。纵横支条上，雕有飞天和莲花，飞天舞动的身姿，飘逸的服饰，闻声起舞之势跃然壁上。靠外侧的 8 格内雕有一头四臂、三头六臂、三头八臂的护法天神形象，其面相殊异，手中持有日、月及各种兵器，充满了威严与神秘。工匠巧妙地将印度神灵移植在中华大地的石窟寺中，使其更好地完成保护佛法的重任，集天神与魔鬼于一身的诸天形象，更容易被中国信众所接受。

云冈第 9 窟窟顶前后室的雕刻主题略有变化，后室顶部侧重于护法诸天的形象与飞天莲花的组合，是离佛祖最近的侍者，是佛的守护者。前室顶部则侧重于夜叉和飞天莲花的装饰，与"天"所担当的责任是相同的，只是表现形式略有不同。石窟的设计者与雕凿者更注重了前室的表现形式，令前室的飞天轻盈曼妙，美妙绝伦，莲花雕刻变化多端，夜叉形象极具个性。总之，云冈石窟第 9 窟窟顶雕刻华美多姿，富于变化，融宗教性与装饰性于一体，雕刻手法细腻，技艺精湛，是云冈石窟窟顶雕刻不可多得的上乘佳作。

（原文刊载于《文物世界》2015 年第 1 期）

参考文献

1. 王恒 .《云冈夜叉》，《大同日报》2006 年 10 月 20 日。

2. 韩鹏 .《云冈飞天艺术特征》，《雕塑》2002 年第 1 期。

3. 员小中 .《云冈石窟中的莲花》，《文物世界》2004 年第 5 期。

平城魏碑与云冈石窟北魏造像题记

耿　波

　　魏碑，又称"北碑"，是南北朝时期碑碣、墓志铭、造像题记等诸种石刻文字的统称。中华书法自汉隶肇始，到了魏晋时期，板正僵化、波磔矫饰的隶法不再适应时人的审美情趣和审美理想，而转向化圆为方的楷书之变。北魏正处于这一变革期，平城则是这一变革期的关键点，其最终成就了上承汉隶余风、下开隋唐真书，隶楷兼形、方正凝重的书体——魏碑的初创。随着北魏迁都洛阳，其后来又滥觞于河洛，盛名于世。关于魏碑始兴及其流衍，康有为《广艺舟双楫·备魏第十》（图1）中梳理得十分清楚："北碑莫盛于魏，莫备于魏，盖乘晋、宋之末运，兼齐、梁之风流；享国既永，艺业自兴。孝文黼黻，笃好文术，润色鸿业。故太和之后，碑版尤盛，佳书妙制，率在其时。……晋、宋禁碑，周、齐短祚，故言碑者，必称魏也。"

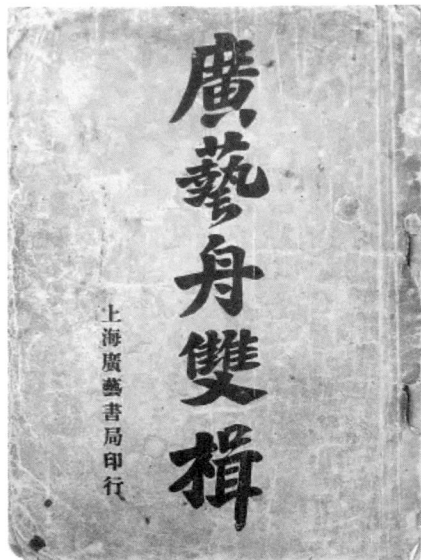

图1　《广艺舟双楫》

　　至于魏碑之美，《广艺舟双楫》中又如是盛赞："魄力雄强，气象浑穆，笔法跳越，点画峻厚，意态奇逸，精神飞动，兴趣酣足，骨法洞达，结构天成，血肉丰美。"

　　北魏平城时代，社会政治相对稳定，经济发展，文化兴盛。统治者大力推崇汉化，留心纳慰汉族士族参政。在这样的社会文化风尚中，平城刊石立碑风起云涌，书法艺术瑰丽多彩。《魏书》中即见载数条"刊石勒铭"

图2　《韩弩真妻王亿变墓碑》

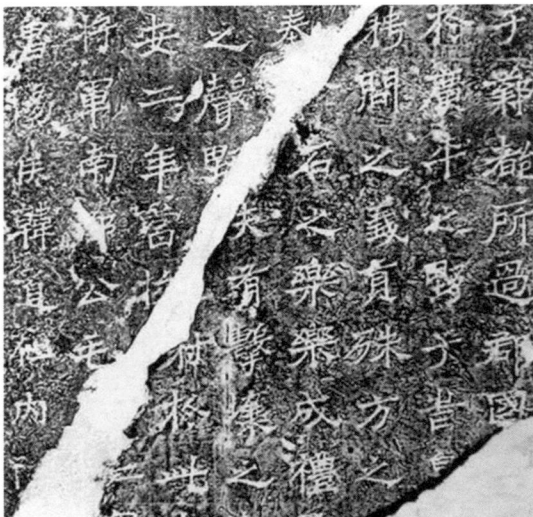

图3　《皇帝南巡碑》局部

图4　《皇帝南巡碑》碑阳

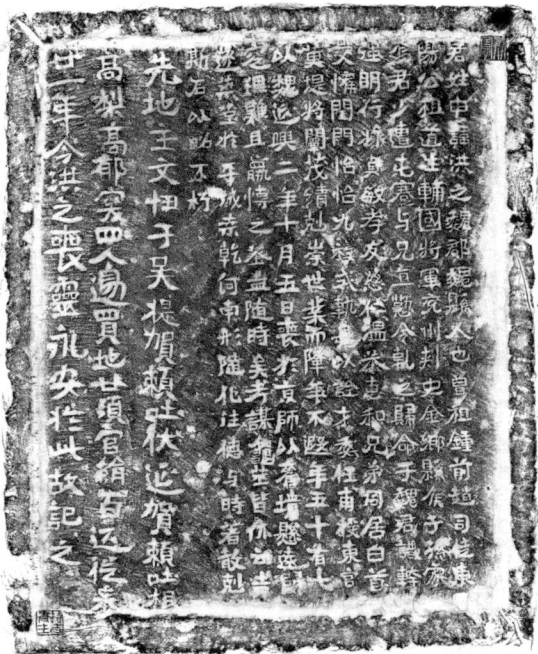

图 5　延兴二年（472）申洪之墓铭

的事迹：

四年春正月己巳，征西将军皮豹子等大破刘义隆将于乐乡，擒其将王奂之、王长卿等。……行幸中山。二月丙子，车驾至于恒山之阳，诏有司刊石勒铭。（《魏书·世祖纪下》）

灵丘南有山，高四百余丈。乃诏群官仰射山峰，无能逾者。帝弯弧发矢，出山三十余丈，过山南二百二十步，遂刊石勒铭。（《魏书·高宗纪》）

高祖乃诏有司营建寿陵于方山，又起永固石室，将终为清庙焉。太和五年起作，八年而成，刊石立碑，颂太后功德。……太后立文宣王庙于长安，又立思燕佛图于龙城，皆刊石立碑。（《魏书·皇后列传》）

皇兴四年，予成犯塞，车驾北讨。……旬有九日，往返六千余里，改女水曰武川，遂作《北征颂》，刊石纪功。（《魏书·蠕蠕传》）

世宗季舅护军将军高显卒，其兄右仆射肇私托景及尚书邢峦、并州刺史高聪、通直郎徐纥各作碑铭，并以呈御，世宗悉付侍中崔光简之，光以景所造为最，乃奏曰："常景名位乃处诸人之下，文出诸人之上。"遂以景文刊石。（《魏书·常景传》）

可见，北魏时期征战凯旋、巡幸御射乃至建庙置塔，均刊石立碑，立碑书文纪事在当时社会生活中已得到广泛运用。为了改造鲜卑文化，太武帝还诏令创造新字千余。事见《魏书·世祖纪上》："今制定文字，世所用者，颁下远近，永为楷式。"作为北魏政治文化中心，平城地域会聚着众多的书法大家如崔玄伯、卢渊、裴敬宪等，他们是构建并奠定北魏平城书法体系与艺术风格形成的汉族文人代表。

太武帝时，崔浩等奉诏撰修国史，叙成国书三十卷，立石铭刊，尽述国事，备而不典。据《魏书》，立于衢路的国史碑"营于东郊东三里，方百三十步，用功三百万乃讫"，参与这项碑刻工程的书法家该有几多。

自 20 世纪中期以来，随着平城考古不断的新发现，迄今为止已有记事碑、墓志铭、发愿文、墓砖、瓦当文字、木板漆书等数十种近百件北魏刻文面世。其中，有气势恢宏的帝王南巡颂碑（图 3，4），也有样式各异的贵族官僚墓志，透过这些鲜活的书法文字，不但可以感受到鲜卑人的纯朴简直与纵情豪放，对于考证和研究北魏平城历史地理、姓氏、官制以及佛教发展史等都有重大意义。如兴安三年（454）《韩弩真妻王亿变墓碑》（图 2），碑高 44 厘米，宽 24 厘米，碑文 9 行，凡 63 字。碑额饰瑞鸟，交缠衔胜，减地篆刻"平国侯韩弩真妻碑"。碑文书法属隶意楷书，书体规范整肃、简洁清峻，可谓平城墓铭之上乘（图 3）。再如延兴二年（472）《申洪之墓铭》（图 5），高 60 厘米，宽 49 厘米，四边凸框。铭文分两部分，一为墓志正文，另一为附记。正文 13 行，行 20 字，凡 186 字。介绍了墓主的郡望、家世、入葬时间、地点；附记 50 字，记录了葬地购买的历史情况。整方墓铭共见楷隶、方笔魏书、隶意楷书三种书风迥异的书体，至于缘何这样表现，至今仍谜团未解。但这方墓志中的买地记录对于了解北魏初年离散部落、迁徙人口、

图 6　《邑义信士女等五十四人造石庙形像九十五区及诸菩萨记》

计口授田以及官职、姓氏等问题研究，都有重要的学术价值。

　　云冈石窟现存北魏造像题记31品，其中16品有纪年。位于第11窟东壁上层南端的太和七年（483）《邑义信士女等五十四人造石庙形象九十五区及诸菩萨记》，是云冈石窟中时间最早、文字最多的造像题铭（图6）。该铭高37厘米，宽78厘米，共25行，每行14~16字，凡341字，字径2至3厘米。题记大致内容为，五十四位善男信女感念生在末代，值遇圣主，"为国兴福"，敬造九十五尊雕像，上为皇帝、太皇太后、皇子，下为七世父母，发心祈愿。同时祝望众生"长辞八难，永与苦别""道心日隆"。题铭两侧分别雕刻供养僧侣像，首列者均持长柄香炉，次者双手捧莲恭立。僧侣列像上方均有题名，左侧隐约可见"邑师□□"，右侧可见"邑师法宗""邑师昙秀""邑师普明"。北魏平城时期，一种由僧尼与在俗的佛教

信徒组成的、以造像活动为主旨的民间邑义社团开始兴起。邑师是这一组织的灵魂，他们是倡导者和组织者。该题记内涵丰富，书体端朴高古，寄巧于拙，点画多变，方圆并设，是魏碑书法的精品

　　第4窟南壁正光年间（520-525）《为亡夫侍中平原太守造像记》则是云冈有纪年造像的最晚题记，同时是云冈石窟营造工程的下限时间。但惜此题记历经风化，今已剥蚀殆尽。

　　第38窟窟外券形门楣上方，镌刻一方《吴氏忠伟为亡息冠军将军华口侯吴天恩造像并窟》铭记，22行，三百余字，系吴忠伟为亡子吴天恩荐福所造。吴天恩，从二品散后爵位、三品冠军将军。这是云冈目前所见官

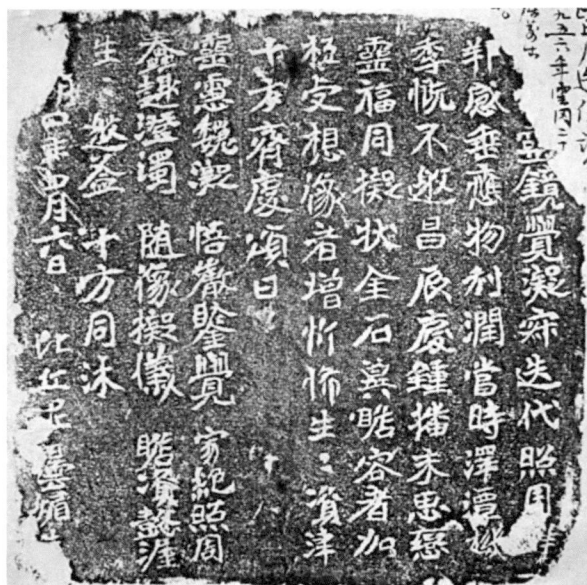

图 7　《比丘尼昙媚造像题记》

职最高的造像题记。该碑刻书体浑朴雄厚，文风感情深沉，意象明净潇散，特别是"长辞苦海，腾神净土"之句，是云冈流行净土崇拜的重要证明。

第 18 窟门拱西壁残存大茹茹造像记，铭记共十二行，可辨识大茹茹、可敦、……谷浑等字。"茹茹"，即柔然民族；"可敦"，是柔然可汗的正室，相当于内地政权的皇后。这是云冈石窟目前所见唯一为少数民族功德主造像的题记，它从侧面反映了异域王族在云冈地区的活动情况。

景明四年（503）《比丘尼昙媚造像题记》，高 30 厘米，宽 29 厘米，厚 6 厘米，它是 1956 年在整修第 20 窟前早年崩塌的乱石时出土的，大概原镶于昙媚造像龛旁的石壁上，后随前壁坍塌掩埋地下。这是云冈唯一一方脱离了洞窟本体的造像碑。该碑刻字 10 行，每行 12 字，凡 112 字（图 6）。碑文褒赞语义浓厚，辞藻弘润，不同于普通的造像发愿文，是一篇颂扬佛教功德以及云冈佛像光辉与灵觉，倡导佛教徒开窟造像的"感召"文书。

总的来说，平城魏碑所表现的书法艺术，"落笔峻而结体庄和，行墨涩而取势排宕"，正如清人何焯关于魏碑所发慨叹，"意象开阔，唐人终莫能及"。

（原文刊载于《中国文物报》2015 年 10 月 9 日）

大同云冈北魏中期洞窟人物雕刻模式的形成与传播
——以右肩半披式袈裟和通肩式袈裟佛像为中心

黄文智

　　云冈石窟集西域、中土文化因素于一体，开创人物造型新时代，构筑其后中国雕塑发展的基础。学界以往关于云冈石窟的研究，侧重分期、历史背景和佛教功能的讨论，于人物雕刻基本局限在着衣形式的阐述，鲜有论及形体结构和雕刻技法方面的样式内涵，很大程度上忽视了人物雕刻的内在价值。笔者认为，云冈石窟人物雕刻涵盖形式与样式的有机统一，形成兼有地域和时代特征的云冈模式，进而对北魏境域乃至后世雕塑产生深远影响。

　　云冈石窟开凿于公元 5 世纪 60 年代至 6 世纪初叶的北魏中晚期，[①] 学界基于石窟形制和功能将其划分为三期[②]。云冈石窟佛像雕刻主要包含两种造型风格，其一偏重于人物形体结构刻画，包括云冈一期、二期前段洞窟佛像；其二注重人物服饰刻画，包括云冈二期后段、三期佛像的全部，以及云冈一期、二期洞窟的补刻窟龛佛像。

　　本稿着眼于云冈北魏中期开凿的一期、二期前段洞窟中的第一种风格人物雕刻，以实地调查资料为基础，[③] 采用考古类型学与美术史样式论相结合的方法分析，参考水野清一、长广敏雄《云冈石窟》等考察成果，[④] 就云冈北魏中期洞窟人物着衣形式与人体雕刻样式的形成，以及人物雕刻模式的传播三个方面展开论述。

一、云冈北魏中期洞窟人物着衣形式的形成

　　云冈北魏中期洞窟人物雕刻的着衣形式，大体可分为右肩半披式袈裟、通肩式袈裟与菩萨装三种。[⑤]

（一）右肩半披式袈裟

　　在云冈北魏中期洞窟佛像中，右肩半披式袈裟大量出现，是当时主流的着衣形式，其典型特征为内着僧祇支，外穿右肩半披式袈裟，袈裟右领襟半披右肩后垂至右肘下方，然后沿腹部披搭至左肩。这种袈裟的衣褶表现，存在以云冈第 20 窟主尊佛坐像（图 1）和云冈第 19 窟主尊佛坐像（图 2）为代表的两种雕刻样式，前者作凸棱附线刻表现，后者作扁平阶梯状附线刻表现，两者均袈裟贴体，从而突出人物的形体结构。

---

① 　北魏历史可分为三个阶段，即北魏立国至统一黄河流域前的早期（386-438）、统一黄河流域至迁都前的中期（439-493）、迁都洛阳至灭亡的晚期（494-534）。

② 　关于云冈石窟分期，目前学界达成比较一致的分期认识，亦即第一期（460-470 年前后）包括第 16-20 窟；二期（470 年前后—494 年前后）包括第 7、8 双窟，第 9、10 双窟，第 11-13 组窟，第 1、2 双窟，第 5、6 双窟等；三期（494 年前后—524 年前后）包括西方诸洞及一、二期洞窟的补刻龛像。

③ 　本文第一手资料为笔者与李静杰老师历年实地调查所得。

④ 　水野清一，长广敏雄 .《云冈石窟》第 11-15 卷、京都：京都大学人文科学研究所，1951-1955。

⑤ 　云冈第 17 窟主尊为交脚菩萨，但同为昙曜五窟中的主尊造像，其重要性等同于佛像，因此一并分析。

右肩半披式袈裟佛像，最早实例出现在邻近犍陀罗的阿富汗哈达佛寺遗址，该遗址出土若干着右肩半披式袈裟泥塑佛坐像（图3）①，袈裟与躯体结合紧凑，衣褶凹凸有致，应是贵霜朝犍陀罗雕刻影响下的产物。在中国这种着装形式大约出现于公元4、5世纪之际，新疆与河西石窟相似实例见于库车库木吐喇沟口区第20窟泥塑佛坐像（图4）②，以及永靖炳灵寺第169窟第6龛西秦泥塑佛坐像（图5）③，相对而言，前者衣褶自然，左领呈S形内外翻转表现，后者则比较僵滞，呈现平板化倾向。约公元5世纪中叶，典型特征的右肩半披式袈裟逐渐流行于中原北方。河北蔚县北魏太平真君五年（444）佛坐像（图6）④，袈裟衣褶作密集的凸起平行曲线表现，但千篇一律，缺乏起伏变化。另一件西安王家巷出土北魏和平二年（461）佛坐像（图7）⑤，袈裟形制与蔚县石刻佛坐像类同，差异之处在于本尊佛像袈裟衣领浅浮雕"之"字形纹样，与云冈石窟第20窟主尊佛坐像衣领纹样接近，两者应存在亲缘关系。可见，右肩半披式袈裟着衣形式，从中亚、新疆、河西到中原北方，呈现清晰的传播路线。

云冈一期洞窟中第20、19、18窟主尊佛像均着右肩半披式袈裟（图8），左领襟浅浮雕形式化的"之"字形褶皱，这种衣褶的原型，应是由前述库木吐喇沟口区第20窟佛坐像所见左领襟内外翻转的写实表现转化而来。

云冈第20窟主尊佛坐像袈裟衣褶呈较密集的凸棱线状，衣褶分叉或交接处作上下叠压的"Y"字形结构，以左臂最为明显，其特征与犍陀罗佛像类似（图9）⑥，但已脱离了后者的写实性而趋于程式化和装饰性表现。值得注意的是，该像在凸棱衣褶之上和之间均刻有流畅的阴线。衣褶做凸棱状雕刻且在其间刻画阴线的技法，已见于北魏中期前段金铜佛像和石刻佛像（图10）⑦，但这些作品人物衣褶表现较为单一，线条穿插的娴熟程度及起止变化均与云冈第20窟主尊佛像相去甚远。凸棱衣褶表现形式及样式应受犍陀罗佛像雕刻影响，而在衣褶上阴刻线的技法却多见于贵霜朝秣菟罗佛像。佛教造像工艺东传到内地时，匠工可能糅合了这两种技法，一起应用于云冈第20窟主尊佛像⑧。

云冈第19窟主尊佛坐像雕刻技法呈现另一种面貌。该像着衣比较轻薄贴体，衣褶作扁平阶梯状表现，并在其上刻画阴线，层次有致。扁平阶梯状衣褶多见于十六国时期金铜佛像，是中原北方早期佛像中最常见的表现方式，而贴身线刻衣褶在河西石窟中多有实例，一般称为"湿衣法"，其特征与贵霜朝秣菟罗佛像雕刻技法相近。显而易见，第19窟主尊佛坐像衣褶表现综合了这两种技法。云冈第18窟主尊佛立像袈

---

① 巴黎集美美术馆藏。〔日〕栗田功.《ガンダーラ美术Ⅱ・佛陀の世界》东京：二玄社、1990、图版195。

② 新疆维吾尔自治区文物管理委员会、库车县文物保管所、北京大学考古系编：《中国石窟・库木吐喇石窟》，北京：文物出版社，1992年，图版188。

③ 甘肃省文物工作队、炳灵寺文物保管所编：《中国石窟・永靖炳灵寺》，北京：文物出版社，1989年，图版21。

④ 蔚县博物馆藏。蔚县博物馆：《河北蔚县北魏太平真君五年朱业微石造像》，《考古》1989年第9期。

⑤ 西安碑林博物馆藏。

⑥ 〔日〕栗田功.《ガンダーラ美术Ⅱ・佛陀の世界》东京：二玄社，1990，图版201。又，贵霜朝犍陀罗佛像深受古希腊、罗马造型艺术影响，成熟期作品人体骨骼与肌肉形态写实，着衣与人体结合贴切，注重衣纹的起止穿插关系。犍陀罗晚期，这些特点呈现程式化倾向，并传播到中亚，继而对中原北方石窟造像产生影响。

⑦ 纽约大都会博物馆藏。〔日〕长广敏雄编.《中国美术3・雕塑》东京：讲谈社，1972，图版9。又，京都藤井齐成会有邻馆藏北魏太安元年（455）佛坐像，亦为相近表现样式。藤井有邻馆编.《有邻精华》京都：藤井齐成会，1975，图版16。

⑧ 〔日〕水野清一、长广敏雄也认为，云冈第20窟主尊衣褶是犍陀罗与秣菟罗两种造型因素混合并中国化的结果。参见〔日〕水野清一、长广敏雄.《云冈石窟》第12卷，京都：京都大学人文科学研究所、1951-1955年，第10页。

袈化佛之外的衣褶刻画基本同于云冈第19窟主尊佛坐像，亦表现为扁平阶梯状附线刻。这种衣褶雕刻技法在云冈一、二期洞窟中大量出现（小尊佛像多贴身线刻，可看作简略化表现），成为云冈北魏中期洞窟造像衣褶雕刻的基本表现形式。云冈第20窟主尊佛坐像衣褶作凸棱附线刻表现则不甚流行，除该像外只见于一期洞窟仅有的几例着通肩式袈裟佛像，以及二期第7、8窟后室北壁上层三尊像[①]。可见这种较为费时费力的雕刻形式适用于部分大型尊像，并且在二期洞窟中没有得到推广，而以第19窟主尊为代表的扁平阶梯状附线刻衣褶表现，由于简洁易行，在两期洞窟中得以普遍流行。

云冈二期洞窟结跏趺坐佛像多着右肩半披式袈裟，雕刻技法与云冈第19窟主尊佛坐像类同，只是尺寸缩小，雕刻相对简略。云冈第8窟主室南壁佛坐像（图11）[②]。内着僧祇支，外穿右肩半披式袈裟，袈裟衣领刻画"之"字形纹样，衣褶作简略的贴身线刻。云冈第9窟前室西壁佛坐像袈裟表现与前例相仿（图12）[③]，而肩部衣褶作扁平阶梯状附线刻，与第19窟主尊佛坐像肩部衣褶类同。这两例佛像代表了云冈二期洞窟佛像衣褶的表现技法。

（二）通肩式袈裟

相对右肩半披式袈裟而言，通肩式袈裟佛像在云冈北魏中期洞窟造像中处于从属地位。通肩式袈裟指通身缠覆袈裟直达颈部的着衣形式，普遍见于犍陀罗雕刻，也是中国最早流行的袈裟形式。云冈北魏中期洞窟着通肩式袈裟佛像衣褶雕刻也可分为两种样式，分别对应上述凸棱附线刻和扁平阶梯状附线刻。

通肩式袈裟在西域及河西石窟中较为常见，实例如炳灵寺第169窟第20龛西秦泥塑佛坐像（图13），衣褶作简洁的贴身线刻表现；十六国后赵建武四年（338）金铜佛坐像（图14），[④] 衣褶作扁平阶梯状表现。两者袈裟虽为同一形式，但雕塑技法迥异，前者具有贵霜朝秣菟罗"湿衣法"特点，衣褶自左肩向右呈放射状分布，而后者则脱胎于贵霜朝犍陀罗佛像，衣褶以胸部为中心呈"U"字形对称表现。[⑤] 这两种衣褶表现技法均对云冈石窟佛像产生影响，如前述云冈第19窟主尊佛像就吸收了这两种表现技法。

云冈第20窟东壁佛立像（图15）和第17窟东壁佛坐像（图16），袈裟皆浅浮雕条带状凸棱衣褶，并在其上施刻阴线，雕刻手法与云冈第20窟主尊佛坐像类同。两例佛像衣褶表现均以胸部为中心，向两臂及腹部对称扩散，其间见有首尾交织和叠加关系的条带状凸棱纹样，这种衣褶表现应源自犍陀罗佛像（图17）[⑥]，但这种表现样式在犍陀罗也属于少数异类。云冈第19窟南壁佛立像身着通肩式袈裟（图18）[⑦]，

① 第7窟北壁上层三尊像中间为交脚菩萨，两侧胁侍倚坐佛，后世在其表面敷有泥塑，从水野清一、长广敏雄《云冈石窟》刊录图片看，主尊腹部以下泥塑还较完整。据实地观察，该交脚坐菩萨像左小腿及其左侧倚坐佛右膝盖部分泥塑脱落，露出石刻原貌，可以看出衣纹表现为凸棱附线刻，但手法比较简略和僵硬。参见〔日〕水野清一、长广敏雄．《云冈石窟》第4卷、京都大学人文科学研究所、1951-1955年，第7洞图版33；冯骥才主编：《中国大同雕塑全集·云冈石窟雕刻卷》，北京：中华书局，2010年，图版107。第8窟北壁上层三尊像，中间为倚坐佛，两侧胁侍交脚菩萨，主尊及左胁侍菩萨下半身残存的衣褶作凸棱附线刻，风格与第7窟北壁上层三尊像一致。该窟右侧胁侍风化严重，猜测也是这种衣褶雕刻技法。参见水野清一、长广敏雄．《云冈石窟》第5卷、京都：京都大学人文科学研究所，1951-1955年，第8洞图版33。

② 冯骥才主编：《中国大同雕塑全集·云冈石窟雕刻卷》，北京：中华书局，2010年，图版139。

③ 冯骥才主编：《中国大同雕塑全集·云冈石窟雕刻卷》，北京：中华书局，2010年，图版176。

④ 旧金山亚洲艺术馆藏。长广敏雄编．《中国美术3·雕塑》东京：讲谈社，1972年，图版6。

⑤ 李静杰：《早期金铜佛谱系研究》，《考古》1995年第5期。

⑥ 〔日〕栗田功．《ガンダーラ美術Ⅱ·佛陀の世界》东京：二玄社，1990年，图版260。

⑦ 〔日〕水野清一、长广敏雄．《云冈石窟》第13、14卷、京都：京都大学人文科学研究所、1951-1955年，第19洞图版30。

衣褶作扁平阶梯状表现，与本窟主尊佛像相近，区别是衣褶中未施阴线。该像衣褶自胸部开始呈"U"字形向两侧和下方扩散，两腿及两腿之间又各自形成"U"字形排列，注重对称、装饰的视觉效果。云冈第18窟东壁佛立像袈裟形制及雕刻手法与云冈第19窟南壁佛立像类同（图19），只是前者衣褶间距相对加宽。这两例佛像的"U"字形衣褶与着通肩式袈裟金铜佛衣褶结构相似，显而易见受到后者影响。

云冈二期洞窟中着通肩式袈裟佛像较为少见，有限实例中以云冈第10窟前室明窗东侧壁佛坐像为代表（图20）[1]，该像通肩式袈裟衣褶作扁平阶梯状附线刻表现，沿用了云冈第19窟主尊佛坐像的雕刻特征。云冈一期洞窟通肩式袈裟衣褶作凸棱附线刻表现鲜见于二期洞窟[2]，而扁平阶梯状附线刻在二期洞窟中广为流行，不仅用于右肩半披式袈裟，还见于通肩式袈裟。

（三）菩萨装

云冈北魏中期洞窟菩萨像着装形式比较统一，通常上身披挂自左肩斜向右腰的络腋，下身着长裙，佩戴装身具。这一时期菩萨像以交脚坐像数量为多，具有普遍性意义。典型实例以云冈一期第17窟主尊（图21）、二期第7窟后室北壁上层中尊菩萨交脚坐像为代表（图22）[3]，二者着装形式大体一致，在雕刻技法上前者接近第19窟主尊佛像，但扁平阶梯状衣褶中不见附加线刻，后者被后世敷泥重塑，目前部分泥塑已剥落，可以看出该像膝盖部分衣褶表现为凸棱附线刻。在菩萨像两种衣褶雕刻技法中，前者具有普遍意义，后则只见于云冈第7、8窟后室上层三尊像中的菩萨交脚坐像。云冈北魏中期洞窟菩萨像头冠宝缯外飘，项饰二龙戏珠式项圈。这些服饰和装身具表现，形成北魏中期菩萨像典型特征，该造型亦导源于犍陀罗菩萨像，如东京松冈美术馆藏菩萨交脚坐像（图23）[4]，着装和装身具与上述云冈实例大体一致，而造型更加写实并具立体感。再者，云冈第17窟主尊菩萨像，肩挎帔帛，两端分别在左右肘内侧垂下，相同帔帛已见于永靖炳灵寺西秦菩萨像[5]，此造型因素亦来自犍陀罗雕刻[6]。

二、云冈北魏中期洞窟人体雕刻样式的形成

云冈北魏中期洞窟人体雕刻样式的形成，可从人体的比例、量感和空间关系三个方面论述。

（一）人体比例

云冈石窟不同时期窟龛造像样式存在一定差异。在云冈北魏中期洞窟中，立像和坐像呈现两种人体比例关系，这一关系在云冈一期、二期洞窟中也略有不同。

云冈一期、二期洞窟部分尊像身高与头高比例数据及身体比例实测图如下表[7]。

---

[1] 冯骥才主编：《中国大同雕塑全集·云冈石窟雕刻卷》，北京：中华书局，2010年，图版219。

[2] 第8窟后室北壁上层主尊倚坐佛像风化严重，残存的腿部衣褶作凸棱附线刻，但上半身风化严重，难以辨认其着装形式。

[3] 〔日〕水野清一、长广敏雄．《云冈石窟》第4卷，京都：京都大学人文科学研究所、1951-1955、第7洞图版33。

[4] 东京松冈美术馆藏。

[5] 甘肃省文物工作队、炳灵寺文物保管所编：《中国石窟·永靖炳灵寺》，北京：文物出版社，1989年，图版24。

[6] 如犍陀罗石刻夜叉女像。〔日〕栗田功．《ガンダーラ美術Ⅱ·佛陀の世界》东京：二玄社，1990年，图版428、429。

[7] 本稿表1、2，基于〔日〕水野清一、长广敏雄《云冈石窟》考古报告记录数据和由实测图得来的换算数据制作；图表1、2依据上述报告中实测图的头部尺寸（不含肉髻）确定身高比例。

表 1　云冈一期洞窟主要尊像身体比例

尺寸（厘米） 代表尊像与比例	身高	头高		身高 / 头高	
		含肉髻	不含肉髻	含肉髻	不含肉髻
第 20 窟东壁佛立像	960	244	194	3.93	4.69
第 18 窟主尊佛立像	1550	356	295	4.35	5.05
第 18 窟东壁佛立像	900	205	170	4.39	5.09
第 19 窟主尊佛坐像	1648	480	392	3.43	3.98
第 20 窟主尊佛坐像	1344	407	323	3.30	3.90
第 17 窟东壁佛坐像	545	154	125	3.54	4.12

第18窟主尊佛立像　　第18窟东壁佛立像　　第20窟东壁佛立像

第19窟主尊佛坐像　　第20窟主尊佛坐像　　第17窟主尊菩萨交脚坐像

图 1　云冈一期洞窟主要尊像身体比例实测图

表 2　云冈中期主要洞窟尊像身体比例

尺寸（厘米） 代表尊像与比例	身高	头高		身高 / 头高	
		含肉髻	不含肉髻	含肉髻	不含肉髻
第 10 窟前室东壁下层北龛佛立像	216	50	36	4.32	5.61
第 7 窟主室南壁三层西龛佛坐像	117	41	30	2.85	5.35
第 9 窟前室西壁下层南龛佛坐像	151	48	37	3.15	3.75
第 10 窟前室东壁下层南龛佛坐像	148	46	35	3.32	3.91

据表 1、图 1 可知，云冈一期洞窟在不含肉髻情况下，立佛约为 5 头高，相对常人而言头部比例明显偏大。坐佛有结跏趺坐与交脚坐两种形式，头部至臀部均为 4 头高左右，根据解剖学原理，这一比例加上腿部尺寸折合成立像应为 7 头高左右，合乎人体实际比例。在含肉髻情况下，云冈一期洞窟立佛身高比例仅为 4 头高左右，坐像也少有及 3 头半高者，比例关系极度失衡。肉髻作为佛陀三十二瑞相之一，造型时通常与头顶界线分明，类似于凸起发髻，推测原初设计时就没有考虑在身高比例之内。

云冈第 18 窟主尊佛立像及东壁佛立像，头顶（不含肉髻，下同）至骨盆处稍下为三头高，大腿至足底略高于两头，下半身比例过短，这一关系在云冈第 20 窟东侧佛立像上体现最为显著。由此看来，云冈一期洞窟立像比例失衡，除了上半身较常人有小幅缩减外，主要体现在两腿比例过短。导致此现象的原因，可能与洞窟环境及观佛方式有关。云冈一期洞窟作横椭圆形平面、穹窿顶，进深狭窄，空间比较封闭，而主

第10窟前室东壁下层北龛佛立像　　第7窟主室南壁三层西龛佛坐像　　　第9窟前室西壁下层南龛佛坐像

图 2　云冈二期洞窟主要尊像身体比例实测图

尊高达 13~17 米左右，占据窟内大部分空间。以云冈第 18 窟主尊佛立像为例，观者在这样狭窄的空间里难以总览大佛全貌，如果按照人体常规比例设计，在仰视大佛时势必造成头小身大的不协调感，为纠正这一视差，便有意夸大头部尺寸 ①。十六国北朝时期石窟与禅观实践关联，东晋佛陀跋陀罗译《佛说观佛三昧海经》述及观想佛像的各个细节 ②，必然对石窟造像提出具体要求。昙曜五窟主尊立像高大而洞窟狭窄，若在仰视情况下看清楚佛头部细节，也需要适于视觉效果的头部体量。

云冈一期洞窟坐像比例与立像明显不同。云冈第 19、20 窟主尊佛坐像，自头顶至骨盆稍上的腰部为三头高，视觉效果协调。这种比例关系，与礼佛、观佛的洞窟环境有关。以云冈第 19 窟主尊佛坐像为例，在短促洞窟视觉空间中，躯干与头部极为突出，无须夸大头部比例就能取得良好的视觉效果。另外，在云冈一期、二期洞窟中，跏趺坐佛像两腿外张的幅度并不一致，但据现场观察，这一偏差并没有明显影响视觉的协调感，也就是说，洞窟环境中坐像身高比例的关键在于头部与躯干的比例关系。交脚坐像上半身比例关系与跏趺坐像一致，主要区别为前者两脚垂于基座下做前后相交状，增加了尊像的视觉立体感。

据表 2 和图 2 可知，云冈二期洞窟立像近 6 头高，腿部较云冈一期洞窟佛像比例加长，而坐像则与云冈一期洞窟者持平。二期洞窟立像比例发生变化，应该与洞窟的空间布局及佛教功能发生变化关联。二期洞窟多以双窟或组窟的形式出现，图像组合转向佛教义理的组织。以最有代表性的云冈第 9、10 双窟为例，《法华经》主导图像构成，表述《法华经》奉持者将来往生兜率天净土及方便说法思想 ③。这种情况下，更加注重图像各要素的组合关系，形成具有特定教义内涵的佛教会场，立像仅为其中的组成部分，观看视角也较正常，因此可以用近乎常人比例雕刻。

---

① 关于大型人体雕塑与身高比例的关系，在中国古代文献中没有相关记述，至于"立七坐五盘三半"的民间造型口诀，是较晚时间总结出来的身高比例法则。

② 《佛说观佛三昧海经》卷 9《观像品第》云："乐逆观者，从像足指次第仰观，初观足指系心令专……次第至髻，从髻观面若不明了，复更忏悔倍自苦策。以戒净故见佛像面，如真金镜了了分明……如天画师之所画作，见是事已次观顶光令分明了。如是众相名为逆观。顺观像者，从顶上诸蠡文间，一一蠡文系心谛观，令心了了见佛蠡文，犹如黑丝右旋宛转。次观佛面，观佛面已，具足观身，渐下至足。如是往返凡十四遍，谛观一像极令了了。"

③ 〔日〕李静杰.《云冈第 9、10 窟について》,《佛教艺术》第 267 号, 东京：每日新闻社, 2003 年。

北魏王朝服制改革前，[①] 二期洞窟雕刻大多在一期洞窟经验基础上，遵循某种既定规范组织相关内容，所不同的是在尺寸和比例上，二期洞窟佛教造像多样化，注重彼此间义理的组合关系，立像身高比例接近常人，坐像在尺寸与比例上延续一期洞窟特征，较为协调，同时也趋于程式化。

（二）人体量感

人体量感一般用来说明人物造型的胖瘦程度。云冈一期洞窟主尊佛像量感丰足，造型雄伟，面颊丰腴，双耳垂肩，形成独特风貌。云冈二期洞窟除第 9、10 双窟及第 3 窟、第 5 窟之外，不再流行超大型造像，在视觉上少了高大雄伟的特点。但就造型本身而言，云冈一期、二期洞窟造像样式前后相续，量感较为一致。

云冈一期洞窟主要尊像部分继承了河西石窟造像特征 [②]，但在人体量感方面却有明显变化。永靖炳灵寺第 169 窟第 20 龛西秦佛坐像，及同窟第 7 龛佛立像（图 24），两像袈裟衣褶随躯体的起伏作具有韵律感的阴线刻表现，显然吸收了笈多朝秣菟罗"湿衣法"雕塑技法，并在云冈第 19 窟南壁佛立像和第 18 窟两侧佛立像上有所体现，但后两者量感丰足、躯体壮实。云冈石窟实例虽在躯体量感上有所发展，但与秣菟罗佛像那种肌体饱满，外轮廓富于变化的人体造型比较也相去甚远。云冈石窟实例躯体平直而无明显的肌肉起伏关系，与汉文化地区人体雕塑不发达背景关联 [③]。十六国时期多数金铜佛像也暴露了同样问题。可以看出，犍陀罗和笈多朝秣菟罗佛教造型艺术传入汉文化地区之后，虽有再创造和发展的成分，但就人体结构和形态表现而言明显退化。

云冈一期洞窟主要尊像人体量感饱满，气势恢宏，彰显了自身独特性。自道武帝（386-409 年在位）定都平城到太武帝（424-452 年在位）统一北方形成南北朝格局，完成统领胡汉的伟业，这一背景下皇权与佛教造像结合，对一期洞窟主尊佛像所代表的皇帝形象势必提出更具体的要求，不仅在尺寸上要求高大、雄伟，在量感上也要求饱满、壮实，这样才能彰显以皇帝崇拜为依托的如来形象。这一造型特征如实反映在一期洞窟主尊上，且作为一种基本样式延续到二期洞窟。二期洞窟佛像除尺寸缩小和肩部变得圆润外，人体量感与一期洞窟相比变化不大，皆呈现面部丰腴，目深鼻挺，双耳垂肩，躯体厚实的造型特征。

（三）人体空间关系

在云冈石窟中，人体雕刻空间关系具体表现为衣装与躯体的表里系、四肢与躯干的空间分离关系，前者一定程度上可影响后者。云冈第 17~20 窟主要尊像大多袈裟贴身表现，四肢与躯干空间的分离关系清晰。其中，着通肩式袈裟佛像因衣装覆体，四肢与躯干的空间分离关系较右肩半披式袈裟佛像含蓄。此外，因尊像大小不同和匠工雕刻技巧差异，导致各尊像空间关系也有所区别，特别是非主尊和较小尺寸佛像，雕刻相对简略、粗糙，难以体现清晰的人体空间关系。

就雕刻技法和视觉效果而言，云冈第 20 窟主尊佛坐像是一期洞窟雕刻中最为用功的尊像。据考，云冈第 20 窟在开凿过程中可能遭受坍塌事故，高大的佛像由此暴露在外，但工程并未因此停止，而是重新调整

---

① 第 5、6 双窟为云冈二期最晚开凿洞窟，第 6 窟佛像均着双领下垂式袈裟，应为太和十年（486）改制后的产物。
② （北齐）魏收．《魏书》卷一一四《释老志》："太延中（435-439），凉州平，徙其国人于京邑，沙门佛事皆俱东，象教弥增矣。"可见凉州的"沙门佛事"是昙曜五窟营建的主要力量。像这种强制徙民的举动，在北魏建国征伐期间发生多次，参见宿白：《平城实力的积聚和"云冈模式"的形成与发展》，载云冈石窟文物保管所编：《中国石窟·云冈石窟一》，北京：文物出版社，1991 年。
③ 魏晋墓葬陶俑的共同特点是衣服与身体的层次关系含糊，肌肉没有明显的起伏变化，塑造粗糙，躯干单薄。这种不重视外在肌肉表现的造型法则，应与儒家礼法思想有关，具体内容需另撰文论述。

窟龛开凿计划[①]。该像僧祇支轻薄贴体，衣褶贴身线刻表现，袈裟衣边凸起一定厚度，但厚实、硬朗的躯体特征仍然充分显露，衣褶作凸棱附线刻表现，不仅增加了视觉层次的丰富感，也凸显了云冈第20窟的特殊性。[②] 由于衣褶的深入雕刻，胸腹部的体量相对其他一期洞窟主尊略显瘦小，两臂与躯干的空间分离关系更加清晰。

云冈第19窟是一期洞窟中开凿最早、规模最大的洞窟[③]，主尊佛坐像身形伟岸，袈裟贴体，胸部至腰腹部外轮廓缺乏变化，形体呈现平直、简洁的视觉效果，躯干与上肢的空间分离幅度不大但很清晰。云冈第18窟主尊袈裟与人体结合更加紧密，而且躯体外轮廓有较明显的起伏关系，腰腹部以上的化佛随衣褶走势成排、成列表现，密集而不凌乱，这也是得益于合理的人体空间关系。云冈第17窟主尊菩萨像四肢外张幅度大，胸腹部却相对单薄，躯干与上肢的空间分离关系夸张，其中上臂与肩部连接处显得极为单薄，如果不是工匠雕刻失误所致，可能就是为了强调躯体的立体感而雕刻过度。

云冈一期洞窟主要尊像袈裟衣褶雕刻技法各有差异，两臂与躯干的空间分离关系清晰。云冈二期洞窟人体雕刻基本延续这一特征，但大多佛像体量较小，人体空间分离关系不甚显著，如云冈第10窟前室东壁下层坐佛（图25）[④]，袈裟略厚，衣褶简略，两臂与躯干的结构关系相对含蓄。云冈第11窟西壁中层佛坐像特征与前例佛坐像类同（图26）[⑤]，人物造型更为圆润、清秀，这些不易察觉的变化，可以看作二期洞窟佛像雕刻的阶段性特点。

三、云冈北魏中期洞窟人物雕刻模式的传播

平城作为南北朝前期北方政治文化中心，聚集了当时各地优秀工匠，不同造像风格在此交汇融合，形成极具特色的云冈模式。云冈北魏中期洞窟人物雕刻模式，即依托于右肩半披式袈裟和通肩式袈裟等着衣形式的雕刻技法和人体造型，在其形成之中及之后一段时间，传播到北中国的许多地方。以云冈第20窟主尊坐佛为代表的衣褶作凸棱附线刻技法，和以云冈第19窟主尊坐佛为代表的衣褶作扁平阶梯状附线刻技法，两者在传播过程中均对地方造像施加影响，其中前者呈现相对的早期性，后者则普遍存在于北魏中晚期，形成一般化雕刻模式。

---

① 京都大学人文学科研究所在云冈第20窟前庭发掘出北魏砖瓦，认为这是第20窟开凿过程中发生坍塌事故后所做修补的遗存。参见水野清一、长广敏雄.《云冈石窟》第13、14卷，京都大学人文科学研究所，1951–1955。杭侃根据日本学者考察成果和实地调查，认为云冈第20窟西胁侍佛完成后不久就发生坍塌事故，由此影响到整窟布局，甚至改变昙曜五窟原来的总体设计。参见杭侃《云冈第20窟西壁坍塌的时间与昙曜五窟最初的布局设计》，《文物》1994年第10期。吉村怜也认为云冈第20窟开凿过程中存在坍塌的可能，但洞窟设计者并没有放弃营造计划，只是做了相应的调整。参见〔日〕吉村怜《论昙曜五窟—昙曜五窟营造顺序》，载《天人诞生图研究——东亚佛教美术史论文集》，上海：上海古籍出版社，2009年。

② 塚本善隆率先以昙曜五窟主尊比定太祖以下五帝，根据洞窟布局和昭穆制度，认为第20窟主尊佛坐像对应太武帝。文成帝复法后，不仅下诏书表彰太武帝前期佛教功绩，并为其开脱由于灭法过失而下地狱的罪责，在推行帝王偶像化的石窟大佛营建中，尤其重视所对应尊像建造自在情理之中。参见塚本善隆「云冈石窟の佛教」、.《印度学佛教学研究》第2卷，1954。另外，云冈第20窟主尊背光及侧壁立佛背光中的供养菩萨、飞天着衣均作贴身线刻表现，与大多较小尊像雕刻手法一致，而与此窟主尊凸棱衣褶表现技法不同。

③ 〔日〕水野清一，长广敏雄.《云冈石窟》第13、14卷，京都：京都大学人文科学研究所，1951–1955；宿白：《云冈石窟分期试论》，《考古学报》1978年第1期。

④ 冯骥才主编：《中国大同雕塑全集·云冈石窟雕刻卷》，北京：中华书局，2010年，图版238。

⑤ 中国美术全集编辑委员会编：《中国美术全集10·云冈石窟雕刻》，北京：文物出版社，1993年，图版118。

　　根据目前已知实例的分布情况（图 27），云冈模式的传播，可分为在其直接影响下的北魏中期中央样式和地方特征明显的和北魏中期地方样式两部分。前者体现较高的艺术水准，后者则在云冈模式基础上突出地方造像特征，雕刻水平参差不齐。整体来看，平城以南的汉文化地区是其传播发展的主要方向。

（一）北魏中期中央样式造像

　　受云冈模式直接影响实例，主要出现于大同地区、洛阳地区、邺城地区、定州地区、[①] 朝阳地区、北方边镇及陇东地区。上述地区所见实例多与皇室贵胄或地方豪族捐资造像有关。这些社会上层佛教徒，因为拥有社会特权与财富，有条件征用更优秀的工匠为他们服务，从而在造像形式和表现样式上体现出较高艺术水准，基本能与中央保持一致。

　　大同西北约 10 千米的鹿野苑石窟，现存 11 个洞窟，中间第 6 窟为设置造像的礼拜窟，其他皆为禅窟[②]。第 6 窟造一佛二胁侍菩萨像，主尊佛坐像面颊丰腴（图 28），身躯厚实，内着僧祇支，外穿右肩半披式袈裟，袈裟衣褶作凸棱附线刻表现，领口刻画"之"字形纹样，这些特征均与云冈第 20 窟主尊类同。该石窟于献文帝在位时期（465–471）开凿，其人笃信佛教，喜好禅居，所开凿石窟造像，自会延续云冈昙曜五窟造像风格。

　　开凿于北魏孝文帝迁都洛阳期间及以后的龙门石窟，兼有注重形体结构造型和偏重于服饰刻画的造像样式。龙门古阳洞最先开凿的南北壁上层八大龛像，大多保持着云冈北魏中期洞窟造像风格。其中，北壁第 304 龛北魏太和二十二年（498）佛坐像（图 29）[③]，头部已毁，躯体壮实，比例协调，右肩半披式袈裟衣褶作阶梯状附线刻表现，两臂与躯体的空间分离关系自然、明确，体现高度成熟的造型技巧，其形体特征和雕刻手法与云冈二期佛像类同。北魏孝文帝迁都洛阳，平城僧团大多随之南迁，古阳洞南北壁八大龛造像，推测系来自平城工匠所为。

　　出土于邺城周边的北吴村北魏太和十九年（495）佛坐像（图 30）[④]，主尊身着右肩半披式袈裟，佛装衣褶贴身阴线刻。这种线刻方式，或可视为阶梯状附线刻的简化表现。该像表现形式与云冈二期洞窟造像及龙门古阳洞早期龛像大体一致，反映出邺城作为北魏孝文帝迁都期间临时行宫所在地的重要性。[⑤]

　　在传世和出土定州系统金铜佛像中，见有一组结跏趺坐，着右肩半披式袈裟，左手执衣角，右手施无畏印佛像，坐亚字形四足方座，有迹象表明这些尊像都是来自定州的产品。定州周围的安国（题记"安喜县"）太和元年（477）金铜佛像（图 31）[⑥]，高髻大耳，面相饱满，袈裟衣褶凸棱附线刻表现。该类型金铜佛像，还见有内蒙古托克托县古城遗址出土太和八年（484）金铜佛像（图 32）、[⑦] 北京延庆宗家营出土

---

① 　400 年，北魏道武帝改安州为定州，治所在中山，辖中山、常山、博陵、北平、巨鹿五郡。本稿所言定州并不局限于今天的定州城，而是指北魏时定州所管辖的整个地区，即广义的定州地区。

② 　李治国、刘建军：《北魏平城鹿野苑石窟调查记》，载《中国石窟·云冈石窟一》，北京：文物出版社，1991 年。

③ 　刘景龙：《古阳洞》第 1 册，北京：科学出版社，2001 年，图版 110。

④ 　临漳邺城博物馆藏。

⑤ 　《魏书》卷七《高祖纪第七下》："（太和十七年）冬十月戊寅朔……初，帝之南伐也，起宫殿于邺西，十一月癸亥，宫成，徙御焉……十八年春正月丁未朔，朝群臣于邺宫澄鸾殿。"

⑥ 　台北故宫博物院藏。

⑦ 　内蒙古博物馆藏，参见林树中主编：《中国美术全集雕塑篇 3·魏晋南北朝雕塑》，北京：人民美术出版社，1988 年，图版 92。

约北魏太和后期金铜佛像（图33）[①]，其人物特征均与云冈第20窟主尊佛坐像接近。这三尊金铜佛像细节表现略有差别，但着装及雕塑技法一致，躯体相对单薄，欠乏量感，左臂和左胁被袈裟覆盖而没有清晰分界。定州系太行山东部重镇，早在十六国时期便是高僧活动之地，北魏建国初期，太祖以赵郡僧人法果为道人统，统领僧徒。至5世纪下半叶，定州既是一处地方佛教中心，也是金铜佛铸造中心。定州所出金铜佛不仅供给本地信徒供养，还能满足其他地区需求。这些金铜佛像是将云冈一期大型造像技法应用于小型造像中，呈现含蓄、秀美的视觉特征。

北魏文明太后为纪念亡父而建立的朝阳思燕佛图，其遗址（朝阳北塔下层）出土若干佛坐像，着右肩半披式袈裟，衣褶贴身线刻的技法与云冈二期前段洞窟龛像相似[②]。其中一尊头部残缺佛像比较写实（图34），[③] 袈裟与人体结合自然，衣褶贴身线刻，线条疏密有致，呈现较高雕塑技巧。北魏孝文帝5岁登基后（471–499年在位），朝政把持在文明太后手中。文明太后为北燕皇族后裔，思燕佛图就是为纪念其亡父而在故乡龙城（今朝阳市）所立，因此才有了在偏远东部出现与平城造像高度类似实例。同为泥塑佛像实例，还见于固阳县怀朔镇白灵淖城圐圙北魏古城佛寺遗址。该遗址出土一批泥塑残件（图35）[④]，均造型饱满、躯体厚实，衣褶作线刻表现，并随肌体起伏而变化，其特征十分接近云冈二期洞窟造像。固阳县怀朔镇是北魏北方六镇之一，而六镇是北魏对抗北方胡族的边防重地，与平城之间保持着密切联系，其佛寺造像样式来自平城合乎情理。

天水麦积山第74窟、78窟为该石窟群最早开凿石窟，但其开凿年代尚存争议[⑤]。笔者以为，此二洞窟佛像具备云冈石窟造像特征，以第78窟主尊佛坐像为例（图36），其面颊丰盈，高髻大耳，仿佛昙曜五窟造像的翻版。该像内穿僧祇支，外着右肩半披式袈裟，袈裟衣褶密集、平缓，作凸棱附线刻表现，局部特征与云冈第20窟主尊凸棱衣褶雕刻手法一致，而整体表现及衣褶线条组织则与云冈第19窟主尊特征相近。该佛像也有与云冈石窟造像明显不同之处，主要表现在头部相对清秀，身躯略显修长，右肩半披式袈裟衣领也没有刻画"之"字形纹样，衣褶虽带有云冈第20窟与第19窟主尊佛坐像特征，但表现不完全吻合。麦积山石窟多为石胎泥塑，与云冈石窟硬质石刻在表现技法上有所区别，泥塑相对而言更易于塑造，但难以表现石刻那种刚硬风格。如学界所云，麦积山早期洞窟造像还具备凉州因素，这是地理位置使然，总体而言似乎更多受到云冈模式影响。麦积山位于陇东地区，十六国以来便是高僧聚集之地，开窟造像亦为数众多。[⑥] 北魏文成帝复法后，崇佛之风更盛于前，作为当时佛教圣地，与帝都平城之间应保持一定联系，其造像吸收平城造型因素也在情理之中。

---

① 北京首都博物馆藏，参见齐心、呼玉衡：《大代鎏金铜造像》，《文物》1980年第3期。

② 董高：《朝阳北塔"思燕佛图"基址考》，《辽海文物学刊》1991年第2期；辽宁省文物考古研究所、朝阳市北塔博物馆编：《朝阳北塔考古发掘与维修工程报告》，北京：文物出版社，2007年，第35~45页。

③ 朝阳北塔博物馆藏。

④ 内蒙古文物工作队、包头市文物管理所：《内蒙古白灵淖城圐圙北魏古城遗址调查与试掘》，《考古》1984年第2期；刘幻真：《北魏怀朔镇寺庙遗址》，《内蒙古社会科学》（汉文版）1986年第2期。

⑤ 主要有后秦（或西秦）开凿与北魏开凿两种说法，前一观点初见史岩：《麦积山石窟北朝雕塑的两大风格体系及其流布情况》，《美术研究》1957年第1期；后一观点初见〔日〕町田甲一《麦积山石窟的北魏佛について》，《佛教艺术》第35号，1958。另，八木春生认为第74、78窟开凿年代与云冈二期洞窟大致同时，但与云冈石窟没有直接关系，而更多受到凉州因素影响。参见八木春生：《关于麦积山石窟第74、78窟的建造年代》，何红岩、魏文斌译，《敦煌研究》，2003年第6期。

⑥ 严耕望遗著、李启文整理：《魏晋南北朝佛教地理稿》，台北：中央研究院历史语言研究所，2005年，第98页。

（二）北魏中期地方样式造像

云冈模式在向周边地区传播过程中，还存在多种地方样式。这些实例主要分布在燕山以北地区、定州地区、邯郸和晋东南地区、关中和陕北地区。形成这些地方样式的原因，除了多数离平城较远外，还与当地匠人雕刻水平、造像风尚等因素有关。

张家口下花园石窟风化严重，造像服饰已经模糊不清（图 37）[1]，但同窟残存的千佛面相丰腴、身躯壮实，袈裟衣褶作贴身线刻，窟顶 6 身飞天体态厚重，明显具备云冈石窟一期、二期洞窟特征。义县万佛堂石窟西区第 6 窟主尊交脚佛坐像亦风化严重（图 38）[2]，但仍可看出该像面颊丰腴，衣褶作贴身凸棱表现，两臂与躯干的空间分离关系显著，明显带有云冈石窟造像特征。相对而言，该像五官轻巧而紧凑，双目微睁，下颌圆浑，而且肩部衣褶呈圆棱突起，又形成自身特点。与该窟相邻的西区第 5 窟，有太和二十三年（499）题记，其功德主当为营州刺史元景[3]。两窟规模大小相仿、造像相似，开凿年月应比较接近，推测第 6 窟功德主也应是地方高级官员。下花园和义县万佛堂石窟均处于燕山以北，前者接近平城文化圈，后者处于思燕佛图左近，两者均会受到平城模式影响。

灵寿县祁林院北齐砖塔所见北魏中晚期青石佛坐像（图 39）[4]，高肉髻，面相丰圆，身着右肩半披式袈裟，衣褶贴身线刻，雕刻技法稚拙，脖颈与头部、肩部的连接极为生硬，袈裟的衣褶组织和衣边厚度表现也显得简单和概念化，这些造型是地方工匠模仿云冈模式所形成的地方性特征。河北易县出土一批残损的石造像，其中一件北魏和平六年（465）菩萨交脚坐像（图 40）[5]，仅存腰部以下部分、台座和一头伏狮。该菩萨着贴身的羊肠裙，衣褶作纤细的凸棱附线刻表现，其线条组织及雕刻技法与敦煌莫高窟北凉第 275 窟菩萨交脚坐像高度相似[6]。这种形式的衣褶表现，在北魏中期金铜佛像和石刻佛像上均有体现。该像雕刻完成时，昙曜五窟主尊尚未竣工，难以说受其直接影响，但与平城开窟造像环境不无关联。曲阳修德寺出土一件砂岩菩萨交脚坐像（图 41）[7]，面颊丰腴，头戴宝冠，佩戴装身具，下身着长裙，衣褶作贴身线刻表现，其造型特征与云冈二期洞窟菩萨像一致，但该像身躯较为瘦小，与后者那种饱满、壮实的躯体特征区别明显。十六国以来，定州是极为重要的佛教区域，不仅创作数量可观的金铜佛，还留存有部分石刻造像。可见在广义定州地区，不仅存有北魏中期中央样式的金铜佛，还存在造型多样的地方表现样式。

成安南街村出土北魏太和六年（482）佛坐像（图 42）[8]，身着右肩半披式袈裟，衣褶贴身线刻，袈裟衣领刻画 "之" 字形纹样，雕刻手法与云冈二期洞窟佛像类同，只是该像身躯修长，躯体被袈裟覆盖部分结构含糊，胸腹部干瘪，在量感上比云冈造像瘦小许多。与这一特征相近的还有高平羊头山第 5 窟二佛并坐像（图 43），[9] 两像皆着右肩半披式袈裟，仅刻画突出的带状衣领，无衣褶表现，身躯瘦弱，两臂与躯

① 刘建华：《河北张家口下花园石窟》，《文物》1998 年第 7 期。
② 刘建华：《义县万佛堂石窟》，北京：科学出版社，2001 年，第 94~99 页。
③ 刘建华：《义县万佛堂石窟》，北京：科学出版社，2001 年，第 92 页。
④ 刘建华：《北齐赵郡王高睿造像及相关文物遗存》，《文物》，1999 年第 8 期。
⑤ 易县文物管理所藏，参见张洪印、金申：《河北易县发现一批石造像》，《文物》，1997 年第 7 期。
⑥ 敦煌文物研究所编：《中国石窟·敦煌莫高窟一》，北京：文物出版社，1981 年，图版 11。
⑦ 河北省文物保护中心藏。
⑧ 邯郸市文物研究所藏，参见邯郸市文物研究所编：《邯郸古代雕塑精粹》，北京：文物出版社，2007 年，图版 39。
⑨ 张庆捷、李裕群、郭一峰：《山西高平羊头山石窟调查报告》，《考古学报》2000 年第 1 期。

干的空间分离关系清晰而夸张，明显受云冈石窟造型因素影响，但形体修长，迥然有别于后者的壮健特征。上述冀南与晋东南一带为自平城南下洛阳所经之地，但其佛像缺乏云冈石窟那种高大壮实造型特征，而多清秀瘦弱之气，呈现强烈的地方色彩。

兴平出土北魏皇兴五年（471）交脚佛坐像（图44）[①]，面形丰腴，高髻大耳，身着通肩式袈裟，衣褶作凸棱附线刻表现，兼有云冈第20窟主尊佛坐像及东壁佛立像特征，而头部比例偏大，身躯瘦小，衣褶相对烦琐密集，雕刻过于工致而失于小气。关中为北魏经营的重点区域，其所见佛造像多模仿中央样式，特别是上述实例模仿第20窟主尊佛坐像的痕迹明显。

富县川庄第4窟平面做马蹄形[②]，主尊佛坐像头部遭破坏（图45），高大壮实的躯体风化较为严重，不过右臂上残存线刻右肩半披式袈裟的衣边，其上还有"之"字形纹样。由此可见，该洞窟形制和主尊造型样式与云冈一期洞窟类同，只是雕刻粗糙，造像稚拙，雕刻水准与后者相距甚远。甘肃合水保全寺石窟开凿于北魏太和年间（477-499）[③]，若干结跏趺坐佛像呈现面颊丰腴、双耳垂肩、躯体厚实的人体特征（图46），内着僧祇支，外穿右肩半披式袈裟，衣褶贴身线刻，显见与云冈一期、二期洞窟造像相似，不过该佛像上身矮短，两腿过度外张，呈现雕刻生涩，造型朴拙的地方特征。与这一造像风格相似的实例还见于甘泉老君寺石窟1号龛佛坐像（图47），该像亦面相方圆，高眉大眼，粗颈端肩[④]，粗浅的线刻衣褶因风化而模糊不清，且被后世涂妆，但朴拙的造型风格与前例无异。陕北一带地处平城至凉州的交通线上，使得这里有机会接触中央样式，但此地经济文化落后，地方工匠技艺不高，因而出现了这种肩部宽厚和躯体短粗的地域特征。

受中央模式直接影响佛造像，其造型风格与云冈北魏中期洞窟造像相近，雕刻精美。北魏中期地方样式佛像，在保持中央样式基础上体现出或比例失衡，或造型稚拙特征。整体而言，云冈模式传播的重心是向偏南方向的汉文化中心地区，这一现象与北魏政权不断汉化，以及加强控制汉文化地区的背景关联。

四、小结

云冈北魏中期洞窟人物雕刻模式具有多种内涵，是外来造型因素与本土造型观念融合的产物，总体特征为佛像着右肩半披式袈裟或通肩式袈裟，面颊丰腴，躯体宽厚，量感丰富，肩胸部与四肢壮健，富于张力感。[⑤]云冈一期洞窟造像雕刻技法可分为两种，一种是第20窟主尊佛坐像代表的凸棱附线刻，凹凸有致，视觉层次丰富。另一种是第19窟主尊佛坐像代表的扁平阶梯状附线刻，其线条的组织与表现呈现规整、平面化特征。菩萨装雕刻亦不出以上两种技法。上述着衣形式及雕刻技法一直延续到太和十年（486）服饰改革前后。衣褶凸棱附线刻技法主要在云冈一期洞窟流行，二期洞窟中甚为少见，而扁平阶梯状附线刻技法，在云冈一期、

① 西安碑林博物馆藏。造像背屏后面下方刊刻"遂于大代皇兴……次辛亥为亡父母并……敬造弥勒像一躯"。

② 靳之林．《对〈延安地区石窟寺〉一文的订正》，《文物》1984年第12期；李静杰．《陕北陇东北魏中晚期之际部分佛教石窟造像考察》，载麦积山石窟艺术研究所主编：《麦积山石窟研究》，北京：文物出版社，2010年。

③ 郑国穆，魏文斌．《甘肃合水保全寺石窟调查简报》，载《石窟寺研究》第2辑，北京：文物出版社，2011年。

④ 张砚，李安福．《陕西省甘泉县佛、道石窟调查简报》，《文物》1993年第4期。

⑤ 李静杰：《南北朝隋代佛像造像系谱与样式的整体观察》上，载《艺术与科学》第9卷，北京：清华大学出版社，2009年。

二期洞窟中作为一种基本技法广为流行。

云冈一期洞窟佛立像头部偏大，而坐像比例则近于常人。佛立像头部比例之所以大于常人，与洞窟空间环境及禅观实践有关。佛立像高大而洞窟狭窄，在仰视的角度中适当夸大头部比例，不仅达成比较协调的视觉效果，还能够拉近观者与佛像距离，使之感受佛陀的亲切和慈悲。云冈二期洞窟佛立像人体比例逐渐接近常人，坐佛则与一期洞窟基本一致。云冈一、二期洞窟尊像均形体饱满、量感充足，其丰颐、壮实的特点与此前的永靖炳灵寺西秦造像相去甚远。云冈一期洞窟尊像四肢与躯体分离关系清晰，二期洞窟尊像尺寸相对较小，且大多雕刻简略、空间分离关系变得含蓄。

此外，云冈一期洞窟所以流行大像，与北魏建国之初僧侣界倡导皇帝就是当今如来的思想密切关联[①]。学界认为，昙曜五窟的开凿仿效了先前平城五级大寺为五位皇帝造像的传统[②]，将皇帝与佛陀崇拜合二为一，以此彰显皇权，佛教亦借机获得充裕的发展空间。

作为中央样式代表的云冈模式佛像形成后，以平城地区为中心向四周传播，遍及中原北方诸多地域，进而在各地形成中央样式和地方样式两种风格造像。中央样式佛像多为皇家及贵族捐资所造，体现出成熟的雕刻技巧和优美的人物造型。而地方样式佛像，多为地方官员或普通信徒捐资所造，雕刻艺术水准良莠不齐，所见实例也罕有与前者媲美者。总体而言，云冈北魏中期洞窟人物雕刻模式影响既深且远，在中国古代雕塑发展史上书写了崭新且不朽的一页。

（原文刊载于《社会科学战线》2016 年第 1 期）

---

① 《魏书》卷114《释老志》："初法果每言，'太祖明睿好道，即是当今如来，沙门宜应敬礼'，遂常致拜。谓人曰，'能弘道者人主也，我非拜天子，乃是礼佛耳'。"这种观念使得北魏佛教偶像崇拜与皇帝崇拜叠加在一起，呈现鲜明政治佛教色彩。

② 《魏书》卷114《释老志》："兴光元年（454）秋，敕有司于五级大寺内，为太祖以下五帝铸释迦立像五。

图1

图2

图3

图4

图5

图6

图7

图8

图9

图10

图11

图12

图13

图14

图15

图16

图17　　　　　　　　图18　　　　　　　　图19　　　　　　　　图20

图21　　　　　　　　图22　　　　　　　　图23　　　　　　　　图24

图27

图25

图26

图28

图29

图30

图31

图32

图33

图35

图34

图36

图37

图38

图39

图40

图41

图42

图43

图44

图45

图46

图47

图 1 云冈第 20 窟主尊佛坐像

图 2 云冈第 19 窟主尊佛坐像

图 3 阿富汗哈达佛寺遗址出土佛坐像（出自《ガンダーラ美术Ⅱ·佛陀の世界》图版 195）

图 4 库车库木吐喇沟口区第 20 窟佛坐像（出自《中国石窟·库木吐喇石窟》图版 188）

图 5 永靖炳灵寺第 169 窟第 6 龛西秦无量寿佛坐像（出自《中国石窟·永靖炳灵寺》图版 21）

图 6 蔚县北魏太平真君五年（444）朱业微造佛坐像

图 7 西安王家巷出土北魏和平二年（461）佛坐像

图 8 云冈第 18 窟主尊佛立像

图 9 犍陀罗佛立像局部（出自《ガンダーラ美术Ⅱ·佛陀の世界》图版 201）

图 10 博野北魏太平真君四年（443）金铜佛立像（出自《中国美术 3·雕塑》图版 9）

图 11 云冈第 8 窟主室南壁佛坐像（出自《中国大同雕塑全集·云冈石窟雕刻卷》图版 139）

图 12 云冈第 9 窟前室西壁佛坐像（出自《中国大同雕塑全集·云冈石窟雕刻卷》图版 176）

图 13 永靖炳灵寺第 169 窟第 20 龛西秦佛坐像

图 14 后赵建武四年（338）金铜佛坐像（出自《中国美术 3·雕塑》图版 6）

图 15 云冈第 20 窟东壁佛立像

图 16 云冈第 17 窟东壁佛坐像

图 17 犍陀罗佛坐像（出自《ガンダーラ美术Ⅱ·佛陀の世界》图版 260）

图 18 云冈第 19 窟南壁佛立像（出自《云冈石窟》第 13、14 卷第 19 洞图版 30）

图 19 云冈第 18 窟东壁佛立像

图 20 云冈第 10 窟前室明窗东侧佛坐像（出自《中国大同雕塑全集·云冈石窟雕刻卷》图版 219）

图 21 云冈第 17 窟主尊菩萨交脚坐像

图 22 云冈第 7 窟后室北壁上层中尊菩萨交脚坐像（出自《云冈石窟》第 4 卷第 7 洞图版 33）

图 23 犍陀罗菩萨交脚坐像

图 24 永靖炳灵寺第 169 窟第 7 龛西秦佛立像

图 25 云冈第 10 窟前室东壁下层佛坐像（出自《中国大同雕塑全集·云冈石窟雕刻卷》图版 238）

图 26 云冈第 11 窟西壁中层佛坐像（出自《中国美术全集 10·云冈石窟雕刻》图版 118）

图 27 北魏中期佛教雕塑遗存分布图

图 28 大同鹿野苑第 6 窟佛坐像线描（出自《北魏平城鹿野苑石窟调查记》插图 8）

图 29 洛阳龙门古阳洞北壁第 304 龛北魏太和二十二年（498）佛坐像（出自《古阳洞》图版 110）

图 30 临漳北吴村出土北魏太和十九年（495）佛坐像

图 31 安国北魏太和元年（477）金铜佛坐像

图 32 托克托县古城遗址出土北魏太和八年（484）佛坐像（出自《中国美术全集雕塑篇 3·魏晋南北朝雕塑》图版 92）

图 33 延庆宗家营出土约北魏太和年间（477–499）金铜佛坐像

图 34 朝阳北塔遗址出土北魏中期泥塑佛坐像

图 35 固阳怀朔镇佛寺遗址出土佛像残件线描（出自《考古》1984 年第 2 期）

图 36 天水麦积山第 78 窟正壁佛坐像

图 37 张家口下花园石窟主尊佛坐像

图 38 义县万佛堂西区第 6 窟主尊佛交脚坐像

图 39 灵寿祁林院北魏中晚期青石佛像

图 40 易县出土北魏和平六年（465）菩萨交脚坐像

图 41 曲阳修德寺遗址出土北魏中期菩萨交脚坐像

图 42 成安南街村出土北魏太和六年（482）佛坐像（出自《邯郸古代雕塑精粹》图版 39）

图 43 高平羊头山第 5 窟北魏晚期二佛并坐像之一

图 44 兴平出土北魏皇兴五年（471）交脚佛坐像

图 45 富县川庄石窟北魏中期佛坐像

图 46 合水保全寺石窟北魏晚期佛坐像

图 47 甘泉老君寺石窟第 1 龛佛坐像

云冈石窟佛教造像与中古时代的"指啸"艺术
——兼论阮籍长啸与呼麦之关系

范子烨

山西大同云冈石窟，有多座关于"指啸"艺术的佛教造像，其中以北魏时期的造像最多。"指啸"，又称"啸指"，是我国古代特别是中古时代流行的啸法之一，在华彩激扬的长啸艺术家族中，"指啸"占有比较重要的地位。而作为佛教音乐文化伎乐供养的组成部分之一，"指啸"造像以及"指啸"艺术的文化背景，尤其值得我们关注和研究。本文试结合"指啸"艺术的现代遗存以及田野调查资料，对此加以探讨，同时对三国魏著名诗人和音乐家阮籍（210-263）的长啸加以辨析，以揭示其庐山真面目。

一、"指啸"的含义与方法

"指啸"是手指与啸的结合。在音乐艺术的层面上，啸有两种含义：第一是不用任何工具的一人多声的音乐艺术，即今日蒙古人中仍然流行的浩林·潮尔，俗称"呼麦"，借助声带（主次声带同时发声）发声[①]；第二是口哨或吹口哨，不借助声带发声。而"指啸"，则是手指、口腔与气息相结合的音乐艺术，也与声带无关。就本质而言，呼麦属于声乐，后二者则属于器乐，虽然声发口中，此三者在乐理上却有很大区别。"指啸"与口哨意义上的啸属于兄弟艺术，但其表现力与音色效果非后者所能及。清张云璈（1747-1829）《简松草堂诗文集》诗集卷6《顺风舟行偶诵东坡去得顺风来者怨句即用为韵得七首》其四：

篙师坐无事，击楫流渐中。吹唇与啸指，宛转能呼风。危樯蠹高树，惊堕乌巢空。结阵落前溪，冲破烟濛濛[②]。

近代王礼培（1864-1943）《金陵杂咏》七首其四：

断云飘雨暮还痴，酾向风前醉一卮。十万吹唇复啸指，可能冀马落鞭笞[③]。

"吹唇"是吹口哨，"啸指"就是"指啸"。正如魏安民所言，"指啸是靠腹腔、胸腔的气流、气息经过喉、舌与不同手指、不同角度、不同部位冲撞摩擦而发声"，"气息的掌握与运用是关键"，以十指、单指、双指或任意组合，借助单音、双音、连音、吐音等方法，可以达到3个8度音[④]。

"指啸"的方式与方法主要有两种。

第一，以指入口，吹指出声。明方以智（1611-1671）《通雅》卷29《乐曲》载：

① 范子烨.《"自然之至音"：对古代长啸艺术的音乐学阐释》，《中国社会科学报》，2014年02月21日，A05版。
② 张云璈.《简松草堂诗文集》，清道光刻三景阁丛书本。
③ 船山学报，第5期，第30页.《文苑·诗录》，长沙，1934年10月1日版。
④ 魏安民.《我与"指啸"》，湖北文史资料，2001年第2期。

余洪江见王少夫善啸，或以指入口，能作诸声①。

"以指入口"正是指啸，"能作诸声"说明王少夫这位善啸者能够以指啸发出多种声响。"指啸"有时又被表述为"吹指长啸"，宋徐铉（916–991）《稽神录》卷6《朱廷禹》：

廷禹又言其所亲自江西如广陵，携一十岁儿。行至马当，泊舟登岸晚望。及还船，失其儿。遍寻之，得于茂林中，已如痴矣。翌日，乃能言，云："为人召去，有所教我。"乃吹指长啸，有山禽数十百只应声而至，彩毛怪异，人莫能识。自尔东下，时时吹啸，众禽必至。至白沙，不敢复入，博访医巫治之，积久乃愈②。

这段记载有两点值得注意：其一，廷禹之子称"为人召去，有所教我"，遂能"吹指长啸"，可知吹指的技艺属于仙家秘术，这里辗转透露了啸与仙道的关系。而关于这一点，明童佩（1524–1578）《童子鸣集》（明万历梁溪谈氏天籁堂刻本）卷1《游仙》四首其三更可为证：

命驾访玄微，飘摇历三岛。海渡随鱼虫，安行笑鹏鸟。忽逢安期生，羽衣为前导。要我众星下，饲我七尺枣。啸指古石坛，蛟龙阅鸿宝。手赠一卷书，读之颇觉好。起视六合间，天地一何小③。

此诗所写，乃想象中的神仙家生活，所谓"啸指古石坛"，也正是仙家之物语。其二，这个"十岁儿"能够以"指啸"与禽鸟相呼应，可以得到有力的现代证明。据湖北"指啸"艺术家魏安民回忆，"1968年5月，我当时在四川渡口市（今攀枝花市）第19冶金建设公司团委工作，住在半山坡的'干打垒'房子里，闲暇时走几分钟就到了高山与峡谷之中，兴趣一来就吹起了'指啸'，那一声穿云驾雾的'指啸'声，不断地在高山峡谷中回鸣，真使人激奋异常。有时模仿山林百鸟的鸣声，引来人与鸟长时间对鸣，更是别有情趣。"④而青岛"指啸"艺术家国光也能够用"指啸"模拟鸟鸣之声。

以指入口，又分3种情况：首先是单指入口，如大同云冈石窟第12窟第一组北魏中期指啸造像（疑似单指入口）⑤：

重庆大足石刻指啸造像（除盖障菩萨化），反手单指（小指）入口：

图1　大同云冈石窟第12窟第一组北魏中期指啸造像（疑似单指入口）

图2　重庆大足石刻指啸造像（除盖障菩萨化），反手单指（小指）入口

① 文渊阁四库全书.第857册，台北：商务印书馆，1986年，第577页。
② 文渊阁四库全书，第1042册，台北：商务印书馆，1986年，第892~893页。
③ 童佩.童子鸣集，明万历梁溪谈氏天籁堂刻本。
④ 魏安民.《我与"指啸"》，湖北文史资料，2001年第2期。
⑤ 本文图片不注释来源者，均为作者自拍。

　　魏安民的单指指啸表演 [1]：

图 3　1997 年 6 月 1 日魏安明在武汉剧院为全市儿童义演，伴奏者是夫人李逸芬

　　其次是双指入口，如大同云冈石窟第 10 窟第一组北魏中期指啸造像（疑似双指入口）：

图 4　大同云冈石窟第 10 窟第一组北魏中期指啸造像（疑似双指入口）

　　魏安民的双指指啸表演 [2]：

图 5　魏安民的双指指　　图 6　1997 年 5 月魏安明在湖北工业大学广场　　图 7　即使大雪纷飞也不能停止我的指啸练习
　　　　啸表演　　　　　　　　　为大学学子们义演，伴奏者是夫人李逸芬

---

① 陈全新.《中华"指啸"绝技的唯一传人——魏安明》，武汉：今日湖北，1999 年，第 10 期。

② 同上。

最后为多指入口，如大同云冈石窟第 13 窟第一组北魏中期指啸造像：

图 8　大同云冈石窟第 13 窟第一组北魏中期指啸造像

大同云冈石窟第 11 窟第六组北魏中期指啸造像：

图 9　大同云冈石窟第 11 窟第六组北魏中期指啸造像

图 10　新疆哈萨克牧民三指入口
的指啸

新疆哈萨克牧民三指入口的指啸：

以指夹唇，吹唇作声。《资治通鉴》卷 141《齐纪》七《明帝建武四年（497）》：

初，魏迁洛阳，荆州刺史薛真度劝魏主先取樊、邓。真度引兵寇南阳，太守房伯玉击败之。魏主怒，以南阳小郡，志必灭之，遂引兵向襄阳；彭城王勰等三十六军前后相继，众号百万，吹唇沸地。

宋元之际史学家胡三省（1230－1302）注："吹唇者，以齿啮唇，作气吹之，其声如鹰隼；其下者以指夹唇吹之，然后有声，谓之啸指。"[1] 用"以齿啮唇"

---

① 资治通鉴，第十册，中华书局，1956 年，第 4412~4413 页。

来解释"吹唇"（吹口哨）是错误的，因为这样做根本发不出声响，但胡氏用"以指夹唇吹之"来解释"啸指"却是正确的。将手指（每个手指都可以）伸进口腔或者用手指夹唇，这种"指啸"可以极大提高音量，延长啸音的传播距离。蒙古人有一种叫作潮尔的弓弦乐器，为增强共鸣，加大音量，并使音色更为集中，蒙古乐师常常将蒙古刀斜插在琴码下，而不同的插刀位置和不同的插刀方式还会带来音色上的细微变化[1]。就乐理而言，"指啸"的以指入口与潮尔的这种情况比较相似。

如新疆哈萨克儿童的"指啸"：

图 11　新疆哈萨克儿童的"指啸"

二、"指啸"的历史及其功能

"指啸"很早就产生了，不仅与仙道有关，而且与佛教有关，如佛典的记载：

> 或有扬声，大叫大唤，或复吹指，或弄衣掌。

> 或于口中吹指造作种种鸟声。

> 解夏小参，呼风啸指，旁若无人[2]。

另如日本音乐史家林谦三（1899-1976）所言：

> 啸是利用口唇的，也是大家普遍知道的口中卷起舌尖，含住一指或二指而发为高声的技术。此时可以认为口腔与唇，合舌、唇、指而构成了一种指笛。这种笛虽不能奏乐曲如啸，却能发出声音来比啸强大得多。在大众欢呼、喧嚷的环境中，最容易发生效果。想不到古印度老早就用这种吹法来礼赞尊贵、神圣的人或物，有时就以吹鸣代替了奏动乐器。其情景，在巴尔胡提塔的浮雕里就能见到，都只限于礼赞的场面。或敬菩提树，或礼拜寺院，将拇指与食指含在口里，表现着有如后文所引经典里说的发出鸟声的样相。同样的表现，也见于犍陀罗雕刻。新疆赫色勒的龟兹壁画里，也画着有这种景象。波罗浮屠的浮雕里也还有个类似的表现。龟兹画也许只是按粉本

---

① 徐欣.《内蒙古"潮尔"的声音民族志》，上海音乐学院 2011 年博士学位论文，第 52 页。

② 以上三条材料分别见隋天竺三藏阇那崛多译《佛本行集经》卷第八《从园还城品》第七上，《大正新修大藏经》，第 3 册，No.0190，0690c10，卷第十六《耶输陀罗梦品下》，《大正新修大藏经》，第 3 册，No.0190，0726b01 以及参学道准福会绍贤编《临安府净慈报恩光孝禅寺后录》，《虚堂和尚语录》，《大正新修大藏经》第 47 册，No.2000，1045a24。

模写出来的，可是在印度以及印度附近的古雕刻中如此频见，可知那是存在着这么一种习俗。用这吹法为表示礼赞的一法，或与奏动乐器有同等的意义。同时也可知古时这吹口哨，绝不像今人动辄视为儿戏而付之一笑的。佛典中往往有这吹法的记载。……还有《大宝积经》的《贤护长者会》里的："又其家内，复有种种最上音声，手打指弹，及以气吹，其响微妙，鸣亮入神。"也似乎是指啸（吹口哨）而言的①。

以下为古天竺犍陀罗艺术中的指啸雕刻②：

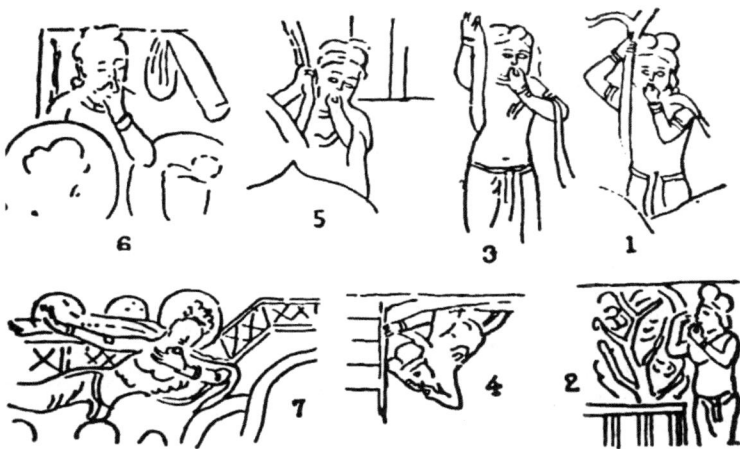

图 12　古天竺犍陀罗艺术中的指啸雕刻

这些技艺都属于口哨的范畴，也属于古代啸术的范畴。吹口哨，又称捻捎子，黄天骥认为这"实即吹口哨或是在喉咙间吹奏哨子的技艺"，其表演形态常见于宋金元时代的戏剧当中，如《都城纪胜》"瓦舍众伎"条说："杂扮，或名杂旺（班），又名纽元子，又名技禾，乃杂剧之散段。在京师时，村人罕得入城，遂撰此端，多是借装为山东河北村人以资笑。今之打和鼓，捻捎子，散要皆是也。"这是"宋金院本演杂扮的'副净'"（也即后来的"丑"）"要掌握的一种很独特的本领"③。薛瑞兆指出："自宋金，打口哨是净的表演特征之一，以表现所扮人物的无赖习气。……净打口哨，南北皆然。元佚名《错立身》戏文一二出《调笑令》，生扮延寿马唱：'我这爨体不查梨，格样全学贾校尉。趋抢嘴脸天生会，偏宜抹土擦灰，打一声哨子响半日，一会道牙牙小来为。'"④如开封宋代杂剧砖雕中的副净指啸⑤：

这种副净的指啸具有传达信息的功能，与某一人物的出场有关。而山西襄汾金墓伎乐砖雕中的指啸⑥，则具有一种伴音的功能：

类似的情况见于山西侯马金代晚期砖雕墓指啸砖雕⑦：

宋陈旸（1064–1128）《乐书》卷 150《乐图论》"籈"条："今阛阓间欲相号令，乃吹指为节，此吹箎之遗制欤？"⑧所谓"吹

图 13　开封宋代杂剧砖雕中的副净指啸

---

① 林谦三.《东亚乐器考》钱稻孙译，人民音乐出版社，1962 年，第 327~328 页。

② 林谦三.《东亚乐器考》钱稻孙译，人民音乐出版社，1962 年，第 328 页。

③ 黄天骥.《论"丑"和"副净"——兼谈南戏形态发展的一条轨迹》，《文学遗产》，2005 年第 6 期。

④ 薛瑞兆《宋金戏剧史稿》，三联书店，2004 年，第 46 页。关于这一问题，可参看张应斌.《口哨与杂剧》，《山西师大学报（社会科学版）》，2005 年第 2 期。

⑤ 徐苹芳.《宋代的杂剧砖雕》，《文物》，1960 年第 5 期。

⑥ 山西博物院藏品。

⑦ 同上。

⑧ 文渊阁四库全书.第 211 册，台北：商务印书馆，1986 年，第 697 页。

图 14 山西襄汾金墓伎乐砖雕中的指啸 图 15 山西侯马金代晚期砖雕墓指啸砖雕

指为节"就是用指啸作伴音。尽管这种"指啸"并非音乐艺术,却是作为音乐艺术层面的指啸的基础。魏安民在回忆自己的艺术生涯时说:

> 新中国成立初期,我在武昌民主路小学上学。学校背靠武昌著名游览区蛇山,山上有……黄鹤楼等游览场所。这些场所在当时是艺人聚散之地。那些南来北往的艺人——说书的、杂耍的……云集此地,令我流连忘返。一放学,我就直奔而去,落幕才归。艺人们为了壮声威打场子,提气口,在开场前或表演到紧要处,总喜欢将拇指与食指放入口中,撮口一吹,发出响彻云霄的嗯哨声。我不知不觉地迷进去了,跟着模仿……在初学"指啸"时吹不出声来,只能吹出很响的嘘嘘声,天天盼望着能尽快吹出响亮的声音来。功夫不负有心人,有一天一声高亢响亮的"指啸"声破口而出……我吹出来的声音虽响亮高亢,但却极不易变调,初练时,只能吹短音,想吹长音但气上不来[1]。

"将拇指与食指放入口中"的"嗯哨声",就是上举开封宋代杂剧砖雕中的副净和山西襄汾金墓伎乐砖雕中的"指啸"。正如魏氏所言,尽管这种"指啸"还仅仅是一种声音的形态,而非音乐的形态,却是构建"指啸"艺术的基础,而在此基础上发展出来的指啸艺术,则是非常富有音乐感染力和艺术表现力的,也是非常迷人非常动听的。由此构成了一个独特的音乐艺术品种,在古代有极为精彩的展演,在现代也余音不绝,能够演

图 16 南京西善桥大墓出土的砖画《竹林七贤和荣启期》

① 魏安民.《我与"指啸"》,湖北文史资料,2001 年第 2 期。

奏许多乐曲。明乎此，我们就可以理解为何在大同云冈石窟中为何会有那么的佛教造像与指啸有关。

三、阮籍之啸非"指啸"辨

阮籍是开启魏晋士林啸风的关键人物，对后世影响极大。尤其是 1960 年 4 月，南京西善桥大墓出土的砖画《竹林七贤和荣启期》①，画中有关于阮籍长啸的场景描绘。

图 16-1　南京西善桥大墓出土的砖画《竹林七贤和荣启期》阮籍造像

对此，吴宗济指出："据砖画来看，阮籍的侧面突出了他的唇形。正是'蹙口而出声'，或是在做'含'或'疋'的啸声的姿势。他的两腮鼓起，似乎像《啸旨》中的《动地章》的'鼓怒作气'。在画中阮籍的左手支撑在皮褥之上，颇似《动地章》所说：'将手出于外，夫坤仪至厚，地道至静，而以一啸动之。'最关键的是他的右手，是以肘托在屈起的右膝上；右手拇指伸向唇边，食指伸直向上，中指向内弯成锐角，无名指和小指弯成直角。这完全是要用手指（拇指）伸入口中，让啸者能够及远的动作。这证明了阮籍作啸是用手指伸入口中够的。"②人们通常认为这幅画表现的是阮籍即将把大拇指放入口中的瞬间，这就是"指啸"。从画面上看，阮籍似乎确实要将右手的拇指放入口中，但其食指高翘，另外三指向手掌内弯曲，这种手形非常奇怪。在目前已经发现的古代指啸造像和图画中，这样的指啸仅此一例，未免令人疑惑。所以，长期以来，我一直认为阮籍的右手可能持有某种东西，被画家省略掉了，但手持那种东西的姿态还保留在画面上。2013 年，南京栖霞区新合村的狮子冲南朝陵墓的发现印证了我的判断。在 M1 出土的半幅"竹林七贤壁"画中，再次出现了阮籍的形象③：

画中的阮籍正在吹奏一种北方游牧民族的乐器——小胡笳。如果将这件乐器挪开，那么，他的手形和南京西善桥大墓出土砖画中阮籍的手形就基本一致了。在这幅画中，小胡笳被阮籍擎在手中，衔在嘴里，拇指之外的四指可能是通过有规律地阻塞吹出的气息以调节音高，以便形成不同的旋律。这个阮籍一副胡人的面相，表达了南朝人对阮籍之啸的理解，即认为阮啸乃是来自胡人的声乐艺术。《世说新语·栖逸》第 1 条：

图 17　南京栖霞区新合村的狮子冲南朝陵墓阮籍形象

阮步兵啸闻数百步。苏门山中，忽有真人，樵伐者咸

---

① 南京博物院，南京市文物保管委员会.南京西善桥南朝墓及其砖刻壁画，《文物》，1960 年，第 8~9 页。

② 吴宗济.《阮啸新探》，《吴宗济语言学论文集》，北京：商务印书馆，2004 年，第 560~575 页。

③ 黄勇.《狮子冲南朝"疑似"帝陵内文物曝光》，《江南时报》，2015 年 7 月 3 日。

图 18　北京市石景山区八角村发掘出来的魏晋墓彩绘壁画

共传说。阮籍往观，见其人拥膝岩侧。籍登岭就之，箕踞相对。……籍复啸。意尽，退，还半岭许，闻上唒然有声，如数部鼓吹，林谷传响。顾看，乃向人啸也①。

所谓"如数部鼓吹，林谷传响"，足以表明长啸是一种一人多声的声乐艺术，这是早期匈奴人的一种唱法，为后代蒙古人所传承，即今人所谓"呼麦"②。因此，我们在这里不妨对南京西善桥大墓出土的《竹林七贤图》重新加以解读：（1）画中阮籍头部微扬，身体后倾，所以是典型的仰啸；（2）左手接触地面，既是为支撑身体，也表明他正在用腹部发力，调节丹田之气；（3）双唇向前努起，表明其发声之共鸣点在唇齿部位，这是典型的"唇边呼麦"，如格日乐图所言："唇边呼麦是将基音的共鸣点放在唇齿部位，其他各个共鸣器官都起不到太大的作用，并且完全用嘴唇来调节哨音的音色音量。基音的高度比其他种类的呼麦偏高、声音也偏细、偏窄，适合于男女高音声部。发出哨声时嘴唇明显向前翘起，因为只有唇齿的共鸣，所以哨音的音量不大，但很清脆干净。""唇边哨音是用在唇边呼麦的发声中，哨音通过各种共鸣腔体的震动，从口腔里发出通过嘴唇时把嘴唇翘起来通过蠕动来调节变化音量和音色。这种哨音的音色比较纤细明亮，但音量不大，因为里面其他共鸣腔体及器官的作用减少，共鸣主要集中在唇齿部位，故音量就变小了。"③用以观察阮籍之啸，这种描述是基本准确的；（4）阮籍将右手手指托举于唇前，这是在模拟吹奏胡笳的动作，是以手指代替胡笳。类似情况如中古时代之清谈家，常常使用一种用麋鹿的尾毛制成的道具，名曰麈尾，以此作为主讲人身份的标志。如《世说新语·赏誉》第 59 条："何次道往丞相许，丞相以麈尾指坐，呼何共坐，曰：'来，来，此是君坐。'"④没有麈尾，就不能进行清谈⑤。以下是 1997 年 3 月在北京市石景山区八角村发掘出来的魏晋墓彩绘壁画⑥：

墓主手执麈尾。《陈书》卷 33《张讥传》：

后主尝幸钟山开善寺，召从臣坐于寺西南松林下，敕召讥竖义。时索麈尾未至，后主敕取松枝，手以属讥，曰："可代麈尾。"

于是，"松枝麈尾"便成为中古清谈史上的佳话。阮籍本来就是一个任情任性的名士，用自己的手指拟代胡笳，正是得意忘言、得意忘形的玄学观念的生动体现。因此，这是最自然最符合其个性也最具魏晋

① 余嘉锡.《世说新语笺疏》，北京：中华书局，1983 年，第 648 页。
② 范子烨.《"互文性"解构与音乐学透视——成公绥的〈啸赋〉及啸史的相关问题》，《文学评论》，2013 年，第 6 页。
③ 格日乐图.《试论呼麦的种类及其发声技巧》，北京.《中国音乐》，2007 年第 3 期。他明确指出："呼麦的哨音是呼麦艺术的灵魂。"这也是长啸艺术在表演形态上最迷人的地方。
④ 余嘉锡.《世说新语笺疏》，北京：中华书局，1983 年，第 456 页。
⑤ 范子烨.《说麈尾——六朝的名流雅器》，《中国文化》，2001 年，第 17~18 页。
⑥ 北京市石景山区文物管理所.北京市石景山区八角村魏晋墓，《文物》，2001 年第 4 期。

意味的动作，长啸与胡笳的关系也再次得以彰显；（5）阮籍之啸采用的啸法是"含"，如《啸旨》[①]所言，"以舌约其上齿之里"，"两唇但起"；（6）按照这种啸法发啸，自然成韵，也可啸出固定的胡笳乐曲；（7）在这幅砖画中，弹琴的嵇康（223？ -263？）脸部朝向阮籍，表明他是在为阮籍的长啸伴奏，而阮咸（生卒年不详）弹阮更增加了和声的丰富性——在优雅的悠扬的乐声中，山涛（205-283）正襟危坐，端起酒杯，刘伶（221？ -300）贪恋地俯视着酒杯，似乎用手指轻轻地滑过酒的表面，王戎潇洒地舞弄着他的如意，向秀（227？ -272）眉峰攒聚，陷入沉思，凝想中仿佛进入了庄子的哲学世界。原来这幅《竹林七贤雅集图》描写的是一场音乐盛会！

本文从大同云冈石窟之指啸艺术造像出发，初步揭示指啸艺术与佛、道文化的关系，即在古人的认识中，指啸具有通神和娱佛的功能，并以现代的指啸遗存对古代的指啸方式和方法加以印证，在此基础上，对阮籍之啸加以辨析，对影响深远的南朝砖印壁画《竹林七贤图》重新进行了解读。由于指啸艺术在古代基本处于民间状态，所以古人遗留给我们的相关文献资料不是很丰富，尽管如此，我们还是用鲜活的民间遗存将相关的历史文献激活了。

历史的深处总是有声的，尽管老子说"大音希声"[②]！

（原文刊载于《晋阳学刊》2016年第2期）

---

① 唐代大理寺评事孙广所著《啸旨》一书是我国古代唯一的也是最早的一部关于"啸"术的专著。本文引用《啸旨》，依据《丛书集成初编》，第1680册，北京：中华书局，1985年版。
② 陈鼓应.《老子注译及评介》，北京：中华书局，1984，第227~228页。

石窟寺考古报告的诸问题
——读《莫高窟形》有感

杭　侃

　　《莫高窟形》是中国现代考古学的主
要奠基者之一石璋如先生（1902-2004）
参加西北史地考察团期间（图1），于
1942年6月至9月在敦煌进行考古调查的
基础上整理的记录。1996年，《莫高窟形》
作为台湾"中央研究院"历史语言研究所
田野工作报告之三公开出版，全书分为本
文、窟图和图版三册。尽管时隔多年，但是，
无论是工作思路，还是记录本身，至今对

图1　西北史地考察团由兰州赴敦煌的途中　《守望敦煌》32页

我们开展石窟寺测绘、编写报告等工作，尤有不少帮助。

一、石窟寺考古与中国文化传承

　　从1900年敦煌发现藏经洞，直到20世纪40年代，敦煌的珍贵文物屡遭浩劫，所剩仅八千余残卷，有
学者认为劫后残余的材料难有重大学术价值，故谓之"吾国
学术之伤心史"。陈寅恪先生曾转述此语，但认为残卷仍有
研究空间，唯当时中国学术界的研究状况令他扼腕：

　　"自发见以来，二十余年间，东起日本，西迄法英，诸
国学人，各就其治学范围，先后咸有所贡献。吾国学者，其
撰述得列于世界敦煌学著作之林者，仅三数人而已。"

　　这种情况到了20世纪40年代有了较大改观，其中最大
的变化，是开展了敦煌史地的实地调查。樊锦诗先生在《敦
煌石窟研究百年回顾与瞻望》中总结说：

　　"总之，这一阶段国外集中于对敦煌石窟的资料和照片
公布（图2），我国有关敦煌石窟研究的专论文章较少，主
要是侧重于敦煌遗书的研究，石窟内容只是连带论及，到40
年代我国对石窟的研究才真正开始兴起。"

图2　莫高窟外景

石璋如先生于 1942 年参加西北史地考察团在敦煌的考察，这种工作既是以往学术研究的延续，同时受到当时开发西北热潮的影响。在学术研究的延续方面，清末以来，中国西北的考古由于莫高窟藏经洞的发现、安特生在甘肃的调查与发掘、居延汉简的出土，以及中瑞西北科学考察团的调查等成果而备受中外学术界瞩目。

开发西北的热潮与抗日战争的全面爆发有关。七七事变之后，时局多艰，西北作为抗战大后方的地位受到重视，敦煌也再次纳入学者和艺术家的视野。1938 年冬，画家李丁陇先生（1905–1999）率领一支探险队来到敦煌，在莫高窟花了八个月的时间临摹壁画。1939 年，张大千先生在成都看到李丁陇先生临摹的壁画。1941 年 2 月，张大千赶赴敦煌考察。

国民政府方面，蒋介石也早已意识到西北在政治上的重要，并警惕着屯兵新疆的盛世才与苏联的关系，1941 年德国进攻苏联，蒋介石趁机解决新疆问题。1941 年 10 月 12 日，国民党中央组织部部长、中央研究院代院长朱家骅，发表了《西北建设问题与科学化运动》，鼓动科学工作者"到西北去开辟一个科学的新天地"。1941 年中秋节，民国政府监察院长于右任在甘肃省军政官员的陪同下，专程来到敦煌莫高窟看望张大千。

《石璋如先生口述历史》记述西北史地考察团的组团经过时，就涉及上述大的时代背景："民国三十一年的春上，李庄的史语所、中央博物院筹备处、重庆中华教育基金会辖下的地理研究所三个机关合组'西北史地考察团'。这时政府跟民间都弥漫一股西北热。民国三十年于右任赴敦煌考察，归后盛赞敦煌景致，另外也有与我们关系不大的艺术考察团去（图 3），而更早些时候张大千已经去敦煌了，各界因此纷纷组团去西北。史语所由傅斯年先生派劳幹跟我去，派劳先生是其专精汉简，可以考察当地最主要的汉简，只是他没做过田野工作，我的田野经验正好可以补强，碰到史前遗址即可发掘。"

西北史地考察团分为历史、地理和植物三组，历史组主任是中央博物院聘请来的西南联大教授向达，组员有石璋如、劳幹。向达先生后来在《西征小记》中说："近年以来开发西北之论甚嚣尘上。""然欲言开发西北，几无在不与史地之学有密切之关系。"考察团"其用意于纯粹的学术研究之外，盖亦思以其所得供当世从事西北建设者之参考"。由此可见，敦煌虽然地处偏远之地，但不论是对它的学术研究还是艺术探求，无不牵扯到风云涌动的时局。

吾侪所学关天意。中国有大量与佛教有关的遗迹、遗物，做好石窟寺考古的基础工作，对于我们保护文化遗产、弘扬传统文化都有重要的现实意义。

图 3　由左向右为作者石璋如、劳翰、邹道龙、雷震诸先生

二、石窟测绘应该怎么做

石璋如是按照张大千的编号去进行测绘的。

西北史地考察团来敦煌的时候，与由国民政府教育部组织、艺术家王子云担任团长的西北艺术文物考

图 4　莫高窟北端茶房子全景

察团在途中不期而遇，他们一同来到敦煌，遇到了已经在这里工作了一年多的张大千先生。张大千先生有侠义之风，热情好客，先是安排两个团团员的吃住，后来又带他们参观洞窟。"张大千很热心地安排我们住的地方，张大千住屋子比较讲究的上寺，帮忙我们的艺术考察团住在比较宽大的中寺，我们因为去感谢艺术考察团的协助，双方商谈后就安排同住中寺，不过是分住在两边的厢房，不在一个屋子里。"当时，张大千"已将莫高窟各洞窟编号，他就领着我们看过每个洞窟。"

但是，石璋如只跟着队伍听了一天，就单独去做测绘工作了（图 4），原因是"张氏因为是专业画家，很重视画的技法讲解，如果洞窟的画坏了或墙上无画，就跳过不看。我看了一天之后决定退出，跟劳幹说'艺术考察团是看画的，……我是来测量窟形、地形的，所以我不跟着你们看了。我准备第二天进行测量'。"

石璋如先生是考古出身，他所关注的重点就自然与从事美术史研究的学者不同。徐苹芳先生在《中国石窟寺考古学的创建历程》一文中，以 20 世纪 50 年代为界，将中国石窟寺的研究划分为两个大的阶段："这两个阶段的本质区别在于是否以考古学的方法来调查记录和研究中国石窟寺遗迹……20 世纪 50 年代以前，中国石窟寺的研究，不论外国人还是中国人，基本上都是从美术史的角度来研究中国石窟寺遗迹的，只能记录（主要是照相和测量）现状，临摹壁画。历史遗迹在不同的历史时期是有变化的，这种变化是历史发展实况的记录，考古学便是研究和揭示这些历史遗迹变化的学科。因此，把石窟寺是否纳入考古学的范畴，便成了现代中国石窟寺研究是否符合科学的唯一标准。"

石璋如先生在 20 世纪 40 年代初已经尝试将考古学的方法应用于石窟寺调查，可以想象如果没有时局的动荡，这项工作会取得更多成果。

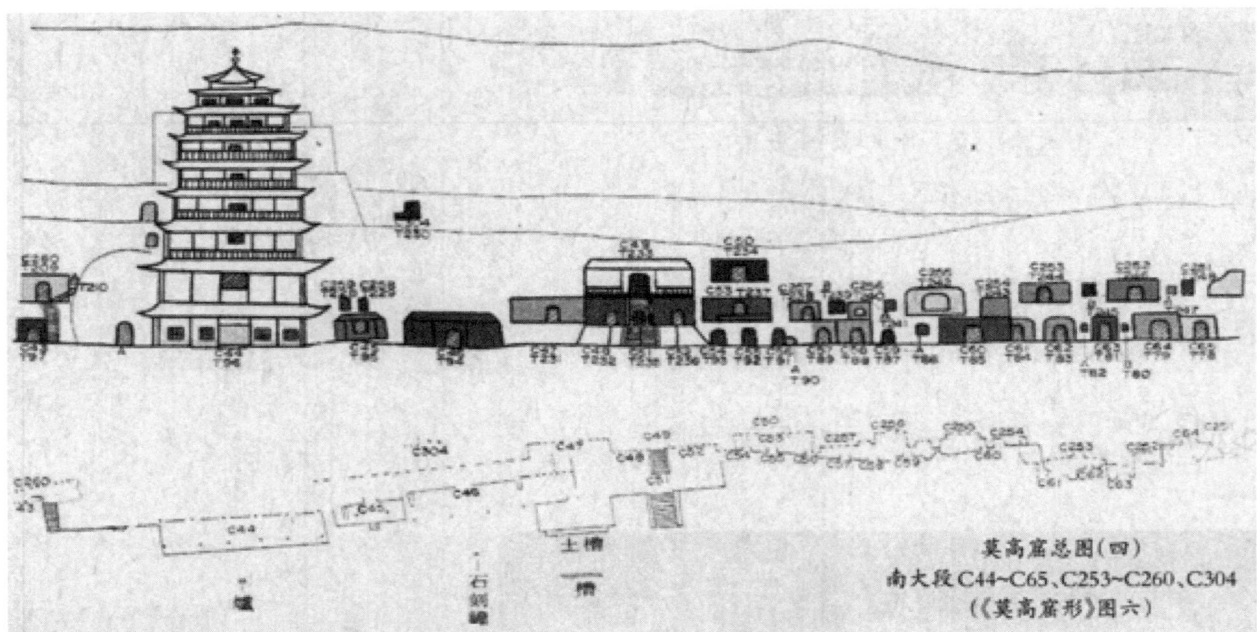

图 5　莫高窟总图（四）

石璋如对莫高窟的具体测量时间是 1942 年 6 月 21 日至 9 月 6 日，当时张大千先生已经将南段的洞窟编号，窟号写在洞窟的门上，共计 305 窟（图 5），"故本编采用张大千的编号，也依照他的诸窟序列编排"。张大千先生将大窟旁的小洞称为耳窟，石璋如先生考虑到二者多为空间关系，并非全为主从或同期，故称为附洞。在写作《莫高窟形》时，石璋如先生已经看到大陆通行的敦煌文物研究所（原国立敦煌艺术研究所）的新编号，"故在张氏编号之后列以该所编号，张氏以 C 代表，敦研所以 T 为代表"。

大型石窟群的编号，在一定程度上反映了研究者对于洞窟的理解，所以，洞窟的编号并非易事。宿白先生在谈到龙门石窟编号工作时说："龙门石窟的编号应该是所有石窟中最难的，因为附龛多，情况最复杂。一个窟或龛不能编一次号就给一个新号，这样对参观者、研究者来说太麻烦了。敦煌莫高窟是一个例子。那里四百多个洞窟有三种编号，伯希和、张大千和敦煌艺术研究所各编一个号，都在使用，西方人用伯希和编号，台湾用张大千编号，大陆用研究所编号，结果出现了许多不应有的误差。又如云冈主要洞窟一直沿用日本人的编号，中间有多次重新编号，但编完之后无人使用。"

《莫高窟形》中"主洞窟 309、附洞为 147，共计 456 窟"，既名《莫高窟形》，故特重洞窟形制，石璋如先生对此 456 个洞窟的窟形都有详细的测绘。台湾学者颜娟英在《石璋如先生著〈莫高窟形〉介绍》一文中指出，迄今发表的敦煌石窟测绘图依然非常有限，"以具有西魏大统四年（538）题记的 285 窟（张大千编号 83）（图 6）为例。简单比较石先生、阎先生（阎文儒）与敦煌文物研究院的测绘图之不同处，三者之间的最大区别是，两位先生都尽量在图上详细标示出尺寸，而敦院则仅题示全图缩小尺标，而不在图上详细标示尺寸。据请教石先生所知，阎先生的做法与他相近，应该是由夏鼐先生指导的史语所考古测绘方式。不过以 285 窟的实测图为例，石先生实际的数字比阎先生详细得多"。

石窟寺的测绘是为了给研究提供详细的基础数据，《莫高窟形》对于洞窟形制有比较多的测绘数据。石璋如先生对于洞窟的分期，就是基于洞窟形制："洞窟断代，除少数有年、月、题记的诸窟无争执外，其余大多数的窟，诸家的意见颇不一致。断代划分有根据画风的，有根据画技的，有根据供养人装饰的，有根据故事的，有根据经变的，有根据壁画结构的，有根据窟形的，还有总和的。"只是根据窟形断代的局限性，石璋如先生是意识到的，他说："本编的断代是根据窟形，不过窟形断代，不像朝代划分那样明显，一种窟形可以延续很长且可以超出朝代以外。"因此，石窟寺的报告中，还需要有全面的文字记录、照片、拓片等资料相互配合，以构成完整的报告，其中也应包括石窟开凿过程中留下的诸多遗迹。

《莫高窟形》中对于具体洞窟的记述，还特辟窟级和窟积两项，"窟级为本编特有的项目，为使读者一看即可了解本窟的大小，故特设此目，以该窟全窟的面积为标准，并算出平方公尺 ×0.3025，作成坪数，每五坪作为一级，

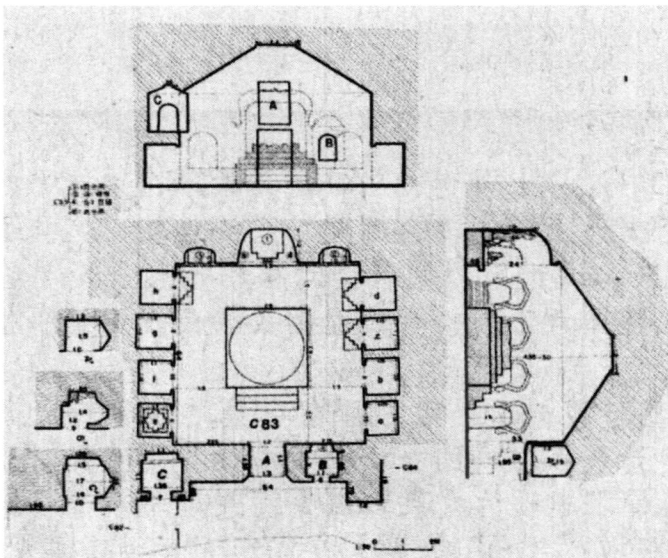

图 6 《莫高窟形》图二四一：莫高窟 C83 平面及剖析图

三级作为一等"。这样，石璋如先生将敦煌洞窟分为特、甲、乙、丙、丁五个等级。"窟积一项，为本编所特有"，计算窟积说明石璋如先生认真考虑过敦煌莫高窟的开凿工程问题，其中一个大的结论是"本编所记诸窟之容积，逐一加起，则为 66119.83 立方公尺，这个数字为出乎意料地少，盖由于小窟太多之故……从以上数字显示，丁等窟占大多数，也就不怪了。这个 66119.83 立方公尺的数字说明了一件事情，即 1942 年莫高窟的上寺、中寺、下寺所占向东凸出的一大块较高之台地，就是由窟中所挖出的土方堆积而成"。

三、文字记录所需达到的要求

《莫高窟形》的文字记录在"本文"即第 1 册，由劳幹《序》、石璋如《自序》、编辑说明和洞窟记录等组成。文字说明部分，举 C1 窟（T131）为例，包含测期、座向、时代、窟室、龛坛、画题、窟积几项内容。石璋如先生对于测绘时间非常看重，"关于说明部分，拟有固定规格，各窟一致。首先纪录测量时日，为各家著录所未具。因本编为历史纪录，特重时期和现实。此种形制为该时的实在现象，日后或增修，或损毁，或保持原状，变化情形，不可预料"。石璋如先生在编辑说明中举了数例说明测绘日期对于学术研究的重要性，如"在藏经洞以北之 C159 窟（T4）（图 7），

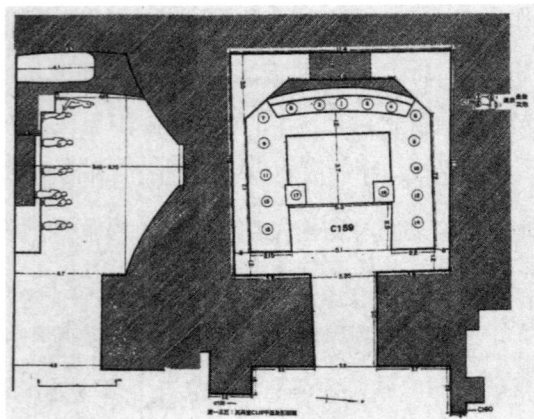

图 7　莫高窟 C159 平面及剖面图（《莫高窟形》
图一三五）

在 1907 斯坦因所测量时，其窟仍为五代时的中坛型，后有背屏，其上为佛像九尊式，而现在所存者则为王道士所改造"。联系到日后莫高窟的一些变化，可以看出石璋如先生的远见。

但是，总体而论，《莫高窟形》中对洞窟的文字说明是简略的。2004 年 9 月在龙门石窟举办的"石窟考古报告培训班"上，宿白先生提出"对洞窟开凿的过程大体了解后，才能到手做文字记录，越详细越好，但要尽量客观，不能加入个人的主观推测，纯粹研究和主观分析得出的推论都不应当记录在档案里，更不用说从档案中提炼出来编写到报告里。文字记录首先从洞窟外面开始，其他记录顺序一般不宜做硬性规定，要根据洞窟的具体情况而定"。

四、图版的重要性

图版一方面保存了真实影像，另一方面也方便别人检查文字和测图正确与否。《莫高窟形》中发表了407 幅图版，由于条件所限，石璋如先生一行采用了黑白片，"带了三种照相机，一种大型的，照 118 大胶卷，两种中型的，一长方，一正方，照 120 胶卷"。为了获得比较理想的照相效果，他们付出了许多辛勤的工作，"量了洞窟之后觉得哪些值得入镜，就要拍照……在千佛洞一带，因为河流流经盐滩，使水质呈碱性，不利照片冲洗。我们必须在夜晚十二点之后，天气凉爽，流经盐滩的水尚未被日晒蒸发出盐分之前，取水储存水缸内。庙内饮用水也是在夜晚取用，人若是饮用白天取的水则会腹泻"。

王惠民先生在《石璋如〈莫高窟形〉出版》的简介中指出："第3册是黑白照片，共 400 余张。其中窟区对岸原有数塔，现多毁，而《莫高窟形》中有二泥塔的塔内顶部壁画照片各一张，还有一张天王堂内顶壁画照片，相当珍贵。"（图 8）

宿白先生在《张彦远与〈历代名画记〉》一书中，论山西猗氏城的年代问题时就涉及唐代的天王堂："如果再考虑天王楼旧址位于东西大街的北侧，我们知道相传各地天王堂的兴建，是由于平息安史之乱后，唐代宗诏令而建的话，那猗氏县城这样的布局，也许有可能开创于公元 8 世纪后期了。"

图 8 天王堂之窟顶（《莫高窟形》图四二八）

选取哪些照片反映了照相者的取舍和认识，有些角度大家都觉得重要，就会有重复，有些则是个人关注点不同，所以，客观记录洞窟全部信息的考古报告在佛教考古的研究中才显得尤其重要。宿白先生强调"在基本资料未公布前，所有的研究都是初步的，绝不能认为是结论，这也是我们强调考古报告的重要性，不强调在石窟工作的同志做个体研究的原因"。

我国石窟寺最早的考古报告，是日本在 20 世纪 50 年代出版的《云冈石窟》。1949 年之后，中国佛教考古工作者虽然陆续出版了《新疆克孜尔石窟考古报告》（第一卷）、《义县万佛堂石窟》、《麟溪桥与慈善寺——佛教造像窟龛调查研究报告》、《天龙山石窟》、《莫高窟第 266–275 窟考古报告》等石窟寺考古报告，但大型石窟群比较全面的考古报告，依然只有这部《云冈石窟》，所以，2004 年宿白先生在河南龙门石窟讲述石窟档案和考古报告编写工作的时候说：

"可以选读水野、长广的《云冈石窟》这部大书的一、二卷如第一、二窟或第十九、廿窟，该报告是用两种文字（日文、英文）编写的，英文不是提要，且其内容也有与日文不同处，因此也要看看（哪怕涉猎也好）。此书不考虑云冈所在国的文字，甚至连中文提要也不附，这是对我们最明显的蔑视和侮辱！但他们的工作方法和报告的编版都可供我们参考，当然这并不能改变它——《云冈石窟》，仍然是文化侵略的产物。"

宿白先生多次强调考古报告对于佛教考古研究的重要意义，从 2004 年到今天，又是十几年过去了，情况却并没有得到根本性的改变。一些科研单位也意识到考古报告的重要性，采取了近景摄影、多视角三维重建、三维激光扫描等先进的测绘手段，（图 9）希望加快考古报告的出版，但是这些工作仍然存在不同程度的问题。其中的一个重要问题是，石窟寺考古报告的编写是一项综合性的工作，研究者认识不到的迹象，仪器并不能帮助我们辨识出来。因此，加强佛教考古研究人才的培养，是目前的当务之急。

图 9 巩义石窟第 1 窟壁面龛像三维正射影像图

（原文刊载于《中国文物报》2016 年 4 月 22 日第 5 版）

云冈第14窟开凿问题探讨

员小中

云冈第14窟位于昙曜五窟东端山体边坡，东接山体自然冲沟，西邻第15窟。洞窟形制为前后室结构，后室弧形壁面，穹隆形顶，具有早期洞窟的风格。中部两通方柱支撑大型盝形龛幕，作为三开间式的过道，也是前后室分界。窟内岩层纹理发育杂乱，历史上窟内渗水严重，以致后室主像不知何时受损坍塌，只剩靠近地面腿部轮廓依稀可辨，壁面上方遍布断石，视之凄惨。在现有最早的影像资料中，原设计支撑在前壁和窟中部四根柱体就有三根柱体坍塌不存，窟顶呈坍塌断面，一幅破败不堪的场景（图1）。窟内东柱为北魏开窟原始柱体，旧照片可看出曾经岌岌可危的姿态。新中国成立后加强对石窟的保护，在1962年对东柱进行了化学灌浆加固（图2）。前壁在1994年按原状重新补砌，加砌两通柱体及上方崖壁，同时补砌了窟内西柱（图3）。经过几次大的抢险和维修，窟内坍塌情况得到根本治理，渗水逐渐减少。

图1　14窟旧貌《云冈石窟》第11卷

第14窟现存造像有中期、晚期风格，其开凿年代前人主要有三种说法：一是阎文儒先生在《云冈石窟研究》一书中，根据造像风格，将第14窟纳入第二期（迁洛前），与第16窟、第5、6窟、第19-2窟、第21窟、第22窟和第11窟外壁诸龛同期开凿；二是宿白先生在《云冈石窟分期试论》《平城实力的集聚和"云冈模式"的形成与发展》等文中，根据洞窟形制、造像组合，通过考古类型学方法并结合历史背景分析，将第14窟纳入第三期（迁洛后）；三是彭明浩博士在《云冈石窟的营造工程》一书中，根据开凿空间层次、窟壁对应关系以及龛像形制，将第14窟分上层中期、下层晚期分别开凿，并且第14窟早于第15窟和第16-1窟。以上三说各有侧重，不能以对错而论，各期造像共存是许多洞窟存在的现象。本文想讨论的是主像的形态及最初的设计意图，及此窟开凿的原始意义。

在主造像方面，一直没有资料证明曾经雕造的主像身份，宿白先生在20世纪70年代曾推测后壁主像是弥勒菩

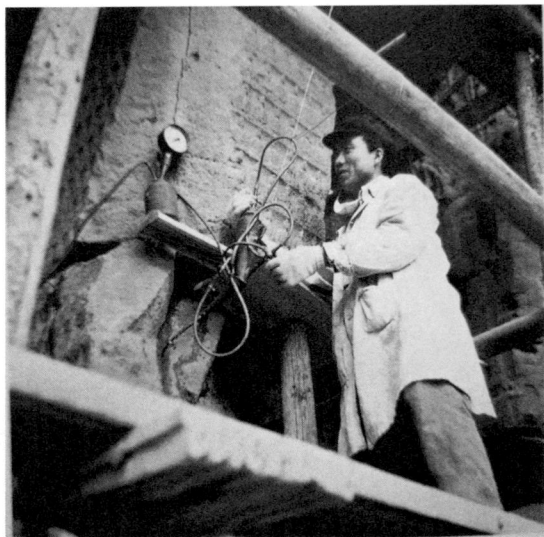

图2　1962年东柱裂隙灌浆加固　云冈资料照片

萨。直到 1992 年窟内考古发掘，发现了埋于地面下站立于莲台的双足（图 4），才表明了原主像是一尊立佛，不是交脚或倚坐姿态。立佛双足和莲台的形式如同第 16 窟、第 18 窟，只是规模小了些，壁面下部有残留外张的衣纹下摆。从壁面上方两侧可看出主像曾经雕刻过的火焰纹背光残留。主像两侧与东西壁交接处，有高出壁面残坏，疑似为胁侍的身躯，从胁侍头光位置看，可见素面桃形的痕迹。可以说，此窟后壁主像原来是一佛二胁侍三尊像组合。根据平均 8 米的窟高判断，主像高度在 7~8 米之间，接近第 5 窟东西壁胁侍佛的高度。胁侍像的高度约 3.5 米（含头光），体旁有疑似帔帛的角尖，可能为菩萨身份。面对风化严重到惨不忍睹的石壁，我们不禁会想，原来的主佛是什么样式呢？好在我们可以从昔日影像中看到一点蛛丝马迹。在 1940 年旧照中，第 14 窟内地面散落许多石块，西边地面上长约 1 米（据与其后西壁方龛宽度 1.5 米比较）的坍塌落石表面有折带纹饰，属偏袒右肩袈裟，断面疑似弧形（图 5）。仔细对比分析云冈各式袈裟衣纹走向，石块疑似主佛身躯腰腹部右侧的衣纹，右上至左下走向折带纹为常见的胸前样式，折带纹下方左上至右下走向的衣纹为腹部"U"形衣纹的一部分，这也是最难辨别的地方。从衣纹比例和石块大小看原像体量，应该不是胁侍造像。根据云冈石窟早期和中期几身着偏袒右肩式袈裟释迦立佛的形象（如第 18 窟高约 16 米的主像和南壁西侧高约 1 米的小像，还有第 10 窟东壁立佛）身躯比例（第 10 窟西壁立佛身躯例外），定位相同部位，缩小或放大立佛，可以判定衣纹落石原雕立像高度大约在 7~8 米之间（图 6）。倘若如此，第 14 窟北壁主像即为身着偏袒右肩式袈裟的立佛形象，造像时间应为云冈第一期，至迟是北魏服饰改革之前的形式，而且是按计划完工的（足部和莲台完整）。立佛手印无外乎两种，究竟为右手施无畏？（似第 10 窟前室立佛）还是左手抚胸？（似第 18 窟主佛）我们通过壁面残留现状仔细观察，发现相当于立佛右臂位置有凸起岩体，

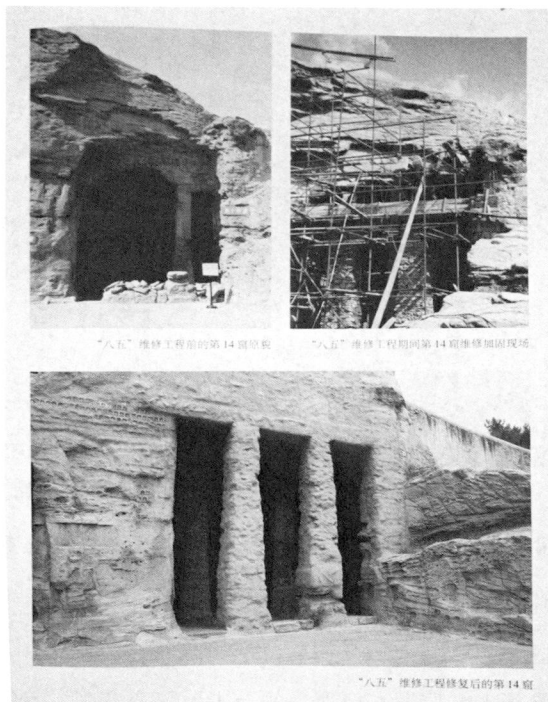

图 3　1994 年第 14 窟修缮前后　采自《云冈保护五十年》

图 4　第 14 窟主像双足

并且上面有曾经修复所凿小洞，依此可以判断，原立佛右手抬于胸前掌心向外施无畏印（同图 6 手印）。旧照中几块看起来石质较好的落石还表明，开窟造像的初期，后壁岩石状况比现在好得多，但也不能排除

图 5　第 14 窟内落石 1940 年摄

图 6　第 14 窟落石衣纹位置示意

类似第 20 窟西立佛那样，剔除不好的泥质岩层用好的岩石替补（这种办法在昙曜五窟主佛身上都有过应用）。总之，是裂隙、渗水加速了北壁风化，导致最终坍塌。时隔近八十年的今天，当时照片中的石块早已不知影踪，我们无法去目睹实物，但能从旧影中寻出新发现，还要感谢日本东方文化研究所摄影师羽馆易及其助手戍亥一郎，在当年拍摄时留下了坍塌落石的珍贵影像，使得今天我们面对空阔的壁面，还可以穿越时空，有依据地想象 1500 多年前曾经站立佛像的模样。云冈石窟北魏造 10 米以上大像窟有昙曜五窟（第 16~20 窟）、第 5 窟、第 9、10 窟、第 13 窟等 9 个窟（第 3 窟后室三尊造像学界认为大约在初唐开凿，故不计在内）。第 14 窟立佛高度接近第 9、10 窟后室主像。作为单尊佛窟，是否也有昙曜五窟那样的帝王象征寓意呢？答案留给后来人做解。

从洞窟形制看，云冈石窟具有前后室的格局从云冈早期后段至中期前段出现，如第 7、8 窟、第 9、10 窟、第 12 窟等几座窟都是这种形制。第 14 窟起初设计应该同第 9、10 窟、第 12 窟一样。待前后室空间开出，后室完成了主像的雕造，之后不久出于某种原因停止了营造。后来的补雕从上往下，从外往里进行，对石窟前室进行了修整。窟中部的两通方柱在云冈少有，笔者大胆推测，是后来修整时把前后室隔墙从贴壁处打通，而故意留下的支柱，这样做可能是为了应对后壁山体渗水，改变潮湿阴暗的不得已的办法，这样也就可以理解窟内方柱存在的理由，即不是设计者的初心，而是改造者别出心裁的结果（图 7），甚至连前壁两柱也可能是打通窟门东、西两侧留下的。窟内方柱上方盝形龛幕也是顺势而为之，第 7、8 窟、第 12 窟后室北壁上层盝形龛幕，第 10 窟后室主像上方盝形龛幕，第 6 窟北壁下层盝形龛幕等处表现了类似的样子。从现状看，窟顶中部由前后室隔墙变身而来的盝形龛幕，是施工中的智慧设计，与其说是用来装饰，不如说是用来做横梁支顶更能发挥它的作用。古人似乎也了解该处地质条件，察觉到这个窟顶潜在的危险，设计保留成这个盝形龛幕式的横梁。确实，在后来某个时间，前室窟顶东部发生了东北—西南方向斜切状坍塌，前方的两通柱体也没能顶住而随之倒掉，最终这个窟成为损毁惨重的洞窟之一。修整后的前室长方形、平顶，东西壁面稍向内凹进而略宽于后室，这是明显区别于后室壁面弧形穹顶的结构布局。前室东西壁面造像各自分层但不彼此

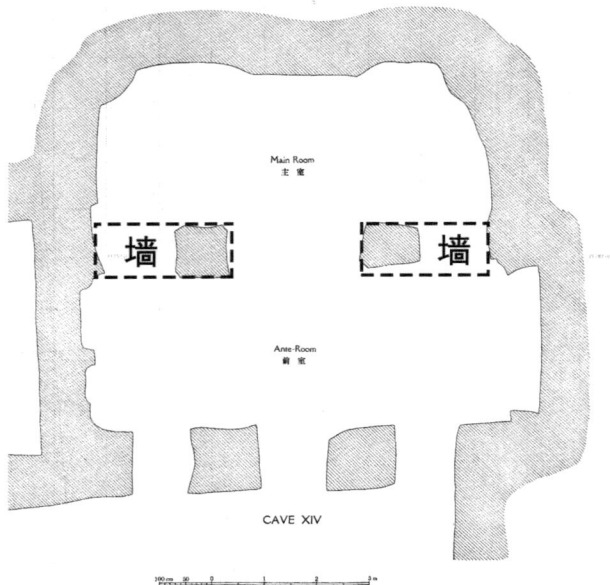

图 7　第 14 窟平面图

图8 第14窟东西壁造像布局采自水野清一长广敏雄《云冈石窟》第11卷

对称，造像内容不相关联，西壁按计划完整地雕了中上层，东壁雕了中层。后室东西壁补雕造像看起来对称些，属统一规划（图8）。从窟内佛像身着没有结带的褒衣博带式袈裟看，时间应处在太和十八年（494年）孝文帝革衣服之制前后。那么打通前后室隔墙的行为比这个时间更早一些。窟内千佛方柱体上晚期形象风格表明，原来柱体可能是没有雕刻的，千佛是打通隔墙，留柱体之后补雕的。这一时期，昙曜五窟窟前大型木建筑大约已经建成，外壁补雕的千佛向窟内蔓延。晚期在前后室下层壁面续雕部分方龛。

既然开窟，必有其原因，既然造像，也必有其意义。第9、10窟是设计雕造的双窟，故意不开大像（仅约山体高度的一半）。第7、8窟同样，窟内很高大，只是设计上由大像窟而转为佛殿窟，壁面分层并对称雕刻，装饰更为华丽多样。第12窟也是如此。换言之，中期洞窟在国力逐渐兴盛和汉文化影响增强背景下，更注重对佛国天堂的阐释，对佛教信仰的表达，对皇权"二圣"的歌颂。不像早期窟塑造的大像有着单一的帝佛合一、天下独尊的寓意，而是向更加重视大众体验，体现大乘佛教人人可成佛的普世理念方向发展。第14窟毗邻昙曜五窟，虽说是前后室的设计，但在后壁造了一尊立佛，不能说不是对大像窟的模仿，只是因空间条件被限制了。作为佛殿窟也不像第7、8窟、第9、10窟双窟互为一组，也不像第12窟那样独立完整。第14窟并没有与之配对的窟，如果勉强配对，只能是与第13-4窟，即山体冲沟东侧未完工的一座窟，位置与第14窟隔冲沟对称。这样看可能也是牵强附会了。第13-4窟外壁设计是仿木结构，两柱三间，顶有出檐，工程没有完工，开凿一半后废弃。第14窟外壁设计据彭明浩博士推测也曾是仿木构建筑式样（图9），那也是有可能的，毕竟柱体支撑的上部如果没有出檐就不是中国木结构殿堂式建筑。但是，笔者认为，起初在前后室石窟形制没有成熟的阶段，空间上模仿墓室分前后，但独立的前廊柱不一定有，就像第7、8窟前室外壁，形式就不明朗。云冈石窟从早期大像窟发展到中期佛殿窟，洞窟形制过渡的进程处在不同的历史阶段，匠人体系派别发生了变化，有西来凉州派的，有东来青徐派的，可能还有其他派的。石窟表现出来的建筑形式也应是多元共存的，后来熟悉汉民族传统和善于借鉴外来建筑工艺的能工巧匠占了上风，设计出第9、10窟、第12窟那样成熟的廊柱式仿木构建筑外观。而在此之前的殿堂窟，估计是一个没有模

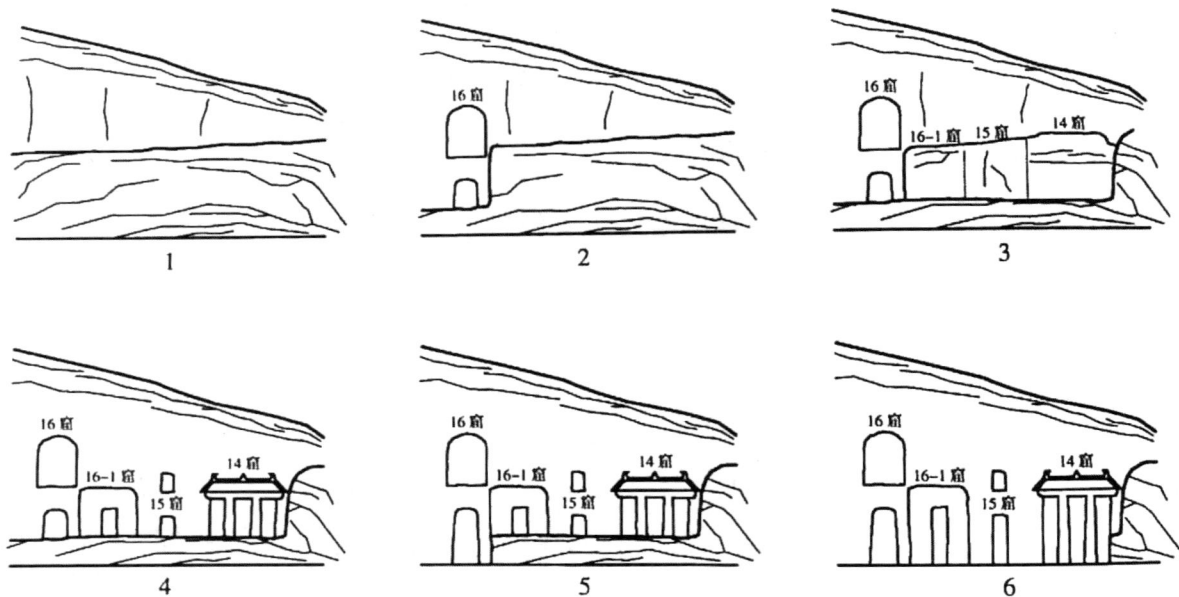

图 9　第 14 窟外观 采自彭明浩《云冈石窟的营造工程》

式的、缺少规范的阶段。倘若如此，第 14 窟即为云冈最早的前后室形制的洞窟。

　　综上所述，本文认为第 14 窟前后室形制在云冈最早出现，是早期大像窟向中期佛殿窟形制变化的转折点，为中期前后室佛殿窟之嚆矢。后室主尊立佛与早期大像窟一脉相承，具有帝王象征意义。前室在后来的改造中打通了前后室隔墙，保留两通支柱，形成一窟四柱的独特窟形。以上认识属管中窥天，无如山铁证，似无稽之谈，存此拙篇，就教于方家。

（原文刊载于《云冈石窟研究院院刊》2018 年总 6 期）

云冈昙曜五窟图像组合分析

王友奎

云冈石窟第 16~20 窟（图 1），均为椭圆形平面、穹窿顶的大像窟，集中分布于云冈崖面西段，习称昙曜五窟。昙曜五窟造像，是十六国以来北方民族融合与佛教文化交流的结晶，揭开了北魏时代开窟造像热潮的序幕。作为国家经营的大型窟群[1]，其雕刻艺术和图像思想组织应代表当时北方最高水平。

云冈石窟研究历经百年[2]，学界已就昙曜五窟开凿时间[3]、营建次第等问题大体达成共识。但是，以往研究大多聚焦于各窟大像即主体图像，对主体造像以外龛像缺少必要关注。由此导致各窟主尊尊格无法明确界定，洞窟整体图像意涵也无从谈起。事实上，昙曜五窟之中存在相当数量雕刻时间与主体造像相近的龛像[4]。这些龛像或由开窟时预留的石坯雕刻而成，或布局呈现整体性配置规律，明显带有原初设计意图，

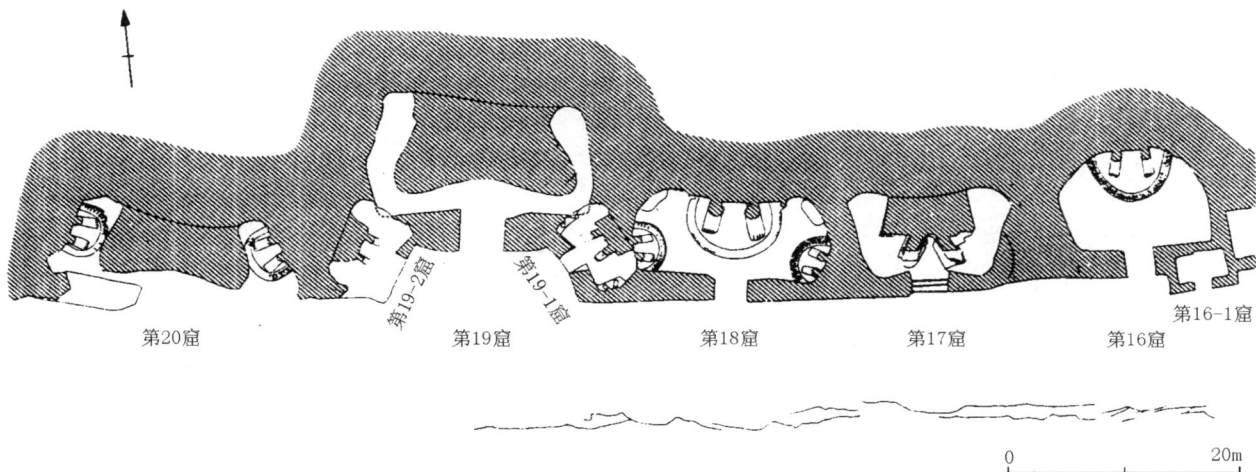

图 1　云冈昙曜五窟平面图（采自《中国石窟·云冈石窟》第 2 册页 241 图 3）

① 　（北齐）魏收《魏书》卷 114《释老志》："和平初，师贤卒。昙曜代之，更名沙门统……昙曜白帝，于京城西武州塞，凿山石壁，开窟五所，镌建佛像各一。高者七十尺，次六十尺，雕饰奇伟，冠于一世。"北京：中华书局，1974 年，第 3037 页。

② 　有关云冈石窟的调查研究始于 20 世纪初，如〔日〕伊东忠太《北清建筑调查报告》，《建筑杂志》189 号，1902 年；E. Chavannes, *Mission archéologique dans la Chine septentrionale*, Paris, 1909–1915；陈垣《记大同武州山石窟寺》，《东方杂志》第 16 卷 2、3 号，1919 年。

③ 　关于昙曜五窟始凿时间，部分学者认为在兴安年间，如阎文儒《云冈石窟的开创和题材的分析》，《社会科学辑刊》1980 年第 5、6 期；张畅耕、员海瑞、辛长青《云冈石窟研究三种》，《中国历史博物馆馆刊》1980 年总第 2 期。但学界一般认为开凿于北魏和平初年（460），参考〔日〕水野清一、长广敏雄《云冈石窟：西历五世纪における中国北部佛教窟院の考古学的调查报告》（以下简称《云冈石窟》）第 13、14 卷本文，京都大学人文科学研究所，1954 年，第 2 页；宿白《云冈石窟分期试论》，《考古学报》1978 年第 1 期，后收入《中国石窟寺研究》，北京：文物出版社，1996 年，第 76~88 页；〔日〕石松日奈子著，筱原典生译《北魏佛教造像史研究》，北京：文物出版社，2012 年，第 78~80 页。

④ 　〔日〕水野清一、长广敏雄在撰述《云冈石窟》时已注意到此部分龛像，但未做明确论述。近期主要成果有〔日〕熊坂聪美《云冈石窟昙曜五窟开凿期の佛龛について》，《佛教艺术》332 号，2014 年。

是对主体造像内容的必要补充，可视为辅助图像。

本稿将昙曜五窟造像内容分为主体图像与辅助图像两部分。对于各窟主体三佛图像，在前辈学者研究的基础上，进一步追溯其图像来源，揭示其表述意涵。对于辅助图像，则立足于各窟营建过程之讨论，分析龛像间的层位关系及布局，厘清各窟原初设计规划。进而在讨论辅助图像来源及内涵的基础上，分析其与主体图像的组合关系。希望通过上述分析，就昙曜五窟图像思想形成更明确的整体性认识。

一、主体图像内容与组合

水野清一、长广敏雄（下文简称水野、长广）认为，昙曜五窟中第 18~20 窟是最早着手开凿的三个洞窟，其中第 19 窟先期动工，第 18、20 窟稍后继之，而第 16、17 窟工程相对滞后[①]。其后，宿白亦将昙曜五窟分为两组，第一组为第 18~20 窟，以第 19 窟为中心，第二组为第 16、17 窟[②]。此后吉村怜等依据石窟营建工程量相关因素[③]、杭侃依据第 20 窟坍塌情况[④]，进一步从不同角度论证第 19 窟为昙曜五窟整体格局的中心。下文以上述洞窟分组认识为基础，分析两组洞窟主体图像及其来源、内涵。

（一）第 18~20 窟主体图像

第 18 窟主尊立佛高 15.5 米，主尊两侧雕刻二胁侍菩萨及二胁立佛。第 20 窟主尊跏坐佛高 13.7 米，由于前壁坍塌，呈现露天状态[⑤]。主尊左、右原各有一胁侍菩萨及胁立佛，但二胁侍菩萨及西侧立佛残毁。此二窟主体造像均为两侧有胁立佛的三佛图像，这些主体造像近乎圆雕，须在开窟之初预留石坯，无疑属于原初设计内容。

作为该组中心窟的第 19 窟情况颇为复杂，其主尊跏坐佛高 16.8 米，占据窟内大部分空间，而于窟门外两侧距地面 4.6 米的崖面上开凿二胁窟（第 19-1 窟、第 19-2 窟），均以倚坐佛像为主尊（图 2）。其中西侧第 19-2 窟前壁右侧及右壁坍塌，主尊仅头部带有初期风貌[⑥]，头部以下均为后期改刻。且此窟窟顶未如第 19-1 窟雕饰垂幔，散布于壁面的小龛仅有极少数为早期开凿[⑦]。与第 19-1 窟相比，第 19-2 窟的营建显然大为滞后。

关于第 19-1 窟、第 19-2 窟的开凿时间，水野、长广认为，"此二窟无论如何都没有理由晚于相邻第

---

① 前揭〔日〕水野清一、长广敏雄《云冈石窟》第 13、14 卷本文，第 42~44 页。

② 前揭宿白《云冈石窟分期试论》。

③ 〔日〕吉村怜《云冈石窟编年论——宿白、长广学说批判》，《国华》1140 号，1990 年。〔日〕吉村恒、石原金洋、吉成寿男、高桥浩《昙曜五窟造营工事の检讨》，《国华》1155 号，1992 年。〔日〕吉村怜《昙曜五窟造营次第》，《佛教艺术》212 号，1994 年。

④ 杭侃《云冈第 20 窟西壁坍塌的时间与昙曜五窟最初的布局设计》，《文物》1994 年第 10 期。

⑤ 有学者认为第 20 窟可能原本不设前壁，推测该窟主尊原为露天大佛。参考殷宪《云冈第 20 窟原始窟形初探》，《2005 年云冈国际学术研讨会论文集·研究卷》，北京：文物出版社，2006 年，第 339~343 页。然而，从考古发掘遗迹观察，前壁明显存在，只是在太和以前已经坍塌。

⑥ 前揭杭侃《云冈第 20 窟西壁坍塌的时间与昙曜五窟最初的布局设计》；前揭石松日奈子著，筱原典生译《北魏佛教造像史研究》，第 83 页。

⑦ 熊坂聪美认为，本窟佛龛中仅窟门附近一铺二佛并坐龛开凿于云冈一期。前揭〔日〕熊坂聪美《云冈石窟昙曜五窟开凿期的佛龛について》。

18、20窟，倒不如说是并行开凿的"①。这一观点亦为多数学者所沿用。然而观察各窟营建过程及打破关系，第19-1窟、第19-2窟的营建可能整体晚于第一组洞窟。

其一，第19-1窟应开凿于第18窟大体完成之后。第19-1窟主尊佛座左侧有一处穿孔，打破相邻第18窟西胁佛头光。有学者注意到这一点，并认为第19-1窟有意整体避让第18窟，甚至为此调整了该窟结构和壁面设计②。更为关键的是，两窟之间壁面被凿破时，第18窟已经完成右胁佛雕刻，

图2　云冈第19窟外部（采自《云冈石窟》卷13、14，PL.1）

此时该窟东西壁计划内辅助龛像也已完成大半。而第19-1窟一侧，受打破事件影响，主尊与二胁侍菩萨之间壁面下部均放弃雕刻③，主尊背光亦雕至佛陀肘部就不再下延，表明此时该窟尚处于营建早期阶段。由此可知，第19-1窟几无可能与第18窟并行开凿（图3、4）。

其二，第19-2窟开窟应远在第19窟之后。第19-2窟主尊佛座左侧壁面有一纵向口径近3米的穿洞，打破了本窟与第19窟西南角壁面。从第19-2窟一侧观察，破洞上部两家之间壁面最薄，而本窟墙面自破洞顶端附近向下明显内收，看来是上方墙壁被凿破后不得已而为之。如前所述，该窟工程在主尊头部完成后中断，

图3　云冈第19-1窟主尊左侧穿洞（采自《云冈石窟》卷13、14，PL.89）

且窟内壁面均未及雕饰，这就意味着打破事件可能发生于开窟后不久。而在第19窟一侧，南壁千佛雕刻至中下部时，整窟施工应已大体完成，其与第19-2窟间的打破关系十分明确。因此，第19-2窟的开窟必然远在第19窟之后，两者并非协同施工。

以上可知，第18、20窟晚于第19窟，第19-1窟晚于第18窟，第19-2窟晚于第19-1窟。由于第19-1窟、第19-2窟的开凿时间与第19窟有一定差距，故三者之间的关系存在两种可能。一是第19-1窟、第19-2窟与第19窟一体设计，但是直到第19、18窟大体完成之后才着手施工。二是第19窟最初设计时并无胁窟，为了突

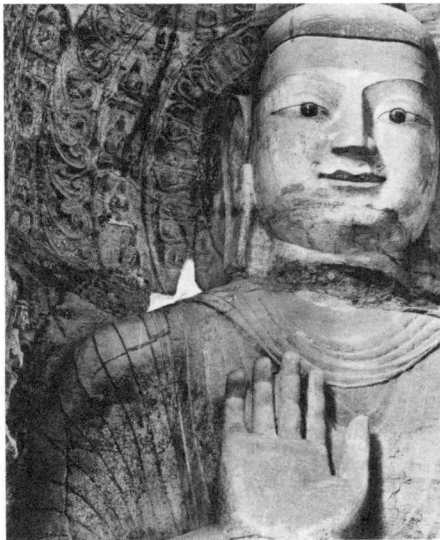

图4　云冈第18窟右胁佛头光处穿洞（采自《云冈石窟》卷12，PL.111）

---

① 前揭〔日〕水野清一、长广敏雄《云冈石窟》第13、14卷本文，第44页。

② 彭明浩《北魏云冈石窟空间营造》，北京大学博士论文，2015年。

③ 此部分壁面亦即本窟与第18、19窟之间壁面，其中千佛及佛龛均为后期补刻。

图 5　云冈第 16 窟窟门西侧壁立佛像
（黄文智摄）

出其中心地位，开窟时先将崖面凿出"八"字形敞口。而在第 18、20 窟设计、施工过程中，三佛图像成为主流，因而随后也在第 19 窟外面补开二胁窟，使该窟形成三佛组合。以目前所掌握的资料，尚无法对这两种可能做出进一步判断。

（二）第 16、17 窟主体图像

第 17 窟正壁主尊交脚菩萨像高 15.5 米。东西壁设置大龛，分别雕刻施禅定印结跏趺坐佛及施无畏印立佛。侧壁大龛所在壁面必然为开窟时预留，龛中佛像体量大体与主尊相匹配，样式上亦存在一致性，应为原初设计内容。

第 16 窟主尊立佛高 13.5 米，侧壁不设胁侍像。主尊样式属于云冈二期后段甚至更晚，但其背光纹样却呈现较早期特征，知其现状可能是经后期改刻而成[①]。值得注意的是，窟门两侧壁分别雕刻立佛并菩萨、弟子等眷属（图 5），长广、水野认为其样式与第 6 窟相同[②]。然而，本窟主尊身躯与第 6 窟佛像相比显得瘦削，头身比例趋于合理，该窟门道两侧壁补刻二立佛，客观上与窟内改刻的主尊立佛形成了三佛格局。

（三）主体图像来源及其意涵

水野、长广认为，云冈昙曜五窟及第 5 窟中三佛图像的表现意图，与三世、十方千佛相同，而两侧二胁佛的配置仅出于造像布局之考虑，与教义无涉[③]。刘惠达则认为这种三佛图像与当时流行的《法华经》等经典密切相关，表现的是过去、现在、未来三世佛[④]。此后，邓健吾追溯三佛图像的犍陀罗来源，并举出阿富汗肖托拉克（Shotorak）出土三佛石刻为例（图 6）[⑤]。该像左侧尊像缺损[⑥]，右侧立佛脚下表现儒童菩萨布发掩泥场面，可知此立佛为定光佛。由于定光佛具有明确的过去佛属性，所以推定造像整体为三世佛[⑦]。久野美树、贺世哲

图 6　阿富汗肖托拉克遗址出土石雕三佛像（采自 *Shotorak* PL. XI）

---

① 〔日〕水野清一、长广敏雄《云冈石窟》第 11 卷本文，京都大学人文科学研究所，1953 年，第 43、44 页。吉村怜认为主尊佛衣样式为原初设计，此说与云冈造像样式发展大趋势相违，难以使人信服。参考前揭〔日〕吉村怜《云冈石窟编年论——宿白、长广学说批判》。

② 前揭〔日〕水野清一、长广敏雄《云冈石窟》第 11 卷本文，第 34 页。

③ 〔日〕水野清一、长广敏雄《云冈石窟》第 8、9 卷本文，京都大学人文科学研究所，1953 年，第 3、4 页。

④ 刘惠达《北魏石窟中的三佛》，《考古学报》1958 年第 4 期。

⑤ J. Meunié, *Shotorak (Mémoires de la Délégation archéologique française en Afghanistan, Tome X)*, Paris, Les Éditions d'art et d'histoire, 1942, PL XI。此作品与云冈三佛造像之关联最早由水野清一、长广敏雄提出。前揭〔日〕水野清一、长广敏雄《云冈石窟》第 8、9 卷本文，第 4 页。

⑥ 本稿在表述方位时以均以所述物象本体为基准，下同。

⑦ 邓健吾《麦积山石窟的研究及早期石窟的两三个问题》，天水麦积山石窟艺术研究所编《中国石窟·天水麦积山》，北京：文物出版社，1998 年，第 227~229 页。该书日文版由平凡社于 1987 年出版。

图 7 炳灵寺第 169 窟 S9 号泥塑三佛像（采自《中国石
窟·炳灵寺石窟》图版 29）

图 8 犍陀罗出土石雕三佛像（采自 *Die Buddhistische Spätantike in Mittelasien* Pl.9）

等前辈学者亦据此认定汉地北魏三佛造像内涵为纵三世佛[①]。但是，上述肖托拉克石刻具有特定情节内容，胁佛尊格明确，而云冈第 18~20 窟中胁佛形象雷同，两者明显有所区别。

1. 三佛图像来源

炳灵寺第 169 窟东壁保存一组泥塑三佛立像（S9 号），制作于西秦建弘元年（420）前后（图 7）[②]。三立佛中间一尊形体稍大，两侧二佛无明显区别，其排列形式和表现意图与昙曜五窟中三佛相近。此组塑像可能为汉地最早的三佛造像，其来源亦可追溯至犍陀罗。水野、长广在论述云冈三佛图像时，提及犍陀罗某地出土的一件石雕三佛（图 8）[③]。三佛立于相连壁龛内，左、右二佛略微侧身面向中间佛陀，对称配置，上部二身天人亦以中尊为对象散花供养，可知三佛属于同一图像单元。这种图像组合可能用于地面寺院建筑装饰。如阿富汗哈达（Hadda）Bagh-Gai 遗址 B56 号精舍前庭左侧下层（图 9）[④]，见有几乎相同的三佛造像。

事实上，犍陀罗并列三佛组合不仅表现为立像，也有跌坐像，不仅直接用作精舍、佛塔构件，有时也雕刻于单体像台座部位。如西雅图美术馆所藏一件石刻跌坐佛，佛

图 9 阿富汗哈达 Bagh-Gai 遗址 B56 号精舍泥塑三佛像（采自《L'Œuvre de la Délégation Archéologique Française en Afghanistan(1922-1932)》Fig.2b）

① 〔日〕久野美树《中国初期石窟と观佛三昧——麦积山石窟を中心として》，《佛教艺术》176 号，1988 年。贺世哲《关于十六国北朝时期的三世佛与三佛造像诸问题》（一、二），《敦煌研究》1992 年第 4 期、1993 年第 1 期；贺世哲《关于敦煌莫高窟的三世佛与三佛造像》，《敦煌研究》1994 年第 2 期。

② 本文使用常青编号，S9 对应《中国石窟·永靖炳灵寺》一书 9 号造像。参考常青《炳灵寺 169 窟塑像与壁画的年代》，北京大学考古系编《考古学研究》（一），北京：文物出版社，1992 年，第 416~481 页。

③ A. v. LE COQ., *Die Buddhistische Spätantike in Mittelasien: V.I*, Berlin, Verlag Dietrich Reimer/Ernst Vohsen, 1922, Tafel. 9.

④ J. Barthoux, *Les Fouilles de Haḍḍa, I. Stūpas et sites. Textes et dessins*, Paris , Éditions d'art et d'histoire ,1933, p. 165, fig. 143; Hackin, Joseph, *L'Œuvre de la Délégation Archéologique Française en Afghanistan* (1922-1932): vol.1. Tôkyo, Maison Franco-Japonaise, 1933, fig. 2b.

图 10　犍陀罗出土石刻趺坐佛像（采自 *Gandhāran Art in Pakistan* pl. XⅢ 3）

图 11　犍陀罗出土石刻菩萨像（采自 *Bodhisattvas or Deified Kings: A Note on Gandhara Sculpture* Fig.1）

图 12　犍陀罗出土石刻趺坐佛像（采自《ガンダーラ美术Ⅱ佛陀の世界》图版 202）

座上雕刻三身禅定佛像（图 10）[1]，推测表现的是三世佛[2]。这种三佛组合只是犍陀罗表现佛法传承的多佛组合之一种，此外尚有二佛、五佛、七佛等组合。如皇家安大略博物馆所藏一件弥勒菩萨立像（图 11）[3]，其台座上于二趺坐佛之间雕刻佛钵，表现佛法在释迦与弥勒之间传承[4]。又如可能出自萨利·巴路尔（Sahri-Bahlol）的一尊石刻佛像，佛座中表现并列五身趺坐佛（图 12）[5]。其中右端佛陀座侧，雕刻一坐姿人物屈身散发垂布于佛座上，这应是儒童本生图像的变化形式[6]，说明该佛为代表过去世的定光佛，从而也使得与之并列的诸佛具有佛法传承的意涵。总体看来，犍陀罗有以并列多佛组合表现佛法传承的图像传统，其内涵与舍卫城大神变图像中位于主尊两侧上方的化佛截然有别。

单体像座前出现的三佛形式也被移植到佛塔装饰中。如哈达 Bagh-Gai 遗址 B12 号佛塔第二层壁柱间设佛龛，于龛内趺坐主尊下方造并列三身小趺坐佛，且左、右两尊对称施禅定印，中间一尊做说法状（图 13）[7]。此形式与前述单体像座三佛如出一辙，表明两者在内涵上具有共通性，均以三佛表现三世佛。同在哈达 Bagh-Gai 遗址，类似三佛组合较为流行，并存在多种表现形式。如 B7 号佛塔东南面，于三叶形龛内塑立佛，又于立佛左、右下侧分别塑小型趺坐佛（图 14）[8]。又如 B76 号佛塔东南面，于壁柱间分别塑趺坐佛并二胁佛，其胁佛既有立佛，

① Harald Ingholt, Islay Lyons, *Gandhāran Art in Pakistan*, Pantheon Books, 1971, pl. XⅢ 3.

② Yu-min Lee, *The Maitreya Cult and Its Art in Early China*, ph. D. The Ohio State University, 1983.

③ Benjamin Rowland Jr. "Bodhisattvas or Deified Kings: A Note on Gandhara Sculpture", *Archives of the Chinese Art Society of America, Vol. 15*, 1961.

④ 〔日〕宫治昭著，李萍、张清涛译《涅槃和弥勒的图像学》，北京：文物出版社，2009 年，第 256 页。

⑤ 〔日〕栗田功《ガンダーラ美术Ⅱ：佛陀の世界》，东京：二玄社，1990 年，图版 202。

⑥ 此图像内容的判断承慕尼黑大学王芳相助，谨致谢忱。

⑦ J. Barthoux, op. cit., p. 149, fig. 126.

⑧ Ibid. p. 147, fig. 123.

图13 阿富汗哈达 Bagh-Gai 遗址 B12 号佛塔局部实测图（采自 *Les Fouilles de Haḍḍa I: vol.1* Fig.126）

图14 阿富汗哈达 Bagh-Gai 遗址 B7 号佛塔东南面实测图（采自 *Les Fouilles de Haḍḍa I* Fig.123）

图15 阿富汗哈达 Bagh-Gai 遗址 B76 号佛塔东南面实测图（采自 *Les Fouilles de Haḍḍa I* Fig.156）

也有跌坐佛（图15）[①]。

犍陀罗三佛图像之中，大体以突出表现的中尊为现在佛，这种尊格分配方式有实例可证。瑞士苏黎世莱特伯格博物馆所藏一件犍陀罗三佛浮雕嵌板（图16）[②]，其中间一尊跌坐佛像形体较大且带有胁侍人物，两侧二佛均跌坐于三叶形佛龛中。值得注意的是，中尊左侧胁侍人物戴圆形头冠、着装身具，右侧胁侍人物头顶束有"∞"形发髻，二者分明是帝释天与梵天的成对表现[③]，由此推知中尊佛像为释迦佛。进一步而言，犍陀罗三佛造像可能大体存在以现在佛为中尊，以过去佛、未来佛为左右二胁佛的图像模式。

在犍陀罗，三佛不仅构成独立的组合，同时以佛三尊像的形式融入七佛、五佛造像中。如哈达 Pratès 遗址 P1 号佛塔，其北面第一层龛柱间造七佛坐像，每一佛下方又塑并列三身小坐佛（图17）[④]。另如哈达 Gar-Naô 遗址 A2 号佛塔，其西面第一层龛柱间造五佛立像，每一

图16 犍陀罗出土浮雕三佛像（李静杰摄）

① Ibid. p. 172, fig. 156.

② 图片由业师李静杰先生实地拍摄并提供给笔者，谨致谢忱。

③ 前揭〔日〕宫治昭著，李萍、张清涛译《涅槃和弥勒的图像学》，第177~198页。

④ Ibid. p. 181, fig. 169.

图 17　阿富汗哈达 Pratès 遗址 P1 号佛塔北面第一层实测图（采自 *Les Fouilles de Haḍḍa I* Fig.169）

图 18　阿富汗哈达 Gar-Naô 遗址 A2 号佛塔西面第一层实测图（采自 *Les Fouilles de Haḍḍa I* Fig.182）

佛两侧又各有稍小的胁立佛（图 18）[①]。在这些七佛、五佛组合中，每一佛又作为三佛组合的主尊表现，亦即在多佛组合中套用三佛组合。显然，以上实例中三佛是作为特定图像单元来使用的，其各尊尊格并不固定。

　　笔者以为，表现佛教三世观念的图像至少有两类。其一有明确的时间或佛法继承关系，是佛陀观在三世学说影响下的发展形态[②]，过去七佛与未来弥勒组合，定光、释迦与弥勒组合皆属此类。其二为不固定尊格的三佛图像，是佛教三世观念的直接图像表现[③]。这两类图像并行不悖，既可以独立出现，亦可能被套用至七佛、五佛造像中，体现其中每一佛均有过去、未来之传承。

　　法显于 402 年游历犍陀罗一带，记录那竭城南"有诸罗汉、辟支佛塔乃千处"[④]。此那竭城与哈达遗址同在今阿富汗贾拉拉巴德（Jalalabad）附近，法显所记寺塔盛况可由今哈达遗址众多佛塔遗迹得见一斑。而犍陀罗一带的佛塔形制在北凉时代已经传入汉地，这一点由呈八面体的北凉石塔可证。因此，哈达佛塔构件所见在多佛组合中套用三佛组合的图像，完全有可能于 460 年或之前传播到北魏平城。也就是说，昙曜五窟主尊各自与二胁佛组合，很可能沿袭了犍陀罗造像传统，尤其作为皇家石窟来说，其中应内涵着完善的佛教思想逻辑和周密的设计用意。

---

① 　Ibid.p.199,fig.182.

② 　三世观念在印度文化中渊源深远，亦并非佛教所特有。早在吠陀时代的《梨俱吠陀》及《蛙氏奥义书》中已有相关表述，其后的婆罗门教、耆那教哲学中也多有对过去、现在、未来三世的讨论。参考姚卫群《部派佛教中关于"三世法"本质的观念》，《佛学研究》2010 年总第 19 期，第 173~179 页。

③ 　佛教的三世观念植根于既有的文化传统，在释迦佛证悟的四谛、十二因缘等教义基础上进一步系统化。释迦入灭后，部派佛教以十二因缘为基础发展出过去、现在、未来三世两重因果理论，此中因果环环相扣，过去、现在、未来三世循环为用。

④ 　章巽《法显传校注》，上海古籍出版社，1985 年，第 46~51 页。

2. 三佛图像在昙曜五窟中的意涵

一般认为，昙曜五窟中五尊大像对应北魏太祖以下五帝。在北魏"皇帝即是当今如来"思想背景之下[①]，皇帝之间的继承关系自然被比拟为佛陀之间的传承关系。文成帝兴光元年（454），"敕有司于五级大寺内，为太祖已下五帝，铸释迦立像五"[②]。此次造像，五佛尊格全为释迦，释迦为现在佛，说明以皇帝为现世如来的思想主导着皇家造像活动。作为文成帝复法后皇家造像热潮的延续，昙曜五窟中各窟主尊最初应该也都是作为现在佛释迦来设计的。五级大寺内造像的具体形式已无从得知，应该以某种方式排列尊像，以提示尊像间的传承关系。在昙曜五窟中，自第 18、20 窟开始，各窟在昭穆排序的基础上[③]，又套用犍陀罗所见不确定尊格的三世佛形式，既强调佛法的三世传承，亦体现佛法传承与皇位继承之间的比拟关系。这种设计，或可看作世俗皇权更替制度与佛教三世循环思想的巧妙结合。

不过，虽然昙曜五窟各窟主体造像均构成三世佛组合，但除了第 18、20 窟比较典型以外，其余各窟都有自身特点。

第 19 窟二胁佛以倚坐形式表现，可能由以下原因所致。其一，昙曜五窟中套用不确定尊格三世佛图像，虽然主尊可比定为现世如来，但二胁佛尊格则不明确，因此在尊像造型的选择上相对自由。其二，这一时期倚坐佛像的尊格尚不固定[④]。其三，由于胁窟开凿于第一组洞窟大体完成之后，所以可能也考虑到了不同造像形式所需空间及其对相邻洞窟的影响[⑤]。

第 17 窟主尊为弥勒菩萨，宿白等认为其代表的是太子拓跋晃[⑥]，由于没有即位即死去，故作未来将要成佛的弥勒菩萨形象。从三世组合的角度，若正壁主尊为未来佛，则两侧壁大龛中佛陀当为现在、过去佛。

第 16 窟两胁佛位于窟门两侧壁，为二期后段追刻。由于此窟似曾长期停工并改刻，胁佛最初的设置难以确知。

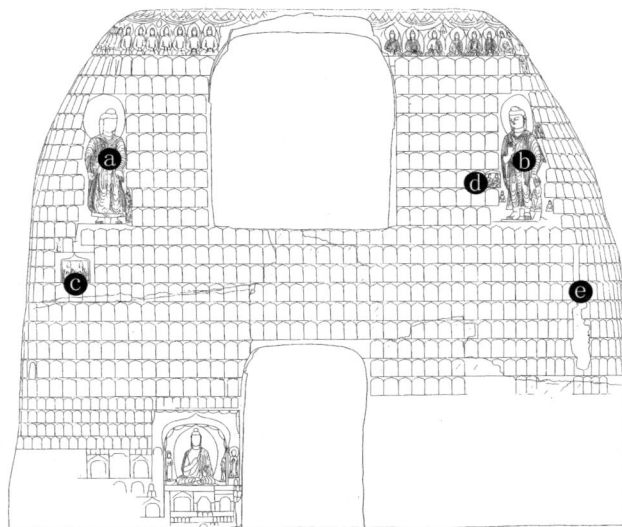

图 19　云冈第 19 窟南壁实测图（据《云冈石窟》卷 4 本文，Fig.4 标注）

---

① 《魏书》卷 114《释老志》："初，法果每言，太祖明睿好道，即是当今如来，沙门宜应尽礼。遂常致拜，谓人曰，'能鸿道者，人主也。我非拜天子，乃是礼佛耳。'"前揭《魏书》卷 114，第 3031 页。

② 前揭《魏书》卷 114，第 3036 页。

③ 关于昙曜五窟与昭穆制度之关系详见后文。

④ 如炳灵寺西秦第 169 窟现存三铺释迦、多宝并坐壁画，其中相对完整的两铺二佛均以倚坐形式表现；云冈第 8 窟主室上层中央倚坐像尊格为弥勒佛；云冈第 7 窟主室下层大龛龛楣表现以交脚佛像为中心的倚坐佛群像，这些倚坐佛像尊格并不明确。

⑤ 第 19 窟主体完成后，窟外岩体所剩不多，本窟二胁洞可利用空间比较有限，只有倚坐形式可以尽量减小开窟对此处崖体的影响，同时使佛像的体量最大化。倘若以立佛形式表现，则二胁窟窟底恐须下挖至地面。从两窟现状来看，即使窟底在地面以上 4.6 米，也已出现较为严重的穿洞现象。若凿为立像，各窟间将出现大面积薄弱壁面，影响洞窟稳定。倘若以趺坐佛式形式表现，在平面宽度有限的空间内能表现的佛像体量较小，不能与主窟大佛相呼应，显然也不适合。

⑥ 前揭宿白《云冈石窟分期试论》；前揭杭侃《云冈第 20 窟西壁坍塌的时间与昙曜五窟最初的布局设计》；前揭〔日〕吉村怜《昙曜五窟造营次第》。

图 20　云冈第 19 窟西南隅立佛（采自《云冈石窟》卷 13、14，PL.30）

二、辅助图像及其与主体图像的组合

（一）第 18-20 窟辅助图像

1. 第 19 窟

第 19 窟除主尊外，窟内主要造像还有分别雕刻于南壁明窗两侧的二身立佛（图 19，像 a、b），这两身立佛均高 3.6 米[①]，突出于壁面，显然为开窟时原初设计。其中西侧立佛与身旁合掌胡跪人物组合表现"罗睺罗受记因缘"（图 20）[②]。

窟顶下缘雕垂幔并禅定坐佛一排，下方东、南、西三壁大部分壁面雕刻龛式千佛。相比其余诸窟，第 19 窟内造像要单纯规整得多[③]，说明开窟时有较为严格的规划和管理。不过，在南壁立佛周围，仍存在计划外不规则造像。如东立佛左膝外侧刻上、下二身小立佛，其中上一身亦表现"罗睺罗受记因缘"。这些不规则造像利用雕刻东西立佛时削平的壁面减地雕刻，时间应在立佛完成之后。

整体而言，第 19 窟主尊、南壁二身立佛、周壁上部千佛造像应属原初设计（附表）。壁面下部千佛及窟门左右佛龛为后期补刻。

2. 第 20 窟

主尊背光两侧上部，各有一供养菩萨胡跪于凸出壁面（左侧菩萨具莲座），菩萨上方又各有一散花天人，窟顶下沿原有千佛[④]。这些造像显然与主尊背光一体化设计。

图 21　云冈第 20 窟右、左侧立佛上方龛像（据《云冈石窟》卷 13、14，PL.20、PL.28 标注）

图 22　云冈第 20 窟左侧立佛头光周边龛像（据《云冈石窟》卷 13、14，PL.16 标注）

---

① 前揭〔日〕水野清一、长广敏雄《云冈石窟》第 13、14 卷本文，第 48、51 页。

② 同上，第 17 页。

③ 同上，第 40、41 页。

④ 同上，第 36 页。

图23　云冈第20窟右侧立佛头光上方龛像（据《云冈石窟》卷13、14，PL.46标注）

图24　云冈第18窟主尊左侧群像（黄文智摄）

图25　云冈第18窟左侧立佛头光与比丘群像层位关系（黄文智摄）

东胁佛头顶壁面残存两个大龛（图21），其中下方者为相对完整的二佛并坐龛（龛a），上方一龛大部残破（龛b）[1]。西胁佛已不存，壁面仅残留部分头光，头光上方凿一大龛（龛c），仅存左半部一趺坐佛及龛左供养菩萨。此龛拱尖在残存佛像右侧，故知其本为二佛并坐龛。此二佛并坐龛上方另表现几身菩萨、比丘等，均面向右侧同一方向。推测右方原有一大龛（龛d），现已不存。

在上述佛龛与下方胁佛头光之间，还散刻一些小型二佛并坐龛，其中有两龛"嵌入"胁佛头光之中。早年水野、长广注意到这一点，并推测两胁佛头光的雕凿可能晚于其上缘二佛并坐龛[2]。事实上，这些佛龛隐藏着更多信息。

从东胁佛头光上缘来看（图22），各龛（龛e、f、g）均避让头光，大体分布在其外侧。而"嵌入"胁佛头光的小龛（龛e），其右侧菩萨头光突出于上方二佛并坐龛（龛a）下沿，说明小龛雕刻在上方大龛完成之前。那么可以推测，小龛雕凿时其上方二佛并坐龛及下方胁佛头光大致范围已经划定，但均尚未雕刻完成。

西胁佛头光中亦"嵌入"一小型二佛并坐龛（图23，龛h），应雕刻在头光完成之前，但龛左胁侍菩萨及伏首礼拜人物又位于头光外侧，说明雕刻小龛左侧人物时，下方胁佛头光已着手雕凿。同时该小龛又打乱其右上方大龛（龛c）外侧供养菩萨构图，可知小龛的雕刻在大龛始凿之后，但完成则在大龛之前。

综合来看，东西胁佛上方壁面应是按规划雕凿佛龛，其中胁佛头光上方分别雕刻对称的二佛并坐龛（附表）。但在规划内佛龛和胁佛完成之前，有个人供养者开始利用剩余壁面施造小龛，"嵌入"西侧胁佛头光的小龛旁，还存有"佛弟子"造像记[3]。这些计划外小龛的出现，意味着本窟规划龛像的雕刻可能曾停顿一段时间。

---

[1]　该龛中佛像结跏趺坐，施禅定印，难以判断是否为相互呼应的并坐二佛之一。但该佛龛正处于窟顶下方北壁与东壁相交壁面，故佛龛左半与右半存在较大弧度，龛内佛像可能因此客观呈现侧身相向特征，构成呼应关系。亦即此龛有可能为二佛并坐龛。

[2]　前揭〔日〕水野清一、长广敏雄《云冈石窟》第13、14卷本文，第83、84页。另参考王雁卿《云冈石窟第20窟立佛与佛龛》，《敦煌研究》2005年第5期。

[3]　〔日〕水野清一、长广敏雄《云冈石窟》第2卷，京都大学人文科学研究所，1955年，附录《云冈金石录》第5页。

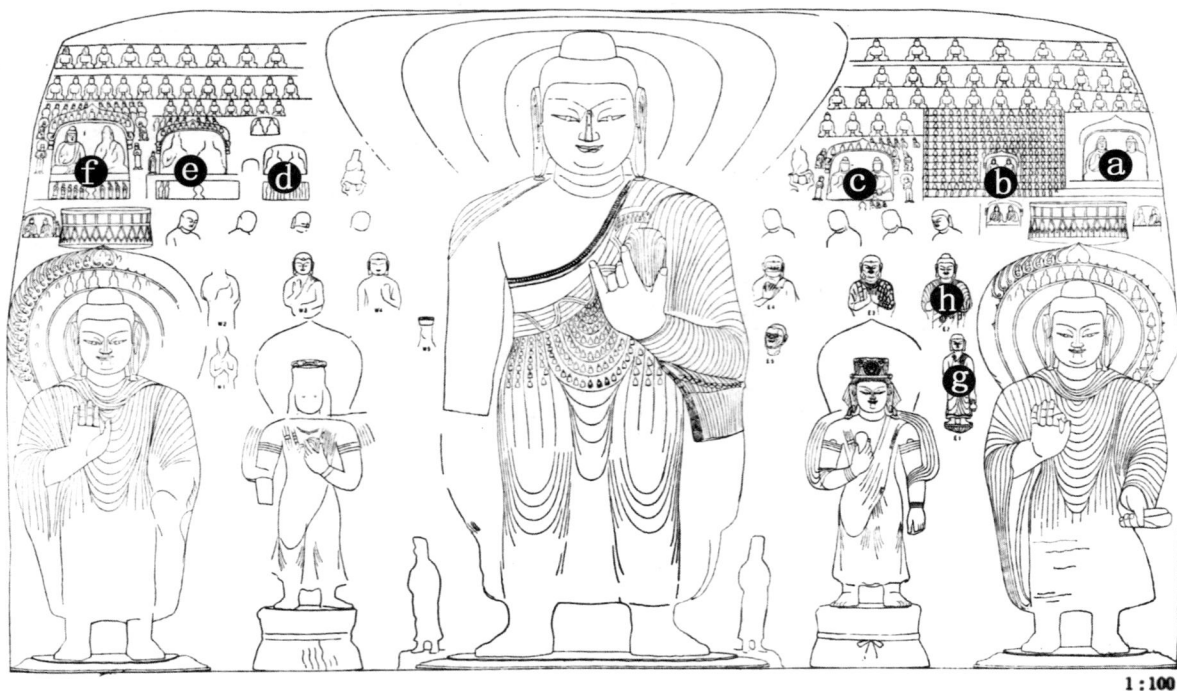

图 26　云冈第 18 窟东、南、西三壁实测图（据《云冈石窟》卷 12，Fig.53 标注）

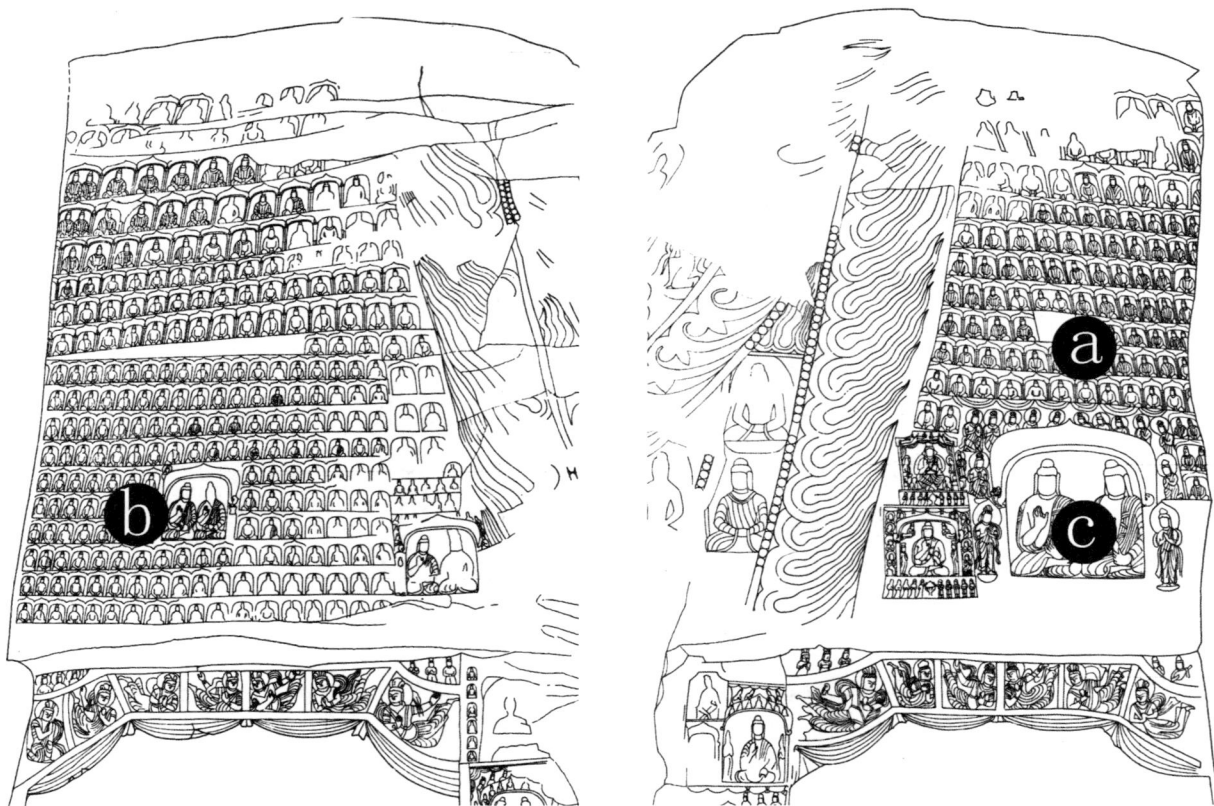

图 27　云冈第 17 窟西、东壁上部龛像实测图（据《云冈石窟》卷 12，PLAN Ⅴ、Ⅵ标注）

3. 第 18 窟

第18窟左右胁侍菩萨上方雕刻"十大弟子"像各五身[①]，这些"弟子"像上半身近乎圆雕，自壁面探身向前（图24），立体感强烈。其中东壁下层外侧有一弟子像贴近胁佛头光外缘，且雕刻时沿头光边沿切入石壁，掏挖其背后壁面以表现立体感（图25，图26，造像g）。胁佛属于主体造像，其头光亦当为开窟时原初设计，但头光外缘高浮雕弟子像的存在，表明工匠在雕刻胁佛头光时预留了头光外缘一定厚度的石壁。可知弟子像至迟在雕刻胁佛头光时已有规划，抑或两者协同施工。事实上，正壁及左右壁中前述弟子、胁侍菩萨造像均为远远突出于壁面的高浮雕，应是在主体三佛大致完成后，在预留石壁上按计划同步推进[②]。这些造像一体雕成，并非后期补刻，这一点只要置身窟内，一目了然。

东西壁胁佛华盖一线以上雕刻千佛及二佛并坐龛，其中千佛的施工显然自上而下进行，其进程被下方二佛并坐龛打断（图26，龛a、b、c、d、e、f）。这些佛龛虽形制有异，但大体左右各三铺相对分布，雕刻于开窟初期，带有明显的原初设计意图[③]。此外，佛龛下部均有相对而立的供养人行列，可知此时营建工程的参与者已经多样化，他们可能是一些重要僧人或贵族。

两侧"十大弟子"像上方另各有五身僧装人物，其设计意图应与弟子像有所关联。但其中东壁南端僧装像避开胁佛华盖旁的小型二佛并坐龛，且恰好沿其供养人行列下沿减地雕刻，局部还存在打破现象，可知这些僧装人物的雕刻在邻近壁面中最晚。总体来看，第18窟东、北、西三壁主要造像均为开窟时原初设计（附表）。

（二）第 17、16 窟辅助图像

1. 第 17 窟

本窟东壁上部沿用第20、18窟设计，于千佛下方设置二佛并坐龛（图27，龛c）。有趣的是，千佛中央留有一方空白壁面，其上沿雕刻一小型二佛并坐龛（龛a），形成千佛围绕并坐二佛形式。这种图像首见于第18窟东壁上部（图26，龛b），成为本窟西壁上部主要图像（图27，龛b）。

本窟南壁开凿五个大龛（图28），其中明窗下方一龛时代较晚[④]（龛h），其余四龛大体对称分布（龛d、e、f、g）。水野、长广由造像样式判断此四龛是南壁最早开凿的佛龛。这四龛在布局上明显带有原初设计意图，的确应是南壁较早着手者。不过，开凿南壁诸龛，特别是四大龛中的下方二龛时（龛d、e），没有为胁侍菩萨预留石坯，而是将胁侍菩萨背后壁面减地凿为弧面以表达立体感。据胁侍菩萨所在壁

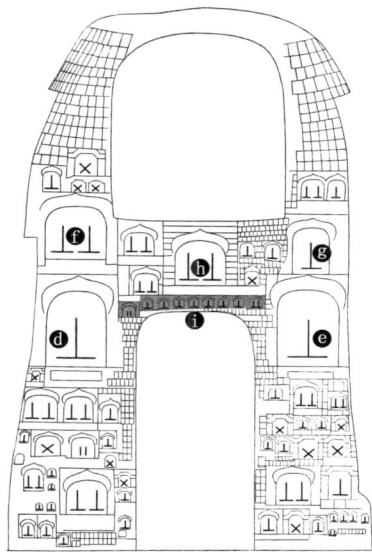

图28　云冈第17窟南壁实测图（据《云冈石窟》卷12本文，Fig.43标注）

---

①　〔日〕水野清一、长广敏雄《云冈石窟》第12卷本文，京都大学人文科学研究所，1954年，第36、37页。

②　彭明浩认为云冈石窟分层开窟，这一观点还需进一步讨论。参见前揭彭明浩《北魏云冈石窟空间营造》。

③　水野、长广认为这些造像有"补充说明窟中诸尊之意义"，参考前揭水野清一、长广敏雄《云冈石窟》第12卷本文，页34。前揭〔日〕熊坂聪美《云冈石窟县曜五窟开凿期的佛龛について》有进一步论述。

④　水野、长广认为从此龛位置看，应是第一次营建的设计，但其服饰风格与第6窟相似，而身体显得瘦削，应是太和末年追刻的。前揭〔日〕水野清一、长广敏雄《云冈石窟》第12卷本文，第22页。

图 29　云冈第 17 窟南壁门上组龛示意图（据《云冈石窟》卷 12，PLAN Ⅳ 改绘）

面外缘与东西壁大龛南侧壁的关系推测，南壁诸大龛的雕刻应在东西壁大龛之后。此外，南壁西侧上龛面积相对较小（龛 g），显然受到已经存在的西壁大龛制约，否则很可能是与南壁东侧上龛（龛 f）对称开凿二佛并坐龛。

若依次剔除南壁造像中补刻于迁洛前后的千佛龛[1]、太和服制改革后的佛龛及刻有供养人行列的佛龛，即可发现窟门上沿一组造像尤为引人注目（组龛 i）。水野、长广认为此处七佛造像从风格看时间较早，似与窟内主尊有一定关联[2]。事实上，七佛西端还有一方与之相连的二佛并坐龛，而东端稍下位置另有一倚坐佛龛（图 29）。此二龛均为尖拱楣，龛外两侧上部均饰有垂帐，其中二佛并坐龛右侧垂帐与七佛龛左端垂帐显然为一体雕刻。又，七佛龛东起第一龛龛外两身菩萨像，其中右侧与倚坐佛龛之间的一身明显体量变小，这应是相邻两龛互相协调的结果。以上情况表明，南壁窟门上方这一组龛像应是一体雕刻的。

该组龛东端倚坐佛龛与其东侧大龛的关系更为有趣，工匠在雕刻大龛左胁侍菩萨上方一供养天人时，极为准确地沿倚坐佛龛边沿切入墙壁（图 30）。对比工匠对上部人物外侧墙面的处理，可知倚坐佛龛在大龛雕凿之前就已存在，或至少与大龛协同施工。同时，窟门上沿这一组

图 30　云冈第 17 窟南壁大龛 d 与门上组龛东端倚坐佛龛之关系（采自《云冈石窟》卷 12，PL.29）

像又无个人供养迹象，其雕刻时间之早、位置之特殊，表明其在阐释本窟图像思想时具有重要意义。

总体来看（附表），第 17 窟南壁在开窟之初即纳入统一规划，洞窟形制由穹庐顶的龛形窟向类似于第 7、8 窟主室方形窟转变，且出现重视洞窟中轴线图像的设计倾向。

2. 第 16 窟

本窟整体格局与其余四窟迥异（图 31），东西壁不设胁侍像，东、南、西三壁顶部至明窗底部一线壁面全为龛式千佛。南壁明窗与窟门之间雕刻一组三龛造像，正中尖拱龛内刻跌坐说法佛（龛 a），两侧各一

---

[1]　在昙曜五窟内部及窟外崖面广泛分布一种龛式千佛，其龛楣呈简单的圆拱状，形制单一，填补了昙曜五窟内外大部分空白壁面。有学者认为这些千佛龛凿于云冈二期后段，是昙曜五窟营建过程中最后一次由皇家统筹规划施工（前揭杭侃《云冈第 20 窟西壁坍塌的时间与昙曜五窟最初的布局设计》）。此种龛式千佛晚于第 17 窟明窗太和十三年（489）龛，而被第 19-2 窟中延昌四年（515）龛打破，至少可将其界定在 489~515。昙曜五窟内部可确认雕刻于云冈第三期的龛像不多，而外部崖面也大体规整，少有第三期开凿的小窟，此次大面积雕刻千佛龛的工程似乎的确是在第二期后段，但时间下限不会太晚，将其年代定在迁洛前后应该大体不错。

[2]　水野、长广注意到，本窟南壁除四大龛外，其余诸龛分布不规则，多为后期补刻。唯窟门上方一行七佛造像，不仅为早期风格，且似能补充说明窟内主尊尊格为弥勒菩萨。前揭〔日〕水野清一、长广敏雄《云冈石窟》第 12 卷本文，第 20~22 页。

图31 云冈第16窟东、南、西三壁实测图（据《云冈石窟》卷11本文，Fig.43标注）

曲尺楣龛，内刻交脚菩萨像（龛b、c）。该组造像两侧分别开凿较大跌坐佛龛（龛d、e），而东西壁各开二佛并坐龛（龛f、g）。这些佛龛大体在同一水平面对称分布，组成主尊以外主要图像。水野、长广认为本窟东、南、西各壁自上而下可分为三层：上部千佛和窟门以上佛龛所在壁面为一层；下方散乱小佛龛及千佛龛所在壁面为一层；底部分布有较大且复杂佛龛的壁面为一层。相应地，本窟也历经三次营建，其中第二次营建期间本尊改刻为当前面貌①。

水野、长广氏所说第二层壁面的确是讨论本窟营建过程的关键。若剔除此层壁面中雕刻于迁洛前后的千佛龛，余下均为小型佛龛且分布不规则。其中既可见到偏袒右肩的佛衣样式，也有双领下垂、胸口束带结的晚期样式（如龛i），另有大量佛像着不束带结的双领下垂式佛衣，为中间的过渡样式（如龛h）。这表明第二层壁面的营建历时较长。笔者认为，本窟开窟后首先雕刻主尊及窟门顶部一线以上千佛及较大佛龛，并依次向下平整壁面，但工程进行到第二层底部一线时出于某种原因中断②。此后一些供养者在第二层已平整壁面开凿零星小龛，至迁洛前后，统一以千佛龛填补本层空白壁面。底部第三层诸龛多为复杂的组合式佛龛，其雕刻应在迁洛之后的第三期。

倘若第17窟确实将南壁纳入整窟最初规划，至第16窟，南壁佛龛已成为窟内设计之一重心。本窟计划内佛龛均以窟门上方一组造像为中心对称分布，洞窟中轴线的设计意图极为明显（附表）。

（三）辅助图像来源及其内涵

1.二佛并坐图像

由以上讨论可知，昙曜五窟中主体造像以外确有诸多龛像属于原初设计，其中二佛并坐像最为重要。该图像在第19窟中已经出现，自第20、18窟开始固定配置于两侧壁胁佛之上、千佛之下位置（附表），与主体图像三佛构成组合关系。

一般认为，释迦、多宝二佛并坐图像形成于汉地③，北朝至隋代大为流行，但昙曜五窟开凿之前的实例极少。炳灵寺石窟第169窟存三铺西秦时代二佛并坐壁画，分别为东壁B10、B14、南壁B26（原编号11、

① 前揭〔日〕水野清一、长广敏雄《云冈石窟》第11卷本文，第43、44页。
② 第16窟在昙曜五窟中最晚开凿，其上部第一层壁面龛像的雕刻时间可能已跨入二期前段。流行于第7、8窟承托龛柱或佛座的力士形象，也见于第16窟第一层佛龛，表明第16窟这些佛龛的雕刻与二期洞窟关系更为紧密。关于"籐座式柱头"样式的研究也支持这一判断。参考〔日〕八木春生《云冈石窟に见られる"籐座式柱头"についての一考察》，《佛教艺术》197号，1991年。
③ 虽然有学者试图从印度佛教艺术中寻找二佛并坐图像来源，但迄今难以被学界认可，相关学者如〔日〕田贺龙彦、小山满、久野美树等。参考张元林《北朝——隋时期敦煌法华艺术研究》，兰州大学博士论文，2009年，第12~15页。

13、24）[①]。其中 B10、B26 两铺保存较好，均表现为二佛倚坐于尖拱塔形龛内之形式，前者存榜题"释迦牟尼佛 / 多宝佛□"[②]，后者榜题作"多宝佛与释 / 迦牟佛分半坐时"[③]。另一铺（B14）仅存二佛华盖及以上塔刹部分，榜题作"多宝佛住地……/ 说法□□□（教）……"[④]。可知这种二佛并坐图像确是以《法华经》为依据，且西秦时已经流行。除二佛并坐以外，炳灵寺第 169 窟西秦造像题材还有无量寿佛三尊像、维摩文殊像等，这些题材集中出现，与中原尤其是长安佛教密切相关[⑤]。

长安自西晋以迄后秦一直是北方佛教文化中心，先后有道安、鸠摩罗什等高僧驻锡弘法。尤其罗什所译《法华》《维摩》等大乘经典盛行于世，长安佛教造像亦应有相当程度之发展，前述炳灵寺造像正是受其影响。然而，后秦末年关中几度丧乱，长安僧人多东出南下，避于江淮一带[⑥]。其时北魏明元帝崇尚佛法，又曾与后秦结为姻亲，当亦有不少鸠摩罗什一系僧徒北上平城[⑦]，《释老志》所记沙门惠始即为典型实例。太平真君七年（446）太武帝灭法，"诏诸州坑沙门，毁诸佛像。徙长安城工巧二千家于京师"[⑧]。这些工匠必然也参与到平城的各种营建工程之中。兴安元年（452）文成帝下诏复法后，"往时所毁图寺，仍还修矣"[⑨]。与此同时，法难期间四散的僧人再次会集平城[⑩]，其中既有以昙曜为代表的凉州僧人，也应有在后秦末战乱和太武法难中流散北方的长安鸠摩罗什一系僧徒。昙曜五窟中二佛并坐图像的出现，盖以此为背景[⑪]。

据《法华经·见宝塔品》，释迦佛于灵鹫山说《法华经》："尔时佛前有七宝塔，高五百由旬，纵广二百五十由旬，从地踊出，住在空中……尔时宝塔中出大音声叹言，'善哉，善哉！释迦牟尼世尊！能以平等大慧，教菩萨法，佛所护念，妙法华经，为大众说。如是，如是！释迦牟尼世尊！如所说者，皆是真实'。尔时佛告大乐说菩萨，'此宝塔中有如来全身，乃往过去东方无量千万亿阿僧祇世界，国名宝净，彼中有佛，号曰多宝'。其佛行菩萨道时，作大誓愿：若我成佛，灭度之后，于十方国土，有说《法华经》处，我之塔庙，为听是经故，踊现其前，为作证明，赞言善哉……尔时多宝佛，于宝塔中分半座与释迦牟尼佛，而作是言，'释迦牟尼佛！可就此座'。即时释迦牟尼佛入其塔中，坐其半座，结加趺坐。"[⑫]

① 前揭常青《炳灵寺 169 窟塑像与壁画的年代》。

② 前揭《中国石窟·永靖炳灵寺》，第 188 页。

③ 王亨通《炳灵寺第 169 窟发现一些新题材》，《敦煌研究》1999 年第 3 期。

④ 前揭《中国石窟·永靖炳灵寺》，第 188 页。

⑤ 宿白《凉州石窟遗迹和"凉州模式"》，《考古学报》1986 年第 4 期。前揭常青《炳灵寺 169 窟塑像与壁画的年代》，第 473~475 页。张宝玺《〈法华经〉的翻译与释迦多宝佛造像》，新疆龟兹石窟研究所编《鸠摩罗什和中国民族文化》，乌鲁木齐：新疆美术摄影出版社，2001 年。

⑥ 晋义熙十三年（417），刘裕攻入长安，灭姚秦，留其子刘义真据守。次年，赫连勃勃进据长安，"义真将士贪纵，大掠而东"。司马光编著《资治通鉴》卷 118《晋纪四十·安帝义熙十四年》，北京：中华书局，1956 年，第 3720 页。又慧皎《高僧传》载，（南朝宋）山阴灵嘉寺释超进"年在未立而振誉关中，及西掳赫连勃勃寇陷长安，人情危扰，法事罢废，进避地东下，止于京师"。汤用彤校注《高僧传》，北京：中华书局，1992 年，第 297 页。

⑦ 〔日〕塚本善隆《塚本善隆著作集　第 1 卷　魏书释老志の研究》，东京：大东出版社，1974 年，第 158、159 页。

⑧ 《魏书》卷 2《世祖纪》，北京：中华书局，1974 年，第 100 页。

⑨ 前揭《魏书》卷 114，第 3036 页。

⑩ 宿白《平城实力的集聚和"云冈模式"的形成与发展》，云冈石窟文物保管所《中国石窟·云冈石窟》（一），第 176~197 页，北京，文物出版社，1991 年。张焯《徐州高僧入主云冈石窟》，《文物世界》2004 年第 5 期。

⑪ 李静杰《关于云冈第九、十窟的图像构成》注释中，曾论及云冈石窟法华经图像与长安佛教物质文化之间的关系。《艺术史研究》第 10 辑，广州：中山大学出版社，2008 年。

⑫ 《大正藏》第 9 册，第 32 页。

由经文可知，多宝塔的出现是释迦佛所说《法华经》真实性的证明。山西稷山西魏大统六年（540）巨始光造像碑，碑阳中央雕刻跏坐佛龛，其上为一释迦多宝龛，龛左题记作"左相多保佛塔证有法华经"，右侧则为"右相释迦佛说法华经"①。因此，释迦多宝二佛并坐图像实为《法华经》的象征，李静杰相关研究表明，这一认识是解读北朝佛教图像构成的重要前提②。

2. 七佛、七佛—弥勒图像

第 17 窟南壁窟门上方组龛分别由二佛并坐、七佛（并八菩萨）、倚坐佛龛构成（图 29）。其中七佛图像在云冈二期第 10 窟主室南壁门上、第 13 窟南壁门上反复出现，而此二窟同样以交脚弥勒为主尊。这种将七佛配置于洞窟中轴线上与弥勒相对应的形式，有其自身图像来源和信仰背景。

弥勒菩萨与过去七佛特定组合早期流行于犍陀罗③，传入汉地后率先表现于河西一带北凉石塔，表述三世佛信仰④。但是，至迟约公元 1 世纪时中印度一带已有一体化的过去七佛信仰⑤，而目前可确认的弥勒造像最早也在 2 世纪左右⑥。由于过去七佛在弥勒图像出现之前已经作为特定组合使用，必然使七佛—弥勒图像内涵客观呈现为两部分。魏文斌、唐晓军认为北凉石塔上的七佛—菩萨造像分别表现过去七佛信仰和弥勒信仰⑦，这一观点有其合理性。

敦煌市博物馆藏"□吉德"塔，在塔肩、塔腹雕刻七佛—菩萨，题名分别作："第一□维""第二式佛""第三随叶佛""第四句□留秦佛""第七释迦牟□□""弥勒佛"。经比对，题名中的过去七佛名与晋代以来流行的一些杂密经典相同⑧。而这些经典内容均以过去七佛为中心，仅有《七佛八菩萨所说大陀罗尼神咒经》在描述诵持诸菩萨所说陀罗尼之功德时涉及弥勒信仰。如文殊师利菩萨所说陀罗尼："若诸行人有能书写读诵此陀罗尼者，现世当为千佛所护。此人命终以后不堕恶道，当生兜率天上，面见弥勒。"⑨北凉石塔上的弥勒形象一方面显示了来自犍陀罗的图像传统，另一方面可能正是《七佛八菩萨所说大陀罗尼神咒经》

---

① 周铮《西魏巨始光造像碑考释》，《中国历史博物馆馆刊》1985 年总第 7 期。林保尧《西魏大统六年巨始光等造像碑略考——造像题记与搨本流布的一些问题》，《艺术学》第 21 期，台北：艺术家出版社，2004 年。

② 前揭李静杰《关于云冈第九、十窟的图像构成》；氏著《北朝后期法华经图像的演变》；氏著《北朝隋代佛教图像反映的经典思想》，《民族艺术》2008 年第 2 期。

③ 参考前揭宫治昭著，李萍、张清涛译《涅槃和弥勒的图像学》第 208 页。

④ 宿白认为北凉石塔上的七佛—菩萨图像为过去七佛与弥勒菩萨，此后贺世哲、殷光明等进一步认为其表现的是三世佛信仰。参考宿白《凉州石窟遗迹和"凉州模式"》，《考古学报》1986 年第 4 期；前揭贺世哲《关于十六国北朝时期的三世佛与三佛造像诸问题》（一、二）；殷光明《关于北凉石塔的几个问题——与古正美商榷》，《敦煌学辑刊》1993 年第 1 期。

⑤ 如桑奇大塔东门第一横梁西面菩提树及佛座雕刻。〔日〕肥塚隆、宫治昭《世界美术大全集东洋编·インド（1）》，东京：小学馆，2000 年，第 69 页。

⑥ 如日本个人藏一枚迦腻色迦铜币上有持水瓶的跏坐菩萨形象，铭文作"弥勒佛"。前揭〔日〕宫治昭著，李萍、张清涛译《涅槃和弥勒的图像学》，第 209 页。

⑦ 作者后在其著作中对此观点进行了修正。魏文斌、唐晓军《关于十六国北朝七佛造像诸问题》，《北朝研究》1993 年第 3 期；魏文斌、吴荭《甘肃佛教石窟考古论集》，北京：民族出版社，2009 年，第 600 页。

⑧ 如失译名附前魏《七佛父母姓字经》、西晋帛尸梨蜜多罗译《佛说灌顶经》卷 8《佛说灌顶摩尼罗亶大神咒经》、东晋竺无兰译《佛说摩尼罗亶经》、失译名附东晋录《七佛八菩萨所说大陀罗尼神咒经》、东晋失译《大方等陀罗尼经》等。参考殷光明《北凉石塔研究》，新竹：财团法人觉风佛教艺术文化基金会，2000 年，第 164~167 页。

⑨ 《大正藏》第 21 册，页 538。此外又如该经中跋陀和菩萨所说陀罗尼："若诸众生于今现身欲求所愿者……欲得命终生兜率天上见弥勒，欲生他方净佛国土现在佛前，当书写读诵修行此陀罗尼。"又如得大势菩萨所说陀罗尼："及此陀罗尼威神力故，此诸众生命终已后，悉得往生兜率天上面见弥勒。"《大正藏》第 21 册，第 540 页。

中弥勒上生信仰的体现。值得注意的是，"□吉德"塔弥勒虽作菩萨形象，但题名为"弥勒佛"，应是当时弥勒下生信仰同时流行的反映。

3. 千佛图像

千佛为第 19 窟最主要的辅助图像，在其后诸窟中地位则有所下降，集中雕刻于壁面上层。千佛图像的出现是多佛信仰进一步发展的结果，其内在逻辑可分为时间和空间两种。

其中时间序列千佛图像所依据的经典，最早有西晋竺法护译《贤劫经》，该经《千佛名号品》列出贤劫千佛名号。南朝宋畺良耶舍译《佛说观药王药上二菩萨经》，讲述过去庄严劫、现在贤劫、未来星宿劫三劫三千佛"辗转相教""次第成佛"，依次传承[①]。此后的开元拾遗附梁录之三劫千佛名经[②]，其释迦以前六佛名号与《佛说观药王药上二菩萨经》相同[③]，而其贤劫首起诸佛与竺法护译《贤劫经》之《千佛名号品》亦同[④]。可见，早期时间序列中的千佛名号，可以肯定至少一部分来自《贤劫经》。

以上早期千佛名经均对持经功德有所描述。如《贤劫经》之《千佛名号品》言，持诵千佛可免堕恶趣，闻诸佛名可免于罪恶报应[⑤]。在《现在贤劫千佛名经》中这种观念进一步发展为忏悔灭罪、值遇千佛等[⑥]。而在《未来星宿劫千佛名经》中，则强调受持千佛名号可往生无量寿佛国[⑦]。综合来看，供养千佛的功德可总结为三个层面，其一忏悔灭罪，其二值遇诸佛，其三往生净土，此亦即千佛造像的三种功能。

以空间为内在逻辑的千佛图像，如第 18 窟东壁围绕二佛并坐龛所刻千佛（图 26，龛 b），学界一般将其理解为《法华经·见宝塔品》所述释迦十方分身诸佛[⑧]。这种形式被沿用至第 17 窟两侧壁上部二佛并坐图像中，应是表现相同内涵。

---

① 《佛说观药王药上二菩萨经》："我曾往昔无数劫时，于妙光佛末法之中出家学道，闻是五十三佛名。闻已合掌，心生欢喜，复教他人令得闻持。他人闻已展转相教，乃至三千人。此三千人异口同音，称诸佛名一心敬礼。以是敬礼诸佛因缘功德力故，即得超越无数亿劫生死之罪。其千人者，花光佛为首，下至毘舍浮佛，于庄严劫得成为佛，过去千佛是也。此中千佛者，拘留孙佛为首，下至楼至如来，于贤劫中次第成佛。后千佛者，日光如来为首，下至须弥相，于星宿劫中当得成佛。"《大正藏》第 20 册，第 664 页。

② 《大正藏》收录有《过去庄严劫千佛名经》《现在贤劫千佛名经》《未来星宿劫千佛名经》三经，此三经各有"阙译人名附梁录"及"开元拾遗附梁录"两个版本流传于世。

③ 宁强、胡同庆《敦煌莫高窟第 254 窟千佛画研究》，《敦煌研究》1986 年第 4 期。

④ 西晋竺法护译《贤劫经》卷 8《千佛名号品》与开元拾遗附梁录本《现在贤劫千佛名经》首起诸佛名号大致相同，但其后有一定差别，这应是由于《贤劫经》中所录千佛名不颂"南无"一词，又多省略"佛"字，从而造成传抄过程中谬误百出。若以三字为一佛名号，则"释迦文、慈氏佛"之后应为"师子焰、柔仁佛、及妙华、善星宿、及导师……"开元拾遗附梁录本《现在贤劫千佛名经》作："南无师子佛、南无明焰佛、南无牟尼佛、南无妙华佛、南无华氏佛、南无善宿佛、南无导师佛……"，显然，"师子佛""明焰佛"同"师子焰""柔仁佛"与"牟尼佛"同，可见两经名号的差别可能因传抄所致。

⑤ 竺法护译《贤劫经》卷 6《千佛名号品》："若有人闻受持讽诵……弃众恶趣勤苦之患，长得安隐住于禁戒……护一切世若干亿劫。犯诸恶行不知罪福果之报应，闻诸佛名除一切罪无复众患。"《大正藏》第 14 册，第 50 页。

⑥ 阙译人名附梁录《现在贤劫千佛名经》："至心忏悔！弟子等，从无量劫来至于今日，于其中间，随心造过……所有罪障总相披陈，诚心忏悔已造之罪……若人闻此千佛名字……是人则能值遇千佛。"《大正藏》第 14 册，第 383 页。

⑦ 阙译人名附梁录《未来星宿劫千佛名经》："闻是诸佛世尊名号……皆当为贤劫中佛之所授决。其人所生之处，常遇三宝，得生诸佛刹土，六情完具，不堕八难……持此功德，愿共一切五道众生，其无常者生无量寿佛国。立大誓愿，使诸众生悉生彼刹。"《大正藏》第 14 册，第 393 页。

⑧ 前揭水野清一、长广敏雄《云冈石窟》第 8、9 卷本文，第 3 页。

（四）辅助图像与主体图像的关系

1. 第 19 窟千佛与授记图像

第 19 窟辅助图像以千佛为主，除此之外，则以南壁东西两隅上部两身立佛最具设计意味。其中西南隅立佛表现"罗睺罗受记因缘"，立佛右侧所刻二佛并坐像是《法华经》象征，在该经《授学无学人记品》中，释迦佛为罗睺罗授记："汝于来世，当得作佛，号蹈七宝华如来。"① 因此，该图像的出现意味着罗睺罗实为经释迦佛授记的"法子"②，而同时，他又是释迦成佛前的世俗之子。如此看来，罗睺罗因缘图像似巧妙地表达了佛法传承与世俗皇位继承两重内涵。而更重要的是，在未来世中罗睺罗将始终具有前述两种身份。《法华经》中释迦佛为罗睺罗授记后，

图 32　云冈第 18 窟主尊左侧浮雕肉髻人物实测图（采自《云冈石窟》1975 年续补卷，PL. Ⅷ - Ⅱ）

说偈言："我为太子时，罗睺为长子，我今成佛道，受法为法子。于未来世中，见无量亿佛，皆为其长子，一心求佛道。"③ 此处"见无量亿佛"与北朝佛教造像题记中极为常见的"值遇诸佛"内涵相似，这可能也是第 19 窟授记图像与其周围千佛图像之间的内在联系。

永靖炳灵寺第 169 窟南壁第 24 号千佛壁画，为西秦时代所绘④，是目前所知最早具"千佛"题名的作品。其题记为："比丘慧眇、道弘、/ 法□、昙、昙要、□鸾化、道融、慧勇、/ 僧林、道元、道双、道明、道新、昙普、法炬、慧□/ 等共造此千佛像，愿生之处，常□值□诸佛。舍此永已，生安养 /□□□□处，□大袖（神）通，供养诸佛，龟得观待，释子 / 无寿，教化众生，弥勒初下，在□□□无生忍 / 供事千佛，成众正 / 觉。"⑤

此题记中希望"愿生之处，常值诸佛。舍此永已，生安养□□□□处"，正与前述受持千佛名号所得三种功德对应。其中"舍此永已"指舍离宿业之身。佛教传入汉地后，其报应轮回思想逐渐深入人心⑥，欲脱离轮回之苦，则需偿清宿世罪业，如《高僧传》所记安世高"毕对"故事即是典型例子⑦。而"生安养"

---

① 《大正藏》第 9 册，第 30 页。

② 前揭李静杰《北朝后期法华经图像的演变》。

③ 前揭《大正藏》第 9 册，第 30 页。

④ 前揭常青《炳灵寺 169 窟塑像与壁画的年代》。

⑤ 题记录文据王亨通《炳灵寺第 169 窟发现一些新题材》，《敦煌研究》1999 年第 3 期。王氏录文为近距离观察所得，似更可靠。甘肃省文物工作队、炳灵寺文物保管所编《中国石窟·永靖炳灵寺》第 257 页录文中无"生安养"等内容。

⑥ 《魏书》卷 114《释老志》："（佛经）大抵言生生之类，皆因行业而起。有过去、当今、未来，历三世，识神常不灭。凡为善恶，必有报应。"前揭《魏书》卷 114，第 3026 页。

⑦ （南朝梁）慧皎《高僧传》记载安世高"毕对"故事："高穷理尽性，自识缘业，多有神迹，世莫能量。初高自称，先身已经出家……既而遂适广州，值寇贼大乱，行路逢一少年，唾手拔刃曰，真得汝矣！高笑曰，我宿命负卿，故远来相偿，卿之忿怒，故是前世时意也。遂申颈受刃，容无惧色，贼遂杀之……既而神识，还为安息王太子，即今时世高身是也……高后复到广州，寻其前世害己少年，时少年尚在……欢喜相向，云，吾犹有余报，今当往会稽毕对……遂达会稽，至便入市，正值市中有乱，相打者误着高头，应时殒命……明三世之有征也。"前揭汤用彤校注《高僧传》，第 5、6 页。

圖33　云冈第5窟西壁龛像示意图（据《云冈石窟》卷2本文，Fig.16 标注）

即往生西方净土，但此净土与隋唐流行的阿弥陀净土须加以区别①，其内涵应属"天"的范畴②。再者，在脱离轮回、往生净土的过程中还需"常值诸佛"。若将题记祈愿加以简化："愿生之处，常值诸佛……生安养……供养诸佛……弥勒初下……供事千佛，成众正觉"，可知其中值遇诸佛的愿望贯穿发愿造像至成正觉过程之始终，而千佛图像正是这种愿望的直接表现。释迦佛在为罗睺罗授记时预言，其于未来世"当供养十世界微尘等数诸佛如来，常为诸佛而作长子"③，若欲将此处"诸佛"以图像表现，千佛大概是最契合之形式。

本窟东南隅立佛与前述"罗睺罗受记因缘"造像对称设置，其左膝外侧亦雕刻一铺小型"罗睺罗受记因缘"造像。南壁这两尊立佛虽然在体量、位置方面与第18、20窟三世佛有所区别，表明本窟主题思想除了释迦崇拜之外还有佛法传承。《法华经》中佛陀为大众授记将来成佛，但在成就佛道之前无一例外均需供养诸佛。而忏悔灭罪，值遇诸佛正是奉持千佛之功德，可见，南壁"罗睺罗受记因缘"，千佛图像为有机整体，但包含授记意味的"罗睺罗受记因缘"图像反复出现，并与正壁现世释迦如来结合，组成皇帝崇拜影响之下的佛法传承图像。

2. 第18、20、17窟二佛并坐图像与三佛

第18、20、17窟均将象征《法华经》的二佛并坐龛配置于胁佛上方，与主体造像三世佛形成组合关系。据《法华经》，多宝塔从地踊出，目的在于证明释迦所说佛法之真实。释迦所说之法，最重要者即见于《方便品》中的一佛乘思想。因为"诸佛世尊，唯以一大事因缘故出现于世"，此一"大事"，即"以佛之知见示悟众生"，"以一佛乘故，为众生说法"。而此一佛乘教法为过去、未来、现在无量诸佛所演说④。昙曜五窟中三佛为主体造像，因此窟内图像组合应以之为中心进行阐释。由以上《方便品》经文推知，在三世佛上方配置二佛并坐龛，应与三世诸佛演说一乘教法有关。

第18窟中象征《法华经》的二佛并坐造像极为盛行。水野、长广认为此窟北壁上部相对配置的六铺二

---

① 侯旭东《五、六世纪北方民众佛教信仰》，北京：中国社会科学出版社，1998年，第179~190页。北朝类似造像不胜枚举，如太和廿二年（498）普贵造像记："……为父母造弥勒尊像一躯，使父亡者生天，宣语诸佛，口生西方妙洛国土，龙华化生，树下三会说法。"金申《中国历代纪年佛像图典》，北京：文物出版社，1994年，第457页。

② 北朝及之前作为往生目的地的"天"是较模糊的概念，仅《法华经》中就有西方净土、忉利天及兜率天多种。这种情况至少可上溯至西晋时期，除竺法护译《正法华经》以外，慧皎《高僧传》载有西晋高僧帛远在偿清宿业后，往生到忉利天的故事："晋惠之末……（帛远）忽忏辅意，辅使收之行罚……祖曰，'我来此毕对，此宿命久结，非今事也'……遂便鞭之五十，奄然命终……后少时有一人，姓李名通，死而更苏，云，'见祖法师在阎罗王处，为王讲《首楞严经》，云讲竟应往忉利天'。"前揭汤用彤校注《高僧传》，第26、27页。

③ 前揭《大正藏》第9册，第30页。

④ 鸠摩罗什译《妙法莲华经》卷1《方便品》："舍利弗！过去诸佛以无量无数方便，种种因缘、譬喻言辞，而为众生演说诸法，是法皆为一佛乘故。是诸众生，从诸佛闻法，究竟皆得一切种智。舍利弗！未来诸佛当出于世，亦以无量无数方便，种种因缘、譬喻言辞，而为众生演说诸法，是法皆为一佛乘故。是诸众生，从佛闻法，究竟皆得一切种智。舍利弗！现在十方无量百千万亿佛土中诸佛世尊，多所饶益安乐众生，是诸佛亦以无量无数方便，种种因缘、譬喻言辞，而为众生演说诸法，是法皆为一佛乘故。是诸众生，从佛闻法，究竟皆得一切种智。"《大正藏》第9册，第7页。

佛并坐龛及南壁大部分佛龛属于本窟"第一次制作"的造像[1]。这些佛龛约 35 个,其中二佛并坐龛有 30 个。近年熊坂聪美统计本窟第一期佛龛计 23 个,其中二佛并坐龛达 20 个[2]。可见,《法华经》对第 18 窟的营建应有相当之影响。第 18 窟胁侍菩萨头顶比丘像,一般视为十大弟子[3]。但其中东壁一尊头顶有肉髻,形象与诸比丘有异(图 26 造像 h,图 32)。学界以往研究表明,佛陀眷属中所见肉髻相可能表现两种意涵,其一为释迦佛个别大弟子之特征,其二为未来将要成佛之象征[4]。若为前者,则本窟肉髻相人物或为释迦佛十大弟子中某一位。若为后者,则有可能表现的是经释迦佛授记的弟子。《法华经》之《譬喻品》至《授学无学人记品》实以释迦佛为舍利弗等大弟子授记为主线,第 18 窟肉髻相人物及比丘像有可能表现的是其中授记场景。

综合来看,第 18 窟图像组合大体以三世佛思想为主、以《法华经》思想为辅。设置于二胁佛上方的二佛并坐龛,既是释迦所说一乘教法真实性的证明,也表明此教法为过去、现在、未来三世诸佛共所演说。

第 20 窟图像组合与第 18 窟相似,只是开窟过程中可能出现停顿,以致二佛并坐龛的布局受到一定干扰。开凿于二期后段的第 5 窟主体造像同样为三世佛,二胁佛所在的东、西两壁,反复成组表现二佛并坐、跌坐佛及交脚菩萨像(图 33 阴影部分),实为昙曜五窟中三佛与二佛并坐组合的发展形式。不同的是,早期单纯的二佛并坐龛发展为组合表现的二佛并坐、跌坐佛及交脚菩萨像龛。这种组合自云冈二期前段流行开来,影响深远,亦见于昙曜五窟中开窟最晚的第 16 窟。该窟东、南、西三壁计划内龛像以窟门上方跌坐佛龛为中心对称布局(图 31 龛 a 至龛 g),其构成元素正是东西壁的二佛并坐龛、南壁窟门上方的跌坐佛龛及交脚菩萨龛。窟门正上方的跌坐佛尊格不明确,但其两侧交脚像为弥勒菩萨无疑,表明弥勒上生信仰成为图像组织思想的一部分。

而弥勒信仰的加入可能承自第 17 窟,该窟虽仍采用与第 18、20 窟类似的三世佛与二佛并坐组合,但主尊为弥勒菩萨,呈现明显的弥勒上生信仰意涵。

3. 第 17 窟七佛、二佛并坐图像与主尊

第 17 窟南壁窟门上方雕刻由二佛并坐、七佛及倚坐佛像构成的一组佛龛(图 29)。这些龛像出自原初设计,且位于洞窟中轴线上,因而对于分析整窟图像思想具有重要意义。

第 17 窟窟门上方的七佛造像一方面与洞窟主尊弥勒菩萨关联,表述与佛法传承相联系的弥勒上生信仰。在《佛说观弥勒菩萨上生兜率天经》中,佛言阿逸多(弥勒)"从今十二年后命终,必得往生兜率陀天上"[5]。亦即弥勒命终后将作为一生补处菩萨居于兜率天宫。如宿白所言,太武帝之子拓跋晃在继承皇位之前死去,其太子身份正可与弥勒作为一生补处菩萨的地位相类比。第 17 窟将七佛雕刻于洞窟中轴线上,与主尊交脚弥勒菩萨相呼应,设计意图十分明显。

① 前揭〔日〕水野清一、长广敏雄《云冈石窟》第 12 卷本文,第 34 页。
② 前揭〔日〕熊坂聪美《云冈石窟昙曜五窟开凿期の佛龛について》。
③ 前揭〔日〕水野清一、长广敏雄《云冈石窟》第 12 卷本文,第 36、37 页。
④ Monika Zin, "The Uṣṇīṣa as a Physical Characteristic of the Buddha's Relatives and Successors", *Silk Road Art and Archaeology*, vol.9, 2003, pp.107-130;朱天舒《佛教艺术里的肉髻僧人形象及其兴衰的成因》,《台大佛学研究》,台北:台湾大学文学院佛学研究中心,2015 年,第 105~160 页。
⑤ 《大正藏》第 14 册,第 418 页。

图 34　第 18 窟主尊佛衣中化生、千佛实测图（局部）（据《云冈石窟》1975 年续补卷，PL. XII 改绘）

另外，七佛又与其东侧倚坐佛像组合[①]，构成佛法传承系谱中的弥勒下生信仰图像。七佛造像东侧的倚坐佛龛，虽与七佛龛一体雕刻，却处于东侧偏下位置，这种构图应是弥勒下生信仰的体现。据《佛说观弥勒菩萨上生兜率天经》，"阎浮提岁数五十六亿万岁，（弥勒）尔乃下生于阎浮提，如《弥勒下生经》说"[②]。若依照北魏"皇帝即如来"思想，比拟为弥勒菩萨的拓跋晃必然于将来世下生成佛，因此，倚坐佛的出现实为前述弥勒上生图像的必要补充。

最后，七佛龛西端的二佛并坐龛表明法华信仰的存在。如前所述，北凉石塔上弥勒形象可能与东晋时译出的《七佛八菩萨所说大陀罗尼神咒经》有关。是经记述受持文殊菩萨所说陀罗尼功德："若诸行人有能书写读诵此陀罗尼者，现世当为千佛所护。此人命终以后不堕恶道，当生兜率天上，面见弥勒。"第 17 窟中的七佛伴随有八身菩萨像，穿插配置于七佛之间，雕刻颇为精细。类似情况不见于云冈其他七佛造像[③]，似乎意在表现《七佛八菩萨所说大陀罗尼神咒经》中的八菩萨。而《法华经》之《普贤菩萨劝发品》言："若有人受持、读诵，解其义趣，是人命终，为千佛授手，令不恐怖，不堕恶趣，即往兜率天上弥勒菩萨所。"其表述与前述《七佛八菩萨所说大陀罗尼神咒经》十分相似，说明象征《法华经》的二佛并坐图像在弥勒上生信仰这一点上与七佛—弥勒图像存在关联。

①　王雁卿已注意到东侧倚坐佛，但未展开论述。参考王雁卿《云冈石窟七佛造像题材浅议》，《2005 年云冈国际学术研讨会论文集·研究卷》，北京：文物出版社，2006 年，第 251~262 页。

②　《大正藏》第 14 册，第 420 页。

③　如第 10 窟主室南壁门上七佛、第 13 窟南壁大铺七佛雕刻等。

三、余论

（一）第 18 窟主尊佛衣中千佛与化生的解释

关于第 18 窟主尊尊格，以往学界众说纷纭。一种观点认为该像表现了东晋佛陀跋陀罗译《华严经》教主卢舍那佛，以常盘大定 [①]、松本荣一 [②]、吉村怜 [③] 等学者为代表；另一种观点则认为其尊格为释迦佛，以长广敏雄 [④]、何恩之（A.F.Howard）[⑤]、宫治昭 [⑥]、佐藤智水 [⑦] 等学者为代表；此外，小森阳子推断为定光佛 [⑧]。

以上诸学者的讨论多从佛衣中千佛像入手，试图找出其经典依据。如《华严经》卷 3《卢舍那佛品》言："一切刹土及诸佛，在我身内无所碍，我于一切毛孔中，现佛境界谛观察。" [⑨] 又有："或有于一毛孔中，化佛云出不思议，充满一切十方界，无量方便化众生。" [⑩] 吉村怜据此推定第 18 窟主尊为"躯体中表示了'十方三世诸佛'的卢舍那佛"。然而佛陀身中化现千佛的记述，在同为佛陀跋陀罗所译的《观佛三昧海经》，鸠摩罗什译《法华经》《大智度论》，以及南朝宋昙摩密多译《观普贤菩萨行法经》等释迦佛相关佛经中亦大量出现。因此，仅据千佛这一图像细节，显然无法判明主尊尊格。

早年水野、长广已经注意到，第 18 窟主尊向外翻出的衣襟、袖口及左手所握佛衣衣端表现有童子形态的莲花化生 [⑪]（图 34 阴影部分）。其中敷搭于佛陀左肩上并向外翻出的是佛衣右襟下部内面，而左手所握的应是佛衣下端一角向外翻出的部分 [⑫]。由此可知，除了佛衣表面腹部以上千佛像之外，还刻意表现佛衣内面布满了莲花化生。

吉村怜认为，佛衣中化生、千佛图像似表现了由莲花化生到禅定佛的变化过程，并认为"从卢舍那佛的毛孔里化生出来的各个化生，从衣缘出现而形成化生列。它们在以法衣为象征的法界，一个接一个地排成行列，形成若干坐佛列，逐渐向由法衣下方空白处所象征的未教化的刹土扩展" [⑬]。

如前所述，化生像实际布满整个佛衣内面，那么吉村氏所说化生自衣缘形成并向下方扩展的表现意图并不存在。事实上，不论是记述卢舍那佛身中"化佛云出"的《华严经》，还是叙述释迦佛身中化现千佛的《观佛三昧海经》等经典，均不见由莲花化生向化佛转化的表述。同时，若将千佛视为佛陀身中化佛，则佛身

① 〔日〕常盘大定、关野贞《支那文化史迹·解说·第一卷》，京都：法藏馆，1939 年，第 17 页。

② 〔日〕松本荣一《敦煌画的研究·图像篇》，东京：东方文化学院东京研究所，1937 年，第 291~315 页。

③ 〔日〕吉村怜《卢舍那法界人中像の研究》，《美术研究》203 号，1959 年；《卢舍那法界人中像再论》，《佛教艺术》242 号，1999 年。

④ 前揭〔日〕水野清一、长广敏雄《云冈石窟》第 13、14 卷本文，第 39 页。

⑤ A. F. Howard , *The imagery of the cosmological Buddha* , leiden , 1986.

⑥ 前揭〔日〕宫治昭著，李萍、张清涛译《涅槃和弥勒的图像学》，第 330、331 页。

⑦ 〔日〕佐藤智水《北魏佛教史论考》，冈山：冈山大学文学部，1998 年，第 134~154 页。

⑧ 〔日〕小森阳子《昙曜五窟新考——试论第 18 窟本尊为定光佛》，《艺术史研究》第 3 辑，广州：中山大学出版社，2001 年，第 375~396 页。

⑨ 《大正藏》第 9 册，第 409 页。

⑩ 《大正藏》第 9 册，第 412 页。

⑪ 前揭〔日〕水野清一、长广敏雄《云冈石窟》第 12 卷本文，第 36 页、PLATE121A，第 66 页，图版解说。

⑫ 费泳《中国佛教艺术中的佛衣样式研究》，北京：中华书局，2012 年，第 203~207 页。

⑬ 前揭〔日〕吉村怜《卢舍那法界人中像の研究》、《卢舍那法界人中像再论》，译文据〔日〕吉村怜著、卞立强译《天人诞生图研究——东亚佛教美术史论文集》，上海古籍出版社，2009 年，第 502 页。

腹部及以下的空白部分难以解释①。因此，以往学界种种论述都无法阐释化生及千佛图像的内涵。

据东晋僧伽提婆译《增一阿含经》："世尊告诸比丘，'有此四生。云何为四？所谓卵生、胎生、湿生、化生……诸比丘舍离此四生，当求方便，成四谛法。'"②可知"化生"为佛教所说生命诞生方式之一，并不意味着脱离轮回。但四生之中，化生被认为是更好的轮回诞生方式③，遂为信众所祈愿。阙译人名附梁录《现在贤劫千佛名经》："愿弟子等，承是忏悔淫欲等罪所生功德，生生世世，自然化生，不由胞胎，清净皎洁，相好光丽。"④此中"清净皎洁""自然化生"正是莲花化生的主要意涵。

云冈石窟中，天人、力士、阿修罗等诸多善神均有以莲花化生表现的情况。值得注意的是，此时的莲花化生图像与后世西方净土世界中的莲池化生尚有一定区别。从莲花化生虽然殊胜，但仍处于轮回之中，应仅视为命终往生方式之一。如东晋佛陀跋陀罗译《佛说观佛三昧海经》卷九《本行品》："东方善德佛告大众言，'汝等当知，我念过去无量世时有佛世尊，名宝威德上王如来……时彼佛世有一比丘，有九弟子……既命终已，生于东方宝威德上王佛国土，在大莲华结加趺坐忽然化生，从此以后恒得值遇无量诸佛，于诸佛所净修梵行，得念佛三昧海。既得此已，诸佛现前即与授记，于十方面随意作佛。'"⑤

这种轮回修行过程中的往生方式，被认为是行菩萨行所得福报⑥，同样适用于修行阶段的释迦。释迦在成佛前曾经历累世修行，木村泰贤将其分为轮回时代与最后身两个阶段⑦。其中轮回阶段经历了三祇百劫，即于三阿僧祇劫中逢事、供养二十余万诸佛（其数量各派说法不一），百劫（释迦因精进力仅修九十一劫）之中逢事过去七佛中释迦以前的六佛。倘若将释迦轮回过程以莲花化生图像表现，则三祇百劫之中的无数次轮回就呈现为无数莲花化生。

在此基础上，笔者认为第 18 窟主尊佛衣内面无数化生有可能表现的是轮回阶段的释迦菩萨。在《法华经》中，释迦佛被神格化，但这种神格化是以部派佛教时代早已形成的一些观念为基础的。是经《如来寿量品》言："诸善男子！我本行菩萨道所成寿命，今犹未尽，复倍上数"，此本行菩萨道，正可以上述无数化生表现。

图 35　第 18 窟主尊左手拇指内侧浮雕佛像（采自《天人诞生图研究》，中国文联出版社，2002 年，图 329c）

---

① 彭明浩认为本窟主尊千佛表现止于腹部位置，与洞窟分段开凿有关。参见前揭彭明浩《北魏云冈石窟空间营造》。但既然两侧胁佛、菩萨均最终完成，最重要的主尊像反而未按计划完工，于理不合。

② 《大正藏》第 2 册，第 632 页。

③ （前秦）僧伽跋澄译《鞞婆沙论》卷 14《四生处》："问曰，四生何生最妙？答曰，化生最妙。"《大正藏》第 28 册，第 522 页。

④ 《大正藏》第 14 册，第 381 页。

⑤ 《大正藏》第 15 册，第 688 页。

⑥ 竺法护译《佛说离垢施女经》中，释迦佛回答离垢施女关于"何谓菩萨而得化生"的提问："佛告离垢施，菩萨有四事法而得化生。何谓为四……作佛形象坐莲华，细捣众华具施寺，不求他阙怀愍伤，则得化生莲华中。"《大正藏》第 12 册，第 94 页。

⑦ 木村泰贤著，演培法师译《小乘佛教思想论：阿毗达磨佛教思想论》，贵阳：贵州大学出版社，2013 年，第 46~50 页。

在主尊左手所握佛衣左侧雕刻一身小型立佛（图 35），小森阳子识别为定光佛授记图像[1]，吉村怜似乎也同意此说[2]。若此造像的确是有意雕刻上去的，则正是释迦菩萨在三阿僧祇劫修行过程中值遇燃灯佛而得授记的图像表现[3]。

而释迦佛神格化之后，"我实成佛已来无量无边百千万亿那由他劫……自从是来，我常在此娑婆世界说法教化"。[4]因此，主尊佛衣表面千佛有可能意在表现其于无数劫中教化众生。值得注意的是，千佛雕刻仅局限于腹部以上，亦可能是"本行菩萨道所成寿命，今犹未尽，复倍上数"的表现，阐述释迦佛寿命无量之意涵。

（二）昙曜五窟与昭穆制度的关系

兴安元年（452），文成帝即位不久即下诏复法，"天下承风，朝不及夕，往时所毁图寺，仍还修矣。佛像经论，皆复得显"。同年，又"诏有司为石像，令如帝身。既成，颜上足下，各有黑石，冥同帝体上下黑子。论者以为纯诚所感"。既然载入《释老志》，则此像无疑为佛像，其像容摹拟文成帝，表明太祖以来视皇帝为现世如来的思想，仍然影响着皇家造像活动。

兴光元年（454），"敕有司于五级大寺内，为太祖以下五帝，铸释迦立像五，各长一丈六尺，都用赤金二十五万斤"[5]。经考订，"太祖以下五帝"分别指道武帝、明元帝、太武帝、景穆帝、文成帝[6]。和平初年武州山开窟造像发生于五级大寺造像之后不久，因此学界普遍认为昙曜五窟也是为太祖以下五帝而开。目前主要分歧在于五窟与五帝的对应关系，实即昙曜五窟的排序问题。相对主流的意见认为五窟以昭穆为序布局，同时有学者认为是自西向东依次排列。

吉村怜于 1969 年提出五窟布局与昭穆制的关联[7]，至 1994 年，杭侃、吉村怜均撰文论述昙曜五窟以第 19 窟为中心按昭穆制布局的可能性[8]。但吉村氏认为当时文成帝尚在世，有必要予以避讳，故昙曜五窟应采取与昭穆制相反的顺序排列。此说颇令人费解，一方面如石松日奈子所指出[9]，后世孝文帝曾提出将自己的神主纳入新太庙[10]，可知不能以当时皇帝在世为由而否定昭穆制。另一方面，学界公认与文成帝对应的第16 窟，从东、南、西三壁龛像样式看已与云冈二期前段接近，其开窟时间可能已在文成帝死后（465），因此可能已不存在避讳问题。

倘若按昭穆制以第 19 窟为中心排列北魏太祖以下五帝，则第 19 窟对应道武帝，第 18 窟对应明元帝，

---

① 前揭〔日〕小森阳子《昙曜五窟新考——试论第 18 窟本尊为定光佛》。

② 前揭〔日〕吉村怜《庐舍那法界人中像再论》。

③ 鸠摩罗什译《大智度论》卷 4《初品中菩萨释论》："释迦文佛从过去释迦文佛，到刺那尸弃佛，为初阿僧祇，是中菩萨永离女人身。从刺那尸弃佛至燃灯佛，为二阿僧祇，是中菩萨七枚青莲华供养燃灯佛，敷鹿皮衣，布发掩泥，是时燃灯佛便授其记，汝当来世作佛名释迦牟尼。从燃灯佛至毘婆尸佛，为第三阿僧祇。"《大正藏》第 25 册，第 87 页。

④ 《大正藏》第 9 册，第 42 页。

⑤ 前揭《魏书》卷 114，第 3036 页。

⑥ 〔日〕塚本善隆《云冈三则》，《支那佛教史研究·北魏篇》，东京：弘文堂，1942 年，第 219~225 页。

⑦ 〔日〕吉村怜《昙曜五窟论》，《佛教艺术》73 号，1969 年。

⑧ 前揭杭侃《云冈第 20 窟西壁坍塌的时间与昙曜五窟最初的布局设计》；前揭吉村怜《昙曜五窟造营次第》。

⑨ 前揭〔日〕石松日奈子《北魏佛教造像史研究》，第 86 页。

⑩ 《魏书》卷 108《礼志一》："朕今奉尊道武为太祖，与显祖为二祧，余者以次而迁。平文既迁，庙唯有六，始今七庙，一则无主。唯当朕躬此事，亦臣子所难言。夫生必有终，人之常理。朕以不德，忝承洪绪，若宗庙之灵，获全首领以没于地，为昭穆之次，心愿毕矣。必不可豫，设可垂之文，示后必令迁之。"前揭《魏书》，第 2747、2748 页。

第 20 窟对应太武帝，第 17 窟对应景穆帝，而原计划开凿于第 20 窟西侧的第 16 窟对应文成帝。这种布局既符合第 19 窟所体现出的中心地位，也与两组洞窟营建、图像组合变化过程一致。

有学者对昭穆制提出质疑，认为昙曜五窟在同一崖面横向排列，其布局与古代昭穆制度存在差异[①]。如任平山引用《公羊传》东汉何休注以及《论语·八佾》南朝梁皇侃疏相关内容，认为昭穆制排列传统是"在一个三维空间里左昭右穆"。然而，其所引文字均为对经文中禘、祫之礼的注解[②]，阐释了禘、祫祭祀时宗庙诸神主合食于太庙时的陈列方式。事实上，昭穆制既非仅此一种用途[③]，亦在不同时代有不同呈现方式。如《魏书·礼志》载神龟初年清河王元怿议："古者七庙，庙堂皆别。光武已来，异室同堂。故先朝《祀堂令》云，'庙皆四栿五架，北厢设坐，东昭西穆。'"[④]

此外还需注意的是，"大魏七庙之祭，依先朝旧事，多不亲谒"，至太和十五年（491），孝文帝方"经始明堂，改营太庙"。亦即北魏礼制至孝文帝时代才大致健全。太和以前，宗庙置立较为随意，祭祀芜杂。如明元帝神瑞元年（414）"于白登西，太祖旧游之处，立昭成、献明、太祖庙……别置天神等二十三于庙左右"[⑤]。这种祖先与天地神祇共处的状况，也使得依附于皇权的佛教造像更有可能借用昭穆制度布局。

（原文刊载于《艺术研究》2016 年 18 辑）

---

① 〔日〕曾布川宽《云冈石窟再考》，《东方学报》第 83 册，京都大学人文科学研究所，2008 年；任平山《云冈第 19 窟明窗——再论昙曜五窟》，《艺术设计研究》2009 年第 2 期。

② 如后者为皇侃对孔安国注所作之疏，孔注曰："禘祫之礼，为序昭穆也，故毁庙之主及群庙之主皆合于太祖。"皇侃对禘礼还有更详细描述："礼，禘必以毁庙之主陈在太祖庙，未毁庙之主亦升于太祖庙，序谛昭穆，而后共合食堂上。"皇侃集解、皇侃义疏《论语集解义疏》（丛书集成初编），北京：中华书局，1985 年，第 33、34 页。

③ 如用于墓葬布局，《周礼·春官·冢人》云："先王之葬居中，以昭穆为左右。"郑玄注："先王造茔者，昭居左，穆居右，夹处东西。"李学勤主编《十三经注疏·周礼注疏》，北京大学出版社，1999 年，第 567 页。

④ 前揭《魏书》卷 108，第 2771 页。

⑤ 同上，第 2736、2737 页。

附表昙曜五窟原初设计龛像示意图

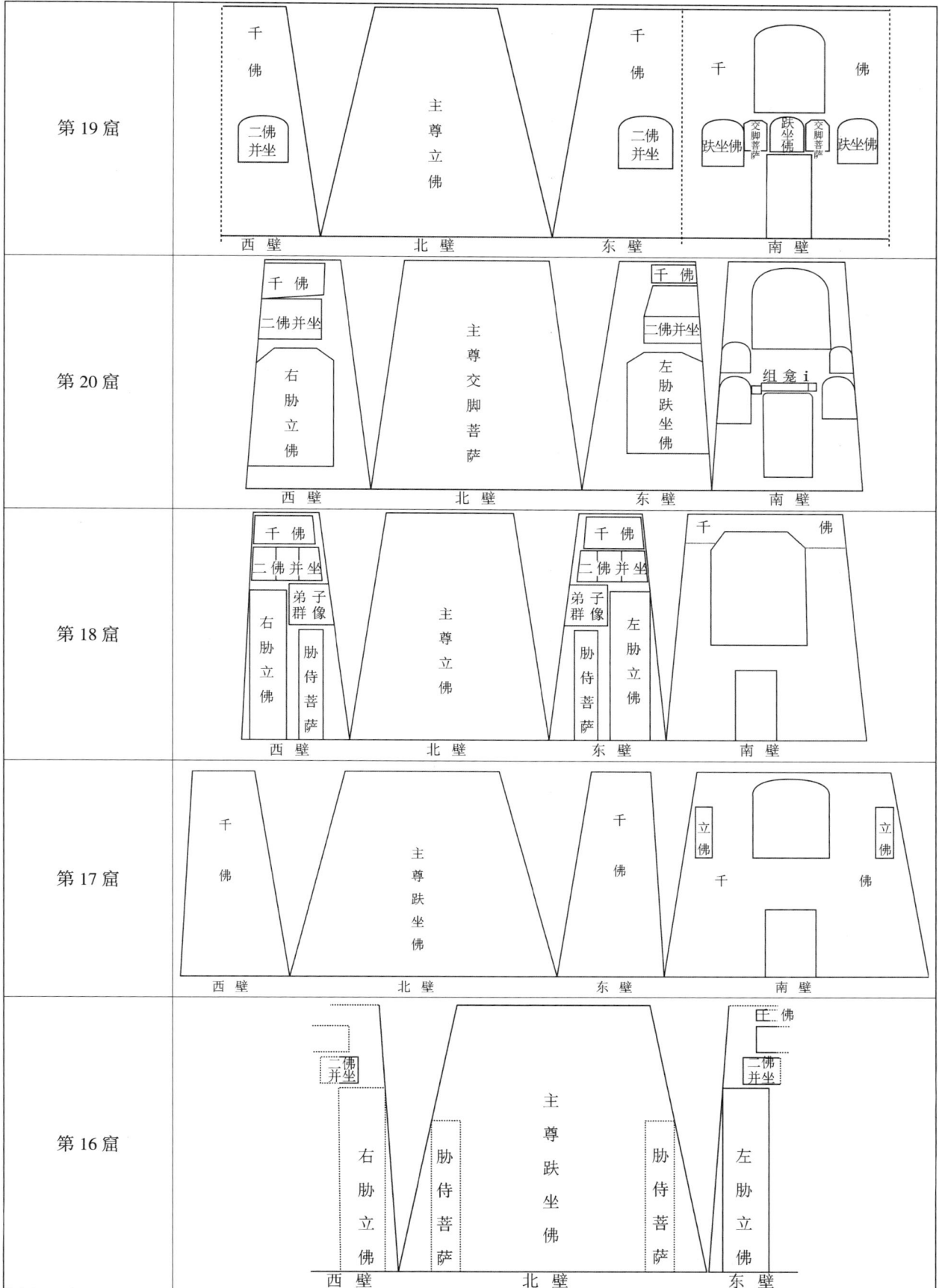

第 19 窟

西壁：千佛／二佛并坐　北壁：主尊立佛　东壁：千佛／二佛并坐　南壁：千佛／跌坐佛　交脚菩萨　跌坐佛　交脚菩萨　跌坐佛

第 20 窟

西壁：千佛／二佛并坐／右胁立佛　北壁：主尊交脚菩萨　东壁：千佛／二佛并坐／左胁跌坐佛　南壁：组龛 i

第 18 窟

西壁：千佛／二佛并坐／弟子群像／右胁立佛／胁侍菩萨　北壁：主尊立佛　东壁：千佛／二佛并坐／弟子群像／胁侍菩萨／左胁立佛　南壁：千佛

第 17 窟

西壁：千佛　北壁：主尊跌坐佛　东壁：千佛　南壁：立佛／千佛／立佛

第 16 窟

西壁：二佛并坐／右胁立佛／胁侍菩萨　北壁：主尊跌坐佛　东壁：正佛／二佛并坐／胁侍菩萨／左胁立佛

247

北魏时期云冈石窟佛像背光研究

金建荣

云冈石窟位于山西大同市以西 16 千米处的武州（周）山南麓。依山开凿，东西绵延 1 千米。现存主要洞窟 45 个，造像 5.9 万余尊。宿白从形制和造像内容、样式的发展，将云冈石窟分为三个时期：第一期 460~465 年，昙曜五窟即第 16~20 窟；第二期 465 ～ 494 年，第 7、8 窟，第 9、10 窟，第 5、6 窟，第 1、2 窟，第 11 ～ 13 窟，以及第 3 窟等；第三期 494 年以后，主要分布在第 20 窟以西。第 4 窟，第 14、15 窟和第 11 窟以西崖面上部的小窟，第 4 窟和第 5、6 窟之间的小窟。[①] 此时正值北魏已迁都洛阳，云冈石窟开凿为中小型窟龛，且风化剥蚀严重，窟龛中佛像背光不清或无背光。因此本文只讨论第一、二期佛像背光的主要特征。

一、第一期佛像背光主题：供养佛陀

昙曜五窟是云冈开凿最早的石窟。据《魏书·释老志》记载，沙门统昙曜受北魏文成帝之命，于武州山山谷北面石壁主持开凿窟龛五所，每窟镌造佛像一尊，皆高六七十尺，窟高二十余丈，雕饰奇秀，又建立佛寺，称为灵岩寺。如此气魄宏伟、威严气度的造像，分别象征北魏五代帝王。昙曜五窟的主尊分别为：第 16 窟是释迦佛立像；第 17 窟是交脚菩萨像；第 18 窟是释迦佛立像；第 19 窟是释迦佛坐像；第 20 窟是释迦佛结跏趺坐像。昙曜五窟主尊除第 17 窟为未来弥勒菩萨像，其余四窟皆为释迦佛像。

（一）第一期背光主要形制

佛教造像背光形制是由项光形制与身光形制组合而成。为便于考察云冈石窟造像背光形制的发展演变趋势，首先列出造像背光的基本图像形制（表 1）。

---

① 宿白.《云冈石窟分期试论》，《考古学报》1978 年第 1 期。

表 1　造像背光的图像形制表

	莲瓣形		扇形	圆形 / 近圆形	椭圆形
项光	 A 莲瓣形	 A-1 莲蕾形	 B 扇形	 C 圆形	 D 椭圆形
身光	 E-1 莲瓣形	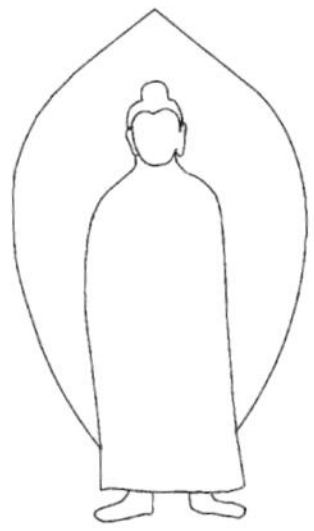 E-2 长莲瓣	 F 扇形	 G 圆形	 H 椭圆形
	 E-3 宽莲瓣	 E-4 顶部细尖莲瓣形			
	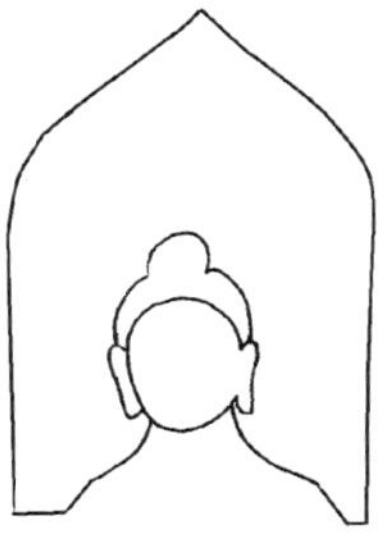 E-5 长宽莲瓣形	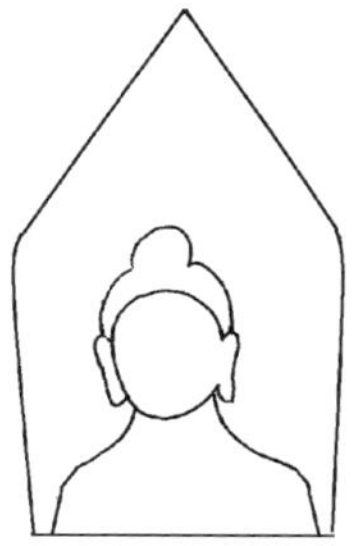 E-6 顶部三角形			

这一时期，云冈佛像背光形制较少。身光基本形制为莲瓣形。项光为近圆形、扇形、扇形与莲瓣形组合。主要分为以下几种形制：

C 型　无身光，头光近圆形。如第 18 窟东、西壁立佛项光，第 20 窟东壁立佛项光（图 1[①]）。

CAE-5 型　身光长宽莲瓣形，头光近圆形与莲瓣形组合。如第 17 窟西壁第 2 层南侧立像背光和坐佛背光。

BHE-5 型　身光长宽莲瓣形，头光团扇形。如第 17 窟南壁第 2 层东、西侧佛龛内坐佛背光。

BHE-2 型　身光长莲瓣形，头光为团扇形。如第 19-2 窟西壁倚坐佛像背光（图 2[②]）。

① 云冈石窟文物保管所编.《中国石窟·云冈石窟》二，图 185，文物出版社，1994 年。

② 云冈石窟文物保管所编.《中国石窟·云冈石窟》二，图 182。

（二）第一期背光主要结构内容

这一时期背光内容生动。项光、身光基本结构为三至四层。项光三层，分别为：第一层莲瓣纹，第二层化佛，第三层火焰纹或忍冬卷草纹。身光三层，分别为：肩部火焰纹为第一层，第二层供养天人或化佛，第三层火焰纹。这种三层结构内容不仅在第一期盛行，直至唐代第 3 窟佛、菩萨的头光中仍然可见。

以第 20 窟为例。该窟因为前壁和窟顶崩塌，佛像完全暴露在外面。主尊佛像坐北朝南，高 13.7 米，[①] 结跏趺坐，施禅定印，高肉髻，头部素面无纹，面相丰圆，长目圆睛，高鼻薄唇、唇上有八字形胡髭，嘴角微微上扬，仿佛面含微笑注视芸芸众生。该像身后有巨大的火焰纹背光，推测原为莲瓣形，后残损呈半弧形，与主佛雕像一起熠熠生辉。佛像头光由三层组成：头光中心为莲瓣纹；第二层为化佛，刻一圈坐莲化佛以及主尊耳后立佛；第三层为单头火焰纹。身光有四层：肩部为火焰纹；第二层为供养天人，头带圆光，双手捧供养物，面部丰圆，呈跪姿；第三层为一列化佛，着袒右肩袈裟，结跏趺坐施禅定印；第四层为大火焰纹。令人注意的是：主佛背光突出了化佛与供养天人，未出现伎乐天、莲花化生、母胎莲华等其他题材。在窟内，主佛背光的外部雕刻飞天，高宝冠，戴颈饰臂钏，着袒右胸衣，露双脚，手持莲花，其飞翔身姿生硬、厚重（图 3[②]）。

图 1　第 20 窟东壁立佛项光

图 2　第 19-2 窟倚坐佛背光

该窟东壁立佛，项光也为化佛与供养天人。项光有四层：中心层为莲瓣纹；第二层是跪姿的供养天人；第三层是一圈化佛；第四层是卷曲的忍冬纹。类似第 20 窟佛像背光还见第 19-2 窟西壁倚坐佛背光，第 18 窟东、西、北壁立佛背光，以及第 17 窟东西壁第 2 层佛像背光等。

图 3　第 20 窟北壁佛像背光

---

① 云冈石窟文物保管所编.《中国石窟·云冈石窟》二，第 66 页。
② 云冈石窟文物保管所编.《中国石窟·云冈石窟》二，第 272 页。

表2 第一期佛像背光一览表

石窟龛像	背光					龛内、背光外侧
	形制			内容		
	组合形制	身光	头光	身光	头光	
第16窟北壁立佛	—	—	—	—	—	—
第17窟西壁第2层南侧立佛	CAE-5型	莲瓣形从佛像臀部起	近圆形+莲瓣形	多头火焰纹、二佛并坐龛像	莲花、化佛、忍冬纹	千佛龛
第17窟东壁第2层南侧坐佛	CAE-5型	莲瓣形（风化不清）	近圆形+莲瓣形	火焰纹、交脚弥勒龛像	莲花纹、飞天、多头火焰纹。按：这种多头火焰纹见于敦煌背光	飞天、供养人菩萨
第17窟南壁第2层东、西侧佛龛内坐佛	BHE-5型	莲瓣形、团扇形	团扇形	火焰、化佛	莲花、化佛	二佛并坐
第18窟北壁立佛	不清	—	不清	—	莲花、化佛	不清
第18窟东、西壁立佛	C型	—	近圆形	—	莲花、化佛、忍冬纹	—
第19-2窟西壁倚坐佛	BHE-2型	莲瓣形	团扇形	三头火焰、供养人、摩尼珠	莲花、化佛、供养人	千佛龛
第20窟北壁坐佛	残损	残损	扇形	火焰、化佛、供养人	莲花、火焰纹、化佛	飞天、供养人、菩萨、二佛并坐龛像
第20窟东壁立佛	C型	—	近圆形	—	莲花、忍冬纹、化佛、供养人	—

表3 第一期佛像背光的主要结构内容

类别	项光				身光			
方向	内→外				内→外			
层次	第一层	第二层	第三层	第四层	第一层	第二层	第三层	第四层
第20窟北壁坐佛	莲瓣纹	化佛	单头火焰纹	—	火焰纹（肩部）	供养天人	化佛	大火焰纹
第19-2窟西壁倚坐佛	莲瓣纹	化佛	供养天人	—	火焰纹（肩部）	供养天人	三头火焰纹	—
第17窟南壁第二层东侧坐佛	莲瓣纹	化佛	—	—	火焰纹（肩部）	化佛	U形火焰纹	—
第17窟南壁第二层西侧坐佛	莲瓣纹	化佛	化佛	—	火焰纹（肩部）	化佛	U形火焰纹	—
第20窟东壁立佛	莲瓣纹	供养天人	化佛	忍冬纹	—	—	—	—
第18窟东壁立佛	莲瓣纹	化佛	忍冬纹	—	—	—	—	—
第18窟西壁立佛	莲瓣纹	化佛	忍冬纹	—	—	—	—	—
第18窟北壁立佛	莲瓣纹	化佛	漶漫不清	—	—	—	—	—
第17窟西壁第二层南侧立佛	莲瓣纹	化佛	忍冬纹	火焰纹	—	—	—	—
第17窟东壁第二层南侧坐佛	莲瓣纹	飞天	火焰纹	多头火焰纹	—	—	—	—

从表2、3可知，云冈第一期佛像背光以化佛为主要内容，频繁地出现在各石窟佛像头光中，其次为供养人。火焰纹出现单头火焰纹、多头火焰纹、三头火焰纹。第17窟东壁第2层南侧坐佛，头光中出现多头

火焰纹。

从现有遗存看，部分窟龛佛像身光被周壁的小龛打破，从臀部或腰部开始。如第 17 窟西壁第 2 层南侧立佛，莲瓣形身光底部雕凿二佛并坐龛像。第 17 窟东壁第 2 层南侧坐佛，火焰纹身光的底部是弥勒龛像等，这意味着云冈第一期佛像背光并非一个独立的个体空间，它与窟内壁面的龛像融为一体。

二、第二期佛像背光主题：愉悦佛陀

云冈第二期的建造时间为 465-494 年，这一时期主要石窟有五组：第 7、8 窟，第 9、10 窟，第 5、6 窟，第 1、2 窟，这四组都是"双窟"；另一组三个窟，即 11、12、13 窟。此外，第 3 窟内外，北魏的主要工程，也于这个时期开凿。第 11 窟外崖面上的部分小窟和第 20 窟以西的个别中小窟，也是这个时期晚期开凿的。[①]

第二期石窟造像精雕细琢，装饰华丽，造像、壁面绘塑结合。从石窟造像而言，第一期与第二期有明显的差别，体现在：第二期石窟造像体积变小，类似于第一期大像稀少，造型远不如第一期雄伟壮丽。这是由于第二期石窟开凿形制的改变导致。第二期石窟为平面多方形，多具前后室，但也有个别石窟类似第一期椭圆形平面的草庐形式；有的窟内中部立塔柱；有的在后壁开凿隧道式的礼拜道；方形平面窟的壁面雕刻都作上下分层、左右分段的布局，窟顶多雕出平棊。云冈第二期造像明显体积小，导致造像背光发生相应变化。

（一）第二期背光主要形制

第二阶段开凿的佛像背光形制依然类型较少。身光基本形制为莲瓣形。项光为近圆形、团扇形等。组合为以下几种形制：

CHE-1 型　身光莲瓣形，头光团扇形、莲瓣形。如第 7、8 窟中小龛佛像背光等。

CHE-5 型　身光长宽莲瓣形，头光团扇形、莲瓣形。如第 9 窟前室北壁第 3 层东、西侧龛佛像背光，第 5 窟西壁立佛背光等。

CAE-2 型　身光莲瓣形，头光小莲瓣形。如第 13 窟南壁第 3 层七立佛背光等。

BHE-1 型　身光莲瓣形，头光椭圆形。如第 10 窟前室东壁第 2 层南侧佛像背光、第 11 窟东侧附属窟群第 11-6 龛、第 11-7 龛造像背光等。

BHE-5 型　身光长宽莲瓣形，头光团扇形。如第 6 窟中心塔柱西面下层龛像背光、第 9 窟前室西壁第 2 层龛佛像背光等。

（二）第二期背光主要结构内容

第二期仍延续第一期佛像项光三层的结构内容，通常从内至外：莲瓣纹、化佛 / 飞天、忍冬纹。身光：肩部火焰纹、飞天 / 化佛、火焰纹。有不少龛像背光经后世重新妆奁，失去北魏原有的风貌，如第 10 窟前室北壁第 3 层东、西侧龛佛像背光，以及北壁与西壁龛佛像背光等。化佛仍是主要内容。与第一期不同的是，背光中飞天居多，火焰纹造型单调，颇具程式化。第一期背光中那种充实、生动的内在魅力在第二期已黯然衰退。第一期熊熊的火焰纹，在第二期已明显失去了气势与动力。

[①]　宿白.《云冈石窟分期试论》，《考古学报》1978 年第 1 期。

表 4　第二期主要龛像背光一览表

石窟	背光					龛内、背光两侧	龛楣
	形制			内容			
	组合形制	身光	头光	身光	头光		
第5窟西壁立佛（图4）	CHE-5型	莲瓣形	近圆形	龛像、u形波浪火焰纹	莲花、化佛、u形波浪火焰纹	龛像	—
第6窟中心塔柱西面下层佛龛像（图6）	BHE-5型	莲瓣形	团扇形	三头火焰纹、供养人、化佛	莲花、飞天、化佛、火焰纹	供养天人	13身化佛、伎乐天
第7、8窟中小龛佛像	CHE-1型	莲瓣形	圆形、团扇形、莲瓣形	—	—	手托莲花飞天、左右，上中下各三排供养人，每排2人	手持莲花飞天、伎乐天、供养天人、化佛、龙身装饰
第9窟前室北壁第3层东、西侧佛龛像	CHE-5型	莲瓣形、椭圆形	近圆形或团扇形	飞天、化佛、U形波浪火焰纹、莲花纹	化佛、飞天、忍冬卷草纹、U形波浪火焰纹、莲花纹	供养天人、飞天	飞天、金翅鸟，龛楣上方出现8化佛和飞天
第9窟前室西壁第2层佛龛像	BHE-5型	莲瓣形、椭圆形或团扇形	团扇形	化佛、U形火焰纹或忍冬卷草纹、莲花纹	忍冬卷草纹、U形火焰纹、莲花纹	供养天人	化佛、飞天、龙身装饰
第10窟前室东壁第2层南侧佛像（该窟多经后世重绘）	BHE-1型	莲瓣形、椭圆形	扇形	火焰纹、化佛	卷草纹、火焰纹、莲花纹、化佛	胁持弟子、供养天人	飞天、供养人
第13窟南壁第3层七立佛（该窟多经后世重绘）	CAE-2型	莲瓣形	圆形、扇形	火焰纹、化佛	莲花纹、火焰纹	飞天、胁持菩萨	手持莲花飞天、八佛

图4　第5窟西壁立佛背光

图5　第6窟中心塔柱北面下层二佛并坐像背光

　　第5窟西壁立佛（图4[1]），佛像背光与壁面龛像融为一体，背光上部为火焰纹，中下部被后期补刻的千佛小龛像打破。头光仍然延续三层结构，即莲花、化佛、火焰纹。就西壁面整体而言，背光已不再是一个单独的佛像附属品，已成为整个壁面装饰的一部分。该窟部分小龛佛像背光仅单色涂绘，并无雕刻。

　　第6窟中心塔柱北面下层，二佛并坐像（图5[2]）。背光皆为莲瓣形，头光为团扇形，分三层：头光中

---

① 云冈石窟文物保管所编.《中国石窟·云冈石窟》一，图31。

② 云冈石窟文物保管所编.《中国石窟·云冈石窟》一，图63。

心为莲瓣纹。一像中间层为一圈化佛，另一为婀娜飞翔的飞天。最外层为火焰纹，一为单头，另一为多头。身光为飞天与火焰纹。两像背光相接的空隙处刻供养人，龛内上部雕飞天，背光外部两侧飞天飞舞环绕，手持博山炉，与龛楣上伎乐天相呼应，融为一整体。此类背光结构特征还见第 6 龛中心柱其他龛像，即中心塔柱四个方向上、下层龛像背光（图 6[①]、表 5），雕琢精美华丽，造型宏伟气势辉煌，造像经后世彩绘贴金，背光也可能重绘。

表 5　第二期佛像背光的主要结构内容

类别 方向 层次	项光 内→外 第一层	第二层	第三层	身光 内→外 第一层	第二层	第三层	第四层
第 6 窟中心塔柱北面下层二佛并坐像	莲瓣纹	化佛 / 飞天	多头火焰纹	火焰纹（肩部）	飞天	大火焰纹	—
第 6 窟中心塔柱西面下层倚坐佛	莲瓣纹	飞天	火焰纹	火焰纹（肩部）	化佛	供养天人	三头火焰纹
第 6 窟中心塔柱南面上层立佛	莲瓣纹	化佛	火焰纹	火焰纹（肩部）	飞天	三头火焰纹	
第 6 窟中心塔柱东面上层立佛	莲瓣纹	飞天	火焰纹	火焰纹（肩部）	化佛	三头火焰纹	
第 6 窟中心塔柱北面上层立佛	莲瓣纹	化佛	火焰纹	火焰纹（肩部）	飞天	三头火焰纹	
第 6 窟中心塔柱北面上层立佛	莲瓣纹	飞天	多头火焰纹	火焰纹（肩部）	化佛	三头火焰纹	
第 6 窟东壁上层南侧立佛	莲瓣纹	飞天	—	火焰纹（肩部）	化佛	三头火焰纹	
第 6 窟西壁上层南侧立佛	莲瓣纹	化佛	—	火焰纹（肩部）	飞天	三头火焰纹	
第 6 窟南壁上层西侧立佛	莲瓣纹	飞天	—	火焰纹（肩部）	化佛	三头火焰纹	
第 9 窟前室北壁第 3 层西侧二佛并坐	莲瓣纹	飞天 / 化佛	火焰纹 / 忍冬纹	火焰纹（肩部）	化佛 / 飞天	U 形火焰纹	
第 9 窟前室北壁第 3 层东侧二佛并坐	莲瓣纹	化佛	火焰纹 / 无	火焰纹（肩部）	化佛 / 无	U 形火焰纹	
第 9 窟前室西壁第 3 层坐佛	莲瓣纹	忍冬纹		火焰纹（肩部）	化佛 / 无	U 形火焰纹	
第 9 窟前室西壁第 2 层坐佛	莲瓣纹	忍冬纹 / 火焰纹		火焰纹（肩部）	化佛 / 无	U 形火焰纹	
第 10 窟前室东、西壁第 3 层东侧坐佛	莲瓣纹	忍冬纹	—	火焰纹（肩部）	化佛	U 形火焰纹	
第 13 窟南壁第 3 层七立佛	莲瓣纹	化佛	—	火焰纹（肩部）	供养天人	多种形式的火焰纹	—

第二期第 9、10 窟内部构造整体统一。窟内满壁皆雕绘，俨然一装饰严谨的佛国世界（图 7[②]）。显然，这一时期佛像背光不仅要服从单体的主尊造型，还要服从整个石窟整体装饰需要。在这两窟内，背光内容趋于简化，主要纹饰为化佛和火焰纹。有的龛像背光已极其简化，甚至绘上简单的波浪纹或火焰纹。如第 9 窟后室南壁第 3 层东侧及西侧，佛像背光仅有波浪纹表现。第 10 窟部分龛像背光为后世补绘，失去北魏风貌。

---

① 云冈石窟文物保管所编.《中国石窟·云冈石窟》一，图 57。

② 云冈石窟文物保管所编.《中国石窟·云冈石窟》二，图 4。

图 6　第 6 窟中心塔柱西面下层佛像背光

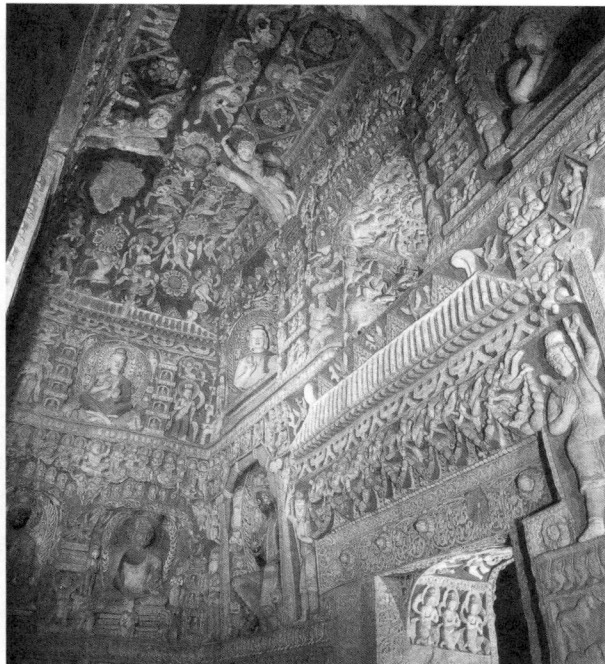

图 7　第 9 窟前室北壁及西壁

第 11~13 窟，这三窟一组的石窟内部精美华丽，尊像与壁面雕刻井然有序。背光造型简单，佛像头光多为圆形或团扇形，身光为莲瓣形，不再精心雕凿，大多以彩绘的方式表达佛像具有的神力，很多背光无内容，或只绘单色火焰纹。第 11 窟为塔庙窟，塔柱分三层，第一层南面雕立佛，背光为后世补绘，全无北魏风貌。

此外，第 1、2 窟风化剥蚀严重，小龛中佛像背光漶漫不清。第 7、8 窟后室小龛佛像或有简单的圆形项光，或有简洁的轮廓以示身光，或无背光。

三、第一期至第二期佛像背光谱系与内容变化

总体而言，云冈石窟龛像背光形制较为单调。第二期比第一期复杂、稳定（表 6）。

表 6　两期佛像背光主要形制比较

时期	形制 C 型					
第一期	C	CAE-5	BHE-5	BHE-2		
第二期	C	CAE-2	BHE-5	BHE-1	CHE-1	CHE-5

虽未能列出全部龛像背光形制，导致可能会有一定的考察局限性，但是主要的形制特征及变化趋势是显见的。

该表显示，两期佛像背光形制的共性：

1. 佛像背光外形一致，即 E-2、E-5 型。

2.C 型，即有圆形头光，无身光。出现在第一期第 18 窟东、西壁立佛与第 20 窟东壁立佛等项光中，第二期小龛像和壁面塑像中居多。

3. 身光 H 型。

两期背光的差别：

1. 佛像项光头光圆形 / 近圆形，或团扇形。对于大型石雕而言，此差别可以忽略不计。

2. 第二期佛像身光外形以 E-1 莲瓣形与 E-5 长宽莲瓣形居多，这是由于第二期窟龛形制中小型居多，背光发生相应变化。可见，第二期在一定程度上沿用了第一期的形制，又有自身特征。

结构内容变化。第二期仍延续第一期佛像身光与项光的结构组合，但内容有变化。表 7 可见，内容变化具体表现在题材位置与表现形式的变化。题材位置：第二期佛像背光中较频繁地出现了飞天与化佛组合。改变了第一期供养天人与化佛的组合形式。第一期佛像背光中鲜见飞天，飞天常出现在背光外部两侧位置。在第二期，飞天代替了供养人在背光中的位置，供养人则从背光中逐渐消失，侍立或跪于背光外部两侧。表现形式：第一期背光中精美严谨的人物形象到了第二期似乎已经变得程式化，失去了昙曜五窟时期的勃勃生机。第一期雕刻雄壮的火焰纹，在第二期明显已失去了气势与动力，纹饰造型单调，趋于程式化。总体而言，云冈第一期佛像背光中那种充实的、生动的内在魅力在第二期已明显衰退。

云冈石窟第一期"昙曜五窟"，不仅佛像气势磅礴，具有浑厚、淳朴之庄严，而且背光的雕刻也雄浑有力，刀斧之痕铿锵有力。第二期石窟造像精雕细琢，装饰华丽。由于窟室形制与规模改变，造像相对变小，其背光也相应变化。背光已不再是一个单独的佛像附属品，它已成为整个窟壁装饰的一部分。与富丽堂皇的壁面共同形成北魏中晚期的艺术风格。

表 7　两期佛像背光主要结构内容比较

类别	项光				身光			
方向	内→外				内→外			
层次	第一层	第二层	第三层	第四层	第一层	第二层	第三层	第四层
第一期	莲瓣纹	供养天人 /化佛	化佛忍冬纹 / 火焰纹	忍冬纹 /火焰纹	火焰纹（肩部）	供养天人 /化佛	化佛 /U 形火焰纹	火焰纹
第二期	莲瓣纹	化佛 / 飞天	忍冬纹 /火焰纹	—	火焰纹（肩部）	化佛 / 飞天	U 形、三头火焰纹	火焰纹

四、"供养天人与化佛"题材缘由

从上述分析可见，云冈石窟第一期佛像背光主要纹饰为供养天人与化佛（图 8[①]），第二期主要为飞天与化佛。以火焰纹为主的敦煌莫高窟北魏时期，偶尔也见供养人与化佛，如第 257 窟、第 260 窟等。北朝时期，其他石窟佛像背光中出现供养人与化佛，见西千佛洞第 7 窟中心柱南向龛内倚坐佛像背光、天梯山第 1 窟中心柱正面下层龛内第 2 层佛像背光、炳灵寺石窟 169 窟第 3 龛（西秦末年至北魏初期）佛像背光等。但这种题材在陇西地区北朝石窟造像背光中并不普遍。

为何云冈石窟第一期佛像背光中要突出"供养天人与化佛"这一主题呢？本文认为：

其一，佛法复兴。云冈第一期石窟开凿之前，有太武法难事件。北魏太武帝拓跋焘于 446–452 年灭佛。北魏范围内毁弃一切经像，佛教及其佛教艺术受到重创。直至魏文成帝即位以后，重新建立佛教信仰。云冈昙曜五窟的开凿象征北魏皇权政治对佛教信仰复兴的态度。

其二，缘由"礼帝为佛"的思想。云冈石窟第一期"昙曜五窟"的重要特征，是以佛陀的形象表现

---

① 　云冈石窟文物保管所编 .《中国石窟·云冈石窟》二，图 184。

北魏太祖以下五代帝王的雄伟姿态。每窟大佛高约七十尺，其次六十尺，皆雄壮威武，面部宽圆，双目圆睁，炯炯有神，充满着威严的帝王气度，演绎"皇帝即是当今如来"的思想。这种思想被道武帝时期第一代道人统法果提出，开创性的明确了皇帝即佛的观念，迎合了北魏统治者的政治与心理需求，从此奠定了政教合一的观念。也打破胡本无佛的传言。这些大像既是北魏对皇帝崇拜与佛陀膜拜的产物，又是皇权统治与佛教信仰的完美结合。背光中出现供养天人表达了设计者对皇帝以及佛陀的虔诚崇拜与信仰。

其三，供养的盛行。北魏开始设置僧祇户、僧祇粟及佛图户之供养制度。昙曜五窟的主持者沙门统昙曜，奏请文成帝于州镇设僧祇户、僧祇粟及佛图户之制，供养寺院，以为兴隆佛法之资。昙曜奏请将俘获的青州百姓，及一般百姓中每年上交 60 斛谷物给僧曹者，作为"僧祇户"，上交的谷物称为"僧祇粟"，拨归给寺院教团管理使用。又请将犯重罪

图 8　第 20 窟北壁佛像背光"供养天人与化佛"

的囚犯和官奴婢作为"佛图户"，供各寺院扫洒之役，兼为寺院种田交粟。由于僧祇户、粟和佛图户供养寺院，从此寺院建立起稳固的经济基础。很显然，昙曜奏请设立僧祇户、粟和佛图户的目的，使寺院摆脱单靠施舍、赏赐过日子的被动局面，在自身稳固的经济基础上走独立发展的道路。

除了上述这些地位低级的供养人，还有皇家、地位尊贵的功德主以及众僧尼供养人。云冈石窟第一期为皇家出资开凿造像，昙曜主持设计。在背光中出现带头光的供养天人，或许代表地位尊贵的信众。也代表供养天人，在佛教经典中也有相关天人供养佛陀的记载。

其四，从图像形式看，可能受到犍陀罗造像的影响。在贵霜时期犍陀罗地区，佛像头光中塑有供养人立于莲上，虔诚合掌低头礼拜佛陀的形象。云冈石窟第一期第 19-2 窟、第 20 窟等供养人单腿跪于莲上，合掌或捧莲礼拜供养佛陀，供养人附有头光。这些造型已超越了犍陀罗单调的供养人形像，体现了中国人的艺术创造力。

其五，可能来自凉州地区、中原北方地区以及南朝地区的影响。众所周知，云冈石窟的工艺巧匠，来自北魏建国之初东征西讨。426-441 年，北魏对陇西、凉州一带频频发动战事，每占城池，就强迁人口至平城一带，数目庞大，少则数千人，多则数万人，玄高、昙曜等一批高僧也被迫强迁。[①] 如《魏书·世祖纪》载，太延五年（439）太武帝平定凉州，冬十月辛酉，车驾东还，徙凉州民三万余家于京师。其沙门佛事也随之东迁。太平真君二年（441）冬十一月庚子，镇南将军奚眷平酒泉，获男女四千口。太延元年（435）、

① 宿白.《平城实力的集聚和"云冈模式"的形成与发展》，《中国石窟寺研究》，第 114~126 页，文物出版社，1996 年。

太延二年（436）、太延五年（439），分别徙长安、平凉、和龙、姑藏、乐都等地居民至京师。这些由凉州地区迁来的徙民中有一部分工匠，有着娴熟的技术和丰富的经验，他们知晓凉州一带的佛像制作，借鉴有例可循，面对整壁崖石，一凿一斧，发挥丰富的想象，进行卓越的创造，将"凉州模式"逐渐发展为"平城模式"。

但云冈石窟又具自身特色，与凉州地区石窟有差异，云冈石窟是在坚硬的砂岩上雕凿造像及背光，凉州地区石窟造像是塑像，壁画彩绘背光。上述从凉州地区强迁平城的几万移民中，有多少石匠史书未载。对于应付云冈如此大的石雕工程，理应还包括中原北方地区以及南朝的"百工伎巧"。如《魏书·世祖纪》载，泰常三年（418）徙冀、定、幽三州徙河于京师，太平真君七年（446）徙长安城工巧二千家于京师，太平真君八年（447）徙定州丁零三千家于京师，太平真君九年（448）徙西河离石民五千余家于京师，正平元年（451）以淮南降民五万余家分置近畿、皇兴三年（469）徙青齐人于京师，太和五年（481）假梁郡王（元）嘉大破（萧）道成将，俘获三万余口送京师等。

其六，禅观的需要。北魏佛教特重禅法，昙曜五窟的主持者沙门统昙曜也以禅业见称。昙曜生卒年不详。据史料记载，他年少出家，原在凉州修习禅业，时逢太武帝废佛，但曜独坚固道心，矢志不渝。文成帝即位，佛法复兴，昙曜于和平三年（462）召集西域僧人吉迦夜、天竺沙门常那耶舍等高僧，相继译出《大吉义神咒经》四卷、《净度三昧经》一卷、《付法藏因缘传》六卷、《称扬诸佛功德经》三卷，《方便心论》一卷，《付法藏传》四卷，《杂宝藏经》八卷等新经。昙曜主持设计的云冈第一期石窟中的三世佛、释迦、弥勒和千佛，都是一般习禅僧人谛观的主要形象，"也兼有广聚沙门同修定法的目的"。[1] 设计雕刻供养天人也是昙曜自己禅观和对佛教虔诚信仰的体现。

五、结语

通过对云冈石窟第一期与第二期造像背光形制与内容的分析与比较，得出以下观点：

总体而言，云冈石窟造像背光形制较少，第一期较为单调。两期主要以 CAE-5、BHE-2、BHE-5、CHE-5 型以及 C 型等较为普遍。第二期在一定程度上沿用了第一期的背光形制，又有自身特征，为龙门石窟的开凿奠定了造型基础。

背光主题方面。第一期以供养佛陀为主题。内容以化佛、供养天人、火焰纹为主。艺术表现形式淳朴、庄严。第二期以愉悦佛陀为主题，表现歌舞祥和的佛国净域。内容以化佛、伎乐天人、舞乐天人、火焰纹为主。第二期的造像背光虽雕刻精美华丽俊美，但失去了第一期气势磅礴的生命动力，曾经铿锵有力的刀斧之痕，已变得纤巧程式化。这缘于第二期石窟形制的改变，造像背光已成为整个石窟壁面装饰的一个部分。背光造型、色彩符合整个石窟的装饰统一。见盛之始已伏衰，在第二期佛像背光繁缛纤巧的同时，佛像背光也趋于衰落，部分石窟小龛佛像背光极其简化，以单色涂绘并无雕刻，或无背光。

第一期造像背光题材"供养天人与化佛"缘于北魏统治阶层对佛教的重视态度。不仅复兴佛法，明确皇权与佛法的统一，还确定寺院的供养制度。供养天人的塑造是当时社会政治与经济制度的侧面反映。

---

① 宿白.《云冈石窟分期试论》，《考古学报》1978 年第 1 期。

此外，在古印度犍陀罗地区，造像项光也曾出现过供养天人这一题材，可能对云冈石窟有影响，但云冈石窟供养天人在造像背光中的大量塑造是中国匠人艺术创造力的表现。从历史背景看，云冈模式的创造来源于凉州模式的技术、还来自青齐地区掳掠来的工匠艺人的智慧，也是当时禅僧对禅法与佛教虔诚信仰的体现。

考察云冈石窟造像背光演变，可从这一侧面反映北魏政治与经济的变化，以及统治阶层对佛教的态度。云冈石窟第一期造像及背光体现了"皇帝即如来"的政治统治与宗教信仰的统一。生动的供养天人、化佛形象，以及铿锵有力的火焰纹代表着北魏拓跋氏威武雄壮的气度与佛教的复兴。云冈第二期造像背光，开始展现佛国的美好，尽管化佛、飞天、供养人、火焰纹变得程式化，富丽纤巧，但体现了北魏统治者政权的稳定，以及上层权贵对佛国世界的赞美。这种令人向往的佛国净域再次出现在北魏的新都洛阳龙门石窟。

（原文刊载于《四川文物》2017 年第 1 期）

云冈石窟供养人图像形式分析

李雪芹

　　所谓供养人图像，是指出资开凿石窟、敬造佛像的功德主个人或家族（团队）的造像。多位于窟内四壁下层或佛龛下部，以彰显自己开窟造像的功德。云冈石窟供养人雕刻是云冈石窟造像的重要组成部分，从早期的昙曜五窟开始，供养人的雕刻贯穿石窟开凿的始终，其雕刻样式随着时间的推移出现变化。本文试图寻找这种变化，并总结归纳其变化规律及对后世石窟雕像的影响。

　　云冈石窟分期采用宿白先生的分期法，[①] 而供养人的分期与石窟总体分期有较大差异。供养人的第一期与宿白先生分期中的第二期吻合，第二期与宿白先生的第三期吻合。通过对云冈石窟现存供养人的调查与研究，我们将云冈石窟供养人分为二期，第一期的时间大约在 465–494 年，第二期的时间是迁都洛阳后、到正光年间。其中的第一期又分为 2 小段，第一段的时间约为 465–470 年，正是云冈石窟的开凿由早期向中期过渡之时，供养人图像最早出现在昙曜五窟中，但它出现的时间明显晚于石窟主像。在石窟开凿之初，开窟造大像是主要目的，壁面佛龛的雕刻相对滞后。此时出现的供养人基本位于佛龛下部的四足方座内。第二段时间为 471–494 年，是云冈石窟供养人图像雕刻最丰富的一个阶段。第二期由于迁都，平城的政治地位有所下降，但留居平城的达官贵人及信众依然热衷于开龛造像，只是规模有所变化。因此供养人的雕刻依然进行，表现形式略有变化。

一、第一期第一段供养人图像的形式

　　（一）供养人图像的样式　　从目前调查情况来看，早期开凿的石窟中保存有一定数量的供养人图像，通过甄别，选出其中的 27 组进行论述。它们是云冈石窟最早出现的供养人样式。图像形式较简单，大致有以下几种情况。

　　1. 中雕博山炉，两侧雕僧人＋供养人（图 1）。位于佛龛下，以四足方座为典型龛座，也有龛座被后期追刻小龛打破或无龛座的现象出现。以 1 僧或 2 僧为导引僧，后接着鲜卑装的供养人，男左女右分列。

图 1　第 17 窟南壁

　　2. 中雕博山炉，供养人男左女右雕刻（图 2）。位于龛下四足方座的两足间内或佛龛下，以博山炉中心，两侧着鲜卑装的供养人均为立式。

---

① 　宿白.《云冈石窟分期试论》，《考古学报》1978 年第 1 期，第 25~26 页。

图 2　第 17 窟东壁上层

3.特殊的供养人行列。出于佛龛被打破、未完工、残损等原因，原有的供养人行列出现变化，有以下 4 种表现形式：①未完工；②打破关系；③残存痕迹；④胡跪供养人。

（二）供养人雕刻的分布位置　以南壁为主，东、西壁次之，北壁因雕刻巨大主像而没有出现供养人的雕刻，且基本都在壁面的中部或中偏上部区域。从现统计的 27 组图像来看，南壁有 16 组、东壁有 6 组、西壁有 5 组。就供养人的具体位置来看，全部位于龛下。其中位于方足龛座内的有 15 组，无龛座下的 10 组，龛下情况不详的 1 组，位于龛外左侧的 1 组。说明此时佛龛座较流行四足方座。这种龛座可能来源于单体佛像的佛座与墓室中的方榻。

（三）造像组合　造像组合相对简单，有 2 种组合形式。一是以僧人＋世俗供养人的组合形式，以 1 名或 2 名僧人为导引，后随穿鲜卑装的男女供养人，突出了僧人的社会地位及在供养活动中的主导作用。是这一时期最主要的组合形式。二是单纯的穿鲜卑装的供养人，男左女右分列。这种组合形式相对较少。

（四）供养人服饰　分僧人与世俗供养人 2 种。僧人服饰有 2 种，一种是半袒右肩式袈裟，与佛像的服饰样式基本相同，但雕刻要简单得多，出现田相衣。第 2 种是搭肘式袈裟①，仅出现一组，后期曾在身上涂色。

世俗供养人均着鲜卑服饰。男性均头戴圆帽垂裙，帽顶浑圆，或帽顶向后下塌，帽口饰宽带，垂裙呈直线下垂肩下，上着交领窄袖衣，下穿裤、裤腿较细直，脚穿靴。女性头戴圆帽垂裙，多数出现帽顶中央下凹的样式（意在表现帽顶是由四块材料缝合而成），上穿交领窄袖衣，下着间色裙（或百折）呈直筒或略向后拖，不露足。

（五）行列中间　饰物以博山炉为中心，个别博山炉下出现力士托抗的形象。

二、第一期第二段供养人图像的形式

此段供养人数量较第一段有了较大的增长，其雕刻的位置亦有变化，新出现了位于窟内四壁下层、佛塔周围、龛柱或造像下及双层供养的新样式。

（一）供养人图像的样式　初步统计，目前保存有 87 组，分布在云冈早、中期开凿的石窟中，是云冈石窟供养人图案样式最丰富的一个时期，具有特别重要的意义。

1.中雕博山炉，两侧雕僧人＋供养人。延续了先前的样式，博山炉的雕刻更为精美，新出现化生童子（或力士）托举的样式（图 3）。僧人作为导引僧，双手合掌或一手伸向博山炉。供养人着鲜卑服，男左女右分列。供养人的身姿已无弓腰之态，显得自信起来。表现形式大致有以下几种：①供养人数左右对称；②供养人数对称，但僧人与供养人的配比左右不同；③左右人数不对称；④出现僧人＋供养人＋力士的供养组合关系；⑤纯僧人供养行列。出现僧人＋力士的组合。

---

① 陈悦新.《5~8 世纪汉地佛像着衣法式》，社会科学出版社，2014 年，第 58 页。

图 3　第 16 窟南壁东龛下

2. 中雕博山炉，供养人男左女右雕刻。仅存一例，存轮廓或未完工。

3. 中雕铭刻石，两侧雕僧人＋鲜卑装供养人。是流行样式，铭刻石的雕刻显现了浓郁的汉风，且有取代博山炉的趋势。出现了榜题与僧＋供养人＋狮子的新样式。僧人出现手托宝珠、长柄香炉的造型，极大地丰富了供养形式。又呈现不同的表现形式：①供养人数左右对称；②供养人数相同，但僧人与供养人的配比左右不同；③左右人数不对称；④出现多层供养。以第 11 窟东壁南侧上层"太和七年碑"两侧的供养人最为典型，有明确纪年，是分期断代的依据之一；⑤出现僧人＋供养人＋狮子的供养组合关系；⑥男女位置出现对调；⑦单纯的僧人供养。出现了五体投地式供养形式，十分虔诚。僧人出现双手执莲花式长柄香炉（图 4）的样式，对唐代的长柄香炉有直接影响。

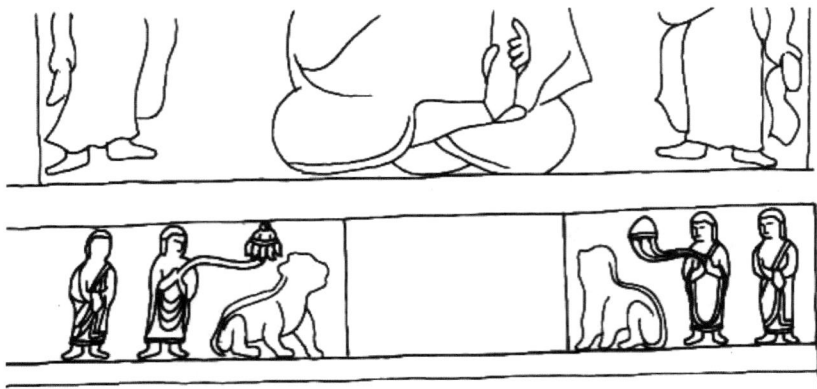

图 4　第 13 窟东壁中层南侧

4. 中雕铭刻石，两侧雕供养人。

图 5　第 11 窟西壁中层南侧

5. 双层供养人。这是新出现的一种供养形式，均位于龛下。现存 3 组（图 5），表现各不相同，富有创意。

6. 窟壁四雕下层供养人。这是供养人雕刻的新形式，雕在窟内四壁的最下层，以窟内主尊造像为供奉对象，显示了开窟造像的整体性以及功德主极高的政治地位和经济实力。第7窟后室四壁下层应该是出现时间最早的一组，但风化严重。第13窟内下层的供养人是目前保存相对最好的，均为着鲜卑装的男性供养人，高度在1.5米左右，形成以窟内主像和门拱为轴的供养中心，这样的雕刻仅此一例。应该说，窟内四壁下层出现供养人的洞窟，基本上是按统一规划完工的。这种形式，一直延续到北魏晚期，甚至影响到周边的其他石窟。

7. 特殊的供养人行列。情况较为复杂。有以下几种情况：①有打破、破损、风化情况的存在，使原有造像布局发生变化；②特殊的人物造型。出现五体投地式供养形式；③不同位置上的供养人雕刻。一是龛柱上雕供养人、均位于第13窟。二是佛龛外侧雕供养人；④特殊的组合关系。出现供养人＋狮子＋赑屃的形式，特别是赑屃的出现，十分罕见；⑤一侧雕像、另一侧剔平。

（二）供养人雕刻的分布位置　此段的供养人雕刻多集中在没有按计划完成的洞窟内。按统一规划完成的洞窟中，供养人均雕刻在窟内四壁的下层，其他位置雕刻的供养人数量极为有限（且多为后期追刻）。从雕刻数量来看，西、南壁最多，东壁次之。北壁则雕在诵经道内。第11、13窟是此时雕刻供养人数量最多的洞窟。

大型供养人行列首先出现在第7、8窟内，位于窟壁东、西、南三壁下层，表达了强烈的供养意愿。第9、10窟北壁的诵经道内出现几乎与人等高的供养人像，排列整齐有序，面向窟门呈供养状。

大部分供养人行列均雕刻在佛龛下，个别雕刻在佛塔基座或周围，表现了起塔供养的历史史实。首次出现供养人置于佛龛龛柱位置上的情况，虽然仅有2例，但值得关注。

（三）造像组合　这一时期的供养人雕像与前期相比数量明显增加，其造像组合沿袭了前期的形式，新出现单纯的僧人供养行列、僧人＋世俗供养人＋狮子的供养形式。也有个别将狮子雕刻在供养人的前位，出现狮子＋僧人的组合关系。

以博山炉为中心的供养行列中，以导引僧＋世俗供养人的雕刻所占比例最大，新出现僧人＋世俗供养人＋力士的组合、单纯的僧人供养行列、僧人＋力士的组合、跪式或五体投地式供养人的组合关系。供养人行列中出现不对称的表现方式。

以铭刻石为中心的供养人行列的造像组合基本同于以博山炉为中心的。到太和后期，以铭刻石为中心的供养行列形式逐渐取代了以博山炉为中心的表现形式，说明平城地区汉化程度的不断深入。同时这种以铭刻石为中心的形式，因其有明确的纪年，对于佛龛开凿的具体年代可谓是一个标准样式。同时为我们判断功德主的身份有所帮助。

出现双层供养的新形式。集中在第11窟内。出现的大体时间应在太和十年颁布服制改革后到十八年迁都洛阳前这一段时间内。

（四）供养人服饰　僧人袈裟的样式延续了前期的半袒右肩式，同时大量雕刻为搭肘式，与佛像的服饰大体接近，只是雕刻相对简化。

男性世俗供养人，身躯变魁梧，服饰样式基本同前期，但上衣明显加长，呈现出时间越晚上衣越长的趋势。裤腿变肥，已不见前期那种细长腿的雕刻，取而代之的是宽腿裤或小口裤。女性服饰，上衣明显加长已过膝下，其至更长，裙子露出部分越来越短。或许在稍晚的时候出现鲜卑装与汉装共用的一个时期。

（五）行列中间饰物　博山炉的样式依然流行，但呈减少趋势。方形铭刻石的雕刻大量流行，出现了有题记的铭刻石，为断代提供准确的文字资料。

（六）手中持物　出现了僧人手持博山炉与长柄香炉的造像新样式，是当时佛教供养瞬间的真实描述。世俗供养人新出现执长茎莲花供养的样式。

三、第二期供养人图像的形式

494年，北魏孝文帝迁都洛阳，平城成为北都。由于政治中心的南移，导致大规模的石窟开凿工程告一段落。但滞留平城的达官显贵及僧侣信众，面对日益尖锐的阶级与民族矛盾，依然醉心于佛教，寄希望佛教能改变自己的生存环境。因此云冈石窟晚期供养人造像雕刻除沿袭前期样式外，亦出现了一些变化。四壁三龛式及四壁重龛式窟形的流行，导致窟内四壁下层供养人雕刻的流行，新出现贵族（帝后礼佛图的雏形）供养行列的图像样式。

（一）供养人图像的样式　从洞窟调查的统计数字来看，此段的供养人雕刻无论是组数还是造像数量都是最多的，初步统计现存供养人雕刻近200组，约占云冈供养人现存图像组数的55%。供养人图像雕刻大致有以下几种样式。

1. 中为方形铭刻石，两侧雕供养人图像。是这一阶段流行的样式，造像组合有僧人＋供养人行列、单纯的供养人行列2种。

就僧人＋供养人行列而言，有3种不同的表现形式。①僧人＋汉装供养人。此类是雕刻、保存数量较多的一种形式，初步统计约有40余组；②僧＋鲜卑装供养人。僧人居首位，其后着鲜卑装的供养人男左女右分列。位置大多居于20窟以东，多以补刻的形式出现；③僧＋女供养人行列。仅出现1组，是个案，也许功德主为女性。

就单纯的供养人行列而言，大约有5种不同的情况出现。①着汉装的供养行列，男左女右分列。雕刻数量较多，反映了此时汉式服装为日常服式，说明北魏汉化政策的深入推进；②着鲜卑装的供养行列，依然遵循男左女右的原则。集中在第19窟及附窟中；③单纯的僧人供养行列。雕刻相对较多；④单纯的女性供养行列；⑤单纯的男性供养行列。

2. 中为博山炉，两侧雕供养人。这是云冈石窟贯穿始终的供养行列形式。晚期雕刻中数量极为有限，有3种不同的表现形式。雕刻位置仅限于第1~20窟。①僧＋鲜卑装供养人；②僧＋汉

图6　第38窟北壁下层

装供养人；③单纯的僧人供养。

3. 窟内四壁下层的供养行列，以北壁为中心或四壁各自为中心，最终形成以北壁为中心的供养关系。调查约有 40 多组，涉及 15 座洞窟。是这一时期较为流行的供养人样式。多座洞窟中出现贵族（帝后供养的雏形）供养的图像，开启大型帝后礼佛图的先河。①以北壁为中心，中央雕博山炉，两侧供养人为僧＋贵族（帝后）礼佛图；②以北壁为中心，中雕方形铭刻石，两侧雕僧＋供养人行列，男左女右分列；③帐式龛下，中雕铭刻石，两侧雕供养人。此类样式中没有出现导引僧的形象，单纯男左女右雕刻。第 38 窟是此类造像中的佼佼者，这是一座由世袭贵族吴忠伟为亡儿吴天恩"长辞苦海""腾神净土"而开凿的洞窟，因此洞窟内容丰富、精彩，龛下的供养人雕刻亦是云冈供养人雕刻中的精品（图 6），表达了贵族供养的场景，豪华气派，是大型帝后礼佛图的浓缩版。

4. 双层供养行列。发端于太和年间，迁都洛阳后开凿的洞窟中表现较多。均雕刻在佛龛下。①上排为坐佛，下排雕供养人行列。这类雕刻共有 3 组，上排均雕 10 尊坐佛，它的宗教意义有待探讨；②上、下排均为供养人。有 2 种不同的表现形式；③上排为供养人行列，下排雕力士托举。双层供养形式的出现说明开窟的功德主，社会地位及经济实力均较强，为了供奉佛教，他们采用了不同于一般的雕刻形式。

5. 特殊类型的供养行列。①左右不对称；②多层供养人行列；③须弥座内雕供养人行列；④铭刻石中央雕 1 尊交脚菩萨像，左雕 2 僧人，右雕 2 男性供养人；⑤五体投地＋立姿供养人；⑥第 35 — 1 窟的供养人雕刻十分罕见，北壁雕双层供养，上为供养人行列、下为力士托举。其东、西两壁的供养没有出现供养人，而以二象托宝珠为中心，两侧雕狮子与托举的力士，构成象宝＋狮子＋力士的组合，其力士与北壁下排力士相统一，是按计划有目的的雕凿的。在此将象宝与摩尼宝珠相叠加，突出了佛的威力与象征。

（二）供养人图像的分布位置　从统计来看，此阶段保存下来的供养人雕刻组数最多，多位于龛下，流行在窟内四壁下层雕供养行列，以北壁为中心，形成供养关系。从雕刻壁面来看，北壁较少，多集中在东、南、西三壁上。

（三）造像组合　此阶段基本沿袭前期的组合。仅有一组五体投地＋立姿供养人的新造像组合关系出现，特别流行中为铭刻石，两侧雕供养人的样式。四壁下层的供养人，或以北壁为中心形成整窟的供养关系，或四壁各自为阵、中雕铭刻石，但人物形象均侧向北方，依然形成以北壁为中心的供养组合关系。

双层组合中，流行上排雕坐佛、下雕供养人行列，与前期的样式不同。

（四）供养人服饰　僧人的袈裟已鲜见半袒右肩式，基本为搭肘式，大多袈裟的雕刻十分简化，无细部雕刻，显现了图案化的倾向。

男性供养人依然有鲜卑装的雕刻，但大多数为汉式服饰。汉装，首服以小冠、进贤冠为主。服装均为交领宽袖大衫及地、略呈喇叭形，露履。多数人物比例修长，加上无细部描述，因此衣饰细节不明。女性供养人的头饰较为丰富，贵妇中流行博鬓高髻，其余供养人大多梳高髻，侍者梳双髻。服饰亦为交领、宽袖长襦、下着长裙，出现宽袖短襦的样式，长裙拖地且向后扬。

（五）行列中间饰物　方形铭刻石的雕刻是主流，这一时期，铭刻石流行纵长方形，而横长方形上题记雕刻保存的较多，有太和十九年、太和二十年、景明元年、景明四年、正始四年、延昌三年、延昌四年、正光元年、正光年间等，为断代提供准确的文字资料。偶有博山炉的雕刻，样式较为简单，基本上沿用了前期的样式，几乎没有装饰纹样。

（六）手中持物　有长柄香炉、博山炉、长茎莲花 3 种，长柄香炉与博山炉没有出现新样式，基本与前期相同。

结束语

通过对云冈石窟供养人图像样式的分析得知：云冈石窟供养人与石窟开凿、主佛雕刻不是同时进行的，供养人的雕刻略晚于主像。其出现的时间大约在 465 年以后或 470 年前后，即云冈第一期向第二期过渡时期。最早出现于昙曜五窟中，在最初开凿的洞窟中，仅有主尊造像及壁面上部的千佛是按时完成的；中部以下的佛龛大多是主尊造像完成之后追刻的，因此供养人最早的图像形式是雕刻在佛龛下的。以博山炉为中心，男女分列左右。多以僧人为导引，同时有单纯的世俗供养行列。以立式供养为主要姿态，同时出现胡跪式供养。世俗供养人均着鲜卑服，身材苗条，身躯微向前倾，显得十分谦恭。它的出现是当时北魏国势强大、佛教兴盛、文化繁荣的客观反映。

开窟造像是统治者借佛教的力量加强对国人思想统治的一种手段，皇帝是当今如来，礼佛就是拜皇帝。皇帝既是佛也是最大的功德主，他们不可能将自己屈尊成为供养人。因此供养人的出现是统治者逐渐放松对石窟开凿监管的一种表现。供养人的雕刻最初表达的就是信仰者礼佛、敬佛的一种供养形态，是将他们日常礼佛的形式与用具一同表现在石窟龛像中，因此供养图像简单、人物形象单一、雕刻缺少细腻。

470 年到迁都洛阳前是云冈石窟供养人雕刻形式最丰富的一个阶段，多种形式、各种组合共同构成此时云冈供养人的特点，就雕刻位置而言，新出现了窟壁下层雕供养人的形式，反映了洞窟开凿的统一性与完整性。在大型洞窟中，社会上的佛教信仰者、达官贵人，利用统治者放松对工程开凿监管的间隙，开凿了数量众多的佛龛，同时雕刻了大量的供养人形象，以表达他们强烈的供养心愿。博山炉雕刻较早前样式更丰富，雕刻更精美，大多数的体量与供养人等高。新出现中央雕方形铭刻石的样式，保存有题记的铭刻石为分期断代提供依据。且呈增多趋势，有取代博山炉之意。

迁都洛阳后的平城，石窟大规模的开凿告一段落，但中小型石窟盛行，因此是云冈石窟供养人雕刻及保存数量最多的一个时期。图像再也没有前期那种形体高大的样式，而以 30～50 厘米左右的形象居多。流行窟内四壁下层雕供养人的做法，出现贵族（帝后）礼佛图的新样式，多雕刻在窟内四壁下层、或双层供养形式中。以第 38 窟中的帝后礼佛图最为奢华及代表性。

从石窟调查来看，供养人的服饰，由单纯的鲜卑服演变为鲜卑与汉服共用，到最后全部着汉装。这个过程正是佛教艺术中国化的过程，供养人图像的雕刻客观记录了这一历史进程，具有特别重要的意义。世俗供养人所着的鲜卑服最晚在太和十九年的题记两侧出现，甚至更晚还有。就云冈石窟雕刻的位置而言，晚期着鲜卑装的供养人形象均出现在第 1~20 窟间补刻的小窟小龛内，而西部开凿的洞窟中无一例着鲜卑装的供养人。从侧面说明北魏孝文帝进行的汉化改革在旧都平城进展相对滞后，特别是迁都以后，平城的政治地位下降迅速，很多旧贵依然坚守传统、沿袭鲜卑装，因为这种服装更适合北方寒冷、风大的自然环境。同时他们还是心有顾虑，因此选择在已有洞窟内或主窟附近的小窟内雕刻穿鲜卑装的供养人，而大面积新开凿的洞窟中则无。

云冈石窟供养人图像的形式对后世及周边石窟供养人的雕刻产生了巨大的影响。

（原文刊载于《山西大同大学学报》2017 年 2 月 28 日）

云冈石窟雕刻中的屋顶"檐角"做法及其特点

张　华

　　云冈石窟雕刻中的仿木构建筑形式，使外来佛教石窟带有浓郁的民族色彩，特别是柱子、斗栱、鸱尾和檐椽等建筑部件，使这个"传统建筑"的形式表现出当时的结构特征。诚然，就石雕建筑来说，这些建筑部件在岩石（壁）上镌刻出来，不能够完全具备木构建筑的形制，但外观上却是真实地反映了北魏的时代风貌和审美因素。本文通过云冈楼阁式佛塔与殿宇（屋形龛），来探讨一下云冈石窟雕刻中的屋顶檐角做法及其特点。

一、表现形式

　　现存中国古代建筑木构实物中，凡是有檐角（屋角）的，也即屋顶系庑殿、歇山或多角攒尖顶。在云冈中、晚期洞窟呈现的中国传统建筑形式[①]，屋顶皆为庑殿顶，即四坡五脊。其檐角的表现形式，按椽子至角的排列方式亦有两种形式，即平列和扇列两种方式。

　　（一）平列式：为平行排列，即角部椽子与正身椽子一样，与上部瓦垄方向完全平行。我们从云冈雕刻的建筑屋顶实例中，可见檐椽至角并排的椽子全是平行的，所以并排一列的椽子，与屋顶正面成直角，即檐角平直；另外，也出现一种屋檐弯韧至角部末端翘起，即檐角上翘，但角椽仍为平列式。下面通过云冈建筑形象一些鲜明的实例，择其重点，做进一步说明：

　　1. 完全平列的排列方式，椽子的排列与上部瓦垄的方向平行，与屋顶正面成直角，即檐角平直，表现数量可观，主要有以下几种情形：

　　（1）屋顶有平行排列的瓦垄，一重椽子，椽头是圆形或半圆形，排列很密，空档也不过一椽径，檐角椽与正身部分完全平行排列。见于第 6 窟东、西、南壁浮雕塔与中心柱屋形龛，第 10 窟后室南壁东侧第二层屋形龛，第 11 窟西壁第三层南侧屋形龛等（图 1，1、2、3、4）。

　　（2）屋顶有平行排列的瓦垄，有苫背，檐角椽与正身部分完全平行排列，一重椽子，椽头是圆形，其下是帷幕，屋面简洁，雕刻精湛。见于第 6 窟南壁中部、第 9 窟后室西壁第四层南侧屋形龛、第 10 窟后室南壁第三层东侧佛龛等（图 1，5）。

　　（3）屋顶不仅有平行排列的瓦垄，还清晰可见屋檐刻有筒瓦与板瓦的连接曲线，有苫背，檐角椽与正身部分完全平行排列，圆形椽头，椽子下方阑额之上有简单的一斗三升栱和人字栱，建筑特征突出，见于第 9 窟前室北壁（图 1，6）。

---

① 本文按宿白先生分期，见《云冈石窟分期试论》，《中国石窟寺研究》，文物出版社，1996 年。

1. 第 6 窟南壁

2. 第 6 窟中心塔柱下层南面西侧

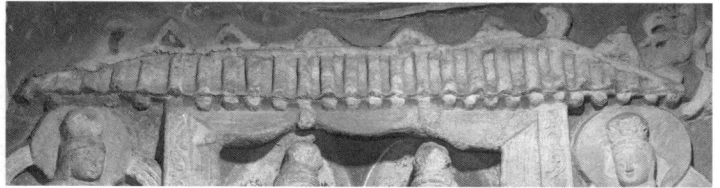

3 第 9 窟后室西壁上层

4. 第 11 窟西壁第三层南侧

5. 第 6 窟南壁

6. 第 9 窟前室北壁

图 1　平列式檐角平直

1. 第 9 窟前室西壁

2. 第 10 窟前室西壁

3. 第 12 窟前室西壁

图 2　平列式檐角上翘

2. 完全平列的排列方式，微微上翘的屋角，即檐角上翘，这种檐口曲线的形成，其实是屋檐弯韧至檐角上翘，其上翘虽很微弱，但从云冈建筑雕刻的实例中，这种上翘的檐角和屋檐柔和优美的舒缓曲线，表现形式极少，见于云冈第9、10、12窟前室东、西壁的屋形龛，有以下几种情形：

（1）屋顶正身部分的瓦垄与檐椽皆平行排列，瓦垄与椽子之间有厚重的苫背，圆形椽头，从正面看，檐口线成一至檐角部上翘的曲线甚微。见于第 9 窟前室东、西壁（图 2，1）。

（2）屋顶正身部分的瓦垄与檐椽皆平行排列，瓦垄与椽子之间有厚重的苫背，圆形椽头，檐口线成一至檐角部上翘的曲线甚微。值得注意的是，两端的垂脊为曲线。见于第 10 窟前室西壁（图 2，2）。

（3）屋顶正身部分的瓦垄与檐椽皆平行排列，覆盖的筒瓦与板瓦雕刻的轮廓清晰，而且在筒瓦线上檐端刻出圆形的瓦当，板平状的板瓦，滴水，圆形椽子，值得注意的是，瓦垄与椽子之间至角部有渐次厚重的苫背，檐角上翘，但檐端并非只在近角处的小范围内抬高，而是有一较长段的弯曲轮廓至檐角而上翘，较为特殊。见于第 12 窟前室东、西壁（图 2，3）。

（二）扇列式：为放射状排列，檐角椽子方向呈斜列状，即裙裾式扇形展开。在云冈，我们注意到凡平直屋檐，檐角无起翘的，角椽却采用扇列的排列方式，见于第 2 窟、第 5 窟、第 6 窟和第 39 窟等，表现数量不多，主要有以下几种情形：

1. 屋面瓦垄平行排列，檐椽正身部分平行呈一线至角部椽子为扇列式，檐角平直，苫背厚重，椽头是半圆形，檐下有一斗三升栱与人字栱。见于第 2 窟中心塔柱（图 3，1）。

2. 屋面瓦垄平行排列，檐椽正身部分平行呈一线至角部椽子为扇列式，厚重的苫背，椽头是半圆形，檐下有伸出两瓣卷杀，即出跳的斗栱。见于第 5 窟南壁东、西侧高浮雕楼阁佛塔（图 3，2）。

1. 第 2 窟中心塔柱

2. 第 5 窟南壁西侧

3. 第 6 窟中心塔柱上层东南角九层塔

4. 第 39 窟中心塔柱

图 3　扇列式

3.屋面瓦垄平行排列，檐椽正身部分平行呈一线至角部椽子为扇列式，椽头是圆形，瓦垄与檐椽之间有厚厚的苫背，檐下有伸出两瓣卷杀，每面均为四攒，上层的一跳支撑着撩檐枋，转角除第一层外，其上皆由柱头栌斗承托着角部。正身上下二跳的斗栱，向外支出，占总檐出二分之一的比例，这种情形在云冈建筑雕刻中，仅见于第6窟中心塔柱上层四隅的九层楼阁佛塔。（图3，3）

4.屋面瓦垄呈一线至檐角平行排列，檐椽正身部分平行排列，至角部椽子为扇列式，檐角平直无翘，苫背厚重，椽头是圆形，檐下有一斗三升栱与人字栱。见于第39窟中心塔柱。（图3，4）

以上实例只是按椽子排列的方式情况而言，另外，在云冈也出现没有椽头的与此不同的诸多例子，屋檐非常有趣，是将一座复杂屋顶，在构造上大为简化，只表现屋瓦，下面的椽子被雕作者省略了，以筒形瓦垄平行排列或扇列排列，檐角平直，这种简单甚至规律化的情形，也是庑殿顶的外形特征，下面略述梗概：

1.只能看到屋面正身以及正脊和两条垂脊的建筑样式，屋面显示出平行排列的瓦垄，檐角平直，正脊与垂脊均为直线，没有椽头等其他建筑部件。屋瓦完全以浅浮雕或线刻成似半圆筒形状，空档间隔稍密，非木结构上的表示。见于第1窟西壁与第2窟东壁中层佛塔、第11窟明窗西侧佛龛，以及第6窟中心塔柱下层南面和南壁中层中部佛龛与东西壁佛传故事之建筑物等（图4，1、2、3）。

2.屋面平行排列的瓦垄，厚厚的苫背下方无椽头，有伸出两瓣卷杀，每层正身有三攒，转角出跳的斗栱呈45度斜出，承托着檐角。见于第11窟南壁东侧楼阁塔。

3.屋面平行排列的瓦垄，瓦垄端部或饰有半圆瓦当，有苫背，檐下刻有帷幕或锯齿纹等。见于第9、10窟后室南壁屋形龛以及第13窟东壁、南壁等（图4，4）。

4.屋面正身部分为平行排列的瓦垄，至角部为扇列式，没有檐椽，有厚重的苫背，雕刻粗糙，见于第11窟南壁第四层明窗西侧中部佛塔。

5.屋顶平行排列的瓦垄，平直檐角，檐下有一斗三升栱和人字栱，正脊呈直线，两端的垂脊为曲线。见于第38窟南壁西侧。

二、结构与特征

综上所知，云冈屋顶呈现出的建筑特征，一种是简单的装饰性建筑形式，另一种就是建筑趣味浓厚，采用中国传统木造的构架特征，显示出各构件的比例大小和艺术加工的装饰性，基本上表现出北魏建筑方面的结构特征，以及每个建筑物的部件的相互关系和细部特点。虽然，石刻做法与文献所载无法相对应，但却是介乎文献与木构造之间接的可贵资料。下面略述一下屋顶檐角结构的主要形制与特征：

（一）扇列形式反映了角翘兴起之雏形

云冈石窟中表现的檐角做法，第9、10窟椽子至角的排列方式以平列式居多，未见扇列式，檐角既有平直无翘的，也有檐口线弯曲檐角甚微上翘的；第11窟平列式特别多，个例见扇列式；第12窟出现了显著的檐口线弯曲檐角上翘的情形；至第1、2窟，第5、6窟出现扇列式，但同时仍有不少无翘的平列式，平列式与扇列式两者并存；至于晚期第38窟为平列式，第39窟虽无上翘，但乃扇列式。

从这些主要洞窟的表现形式看，云冈椽子至角的排列方式多数为平列式，这在建筑结构上较为简单，

1. 第 2 窟东壁中层中部

2. 第 11 窟明窗西部

3. 第 6 窟东壁

4. 第 13 窟东壁第四层南侧

图 4　无捴头屋檐

1. 第 6 窟中心塔柱上层西南角局部　　　　　2. 第 39 窟中心塔柱上层

图 5　扇列式角檐建筑

将椽子作平行排列的建筑檐口线都呈直线状，这种做法的缺点是角椽在角部其实是无法受力的，不能够承受屋顶的荷重，实为造型上的装饰而已，但这也就是汉唐以来平列式做法普遍的特点。这种建筑形象龙门北魏石窟中雕刻的绝大部分，亦同云冈一样。

云冈第 2 窟、第 39 窟中心塔柱，第 5 窟南壁浮雕塔，以及第 6 窟中心塔柱上层四隅楼阁佛塔，正身部分檐椽逐根过渡到接近角部 45 度的方向，自然展开呈扇列式放射状，这在结构上既自然又合理的排列，与椽子至角排列方式有内在联系，便是结构法促成的。因为檐下正身并排的椽子虽全为平行的，但因为偏檐角的椽子又要同"角部椽平行"，所以椽子的排列，由真平行而渐斜，恰像扇子式开展，其方向是与屋顶正面成 45 度的，使渐平行的角椽呈放射状（图 5，1、2）。

这在石雕结构上简单和自然，实际在木作檐角椽子也会出现"斜出"现象，即扇列式，这种檐角的"斜出"通行做法，是角部椽向外更为伸长，使檐角的平面投影不是直角，而成为一个外伸的锐角，且为一个很尖的锐角。我们再仔细从佛塔檐角看，其大小与正侧面的檐椽不完全一致，疏密不同，即角部椽子之间的空档要比正身的空档小，而且位于角部 45 度的特殊加长檐椽，同时受力角部荷重。因而，这种已有斜出的檐角椽子，其从建筑技术结构上，就是为了将角椽从平行排列时的虚假造型，转而成为承挑屋檐角部的受力结构。

事实上在汉代遗物的实例中，如雅州高颐阙的椽子，至翼角为扇列式，显然是当时通行结构法的一种。那么，古代建筑在取代平列式，实行角椽 45 度扇列式排列时，椽子排列方式的变化并没有超出结构原则，并且不会太加重大檐角的荷重，这一变化发展过程正是扇形排列能加长角椽后尾的结果，同时在角翘兴起的造型方面却反见其美。形成翼角上翘的因素有诸多方面，其中角部檐椽的排列就是重要的一个因素，那么，扇列形式正是角翘兴起之雏形结果。可以说，云冈扇列式做法在中国建筑发展史上成为间接的可贵资料。

（二）无仔角梁和老仔梁之结构形制

云冈第 9、10 窟、第 5、6 窟、第 12 窟以及第 39 窟等屋顶，只有圆形椽子一层，并檐椽净距基本按一椽径的比例排列，但每根圆形断面的檐椽之上，全部没有后代所谓飞檐椽，即方形断面的飞子（飞椽）。因为没有飞椽，即只有一重檐椽，无裹角法，所以也就没有仔角梁和老仔梁之结构形制（屋角两檐相交处的那根主要构材）。从理论上讲，大角梁的断面总是要比正面椽子断面为大的。而在云冈如中心塔柱檐角（45 度线上）的椽子断面和正身椽子断面完全一样，只是略长而已，都维持在同一水平线上，一切做法都与正身

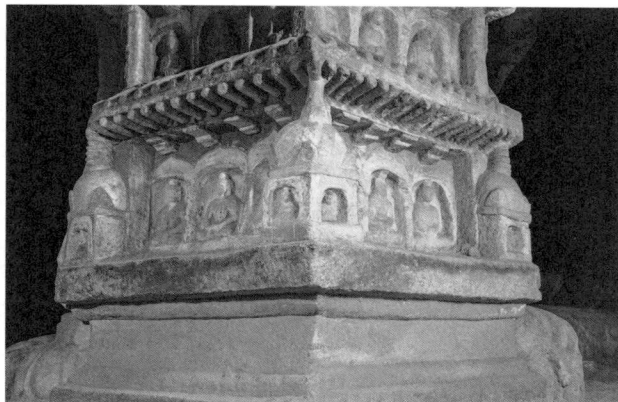

1. 第 6 窟中心塔柱上层塔东南角

椽子相同，都无所谓大角梁，也就不会有结构上的翼角起翘了，龙门石窟建筑屋角或上翘或不翘，也无角梁之表现。汉代时有此例子，无角翘的情况应即属此。

实际上飞子始于北朝，但应用颇少，如在敦煌首见于北魏石窟塑出的阙形龛屋顶，同期的阙形龛屋顶大都不用飞子，如第 257 窟中心柱南面上层龛等[1]。仔角梁和老仔梁是庑殿顶承托垂脊的骨干，都是 45 度方向放置，二者关系和飞椽与檐椽的关系约同，但云冈石雕作没有飞椽以及仔角梁和老仔梁之形制，也就不能提供给我们更为详尽、明确的技术结构原理。

（三）檐椽与出跳的斗栱之关系

在木构架建筑中，正身的檐出加飞子出与斗栱的出跳，可以反映角部的情况。那么，在有出跳的斗栱建筑里，斗栱出跳在总出檐中所占比例，正与檐角部上翘由无到有、由缓而峻的进程发展有着密切关系。

2. 第 11 窟南壁第四层东塔

图 6 出跳的斗栱

在云冈第 6 窟中心塔柱上层四隅九层楼阁佛塔，就是屋檐下每个龛门栱上隅，有伸出两瓣卷杀（图 6，1），梁思成先生认为与奈良法隆寺金堂上"云肘木"（云形栱）或玉虫厨子柱上的"受肘木"极其相似[2]。云冈还有第 5 窟南壁五层楼阁佛塔与第 11 窟南壁东侧三层楼阁佛塔等（图 6，2），也出现屋檐下有伸出两瓣卷杀，此两窟由于是浮雕，不能够详尽表现。

这一点我们在第 6 窟清晰可见出檐很深，其结构大略，出跳的斗栱，承托着撩檐枋，向外支出所占的比例，为总檐出的二分之一，加上其上的檐椽出，那么总檐出较其他檐出都较长，扇列式的檐角部檐椽出也同样相应加长。因而，第 6 窟虽非木构建筑物，但已表现出的状况就是屋面向前弯曲延伸，这样屋顶向外倾覆

①　敦煌研究院编.《中国敦煌》，江苏美术出版社，2000 年。

②　梁思成、林徽因、刘敦桢.《云冈石窟中所表现的北魏建筑》，《中国营造学社汇刊》第三卷第三、四期合刊，京城印书局，中华民国二十二年十二月出版。

性很大，那么屋檐平行排列的做法，来承托角柱外面加长的檐出面积就受力不够，如果没有出跳的斗栱，恐怕不容易支撑出檐重量。那么，角椽只能采用扇列式排列方式，这不能不算为建筑史中的一个重要证物。

从其本质看，因为为支挑那样厚重的大屋檐，在正身每间里就排列着间距很近的檐椽，而出跳的斗栱有利于支挑伸长的大屋檐，到转角的角椽部分，由于角柱以外的屋顶面积应该比角柱以内的屋顶面积大，用角椽支挑角柱外面的出檐面积显然受力不足，于是，在庑殿顶的转角上，必须用 45 度方向的角椽作为角上出檐的骨架，这在结构上斜出加长的角椽也加强了角部负荷能量。所以，我们从第 6 窟可窥知在结构上与角梁承载受力应该是一样的，可缓减角部的荷重，便是结构法所促成的极合理又自然的排列，这是建筑技术上的一个进步标识，映照出加长的角椽与早期的角梁有同源关系。

如上所述，第 6 窟圆雕立体实物给予我们更真实的印象，虽然石雕仿木构颇足有限，不能够更为全面反映出木构造檐角是否上翘，但四隅角塔出檐较大，角椽为扇列式，忠实反映出斗栱的出跳在总出檐椽中所占的比例，这与简单的一斗三升栱与人字栱，反映出一种现象就是若斗栱出跳，相对来说檐出就会加长，至角椽相应也会更为加长，反之就短。同时，也传达出北魏建筑中的檐椽出与斗栱出跳的发展关系，可以反映出角部的结构形制。

（四）檐角上翘表现出优美的曲线

第 9、10 窟前室东、西壁屋形龛做法基本是一样的，从整个檐口线至檐角上翘表现的特征来看，越靠近角部，其前端头越高，使屋面随之改变了水平状态，从而形成了一条自中间向两端微微上翘的折线，其结果是屋顶成一柔和的曲面。虽然其表现手法不同于木构，无结构上的根据，并非真正的起翘，那只是造型上檐角处极微弱的生起，是被技巧适当解决了，但也是建筑技术的一个进步，同时从美术角度看，也是丰富轮廓的一种装饰手法，表现出建筑形式上的美，这也是云冈建筑表现之时代特点之一。

第 12 窟东壁、西壁屋形龛，整个檐口线是一条中间呈直线、两头弧度大的曲线，即在檐角末端处有着较高的上翘现象，可以清晰地看到从梢间至角部，檐椽逐渐加高至檐角处，并且值得注意的是，屋顶瓦垄与椽子之间有渐次厚重的苫背迹象（图 2，3），这应算作是瓦作下的连檐近角处的生起（木作中在底下垫"枕头木"），虽然檐端并非只在近角处的很少范围内抬高，而是有较长段的弯韧轮廓，使檐角之甚微翘起的曲度，这种角翘在建筑结构上，似乎反映了角翘的现象，现存北魏云冈雕刻诸例遗存中，出现这种极个别例子的和缓角翘，当推此檐角之翘为尤高，从外观看上去，檐角轮廓线如鸟翼般伸展的曲线。

中国屋顶造型的舒缓曲线，在世界各国建筑史上是独具特色的。沙尔安在他的《早期中国艺术史》中诗意地把它想象为"摇曳的柳枝"。实际上早期许多建筑屋顶大多是平直檐角，如在汉画像石（砖）和明器中看到的实例，但其中亦不乏屋顶上翘的甚微现象，如河南嵩山太室石阙（图 7，1），具有极轻微的反翘状态，梁思成认为"嵩山太室石阙将近角瓦陇微提高，是翘角之最古实例"[1]，亦复如此，在四川纳溪崖墓石函画像砖中[2]，其檐角前端作尖形反翘的表示（图 7，2）。此种种表现法，其实也并无结构上的根据，或只是垂脊的前端瓦作上特意上举而已，或只是系某一区域的特有式样，同一时期的遗物不是每件都能一致，或因材料制作不便，成此形状。

---

① 梁思成.《梁思成全集》（第四卷），中国建筑工业出版社，2001 年。
② 高文编.《中国美术分类全集·中国画像石全集》第七卷（四川汉画像石），河南美术出版社，2000 年。

云冈雕作上的屋面凹曲现象，应该是沿用了汉代这种在垂脊本身瓦作上做起翘的方法，虽然与水平线所形成角度较高，但与后来木制殿堂举屋之比例，相差甚远，只是弯韧的曲线，并无结构上的根据，仍具有装饰性的建筑形式，不能够给我们提供更详尽的结构研究，然而，这样的檐角上翘，也使整个屋顶显得比较和缓舒展，形成宗教建筑造型上的优美形象。

通过以上云冈雕刻中的屋顶实例相比较，可以看到檐角在外观上和结构形制上的差异，我们所看到的这些"平列"或"扇列"现象，浅浮雕檐角表现为平列式较多，而圆雕和高浮雕建筑檐角表现为扇列式较少。这一现象在雕刻中展示出浮雕与圆雕的不尽相同，所以在雕刻上表现出平列与扇列之两种排列方式，似乎浅浮雕的檐角不能够真实的写照出扇列的排列方式，只能如此地表现为平列排列方式。这些都是石雕做法，无论是正身椽子或角椽均不需承重，只是从岩石上雕作出椽子形，或许主要也是出于造型装饰上的需求，因其石雕仿木构形式的结果，并非结构上的真正之做法，但究竟是便于雕刻而做平行排列呢？还是由于当时建筑的普遍之做法，才会有如此多的表现呢？在这一方面，我们从檐角之做法的历史源流与其特点的认识，应该更多地了解中国建筑所体现出的时代特征。

1. 河南嵩山太室石阙

2. 四川纳溪崖墓石函画像砖

图7　汉代建筑屋檐上翘

三、时代特征

佛教在南北朝时期由于朝野的大力提倡，达到了发展的高潮，佛教建筑也随之空前发展，全国到处建寺立塔，石窟寺的开凿也盛极一时，从内容到形式都在逐步向中国化演变。外在形式上，中原模式的楼阁、庭院便反映在石窟的雕刻中，而且都是对当时建筑情况的真实反映。在中国建筑史的研究中，汉代虽没有留下木结构建筑实物，但许多陶质建筑模型、汉画石（像）等给我们以形象资料，隋唐以后有许多木结构建筑实物（如五台山南禅寺等）。而唯独南北朝这一时期木结构建筑基本上是个空白，可以研究的实物十分缺乏，文献记载远不能真实地反映其建筑面貌，然而，石窟寺"建筑方面"的雕刻便弥补了这一缺憾。

云冈石窟中期洞窟建筑的现象表现颇多，特别是特别是第1、2窟，第5、6窟，第9~12窟，鲜明展现出北魏时期的建筑特征，同样情况在敦煌莫高窟北魏窟中也有反映，这一点龙门石窟反之。雕刻中的这些建筑形象基本一样，或大或小，大都有覆盖的瓦垄、圆形檐椽、斗栱铺作等，灵活地应用中国建筑体系之特征。值得注意的是，屋顶檐角之特点，无论雕作上的何种做法，都在一定程度上表现出当时建筑的木构

1. 安徽萧县汉画像石

2. 安徽淮北汉画像石

图 8　汉代建筑平移式屋檐

3. 南阳西汉画像石（唐河县针织厂出土）

式样。由此看来，云冈檐角的这些做法及其特点，为我们研究北魏建筑提供了宝贵的实例，值得重视。下面略述几点，以明其云冈石窟雕刻中建筑方面的价值及时代特征。

1. 中国传统建筑屋顶的显著特征即是檐角的处理，其所展现的特征具有时代性和地域性。云冈石窟雕刻中的椽子至角部平行排列的方式，檐角平直，仍占相当数量，若不是当时建筑的普遍做法，绝不会有如此多的表现。这种平列式的做法，早在战国时期铜器上所刻的多处建筑形象就有表现，屋檐全都是平直的，现知在汉代明器和画像石（砖）中[1]，大多数建筑也都是檐端正面成一直线，（图 8，1、2、3）那么，平直无翘之做法在汉代以前大多数留存遗迹中可映证。显然，云冈在做法上承袭汉代现象明显。

这种平列式做法在魏晋时期仍被极多采用，就此点而言，再根据其他实例反映的间接资料，做一概略叙述。绝大多数石窟中都无角翘的建筑，如龙门北魏石窟、麦积山石窟第 28 窟、第 30 窟、第 43 窟诸窟檐（北魏、西魏）[2]等实例，概为平列式，与云冈石窟的相同。石雕如此，敦煌莫高窟壁画上所绘建筑的檐角一直到五代和宋代绝大多数仍是平列式无角翘，使用平行椽子的情况，"凡屋角起翘的，绝大多数又都是扇列的，见到的建筑实物为中、晚唐以至宋、辽以后，但敦煌平直无角翘的建筑一直可到南宋初"。[3]以至到盛唐大雁塔门楣刻石等亦是檐角平直的做法几乎是一样的。另外，北魏墓葬发掘中所见屋顶水平直线诸多，如大同沙岭北魏墓东壁壁画、大同南郊全家湾北魏墓壁画（M9 北壁）、宁夏固原北魏墓中棺盖板漆画等[4]（图 9，1、

---

①　王建中、闪修山 .《南阳两汉画像石》，文物出版社，1990 年。江继甚编著 .《汉画像石选》（汉风楼藏），上海书店出版社，2000 年。

②　傅熹年 .《麦积山石窟所见古建筑》，《中国石窟·天水麦积山》，文物出版社、株式会社平凡社，1998 年。

③　萧默 .《屋角起翘缘起及其流布》，《敦煌吐鲁番艺术丛书·敦煌建筑》，中国·新疆美术摄影出版社、新西兰·霍兰德出版有限公司出版，1992 年。

④　大同市考古研究所 .《山西大同沙岭北魏壁画墓发掘简报》，《文物》2006 年第 10 期。山西省考古研究所、大同市考古研究所 .《山西大同南郊全家湾北魏墓（M7、M9）发掘简报》，《文物》2015 年第 12 期。宁夏固原博物馆编著 .《固原历史文物》，科学出版社，2004 年。

1. 大同沙岭北魏墓壁画　　　　　　　　　　2. 宁夏固原北魏墓出土棺盖板漆画

图 9　北魏墓葬所见的檐角平直建筑

2）。总的来说，这些汉唐以来石刻（绘画）仿木构建筑檐角形制，与上述云冈石窟中平列式做法是很相近的，应该都是模拟当时木构普遍之做法的真实建筑。

2. 云冈第 9、10、12 窟雕刻中的檐角上翘现象，表现出普通开间的平直屋檐至角部上转，而成为一条柔和向上的曲线，这使得北魏宗教建筑在中国建筑史上显示出鲜明的特征，对于研究北魏建筑价值极高。我们根据以上诸例，虽不能断定云冈屋顶的反宇结构，源于何区域，但特别可注意之点，屋檐至角部上翘，因石质材料不便，成为特有式样，特别是第 12 窟如此大幅的上翘现象，在云冈其他洞窟中未得再见，显示了设计意匠更真实的发展先声，它冲却了平直檐角的传统影响，成为云冈建筑屋面曲线的优美实例，但若与壁画中仿木构的建筑会发现许多形同之处，在敦煌莫高窟北魏洞窟的阙形龛屋顶便可见，尽管为数很少。

起翘的屋角又称为翼角，其形象似鸟翼上翻的式样，欧阳修曰"有亭翼然"；《诗经·小雅·斯干》："如跂斯翼，如矢斯棘；如鸟斯革，如翚斯飞"。角翘之始完全只具有结构上的意义，随后才产生了关于角翘的审美观念，可使建筑轮廓极为秀逸，并使体量巨大的屋顶显得轻盈活泼。因此，角翘便成为中国古代建筑的重要民族特征之一。

可以说角翘的做法，一向被认为是中国建筑的一个重要特征，从直屋檐平列式椽子到扇列式乃至到飞檐翼角，是我国木结构的一个重要技术，也曾有专家通过例证资料认为，翼角的起源大致可以上溯到南北朝时期[①]，但事实上，此种屋顶的发生时期，汉代已有先例，那么从中国建筑史的发展过程来看，云冈第 12 窟翼角亦比汉代甚为上翘，说明系北魏时期表现的特有式样，可能是当时最简单建筑的缩影，显示出建筑发展到一定阶段的产物，也是我们所要用作比较的重要旁证，在某种意义上，应该可视作屋角起翘发展演变中不可缺少的间接资料。

云冈屋檐出现渐趋平缓的优美曲线，一定程度上说雕作上营造出的檐角上翘，是为了使沉重的屋顶显得轻盈、舒展。因为根据透视原理，直线屋檐往往会给人屋角微微下沉的感觉，影响观瞻。所以檐角的上翘，是丰富屋顶轮廓之美的一种装饰手法，使得屋顶巍然屹立而更加轻扬秀逸，虽并非有结构上的根据，但这种美学上的要求已是以后习见的角翘结构流布的真实写照，这也可能证明在南北朝，它已经开始应用了，

① 　张静娴.《飞檐翼角》（下），《建筑史论文集》第四辑，清华大学出版社，1980 年。

1. 青海平安县（今为区）出土东汉画像砖　　　　　　　2. 龙门石窟路洞北壁屋形龛

图 10　曲线垂脊

直至宋代以后才大量普及，莫高窟各代壁画和窟檐可为此提供有力的佐证。

3. 云冈第 2 窟、第 5、6 窟和第 39 窟佛塔，是了解北魏木构建筑构造的代表性例证。从这些佛塔可窥知檐角（45 度线上）的椽子断面和正身椽子断面完全一样，只是略长而已，而且角椽呈扇列式放射状，实际上木作檐角椽子肯定要出现"斜出"现象，所以雕刻中的排列表现亦展现出木作的特征。我们再从中国建筑发展的演变总趋势上来看，檐角与椽子排列方式有内在的关联，扇列式由最初的少数到多数乃至普及，平列式由多数到少数以至消失，其变化进程与檐角之角翘兴起和发展恰好一致。上述云冈实例和有关资料说明它的发展过程，在北魏时期平城地区已有扇列式做法，是当时大木作发展到一定阶段上的产物。这些间接资料除云冈石窟外，尚有龙门、麦积山石窟等多处[1]，它们的形制大都仍继承了汉末以来之做法，皆是当时真实建筑的某种反映，可以提供给我们宝贵资料，虽然由于石质雕刻之不易，构造做法有限制，与木构实物必然有若干距离，但对于建筑史具有一定的意义。

4. 云冈屋面呈现出平直古朴的早期建筑特点。首先，正身与角部椽头皆不加飞椽，无飞椽翘起之感，檐角也大都显示的无起翘；其次，正脊线长、垂脊线短，而且基本为直线。

我们知道四坡五脊为庑殿顶的外形特征，但要注意的是，早期建筑中的垂脊式样，四条垂脊线并非全是直线，而是有出现一道越上越内收的曲线。譬如青海平安县 1984 年发掘出土的东汉画像砖上的庑殿顶房屋，正脊与垂脊比例相当，垂脊线内收成曲线[2]（图 10，1），龙门石窟路洞北壁屋形龛也有如此情况（图 10，2）。云冈雕作中如第 10 窟前室西壁与晚期第 38 窟南壁屋形龛，显示出内收的曲线，其他垂脊线大多为直线。另外，龙门古阳洞北壁列龛第三层西部屋形龛（494-528），庑殿顶，檐椽至角部的排列方式为平列式，与云冈不同的是正脊与垂脊的长短比例不同[3]，屋面呈现出高耸的特点（图 11）。这种高耸的屋顶意味着

① 董广强 .《麦积山石窟崖阁建筑初探》，《敦煌研究》1998 年第 3 期。

② 许新国 .《青海平安县出土东汉画像砖图像考》，《西陲之地与东西方文明》，北京燕山出版社，2006 年。

③ 龙门文物保管所编 .《龙门石窟》，文物出版社，1980 年。

可以延伸建筑视觉的高度，如此可见这一比例值，与云冈所见屋面平直古朴的建筑特点，形成鲜明对比，这也反映了建筑演变和地域特点的发展过程。

中国古代屋顶无论何种形式，其上必为防水下行的斜面，最初本是因雨水和日光的切实需求，即扩张出檐；又因美观外表，即在檐头加上飞子和角梁。然而，屋顶檐角所展现的特征在历史的演变中，有着结构上和审美观念上的差异，同时在时间上和地域上也有所不同。因为一个时代的建筑特征，往往就在各部件细微的部分，也最容易显示出当时

图 11 龙门石窟古阳洞北壁屋形龛

的建筑结构特点，大体能随时代与地域而不同。因而中国古建筑在屋顶形式上的南北方差异十分明显，南方建筑则翼角高耸，建筑造型轻盈灵动，北方建筑采用檐角起翘或无起翘的做法，虽不一律，除极少数例外，大多数屋面造型平缓，使整座建筑显得沉稳大气，云冈这种古朴的平缓之势，明显是我国早期北方建筑的标志之一。

结语

综上所述，首先，云冈屋顶檐椽凡为平列式，檐角是平直无翘的，这种做法有相当多的数量，除少数有甚微的上翘现象，是由于屋檐弯韧至檐角上翘，这种情形也只是丰富檐口线轮廓的一种装饰手法，并无结构上的根据；凡檐角无起翘的，但仍行扇列式排列方式，即檐角椽呈放射状，数量不多。尽管如此，檐椽两种不同的排列方式，代表了北魏时期木构架庑殿顶檐角不同的结构法。

其次，这些屋檐均未见飞子，即只有一重檐椽，也就没有仔角梁和老角梁之结构表现，所以檐角即屋角上翘或不翘，都是无结构上角翘的建筑手法。再者，云冈屋顶檐角，应该与北魏当时木构建筑的通行做法相同，说明北魏当时或以前，屋顶檐角不起翘是普遍现象，虽有甚微的翘起也是为数不多的，其可透露出一个重要的现象，就是我们现在司空见惯的中国古代建筑的角翘形象，并非自古如此。

另外，云冈石窟雕刻中"建筑方面"出现的多样化现象，显露出北魏时期建筑构造的演变和建筑意匠的做法特征。由此，应该说明的是，在云冈石雕建筑结构形象上，每每表现出仿木构的形式，仍可得知其木结构之大略，这些介乎文献与木构造形式间接的可贵资料，反映了北魏建筑外观上的主要特点。

（原文刊载于《云冈石窟研究院院刊》2017 年总五期）

云冈第 20 窟前采集的一组塔形造像

员小中

　　近年云冈石窟研究院组织专人整理 1992 年窟前遗址出土文物，在整理第 20 窟前出土和采集的石雕时，拼对起两组造像，应该是两件互为关联的塔形造像龛（图 1、2），其形制特殊，风格异曲，引人遐思，笔者不揣学识浅薄，思忖良久，关于其原属位置，取得以下些粗浅认识，请教于方家。

　　塔形造像龛存两面，A、B 面呈直角状。A 面的右侧存圆拱龛楣，龛左有供养天 5 身，分上下两排，上排 3 身，下排 2 身，面向圆拱龛，头戴三圆冠，冠形低矮，冠巾垂肩，耳珰凸起，面圆目细，合掌耸肩，手持长茎莲或捧莲蕾，身躯无衣纹刻画，整体形象古拙简约，比例失调。供养天左侧是上下排列的两座方形龛，龛内各有一尊坐佛，形象粗略。方龛左侧呈直角转折状，在另一侧 B 面也雕同样的坐佛方龛。龛像

1. A 面（照片拼图）

2. 塔形造像龛侧面　　　　3. B 面

图 1　塔型造像龛

的上方，有几朵华栱凸起，由此可知这组造像顶部是出檐瓦顶建筑，龛像应是塔形造像中的其中一层。这组造像的人物造型和龛像组合均有明显的异域风格，在云冈其他窟内基本不见，和成熟阶段造像比起来，像匠人试刀，有时甚至怀疑是他处移动至此的舶来品。

　　关于这组造像的下部和右侧造像，另一组由三段散件拼对起的造像给我们提供了判别整龛造像的依据（图 2）。

　　图 2 可见，原雕断裂为三段，粘接后显现的整段造像是佛龛的下部，并且是造像龛主龛至右半边缘部分。由二身并连的坐佛腿部可确认，主像是二佛并坐，并可知佛衣为偏袒右肩装。龛柱外两身跪姿的腿形为供

图 2　塔形造像龛下部

图 3 塔形造像龛复原图

养天的身躯，天人之右是一方龛，内雕一尊坐佛。造像的下面是外凸的台面，遍布无规律粗凿石花，应该是整组造型的最下端了。

如何确定两组造像的关联性？造像尺寸和风格是判别的主要依据。由图 1 中造像边缘的上部方形龛尺寸推测下部方形龛的高低，可以知道两层方龛的高度加起来为 0.5 米，这应是造像龛的整体高度，图 1 中下 2 身供养天人在这个高度内，根据头身比例，只能是跪姿形态。恰巧图 2 中有 2 身供养腿部呈跪地姿态，并且右侧方龛宽度与图 1 的方龛尺寸相同，龛内坐佛形态一致。这就可以大致判定图 1 和图 2 中的造像为同一层位，并可由图 2 二佛并坐中央向右，可测出龛中线至边缘的尺寸为 1 米，这样，原来整龛的正面尺寸为宽 2 米，高 0.5 米（不含上部瓦顶，下部台阶），侧面尺寸仅能依图 1 判定有一个方龛的厚度（约 0.2 米）。这样，这组造像的造型及尺寸基本请楚，为此，我们绘出这一层塔形造像的复原图（图 3）。

云冈石窟的塔形有圆雕塔和浮雕塔两种表现形式，北魏平城时期也有小供养塔，以此为据来推断此组塔形的表现形式。

高浮雕塔形造像在云冈第 5、6 窟、第 11 窟表现明显。第 5 窟南壁明窗两侧有大象驮承五层塔，左右对称分布，东塔高 4.53 米，西塔高 3.99 米，塔身贴近东西壁，正面并排为三个或两个圆拱龛，侧面凸出壁面有一个圆拱龛的厚度，塔身底层宽度不及 1 米。第 6 窟中心塔柱上部四角与华盖相接的九层方塔，斗栱与图 1 相同，塔身底层边长约 1 米。第 5、6 窟是在国力强盛的背景之下完成的，开凿的计划性非常明显，塔形讲究对称，成双成对。在民间造像工程的代表窟第 11 窟，南壁明窟东侧有一浮雕塔形造像，三层出檐瓦垄，塔高 1.34 米，出檐下斗栱表现接近图 1，塔身下层宽度约 0.40 米，方形塔基前面有男女供养人队列。此塔单独表现，没有与之对称塔形，是民间信徒自我表达意识背景下的产物。以上可见，不论是三层、五层、还是九层，均不及图 1 塔形的底边长度。

云冈石窟有第 1、2 窟、第 4 窟、第 5-28 窟、第 6 窟、第 11 窟、第 13-13 窟、第 39 窟等中心塔柱窟，还有第 3 窟前室顶上的双塔。上述窟塔形没有一例与图 1 塔形尺寸吻合者，即便是有层高接近的（如第 2 窟塔柱二、三层、第 39 窟五层塔中的上三层），其人字斗栱也与图 1 的华栱形式不同，造像也不是一龛，而是并排三龛或五龛。现存的几例单体民间供养小塔（图 4）有：

北魏天安元年（466）至皇兴二年（468），曹天度造九层砂岩千佛石塔（现藏于台北历史博物馆），高 1.53 米，底边宽 0.63 米，在平城（大同）完成。此塔纪年明确，凿于北魏献文帝登基不久。有学者认为此塔是中国早期石塔，原型来自云冈石窟，并出自开凿云冈石窟的工匠之手 [1]。此九层金刚宝座塔形与第 6 窟中心塔柱上层四角九层金刚宝座塔形相似。可以说明仿木构阁楼塔很早在平城大同已有成熟的表现。曹天度是宫内小臣，倾其家财，为亡父、亡子建造供养性质的石塔，表达个人为逝去家人祈愿的心意。在云冈石窟造像铭记中可见怀有这种心态的供养人很多。

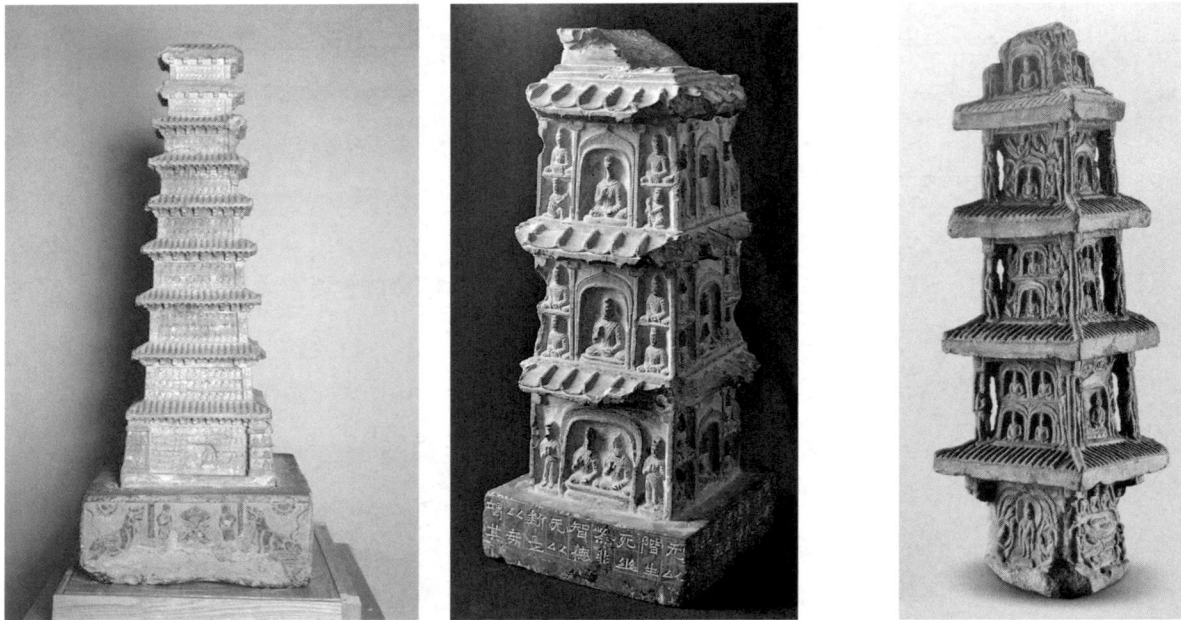

1 曹天度塔采自史树青《北魏曹天度造千佛石塔》，《文物》1980 年第 1 期

2. 曹天护塔陈炳应《北魏曹天护造方石塔》，《文物》1983 年第 3 期

3. 唐礼泉寺遗址出土的石塔西安市文物保护考古所编著《西安文物精华·佛教造像卷》，世界图书出版西安公司，2010 年

图 4　北魏供养塔

1964 年，甘肃酒泉发现的北魏曹天护造砂岩石塔，三层，方形，残高 0.38 米、宽 0.16 米。被认为是与曹天度关系密切的亲属所造，时间断定为太和二十年（496）[2]。我们注意到此塔一、二层龛外均有二层方龛，与图 1 类似。

1987 年，西安市莲湖区唐礼泉寺遗址出土的北魏砂岩石塔，五层，方形，残高 0.71 米，底边长 0.17 米。没有明确年代，风格与曹天护塔相似，被认为是北魏孝文帝改制后的样式 [3]。

2000 年，李裕群认定的五台山南禅寺旧藏北魏五层金刚宝座石塔（图 5）[4]，塔青石质地，现存高 0.51 米，底边长 0.26 米。底层三面和四面上的供养天与图 1 中的形象相似，作者推论其与北魏平城有关，年代为北魏孝文帝迁都洛阳前的太和时期（477-494），时间上应早于云冈第 6 窟中心柱上层角塔。

① 史树青.《北魏曹天度造千佛石塔》，《文物》1980 年第 1 期。

② 陈炳应.《北魏曹天护造方石塔》，《文物》1983 年第 3 期。

③ 西安市文物保护考古所编著.《西安文物精华·佛教造像卷》，世界图书出版西安公司，2010 年。

④ 李裕群.《五台山南禅寺旧藏北魏金刚宝座石塔》，《文物》2008 年第 4 期。

图 5　五台山南禅寺藏北魏石塔四面

图 6　大同北朝艺术研究院藏北魏金刚宝座石塔（采自大同北朝艺术研究院编著《北朝艺术研究院藏品图录·石雕》，文物出版社，2016 年）

2016 年 5 月出土于大同市区的一座三层砂岩北魏金刚宝座石塔，高 0.36 米，底边长 0.17 米（图 6）[①]。图录说明文字中介绍，此塔属于平城寺院中供奉的小型石塔，与五台山南禅寺藏北魏五层石塔形制一致，说明金刚宝座塔是平城佛塔的重要形制。此塔下层四面中，正面中央圆拱龛内雕二佛并坐，龛旁四身供养比丘，另三面是中央圆拱龛内各一坐佛，圆拱龛两侧是二层方形龛，内雕一尊坐佛。第二层正面中央圆拱龛两侧是二层方形龛，内雕一尊坐佛，其他三面是并排三个坐佛圆拱龛。第三层四面均为三个坐佛圆拱龛。此塔方龛和圆拱龛楣形式与图 1 类似。

上述几例圆雕塔，塔身底边均没有图 1 的塔身底边长，甚至不及其一半长度。从造像风格上看，圆雕塔中不乏与图 1 相似的点，如跪姿供养人、二层方龛、檐下华拱等，这都是北魏石塔固有的特点，

图 7　第 20 窟西壁供养天

---

① 大同北朝艺术研究院编著.《北朝艺术研究院藏品图录·石雕》，文物出版社，2016 年。

只是各自表现不同，因而没有完全一样的塔形。

由上述石窟内外以及官方和民间所造的塔形来看，图 1 兼有民间塔形中的某种供养形式及构图元素，外形规模要比民间的供养塔大些，但又不具有中心柱或窟外单体塔的规模。那么，只有像第 5 窟南壁高浮雕形式的可能了。

图 8　塔形造像散件

那么在开凿第 20 窟时，有没有这种塔形范本呢？

鉴于在昙曜五窟内少见有仿木构阁楼式塔的形象（第 19 窟西壁下部层塔为补刻），第 20 窟南壁在云冈大像窟主体工程之后，早期龛像中会不会也有塔形龛像体现呢？第 20 窟三尊佛之外的身光化佛及供养天雕刻手法在云冈石窟雕刻中较少见，只见于第 20 窟东西南壁上部、第 19-1 窟南壁、第 18 窟南壁，之后不再出现。可能雕刻技法产生了变化，也有可能这批匠人离开了云冈。图 1 造像中早期素面圆拱龛形式，在昙曜五窟早期龛有大量相同表现。那种形体比例失调，冠式低矮的合掌供养天恰好在第 20 窟有集中体现，而且与靠近南壁的天人（图 7）形态更接近。第 18 窟、第 19 窟中早期龛也有个别近似风格的体现，但二佛并坐龛旁跪姿和举长茎莲的供养天众与身后二层方龛的这种造像组合，在云冈看不到第二例。倒是与前述民间供养塔有相同之处。笔者推测，第 20 窟东西两壁既然有个别的造型存在，那么独有的塔形造像龛也是可能存在的。

窟前采集的石雕造像中的一些残件，反映出了与图 1 造像关联的结构和形象（图 8），或是图 1 塔上的不同层位，或是其他塔上的造像。由于所见到的相关造像散件数量有限，估计原塔形层数不多。笔者推测，图 1 和图 2 的塔形不见圆雕的痕迹，应该是壁面浮雕的形式，如果是出于个体供养的目的，塔形还可能是单个出现，而不是对称的双塔。

在第 20 窟前出土的众多石雕瓦顶残件中，笔者还发现有存在于北魏地层的塔檐，出土位置在现第 20 窟月台阶前，与图 1 造像塔檐形制不同，还有一部分转角较大的塔檐，像是单体圆雕塔，边长无法测定，周长未知。这也许是在原址的雕刻，也许是独立的雕刻，被移动至此。不论其原来形制及位置如何，可以肯定是北魏时代的作品。其中有可以与之拼接为一起的建筑残块，发现时不在北魏地层，有可能是后续塌落的，这样的采集残件数量较多，包括图 1 中的散件。也就是说第 20 窟前壁面或地面，在北魏就有塔形造像。还有更大的屋形龛式的瓦垄出檐，檐下残留有千佛龛，具体位置和形状还有待进一步确认。

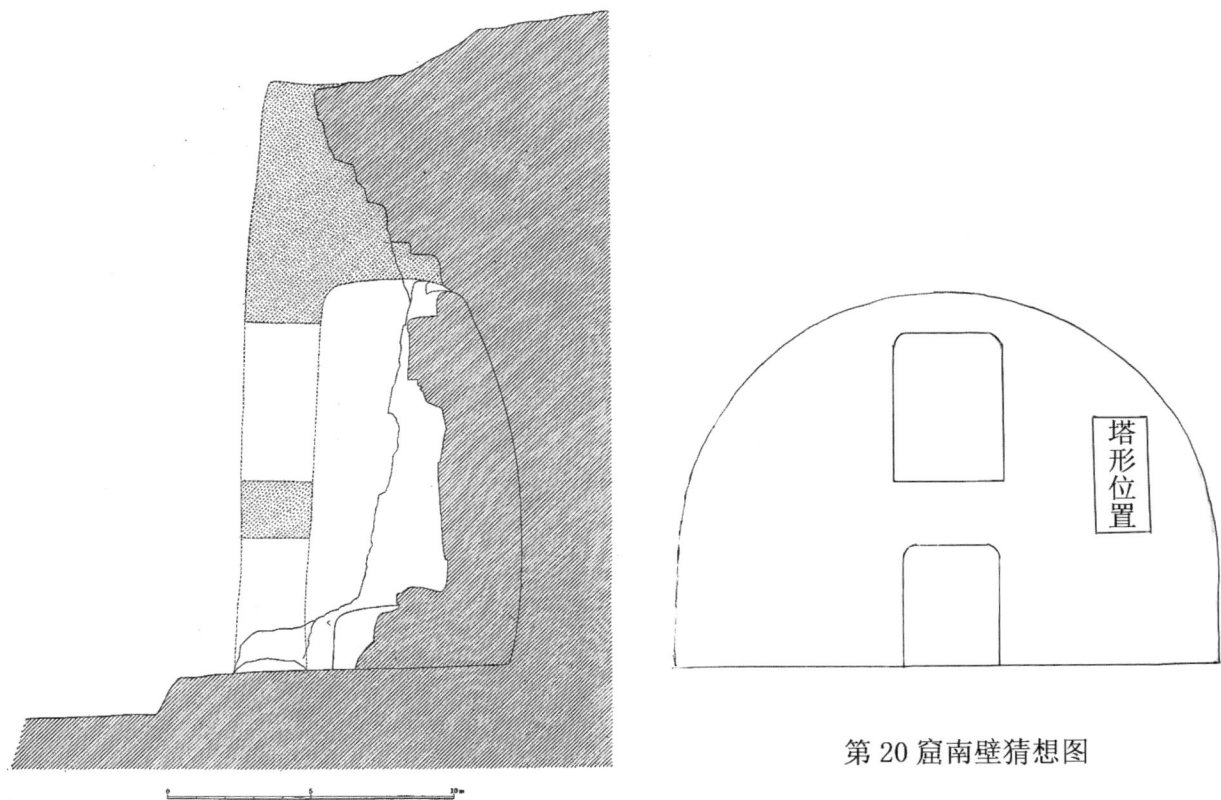

第 20 窟南壁猜想图

图 9　第 20 窟前壁复原图

接下来推测一下原造像整体的高度及所在位置。这些塔形造像残件在 1991 年第 20 窟前地面清理时采集，位置分散，没有考古地层反映，坍塌时间未知，但造型风格高古，雕刻时间应该较早，形象与第 20 窟主像身光外，面向胁侍立佛方向的供养天造像风格一致，同样的供养天风格只有在第 18 窟南壁上部东侧和下部西侧，以及第 19 窟、第 19-1 窟个别圆拱龛上有表现[①]。

在云冈早期洞窟中尤其是第 20 窟和第 18 窟，法华信仰明显，即用圆拱龛内雕二佛并坐来表现《法华经·见宝塔品》，据经中描述，七宝塔处在虚空，所以壁面从下到上都有二佛并坐像的圆拱龛来表示七宝塔。在第 18 窟南壁东侧的二佛并坐像圆拱龛上有塔刹形象，这是目前昙曜五窟见到的、具有象征意义的早期塔雏形。如果说第 20 窟突然出现图 1 那样成熟的塔形造像龛，也是有可能的，因为在北魏献文帝时期，曹天度塔已经很成熟了。塔形残件既然出现在第 20 窟前，又有相同风格造像雕在窟壁上，笔者推测这组塔形造像原位置应该在第 20 窟的南壁，而且在中上部，以明法华经虚空宝塔之意。妄断一下，此塔为云冈最早出现的塔形造像，时间应在北魏太和之前，与曹天度造塔的时间相当。

第 20 窟南壁早已坍塌，前人推测原状同昙曜五窟其他一样，上开明窗，下开窟门（图 9 左）[②]。现在从大佛及胁侍身上可看到一层厚厚的紫红色泥岩层，可以想见，水平分布的泥岩层在南壁中部同样存在，东西向横贯，厚度 5 米高，也可能是导致南壁坍塌的主要因素。第 20 窟脚部下的泥岩层可能迫使第 20 窟整体造像位置提高，使得佛像头部躲过泥岩层，但身躯难免受损。

---

① 　王雁卿 .《云冈石窟昙曜五窟的早期圆拱龛探讨》，《云冈石窟研究院院刊》，2016 总四期。

② 　〔日〕水野清一、长广敏雄 .《云冈石窟》，京都大学人文科学研究所，1955 年。

　　图 1，图 2 塔形造像组的岩石为灰白色砂岩，与第 20 窟大佛胸部以上及手部以下的岩石相同。从塔形风化较轻的表面以及形象雕刻的简练程度看，应处南壁内面上部的明窗东西两侧。已知底层塔身宽 2 米（加檐 2.5 米内），高 0.5 米，从其宽高比看，根据塔形逐层减高的特点判断，如果是三层，高度不超 1.5 米，如果是五层，高度不超过 2.5 米，如果是七层，高度不超过 3.5 米。南壁明窗高 5~6 米，两侧内壁面基本无泥岩层，可以容下九层高度的塔。下部窟门两侧内壁有 3 米多高无泥岩层的壁面，可以容纳三层高度的塔，但位置与法华经中七宝塔虚现空中的描述不合。从出土散件看，南壁还另有几个小型的二佛并坐圆拱龛。

　　总之，云冈第 20 窟前壁的坍塌成为千百年来的遗憾，其开窟时前壁原状大约可以据现状猜测出来，而窟前采集和出土的众多造型和造像的原属位置，给我们带来很多迷惑。在这里，什么时间、什么原因发生了前壁的坍塌？又有何人采取过何种补救的措施？将来或可以借助现代科技，对坍塌石块进行微观分析，准确定位，对窟形进行宏观复原，探究原貌，也许会有更多的发现和惊喜。本文所举之例，如盲人摸象，难得全貌。公之于众，以求正解。

（原文刊载于《云冈石窟研究院院刊》2017 年总五期）

云冈石窟早期千佛龛

陈洪萍

云冈石窟位于山西省大同市距城西 16 公里处的武州（周）山南麓，是公元 5 世纪中西文化共筑的佛教艺术巨迹。"凿石开山，因岩结构""面别镌像，穷诸巧丽，龛别异状，骇动人神"，云冈石窟那些穿越时空的雕刻，在一千五百多年后的今天依旧展现着强大的张力。

460 年，"昙曜白帝"开启了云冈石窟的营建工程。他"于京城西武州塞，凿山石壁，开窟五所，镌建佛像各一，高者七十尺，次六十尺，雕饰奇伟，冠于一世"。昙曜为皇室所开的这五所洞窟，习称

图 1　第 19 窟外壁圆拱龛千佛

昙曜五窟，即今云冈石窟的第 16 至 20 窟。云冈石窟的绝大多数洞窟都是在北魏中后期雕凿的，通常分为三期，昙曜五窟是云冈石窟的早期洞窟，营建于 460–470 年[①]。千佛龛是指其外装饰佛龛的千佛。本文所认定之早期千佛龛即为早于云冈石窟中期洞窟、与早期洞窟中的大像同期开凿或略晚于大像的千佛龛。这些千佛龛一般分布在昙曜五窟内壁的中上层，为与大多分布于昙曜五窟外壁、窟门及明窗内壁以及窟内四壁最下层的圆拱龛千佛[②] 相区分（图 1），这些千佛龛可命名为尖楣圆拱龛千佛[③]。

在研究方法上，本文将严格按照考古类型学的研究方法，将千佛造像所包含的佛龛、佛像分别作类、型、式的划分。通过分析类型、排比移式，揭示出昙曜五窟中尖楣圆拱龛千佛的大致雕凿时间，并对其表现形式、所体现的思想内涵、发挥的功能作用及开凿方式等相关问题，提出一些认识。

关于云冈石窟千佛的学术讨论，是学界历久弥新的课题。1953 年，水野清一、长广敏雄按《法华经》中《见宝塔品》的记载推测，围绕

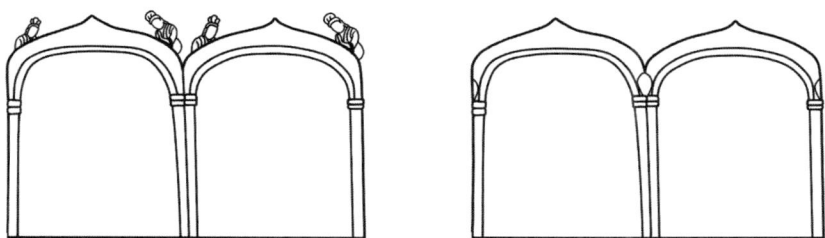

1. 第 9 窟南壁上层（A Ⅰ 式）　　　2. 第 17 窟南壁上层（A Ⅱ 式）

图 2　尖楣圆拱龛千佛佛龛

---

① 宿白《平城实力的集聚和"云冈模式"的形成与发展》，《中国石窟·云冈石窟》（一），文物出版社，1991 年，第 176~197 页。

② 圆拱龛即龛楣上、下边缘皆为圆拱形的佛龛，其内供养的千佛可称为圆拱龛千佛。圆拱龛千佛的类型研究将另文专述。

③ 尖楣圆拱龛即龛楣上边缘中央有一尖状顶尖、下边缘为圆形内拱的佛龛，其内供养的千佛可称为尖楣圆拱龛千佛。

释迦、多宝二佛并坐龛所雕之千佛是释迦牟尼分身的十方诸佛，而围绕一佛单坐龛的千佛为贤劫千佛[1]。水野清一、长广敏雄在《云冈石窟》的图版说明中，亦对千佛的样式特点、开凿方式等进行了描述[2]。1958 年，刘慧达在《北魏石窟中的"三佛"》中提出：昙曜五窟窟顶和佛像旁的千佛应是《法华经》中所说的过去诸佛、现在诸佛和未来诸佛[3]。1978 年，宿白在《云冈石窟分期试论》中指出，第 7、8 窟和第 3 窟窟内千佛分别属于云冈石窟第二期的早段和晚段[4]。1984 年，长广敏雄按佛名经记载，将第 11 窟东壁上层有太和七年（483）铭文的一组千佛定名为三十五佛与五十三佛[5]。1987 年，阎文儒按鸠摩罗什译《佛说千佛因缘经》推测云冈第 16、17 窟内所刻为贤劫千佛[6]。贺世哲 1989 年发表《关于北朝石窟千佛图像诸问题》一文，支持以上学者关于云冈千佛所提出的观点，认为三世三千佛、十方诸佛、三十五佛、五十三佛、百七十佛等都是北魏千佛造像题材[7]。1994 年，杭侃在《云冈第 20 窟西壁坍塌的时间与昙曜五窟最初的布局设计》中提出，昙曜五窟的千佛可分三式，Ⅰ 式开凿于云冈第一期工程，Ⅱ 式和 Ⅲ 式则分别开凿于第二期和第二期晚段工程[8]。2004 年，王恒提出云冈石窟的千佛有五种表现形式，并对每种形式千佛的雕刻位置与样式特点做出简略说明[9]。

综上所述，以往学者在云冈石窟千佛的研究上，多是依据有关佛经为千佛定名，或是在给整个石窟或几个主要洞窟排年的同时，提及部分千佛的雕刻时间。因此，对云冈石窟所刻千佛，进行系统的类型与年代分析，应该是很有必要的。本文就是以此为主题的尝试和探索。

一、昙曜五窟尖楣圆拱龛千佛的类型

（一）类型分析

尖楣圆拱龛千佛按佛龛、佛像两部分标型定式。

1. 佛龛

与其他佛像的佛龛相比，千佛龛不仅尺寸较小，结构也非常简单。它的基本框架，即龛形，主要包括素面龛楣、左右立柱以及雕刻在柱头、龛楣上端或两龛楣夹角处的装饰（供养天、莲蕾、化生等）。虽然龛形简单，但其变化仍表现出了年代学意义。

尖楣圆拱龛通常横成行、竖成列，排列方式为上下对齐式。从龛楣上看，可分二型。

A 型：龛楣的楣面较窄，多数龛楣下边缘处的拱梁呈凸棱状突起，高于楣面，楣肩多圆滑。依据装饰

---

① 〔日〕水野清一、长广敏雄著，中国社会科学院考古研究所编译《云冈石窟》中文版，科学出版社，2016 年，第八卷、第九卷文本，第 2~3 页。原著发表于 1953 年。

② 同④，第十三、十四卷文本，第 40~50 页。

③ 刘慧达《北魏石窟中的"三佛"》，云冈石窟文物研究所编《云冈石窟百年论文集》，文物出版社，2005 年，第 105 页。此文原刊于《考古学报》1958 年第 4 期。

④ 宿白《云冈石窟分期试论》，《考古学报》1978 年第 1 期，第 25~149 页。

⑤ 〔日〕长广敏雄《云冈石窟中之千佛构成》，《中国美术论集》，东京：讲谈社，1984 年，第 413~421 页。

⑥ 阎文儒《中国石窟艺术总论》，广西师范大学出版社，2003 年，第 123 页。此书最早由天津古籍出版社于 1987 年出版。

⑦ 贺世哲《关于北朝石窟千佛图像诸问题》，《敦煌研究》1989 年第 3 期，第 1~10 页。

⑧ 杭侃《云冈第 20 窟西壁坍塌的时间与昙曜五窟最初的布局设计》，《文物》1994 第 10 期，第 59~60 页。

⑨ 王恒《云冈石窟佛教造像》，书海出版社，2004 年，第 56~62 页。

的不同，下分二式。

AⅠ式：左右楣肩上各刻一双手合十并俯身于龛楣的供养天侧身像，从保存较好的造像来看，供养天可能身着长袍、头束高髻，也有未雕供养天的。龛侧立柱的柱头与龛楣尾部相接处饰有三条横向阴刻线。见第19窟东壁、南壁、西壁上层的尖楣圆拱龛千佛（图2，1）。

AⅡ式：左右楣肩上没有雕凿供养天造像，而柱头与楣尾相接处的装饰变多，横向阴刻线上增刻莲蕾一朵，用轮廓表现。见第17窟东壁、南壁及西壁上层靠下部分的尖楣圆拱龛千佛（图2，2）。B型：龛楣的楣面较宽，拱梁突起，楣肩形状有的圆滑、有的方正。依据楣肩形状及装饰的不同，下分三式。

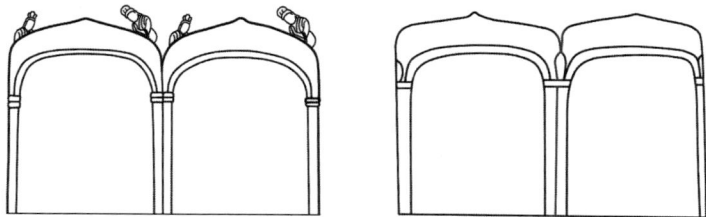

1. 第18窟南壁西侧中层靠下（BⅠ式）　　2. 第17窟西壁上层（BⅡ式）

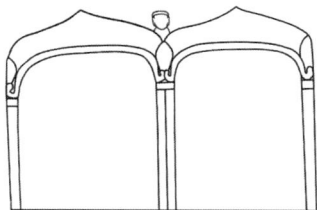

3. 第16窟南壁东侧（BⅢ式）

图3　尖楣圆拱龛千佛佛龛

BⅠ式：楣肩圆滑，左右各雕一双手合十并俯身于龛楣的供养天侧身像，龛侧立柱的柱头与龛楣尾部相接处饰有三条横向阴刻线。见第18窟南壁西侧中层靠下的尖楣圆拱龛千佛（图3，1）。

BⅡ式：楣肩方正，肩上左右不雕供养天，柱头与楣尾相接处的横线上镌刻莲蕾，莲蕾仅具轮廓。见第17窟西壁上层与第16窟南壁西侧上层的尖楣圆拱龛千佛（图3，2）。

BⅢ式：楣肩略方正，柱头与楣尾相接处的横线上镌刻莲蕾，莲蕾上端，即相邻两龛的楣肩夹角处，雕一半身的供养弟子像。有些佛龛的楣尾向上卷起，相邻两龛的楣尾向上卷起后，共同托起一个莲蕾。见第16窟南壁东侧上层的尖楣圆拱龛千佛（图3，3）。

2. 佛像

（1）形象

早期千佛龛内的千佛形象特点较单一，一般身材健硕，胸部厚挺，双肩齐挺宽阔，四肢粗壮有力。头顶肉髻高圆，大耳垂肩，略显长方的脸上，用凸棱线雕出长直的眉骨，五官线条均雕刻得鲜明锐利，神态优雅庄严。见第19、17、16窟内壁上层的尖楣圆拱龛千佛（图4）。

（2）佛衣

佛衣即佛所披着的衣，其穿着方式是以一张衣由身后向前披覆。昙曜五窟尖楣圆拱龛千佛的佛衣衣纹线刻多凸起，似模仿毛质厚衣料雕刻而成。依据披着方式的不同，可分作四型。

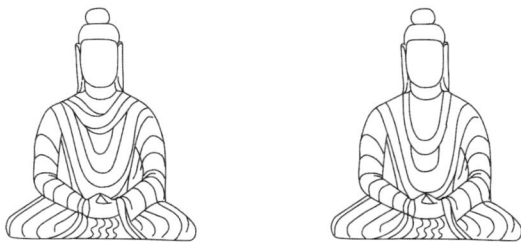

1. 第19窟南壁上层（Aa型）　　2. 第19窟南壁上层（Ab型）

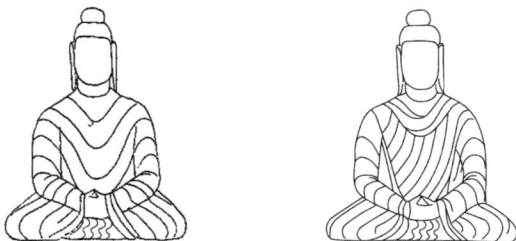

1. 第19窟南壁上层（Ac型）　　2. 第19窟南壁上层（Ad型）

图4　尖楣圆拱龛千佛佛衣

A 型：通肩式佛衣，指佛衣中的上衣自身后披覆双肩后，右衣角又自颈下绕到左肩后。通肩是通两肩的略称，即两肩均被佛衣遮覆的形式。着通肩式佛衣的千佛通常都露出结禅定印的双手。根据通肩式佛衣的衣褶特征，可分四个亚型。

Aa 型：颈下可见佛衣衣缘，衣缘下衣褶呈"U"形。衣缘多阴刻精细，手部以下的下垂衣褶用多条竖折线表现。见第 19、17、16 窟上层尖楣圆拱龛千佛（图 4，1）。

Ab 型：露胸通肩。颈下衣缘垂至胸部，衣缘仅用两线表示，腹部有"U"形纹。见第 19 窟南壁上层尖楣圆拱龛千佛（图 4，2）。

Ac 型：颈至腹部的衣褶为平行的下弧线，手部以下的下垂衣褶用多条竖折线表现。见第 19 窟南壁上层尖楣圆拱龛千佛（图 4，3）。

Ad 型：颈下可见佛衣衣缘，衣缘下为斜向右肩的右旋式衣纹（多条斜线）或多条直线衣纹，手部以下的下垂衣褶用多条竖折线表现。见第 19、17、16 窟上层、第 18 窟南壁西侧中层靠下的尖楣圆拱龛千佛（图 4，4）。

1. 第 19 窟南壁上层（Ba 型）　　2. 第 19 窟南壁上层（Bb 型）

图 5　尖楣圆拱龛千佛佛衣

B 型：覆肩袒右式佛衣，指佛衣中的上衣先自身后披覆双肩，然后右侧衣缘稍搭右肩及右臂一侧后，又经右腋下绕过搭覆左肩，佛像裸露出右侧胸壁，即右开左合。可分二亚型。

Ba 型：衣纹不覆脚，右手持物或施无畏印，左手持衣角置于腹前。见第 19 窟南壁上层的尖楣圆拱龛千佛（图 5，1）。

Bb 型：衣纹覆脚，双手置于腹前呈禅定印，手部以下为用多条竖折线表现的下垂衣褶。见 19 窟南壁上层的尖楣圆拱龛千佛（图 5，2）。

C 型：包裹右肩臂式佛衣，指佛像的右肩臂完全被佛衣紧裹。依据其衣褶特征，可分二亚型。

Ca 型：佛像上身左侧刻有僧祇支和上衣的左侧衣缘，即覆肩袒右式佛衣的左侧形式。左侧衣缘上有"之"字形衣褶，多斜向压入紧裹右肩臂的佛衣。佛像或露手，结禅定印，手部以下的下垂衣褶用多条竖折线表现；或未露手，衣角缠绕手腕后又绕出覆盖双手。见第 19、16 窟内壁上层、第 18 窟南壁西侧中层靠下的尖楣圆拱龛千佛（图 6，1）。

Cb 型：佛像上身左侧为通肩式佛衣样式，佛像或露出手部，手印为禅定印，或不露手。见第 19、16 窟内壁上层的尖楣圆拱龛千佛（图 6，2）。

Cc 型：佛像上身左侧为通肩式佛衣样式，颈

1. 第 19 窟南壁上层（Ca 型）　　2. 第 19 窟南壁上层（Cb 型）

3. 第 17 窟西壁上层（Cc 型）

图 6　尖楣圆拱龛千佛佛衣

下可见半个衣缘，衣缘下为斜向左肩的左旋式衣纹（即多条斜线）或多条直线衣纹，佛像露出手部，手印为禅定印。见第 17 窟内壁上层的尖楣圆拱龛千佛（图 6，3）。

D 型：包裹左肩臂式佛衣，即佛像的左肩臂完全被佛衣紧裹，是与 C 型包裹右肩臂式佛衣正好相反的着衣样式。依据其衣褶特征可下分二亚型。

1. 第 19 窟南壁上层（Da 型）　　2. 第 19 窟南壁上层（Db 型）

图 7　尖楣圆拱龛千佛佛衣

Da 型：佛像上身右侧刻有僧祇支和上衣的左侧衣缘，即覆肩袒右式佛衣的左侧形式。佛像有些露出手部，手印为禅定印，手部以下的下垂衣褶用多条竖折线表现。另外一些佛像手部未露，看似衣角缠绕手腕后又绕出覆盖双手。左右膝部衣纹相同，呈横向弧状。见第 19 窟南壁上层、17 窟内壁的尖楣圆拱龛千佛（图 7，1）。

Db 型：佛像上身右侧为通肩式佛衣样式，衣角或覆手，或不覆手。见第 19 窟南壁上层的尖楣圆拱龛千佛（图 7，2）。

（3）佛衣组合

以上五型千佛佛衣被镌刻到洞窟壁面上时，一般是两种或三种佛衣相间隔出现，共同组成一行千佛。按其组合方式的不同，可分作二型。

A 型：组合复杂，不同类型的佛衣相互组合在一起，比如通肩式佛衣与包裹右肩臂式佛衣交替出现、通肩式佛衣与包裹左肩臂式佛衣交替出现、包裹右肩臂式佛衣与覆肩袒右式佛衣交替出现、通肩式佛衣与覆肩袒右式佛衣及包裹右肩臂式佛衣三者间隔出现，具体可以表示为：佛衣的 Aa 型 +Ca 型、Ab 型 +Ca 型、Bb 型 +Ca 型等。

B 型：组合单一，多为通肩式与包裹右肩臂式两种佛衣交替出现。除第 19 窟南壁、西壁以外的绝大多数尖楣圆拱龛千佛的佛衣组合皆属此型。

（4）手印

云冈石窟尖楣圆拱龛千佛的手印有二型。

A 型：双手叠加于腹前，两拇指尖相对，即禅定手印。昙曜五窟的尖楣圆拱龛千佛，绝大多数都是禅定印（图 4；5，2；6，1；7，1）。

B 型：右手上举，或持物于胸前，或施无畏印，左手置于左膝之上，或手持衣角，或不持物。仅见于第 19 窟南壁上层的尖楣圆拱龛千佛（图 5，1）。

（二）分组

昙曜五窟尖楣圆拱龛千佛各部分的类型大致如上，根据其相同或相似的特点，可以把不同洞窟内的尖楣圆拱龛千佛归纳为两组（见表 1）。

第一组：第 19 窟内壁上层的尖楣圆拱龛千佛。

第二组：第 18、17、16 窟内壁上层的尖楣圆拱龛千佛。

第一组尖楣圆拱龛千佛的佛龛为 A Ⅰ式，佛衣有 Aa 型、Ab 型、Ac 型、Ad 型、Ba 型、Bb 型、Ca 型、Cb 型、Da 型、Db 型，佛衣组合为 A 型，手印为 A 型或 B 型。

　　第二组尖楣圆拱龛千佛的佛龛为 A Ⅱ式、B Ⅰ式、B Ⅱ式、B Ⅲ式，佛衣有 Aa 型、Ad 型、Ca 型、Cb 型、Cc 型、Da 型，佛衣组合为 B 型，手印为 A 型。

表 1　昙曜五窟尖楣圆拱龛千佛各部分类型表

项目 窟号　　　　型式	佛龛	佛衣	佛衣组合	手印	组别
第 19 窟 东壁、南壁、西壁 上层	A Ⅰ	Aa、Ab、Ac、Ad、Ba、Bb、Ca、Cb、Da、Db	A	A、B	第一组
第 18 窟 南壁西侧中层靠下	B Ⅰ	Ad、Ca	B	A	第二组
第 17 窟 东壁、南壁、西壁 上层	A Ⅱ、B Ⅱ	Aa、Ad、Ca、Cb、Cc、Da	B	A	第二组
第 16 窟 东壁、南壁、西壁 上层	B Ⅱ、B Ⅲ	Aa、Ad、Ca、Cb	B	A	

二、昙曜五窟尖楣圆拱龛千佛的年代及其演变

（一）年代认定

　　昙曜五窟的尖楣圆拱龛千佛主要分布于第 19、17、16 窟的内壁上层与第 18 窟南壁西侧中层靠下。总体特点如下：佛像体态魁梧雄健、神情优雅沉稳（A 型）。手印有两种（A 型、B 型）。佛龛龛楣有宽（A 型）、有窄（B 型），拱梁一般呈凸棱状突起，相邻两龛龛楣的上隅装饰多样，有供养天像（A Ⅰ、B Ⅰ）、有莲蕾（A Ⅱ、B Ⅱ）也有莲蕾和供养弟子像共同出现的（B Ⅲ），龛侧立柱的柱头与龛楣尾部相接处常饰有横向阴刻线。佛衣样式繁多（Aa、Ab、Ac、Ad、Ba、Bb、Ca、Cb、Cc、Da、Db），组合形式可分两种（A 型、B 型）。

　　昙曜五窟尖楣圆拱龛千佛的特征与云冈石窟早期造像的特征较为相似，如佛像造型雄伟、姿态优雅庄严，大部分佛衣的样式沿西方旧有佛像服饰的外观，有源于印度的通肩式佛衣、有最早见于西秦和北凉地区的覆肩袒右佛衣[1]，衣纹流行仿毛质厚衣料而出现的凸起样式。另外，素面空白的龛楣也是云冈最早出现的龛楣样式，多见于第 20 窟，后期数量很少[2]。又，昙曜五窟的尖楣圆拱龛千佛多雕凿于每个洞窟的上层，与窟顶比较接近，按照洞窟营造一般由上而下的规律，它们在时间上应属于所在洞窟开凿的第一个阶段，故其时间的上下限大致接近于云冈早期洞窟的基础造像年代，即公元 460 年至 470 年。

（二）演变过程

　　既然昙曜五窟尖楣圆拱龛千佛可以依据各部分的特点分作如上两组，那么就可以进一步讨论这两组千佛的演变过程。

　　昙曜五窟的尖楣圆拱龛千佛并非无源之水，应是在吸收云冈之前早期文化因素的基础上发展而来的。西秦建弘元年（420）所建的炳灵寺第 169 窟的窟内千佛，是我国现存有确切纪年的最早的千佛图像，佛衣

---

① 陈悦新《云冈石窟佛衣类型》，《故宫博物院院刊》2008 年第 3 期，第 53 页。
② 王雁卿《云冈石窟昙曜五窟早期圆拱龛探讨》，《云冈石窟研究院院刊》2016 年总第 4 期，第 95 页。

统一为通肩式佛衣 ①。北凉的三座石塔——缘禾（延和）三年的酒泉白双且塔（434）、缘禾（延和）四年的索阿后塔（435）、太缘（太延）二年（436）的程段儿塔，其上佛像未着统一的通肩式佛衣，而是新出现了两种佛衣交替雕刻的形式，即通肩与包裹右肩臂二型佛衣交替，或包裹右肩臂与覆肩袒右二型交替 ②。索阿后塔的包裹右肩臂式佛衣衣角覆手。莫高窟第 272 窟修建于 436 年至 439 年 ③，土峪沟第 44 窟的壁画年代约在 450 至 460 年 ④，二窟内着包裹右肩臂式佛衣的千佛皆衣角不覆手，双手叠置于腹前，结禅定印，两拇指尖相对呈三角形 ⑤。这些在时间上早于云冈石窟的遗物，它们的佛衣样式，均被第 19 窟所采纳。出现这样的情况，推测是因为第 19 窟的尖楣圆拱龛千佛是昙曜五窟中雕刻最早的尖楣圆拱龛千佛，也就是说，昙曜五窟尖楣圆拱龛千佛是从第一组向第二组演进的。

太延中，凉州平，沙门昙曜随众达十万户的凉州人一起被强徙至平城，后成为北魏的沙门统，主持开凿石窟寺。所以，昙曜五窟多受凉州影响是毋庸置疑的。北魏政权除战后强徙以外，还主动从各地搜求人才：道武帝选拔后燕人才、明元帝任用姚秦人才。另外，北魏自太武帝以后，与西域诸国交往十分频繁。由此，北魏当时一定会集了来自各地的、能凿造石窟的人才和技巧。早期的昙曜五窟在开凿之时，必定还受到除凉州以外，更多地点佛教造像之影响 ⑥。第 19 窟的尖楣圆拱龛千佛，几乎包含云冈石窟之前各地千佛佛衣的全部样式，说明当时雕刻所参考的粉本非常多样，这应是受多地影响的结果。采纳粉本多样，同时说明第 19 窟在雕刻千佛的具体作业上，可能没有整齐划一的执行标准，是千佛的初创阶段。因为艺术作品向前发展的一般规律，就是从初创时的随意组合，到成熟期的固定组合。可见，样式的多元是第 19 窟尖楣圆拱龛千佛时间最早的很好证明。同期的第 18、17 和 16 窟的尖楣圆拱龛千佛，在形式上要比第 19 窟略显固定，其佛衣基本固定为通肩和包裹右肩臂二型。从相邻两龛龛楣上隅的装饰上观察，第 19、18 窟为供养天像、第 17 窟为莲蕾、第 16 窟为莲蕾和供养弟子像，正好表现的是一种继承和发展关系。这是符合艺术发展总是既要参考前规，又要融以新意的规律。因此，上述例证充分证实了昙曜五窟尖楣圆拱龛千佛是从第一组向第二组演进的，而不是反其道而行之。这就意味着第 18、17、16 窟的尖楣圆拱龛千佛的雕刻时间应略晚于第 19 窟。

三、相关问题

（一）第 19 窟千佛龛的开凿

对于昙曜五窟的费工情况，史无记载。但是，从景明元年（500）至正光四年（523），在洛阳龙门石窟为高祖、文昭皇太后及世宗所营建的三个洞窟，《魏书》则记共用工八十万二千三百六十六。由此可以

① 甘肃省文物工作队、炳灵寺文物保管所编《中国石窟·永靖炳灵寺》，文物出版社，1989 年，图版 15，第 204 页。
② 殷光明《北凉石塔分期试论》，《敦煌研究》1997 年第 3 期，第 89 页；殷光明《北凉石塔述论》，《敦煌学辑刊》1998 年第 1 期，第 90 页。
③ 袁德领《试释莫高窟第 272 窟的内容》，《敦煌研究》2002 年第 5 期，第 15 页。
④ 柳洪亮《高昌石窟概述》，《中国新疆壁画全集》第 6 册，辽宁美术出版社，1995 年，第 1~22 页。
⑤ 费泳《"垂领式"佛衣的典型特征及其在北方佛像中的应用》，《敦煌学辑刊》2011 年第 2 期，第 115 页。
⑥ （北齐）魏收《魏书·释老志》，第八册，志（二），卷第一百一十四，中华书局，1974 年，第 3025~3055 页。

想象，昙曜五窟的工程之巨。也有学者专门对昙曜五窟的用工情况做过调查，指出第 19 窟需要的工人数最多，近 20 万人。第 19 窟内壁除三个较大的三世佛佛像外，其他造像几乎全是千佛，可以想象这近 20 万人中，雕刻千佛的应占比不少。如此巨大的工匠集团，理所当然会带来不同样式的粉本。通过逐一观察对比第 19 窟东、南、西壁上层的尖楣圆拱龛千佛，似可证实这一推论。第 19 窟南壁东侧上数第 1 至 9 行千佛佛衣为 Aa 型与 Ca 型交替出现；第 10 至 13 行为 Ab 型 Ca 型交替；第 14 至 17 行雕刻为 Ab 型或 Ac 型与 Da 型交替。壁面偶见 Ad 型或 B 型佛衣。第 19 窟南壁西侧上数第 1 至 4 行千佛佛衣为 Aa 型与 Ca 型交替出现；第 5 至 9 行为 Bb 型与 Ca 型交替；第 10 至 12 行雕刻为 Aa 型与 Ca 型交替；第 13 至 17 行为 Aa 型或 Ac 型与 Ca 型、Da 型或 Db 型几种不同衣纹交替出现。显而易见，第 19 窟南壁在雕凿时被分成了几个区域，每个区域有若干行，由于其内所刻千佛的样式较为统一，推测每个区域应由一组工匠负责完成。第 19 窟或许在开窟之初就被明确设计为三世佛与千佛的组合形式，但壁面上的千佛究竟该如何雕刻、如何表现却没有更细化的统一标准与图纸，因此，每组工匠就在自己所辖的区域内按照自己的粉本进行作业，最终造就了佛衣形式如此繁缛的第 19 窟千佛。

（二）早期千佛龛的思想内涵

第 19 窟内壁除三个较大的主尊佛像外，满壁千佛，几乎没有其他造像，且千佛紧紧围绕三尊大像雕刻。由此可以看出，这些千佛应是直接服务于三尊主像、与三尊主像一同表现整个洞窟主题思想的。

第 18 窟南壁西侧中层靠下的尖楣圆拱龛千佛则位于一个局部的、独立的方形区域内，区域之外是其他类型的雕刻，区域之内是中央一个二佛并坐龛，周围围绕数行千佛，二者共同构成一种"一龛＋千佛式"的布局形式。从它的独立性来看，这种形式内的千佛，显而易见不是直接服务于整个洞窟的主题思想，而是直接服务于中央佛龛的。水野清一、长广敏雄提出，围绕释迦、多宝二佛并坐龛所雕之千佛应是释迦牟尼分身的十方诸佛，是对《法华经》《见宝塔品》中一个场景的具体刻画，即释迦牟尼佛在步入七宝塔与多宝如来并排共坐时，释迦牟尼于十方世界的分身诸佛已被从各佛国召集至塔前坐于狮子之座。这个观点也佐证了以"一龛＋千佛"为表现形式的"千佛"是先与中央的佛龛一同构成一个小的、局部的主题思想，而后共同服务于洞窟的整体思想。从面积上来看，中央的二佛并坐龛较小，龛高、龛宽一般相当于三四个千佛龛的龛高和龛宽，周围大面积雕满千佛，千佛数量都在上百个。

第 17 窟大多为满壁式，仅西壁上层有一个"一龛＋千佛式"，第 16 窟是满壁千佛。可见，昙曜五窟尖楣圆拱龛千佛主要有两种表现形式：满壁式和"一龛＋千佛式"，两种形式所体现的思想内涵不同。

（原文刊载于《文物世界》2017 年第 6 期）

一座未完工洞窟留下的开凿信息
——以云冈石窟第 13-30 窟为例

李雪芹　齐迎红

一、第 13-30 窟概况

云冈第 13-30 窟[①]位于第 13 窟明窗西侧 1.5 米处的崖壁中央，距地表高度 9.7 米。该窟开凿于北魏晚期（494-524），未完工。前立壁损毁严重（后期有加固），窟口大致呈椭圆形。窟内平面呈不规则形的长方形，东西最宽约 1.8 米、进深约 1.2 米，窟内三壁起台，高约 0.5 米，其上凿像。窟顶略呈穹顶，高约 2.05 米（图 1）。

图 1　第 13-30 窟内景（南–北）

北壁雕一圆拱龛，内置释迦、多宝二佛并坐，龛外两侧各雕一身胁侍菩萨。佛像（仅雕出粗坯）着褒衣博带式袈裟，右手上举胸前施无畏印。胁侍菩萨立于龛柱外，头戴高冠，饰桃形头光，上着帔帛，下着长裙，一手置于胸前、一手握帔帛下垂于体侧（左侧一身仅雕出粗坯）。龛楣尾饰龙首反顾，无角。龛楣内雕七尊坐佛、现存五尊，通肩与搭肘式袈裟间隔出现。

西壁雕一佛二胁侍菩萨。佛像头残，着褒衣博带式袈裟，双手结禅定印（残）。两侧胁侍菩萨头戴素面高冠，饰桃形头光，上着帔帛，下着长裙，一手置于胸前，一手置于体侧。

东壁现存一佛一立菩萨（右侧）像粗坯，佛像着褒衣博带式袈裟，左手下垂，右手上举胸前。菩萨像仅存粗坯。南侧为近年水泥加固窟壁。

顶部雕出同心圆线刻。

二、洞窟的开凿工序

第 13-30 窟是一座未完工的小型洞窟，单从造像的艺术性而言，没有太多的价值，与云冈石窟现存其

[①]　本文采用山西云冈石窟文物研究所编号。参见山西云冈石窟文物保管所 .《新编云冈石窟窟号说明》，《文物》，1988 年第 4 期。山西云冈石窟文物研究所 .《云冈石窟新编窟号的补充说明》，《文物》2001 年第 5 期。上述文献共编主要洞窟 45 座，附属洞窟 209 座。附属洞窟编号以"主要洞窟 + 附属洞窟号"的形式表现，如第 13~30 窟，表示的就是第 13 窟的第 30 座附属洞窟。

他的小型洞窟相比，甚至无艺术性可言。但如果从工程开凿[①]角度看，它却是一座具有重要价值的洞窟。因为它的存在，我们大致可以看出一座小型洞窟是如何雕凿的，并最终完成"石山"向佛教艺术殿堂的华丽转身。

"斩山"[②]是石窟开凿的第一步。第13-30窟位于第13窟明窗的西侧（图2），晚于主窟的开凿。它利用了第13窟开凿时削成的外立壁进行开窟雕刻，也就是说该窟开凿时无须进行"斩山"工程，只是借用第13窟"斩山"的成果即可。第13-30窟与第13窟的外壁雕凿在同一个立面上，具有高度的一致性，显然是按设计统一凿刻的结果。第13窟斩山的痕迹可从其西侧残存的南北向立壁看得一清二楚。

第二步是在立壁上选择适合的位置开窟。第13窟是云冈中期开凿的一座大型洞窟，崖壁上凿有一门一明窗，以此确定该窟开凿的基本规模。参照其他石窟在外立壁合适的位置定点、画线的做法[③]，云

图2　第13-30窟位置（南－北）

冈小窟龛的开凿也应有此过程。遗憾的是，目前在外立壁上没有找到如何确定洞窟位置的相关遗迹，一来是石窟的开凿已完成了这一步，刻线的痕迹已被开窟消除，二来外立壁风化较重，有的痕迹已被风化磨灭。在确定了石窟开凿的具体位置及窟内具体雕刻内容后，洞窟开凿便正式开始。开凿窟门，并按设计预留洞窟空间。

第三步，完成洞窟的基本形制，确立各壁面间的相互关系及顶部样式。按照最初的规划统一设计、施工，对洞窟的各壁面、窟顶做出具体雕刻界限（图3）。其开窟取石的痕迹，还可在窟底地面上找到。四壁根据造像内容的需要，以锐器为工具在壁面上画线（有一定深度），目的是确定本壁面造像内容的具体位置、

---

① 本文所涉及的开凿方法，仅限于小型洞窟，由于洞窟空间较小，可以统一设计、施工，窟内基本不用搭架工作（或仅搭很低的架子即可）。彭明浩《云冈石窟的营造工程》提出的"自上而下、自外而内的顺序是石窟寺开凿工程自然且合理的基本工序"，适用于云冈石窟大、中型石窟的开凿。关于云冈石窟开凿工程的论文相对不多，较具代表性的有：〔日〕长广敏雄.《石窟工程过程的想象》，《云冈石窟·中国文化史迹》，东京：世界文化社，1976年，第104~108页；〔日〕吉村怜、吉成寿男等.《昙曜五窟营造工程探讨》，〔日〕吉村怜.《天人诞生图研究》，上海：上海古籍出版社，2009年，第414~440页；刘建军、王克林、曹承明.《洞窟开凿技术揭秘——云冈石窟第3窟遗址》，《中国十年百大考古新发现》，北京：文物出版社，2002年，下册，第564~570页；云冈石窟文物研究所、山西省考古研究所、大同市博物馆.《云冈石窟第3窟遗址发掘简报》，《文物》2004年第6期；刘建军.《北魏洞窟究竟是如何开凿的》，《中国文物报》2006年12月22日第7版；杭侃.《云冈石窟的开凿工程》，《中国文化遗产》2007年5期；〔日〕长广敏雄著，王雁卿译.《云冈日记——战争时期的佛教石窟调查》，北京：文物出版社，2009年；彭明浩.《云冈石窟的营造工程》，北京：文物出版社，2017年。

② 斩山就是修整崖壁，将原本具有一定坡度的山体削整为立壁。《魏书·释老志》在记载龙门石窟开凿时说："景明初，世宗诏大长秋卿白准代京灵岩寺石窟，于洛南伊阙山……至正始二年中，始出斩山二十三丈。至大长秋卿王质谓斩山太高，费功难就，奏求下移就平，去地一百尺，南北一百四十尺。"）（《魏书》，北京：中华书局，1974年，第8册，第3043页）对于云冈石窟的开凿，史书中无具体记述。《魏书·释老志》对龙门石窟开凿时的记述，为了解云冈石窟的开凿提供了资料。第13窟西侧向南突出的立壁（长约10米），应是原山体的残留。开凿云冈石窟时，将山体向下切割，故而形成今天看到的向北凹进的立壁，是斩山的结果。

③ 关于在窟外壁刻线划定开凿范围之事，参照四川安岳石窟残留的痕迹，虽然它的雕刻时间晚于云冈石窟，但具有重要参考价值。参见雷玉华、王剑平、付成金.《关于四川安岳卧佛院的几个问题》："在40、41、42这几个只开凿了一半的石窟窟口处可以看出，开凿前先在崖壁上用圆孔和刻线确定开凿的大小和范围，在42号窟右侧还有一个只凿了几个圆孔的窟，更进一步说明了这点。"（大足石刻研究院编.《2009年中国重庆大足石刻国际学术研讨会论文集》，重庆：重庆出版社，2013年，第648~671页）

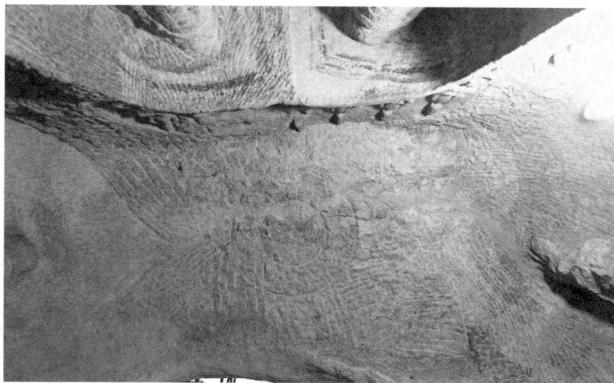
图 3　四壁与窟顶的关系（下－上）

图 4　北壁龛楣位置刻线（南－北）

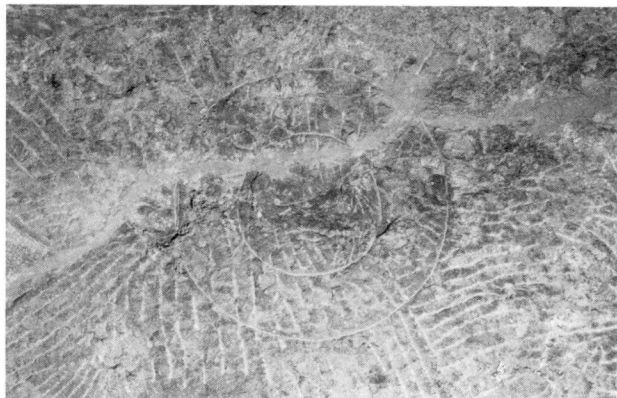
图 5　顶部刻线（下－上）

图 6　北壁龛楣内坐佛（南－北）

相对关系及与其他壁面、窟顶间的相互关系（图4），表现了洞窟开凿的计划性及总体控制情况。

　　北壁设计为圆拱龛，龛底位于低台上，内雕二佛并坐像。由于造像已进行了下一步的雕琢，因此壁面上的线刻大部分已不存在，只在佛龛的上部保存较为清晰，用细线在壁面画出圆拱龛楣的轮廓，呈拱状。龛柱原有的界线，由于进一步加工，这条细刻线已被成型的龛柱破坏。拱形的龛楣刻线并不十分规整，局部略有差异，它明示了线刻打底的初衷。洞窟顶部线刻打底的表现更为明确（图5），以圆点为中心画线两条，明确顶部雕一朵莲花，画线明确了莲花的大小及与壁面的位置关系。中间圆为莲芯，两线间为莲瓣。由于未进一步雕刻，所以线条保存完整。再具体到单尊造像，也是以刻画线条的方式确定其位置、造型及与其他尊像间的关系（图6）。可见，刻画线条的目的是为下一步雕刻佛像划定区域。

　　第四步，雕像。雕像是一个复杂的工作过程，残存造像可以明确看出雕像不同时期的状况，在线刻范围内先雕出粗坯，坯上粗石花清晰。这一步是让原本平整的壁面有了龛或像的最初轮廓。图7中可找到最初的轮廓线，工匠沿着这条线，开始了尊像的最初轮廓粗雕，确定了造像的基本姿态及各部位的大体尺寸。雕刻比较简单，仅使轮廓突出于壁面。在这尊粗坯像上，还可以看到面部上端有一条横向的发髻线与一条垂直线，这两条线均是刻意雕刻的，特别是这条垂线具有重要的作用，确立了面部的上限及五官左右对称的基本位置关系。

　　此后进一步粗加工，刻出造像的大致轮廓，界定造像突出壁面的厚度。继而雕出头部、衣纹、手印的细节，并进行粗打磨，造像身躯上的石花雕凿仍然较粗，但与先前轮廓界定的石花相比，已细腻了许多。至此，

299

造像的基本要素具备,已明确地看出尊像各部位的轮廓。换句话说,到此完成了"面璞"①的过程。图8所示的是北壁圆拱龛东侧的胁侍菩萨像,已经可以看出这是一尊菩萨的造型,有高大的宝冠及圆润的面庞,削肩,上着帔帛,下着长裙,右手置于胸前,左手下垂,双脚呈"八"字形站立。由于是粗坯,形象看起来有点粗壮。再看圆拱龛内雕的二佛并坐像,西侧像已明确雕出佛的基本轮廓,一眼就能区别与菩萨的不同。通过对面部五官的粗雕,可以看到眉眼的具体位置(特别突出了白毫相)与样式。手部及腿部亦雕出轮廓。东侧像比西侧像雕刻更精细一些,肉髻高耸,面部五官已清晰刻画出来,虽还未细加打磨,但已看出高挺的鼻梁与深陷的眼窝,衣纹和手指的屈伸,都有了明确地交代。

图 7　东壁右胁侍菩萨　　图 8　北壁左胁侍
粗坯(西南－东北)　　　　　菩萨(南－北)

细打磨。图9揭示了细打磨的不同阶段:北壁龛柱外右侧的胁侍菩萨像,面部隐约有五官的位置,但不明确,甚至可以说未开面。帔帛与长裙轮廓雕刻清晰,手部细节有缺。与北壁龛柱外的胁侍菩萨并立的是西壁主佛的左胁侍菩萨像,它的雕刻更细致一些,面部五官明晰,虽尚未进行最终的打磨,但五官准确定位雕刻,已经可以看到尊像的面部表情了。其帔帛、长裙上的纹饰已雕出,衣裙叠压关系表述清楚。右手指刻画清晰,左手指拿捏帔帛的样式已现。

图 9　西壁左胁侍菩萨与北壁右　　图 10　西壁右胁侍菩萨(东北－
胁侍菩萨(东南－西北)　　　　　　　西南)

尊像的完工。图10是西壁主像的右胁侍菩萨,也是该窟中唯一一尊基本完成的造像。它头戴素面高冠,发髻拢于冠箍下,面形丰圆适中,眉眼细长,高鼻梁,小嘴巴,表情恬静。上着帔帛,下着长裙、裙腰外翻。左手置于胸前,右手抚于胯部,帔帛在微风的吹动下,向右侧缓飘。整尊造像比例修长,人物形象生动,雕刻基本完工。从这尊像上可以看到古代工匠高超的雕刻技术及对人物个性的把握,说明北魏时期雕刻技术达到了极高的水平,且这种高水平的工匠数量不在少数。

尊像背光或壁面的最终雕饰。从第13-30窟现存的雕刻可知,背光似乎是造像最后完成的一道工序。背光最初的范围划定与尊像同时进行,主像的背光多由不同方向的石花组成,通过石花的走向明确背光的大体形状(图11、12)。而胁侍菩萨的头光,由于相对较小,因此用线勾勒轮廓后,大多进行了最初的打磨,呈桃形。工匠会随着造像的基本完工来最后完成背光的雕饰,保障其与尊像的协调。从西壁主尊右胁

---

① 关于尊像雕刻过程的专业术语,史书无明确记载。南朝梁刘勰《梁建安王造剡山石城寺石像碑》中对开凿工程及造像过程做了细致的记述[(宋)孔延之编.《会稽掇英道总集》卷十五,《文津阁四库全书》,第449册,第532、533页],面璞、莹拭、磨砻等词就是对造像过程的不同步骤进行的描述,故借此描述云冈石窟。

图11　北壁佛像的背光（南－北）

侍菩萨背光（图13），可以明确地看到三条刻线，说明其至少进行过两次改动。最初设定的背光由两肩伸出并向上延伸，形成鼓腹状的桃形，并确定了背光的宽度与顶点。在菩萨像基本完工后，为与略显清瘦的菩萨像协调，工匠对背光进行了修改，收缩了桃形的腹部，使背光显得较为修长。但与胁侍菩萨略显倾斜的面部不太协调，于是进行了第二次修改，降低了背光顶点的高度，同时右侧由肩部伸出的边缘也向内进行了收缩。如此改动，与完工的胁侍菩萨像十分契合，完美表现了胁侍菩萨侧面礼敬佛像的神态。由此可知，无论是尊像还是背光，它们的最终完成都是动态的过程，一直在不断地修正雕刻方案，以确保所雕尊像既符合佛教仪轨的要求，又充分显示出造像的艺术性。

第五步，施彩。"磨砻之术既极，绘事之艺方骋"①。虽然我们在此窟没有看到色彩的遗存（未完工的原因），但在有的窟中可以看到少量的色彩②。它们是石窟雕像的最后一道工序。

到此，单尊像的雕刻基本完成。正是由于这一尊尊单体造像的完成，最终构成一座石窟的完工，再由这一座座石窟的完成，构成了宏伟的云冈石窟群。在这座小窟中，我们可以清楚地看到，一尊佛像诞生的大致情况，同时能看到一座小型洞窟的开凿工序。

以上是对第13-30窟开凿工序的一些认知，当然这种认识十分局限，有学识的不足与判断的失误，也有风化剥蚀后雕刻遗存的缺失。不管怎样，该窟遗存十分难得，对认识石窟开凿具有重要的学术价值。其中的许多问题有待我们认真思考、解读。

图12　东壁主佛背光（西－东）

图13　西壁右胁侍菩萨背光（东北－西南）

---

① （南朝·梁）刘勰.《梁建安王造剡山石城寺石像碑》，（宋）孔延之编.《会稽掇英总集》卷十五，《文津阁四库全书》，第449册，第532、533页。

② 关于云冈石窟雕像的施彩问题，目前可从早期洞窟雕像的衣纹中找到。在第13-29窟顶部亦可看到彩色莲花，虽然不能完全肯定此色彩是北魏时期的，但施彩的工序可以肯定。第13-29窟位于第13窟明窗东侧，是一座未完工的小窟。窟内平面近方形，平顶。三壁置坛设像，正壁雕一坐佛，东西壁面并立一佛一菩萨。造像显示出从窟口到窟正壁完成程度的递减。窟中所现雕刻痕迹与第13~30窟互补，较为完整地反映了雕像的基本工序。

三、几个相关问题的讨论

（一）第 13-30 窟中途停工原因探讨

这样一座位置相对重要的小窟，为什么会没有完工，放弃的原因是什么？第 13 窟是一座北魏太和年间开凿的大型洞窟，虽然洞窟中没有明确的题记证明其确切的开凿年代，但通过洞窟形制、造像样式及风格特征，大致确定其完工于北魏迁都洛阳之前，晚期还有个别小龛像的雕凿。

第 13-30 窟位于明窗西侧，其位置十分重要。功德主选择此处开凿洞窟，相对而言，其开凿时间不会太晚，大约开凿于迁洛（494）前后。这时主窟的主体工程基本完工，局部或许还在精雕细琢。主窟明窗及窟门左右的位置较为醒目，应是功德主开窟的首选。

图 14　北壁圆拱龛内穿孔（西南－东北）

既然开窟，为何会中途放弃？仔细观察洞窟壁面，有两处痕迹或许与洞窟放弃有关。一处是北壁圆拱龛内二身坐佛像之间、东侧佛像右肘部，有一高约 0.3 米、宽约 0.1 米的不规则形孔洞，其下部还有另外一个小孔，它们均与第 13 窟相通（图 14）。可见，在开凿该窟时，由于对壁面厚度的判断出现失误，发生了穿透现象，导致北壁造像不能继续进行，最终放弃开凿。第二处发生在西壁主佛身上（图 15）：从现存的情况可以看出，头部在开凿过程中出现问题，右侧躯干发生残断。主佛头部在界定的轮廓中，可明显看出肉髻与面部的基本形态。在下一步雕刻中可能出现较大问题，岩石崩塌，无法完成面部五官的雕琢，连带右耳的岩石随之而去。虽然身躯的细打磨已经完成，无奈最重要的部位——头部及躯干的右侧同时出现较大问题，且无法弥补，导致全像雕刻无法最终完成。

这两处问题似乎无法弥补，特别是北壁出现的穿透，不但影响本窟的雕刻，更重要的是影响了业已完成的第 13 窟南壁的完整性。如果不及时停工，继续进行附属洞窟的雕刻，极有可能对第 13 窟南壁构成更大的威胁。因此，这两方面是第 13-30 窟放弃的主要原因。

1

2. 特写

图 15　西壁主佛（东－西）

（二）开凿石窟工匠种类与分工的推测

对于云冈石窟开凿，彭明浩《云冈石窟的营造工程》一书有较为细致的研究与论述[①]。对于石窟开凿的工匠而言，过去的论述多从来源进行讨论，而对工匠的名称、分工，由于原始材料的不足，系统的探讨不够。就云冈石窟来说，史籍或石窟中没有留下关于石窟开凿工匠的具体记载，刘勰在《梁建安王造剡山石

① 彭明浩 .《云冈石窟的营造工程》，该书分窟讨论开凿工序，十分详细，对认识云冈石窟的开凿具有重要价值。

城寺石像碑》有这样的记述："及岩窟既通，律师重履，方精成像躯，妙量尺度。时寺僧慧逞，梦黑衣大神，翼从风雨，立于龛前，商略分数。是夜将旦，大风果起，拔木十围，压坏匠屋，师役数十，安寝无伤。"[①]文中出现了律师、师、匠、役等不同名称，应是当时工匠不同等级的称谓。律师在此特指僧祐，他不仅是律学大师、佛教史学家，还是一位技艺高超的造像艺术设计师。正是由于他的参加，新昌大佛才得以完成。他与云冈石窟的倡导者昙曜同属石窟开凿的总设计师。结合对云冈石窟工程的观察，笔者认为，师应是精通设计、雕刻、彩绘、管理的高级工程师，他们是活跃于石窟开凿过程中的实际指挥者。匠大致可理解为有一技之长的专业技术者，能独当一面，胜任石窟开凿过程中的某一项具体工作。在此师与匠或许没有太严格的区别，匠的涵盖或许更宽一些。役应是最普通的劳动者，虽然参与石窟开凿和雕刻，但技艺粗通，不能独立操作精细作品。师、匠、役大概是石窟开凿工匠的具体称谓。

通过第13-30窟残存痕迹，我们可试着对工匠的分工进行一些探讨。首先是师，他们是石窟开凿的核心，多是高僧或工匠中有规划设计能力的专门人才，极有可能是以团队的形式出现，由工程设计、宗教设计、形象设计与工程管理等多种技能的专业人才组成。他们大到负责一处石窟的规划设计，小到一座洞窟甚至一座佛龛、一尊佛像的形制、内容与形式设计与综合管理。第二类是匠：他们精通石窟开凿的某项具体技能，是石窟造像雕刻的灵魂。匠有多种不同的工种，比如石匠、雕刻匠、画匠等。由于他们有着高超的专业技能，因此每尊佛像最终的艺术生命掌控在他们的手中。他们子承父业，潜心技艺，在他们的努力下，从佛像到佛龛再到石窟得以完成，既符合统治者的政治需求，也为百姓的精神生活增加色彩，流传千年后成为今天的世界文化遗产。他们的名字很少留在石窟或史籍中，但作品千秋万代。在石窟开凿过程中，他们会有严格的分工，应当有高低之别，不是由一个工匠完成一尊像的始终。其工作流程推测如下：最先进入洞窟的是石匠，他们按照设计好的洞窟形制，开始取石，完成洞窟空间的确立。随后由设计者进入，对壁面的雕刻内容画线，并由匠人按照事先的设计，打出线刻轮廓。之后由等级较低的雕刻工匠进行粗加工，在壁面上开始形象雕刻，但只负责雕刻粗坯。完工后轮换到他处继续工作。再由相对较高一级的工匠接手，继续加工，负责雕刻出尊像的基本轮廓，包括头部、躯干、手势及简单的衣饰。再换工匠进行精细加工，以精湛的雕刻技艺完成尊像或佛龛的开凿。他们会仔细雕琢，赋予尊像以不同的人物个性和时代风貌。最终由技术最高的工匠完成面部的雕饰。当然，对于一尊像而言，到此大概就完工了，但作为一座佛龛、一个壁面，每尊像的完工仅是局部，最终还应有专人对整体进行完善与协调，确保其整体的统一完整，完成石窟的最后工程。第三类是役，他们是参与石窟开凿的壮劳力，负责最简单粗糙的工作，比如开窟取石，或做最初的成型工作，也就是说他们从事的工作是技术含量最低的。

事实上，石窟开凿过程中还需要有一定数量的管理者，他们不属于工匠范畴。对于一座洞窟开凿而言，工程管理者的地位不可低估，它是各部门、各工种的总调度，应常住石窟，时刻关注工程进度，随时调配工匠，对随时发生的问题进行及时协调解决。特别是后勤保障者，他们虽然不直接参加石窟的开凿，但他们是石窟开凿过程中不可或缺的保障，从工匠的吃住，到工程所使用的各种工具、用水、运输等，都需专门人员的工作，因此他们是石窟开凿的又一类工匠。

石窟的开凿是一个复杂而漫长的工程，我们由残存痕迹对石窟开凿的工作流程及工匠分工做了简单的

---

① （宋）孔延之编.《会稽掇英总集》卷十五，《文津阁四库全书》，第449册，第532、533页。

推测，当然这种推测不一定准确，实际开凿中人员的分配及工程的进展，可能远比我们的推测要复杂得多。

（三）造像顺序的分析

在过去的认知中，笼统认为石窟从上向下开凿，对于单尊佛像而言，头部大概是最早开凿的。从第 13-30 窟残存的痕迹看，造像的顺序不一定是从上而下，最先雕凿的不一定是头部（特指小型洞窟，大型窟的开凿顺序肯定是从上向下进行）。但一定严格遵循规划好的方案开始雕刻，人员调配上不一定先从头部雕刻开始。从西壁主像来看，身躯的大部分已经刻出，而头部仅存为粗坯就是一个例子。假如单尊像从头部开始，那么在开凿过程中，头部工序未完工，又怎能进行身躯的下一步工作。从北壁佛龛来看，造像似乎同时进行，头部与身躯的进度大致相当。但佛龛内的造像分为二部分同时施工，统一安排、合理分工，既要考虑雕刻的工序，也要考虑工匠在洞窟中的站位，避免相互拥挤无法工作，极大地提高了工作效率。因此，开凿顺序随工匠个人或石窟空间大小而定，可随时修正作业。

（四）造像过程是一种动态管理，根据雕刻的实际情况，随时修正方案

由北壁佛龛的残迹可知，一座佛龛的雕刻不一定是由一组工匠来完成，而是由不同组的工匠同时作业，各据半壁，分头做工，因此出现了进度不一的现象。东西两壁的造像出现了进度不一的现象，说明工程是在统一设计下进行，但工匠对工程进展可自由把控。也就是说，石窟开凿的任何环节，实际上都是一种动态，会根据实际情况随时调整工匠进行不同的作业工序，分工明确，所占位置合理、互不挤占，既有左右之分又兼顾上下占位。出现情况，随时修正方案。如此做法，确保了工程进度与造像雕刻的准确完美。

四、结语

第 13-30 窟是一座未完工的小窟，残存的许多现象是完工的洞窟所不能看到的。石窟中现存的造像痕迹，为我们研究石窟等开凿工程提供了有价值的实物资料。通过对这些现象的认真解读，会使我们更准确地认识石窟开凿的艰难与保存的不易，对于综合评估石窟具有特别重要的意义。

（原文刊载于《南方民族考古》2017 年）

云冈第 5 窟刍议

杭 侃

云冈石窟分为前、中、后三期，前期是如昙曜五窟的大佛窟，中期是像第 7、8 窟或第 9、10 窟那样模仿木构建筑的佛殿窟，后期是北魏迁都洛阳后开凿的小规模石窟。云冈第 5、6 窟通常被认为是云冈第 2 期开凿的一组双窟。日本学者所著《云冈石窟——公元 5 世纪中国北部佛教石窟寺院的考古学调查报告》在描述第 5 窟内容的时候开宗明义地说"第 5 洞和第 6 洞为双窟"[①]。

但是，第 5 窟与第 6 窟在洞窟形制、造像题材、造像风格等方面均存在很大的差异。在洞窟形制方面，第 5 窟为平面马

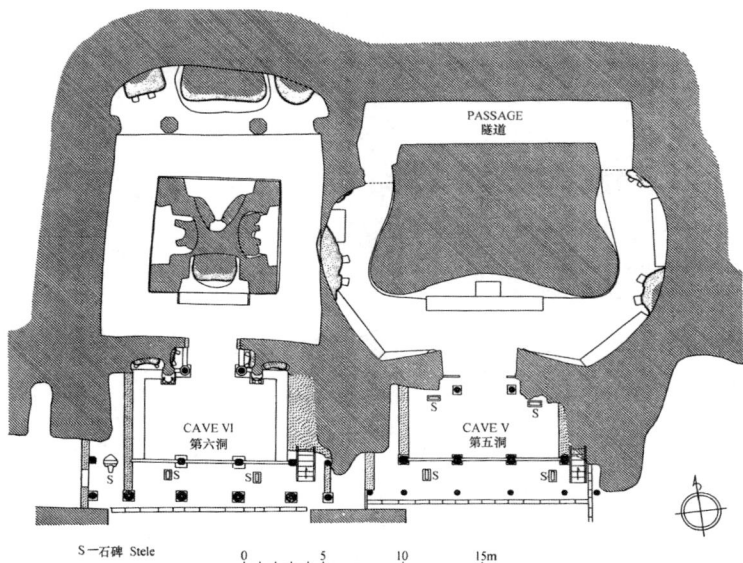

图 1　第 5 窟与第 6 窟平面图（采自《云冈石窟——公元 5 世纪中国北部佛教石窟寺院的考古学调查报告（第二卷）》）

图 2　第 5 窟正壁正视图（采自《云冈石窟——公元 5 世纪中国北部佛教石窟寺院的考古学调查报告（第二卷）》）

蹄形的穹隆顶窟，主尊占据了窟内大部分面积，而第 6 窟为中心塔柱窟（图 1）；在造像题材方面，第 5 窟的主要造像除了正壁主尊，还有东、西两壁的两身立佛，以及从属于正壁主尊、位于主尊大背光之下的两身菩萨像（图 2）；而第 6 窟中心塔柱下层四面大龛中，分别雕坐佛、倚坐佛、释迦多宝对坐和交脚弥勒。中心塔柱四面大龛的两侧和窟内东、南、西壁，雕刻三十多个连续的佛传故事。面对中心塔柱的南壁窟口上方雕维摩、释迦和文殊。在造像风格上，第 6 窟全部大型佛像改变了过去的服装，都雕成了褒衣博带式；第 5 窟则在窟门与明窗两侧等处

---

① 《云冈石窟——公元 5 世纪中国北部佛教石窟寺院的考古学调查报告（第 2 卷）》，第 5 窟，京都大学人文科学研究所。

依旧雕刻有袒右式袈裟的龛像。

对比同是双窟的第 1、2 窟，第 7、8 窟，第 9、10 窟，这三组洞窟的平面形制、造像题材、造像风格都比较接近。第 5、6 窟如果作为双窟看待，则与以上三组洞窟存在着很大的差异。对此，《云冈石窟——公元 5 世纪中国北部佛教石窟寺院的考古学调查报告》的解释是：

"第 5 洞为以大佛为中心的石窟，它和西邻的以方柱为中心的第 6 洞成为一对。其外壁共有一组塔形，因此这个情况非常明确。而且，其大小、样式完全一致，明显是一对制作于同时代的作品。一般来讲，早期佛教的崇拜对象不是佛像而是佛塔。后来，佛像代替佛塔成为普遍化，然而有不少塔庙窟，这可能是因为这个时代刚好处于变革期，或者可能是石窟长期保持着以塔为中心的传统。在这里，与法隆寺把安置尊像的金堂为左、作为塔庙的五重塔为右的做法一样，以尊像窟第 5 洞为左、塔庙窟第 6 洞为右。这是在云冈诸多双窟中罕见的组合，也是唯一的范例。

"不管第 7、第 8 洞的双窟，第 9、第 10 洞双窟，还是第 1、第 2 洞双窟，都是以同样形制的石窟为一组。只有第 5、第 6 洞是由尊像窟和塔庙窟的组合。所以，其结构也有近于梯形的圆形和方形的区别，顶部也有穹窿顶形式和平顶的区别。"

将第 5、6 窟作为一组双窟看待之后，《云冈石窟——公元 5 世纪中国北部佛教石窟寺院的考古学调查报告》的作者认为"根据以上情况，再看大规模的、有计划并且迅速地开窟活动，可以判断在国家级项目中，特别集中朝野力量去营造第 5、6 窟。那么，最有可能的推论为，该石窟在孝文帝初期（476）为了纪念死于非命的献文帝而造。因此，其完工时间为太和七年（483）的孝文帝石窟寺行幸的看法，可以说完全符合逻辑[①]。也就是说，《云冈石窟——公元 5 世纪中国北部佛教石窟寺院的考古学调查报告》的作者认为第 5、6 窟是一组双窟，开凿于太和时期，第 5 窟完成时间为太和七年（483），开凿目的是孝文帝为了纪念自己的父皇献文帝。在这里，作者将第 5 窟与献文帝联系了起来。

宿白先生则把第 5 窟的年代定在了迁都洛阳之前。在《云冈石窟分期试论》里，宿白先生论述第 5 窟时认为："5、6，7、8，9、10 三组双窟，东西毗邻；三组双窟窟前外壁左右两侧又都雕镌高塔，这些都是说明它们时间接近的最好迹象。5、6，7、8，两组采用同一的双塔一碑的窟前设计（两组石窟的中间隔壁的前端，都雕出下具龟趺的丰碑），又都出现释迦多宝对坐和维摩、文殊的形象，这种情况，正和孝文帝时，北魏开始重视义行僧人，注意宣讲《法华》《维摩》两经的历史背景相符合，这些似乎也都给 5、6，7、8 两组双窟是孝文开凿的推测，增添了论据。"

"第 6 窟的全部大型佛像改变了过去的服装，都雕成了"褒衣博带"式。佛像褒衣博带是与孝文帝太和十年至十九年（486–495）的服制改变相呼应的。所以推测第 6 窟竣工之时，已去太和十八年孝文迁洛不远。至于第 5 窟壁面布满了没有统一布局、时间又不相同的小龛，更说明了它并未按原计划完工，这种情况当然也与孝文南迁有关。因此，第 5、6 窟这一组双窟的时间，约在孝文帝都平城的后期。"

宿白先生将第 5 窟完成的时间定在孝文迁都洛阳之前，显然更为合理[②]。但是，大型石窟的完成时间未必就是开凿时间。《云冈石窟——公元 5 世纪中国北部佛教石窟寺院的考古学调查报告》的作者早就注意

①　前引书，《云冈石窟——公元 5 世纪中国北部佛教石窟寺院的考古学调查报告（第 2 卷）》，第 5 窟。

②　宿白.《云冈石窟分期试论》，《中国石窟寺研究》，北京：文物出版社，1996 年。

到了第 5 窟中的一些早期迹象："第 5 洞的特征为是以坐佛大像为主尊。云冈石窟中，拥有坐佛大像的石窟有第 19 洞和第 20 洞。都是昙曜五窟中的石窟。现在，第 10 洞的主尊为坐佛，但原来应该是交脚菩萨像。现在，对比这三个洞窟（第 5，第 19，第 20 洞），坐像双膝外撇，占据窟内大部分空间。"

《云冈石窟——公元 5 世纪中国北部佛教石窟寺院的考古学调查报告》的作者注意到的第 5 窟中的早期因素还有主尊背光中的火焰纹："主尊的大火焰光占满了北壁，一直到顶部中央。背光下端有小型胁侍菩萨立像，其内侧有通往后面的隧道开口。菩萨像都是康熙时期泥塑，只有右胁侍菩萨的宝珠形头光和三角饰宝冠保留了原来的风格。头光外缘为唐草纹，里层是莲花纹，这种形式比较罕见。"

"主尊背光已严重破损，其中西部外缘的双层火焰保存较好，非常壮大。外层火焰带本为身光的外缘，里层火焰为头光的外缘。都与第 20 洞大佛的火焰相似。头光火焰里先有供养飞天列像，其次有坐佛列像，再有坐佛列像，最中间是莲花纹。与第 20 洞大佛背光相比，其带圈较窄，数量较多。举身光里有供养飞天列像，肩部有火焰。"

前面已经论述，昙曜五窟的基本样式为主尊占据窟内大部分面积、穹隆顶、马蹄形平面，主要造像以三世佛为主，在云冈第 2 期洞窟中，这些特点只有第 5 窟与之相接。在火焰纹装饰方面，第 2 期的洞窟中也只有第 5 窟主尊大背光外侧的火焰纹与第 20 窟外侧的火焰纹式样相同。

2017 年，日本学者冈村秀典《云冈石窟的考古学》中，对云冈主要洞窟的开凿次第进行了新的排列。他在学界意见基本一致的将云冈石窟分为三期的基础上，又将每一期分为三段[1]，进一步将第 5 窟的年代定在第 1 期的第 3 段，其主要依据之一，就是根据火焰纹的型式变化。在"背光纹样的编年"中，作者提出：

"除了以石窟形状、造像样式作为细分前期的标准之外，主要尊像的背光纹样也很重要。笔者（1994）注意到昙曜五窟尊像背光的火焰纹，将其分为三类，Ⅰ 类火焰每支分开，根部有较宽的浪尖似的瘤节，Ⅱ 类每束火焰之间有独立的火焰束，Ⅲ 类在根部呈岩块状，从每块根部伸出三支火焰，下部有旋涡状的突起。尽管这虽不是以编年为目的的分类，但可将 Ⅰ 类根据雕刻细致程度分为 IA 和 IB 两类，Ⅱ 类根据火焰尾部的斜率和火焰中间的细线刻画，细分为 Ⅱ A 和 Ⅱ B 类。这样将其 IA 类对应前 1 期、Ⅱ A 类对应前 1– 前 2 期，IB、Ⅱ B、Ⅲ 类对应前 3 期进行编年。另外，Ⅰ 类和 Ⅱ 类可见于前例，即甘肃炳灵寺有西秦·建弘元年（420）铭文的第 169 窟，可以认为有直接的影响。"

综上所述，第 5 窟现状呈现的面貌是比较复杂的，既有能够连接昙曜五窟的早期因素，也有服饰改制之后的后期因素。学者们对这些看似矛盾的现象进行了不同的解释。笔者认为，第 5 窟开凿时间早，中间有停工，主要造像完成的时间已经是迁都洛阳之前，而且，第 5 窟确与献文帝有关。

2009 年，笔者获得教育部人文社会科学研究重大项目的资助，开始组织课题组成员开展"云冈石窟补凿遗迹的考古调查与研究"（项目编号 2009JJD780001），这项研究关注的重点是通过云冈石窟中未完成的窟龛、洞窟的打破关系以及不同的补凿遗迹，来探讨云冈石窟的开凿过程，并进而讨论相关的历史问题。在随后开展的工作中，获得了一批有深入研究价值的信息。彭明浩在此基础上完成了博士学位论文，并出版了《云冈石窟的营造工程》[2]。在"五华洞"区（第 9~13 窟）进行窟檐建筑的保护工程中，发现编号

---

① 〔日〕冈村秀典.《云冈石窟的考古学》，临川书店，2017 年。

② 彭明浩.《云冈石窟的营造工程》，北京：文物出版社，2017 年。

13-29、13-30 两小型洞窟提供了开凿过程中的不同阶段的工序。

第 13-29 窟位于第 13 窟明窗东侧 1.2 米，距地高 8.6 米，在地表看原以为是一个大龛，实际上是一个带有窟门的小型洞窟（图 3），只是窟口几乎完全坍塌，只存西侧上部一角。

窟内平面近方形，平顶，东西宽 1.9 米，南北进深 1.6 米，高 1.8 米，三壁造像，正壁一尊坐佛，两侧壁各并立一佛（近窟口）一菩萨（近正壁）。其中正壁主尊仅凿出坯形，通高 1.6 米。其头部为近椭圆形的石坯，未做任何雕饰；身部凿出肩形和手势，座部大略凿出了佛腿部与基座的轮廓（图 4）。

平面图　　　　　正壁立面图

西壁立面图　　　　　东壁立面图

图 3　第 13-29 窟平、立面测绘图

1. 西壁　　　　　2. 正壁　　　　　3. 东壁

图 4　各壁面现状

侧壁靠近主尊的两身菩萨完成度较正壁高，两菩萨通高约 1.45 米。冠部已凿出轮廓。头部区分了额发与脸部，额发中分，脸部呈椭圆形，双耳垂肩。上身已凿出左右手的手势，左手举于胸前，持拂尘，右手下垂，颈部饰桃尖形项圈，从肩上搭下交于胸前的披帛均已雕凿出轮廓。

侧壁靠近窟门的两尊立佛已完成，两立佛通高约 1.65 米。两佛整体造型相同，均高肉髻，面部清秀，长颈，着褒衣博带式袈裟，内着僧祇支，胸前系带，右手施无畏印（东壁残），左手下垂，衣角与下裙外摆。但细节却有差异：东壁佛没有表现衣纹，而西壁佛却雕刻有细密的衣褶；东壁佛左手下垂掌心向内执衣角，而西壁佛施与愿印。

平面图　　　　　　　　　正壁立面图

西壁立面图　　　　　　　东壁立面图

0　　　　1m

图 5　13-30 窟平、立面测绘图

　　第 13 窟明窗西侧的第 13-30 窟距地高度 9.7 米，窟门尚存。窟平面为不规则的横长方形，窟底东西最宽处 1.8 米，南北最深处 1.2 米。穹隆顶，窟高 2.05 米（图 5）。

　　正壁设圆拱尖顶龛，宽 1.15 米，高 1.2 米，进深 80 厘米，龛内雕二佛对坐，两佛均未凿完，但头、身、腿三部分的要素已具备，头部已凿出肉髻和五官的雏形，但尚未细致加工；身部已凿出双领下垂的衣纹走势，还能看出右领衣纹下垂后在身前搭附于左手前臂。二佛像均右手施无畏印、左手施与愿印。二佛之间的龛内壁正中有明显的分界线，东侧龛壁内密布一寸二錾的粗凿痕，西侧龛壁则经过打磨，没有錾痕。以此分界线可分窟为东、西两部，两部完成度不同（图 6）。

　　西侧龛柱柱上兽头已雕完，东侧兽头仅凿出轮廓。龛楣内七坐佛，也以中线分东西两部分，西部完成，东部仅雕出坐佛的整体轮廓。龛两侧各立一胁侍菩萨，从脚至头光尖通高 90 厘米，西侧菩萨除脸部外均完成；东侧菩萨与西侧姿态、服饰基本对称，但只凿出坯体，未凿出头光，身体各部分只具轮廓，衣纹也没有细部，满布细錾痕。两菩萨外侧还各有一站立的菩萨，他们分别朝向东西壁坐佛。

　　西壁方坛上结跏趺坐佛，通高 1.3 米。佛头部虽毁坏，但残存的颈部尚存粗錾痕，可推测头部未完成。佛像头部以下，衣纹已经完成，东壁方坛上的结跏趺坐佛完成度远不如西壁。佛通高 1.25 米，只凿出了大体形态和主要衣纹走向，可见其双领下垂，左手施与愿印，右手施无畏印，脸部凿出五官轮廓，佛身上满布錾痕。由第 13-30 窟的造像和开凿痕迹可看出，洞窟有总体规划，在开窟过程中分为东西两区分别施工，布局和像设大体对称，但进度不同，各造像细节也可能因工匠不同而略有差别（图 7）。

| 1. 龛西侧 | 2. 正壁龛 | 3. 龛东侧 |

图6　13-30窟正壁现状

图7　13-30窟东西壁现状对比（左为西壁，右为东壁）

云冈小型洞窟的开凿始于二期后段，洞窟平面一般为方形，宽、深不过2米，许多洞窟未全部完工，从这些完成程度不一的洞窟可以大体了解小型洞窟的开凿过程，可以看出这些洞窟一般都是先完成辅助造像，如胁侍菩萨、弟子及龛楣上的坐佛、飞天、供养人等装饰题材，其后才是主像。具体到单尊造像，特别是主尊造像，往往最后加工的是头部和手部。如第13-30窟西壁主像已基本完成，独颈部以上还留有錾凿痕迹；又如第5-36窟东壁小窟正壁佛像衣纹已打磨，唯独手部和头部没有加工（图8）；再如第40-4窟，窟内仅主尊和胁侍头部未完成。头部和手部直接表现造像姿态神情，最难雕刻，也容易出现工程问题，因此多留在最后处理[1]。

以上从未完成的云冈小型洞窟所了解到的一些石窟开凿工序方面的信息。如果大型石窟也基本遵守这样的工序，则我们认为云冈第5窟所表现出来的既有早期因素，又有晚期因素的原因是：第5窟在献文帝时期开始开凿，已经完成了洞窟窟内主体空间的采石工程和几身大像的坯体，以及主尊背光等装饰带的雕刻。但是，由于工程浩大，工期不可能在短期之内完工。工程在进行过程之中，遇到献文帝与冯太后两人为主的政治集团的激烈斗争而不得已停工，至于第5窟的继续雕凿，则要等到冯太后去世，孝文帝真正掌握实权之后，为了纪念自己的父亲，才将第5窟未竟的工程加以继续。因此，第5窟主尊及两侧立佛等又表现出第2期晚段的风格。

献文帝即位年仅12岁，文成帝冯皇后被尊为太后，临朝辅政。献文时，佛事营建依然兴盛，《大金西

① 前引书，《云冈石窟的营造工程》。

京武州山重修大石窟寺碑》记献文帝"天安元年（466），革新
造石窟寺^①，其中"革新"一词，应当是表示这个时候云冈的石
窟开凿进入了一个新的阶段，这种革新，既包括着选择新的地方
开凿石窟，也意味着新的样式的出现。紧接着，《魏书·显祖纪》
记载献文帝于天安二年（467）巡幸石窟寺"秋八月，丁酉，行
幸武州山石窟寺。戊申，皇子宏生，大赦，改年"。

当代史学界对于献文帝与冯太后两个政治集团之间的斗争已
经多有论述，此不赘述。

根据《魏书·显祖纪》的记载，文成帝兴光元年（454）秋
七月，拓跋弘生于阴山之北。太安二年（456）二月，立为皇太子。
和平六年（465）继皇帝位，次年改元天安，皇兴五年（471）禅位。
承明元年（476）23 岁，崩于永安殿，上尊谥曰献文皇帝，庙号
显祖，葬云中金陵。《魏书·天象志》对当时两个政治集团之间
的激烈争斗直言不讳，并与天象联系在一起。《魏书·天象志》

图 8　第 5-36 窟东壁小窟正壁像

多处涉及冯太后专断：皇兴五年，"上迫于太后，传位太子，是为孝文帝"；"是时冯太后宣淫于朝，昵
近小人而附益之，所费以巨万亿计，天子徒尸位而已"；"是时，献文不悟，至六月暴崩，实有酖毒之祸焉"；
"太和元年五月庚子，太白犯荧惑，在张，南国之次也。占曰'其国兵丧并兴，有军大战，人主死'。壬申，
水、土合于翼，皆人太微，主令不行之象也。占曰'女主持政，大夫执纲，国且内乱，群臣相杀'；是时，
冯太后将危少主者数矣，帝春秋方富，而承事孝敬，动无违礼，故竟得无咎……是时太后淫乱，而幽后伭娣，
又将薄德。天若言曰：是无《周南》之风，不足训也，故月、太白骤于之。"

冯太后死于太和十四年（490），因此，若如《云冈石窟——公元 5 世纪中国北部佛教石窟寺院的考古
学调查报告》作者所言，太和七年第 5、6 窟已经完成，那么，等于是冯太后掌权期间，就已经为献文帝平反，
这在文献中是没有证据的。

第 5 窟的续凿工程应当开始于冯太后去世之后，是孝文帝为了纪念自己的亲生父亲而进行的。《魏书·皇
后列传》中记述冯太后有才干，处事果决："显祖即位，尊为皇太后。丞相乙浑谋逆，显祖年十二，居于谅暗，
太后密定大策，诛浑，遂临朝听政。及高祖生，太后躬亲抚养。是后罢令，不听政事。太后行不正，内宠李弈，
显祖因事诛之，太后不得意。显祖暴崩，时言太后为之也。"

冯太后掌权之后，锐意改革，史家多称孝文帝改革，实际上在冯太后生前，主要是冯太后实行改革，
这在《魏书·皇后列传》中记载得很清楚："自太后临朝专政，高祖雅性孝谨，不欲参决，事无巨细，一
禀于太后。太后多智略，猜忍，能行大事，生杀赏罚，决之俄顷，多有不关高祖者。是以威福兼作，震动
内外。"

冯太后对于孝文帝的感情是复杂的。《魏书·高祖纪》记载冯太后对孝文帝管教甚严：帝幼有至性，

---

① 宿白.《〈大金西京武州山重修大石窟寺碑〉校注——新发现的大同云冈石窟寺历史材料的初步整理》，《中国石窟寺研究》，北京：
文物出版社，1996 年。

年四岁，显祖曾患痈，帝亲自吮脓。五岁受禅，悲泣不能自胜。显祖问帝，帝曰："代亲之感，内切于心。"显祖甚叹异之。文明太后以帝聪圣，后或不利于冯氏，将谋废帝。乃于寒月，单衣闭室，绝食三朝……宦者先有谮帝于太后，太后大怒，杖帝数十。帝默然而受，不自申明。

以至于在冯太后生前，孝文帝对自己的身世都不清楚，《魏书·皇后列传》记冯太后"又自以过失，惧人议己，小有疑忌，便见诛戮。迄后之崩，高祖不知所生"。

在这样的情况下，孝文帝在冯太后生前不可能对献文帝表示大规模的追念，而在冯太后死后，继续献文帝在云冈开端的大型洞窟开凿过程，又在情理之中。

第 5 窟之所以在中区东段另行开凿大型洞窟，从工程的角度考虑，可能还是因为昙曜五窟工程出现的问题，造成 20 窟窟壁的坍塌，被迫另择新址[1]。第 5 窟在洞窟形制、造像题材和背光中的火焰纹等装饰纹样方面上承昙曜五窟是很明显的，而"革新"的主要内容，从现存遗迹看，主要表现在洞窟具有带双塔的前庭，以及主尊身后的隧道两个方面。对于主尊身后的隧道，《云冈石窟——公元 5 世纪中国北部佛教石窟寺院的考古学调查报告》认为："第 5 洞与第 19、20 洞相比较，还是第 5 洞最宽敞。第 19 洞没有胁侍佛也没有胁侍菩萨，洞内空间只属于坐佛。第 20 洞虽然有胁侍佛和胁侍菩萨，但感觉都被塞在狭窄的空间内。开凿第 5 洞的时候，可能多少有了对以往石窟形式的认识。而且，在背后作为了绕道礼拜的隧道。这与第 9、十洞一致，也与巴米扬和克孜尔石窟相同。第 19 洞和第 20 洞没有做隧道，其原因不详。可能他们不知道这种结构，也有可能不需要这种礼拜活动，或者完全没有这种追求。不管怎么样，他们集中精力制造主尊大佛。开凿第 5 洞的时候，制订计划上稍微熟练，除了大佛以外还考虑隧道，除周壁外考虑明窗和门口的造型，这些可能受到西邻的第 7、8 洞，第 9、10 洞的影响，更是因为第 5 洞的开凿时间晚于其他洞窟。"

至于带有双塔的前庭，属于献文革新之作。这种做法与第 1 期洞窟不同，完全改变了洞窟的外观。为什么这样做的原因还有待探讨（是否与第 20 窟西壁和前壁坍塌之后，对于立面的修正处理有关？）由于第 6 窟也具有前庭与双塔，这是过去学者多将第 5、第 6 窟作为一组双窟的重要依据之一，但是，除了第 5、第 6 窟在前述洞窟形制、造像题材、造像风格等方面的差异之外，第 6 窟的西侧之塔与第 5 窟的双塔并不在一个斩山面上，更为明显的是，第 6 窟与第 5 窟相连的壁面上，在施工中出现了重大的失误，在现在最薄的地方已经穿透了一个小洞，第 6 窟显然是夹进了第 5 窟与第 7 窟之间，故第 6 窟与第 5 窟并非同时设计，两者之间存在比较大的差异也就可以得到解释了。

附记：本文写作得到了筱原典生和陈豪的帮助。其中《云冈石窟——公元 5 世纪中国北部佛教石窟寺院的考古学调查报告》关于第 5 洞的译文采用筱原典生的译文；冈村秀典《云冈石窟的考古学》中的相关内容采用陈豪的译文，特此致谢。

（原文刊载于《石窟寺研究》2018 年）

---

[1]　拙文.《云冈第 20 窟西壁坍塌的时间与昙曜五窟最初的布局设计》，《文物》1994 年第 10 期，第 56~63 页。

云冈第 9 窟后室明窗东西侧壁神祇尊格考

张 聪 耿 剑

云冈石窟中的第 9 窟，属于云冈第二期石窟，与相邻的第 10 窟组成双窟。图 1 与图 2 分别为云冈第 9 窟后室明窗东西侧壁所刻图像，根据二者对应的位置与相似的构图，应做组合图像考虑。关于两幅图像主尊的身份，《中国石窟·云冈石窟（二）》注为莲上菩萨与乘象菩萨[1]。这种形式的组合图像，罕见于北朝及北朝之前的中国石窟。

明窗东壁主尊附头光，坐于莲花之上，左手于腰间持水瓶，右手于胸前执长茎莲花。所坐莲花自下方水域中长出，水中另有两朵盛开的小莲花。主尊左、右两侧各雕一身供养天人，其左侧天人举伞盖至主尊头上，右侧天人上方雕莲花一朵。两身供养比丘合掌单膝跪于莲池两侧，天人、比丘均附头光。图像下方雕有连绵的山岳图像。

明窗西壁主尊附头光，坐于大象背上，左手屈臂作印，右手置于腰间。大象体魄雄浑，佩戴御具，向北行进。主尊前方雕刻二身供养天人腾于空中，上面一身弹琵琶，下面一身吹横笛，后方一身天人举伞盖至主尊头上，天人均附头光。与东壁图像相似，下方亦雕刻连绵的山岳图像。

笔者选择明窗西壁乘象神祇入手，佛教美术中乘象神祇大致分为如下几类：

1. 普贤菩萨，姚秦鸠摩罗什译《妙法莲华经》卷七"普贤菩萨劝发品第二十八"记：

> 满三七日已，我（普贤菩萨）当乘六牙白象，与无量菩萨而自围绕，以一切众生所熹见身，现其人前，而为说法，示教利喜，亦复与其陀罗尼呪。[2]

2. 入胎菩萨，吴支谦译《太子瑞应本起经》卷上记：

> 菩萨初下，化乘白象，冠日之精。因母昼寝，而示梦焉，从右胁入。[3]

3. 帝释天，唐道世撰《法苑珠林》

图 1　莲上神祇采自《中国石窟·云冈石窟（二）》图 44

图 2　乘象神祇采自《中国石窟·云冈石窟（二）》图 43

---

① 云冈石窟文物保管所.《中国石窟·云冈石窟（二）》，北京：文物出版社，1994 年，第 246 页。

② （姚秦）鸠摩罗什译.《妙法莲华经》卷第七，《大正藏》第九册。

③ （吴）支谦译.《太子瑞应本起经》卷上，《大正藏》第三册。

图3　帝释窟说法　勒克瑙博物馆藏　采自《世界美术大全集·东洋编13》P88

图4　帝释窟说法　加尔各答印度博物馆藏　采自《涅槃和弥勒的图像学》P190

卷五十四、宋法天译《佛说金刚手菩萨降伏一切部多大教王经》卷第三，分别记：

> 帝释至斋日月，乘伊罗白龙象观察世间，持戒破戒。①

> 帝释天黄色。身有千目一切庄严。以手执拂。大自在天乘牛。那罗延天乘金翅鸟。帝释天乘象。迦哩底计野天乘孔雀。②

图5　苏利耶与帝释天　采自《世界美术大全集·东洋编13》P219

其中，入胎菩萨一般出现于佛传图像中，且无成组对象可相配合。普贤菩萨、帝释天则存在组合对象，分别为文殊菩萨、梵天。文殊菩萨一般与坐骑青狮同时出现，这与明窗东壁图像显然不符。再者，以中国现存的北魏佛教美术遗迹来看，罕有身份明确的普贤菩萨图像出现。故笔者暂将明窗西壁乘象神祇设定为帝释天。

实际上，印度佛教美术中，帝释天与大象联系紧密，时常一起出现。贵霜王朝秣菟罗"帝释窟说法"雕刻中，帝释天一般都与大象同时出现，以体现帝释天自忉利天乘象降下（图3）。贾玛尔普尔出土的"帝释窟说法"雕刻表现了帝释天向洞窟内的佛陀合掌行礼，而大象随其身后的场面（图4）。相对来说，犍陀罗地区则较少出现这类例子，该题材大致较晚进入犍陀罗艺术。可见"帝释天与大象"这种题材应该兴起于中印度。

帝释天的原型——因陀罗（Indra），在吠陀神话中原先乘骑战马或驾驭由马牵引的战车，在吠陀时代的晚期，因陀罗放弃了马匹，换而乘骑名为爱罗婆多（Airāvata）的巨大白象③。这头著名的白象，是众神搅拌乳海时产生的，它被比作雨云降落大地，为自然提供赖以生存的雨水。这种信仰大概来源于大象以鼻子吸水并喷洒的习性有关，室利女神（Śrī）的造像中，就经常出现两头大象以鼻子卷起水罐向女神洒水的画面。在印度，大象是国王理想的坐骑，它象征着力量、平衡与富足，这与因陀罗诸神之王的身份也十分匹配。④

早在印度巴贾石窟（BhājāCaves）就已经出现了乘骑大象的因陀罗图像（图5），巴贾石窟19窟入口一侧刻有因陀罗乘骑大象的形象，另一侧刻有苏利耶（Sūrya）乘坐战车的形象，雕刻时代大致为公元前2-1

---

① （唐）释道世.《法苑珠林》，周叔迦、苏晋仁校注，北京：中华书局，2003年，第1614页。

② （宋）法天译.《佛说金刚手菩萨降伏一切部多大教王经》卷第三，《大正藏》第二十册。

③ 〔英〕韦罗尼卡·艾恩斯.《印度神话》，孙士海、王镛译，北京：经济日报出版社，2001年，第17~21页。

④ 〔德〕施勒伯格.《印度诸神的世界》，范晶晶译，上海：中西书局，2016年，第158页。

图6　因陀罗与爱罗婆多　秣　图7　两性湿婆（乘象因陀罗局部）采　图8　恒河降凡（乘象因陀罗
菟罗博物馆藏　采自《涅槃　　自《世界美术大全集·东洋编14》P42　　局部）采自《世界美术大全
和弥勒的图像学》P193　　　　　　　　　　　　　　　　　　　　　集·东洋编14》P43

世纪。笈多王朝印度教
美术中的因陀罗雕像数
量不多，这与印度教中
因陀罗地位相对低下有
关，但仍可见其与大象
的组合图像。图6为出
土于秣菟罗的因陀罗立
像，其双腿后可见大象
爱罗婆多。德奥迦尔十
化身神庙中"躺在舍沙
（Śe□a，即阿南塔龙）
身上的毗湿奴"浮雕上

图9　乘象帝释天　采自《庆阳北石窟寺内　图11　那罗和那罗衍那　采自王镛《印度美术》
　　容总录（下）》P410　　　　　　　　　　　　P236

层，亦可清楚地看见乘骑大象的因陀罗。另外，埃勒凡塔石窟（Elephanta Caves，象岛石窟）中，"舞蹈湿婆"、
"两性湿婆"（图7）、"恒河降凡"（图8）等浮雕均出现乘骑大象的因陀罗形象，约雕刻于公元5-6世纪。

　　所以，因陀罗与大象的组合在印度可视为因陀罗图像的定式之一，而这种图像构成势必影响到佛教中
的帝释天图像。由此，云冈第9窟明窗西壁乘象神祇确实可能是帝释天，北魏时期的石窟中，乘象帝释天
图像还可见于庆阳北石窟寺165窟西壁窟门南侧（图9），此二者都着菩萨装。

　　明窗东壁莲上神祇尊格释读的关键与西壁神祇相同，也是其所坐之物。东壁图像主尊坐于一朵盛开的
莲花之上，这是佛教神祇常见的一种坐式图像。但是，此处刻意表现了莲花长长的花茎，及其从下方水域
中生长而出的情状，这在同期佛教美术中可能是一个孤例，这种独特的图像势必是为了表达某种特殊的含义。
假设西壁乘象神祇确为帝释天，作为组合对象，东壁莲上神祇就应该是梵天，那么梵天有无坐于莲上的图
像传统呢？

图 10　躺在舍沙身上的毗湿奴采自《印度：神秘的圣境》P114

梵文中，梵天（Brahma）亦称为 pad-maja，（padma）+（ja）意为 "lotus-born" 即 "从莲花中诞生者"[①]；或 Kamal ā sana，意为 "以莲花为座者"[②]。关于梵天的诞生有数种说法，流传最广的两种是：1. 梵天是从漂浮在宇宙洪水上的金卵中孵化而来；2. 宇宙之主在位于海面的宇宙之卵上孵化了一千年，正当他沉思之际，一朵莲花自其肚脐升起，这朵莲花中出现了梵天[③]。

第 2 个神话更晚时演绎出另一个相似的版本：毗湿奴（Visnu）躺在漂浮于海面上的舍沙身上休憩时，从他的肚脐生出一朵莲花，而梵天出现在其中[④]。德奥迦尔十化身神庙南壁的砂石高浮雕 "躺在舍沙身上的毗湿奴"（约作于公元 5 世纪末）明确而具体地刻画出这个传说，身体壮硕匀称的毗湿奴横卧在盘绕成床垫形的舍沙身上，多首蛇盖似光环般环护于其头后，其围腰布与萨尔纳特式佛衣的薄贴效果相似，闭目沉睡的神态则与笈多式佛像的冥想表情类同。浮雕上层中央雕刻四面（只刻出三面）梵天端坐在一朵盛开的莲花上，左手捧持水瓶，右手屈臂（损毁），值得注意的是，这朵莲花也雕刻出长长的花茎，末端隐入墙壁，似通向毗湿奴，暗示莲花生自毗湿奴的肚脐（图 10）。[⑤] 此处长茎莲花及左手持水瓶的图像构成，与云冈第 9 窟明窗东壁的莲上神祇图像可谓完全一致。在印度，这类毗湿奴与梵天的组合图像十分稳定，一直延续至今。

坐于莲花上的梵天图像，还可见于 5 世纪末德奥迦尔十化身神庙东壁的砂石高浮雕 "那罗和那罗衍那" 上层正中（图 11）、约公元 6 世纪阿依赫拉的胡恰帕亚固代寺的浮雕 "被众仙人赞叹的梵天"（图 12）等。梵天手持莲花的实例，参见布玛拉（Bhumara）手持莲花的梵天雕刻，手持莲花正是暗示其 "从莲花中诞生者" 的身份[⑥]。

如此，云冈第 9 窟莲上神祇的独特

图 12　被众仙人赞叹的梵天西印度威尔士王子博物馆藏采自《涅槃和弥勒的图像学》P183

①　H.Zimmer，The Art of Indian Asia，3rd printing，New York，1968，vol.I，p.168.
②　〔德〕施勒伯格.《印度诸神的世界》，范晶晶译，上海：中西书局，2016 年，第 158 页。
③　〔英〕韦罗尼卡·艾恩斯.《印度神话》，孙士海、王镛译，北京：经济日报出版社，2001 年，第 17~21 页。
④　同③，第 65 页。
⑤　王镛.《印度美术》，北京：中国人民大学出版社，2010 年，第 233~237 页。
⑥　〔日〕宫治昭.《涅槃和弥勒的图像学》，李萍、张清涛，译 . 北京：文物出版社，2009 年，第 84 页。

图像含义便可得到合理解释。无论宇宙之主或是毗湿奴，在肚脐长出莲花之时，都是位于海面之上，所以图像下方的水域也变得容易理解。该莲上神祇的图像构成，与印度部分梵天图像相符：主要表现在坐于长茎莲花之上、手持水瓶、手执莲花。加上水瓶在印度美术中，一直都是梵天的固有持物，故将第9窟莲上神祇推定为梵天也有确定的图像依据。根据两位神祇各自的图像溯源，以及他们成组相对的特殊位置来判断，笔者认为将二者判断为梵天与帝释天是合理的。

图 13　摩醯首罗天　　　　　图 14　鸠摩罗天

在梳理梵天与帝释天组合图像的过程中，笔者发现中国早期的梵天与帝释天图像似乎存在两个图像系统。在炳灵寺一六九窟第3龛、金塔寺石窟西窟中心柱东面下层龛、金塔寺石窟东窟中心柱西面上层"释迦苦行像"龛、天梯山石窟第4龛中心柱正面下层龛等石窟遗迹，以及以北魏铜铸佛板为代表的小型造像遗存中出现的梵天与帝释天图像，更近似于犍陀罗三尊像或五尊像的雕刻作品：这些图像中出现的梵天、帝释天侍立于佛陀两侧，注重以拂子、水瓶、金刚杵等持物表明各自的尊格，笔者曾就此类图像做过相关研究。[1] 这类梵天与帝释天的组合可认为是"犍陀罗式梵释组合"。

云冈第9窟明窗东西侧壁的梵天、帝释天并非作为佛陀的左右胁侍出现，而是作为类似石窟入口（窟门、明窗）的守护神出现。同时，梵天、帝释天注重以莲花、大象等坐具表明各自的身份，这种"坐于莲花""乘骑大象"的图像似乎显示了更多中印度美术的风格，同时浸染了印度教神祇图像的部分特点。本文将这类梵天与帝释天的组合认为是"印度教式梵释组合"。

以印度教色彩浓郁的神祇作为佛教石窟入口守护神的做法，早在巴贾石窟就存在先例，如图5中石窟入口两侧的乘马车苏利耶与乘象因陀罗，显示了早期佛教的包容性与化融其他宗教的能力。这种设计在云冈石窟与龙门石窟还有数例，如云冈第7、8窟后室门道东西侧壁、云冈第10窟前室北壁门楣上方须弥山两侧、龙门石窟宾阳中洞窟口门道南北侧壁等处，其中的代表是云冈第8窟后室门道东西侧壁雕刻的摩醯首罗天与鸠摩罗天（图13，图14）。

德奥迦尔十化身神庙"躺在舍沙身上的毗湿奴"浮雕上层（图10），除了莲花上的梵天、乘象的因陀罗外，还可以清楚地辨别出骑牛的湿婆（Śiva）与其妻子、乘孔雀的室建陀（Skanda）。巧合的是，云冈第8窟中骑牛八臂摩醯首罗天实即湿婆，相对的乘孔雀鸠摩罗天实即室建陀。"躺在舍沙身上的毗湿奴"浮雕中，莲花上的梵天紧靠着乘象的因陀罗（埃勒凡塔石窟"两性湿婆""恒河降凡"浮雕中，梵天与因陀罗也是紧挨着出现的），外侧分别是骑牛的湿婆与乘孔雀的室建陀，不难看出他们在印度教中的密切关系。上述几位均为印度教十分重要的神祇，他们被佛教吸收后一般都仅以护法神的身份出现，佛教大致意在借此以提高自己的地位。庆阳北石窟寺165窟西壁窟门南北两侧所刻乘象帝释天与三头四臂神祇，同样是作为

① 张聪.《炳灵寺一六九窟第3龛造像内容新证》，《美术与设计》，2014年第2期，第90~92页；张聪.《北魏铜铸佛板考论》，樊波《美术学研究》南京：东南大学出版社，2016年，第256~265页。

石窟守护神出现。[1]

云冈第 9 窟明窗这组图像罕见于北朝及北朝之前的石窟，关于这组图像的出现，笔者认为主要有两个原因：开凿时间与主持建窟者。

云冈第 9 窟属于云冈第二期石窟，与相邻的第 10 窟组合为双窟。第二期石窟的开凿时间大致自文成帝逝后至太和十八年迁都洛阳之前（465–494），主要石窟有五组[2]，其中有四组双窟：第 7、8 窟，9、10 窟，第 5、6 窟，第 1、2 窟；一组三窟组合：第 11、12、13 窟。第 7、8 窟大约完成于孝文帝初期，是第二期石窟中最早者。据金皇统七年《大金西京武州山重修大石窟寺碑》所记，可推断主持建窟者应为孝文帝。第 9、10 窟时代略晚于第 7、8 窟，依《大金西京武州山重修大石窟寺碑》记载，可大致推定主持建窟者为北魏时期的宠阉钳耳庆时，开凿时间为太和八年（484）至十三年（489）。[3]第二期与第一期石窟相比，造像题材、装饰图像等种类增多，整体呈现出华美巧丽的趋势。云冈所见最早的护法诸天、维摩与文殊等图像就出现在第 7、8 窟中，这组石窟后室门道东西侧壁，均雕刻极具印度教特色的神祇作为洞窟入口守护神。虽然第 9、10 两窟中，类似的印度教血统护法神并非出现在后室门道侧壁，但其所在的明窗东西侧壁（第 9 窟）及前室北壁门楣上方两侧（第 10 窟），某种程度上亦可视为洞窟入口，这样的传统显然接续了第 7、第 8 两窟。这类特殊的护法神在云冈第一期石窟中不曾出现，那么为何在第二期石窟出现了这类新型图像呢？

首先，就北魏方面而言，太武帝废佛（446）后，因为各方矛盾，北魏的统治开始衰弱。文成帝即位（452）后，立即恢复佛教。这当中的 7 年间，被废止的佛教大致也中断了相关的艺术创作。460 年，云冈石窟开始营建，《魏书·释老志》记："昙曜白帝，于京城西武州塞，凿山石壁，开窟五所，镌建佛像各一……雕饰奇伟，冠于一世。"[4]此时的北魏统治集团希望借助佛教来祈求自身福报、缓和各方矛盾。465 年，文成帝逝，各族起义不断，矛盾越发激化。471 年，孝文帝即位后，北魏皇室贵族崇佛祈福之事愈演愈烈，云冈二期连续开凿成组大窟也从侧面反映出皇室贵族的极端忧虑。当然，最为兴盛的云冈第二期石窟，也反映了此阶段的佛教在北魏统治集团的极力倡导下，发展异常迅速[5]。在这种情况下，对外来图像粉本的需求必定大幅增加，势必也会引入一些全新的图像。

印度方面，彼时的笈多王朝（320–6 世纪中叶）对各种宗教包容并蓄，佛教与印度教共同发展。自塞秫陀罗笈多（335–375）时期始，笈多王朝渐入鼎盛，稳定繁盛的局面一直持续至鸠摩罗笈多（414–455）时期。而在笈多王朝趋于全盛之时，之前的佛教艺术重镇犍陀罗地区已经基本丧失了创作的活力。犍陀罗艺术成熟期大致分为前后两期，前期大概为公元 1 世纪末到 140 年；后期起始于 140 年，大约止于 90 年后贵霜帝国瓦解。[6]必须注意的是：460–470 年，白匈奴彻底毁灭了犍陀罗。[7]也就是说，云冈石窟始凿（460）之际，犍陀罗美术对外输出的能力实际已经大大降低。虽然此前缓释在传播道路上的犍陀罗美术影响依然

① 甘肃北石窟寺文物保护研究所.《庆阳北石窟寺内容总录（上）》，北京：文物出版社，2013 年，第 156~157 页。
② 另外，云冈第 3 窟北魏时的主要工程大约也是在这一时期进行的。
③ 宿白.《中国石窟寺研究》，北京：文物出版社，1996 年，第 52~75 页。
④ （北齐）魏收.《魏书》北京：中华书局，1974 年，第 3037 页。
⑤ 同③，第 76~88 页。
⑥ 〔英〕约翰·马歇尔.《犍陀罗佛教艺术》许建英译.乌鲁木齐：新疆美术摄影出版社，1999 年，第 65 页。
⑦ 张同标.《中印佛教造像源流与传播》，南京：东南大学出版社，2013 年，第 71~72 页。

强而有力，但后方的沦陷使得它必将逐渐消散。云冈第二期石窟的繁荣兴盛直接导致对外来图像粉本需求的激增，这时接力传来的美术影响更多可能是来自中印度的笈多美术。笈多王朝多宗教并行的背景，必然使得各宗教间的美术交互相融。于是，梵天坐在莲花上，帝释天乘骑着大象，跟随西来的印度粉本进入了云冈石窟。

根据文献，当时也的确存在印度图像粉本直接传入云冈石窟的可能。《续高僧传》卷一"魏北台石窟寺恒安沙门释昙曜传"记："曜慨前凌废，欣今重复，故于北台石窟集诸德僧，对天竺沙门，译付法藏传并净土经，流通后贤，意存无绝。"① 《魏书·释老志》记："昙曜又与天竺沙门常那邪舍等，译出新经十四部。"② 《出三藏记集》卷二记："杂宝藏经十三卷，缺；付法藏因缘经六卷，缺；方便心论二卷，缺。右三部，凡二十一卷。宋明帝时，西域三藏吉迦夜于北国，以伪延兴二年（472），共僧正释昙曜译出，刘孝标笔受。此三经未至京都。"③ 由此可见，云冈石窟最早的主持者昙曜，本身就与印度僧人有着密切联系。而且，他还召集了大批印度僧人在云冈石窟共同译经，这注定使得云冈石窟成为印度僧人来华的聚集地之一，当然也就为前述来自中印度的图像粉本进入云冈石窟提供了契机。

但是，同时期的其他洞窟并未出现第 9 窟明窗这类梵天与帝释天的组合图像，这大概又与第 9、10 窟的主持建窟者有很大关系。钳耳庆时，《魏书》卷九十四有传："王遇，字庆时，本名他恶……自云其先姓王，后改氏钳耳，世宗时复改为王焉……遇坐事腐刑，为中散……进爵宕昌公……世宗初，兼将作大匠……遇性巧，强于部分。北都方山灵泉道俗居宇及文明太后陵庙，洛京东郊马射坛殿，修广文昭太后墓园，太极殿及东西两堂、内外诸门制度，皆遇监作。虽年在耆老，朝夕不倦，跨鞍驱驰，与少壮者均其劳逸。"④ 钳耳庆时信奉佛教，史料记其曾于太和（477–499）中修建多所佛寺，《水经注》卷十三"漯水"记："东郭外，太和中，阉人宕昌公钳耳庆时，立祇洹舍于东皋，椽瓦梁栋、台殿棂陛、尊容圣像及牀坐轩帐，悉青石也，图制可观，所恨惟列壁合石疏而不密。庭中有《祇洹碑》，碑题大篆非佳耳。然京邑帝里，佛法丰盛，神图妙塔，桀跱相望，法轮东转，兹为上矣。"⑤

《宕昌公晖福寺碑》记："我皇文明自天，超世高悟……宕昌公王庆时资性朗茂，秉心渊懿……于本乡南北旧宅，上为二圣造三级佛图各一区……旌功锐巧，穷妙极思，爰自经始，三载而就，崇基重构，层栏叠起，法堂禅室，通阁连晖……当今之莊观者矣……太和十二年岁在戊辰（488）七月己卯朔一日建。"⑥ 根据记载，不难看出钳耳庆时建造之所均精巧可观、竭思尽妙，这与《魏书》所记，"遇性巧，强于部分"相符合。宣武初，钳耳庆时兼将作大匠，此间北魏所营造的宏大建构，几乎皆出于其手，如"北都方山灵泉道俗居宇及文明太后陵庙"等众多工程。第 9、10 窟的雕镂在云冈石窟中最为巧丽，这也与钳耳庆时一贯的营造风格相称。值得注意的是，《水经注》中提到的"祇洹舍"，应该是一种石制的汉式建筑形式，因为，"椽瓦梁栋、台殿棂陛、尊容圣像及牀坐轩帐，悉青石也"。《水经注》既然特地提及"祇洹舍"

① （唐）道宣 . 续高僧传 . 郭绍林，点校 . 北京：中华书局，2014.

② （北齐）魏收 . 《魏书》北京：中华书局，1974 年，第 3037 页。

③ （梁）释僧祐 . 《出三藏记集》，苏晋仁、萧鍊子点校 . 北京：中华书局，1995 年，第 62~63 页。

④ 同②，第 2023~2024 页。

⑤ 黄忓华 . 《水经注捃华》. 扬州：广陵书社，2013 年，第 118~119 页。

⑥ 颜娟英 . 《北朝佛教石刻拓片百品》，北京：中央研究院·历史语言研究所，2008 年。

的形制与材质，想必这类筑造应该为当时所少见。无独有偶，云冈石窟的天幕式龛（原型为汉式牀帐）也首次出现在由钳耳庆时主持建造的第 9、10 窟中。

　　这样一位擅长营造之法的建筑师，在设计开凿皇家石窟时，必定"穷妙极思"。实际上，由他主持开凿的第 9、10 窟也的确呈现出与众不同的非凡之处，后室隧道式的礼拜通道、汉式建筑传统的窟龛装饰和中、西亚曾流行的繁缛植物花纹等石窟构成都首先出现于这组洞窟。第 10 窟后室入口上方须弥山两侧的多首多臂神祇图像，则显示了钳耳庆时对这类富有印度教色彩图像的独特喜好及如前所述的创新作风。所以，莲上梵天、乘象帝释天这组图像，极有可能是由于钳耳庆时的个人审美选择而出现在了第 9 窟的明窗东西侧壁。

　　最后，从洞窟主尊来看，第 9 窟为释迦，第 10 窟为弥勒①。这从反面也印证了第 9 窟明窗东西侧壁所刻确为梵天、帝释天的事实：梵天与帝释天的组合一般只会与释迦相联系，从明窗向内望去，梵天与帝释天正好表现出向释迦行进的态势；而第 10 窟明窗东西侧壁的相同位置，仅雕刻坐佛两尊。综上所述，云冈第 9 窟后室明窗东西侧壁所刻图像主尊应该为梵天与帝释天，这组形式特殊的图像应源于中印度美术，而它出现的原因则与其开凿时间、主持建窟者钳耳庆时有关。

　　　　　　　　　　［原文刊载于《南京艺术学院学报（美术与设计）》2018 年第 2 期］

---

① 国家文物局教育处 .《佛教石窟考古概要》，文物出版社，1993 年，第 109 页。

云冈第 7、8 窟前室的坍塌与窟面景观的变化

彭明浩

云冈石窟由北魏皇室兴造，开凿于都城平城（今山西大同）西郊 16 公里的武州川（今十里河）北岸山崖之上，东西绵延约一公里，是中原地区最早出现的大型

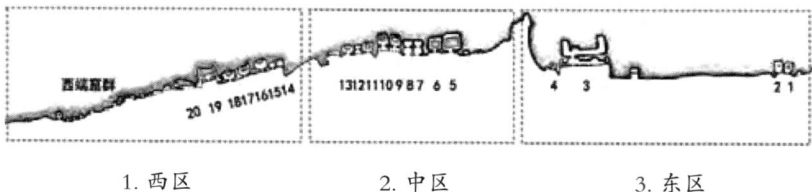

1. 西区　　　　2. 中区　　　　3. 东区

图 1　云冈石窟分区示意图

石窟群，现存大小洞窟共计 254 个，自东向西编有 45 个主要洞窟[1]，因自然沟谷分隔，划为东、中、西三区，东区第 1 至 4 窟，中区第 5 至 13 窟，西区第 14 至 45 窟，其他洞窟就近编为各主要洞窟的附窟（图 1）。石窟的绝大部分，都开凿于北魏中后期，总体可分为三期：一期石窟始于文成帝和平元年（460），为昙曜主持开凿的五座大像窟，即西区第 16 至 20 窟；二期石窟为孝文帝迁洛之前开凿的洞窟，集中分布在中区第 5 窟至第 13 窟，以及东区第 1、2 窟，第 3 窟；三期石窟为迁洛后地方民众在各区崖面上开凿的中小型石窟，以西区编号 21 至 45 的"西端窟群"为代表[2]。

第 7、8 窟位于云冈中区偏东，是继"昙曜五窟"之后最先开凿的一组双窟[3]，窟分前后两室，其现状与其他大窟迥异的是，双窟前室都没有窟顶，敞口露天。清代曾在前室内搭建木构窟檐，至日本学者水野清一、长广敏雄调查云冈石窟，7 窟木构窟檐尚存[4]（图 2），新中国成立后，按第 7 窟样式在两窟前室内重建了

图 2　中区洞窟立面（引自水野清、长广敏雄《云冈石窟》第一卷）

① 山西云冈石窟文物保管所.《新编云冈石窟窟号的说明》，《文物》1988 年 4 期；山西云冈石窟文物研究所《关于云冈石窟新编窟号的补充说明》，《文物》2001 年 5 期。

② 宿白《云冈石窟分期试论》，《中国石窟寺考古》，文物出版社，1996 年 8 月，第 76~88 页。

③④ 〔日〕水野清一、长广敏雄.《云冈石窟：西历五世纪における中国北部佛教窟院の考古学的调查报告》，东方文化研究所调查，卷 4，京都：京都大学人文科学研究所，1952 年。

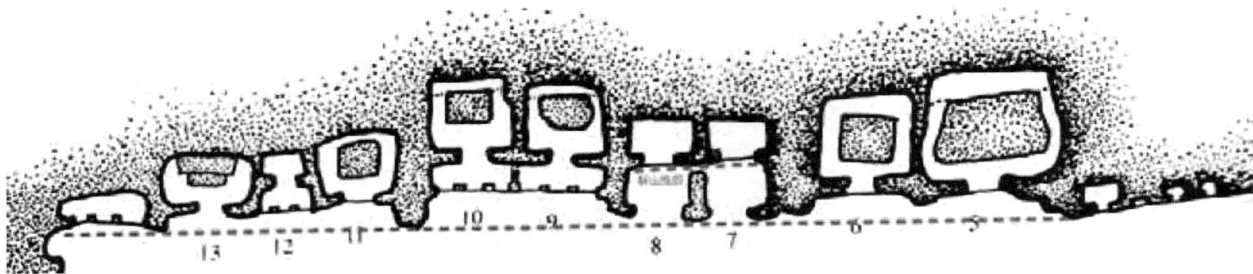

图 3　第 7、8 窟与中区其他洞窟斩山比较（引自《中国石窟·云冈石窟》第一卷附页）

图 4　第 7、8 窟上万遗迹现状

图 5　第 7、8 窟上方遗迹历史照片（引自水野清一、长广敏雄《云冈石窟》第五卷）

木构窟檐。

　　第 7、8 窟前室壁面也很特别，除明确的东、西、北三壁外，其南壁窟口两侧也有残存壁体，围合为一方形空间，在各壁面上，浮雕有一排排规整有序的本生故事、千佛及供养人，因此，第 7、8 窟开凿时前室是否露天，就值得考虑。前人多结合前室上部尚存的人字坡屋顶遗迹，认为第 7、8 窟原当覆有木构屋顶，以保护壁面雕刻，是一种独特的洞窟设计[①]；也有学者认为前室浮雕或如云冈西区崖壁上满布的千佛，不用特别遮覆，当时即设计为露天前室。

　　上述两种意见，实则均认为第 7、8 窟向山体中凿出了露天前室，差别只在于是否覆有木构屋顶。而云冈大型石窟工程，均首先需要在坡状山体中开凿出垂直的壁面作为正壁，再向内开窟造像，这一施工过程称为"斩山"，斩出正壁的同时，也伴随产生了两边的斩山侧壁和前端的斩山平台，共同围合成窟前簸箕形的斩山空间。以此来考察第 7、8 窟的露天前室，则意味着当时开凿时要在坡状山体上凿除前室之上的所有岩体，那么前室空间也在斩山范围，斩山正壁推后至前室后壁，相较于中区其他大型洞窟的斩山面，陷入近 10 米（图 3），工程量巨大，但反而将前室壁面浮雕袒露了出来，从设计上来说不

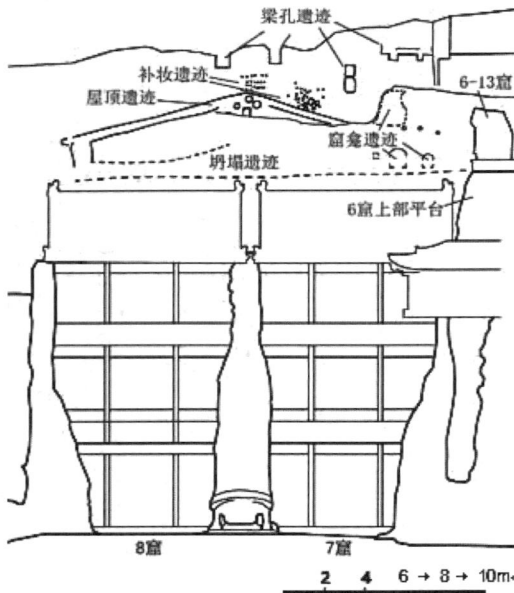

图 6　第 7、8 上方遗迹测绘图（虚线为根据日本学者照片所示的相对位置补充的相关信息）

---

①　〔日〕水野清一、长广敏雄.《云冈石窟：西历五世纪における中国北部佛教窟院の考古学的调查报告》，东方文化研究所调查，卷 5，京都：京都大学人文科学研究所，1951 年。

图 7　第 5、6 窟上方窟龛

图 8　龙王沟区域小型龛像在壁面底缘分布

仅费工，还有自身缺陷，很不合理，且无法解释前室四壁围合的现象。因此，有必要对第 7、8 窟前室原来的设计再做探讨。

我们注意到双窟上部壁面的营造遗迹恰有助于说明这一问题，但以往对这方面信息的关注较少，且后期崖壁加固工程覆盖住了部分壁面营造遗迹，基础材料还不全面。因此，首先需要在现状调查的基础上（图 4），结合历史照片尽可能全面地整理相关信息。经现场测绘，可见现在两窟上方的壁面上，有明显的大型"人"字形窟檐屋顶的痕迹，另有靠近崖顶的梁孔遗迹，但 7 窟上方大部分壁面经过现代修补，借助于 20 世纪 30 年代日本学者调查时的照片（图 5），尚能看到几处明显的窟龛遗迹，通过照片中的相对位置关系，可用虚线标记在现状图上（图 6）。

这些营造遗迹，首先值得注意的是图中东侧的几处窟龛遗迹，包括一处小型洞窟及其下方两个小型龛像，洞窟高宽不超过 2 米，龛像高宽在 1 米以内，距现地平高超过 20 米，而云冈其他区域直壁上后期补凿的小型窟龛距地最高也不过 11 米。第 7、8 窟上方窟龛既小且高，若悬空开凿，不仅施工困难，也没法后期瞻礼，因此，这些窟龛最初开凿的条件当与现状不同。在这些窟龛的东侧，是第 5、6 窟顶部的平台，平台后壁开凿有许多小型窟龛（图

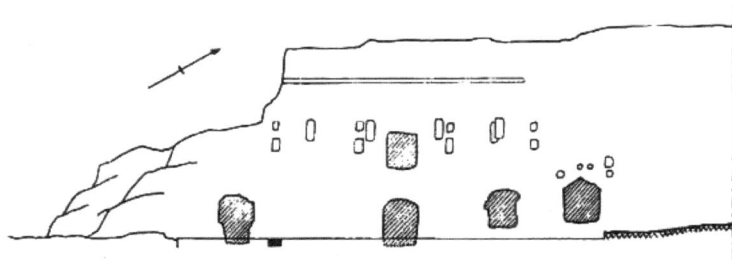

图 9　龙王沟窟面梁孔分布图（赵曙光《龙王沟西侧古代遗址清理简报》）

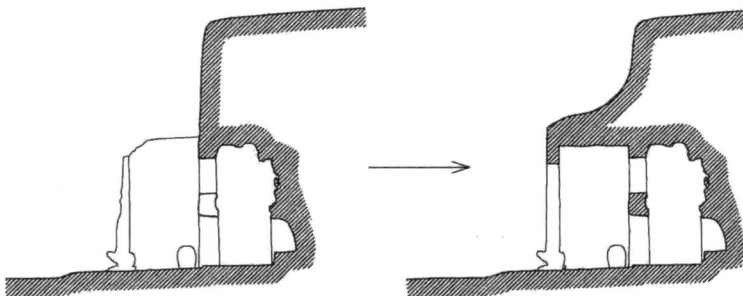

图 10　第 7、8 窟现状与原始剖面推测示意图

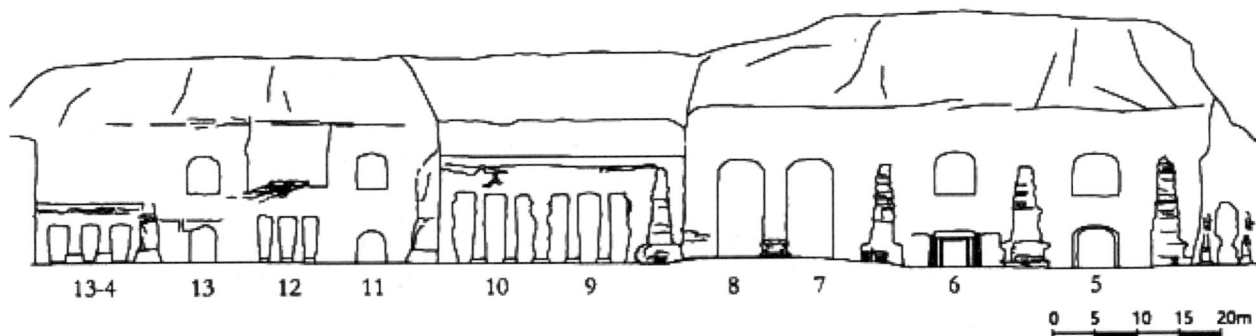

图 11　云冈中区景观示意图

7），并向东延伸至龙王沟一带窟群（图 2）。它们与第 7、8 窟上部窟龛在同一水平高度，规模相当，且第 6 窟上部最西端编号第 6-13 窟的小窟与之毗邻。参考第 5、6 窟上部平台的小型窟龛的开凿条件，则第 7、8 窟之上很可能也有凸出平台，与第 5、6 窟平台连为一体，作为当时上层窟龛施工的工作面。特别是老照片中两个小龛，属于最低规格的造像行为，龙王沟一线也能见到类似的情况，均分布在洞窟两侧下方，临近崖前地面开凿（图 8），则更能说明第 7、8 窟上部前缘应该有突出的平台。

　　而第 7、8 窟上方壁面上的梁孔痕迹（图 6），也需要结合两窟东侧第 5、6 窟及龙王沟一线梁孔一起考虑，它们基本处于同一水平高度，且上下相叠的双梁孔，在龙王沟窟群壁面上也有发现（图 9），梁孔尺度经测量，高约 50~60 厘米，宽约 30~40 厘米，也与龙王沟双梁孔相同，根据龙王沟窟前地面的发掘，这类梁孔可能是辽代在窟前建造木构建筑的痕迹[1]。梁孔的规格，相对于昙曜五窟窟前建筑所留下的高近 2 米的大梁孔明显较小，说明其前窟檐建筑不大，不可能直抵现状地面。在第 7、8 窟上方壁面东侧，双梁孔的斜上方，还有一道横槽，可能是放置脊槫的位置，这道横槽一端在第 7 窟之上，另一端向第 5、6 窟延伸，反映出第 7、8 窟与第 5、6 窟上方建筑遗迹的关联。说明第 7、8 窟也当如第 5、6 窟一样，上方具有向前凸出的平台，承载这些梁孔和槫槽对应的窟檐建筑。

　　以上窟龛和梁孔遗迹都说明，第 7、8 窟前室上部原当接前凸的自然岩体，具有石质窟顶（图 10）。老照片上所见的小型窟龛，即借助窟顶上方平台开凿，后来壁面上出现的梁孔，也是在上方平台加建木构窟檐所留下的痕迹。如若龙王沟考古简报对于窟檐建筑年代的推断无误，第 7、8 窟上部窟檐建筑或也是辽代兴造，那么前室窟顶至少辽代尚存，可能正由于上部营造活动，使第 7、8 窟前室窟顶承受了巨大的压力，以致坍塌。老照片中尚可见一道明显的坍塌遗迹，正在第 7、8 窟窟顶位置，东西贯通双窟。

　　这次坍塌之后，第 7、8 窟前室露天，才有必要修建规格更大的窟檐建筑遮覆窟面。在上述梁孔遗迹之下，可见"人"字形屋顶痕迹（图 6），其规模较大，顶部有三个呈"品"字形排列的槫孔，直径约 30~40 厘米，距地高约 23 米，东侧屋面槽痕略有残损，西侧保存较为完整，前端直

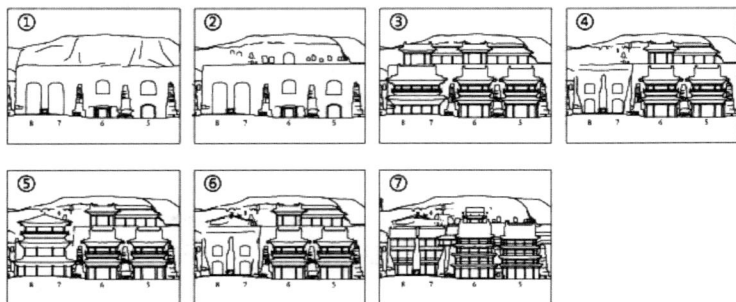

图 12　中区东部景观变迁示意图

① 赵曙光《龙王庙西侧古代遗址清理简报》，《中国石窟·云冈石窟》第二卷，文物出版社，1994 年，第 219~230 页。

抵第 8 窟前室西壁的垂直位置，则知窟檐原状当完全覆盖住第 7、8 窟。屋顶上部有两处 1 米见方的密集小孔群，各小孔大小基本相同，直径约 5 厘米，排列并不规则，结合云冈其他区域所见的类似小孔，推测其可能用于插入木桩、敷泥补妆，以装饰窟檐建筑的屋脊。该窟檐建筑未能保存至今，其坍塌后，清代又分别在两窟的前室内新修窟檐。

由上可见，第 7、8 窟前室现状与原始设计有较大差别，两窟前室原是在山体中掘凿出的内部空间，其上部山体当与东侧的第 5、6 窟一致，上下窟面在前室南壁外侧，并没有现状坍塌造成的凹陷。当时中区各窟窟面，也基本一致，窟与窟之间多以凸出的塔柱做分隔，若从石作施工的角度考虑，这些突出的塔柱需要在斩山过程中预留出来，因此最初斩山的基线当控制在突出塔柱的前缘，以此为标准，中区洞窟的整体施工基本控制在同一水平线（图 2），各窟再向内进行了一定程度的窟面工程，形成各自的前庭空间。第 5、6 窟，第 7、8 窟四窟在东，第 11、12、13 窟及第 13-4 窟四窟在西，第 9、10 双窟正居中，其窟面略微向内，并凿有石质仿木构窟檐，内部造像装饰也最称巧丽[1]，则可看出当时中区窟面以 9、10 窟为中心，左右基本对称（图 11）。

但这一窟面景观并没有维持多久，北魏迁洛前后，人们即开始在洞窟外壁补凿小型窟龛，第 7、8 窟所在的中区东部，窟顶上方自然的阶地断崖[2] 也被修整为直壁开凿龛像，窟前与窟顶也开始兴建窟檐建筑，由于上方平台的人类活动，加之第 7、8 窟前室跨度过大，造成窟顶坍塌，前室暴露于外。其后人们又兴建了大型建筑整体遮覆住双窟，但这一窟檐建筑未能保存至今，其坍塌后，清代又在两窟各建一阁，基本奠定了今天的格局（图 12）。

综上可知，第 7、8 窟所在的云冈中区，窟面景观历经变化，已与北魏始建的原貌大不相同，要讨论北魏时期的云冈石窟，就需要运用考古学方法，辨析后期自然影响与人为活动所造成的改变。因此，洞窟外壁残存的各类营造遗迹，也应当纳入洞窟的基础调查、测绘和保护之中，通过分析它们与洞窟本体、壁面龛像的空间关系，探讨各类营造活动的先后，或能够以动态的视角更为全面完整地考察石窟。

（原文刊载于《中国文化遗产》2018 年第 2 期）

---

① 宿白.《〈大金西京武州山重修大石窟寺碑〉校注——新发现的大同云冈石窟寺历史材料的初步整理》，《中国石窟寺研究》，文物出版社，1996 年，第 52~75 页。

② 中区上方的自然断崖，参看彭明浩《云冈石窟的营造工程》，文物出版社，2017 年 5 月，第 52~53 页。

云冈石窟发现一尊小造像

王雁卿

　　2017 年，云冈石窟研究院文物保护中心照例开展文物保护日常保养工作，在第 14 窟到第 19 窟前搭上了脚手架。借助外立壁的脚手架，我们得以精确测量昙曜五窟以及第 14、15 窟外立壁距地面高约 11 米的大梁孔，却意外地发现一尊造像。此像没有被日本学者的十六卷本《云冈石窟》记录，既不是云冈石窟申报世界文化遗产文本中提到的大小造像 51000 余尊的之一，也不是后来云冈石窟官网上介绍的大小造像 59000 余尊的之一，不是因其小而忽略不计，而是因其雕刻位置的隐蔽未被人发现，其位置与其他造像相比有着特殊的意义。

　　造像雕刻于第 16 窟的西侧、第 14 窟至第 20 窟外立壁现存 8 个梁孔中从东数第 3 个梁孔内（图 1），梁孔四壁并不规整，整体上大下小，外高内低，底部略平坦，壁面布满斜向雕刻的凿痕，是所有梁孔中构造最杂乱的（图 2）。梁孔高 180~145 厘米、宽（东西）75（下）厘米、−95（上）厘米，东侧壁深（南北）约 95~105 厘米，上部（高约 95 厘米）向内回缩一个纵向阶梯，深约 30 厘米、宽 5 厘米，西侧壁纵深（南北）约 130 厘米，整个壁面呈外侈状，上部则回缩 4 个阶梯，高约 85 厘米，每个阶梯深约 30 厘米、宽 15 厘米。其中在从里至外的第二个阶梯拐角的上部凿有一尊小像（图 3），像风化严重，长圆脸，额头中央突出一圆形发髻，五官已不清晰，仅可辨高鼻小嘴大耳，嘴角上翘，下颌丰盈。宽肩圆润，胸肌丰满，腹肌发达，两小臂外展，腿部隐没于壁面。脸部风化，身体未经打磨，高 20 厘米、头高 7 厘米、耳高 4 厘米、肩宽 10 厘米、两手宽 17 厘米、身体最高雕的鼻子距底壁面高 4.5 厘米（图 4）。小像与相近的第 18 窟东西两壁的弟子像雕刻手法相同，上半身高雕，下半身体隐没于壁面，具有北魏雕刻风格（图 5）。小像颔首俯身一千五百余年，守望着云冈石窟。

　　第 14 窟至第 20 窟外立壁的大梁孔，距地面高约 11.5 米，间距约 5 米，与 1992 年窟前考古发掘的 24 个地面长方形柱穴相对应（只第 19 窟、第 20 窟外立壁未存有对应的梁孔遗迹）。同时出土的有体量较大的北魏时期的板瓦、筒瓦、忍冬兽面瓦当等建筑构件，构建成窟前宏伟的窟檐建筑。小像一定是开梁孔时所为，外立壁梁孔巨大，应该是叠梁的结构[1]，硕大的梁材插入梁孔，孔壁雕刻的小像也势必遮挡不见。这显然是开凿梁孔人雕刻的，所有的云冈石窟的大小造像都是为了进入洞窟的修行者参禅观瞻，或求功德供养，而梁孔内的造像没有明确的目的性，是自雕像？还是练习品？抑或随兴而雕？如此不为人瞻望之处，仍恭敬发心造像，令人惊叹！

（原文刊载于《中国文物报》2018 年 2 月 23 日第 6 版）

---

[1]　彭明浩《云冈石窟的营造工程》，文物出版社，第 291 页。

图 1　第 14 窟至第 20 窟外立壁

图 2　第 16 窟西侧的大梁孔

图 3　梁孔西侧壁

图 4　梁孔内的造像

图 5　第 18 窟西壁弟子像

云冈石窟流失造像复位研究

赵昆雨

　　1902 年，日本学者伊东忠太抵云冈石窟调查，之后发表了《北清建筑调查报告》《支那山西云冈石窟寺》等，沉寂已久的云冈石窟宝藏重新走进世人的视野。

　　1907 年，42 岁的法国汉学家沙畹第二次入华，遍历晋冀鲁豫陕等地文物古迹，于 10 月 23 至 27 日进入云冈石窟调查，通过摄影镜头，首次向世人展现了云冈石窟这部壮丽无比、举世无双的佛学图典。"关于云冈形制内容研究，以法儒沙畹最早而最详确。解说图释，均极允当，且以此而云冈之名，震耀于世，因以启帝国主义者盗窃割裂之机。石鼓、寒泉、灵岩、万佛诸洞，被毁最甚云。"[1] 此后，无数朝圣的游人、艺术家走向云冈石窟，同时到来的还有居心叵测的掮客。外国不法文物商贩混迹云冈石窟，诱以渔利，不义村民开始专营窃凿盗卖佛像之勾当。1929 年 9 月 20 日，国民政府古物保管委员会派常惠前往云冈石窟进行为期五天的调查，其后对外公布，共失佛头 96 颗。迫于压力，县里密查偷盗及伤毁佛像的事情。1929 年后，县里开始派警察驻守云冈石窟，盗凿之风有所收敛，但仍偶有发生，村民家舍私藏石雕造像者，不足为奇。1932 年，美国堪萨斯城纳尔逊美术馆史克门（Laurence Sickman）便轻易从村民家中购得云冈石窟佛眼一枚（1985 年捐赠云冈石窟研究院）[2]。

　　据一份日本大阪市立博物馆藏品收购清单显示，该馆于 1910 年 9 月 25 日分别购得两件来自云冈石窟的佛头（该馆编号 8502、8503），这是目前所知云冈石窟雕像被盗有时间可考的最早记录。总的来看，云冈石窟雕像之被盗，主要发生于 1910–1935 年，尤以 1918–1929 年最为猖獗，其主要流布于日本、法国、美国、德国等国家。

　　20 世纪初期世界各地出版的几部大型图册，记录了云冈石窟未被盗前的珍贵画面，其拍摄年代不同，正反映了云冈石窟造像保存的状况。1907 年沙畹所拍照片，使云冈石窟从此进入有图像记录的时代。1909–1915 年，他在巴黎出版《北中国考古图录》（以下简称《考古图录》），内中涉云冈石窟照片 78 幅，反映了 1907 年之前的云冈石窟实景。1918–1924 年，日本人关野贞、常盘大定在云冈石窟拍摄大批照片，后于1939 年由东京法藏馆刊行出版《支那文化史迹图版》（以下简称《文化史迹》）。该著出版时间虽晚，但大部分照片反映了 1918–1924 年云冈石窟的保存状况。1921 年 9 月，东京文求堂与山本写真馆发行了由山本明与岸正胜摄影的《云冈石佛》图集，内中收录了 200 张云冈石窟图片。1933 年，山本明又出版了《震旦旧迹图汇（云冈石窟）》（以下简称《震旦图汇》）。山本明数抵云冈石窟拍片，他首次到达的时间概

---

① 姜亮夫.《莫高窟年表》，上海古籍出版社，1985 年，第 91 页。
② 马丽霞.《云冈石佛陶眼回归记》，《中国文物报》，2014 年 3 月 28 日。

为 1919 年 [①]，另有"1916 年"说。"1916 年，山本明和照相馆内的另一名摄影师岸正胜前往云冈和龙门石窟考察，本着科学严谨的态度，按照石窟编号，逐一、全面地进行拍摄记录。在山本明接掌照相馆后，他们四次前往这两座石窟群拍摄" [②]。此 1916 年之说尚待考证，但《云冈石佛》《震旦图汇》至少反映 1918-1921 年云冈石窟实情是无疑的。1922 年，瑞典斯德哥尔摩大学喜龙仁经天龙山石窟转道云冈石窟拍照，1925 年，他在英国伦敦出版《五至十四世纪的中国雕刻》（以下简称《中国雕刻》），全书共收录 623 幅图版，是研究中国佛教美术史的重要基础资料。1938-1944 年，日本人水野清一、长广敏雄等用了 7 年时间在云冈石窟进行调查、拍照和实测工作，后陆续出版《云冈石窟——公元五世纪中国北部佛教石窟寺院的考古学调查报告》16 卷共 32 册（以下简称《云冈 16 卷》），该著以大量的图片资料反映了 1938-1944 年云冈石窟的保存状况。

对流失造像进行复位研究，是一项过程艰辛、意义深远的重要工作。就云冈石窟而言，目前的流失造像复位研究工作，主要还是依托上述已掌握的图像资料，通过与洞窟现状的调查、比对实现流失造像复位。这本身也受到了很大的制约：一、北魏、辽代、元代以及明清均对云冈石窟雕像进行过彩绘，规模不等，程度不同，色彩迥异，而已见图像资料多为 20 世纪初的黑白照片，色彩方面先天不足。二、已获流失造像图片基本上只反映了一个拍摄角度，不利于多方位观察。三、造像被盗凿后，本会形成一个与窟壁盗口相吻合的遗痕，然而，几乎所有的盗口外廓都被刻意地砍削、修饰，从而失去了独有的标识形状。这对于复位研究非常不利。尽管如此，经过数年的洞窟调查与反复比对，现已掌握了 29 件流失造像的原始位置。其中如第 16-1 窟北壁交脚菩萨像以及第 6 窟明窗菩萨手臂、马首等，此前其实际位置虽已明朗，但有些细节未予公布，所以，这里一并收入。以下按洞窟编号的先后顺序，就现已完成复位的流失造像进行编号和说明。本文图版中所用云冈石窟旧照片资料，大多采自以上诸著，在此特别说明。被盗造像所属洞窟的具体位置、尺寸及其被盗前后的比照图等，请参考文后所附《云冈石窟流失造像复位对照表》。

一、第 1、2 窟

云冈石窟群最东端，孤寂地留存着一对塔庙窟，现编号为第 1、2 窟，规制不大，内容却极其丰富。这组洞窟地较偏远，加之洞窟前壁坍塌，当年处于失管状态，是云冈石窟被盗造像的重灾区。窟内造像无论大小，几乎找不出一尊面容完整者，惨烈之状不堪言表。

（一）第 1 窟西壁"古风微笑"式佛像

1948 年，日本人将个人收藏的一件佛头借给洛杉矶艺术博物馆展览。1993 年 6 月，该藏品的主人已更名为英国人艾斯肯纳齐（Eskenazi），同年在主题为《中国早期墓葬和寺院艺术》的私人收藏展上公开展示。此佛头高 39 厘米，点滴之处都散发着云冈石窟的气息，来自云冈石窟第 1 窟西壁南起第 1 龛。佛像面相丰满，广额，双眉线条与鼻子部分连成一线，眼睑细长，长耳轮廓清晰，脸上仍残留着夹杂了绿色与黑色的颜料斑迹。

[①] "我虽不才，多年在北京从事摄影工作。大正八年（1919）以后，付出了相当的代价，拍摄了大量的遗迹照片，曾送给少数来访者。回国时带回底片一千余份，得诸位先生赞同，结集出版……第壹篇为云冈石窟的照片，它们从 260 幅中挑出，是我自以为最好的一百幅。"山本明《震旦旧迹图汇（云冈石窟）》序言，东京青山山本写真场出版，1933 年。

[②] 徐家宁.《山本赞七郎》，文心出版社，2017 年 1 月，第 6、7 页。

有人将古希腊雕塑中既庄严又典雅的微笑称为"古风微笑"，这尊佛像微笑的厚唇正是那样的风格。

（二）第 1 窟南壁提瓶供养菩萨

水野清一、长广敏雄合著的《云冈 16 卷》每一卷中，都附有一枚活页书签，上面各附一张被盗云冈石窟造像照片。最早见到此供养菩萨头像，就是在这款书签上。该像初为日本山中商会所藏，约于 1960–1969 年由龙泉堂购藏，后不知于何时转卖。2013 年，该像现身于美国纽约苏富比拍卖会。

该菩萨头像高 23.8 厘米，向后扎束的高髻略呈扇形，并绘有醒目的黑色；脸修长，额头发际人字形分开，弧形眉，细长眼，侧面端注前方，神情恬静。其原始位置为第 1 窟西壁南端盝形龛外右侧，左手执水瓶，右手持莲蕾置于胸前，上衣宽博，通身背光。

1920 年 9 月，身兼皮肤科医生、诗人、剧作家、美术史家等多重身份的日本人木下杢太郎（1885–1945）首次来云冈石窟，他在这里停留数十日，除了写生，也做些洞窟调查记录之类。其中，他在 9 月 17 日这天的日记里写道："今天的时间，都专注于东端第 1 窟手持水瓶人物的写生工作上。虽然人物的足部已被损毁，但从其三角形发束顶部到脚下横框的部位仍有约 1 米高。头顶上方中央是揭开的幕布，其上栏间刻着跳舞的童子和花瓣，再上方是两尊双手合十的人物造像。晨光照射，使得颜面看上去鲜明而洁净，造像那温雅的容貌宛如拂晓睡莲的花瓣一样美丽。"[①] 这也是该供养菩萨像完整保存的最后记录时间。

（三）第 1 窟南壁维摩诘头像

2017 年纽约亚洲艺术周展上，一件来自云冈石窟第 1 窟的流失头像现身，像高 35.5 厘米，表现的是英姿勃发的年少型维摩诘。该像头戴平顶筒形帽，长眉细目，蓄三角形短须，嘴角一撇微笑超然而耐人寻味。该像原为德国大古董商 Edgar Worch 旧藏，后由德裔收藏家 Trubner（汉名褚卜纳）递藏，1949–2016 年借展于洛杉矶博物馆，现为美国古董商 J.J Lally 收藏。

此被盗像特征典型，又有众多历史照片可供参照比对，复位较为容易。很明确，其原属第 1 窟南壁东侧屋形龛内维摩诘雕像的头部。喜龙仁《中国雕刻》中，此像依然完好无损。1930 年德国柏林出版 *Jörg Trübner: zum Gedächtnis, Klinkhardt and BiermannVerlag, Berlin* 一书中，出现该维摩诘像被凿头部照片，说明该像于 1922 之后、1930 年之前被盗。

（四）第 1 窟南壁：被误读了的托钵飞天

1988 年，美国纽约阿波罗出版社再版了《中国及其远东艺术》（*Chinese and other far eastern art*）一书，该书收录 1941–1943 年卢芹斋、山中商会两大中国及远东艺术藏品公司的拍卖品目录。其中，卢芹斋提供的 976 幅藏品中，有一件编号为 937 的飞天造像，出处注明是"河南龙门石窟 6 世纪灰砂岩雕刻"。该飞天像高 30.48 厘米，头梳高发髻，右手叉腰，左手托一钵。上穿短襦，下着大裙，腰束带（图 1）。事实上，这是来自云冈石窟中的一件造像，不过，那只雕得比脑袋还大的钵着实很怪异，难怪个别文物鉴定家直指其为赝品。

同样还是依托山本明《云冈石佛》、喜龙仁《中国雕刻》两著中的照片，我们注意到在第 1 窟南壁东侧屋形龛脊顶左上角赫然雕一托钵飞天，经比对，正为此流失的托钵飞天造像原雕，同时说明，该像被盗于 1922 年以后。其身后另有一飞天，手中托举着更大的器物，唯惜照片只取其身一半，内容不可辨识，亦

---

① 〔日〕木下杢太郎，张嘉伦译.《大同石佛寺》，江苏美术出版社，2017 年，第 138 页。

图1　第2窟南壁龛被盗飞天及其被盗前对照

或托钵。托钵飞天虽飘浮于佛龛之外，却与此维摩诘故事图关系密切，并为故事发展进程中的一个重要情节。它的复位，让这幅故事图的主题豁然明朗。

姚秦鸠摩罗什译《维摩诘所说经》凡三卷，计十四品，其中《香积佛品》讲的是维摩诘运用不可思议之神通力，示现自己的化身到众香国请回香饭供诸闻法菩萨用食，借此方便，演说佛法。第1窟南壁东侧盝形龛内造像即表现了《香积品》的故事内容。画面中托钵的飞天是维摩诘化身的菩萨，其身后随行飞天代表从众香国同行而来的菩萨。两件流失造像的拼合复位，使一直以来莫名其妙的故事题材得以破解，这都反映了对流失海外造像进行复位研究的价值与意义。

（五、六）第1窟南壁一对供养天

这是两件来自第1窟南壁的供养天头像，最早见于1964年美国波士顿美术馆出版的 *Charles B.Hoyt Collsction in the Museum of Arts: Boston* 一书中，原为马萨诸塞州坎布里奇的查尔斯·B.哈特收藏，现藏波士顿美术馆，编号50.1758。

这对供养天的原始位置在第1窟南壁窟门拱楣内，a高52.5厘米、宽18厘米，位于西端；b高49.6厘米、宽18厘米，位于东端。她们头梳高发髻，面相丰瘦适中，表情和悦谦恭，双手合掌，单腿半跪礼敬。宽松的天衣用阶梯式刀法刻出密集的衣纹，端静沉稳。

（七）第2窟东壁佛头

同样出自1988年美国纽约阿波罗出版社出版的《中国及其远东艺术》（*Collection Of Chinese And Other Far Eastern Art*）一书。这件佛像被编号为944厘米，高38.1厘米，属法国卢芹斋私人藏品。佛像高肉髻，面颊丰满，眉线、眼角上挑，嘴角内收，神情恬静。照片的清晰度和角度虽不很理想，但还是可以看得出鼻头残损之状以及左侧嘴角的深窝等特征，均与第2窟东壁第1龛佛像具有一定的相似度。

二、第4窟

第4窟处于武州山龙王沟谷沟边坡，岩石结构疏松，石英颗粒粗大，强度低，容易雕刻，也容易剥落，更易于盗凿。该窟属中心柱窟，塔柱四面均雕立佛，南面、北面各为二佛并立，东面、西面各为一立佛，身高均等，然佛头尽失。

（八）中心柱南面佛头

该像高37厘米，见载于日本聚乐社1932年出版的《支那上代雕刻》图册中，由日本藤井卯兵卫收藏。此系第4窟中心柱立佛头像，面容饱满近于方形，高肉髻，髻顶略向前倾，额头广平，双眼微睁凝远，高鼻直梁，大耳，面部可以看到长石风化破坏后附着在雕像表层的白色结晶盐斑迹。

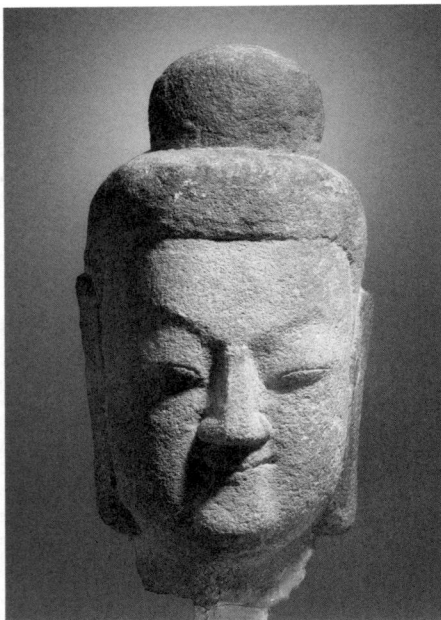

第4窟中心柱四面共有六尊佛像，此流失佛头究是归属其中的哪一尊呢？喜龙仁的《中国雕刻》和山本明、岸正胜的《云冈石佛》

图2　美国纽约私人藏云冈佛头

分别提供了塔柱南面右立佛、北面右立佛以及西面立佛未被盗前的照片。其中，塔柱南面右立佛像面部与被盗像最接近。2005年纽约苏富比"精美瓷器和艺术品"拍卖会上，另有一件美国纽约私人收藏的云冈石窟佛头现身，像高40.6厘米，从佛像造像风格与特征看，也应是第4窟中心柱佛像头部（图2）。

三、第6窟

（九）手臂

原位于明窗东壁，高46厘米，现藏于日本正木美术馆。

整个手形饱满健壮，向内轻拢。食指竖起直指人物颊部，拇指、中指相捏。臂戴腕钏，上面装饰美丽的花纹图案。此系第6窟明窗东壁盝形帷幕龛内思惟菩萨的右手臂，其本以右手支颊半跏坐于台上，现手部断失，形成高47厘米的断层。

（十）明窗西壁马首

马首幅宽22.5厘米，现藏于日本五岛美术馆。马首雕刻手法细腻、写实，嘴微张，眼睛圆睁，短耳竖直，头上有辔饰，革带经马嘴引向两腮，沿颈部而上，衔接处有圆形纽环相扣。此系第6窟明窗西壁佛传故事"犍陟吻足"图中太子爱马犍陟的头部。故事表现的是太子与仆马惜别的情景。

四、第7、8窟

（十一）第7窟主室西壁戴胡帽头像

戴胡帽天王头像，见录于 *Jörg Trübner: zum Gedächtnis, Klinkhardt and Biermann Verlag, Berlin*，德国柏林，

1930 年出版。

圆顶胡帽,宽边箍带,侧面雕出帽端向后垂落时的折沟,头后垂披冠巾,属鲜卑服饰。造像面部五官紧凑,嘴角上翘,笑容谦和。此系第 7 窟主室西壁第 2 层南龛左侧供养天像,窟内现存高 23 厘米的盗凿创面。该像身后另有一相同的人物形象,保存尚完整,头像高 23 厘米,或可为被盗像尺寸上提供参照。

(十二)云冈石窟最早被盗的造像:第 8 窟主室东壁戴胡帽头像

像高 21.2 厘米,现藏日本五岛美术馆。

胡帽,披冠巾,帽边箍带,长长的帽筒向后折披,粗拙淳朴。造像面部圆润丰满,细目垂视,笑容含蓄。此系第 8 窟主室东壁第二层北龛右侧人物头像。该尖拱龛内一佛跌坐,手持一钵,两侧各二胡服天王像,持钵跪礼,这是表现"四天王奉钵"的佛传故事。被盗头像属圆雕,凿取较易,颈部断面直径 12 厘米 × 17 厘米。洞窟中与该像对称布局的左侧天王像头部尚存,高 21.6 厘米,二者的高度相比较接近。由沙畹《图录》可知,这件戴胡帽头像至少在沙畹 1907 年到来之前即已被盗,是目前所知云冈石窟最早被盗的造像。

(十三)第 8 窟主室东壁魔罗

像高 24 厘米,现藏日本五岛美术馆。

胡人形象,头发向后倒梳,怒目圆突,眼窝深凹,眉头与鼻端蹙成小结,口张舌伸,舌长延至下颌,形象怪异,神态狞恶。此系第 8 窟主室东壁降魔图中左半部魔众之一。窟内画面中一佛跌坐,龛外四周满布魔军,均为逆发形,瞋目鼓腮,或执斧、挥棍,或射箭、抱石,阻挠释迦觉悟成道。

五、第 13-4 窟

(十四)东壁菩萨头像

像高 24.7 厘米,现藏日本大阪市立美术馆。

菩萨像面型瘦长清秀,头戴冠,冠两侧为象征山岳的三角形,正面为一个小三角,两侧各雕一圆形,应是花蔓。冠正面象征山岳的三角上方雕仰月形。额发"人"字形分开,双目合闭做沉思状,眼睑鼓凸,耳部仅雕出轮廓。此系第 13-4 窟东壁龛内主尊佛像左胁侍菩萨头像,被盗后创面高 27.6 厘米,左侧刀口切入略深。

六、第 14 窟

(十五)西壁佛头

像高 29.4 厘米,原为日本山口谦四郎旧藏,现藏日本大阪市立美术馆。

佛像高发髻,眉线高挑,面貌俊逸,神情端凝,颈略长。此像系第 14 窟西壁尖楣圆拱龛内二佛并坐像右侧佛像头部,壁面上留有高度为 29.6 厘米的凿痕。雕像表面有黑色痕迹,龛内壁面以及佛身上目前仍可看到呈黑色的色斑,说明曾经有过彩绘。特别是佛像肉髻上两块相连的黑色斑迹,在造像被盗前的照片中可以清楚地看到。沙畹《考古图录》以及关野贞、常盘大定《文化史迹》中,龛内造像均保存完整,山本明《震旦图汇》中，龛内左侧佛像头部被盗，说明被盗时间为 1918–1921 年。

（十六）西壁拱尾立兽

像高 54.5 厘米，日本私人收藏。

该神兽小耳，大眼，张嘴露齿，胸部刻出几条纹线，短尾卷翘，气势威猛。前肢按地立于束帛座上，挺胸昂首反顾，态势劲健有力。神兽或为虎，或为狮。此系第 14 窟西壁尖拱龛右侧龛柱雕刻。由沙畹《图录》、关野贞与常盘大定《文化史迹》以及山本明、岸正胜《云冈石佛》诸著显示，该龛左侧龛柱早年已毁失，但右侧龛柱尚完好。至水野清一、长广敏雄著《云冈 16 卷》本中，不但右侧龛柱见失，甚至右侧佛像的头部也遭到盗凿。

七、第 16–1 窟

在昙曜五窟东端第 16 窟与第 15 窟之间，有一个奇怪的横长方形洞窟，其外廊凸出于第 16 窟外壁立面近 1.8 米，现编号为第 16–1 窟。20 世纪初，此窟遭到了疯狂盗凿，尤以北壁两尊交脚菩萨像，被整身凿窃。该窟遭遇若此，有几种原因：一、当时村民在窟内堆积了较高的蒿草垛，窃贼不需架搭梯子就可轻易接近盗凿对象。二、该窟北壁与第 16 窟南壁为共用壁，壁厚不足 20 厘米，易于盗凿，并且正、反两面均有造像，一凿两得。三、此

图 3　第 16–1 窟北壁造像被盗前后对照

窟属云冈中、晚期过渡洞窟，造像艺术具足胡汉交糅之美。该窟前立壁早年坍残，窟口开敞，北壁大盗洞触目可及，是云冈被盗洞窟的典型代表（图 3）。

（十七）西壁佛头

像高 40.1 厘米，日本武藤山治收藏。

佛像高肉髻，髻顶前高后低。脸形清秀，长眉细目，鼻梁高挺。此系第 16–1 窟西壁中层尖楣圆拱龛内二佛并坐像左侧佛像头部，盗凿时殃及佛像胸部，形成高 46 厘米的残面。由于龛内壁向上呈内弧形，佛像髻部正处于弧面上，凿离壁面后，髻顶自然形成前高后低的斜面。佛像左额、眉弓上方早已形成的破损斑块与沙畹《考古图录》对照一致。

（十八）东壁"实在很美的造像"被盗

木下杢太郎在 1920 年 9 月 18 日的日记中这样描写第 16–1 窟，这是"一个开凿较浅的小石窟，然而其中却有许多造型精美的佛像。本来石窟的正面墙壁有 9 个、左右两壁分别有两三个的佛龛；然而，如今洞

图 4　第 16-1 窟东壁佛像

窟中央搭着堆满柴火的棚子，有些佛龛已被完全损毁，沙畹及大村图谱中此窟的全貌已然不复存在。佛像或结跏、或盘腿而坐，它们的容貌都十分可爱。此洞窟以西的诸佛像大概都是这样的容貌，可是这里的佛像却最为典型"①。

1939 年 9 月 6 日，木下再次来到云冈石窟，与正在云冈石窟做调查研究的长广敏雄见面后，畅聊印象中的云冈石窟。长广在当天的日记中写道："当说起在徐州有相当美的石佛时，木下先生便说以前到这里时（指云冈石窟），也见过实在很美的石佛，它到底在什么地方，还要再三寻找。与石窟相接的农家的样子与当时好像大不相同。最后，木下先生所记得的是第 15A 窟的二佛并坐像，现在已被破坏，什么也没有了，只留下丑陋的窟窿，从这个窟窿可以进入第 16 窟。木下先生失望地回去了。"②

美国哈佛大学赛克勒博物馆现藏一尊高 41 厘米的佛头（图 4），这就是木下所说的"实在很美的造像"。造像高肉髻，平顶，细眉长眼，鼻高而直，两翼分明，嘴角内含，面相慈和，堪谓云冈石窟佛教雕刻艺术中的精品。该像的原始位置为第 16-1 窟东壁中层尖楣圆拱龛内二佛并坐像左侧佛像之头，现壁面上盗痕高 45 厘米。龛内壁上方有一条很早形成的裂隙横跨全龛，刚好通过被盗佛像的髻部，佛头被凿离后，髻顶会被削掉些许，呈平切状。另外，与其对坐的右侧佛像面部有呈黑色的施彩迹象，那么，被盗造像面部也应该有相近的颜色。

（十九）北壁上层交脚菩萨像

像高 128.7 厘米，现藏美国纽约大都会美术馆。据 1944 年大都会艺术博物馆远东艺术部馆长阿兰牧师编著《大都会艺术博物馆之中国雕塑》，称此交脚菩萨像为美国罗杰斯基金会于 1922 年入藏，编号 22.134。关野贞、常盘大定《文化史迹》中尚见存，被盗时间约于 1918–1921 年。

此像在洞窟中的实际位置早有定论，系第 16-1 窟北壁上层中央盝形龛内交脚菩萨像。造像头戴高冠，冠饰化佛，冠下辫发缕缕，分向两侧。菩萨面颊丰圆，双目微启，嘴角微翘含笑，颈饰项圈，左手抚膝，右手上举（手部半残），身形挺秀劲健。帔帛自双肩搭下，宽博遮臂，垂至腹际呈"X"形交叉后顺腿面折向身后。下衣轻薄贴体，下摆"八"字形散开，底边原雕有翻波状的密褶。造像被盗凿后这部分内容毁失。有个问题不解，该像被整尊盗挖后，其背面应该存有第 16 窟南壁的千佛及佛座雕刻（图 5）。2016 年箜篌演奏家吴琳老师访美演出期间，冒雨专赴大都会美术馆拍此造像背面，结果不见任何雕像，只见道道凿痕。这真是一件奇怪的事情，背面

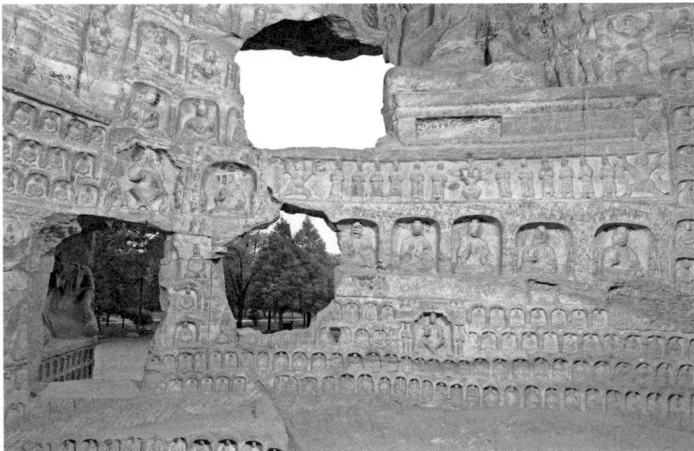

图 5　第 16 窟南壁与被盗造像对应位置

① 〔日〕木下杢太郎著、张嘉伦译.《大同石佛寺》江苏美术出版社，2017 年，第 140、141 页。
② 〔日〕长广敏雄著、王雁卿译.《云冈日记》，文物出版社，2009 年，第 49 页。

原有的雕刻内容去哪儿了?

（二十）北壁中层交脚菩萨

像高 167 厘米，原为法国人王涅克 L.Wannieck 收藏，1922 年入藏法国巴黎色努斯基博物馆。王涅克，法国著名古董商，他打着传教士的幌子，很早就在大同及周边地区活动，大量收购古代文物。1923 年，他曾在浑源参与竞购李峪村出土的浑源彝器。

此像的实际位置同样也早有定论，系第 16-1 窟北壁中层左侧盝形龛交脚菩萨像。造像头戴高大的宝冠，额留辫发，眉线平直厚重，双目微合，鼻高而直，嘴角微露笑意。颈饰项圈，左手平伸置膝头，右手并拢上举。帔帛宽博，于腹部上方交叉，裙下摆横折向两侧。造像体态雄浑丰满，神情庄静温婉。据沙畹《图录》知，该像原具圆形头光，两臂衣袖尖角高翘，被盗凿后，这些细部刻画均遭破坏。

八、第 19 窟

（二十一）失而幸得的菩萨头像

2013 年 6 月，美国弗利尔艺术博物馆美籍华人王纯杰先生在参与一场拍卖会拍品遴选工作时，巧遇一件被藏家声称为云冈石窟第 17 窟的菩萨头像。资料显示，该头像于 1938 年先为哈佛大学本杰明·罗兰德教授收藏，后转古董商霍华德·何利斯，1954 年由约瑟芬·韦特斯女士递藏，1964 年曾在哈佛福格美术馆展出过。2013 年，韦特斯的后人委托弗吉尼亚波多马卡拍卖公司将其拍卖。了解这些情况后，王纯杰先生直接将此头像于竞拍前先购买下来，后捐赠山西省博物院。该菩萨像脸型丰圆，戴素面宝冠，固定宝冠的缯带在两侧结节，当时盗凿造像时未能取得这两个系结，洞窟中至今仍有残留部分。经比对研究，确认其为第 19 窟南壁东侧佛龛左胁侍菩萨头像。能让流失多年的云冈石窟文物回归祖国，王纯杰先生完成了一桩心愿。2016 年 9 月 19 日，王先生夫妇再访云冈石窟，他在赠与云冈石窟研究院的一册旧书上题言："丙申三秋二次造访云冈石窟，欣悉昙曜五窟之编号第 19 窟右壁菩萨头得归原位，此谓二次升天非天意而何。"

九、第 19-1 窟

（二十二）左胁侍菩萨

此像最早见于水野清一、长广敏雄《云冈 16 卷》中的活页书签上，原为第 19-1 窟左胁佛面部，现藏于日本京都藤井有邻馆，其余信息未详。

十、第 27 窟

（二十三）东壁上层交脚菩萨像

像高 129.5 厘米（图 6），现藏美国纽约大都会美术馆，1948 年，由罗伯特·雷曼赠送，编号 48.162.2。

此像系第 27 窟东壁上层盝形龛交脚菩萨像，被盗时间较早，山本明拍照时已不存在。被盗后的洞口高达 163 厘米。菩萨头戴素面高冠，冠见裂残，双目微启，鼻梁高挺而长，嘴角内收，笑容神秘。身姿挺拔端庄，右手上举，左手曲臂悬置腿面上。飘逸的帔帛由双肩搭下，随着身体的起伏而变化，在小腹处交叉而落，大裙贴腿。此像常被附会为第 16-1 窟中层中央龛内造像，其实，由沙畹《图录》可清楚地看到，该龛原为一跌坐佛像，头部在 1907 年之前即已被毁。佛像身着通肩裂裟，呈坐姿的双腿残迹至今仍清晰可见（图 7）。按理说，失掉佛头的造像不是盗贼的选择目标，或许是其背面——第 16 窟南壁——千佛叠压禅定坐佛像的画面引起了盗贼的兴趣。关于这件交脚菩萨像，包括长广敏雄也误称道："原来在第 15A 窟的交脚像，两个收藏在纽约的大都会美术馆，一个收藏在巴黎的色黎利努斯基美术馆。"[1] 实际上，他是将第 27 窟东壁交脚菩萨像混淆为第 16-1 窟北壁中央龛坐佛去看待了。

十一、第 28 窟

（二十四）北壁佛头

像高 39.6 厘米，现藏日本大阪市立美术馆。

高肉髻，面型略长，抿嘴含笑。耳轮长大，写意地雕出耳廓，并不作细部修饰。造像被盗凿后，脖颈下面细狭状的雕刻部分保留至今，这成为该造像得以准确复位的一个极其重要的细节。此为第 28 窟北壁二佛并坐龛内右侧佛像头部，盗凿创面高 42 厘米，颈部残留遗迹与被盗像完全吻合。

十二、第 30 窟

（二十五）西壁上层立佛像

像高 132 厘米，曾为法国巴黎古董商 CharlesVignier 旧藏，现藏法国吉美博物馆。

此尊造像属典型的云冈石窟晚期风格，佛像跣足而立，高肉髻，长眉细眼，面相清瘦，削肩，举右手施无畏印，左手施吉祥印。褒衣博带式裂裟，右领襟横过胸前搭左腕滑下，腹部垂下的部分佛衣呈"V"形，衣服沿缘褶纹翻卷，十分华丽。此系第 30 窟西壁上层左立佛。沙畹《图录》中，该像仍完好无损，至喜龙仁《中国雕刻》已见被盗。佛像被盗后，为了偷运之便，被分割为三截，两道裂隙至今清晰可见，一道在佛像左腕、右腕之间，另一道在佛足腕处。

十三、第 33 窟

（二十六）西壁佛头

像高 38.1 厘米，1931 年入藏美国堪萨斯城纳尔逊美术馆。

佛像脸型较长，高肉髻，细眉，双目微眯，嘴角内含，微露笑意。鼻子原雕像已毁，近代重新进行了修补。

---

[1] 〔日〕长广敏雄著、王雁卿译.《云冈日记》文物出版社，2009 年，第 49 页。

此系第 34 窟西壁"阿输迦施土"故事图中立佛头像,窟内留下的被盗创面高 49 厘米。喜龙仁《中国雕刻》中佛头尚存,水野清一、长广敏雄《云冈 16 卷》中见失,失盗于 1922 年后。

十四、第 36 窟

(二十七)南壁西侧佛半身像

像高 35 厘米,脸型修长,属北魏磨光高肉髻,眉间刻白毫,直鼻,薄唇,双眼微眯,神态恬静安详。削肩,褒衣博带,举右手。

该像原为美国华侨周锐于 20 世纪 30 年代在纽约购得,后转藏陈哲敬。2006 年,陈哲敬再将其捐赠中国国家文物局,现藏中国国家博物馆。此系第 36 窟南壁西侧佛像,被盗凿后,面部发生断裂,后予修补。洞窟中与其对称布局的另有一立佛,佛像面部可能在盗凿过程中被意外凿毁,因此,盗贼放弃了原计划,从而使得该造像得以幸存。

十五、第 39 窟

(二十八)窟门东壁菩萨头像

该菩萨头像见载于 1930 年德国柏林出版的 *Jörg Trübner: zum Gedächtnis, Klinkhardt and BiermannVerlag, Berlin*。

菩萨头戴花蔓宝冠,面形削长,眼细鼻直,薄唇含笑,神情温雅,清秀俊逸。此系第 39 窟窟门东壁龛交脚菩萨像头部。沙畹《图录》和山本明、岸正胜《云冈石佛》书中均见存,水野清一、长广敏雄《云冈 16 卷》中见失,失盗于 1921 年后。

十六、第 40 窟

(二十九)东壁菩萨头像

像高 35.5 厘米,现藏美国纽约大都会美术馆,1942 年由洛克菲勒夫人捐赠。

菩萨头戴山岳形花蔓宝冠,额前头发人字形向两侧分梳,一缕发梢沿鬓角飘下。细眉,双目低视呈思索状,上眼睑浮肿略鼓凸,抿嘴内含,鼻子原雕已毁,近代重新修补。造像面型略长,显得清瘦疏括,头部整体向左方斜倾,说明这是一尊思惟菩萨像。造像左下颌似有破损处,正是与竖起的食指相接触点。此系第 40 窟东壁盝形龛右侧思惟菩萨头像。1987 年,台湾发行一枚"北魏云冈菩萨头"邮票,即为此菩萨头像,但其称出自云冈第 30 窟,亦不知采用的是何人编号,是否与现第 40 窟的编号对应一致?

(原文刊载于《敦煌研究》2018 年第 5 期)

云冈石窟流失造像复位对照图表

序号	洞窟	位置	名称	尺寸	被盗造像	被盗前后
1		西壁	佛像	39cm		
2		西壁	供养菩萨	23.8 cm		
3	第1窟	南壁	维摩诘	35.5cm		
4		南壁	飞天	30.48cm		
5、6		南壁	供养天	52.5cm 49.6cm		
7	第2窟	东壁	佛像	38.1cm		
8	第4窟	中心柱南面	佛像	37cm		

序号	洞窟	位置	名称	尺寸	被盗造像	被盗前后
9	第 6 窟	明窗东壁	手臂	46cm		
10		明窗西壁	马首	22.5cm		
11	第 7 窟	主室西壁	天王	23cm（？）		
12	第 8 窟	主室东壁	天王	21.2cm		
13		主室东壁	摩罗	24cm		
14	第 13–4 窟	东壁	菩萨	24.7cm		
15	第 14 窟	西壁	佛像	29.4cm		
16		西壁	拱尾立兽	54.5cm		

序号	洞窟	位置	名称	尺寸	被盗造像	被盗前后
17	第16-1窟	西壁	佛头	40.1cm		
18		东壁	佛头	41cm		
19		北壁	交脚菩萨	128.7cm		
20		北壁	交脚菩萨	167cm		
21	第19窟	南壁	菩萨			
22	第19-1窟	东北隅	胁侍菩萨			
23	第27窟	西壁	交脚菩萨	129.5cm		
24	第28窟	北壁	佛像	39.6cm		

序号	洞窟	位置	名称	尺寸	被盗造像	被盗前后
25	第 30 窟	西壁	佛像	132cm		
26	第 33 窟	西壁	佛像	38.1cm		
27	第 36 窟	南壁	佛像	35cm		
28	第 39 窟	窟门东壁	菩萨			
29	第 40 窟	东壁	菩萨	35.5cm		

关于云冈石窟第 13 窟的营造

八木春生

一、引言

云冈石窟的营造是从 460 年左右开始直至 524 年结束，可分为三个时期。其开凿顺序为：被称为昙曜五窟的第 16 窟至第 20 窟为第一期，第 1、2 窟、第 3 窟、第 5、6 窟、第 7、8 窟、第 9、10 窟、第 11、12、13 窟等为第二期。494 年迁都洛阳之后开凿了位于第 20 窟以西的西方诸窟及以之为中心的第三期窟龛。关于营造时间，宿白认为第一期是 460–470 年左右，第二期是 471–494 年，第三期是 494–524 年左右，其观点得到了广泛认同①。其中，以内容充实而尤为著称的是第二期诸窟。第一期的昙曜五窟是以主尊大佛为中心而营造的石窟，与之相比，虽然第二期诸窟正壁主尊的规模均有缩减，但是第二期诸窟在壁面细节之处都有周密的计划，是经过详细计划而营造的。由于与昙曜五窟不同，其壁面并没有多少空白空间，所以几乎没有追刻龛像。第二期诸窟中，还包括像第 7、8 窟那般内容几乎相同，或者像第 9、10 窟那般有着明确对应关系的两个洞窟成对表现的双窟。宿白认为这些石窟是为孝文帝和文明太后"二圣"所开凿的石窟（称为双窟），这个观点也为目前多数的研究者所接受。

然而，其中还存在像第 11、12、13 窟这种三窟为一组被称为"组窟"是一个特殊实例②。从规模上来看，这三窟也应是由皇家来主持营造的。但是，在第 11 窟和第 13 窟的壁面中不仅可以见到追刻内容，其壁面的雕刻也多出自民间之手，应该是在营造的途中，皇家停止营造继而委托于民间来继续开凿。宿白、水野清一以及长广敏雄都将第 11、12、13 窟视为一组，这三窟有着共同的外壁，以第 12 窟为中心，左右对称，分别雕凿了有着窟门和明窗的第 11 窟和第 13 窟③。由于在第 11 窟和第 13 窟中可以见到汉民族化的造像，所以这两窟应为第二期诸窟中稍晚时期的石窟。然而近年曾布川宽提出新的观点，认为第 13 窟是继第一期的昙曜五窟之后开凿的，但是仅对主尊、明窗以及窟顶等极少一部分进行了营造，在其后不久营造

---

① 宿白.《云冈石窟分期试论》，《考古学报》1978 年第 11 期。〔日〕水野清一、长广敏雄氏《云冈石窟：西历五世纪中国北部佛教窟院的考古学调查报告：东方文化研究所调查昭和十三年～昭和二十年》（以下称《云冈石窟》）在《云冈造窟次第》，第 7、8 窟开凿时间上比昙曜五窟略迟些，但样式上几乎相同等（见〔日〕水野清一、长广敏雄《云冈石窟》第一六卷，《云冈造窟次第》第 2 页〔京都大学人文科学研究所，1956 年〕）。另外长广敏雄氏在《云冈石窟第 9, 10 双窟的特征》中，迁都以前开凿的诸窟分期，从第 16 窟到第 20 窟为初期，从中央地区的第五至第 13 窟经及东方地区的第 1 到第 3 窟为中期（见〔日〕长广敏雄《云冈石窟第 9, 10 双窟的特征》，《中国石窟云冈石窟二》文物出版社，1994 年）。这之后关于云冈石窟的编年研究详见〔日〕冈村秀典《云冈石窟の考古学》，临川书店，2017 年。

② 宿白.《云冈石窟分期试论》，《考古学报》1978 年第 11 期。

③ 前引《云冈石窟分期试论》，第 29 页。另外，水野清一、长广敏雄也认为，第 11、12、13 窟外壁相同，以第 12 窟中心，左右分别为雕凿了窟门和明窗的第 11 窟和第 13 窟，姑且可以视其为对称配置，这三窟的开凿时期大致相同（《云冈石窟》第 8、9 卷，京都大学人文科学研究所，1953 年，第 21、41 页）。

工作中断①。这是基于第 13 窟的主尊为大佛、是第二期诸窟中较为特殊的存在这一认识而产生的观点。另外，冈村秀典认为在他提出的"前期第三期"（昙曜五窟中的第 20、19、18 窟为前期第一期，第 17、16 窟为前期第二期）的时期间，雕凿了第 13 窟的主尊、窟顶、明窗和第 5 窟的主尊、明窗以及窟门，还有稍晚一些的第 11 窟中心塔柱及其最上部的三头六臂天人像。接着是在中期第一期时营造了第 7、8 窟，之后接连开凿了第 9、10 窟和第 6 窟（中期第二期），中三期时营造了第 1、2 窟和第 13 窟与第 11 窟之间的第 12 窟②。确实，第 12 窟在第 11、12、13 窟中规模最小，作为组窟的中心存在疑问。但另外，彭明浩主张，从平面来看，为了避让第 13 窟主室东壁的外扩，第 12 窟主室西壁向内收，第 11、12、13 窟为组窟，其开凿的年代也应大致相同③。从云冈石窟研究院的刘建军与王雁卿处得知，从第 11 窟到第 13 窟前的考古发掘结果来看，不仅未能发现像第 9、10 窟窟前那般明确的前庭，而且被认为是北魏时期遗存的部分也几乎被破坏殆尽，难以知晓当时的状况④。

纵观这三窟的壁面，可以发现几种这三窟里普遍存在而在第 7、8 窟以及第 9、10 窟中并未见到的形式。另外如先前所述，第 13 窟和第 11 窟中，雕刻了七尊横向排列、受第 6 窟影响而汉民族化的如来立像。那么，可以认为第 11、12、13 窟大体开凿于同一时期，因此在雕刻这三窟窟内的龛像时，因此在这一时期，有意识地将这三窟作为组窟来开凿的可能性较高。在第 11 窟东壁最上层雕凿有太和七年（483）铭龛，所以推测第 13 窟的壁面也在 5 世纪 80 年代初期或者再早些时候就已经开始雕凿了⑤。

按照曾布川宽和冈村秀典的观点，如果是继昙曜五窟之后开凿了第 13 窟的主尊、窟顶和明窗的话，其中断时期几乎长达 10 年之久。如此一来，应当会与工程重启后在壁面所雕凿的部分有着非常明显的不同。本文以第 11、12、13 窟中被认为最早开凿的第 13 窟为讨论对象，详细分析其主尊、明窗以及雕凿于各壁面的造像。以此为基础，不仅要讨论继昙曜五窟之后所雕凿的造像是否存在，以及此窟是以怎样的顺序来进行营造的，还要明确窟内造像与第 11、12 窟以及其他洞窟造像之间的关系。此外，需要说明的是，虽然西壁与东壁一样是由五排造像以及腰壁所构成的，天宫伎乐之下的第五排也同东壁一样，雕刻有被千佛环绕的坐佛，其右侧雕刻着上方为三根塔刹的七重塔，然而第四排以下则与东壁不同，似乎并没有如最初所计划的那样来营造，而且还因为清代的重修而未能保留下造像的原貌，故不作为本文的分析对象。

二、北壁主尊

1. 交脚菩萨像

第 13 窟平面呈马蹄形，穹隆顶，高 13.5、宽 10、进深 9 米⑥。北壁主尊交脚菩萨像通高 13.5 米，虽然

---

① 〔日〕曾布川宽.《云冈石窟再考》，《东方学报》第 83 册，2008 年，第 32 页。
② 〔日〕冈村秀典.《云冈石窟の考古学》，临川书店，2017 年，第 47 页。
③ 彭明浩.《云冈石窟的营造工程》，北京：文物出版社，2017 年，第 130 页。
④ 关于此事，2017 年已直接请教过了云冈研究院的刘建军与王雁卿，并且王雁卿还提供了发掘时的相关照片。
⑤ 〔日〕水野清一、长广敏雄.《云冈造窟次第》，《云冈石窟》16 卷，京都大学人文科学研究所，1956 年，第 3 页。
⑥ 前引《云冈石窟的营造工程》，第 119 页。另外，水野清一、长广敏雄《云冈石窟》10 卷第 14 页（京都大学人文科学研究所，1953 年）中记载，其宽约 10 米，进深约 8.3 米。

图 1　第 13 窟北壁主尊（笔者拍摄）　　　　图 2　第 9 窟交脚像（笔者拍摄）　　　图 3　第 13 窟北壁主尊部分（笔者拍摄）

头部重修的泥塑已被去除，但是身体仍被后世重修所塑泥土覆盖，在这些泥塑剥落的胸部，造像表面也严重破损（图 1）。不过这尊造像应当确实是由皇家主持营造的。菩萨头戴筒状宝冠，从宝冠下可以窥见一部分刻画了发丝的头发。右手举于胸前，左手置于膝上。有学者指出了这尊交脚菩萨像与第 17 窟的主尊交脚菩萨像之间的联系 [1]。不仅同为交脚像，其修长的身体，以及与身体相比而言较为粗壮的手臂等特点，也昭示着两者之间存在明显的关系。但是，正如第 17 窟的主尊交脚菩萨像，可能是因为膝部以下的长度过短，故而在开凿的过程中又向地下挖掘，当初的预设和现在所看到的造像相比，其身体比例发生变化也是有可能的。

从形式上来看，第 13 窟主尊交脚菩萨像右手举至胸前、左手置于膝上的这两点，与第 7 窟主尊交脚菩萨像是一致的。从前端为尖状桃形的胸饰到垂下的圆形装饰也都相同。但是第 7 窟像的身躯略短，手臂与身体之间的间隙较小。第 13 窟主尊络腋之上有呈"U"字形下垂或呈"X"字状交叉的璎珞，在此之上，似乎还饰有两个呈"J"字形相对的胸饰。如果说现残存于右肩的带状物为胸饰的一部分的话，在第 9 窟前室北壁的交脚像中也可以发现与之相类似的装饰（图 2、3）。基于这种从正下方来向上看的设想，雕刻了主尊大佛以及壁面上的造像，因此也应当考虑到这种不协调的身体比例可能是有意而为之的。但是与第 9 窟前室北壁下层的西像相比，不只是右手举至胸前、左手置于膝上、身躯也很修长这几点，最为重要的是头部的轮廓相似。不过，桃形的胸饰上并没有垂饰，并且呈"J"字形相对的左侧胸饰以及璎珞的左侧部分隐藏于络腋之下，无法得见。

2. 背光

头后部刻有垂下的布，头光由内向外分别为莲瓣、飞天、坐佛、供养天、半忍冬并列纹样、火焰纹样（图

---

[1]　〔日〕曾布川宽 .《云冈石窟再考》，《东方学报》第 83 册，2008 年，第 28 页。冈村秀典 .《云冈石窟の考古学》，临川书店，2017 年，第 80 页。

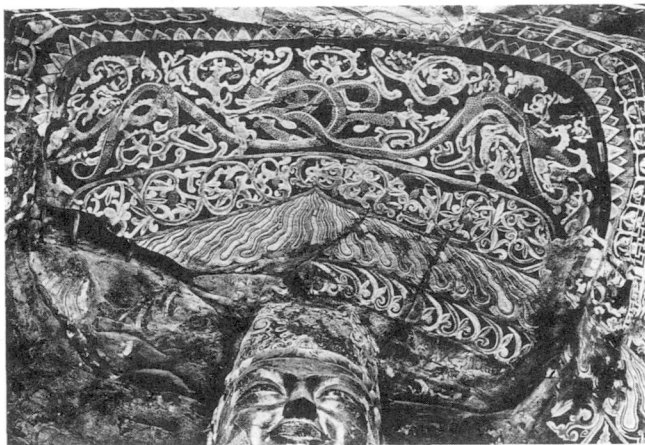

图 4　第 13 窟北壁主尊背光
（《云冈石窟》10 卷，京都大学人文科学研究所）

图 5　第 12 窟窟门窟顶（笔者拍摄）

图 6　第 1 窟窟顶（笔者拍摄）

3、4）。半忍冬并列纹样为重复的"C"字形，其中间的填饰呈栓形。外侧的火焰纹样为"U"字火焰中又穿插了像发丝一样的火焰纹，这两种纹样的组合也见于第 19–1 窟主尊的背光[①]。但与第 13 窟像相反的是，半忍冬并列纹表现于最外层。沿着主尊背光火焰纹上部的轮廓，又增加了一层椭圆形的纹样带，雕刻了葡萄唐草纹样。还在其上部，即在窟顶的大部分壁面用浅浮雕刻画了交龙。二龙身体交缠的交龙图在第 7、8 窟明窗和第 10 窟前室北壁明窗下的须弥山周围也见有早期的例子。但是最适合拿来与第 13 窟窟顶进行比较的，则是可以称之为"交龙图"的位于第 12 窟（图 5）及第 1 窟窟门顶部，以及第 11 窟主室窟顶等处的例子。但这些交缠的双龙都是龙头相对，而第 13 窟交龙虽仅残存一处好似龙口的部分，但可知二龙是相背的。通体鳞片，此外身体的一部分又化作云纹，云中以及龙身附近飞舞着许多飞天。第 1 窟窟顶的东西南北各两条，共雕刻有八条龙，南侧的双龙是相对的，但西侧双龙的头部则似乎朝向相反的方向。龙身都可见云状瘤饰，以及近旁也都有飞天飞翔，从这几点来看，可以说与第 13 窟窟顶的交龙十分近似了（图 6）。

关于沿着背光火焰纹雕刻的椭圆形纹样带，水野清一、长广敏雄认为，位于第 7 窟北壁主尊交脚菩萨像头上的"弧状带"也属同一装饰，"是自西方传来的形式，大概是由遮盖背光的龛形或者花叶变化而来的"[②]。其原型在炳灵寺石窟第 169 窟的第 12 号壁画（西秦）可见，内部描花，

确实表现的应该是树木的花叶。而且其源流可以追溯到克孜尔石窟[③]（图 7）。波状唐草纹从背光顶部向左、右两侧分别展开。从主茎分枝的枝干顶部可以看到状似玉米的葡萄纹样。葡萄纹样虽说在第 10 窟南壁窟门等处也有见到，但是仅仅刻画了叶子而没有表现果实。另外第 13 窟西壁第五层的尖拱内，也雕刻有类似葡

① 〔日〕水野清一、长广敏雄.《云冈石窟》13 卷，京都大学人文科学研究所，1954 年，图版 83。
② 〔日〕水野清一、长广敏雄.《云冈石窟》4 卷，京都大学人文科学研究所，1952 年，第 21 页。
③ 关于这一部分，王恒将其称之为光云，见王恒.《云冈石窟辞典》，南京：江苏美术出版社，2012 年。

萄唐草的纹样。然而需要注意的是，从长茎半忍冬的一个叶尖长出的另一个半忍冬与主茎相交缠。这是在第7、8窟，乃至第9、10窟以及第5、6窟中都没有见到过的形式，类似的纹样在第14窟前室西壁中层上段（图8）以及第15窟窟顶等，即迁都前后所雕凿的部分[①]可以见到。前者的尖拱龛内雕凿的主尊着通肩袈裟，左右配置了身着"X"状天衣的胁侍交脚菩萨像。而且在其左右外侧都纵向排列有浮雕在覆钵之上的单层塔，塔顶均有三根塔刹。如果第13窟窟顶葡萄纹样的雕刻时期与第14窟及第15窟波状唐草的雕刻时期之间相距不远的话，那么，第13窟主尊交脚菩萨像背光的完成时间应当是在临近迁都的时期。

图7 克孜尔石窟背光上椭圆形纹样带
（《中国石窟クズル石窟》1卷. 平凡社）

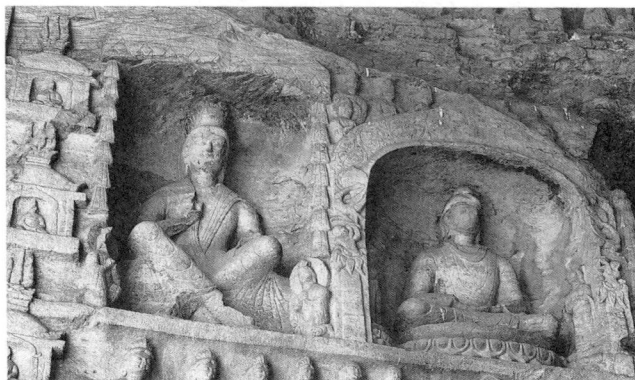

此外，山西省大同城南智家堡北魏墓出土的石椁中，也发现了虽没有描画葡萄但描绘着半忍冬叶尖呈立体缠绕藤茎形式的唐草纹。报告中记述，因为这种唐草与第9、10窟中的相类似，因此推测此墓的年代应与第9、10窟相当[②]。但据上述来看，

图8 第14窟前室西壁中层上段尖拱额（笔者拍摄）

第9、10窟中并没有出现同样形式的唐草，因而此墓的年代还尚不能定论。

三、明窗、窟门

前壁（南壁）开凿有明窗以及窟门。

1.明窗

明窗的左、右两壁分别配置了一尊面向窟内站立的菩萨像（图9），并在其上方雕刻了两尊飞天。虽然这样的飞天可能在明窗顶部也有雕刻，但遗憾的是在很早之前就已经残缺了。两尊飞天横向并列飞翔的姿态虽让人想起第7、8窟窟顶，不过东壁的飞天右膝大幅弯曲，甚至可以从左腿后方看到右脚的足心，很少见（图10）。第9窟明窗和第6窟中心塔柱西面下层等处虽然也有类例（图11），但与此飞天不同的是，除了足心之外还能看到脚腕。

菩萨立像的头顶上雕刻有宝盖，上半部为博山和带柄的圆形装饰，下半部由三角形垂饰及其下方的帷幕所组成。上半部雕刻博山和圆形装饰的宝盖，在第7窟前壁下部靠近西壁侧的文殊像头上也有出现。但

① 〔日〕水野清一、长广敏雄认为是491年前后开凿，见水野清一、长广敏雄《云冈石窟》第11卷，京都大学人文科学研究所，1953年，本文第49面。彭明浩认为是迁都以前较晚时期的，见《云冈石窟的营造工程》，第170页。

② 王银田、刘俊喜.《大同智家堡北魏墓石椁壁画》，《文物》2001年第17期此外，关于第13窟窟顶葡萄纹样以及与相类似的纹样，已经承蒙王雁卿指点。

1　　　　　　　　　　　　　　　2

图 9　第 13 窟明窗左右壁菩萨像（《云冈石窟》10 卷，京都大学人文科学研究所）

图 10　第 13 窟明窗窟顶飞天
（《云冈石窟》10 卷，京都大学人文科学研究所）

其圆形装饰呈半圆形，下面也没有柄，帷幕的表现也不十分明显。位于第 6 窟东壁上层中央龛的如来立像，其头上也发现有形式较为类似的宝盖。但在这个例子中也有不同之处，虽然在宝盖之上也雕刻有圆形装饰，但是柄部并未作明显刻画。而且，第 2 窟东壁第三龛和第 11 窟中心塔柱下层上部（图 12）、第 11-9 龛等处也见到有类似的形式[1]（图 20）、第 2 窟东壁第三龛的主尊身体已经风化殆尽。但第 11-9 龛中雕刻的如来坐像已是汉民族化形式。而第 11 窟中心塔柱下层的情况则是，中心塔柱下层的像是近代修复的[2]，与宝盖几乎是同时期的上层交脚菩萨和如来立像也均已汉民族化。

明窗左右的菩萨像，身光外侧的左右两边雕刻有让人联想到日月的圆形装饰，较为少见。除此之外，脚边的山岳纹样与第 7、8 窟，第 9、10 窟明窗所雕刻的山岳纹样相同，山肩处有几个凸起瘤状物，沿着山岳纹刻有阴线。但两壁面都比第 7、8 窟有所退化且简化。东壁侧的像，靠近主尊一侧的手中持有宝珠，另一侧的手下垂，用拇指、

① 〔日〕水野清一、长广敏雄.《云冈石窟》1 卷，京都大学人文科学研究所，1952 年，图版 46；《云冈石窟》10 卷，京都大学人文科学研究所，1953 年，图版 83。
② 〔日〕水野清一、长广敏雄.《云冈石窟》8、9 卷，京都大学人文科学研究所，1953 年，第 28、29 页。

第二、三指提捏宝瓶瓶颈。而靠近西壁侧的像
则是，靠近主尊一侧的手托着香炉，另一侧的
手臂虽已破损，但似乎是举在胸前。这种宝珠
和香炉的组合，在第 9、10 窟窟门顶部也有发
现。明窗处的两尊像均头戴筒形宝冠，冠基的
两端均有结组，头后部有垂布。头发自中央左
右两分，椭圆脸，大耳佩饰，浮雕弓形眉，深
眼窝，目细长，鼻梁较平，刻出了人中和下领
的凹线。一缕刻画了发丝的头发披于肩头。位于第 17 窟南
壁东部大龛的胁侍菩萨立像虽然与此像比较接近，但是也有
很多诸如身披络腋、裙裳的衣角向外翻折等不同点。胸饰有
两种，一种呈桃形且在边缘垂有铃形饰，另一种为两个顶端
呈龙头状相对的"J"字形。外层还有一圈由椭圆形和珠形
的珍宝相连接而成的璎珞。虽然第 18 窟南壁西部下层的交
脚菩萨像[1]也有较为相近的装饰，但是"J"字形胸饰的顶端
则被双手遮挡而无法得见。最为相近的是位于第 11 窟南壁
下层西部龛[2]交脚菩萨像的装饰，但"J"字形胸饰是覆于璎
珞之上，这一点也有所不同。明窗的两菩萨像均在裙裳之上
的腰间又披裹了一块布。较具特点的是，裙裾中央以及随风
飞舞的天衣前端都雕刻有衣纹，这种衣纹形式在东壁第一排
第三龛也有被采用（图 30）。

图 11　第 9 窟明窗窟顶飞天
（《云冈石窟》6 卷，京都大学人文科学研究所）

图 12　第 11 窟中心塔柱下层上部（笔者拍摄）

2. 窟门

窟门左、右壁各雕刻一尊面向窟内的力士
像，呈直立状，外侧手臂持戟，内部肩臂略下垂，
作叉腰状（图 13）。由于风化严重，仅能辨认
出其身着战裙。壁面的两端各有条状纹饰，内
部各雕刻两条背向而合、结环相连的波状唐草。
环中填饰背向而合捆扎起来的半忍冬、从半忍
冬的尖端逆向伸出另外一枝半忍冬，以此为一
个单元纵向连接。这种纹样在第 9 窟前室东南
角也可以得见。此外，两条波状唐草背向而合、

图 13　第 13 窟窟门力士像
（《云冈石窟》10 卷，京都大学人文科学研究所）

① 〔日〕水野清一、长广敏雄.《云冈石窟》12 卷，京都大学人文科学研究所，1954 年，图版 100。
② 〔日〕水野清一、长广敏雄.《云冈石窟》8 卷，京都大学人文科学研究所，1953 年，图版 18。

图 14　第 13 窟南壁东侧最上部
（《云冈石窟》10 卷，京都大学人文科学研究所）

结环相连的纹样在第 10 窟主室窟门也有雕刻，但有所不同的是，其环中填充的是半忍冬和凤凰①。

明窗与窟门两处的图像，虽然与第 17 窟、第 18 窟，还有第 9、10 窟，第 1、2 窟以及第 6 窟等窟中所雕刻的内容有关，但却是其进一步发展后的样式。特别是明窗部分，可以看出其与迁都前后所雕凿的第 11 窟中心塔柱和第 11-9 龛之间存在着密切的影响关系。综上所述，明窗完成的时间是在临近迁都（490）时期的可能性较大。

四、南壁（上层）

南壁可以分割为四层：明窗左右壁面、明窗与窟门之间壁面、窟门左右壁面、腰壁。明窗左右（上层），靠近东壁一侧分为两列，靠近西壁一侧分为三列，窟门左右（下层）各开凿一大龛。上层与下层之间（中层）雕有七尊并排而列的立佛。此外，下层的下方有腰壁，虽然风化严重原貌已经消失殆尽，但仍可辨帷幕之下有从左右向门口行进的供养人列像。

1. 靠近东壁侧

南壁最上部雕刻有与三角形垂饰相组合的帷幕，其下方开凿了一排小龛（图 14a）。小龛内部雕刻有伎乐天，其脚下为"卍"形栏杆。在第 9、10 窟中也见到有类似的例子②。南壁靠近东壁一侧的上部，沿着明窗由上至下依次雕凿了楣拱龛、七小龛、坐佛龛，以及并排的五个小龛。水野清一、长广敏雄认为，除最下部五个小龛之外的其他龛像表现的是弥勒、七佛和释迦佛组成的三世佛③。楣拱龛左、右两侧的柱子将内部分为三部分。在楣拱龛内部用两根柱子来分区的这种形式，最早的例子见于第 19-1 窟④，第 13 窟以后有所增加。楣拱内的"边框装饰简化，仅为长方格的连续表现，下方有三角垂饰和帐幕"⑤。并不是在楣拱内的下缘，而是在楣拱内部（边框下）雕刻三角垂饰，下缘处雕刻弧形帷幕，这种形式比较少见。龛内中央区域为交脚菩萨像和坐在藤座上的半跏思惟胁侍菩萨像。主尊交脚菩萨像宝冠之下的额前发左右分开，面部细长，披络腋，右手举至胸前，左手置于大腿之上。左右区域内刻有斜向作合掌状的供养菩萨像，单脚弯曲呈游足状。

位于七佛之下的坐佛龛，其左、右两列各被分为四格，最上部为菩萨像，之下的三格雕刻的是披发或未刻画出发丝的天人像。最下一格的天人像，似侏儒一般支撑着上部。一部分菩萨像或天人像为手持三叉

---

① 〔日〕水野清一、长广敏雄.《云冈石窟》6 卷，京都大学人文科学研究所，1951 年，图版 27；《云冈石窟》7 卷，京都大学人文科学研究所，1952 年，图版 48。

② 〔日〕水野清一、长广敏雄.《云冈石窟》10 卷，京都大学人文科学研究所，1953 年，第 46 页。

③ 〔日〕水野清一、长广敏雄.《云冈石窟》10 卷，京都大学人文科学研究所，1953 年，第 46 页。

④ 〔日〕水野清一、长广敏雄.《云冈石窟》13 卷，京都大学人文科学研究所，1955 年，图版 76。

⑤ 〔日〕水野清一、长广敏雄.《云冈石窟》10 卷，京都大学人文科学研究所，1953 年，第 14 页。

戟等武器的形式，在云冈石窟中并未见到过类例。如来坐像与上方的楣拱龛交脚菩萨像相同，面部细长，着凉州式偏袒右肩袈裟，且为左脚在下的半跏趺坐。再往下，即上层最下部的五个小龛，集中排列在一个横向的长格内，上方有帷幕，幕下有供养菩萨。除去一龛二佛并坐像外，其余均为坐佛。与原定计划相比，似乎每个小龛都有所扩大，所以长格的东侧壁上部角落未能保持直角（图 14b）。另外，与东壁之间的间隙，刻有一个只有这些小龛半个高的小龛，龛内雕刻了几乎同样形式的交脚菩萨像[①]。看上去像是因为临时追加了计划外的交脚菩萨像龛，从而使得壁面如同发生了混乱一般。

2、靠近西壁侧

西侧壁最上部虽与东壁侧相同，但帷幕和三角形饰大部分是后世重修的（图 15）。此外壁面沿着明窗可分为三层，由上至下依次雕刻了楣拱龛、并列的两个尖拱龛、尖拱龛和屋形所组成的复合龛。楣拱龛内的交脚菩萨像和尖拱龛内的二佛并坐像及坐佛像被视为一组造像[②]。最高处配置的楣拱龛虽与东壁相一致，但是被柱子分隔出的左右方格内雕刻的供养天为正面合掌状。此外，与东壁侧无对应关系的第二层佛龛中，靠近明窗侧的二佛并坐像均身披凉州式偏袒右肩袈裟。靠近西壁一侧的坐佛，其上半身修补痕迹明显，原型虽然未有多少保留，但似乎也是左脚在下的半跏趺坐。并且，承接两龛拱端的柱头的雕刻是基于柱头与藤座属同一事物的认识（初期型式的藤座式柱头），首见于昙曜五窟（第 18 窟等）中[③]。拱端部分变化为面向龛内的凤凰（靠近明窗侧）和狮子（靠近西壁侧）。

第三列在以坐佛为主尊的尖拱龛的左右，雕刻内有交脚菩萨像的屋形龛，这种组合形式应该是由位于第 16 窟明窗下的尖拱额坐佛龛与楣拱额交脚菩萨像龛的组合变化而来的。从后者的上部承载建筑物这点也可以确认[④]。尖拱龛内，主尊上部左右各浮雕一尊飞天，其原型可追溯到第 17 窟和第 7、8 窟。不过，这里仅能在左右各看到一尊较大的飞天，与同时雕刻多尊供养菩萨的形式[⑤] 有所不同，可以说是十分简略化了。主尊的肉髻较大，面部细长，溜肩但肩部较宽。右手举至胸前，左手攥着呈领带状的袈裟一角。趺坐为右脚在外侧的结跏趺坐。虽然采

图 15　第 13 窟南壁西侧最上部
（《云冈石窟》10 卷，京都大学人文科学研究所）

---

① 〔日〕水野清一、长广敏雄.《云冈石窟》10 卷，京都大学人文科学研究所，1953 年，第 46 页。

② 〔日〕水野清一、长广敏雄.《云冈石窟》10 卷，京都大学人文科学研究所，1953 年，第 47 页。

③ 〔日〕八木春生.《云冈石窟に見られる藤座式柱头についての一考察》，《云冈石窟文样论》，法藏馆，2000 年。此外，冈村秀典认为笔者"以形状分型式来重新定义分期是本末倒置的"，将笔者文中的初期型式、中期型式、后期型式改称为 I 类、II 类、III 类将其替换（第 31 页）。不过（即使其间存在并存的时期）也一定是以 I 类、n 类、m 类的顺序出现的。另外，关于 I 类、II 类、III 类各自的柱头到底为何物，是基于不同的认识而雕刻的。因此，基于柱头等于藤座的这一认识下所雕刻的类型为初期型式；基于西方传来的正确情报而认为柱头是植物所雕刻的类型，此为中期型式；基于柱头即为在上方包裹布料的这种中国出现的新认识进行雕刻，之后却又几乎消失的类型为后期型式。笔者认为这样较为妥当。

④ 〔日〕水野清一、长广敏雄.《云冈石窟》11 卷，京都大学人文科学研究所，1953 年，图版 70。

⑤ 〔日〕水野清一、长广敏雄.《云冈石窟》4 卷，京都大学人文科学研究所，1952 年，图版 69。

用的是与东壁侧不同的坐于莲座之上的形式,但在第 12 窟前室也存在多个类例①。拱端变化为长角狮子,(或麒麟?)其下方为中期型式的藤座式柱头,这种型式是基于柱头模仿植物(莲花)的认识而形成的,最早出现于第 16 窟。但与第 16 窟和第 9、10 窟的柱头相比,有着顶部较圆的特征。藤座式柱头一直到中期型式,其顶部基本都是平的,而圆顶柱头的兴盛,在云冈石窟始于公元 5 世纪 80 年代中期以后出现的后期型式。

五、南壁(中层、下层)

1. 中层

图 16　第 13 窟南壁中层
(《中国石窟　云冈石窟》,平凡社)

　　明窗与窟门之间有七尊如来立像(图 16)。分为左中右三组,中央为三尊,左、右各为两尊。前者上方刻有屋形,正脊上载博山,两端雕刻有双翅收拢的鸟类以及鸱尾,屋檐的椽木下方雕刻有弧形的帷幕。左右的屋形龛屋檐下无帷幕,而是在如来立像的头上雕刻了三角形垂饰与帷幕相组合的宝盖。在第 1 窟主室南壁窟门的西侧,也发现有与此相类似的表现。能看见在左右屋形的正脊中央,沿着凤凰尾羽的轮廓进行的些许雕刻,打破了上层龛的下缘,据此可知明窗左右的中层,其开凿的时间要晚于上层。

　　七尊立佛都身着汉民族化的袈裟,立于莲座之上(东壁侧两尊立像的头部为后世修补)。右手施无畏印,左手结与愿印。除了袈裟与裙褶的下摆左右展开、搭在左臂的袈裟好似羽翼一般飘荡的这种形式之外,还有沿着左臂垂下的形式,而在第 6 窟则以前者居多。此外,身着双层裙裳。垂于腹前的袈裟衣褶的折叠方式以及衣纹,这几点也与第 6 窟如来立像十分酷似。不过,第 6 窟的像仅仅是立于宝盖之下,其上方未见屋形。并且第

图 17　第 6 窟如来立像
(《云冈石窟》3 卷,京都大学
人文科学研究所)

① 〔日〕水野清一、长广敏雄.《云冈石窟》9 卷,京都大学人文科学研究所,1953 年,图版 28。

6窟像的头发均雕刻了发丝表现（图17）。第13窟的像，其胸前垂下的是与袈裟内内衣一体的纽带，以结纽为中心，右侧结呈环状，左侧则垂下二条纽带，呈"分叉"式。而云冈石窟第6窟的造像中也有内衣与纽带分开，在内衣外面束衣结纽的情况。但是尽管如此，第6窟中采用的多是纽环部分朝上的"下垂式"，中心塔柱南面上层等处，一部分虽为"分叉式"，但是纽环的部分则隐藏在袈裟之下，无法窥见其前端①。此外，第13窟七尊立佛中，头光的火焰纹样有四种形式，分别为呈"U"字形并列的形式；焰端一分为三的基部空洞形式；还有焰端一分为三，但是基部却如同岩石般棱角分明的多层填充形式；以及基部填充呈"C"字形的形式。与前三者相同的纹样，在第9窟前室北壁的交脚菩萨像身光中也有发现。但是炎端分为三条，基部填充呈"C"字形的形式，仅在第6窟中有类例存在（图17）。

此外，在第11窟中心塔柱上层的东、西及北面，还有西壁下层都雕刻有汉民族化的如来立像。后者站在同一个屋檐之下，均与第6窟造像相同，刻画了发丝。内衣上的纽带采用的是"下垂式"。但多数搭于左腕的袈裟并未翻飞，而且由于造像均无背光，故未见火焰纹样，裙裳也仅有一层。与此相对，中心塔柱上层的如来立像，其背光刻有火焰纹样且以"U"字形排列的形式居多，头部也未刻画发丝，垂至腹前的袈裟也无折叠的衣褶表现等等，被简化了。西壁下层的如来立像，虽然其刻画发丝这点与第13窟像有所不同，但应该仍能看出是受到了第6窟的影响。另外，被过多简化的中心塔柱上层如来立像，要比西壁下层的七佛稍迟些。

2、下层

窟门的左右，各于中层七佛之下较大的壁面区域内雕凿尖拱龛。二者构图几乎相同，一般认为属于"对应关系"②。其上部均雕刻有弧形帷幕，之下雕刻了双手向上展开、手持花绳的飞天（图18、19）。与第9窟前室北壁窟门之上以及第12窟主室上层的飞天相类似。只不过前者为单手持花绳③，后者虽为双手持

图18　第13窟前壁窟门东龛
（《云冈石窟》10卷，京都大学人文科学研究所）

图19　第13窟前壁窟门西龛
（《云冈石窟》10卷，京都大学人文科学研究所）

---

① 〔日〕小泽正人.《云冈石窟第6窟上层龛：如来立像の製作についての一考察》，《美学美术史论集》，成城大学，2003年，第172页。
② 〔日〕水野清一、长广敏雄.《云冈石窟》10卷，京都大学人文科学研究所，1953年，第49页。
③ 〔日〕水野清一、长广敏雄.《云冈石窟》6卷，京都大学人文科学研究所，1951年，图版10。

图20　第11-9窟
（《云冈石窟》10卷，京都大学人文科学研究所）

花绳，但手臂降低，且并非与相邻的飞天共举，而是独自手举花绳，较为不同[1]。第18窟明窗西壁，以及与之前所述的明窗菩萨像头上有着类似宝盖的第11-9窟中的飞天（图20），与图18、19具备相同的形式。在西龛主尊的上方横向排列雕有坐佛的9个小龛，而两侧纵向排列7个小龛，靠窟门一侧下端为楣拱龛，龛内雕刻交脚菩萨。与之相对的西壁侧的最下端虽然也雕有楣拱龛，但是龛中所雕刻的可能并非交脚菩萨像。这些小龛与左右方框界线的缝隙间，纵向雕刻了一排合掌供养天（图19）。东龛也横向雕凿了9个小龛，但纵向则雕凿了8个内置化佛的小龛（图18）。其中雕刻了交脚菩萨像的楣拱龛有两个，分别位于上起第二排、东壁以及窟门分别向内数的第二个。

两龛均在刻有主尊的尖拱内配置了七佛和飞天。不过除此之外，西龛中还可以看到手持花绳的天人等。每个尖拱龛内，其左右上部都刻有两尊飞天，下部刻胁侍菩萨像。主尊肉髻较大，肉髻与真发部分均未刻画发丝。面部丰腴，坐于宣字座之上，束腰部分的左右雕有面向主尊做回首状的半身小狮子。不过，西龛主尊肩膀宽阔，上半身扁平，与之相对的东龛主尊则溜肩，身体丰满。此外，西龛像身着凉州式偏袒右肩袈裟，双腿包裹于袈裟之中，东龛主尊则着汉民族式袈裟（第5窟式）。因此，这些龛的开凿时间应为云冈石窟中的造像向汉民族化转变的时期[2]。两龛的菩萨像还尚为西方式。

饶有趣味的是，在西龛中，化为狮子形的拱端所支撑着的柱头，不是藤座形式也并非植物表现，而是基于在柱头上蒙布帛的这种认识为依据的后期型式。这种型式创造自永固陵（481-484），其后，在受其影响的云冈石窟中得到了精炼。第17窟明窗中追刻的太和十三年（489）铭龛雕刻了此种型式的藤座式柱头，可知其在云冈石窟中流行于公元5世纪80年代后半至494年迁都为止的时期内[3]。所以，比起雕刻初期型式和中期型式藤座式柱头的上层，本窟南壁下层的开凿时期确实要相对较晚。

东龛与东壁、西龛与西壁之间都存在长条状的间隙，其内纵向雕凿了多个佛龛。保存较好的东壁一侧配置有四个小龛，上面的三个为尖拱龛，最下方的为楣拱龛。只有最上方的龛上有宝盖，承载博山的宝盖下雕饰有三角形垂饰和帷幕。与东龛相同的是，其内部也可以看到双手展开且手持花绳的飞天。此外，第二、

---

[1]　〔日〕水野清一、长广敏雄.《云冈石窟》9卷，京都大学人文科学研究所，1953年，图版52。

[2]　〔日〕冈村秀典认为这两龛要比中层的七佛相对晚一些，并且是西方式造像和汉民族化造像的暂时并存。

[3]　关于文明太后永固陵墓室石门上所雕刻的藤座式柱头，冈村秀典认为"第9、10窟中所见的藤座下部的莲瓣与永固陵中所见到的相比，已经简化到难以拿来进行比对的程度……从第9、10窟的简略藤座衍生出永固陵的精致E（藤座，笔者注）的可能性较低，不如说应该考虑永固陵的E（柱头，笔者注）是在第9、10窟中的F~J（柱头，笔者注）上得到了简化"（第32页）。但是，永固陵的藤座与云冈石窟中期型式以及后期型式的藤座之间，其细部形式的不同是源于工人集团的不同，将其认为是由于时间差所致则是错误的。重要的是，到底将柱头作何种认识。笔者认为，藤座是植物的这种认识（中期型式）是从西方传来的，而使得这种正确认识发生变化的即为永固陵新出现的柱头的概念。

第三龛在佛龛区域上部刻有帷幕，两侧垂下长幕布。但是除此之外，三个尖拱龛内均为坐佛和胁侍菩萨立像，且还雕刻有两尊飞天，所有像均未汉化。第一、三龛的柱头是后期型式。最下方的第四龛为楣拱龛，其内部雕刻有一尊双手置于膝上的交脚菩萨像以及两尊胁侍菩萨像。

此外，下层东西龛主尊所坐的宣字座下雕刻有多尊菩萨，但大多数均已风化殆尽。在其下方，靠近窟门的一侧残存有部分位于屋脊飞檐的凤凰（图 21）。而且再下方的帷幕下雕刻有一排面向窟门的 7 尊供养人像。靠近东壁侧的供养人列像，是从东壁的腰壁下部延续过来的。需要注意的是，先前所述的雕有凤凰的屋顶，如果将其看作第 6 窟所见的雕刻于供养人列像之上的建筑，其位置则过高。不能否认，原本在此处预计雕刻的可能并非供养人列像，而是其他造像。而且在西龛几乎同一位置也可以确认有雕刻屋顶的痕迹①。

3．南壁的开凿

南壁上层和中、下层之间，在是否存在汉民族化造像这一点上有很大的区别。中层雕刻有受第 6 窟较大影响的如来立像，飞天也已汉民族化，与此相对，下层只有靠近东壁侧的龛中主尊为汉民族式，而菩萨像和飞天仍为西方式。但是考虑到南壁的营造工程，按自上而下的顺序依次雕刻上层、中层、下层较为合理。彭明浩也主张，没有迹象表明下层比中层雕刻时间要早，但直至雕刻完腰壁，中层仍留有较大的空间且并未作雕刻，则显得十分不自然②。这样一来，中层和下层的开凿时期，应该相差无几。现在如果沿着窟门边缘上方来画线，可直接略过中层七佛上部的屋檐而直达窟顶（图 22）。如图 22 所示可知，这条线与上层壁面间是存在间隙的，上层稍稍向外侧倾斜，即南壁壁面的角度在中层以下发生变化，为了使得能与地面垂直而开始矫正，由此可以确定中层和下层要比上层晚一些。但靠近西壁侧的上层第三排的中期型式藤座式柱头，头部膨胀隆起，具备与后期型式共通的一部分特征（图 15）。后期型式藤座式柱头的出现是从公元 5 世纪 80 年代中期到后半期，既然一直流行至迁都时期，那么下层与上层之间的开凿时期无疑是没有多少差距的。虽然上层的营造结束之后进行了修

图 21　第 13 窟前壁窟门东侧
（笔者拍摄）

图 22　第 13 窟前壁
（《云冈石窟》10 卷，京都大学人文科学研究
所绘制）

---

① 此处是 2017 年调查第 13 窟之际，承蒙王雁卿指教。

② 前引《云冈石窟的营造工程》，第 122 页。

图 23　第 13 窟前壁窟门上
（《云冈石窟》10 卷，京都大学人文科学研究所）

图 24　第 13 窟东壁（笔者拍摄、绘制）

整，但并没有长期的持续中断，所以中层和下层的开凿并不比上层晚多久。

此外，之前虽并未提及，但在下层的东龛与西龛之间，中层与窟门之间的空白处，分别雕凿有上、下两排各三个小龛（图 23）。上排均为交脚菩萨像的楣拱龛，下排的尖拱龛只有中央的小龛为坐佛，左右小龛则雕刻二佛并坐像。这些像均已汉民族化。上排左、右两端楣拱的左右带状部分中，都可见维摩文殊像（上部）和普贤如来倚坐像（下部）的组合，另外下排中央主尊左右的带状部分刻有三重塔。这些三重塔以及西壁第五排雕刻的五重塔都是第三期的流行形式。并且，被二佛并坐像的足部分开的悬裳，左右分为四片，这些都是在迁都后，于公元 6 世纪 10 年代雕凿的可能性较高。

六、东壁上层（第五排、第四排）

与西壁相比，东壁保存较好，最上部与南壁相接续，有三角形垂饰和帷幕的组合，还有

带变形"卍"字栏杆的伎乐天小龛。北壁主
尊背光与伎乐天小龛之间，浮雕有头部虽然
残缺但可能为逆发天人的大像与此相类似的
天人像，也存在于第9、10窟及第12窟前室，
但仅有第12窟的天人像披戴"X"字状的璎
珞。其下方的壁面由五排造像和腰壁所构成（图
24）。水野清一、长广敏雄认为"佛龛的各
层未必与南层严格一致。是完全自由的"。[①]
但两者之间还似乎有一些保持联系的意图，
南壁上层（明窗左右）和东壁第五、四排，
雕刻有七佛的南壁中层与东壁第三、二排，
窟门的上半部分（南壁下层上部）与东壁第
一排，均基本对应。而且南壁下层下部，具
体来说，从东龛、西龛主尊的宣字座至腰壁

图25　第13窟东壁上层
（笔者基于《云冈石窟》10卷，京都大学人文科学研究所绘制）

处所雕刻的供养人列，与东壁腰壁上层所雕刻的面向北壁跪坐的供养天列像位置大体相当。其下方，与供
养天像相反而面向南壁侧的供养人列像，与南壁腰壁上所雕刻的面向窟门的供养人列像相连续。但是，东壁
壁面所雕刻的像大多都尚未汉民族化等一些与南壁之间的不同之处也不可忽略。

1. 第五排

第五排雕刻有被101尊千佛所包围的尖拱额坐佛龛。主尊面部细长，溜肩但肩宽，右手举于胸前，左
手握袈裟的一角置于右足之上（图25）。袈裟为凉州式，偏袒右肩，左脚在下半跏趺坐。宣字座左右未雕
狮子而是半身的天人，较为少见。龛内浮雕胁侍菩萨立像和供养菩萨像各两尊。尖拱的拱端为面向主尊作
回首状的独角龙。承载拱端的柱头，将束结的下部刻成五个叶片状。其上并未看到像第16窟窟门上部的柱
头上所刻画的叶脉，但也尚未进化到第13窟南壁下层西龛的后期型式藤座式柱头那种布裹的表现。应属于
中期型式。靠近南壁一侧的壁面不平整，导致尖拱上部的千佛高低不平。

2. 第四排

第四排和第五排并不平行，其下缘线由南向北逐渐向下倾斜。内部分为三个区域，由南向北依次为二
佛并坐像龛、坐佛像龛、二佛并坐像龛。显然与第五排之间的内容以及龛的配置上并无关联，可知东壁并
非按照一个计划来雕凿的。除近南壁一侧的二佛并坐像龛以外，其他主尊虽有重修（现已破损），但均未
汉民族化。中央坐佛像龛主尊为左脚在下的半跏趺坐。有学者认为近南壁一侧的二佛并坐像龛与此坐佛龛
可能是作为一对佛龛开凿的[②]。上部都雕刻有弧形帷幕和持花绳的半身天人像。龛左右两侧与边框线之间狭
窄的空白处，也都纵向雕有供养天（只是二佛并坐像龛两侧各为两列，坐佛龛两侧则是一列）。此外，二
佛并坐像的上部，沿着龛的上缘，在中央雕刻交脚菩萨像，其左右对称配置供养天，与此相对，坐佛像龛

① 〔日〕水野清一、长广敏雄.《云冈石窟》10卷，京都大学人文科学研究所，1953年，第16页。

② 〔日〕水野清一、长广敏雄.《云冈石窟》10卷，京都大学人文科学研究所，1953年，第16页。

图 26　第 13 窟东壁中层（笔者拍摄、绘制）

的尖拱内则刻有 11 尊化佛，且龛的上缘雕刻仰莲瓣，也十分少见。这尊坐佛像坐于莲座上，使得其底座的上缘线低于二佛并坐像的底座上缘线一个莲座的高度。这应是对原本的计划做了一些更改。这种形式的台座，在第 9 窟中则是供养天的台座，并未用于主尊。

与南壁侧二佛并坐像底部高度相同的北壁侧的二佛并坐像龛，尖拱龛内的二佛并坐像较小。尖拱额内雕半忍冬，台座下刻博山香炉，炉左、右各有两身跪拜的僧侣。后者在第 11 窟西壁上部（第四龛）有类例。二佛并坐像龛的左侧及上部环绕着内刻供养天和千佛的小龛。只是不知为何小龛并未雕刻至区域的顶部，而是留有空白。有趣的是，除去位于最上部的一排伎乐天龛，在坐佛小龛的左上部，均雕刻有树木，为浅浮雕的树形龛。这些树形龛的左侧多少侵入进了左邻的中央坐佛龛的界线内，但是，围绕着坐佛雕刻的供养天中，位于最下部的跪坐供养天的足尖，则反而侵入了位于右侧的二佛龛的边框线内。由此可知，第四排的三个龛的开凿几乎是同时期的。

七、中层（第三排、第二排）

1. 第三排

中层为第三排和第二排，第三排向靠近北壁主尊一侧微微低斜，但倾斜得并不像第四排那般严重。第

图 27　第 13 窟东壁第 4、3 排（笔者拍摄、绘制）

三排和第二排都分为三个方形区域，第三排要比第二排窄一些（图26），又因方形区域均大小不一，上下龛的位置有偏差。第三排最下部雕刻带状铭文区和供养人列像的部分，与第四排及第五排并没有密切的联系。不过，第四排中央龛主尊的中心轴向下延伸，通过了第三排铭文区的近乎中央的位置。因此，在雕刻第三排铭文区之际，就或多或少已经考虑到了第四排造像的位置所在，有意识让二者保持关联（图27）。第三排由2名僧侣为先导，左侧18身、右侧17身的供养人均侧身向着铭区部分：由此可知，第三排是由一个集团所雕造的。但中央开凿的楣拱龛内的交脚菩萨像与其下方的带状空间中央铭文区的位置相错，即交脚菩萨像的正下方并未对应铭区。这应该与靠近南壁一侧的二佛并坐像龛的区域占据面积最大有关，可知第三排龛的配置并未影响到第三排中央铭文区位置的设置3靠近南壁一侧二佛并坐像龛和靠近北壁主尊一侧的坐佛龛都可见到初期型式的藤座式柱头，其上方的拱端则变化为面向主尊做回首状的狮子和类似龙的兽形。靠近北壁主尊一侧的坐佛像头部虽为后期补修，但可知身着通肩袈裟。此外，在此像之下还雕刻有内部刻线的莲座（或是莲池）。

2.第二排

第二排与第三排的倾斜角度不同，较之第三排变得更为缓和（图26、28）。此处三个方形区域内，近乎是在每个主尊的正下方的带状部分雕刻铭文区。靠近南壁一侧铭文区的左右有1头狮子和2名僧侣，中央部铭文区左侧有7名僧侣，右侧有8名僧侣，靠近北壁主尊一侧则在两侧各浮雕2名僧侣和3个供养人。不过，仔细观察带状部分的话，附属于靠近北壁主尊一侧的坐佛龛的1个供养人像，则稍微进入了中央二佛并坐龛的区域内。此外，靠近北壁主尊侧的屋形龛的右下方也因属于第一排（追刻龛）楣拱小龛的一部分，使得右侧的供养者之间稍显拥挤。因此，第二排最后完成时期和第一排的开凿时期是相重合的。

第二排中央置二佛并坐像龛，在其左右配置屋形龛和坐佛，是按同一个计划开龛造像的。三龛的开凿时期几乎是相同的。二佛并坐像龛最上部雕饰弧形帷幕，一部分沿着左右的边框线长长垂下，南壁下层东龛右侧的小龛（第二龛、第三龛）也采用了同样的形式。此帷幕表现始于第7、8窟，第9、10窟中也有承继，而弧形帷幕之下雕尖拱龛的形式，在第10窟主室南壁上部也有类例[①]。中央龛的二佛并坐像，面部方圆，着凉州式偏袒右肩袈裟，均为右手施无畏印。袈裟的一角折叠成领带状，纵向握在左手中。从第7窟北壁和第8窟南壁，还有第9窟前室上部等像中可以追溯其起源。而且因为南壁上层靠近西壁一侧的下部以及第三排主尊也有相同形式，所以可知东壁第二排受到了来自南壁上层靠近西壁一侧下部的很大影响。

支撑尖拱龛拱端的藤座式柱头虽是初期型式但顶部膨起，从中部束起的部分左右伸出半忍冬，形式特殊，被逆发天人手持上举。这与位于南壁下层东龛，逆发天人支撑

图28 第13窟东壁第3、2层（笔者拍摄）

① 〔日〕水野清一、长广敏雄.《云冈石窟》7卷，京都大学人文科学研究所，1952年，图版42。

2

图29　第13窟东壁（笔者拍摄、绘制）

图30　第13窟东壁第1列第3龛
（《云冈石窟》10卷，京都大学人文科学研究所）

着上载凤凰的拱端形象有关联（图18）。左右的屋形中，屋檐上既无椽木也无帷幕表现，较为简化。左龛的正脊之上立着面向前方的凤凰，下方的如来坐像着凉州式偏袒右肩袈裟，左手也持折叠成领带的袈裟一角。右侧的屋形正脊上雕有三个博山。屋形下右侧的飞天与南壁下层东龛的天人相同，双手上举持花绳，但左飞天则仅双手上举。此龛的如来坐像也身着凉州式偏袒右肩袈裟，右脚在外的半跏趺坐，左手掌向下，衣端横置。

八、下层（第一排、腰壁）

1. 第一排靠近洞窟主尊一侧区域

第一排分为三个较大的区域，靠近南壁一侧的区域内又纵向分为两部分（从近南壁一侧开始为第一上下龛，第二上下龛）。这些龛比中央交脚菩萨像的楣拱龛（第三龛）的区域稍微大一些，但均与该龛一样，几乎是与腰壁及地面平行开凿的。此外如果将第二上下龛、第三龛之间的区域分界线纵向延长的话，就可以通过位于第二排中央的二佛并像龛铭文区的中心（图29）。由此可知，第一排十分重视与第二排佛龛配置上的联系。

第三龛的楣拱龛下部中央有铭文区，左、右各刻有7身头戴鲜卑帽的供养人像（图30）。楣拱的边框饰联珠，在第12窟主室南壁西侧上部和第11窟西壁北侧上部[①]等处也可见到类例。楣拱内部分割为上、下二层，上层雕供养天，下层浮雕伎乐天。并且下层中央还雕刻有如来坐像和供养天。沿着楣拱的下缘，雕刻双手持花绳的飞天，一手上举、一手置于腰间。最里边有弧形帷幕，左右沿边框线长长垂下。龛内被两根柱子分成三部分，中央主尊交脚菩萨像头戴筒状宝冠，圆形花纹中刻有化佛，其上方刻日月纹。右手施无畏印，伏于膝上的左手用中指和无名指挟着宝瓶。与第16窟南壁中央东龛像虽有共通之处，但裳裾没有褶裙状的表现[②]。裙裾表现虽与第9、19窟

---

① 〔日〕水野清一、长广敏雄.《云冈石窟》9卷（第12窟），京都大学人文科学研究所，1953年，图54；《云冈石窟》8卷（第11窟），京都大学人文科学研究所，1953年，图版42。
② 〔日〕水野清一、长广敏雄.《云冈石窟》11卷，京都大学人文科学研究所，1953年，第74页。

图 31　第 13 窟东壁第 1 列第 2 龛
（《云冈石窟》10 卷，京都大学人文科学研究所）

像（图 2）相类似，但上半身的络腋之上饰呈"X"字状交叉的璎珞，且还饰有前端变为兽头形的"J"字形胸饰。第 13 窟北壁主尊交脚菩萨像可能也是此种形式。被左右立柱所分割的部分雕刻了胁侍菩萨立像。从右像天衣的衣端和在身前围合起来的裙裳间，可以看到一部分刻着特殊衣纹的裙裳，正如前所述，与明窗侧面所雕的菩萨像相一致。

2. 第一排靠近窟门一侧区域

靠近窟门一侧分两个区域，其中首先应该注意的是第二上下龛。下龛并坐二佛像的中间线通过上龛（图 31）坐佛身体的中心轴线，其向上方的延长线又通过了第五排主尊身体的中心轴线（图 29）。由此可以推测，第一排是为了统合东壁全体而有意设计的。上龛主尊如来坐像的左右雕刻有头戴化佛宝冠的胁侍交脚菩萨像，其背后刻菩萨立像（图 31）。如来坐像头上左右各刻有一尊飞天。楣拱龛内部没有用柱子进行分割，而是在区域内的左右两端各置一座刻有塔刹的三重塔。在第 11 窟南壁上层中央也可见同样的塔，第 12 窟主室虽然也有雕刻，但后者仅在龛与龛之间设置[①]。此龛比第三龛（图 30）要晚，但由此可知，其与第 11 窟和第 12 窟之间有着密切的关系。并且手持花绳的飞天形式也相同，故此龛的开凿时间应该距第三龛不远。

第四上下龛的一部分与北壁主尊背光相接（图 32），上龛与第三龛交脚菩萨像（图 30）相同，在络腋之上饰璎珞和"J"字形胸饰，左手指间挟宝瓶。下龛的二佛并坐像均着通肩袈裟，坐在莲座上，其下方刻着 10 身（第五排只

图 32　第 13 窟东壁第 4 上下龛
（《云冈石窟》10 卷，京都大学人文科学研究所）

图 33　第 11 窟明窗东壁龛
（《云冈石窟》8 卷，京都大学人文科学研究所）

① 〔日〕水野清一、长广敏雄.《云冈石窟》9 卷（第 12 窟），京都大学人文科学研究所，1953 年，图 61；《云冈石窟》8 卷（第 11 窟），京都大学人文科学研究所，1953 年，图版 34。

图 34　第 13 东壁第 1 列北端
（《云冈石窟》10 卷，京都大学人文科学研究所）

图 35　第 13 窟东壁腰壁
（《云冈石窟》10 卷，京都大学人文科学研究所）

有 2 身）仅表现上半身的供养天，正中间为博山香炉。拱端变化为面向主尊做回首状的狮子，立于后期型式的藤座式柱头之上。此外，第四上下龛和北壁主尊背光之间还开凿了多个小龛，其中一个为载有覆钵的单层塔形式（图 32）。中央雕刻身着凉州式袈裟的坐佛，尖拱周围刻有菩萨像和供养天、僧侣等。第 11 窟明窗东壁所刻太和十九年（495）铭的追刻龛，为汉化的交脚菩萨像坐佛组合，后者的左右也雕刻有单层塔（图 33）。然而，塔中雕刻的并非坐佛而是二佛并坐像，周围也并未雕刻供养天等形象，其上方雕刻的塔刹为三根等。所以，第四上下龛及其右上的单层塔是在迁都以前完成的可能性较高。

3. 其他

第一排的北端追刻的交脚菩萨像龛及其下方的坐佛像龛，破坏了北壁主尊交脚菩萨像背光火焰纹，雕刻的是东壁少见的汉民族化造像（图 34）。南壁下层东西龛汉民族式和西方式主尊并存，但在东壁并没有积极采用新的形式。这与在南壁下层东龛与西龛之间，以及中层与窟门之间的空白处所开凿的上下两排小龛像（图 23）可能存在关系。

另外，在腰壁上缘刻有相连的莲瓣，用以区别于第一排及以上。又分割为两层，上部刻供养天列像，下部为供养人列像。这些几乎均与地面平行（图 35）。上层所雕刻的跪坐供养天像与第 17 窟的相类似（图 36）。然而在第 13 窟腰壁的供养天列像中，有第 17 窟中所未见过的络腋中间作挽结形式的像。腰壁下层的供养人列像和南壁供养人列像相连续，却与供养天列像方向相反，朝向人口一侧。这应当是因为刻在供养人列像头上的帷幕在东壁和南壁是相连的。

4. 东壁的开凿

概观东壁（图 29）所开凿的五排佛龛，各排之间并不平行，每排的倾斜角度不同。第四排的倾斜角度最大，靠近北壁一侧虽有所变低，但第三排又矫正倾斜角度使其稍稍变缓。第二排的倾斜角度比第三排还小，第一排则与腰壁及地面几乎平行。不过，在各龛下方开始雕刻供养人列像的第三排则是铭文区的位置与第四排中央坐佛的中心轴相贯通，得以保持了与第四排之间的联系。此外，从位于第二排中央的二佛并坐像龛的中间，其下方铭文区中轴线向下方延伸的话，则与第一排第二上下龛和第三龛的边缘线几乎一致。还有第一排第二上下龛的下龛，二佛之间和上龛（图31）坐佛的中心轴相连而向上方延长的话，就可通过第五排主尊身体的中央。而且，与第一排几乎平行开凿的腰壁下层帷幕下的供养人像与南壁的供养人像是相连续的。与上述相比，第二排以下，不仅东壁全体与南壁的关联意识加强，而且东壁和南壁继续保持关系，开始追求洞窟全体的联系和整合性。因此，在第二排与第一排中可以见到与南壁和明窗所雕刻图像，以及北壁主尊有关的图像。

在东壁，各排佛龛与北壁主尊的火焰纹都是保持足够的距离来开凿的。背光最外侧的火焰纹雕刻之前，各排佛龛已经开始开凿了。所以，乍一看好像无计划性开凿的东壁，实际上是沿着基本的规划来雕刻的。除此之外，第二排以下，佛龛与火焰纹之间的空白处也雕凿有大小不一的小龛，所雕刻的造像尚未汉民族化，所以第二、一排区域内部的开凿也并没有很晚。

图36　第17窟供养天（笔者拍摄）

九、第13窟的营造过程

在南壁，营建者在明窗以下中层位置改变了壁面与上层壁面之间的角度，这是为了使壁面与地面垂直而进行的修正。东壁也同样是第三排的倾斜角度变缓，第二排以下与腰壁及地面几乎平行，可知是经过修正的。在第三排的下部，开始雕刻有供养人像的带状部分。而且东壁第三排、第二排与南壁的中层大致相当。因此，第13窟的壁面是由上至下开凿的，南壁上层及东壁上层（第五、四排）完工后，对营造工作进行了一部分的调整。

不只是窟顶的交龙图与第1窟窟顶的交龙图有联系，主尊背光上部的椭圆形纹样带中所雕刻的葡萄唐草纹也采用了半忍冬的叶端缠绕主茎的特殊形式。这些在临近迁都时期所开凿的第14窟前室西壁中层和第15窟窟顶中都可见到类例。另外在明窗的左右壁菩萨立像头上所雕刻的宝盖之上，有带柄的圆形装饰，也与第11窟中心塔柱上层和第11–9龛中的装饰相关联。宝盖之上也飞翔着能看到足底的飞天，比第9、10窟和第6窟足底更靠近腿部，是稍晚些的形式。虽然有的学者认为窟顶和明窗的开凿时期较早，但是由此来看，其开凿时间要晚于南壁上层和东壁上层的可能性较高。

需要注意的是，南壁中层采用了汉民族化的如来立像。虽与第6窟的如来立像之间存在很多共通之处，但也有几尊造像，其袈裟搭在右腕的表现变得简化。因此，可以说中层是受到了第6窟影响而雕刻的。而此处与主尊的弥勒菩萨对置雕刻了七佛，应该是受到了第17窟的影响[①]，是开窟初始的计划。上层完工后开始谋求对工程予以修正，采用了当时最新式的汉民族化造像，受第6窟雕刻影响而开始开凿七佛立像。

---

① 〔日〕曾布川宽.《云冈石窟再考》，《东方学报》第83册，2008年，第16页。

但是，下层窟门左右的二龛中，西龛仍保留了西方式，只有东龛的主尊采用了汉民族式。而且后者采用了第 5 窟式，与中层的七佛像之间并没有关联。由此来看，下层的营造开始时期要比中层稍早一些，由于中层和下层的开凿者（集团）不同，从而推测各方对于造像汉化这种新的流行接受程度也各有不同（采用第 6 窟式或第 5 窟式），进而才产生了这种情况。于是在南壁中层及东壁中层（第三排、第二排），在营造过程中进行修正的基础上还发生了更大的变化，其造像形式深刻地反映了各层以及各排的开凿者或者参与开凿的集团的意向。

此外，窟门左右的东西龛下部与腰壁的供养人像之间，所雕刻的屋檐上载有凤凰的建筑物并未完成，而是被中途放弃了。由此可知，在南壁下层开凿之际计划发生了变更。此位置相当于东壁的跪坐供养天像相并列的腰壁上层，在南壁并没有雕刻同样的供养天像，无疑与这个计划变更之间存在某些关联。位于其下方的供养人列像风化严重，与东壁腰壁下方的供养人像相接续。这些供养人列像与东壁第三排以下，各排下部的供养人列像之间到底存在怎样的关系尚不明确。雕刻方法虽粗糙但也大致完成，营造工作并没有因洛阳迁都而中断。换言之，东壁和南壁完工于迁都前，第 13 窟包括窟顶和明窗，几乎是同时期完工的。

综上所述，第 13 窟壁面基本上是由上向下进行雕刻的，南壁上层以及东壁上层（第五、四排）的工程结束后，开凿者（集团）的趣向发生了变化。同时对壁面的角度和每一排的倾斜度进行了调整，雕刻内容的自由度增大。不过，调整的中途几乎并未中断，第 13 窟基本上是按照当初的计划来开凿的，并于迁都以前完工。有趣的是，在南壁上层的明窗左右，靠近东壁侧分为两排，靠近西壁侧分为三排，可知壁面从开凿初始就并未按照严密的计划进行营造。这也恰好符合南壁上层和东壁上层，以及东壁第五排和第四排之间，内容上并无关联这一情况。因此在开凿壁面上层的时候就已经不再由皇家主持，虽然尚不如中层以下那般自由，但其中可能也掺杂着开凿者（集团）各自的趣向。如果推测无误，在雕刻第 13 窟北壁主尊的同时也委任民间之手来继续进行壁面其他部分的营造工作。其后，开凿东壁第二排时开始重视洞窟整体的联系，最后在最下层雕刻供养人像。综上，在迁都之前第 13 窟已基本完工。

不过，同时应该要考虑到，并非在雕刻了北壁主尊以及平整过南、东、西壁面之后才从上开始开凿列龛的可能[①]。在这种情况下，四壁的开凿工事安排上有一定的联系，与南、东、西三壁上层各龛的雕凿一同，主尊首先雕刻至胸部附近，相当于其他三壁上层的位置。之后按顺序继续向下挖掘地面部分，与各壁中层的列龛并行雕刻了主尊的腹部以及交叉的双腿，最后雕刻完成了各壁下层与主尊足部。实际上南壁与东壁不仅是在中层进行了调整，特别是南壁壁面角度的改变，说明最初并非将壁面整体都进行了平整，而是按照由上至下的顺序进行工程营造。这样一来，如此大规模的工程仅仅依靠民间之手是不可能的，石窟主体以及北壁主尊是由皇家主持营造，而委任与民间的则仅仅是南、东、西壁的列龛以及其中的造像。主尊和各壁面几乎是同时完工的，也就是说第 13 窟中并不存在早期（接续昙曜五窟的时期）开凿的部分，而且这比只有主尊是先行雕刻的盖然性要高。

① 　彭明浩 .《云冈石窟的营造工程》，文物出版社，2017 年，第 123 页。

十、结语

从第 11、12、13 窟的形制来看，开凿第 12 窟主室西壁时避开了第 13 窟，第 12 窟主室与第 13 窟主室相比，开凿时间确实要晚一些。然而从壁面装饰来看，两窟之间有多个共通之处，例如浮雕塔的形式，以及楣拱的边框内装饰联珠纹样的形式等。这些并未见于第二期诸窟的第 9 、10 窟中，因而第 13 窟和第 12 窟的壁面开凿时间相重合的可能性较高。而且这两种形式，在第 11 窟也能发现。因为第 11 窟东壁最上部有太和七年铭龛，可知此窟的开凿是从 483 年左右开始。而第 13 窟从开窟到壁面最下层腰壁部分的开凿几乎未曾中断，所以，第 12 窟和第 13 窟也可能是在大约同时期，即 483 年或稍早时间开始营造的。

为了进一步探明第 13 窟和第 12 窟及第 11 窟之间的联系，笔者今后也会针对第 11 窟和第 12 窟的开凿以及壁面造像等进行考察与研究。

（原文刊载于《石窟寺研究》2019 年）

论披巾在云冈石窟造像服饰中所起的作用

崔晓霞

　　服饰，作为见证人类整个文明发展历程的重要载体，其本身的功能也从最初的防寒遮羞，发展到装饰人体，继而体现穿着者的身份、气质、品位，俨然已经成为穿着者精神世界对外展示的重要窗口和本身气质的一种延伸。云冈石窟，这座人类艺术的宝库中，自然也少不了形式多样的服饰。它们或华丽或质朴，却都承载和表现出了雕刻艺术家们登峰造极的艺术和对于雕刻艺术极大的热忱。云冈石窟造像的服饰元素丰富多样，而笔者认为，其中最为出彩的当属造像所配的飘带。披巾，作为服饰组成中的重要元素，或飘逸或凝练。由于其出色的可塑性是其他服饰元素所无法比拟的，因此在云冈石窟造像服饰中大量的出现，也成为人物造像精神特质最为清晰的注解。本文将着重从云冈石窟人物造像所配披巾的敷搭方式，与人物造像的相对位置关系，颜色形态及扭转状态的表现等多方面论述其在云冈石窟造像服饰中所发挥的作用。

一、披巾的敷搭方式

　　披巾作为表现人物状态的重要装饰物，在人物不同的状态下会呈现出不同的敷搭方式。飘带与飞天的搭配方式最为常见，而飞天的状态都是极具动感的。云冈石窟中的飞天按人物的性别可以分为两类。

　　1. 男性裸半身飞天：此类飞天多出现于龛楣，此类飞天多体现出早期西来样式的朴拙，但也不乏飞天应有的飘逸与动感，人物多侧身，前伸臂自然前伸，后扬臂后摆于体侧自然延展。中国古代雕刻与绘画艺术历来以写意见长，这一特点在以宗教神话为题材的绘画和雕刻作品中则更为突出，作为云冈石窟雕刻艺术中飘逸与灵动的化身，飞天佩戴披巾的方式自然也是灵活多样，以体现人物的空灵。如第 6 窟中心塔柱下层北面外层龛楣格间装饰的飞天，披巾与飞天前伸臂的接触方式为敷搭，并不会缠绕于前臂，绕臂部位多为肘部。后臂的飘带会绕臂半周。绕臂方式多为由体后敷搭至肘部再绕臂一周，也有少数此类飞天其披巾在后扬臂的绕臂部位下移至手部（图 1）。

　　2. 女性飞天：此类飞天的佩戴方式则有所不同，披巾与身体的接触部位首先为肩部，经肩部由以后绕至体前，再缠绕于肘部，末端扬起。除了这两种较为普遍的敷搭方式外，也有一些特例，如第 9 窟前室北壁天宫伎乐列龛中的一逆发形飞天，敷搭于前伸臂的披巾末端并未自由飘动，而是改由后曳臂持握，飘逸中又显得严谨

图 1　第 6 窟中心塔柱北面下层龛楣格内飞天

图 2　第 9 窟前室北壁明窗楣上逆发飞天

图 3　第 11 窟南壁圆拱龛主像两侧素面冠菩萨

而稳重（图 2）。

此外，呈不同姿势的造像其披巾的敷搭方式也有所不同。呈跪姿或站姿的造像多为静态，因此相较飞舞于九天的动态飞天，其飘披巾敷搭方式便略显庄重。如第 10 窟主室南壁上层东侧胡跪状供养天，合掌半跪，由于双手合十，上肢为相对对称分布。所配披巾于肘部触臂，绕臂一周后自然下垂，左右两侧飘带，其敷搭方式及下垂走势皆为镜像对称分布。又如第 11 窟南壁，尖楣圆拱龛，并坐二佛，左、右两侧各一素面冠菩萨（图 3），右手上举持与愿印，左手自然下垂。虽两臂姿势不同，但由于菩萨呈站立状，因此两侧披巾并未展现出过多的飘逸，而是沿人体中心线呈镜像对称分布，大气端庄。第 11 窟南壁盝形龛内交脚菩萨（图 4），头戴化佛冠，袒胸露臂，佩璎珞，项圈，腰束羊肠大裙，右手上举持无畏印，披巾于体后绕于肘部后然下垂，同样呈镜像对称分布。

图 4　第 11 窟南壁下层西部交脚菩萨

二、披巾本身的形态、样式、纹饰及披巾末端纹理的表现形式

第 6 窟中心塔柱下层北面龛楣格内的飞天乐伎，男性飞天的披巾在其体后部分为半弧形，有些则根据双臂的延展程度呈"一"字形展开。且体后部分披巾的高度均低于头部。形态总体较为圆润，回转弯折较为平滑。而旁边的女性飞天其披巾的体后部分均高于人物发髻（图 5），且整体形态较为突兀，类似于尖锐的椭圆体，绕臂后陡转上扬，整体形态呈"几"字形。造型抑扬陡转，映衬出女性飞天的动感和飘逸。又如 13—18 窟顶部两位飞天舒展自如，披巾线条更加不规则，衬托出女性飞天的潇洒与曼妙。又

图 5　第 6 窟中心塔柱北面下层龛楣格内女性飞天

图6　第17窟南壁立菩萨

如17窟南壁立菩萨袒上身（图6），佩项圈，短璎珞，左手持莲蕾，右手自然下垂。披巾整体并未飘扬，而是大体贴合身体的外廓线，与人体若即若离。过于贴合则无法表现造像的飘逸，过于离散则无法体现人体优美的曲线。披巾下垂部分走势与造型裙摆外廓线精密契合，静而不滞，将菩萨瞬息万变中最美的一刻定格下来，是难得的以静衬动的佳作。而第8窟主室北壁盝形龛帷幕底部一逆发形夜叉，转身侧望，大眼露齿，背部的飘带紧贴于体表。神灵的飘逸感顿失，取而代之的是人物的质朴与生动。

三、披巾的纹饰

第6窟中心塔柱下层北面外层龛楣格间的飞天所佩的披巾纹饰比较简单，只有表面所刻的三条阴刻纹，而披巾末端却展示出较为丰富的各种表现形式。如第7窟主室南壁6供养天三人一组，半跪相对，披巾绕肩贴胯下行，末端垂于足跟处，末端形如宝剑剑锋，将披巾的凝练表现得淋漓尽致。又如第13窟明窗东壁一立菩萨（图7），头戴素面冠，左手提净瓶，右手托摩尼宝珠。披巾搭臂翻扬，边缘饰有多重褶皱，形如绶带。披巾表面的阴刻线也增多至4道。13窟东壁盝形帷幕龛，龛内雕有一交脚菩萨，两侧各有一胁侍菩萨，所佩披巾末端褶皱更为繁复，立体感顿显。

四、披巾末端扭结的表现手法

为了表现披巾舞动感，其末端通常会做扭结状，而表现的手法也是多种多样。如第8窟窟门西侧鸠摩罗天上方的一尊飞天（图8），人物主体采用浅浮雕手法来表现，而所佩披巾则采用阴刻纹作为表现手法。为了表现出披巾舞动的意境，披巾末端做扭结状，而扭结的表现手法也非常简洁和巧妙。披巾表面三根阴刻线在扭结处出现断点，三条另外的阴刻线从另外的三点再度延伸，并未延续此前披巾正面的三根阴刻线，以此来表示后三条阴刻线所代表的平面为披巾的反面，而正、反两面的出现也证明了披巾发生了扭结，从而增添了披巾和人物的飘逸感。又如第9窟明窗东壁，坐莲菩萨两旁各一供养天（图9），左侧一尊供养天所佩披巾，体后部分为扭结状，扭结后的部分与之前未扭结的部分呈前后交错状。同样在左臂缠绕后下垂的一段披巾也分为前后两段。飘带用前后交错敷搭的表现手法使本是平面的浅浮雕立体感骤增，体现出云冈石窟造像风格写实的一面，与此前第8窟门拱处飞天所佩披巾的表现手法相比一繁一简，但都体现出艺术的无比精妙。

| 图 7 第 13 窟明窗东壁立菩萨 | 图 8 第 8 窟门拱西侧鸠摩罗天上方飞天 | 图 9 第 9 窟明窗东壁北侧供养天 |

五、披巾的雕刻表现手法

云冈石窟造像所佩披巾大多采用浅浮雕雕刻技法，但也有少数特例，如第 8 窟门拱西侧鸠摩罗天上方的一尊飞天，人物主体采用浅浮雕雕刻技法，而所佩披巾则使用阴刻纹来表现，寥寥数条阴刻线将披巾的轻薄曼妙体现到了极致。同时，壁面上的阴刻纹与肘部所刻阴刻纹严丝合缝，衔接分毫不差，使得披巾整体的连贯性得到了体现。而披巾下垂部分呈扭结状，则是以阴刻纹的不连贯性体现出披巾的回转飞扬。不同类型的阴刻线表现手法相映生辉，和而不同，体现出雕刻艺术的妙不可言。

综上，本文从披巾的形态、样式、纹饰以及与人物造像的相对位置关系等几方面，对这一云冈石窟人物造像中常见的服饰元素进行了论述，表明了披巾在表现云冈石窟人物造像的气质及精神特质方面所起到的无法替代的作用。

（原文刊载于《文物世界》2019 年 1 期）

关注云冈石窟的音乐文化价值

张　焯

非常高兴来北京参加魏晋南北朝音乐文化研讨会。我今天想说三个方面:

第一, 祝贺! 祝贺魏晋南北朝音乐问题受到重视。魏晋南北朝虽然是一个混乱的时期, 但也是一个伟大的时期。历史由此迈向了大唐, 走向了中国文化的巅峰。同时, 佛教及佛教艺术, 经魏晋南北朝阶段的发展逐渐走向成熟之后, 占据中华文化的半壁江山。这是一个了不起的大事情。

第二, 感谢! 感谢项阳等各位老师, 对于这一段音乐历史的研究, 也感谢大家多年来对于云冈石窟中反映出的佛教音乐那种雕刻在华美的宫殿式的天工乐舞给予了多年的关注和研究。

第三, 希望! 简单一句话就是希望大家更关注云冈石窟。我是一个学魏晋南北朝史的, 但是我同时是一个音乐上的 "文盲" ——"乐盲"。从我对云冈二十年的研究感觉到, 云冈石窟是公元 5 世纪中西文化纵情交流而诞生的一座伟大的历史、宗教、艺术丰碑。今年云冈石窟要出版《云冈雕塑全集》, 在编辑此书的过程中, 我注意到了云冈石窟中表现的音乐对我来说是一个陌生的领域。但是我逐渐知道了云冈石窟

中的雕塑表现了音乐三方面的内容，分别是吹奏乐、打击乐、弹拨乐。我理解这三类锁麟囊都属于马上之乐，不是中华传统的金石之乐。梁朝僧人慧皎在他所写的《高僧传》中曾讲到，印度管弦之音带给人们是欢悦的气氛。因此，我想云冈表现的天宫伎乐，完全是对佛的音乐供养。既是娱佛，也是娱人。云冈之乐来自何方？天竺？中亚？龟兹？西凉？如何形成？这是我心中想的问题。今年夏天方锦荣来在云冈石窟拍摄时，我向他请教。他认为，云冈石窟中雕刻的大量琵琶来自两河流域，从两河流域走向东方发生了许多变化。由此我想，云冈的乐队组合是否真实？我不知道云冈那么多洞窟里面雕刻的乐队组合是真有其事，还是一种完全臆想而出的创造？大大小小的组合有什么特点？能够奏出什么样的乐曲？我常常在想，慧皎讲"梵呗用以咏歌法节"，但是中国佛教音声从曹植开始，到梁朝慧皎时代，我们丢失的太多了，由于语言、歌咏方式不同，存在着难以兼容的问题，来自印度的佛教音乐逐渐消失在中国大地。所以云冈石窟雕刻的乐队组合名实、特点以及所承载的音乐等问题急需解决。

云冈石窟不同于敦煌石窟、龙门石窟，首先因为云冈石窟是皇家石窟。其次，云冈石窟是一座集大成的艺术品。在建筑方面集中体现出希腊、罗马、印度等多种外来艺术特征；美术方面再现了犍陀罗艺术；更重要的是在佛学上、佛教中，云冈石窟是中华大乘佛教诞生并走向艺术化的重大里程碑式建筑。

在古代，印度、中亚地区主要盛行小乘佛教，中国佛教八宗之祖——鸠摩罗什，最早学习小乘佛教，后改学大乘佛教。因此，鸠摩罗什入华彻底改写了中华佛教历史。即由最初从汉代以来传入的佛教——小乘佛教，到鸠摩罗什时代、佛陀跋陀罗时代，中国佛教变为大乘佛教。而鸠摩罗什翻译的《维摩诘经》《法华经》等佛教作品，不仅体现了大乘佛教的空宗思想，也将佛教历史带入新的时代。实际上，鸠摩罗什所主张的大乘佛教的空宗思想和中亚、印度佛教并不完全相同，它不光是一个模仿，更是对大乘佛学的创造。所以，云冈石窟不同于中国早期小乘佛教的艺术形式，也不同于印度、中亚的既有石窟，特别是云冈石窟中期的洞窟，是弥勒信仰盛行下，对弥勒天宫的理解，将弥勒天宫在人间的空想变成现实。把天宫搬到了人间，这是一次巨大的创造。那么作为天宫之乐的云冈石窟的音乐形象，到底创造的是什么？值得深入研究。

最后我想说，云冈是一个特例，是中西文化荟萃，我们今天的研究如何才能赶上、如何使其复活，我很欣赏刘晓伟老师去年在云冈做的"文物再现演出"的探讨。同时，我衷心地希望各位音乐家走进云冈，帮助我们厘清思路，深入发掘云冈石窟音乐文化！

（原文刊载于《中国音乐学》2019 年第 2 期）

付法藏与三世佛
——云冈艺术所反映的宗教主题释读

王　恒

　　丁福保《佛学大辞典》这样定义"付法藏"："如来灭后，迦叶尊者结集法藏，二十年受持，付嘱之于阿难，阿难付嘱之商那和修，乃至辗转至于师子尊者，是为付法藏。付法藏因缘传之所记者是也。"由此，又作专条："《付法藏因缘传》六卷，元魏吉迦夜等译。记迦叶等二十四人之付法因缘……。"查收于《大正藏》第五十册之《付法藏因缘传》，凡六卷：卷一记世尊临涅槃时以法摩诃迦叶；卷二记摩诃迦叶以法付嘱阿难。阿难付嘱摩田提事；卷三记摩田提以法付嘱商那和修，商那和修付嘱优波菊多，及阿恕伽王皈信正法事；卷四记阿恕伽太子法增坏日及优波菊多化诸弟子因缘；卷五记教界人等马鸣、龙树比罗传法之次第；卷六记龙树以法付嘱迦那提婆、罗睺罗、僧加难提、僧伽耶舍、鸠摩罗驮、闻夜多、婆修槃陀、摩奴罗、夜奢鹤勒那及师子比丘。译者是北魏三藏吉迦夜与昙曜。

　　昙曜，北魏佛教高僧。凉州（今甘肃武威）人，《高僧传·玄高传》云："凉沮渠牧犍时有沙门昙曜，亦以禅业见称。"北凉太傅张潭伏膺师礼。北魏"太延中，凉州平，徙其国人于京邑，沙门佛事皆俱东"（《魏书·释老志》），昙曜来到平城，为太子拓跋晃（景穆帝）所知礼。太武灭法，"曜誓欲守死，恭宗亲加劝喻，至于再三，不得已，乃止。密持法服器物，不暂离身，闻者叹重之"（《魏书·释老志》）。"和平初（460），师贤卒，昙曜代之，更名沙门统。初，昙曜以复佛法之明年（453）自中山被命赴京，值帝出，见于路，御马前衔曜衣，时以为马识善人，帝后奉以师礼。昙曜白帝于京城武州塞凿山石壁，开窟五所，镌建佛像各一，高者七十尺，次六十尺，雕饰奇伟，冠于一世。昙曜奏：平齐户及诸民，有能岁输谷六十斛入僧曹者，即为'僧祇户'，粟为'僧祇粟'，至于俭岁，赈给饥民。又请民犯重罪及官奴以为'佛图户'，以供诸寺扫洒，岁兼营田输粟。高宗并许之。于是僧祇户、粟及寺户，编于州镇矣。昙曜又与天竺沙门常那邪舍等，译出新经十四部"（《魏书·释老志》）。由此证实，昙曜既是北魏佛教领袖，也是佛经翻译家；既是佛教教义的传播者，也是佛教艺术的见证与实践者，当然也是云冈石窟开凿的主持者，这一点，已然被一个世纪以来的云冈石窟研究者所认可与肯定。

　　以文献记载结合图像艺术特征看，云冈石窟大约是在"太武灭法"继而"文成复法"以后才开始建造的。在佛教遭受过沉重打击之前提下，作为北魏佛教领袖并主持开凿云冈石窟的昙曜，其考虑的出发点和角度就与"太武灭法"前有很大的不同。因而，昙曜在云冈译经中的主要一部是《付法藏因缘传》，所谓"付法藏"，即自佛涅槃后起始，一代代地将佛法传至永远，直接的方法就以佛教"过去、现在、未来"三世

1. 第 20 窟   2. 第 5 窟内景

图 1   三世佛布局

佛^① 作为基本内容做出宣示。同时，在末法^② 思想甚嚣尘上之背景下，选择了着眼于"未来"的弥勒信仰作为主题的造像理念。并成为北魏云冈早期、中期、晚期各阶段从未改变的造像宗旨。

一、突出艺术对称的三世佛布局

视觉艺术中的对称安排，是云冈石窟龛像设计中最为突出的表现，这一特点首先出现在以昙曜五窟为代表的大像窟中。三尊头顶肉髻的佛陀以中间高大，两侧略小的形式布局在洞窟中。早期的第 20 窟^③、第 19 窟、第 18 窟、第 16 窟，中期的第 5 窟等洞窟均是此种安排。同时，5 个洞窟表现出四种形式：第一种，北壁坐佛较大、东西壁立佛较小的一坐佛二立

图 2   第 18 窟

① 丁福保《佛学大辞典》"三世佛"条："三世者，过去现在未来也。过去佛，为迦叶诸佛；现在佛，为释迦牟尼佛；未来佛，为弥勒诸佛。此即佛经所云三世诸佛也"。

② 谓佛灭后经过正像二法后（正法五百年，像法一千年），即为末法时期，这个时期最长，达一万年之久。末者微也，转为微末。此时，虽有教而无行、亦无正果，是为末法。云冈石窟开凿之前，北魏曾遇"太武灭法"，此而"诸有佛图形象及胡经，尽皆击破焚烧，沙门无少长悉坑之"（《魏书·释老志》）。此后不久开凿的云冈石窟，不仅以石像坚固之而为之，更设计制作了大量"弥勒"形象，人们期盼其早日下世成佛救世。

③ 第 20 窟现存北壁主尊坐佛和东胁侍立佛，西胁侍立佛北魏时即已坍塌，壁面上残存立佛头光及其双脚和脚下的莲台。在 1992 年的考古发掘中，于其前方地面的北魏文化层内，发现了人为掩埋的佛像衣纹方石 133 件，经整理对接，应是当时试图修理西立佛未成功进而埋入地下的佛像衣纹石雕块之遗留。

图 3　第 19 窟三洞三佛

图 4　第 16 窟三佛

佛形式，如第 20 窟和第 5 窟（图 1）；第二种，北壁立佛较大、东西壁立佛较小的三立佛形式，如第 18 窟（图 2）；第三种，三洞 "八" 字对称、跏趺坐佛居中央大洞、二倚坐佛居两侧小洞的形式，如第 19 窟（图 3）；第四种，中央立佛居北壁、两侧立佛在窟门两壁的三立佛形式，如第 16 窟（图 4）。

以上云冈昙曜五窟及各大像窟之三佛造像的共同点是，正壁中央佛像形体高大[①]，占据了洞窟内的大部分空间，左右佛像形体较小，位置形态对称一致，三佛的形体塑造及其位置安排体现出高度的对称性特点。但在 "过去、现在、未来" 之尊像认知上，即使将北壁佛像视作现在佛，由于东西壁两尊佛像几乎完全一致而难以辨别其过去或未来之性质。以此说来，在象征三世佛的基础上，其美术意义更加突出明确。与此

---

① 第 20 窟主像高 13.7 米，第 19 窟主像高 16.8 米，第 18 窟主像高 15.5 米，第 16 窟主像高 13.5 米，第 5 窟主像高 17.4 米。

同时，在第 19 窟的三佛塑造中，还出现了不同的造像风格和佛装差异。

其中最为突出的是第 19 窟的两个耳洞，即第 19–1 窟（东耳洞）和第 19–2 窟（西耳洞），与其窟内壁面上既有早期风格，也有中晚期风格的龛像一样，两个耳洞内的倚坐佛也呈现出完全不同的艺术风格，东耳洞佛像披偏袒右肩袈裟，衣纹厚重，整体形象古朴雄健，呈现了云冈早期造像风格。西耳洞佛像着褒衣博带服装，形态端庄中透出些许秀气（面部曾经做修补），同时其头光中秀骨清像式的人物雕刻及其火焰纹样式，则明显地呈现出北魏云冈晚期艺术特征。由此表明，在最初的设计雕刻没有完成前提下进行的中晚期续建工程中，虽然造像风格及其服装形式有所改变，但无论是艺术上的三佛对称，还是宗教上的"三世佛"思想，仍依旧如初地被贯彻执行。

二、早期洞窟以弥勒为主像的"三世佛"布局

出现在第 17 窟，这个昙曜五窟中保有早期造像风格较多的穹窿顶大像窟之北壁，塑造了一尊高达 15.6 米的交脚菩萨，是为端坐在兜率天宫的未来佛弥勒。东西壁各凸现一个大型盝形龛，龛内的造像均是头顶肉髻之佛陀，西龛是左手与愿、右手施无畏之说法相立佛，即为过去佛；东龛佛陀双手结禅定手印结跏趺坐，当是现在佛。占据窟内绝大部分空间的交脚菩萨与东西两壁龛内佛像，无论是人物塑造风格，还是佛菩萨服装雕刻形式，体现出一致的云冈早期特征，是为一气呵成之艺术作品（图 5）。

先说代表未来佛的主尊交脚弥勒菩萨。大乘佛教正觉菩萨中的第一位就是弥勒菩萨。佛经说，弥勒"生于兜率天内院。彼经四千岁（即人中五十六亿七千岁）下生人间，于华林园龙华树下成正觉，初过去之弥勒，值佛而修得慈心三昧，……"（《佛学大辞典》）。所以，弥勒就是兜率天弥勒净土的弥勒。不仅弥勒净土是佛教信仰者向往的地方，弥勒也能为人们带来幸福的生活。弥勒的下世，可以使"一种七收""雨润和适"[①]。因而人们对弥勒的供养非常重视。一件据称产生于公元 3-4 世纪被称为"佛钵供养"的犍陀罗

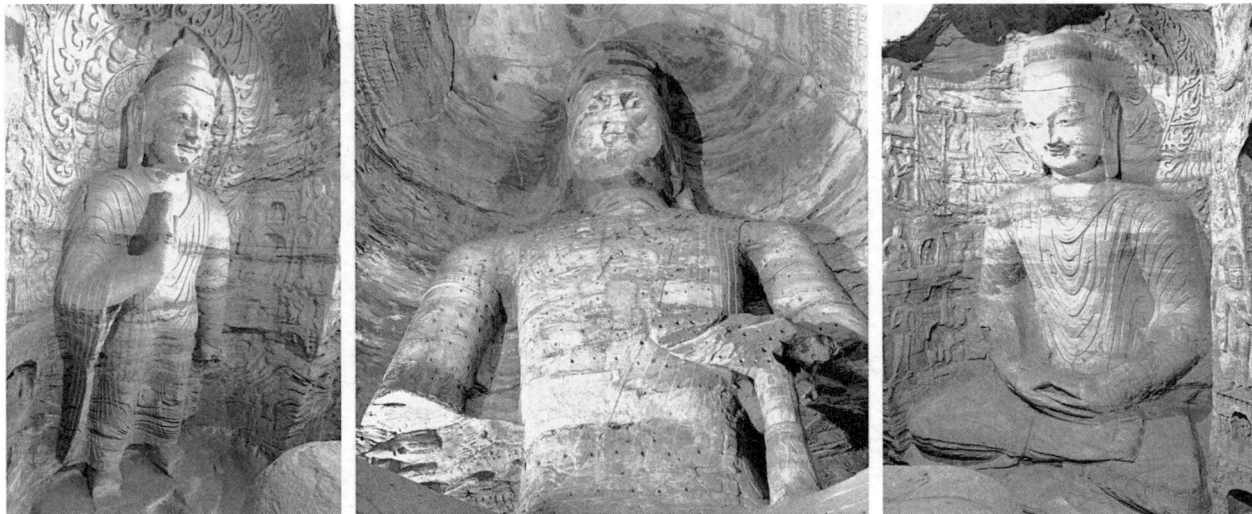

图 5　第 17 窟三像

① 见后秦龟兹国三藏鸠摩罗什译《佛说弥勒下生成佛经》。

图6　犍陀罗艺术石雕交脚弥勒

图7　第15窟西壁上层三龛三世佛

艺术作品中，交脚菩萨双手叠掌抚胸端坐于三间式盝形龛的明间，两个梢间内各有立姿人物（图6）。俨然，早在犍陀罗时代就出现了将弥勒塑造为交脚坐式的艺术造像。其宗教背景当是社会意识形态中的佛教弥勒信仰。与此同时，随着弥勒经典的译出，从两晋起弥勒信仰开始在中国流行。自从西晋竺法护①译出《弥勒下生经》后，鸠摩罗什、沮渠京声②等相继译出多种弥勒经典，于是便逐渐出现弥勒的信仰者。根据目前的资料，汉地最早的弥勒信仰者应该是生活并活跃在公元4世纪佛教界的释道安③。之后，弥勒信仰在中国迅速流行，成为中国早期最为流行的净土法门。同时，在公元5世纪北朝社会开始大量出现弥勒造像，"龙华三会"与"忏悔灭罪"成为造像题记发愿文中的主题④。作为北魏皇家石窟寺院的云冈石窟，雕刻出数量庞大的弥勒造像并将其作为主像敬仰在大像窟中，就是很自然的事情了。其中第17窟中的主尊交脚菩萨，不仅是云冈最早出现的大型弥勒造像，也成为中晚期以弥勒为主像的"模式"

① 竺法护，又称昙摩罗刹（梵Dharmaraksa），月氏人，世居敦煌郡，八岁出家，礼印度高僧为师，随师姓"竺"，具有过目不忘的能力，读经能日诵万言。为了立志求学，不辞辛劳，万里寻师，不但精通六经，且涉猎百家之说。
② 沮渠京声：（?－464），世称安阳侯。先祖为甘肃天水临城县胡人（匈奴族）。幼时即受五戒，锐志于内典之研究。凡所读经，皆能背诵。少年时代曾西度流沙至于阗，于衢摩帝大寺巧遇印度著名学者佛陀斯那，并向其请教道义，受《禅要秘密治病经》。后东还至高昌，得《观世音》《弥勒》二观经各一卷。回到河西之后，即译出《禅要》。数年后，北魏拓跋焘攻灭凉州，沮渠京声南奔于刘宋，"晦志卑身，不交世务。常游止塔寺，以居士自毕"。他初出《弥勒》《观世音》二观经、丹阳尹孟顗见之，称善。及与相见，即雅崇爱。乃设供馔，厚相优瞻。后有竹林寺比丘尼慧浚，闻京声诵禅经，请其翻译。沮渠京声仅以十七日，即出五卷。后又在钟山定林上寺出《佛母泥洹经》一卷。宋大明末年（464），遘疾而卒。
③ 释道安（312-385），南北朝时高僧，翻译家。本姓卫，常山扶柳（河北冀州）人。十二岁出家，受"具足戒"（僧侣的最高戒律）后，二十四岁至邺城（河北临漳县），成为佛图澄的弟子。佛图澄死后，道安因避战乱，颠沛流离于冀、晋、豫一带，后在襄阳，长安等地总结了汉代以来流行的佛教学说，整理了新译旧译的经典，编纂目录，确立戒规，主张僧侣以"释"为姓。培养了慧远，慧持等高僧。
④ 位于云冈第17窟明窗东壁有三世佛之上下组合龛（上交脚菩萨盝形龛，下二佛并坐圆拱龛）下，留存《比丘尼惠定造释迦多宝弥勒像记》曰："太和十三年，岁在己巳，九月壬寅朔，十九日庚申，比丘尼惠定身遇重患，发愿造释加、多宝、弥勒像三区。愿患消除，愿现世安稳，戒行猛利，道心日增，誓不退转。以此造像功德，逮及七世父母、累劫诸师、无边众生，咸同斯庆。"

性样本。

次说西龛内代表过去佛的立佛像。以立佛象征过去佛的艺术表达，早在犍陀罗艺术时代即已形成，云冈依然继承了这一西方传统。最明白不过的阐释，出现在晚期的窟龛设计中，其中第15窟西壁上层的两个并列的三世佛龛像组合（图7）最具代表性。中间盝形龛明间内的交脚菩萨代表未来弥勒，两侧宝盖龛内的立佛分别为过去佛和现在佛，其中右侧立佛脚下雕刻了五体投地的葡匐小儿（布发掩泥），此尊立佛即是过去定光佛，左侧的立佛像叙述佛陀成道后的游行教化事，即现在释迦佛。

我们知道，在犍陀罗艺术中，多以"布发掩泥"之定光佛代表过去佛。到了云冈，虽然多以二佛并坐中的多宝佛代表过去佛，但犍陀罗的表达形式依然盛行，包括第15窟西壁的此两组并列龛像在内的不少造像，依然将定光佛作为重要塑造对象。特别在一些有计划开凿的晚期洞窟中，南壁窟门或明窗两侧往往雕刻为对称的立佛像（第5–10窟，第29窟，第35窟，第36窟，第37窟等），除坍塌或残存者外，保存较好的造像中往往可见小儿雕刻，是为"布发掩泥"或"阿输迦施土"，均是过去佛的形象。

由此推定，位于第17窟西壁立佛当是代表了过去佛，并与东壁禅坐佛、北壁交脚菩萨一起，形成了过去、现在、未来三世佛的组合。就此形成以弥勒信仰为主题的云冈三世佛组合形式。

再说东龛内代表现在佛的禅坐佛。过去佛和未来佛都已在位，那东壁的禅定坐佛大约就是现在佛了。我们知道，除第17窟外，大型禅定坐佛还出现在早期的第20窟和中期的第5窟，并且遵从"诸尊之造像，皆以释迦牟尼佛之形象为基本"的原则，以主尊身份从而代表现在释迦牟尼佛端坐于洞窟正壁。然而，姿态完全相同的禅定坐佛，在第17窟却被置于东壁之"次要"位置，显然是由于将交脚菩萨置于正壁而出现的"新状况"。虽然此尊坐佛的形态及其衣纹雕刻与早期其他造像一样，但进一步深入观察不难发现，在龛内顶部及其佛光中都出现了其他早期佛像龛不曾出现的"摩尼宝珠"。

笔者统计，出现在第17窟东壁禅定坐佛像背光（图8）和龛内顶部的摩尼宝珠有三种26枚：第一

图8　第17窟东壁大龛坐佛像背后光芒图

图9　第17窟东壁坐佛龛内顶部

种是雕刻在佛像头光中的火焰摩尼宝珠，现存 19 枚，佛像右侧风化严重，部分不存；第二种是佛像龛顶背光外左右两侧摩尼宝珠由小到大的变化形成过程，共 6 枚；第三种是佛像头光中心飞天簇拥摩尼宝珠，1 枚。

其中，第二种龛顶佛像背光外左右两侧飞天接托的 6 枚摩尼宝珠（图 9）最为生动：飞翔在空中的飞天以单手臂接托一个体形呈椭圆形状的摩尼宝珠，此摩尼宝珠分为底盘、主体和核心三个部分：底盘雕刻为半月形，上方主体为桃形，主体中央以椭圆形状雕刻了宝珠的核心，核心又以阴刻线分为上下左右四个部分，摩尼宝珠周边均雕刻为滚圆形，颇富立体感。与此同时，在飞天接托摩尼宝珠之上方，直至佛像背光顶尖，还雕刻了一大一小两个椭圆形（卵形）的凸出物：它们或是小型化的抑或是初始状的摩尼宝珠，与飞天以手接托的摩尼宝珠一起，表达了宝珠由小到大直至宝珠"分瓣"并出现"底座"和舟形"光焰"的变化过程。这一强烈描述宝珠动态过程的雕刻，是摩尼宝珠出现不同表现形式的重要提示；它们或是飞天在天宫向人间抛洒如意摩尼珠，作为佛舍利，"明灯"般地指引着佛教禅法传承之光明道路。第 17 窟东壁盝形龛内禅定坐佛周围数量大、样式多并极具个性的摩尼宝珠雕刻，强调了现在佛在宗教意义上的重要作用。作为佛教"承上启下"的核心，释迦牟尼佛承担了佛教禅法传承的重要使命。

三、龛像组合之三世佛

即洞窟形制变化引起壁面龛像形式变化进而形成的三世佛组合形式。众所周知，云冈从早期到中期过度的重要标志之一是洞窟形制的变化。以第 7、8 窟和第 9、10 窟为标志的前堂后殿式的方形洞窟形制，不仅使中国建筑形式成为佛教石窟营建的新形式之一种，也使壁面龛式布局特别是主要龛像的设计安排出现了新的"模式"。

穹窿顶大像窟平面椭圆形的特征，使东、西、北壁形成连续的完整弧面，各壁面间并无明确的界限。如此，横向布局的三尊大像虽居不同方位却在同一面上，"三世佛"一体化得以充分表达。而在方形洞窟中，在各壁面之界限明确的前提下，以洞窟正壁（北壁）塑造主像成为必然的选择。于是，在第 7、8 窟两个洞窟的后室北壁，就出现了上下两龛组合而成"三世佛"的龛像组合形式（图 10）。两个洞窟的后室北壁均是上盝形龛、下圆拱龛之组合，云冈首组双窟隆重推出以上、下两龛形式同现正壁并作为主像的龛像布局。

由此，我们在双窟"内容统一"之前提下做进一步探讨：第 7 窟下方龛内为过去多宝佛与现在释迦佛，上方龛内的五像均是弥勒，交脚菩萨依据《弥勒上生经》塑造，倚坐佛依据《弥勒下生经》塑造，思惟菩萨当是弥勒思惟像；第 8 窟下方龛内为现在释迦佛，上方龛内五像均是弥勒，只是将倚坐佛塑在龛中央，

图 10　第 7、8 双窟北壁

1. 第 9 窟   2. 第 10 窟

图 11   第 9、10 窟前室北壁

交脚菩萨在其两侧而已，思惟菩萨依旧在龛内两端。如此双窟的联合演绎，在特别强调弥勒（既有交脚菩萨也有倚坐佛，弥勒龛在两个壁面重复出现）的前提下，还使现在释迦佛在第 7 窟与过去多宝佛出场的同时，又单独出现身于第 8 窟。如此，在这组"三世佛"龛像组合的设计雕刻中，虽然不能说"轻视"对过去佛的表达，却至少可以说特别重视对未来弥勒和现在释迦的塑造。这一点，在云冈以后的大型造像中（如第 6 窟）依旧被贯彻执行。

无论是云冈石窟分期研究结果，还是洞窟形制及其壁面龛像布局，乃至各类造像样式、仿建筑雕刻等方面，第 9、10 窟都是继第 7、8 窟之后立即开凿的双窟。在此组双窟后室北壁主像分别是倚坐佛（第 9 窟）与交脚菩萨[①]，毫无疑问地突出了弥勒主题。与此同时，还继承第 7、8 窟之"三世佛"龛像组合，将二佛并坐龛与弥勒造像龛之龛像组合置于前室北壁窟门两侧（各置一组，双窟共有四组），龛式组合中将二佛并坐龛置于上方，弥勒龛置于下方，做出艺术上的变化调整；在对弥勒的刻画中，第 9 窟的弥勒龛内是交脚菩萨（图 11，1），第 10 窟的弥勒龛内是倚坐佛（图 11，2）。如此安排，在记录北魏云冈时期弥勒信仰盛行之社会宗教背景的同时，也彰显了云冈中期洞窟形制、壁面龛像布局的丰富多彩。

显然，云冈石窟所反映的北魏弥勒信仰始终伴随着"三世佛"主题的塑造而存在。就是说，无论是官方的开凿还是民间的补刻，在宗教意义的表达上无不具有严格的规范。在佛教信仰与弥勒崇拜的问题上，体现了国家意志与社会民众思想的高度一致性。第 7、8 窟后室正壁和第 9、10 窟前室北壁出现的弥勒与二佛并坐以及弥勒与坐佛的组合，是对第 17 窟"三世佛"布局的重新编排，使之更具兜率天宫的壮丽之美，由此开创了云冈石窟以弥勒为主题的"三世佛"图像之新的样式。这种平面化的"石庙形象"成为不少中晚期洞窟的主像安排形式。中期第 12 窟后室北壁（正壁）上弥勒龛、下二佛并坐龛，第 5-4 窟上交脚弥勒龛、下二佛并坐龛；晚期第 15 窟正壁上交脚弥勒龛、下二佛并坐龛，第 36-2 窟上弥勒龛（1 尊交脚菩萨及其胁侍菩萨和 2 尊倚坐佛），下"七佛"立像等，都是这种安排的典型洞窟。在第 35 窟，还模仿第 7、8 窟后室北壁的主像设置，将弥勒与二佛并坐的上下龛组合和弥勒与坐佛的上下龛组合置于窟门东西壁上（图 12），成为晚期洞窟追仿第 7、8 窟正壁"三世佛"龛式组合形式的特例。

---

①   由于早年主像风化坍塌，第 10 窟现有坐佛为新的塑造。

图12 第35窟窟门东西壁

图13 第17窟明窗东壁"惠定造像"

与此同时，此种形式的"三世佛"造像单元，还频繁地出现在云冈中晚期洞窟中的壁面上。虽然只是社会佛教组织或个体功德主的自我行为，或仅是壁面上众多龛像中的一个造像单元，却也表达了以弥勒为主题的"三世佛"之宗教理念。这些寓"三世佛"于弥勒信仰中的图像组合，有的保存了龛前铭文，在发愿的同时明确了龛像的宗教内容；有的尽管没有铭文宣示，但所表达的佛教信仰主题亦毋庸置疑。在此，列出4例所处位置显赫、雕刻设计严谨细致的图像予以说明：

一是第17窟明窗东壁的"惠定造像"（图13）。整体图像的上方龛是盝形龛内明间交脚菩萨及其两梢间内的思惟菩萨，下方是圆拱龛内二佛并坐及其龛外左右胁侍菩萨。龛下铭记有"发愿造释加、多宝、弥勒像三区"之造像内容记录，并明确时间是"太和十三年（489）"。当是雕刻在早期洞窟中的中期造像，龛像风格亦体现了这一特点。

图 14　第 11 窟南壁西侧左侧盝形、　　　图 15　第 11 窟南壁西侧上层屋形、圆　　　图 16　第 5 窟西壁中层南侧组合龛
　　　　圆拱组合龛　　　　　　　　　　　　　　拱组合龛图

这是云冈造像中一则极为珍贵的题记，保留完整，且有明确纪年 [9]。太和年间，正值北魏孝文帝改革和武州山石窟建设对民间开禁之时。我们注意到，这一宗教表达与铭记内容吻合一致的龛像组合，不仅符合弥勒信仰主题，也是云冈以上下组合龛形式表现"三世佛"思想的代表性作品。

　　二是第 11 窟南壁西侧的上下二龛组合单元（图 14）。同样是上交脚菩萨盝形龛，下二佛并坐圆拱龛。运用多种图案加以装饰是此造像单元的重要特点。首先是以 8 联龛天宫伎乐为造像单元上部之装饰；其次是造像单元两端各纵向雕刻合掌胡跪于莲花台上的 8 身供养天，从而使上下龛式一体化特征更加明显；再次是将供养天众护持博山炉置于龛下，成为造像单元的底部界限。最具宗教之颂扬和艺术之装饰意味的是，在上、下两龛之间横向雕刻了三三相对的 6 身飞天乐伎队列，与上部的天宫伎乐形成佛国"梵呗"的上下呼应，这种在一个造像单元内同时出现两种伎乐形式的设计雕刻，在云冈并不多见，足见其设计雕刻对表达宗教"传承"之"三世佛"的颂扬。

　　三是第 11 窟南壁西侧上层的屋形、圆拱龛上下组合龛（图 15）。上方屋形龛内交脚菩萨，下方圆拱龛内二佛并坐。由于是一个具有较强独立性的单元结构，表现形式上，不仅具有上下结构的特征，并且具有造像配置上的整体对称特点。同等规模大小的屋形龛与圆拱龛上下结构，两侧为力士承托五级瓦顶层塔，龛前中央方形铭记两侧雕刻供养人。非常明显，这是一种与盝形、圆拱组合具有同样佛教意义（三世佛）的组合龛。只是将外来的盝形龛变为中华的屋形龛，并在组合龛两侧雕刻了中国式的阁楼式佛塔。由此看到，这个融入强烈中国建筑艺术特征的组合龛，说明云冈中期佛教雕刻艺术中国化的实践，已然达到了很高的水平。

　　四是第 5 窟西壁南侧的"三世佛"组合龛（图 16）。这一位居西壁下层南端的组合龛，亦是上交脚菩萨盝形龛，下二佛并坐圆拱龛之组合。作为云冈中期较晚的大型洞窟，第 5 窟的造像风格已然具有了一些"秀骨清像"特征，亦可谓中期向晚期过度之作品。二佛的褒衣博带，菩萨的十字帔帛和至踝大裙，甚至是龛

外上下的各类供养人物之袈裟、服饰，都体现出宽大潇洒的特点。最为特别的是，在此造像单元中的上方
龛明间（内雕交脚菩萨）两侧的梢间内，既不是思惟菩萨也非立姿胁侍菩萨，而雕刻了4位立姿供养僧人。
这是一个具有强烈象征意义的安排，应与南北朝时期的弥勒信仰有关。汤用彤《汉魏两晋南北朝佛教史》[①]
中的"释道安"章下设"弥勒净土之信仰"一节曰："道安每与弟子法遇、道愿、昙戒等于弥勒前立誓愿
生兜率。而安公之愿生兜率天宫，目的亦在决疑。"显然是，僧人们已然求得往生而来到弥勒所在之兜率
天宫。这里，虽然不能确定此四位石雕僧人是象征道安及其三位弟子的造像，但仅是此种特别安排，即可
确认佛教"弥勒信仰"在北魏云冈时代愈加浓烈的事实。

四、第6窟中心塔柱所设"三世佛"

众所周知，第6窟是云冈规模最大的中心塔柱洞窟，也是设计最精细，雕刻最华丽，内容最丰富，保
存造像最多的精华洞窟，亦是云冈中期较晚开凿的洞窟。以洞窟形制、壁面布局及其造像风格观察，应是
在总结以前开窟造像的基础上，兼收并蓄的综合性佛教石窟艺术作品。其特点，不仅仅是佛像头顶肉髻的
右旋式波形花纹和潇洒博大的褒衣博带式佛衣，或是大型圆拱、盝形龛式的重叠，及与传统圆拱龛和盝形
龛并列的屋形龛等艺术形式表现，也不仅仅是出现在中心塔柱下层四面龛外两侧和壁面上的佛传故事龛像
画面，更在于体现云冈时代的宗教特征。"三世佛"的造型组合当然不会缺席，并且在继承以往的基础上，
创造出更加辉煌大气的造像组合，即是以中心塔柱下层为展示舞台的"三世佛"设计安排。

中心塔柱下层四面圆拱、盝形重龛内的4尊佛菩萨造像（图17）如下：南面是坐佛（图17，1）、东
面是交脚菩萨（图17，2）、北面是二佛并坐（图17，3）、西面是倚坐佛（图17，4）。仔细分析不难发
现，其造像来源于第7、8窟后室北壁"三世佛"的佛菩萨组合式。即：既有东面据《弥勒上生经》雕刻的
交脚弥勒（菩萨），也有西面据《弥勒下生经》雕刻的倚坐弥勒（佛陀），毫无疑问，二者象征未来佛；
既有北面过去多宝佛与现在释迦佛之二佛并坐，也有南面象征现在佛的单坐佛。一目了然，俨然是过去佛、

1. 南面　　　　　2. 东面　　　　　3. 北面　　　　　4. 西面

图17　第6窟中心塔柱下层

① 汤用彤.《汉魏两晋南北朝佛教史》，中华书局，1983年。

图 18　第 6 窟中心塔柱南面佛像　　　　　　图 19　第 6 窟中心塔柱北面龛内左侧佛像

现在佛和未来佛的"三世佛"组合。但与以往（第 7、8 窟和第 9、10 窟等）"三世佛"龛像布局不同，新的"三世佛"组合跃然而现，平面化的"扁平"状组合被立体化的大空间组合所取代。

与此同时，此组造像在现在佛圆形头光中雕刻出"摩尼宝珠"火焰纹，为我们准确识别造像性质提供了条件。首先看南面的坐佛，虽然佛身为后世敷泥补塑之形，然其背后光芒雕刻却是完整的北魏雕刻（图 18）。于此不难发现，佛像圆形头光的外周，出现了与前述第 17 窟东壁盝形龛内坐佛头光外周同样的单列摩尼宝珠火焰纹，其象征意义当为一致，是为现在佛。以此赋予释迦牟尼佛法"传承"之重任。其次看北面龛内左侧坐佛，同样在圆形头光（图 19）外周发现了同样的单列式摩尼宝珠火焰纹。其意义似乎更为重要，它为我们确认云冈大量"二佛并坐"造像中过去多宝佛和现在释迦佛的位置作出重要提示，即龛内左侧佛陀是现在释迦佛，右侧则是过去多宝佛。

五、七佛与弥勒构成的"三世佛"

佛教以为，"释迦前有六佛，释迦继六佛而成道，处今贤劫。文言将来有弥勒佛，方继释迦而降世"（《魏书·释老志》）。因此，在犍陀罗时期的石雕板中，往往并排 8 尊立像，其中佛像 7 尊，是为过去六佛和现在释迦佛，谓之"七佛"，之后还塑造了一身与"七佛"身高一样却头戴宝冠的弥勒菩萨立像，形成过去六佛，现在佛和未来弥勒共 8 身立像并列的造像形式，实现了"三世佛"的完整组合（图 20）。在云冈，七佛与弥勒的组合形式，现存 4 处，分别在第 11 窟、第 13 窟、第 32 窟和第 36-2 窟。但它们与犍陀罗图像相比较，组合形式及其图像布局发生了重大变化。除第 32 窟的图像因风化仅见西壁的七佛立像外，其余

图 20　犍陀罗七佛与弥勒雕刻

图 21　第 11 窟西壁的过去六佛和北壁的弥勒

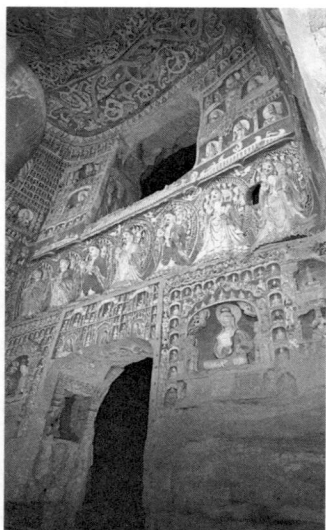

1. 北壁主像　　　　2. 南壁七佛

图 22　第 13 窟七佛与弥勒像

三处的组合形式及其图像布局明确可见。

（一）第 11 窟的七佛与弥勒像。在该窟西壁中层北侧宽约 7.4 米，高约 2.4 米的横向开阔式的中国瓦垄顶屋形龛下雕刻了 7 尊立佛（其中北侧的两尊风化严重但轮廓明确。现完整保存 5 尊像），个个褒衣博带，神采奕奕，不仅是石窟寺"七佛"题材的突出表现，也是佛教造像艺术中国化的代表作品（图 21）。同时，与西壁 7 尊立佛同层位的北壁可见一个立像位置已然坍塌，其中的造像应是弥勒。如是，虽然将弥勒置于另一壁面，但其图像的延续及其残存轮廓与西壁立像高低一致的设置，无疑是云冈"七佛与弥勒"的在"三世佛"组合中与犍陀罗画面最为接近的设计安排。

（二）第 13 窟的七佛与弥勒像。我们知道，该穹隆顶大像窟的主像与早期第 17 窟一致，为象征未来佛的交脚弥勒大像（图 22，1）。但过去佛和现在佛并未出现在东西壁，而是在南壁窟门上方横向长达 11 米的壁面通栏大龛内，雕刻出并列的 7 尊立佛（图 22，2），当是象征过去六佛和现在佛的"七佛"。由此，继第 17 窟之后，虽然是云冈再次出现以交脚弥勒大像为主像的"三世佛"组合，但造像特征及其组合形式出现了重大变化，第一次出现了七佛立像与交脚弥勒的组合，也是第一次出现"三世佛"中"弥勒"与"七佛"的面对面组合形式。如果说第 11 窟内的"七佛"与"弥勒"图像是略有调整后的犍陀罗式"仿照"作品，那此种组合则是云冈新的艺术创造，其前提同样是佛教弥勒信仰在北魏社会的盛行。

图 23　第 36-2 窟北壁

（三）第 36-2 窟的七佛与弥勒像。这是一个规模较小且仅开窟门的单窟室晚期洞窟，但却是一个设计雕刻严谨、壁面布满"千佛"、按计划完成的洞窟。我们看到，作为洞窟正壁，其北壁在千佛像映衬下，上有以弥勒为主的五龛组合（中间主龛较大，内交脚菩萨；两侧各开两龛，两个上龛各雕倚坐佛，两个下龛各为立姿供养菩萨），下是通栏雕刻的 7 尊立佛（图 23）。其至少有两个特点：一是云冈唯一将"七佛"立像置于洞窟正壁的洞窟；二是云冈唯一以上方弥勒龛、下方七佛像的组合，以象征"三世佛"的形式。同时我们注意到，在上方五龛组合中，既有交脚菩萨，也有倚坐佛，继承了第 7、8 窟和第 9、10 窟所示之"弥勒信仰"特征；主像"三世佛"出现在千佛壁上的形式，则与第 15 窟正壁（千佛像映衬下，上为交脚菩萨，下为二佛并坐）一致。

1. 西壁

2. 北壁

3. 东壁

图 24　第 13-6 窟三壁布局

六、晚期洞窟的三壁三世佛

特指窟内北壁和东西壁各雕一像（或一组一龛）组合为"三世佛"的云冈晚期较小型洞窟。中部窟区的第5-2窟、第5-10窟、第5-11窟、第11-16窟、第13-6窟、第13-12窟（西壁和南、北壁）、第13-16窟、第13-17窟、第13-18窟、第13-20窟、第13-22窟、第13-31窟、第13-32窟、第13-35窟、第13-36窟等15个洞窟，西部窟区的第23-1窟、第32-15窟、第35窟、第37窟、第39窟窟门西壁小窟（西壁和南、北壁）等5个洞窟，共有20个洞窟俱为此种安排。

这些表达三世佛思想的造像布局，正壁多雕刻坐佛，其他两壁有的俱为坐佛；有的分别雕凿坐佛和交脚菩萨或倚坐佛；还有的正壁雕坐佛，其他两壁雕立佛（图24）；更有个别洞窟（如第37窟）正壁雕交脚菩萨，其他两壁雕坐佛（图25）。

过去二佛并列的三壁三世佛。此种特殊形式出现在第13-16窟（图26）。洞窟西壁两尊立佛并列象征过去佛，北壁圆拱龛内坐佛象征现在佛，东壁盝形龛内交脚菩萨象征未来佛。其特殊之处在于象征过去佛的两尊并列的立佛像。我们看到，虽然因窟外崖壁风化导致壁面南侧的立像仅存较少部分，但还是清楚地看到一身双手合十、胡跪地面的小儿将头发下垂其左的形象，当是儒童本生中的"布发掩泥"立佛像；左侧一尊衣纹保存良好的立佛（头部被盗）右手持钵，下有"叠罗汉"状三小儿"以土为谷"贡献者，是为"阿输迦施土"因缘故事。我们知道，在以犍陀罗艺术为代表的早期佛教石雕中，上述两种佛经故事中的立佛多象征过去佛，但少见同时出现。由此，云冈将不同佛教故事中的两尊过去佛并列的艺术表达，具有明显

图25　第37窟内景

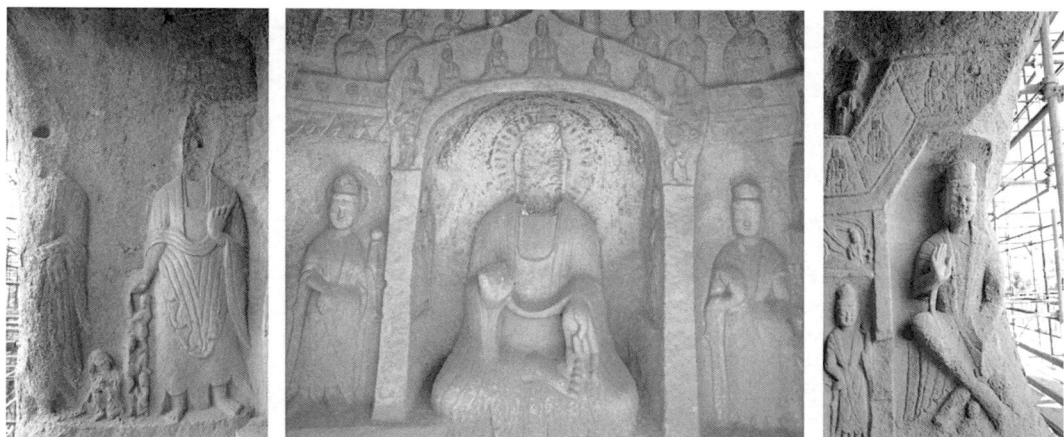

1. 西壁　　　　　　　　2. 北壁　　　　　　　　3. 东壁

图 26　第 13-16 窟三壁布局 1. 西壁 2. 北壁 3. 东壁

1. 西壁　　　　　　　　2. 北壁　　　　　　　　3. 东壁

图 27　第 5-10 窟三壁布局 1. 西壁 2. 北壁 3. 东壁

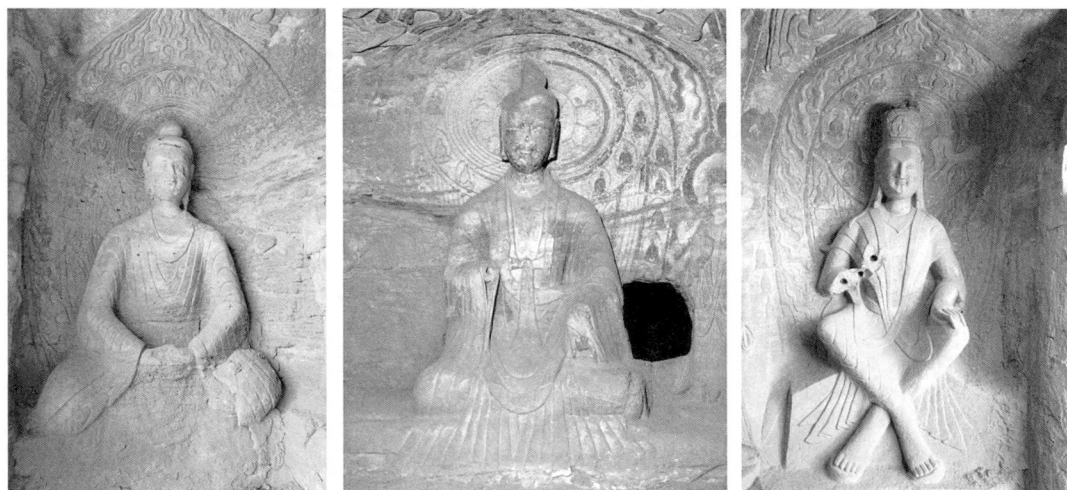

1. 西壁　　　　　　　　2. 北壁　　　　　　　　3. 东壁

图 28　第 13-18 窟三壁布局 1. 西壁 2. 北壁 3. 东壁

的创新意义。显然，这些犍陀罗时期已经定型的过去佛形象，在云冈时代既可以单独复制，也可以联合演绎。

　　龛式造像与无龛式造像结合的三壁三世佛。这种形式的三壁三世佛造像，在早期的第 17 窟已为榜样。在云冈晚期的第 5-10 窟（图 27），第 5-11 窟和第 13-22 窟三个洞窟中的三世佛塑造中，北壁主像均为无龛式造像，东、西壁俱为龛式造像。显然，将以往造像方式及其艺术设计上的成功范例引入实践，成为云冈晚期洞窟三壁三世佛造像的手法之一。

　　无龛式三壁三世佛。洞窟正壁及左右壁面的主要造像塑造为不具龛式的高浮雕形式，是云冈大像窟常见的做法（如第 5 窟、第 18 窟、第 20 窟等）。这种艺术表达形式虽然在以龛像为主要表达形式的中期洞窟中销声匿迹了，但在晚期的一些洞窟中似乎又有所回归。最具代表性的是第 13-18 窟（图 28），西壁和北壁坐佛和东壁交脚菩萨（分别象征过去、现在、未来三世佛），均是无龛式的高浮雕塑造。显然是借鉴了早期洞窟的形式，同时体现了晚期洞窟安像布局的灵活性，亦是云冈晚期石窟追求艺术多样性的一种表现。

（原文刊载于《云冈石窟研究院院刊》2019 年总七期）

云冈石窟第 3 窟新发现铭文浅释

员小中　　王雁翔

2019 年 4 月，云冈石窟第 3 窟危岩体加固工程开始启动。6 月 14 日，笔者在施工现场调研时，在第 3 窟后室三尊像与窟顶间的崖壁上（图 1），发现了六处铭刻文字，其字数不等、大小不一、内容各异、时代不明。从位置和字迹情况看，应为历史上某阶段石窟开凿或修缮后工匠留刻的痕迹。这对于缺少文字记录的云冈石窟来说，显得极为珍贵，在空旷的第 3 窟内出现铭刻文字真是出人意料，更是一大惊喜。这些铭刻或许对研究第 3 窟的开凿和历史活动有所帮助。本文试将这几处铭文作一初步探讨，公之于众，就教于方家。

第 3 窟是云冈石窟规模最大的洞窟，形制特殊，始凿于北魏，唐、辽、金时代窟前曾有过建筑活动。石窟斩山开凿，东西长约 50 米，高约 27 米。洞窟分前后室，前室凸出主立

图 1　铭文位置示意

壁，内部一分为二，互不相通，各有一门两窗，彼此对称，顶部东、西各矗立一座三层方塔，双塔之间的中央位置有一方形窟室，主像为弥勒菩萨。方形窟室与双塔间主壁面有两孔明窗与后室相通。明窗上方崖壁有 12 个长方形梁孔横成一排，梁孔向内深入转折向上垂直通顶（图 2）。洞窟后室空间广大，平面呈"凹"字形，东西宽约 43 米，左右有南北向耳洞纵深约 15 米，地面残留大面积取石痕迹。中部凸出岩柱西侧有一佛二菩萨造像，题材为西方三圣（阿弥陀佛、观世音菩萨、大势至菩萨）造像组合，学界普遍认为三尊像是初唐时期作品（图 3）。

1993 年 7 至 8 月，第 3 窟窟前地面和前室地面进行了考古发掘，发现北魏开凿石窟留下的未完工基岩地面（图 4）；唐代整理的窟前地面及修筑的台基；金代修建的殿堂建筑遗迹的夯土筑基等①。考古结果告诉人们，第 3 窟开凿于北魏，但是没有最终完成，唐代、金代分别在窟外构筑过建筑物。后室地面开窟取石

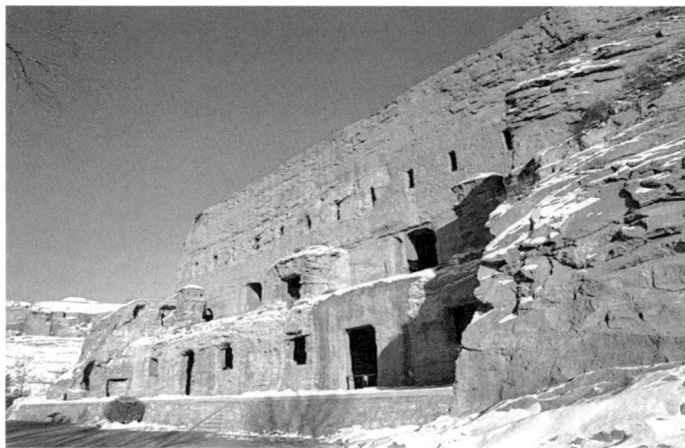

图 2　第 3 窟外景

① 云冈石窟文物研究所、山西省考古研究所、大同市博物馆.《云冈石窟第 3 窟遗址发掘简报》,《文物》2014 年第 6 期。

图3　第3窟三尊像

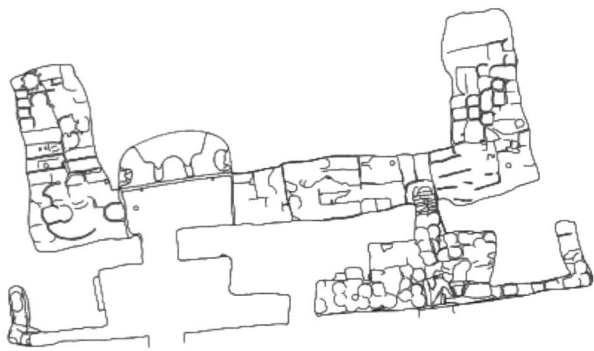
图4　第3窟地面取石遗迹

图5　"川州张德"

图6　"衛"

遗迹、壁面上下空间隔层断续的遗迹，揭示了石窟开凿的方法和顺序。这一考古发现，荣获了当年的"中国十大考古发现"。

后室柱体西侧的一佛二菩萨三尊像，是具唐代风格的造像。主像高10米。除造像之外还有些施工建筑遗迹，在三像外两侧岩体上有数个纵列方坑遗迹与前壁方坑遗迹对应。有研究者[1]认为：三尊像开凿时，上下空间隔层还在，在上部空间凿完大佛头部后，打开隔层凿大佛下部及两侧菩萨。这些壁面方坑痕迹在上下隔层痕迹之下，因此推测是当下部空间造像时施工脚架所留痕迹。

新发现的铭刻文字处于上层空间，在三尊像上方与窟顶间凹凸不平的取石后的自然断面上，这个位置除非施工时有脚架可至，否则是难以到达的。所以可排除游人无聊所为，也非官方敕令，而应该是匠人们对自己辛劳付出的一种印记。其中两处字迹下方有再次剔平石面的凿痕，有打破关系。这几处铭文自东向西分别是：1. "川州张德"（高30厘米、宽7厘米）"德"字下方有向下的凿孔打破了字迹（图5）；2. "衛"（繁体字，方17厘米，旁边"彳"形痕迹，似为"衛"字初刻而后弃之笔画）（图6）；3. "寺僧法义供／弟子马仁优？僧"（幅高50厘米、宽30厘米，每字方约10厘米）（图7）；4. "杜虎"（每字方约10厘米）（图8）；5. "宋文信"铭刻（每字高约8厘米、宽约6厘米）（图9）；6. "李"字铭刻（方约21厘米，三尊像西侧竖向断壁上）（图10）。

上述六处铭文中，有两处含有的地名、人名信息的铭刻值得关注：

---

[1]　彭明浩.《云冈石窟的营造工程》，文物出版社，2017年。

图 7 "寺僧法義供弟子馬仁优? 僧"

图 8 "杜虎"

图 9 "宋文信"　　　　　　　图 10 "李"

一是"川州张德"。这处铭文最后一字被一向下的凿孔打破，凿孔位置原来是否还有字不得而知。凿孔口径上大下小，内悬挂有打制铁钩，铁钩粗细似今之细钢筋，形状由横、竖弯钩两部分组成，横铁左右向卡在凿孔上口径内，钩柄穿过凿孔下垂约 10 厘米，并向北弯折，补角约 30 度，钩尾闭环，环口约可穿笔。向上提时，铁钩卡顿不能抽出。钩环向下延长线在北壁的投影正是主像造型的中线位置，由此推断挂钩应与下方壁面主像有关。

铭刻中"川州"应为地名，笔者检索史料，查到有关的记载如下：

【中京道】川州，长宁军，中，节度。本唐青山州地，太祖弟明王安端置。会同三年，诏为白川州。安端子察割以大逆诛，没入，省曰川州。初隶崇德宫，统和中属文忠王府。统县三：弘理县，统和八年以诸宫提辖司户置。咸康县、宜民县，统和中置。[①]

辽朝应历元年（951），改白川州设置川州。治所在咸康县（今辽宁省朝阳市东北）。包括今辽宁省朝阳市、义县北部。金朝大定年间并入懿州，承安年间恢复，治所在宜民县（今辽宁省北票市东北）。泰和年间并入义州、兴中府。元世祖时恢复。明太祖洪武年间废除川州。[②]

由此可知"川州"为辽代中京道所辖州名，属长宁军，级别为中，设节度使。原本唐青山州地盘，辽太祖弟安端设置，辽太宗会同三年（940）赐名"白川州"。安端的儿子因大逆罪处死后，应历元年（951）白川州被官府没收并省称为"川州"。初属辽圣宗太后崇德宫帐，统和（为辽圣宗的年号，983–1012）中归属大丞相、晋国王韩德让（耶律隆运，谥号文忠）府。统辖三县。金代废，元初复置，明洪武年间又废。

"中京道，辽统和二十五年（1007）置，治所在中京大定府（今内蒙古宁城县西南大明城），辖境东至今辽宁锦州市、义县，北至今内蒙古赤峰市、敖汉旗，南至今河北秦皇岛市及其西北长城一线，西有今河北滦河流域。金初改置中京路。"[③] 由上可知"中京道"之名称使用约一百余年，没有"川州"之名称使用时间长。铭文中张德来自辽代中京川州地区，应该属实。其名字出现在造像上方开窟取石的崖壁上，可以说他只是来西京大同做苦力的工匠之一。

处于辽宋边境的佛国圣地云冈石窟，除上述来自辽都的人，也有来自北宋地区的人。笔者于 2009 年在云冈石窟第 2 窟明窗西侧"云深处"题刻字后，曾发现有"贝州得一之章"方形篆书印章铭刻，这方印章居于铭刻石面中央上方，周围草书文字，颇有书画味道。经查史料，"贝州"北周始置，后来清河郡、贝州两名反复更替，于北宋庆历八年也就是辽重熙十七年（1048）以后改称"恩州"。可见，"贝州"铭刻出现的时间早于《大金西京武州山重修大石窟寺碑》[④]（以下简称《金碑》）所记"辽重熙十八年（1049），母后再修"的时间。"川州、贝州"等辽宋时代州名在石窟的出现，是南来北往的人士在石窟活动的见证。第 1、2 窟前考古出土实物中，有多款识的北宋钱币出现，年代多属辽宋和好之后，跨度长达百年。历史上自 979 年起宋朝北伐，至 1004 年宋辽订立澶渊之盟，经过二十五年的战争后，宋辽缔结盟约，燕云地区领地争端得以缓和，云冈峪边地交通得以改善。

---

① （元）脱脱等 .《辽史·卷三十九》，中华书局，1974 年。

② 360 百科 .https://baike.so.com/doc/7559240~7833333.html.

③ 360 百科 .https://baike.so.com/doc/25714830~26803734.html.

④ （明）谢杰 .《顺天府志》，北京大学出版社，1983 年。

辽金时代国主佞佛，云冈石窟曾进行过较大规模的修缮，据《金碑》记载：辽重熙十八年（1049），母后再修；天庆十年（1120），赐大字额；咸雍五年（1069），禁山樵木、又差军巡守；寿昌五年（1099），委转运使提点；清宁六年（1060），又委转运使兼修。金天会二年（1124）改拨河道，皇统三年至六年（1143-1146），重修灵岩大阁九楹、门楼四所等。由以上记载可知，辽代官方对石窟修缮、关注长达半个世纪，接近北魏开凿石窟的时间长度。金代改拨河道属官军行为，而皇统年间的修缮则属民间行为，王禀慧住持并化缘，费钱两千万。

今天，我们从云冈石窟数次考古发掘情况看，窟前有多处辽金建筑遗迹，甚至向西在十里河对岸的鲁班窑也发现大规模辽代建筑。窟顶东、西有辽代寺院遗址、铸造场地。可见辽代在云冈进行过大规模的建设。而留下的字迹只有第 13 窟南壁一方小小的契丹官员家属修像记，其文字细小，刻在北魏佛座前原来预留的铭石面上，反映出民间修像者对佛像的敬畏。上述"川州、贝州"等地名，同样细小隐蔽，同样显得稀有而珍贵。

二是"寺僧法義供 / 弟子马仁优？僧"。这处铭文位置在上述"川州张德"西侧，刻字兼隶楷之形。相对于其他几处单独姓名，这算是个二人（含）以上师徒小团队。"寺僧"二字点明，这处铭文出自本寺僧人。"寺"字有两个含义，一指官署名，如大鸿胪寺等；二指佛教庙宇名，如白马寺等，这里的"寺"字笔者理解属于后一种，说明这时的武州山石窟前，至少第 3 窟前存在有寺院。云冈历史上北魏有"灵岩寺、通乐寺"，唐代有"僧寺、尼寺"，辽代更是有十所寺庙各具其名，金代复建有"灵岩大阁"，明清有"石佛古寺"。铭文中的寺说的是哪个寺，实难定论。现存的北魏造像铭记里，没有"寺僧"的提法，这种称呼在云冈出现估计是北魏之后才有。铭文中的"寺僧"二字为异体字，在历代书法中像此处"寺"字的写法少见，而"僧"字写法在楷书体和碑刻中多见。"法義"，作为名词，指法度义理，还可指以"法"结义的组织，类似于以"邑"结成的"邑义"。在北朝后期，以法结义的方式超越了以地区结义的方式，"法义"一词有取代"邑义"一词的倾向，如北魏正光四年 (523) 河南省偃师市《法义三十人造像记》、北魏孝昌三年（527）济南历山《法义兄弟一百余人造像记》、北魏永熙三年（534）《法义兄弟等二百人造像记》、东魏武定二年（544）《王贰郎法义三百人等造像记》等，这些造像记里，"法义"后面的人数就是这个"法义"组织的规模。

在此处，"法义"前边有"寺僧"，连起来理解就不是指佛法义理，后边既有"弟子"人名，也就不专指义团组织。笔者认为这里的"法義"指的是僧人的法号。"法"字辈的僧人在云冈比较少见，在第 11 窟太和七年（483）造像题记旁边引导僧里有"邑师法宗"铭文。还有在北魏孝文时期帮助昙曜在武州山笔录佛经的南朝人刘峻，字孝标，本名法武。在《魏书·释老志》中，法字辈的名僧也不足十人。再查阅明清现存的云冈碑石，也没有法字辈僧人记录。这位铭刻为法义之名的僧人可能原本就是位普普通通的僧人。

后一句"苐子"的"苐"是"弟"的异体字，古代同"第"，而"第"又通"弟"。"苐"的写法在隶书和碑刻中有例可寻，云冈北魏造像铭记里"弟子"的写法在早期为"弟"（第 20 窟西壁），晚期为"苐"（第 5-1 窟南壁）。"子"字刻于行外旁侧，概表示谦让。"弟子马"后面似有二字合在一起，分开上下是"仁"和"优？"，如果是二字合一的，则难以辨认是何字，如分开两字就可能指的是马姓的两位弟子。以上异体字用法和个别字的处理方式表现出私刻铭文的随意性。

此铭刻上方有一小小的带钩的符号标记，意义不明，疑似定位标志，如果和前述"川州张德"下方的铁挂钩有关，那法义及其弟子可能就是悬挂铁钩并与之扩展作业有关联的人。马姓弟子名字下边的"僧"字如连在一起读，甚不好理解，既是弟子就不便提僧，况前面有寺僧之僧。此处的"僧"如果与前句下边的"供"字联系起来作"供僧"，反倒是很容易理解，意指施舍财物供养僧人。从铭刻字迹上看，"供僧"二字似乎比其他字要粗壮有力，入石更深，并且与上边的字间距要大些。此处铭刻是否有意强调"供僧"两个字的意义？如果寺僧与弟子一起进行供僧活动，并记录于此，是否意味着法义师徒在这里曾经进行过一场有纪念意义的宗教活动？场面或许大，人也或许多。而这个时间，不好确认。有供僧活动，起码有寺庙存在，有众僧存在，或许，寺庙里也有了佛像。

在第 3 窟西明窗东壁，凿进一方龛，龛底呈锅底状，北面开口正对北壁大佛面部，研究者认为这是燃灯用的储油锅①，油灯光亮透过方孔可以照亮后室的主像。试想，如果前面没有寺庙遮阳，这种照明只在夜晚起作用而白天不需要。可见，石油锅制造之时，窟前必有寺庙建筑，内部阴暗，需要长明灯来照亮窟内，主要是让人看到佛像。而这种设施建设也可算作供僧之举吧。供僧举动有大有小，供奉瓜果香油之类恐怕不值得去书写。所以，法义和他的弟子一定做了件有意义的事，值得纪念，我们今天已无法知晓。

其余四处"衛""杜虎""宋文信""李"基本是人名姓氏，其中"卫"的繁体一般多作"彳"旁，此处作"彳"旁，为异体字。异体字出现在碑志中也叫碑别字，是刻字工匠的一种手法。这位"衛"氏匠人把姓氏刻得很大，可能此人有点身份地位，而且刻了两笔画又换了个岩石状况好的地方重刻，可见其有充足的时间和耐心，只刻出一字，也显示出其宗族观念和自我克制意识。"杜虎""宋文信"两处铭刻，字体小且在不显眼的地方，有一定隐藏和胆怯心态。"李"字尺寸最大，有隶书形体意蕴，从其所处位置来看，年代或晚于上述几处铭刻。

通过对以上铭文的分析，我们得出以下几点粗浅认识：一、辽代中京川州人张德，参与了第 3 窟后室的工程，时间可能在第 3 窟三尊造像之前或后期妆銮之前，是最早将名字刻到崖壁上的人。二、本寺僧人法义及马姓弟子，在第 3 窟做过供僧活动，时间在张德所做工程之后，在三尊像完成之后或后期妆銮后，活动时窟前已有寺庙建筑，有僧人住寺。三、"衛""杜虎""宋文信"几人或是与前述人员同时代，但辈分资历略低，留名位置在右侧。"李"字铭刻时间应该最晚，或晚于上述人所处时代。四、第 3 窟主佛面部及上身有方形凿孔，内有铁钉至今存在，似乎曾经妆銮，如放中线施工，则时间在张德所做有关工程之后，说明张德所做是开窟或造像工程。五、《金碑》中"母后再修"指辽兴宗的母亲辽圣宗钦哀皇后，如若装銮属再修，那张德有可能就是辽圣宗时参与初修的人，初修内容是否包含三尊像的开凿？不能排除。六、法义及其弟子供僧活动或与妆銮有关，明窗上的长明灯抑或在妆銮时设置，他们的活动与张德活动有一定时间间隔。新发现的第 3 窟几处铭刻中，"川州"二字意义重大，他指明了工匠的来源地，而这个地名又有史可查。关于"川州"这一地名比较权威的考证，是周振鹤主编、余蔚著《中国行政区划通史》第二编第三章《中京道府州城县沿革》中"头下白川州—白川州—川州"条，著者经过严谨的论证，得出结论是："该川于天禄五年（951）所发生的改变，仅是改变归属，改名之事，却另有其时"，"直到辽末，

---

① 张焯主编 .《云冈石窟全集》第一卷释论，青岛出版社，2017 年。

白川州才徙治宜民县，并改名川州。至天庆六年（1116）《辽史》方载有'川州'"。^① 按余蔚的说法，刻在云冈石窟的"川州"二字的时间应该不早于辽末金初这个时间段。此时间段内云冈石窟修护活动有辽"天庆十年（1120），赐大字额"；金"天会二年（1124）改拨河道"，都似乎与第 3 窟无关。而与第 3 窟有关的是"皇统三年至六年（1143–1146）重修灵岩大阁九楹、门楼四所等"，却没有提到开窟造像或修像。如果默认"川州"二字是张德此时留刻，则金代皇统年间（1141–1149）是铭刻时间下限。虽然元代至正五年（1345）出土的《重修川州东岳庙碑》^② 中仍有"川州"之称，但笔者认为元代在云冈石窟开窟修像或建筑的可能性不大。明代边事战乱，更无可能。在历史上，川州和云冈在佛教上有某种渊源。川州曾经是东晋十六国时期慕容氏燕政权的都城龙城的属地，也就是今天的辽宁省朝阳市地界。朝阳市号称"三燕"（前燕、后燕、北燕）都城。北魏孝文帝太和年间（485 年前后），在三燕龙城宫殿旧址上，冯太后为其祖父北燕王冯弘祈寿冥福和弘扬佛法而修建了"思燕佛图"，即今天朝阳北塔前身。这时的朝阳属北魏营州昌黎郡龙城县，还没有"川州"这个名称。北魏太和二十三年（499）营州刺史元景在距朝阳东六十多公里的义县开凿万佛堂为皇室祈福，这个石窟含有云冈、巩义、龙门等地石窟造像的风格，显示出北魏都城主流造像艺术向东辐射的印记。到了辽金元时期，少数民族建立的政权依然崇信佛教，辽初和辽重熙十三年两次维修了朝阳北塔。辽代兴宗、道宗时期在云冈的建筑工程浩大，对云冈佛像有过补塑妆銮，均有遗迹见存。云冈辽代"十寺"之名、《金碑》中"重熙十八年母后再修"说明辽代在云冈的工程是皇家性质的，第 3 窟铭文带有私刻意味，从这点上看，无论如何不能算到辽代皇家工程里。而金代王禀慧化缘重修灵岩大阁为个人善举，可能有工匠私刻留名的机会。

（原文刊载于《云冈石窟研究院院刊》2019 年第 7 期）

---

① 周振鹤主编、余蔚著.《中国行政区划通史》，复旦大学出版社，2012 年。
② 周振鹤主编、余蔚著.《中国行政区划通史》，复旦大学出版社，2012 年。

云冈第 38 窟音乐树图像研究

赵昆雨

云冈第 38 窟原编号为第 50 窟，20 世纪 80 年代后期调整重编，是云冈晚期（494–524）重要的代表性洞窟之一。该窟外崖上方有《吴氏忠伟为亡息冠军将军华□侯吴天恩造像并窟》铭记，表明此窟系父亲吴忠伟为亡子吴天恩荐福所造。吴天恩，从二品散后爵位、三品冠军将军，死因不明。此人是云冈目前已见造像题记中官职最高者。

第 38 窟窟内空间并不大，高 1.95 米，宽 2 米，进深 1.4 米，平面呈长方形，四壁三龛。北壁圆拱龛内雕二佛并坐像；西壁盝形龛内雕一倚坐佛；东壁开上下重龛；窟顶雕平棋藻井，中央表现诸天仆乘题材，龙雀蟠蜿，态势缥缈，周围十个方格间各有一对伎乐飞天或舞或乐，反映了兜率天宫的欢悦场景。本文拟讨论的音乐树位于东、西两壁龛基，此底层位置通常雕刻男女供养人，这也几乎是云冈晚期窟龛布局的固定模式。很显然，第 38 窟的设计师试图去桎解梏，突破旧有的定式——北壁龛基供养人之间分别配置"仙人骑兽图"与"幢倒伎乐图"。幢倒伎，属俗乐表演。东、西两壁最下层各雕两株大树，树上雕刻乐伎形象。最早论及第 38 窟音乐树雕刻的是水野清一、长广敏雄，他们认为此音乐树雕刻接近《觉禅钞》中所绘制的树，并且将第 38 窟东、西壁音乐树上的乐伎形象泛称为"化生童子"。通一、董玉祥先生《云冈第五〇窟的造像艺术》一文中，首次将此树定义为"音乐树"[1]，并对此题材内容的出典以及部分乐器的考名进行研究，其成果影响至今。阎文儒先生《云冈石窟研究》一书中也涉及第 38 窟音乐树雕刻内容，并对这一题材的佛经依据进行了考证[2]。王恒先生《云冈石窟辞典》中观察到第 38 窟东、西两壁音乐树雕刻树形不同[3]。事实上，佛经中记载能发出音声的瑞树有许多种，本文所谓"音乐树"只是泛称。

第 38 窟位于距地面高约 2 米的崖壁上，通常难以及就，已公布的图像资料亦少，树上乐伎雕刻形象高不足 1 厘米，其所持乐器近乎微雕，毫无疑问地成为云冈石窟乐器雕刻中形制最小的乐器图像。1500 多年以来，其历经风化泐蚀，多难易分辨。20 世纪 80 年代中期，笔者曾对该窟音乐图像进行了调查，当时限于条件，未留图像资料，仅以文字录入。30 多年过后，这些音乐图像的保存状况已发生了很大差异，甚至原先漫漶不清者，现已消失。因此，就该窟音乐树上的乐器雕刻内容作较详细的辨识，显得尤为重要。

---

① 通一，董玉祥.《云冈第五〇窟的造像艺术》，现代佛学，1963 年第 2 期。
② 阎文儒.《云冈石窟研究》，广西师范大学出版社，2003 年，第 214~215 页。
③ 王恒.《云冈石窟辞典》，江苏美术出版社，2012 年，第 82 页。

一、第 38 窟东、西壁音乐树乐器雕刻内容

第 38 窟内的音乐树设计在东、西两壁的最下层，每壁两株，分布在长方形题铭石两侧。经调查统计，树上乐伎所持乐器最初雕刻近 50 余件，目前尚可辨识 33 件。

西壁树雕刻手法写实，保持了自然界树的形态，树体高，柯枝短并斜向上伸，树主干清楚，两侧对称分生六层侧枝，每层枝头顶端着花，每一花间各一剃发型化生伎乐童子，手持乐器演奏。

西壁左侧树乐伎所持乐器大部分可辨识（图 1），由下向上，第 1 层：左枝不明；右枝铜钹伎。第 2 层：左枝不明；右枝腰鼓伎。第 3 层：左枝两杖鼓伎；右枝琵琶伎。第 4 层：左枝琴（或筝）伎；右枝排箫伎。第 5 层：左枝吹指伎；右枝竽簧伎。第 6 层：左枝竖箜篌伎；右枝横笛伎。

西壁右侧树尽管保存较完整，但树上的乐伎形象风化漫漶，

图 1　第 38 窟西壁左侧音乐树

所持乐器较多不辨（图 2）。第 1 层：左枝法螺伎；右枝不明。第 2 层：左枝似为击鼓伎，乐伎右手执鼓槌上举；右枝不明。第 3 层：左枝不明；右枝疑为吹笙伎。第 4 层：左枝琵琶伎；右枝不明。第 5 层：左枝琴（或筝）伎；右枝不明。第 6 层：左枝不明；右枝横笛伎。

东壁两株树风化剥蚀严重，仔细分辨，两树最底端几乎触及地面的地方隐约可见起伏的线条，故依此上推知其最初应雕作五六层。每层柯枝上雕 3 名乐伎，另有花果之类，也许它们是用以象征七宝。东壁两树树种及树形均完全不同于西壁，其无主干，树枝类似对波状，无树形结构，更趋于藤蔓类植物，横向起伏伸展，呈对波状的树枝中央空隙间雕乐伎，或可以此为中轴，将树枝分为左右侧。需要注意的是，东壁树乐伎均头梳高发髻，坐在莲台上执乐演奏，是树的附属，前述西壁树伎乐童子则由莲中化生而出，是树

图 2　第 38 窟西壁右侧音乐树

图 3　第 38 窟东壁左侧音乐树

图 4　第 38 窟东壁右侧音乐树

的产物，二者在属性上完全不同。

东壁左侧树由下向上可辨识 5 层（图 3），最底端第 1 层仅存树枝残迹，向上间隔一段剥落层，此处当初至少有一层树，现作为第 2 层，仅残存树枝局部，有人物廓形，但内容不可识。第 3 层：左侧不明；中央疑为法螺伎；右侧鼓伎，鼓体较大。第 4 层：左侧疑为齐鼓伎；中央处似无乐伎雕刻；右侧腰鼓伎。第 5 层：左侧排箫伎；中央为笙簧伎；右侧横笛伎。

东壁右侧树现亦存 5 层（图 4），由下向上，第 1 层，贴近地面处仅可见起伏的线条，隔一段剥落层，向上为今第 2 层：左侧齐鼓伎，鼓体一头大一头小；中央处乐伎风化不辨；右侧疑为击磬伎，左手持悬挂架，右手执柄。第 3 层：左侧笙伎；中央为排箫伎，并与第 4 层共用；右侧法螺伎。第 4 层：左侧横笛伎；右侧笙簧伎。第 5 层：左侧琴（或筝）伎；中央为竖箜篌伎；右侧阮咸伎。

二、佛经中的音乐树

树，在佛经中具有神圣而崇高的地位，佛陀一生中几个重要的时刻都与圣树有关。佛经中，树与音乐也有非常密切的关系[①]，考北魏之前佛教经籍中有下列名目：

（一）宝树

东晋法显译《大般泥洹经》卷一云："敌上列植宝树，其树悉生众宝莲果，皆以金绳连绵树间，以七宝网重罗树外。微风吹动作五音声，其音和雅犹如天乐，人民安稳快乐自在。"[②] 此称谓直接、简明。

（二）音乐树

后秦鸠摩罗什译《佛说华手经》、西晋法立共法炬译《大楼炭经》、东晋佛驮跋陀罗译《大方广佛华严经》等经中均见"音乐树"一词。《大方广佛华严经》云："尔时善财童子……渐渐南行至海潮处，见普庄严园林，七宝垣墙周匝围绕。诸妙宝树行列庄严，一切华树雨华如云布散其地，香树芬馨普熏十方。鬘树垂鬘、宝树雨宝，遍布庄严，众宝衣树弥覆一切，诸音乐树出微妙音"[③]……"近金刚山有四天下。名华灯幢。妙宝楼阁台观宫殿。上味饮食自然具足。瞻蔔华树普覆一切。种种香树出妙香云。诸宝鬘树普雨鬘云。诸杂华树雨不思议众妙华云。诸末香树雨末香云。诸香王树雨妙香云。摩尼宝树雨种种宝。诸音乐树微风吹动。出和雅音充满虚空。日月明净妙宝光明普照一切。"[④]

（三）乐器树

见于后秦佛陀耶舍、竺佛念译《长阿含经》，经云："复有乐器树，高七十里，花果繁茂，其果熟时，皮壳自裂，出种种乐器。"[⑤]

（四）音声树

东晋佛跋陀罗译《大方广佛华严经》中既有"音乐树"，又有"音声树"之谓，说明二者有分别。经

---

① 王昆吾，何剑平.《汉文佛经中的音乐史料》，巴蜀书社，2001 年。

② 法显译，《大般泥洹经：卷一》，《大正藏》第 12 册，新文丰出版公司，1983 年，第 857 页。

③ 佛驮跋陀罗译.《大方广佛华严经》《大正藏》第 9 册，新文丰出版公司，1983 年，第 697 页。

④ 佛驮跋陀罗译.《大方广佛华严经》《大正藏》第 9 册，新文丰出版公司，1983 年，第 730 页。

⑤ 佛陀耶舍，竺佛念译，《长阿含经》《大正藏》第 1 册，新文丰出版公司，1983 年，第 118 页。

云：“阿僧祇一切摩尼宝宫殿，皆悉殊妙出过诸天。阿僧祇诸杂宝树、阿僧祇种种香树、阿僧祇诸宝衣树、阿僧祇妙音乐树、阿僧祇妙音声树、阿僧祇无厌宝树、阿僧祇垂宝缯幡树、阿僧祇宝庄严树、阿僧祇一切华。”[①]西晋竺法护译《生经》中亦称“音声树”：“佛告诸比丘：‘汝等各说所知，皆快顺法，无所违错，复听吾言。云何比丘，在音声丛树，为快乐乎？威神巍巍，华实茂盛，其香芬馥。柔软悦人在音声树，而现雅德。’”[②]

（五）多罗树

此树，形如棕榈树，叶繁密。北凉昙无谶译《悲华经》卷第四“诸菩萨本授记品”云：“所有众生一向纯受微妙快乐，微风吹此金多罗树出微妙声。所谓苦、空、无我、无常等声，闻是声者，皆得光明三昧。”[③]

（六）七宝树

所谓七宝，康僧铠译《佛说无量寿经》记载“金、银、琉璃、珊瑚、琥珀、车磲、玛瑙合成为地，恢廓旷荡不可限极，悉相杂厕转相入间。光赫焜耀微妙奇丽，清净庄严超逾十方一切世界”[④]。在西方净土世界，“七宝诸树周满世界，金树、银树、琉璃树、颇梨树、珊瑚树、玛瑙树、车磲树，或有二宝、三宝乃至七宝转共合成……清风时发出五音声，微妙宫商自然相和”[⑤]。

以上诸树，形式不同，树种不同，但有一点是一致的，即均为经风发音。当然，此风“亦非世间之风也，亦复非天上之风也……亦不迟亦不疾，适得中宜，吹国中七宝树，七宝树皆复自作五音声”[⑥]。

三、第 38 窟音乐树图像雕刻的佛教意涵与功德主的社会心理

第 38 窟为什么会出现音乐树雕刻题材？作为洞窟整体设计中的一个环节，其与壁面主龛像具有怎样的关联？特别是，匠人在此强调表现了东、西壁音乐树的不同，其依据是什么？有何功用？与北魏此时的佛教信仰关系如何？与该窟的发愿者有何关系？

这一点很明确也很清楚，第 38 窟的开窟动机就是为妥死者之魂，慰生者之望，是生者为逝者精心设计建造的神灵归趋之境，整座洞窟的设计理念即贯穿于这样的情怀之下。

北壁是全窟之重，圆拱龛内雕释迦、多宝二佛并坐，此为修习“法华三昧”禅观的需要，也是多佛思想流行的表现，说明云冈晚期法华信仰风气犹盛。该龛外右侧雕一倚坐佛，腿旁胡跪一小比丘，佛以左手抚摩其头顶。除此之外，第 38 窟东壁、南壁亦有摩顶授记的场面，显然，它们不全是表现罗睺罗因缘故事的。按《法华经》讲，凡受持、读诵、广宣《法华》，令一切众生普得闻知此经的修行者，都可得到佛的摩顶。第 38 窟南壁另有一幅“雕鹫怖阿难入定”故事图，其更具典型性——山间一大一小二龛并列，小禅僧坐于小龛内，魔王波旬化作雕鹫向下俯冲，双爪紧扣龛额，长喙猛啣龛梁，禅僧惊惧。只见大龛内的坐佛以右

① 佛驮跋陀罗译，《大方广佛华严经》《大正藏》第 9 册，新文丰出版公司，1983 年，第 492 页。
② 《大正藏》，第 3 册，新文丰出版公司，1983 年，第 82 页。
③ 《大正藏》，第 3 册，新文丰出版公司，1983 年，第 157 页。
④ 康僧铠译，《佛说无量寿经》，《大正藏》第 12 册，新文丰出版公司，1983 年，第 270 页。
⑤ 康僧铠译，《佛说无量寿经》，《大正藏》第 12 册，新文丰出版公司，1983 年，第 270-271 页。
⑥ 支娄迦谶译，《佛说无量清净平等觉经》，《大正藏》第 12 册，新文丰出版公司，1983 年，第 285 页。

图 5　第 38 窟西壁线描图　此图采自文物出版社《中国石窟·云冈石窟》

手穿透龛壁，伸向禅僧头顶抚摩。"为千佛授手，令不恐怖、不堕恶趣，即往兜率天上弥勒菩萨所"①，这才是作为父亲对儿子亡灵欲表达的寄慰之情②。

西壁盝形龛内主像为一倚坐佛（图 5），龛外两侧各有二立佛。龛基中央以竖长条铭石为间隔，左、右两侧各雕一株树，树上均雕莲花化生伎乐童子，再外侧各有三身供养人，着交领广袖长袍，侍童执持伞盖随从。云冈晚期，原来流行于南方的净土信仰开始在平城传播③，洞窟中屡见"讬生净土"④"愿讬生西方妙乐国土，莲花化生"⑤等造像题铭。第 38 窟造像记中亦表达了"藉此微福，愿亡儿生々遇□，长辞苦海，腾神净土"的愿景，"此内容十分契合石窟图像，即希望亡者吴天恩来世遇佛（弥勒），永离苦海（与不堕恶趣相近），往生净土（兜率天净土）"⑥。莲花化生本身，乃是净土信仰中的典型特征。因此，西壁最下层的音乐树雕刻，在这里喻指西方净土世界。曹魏康僧铠译《佛说无量寿经》卷上云：

又无量寿佛，其道场树高四百万里，其本周围五千由旬，枝叶四布二十万里。

……微风徐动出妙法音，普流十方一切佛国。其闻音者得深法忍，住不退转，至成佛道，不遭苦患。目睹其色，耳闻其音，鼻知其香，舌尝其味，身触其光，心以法缘。一切皆得甚深法忍，住不退转至成佛道，六根清彻无诸恼患。

阿难："若彼国人天，见此树者得三法忍：一者音响忍，二者柔顺忍，三者无生法忍，此皆无量寿佛威神力故，本愿力故，满足愿故，明了愿故，明了愿故，坚固愿故，究竟愿故。"

佛告阿难："世间帝王有百千音乐，自转轮圣王，乃至第六天上伎乐音声，展转相胜千亿万倍。

第六天上万种乐音，不如无量寿国诸七宝树一种音声，千亿倍也。亦有自然万种伎乐，又其乐声无非法音，

① 鸠摩罗什译，《妙法莲华经》，《大正藏》第 9 册，新文丰出版公司，1983 年，第 61 页。

② 关于第 38 窟中的佛教故事雕刻图像，参见李静杰《北朝后期法华经图像的演变》，《艺术学》，2004 年第 21 期；赵昆雨《云冈石窟佛教故事雕刻艺术》，江苏美术出版社，2010 年，第 125—126 页。

③ 李治国，丁明夷，《云冈石窟开凿历程》，《中国美术全集》，文物出版社，1988 年，第 14 页。

④ 出自第 4 窟南壁正光口年为亡夫侍中平原太守造像铭："□亡者讬生净土，西 」■■■■■□之玄源神？□□明于？」■■■■皇祚永隆，惠泽其敷，」■■■■□灵相？识凭□□」■■■■」正光□□■月廿三日■。"今已不存。（铭文中的"■"表示原本有字符，现已泐蚀不存；"□"表示字迹模糊，无法辨识；"？"表示字存疑；"」"表示断行。）

⑤ 出自 19~2 延昌四年清信士元三造像铭："延昌四年，岁次乙」未，九月辛亥朔，十」五日乙卯，清信士」元三？为？亡？父母王凤皇」■■■亡■■■」■造像一区。上为」皇帝陛下、□太皇太」后，下？及七世父母、□所生」父母，愿？讬生西方妙乐国土，莲花化」生。■愿已身■■」。"

⑥ 李静杰，《北朝隋时期主流佛教图像反映的信仰情况》，《2004 年龙门石窟国际学术研讨会文集》，河南人民出版社，2006 年，第 572 页。

清畅哀亮微妙和雅，十方世界音声之中最为第一。"①

此西方净土之音声在"十方世界音声之中最为第一"，甚至，听闻此树音声者可以"至成佛道"，这是关键。《佛说无量寿经》卷下复云：

> 佛语阿难："无量寿佛为诸声闻菩萨大众颂宣法时，都悉集会七宝讲堂，广宣道教演畅妙法，莫不欢喜心解得道。即时四方自然风起，普吹宝树出五音声，雨无量妙华随风周遍，自然供养如是不绝。一切诸天皆赍天上百千华香万种伎乐，供养其佛及诸菩萨声闻大众，普散华香奏诸音乐。"②

通过供养此树，"心解得道"，往生西方极乐净土，对信众有甚大感力，于吴忠伟来讲，亦契合其镌窟造像的心愿。

再看东壁。该壁上下重层布龛（图 6），下层圆拱龛内雕一佛二胁侍菩萨造像，上层盝形龛内雕一交脚菩萨二思惟菩萨造像，反映的是弥勒信仰。弥勒作为兜率天净土之本尊，以交脚菩萨为其代表的造像遍及云冈，第 35 窟窟门东壁延昌四年造像龛题铭中明确表示"常主匠为亡弟安凤翰造弥勒并七佛立侍菩萨"造像。弥勒能解答佛法中的疑难问题，这与禅僧入定决疑有关。北魏迁洛后，面对旧都平城的空落、边疆柔然的骚扰、社会生活的动荡等无法解决的忧患，信众祈求弥勒"决疑"的心愿更加迫切。此壁最下层雕刻音乐树，两侧按男左女右配置供养人主仆像，女性双手执长茎莲抄于胸前，着交领广袖长袍，雍容华贵，男性头戴进贤冠，侍者身形矮小，举持伞盖随后。

如前所述，东壁音乐树与西壁完全不同，构造奇异，柯枝波形扩展，"华须柔软状如天缯，生吉祥果，香味具足，软如天绵。丛林树华，甘果美妙，极大茂盛，过于帝释欢喜之园"③。显然，匠人于此设计出的是阎浮提中的七宝树。关于七宝诸树的构造，《佛说无量寿经》中描述得最为细致："或有宝树，车磲为本，紫金为茎，白银为枝，琉璃为条，水精为叶，珊瑚为华，玛瑙为实。行行相值，茎茎相望，枝枝相准，叶叶相向，华华相顺，实实相当。荣色光曜不可胜视，清风时发出五音声。微妙宫商自然相和。"④七宝诸树本来是树亦非树，乃由一切众宝自然合成，自不同于俗界惯见的样貌。至于东壁音乐树乐伎坐莲台之由，或可在沮渠京声《佛说观弥勒菩萨上生兜

图 6　第 38 窟西壁线描图 此图采自文物出版社《中国石窟·云冈石窟》（二）

---

① 康僧铠译，《佛说无量寿经》，《大正藏》，第 12 册，新文丰出版公司，1983 年，第 271 页。

② 康僧铠译，《佛说无量寿经》，《大正藏》，第 12 册，新文丰出版公司，1983 年，第 273 页。

③ 鸠摩罗什译，《佛说弥勒大成佛经》《大正藏》，第 14 册，新文丰出版公司，1983 年，第 429 页。

④ 康僧铠译，《佛说无量寿经》，《大正藏》，第 12 册，新文丰出版公司，1983 年，第 270 页。

率天经》中找到一些线索："一一莲华化作五百亿七宝行树，一一树叶有五百亿宝色……出五百亿诸天宝女，一一宝女住立树下，执百亿宝无数璎珞，出妙音乐，时乐音中演说不退转地法轮之行……一一龙王雨五百亿七宝行树，庄严垣上，自然有风吹动此树，树相振触，演说苦、空、无常、无我、诸波罗蜜……弥勒菩萨于阎浮提没生兜率陀天因缘，佛灭度后我诸弟子，若有精勤修诸功德，威仪不缺，扫塔涂地，以众名香妙花供养，行众三昧深入正受，读诵经典。如是等人应当至心。虽不断结如得六通，应当系念念佛形象称弥勒名。如是等辈若一念顷受八戒斋，修诸净业发弘誓愿，命终之后譬如壮士屈申臂顷，即得往生兜率陀天。于莲华上结加趺坐，百千天子作天伎乐①。"无非，藉此愿亡者能够彻底解脱生死之苦，获得常住佛国净土之乐。

第 38 窟不但吸收了法华信仰，还在东西两壁交织表现了树形不同、乐伎身份皆异的西方净土与弥勒净土两个世界的音乐树题材，都是基于云冈晚期净土信仰的流行而使洞窟在题材布局上出现了新变化。弥勒信仰、弥陀信仰共崇的现象也见于第 19-2 窟，该窟北壁延昌四年造像龛为由晚期补刻，龛内本来雕造交脚弥勒像，但造像题铭中却言"讬生西方妙乐国土，莲花化生"之辞，说明二者之间的界线尚未分明，这也正是云冈晚期净土信仰、净土观念发展的一个特点。

不仅如此，云冈晚期洞窟所蕴含着的深刻、浓厚的净土思想也反映在维摩诘雕刻题材上。此期，维摩诘示现神通、教化众生的故事内容不断涌现，对维摩诘的信仰，已由此前崇尚玄学清谈转向对来世佛国净土的追求。如讲论"诸余净土之所无有"的众香国"香积品"故事，第 5-34 窟西壁、第 32-12 窟西壁、第 32-10 窟北壁以及第 33-3 窟北壁等均有表现，尤以第 32-10、第 33-3 窟较为突出，不但故事场面较大，人物亦多。

事实上，第 38 窟就是一座在佛教定义下、具有更高层次墓葬文化色彩与理念的精神墓室。在平城地区北魏墓葬中独领风骚的幢倒伎，是古人基于对童子的崇拜与信仰，将襄鬼驱疫的功能赋予了表演幢倒伎的侲僮，以祈亡者进入冥界后无灾无殃。受此影响，第 38 窟北壁也出现了两幅幢倒伎乐图，这与中国传统文化中"以乐却灾"的理念是一致的②。同样，中国文化中对树木的崇拜也有着深刻、悠久的历史传统，在三星堆汉画像砖、石等遗迹中，都可看到人们把对自然、生命、未来的理解，寄予对瑞树崇拜的实际图例。"树也是一种直接的通天材料，参天古木直耸云霄，在古人看来是连接天地的直接工具"③，它是沟通天地人神间的介物，像天梯一样。第 38 窟音乐树雕刻且不论其所蕴涵着的深厚的佛教思想体系，仅其作为壁面最下层被供养的瑞树本身，即已兼有"祈愿墓主人的灵魂通过它而与神沟通乃至上升天堂"④的功用了。

（原文刊载于《敦煌研究》2020 年第 1 期）

① 沮渠京声译，《佛说观弥勒菩萨上生兜率天经》，《大正藏》，第 14 册，新文丰出版公司，1983 年，第 418~420 页。
② 赵昆雨，《突倒投而跟，譬隁绝而复联——北魏平城幢倒伎乐图像考》，《云冈石窟研究院院刊》，2016 年总第 4 期，第 186 页。
③ 张光直，《中国青铜时代》，三联书店，2013 年。
④ 张华珍，项章，《楚"神树"研究》，《江汉考古》，2003 年第 3 期，第 73~79 页。

北朝维摩诘经变与南朝因素
——从云冈第 6 窟胡服维摩变谈起

谭浩源

一、由云冈石窟第 6 窟胡服维摩变引发的思考

《维摩诘经》是印度大乘佛教初期的重要经典，全称为《维摩诘所说经》，约成书于公元 1 世纪，代表了初期大乘的思想特征[1]。该经主人公为维摩诘居士，为梵语 Vimalakirti 音译，亦作"毗摩罗诘"，译曰"净名""无垢称"，意即以洁净无污染而著称者，俗惯以"维摩"略称[2]。《维摩诘经》于汉末时传入中国，最早为后汉严佛调所译，其后又有六个译本。今日仅存孙吴支谦、姚秦鸠摩罗什、唐玄奘三个译本[3]。此经自中土译出之后，讲习注解该经者代有其人，如东晋僧肇、竺道生，隋之吉藏、智顗，唐之窥基、湛然等[4]。

《维摩诘经》对天台、三论、华严、禅宗、净土均有不同程度的影响。该经依其旨趣当属真空法性部经典，宣扬"唯心净土"及"亦出世亦入世""入世出世一而不二""不思议"等观点，而其中对不二法门义理的强调则更融入了诸派理论构架核心之中，成为公认的中国中古时代最深入而广泛的佛教经典之一[5]。但是，《维摩诘经》在南朝得到广泛的认可和盛行更源于当时佛教般若空宗与玄学论旨的契合[6]，从而使整个社会崇尚哲学思辨，知识分子讲求名士风度，清谈成为时尚之风。而维摩诘正"深达实相，善说法要，辩才无滞，智慧无碍，一切菩萨法式悉知，诸佛秘藏无不得入，降服众魔，游戏神通，其慧方便皆已得度"[7]，故而不仅在思想观念上与当时的贵族士大夫相互呼应，将入世与出世予以完美统一，同时迎合了清谈玄风的社会心理，得到了当时门阀士族、清谈之士的普遍推崇[8]。由此可见，《维摩诘经》深刻契合了六朝时期贵族文人的心态，从一定意义上说，当时的贵族佛教即是《维摩经》的佛教[9]。

由于《维摩诘经》在南朝得到了广泛的推崇和信奉，以其为题材的经变作品在这一时期多有出现，而

① 徐文明译注.《维摩诘经译注》，中华书局，2012 年，第 1 页。
② 纳一.《佛教美术中的维摩诘题材释读》，《故宫博物院院刊》2004 年第 4 期，第 96 页。
③ 贺世哲.《敦煌莫高窟壁画中的〈维摩诘经变〉》，《敦煌研究》1982 年第 2 期，第 62 页。
④ 赖永海、高永旺译注.《维摩诘经》，中华书局，2010 年，第 7 页。
⑤ 赖永海、高永旺译注.《维摩诘经》，第 3、10 页；纳一.《佛教美术中的维摩诘题材释读》，第 97 页；徐文明译注.《维摩诘经译注》，第 3~4 页。
⑥ 肖建军.《维摩诘图像的创造及其图像来源分析》，《文艺争鸣》2011 年第 10 期，第 146、148 页。
⑦ 王仁波.《试论云冈、龙门石窟北魏主要造像题材与佛教史诸问题》，《上海博物馆集刊》，1996 年，第 285 页。
⑧ 纳一.《佛教美术中的维摩诘题材释读》，第 98 页；谭淑琴.《维摩经变所体现的中国艺术精神的嬗变》，《中原文物》2003 年第 6 期。第 58 页；张艳.《云冈石窟中的二佛并坐和文殊问疾》，《文物世界》2005 年第 4 期，第 19 页。
⑨ 孙昌武.《中国文学中的维摩与观音》，高等教育出版社，1996 年，第 417 页。

图1　甘肃永靖炳灵寺第169窟《维摩诘变相》

图2　维摩诘经变位置　云冈石窟第6窟南壁

维摩诘也突出表现为辩才无碍的形象①。据《历代名画记》载，东晋兴宁二年（364）。顾恺之在瓦官寺首创维摩像，谢赫《画品》及许嵩《建康实录》中均有记载②。《历代名画记》载："顾生首创维摩诘像，有清羸示病之容，隐几忘言之状。陆与张皆效之，终不及矣。……张墨、陆探微、张僧繇并画维摩诘居士，终不及顾之所创者也。"③值得注意的是，虽然顾生所创图像必然与当时崇尚清谈以及士大夫博学善辩之时风息息相关，但其所创并非经变而是单一形象。同时，其与北方现存常见维摩经变图像并未显示出明确对应关系，此点已多有学者指出，不做赘述④。由于南朝诸家所做维摩诘图像均无遗存，故对该题材的图像研究多以北方现存遗迹为参考，并经北朝隋唐而至宋初，形成了"诸经变相以维摩诘为最多"的状况⑤。现存最早有明确纪年者为甘肃永靖炳灵寺第169窟维摩诘变相（图1）⑥，时间为西秦建弘元年（420）⑥。自此之后，关中陷落，至北魏平定凉州，维摩诘经变始自复兴，其中又以云冈石窟所见维摩造像为先。据统计，现存云冈石窟维摩诘经变题材共计30余幅⑦，而本文所欲探讨者，为其中第6窟的胡服维摩诘经变。

云冈石窟第6窟约完工于北魏迁都洛阳之前的太和十年至十八年（486-494）⑧，素有"云冈维摩变第一"之称⑨。该窟维摩诘经变位于南壁明窗与门拱之间（图2），龛内正中为释迦坐佛像，左侧为维摩诘，右侧

---

① 金维诺.《敦煌壁画维摩变的发展》，《文物》1959年第2期，第3页。

② 邹清泉.《莫高窟唐代坐帐维摩画像考论》，《敦煌研究》2012年第1期，第37页。

③ （唐）张彦远撰，秦仲文、黄苗子点校，启功、黄苗子参校.《历代名画记》，人民美术出版社，1963年，第28~29页。

④ 关于维摩诘单身像及经变关系及发展演变诸问题学界已多有涉及，参见金维诺.《敦煌壁画维摩变的发展》，第3页；肖建军.《中国早期维摩诘变相的创造与展开》，《中国国家博物馆馆刊》2011年第9期，第132~133页；邹清泉.《虎头金粟影——维摩诘变相研究》，北京大学出版社，2013年，第53页。

⑤ 饶宗颐.《饶宗颐史学论著选》，上海古籍出版社，1993年，第392页。

⑥ 肖建军.《中国早期维摩诘变相的创造与展开》，第133页。

⑦ 张华.《云冈石窟中维摩诘和文殊菩萨造像的探讨》，《2005年云冈国际学术研讨会论文集》，文物出版社，2006年，第239页。

⑧ 宿白.《中国石窟寺研究》，文物出版社，1996年，第104~105、110页。石松日奈子将第6窟归于云冈中期后半段，即483~494年。〔日〕石松日奈子（姜捷译）.《云冈中期石窟新论——沙门统昙曜的地位丧失和胡服供养人像的出现》，《考古与文物》2004年第5期，第81~92页。

⑨ 张华.《云冈石窟中维摩诘和文殊菩萨造像的探讨》，第247页。

为文殊。其中文殊端庄文静，头戴花蔓冠，身着短衫长裙，背靠屏风坐于床榻之上，身躯微向前倾，右手上扬，作说法印，身后作忍冬纹头光。中部释迦双目微启，神情安详，身着褒衣博带式袈裟，衣摆下垂，高发成髻，右手呈胸前作说法印，结跏趺坐于须弥座上，背后头光、背光装饰华丽，内绘诸佛，外置火焰纹饰。释迦另侧维摩诘头戴帷帽，面相圆润，眯眼微笑，下颌呈三角状长须，身穿胡服对领长衣世俗装，腰系宽带，双腿并拢下垂坐于榻上，身姿后倚，支左手扶于榻上，右

图 3，1　维摩诘经变云冈石窟第 6 窟南壁

臂向上弯曲，高举桃叶形麈尾（图 3，2）。龛顶作中国式屋脊样式，顶端两侧置鸱尾，檐下设三角垂帐。维摩、文殊足下和屏后簇拥数位姿势各异的供养者及飞天，龛下亦雕一列供养者。此龛造像体现出胡汉杂糅的时代特征，其中维摩诘容貌、服饰多为胡服俗装形象，带有北方少数民族特征，反映胡人贵族风采，而文殊、释迦虽服饰已具中原装束，然而文殊坐姿属胡式，释迦造型亦属犍陀罗式，体现出明显的印度风格，可见此窟功德主必为一尚未汉化之鲜卑贵族，其将原本南朝崇奉的"游戏神通、辩才无碍"的维摩诘居士改造为鲜卑上层贵族的形象，并多体现出憨厚、纯朴之相，而少潇洒之态[1]。

图 3，2　维摩塑像局部

图 4，1　维摩诘塑像云冈石窟第 7 窟主室南壁

图 4，2　维摩塑像局部

　　类似于云冈第 6 窟的胡服维摩诘形象另可见于第 7 窟中，样式与之相仿佛（图 4，1–2）[2]。至龙门石

---

① 对此窟维摩诘经变造像描述详见张华.《云冈石窟中维摩诘和文殊菩萨造像的探讨》，第 240、243 页；高金玉.《魏晋维摩诘说及其艺术精神解析》，《艺术百家》2009 年第 6 期，第 211 页；肖建军.《中国早期维摩诘变相的创造与展开》，第 135~136 页；张一驰.《入世为辩才——维摩诘像之人文精神初探》，《文物鉴定与鉴赏》2012 年第 8 期，第 79 页。

② 第 7 窟南壁拱门左右的维摩及文殊造像，就时代而言更早。此外，第 1、2 窟也同样在拱门左右配置维摩与文殊，但第 6 窟那是与窟门上部屋形龛内的坐佛左右对置维摩及文殊。见《云冈石窟》第十七卷，文本篇，科学出版社，2018 年，第 138 页。因本文注重探讨由胡服维摩诘造像所体现出的南北文化交流及影响等问题，故以第 6 窟造像为重点讨论对象。

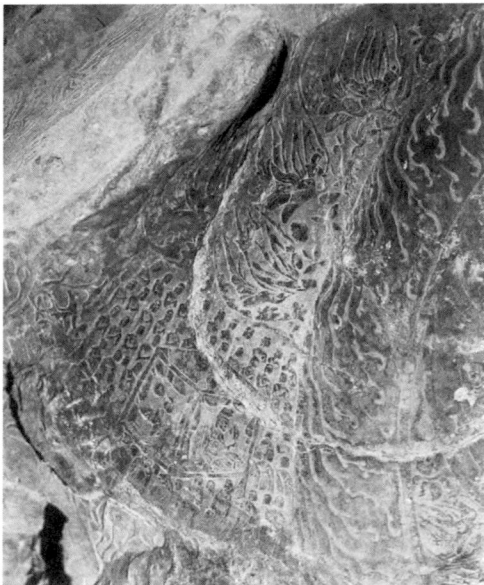

图5　维摩诘形象　北魏　龙门石窟古阳洞北壁中层东起第二龛

窟古阳洞北壁第186、188、190龛楣还可见到胡服维摩诘形象（图5）。这类在北朝石窟出现的早期维摩诘经变，因其体现出的强烈的鲜卑民族服饰特色和风貌，以及未受汉化影响的状态引起了笔者对以往学术成果的反思。

关于维摩诘经变在北魏时期的大量出现，学界多认为是南朝士族阶级意识形态和中原文化以及在此基础上形成的南朝美术因素，对北朝贵族及其宗教美术的深刻影响而导致的。贺世哲先生既认为南朝盛行玄学，清谈成风，而北朝虽不重视清谈，但其士大夫仍视南朝为"正朔所在"，对南朝传来的文化顶礼膜拜，所以北朝石刻造像中也出现了大量的维摩诘经变[1]。张乃翥先生也认为，南朝士族阶级意识形态必然给予拓跋统治集团很大影响，《维摩诘经》正是在这种历史背景下随着汉民族传统文化对拓跋集团的影响而进入到北魏社会中，并由此成为北朝社会内部门阀士族阶级的精神需要，从而在石窟艺术中表现出来[2]。王仁波先生则认为，维摩诘经成了北朝贵族士大夫们经常读诵的经典，其维摩诘形象可以说是贵族士大夫中佛学家和玄学家的代表，为当时士大夫所羡慕，所以在寺院石窟中得以盛行[3]。张华先生也认为《维摩诘经》所宣扬的般若"空"的思想与老庄"无"的思想相契合，而维摩与文殊的问答场面也正符合当时好清谈的风尚，所以北魏朝野大力拥戴，因此这是鲜卑民族在孝文帝朝野统治北方时期积极接受中原文化，根据当时社会需求而在佛像艺术造像中予以反映[4]。此外，谭淑琴、贺玉萍等多位学者也均持相似观点，认为《维摩诘经》迎合了士人对佛学、玄学的审美趣味，维摩诘经变是其对此审美理想追求的必然结果[5]。

虽然在众多学者的研究成果中对个别问题存乎差异，但总体而言，多认为：一、北魏维摩诘经变的盛行是对北魏士大夫及贵族阶级审美趣味和意识形态的反映；二、对维摩诘的推崇及造像制造源于当时北朝所受南朝玄学风气的影响，以及对南朝正统文化的倾心接受，亦即南朝文化影响北朝，而维摩诘经又附属于南朝文化而来，并影响到石窟造像上。所以，北朝的维摩诘经变造像乃是南朝文化思想与北魏贵族及士大夫阶层意识形态的综合反映。

二、云冈石窟胡服维摩诘造像的背景、成因与意义

这样的研究基本得到了学界的普遍认可，本文对以上成果均持赞同态度。但是，还可在此主流脉动之

[1] 贺世哲.《敦煌莫高窟壁画中的〈维摩诘经变〉》，第78页。
[2] 张乃翥.《龙门石窟维摩变造像及其意义》，《中原文物》1982年第3期，第42~43页。
[3] 王仁波.《试论云冈、龙门石窟北魏主要造像题材与佛教史诸问题》，第286页。
[4] 张华.《云冈石窟中维摩诘和文殊菩萨造像的探讨》，第248~249页。
[5] 谭淑琴.《维摩经变所体现的中国艺术精神的嬗变》，第60页；贺玉萍.《维摩变在北魏洛阳石窟中的文化意义》，《云梦学刊》2010年第1期，第112页。

下做细微的观察与思考。如将视点聚焦于云冈石窟第 6 窟的胡服维摩诘身上，似乎又可提出新的思考，是否维摩诘经变及其信仰就完全来自南朝佛教与玄学思想以及背后正统文化的影响？北朝石窟中的维摩诘经变是否完全出于北朝贵族阶层和士大夫对于南朝文化中维摩诘形象的推崇和膜拜，而将南朝维摩诘的思想内涵及形象特征直接反映、复制到北朝石刻造像之中？再进一步来看，北朝石窟中的维摩诘造像又是否仅仅是对贵族阶层及士大夫思想意识的反映？本文试图从云冈石窟第 6 窟的胡服维摩诘造像出发提出思考，结合云冈、龙门相关石窟材料，尝试性地对以上诸思考予以解答。

因此，我们需要重新观照北朝地区现存维摩诘图像与文献记载中的维摩诘图像存在哪些变化，而这些变化又反映出北朝维摩诘图像蕴含着哪些与之不同的思想和观念。本文将重点放在云冈二期的维摩诘图像上[①]，是因为这一时期，维摩诘图

图 6 维摩塑像局部

像在北方地区北魏政权的统治之下重新兴盛起来。其中，云冈石窟第 6 窟、第 7 窟被认为是最早开凿并雕刻有维摩诘图像的石窟[②]，窟中维摩诘图像成为探讨北方维摩诘信仰及经变画与南朝相关内容关系的重要参考，而云冈石窟第 6 窟维摩诘经变又有"云冈第一"之称[③]。同时，该窟出现胡汉服制杂糅现象，且其图像及其功德主之研究学界以往亦多有涉及，便于本文对相关问题的深入探讨，故本文先从云冈石窟第 6 窟中的维摩诘经变入手，对其中的部分细节进行分析和讨论。

云冈石窟第 6 窟维摩诘经变中，维摩诘手持麈尾的造型及其身着胡服的表现方式引起了笔者的好奇和关注（图 6）。

维摩诘经变中所刻画的麈尾一直被学界认为是将维摩诘与玄学及清谈等魏晋南朝文化予以紧密联系的有力证据。麈尾本身是魏晋南朝时期清谈名士之雅器以及崇尚清谈的象征[④]。《世说新语·容止》既载："王夷甫容貌整丽，妙于谈玄，恒捉白玉柄麈尾，与手都无分别。"[⑤]而顾恺之所创造的维摩诘也应当是具有名士风范的形象，亦或者说维摩诘的形象是按照当时清谈名士的样子进行设计的，所以让维摩诘手执麈尾便是当时清谈名士希望借此附会于维摩诘，标榜他们自己也如维摩诘般"辩才无碍、游戏神通"[⑥]。又由于孝

---

① 宿白先生认为大约自文成帝以后至太和十八年迁都洛阳前的孝文帝时期（465–494）属于云冈第二期。宿白.《中国石窟寺研究》，第 78 页。

② 事实上，第 7 窟应为最早开凿维摩变图像的石窟，其开凿时间应为孝文帝执政初期，而第 6 窟略后于第 7 窟，但时代上大体均属于孝文帝执政前期。宿白.《中国石窟寺研究》，第 79 页；陈霞.《石窟造像中文殊菩萨形象的演变》，《五台山研究》2008 年第 3 期，第 38 页。

③ 张华.《云冈石窟中维摩诘和文殊菩萨造像的探讨》，第 247 页。

④ 张华.《云冈石窟中维摩诘和文殊菩萨造像的探讨》，第 243 页。

⑤ 张万起、刘尚慈译注.《世说新语译注》，中华书局，1998 年，第 590 页。

⑥ 肖建军.《维摩诘图像的创造及其图像来源分析》，第 148 页；吴文星.《莫高窟〈维摩诘经变〉对〈维摩诘经〉的"误读"》，《华南师范大学学报（社会科学版）》2008 年第 3 期，第 77 页。

图 7　朝鲜安岳三号墓（冬寿墓）永和十三年（357）
西侧室墓主人像

图 8　石椁内正壁墓主像　北京石景山区八角村魏晋墓

文、宣武极力与南朝接触，吸收南朝的华夏正宗中原文化[1]，故在北朝石刻造像中大量出现维摩诘经变，其中手执麈尾的维摩诘像便也成了崇尚清谈的门阀贵族的艺术概括[2]，并由此成了断定北朝维摩诘图像源于南朝，以及为当时贵族及士大夫向往南朝文化并同样喜好玄学清谈的反映。

北魏维摩诘形象与南朝存在紧密联系自无须赘言，但同时应该注意到，作为名门士族清谈象征的麈尾自魏晋时期便已盛行，至南朝时期得以延续，因此手执麈尾的习俗并非发源于南方六朝时期，也并非于该时期的士族间才流行。根据张华的研究，这种出现于云冈第 6、7 窟维摩诘经变中的树叶形麈尾与十六国北朝墓室壁画墓主人手中所执麈尾极其相似，如永和十三年（357）安岳 3 号冬寿墓壁画中墓主人像所执麈尾（图 7），及北京石景山八角村魏晋墓墓主人所执麈尾（图 8），再及德兴里古坟壁画墓主像等（图 9），皆与石窟中麈尾形象类似，而与南朝《麈尾铭》所记样式并不相同[3]。由此可见：一、这种麈尾的样式在北方地区一直有所流传；二、第 6、7 两窟中所见麈尾可能并非直接来源于南朝；三、尚且无法通过维摩诘手执麈尾就来断定北朝石窟造像中的维摩诘与南朝因素有直接关系。进一步来看，北朝时期是否依然将麈尾视为清淡及玄学的象征本身就值得怀疑。贺玉萍曾在研究中指出，在史传中很难发现北朝士人的所谓名士风范，并对其精神风貌的记载相当模糊，在北魏文学作品中更难找到飘逸潇洒、清谈品题的影子，似乎魏晋风流并未在北魏地区继续存在，而正是通过维摩诘经变才使我们看到了北魏士人精神中遗留的士人风流[4]。但是，这种推论也许并不能真正反映当时北魏士人的精神风貌。事实上，北方地区自鸠摩罗什逝世，北方玄谈转就消沉，于是燕齐赵魏，儒生辈出，名僧继起，均具朴质敦厚之学风，大异于南朝放任玄谈习气[5]。而据《二十二史札记》对麈尾论述可知，其"盖初以谈玄用之，相习成俗，遂为名流雅器，虽不谈，亦常执持耳"[6]。由此来看，北魏时期玄学清谈之风亦未必盛行，同时，麈尾可能在北方一直有所流传和使用，并逐渐演变为名流雅器，成为主人身份和地位的象征。因此，这一时期维摩诘图像中的麈尾形象并不能简单认为源于南朝，也不能简单定论北魏时期维摩诘完全源于南朝影响，并与南朝清谈及文化建立对等或连属关系。

① 宫大中.《龙门石窟艺术》，人民美术出版社，2002 年，第 249~250 页。

② 贺世哲.《敦煌莫高窟壁画中的〈维摩诘经变〉》，第 78 页；高金玉.《魏晋维摩诘说及其艺术精神解析》，第 211 页。

③ 张华.《云冈石窟中维摩诘和文殊菩萨造像的探讨》，第 243~244 页。

④ 贺玉萍.《维摩变在北魏洛阳石窟中的文化意义》，第 113 页。

⑤ 汤用彤.《汉魏两晋南北朝佛教史》，昆仑出版社，2006 年，第 464 页。

⑥ 转引自宫大中.《龙门石窟艺术》，第 250 页。张万起、刘尚慈也对麈尾功能及意义持相同看法，详见张万起、刘尚慈译注.《世说新语译注》，第 591 页。

其次，石窟中维摩诘的胡服形象同样值得讨论。此前，学界主要认为维摩诘作为北魏贵族和士大夫崇尚南朝玄学及文化等思想和意识形态的反映，随孝文帝时期的汉化进入到北朝佛教造像之中。

事实上，我们确实可以看到在云冈后期以及龙门、巩义等多处石窟造像中，维摩诘同其他题材佛教造像一样在佛像服饰装饰上发生较为彻底的变化，改为褒衣博带式，这无疑缘于孝文帝推行汉化政策的时代风尚的直接影响[①]。并且，北魏这种秀骨清像的风格样式在供养人像及墓中陶俑与画像石刻上亦均有表现[②]。由此来看，南朝风气确实在北魏帝王的推动下深刻影响到了北朝造像。但是，这却无法解释为何受孝文帝汉化影响，且追慕南朝风尚所塑造的维摩诘却身着胡服。对此，宿白先生认为可能由皇室开凿的第 6 窟，其主要佛像均已采用新服制予以制作，这无疑受到了太和十年之后开始服制改革的影响，而

图 9 德兴里壁画墓主像 高句丽（408）

如 6 窟如此宏伟华丽的大型窟，必然会经过多年的设计和施工，故此可能导致在设计并制作完成维摩诘经变之后才开始发起服制的改革乃至更大范围的汉化推行，亦或者胡服的制作源于那些有权势并相信佛教，同时又抵制服制改革的北魏上层人物的影响和指导[③]。由此形成了与之后身着汉族士大夫褒衣博带式的汉地维摩诘风格迥异的胡服维摩诘形象[④]。

笔者赞同以上对第 6 窟出现胡服维摩诘形象的分析和解释，但如果进一步追问，则会发现在这一解释的基础上，需要面对另外两个问题：其一，如果在孝文帝大力推广汉化及其服制改革之前就已经设计并制作了维摩诘造像，那说明维摩诘经变的设计要早于孝文帝汉化和服制改革的时间，而《维摩诘经》在北魏流行的时间则会更早，换言之，维摩诘信仰及经变造像是否是源于孝文帝汉化的推行以及南朝文化的影响就需要进一步考量；其二，如果制作旧服制造像的乃是信佛而抵制汉化的上层贵族，那就更难以将维摩诘的雕刻解释为是出于对南朝文化及其思想的仰慕而所做的效仿[⑤]。由此来看，胡服维摩诘的出现，在一定程度上构成了对以往学术史的挑战，通过对胡服维摩诘图像的研究则将有助于进一步了解当时南北朝文化的关系，以及维摩诘信仰及经变画又是如何在北魏地区生成、发展和演变的。

---

① 金维诺、罗世平 .《中国宗教美术史》，江西美术出版社，1995 年，第 111 页。

② 宿白 .《中国石窟寺研究》，第 349 页。

③ 宿白 .《中国石窟寺研究》，第 101、104~105、107~108 页。

④ 〔日〕石松日奈子 .《云冈中期石窟新论——沙门统昙曜的地位丧失和胡服供养人像的出现》，第 86 页。

⑤ 邹清泉曾在其研究中，通过比较隐几的性质演变，以及对瓦官寺维摩诘坐姿的探讨，指出炳灵寺第 169 窟北壁、龙门宾阳中洞东壁卧姿维摩像与瓦官寺维摩诘画像并无关联。此外另如巩义石窟第 1 窟莲花座维摩诘、云冈石窟第 6 窟、第 7 窟胡装坐榻维摩诘等，也与瓦官寺维摩诘画像无直接渊源。由此亦可为本文所论云冈 6 窟胡服维摩诘形象并非直接受到南朝影响，提供一有力辅证。邹清泉 .《虎头金粟影——维摩诘变相研究》，第 73 页。此外，结合此经变居中释迦身着褒衣博带式袈裟，以及第 6 窟主要造像，亦多见着典型褒衣博带袈裟样式，可以看到整体同时亦体现出明确的汉化因素，显示出制作此龛的时期，正是拓跋鲜卑政权逐渐接受汉化，同时又将本民族的文化、习俗、服制予以糅合的阶段。由此再反观胡服维摩形象，其实更可见出制作者欲借此塑造鲜卑民族自我形象的意图。

宿白先生已经指出，解释胡服维摩诘图像的重点首先是考察此窟功德主的身份。除宿白先生的研究外，肖建军也认为该窟功德主必为一尚未汉化的鲜卑贵族[①]。石松日奈子则认为随着云冈石窟于此一时期逐渐与皇室关系渐趋疏远，并转由民间邑义组织修建，该窟实际上很有可能是由宦官钳耳庆时督导修建的[②]。如是，恐怕维摩诘图像在北朝的盛行就无法用北朝贵族对南朝士族及其文化的向往来予以回答。退而言之，即便此窟造像主为北魏皇室或贵族，也很有可能并未完全接受或仰慕南朝的风尚和文化，故也未必是出于对南朝玄学与清谈的喜好而将南朝士大夫所推崇的维摩诘形象移置到自己供养和修建的石窟之中。即便受到南朝文化的影响，北朝石窟中所表现的维摩诘形象也已与南朝文献中所记维摩诘形象及其思想内涵有所差异。这种差异在孝文帝大力推行改革之前即可窥见，但随着汉化的严格执行，这一时期所显露出来的信息被遗漏和忽视了。

本文所欲讨论的问题，不在于否定南朝对北魏时期维摩诘信仰及经变图像的影响，而是在于探讨影响北魏维摩诘信仰及经变图像的方式和渠道，是否完全归于南朝一脉？及其在北魏时期又体现出何种变化，以及由此所产生的文化意义。通过上文关于第 6 窟的分析，至少可以得出以下几点认识：第一，胡服维摩诘经变的出现显示，北魏时期维摩诘信仰的流行并不完全源于孝文帝汉化的推广，很可能于更早的阶段即进入到北魏社会之中。由此可以看到维摩诘在北魏时期的流传与南朝文化的渗透并不完全同步；第二，维摩诘经变图像的出现说明当时社会上维摩诘信仰的存在，但是这种信仰如果不是源于汉文化对北魏地区的影响，那么维摩诘信仰及经变图像在北魏地区的出现很可能也并非等同于南朝地区盛行的原因，亦即并非仅是佛教与玄学的契合以及"亦出世亦入世"而带来的对维摩诘个人的崇拜；第三，胡服维摩诘形象的出现说明制作者希望将维摩诘表现为一个鲜卑族的人物形象，这也说明了在孝文帝推行汉化之前或同时，也曾存在过维摩诘信仰及图像进入鲜卑族文化系统，即维摩诘信仰及图像胡化的过程。

通过上述分析，可以看到在孝文帝迁洛之前，维摩诘信仰及经变所体现出的非汉族因素，并显示出当时人们对于维摩诘信仰不完全同于南朝士人的认识和观念。同时，维摩诘信仰很可能在南朝文化风尚全面浸染之前已在北魏社会生根发芽，得以流传。无论在随后的时期，其与南朝因素又发生怎样的联系和变化，我们首先都需要对这一时期二者的关系进行深入的探究与讨论。事实上，对这一时期维摩诘信仰及图像与南朝关系的讨论和分析，也有助于进一步理解维摩诘图像在北魏时期所发生的变化及意义。因此，有必要进一步探析维摩诘信仰及图像进入北魏的途径，以及当时人们赋予维摩诘何种观念和意义。

虽然云冈第 6 窟中胡服维摩诘在服制与姿态上均与汉人礼俗不符，故而就其图像本身而言很有可能系平城工匠在汉晋坐榻人物画像传统上所自创[③]。但在北地维摩诘信仰的盛行确乎与南朝存在紧密的联系，邹清泉既认为其与崔光有着直接或间接的联系[④]，而孝文时，朝臣之知佛教义学者，如崔光、王肃等又均系出江南[⑤]，是故维摩诘信仰很可能通过来源于南方的朝臣士大夫而传至北地继而盛行。其中无疑又得到了仰慕

① 肖建军.《中国早期维摩诘变相的创造与展开》，第 136 页。
② 〔日〕石松日奈子.《云冈中期石窟新论——沙门统昙曜的地位丧失和胡服供养人像的出现》，第 90 页。
③ 邹清泉.《北魏坐榻维摩画像源流考释》，《敦煌研究》2010 年第 4 期，第 69 页；邹清泉.《虎头金粟影——维摩诘变相研究》，第 83、92 页。
④ 邹清泉.《北魏坐榻维摩画像源流考释》，第 69 页；邹清泉.《虎头金粟影——维摩诘变相研究》，第 78~79 页。
⑤ 汤用彤.《汉魏两晋南北朝佛教史》，第 461 页。

南朝文化的孝文帝以及之后宣武帝的大力推崇和影响[1]。但另外，北方地区同样有其自身流传维摩诘信仰的途径。北魏时期佛教界主流思想系后秦鸠摩罗什僧团思想的延续[2]。鸠摩罗什于弘始八年（406）再译《维摩诘经》，于此不久，该题材经变便在炳灵寺石窟中被予以表现，可见当时北方地区也已开始流行维摩诘信仰。据载，鸠摩罗什于长安译《维摩诘经》，集者千二百余人[3]，如此规模的听众势必促进北方地区维摩诘信仰的流行和传播。而至北魏中晚期维摩诘信仰的兴盛，无论其与南朝有何直接或间接的影响，北方地区维摩信仰的流布也定与之前鸠摩罗什一派在北方的传布相关。

事实上，北魏佛教的兴盛本就受到了鸠摩罗什派系的深刻影响。北魏平城时代后期对《维摩诘经》《涅槃经》《法华经》等大乘佛教思想的推崇源于孝文帝与冯太后对于佛教义学、义理的重视[4]。而此时期云冈石窟兴建极盛，实际上也主要源于冯太后的倡导，冯太后及其兄熙皆极为崇奉佛教，其与佛教之渊源又在一定程度上源于冯氏故国北燕黄龙一脉的影响，据梁慧皎《高僧传》记，晋末曾受业于鸠摩罗什、慧远的昙顺和受业于鸠摩罗什的昙无成皆来自黄龙[5]，可见黄龙地区本身佛教传统中就受到鸠摩罗什一派的影响，而冯氏受其故国佛教传统的影响，则势必会将该地区的佛教传统带到北魏平城地区，是故鸠摩罗什一派的佛教传统也必然会影响到平城时期的佛教传播。

如果冯太后是云冈石窟开凿的主要倡导者，那么云冈石窟中的题材选取也必然是对冯氏所信奉的佛教传统的反映，因此鸠摩罗什一派的佛教思想也将会影响到石窟中题材的设计和表现。而另据《释老志》所记，孝文时，僧意曾注《维摩》，而昙度亦兼善《维摩》，其皆受于僧渊，而渊又为鸠摩罗什门下彭城僧嵩弟子[6]。可见，孝文时期不仅有《维摩诘经》的注疏及流布事迹可循，其流传又受罗什一派的影响，而这种传播或许也同样来自太后冯氏的提倡和影响。因此，北魏孝文帝时期维摩诘信仰在平城地区的兴盛和流传在一定程度上受到了来自北方地区罗什一派的影响，并很可能影响到了当时人民对维摩信仰的认识，并最终反映到了石窟造像之中。

这种影响在同期其他造像上亦可窥见，就

图 10　释迦、多宝二佛并坐　据《法华经·见宝塔品》雕出　云冈石窟第 6 窟后室中心塔柱下层北龛

---

[1]　肖建军.《中国早期维摩诘变相的创造与展开》，第 138 页。

[2]　卢少珊.《北朝隋代维摩诘经图像的表现形式与表述思想分析》，《故宫博物院院刊》2013 年第 1 期，第 80 页。

[3]　蒋维乔.《中国佛教史》，上海古籍出版社，2007 年，第 28 页。

[4]　马世长、丁明夷.《中国佛教石窟考古概要》，文物出版社，2009 年，第 204~205 页。

[5]　宿白.《中国石窟寺研究》，第 112 页。

[6]　汤用彤.《汉魏两晋南北朝佛教史》，第 442~443 页。

现存图像来看，北朝早期佛教图像更多反映了法华经思想，而维摩诘图像基本从属于法华经图像之中 [1]，这种搭配方式在炳灵寺 169 窟中就有体现，其亦多受鸠摩罗什弘法之影响 [2]。这样的组合方式同样出现在了云冈第 6、7 窟之中，维摩、文殊配置在主室前壁门两侧或上方，处在从属位置，与窟内主体法华经图像相呼应 [3]（图 10）。因此，即使炳灵寺石窟所绘维摩诘经变在图像表现上并未显示出与之后云冈石窟的连续性，但就从其与法华经变图像的组合模式而论，二者之间却又显露出了在设计理念上的延续关系，这表明在北魏时期维摩诘经变也受到了来自北地佛教传统及石窟美术的影响。这样的影响方式也说明在维摩经变的图像表现上，体现出来自北方佛教的特点与观念。

汤用彤先生曾指出南北佛法差异在于，南朝佛法以执麈尾能清言者为高，其流弊所极，在乎争名，而缺乏信仰。北朝佛法，以造塔像崇福田者为多，其流弊所极，在乎好利，坠于私欲。而北朝上下之奉信，又特以广建功德著称 [4]。是故，我们看北朝维摩诘造像，其亦必受北方佛教风气之影响，而不与南朝全同。北朝佛教本身便具功利色彩，而对维摩诘的塑造除利于传播佛教以及笼络人心之外 [5]，也存在其他诸多特征。

由于《维摩诘经》本身既是宣传大乘佛教供养布施所得大功德系列思想的代表经典，经中明确强调了布施的重要性，故《维摩诘经》本身便被视为布施、供养的典范而被加以推崇和供奉 [6]，所以，从中可见对于重视佛教供奉而修功德的北朝社会而言，《维摩诘经》中的布施思想同样也会得到北魏社会的认可，从而促成对维摩诘经变题材的表现。

而另一个维摩诘经变在北朝石窟中所体现的特点上文业已提及，即与其他题材的组合呈现。在北朝石窟之中，维摩诘除了与释迦佛或释迦多宝佛组合之外，还分别出现了与弥勒菩萨、观世音菩萨以及无量寿佛等主尊搭配组合的模式，由此体现出了与法华、净土等多种信仰的关联 [7]。而这种关联也正反映了维摩诘信仰自身发展的实际境况，即维摩信仰本身由于其思想的广泛性和包容性，而并不专属一家，为多派所接受。这种维摩诘图像与多种图像的组合方式也说明此一时期对维摩诘图像的表现并不仅仅希望只反映其自身的经义和内容，同时还希望在图像的组合中传达某种共同理念，或给予辅助作用。这一方面说明北朝时期维摩诘图像反映出了一种混合信仰的特征 [8]，另一方面也说明北朝的维摩诘信仰及其经变题材，正逐渐脱离或区别于原本南朝文化所赋予它的玄学、清淡等文化含义，而更为广泛地融入北朝社会文化之中。

除此之外，另一个不容忽视的现象是维摩诘经变中多品的出现。这种现象自北魏中期附加表现《观众生品》中的天女和舍利弗开始，后于晚期加入《香积佛品》《不思议品》等多品情节 [9]，于此以便更好地弘

---

① 李静杰.《北朝隋代佛教图像反映的经典思想》，《民族艺术》2008 年第 2 期，第 97、99 页。

② 肖建军.《论南北朝至隋时法华造像与维摩诘造像的双弘并举》，第 93 页。

③ 卢少珊.《北朝隋代维摩诘经图像的表现形式与表述思想分析》，第 84 页。

④ 汤用彤.《汉魏两晋南北朝佛教史》，第 439、453 页。

⑤ 详见张艳.《云冈石窟中的二佛并坐和文殊问疾》，第 16 页；王仁波.《试论云冈、龙门石窟北魏主要造像题材与佛教史诸问题》，第 275 页。

⑥ 项一峰.《〈维摩诘经〉与维摩诘经变——麦积山 127 窟维摩诘经变壁画试探》，《敦煌学辑刊》1998 年第 2 期，第 96 页；李静杰.《北朝隋代佛教图像反映的经典思想》，第 100 页。

⑦ 卢少珊.《北朝隋代维摩诘经图像的表现形式与表述思想分析》，第 79、82 页。

⑧ 肖建军.《论南北朝至隋时法华造像与维摩诘造像的双弘并举》，第 94 页。

⑨ 卢少珊.《北朝隋代维摩诘经图像的表现形式与表述思想分析》，第 89 页。

扬大乘佛法，同时能让更多层次的人们接受维摩诘信仰 [1]。据邹清泉的考察统计，十六国南北朝隋代维摩变相至少涉及《维摩诘经》中的《文殊师利问疾品》《佛国品》《方便品》《观众生品》和《不思议品》[2]。而多品的出现也意味着六朝时代独为贵族阶层所喜爱研习的《维摩诘经》[3]，开始向世俗化迈进。虽然以上所及诸多维摩经及其经变的特点并未在云冈 6 窟胡服维摩诘经变中予以体现，但是本文的讨论正是从此一现象出发并得以延展。事实上，以上诸特征出现的原因正与胡服装扮出现的原因紧密关联，因为北方地区维摩诘信仰及经变图像的传统并非仅源于南朝一脉，其同样受到来自北方佛教传统的影响，也正因如此，维摩诘经变在北方地区体现出了并不与南朝全同的形式与思想。

三、结语：南北朝文化交流的再反思

行文至此，本文希望通过对云冈石窟第 6 窟胡服维摩诘形象的分析，进一步讨论北魏时期维摩诘信仰及经变图像的形成来源和思想观念等问题。通过对麈尾及胡服的讨论可以看到，目前无法通过手持麈尾既断定这一图像源于南朝，文献中所提到的诸如隐几或清赢示病之容等维摩诘特征于此时期均未明确出现，同时更无法就此说明是对清谈玄风的象征。从胡服的分析中则可看到，维摩诘信仰在北地的流行并不与北朝汉化完全同步，维摩诘经变在北魏的盛行也并非源于汉化在北朝的推行，更且，这一时期存在着鲜卑族汉化与维摩诘信仰融入鲜卑族逐渐胡化的双重发展脉络，由此显示出维摩诘信仰及经变图像所蕴含的思想观念无法等同于南朝佛教中维摩信仰的内涵与观念。

由此来看，北方地区维摩诘信仰及经变图像确实存在与南朝相左的现象，这主要源于北地鸠摩罗什一派的影响，并使维摩诘在兼具南朝思想的基础上，又体现出强调布施、重视功德的思想内涵，同时形成了与其他信仰相互组合及多品经变同时出现的现象，这都显示出维摩诘信仰及经变图像在北地有了新的发展和变化，体现出其在思想观念上逐渐脱离或区别南朝文化以及开始走向世俗化的趋势。以上种种变化正在于维摩诘信仰及经变图像并不完全受南朝佛教决定，同时兼受北地佛教传统影响的结果，而这也是导致出现云冈 6 窟胡服维摩诘的根本原因所在。

从这一具体个案分析出发，也需再对南北朝时期南北文化交流的问题做一反思。林圣智曾通过对北朝葬具的研究，提出拓跋鲜卑的汉化过程，在某种程度上亦可视作某些汉文化思想、图像的胡化过程，这一思路与本文不谋而合 [4]。事实上，一方面确可见到以孝文帝为代表的拓跋皇室或士族，视南朝文化为"正朔所在"，但与此同时也需要注意到在这个北方民族入主中原，接受各方文化资源的过程中，其所进行的吸收、融合和改造。如本文所示，就对维摩诘信仰和图像的接受、推崇和表现而言，拓跋鲜卑的上层阶级不仅有可能吸收自多方面的影响，同时根据其自身的需求和习惯，加以整合、改造和重塑，从而形成了独具北朝特色和民族特色的思想表达和形式样貌。由此，则需要重新思考南北朝时期南北双方的文化碰撞和影响过

---

① 项一峰.《〈维摩诘经〉与维摩诘经变——麦积山 127 窟维摩诘经变壁画试探》，第 101 页。

② 邹清泉.《虎头金粟影——维摩诘变相研究》，第 54 页。

③ 〔日〕塚本善隆.《支那佛教史研究（北魏篇）》，京都：清水宏文堂，1969 年，第 531 页。转引自邹清泉.《虎头金粟影：维摩画像研究献疑》，《故宫博物院院刊》2010 年第 4 期，第 130 页。

④ 林圣智.《图像与装饰——北朝墓葬的生死表象》，台北：台湾大学出版中心，2019 年，第 317 页。

程中，南朝因素的影响方式、渠道和程度等问题，这也是今后探讨南北朝文化交流过程中，需要进一步予以细化和探究的重点。

另一方面，还需考虑拓跋鲜卑民族的汉化过程、阶段和程度等问题。如本文所及，云冈石窟第 6 窟中的诸多图像呈现出胡汉杂糅的风貌，既有胡服装扮的维摩诘形象，也有呈现为褒衣博带式汉式袈裟的主尊佛像，在孝文帝推进汉化的过程中，拓跋鲜卑民族如何接受汉化、选择哪些方面进行汉化，以及如何塑造自我形象，这些方面不是一蹴而就的，显然具有一个转变的过程。因此，则需进一步细化其民族在这一汉化政策的带动下的转变过程，并进一步考察背后的民族心理状态。至少就云冈石窟第 6 窟中的形象来看，依然呈现出身着胡服的维摩诘形象，表明此时段在拓跋鲜卑民族形象的自我塑造中，仍然强调其自身的某些民族属性和特征。

维摩诘信仰及经变图像自两晋南北朝一直延续至隋唐宋初，其发展演变脉络极为复杂，但其之所以能够延续如此长的时间，说明其信仰中势必存在某些值得广大信众普遍认同和接受的价值观念。但另一方面，其在各个时期和地区的盛行也必然存在着观念上、表现形式上的侧重和选择。本文仅从云冈石窟胡服维摩变一些细微之处出发，来讨论当时南北两地维摩信仰及经变图像的区别，并由此探讨北地维摩信仰及经变图像的特征和意义。而自北朝至隋唐以及唐末五代至宋初等时期维摩信仰及经变图像的发展演变同样值得进一步予以研究和讨论，因为在这些时期之中，维摩信仰及经变图像亦分别体现出了不同特色和思想内涵，只不过以上诸问题的研究已非本文所能涉及和讨论的了。

（原文刊载于《故宫学刊》2020 年第 1 期）

云冈石窟第七、八窟图像内容与组合特征研究

李　君　郭静娜

一、概述

云冈石窟是开凿于北魏时期的皇家石窟，按照开凿时间的不同，可将洞窟分为三期，第七、八窟属二期工程[①]。关于云冈石窟第七、八窟的深入研究现学术界成果不多，就已有成果当首推水野清一、长广敏雄的专著《云冈石窟》[②]，该著作的第四、五卷对第七、八窟的现状进行了详细的描述、记录、绘图，同时对雕刻的文化源流进行了研究，为后世留下了宝贵的资料。然而对于洞窟中某些不可辨识的图像没有进行逐一辨识，同时没有对洞窟的图像进行整体性考虑，研究其所反映的思想信仰。之后因幡聪美在《关于云冈石窟第7、8窟中设计性考察》[③]一文中从洞窟图像的设计方面对第7、8窟进行了研究，但没有涉及图像的宗教意义。高海燕在《从本生故事雕刻试析云冈第7、8窟的营建》[④]中着重从本生故事出发，结合宗教信仰与北魏政治因素研究石窟的建造思想。但论文中并没有对洞窟内所有雕刻图像进行辨识，并从石窟的整体性研究其政治及宗教内涵。近期新作《云冈石窟全集》[⑤]中也对第七、八窟进行了诠释，但文章没有辨识洞窟内的所有图像，同时没有对这组洞窟的文化信仰进行整体性研究。鉴于此，本文试图通过辨识第七、八窟的图像雕刻，从整体上对该组洞窟进行宗教、政治内涵的研究。

第七、八窟洞窟形制相似，且在前室有一甬道使两窟相通，是典型的双窟。两窟均由前、后室组成且平面均呈长方形（图1）。第七、八窟前、后室的四壁、顶部皆雕满图像，且布局规整，应为统一设计完成的洞窟。作为二期工程中开凿最早的洞窟，第七、八窟一改昙曜五窟的洞窟布局与雕刻内容，在雕刻内容、雕刻手法上一方面继承了犍陀罗佛教艺术，另一方面也展现出云冈石窟文化的独创性。

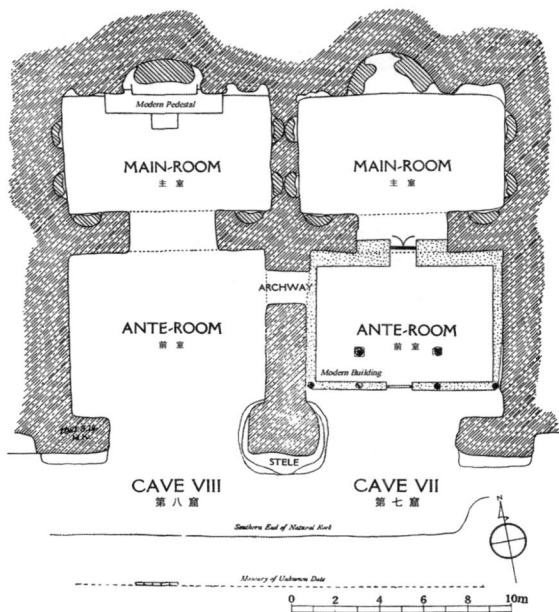

图1　云冈石窟第7、8窟平面图（采自《云冈石窟》）

---

①　宿白.《云冈石窟分期试论》,《考古学报》, 1978 年第 1 期。

②　〔日〕水野清一, 长广敏雄.《云冈石窟》, 北京: 科学出版社, 2014 年, 第 1537 页。

③　〔日〕因幡聪美.《关于云冈石窟第 7、8 窟中设计性考察》,《石窟寺研究》, 2019 年第 5 期。

④　高海燕.《从本生故事雕刻试析云冈第 7、8 窟的营建》,《山西大同大学学报》, 2016 年第 8 期。

⑤　张焯. 云冈石窟全集. 青岛: 青岛出版社, 2019.

二、第 7 窟图像内容及反映的宗教内涵

（一）后室北壁

图 2　第 7 窟后室北壁雕刻（采自《云冈石窟全集》）

后室为第 7 窟主室，其北壁所雕造像为主像，反映了该窟主要文化信仰（图 2）。北壁下层大龛内雕刻两尊佛像，呈结珈趺对坐状。该造像取材于《妙法莲华经·见宝塔品》。该卷经文记述："尔时多宝佛于宝塔中分半座与释迦牟尼佛，而作是言：'释迦牟尼佛可就此座。'即时释迦牟尼佛入其塔中，坐其半座，结珈趺坐。尔时大众见二如来在七宝塔中师子座上结珈趺坐，各作是念：'佛座高远，惟愿如来以神通力，令我等辈俱处虚空。'即时释迦牟尼佛以神通力，接诸大众皆在虚空。以大音声普告四众：'谁能于此娑婆国土广说妙法华经，今正是时。如来不久当入涅槃，佛欲以此妙法华经付嘱有在。"[①] 因此下龛表现的是多宝佛与释迦牟尼佛共坐探讨《法华经》的情景，同时表达了多宝佛将传播此经的重任交与释迦牟尼的愿望。下龛西端现存浮雕，风化严重，表现的是萨埵太子饲虎的故事。佛教中施舍的最高境界是无畏施，萨埵太子大发慈悲心舍弃生命，当属无畏施。在《法华经》中讲到若能燃手指供养佛塔功德是极大的[②]。可见佛教对无畏施的推崇。

上层龛为楣拱龛，龛楣雕有伎乐天及飞天，龛内雕五尊像，中间雕弥勒菩萨，呈交脚坐姿。该像头戴宝冠，上身斜披帔帛，胸前雕有装饰物，下身着羊肠大裙，左手施无畏印，右手握衣带置于膝上。弥勒菩萨两侧雕佛像，呈倚坐状。该像头顶肉髻，由于风化严重，所着僧衣样式不可辨识，右手施无畏印，左手握衣带。倚坐佛两侧雕菩萨，呈思惟坐。该像头戴宝冠，右手食指伸出置于脸颊处，左手置于翘起的腿部。弥勒菩萨源于犍陀罗佛教艺术，作为未来佛的弥勒，其坐姿不仅有交脚，也有倚坐，有学者认为此种坐姿是仿照了贵霜王朝统治者的坐姿[③]。因此交脚弥勒菩萨两侧的倚坐佛表现的是未来佛弥勒。这三尊像的组合再现了有关弥勒经典中所记载的弥勒三次说法的情景："初会说法，九十六亿人得阿罗汉；第二大会说法，九十四亿人得阿罗汉；第三大会说法，九十二亿人得阿罗汉。"[④] 但由于中间的主像是头戴宝冠的弥勒菩萨，所以该组合主要表现的是《弥勒上生经》中的内容。最外侧左右两边的思惟菩萨则表现的是陷入沉思冥想的弥勒菩萨。在犍陀罗雕刻中常用思惟菩萨像表现出家前的释迦太子，但无论是释迦还是弥勒在修行之前都是未来佛，他们都需要通过思悟以达到解脱之道，因此第 7 窟北壁上层龛的思惟菩萨表现的是弥勒未成佛时悟道以求解脱的状态。

① 〔日〕高楠顺次郎，渡边海旭.《大正藏·第 9 册》东京：大藏经刊行会，1924 年，第 262 页。
② 〔日〕高楠顺次郎，渡边海旭.《大正藏·第 9 册》东京：大藏经刊行会，1924 年，第 262 页。
③ 孙英刚，何平.《图说犍陀罗文明》，北京：三联书店，2019 年，第 297 页。
④ 〔日〕高楠顺次郎，渡边海旭.《大正藏·第 38 册》东京：大藏经刊行会，1924 年，第 1772 页。

北壁下龛反映的是法华信仰，上龛表现的是弥勒信仰，表面看似乎关联不大，但从经文分析却有着紧密的联系。《妙法莲华经·见宝塔品》中佛陀对大乐菩萨讲道："此宝塔中有如来全身，乃往过去、东方无量千万亿阿僧祇世界，国名宝净，彼中有佛，号曰多宝。其佛行菩萨道时，做大誓愿：'若我成佛、灭度之后，于十方国土、有说法华经处，我之塔庙，为听是经故涌现其前，为作证明，赞言善哉。'……尔时释迦牟尼佛、见所分身佛悉已来集，各坐于师子之座，皆闻诸佛与欲同开宝塔。即从座起，住虚空中。一切四众起立合掌，一心观佛。于是释迦牟尼佛、以右指开七宝塔户，出大音声，如却关钥，开大城门。即时一切众会，皆见多宝如来于宝塔中坐师子座，全身不散，如入禅定。又闻其言：'善哉善哉，释迦牟尼佛、快说法华经，我为听是经故而来至此。'尔时四众等见过去无量千万亿劫灭度佛说如是言，叹未曾有，以天宝华聚散多宝佛及释迦牟尼佛上。"[1] 可见释迦牟尼佛在多宝佛涅槃以后，成为继续传播《法华经》的传播者。《弥勒上生经》提到：弥勒是未来佛，待释迦牟尼涅槃后，弥勒会接替释迦牟尼佛继续度化众生，而度化众生的法门之一就是传播《法华经》，在《妙法莲花经·分别功德品》中释迦牟尼向弥勒讲述了在其灭度后，传播《法华经》的功德之大，同时嘱托弥勒继续传法。由此可见北壁的下龛与上龛实质表现的是法华信仰的继承与传播，即多宝佛→释迦牟尼佛→弥勒佛的传承。

（二）后室东、西、南壁

东、西两壁雕刻较为一致，根据雕刻内容及布局由下至上可分为三层。第一层两壁均雕供养人列像，但风化严重。供养人像高约 1.5 米，尺寸高大，表明供养人身份的尊贵，显示出皇家石窟的特征。

东、西壁第二层雕刻佛本行故事。东壁该层又可分为两小层，第一层风化严重不可辨识，暂且不论。第二层南龛为商人献食，北龛为三迦叶皈依。商人献食的画面常常是商人手持钵向佛陀献食，在犍陀罗雕刻中与四天王奉钵的故事常同时出现，均是代表释迦牟尼持钵游行，教化众生的开始，作为乞食的钵也成为教化众生的象征物。之后，佛钵又与燃灯佛、弥勒菩萨组合出现，佛钵又有了传法的内涵[2]（图5），因此四天王奉钵的故事不仅是释迦牟尼传法过程中的重要事件，也暗喻释迦牟尼涅槃之后，佛钵传入弥勒手中，象征着弥勒承继释迦的正法[3]。三迦叶皈依是佛教发展史上具有重要意义的大事，佛经记载：大迦叶皈依佛陀后率领在尼连禅河畔修行的五百弟子皈依佛陀，之后那提迦叶、迦耶迦叶也分别率领其弟子三百人、两百人皈依佛陀，由此佛陀的僧团开始壮大，加速了佛教的发展。

第三层可分为三小层，第一层南龛楣拱龛内雕坐佛，表现的是弥勒成佛后说法的场景，北龛楣拱龛内雕交脚佛，表现的是弥勒未成佛时在兜率天宫说法的场景。第二层南、北两龛雕刻内容基本一致，表现的是释迦牟尼讲经说法时的场景，据《妙法莲华经·序品》所述："尔时世尊，四众围绕，供养、恭敬、尊重、赞叹，为诸菩萨说大乘经，名无量义，教菩萨法，佛所护念。佛说此经已，结珈趺坐，入于无量义处三昧，身心不动。是时天雨曼陀罗华，摩诃曼陀罗华，曼殊沙华，摩诃曼殊沙华，而散佛上，及诸大众。普佛世界，六种震动。"[4] 因此该龛再现了释迦牟尼讲述《妙法莲华经》的情景。第三层雕禅定列佛。《弥勒上生经》

① 〔日〕高楠顺次郎，渡边海旭.《大正藏·第9册》东京：大藏经刊行会，1924年，第262页。
② 李静杰.《佛钵信仰与传法思想及其图像》，《敦煌研究》，2011年第2期。
③ 孙英刚，何平.《图说犍陀罗文明》，北京：三联书店，2019年，第109页。
④ 〔日〕高楠顺次郎，渡边海旭.《大正藏·第9册》东京：大藏经刊行会，1924年，第262页。

图 3　第 7 窟后室东壁雕刻（采自《云冈石窟全集》）

图 4　第 7 窟后室西壁雕刻（采自《云冈石窟全集》）

与《法华经》均属大乘佛教经典，大乘佛教认为过去、现在、未来存在千万亿佛，如《妙法莲华经·譬喻品》中佛祖对舍利弗讲道："舍利弗，汝于未来世，过去无量无边、不可思议劫，供养若干千万亿佛，奉持正法，具足菩萨所行之道，当得作佛。"[1]因此位于三角帷幕纹之下的禅定列佛是对过去、现在、未来千万亿诸佛的再现（图 3）。

西壁第二层也可分为两小层，第一层南龛表现的是降伏火龙的故事，在故事中佛陀收服了迦叶三兄弟，壮大了僧团，为僧团的发展奠定了基础。北龛为初转法轮，最早听佛讲经的是最初跟随他修行的憍陈如等五位比丘，这五位比丘形成了最早的僧团，释迦牟尼成佛后，首次为他们讲法，称为初转法轮。第二层南龛为四天王奉钵，北龛为耶舍皈依。耶舍是佛陀第一位在家弟子，之后耶舍的五十位好友也纷纷皈依佛陀，成为佛陀的出家弟子，最后成为阿罗汉，他们也是佛陀常随众的一部分。第三层可分为三小层，表现的内容与东壁相同（图 4）。

南壁由下至上可分为三层，第一层为护法力士，但风化严重。第二层东、西两侧的雕刻共同表现了《维摩诘所说经·问疾品》的内容。维摩诘与文殊菩萨的雕刻在主要位置出现，反映了该时期维摩信仰的盛行。该信仰的流行主要是由于维摩诘形象的特殊性，维摩诘虽是一位在家居士，却拥有大量财富，且生活十分奢侈。他不仅拥有过人辩才与智慧，同时能度化众生，其形象、生活状态以及修行的方式与北魏统治阶级及贵族的需求达到了完美的契合，因此在统治者的支持下，维摩信仰在孝文帝统治时期最为盛行。

第三层又可分为四小层：第一层东、西两龛较为一致，皆是尖拱龛内雕坐佛，主像两侧雕供养天，表现的是释迦牟尼说法的场景。第二层东、西两龛基本一致，华盖龛内雕坐佛，坐佛两侧雕手持净瓶的菩萨。在犍陀罗雕刻中就有一佛二菩萨的组合，两菩萨中束发、手持净瓶的为弥勒菩萨：敷巾冠饰、手持莲花的为观音菩萨。但南壁第二层东龛两侧胁侍菩萨均束发、手持净瓶，因此此龛三尊像的组合较犍陀罗艺术有些许不同，着重表现的是弥勒菩萨，即形成了释迦与弥勒的组合。此层东西龛中间位置（门拱之上）雕刻的六位供养天表现的是佛陀说法时，四众恭敬、供养、尊重、赞叹的情景。第三层东、西两龛位于明窗两侧，东、西两龛均为在楣拱龛内雕交脚弥勒菩萨，菩萨两侧雕供数身供养天，表现的均为弥勒菩萨在兜率天宫说法的情景。第四层为禅定佛列像（图 5）。

① 〔日〕高楠顺次郎，渡边海旭.《大正藏·第 9 册》东京：大藏经刊行会，1924 年，第 262 页。

（三）窟顶、明窗、窟门

窟顶雕刻为平棋藻井，藻井中间雕莲花，四周舞动飞天，有的手执莲蕾，有的手执摩尼宝珠。《妙法莲华经·譬喻品》对佛陀讲法时的情景进行了描述："释提桓因、梵天王等，与无数天子，亦以天妙衣、天曼陀罗华、摩诃曼陀罗华等，供养于佛。所散天衣，住虚空中，而自回转。诸天伎乐、百千万种，于虚空中、一时俱作，雨众天华。"[①]窟顶的雕刻就是对这一情景的具体表现（图6）。

明窗东、西两侧菩提树下雕禅定比丘（图7），笔者认为该形象应是释迦牟尼的弟子须跋陀罗，在犍陀罗雕刻中须跋陀罗一般出现于释迦牟尼涅槃像中，须跋陀罗是释迦牟尼最后一位弟子，由于不忍目睹佛陀入灭，先行灭定，一般以衣覆头，同时在其旁边往往雕有三脚架吊着皮质水袋（图8）[②]，因此须跋陀罗在这里代表的是佛陀涅槃，同时菩提树东、西两侧均雕有手持净瓶的弥勒菩萨，因此涅槃图就与旁边的弥勒菩萨、与明窗正对的北壁上龛的弥勒主像构成了弥勒＋涅槃像的组合，这种组合在巴米扬祠堂窟及克孜尔第二期石窟中均有表现（图

图5　第7窟后室南壁雕刻（采自《云冈石窟全集》）

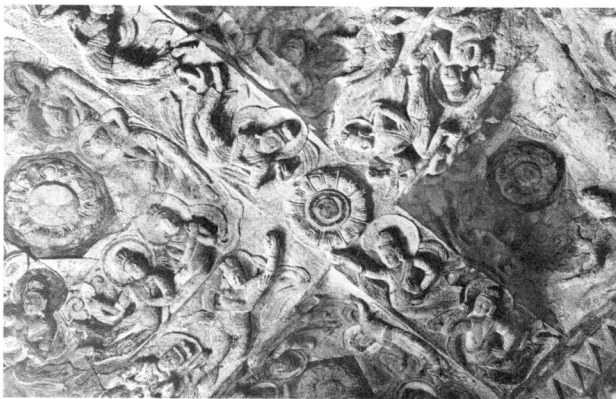

图6　第7窟窟顶雕刻（采自《云冈石窟全集》）

图7　明窗比丘
（采自《云冈石窟全集》）

图8　佛陀涅槃
（采自《图说犍陀罗文明》）

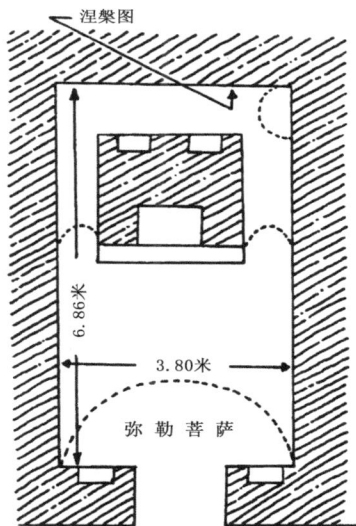

图9　克孜尔第38窟平面图
（采自《涅槃和弥勒的图像学》）

---

① 〔日〕高楠顺次郎，渡边海旭.《大正藏·第9册》东京：大藏经刊行会，1924年，第262页。

② 孙英刚，何平.《图说犍陀罗文明》北京：三联书店，2019年，第223页。

图 10　第 7 窟前室东壁如同本生故　　图 11　第 7 窟前室东壁墓魄太子
事（采自《云冈石窟全集》）　　　本生故事（采自《云冈石窟全集》）

9）[1]，其表现的意义不仅有佛灭度后对未来佛弥勒的盼望，同时暗喻着佛法的传承。

门拱顶部的飞天与东、西两侧的多头多臂神均是护法，是对《法华经》中所描述的释迦牟尼讲经说法时诸护法散花、恭敬护持场景的再现。

（四）前室东、西、北壁

前室东壁最下层雕刻供养人及供养天，表达了对佛陀的恭敬、供养及赞叹。东壁第二层雕刻佛本生故事，由于风化严重，现可辨识有儒童本生故事（燃灯佛授记）及墓魄太子本生故事（图 10，图 11）。在犍陀罗佛教艺术中，燃灯佛授记的题材非常重要，现存相关题材的雕刻数量也很多，此题材一方面开启了释迦牟尼时代，另一方面为弥勒授记提供了根据[2]。墓魄太子本生故事不仅讲述了佛陀前世修行的事迹，同时反映了佛教的轮回与修行观。释迦牟尼过去世曾为菩萨，经过数世的轮回与修行终成佛，这也暗喻了弥勒菩萨的修行过程与未来佛的身份。

前室西壁雕满千佛，同时在千佛的上、下、左、右和中央雕有五尊大像，从现存轮廓来看，仅能辨识中央为交脚弥勒。弥勒 + 千佛的组合在巴米扬石窟就已出现，具体表现形式有两种：第一种是以天顶的弥勒菩萨为中心，周围配置许多圆轮图形的坐佛，如第 590 窟。第二种是以天顶的弥勒菩萨为中心，将大量的佛以同心圆的形式配置，如第 222 窟等[3]（图 12）。云冈石窟第 7 窟前室西壁中央为交脚弥勒，周围雕刻大量千佛，弥勒与千佛的组合所雕刻的位置虽与巴米扬石窟不同，但所反映的思想是一致的，均表现的是释迦牟尼涅槃后贤劫千佛的出现，不仅是对弥勒和贤劫千佛信仰的反映[4]，同时暗示着弥勒作为未来佛的身份（图 13）。

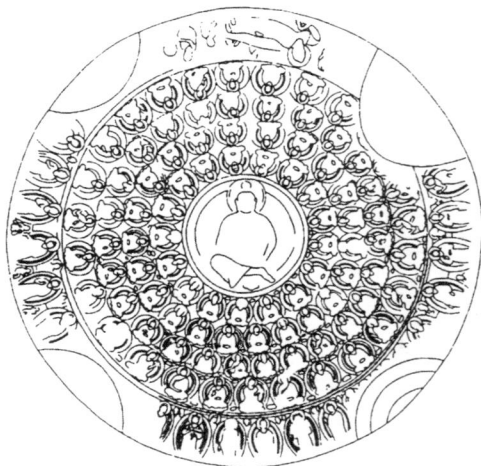

图 12　巴米扬第 222 窟顶部壁画（采自《涅槃和弥勒的图像学》）

北壁凿有明窗和窟门，现存雕刻风化严重，依轮廓辨识最上层东、西两侧均为立佛，立佛下方东西两侧均为菩萨像，菩萨像下方雕五头六臂、三头八臂[5]的护法形象，由上至下雕刻内容的安排（佛→菩萨→护法）表达了信徒对佛教中不同修行果位角

① 〔日〕宫治昭 .《涅槃和弥勒的图像学》北京：文物出版社，2009 年，第 505 页。
② 孙英刚，何平 .《图说犍陀罗文明》北京：三联书店，2019 年，第 129 页。
③ 〔日〕宫治昭 .《涅槃和弥勒的图像学》，北京：文物出版社，2009 年，第 488 页。
④ 贺世哲 .《关于北朝石窟千佛图像诸问题》，《敦煌研究》，1989 年第 3 期。
⑤ 在《妙法莲华经·普门品》中就有关于观音菩萨化身为大自在天为众生说法的描述。此观点出自吕德廷 .《摩醯首罗天形象在中国的演变》，《兰州大学》，2011 年。

色的理解，同时在《妙法莲华经·序品》中讲到世尊住王舍城、耆闍崛山中讲经，"此时大比丘众万二千人俱、摩诃波闍波提比丘尼，与眷属六千人俱、释提桓因，与其眷属二万天子俱、四众围绕，供养、恭敬、尊重、赞叹，为诸菩萨说大乘经。比丘、比丘尼、优婆塞、优婆夷、天龙、夜叉、乾闼婆、阿修罗、迦楼罗、紧那罗、摩侯罗伽、人非人，及诸小王、转轮圣王。是诸大众，得未曾有，欢喜合掌，一心观佛。"[①]因此北壁所雕佛像、菩萨像、护法表现的是佛陀说法时的场景。

图13　第7窟前室西壁（采自《云冈石窟全集》）

三、第8窟图像的宗教内涵

（一）后室北壁

后室北壁雕刻分为上、下两层（图14），下层龛内为释迦牟尼像，在其东胁侍佛的上端雕有佛本行故事"太子较艺"的场景。太子较艺是释迦牟尼为太子时与其堂兄弟比武的故事，在犍陀罗雕刻中就已出现，但均是小型作品。第二层楣拱龛内雕有五尊造像，楣拱龛上雕饰飞天、伎乐天以及侏儒力士，再现了《弥勒上生经》中对兜率天宫的描述：摩尼宝珠在空中回旋，天子们手持莲花、乐器，美妙的音乐回响在天宫，还有装饰黄金、宝石、宝帐的七宝狮子座。龛内主尊像为倚坐佛，佛座两侧雕狮子，表现的是未来佛弥勒佛，左、右两侧为交脚弥勒菩萨，最外侧的左、右两边为思惟坐的弥勒菩萨。主尊弥勒佛及两侧的弥勒菩萨表现的是弥勒成佛后于华林园为众生三次说法的场景："初会说法。九十六亿人得阿罗汉。第二大会说法。九十四亿人得阿罗汉。第三大会说法。九十二亿人得阿罗汉。"[②]

图14　第8窟后室北壁雕刻（采自《云冈石窟全集》）

（二）后室东、西、南壁

东西两壁雕刻内容基本一致，根据图像布局及内容可分为三层。东、西两壁第一层均雕侏儒力士，但风化严重，仅存轮廓。东壁第二层可分为两小层，第一层南龛为降魔成道，降魔成道表现的是释迦牟尼排除魔王及魔众的干扰，最终悟道成佛的故事，表现了佛陀修行过程的不易。北龛在楣拱龛内雕释迦牟尼佛，佛龛南侧风化严重，不可辨识，北侧雕胁侍菩萨，一手置于胸前，一手持净瓶，由此判断对侧也有一身胁侍菩萨。菩萨后面左、右各雕一身护法，由此判断此龛表现的内容是梵天劝请（图15）。在犍陀罗雕刻艺术中梵天劝请是重要的

① 〔日〕高楠顺次郎，渡边海旭.《大正藏·第9册》东京：大藏经刊行会，1924年，第262页。
② 〔日〕高楠顺次郎，渡边海旭.《大正藏·第14册》东京：大藏经刊行会，1924年，第453页。

图 15 第 8 窟后室东壁第二层第一小层
南龛梵天劝请（采自《云冈石窟全集》）

图 16 梵天劝请（采自《云冈石窟全集》）

内容，表现的是佛陀成佛后，由于众生安于享乐，好于声色，决定自行涅槃，舍弃众生，于是梵天劝说佛陀放弃涅槃，继续传法的故事（图 16）。梵天劝请是释迦牟尼布法传道中非常重要的故事情节，由于梵天的劝请，佛陀才会继续传法，度化众生。第二层南龛为四天王奉钵。北龛为商人献蜜。在犍陀罗雕刻中，牧女献糜、四天王奉钵、商人献食三个场景经常一起出现。献食的情节在释迦牟尼修行悟道的过程中非常重要。佛陀在经历了极致的苦修后，终于意识到仅靠断食是不能悟道的，因此在接受了食物之后恢复了体力，才在菩提树下降服魔众，最终悟道成佛。可见为佛陀献食或是献钵，均是关乎佛陀的生存，影响佛教发展的大事。同时在北龛的北部（与北壁相连处）雕有太子惊梦、逾城出家佛本行故事。这两个故事也是构成佛本行故事的情节之一，太子惊梦是释迦太子决定出家的关键情节，蓬头垢面、丑态尽出的宫女，使太子对人生无常有了深刻认识，于是坚定了出家修行的信念。逾城出家是释迦牟尼走向成佛之路的第一步，代表着告别过去，走向希望，是佛教史上的重大事件，为佛教的形成拉开了序幕。第三层可分为三小层，第一层南龛表现的是未成佛的弥勒菩萨在兜率天宫讲经说法的场景，北龛表现的是未来佛弥勒的讲经场景。第二层的南龛北龛较为一致，表现的均是释迦牟尼讲经说法的场景。第三层雕禅定列佛（图 17）。

图 17 第 8 窟后室东壁雕刻（采自《云冈石窟全集》）

西壁由于风化严重，现仅存两层雕刻。这两层所雕内容均与东壁相同（图18）。南壁、窟顶的雕刻与第7窟雕刻基本一致，在此不述。

（三）前室东、西、北壁

前室东壁除最下层为供养人、供养天人列像外，以上均雕满千佛。千佛中间雕有五尊大像，但大像风化严重，不可辨识。所表现的内容与第7窟前室西壁相同，皆是弥勒+千佛的组合。西壁与第7窟东壁相似，雕佛本生故事。

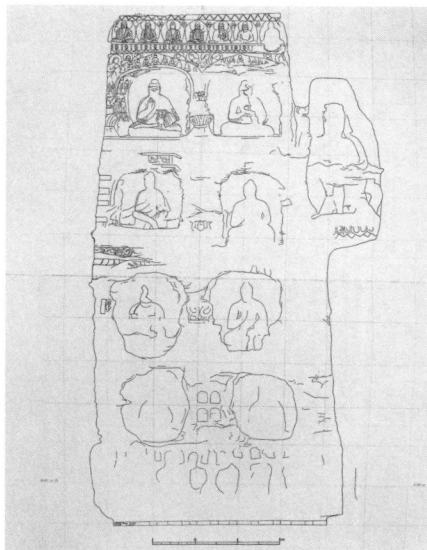

图18　第8窟后室西壁雕刻（采自《云冈石窟》）

四、第七、八窟图像规律与组合特征

第七、八窟是一组双窟，两窟窟型不仅相同，雕刻内容也有较为紧密的联系，下面将通过列表对两窟图像的布局进行分析（表一至表四）。

从表一可以看出第七、八窟后室东西两壁的布局及雕刻规律为：①从布局、设计来看，东、西两壁皆呈对称状；②从雕刻内容来看，两壁第一、三层的雕刻均为一致，第二层均为佛本行故事，以保存较为完整的第7窟东西壁第二层第二小层为例，其具体表现为：耶舍皈依（西壁北龛）—三迦叶皈依（东壁北龛），商人献食（西壁南龛）—商人献食（东壁南龛），其表现的规律为：东、西两壁相对的北龛所雕内容相似，东、西两壁南龛所雕内容一致。根据这规律，推测东壁第二层已风化的北龛雕刻应为五比丘重逢或礼拜佛钵，南龛雕刻为降伏火龙，具体表现为初转法轮（西壁北龛）—五比丘重逢（东壁北龛），降伏火龙（西壁南龛）—降伏火龙（东壁南龛）。

表一　第七、八窟后室东西壁图像布局表

		八窟			七窟				
		西壁		东壁		西壁		东壁	
		南龛	北龛	北龛	南龛	南龛	北龛	北龛	南龛	
三层		禅定列佛	禅定列佛	禅定列佛	禅定列佛	禅定列佛	禅定列佛	禅定列佛	禅定列佛	三层
		释迦牟尼说法	释迦牟尼说法	释迦牟尼说法	释迦牟尼说法	释迦牟尼说法	释迦牟尼说法	释迦牟尼	释迦牟尼说法	
		风化	风化	弥勒佛说法	勒菩萨说法	弥勒佛说法	弥勒菩萨说法	弥勒菩萨说法	弥勒佛说法	
二层		风化	风化	商人献食	四天王奉钵	商人献食	耶舍皈依	三迦叶皈依	商人献食	二层
		风化	风化	风化	降魔成道	降服火龙	初转法轮	风化	风化	
一层		侏儒力士		侏儒力士		供养人列像		供养人列像		一层

表二   第七、八窟后室北、南壁图像布局表

八窟					七窟				北壁
北壁	南壁				南壁				北壁
思惟弥勒弥勒菩萨弥勒佛弥勒菩萨思惟弥勒	禅定佛 弥勒菩萨	禅定比丘明	禅定比丘窗	禅定佛 弥勒菩萨	禅定佛 弥勒菩萨	禅定佛 弥勒菩萨	禅定比丘明	禅定比丘窗	思惟弥勒倚坐弥勒弥勒菩萨倚坐弥勒思惟弥勒
	释迦牟尼			释迦牟尼	释迦牟尼	释迦牟尼			
释迦牟尼	释迦牟尼 风化	供养天 窟门		释迦牟尼 风化	释迦牟尼 维摩诘	释迦牟尼 文殊	供养天 窟门		释迦多宝
	力士			力士	力士	力士			

表三   第七、八窟前室图像布局表

八窟		七窟	
西壁	东壁	西壁	东壁
佛本生故事	千佛、大龛佛像	千佛、大龛佛像	佛本生故事
供养人供养天人	供养人供养天人	供养人供养天人	供养人供养天人

西壁风化严重，根据现存轮廓所雕内容不可辨识，因此根据第 8 窟东壁的雕刻内容以及第 7 窟东、西两壁雕刻内容所表现的规律推测：第二层雕刻内容也应为佛本行故事，具体表现为西壁第二层第一小层南龛为降魔成道，北龛根据现存轮廓分辨应为梵天劝请，故西壁北龛应为帝释窟禅定。在犍陀罗雕刻艺术中帝释窟禅定一般与梵天劝请一起出现，是佛陀传法布道过程中非常重要的事件。第二小层西壁北龛应为牧女献糜，南龛应为四天王奉钵，即第二层第一小层为降魔成道（东壁南龛）—降魔成道（西壁南龛），第二小层为商人献蜜（东壁北龛）—牧女献糜（西壁北龛），四天王奉钵（东壁南龛）—四天王奉钵（西壁南龛）。

表四   第七、八窟后室东、西两壁第二、三层雕刻复原表

二层		八窟				七窟					二层
		西壁		东壁		西壁		东壁			
二层	二小层	四天王奉钵	牧女献糜	商人献蜜	四天王奉钵	四天王奉钵	耶舍皈依	三迦叶皈依	四天王奉钵	二小层	二层
	一小层	降魔成道	帝释窟禅定	梵天劝请	降魔成道	降服火龙	初转法轮	五比丘重逢	降服火龙	一小层	

根据第七、八窟后室图像的内容及布局可知，后室所表现的佛本行故事均为佛陀从出生到成佛的历程中具有重要意义的阶段，但着重表现释迦牟尼成道及传法过程中所经历的事件。同时如果根据佛本行故事情节发生的前后顺序，判断第 8 窟可能先于第 7 窟开凿。

从表二可以看出由于第七、八窟后室北壁分为上、下两龛，且主尊像反映的经典主要为《妙法莲华经》《弥勒上生经》《弥勒下生经》，所以仅从造像题材看，这组双窟反映的应是法华信仰和弥勒信仰，但从图像的布局及经文分析，这两种信仰具有内在不可分割的联系，且意义重大。《妙法莲华经》中世尊在为诸菩萨、罗汉、天人说法时，讲到在过去、现在、未来世有千万亿诸佛，妙法莲华经也是由过去、现在、未来诸佛护持传播的。多宝佛曾将传法的责任交予释迦牟尼，而在《妙法莲华经》中世尊也将传法的责任交予未来世会成为佛的弥勒菩萨。因此北壁下龛、上龛的设计实质所要表现的是佛法的继承与传播。同时南壁明窗两侧的禅定比丘所暗示的佛陀涅槃，更与北壁的主像形成了多宝＋释迦牟尼→涅槃→弥勒的图像组合，进一步强调了弥勒菩萨作为未来佛普度众生的身份与责任。

从表三可以看出第七、八窟前室东西两壁雕刻也呈对称状，第 7 窟前室西壁与第 8 窟前室东壁雕刻内容一致，第 7 窟前室东壁与第 8 窟前室西壁雕刻内容一致。

从第七、八窟的整体图像布局看：两窟雕刻内容从前室至后室，东、西两壁不仅布局对称，且紧密呼应。从图像内容来看：从前庭→后室，表现了释迦牟尼本生故事→本行故事→未来世（弥勒佛）的内容，此种设计不仅考虑了时空因素，同时反映出僧尼、信徒礼拜石窟的顺序。

五、第七、八窟所反映的北魏时期政治与社会

北魏由拓跋鲜卑建立，拓跋鲜卑起源于大兴安岭地区，建国后为表示其正统，宣其为黄帝后裔①，可见北魏统治者在建国之后，对于本民族自身谱系与历史源流十分注重。

对于佛教的崇拜最早始于文帝、昭成②，之后历代统治者均十分重视佛教。之后太武帝下诏灭佛，在诏书中讲道："虽言胡神，问今胡人，共云无有。皆是前世汉人无赖子弟刘元真、吕伯强之徒，接乞胡之诞言，用老庄之虚假，附而益之，皆非真实。"③文成帝继位后任用昙曜开凿云冈石窟。昙曜意识到没有统治者的支持是无法使佛教顺利发展的，因此他沿用了法果的佛教理念："能鸿道者人主也，我非拜天子，乃是礼佛耳。"④因此云冈石窟的一期工程中五座洞窟主像皆在十米之上，佛像的高大、威严与北魏统治者的形象达到了完美的契合。同时为了驳斥灭佛诏书中对佛教的污蔑，证明佛教的历史悠久，在造像题材上着重突出过去、现在、未来数亿诸佛的理论。

帝佛合一的理念是云冈石窟建造的核心思想，其第七、八窟也明显地体现出这一思想。位于两窟北壁上龛的造像皆为弥勒，第7窟弥勒头戴宝冠，胸饰龙头缨，这均是将弥勒与转轮王的形象合二为一。佛经中讲到转轮王有七宝，不仅是虔诚的佛教信徒，而且拥有强大的法力，也是将来能够统一天下受人民拥戴的国王。在贵霜君主迦腻色迦统治时期，弥勒作为未来的救世主就已经出现在钱币上，可见当时弥勒信仰不仅得到了统治者的支持，同时弥勒也是转轮王的象征。这一传统随着佛教的东传，在北魏时代也产生了重大的影响，北魏统治者也希望自己成为转轮王，在统治者的支持下弥勒信仰大肆流行。因此在拓跋鲜卑历来重视本民族历史源流的政治背景下，以及在太武帝灭佛之后，佛教在教义及相关的经典中注重对自身源流与历史重塑的文化背景下，第七、八窟所反映出的传承问题才是这组双窟所要表现的最实质问题。

十六国时期割据众多，小国林立，战乱频繁，至北魏建国，北方基本实现了统一，但征战也时有发生，百姓苦不堪言。《弥勒下生经》中未来佛弥勒下生后的美好世界就成为当时百姓所追求、向往的理想世界，因此在统治者的支持与社会文化的需要下，弥勒作为救世主的形象深入人心，弥勒信仰也逐渐开始盛行。

综上所述云冈石窟第七、八窟是一组布局整齐、有序，且雕刻内容相似的双窟。洞窟的雕刻内容从题材上看表现了北魏当时流行的法华、弥勒信仰，本质上反映了佛法的传承，也暗喻了皇权的传承。这两种思想不仅是对犍陀罗艺术文化的继承，同时是对当时北魏社会政治文化、佛教文化以及民间文化的真实反映，也成为云冈石窟第二、三期石窟设计、开凿的核心思想。

（原文刊载于《边疆考古研究》2020年第2期）

---

① （北齐）魏收.《魏书》卷一《昭成帝》，北京：中华书局，1974年，第17页。
② （北齐）魏收.《魏书》卷一百一十四《释老志》，北京：中华书局，1974年，第3030页。
③ 同上，第3034页。
④ 同上，第3031页。

云冈石窟第三期洞窟图像组合分析

王友奎

　　云冈石窟第三期洞窟，包括崖面西端编号第 21 至 45 窟的中型洞窟及穿插其间的大量小型洞窟、第 5、6 窟和第 11~13 窟外壁窟龛、龙王沟西侧崖壁诸窟以及第 4 窟，第 14、15 窟，第 16-1 窟等[①]。这些洞窟大体开凿于太和十八年（494）孝文帝迁都洛阳之后的北魏晚期。以往学界对云冈石窟的研究集中于第一、二期诸窟，关于第三期洞窟的研究相对薄弱。水野清一、长广敏雄先生于 20 世纪 50 年代出版的云冈石窟系列考古报告中，对第 20 窟以西诸窟的记录较为简略[②]。至 70 年代，宿白先生在论述云冈石窟分期时，曾以图表形式梳理第三期部分洞窟图像组合，但未展开分析[③]。八木春生先生较早就云冈第三期洞窟开展专门讨论，其研究着眼于样式比较、图像布局及其与前期洞窟关系，为深入探讨本期洞窟图像思想提供了重要线索[④⑤]。衣丽都女士依据云冈第三期洞窟造像风格特征进行分组排年，并讨论了与洛阳龙门石窟、山西部分小石窟等之间的关系[⑥]。近年来，熊坂聪美、因幡聪美女士致力于云冈第三期洞窟的研究，就该期部分窟龛进行了细致分析[⑦⑧]。

　　多数学者在论述云冈石窟图像思想时，认为昙曜五窟中所见三世佛思想持续对其后的洞窟施加影响，从而将第三期最为流行的三壁三龛窟主体尊像一概解读为三世佛[⑨]。然而，这种先入为主的观点不仅在阐释部分三壁三龛式洞窟时矛盾重重，面对其他洞窟中双层乃至多层多龛的图像组合形式时更显捉襟见肘。云冈石窟自第二期前段第 7、8 窟开始，开窟思想已发生巨大变化，在第一期昙曜五窟中占据主导地位的三世佛思想，让位于以法华、弥勒信仰为主体的大乘成佛思想[⑩]。第三期洞窟开窟思想与第二期诸窟一脉相承，这种思想层面的关联必然首先体现于窟内主体造像的组合形式之中。

---

① 本稿采用云冈石窟研究院新编窟号。李雪芹.《新编云冈石窟窟号的说明》，《文物》1988 年第 4 期，第 30~36 页。李雪芹.《关于云冈石窟新编窟号的补充说明》，《文物》2001 年第 5 期，第 87~89 页。

② 〔日〕水野清一，长广敏雄.《云冈石窟》第 15 卷本文，京都：京都大学人文科学研究所，1955 年。

③ 宿白.《云冈石窟分期试论》，《考古学报》，1978 年第一期，第 25~38 页。

④ 〔日〕八木春生.《云冈石窟第三期诸窟についての一考察》，《美学美术史论集》，2002 年第 14 卷，第 121~155 页。

⑤ 〔日〕八木春生.《云冈石窟第三期诸窟的编年》，《云冈石窟研究院院刊》2014 年总二期。

⑥ 作者将云冈第三期洞窟分为五组加以排年。第一组包括第 21、31、39、22、23、33、25、28、24、27、29、30、28-2 窟，其中第 21、31、39 窟先行开凿，其后为第 22、23、33 窟，接下来开凿第 25、28、24、27、29、30、28-2 窟。由于第 28-2 窟见有正始四年（507）、延昌三年（514）题记，推定该组洞窟始凿于 507 年之前。第二组包括第 37、35、34 窟。第三组包括第 5-10、5-11 窟，此组洞窟可能营造于 512-515 年间。第四组包括第 23-1、27-2、32-12、32-9、32-11、33-3、35-1 窟。第五组包括第 24-1、26、36、33-4、38 窟。第四、五组可能开凿于 515-524 年间，其中第五组有可能建于 520-524 年间。Lidu Yi，*The Third-phase of the Yungang Cave Complex——Its Architectural Structure, Subject Matter, Composition and Style*，University of Toronto，2010，pp61-120.

⑦ 〔日〕熊坂聪美.《关于云冈第 11、12、13 窟外壁窟龛的初步研究》，《云冈石窟研究院院刊》，2015 年总三期。

⑧ 〔日〕因幡聪美.《云冈石窟第三期诸窟に见られる复合龛に关する研究》，《中国考古学》，2013 年第 13 卷。

⑨ 代表性观点参见刘慧达.《北魏石窟中的三佛》，《考古学报》1958 年第 4 期，第 91~101 页。

⑩ 拙文《南北朝时代大乘成佛思想略论》，待刊。

第三期窟龛中，第 20 窟以西的中型洞窟、第 5 窟、第 11–13 窟外壁部分窟龛、第 14、15 窟保存相对完整，龙王沟西侧崖壁诸窟及众多小型洞窟风化严重。本稿主要选取其中至少三个壁面图像尚可辨识的洞窟，对窟内主体造像的组合形式加以分类整理，逐一探讨各种组合形式可能表述的思想内涵。

一、第三期洞窟图像布局特征

第三期洞窟均为中小型窟，且多数为方形单室窟，各窟壁面有开凿单层龛、双层单龛、双层多龛等情况。方形窟正壁尊像往往是窟内最重要的造像，因而在分析窟内图像布局形式时需首先予以考虑。同时，侧壁龛像或与正壁龛像形成组合关系，或仅为按特定原则排列当时流行的图像元素，辅助表述一定信仰内涵，其龛像布局亦是构成整窟信仰空间的重要元素。此外，洞窟的大小也在相当程度上对窟内图像布局造成影响，就云冈石窟所见，大、中型洞窟一般采用对称原则配置龛像，而小型窟龛由于空间所限，龛像布局更为自由且富于变化。综合考虑以上因素，第三期诸窟可从图像布局角度划分为三壁三龛洞窟，正壁单层龛或双层单龛、侧壁双层龛洞窟，三壁多层多龛洞窟以及相对特殊的中心柱窟（表 1）。

表 1　云冈第三期洞窟龛像主要布局形式

壁面分层及佛龛数量		洞窟规格		主要图像布局形式
正壁佛龛	侧壁佛龛	中型窟	小型窟	
单层龛	单层龛	24、25、28、33、34、35、37、40	11–16、13–15、13–16、13–17、5–40、22–1、23–1、27–1、27–2、28–1、32–4、32–6、32–11、32–12、32–14、33–1、33–6、33–7、36–1、36–2、38–2、38–3、40–1、40–2	三壁三龛
	双层多龛		32–3、32–5、33–2	正壁单层龛或双层单龛，侧壁双层龛
	双层单龛	21、26	24–1、33–4、35–1、38、38–1、33–3	
双层单龛	双层单龛	5–4	36、32–9	
	双层多龛	31		
双层多龛	双层多龛	27、29、30	25–1	三壁多层多龛

二、三壁三龛式洞窟图像组合

三壁三龛式洞窟在云冈第三期诸窟中占有较大比重，基于各窟两侧壁龛内主体尊像的异同可分为两类。一类于两侧壁龛中对称配置相同尊像，另一类则在两侧壁龛中配置不同尊像。

（一）两侧壁龛内对置相同尊像

在云冈第三期中型三壁三龛洞窟之中，第 24 窟、第 25 窟、第 28 窟、第 34 窟、第 37 窟两侧壁均对称配置相同尊像[①]（表 2）。其中第 24 窟正壁主尊为跌坐佛，东西壁对称雕刻二佛并坐像；第 25 窟、第 28 窟、第 34 窟则以二佛并坐像为正壁主尊，东西壁对称雕刻跌坐佛像。第 37 窟东西壁亦为跌坐佛像，但正壁主

---

① 第 24、25、26 窟正壁凿并列三龛，但两侧龛内尊像明显小于中龛，主次分明，故仍可视为三壁三龛形式，其正壁中龛尊像为整窟主尊。

尊变为交脚菩萨像。

表 2　两侧壁龛内对称配置相同尊像的三壁三龛式洞窟图像组合情况

规格	实例	图像配置示意图	补充说明
中型洞窟	第 24 窟	（W　N　E）	（1）方形小龛内雕刻二对坐人物，似为菩萨像，类似图像还见于第 37 窟南壁中层东部。
	第 25 窟	（W　N　E　S）	（1）千佛龛。西壁相同位置雕刻礼拜菩萨群像。
	第 28 窟	（W　N　E）	（1）逾城出家图像；（2）太子思惟与白马吻足图像；（3）龛楣题记；（4）东壁龛楣两侧各雕刻一飞天；（5）正壁龛下残存供养人立像数身。
中型洞窟	第 34 窟	（W　N　E）	（1）三壁顶部各雕刻两行千佛龛，但东壁残损不存；（2）西壁龛下中央雕刻一屋形龛，内刻一趺坐佛，龛外两侧供养人立像各七身；（3）供养人立像。
	第 37 窟	（W　N　E）	（1）三壁顶部各雕刻两行千佛龛；（2）太子射箭图像；（3）太子掷象图像；①（4）九龙灌水图像；（5）莲花；（6）乘象入胎图像；（7）二对谈菩萨像；（8）对坐维摩文殊像；（9）供养人列像。
小型洞窟	第 36-2 窟	（W　N　E　S）	（1）除三壁上部方形龛、北壁下部七佛立像以外，其余壁面均雕刻千佛龛。
图例	趺坐佛　并坐二佛　倚坐佛　交脚佛　交脚菩萨　立佛　阿育王施土　定光佛授记　罗睺罗受记　菩萨　半跏思惟菩萨　弟子　曲尺形龛　尖拱形龛		

以上诸窟三壁主体尊像见有二佛并坐像、交脚菩萨像、趺坐佛像三种。其中二佛并坐像为释迦、多宝佛，交脚菩萨像为弥勒菩萨②，趺坐佛为释迦佛或尊格不甚明确。以往学界在讨论云冈第三期，乃至北魏时期三壁三龛式石窟中的二佛并坐像时，或将释迦、多宝佛合并理解为过去佛③，或是拆分释迦、多宝佛，分别阐

---

① 西龛拱额左侧雕刻一人右手托象、一人抱象、一人双手捉象鼻，水野清一、长广敏雄先生比定为太子与难陀、提婆达多角力场面。但在其考古报告中将此图像位置误记为第 36 窟西壁。水野清一、长广敏雄 .《云冈石窟》第 15 卷本文，第 53 页，Fig.35。

② 〔日〕石松日奈子 .《中国交脚菩萨像考》，《佛教艺术》，1988 年，第 178 号，第 55~84 页。

③ 刘慧达 .《北魏石窟中的三佛》，《考古学报》，1958 年第 4 期，第 91~101 页；宿白 .《云冈石窟分期试论》，《考古学报》，1978 年第一期，第 25~38 页。

图 1　云冈第 13 窟东壁中层组合佛龛（采自《云冈石窟》卷 10）

释为现在佛和过去佛[1][2][3]。

　　二佛并坐像为多宝佛塔的简化形式，是法华经中释迦佛所说一乘教法真实性的证明，本身具有特定的内涵，合并为过去佛或拆分为现在佛和过去佛理解，均有悖于实际情况[4]。如第 24 窟正壁龛内雕刻跌坐佛，两侧壁龛内均雕刻释迦多宝佛，这种图像配置显然不宜以三世佛思想解释。对于第 25 窟、第 28 窟、第 34 窟而言，亦不应预设整窟表现三世佛主题，继而将正壁释迦、多宝佛像解释为现在佛或过去佛，并将两侧壁形式相同的跌坐佛推定为过去、现在或未来佛。笔者认为，两侧壁对称配置的佛像，应具有相同的尊格或属性。

　　侧壁龛像对称配置是云冈石窟图像设计传统之一。第二期多数一体完成的洞窟，其南北中轴线两侧龛像采用对称法则布局。如如第 7、8 窟、第 12 窟主室东、西壁及南壁窟门两侧造像，又如如第 7、8 窟、第 12 窟前室北壁造像等，这些龛像的配置未必是依据特定经典。至云冈第三期，多数中型洞窟两侧壁雕刻相同形式龛像，表明对称仍为最重要的设计思路之一。

　　第 24 窟侧壁释迦多宝佛象征法华经及其所述一乘教法，因而正壁主尊似可推定为宣说法华经的释迦佛。正壁主尊左、右两侧分别雕刻一跌坐佛像、一交脚菩萨像。相似情况见于第 25 窟、第 26 窟，两窟正壁大龛内同为释迦多宝佛像，前者于释迦多宝佛像两侧各配置一身稍小的交脚菩萨像，后者则为倚坐佛像。这种构图形式可能模仿了第 7、8 窟主室北壁上层造像。

　　第 25 窟、第 28 窟、第 34 窟由正壁释迦多宝佛与两侧壁一对跌坐佛组合，此组合在第二期洞窟中已见端倪。如第 13 窟东壁中层横列一组三龛[5]，中央尖拱龛内表现释迦多宝佛，两侧于屋形龛下对称雕刻跌坐佛像（图 1）。这种组合与正壁设置跌坐释迦佛像、两侧壁对称配置二佛并坐像的第 24 窟表述相似内涵，

① 贺世哲.《关于十六国北朝时期的三世佛与三佛造像诸问题（一）》,《敦煌研究》, 1992 年第 4 期, 第 1~20 页。
② 赖鹏举.《关河的三世学与河西的千佛思想》,《东方宗教研究》, 1994 年第 4 期, 第 233~259 页。
③ 李玉珉.《敦煌莫高窟二五九窟之研究》,《美术史研究集刊》, 1995 年第 2 期, 第 1~16 页。
④ 王友奎.《云冈第 11~13 窟图像构成分析》,《敦煌研究》, 2017 年第 4 期, 第 27~38 页。
⑤ 三龛下方浮雕并列三组供养人像,其中左龛下于二狮子外侧各表现二供养比丘,有趣的是,最右侧一比丘身体朝向右侧,似欲加入中央佛龛的供养人行列。这些细节表明此三龛是一体设计的组龛。

只是将释迦多宝佛作为整窟主尊表现于正壁，强调了释迦佛所说法华经一乘教法。

第 37 窟正壁佛龛内雕刻交脚弥勒菩萨像，两侧壁龛内雕刻跌坐佛像。南壁明窗与窟门之间中央雕刻释迦多宝佛并坐像，两侧表现维摩、文殊等《维摩诘经》图像。本窟弥勒菩萨像雕刻于正壁，表明弥勒上生信仰作为主题思想表现，南壁释迦多宝佛像、《维摩诘经》图像均强调大乘佛法，与正壁主尊弥勒菩萨相呼应。两侧壁跌坐佛像，推测为对称表现的《法华经》与《维摩诘经》教主释迦佛，与南壁《法华经》象征释迦多宝佛像、《维摩诘经》图像组合，形成释迦佛说《法华经》和《维摩诘经》之结构。

小型洞窟中的第 36-2 窟图像组合相对特殊。该窟正壁上部小型方形龛内雕刻交脚菩萨像，表现兜率天的弥勒菩萨，其两侧上方对称雕刻倚坐佛像，推测为弥勒佛，此方形龛内弥勒图像又与下方七佛立像组合，象征佛法在过去七佛和未来弥勒之间的传承。两侧壁上部中央各开一方形小龛，内刻跌坐佛像。三壁上述龛像之外壁面雕刻千佛像，千佛像应代表十方三世诸佛。第 34 窟、第 37 窟北、东、西三壁上层均雕刻两行千佛龛，其意涵应与第 36-2 窟三壁千佛像相同。

（二）两侧壁龛内配置不同尊像

云冈第三期部分三壁三龛式洞窟侧壁佛龛配置不同尊像（表 3）。其中中型窟如第 33 窟，其正壁龛内雕刻二佛并坐像，东壁龛内原刻交脚菩萨像，西壁龛内刻交脚佛像。第 35 窟正壁龛内雕刻跌坐佛像，东、西壁龛内分别为交脚菩萨像、倚坐佛像。小型窟形式较为多样，可分为三组。A 组如第 11-6 窟、第 38-3 窟，其正壁龛内雕刻二佛并坐像，东西壁龛内分别刻交脚菩萨像和跌坐佛像；B 组第 13-15 窟、第 13-16 窟、第 13-17 窟为第 13 窟外壁窟门和明窗之间横列的三个洞窟，三窟正壁、东壁龛内均分别刻跌坐佛像、交脚菩萨像，西壁则表现不同题材。C 组如第 5-40 窟，正壁龛内刻跌坐佛像，东西壁龛内刻交脚菩萨像和跌坐佛像。

表 3　两侧壁龛内配置不同尊像的三壁三龛式洞窟图像组合情况

分组	实例	图像配置示意图	补充说明
中型洞窟	第 33 窟		（1）东西壁顶部雕刻两行千佛龛。东壁大部分龛像已残①。
	第 35 窟		（1）东西壁顶部雕刻两行千佛龛。（2）逾城出家图像②；（3）涅槃图像；（4）雕刻一身向右侧前倾的倚坐菩萨像，正壁佛龛右侧可能原有与之相对应的维摩诘像或对谈菩萨像；（5）维摩文殊像，文殊菩萨残失；（6）调伏三迦叶图像；（7）降魔成道图像；（8）供养人列像。

① 水野清一、长广敏雄先生推测此龛原为楣拱龛（即曲尺形龛），但东壁龛楣附近残存的礼拜供养群像、小型跌坐佛龛等与西壁完全一致，笔者认为东壁可能是与西壁对称雕刻的尖拱形龛。龛内造像已残，据水野、长广推测原刻交脚菩萨像。水野清一、长广敏雄 .《云冈石窟》第 15 卷本文，第 51 页。

② 八木春生先生推测西龛龛楣左侧为托胎灵梦图像，与逾城出家图像相对配置。参考八木春生 .《云冈石窟第三期诸窟的编年》。

分组	实例	图像配置示意图	补充说明
小型洞窟 A 组	第 11-16 窟	W　N　E　S	（1）文殊菩萨；（2）维摩诘； （3）供养人列像。
	第 38-3 窟	N　E　S	（1）浮雕两行千佛像共 15 尊。
小型洞窟 B 组	第 13-15 窟	W　N　E	（1）文殊菩萨（已残）； （2）维摩诘。
	第 13-16 窟	W　N　E	
	第 13-17 窟	W　N　E	
小型洞窟 C 组	第 5-40 窟	W　N　E	（1）东西壁顶部各浮雕一行千佛像，似分别为 5 尊。
图例		┴ 跌坐佛　‖ 并坐二佛　⊓ 倚坐佛　✕ 交脚佛　✕ 交脚菩萨　∣ 立佛　∣ 阿育王施士　┬ 定光佛授记　∥ 罗睺罗受记 ♀ 菩萨　⤙ 半跏思惟菩萨　♀ 弟子　⌐ 曲尺形龛　⌒ 尖拱形龛	

　　以倚坐形象表现弥勒佛在云冈石窟中最早见于第 17 窟，该窟前壁窟门、明窗之间自西向东依次雕刻二佛并坐、七佛、倚坐佛像组龛，此中倚坐佛像接续七佛像排列，意在表述佛陀和佛法的传承关系，当为未来弥勒佛无疑[①]。而与交脚菩萨像成对配置的倚坐佛像，据李玉珉、李静杰、曾布川宽等先生研究应为弥勒

---

① 　王友奎.《云冈昙曜五窟图像组合分析》，《艺术史研究》第 18 辑，广州：中山大学出版社，2016 年，第 225~268 页。

佛[1][2][3][4]。以往不少学者将云冈石窟第二期第 7、8 窟主室北壁上层倚坐佛像解释为释迦佛或过去佛[5]，其论述大多先预设三世佛框架，将三世属性与尊像牵强联系在一起，对造像尊格与形式的判断存在很大的随意性。

交脚佛与交脚菩萨成对配置的实例反复见于云冈第二期第 9、10、12 窟前室东西壁上层，其中的交脚佛应同交脚菩萨一样是作为弥勒表现的。第 7 窟主室北壁下龛龛楣中央刻一交脚佛，两侧刻十余身倚坐佛，这些交脚佛和倚坐佛很可能体现了下方龛内释迦多宝像与上方弥勒菩萨之间的联系。

第 33 窟、第 35 窟的主体图像及其意涵大体一致。第 33 窟东、西两壁所刻交脚菩萨和交脚佛像（图 2），为兜率天宫的弥勒菩萨和弥勒佛组合，表述弥勒上生、下生信仰，正壁所刻释迦多宝佛像为法华经象征。第 35 窟东、西两壁所刻交脚菩萨和倚

图 2　云冈第 33 窟西壁龛像（王友奎摄）

坐佛像，亦为弥勒菩萨和弥勒佛的成对表现。该窟南壁窟门上方维摩文殊图像，强调维摩诘经所述大乘佛法的重要性，推测正壁所刻跏坐佛像应为释迦佛。

小型洞窟三壁组合形式可分三组，其中 A 组释迦多宝佛与弥勒菩萨、跏坐佛组合，实为第二期洞窟中最流行的形式，表述大乘修行者将来往生兜率天净土并最终成佛思想[6]。B 组第 13-15 窟、第 13-16 窟、第 13-17 窟形制、大小一致，三窟北壁、东壁龛像雷同，应为统一规划的一组洞窟，各窟图像之间应有所关联。其中，东壁所刻交脚菩萨像为兜率天上弥勒菩萨的一般化表现，而北壁作为主尊的跏坐佛像应为法华经、维摩诘经共同的教主释迦佛。三窟西壁图像各不相同，第 13-15 窟西壁分上、下两层表现维摩诘经图像、释迦多宝佛像，第 13-16 窟西壁并列表现定光佛授记、阿育王施土图像，第 13-17 窟西壁刻一跏坐佛龛。第 13-15 窟、第 13-16 窟西壁西壁图像均与大乘成佛思想相关。前者西壁维摩文殊、释迦多宝佛像是一佛乘思想最典型的图像表现，强调奉持大乘佛法。后者西壁定光佛授记、阿育王施土图像，表述授记成佛思想，强调成佛过程中的受记环节[7]。由此推测，第 13-17 窟西壁跏坐佛或许与成佛过程中另一个重要环节，即值遇、

① u-Min Lee. Ketumati Maitreya and Tusita Maitreya in Early China（Ⅱ）[J]. National Palace Museum bulletin, 1984, V.19, No.5.

② 李静杰.《云冈第 9·10 窟的图像构成について》，《佛教艺术》，2003 年第 267 期，第 33~58 页。

③⑤ 李玉珉.《金塔寺石窟考》，敦煌研究院编.《.2004 年石窟研究国际学术会议论文集》，上海世纪出版股份有限公司，上海古籍出版社，2006 年，第 874~907 页。

④〔日〕水野清一、长广敏雄先生认为云冈石窟中倚坐佛多是与交脚弥勒菩萨相对配置的释迦佛，见下页。

⑤ 水野清一、长广敏雄.《云冈石窟》第 8、9 卷本文，京都大学人文科学研究所，1953 年，第 5 页。宿白先生认为云冈第 7 窟主室北壁上层交脚菩萨与两侧倚坐佛组合、第 8 窟主室北壁上层倚坐佛与两侧交脚菩萨组合均表现三世佛，第 9 窟主尊倚坐佛为释迦佛。见前揭宿白.《云冈石窟分期试论》，第 25~38 页。东山健吾先生同样从三世佛角度解释云冈第 7、8 窟主室北壁上层图像，认为第 7 窟交脚菩萨像两侧倚坐佛分别表现过去世定光佛和现在世释迦佛，第 8 窟中央倚坐佛为现在佛释迦，两侧交脚菩萨像同为弥勒菩萨。〔日〕东山健吾.《敦煌莫高窟北朝期尊像の图像的考察》，《东洋学术研究》通号 108 号，1985 年，第 76~100 页。谢振发先生亦将第 7、8 窟倚坐佛像解释为释迦佛或过去佛。谢振发.《云冈第七、八双窟之研究》，台北：台湾大学艺术史研究所硕士论文，1997 年。

⑥ 释迦多宝二佛并坐像、释迦佛跏坐像与弥勒上生、下生图像的组合，自第 7、8 窟主室北壁出现以后，成为第二期洞窟中最重要的图像元素。其表现形式或为并坐二佛、跏坐佛与交脚菩萨像组合，或为并坐二佛与交脚菩萨像组合，或为跏坐佛与交脚菩萨像组合等。

⑦ 李静杰.《北朝时期定光佛授记本生图像的两种造型》，《艺术学》第 23 期，台北：艺术家出版社，2007 年，第 75~116 页。

供养诸佛有关。当然，该跌坐佛的内涵还存在以下可能：其一，是重复表现的释迦佛；其二，是跌坐形式的弥勒佛，与东壁弥勒菩萨相对，表现弥勒下生信仰；其三，是三世佛中的过去佛，不过，对于第 13-15 窟、第 13-16 窟、第 13-17 窟这一组相互关联的洞窟，三世佛之解释无疑显得过于单薄。

表4　部分三壁两龛式洞窟图像组合情况

实例	图像配置示意图	补充说明
第 5-10 窟	W　N　E　S	（1）文殊菩萨像；（2）维摩诘像；（3）乘象菩萨像；（4）南壁上沿刻一行千佛像，残存 6 尊。
第 5-11 窟	W　N　E　S	（1）文殊菩萨像；（2）维摩诘像；（3）乘象菩萨像；（4）太子逾城出家图像；（5）南壁上沿刻一行千佛像共 10 尊。
图例	⏐跌坐佛　‖并坐二佛　⊓倚坐佛　✕交脚佛　✕交脚菩萨　立佛　阿育王施土　定光佛授记　罗睺罗受记　ϙ菩萨　半跏思惟菩萨　弟子　曲尺形龛　尖拱形龛	

C 组第 5-40 窟及部分三壁两龛式洞窟如第 5-10、第 5-11 窟三壁主体尊像与第 13-17 窟相同（表4）。从第 5-10、5-11 窟情况看，维摩诘经图像被置于西壁龛外两侧，阿育王施土、定光佛授记图像则置于南壁窟门一侧，实际是将第 13-15 窟、第 13-16 窟、第 13-17 窟各壁的图像纳入了同一洞窟。由此观之，本组洞窟正壁跌坐佛像或同为释迦佛，左壁弥勒菩萨表述修行者将来往生兜率天净土思想，而右壁跌坐佛有可能与第 13-17 窟右壁跌坐佛内涵相同。

最后，在多数两侧壁龛内配置不同尊像的三壁三龛式洞窟中，都将弥勒菩萨像雕刻于东壁龛内。宿白先生曾注意到这一现象[1]，李静杰先生结合巩义石窟中跌坐弥勒菩萨像的配置规律，认为东面意味着新事物的产生，与将来成佛的弥勒菩萨尊格相适应[2]。这种将弥勒菩萨配置于东壁龛内的做法，在云冈第三期其他类型洞窟中也比较流行。

三、正壁单层龛或双层单龛、侧壁双层龛洞窟图像组合

云冈第三期洞窟侧壁开凿双层龛者，依据图像具体组合形式可分 A、B、C 三组讨论（表5）。A 组诸窟正壁开单层龛，且龛内一般为二佛并坐像，侧壁开双层单龛，下层雕刻二佛并坐像或者跌坐佛像、上层刻交脚菩萨像。第 38 窟西壁开单层龛，内刻倚坐佛像，但正壁、东壁造像与 A 组小型窟相同，故作为衍生的 A' 组讨论。B 组以正壁开双层单龛为主要特征。第 31 窟侧壁下层龛内刻跌坐佛像，上层则分别雕刻横列的交脚菩萨龛和倚坐佛龛。小型洞窟中第 33-3 窟、第 35-1 窟东壁龛像不明，但北、西壁龛像存在某些共性，故合为 C 组讨论。

---

① 宿白.《云冈石窟分期试论》，《考古学报》，1978 年第 1 期，第 25~38 页。

② 李静杰.《北朝后期法华经图像的演变》，《艺术学》，第 21 期，台北：艺术家出版社，2004 年，第 67~107 页。

表 5　侧壁双层单龛形式洞窟图像组合情况

分组	实例	图像配置示意图	补充说明
A 组中型洞窟	第 21 窟	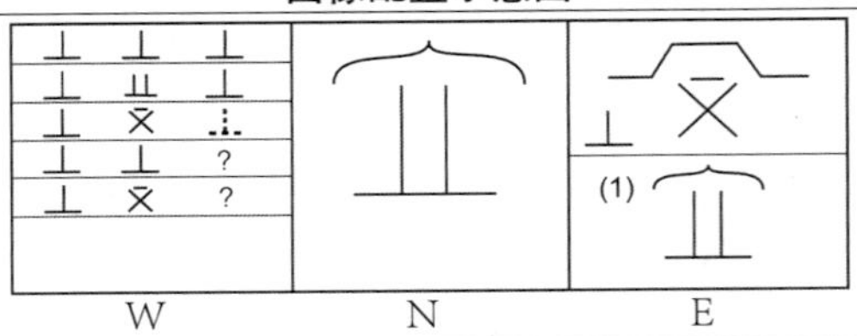 （示意图）W　N　E	（1）千佛像。
	第 26 窟	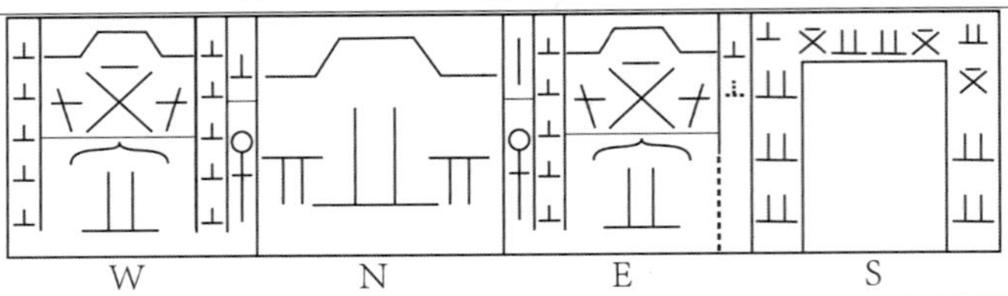 （示意图）W　N　E　S	
A 组小型洞窟	第 24–1 窟	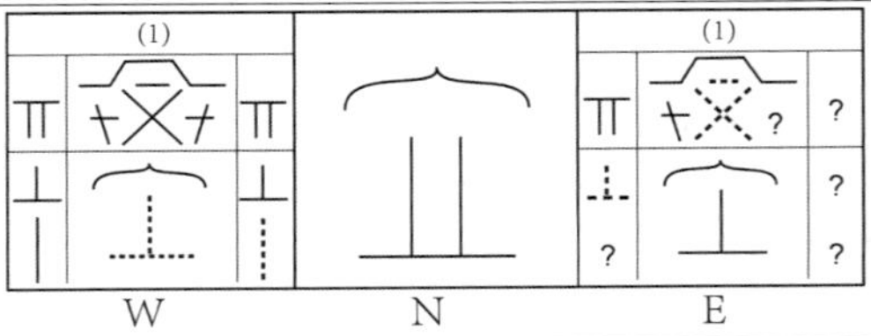 （示意图）W　N　E	（1）横列千佛像。
	第 33–4 窟	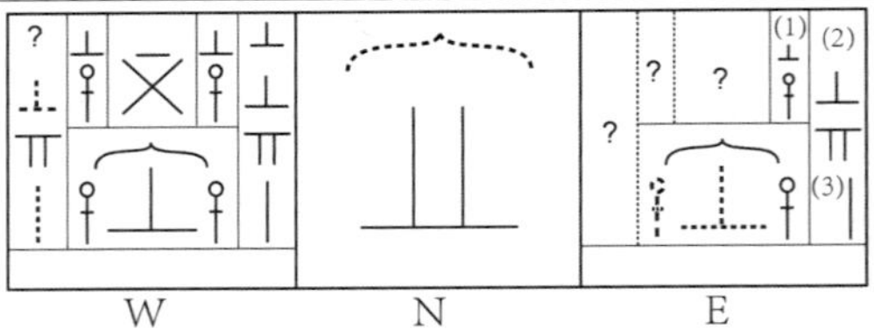 （示意图）W　N　E	（1）似为趺坐菩萨像；（2）倚坐菩萨像；（3）立佛右侧刻一菩萨立像，菩萨像上方刻莲花化生。
A'组小型洞窟	第 38 窟	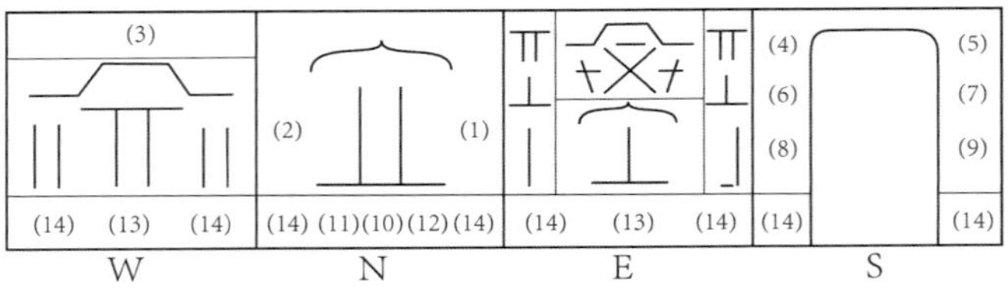 （示意图）W　N　E　S	（1）涅槃图像；（2）倚坐佛摩顶图像；（3）横列 15 尊倚坐佛像；（4）调伏三迦叶图像；（5）降魔图像；（6）三道宝阶降下图像；（7）鹿野苑初转法轮图像；（8）雕鹫怖阿难入定图像；（9）兜率天宫弥勒菩萨图像；（10）都卢寻橦图像；（11）骑马像；（12）乘象像；（13）化生树图像；（14）供养人像。
B 组中型洞窟	第 31 窟（主室）	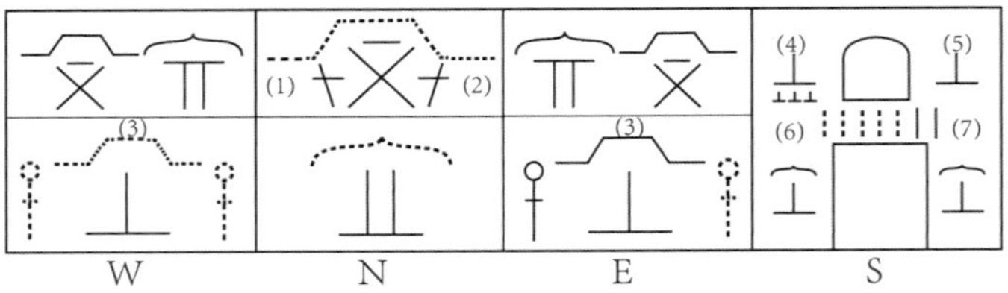 （示意图）W　N　E　S	（1）可能为维摩、文殊像；（2）二对坐人物，风化严重，左侧人物似举手作交谈状；（3）横列一行千佛像；（4）调伏三迦叶图像；（5）降魔成道图像；（6）残存一游戏坐菩萨像，举右手于胸前，身体略左倾，应为二对坐像之一；（7）维摩、文殊像。
B 组小型洞窟	第 32–9 窟	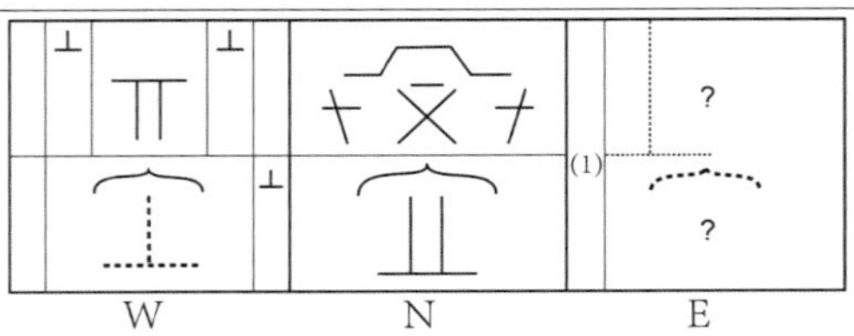 （示意图）W　N　E	(1)一列约 9 尊千佛像。

分组	实例	图像配置示意图	补充说明
C组小型洞窟	第33-3窟	（图示） W　N　E	（1）维摩诘像；（2）文殊菩萨像；（3）乘象菩萨像；（4）树下诞生图像。
	第35-1窟	（图示） W　N　E	（1）文殊菩萨像；（2）维摩诘像；（3）供养人行列；（4）相向拱托香炉的二象，外侧各一狮子像；（5）托举状力士。
图例		⊥跌坐佛　Ⅱ并坐二佛　Π倚坐佛　✕交脚佛　✕交脚菩萨　∣立佛　阿育王施土　定光佛授记　罗睺罗受记 †菩萨　半跏思惟菩萨　弟子　曲尺形龛　尖拱形龛	

（一）A组洞窟

A组第21窟、第26窟为中型洞窟。第21窟西壁分层开凿小型佛龛，值得注意的是，西壁可见一条极深的裂缝自顶部延伸至地面，而最上层三个佛龛明显避开裂缝雕刻，表明本窟在营造过程中壁面已经开裂。由此推测，第21窟西壁可能为避开裂缝而分多层雕刻小龛，因而形成与东壁不对称的布局。

第26窟正壁开凿一曲尺形大龛，龛内中央雕刻并坐释迦多宝佛像，表明法华经思想在本窟居于主体地位。释迦多宝像两侧各雕刻一小型倚坐佛像。东西两壁分别开凿双层龛，对称布局（图3）。上层交脚弥勒菩萨像、下层释迦多宝佛像之组合源自第7窟主室北壁，意谓奉持《法华经》所说大乘佛法，将来可以往生至弥勒菩萨所在兜率天。北壁释迦多宝佛像两侧的倚坐佛像推测为弥勒佛，与两侧壁上层弥勒菩萨像呼应，表现弥勒下生信仰内容。南壁雕刻8个释迦多宝龛、3个交脚菩萨龛、1个跌坐佛龛，显然是利用既有图像填充壁面空间，同时体现了对一佛乘思想的强调。

A组小型洞窟第24-1窟以正壁龛内释迦多宝佛像为主尊，侧壁分上、下两层雕刻交脚菩萨像、跌坐佛像。侧壁这种组合源自第8窟主室北壁，与上层交脚弥勒菩萨像、下层释迦多宝佛像组合拥有相同内涵。值得注意的是，侧壁佛龛两侧自下而上分别雕刻定光佛授记或阿育王施土像、跌坐佛、倚坐佛，形成了一种特殊的复合龛。这种复合龛还见于第三期第33-4窟、第38窟东壁、第38-1窟东壁、第18窟窟门东侧、第39窟南壁、第19-1窟窟门两侧、第19-2窟窟门左侧、第13窟南壁窟门上方等处。因幡聪美女士通过分析该复合龛各部分在第一、二期洞窟中的表现及意涵，将其主题归结为三世佛信仰。其中定光佛授记与阿育王施土图像代表过去佛，中央下层跌坐佛代表现在佛释迦，上层交脚菩萨像及其两侧小型倚坐佛像代表未来佛[①]。

笔者认为，此类复合龛内部造像主次分明，中央交脚弥勒菩萨与跌坐释迦佛组合为主体图像，表述奉持大乘佛法将来往生兜率天

图3　云冈第26窟东壁龛像（王友奎摄）

---

① 〔日〕因幡聪美.《云冈石窟第三期诸窟中见到的复合龛相关研究》，《中国考古学》，2013年第13卷。

之意涵。但往生兜率天并非大乘成佛之路的终点，因而于两侧边带区域雕刻定光佛授记、阿育王施土图像加以补充，暗示深植善根，授记成佛。两侧所刻倚坐佛可能表现弥勒下生信仰，意谓随弥勒下生值佛闻法。由于两侧边带区域为附属图像，其具体表现并不固定。如第 33-4 窟东壁南侧，自下而上雕刻立佛、倚坐佛、跌坐佛、倚坐菩萨像。第 13 窟南壁窟门上方补刻龛由三个复合龛横向组合而成（表 6），中央复合龛主体尊像为弥勒菩萨与释迦佛上下组合，两侧二龛均为弥勒菩萨与释迦多宝佛组合。有趣的是，雕刻于前述第 24-1 等窟复合龛两侧的图像，在本组佛龛中被安排在下层边带区域，而上层弥勒菩萨两侧出现维摩诘、乘象菩萨等图像。表明在大乘成佛思想主题下，附属图像的具体表现存在多样性，不应选取其中部分图像解读为三世佛之一环。

表 6　第 13 窟南壁窟门上方补刻龛图像组合情况

图像配置示意图										补充说明
（3）	交脚佛复合龛		（1）（2）	交脚佛复合龛			交脚佛复合龛	（3）	（1）（2）	（1）维摩诘像； （2）乘象菩萨像； （3）倚坐菩萨像； （4）佛塔。
	倚坐佛 ?		（4）	倚坐佛		（4）	倚坐佛 ?			
图例	跌坐佛　　并坐二佛　　倚坐佛　　交脚佛　　交脚菩萨　　立佛　　阿育王施土　　定光佛授记　　罗睺罗受记 菩萨　　半跏思惟菩萨　　弟子　　曲尺形龛　　尖拱形龛									

第 38 窟雕刻多种佛教故事图像，且龛像布局富于变化，历来备受学界关注。先后有水野清一与长广敏雄、通一与董玉祥、李治国与丁明夷、汪悦进、李静杰、八木春生等先生加以探讨[1][2][3][4][5][6]。李静杰先生认为，第 38 窟图像基于法华经思想组织起来，表述法华经奉持者亡后为千佛救助，不堕恶趣，往生到兜率天净土之意涵。本窟西壁倚坐弥勒佛两侧分别雕刻二立佛，以往未曾加以讨论。正如李静杰先生所论，第 38 窟在突出兜率天往生思想的同时，也表现了明确的大乘成佛意识。如雕刻于北壁释迦多宝佛西侧的摩顶授记图像，应是对授记成佛思想的强调。而在成就大乘佛道的过程中，供养、值遇诸佛是不可或缺的环节，在第 6 窟，这一内容以四壁及尖柱上层 15 尊立佛表现，第 38 窟西壁弥勒佛两侧立佛可能是对第 6 窟的模仿，表述相同意涵。

（二）B 组洞窟

第 31 窟主室正壁、第 32-9 窟正壁均开双层龛，上层雕刻交脚弥勒菩萨像，下层雕刻释迦多宝佛像，这一组合与第 21 窟、第 26 窟侧壁龛像相同，依然表述奉持《法华经》所说一乘教法而往生兜率天之意涵。

① 〔日〕水野清一，长广敏雄 .《云冈石窟》第 15 卷本文，京都：京都大学人文科学研究所，1955 年。
② 通一，董玉祥 .《云冈第五〇窟的造像艺术》. 现代佛学，1963 年第 2 期 .
③ 李治国，丁明夷 .《第 38 窟的形制与雕刻艺术》. 云冈石窟文物保管所，编 .《中国石窟·云冈石窟》（二）. 北京：文物出版社，1994 年，第 208 ～ 212 页 .
④ 汪悦进 .《佛教石窟的时空观及图像附会——云冈第 38 窟北魏雕刻布局构思浅议》.《汉唐之间的宗教艺术与考古》，北京：文物出版社，2000 年，第 279 ～ 312 页 .
⑤ 〔日〕八木春生 .《云冈石窟第三期诸窟的编年》，《云冈石窟研究院院刊》2014 年总二期。
⑥ 李静杰 .《北朝后期法华经图像的演变》，《艺术学》，第 21 期，台北：艺术家出版社，2004 年，第 67~107 页。

第31窟主室东西壁龛像对称配置，下层凿曲尺形大龛，龛内刻跌坐佛，上层各开二龛，南侧曲尺形龛内刻交脚菩萨像，北侧尖拱龛内刻倚坐佛像。其中上层成对出现的交脚菩萨、倚坐佛像尊格应为弥勒菩萨、弥勒佛，表现弥勒上、下生信仰，下层跌坐佛像或为《法华经》教主释迦佛。南壁上层明窗东西两侧分别雕刻调伏三迦叶与降魔成道图像。这两种图像意在表现释迦佛成道教化，以自身事迹方便说法，将众生引向大乘成佛之路。有趣的是，调伏三迦叶图像下部雕刻并列三身施禅定印跌坐佛，为以往所不见，或许正是表现三迦叶在佛陀教化之下最终成佛 [①]。此外，南壁明窗与窟门之间残存并列二立佛，据残迹推测原为七立佛。此处七佛像可能主要与北壁上层弥勒菩萨呼应，表明弥勒一生补处菩萨之地位。北壁上层弥勒菩萨像两侧、南壁中层七立佛两侧各开凿一方形龛，龛内雕刻维摩诘经图像，是对大乘佛法的反复强调。

第32-9窟仅北壁、西壁保存相对较好。西壁下层雕刻跌坐佛，上层刻倚坐弥勒佛，整体内涵与第31窟相似。

（三）C组洞窟

第33-3、35-1窟正壁分别雕刻释迦多宝佛、跌坐佛像，西壁开双层龛。其中，第33-3窟西壁上层中央雕刻跌坐佛像，左、右两侧刻文殊菩萨和维摩诘像，下层雕刻交脚菩萨并胁侍思惟菩萨像。值得注意的是上层维摩文殊像并非居于龛楣一角，而是各占据上层近三分之一空间与中央跌坐佛龛并置，因此可推定中央跌坐佛当为《维摩诘经》教主释迦佛。第35-1窟西壁下层刻有相同形式的维摩文殊和释迦佛像，可知两窟设计的确存在共性。只是，第35-1窟上层刻倚坐弥勒佛像，两窟对弥勒上、下生信仰的表现各有偏重。

表7 第35—37窟图像组合情况

窟号	图像配置示意图				补充说明
第37窟	W	N	E	S	
第36窟	W	N	E	S	（1）供养菩萨像。 (1)
第35窟	W	N	E	S	
图例	跌坐佛　并坐二佛　倚坐佛　交脚佛　交脚菩萨　立佛　阿育王施土　定光佛授记　罗睺罗受记 菩萨　半跏思惟菩萨　弟子　曲尺形龛　尖拱形龛				

最后，对较为特殊的第36窟加以探讨。本窟窟高3.6米，但南北进深却仅有1.3米，东西亦仅2.3

[①] （前秦）鸠摩罗什译《妙法莲华经》："佛知此等心之所念，告摩诃迦叶，'是千二百阿罗汉，我今当现前次第与授阿耨多罗三藐三菩提记……其五百阿罗汉，优楼频螺迦叶、伽耶迦叶、那提迦叶……皆当得阿耨多罗三藐三菩提，尽同一号，名曰普明。'"《大正藏》第9册，东京：大正一切经刊行会，1925年，第28页。

米 [①]，实际为一横长方形小窟。窟内造像明确分为两层，上层正壁凿曲尺形交脚菩萨龛，两侧壁为尖拱形跌坐佛龛，下层正壁为尖拱形跌坐佛龛，东壁刻交脚菩萨龛，西壁刻倚坐佛龛。这种龛像布局分别与相邻第 37 窟、第 35 窟雷同，其南壁上层立佛、下层跌坐佛亦同于第 37 窟、第 35 窟南壁下层造像（表 7），这应该不是巧合。考虑到第 36 窟特殊窟形及其在崖面的位置，此窟可能没有独立的设计，而是直接拼合了第 37 窟、第 35 窟图像。

四、三壁多层多龛式洞窟图像组合

中型洞窟中的第 27 窟、第 29 窟、第 30 窟、小型窟第 25–1 窟、第 16–1 窟等窟、小型窟第 25–1、16–1 等窟，三壁均为多层多龛形式（表 8）。除第 16–1 窟外，此形式洞窟正壁上层一概雕刻交脚菩萨像或倚坐佛像。其中第 29 窟、第 30 窟中龛刻倚坐佛像，两侧龛刻交脚菩萨像，为弥勒菩萨和弥勒佛组合，此形式与第 8 窟主室北壁上层十分相似，有可能受其影响。第 27 窟、第 29 窟、第 30 窟正壁下层中龛雕刻跌坐佛像，两侧龛刻倚坐佛像 [②]。倚坐佛应是与上层弥勒菩萨像呼应的弥勒佛，跌坐佛应为释迦佛。总体而言，这些洞窟正壁图像突出表现了弥勒上、下生信仰。此外，若将各层中龛造像视为该层主要尊像，则各窟北壁形成上层弥勒（菩萨、佛）、下层释迦佛组合，正是对第 8 窟主室北壁图像组合的沿用。

各窟侧壁龛像相对单一。第 29 窟东西侧壁、第 30 窟东壁、第 25–1 窟西壁均分为上下两层雕刻并列二跌坐佛龛，其图像配置方式与第 7、8 窟主室东西壁相似，或可作为一般化的佛陀供养图像理解。第 30 窟西壁下层亦刻并列二跌坐佛龛，上层则一分为三，中龛刻跌坐佛像，两侧龛内对称雕刻立佛像 [③]。云冈第三期洞窟中对称配置立佛像的情况多与授记思想相关，本窟西壁上层图像盖亦如此。第 27 窟西壁上层南龛雕刻交脚菩萨像，与之对应的东壁南龛造像被盗，可能亦为交脚菩萨像。

第 29 窟南壁明窗和窟门之间残存一侧身向左的坐姿菩萨像，有可能是维摩文殊像或二菩萨对坐像之一部分。由于第三期洞窟中菩萨对坐像一般与维摩文殊像相对配置，较少单独出现，故此处为维摩文殊像的可能性更大。本窟南壁窟门东侧见有阿育王施土图像，窟门西侧坍塌，原应有与之相对的定光佛授记图像或立佛像。第 30 窟南壁中层西侧开凿两个方形龛，西龛刻太子思惟与白马吻足图像，东龛刻二菩萨对坐像，推测东侧原有与之对应的维摩文殊像。南壁上层明窗西侧雕刻降魔成道图像，明窗东侧可能原有调伏三迦叶图像。

三壁多层多龛式洞窟虽龛像繁多，然大体是在对称布局的基础上重复表现相同题材。

---

① 云冈石窟文物保管所编.《中国石窟·云冈石窟（二）》，北京：文物出版社，1994 年，第 269 页。
② 第 30 窟正壁下层东龛风化严重，但通过残像身体比例及座前痕迹，仍可推定为倚坐佛。
③ 第 30 窟西壁上层北侧造像被盗，据痕迹推测原为立佛像，但未明是否附有阿育王施土等授记情节。

表8　三壁多层多龛形式洞窟图像组合情况

规格	实例	图像配置示意图	补充说明
中型洞窟	第27窟		（1）供养人像。
	第29窟		（1）窟门与明窗之间存一侧身向右的游戏坐菩萨像，其左侧可能原有与之相对的维摩诘像或菩萨像，现已残失。
	第30窟		（1）推测为降魔成道图像；（2）似为二对谈菩萨像；（3）太子思惟与白马吻足图像。
小型洞窟	第25-1窟		（1）横列千佛龛7龛；（2）横列千佛龛10龛；（3）北壁上层交脚菩萨两侧下部均刻有跪姿礼拜像。
图例		⊥ 趺坐佛　⊥⊥ 并坐二佛　∏ 倚坐佛　✕ 交脚佛　⊠ 交脚菩萨　∣ 立佛　⊥ 阿育王施土　⊥ 定光佛授记　⊥ 罗睺罗受记 ⊥ 菩萨　⊥ 半跏思惟菩萨　⊥ 弟子　⌐ 曲尺形龛　⌒ 尖拱形龛	

五、中心柱窟图像组合

云冈第三期第4窟、第5-28窟、第39窟等窟为中心柱窟，其中以第39窟规模最大且保存相对良好。该窟东、北、西三壁主要雕刻千佛龛，并各于千佛中央刻一小型趺坐佛龛。南壁窟门上方并列开凿三个方形明窗，其余壁面被分割为若干不规则区域雕刻小型佛龛。在第二期第1、2窟、第6窟中，北壁均开凿大龛，并以龛内造像作为整窟主尊。第39窟周壁以雕刻千佛像为主，因而中心柱在视觉上占据窟内主体地位。该中心柱作五层仿木构楼阁佛塔形式，每层各面开五龛，龛间浮雕立柱，柱承阑额，额上刻一斗三升拱及人字叉手，塔柱上端雕刻须弥山与窟顶相接。窟顶划分为若干方形格或三角形格，其中东、西两侧方形格中见有三头四臂、托举日月的神王等形象，南侧二方形格中刻莲花。

表 9　云冈第 39 窟中心柱四面龛像配置情况

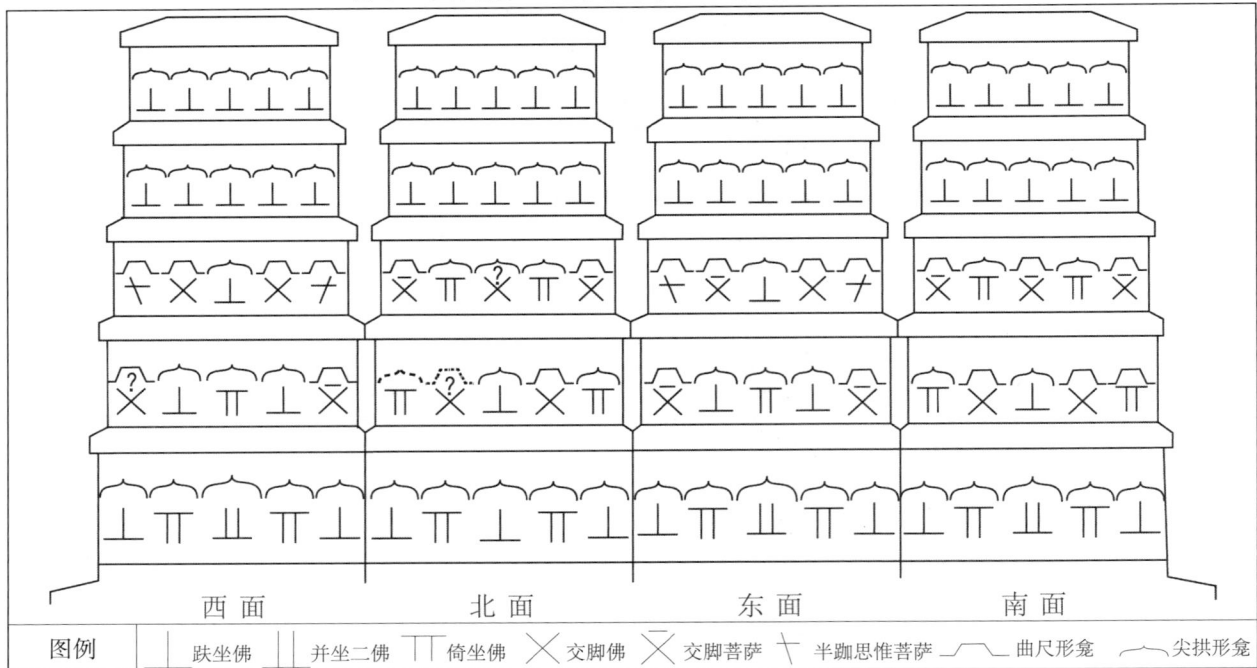

| 西　面 | 北　面 | 东　面 | 南　面 |

| 图例 | ⊥ 跌坐佛 | Ⅱ 并坐二佛 | ＴＴ 倚坐佛 | ✕ 交脚佛 | 交脚菩萨 | ⊤ 半跏思惟菩萨 | ⌐ 曲尺形龛 | ⌒ 尖拱形龛 |

第 39 窟中心柱四面龛像按一定规律配置（表 9）[①]。其一，东面与西面、南面与北面大多对称雕刻相同龛像，仅有少量龛像存在区别。如南面第 1 层中央龛内刻二佛并坐像，北面第 1 层中央龛内为跌坐佛像。其二，下起第 1-3 层在安排各层尊像时，两侧四龛一律以中央一龛为中心左右对称配置。其三，第 1-3 层中央龛尊像推测形成纵向组合关系，其中东、西面为二佛并坐、倚坐佛、跌坐佛组合，南面为二佛并坐、跌坐佛、交脚菩萨组合。其四，塔柱各面第 4、5 层均为跌坐佛尖拱形龛。

第 39 窟中心柱西面第 1 层南起第 1 龛下方雕刻对鹿，龛内跌坐佛当为初转法轮的释迦佛，由此似可推测第 1-3 层所刻跌坐佛以表现释迦佛为主。此外，第 1-3 层所见二佛并坐像代表释迦多宝佛，交脚佛、倚坐佛像应代表弥勒佛，交脚菩萨像为弥勒菩萨。这些尊像均为《法华经》主导图像的组成元素，其组合形式虽富于变化，但意涵应相对固定。第 39 窟中心柱第 4、5 层龛内全部雕刻跌坐佛，推测是三世十方千佛之表现。千佛是早期佛塔造像主要题材，但在云冈第二期中心塔柱造像中退居次要地位。如第 6 窟中心柱下层四龛分别雕刻释迦佛、释迦多宝佛、弥勒菩萨、弥勒佛像，而千佛像集中雕刻于上层，第 39 窟中心柱龛像在内涵上与第 6 窟一致。

六、小结

首先，云冈第三期洞窟图像配置富于变化，但总体而言，中型洞窟大多采用对称法则配置两侧壁龛像（表 10）。这一方面是洞窟体量、形制使然，另一方面也是第一、二期对称构图传统的延续。其中，第 26 窟、第 27 窟、第 29 窟、第 31 窟侧壁对称开凿双层龛，两侧壁图像自成体系，与正壁图像之间看不出直接

---

① 水野清一、长广敏雄先生在考古报告中所绘第 39 窟中心柱佛龛配置图部分龛像有误，今据实际情况重绘。〔日〕水野清一、长广敏雄.《云冈石窟》第 15 卷本文，Fig.43。

组合关系。第 24 窟、第 25 窟、第 28 窟、第 34 窟采用三壁三龛形式，其三壁尊像的变换皆遵循对称法则，各窟两侧壁尊像之尊格、内涵应完全相同。事实上，即使是两侧壁尊像形式有异的第 33 窟、第 35 窟，其侧壁尊像亦为弥勒菩萨和弥勒佛的成对表现。小型洞窟的图像配置相对自由，因为需要在更加有限的空间内表现相对完整的主题，自然无法保障不同壁面之间的对称性。

表 10　第三期中、小型洞窟图像配置情况 [①]

正壁龛像内容	中型窟		小型窟	
	侧壁对称	侧壁不对称	侧壁对称	侧壁不对称
释迦多宝佛	21、25、26、28、34	33	24–1、33–4	11–16、38–3、38
趺坐佛	24	35		13–15、13–16、13–17、5–40、5–10、5–11、36–1
弥勒菩萨	37		36–2	
弥勒（菩萨、佛）与趺坐佛或释迦多宝佛组合	31、27、29	30	32–9	

其次，第三期洞窟主题思想与第二期诸窟一脉相承。自第 7、8 窟开始，法华经之象征释迦多宝佛、法华经之教主释迦佛作为洞窟主体图像的一部分出现于主室北壁下层，其与上方弥勒菩萨、弥勒佛所构成的组合成为第二期诸窟中极为重要的图像元素。该图像内涵之一为《法华经》强调的一佛乘思想，之二为弥勒上生、下生信仰。第三期洞窟对于这两种内涵的表述各有偏重，但多数仍为这两种内涵与其他大乘成佛思想元素的结合。

最后，洞窟的大小对于窟内造像题材的选择有一定影响。就第三期诸窟正壁龛像而言，释迦多宝像是中、小型洞窟中共同流行的题材，但其他题材的使用则有所差异。体量较大的第 27 窟、第 29 窟、第 30 窟、第 31 窟壁面空间充足，倾向于分层开龛，因而得以在同一壁面表现弥勒（菩萨、佛）与释迦多宝佛或趺坐佛组合；而小型窟则倾向于在正壁雕刻趺坐佛，推测是对释迦佛的集中表现。

（原文刊载于《敦煌研究》2020 年 3 期）

---

① 　表中仅列出三壁龛像结构、内容大致明确的洞窟。

云冈昙曜五窟洞窟形制中的印度因素与相关问题研究

郭静娜　韦　正

　　云冈石窟早期洞窟为第 16-20 窟，因为是由昙曜高僧主持开凿又称为昙曜五窟。昙曜五窟洞窟形制的基本特点是平面呈马蹄形，立面呈半拱形，他处未见与此洞窟形制完全相似者。此种形制之来源与功用现学术界主要有以下观点：宿白先生认为："这种式样的石窟，就已知的资料，自南亚、中亚以迄我国新疆、甘肃，都还没有发现相似的先例。因此我们认为它应是公元 5 世纪中期平城僧俗工匠在云冈创造出的新模式。"[1] 较有影响之说还有二：一种认为此种形制与拓跋鲜卑来自草原有关，因而采用了与穹庐式毡帐相似的样式；另一种则认为是模仿了古印度僧人禅修的草庐。笔者认为，若模仿了穹庐式毡帐，需回答为什么此种形式独见于大型洞窟。若模仿了禅修草庐，需回答云冈附近发现的禅修洞窟为什么没有采用这种形制？本文认为昙曜五窟可能直接吸收了印度石窟的部分因素，以下试作简说。

一、昙曜五窟的洞窟形制

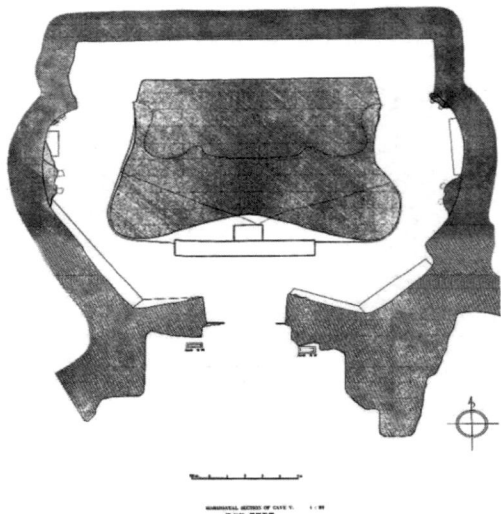

图 1　云冈石窟第 5 窟平面图

　　首先从洞窟平面来看传统观点认为昙曜五窟洞窟平面呈马蹄形笔者认为有误，如果将昙曜五窟洞窟两侧壁弧线向前延伸，可以发现其洞窟平面实际形态应为半圆形。第 5 窟就是这种形态，只不过后壁凿成了直线（图 1）。

　　其次从洞窟功能性来看其他地区的大像窟多在后部凿出通道，以便于环绕礼拜，而环绕礼拜正是礼拜型石窟最原始的功能。克孜尔是中国境内大像窟集中分布的地区，相当一部分大像窟的年代可能与昙曜五窟接近。虽然克孜尔石窟中大像窟中的造像无一幸存，但大像后面均开凿用于礼拜的通道（图 2）。位于克孜尔以西的阿富汗巴米扬石窟大佛规模远超过昙曜五窟，在大佛之后依然开凿出用于礼拜的通道（图 3）。

　　云冈石窟昙曜五窟虽属大像窟，但在洞窟内并没有开凿用于礼拜的通道。由此可知，昙曜五窟的洞窟形制应为平面呈半圆形，没有礼拜通道的大像窟。昙曜五窟如此设计笔者认为原因有二：首先从石质及安全方面考虑：云冈石窟依山雕凿，石质属侏罗纪砂岩，较为松软。同时在昙曜五窟开凿区域内可见泥岩带，从石窟的保存现状来看，泥岩带区域风化的程度最为严重，可见该区域石质并不适宜雕刻。从第 20 窟保

---

① 云冈石窟文物保管所.《中国石窟·云冈石窟（一）》，北京：文物出版社，1991 年，第 176~197 页。

存现状来看，其窟前立壁可能
在雕刻过程中就发生过坍塌，
因此出于石质及洞窟安全方面
的考虑，并没有在昙曜五窟洞
窟内开凿礼拜通道；其次从昙
曜五窟的政治寓意考虑，由于
昙曜五窟的五尊主像均在十米
之上，气势雄伟，颇显帝王气象，
结合北魏佛教史及相关历史文
献，现学术界普遍认为昙曜五
窟的五尊主像均是仿照北魏帝
王而建，从而将政治和宗教完

图 2　克孜尔千佛洞大像窟平、剖面图
（采自《克孜尔石窟内容总录》）

图 3　巴米扬大佛及脚部的礼拜通道

美地结合起来。由于皇权至上，不可冒犯，故笔者认为昙曜五窟窟内不设置礼拜通道应该是出于此方面的
考虑。

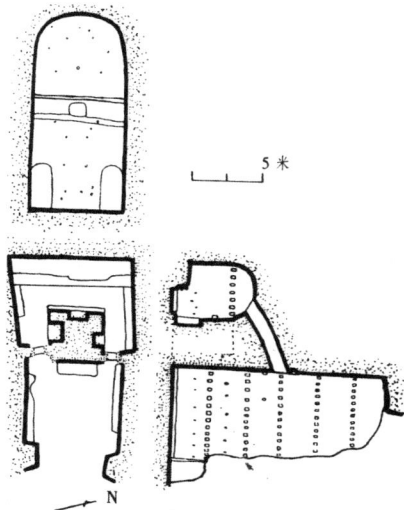

二、云冈石窟昙曜五窟洞窟形制溯源

（一）昙曜五窟洞窟形制中的印度因素

　　昙曜五窟与克孜尔、巴米扬石窟均开凿了大像，从佛教传播
的路线考虑，彼此之间应该存在一定的联系，但昙曜五窟洞窟形制
的半圆形（平面），与克孜尔、巴米扬石窟差异显著。克孜尔石
窟总体平面呈长方形，大像矗立于前室正壁，相当于中心柱的前方，
而中心柱实际上是通道围合成的平面近方形的粗大岩体（图 2）。
巴米扬石窟平面近方形，礼拜绕大佛两腿进行（图 3），由此可见
昙曜五窟显然与克孜尔、巴米扬石窟的洞窟形制均不同，但与印
度本土石窟寺的平面形态却有相似之处。李崇峰先生对西印度石
窟进行了分期研究，揭示了西印度石窟寺从简单的近圆形到前室、
前廊、主室、佛塔一应俱全的发展过程，虽然形态变化多端，但
石窟最后部分为半圆形是共同特征。这样的例子很多，如贡迪维蒂
第 9 窟（图 4）、纳西克第 18 窟、埃洛拉第 10 窟。

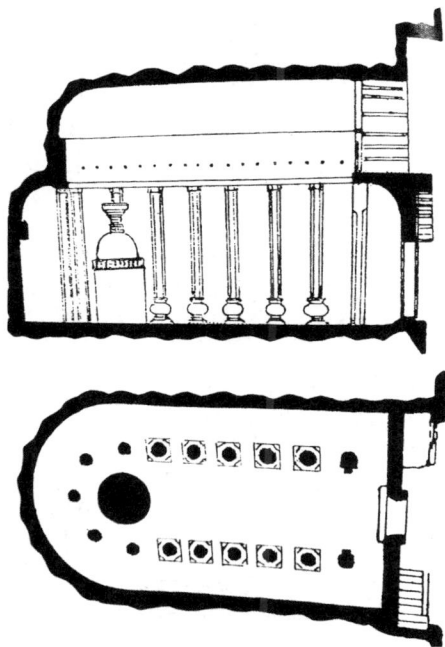

图 4　贡迪维蒂第 9 窟平面及纵剖面图（采
自李崇峰《中印度佛教石窟寺比较研究》）

　　洞窟凿成半圆形，与圆形佛塔的设置有直接关系。佛塔为圆形，前部又有长方形主室，那么后半部开
凿成半圆形最为自然。昙曜五窟虽均未凿出礼拜通道，但其基本形态与半圆形相近，由此可见昙曜五窟的
大像窟并不是受到克孜尔、巴米扬石窟的影响[1]，而是受到了印度本土石窟形制的直接影响。

① 〔日〕宫治昭.《涅槃和弥勒的图像学》，李萍，张清涛译，北京：文物出版社，2009 年，第 327~345 页。

上述推测如果成立，那么昙曜五窟顶部为半拱形也就得到了合理的解释。从贡迪维蒂第 9 窟、纳西克第 18 窟、埃洛拉第 10 窟等石窟的结构可以看出，石窟中佛塔所在窟顶为穹隆形，昙曜五窟顶部的形状正好相当于切除了穹隆形的前半部的形态，之所以不似印度石窟那样圆整，应是由于大佛与佛塔形态不同有关。那种认为昙曜五窟的窟形是模仿了鲜卑族毡帐的观点是只注意了洞窟与毡帐的外在形态，而忽略了这个比对与佛教或石窟寺本身无关。

（二）昙曜五窟雕刻中的印度因素

将昙曜五窟的洞窟形制与印度石窟的洞窟形制直接联系起来，还在于昙曜五窟中第 18、20 窟的部分雕刻具有浓重的印度气息且只见于云冈石窟[1]。第 20 窟飞天和供养菩萨是云冈石窟仅存的早期形象，"飞天头戴花蔓宝冠，圆形头光，辫发，圆脸，颈饰项圈，臂腕佩钏镯，具有古印度贵族的装束特点。长裙贴腿，露足，手捧花盘向佛"[2]（图 5）。其形象特征既与年代最接近昙曜五窟的第 7、8 窟的有关形象差异显著（图 6），也与武威天梯山的北凉（图 7）、永靖炳灵寺西秦时期的有关形象迥异。

云冈石窟第 18 窟中北壁东侧的弟子像"高额深目，眉端卷圈，眼窝深陷，颧骨突出，两颊陷凹，显然来自异域"，对比同时期古印度雕刻，这些弟子像与印度人的形象非常接近（图 8）。

云冈第 18 窟中的弟子像能雕刻得如此惟妙惟肖，必然有真人作为范本。由于北魏统治者十分重视对外

图 5　云冈石窟第 20 窟供养菩萨采自《云冈石窟》第 14 卷　　图 6　云冈石窟第 7 窟飞天采自《云冈石窟》第四卷

[1]　云冈可能受到中亚、西域的影响，已有记述涉及，可参见国家文物局教育处编《佛教石窟考古概要》，文物出版社，1993 年，第 105 页，但记著中将凉州的影响置于首位，本文则强调印度的直接影响。

[2]　张焯.《中国石窟艺术——云冈》，南京：江苏美术出版社，2011 年，第 179 页。

图 7   天梯山石窟胁侍菩萨采自《甘肃石窟寺》　　　　图 8   云冈石窟第 18 窟弟子像采自《云冈石窟》第 12 卷

文化交流与贸易，作为北魏时期丝绸之路最东端的平城，由于其地理位置的重要性，成为当时的国际都市。开放与包容的政策不仅吸引了西亚、中亚的商人，同时古印度的僧人也通过丝绸之路来到平城，这些人不仅将佛教文化传播于此，同时将古印度石窟文化带到了平城，这应是昙曜五窟洞窟形制与古印度石窟寺相似的直接原因。由于弟子、飞天、供养菩萨的形象都具有浓重的印度味道，与中国传统的审美趣味差异其大。随着佛教文化与汉文化的相互融合，具有浓郁异域特征的雕刻在昙曜五窟之后开始逐渐减少，直至不见，这是印度佛教中国化的必然结果。

（三）云冈石窟窟顶北魏寺院遗址中的印度因素

能说明昙曜五窟可能与印度直接关联的证据还有云冈窟顶西部北魏寺院遗址。寺院遗址系由东南西北四面廊房围合佛塔而构成，"塔基位于东、西廊房中间靠南的位置，残留一处方形台基，边长约 14 米，残高约 0.35~0.7 米。台基四周是 1.5 米厚的夯土（夯土外包有片石），南面正中有一条斜坡踏道……这是一个北魏寺庙遗址，塔在院中，是塔院式结合的建筑"①。这是一处与印度佛寺布局相当接近的佛寺，李崇峰先生对此进行了详细研究，列举了大犍陀罗地区（即罽宾）的相关佛寺，认为："……云冈石窟西部冈上之遗址，即武州山石窟寺'上方一处石室数间'之译经处应完工于北魏和平三年之前。当初设计'天竺僧随番经之地'时，遵循'犹依天竺旧状而重构之'原则，在罽宾寺院制度的基础上，浮图居中建造，僧房

---

① 张庆捷、李白军，江伟伟.《山西云冈石窟窟顶北魏寺庙遗址》，北京：文物出版社，2011 年，第 127~129 页。

周匝布置。这应是天竺僧伽蓝中国化的最初尝试。"①这处寺院遗址属于北魏哪个时期、遗址属于译经场所或其他性质都可再斟酌，但这个寺院与印度寺院的关系是确凿存在的，而且"天竺僧陁"确实出现在了云冈，这对于上文将昙曜五窟的洞窟形制、部分雕塑的形象都直接追溯到印度无疑是有帮助的。

三、相关问题

（一）敦煌早期洞窟溯源

将昙曜五窟洞窟形制直接追溯到印度，涉及佛教石窟寺的传播路线问题。具体而言，涉及印度佛教和石窟寺在中国传播的路线，以及中国境内不同石窟之间的影响关系，特别是云冈与凉州的关系问题。

从传统佛教文化传播的路线来认识中国境内石窟之间的彼此关系，大体为：在陆路上印度石窟寺经中亚入中国新疆，从西域入河西，再由河西分三支，一支去平城，一支去长安，一支沿河南道下益州。这种思路自有其合理性，且也有文献资料可作若即若离的证明，但一旦论及具体石窟材料，则彼此之间的关系却难以实实在在地建立起来。以敦煌莫高窟为例，所谓最早的北凉三窟的洞窟形制与西部的克孜尔、东部的武威天梯山、云冈昙曜五窟均不相似，但囿于传播论，相关研究仍然将莫高窟北凉三窟追溯到凉州。"敦煌莫高窟地近凉州，它的北朝第一期（即北凉，引者注）艺术同样应该是源于凉州，且属于北魏灭法之前的形式。"②

"北凉三窟"是否能早到北凉时期是个重要的问题，但为莫高窟最早洞窟当无问题。其中，第268窟因系禅窟可暂且搁置不论，第272窟是中国特色的平面近方形的覆斗顶的佛殿窟，也可暂时不论。第275窟是典型的礼拜窟，论者认为其窟形为第一期所仅有③，其实不然。第275窟的平面呈长方形，与第254、249窟较为接近，两侧壁画、列龛及本生故事的配置也较为相似，不同之处在于第275窟后壁为近乎通壁的一弥勒二狮子塑像。但如果考虑到第275窟面阔只有2米左右，由于空间狭小，在洞窟中难以凿出中心柱，而且即使凿出也无法进行礼拜。如果这个推论成立的话，那么第275窟与第254、249窟在形制上就没有本质的差异。实际上第254、249窟在年代上与第275窟也应非常接近，甚至可以归为一期。它们形制的共同特点是平面呈长方形，中心柱位于后部。类似形制的洞窟在莫高窟很多，只是时代更晚些而已。这种形制的洞窟前室为两面坡顶，这是受到汉式建筑影响的结果，这如同克孜尔地区前室流行券顶一样。从洞窟形制来看，莫高窟的北凉三窟与克孜尔地区的许多洞窟均为平面呈长方形，中心柱位于洞窟后部的形制，仅从洞窟形制来看莫高窟似与克孜尔地区的石窟建立起了联系。但前举莫高窟早期数窟两侧壁列龛的布局则不见于克孜尔，而在印度石窟寺中前室列柱甚至列佛像则较为常见，因此与其将莫高窟早期洞窟的渊源追溯到克孜尔或并无类似发现的凉州，笔者认为莫高窟的早期石窟应是主要接受了来自印度石窟寺的直接影响。

（二）昙曜五窟与凉州佛教文化

这里不得不涉及的就是云冈石窟与凉州的关系问题。云冈第16~20窟为云冈早期洞窟，学术界对此几

① 李崇峰.《佛教考古：从印度到中国》，上海：上海古籍出版社，2015年，第288页。
② 樊锦诗，马世长，关友惠.《敦煌莫高窟（一）》，北京：文物出版社，1982年，第177页。
③ 樊锦诗，马世长，关友惠.《敦煌莫高窟（一）》，北京：文物出版社，1982年，第177页。

无异议。文献记载昙曜五窟为云冈开窟之始，且规模巨大，云冈第 16~20 窟遂被推定为昙曜五窟。据文献记载昙曜来自凉州，凉州石窟兴建早于云冈，后凉州佛事皆俱东，因此从昙曜五窟探讨云冈与凉州之关系应为合理思路。但凉州佛教文化表征的实物除武威天梯山及北凉石塔为可靠证据之外，凉州石窟及其佛教文化之具体特征实不为人所多知，因此无法从昙曜五窟中看出明显的河西石窟文化因素。

昙曜五窟的开凿时间距河西臣服北魏政权已二十余年，且北魏所拥有的佛教资源也绝不仅限于河西。华北、关中地区十六国虽然这个时期没有开凿石窟，但佛教造像早已出现，用以开凿石窟的技术和思想条件皆已具备，因此即使河西工匠在云冈石窟昙曜五窟的开凿上曾发挥过技术方面的作用，如果在造像特点和造像思想上看不出凉州与昙曜五窟之间密切关系的话，很难提出凉州与昙曜五窟有直接关系。也正是基于这一考虑，我们认为昙曜五窟所具有的印度因素值得单独提出并加以述说。

（三）昙曜五窟的性质

最后需略作讨论的是昙曜五窟的性质问题，涉及宿白先生的有关论述。宿白先生在综论北方地区石窟时说："石窟的类型有禅窟、塔庙窟和佛殿窟。禅窟数量少，盛行的是后两种。塔庙窟中的塔完全是汉式的方形楼阁状。佛殿窟椭圆形平面出现早，如云冈昙曜五窟，方形四壁重龛者出现晚。"[1] 宿白先生在这里明确将昙曜五窟看作佛殿窟。在另一处，宿白先生对佛殿窟进行了较为细致的说明："僧人打坐修行时要思念佛像，必然要在打坐修行之前礼拜佛像、观看佛像，所以在禅窟附近，就要开凿佛庙，早期的佛庙就是塔，所以佛经中叫'入塔观像'，这样的石窟可名'塔庙窟'或简作'塔窟'。略晚一点出现了专奉佛像的石窟，这种石窟可称'尊像窟'或'佛殿窟'。"[2] 宿白先生的区分是客观的，可作为划分依据。如果按本文推测昙曜五窟大像之后本应有通道，将昙曜五窟作为塔庙窟可能比作为佛殿窟显得更合理。

四、结论

石窟形制问题是石窟寺研究的基本问题。宗教活动是在一定的空间中进行的，这种空间具有神圣性，是礼仪活动得以合理开展的空间。空间的主要部分具有象征性，不能轻易做出改变。马蹄形洞窟不见于其他地区，平城地区的佛教又非独创，因此马蹄形洞窟的样式及功用还应在既有石窟寺内部寻找。笔者通过对昙曜五窟以及印度石窟寺洞窟平面及功用的分析，提出昙曜五窟马蹄形的洞窟形制应是受到了印度石窟的直接影响。

除此之外，笔者还通过对敦煌莫高窟早期洞窟的形制、洞窟布局与克孜尔石窟及印度石窟的比较，得出敦煌莫高窟早期洞窟的形制应是受到印度石窟寺文化影响的结论，就此还对昙曜五窟与凉州石窟的关系进行了探讨，不仅对传统的佛教文化传播论提出了新的看法，同时对昙曜五窟的性质提出了新说。

（原文刊载于《敦煌研究》2020 年第 4 期）

---

[1]　宿白 .《中国佛教石窟寺遗迹——3 至 8 世纪中国佛教考古学》，北京：文物出版社，2010 年，第 17 页。
[2]　宿白 .《中国佛教石窟寺遗迹——3 至 8 世纪中国佛教考古学》，北京：文物出版社，2010 年，第 17 页。

云冈石窟的希腊大力神赫拉克利斯

王雁卿

图1　1赫拉克利斯陶瓶2古罗马大理石雕刻（1采自邢义田《立体的历史：从图像看古代中国与域外文化》，三联书店，2014年，第163页。2采自《世界美术大全集西洋编5古代地中海与罗马》小学馆，1997年，第208页。

图2　犍陀罗出土的藏于大英博物馆的执金刚神与供养者、礼拜者石雕（采自《世界美术大全集西洋编4希腊》，小学馆，1995年，图79）

赫拉克利斯（Heracles，Herakles，Hercules）是古希腊大力士，是希腊主神宙斯的私生子。遭宙斯妻子赫拉嫉恨，逼迫他完成十二件不可能完成的艰巨使命。他完成的第一件任务就是打死狮子，并剥下巨狮的皮，将狮子皮披在身上，还狮头皮做成头盔。于是，狮皮盔成为赫拉克利斯的典型装备，他还拥有一支来自地狱的橄榄枝棍棒神器。

赫拉克利斯作为希腊、罗马神话中解厄救灾、勇敢有力的半人半神英雄，出现在希腊和罗马的陶瓶、壁画、钱币、铜石雕像甚至饰物上等（图1）。后来的亚历山大大帝宣称自己家族就是赫拉克利斯的神裔子孙，他在其所造的钱币和雕刻中，也戴着狮头盔，以赫拉克利斯的化身出现表示拥有非凡的力量和勇气。

随着亚历山大的东征及之后公元前后1世纪罗马帝国向地中海东部的扩张，赫拉克利斯的形象也从希腊出发来到亚洲各地。出现了不少雕刻赫拉克利斯的铜像和石像以及铸有赫拉克利斯头像的钱币，如近代在犍陀罗地区发现了大量正面是当代国王的头像，背后为赫拉克利斯持棍形象的钱币，意在护国卫王。

在深受希腊化艺术影响的犍陀罗佛教艺术中，大力士赫拉克利斯变身为护持佛陀释迦牟尼的金刚力士。英国大英博物馆收藏的一块公元2-3世纪石雕残件的左侧，有4个面向右的人物，中部可能是佛陀。其中一人头戴有双耳的狮头盔，狮子的前肢双爪打结交叉在胸前。裸上身，着短裙，右手紧握金刚杵，左手挂剑，守护佛陀，以金刚杵代替棍棒（图2）。

结合了希腊文化元素和印度传统的犍陀罗希腊化佛教艺术，沿着丝绸之路随着西行东来的使者、僧人、商旅等穿过西域，来到平城，来到云冈石窟。

云冈石窟第13窟南壁明窗东、西两侧各雕刻三层佛龛，两侧佛龛的布置

图 3　云冈石窟第 13 窟南壁明窗东侧 _F5I0786

并不对称。其中东侧最下一层为并列的五个小圆拱龛，上二层佛龛应是表现一个组合龛。上为交脚菩萨盝形龛，下为坐佛圆拱龛，中间雕七个小禅定坐佛圆拱龛，三者结合表现的是三世佛（图3）。上交脚菩萨为未来弥勒菩萨，下坐佛为现在佛释迦牟尼，中间七佛表示过去佛。

圆拱龛龛内雕一佛二胁侍菩萨，坐佛着袒右肩式佛衣，右手施无畏印，结跏趺坐于圆台之上。胁侍菩萨手提净瓶立于龛内两侧。龛座涂泥，黄底书蓝字"佛光普照"，为清代之作。龛外两侧各纵雕四格，每格内雕一像，均披帔帛，两两相对。从下至上最下层造像剃发，双手向上托抗，右像蹲踞，左像舒相坐。第二层造像剃发，呈舒相坐。右像一手横置胸前，一手当腰，左像右手举物，左手于腹前。第三层左像头顶兽头，身披兽皮，兽前肢两爪系于胸前，后肢束于腰间。左手前伸，右手上举，握着棒头，舒相坐于方台之上。右像逆发，佩项圈、交叉的帛带，左手于膝，右手执棒，呈舒相坐。第四层左像束高髻，斜披络腋，下着裙，双手持物，右手持宝珠或火钳上举，胡跪。右像束高髻，佩V形大项圈，右手叉腰，左手执三股叉，坐于方台之上。除第四层左像外，均裸上身披帔帛，着犊鼻裤。这个圆拱龛两侧纵列方格内置造像的布局在云冈石窟是唯一的，虽然同是云冈石窟中期的第9、10窟、第12窟等佛龛两侧也出现了舒相坐形象，但多为菩萨像、夜叉像，且不是均衡排列。这八个形象手印不同，装扮不一，姿态各异，除下层像外均有头光。有的双唇紧闭，有的嘴角还向下耷拉，表情肃穆。我们推测这是八尊天部神像，可能是护持佛法的诸鬼神中的"神王"。

佛教中神王是天部诸神之一，有各种名称。后秦佛陀耶舍与竺佛念共译《佛说长阿含第四分世记经忉利天品第八》云：佛告比丘，有四大天神。何等为四，一者地神、二者水神、三者风神、四者火神。鸠摩

图7　凉州马德惠塔基座神王像（采自殷光明：《北凉石塔研究》，财团法人觉风佛教艺术文化基金会，2000年，第26页，图8

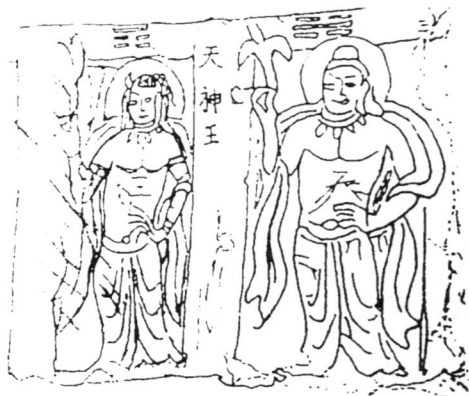

图6　凉州索阿后塔天神王像（采自殷光明：《北凉石塔研究》，财团法人觉风佛教艺术文化基金会，2000年，第224页，图137

图8　北魏承平元年（452）石雕造像台座三个神王拓片（采自李裕群：《神王浮雕石佛座拓本考释》，《文物》2010年第7期）

罗什译《佛说弥勒大成佛经》：
时弥勒佛共穰佉王……入翅头
末城。足蹑门阃。……佛于此座
转正法轮。……并为演说三十七
品助菩提法。……尔时大地六种
震动。如此音声闻于三千大千世
界。……时诸龙王八部。山神树
神药草神水神风神火神地神城池
神屋宅神等。踊跃欢喜高声唱言。
东晋天竺僧人佛驮跋陀译《大方
广佛华严经》云：彼佛众会一切

图9 巩县（今巩义市）第4窟的狮神王（采自河南省文物研究所编：《中国石窟巩县石窟寺》，文物出版社，1989年，图176；常青：《北朝石窟神王雕刻述略》，《考古》1994年第12期）

天龙八部鬼神。乃至无量净居诸天，地神、风神、海神、火神、山神、树神、丛林药草城廓等神，皆悉云集，奉觐世尊听受正法等。

早于云冈石窟的北凉石塔的基座上雕刻着各种形式的神王像，共同特征为具头光，帔帛从头光后顺肩绕肘而下，手持供品或武器，供品有火焰珠、莲花、水瓶等，武器有三股叉。有男有女，男性袒上身，下着犊鼻裤或腰裙。其中索阿俊塔的艮（435）（☶）像的左侧边框上刻有"天神王"三字（图6）。而且马氏塔（426）、沙山塔的神王形象风格相似，手持供物，除马氏塔有一像双手擎盘外，其余的均手持三股叉，姿态以交脚坐和舒腿坐为主（图7）。又据李裕群先生研究，陈寅恪旧藏，现收藏于广州中山大学图书馆的一份造像台座的拓片，应为北魏承平元年（452）雕造，石座的三面刻七尊神像并有榜题，七尊神为山神王、树神王、珠神王和四天王像，三个神王上身袒露，下着犊鼻裤，盘腿舒相坐式。主尊为释迦和无量寿佛。造像功德主为陇西郡人，造像大概出自西北的陕西或甘肃（李裕群：《神王浮雕石佛座拓本考释》，《文物》2010年第7期。见图8）。

这些有可能是云冈石窟神王像造型、宗教意义的来源。而且从北魏晚期开始，石窟和单体佛造像台座上出现了成组的神王像，在龙门宾阳三洞、巩县石窟、响堂山石窟、安阳小南海石窟、天龙山石窟等均可见到。其相近的特征为上身袒露，挂帔帛，下着犊鼻裤或短裙，盘腿或支腿舒相坐式，有时手持三股叉武器，北齐时出现身着铠甲宝冠的神王像。其中巩县第4窟的狮神王也是人形头戴狮皮盔，前肢两爪交于胸前，两手于身前挂棍状物，具有赫拉克利斯造型特征（图9）。

图10 第9窟后室顶部护法 4A0000159

云冈石窟第13窟南壁明窗东面佛龛两侧的神像，除一身为胡跪状的斜披络腋的菩萨装外，均为舒相坐、裸上身、着犊鼻裤的装束。云冈石窟最早出现舒相坐的是第17窟东壁坐佛盝形龛龛内两侧的菩萨像，还有第7、8窟门拱上层的多头

图 11　陕西省历史博物馆所藏北魏皇兴五年 (471) 交脚弥勒佛的神王像（采自金申：《中国历代纪年佛像图典》，
文物出版社，1994 年，图 21）

图 12　巩县第 3 窟神王像（采自河南省
文物研究所编：《中国石窟巩县石窟寺》，
文物出版社，1989 年，图 121）

图 13　第 6 窟树神王

图 14　赫拉克利斯神像

图 15　明代山西阳高云林寺佛
像背光中的天王像

图 16　阿富汗哈达佛寺遗址出土佛龛（采自《世界美术大全集东洋编 15 中亚》
小学馆，1999 年，第 184 页。邢义田《立体的历史：从图像看古代中国与域
外文化》三联书店 2014 年，第 186 页）

多臂天王像。之后在中期洞窟则为常见，如第9、10窟、第12窟、第6窟后室窟顶平棊格内的神像、第10窟前室北壁须弥山两侧的天王、第9、10窟佛龛侧的夜叉像等等。除菩萨、夜叉外，均为持武器的天部神像。其中在第9窟后室顶部的一位护法天像的耳朵好像为象的耳朵，似乎是与象神王有关（图10）。云冈石窟只有第6窟中心塔柱上雕刻的树神王是明确的神王像，逆发，上身袒露，帔帛环身，下着短裙，舒相坐于台上，其右侧背后一棵大树，这是佛传故事中释迦即将出生神灵献瑞和护持的表现（图13）。第13窟南壁东侧佛龛八身造像至少属于守护佛法的天部神像应该不错，虽然手持的股叉、棍棒与诸天神像所持的日月弓箭等武器不同，但也缺少每个神王必要的标配，这也许是云冈石窟神王造像处于始凿阶段，神王仪轨还没有确定。陕西省历史博物馆所藏北魏皇兴五年(471)交脚弥勒佛座正面和背面各有四身神王像，同样是上身袒露，下着犊鼻裤，盘腿舒相坐式，也没有表示身份之物（图11）。巩县石窟神王群中同样有多尊不可辨识的神王像（图12），概是中国神王像初始的形象。

虽然第13窟南壁明窗东侧佛龛两侧的天部神像还不能确定为神王，但第三层左像无疑具有赫拉克利斯造型特征。头戴兽头帽，兽头粗眉上弯、梯形眼眶、三角圆鼻、宽阔的上唇清晰可见。胸前两条带爪前肢交叉系结，将前肢肘毛也表现出来了，而且带爪后肢系结于腰部，身左侧上举的左臂后有一块圆弧状雕刻，可能表现所披的兽皮，之下腰部还翘出一端头，可能表示尾巴。造像上身裸，下着犊鼻裤，帔帛环绕头光后从肘间飘出。右手下伸，似在托着佛龛拱端的龙爪，左手上举，握着棒头，棒身有小凹坑，以示瘤节。两腿外撇，一腿横置，一脚立起，坐于方台之上。像面部雕刻上也不同于其他像，面相方圆，鼻梁有横纹，耳佩圆珰饰，嘴角紧抿，虎虎生威（图14）。此像应该是中国目前发现最早的具有赫拉克利斯造型特征的造像。相比从希腊一路东向的赫拉克利斯像又有北魏的时代特点，兽头虽既不见狮鬃也没有虎斑，无法确定为狮头或虎头，但兽头粗眉上翘、梯形眼眶、腿部飘有肘毛为北魏瑞兽的特点。造像不仅着犊鼻裤，还披帔帛，具有佛教人物的装束。守护于佛身侧，在造像理念上应是受到犍陀罗艺术的影响。

北朝晚期，头戴兽头帽的金刚力士和天王形象常见于西北地区，如北魏晚期龙门宾阳中洞窟门两侧的多首多臂梵天和帝释天像，头上均戴兽首帽，獠牙清晰可辨，地神托足，手持三叉戟、剑、摩尼宝珠等，集天王、神王、金刚力士、夜叉等护法形象为一身，应还有赫拉克利斯信仰的存在。再后还有上述巩县石窟第4窟神王像，克孜尔第175窟两侧对称的密迹力士和头戴狮头皮冠的金刚力士等。唐代多戴在墓葬中的守卫或仪卫俑头上，后代也是广泛流行，具有威猛护持的象征（图15）。

守护神舒相坐更早一点可以向西探索，在阿富汗哈达有一处贵霜朝约公元1世纪初的哈达·塔帕绍特大型佛寺遗址内，泥质佛龛中为结跏趺坐佛，左右上方胁侍二菩萨，右侧为单腿支坐的执金刚力士，希腊式面孔，裸上身，下围腰布，胡须浓密，右手挂金刚杵，左肩部披狮子皮，形成狮首含臂造型，即是借用了赫拉克利斯信仰成分，又融合佛教金刚力士的身份形成新的造型，守护佛陀。左侧支坐一女神，左手执丰饶之角，右手上举，或为鬼子母像（图16）。

另外，在山西怀仁北魏丹扬王墓前室与墓道间甬道南端绘一对守门神，东侧神为三首四臂，毛发上扬，上身裸，斜披络腋，挂帔帛，下着犊鼻裤，肩部兽首含臂，腿部象首含膝，跣足。一手持一长杆（矛）、一手拖一金刚杵，一手抚腰，脚踏羊。西壁三首四臂神，面目狰狞，衣饰同东侧。一手高举鼓锤，一手持长杆枪（？）一手捻于胸前，一手于腰执金刚杵。脚踩在女鬼向两侧伸展的手上。神像周围环绕团莲花（图

图 17　怀仁北魏丹扬王墓守望门神（采自徐光冀主编《中国出土壁画全集 2 山西卷》，科学出版社，2011 年，第 32-34 页，图 28、29、30）

17）。这应该是目前考古发现的最早的多首多臂守门神，属北魏平城时期。守门神的四臂含于兽首应该也与赫拉克利斯造型和信仰有关。李静杰、李秋红研究认为希腊和罗马的赫拉克利斯除把狮子皮戴在头上之外，还搭在手臂、提在手里等形象。到赫拉克利斯信仰传到中亚、西亚、西北印度时，不经意间出现了一手持棒，兽首横向搭在另一肩，使手臂从兽首口中伸出，便形成兽首含臂图像（李静杰、李秋红：《兽首含臂守护神像系谱》《艺术史研究》第十八辑。见图 16、18）。英国私人收藏的相传为阿伊哈努姆出土的青铜赫拉克利斯像狮头便覆于左臂（图 19）。所以平城时期的兽首含臂的守门神应该是在印度多首多臂、印度夜叉脚踏卧兽或恶鬼、犍陀罗文化承继希腊赫拉克利斯发展的兽首含臂等多种因素融合下的造型。当然从不经意地从兽首中伸出手臂到四臂均含于兽首内的装饰性设计，还应该有一个过程。头戴兽首帽、身披兽皮和兽首含臂的形象同时出现在北魏平城时期，说明此时期不论是佛教艺术还是世俗形象深受犍陀罗希腊化佛教艺术的影响，可能还存在着赫拉克利斯的信仰，是希腊化风格产物之一。

北魏晚期的龙门宾阳中洞窟门两侧的梵天和帝释天，不仅头戴兽首帽，且兽首含臂、象首含腿，还有地神托足，手持三叉戟、剑、摩尼宝珠等，进一步说明此时也还有赫拉克利斯信仰。

这种守门神后代演变为披铠甲、兽首含臂，守卫在墓门、椁门、窟门等两侧的天王形象，流行地区广大，时间久远，普遍存在。

（原文刊载于《大众考古》2020 年第 5 期）

图 18　纽约大都会美术馆藏陶瓶（采自《世界美术大全集西洋编 4 希腊》小学馆，1995 年，第 184 页。

图 19　英国私人藏赫拉克利斯青铜像（采自栗田功著，唐启山、周昀译：《大美之佛像：犍陀罗艺术》，文物出版社，2017 年，第 5 页）

昙曜五窟的营造次序和理念

韦　正

由于在昙曜五窟开凿之前，文成帝有在平城五级大寺为太祖以下五帝铸金像一事，学界皆认为昙曜奏请文成帝开五窟，乃铸五帝金像一事的翻版[①]。因此，昙曜五窟具体为哪位北魏皇帝所开，即昙曜五窟的皇帝比定是一个真实问题。如何比定与昙曜五窟的营造理念和营造次序有关联。营造理念方面，以往诸家之中，

1. 云冈石窟第 20 窟主尊及与第 19 窟关系
（作者拍摄）

2. 云冈 17 窟东侧佛尊
（作者拍摄）

图 1　第 20 窟与第 17 窟东侧佛陀袈裟衣纹

以昭穆说颇具统摄性，并在营造方面提出第 16 窟本居第 20 窟之西（即今第 21 窟所在位置），后鉴于第 20 窟前檐崩落，而迁于今第 16 窟所在位置的推测[②]。本文以为，昙曜五窟工程浩大，不可能一蹴而就，当有一定营造次序，这在五窟今存崖壁表面也有迹可寻。五窟营造上的孰先孰后与所比定皇帝地位的轻重有关。具体到每一窟的营造次序则以洞窟主尊（在三壁三佛洞窟中，三佛都应视为主尊）为主，即主尊是洞窟优先设计和优先完成的部分。就主尊而言，主尊的题材、姿势是优先考虑和确定并且难以改变的部分，佛装、背光则是相对次要和可以改变的部分。本文就此推测昙曜五窟的营造次序可分为第 20 窟、第 19 至第 16 窟前后两个阶段；五窟从西向东依次排列，分别对应道武帝、明元帝、太武帝、景穆太子、文成帝[③]；具体的营造次序为 20—17—19—18—16。这样的营造次序既遵循也反映了昙曜五窟的营造理念，其核心内容是以西为上。下文先论营造次序，次论营造理念。

---

①　现在基本都认可将太祖以下五帝比定为道武帝至文成帝，但早年长盘大定、关野贞和亚历山大·索波 Soper. A. C 认为五帝之中不包括文成帝，太祖则为平文帝郁律。不同的比定方式，可参见〔日〕冈村秀典《云冈石窟の考古学——游牧国家の巨石佛をさぐる》第 3 章《大佛窟成立》之"昙曜五窟と五帝"。

②　杭侃.《云冈第 20 窟西壁坍塌的时间与昙曜五窟最初的布局设计》，《文物》1994 年 10 期。

③　这一排列顺序，曾布川宽最早提出，但曾氏采取的是排除法，没有从造像特点、营造次序等方面积极论证，而是对以往将第 20 窟认定为明元帝的说法加以批评，在否定第 20 窟为明元帝所开的可能性后，认为当为道武帝所开。又，曾氏在同一篇论文的其他章节，又说第 20 窟可能为明元帝所开，令人莫衷一是。详见曾布川宽撰、陈尚士译、武孝校.《云冈石窟再考》，《大同今古》2012 年 1 期。曾文原载《东方学报》83 册，2008 年。

1. 第19窟主洞佛尊（采自长广敏雄《云　2. 第19窟东耳洞佛尊（采自《云冈石像　3. 第19窟西耳洞佛尊（采自《中国石
冈石窟》卷13、14图版50）　　　　　　全集》卷16第140页）　　　　　　窟·云冈石窟（二）》图版182）

图2　云冈石窟第19窟主洞与东西耳洞佛尊

1. 第20窟主尊衣缘Z字纹（采自《云　2. 第19窟主尊衣缘Z字纹（采自《云
冈石窟全集》卷17第30页）　　　　冈石窟全集》卷10第16页）

图3　云冈石窟第19、20窟主要衣缘Z字纹

一、营造次序

本文所拟议的第20—17—19—18—第16窟的营造次序，可从五个方面予以说明：

1. 第20窟和第17窟可能是开凿年代最早的洞窟。第20窟三佛与第17窟左侧佛尊（以面向窟门为准，下同）袈裟的衣纹都是凸起的条带，上有刻画线，且泥条头部尖细（图1），具有很强的塑像效果。这种条带装饰是对犍陀罗雕像的模仿与改造。云冈石窟的这种装饰，可能通过两种途径传入，一是直接从印度、中亚和新疆传达，一是从印度、中亚和新疆传到河西后以泥塑形式表现，又从河西传到中国内地后，再被应用于石雕。当然，几地条带的形式并不完全相同，当是在传播过程中进行了改造。在云冈和中国内地其他地区的石窟和造像中，以这种泥条装饰的不多，且年代也都较早，如敦煌莫高窟第275窟西壁弥勒、张掖金塔寺东窟中心柱南面下层主尊或被认为都是北凉之像[1]，蔚县黄梅乡榆涧村石峰寺朱业微背屏式石造像有太平真君五年（444）铭刻。[2]昙曜五窟中，只有第20窟和第17窟以这种方式装饰。第19窟中间主尊

[1]　如果接受敦煌莫高窟第275窟西壁弥勒、张掖金塔寺东窟中心柱南面下层主尊都为北凉窟，并考虑凉州石窟对云冈的影响，那么，云冈第20窟和第17窟这种凸起条带更可能是将泥塑技法转用于石刻。当然，犍陀罗地区不乏泥塑，且有泥条装饰，但从传播途径上来看，云冈第20窟和第17窟这种凸起条带如果是将泥塑技法转用于石刻，那么，其当直接来自河西或内地而不是犍陀罗地区。
[2]　浙江省博物馆.《佛影灵奇——十六国至五代佛教金铜造像》，文物出版社，2018年，第120页。

和左侧佛尊袈裟皆为阶梯状宽带，右侧佛尊已是年代较晚的褒衣博带式[1]。第18窟中间主尊为千佛袈裟而难以类比，但两侧佛尊袈裟皆为阶梯状宽带。第16窟仅有主尊，为褒衣博带式（图2）。此外，第20窟和第19窟佛尊袈裟前胸衣缘都装饰Z字纹，但第19窟佛尊Z字纹的立体感不及第20窟的，（图3）也是年代较晚的证据。上述诸项特征在云冈造像类型或样式研究中被划分到不同期别，但这些特征既连贯又交替，反映石窟开凿过程中佛装形式得到了适时调整。

图4　第17窟内外高差（采自《云冈石窟全集》卷14第130页）

因此，第20窟与第17窟同是最早开凿的洞窟。但二者相比，第20窟佛尊袈裟的泥条更圆鼓，第17窟的相对扁平，（参见图1）所以第20窟的装饰面貌相对原始，年代可能也更早一点。

2. 第20窟和第17窟都是开凿有明显失误的洞窟，暗示二窟开凿年代可能较早。第20窟开凿的明显失误表现在前檐塌落，并伤及右侧立佛。引起失误的主要原因是对云冈岩性了解不足，没有在将山体表面脆弱部分清除后再行开凿，致使前檐很快崩落[2]，而且造成第20窟位置比其他四窟靠前，今日看来第20窟显得较浅也职是之故。第20窟居前的具体情况可由早年日人所绘平面图和后来发掘出土且保存较好的第20窟前"三道宝阶"得到充分证明。第20窟地面明显高于其他四窟，也可能是虑及了进一步下凿带来的安全隐患。将这种情况理解为石窟开凿早期的不成熟现象较为合适。第17窟开凿的失误体现在洞窟地面被迫下凿，（图4）此由第17窟主尊交脚弥勒比例控制不当所致。交脚像不像结跏趺坐佛尊双腿的厚薄即使有轻微失误也不易于被观察到。交脚像的头、躯体、双腿比例很严格，特别是双腿既引人注目，其斜度和长度又难以调整。可以说，从头部开始，弥勒的总高度就已经确定，但第17窟的计算明显有误，从而被迫降低洞窟地面以容纳双腿，从而造成此窟与其他洞窟的明显不一致[3]。而同样以巨大的弥勒为主尊的13窟就没有重蹈覆辙，这是第17窟较早开凿的证据。第17窟吸取了第20窟过于靠前的教训，但洞窟高度没掌握好，这是佛尊袈裟泥条装饰带之外，第17窟要晚于第20窟的又一证据。

3. 第20窟和第17窟较早开凿有其合理性。道武帝为包括文成帝在内的五祖之首，理应最先为其造窟，时代最早的第20窟可因此拟定为道武帝之窟。景穆太子为文成帝之父，又有特殊的护法之功，也应优先为其造窟，时代次早的第17窟可因此拟定为景穆太子之窟。景穆太子与弥勒菩萨身份的相合，已为学界所公认。

[1]　Z字纹衣缘和凸起泥条装饰的佛装、Z字纹衣缘的阶梯状佛装、褒衣博带式的阶梯状佛装是北中国地区彼此有别而又相互衔接的三个阶段，石窟之外，单体石造像、金铜造像都呈现出同样规律，因此，可以认为凸起泥条装饰是早期的标志。

[2]　第20窟前檐崩落的时间难以早于云冈三期，这是因为第21窟正壁释迦多宝并坐大龛在三期较多见，如吴官屯石窟中至少有两例。第21窟释迦、多宝距离较远，呈斜向对坐式，也不同于早期。看来，第20窟崖面质量不佳的情况在开凿时已经被认识到，但终北魏平城时代没有发生严重问题，所以才有第21窟的开凿。又，第21窟与第15窟的时代都较晚，当是云冈三期时管理趋于松弛时才可能发生的现象，这都说明此时第20窟没有出现大问题。

[3]　杭侃认为："从第20窟主尊和第19窟东西胁洞窟底高于现地面，而第17窟窟底又低于现地面来看，这种层次，当是设计者的一种有意安排，目的是为了造成一种主次分明而又富有韵律的视觉效果。"这自然是一种观察方式。不过，当年窟前建筑具备时，这种"视觉效果"是肉眼看不到的。杭文见《云冈第20窟西壁坍塌的时间与昙曜五窟最初的布局设计》，《文物》1994年10期。

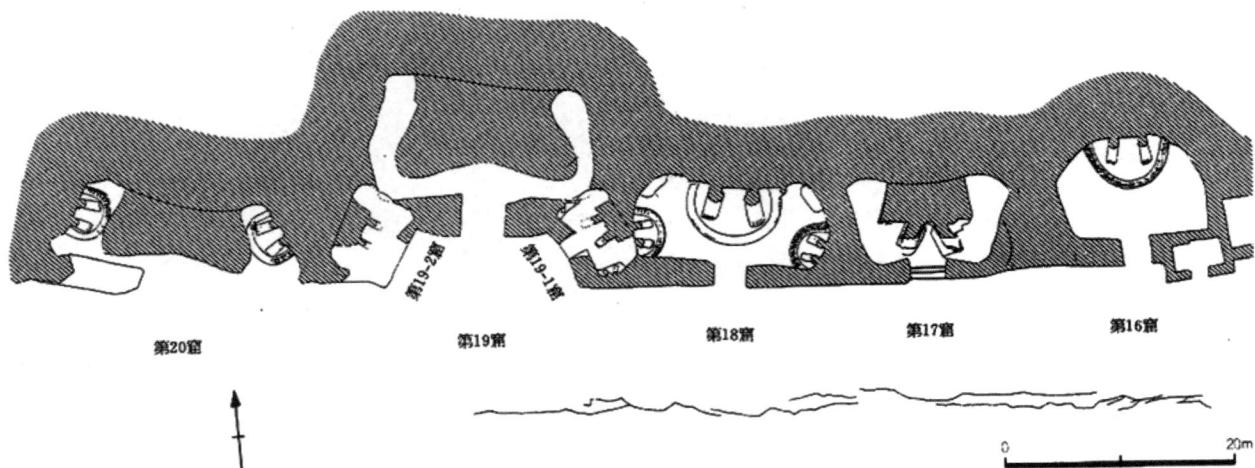

图 5　昙曜五窟平面图（采自《中国石窟·云冈石窟（二）》第 241 页）

所谓昙曜五窟，并不意味着五窟同时、大规模的等速营造。昙曜五窟可理解为由昙曜提出，并得到文成帝诏准的一项倡议并付诸了实施，昙曜和文成帝不可能不对营造的先后次序有所考虑，这在工程上也有其必然，留存至今的五窟样态则支持当时有所考虑之推想。可以设想，大概先确定了五窟的排位，并划分了五窟的大致位置，甚至有粗营窟门等外部形态之举。或许昙曜五窟本来都可能像第 20 窟一样靠前，但惩于第 20 窟之失误，其余四窟遂进一步向内斩山，但这不改变原来四窟的位置和次序，并且第 17 窟得到了优先加快开凿的机会。至于将道武帝安排在最西的位置上，事涉昙曜五窟的营造理念，即不仅由于其居五祖之首，可能还与拓跋鲜卑以西为上的习俗有关，详见下文。

4. 第 19 窟的营造要晚于第 20 窟，不仅有佛装方面的指征，还有营造方面的迹象。第 20 窟之外四窟基本位于一线，但第 19 窟主洞又明显后缩，（图 5）这可以理解为鉴于第 20 窟窟檐崩落，所以需将紧邻第 20 窟的洞窟即第 19 窟多退后一段距离（参见图 1），现存第 19 窟西耳洞前部的崩落或可说明这种理解并非虚妄，进而可因此推测第 19 窟的营造晚于第 20 窟。现在第 20 窟东侧壁面，即第 19 窟西耳洞南侧外壁面不是第 20 窟当时的前壁。以第 19 窟为准，以第 20 窟前内壁距离主尊膝盖前端 1 米左右计，再加上 2 米左右的窟门厚度，当时第 20 窟前壁所在位置至少需要提前 2 米左右，这更说明，19 等东部石窟有意识地后退。就是说 19 以东四窟均非第一次拟开窟壁面，鉴于第 20 窟崖壁不佳，四窟壁面都已向内退缩，第 19 窟因紧邻第 20 窟，所以后退更甚[①]。第 19 窟结跏趺主尊与两倚坐佛尊的组合形式并非仅见，但这种主尊单独一大洞，左右佛尊各一小洞，在云冈乃至中国石窟中都为仅见，由此可窥知三洞分开以降低窟顶崩落风险之用心。第 19 窟由三洞组成，给人以体量特别巨大之感，并容易引发其地位特殊之想，但如仅就第 19 窟中间主洞而论，体量与第 18 窟也差强相近[②]。第 19 窟之所以要做成三洞，安全方面的考虑外，东、西耳洞佛尊为倚坐式，

①　此点在 2020 年 9 月 9 日考察昙曜五窟时与云冈研究院郭静娜、吴娇女士反复探讨而达成共识。

②　第 16 至第 18 窟北壁主尊佛像皆高 15.5 米，第 19 窟主洞佛尊高 16.8 米，第 20 窟北壁主尊高 13.7 米。第 20 窟主尊在视觉上略小之外，其余四窟主尊的大小不存在明显的视觉差异，因此，现代精确测量数据所显示的大小之别，在古代可能没有多少意义。第 19 窟主洞佛尊较大，还可以另作解释，即第 19 窟主洞后退，获得了更大的空间，所以能营造出更大的佛像。另外，本文将第 19 窟比定为明元帝之窟，曾布川宽认为《金碑》记载明元帝始开云冈有误，但明元帝在云冈石窟开凿史上地位确可能比较特殊，或也可作为第 19 窟稍大于他窟的一种解释。曾文见〔日〕曾布川宽撰、陈尚士译、武孝校.《云冈石窟再考》，《大同今古》2012 年 1 期。曾文原载《东方学报》83 册，2008 年。

也颇不便于纳入主洞之中。因此，第19窟可能并无特殊地位，不过是鉴于之前第20窟窟檐之崩落，因而另作构造，从而显得更为宏大，但实际上并不特殊，且年代既晚于第20窟，也晚于第17窟。晚于第17窟的原因上文从衣纹上已进行了分析，不赘述。不过，上述迹象和用心也可见第19窟之大规模营造并不很晚，大概在第20窟、第17窟主体完成之后就展开了。

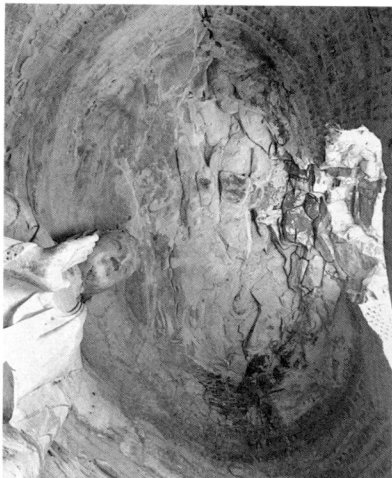

5. 第21窟附近完全看不出先开后弃的迹象。或以为第16窟选定于现今

1. 第16窟窟顶（作者拍摄）　2. 第16窟东壁第3层圆拱龛左侧坐佛（采自《云冈石窟》卷13第48页）

图6　第16窟窟顶和窟内造像局部

位置乃不得已而为之，暗示第16窟本应在今第21窟位置上，并认为在现今第21窟位置上找不到一期开凿的痕迹，其原因在于昙曜五窟开凿的时间略有早晚[1]。上文已指出昙曜五窟为一体设计，有可能起初就划分了五窟大致位置，甚至有粗营窟门等举措。今第16窟虽然主尊有被改造并且年代较晚的特点，但第16窟之窟形和部分造像均说明云冈一期已开始营造（图6）。如果第16窟本在第21窟位置上，其营造之年代当更早一些，即使后来放弃，也当或存在巨大的窟形，或存在不合比例的造像，或在壁面上留有明确的停工痕迹。但上述痕迹俱无，只能证明不存在曾拟在此开凿第16窟而又放弃的情况，只能说明未曾有在今第21窟位置开凿第16窟的打算。

据上文分析，昙曜五窟似存在以第20窟为首，第17窟其次，再次第19窟，复次第18窟，最后为第16窟的营造次序。昙曜五窟的营造总体上分为两批，第一批是第20窟，第二批是19到第16窟。第二批洞窟没有因为第20窟的失误而重新规划，只是做了调整，表现在19到第16窟壁面的总体退后，第19窟主洞的进一步退后等现象，但依然出现了第17窟的失误。

二、营造理念

昭穆制是一种宗庙制度，昙曜五窟按照昭穆制开凿的意见富有启发性，但昭穆制是否可用于昙曜五窟，曾布川宽曾提出质疑："虽说是为北魏历代皇帝而营造的石窟，可昭穆制的配置是否合适，还是有必要探讨的。另外，在宗庙的昭穆制配置上，以太祖为中心，牌位的确是左右交替排列下去的，但同时越是成为后代的皇帝，就越是降退到后方，像云冈石窟那样，横排成一列是否合适也是一个问题。"[2] 按，昭穆制开凿说的立足点是设定第19窟为昙曜五窟的中心[3]，但这个设定的依据除第19窟看上最大外，并无其他证据，而且如上文

---

① 杭侃.《云冈第20窟西壁坍塌的时间与昙曜五窟最初的布局设计》，《文物》1994年10期。

② 〔日〕曾布川宽撰、陈尚士译、武孝校.《云冈石窟再考》，《大同今古》2012年1月期。曾文原载《东方学报》83册，2008年。

③ 宿白先生认为第20、19、18三窟为一组，第19窟为中心，但没有再作推论，更没有将第19窟扩大为昙曜五窟的中心。

所说第 19 窟的主洞其实并不特别大。以第 19 窟为中心是一个假设，认为今第 21 窟所在位置本来准备开凿大窟是又一个假设，昭穆制开凿说建立在两个假说的基础上，虽然可备一说，但实证的难度更大了。何况，第 19 窟造像的特点显示出该窟大规模经营的时代晚于而不早于第 20 窟，这在时间上与昭穆制必以第 19 窟为最早营建之窟而产生直接矛盾。

上面的讨论还属于具体现象，那么，拟议营建昙曜五窟的和平初年（460），北魏是否已经实行昭穆制则是一个更需要证明的大前提。从文献记载看，在昙曜五窟开凿之前，北魏已实行七庙之制。《魏书》卷 5《高宗纪》："太安元年（455）春正月辛酉，奉世祖、恭宗神主于太庙。"[①] 但这个七庙之制不完全等于华夏传统昭穆之制的七庙之制，这是因为这个七庙之制由道武帝时期确立的五庙之制发展而来，而五庙之制所依据经典是《礼记·丧服小记》，其核心论述为"王者禘其祖之所自出，以其祖配之，而立四庙"。楼劲指出郑玄注的特点是："……不提五庙的昭、穆内涵，而只述'始祖感天神灵而生……高祖以下与始祖而五'的内容要旨。"[②] 道武帝天兴年间所立五庙为神元、平文、昭成、献明以及道武帝为自己预留之庙，这五位人物不能构成昭穆，所以五庙自然不能以昭穆制论。由于天子七庙最为经典之说，随着北魏政权华夏化进程的逐渐加深，北魏五庙制也逐渐向七庙制转变，楼劲推测："即以道武帝所立始祖神元、太祖平文、高祖昭成及皇考献明庙在后世的迁撤之况而言，道武死后庙号烈祖，太庙五庙已足；明元死后庙号太宗，太武帝当时若仍维持五庙制，则献明庙应迁，若改行七庙制则仍存献明预留己庙；太武死后庙号世祖，文成帝同时又追尊景穆帝庙号恭宗，至此已不能不行七庙制而迁撤献明庙；文成死后庙号高宗，则应迁撤高祖昭成庙，……。"[③] 尽管不断调整，文成帝时七庙之制与昭穆之制还是有一定距离，其中主要的问题在于以平文帝为太祖。只要平文帝为太祖，道武帝以下诸帝就无法与之建立合理的昭穆关系。这个问题的解决要到孝文帝太和十五年重定庙制，其时确定以道武帝为太祖，直至孝文帝本人为七祖。因此，即使文成帝时在心理态势上已经准备实行昭穆制，但在实践中还存在一定问题。以这种不完整的昭穆制，去推测昙曜五窟按照昭穆制而开，解释上的困难难以回避。退而言之，至迟文成帝即位不久即行七庙制，开七窟与昭穆制更容易扯上关系，昙曜为什么不建议开七窟而建议开五窟？再者，文成帝所行的七庙之制中，已不再给自己预留位置，被普遍接受的比定为文成帝的第 16 窟又该作何解？被比定为景穆太子的第 17 窟又该作何解？何况，七庙之制虽便于与昭穆制产生关联，但在孝文帝之前，七庙之制并不甚受北魏最高统治者所善待，《魏书》卷 108《礼志一》载："（太和）六年（482）十一月，（孝文帝）将亲祀七庙，诏有司依礼具仪。于是群官议曰：'……大魏七庙之祭，依先朝旧事，多不亲谒。今陛下孝诚发中，思亲祀事，稽合古王礼之常典。臣等谨案旧章，并采汉魏故事，撰祭服冠屦牲牢之具，罍洗籩簋俎豆之器，百官助祭位次，乐官

① （北齐）魏收.《魏书》卷 5《高宗纪》，中华书局，1974 年，第 114 页。
② 楼劲.《北魏开国史探》，中国社会科学出版社，2017 年，第 213 页。
③ 楼劲.《北魏开国史探》，中国社会科学出版社，2017 年，第 255 页。

节奏之引，升降进退之法，别集为亲拜之仪。'制可。于是上乃亲祭。其后四时常祀，皆亲之。"①昭穆制之地位，以及昭穆制完整存在与否都是个问题，遑论按照昭穆制去营造昙曜五窟。

宗庙的昭穆之制证据不足，但拓跋鲜卑却长期存在以西为尊的习俗，如《魏书》卷108《礼志三》载太和十四年（490）文明太后死后，孝文帝欲服三年之丧，东阳王元丕说："臣与尉元，历事五帝，虽衰老无识，敢奏所闻。自圣世以来，大讳之后三月，必须迎神于西，攘恶于北，具行吉礼。自皇始以来，未之或易。"②此虽言丧事，但西向为尊甚明。拓跋鲜卑传统的西郊祭天习俗更为著名，这种祭祀的具体过程是："为方坛一，置木主七于上。东为二陛，无等；周垣四门，门各依其方色为名。牲用白犊、黄驹、白羊各一。祭之日，帝御大驾，百官及宾国诸部大人毕从至郊所。帝立青门内近南坛西，内朝臣皆位于帝北，外朝臣及大人咸位于青门之外，后率六宫从黑门入，列于青门内近北，并西面。廪牺令掌牲，陈于坛前。女巫执鼓，立于陛之东，西面。选帝之十族子弟七人执酒，在巫南，西面北上。女巫升坛，摇鼓。帝拜，后肃拜，百官内外尽拜。祀讫，复拜。拜讫，乃杀牲。执酒七人西向，以酒洒天神主，复拜，如此者七。礼毕而返。"③这一祭天仪式中包含了祭祖仪式，方坛上的"木主七"是拓跋鲜卑的七位最重要先祖，上引（太和）六年十一月孝文帝亲祀七庙的依据也在于此。明乎此，才能明白孝文帝后来正式实行汉式宗庙之祭前，汉式的昭穆制不可能完整存在和拥有崇高地位。也才能明白文成帝为自道武帝始的北魏建国后五帝铸像开窟，既无关拓跋鲜卑传说中的七位先祖，也无关宗庙之制，只是对北魏建国后所存在五帝的客观"叙述"，目的都是宣扬"皇帝即当今如来"，并依照鲜卑人物乃至北魏五帝的形象去塑造佛尊。包含祭祖内容在内的鲜卑祭天仪式既然以西为上，那么代表道武帝以下五帝的昙曜五窟以西为上，实属顺理成章。

总之，西向为尊的拓跋鲜卑民族文化特点和"皇帝即当今如来"思想构成昙曜五窟从西向东顺序对应道武至文成北魏五帝的基础，具体的营造次序则是在基础上的斟酌调整。

（原文刊载于《敦煌研究》2020年第6期）

---

① 《魏书》卷108《礼志一》，中华书局，1974年，第2740、2741页。检《魏书·礼志》，在文成帝和平元年之前涉及宗庙的活动仅有：1. 太祖天兴二年（399）冬十月，平文、昭成、献明庙建成；2. 太宗永兴四年（412），立太祖庙于白登山；3. 太武帝神䴥二年（429）九月，立密皇太后庙于邺。这三次宗庙建设活动中看不出任何昭穆制迹象，为身为女性的密皇太后立庙更不符合汉人宗庙之制。魏收说："太祖南定燕赵，日不暇给，仍世征伐，务恢疆宇。虽马上治之，未遑制作，至于经国轨仪，互举其大，但事多粗略，且兼阙遗。"直到孝文帝时，才因为"高祖稽古，率由旧则，斟酌前王，择其令典，朝章国范，焕乎复振。"（《魏书》卷108《礼志一》）因此，直到孝文帝正式执政台之前，汉人宗庙意义上的北魏皇家祭祀既不正常，也无甚章法可循。
② 《魏书》卷108《礼志一》，中华书局，1974年，第2787页。
③ 《魏书》卷108《礼志一》，中华书局，1974年，第2736页。

从视觉艺术角度分析云冈石窟的建筑空间及造像特点

文莉莉

云冈石窟开凿于公元 5 世纪中叶，北魏时称武州（周）山石窟寺，因武州（周）山而得名。它地处武州塞，汉代便是通往内蒙古的交通要道，明代在山上建云冈堡，屯兵把守军事通衢，始称云冈石窟。云冈石窟依山傍水，沿武州山崖而建，开凿于长石石英砂岩之上，砂岩呈中粗颗粒，质感浑厚，硬度适中，这种岩石便于开凿大型造像，能够最大限度丰富雕像的神情，乃至细腻流畅的衣服纹理。仔细辨认，云冈区域内的砂岩石色彩丰富，以黄色为主，还有灰绿、灰黄、紫红、灰白以及土黄等，加上起伏流动的水波纹理，感觉质朴而温暖。云冈石窟主要从两方面体现视觉艺术的合理运用，同时符合装饰艺术的两大特征，一为规律性、秩序性，二是几何构图形式线中造像的适形性。

一、云冈石窟的空间艺术

云冈石窟东西绵延约一公里，洞窟有 254 座，其中主要洞窟 45 座，造像 59000 余尊。根据武州山势的起伏及洞窟组合，石窟大致分为三个区域，即东、中、西区。东部第 1~4 窟，中部第 5~13 窟，西部第 14~45 窟，主要洞窟外附有部分小型洞窟。石窟的开凿工程经历三个时期，早期洞窟开凿于 460-470 年，典型代表为昙曜五窟，即第 16~20 窟；中期洞窟凿于 470-494 年，主要分布于第 1、2 窟，第 5、6 窟，第 7、8 窟，第 9、10 窟四组双窟，第 11、12、13 一组三窟以及编号第 3 窟；晚期洞窟开凿于 494-524 年孝文帝迁都洛阳以后，集中开凿于 20 窟以西的崖面，第 4 窟，第 14、15 窟以及早中期洞窟壁面的余留空间中。三期中的空间及造像各有特点，云冈石窟早期洞窟主要表现了空间艺术中造像的适形性；中期洞窟主要体现建筑和雕刻的完美结合，以及适形性和秩序性的全面体现；晚期洞窟呈现出空间装饰艺术语言更为纯熟的运用。

（一）早期洞窟

昙曜五窟，即第 16~20 窟是云冈石窟最早开凿的五所洞窟，由北魏高僧昙曜主持，洞窟均是穹隆顶，马蹄形平面，为典型的大像窟。窟内空间狭小紧迫，佛像高大挺拔，占据了窟内主要空间，窟底余留空间狭小。站在佛祖脚下，局限的空间使人不得不抬头仰望，造像高大威严，窟内似乎凝聚了强烈的气场和压强，增强了佛像顶天立地之感，同时凸显了人类自身的渺

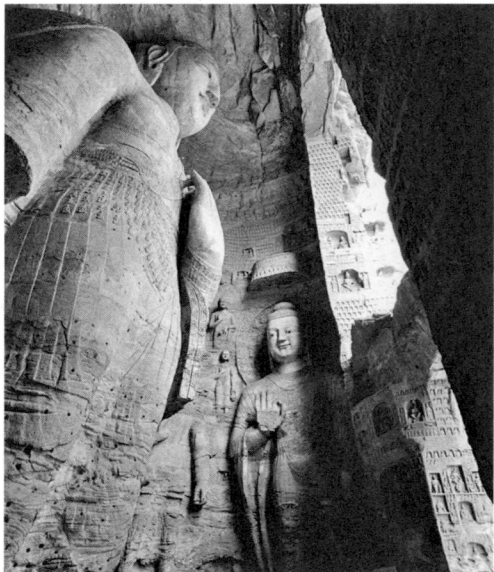
图 1　云冈石窟第 18 窟

小。洞窟和主像的建筑构成有机结合、浑然一体，共同达成设计者的意图，这是空间艺术适形性设计的成功案例（图1）。

在洞窟中仰视大佛，高大威严不可一世。倘若站在窟外观瞻礼拜大佛，相对而视，空间发生了变化，欣赏角度不同，给人的感受也截然不同。这时似乎佛像的表情也发生了改变，神秘智慧、亲切温和，这就是视觉艺术语言所营造的"距离美"。石窟开凿者巧用心思，既要表现佛像神圣威严、触不可及，又要让人感受到佛像的仁慈神秘，使人景仰膜拜。从参观者的角度，从威严

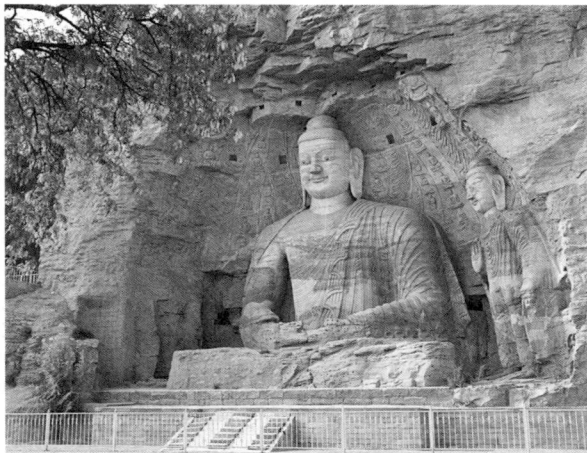

图2　云冈石窟第20窟

到亲和，由臣服到敬仰，可见石窟建造者在处理建筑空间和巨佛形象两方面的关系费尽心思（图2）。

窟内四壁逐渐向上延伸，略有收分，于是有了空间、明窗和光线。洞窟南壁拱门上方，透过明窗可见大佛头型方圆、体魄健硕、细长眉眼、深目高鼻、瞳孔经过匠人的巧妙雕琢，使原本冰冷坚硬的山石焕发生机。洞窟中的明窗设置使人感到安静神圣，石窟的建筑形式正是营造了这种氛围。云冈石窟虽为佛教建筑，但贵在以神取胜。建筑结构与窟内造像形成同一整体，所有的巨形造像都体现了装饰艺术的适形性，创造出帝佛合一的神圣空间，形成强势阳刚的气场氛围。这种气氛使人在精神上得到感知，从有形到无形，从物质到精神，建筑空间结构和视觉艺术语言是营造艺术感染力的最主要原因，也造就了云冈早期洞窟特有的形式美感。

（二）中期洞窟

云冈石窟中期洞窟同样雕凿于长石石英中粗粒砂岩之上，洞窟中的所有雕刻，包括造像都是石窟建筑体的组成部分。从每一尊造像的雕刻位置可以看出，它们在一定程度上起着支撑和增强稳定性的作用，这无疑是经过周密设计，而非随意凿刻。中期洞窟的主室多为平面方形，部分洞窟雕刻中心塔柱或加盖长方形前室。中心塔柱在建筑结构中起支撑作用，扩增了雕刻表面，同时在礼佛功能上形成了回转空间。

佛殿窟、为中心柱窟，北壁雕刻大型佛像，其余壁面上下分层排布雕刻内容，自上而下由装饰带进行分隔，雕刻天界、佛国和人间。左右隔段，运用重复、特异、对称等建筑布局和空间视觉元素，构建出神圣梦幻的佛国镜像空间。从视觉艺术角度分析其原因，中期洞窟内的壁面内容设计有明显的经纬线，纬线多用莲花、忍冬纹、并列佛龛、花绳、童子以及通长的仿木构屋檐等，经线则表现为立柱、浮雕塔以及佛像等，类似钢筋水泥的建筑结构，构建起洞窟内众多雕刻内容的基本框架，这种"框架"增强了观者视觉上的秩序性和稳定性，让人感到洞窟内容繁而不乱、井然有序。

第6窟中的壁面雕刻，每层装饰带横向看是单个纹样的重复凿刻，重复便于不断加深印象，产生梦幻的心理幻觉，易于

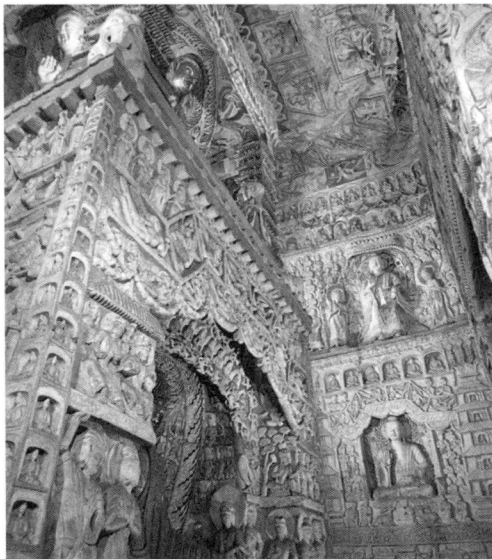

图3　云冈石窟第6窟

营造神圣的宗教气氛。"重复"作为装饰艺术中秩序性的基本语言，往往会在重复中寻求些许变化，以此来打破重复所产生的视觉疲劳，创造有韵律的节奏感。竖向看壁面的装饰纹带，从下往上逐渐由宽变窄，这是"渐变"艺术语言的巧妙运用。渐变能够产生透视，形成动态的视觉效果，自下而上视觉上增加了空间感，似乎壁面向上的尽头直通佛国极乐世界。

第6窟东壁中层为192个小佛龛组成的千佛壁，千佛壁与南北相邻佛龛占壁面积大小相同，其间的佛龛横竖排列整齐，而千佛壁中心位置发生了改变，雕刻代表汉文化元素的屋形龛，龛内置一佛二菩萨，这是"特异"语言的运用。视觉艺术中的特异语言是重复、规律和秩序的突破，消除单调呆板，让人眼前一亮。

中期洞窟中的第7、8窟和第9、10窟两组双窟，是装饰艺术"对称"语言运用的典型洞窟。这两组双窟并非简单的直观对称，而是双窟设计之初进行宏观布局时有意识的大对称。洞窟间、壁面间、雕刻内容及装饰元素，随处都体现着对称。从宏观到微观，洞窟中大量集中的对称语言，使建筑整体受力均衡，营造了中期洞窟的舒适性和形式美感。

云冈石窟的中期洞窟熟练运用了建筑空间中的重复、渐变、特异以及对称等装饰艺术语言，多种艺术语言的相互配合为整个空间烘托出浓厚的宗教和艺术气氛，极具感染力。面对丰富炫目的佛国造像，修行者凝思冥想易于达到无我的精神境界，似乎肉眼所见与雕刻本体间的界限消除了，实际空间也消失了。现实空间里的重复形象，对称构图，被宇宙中的无限虚空取而代之，镜像中的对影和窟内微暗交错的光影，使信徒们的身心完全融入绚烂的佛国世界之中。当信徒面对镜子般的对影，会感受到造像安放规则，幻景并不杂乱，依然处于相对有序的空间当中。虚与实在空间中交错，物质与精神的完美结合，这是建筑空间与装饰艺术运用的最大成功。

（三）晚期洞窟

晚期洞窟主要分布于第20窟以西，以及第4窟，第14、15窟和第11窟以西崖面上的小龛，开凿于孝文帝迁都洛阳之后。晚期洞窟形制多为小型单室窟，主要有千佛窟、塔庙窟、四壁三龛以及四壁重龛式洞窟。造像发髻高耸，面形消瘦、长颈、窄肩，形成"秀骨清像"的造像风格。晚期洞窟中的建筑结构和造像形式是适形性、秩序性，以及对称、重复、渐变和特异等视觉语言更为全面成熟的运用，洞窟结构和布局更为规整统一，已然完成佛教汉化进程，体现出晚期民间凿刻独特的艺术魅力。

二、云冈石窟的造像艺术

从视觉艺术角度解析云冈石窟的造像艺术，几乎所有的佛教人物形象都限定在几何形式构图当中，有等腰及等边三角形的佛像，有倒三角形的飞天，有长方形的供养人以及多种几何结构的菩萨形象。造像的几何形式并非随意设定，工匠巧妙地与造像的佛教地位和使命相结合，既符合信众的审美需求，同时相互配合形成稳定的建筑结构体。

佛陀的地位至高无上，云冈石窟中的佛陀雕刻，无论坐立，都塑造在等腰三角形中，从而构成不可动摇的稳定性。坐佛呈等腰三角形和等边三角形，稳定中增强了力量感，表现出佛陀意志坚定、法力无边；立佛为高等腰三角形，高腰的设计表现出无上的崇高感。在信仰者心目中，佛陀神圣不可颠覆，等腰三角形的几何形式给人以踏实、信任和依赖，洞窟建造者准确把握了创造主旨，规定了佛像的构图形式。

菩萨是最高觉悟者，需要经历累世修行，才能最终成就佛果。他需要接近凡人，教化众生走向觉悟，与人间和大众交流甚多，是天界与人间的中间环节。石窟建造者创作菩萨形象要比佛陀更为自由，云冈石窟的菩萨形象多是正三角形、倒三角形以及长方形两个或多个几何形状的组合形式。菩萨上半身多为稳定的正三角形构图，下半身依据不同姿势而定，其稳定性和力量感不及佛像，但也增加了些许亲切平和，这也符合菩萨在人们心中的地位。

云冈石窟中的飞天造型多在不规则的倒三角形构图中，整体感觉虽不及佛和菩萨造像稳定，但更显活泼飘逸，富有运动感。尤其是窟顶的飞天造型，倒三角形的构图之中，虚空里腾跃飞翔、衣带翻飞、自由灵动。无论怎样的角度变换，都不会超越限定的形式框架，规矩之中力求新意，云冈石窟在尺寸间工匠将其技艺发挥到极致。竖长方形有竖立遵从之感，供养人便在长方形的构图之中，他们整齐排列朝向佛祖，秩序严谨，虔诚守护。

从视觉艺术角度仔细观察，云冈石窟的造像都在各种几何形式线中，这显示了建筑空间艺术的适形性。这种以几何形式为基础的造像方式，影响了北魏以后的造像规制。以等腰三角形为基础的大型佛像，也逐渐成为我国佛教艺术的经典形象。

三、视觉理论研究云冈石窟的意义

云冈石窟的视觉艺术，是大自然与建筑本体、文化景观以及佛教造像有机融合的完美杰作。建造者把石窟和造像统一看作建筑整体的组成部分，在装饰艺术和建筑空间的大范畴中进行宏观设计。从洞窟的建筑结构，壁面设计，再到造像的形式构图，将造像的适形性造型和装饰艺术语言有机结合，构建出理性、唯美、神圣大气的佛教艺术空间。

云冈石窟熟练运用装饰艺术语言构建出神圣辉煌的建筑空间体系，正是这些艺术语言的运用构成了它的唯美与协调，这正是它与其他石窟的根本不同。云冈石窟是公元 5 世纪我国古代建筑中装饰艺术的大胆探索，它影响了后来我国文化艺术的很多方面，在中国视觉艺术史上有着不可估量的学术价值和实践意义。

（原文刊载于《文物鉴定与鉴赏》2020 年第 7 期）

参考文献：

[1]《佛教石窟考古概要》国家文物局教育处编，文物出版社，1993 年 11 月。

[2]《云冈石窟全集》张焯主编，青岛出版社，2018 年 1 月。

[3]《中国石窟艺术—云冈》张焯主编，江苏美术出版社，2011 年 8 月。

[4]《岩·时·空—云冈石窟空间艺术》王天玺著，文物出版社，2013 年 8 月。

[5]《云冈石窟建筑与佛教雕塑研究》范鸿武，苏州大学，2012 年 3 月。

[6]《云冈一期、云冈二期大像窟洞窟形制中国化之比较》，范鸿武《南京艺术学院学报（美术与设计版）》2017 年 5 月。

[7]《谈云冈石窟的视觉艺术》文莉莉，山西日报（云冈文化专刊），2014 年 9 月。

上海博物馆藏云冈石窟造像残件整理

师若予

上海博物馆收藏有云冈石窟造像残件 16 件，其中 12 件刊载于《云冈石窟》第十四卷中 [①]。这批造像残件中 13 件背面有墨书洞窟号码，且这些号码均为昙曜五窟的窟号。这些墨书窟号是当年日本人在考察云冈石窟时所标记的 [②]。在被日本人回填后又于近年被云冈考古工作者重新发掘出土的造像残件背面也有同类墨书号码 [③]。可知上博藏云冈造像残件背面墨书号码的成因与此相同，为 1939 年至 1940 年发掘昙曜五窟内、外地面的日本人所书写。以下对这批造像残件的现状和流传经过作一初步梳理和研究。

一、造像残件概述

现已整理出 16 件上博藏云冈造像残件（其中 12 件被《云冈石窟》第十四卷刊载），列表如下（表 1）。

表 1　上海博物馆藏云冈石窟造像残件基本信息

序号	名称	高（厘米）	宽（厘米）	最厚处（厘米）	质地	是否收录[④]	图录编号	背面墨书	补充
1	佛头残件（图 1，1、2）	21.5	12	9.5	砂岩	是	PL.50F（图 1，3）	十七洞	清理于第 17 窟。佛头实物缺失右脸下半部并断裂为三块，与 PL.50F 的断裂一致。三个残块上都有"十七洞"墨书。佛头双目细长为云冈第二期造像。
2	天人头部残件（图 2，1、2）	23.4	15.3	5	砂岩	是	PL.50B（图 2，3）	十七洞	清理于第 17 窟。天人脸型丰满，鼻梁挺直，为云冈第一期造像。
3	天人头部残件（图 3，1、2）	21.6	15	4.5	砂岩	是	PL.50C（图 3，3）	十七洞 /十七洞	清理于第 17 窟。造像从眼睛下方横向断裂为两块，断裂位置与 PL.50C 一致。
4	菩萨头部残件（图 4，1、2）	16.2	10	5.2	砂岩	是	PL.50D（图 4，3）	第十七洞明窗	清理于第 17 窟明窗处。从右眼角到头顶中央残缺，与 PL.50D 残缺部位一致。
5	菩萨头部残件（图 5，1、2）	28.4	15.6	6.5	砂岩	是	PL.50E（图 5，3）	十六洞南面	清理于第 16 窟南面。

① 〔日〕水野清一、长广敏雄.《云冈石窟：西历五世纪における中国北部佛教窟院の考古学的调查报告》第十四卷，图版 50、51、54、56，京都大学人文科学研究所云冈刊行会，1954 年。以下简称《云冈石窟》。
② 〔日〕冈村秀典.《云冈石窟·遗物篇》第 21~23 页，朋友书店，2006 年。
③ 员小中、王雁翔.《久别重逢的石雕：云冈石窟窟前出土的几件石雕找到了位置》，《敦煌研究》2016 年第 2 期，第 41 页。
④ 是否收录于《云冈石窟》第十四卷中。

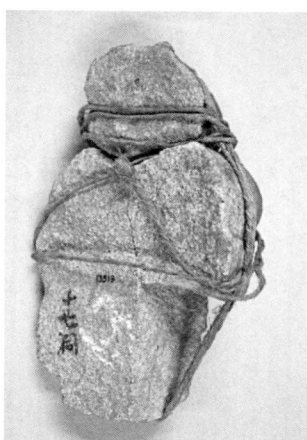

采自水野清一、
长广敏雄《云冈
石窟》第 14 卷，
图录编号 P1.50F
京都大学人文科
学研究所云冈刊
行会，1954

1. 正面   2. 背面   3. 旧照

图 1   佛头残件

采自《云冈石窟》
第 14 卷图录编号
PL.50B

1. 正面   2. 背面   3. 旧照

图 2   天人头部残件

采自《云冈石窟》
第 14 卷图录编号
PL.50C

1. 正面   2. 背面   3. 旧照

图 3   天人头部残件

序号	名称	高（厘米）	宽（厘米）	最厚处（厘米）	质地	是否收录④	图录编号	背面墨书	补充
6	菩萨头部残件（图6，1、2）	12.1	7.8	5.8	砂岩	是	PL.50G（图6，3）	十七洞明窗	清理于第17窟明窗处。
7	供养天人头部残件（图7，1、2）	12.3	6.5	4	砂岩	是	PL.50H（图7，3）	十七洞	清理于云冈第17窟。
8	供养天人头部残件（图8，1、2）	9.8	5.2	3	砂岩	是	PL.50I（图8，3）	十七洞	其中"洞"字剥蚀，表明此残件清理于云冈第17窟。
9	供养天人头部残件（图9）	9.8	4.9	3.9	砂岩	否		无墨书	据馆藏文物档案可知此残件与其他15件残件均为1955年1月5日，由上海市文化局拨交上海博物馆的日本归还文物。且材质、题材和造型风格与第7、8两件残件相同，故予以收录。
10	供养天人菩萨胸部残件（图10，1、2）	15.5	19.8	3	砂岩	是	PL.51D（图10，3）	十七洞	清理于云冈第17窟。
11	供养天人头胸部残件（图11，1、2）	16	19.5	12.5	砂岩	否		二十洞	清理于云冈第20窟。为云冈一期造像。
12	千佛残件（图12，1、2）	37.5	34	9.5	砂岩	是	PL.54D（图12，3）	十六洞明窗	采集于云冈第16窟明窗处。
13	背光残件（图13，1）	12	10.5	5.6	砂岩	是	PL.54F（图13，2）	无墨书	据《出土断石》条目记载此残件石材微带青色质地细腻，为昙曜五窟前采集的，原来所在不明。外层为火焰纹，内层为坐佛①。
14	狮子头部残件（图14，1、2）	11	13.4	10	砂岩	是	PL.56F（图14，3）	十七	清理于云冈第17窟。墨书剥蚀严重。在第17窟云冈二期较晚阶段补凿小龛的底座两侧有类似的狮子。
15	手部残件（图15，1、2）	21	11	8.5	砂岩	否		十七洞明窗/十七洞明窗	采集于云冈第17窟明窗处。
16	建筑残件（图16，1、2）	12.1	7.8	5.8	砂岩	否		无墨书	据馆藏文物档案可知此残件与其他15件残件均为1955年1月5日，由上海市文化局拨交上海博物馆的日本归还文物，故予以收录。残件正面有三个斗拱，斗拱剥落，其间有供养天人半身像。侧面斗拱及天人较清晰，斗拱之上有瓦檐。

---

① 前揭《云冈石窟》第十三卷·第十四卷，第85页。

采自《云冈石窟》
第 14 卷图录编号
PL.50D

1. 正面   2. 背面   3. 旧照

图 4   菩萨头部残件

采自《云冈石窟》
第 14 卷图录编号
PL.50E

1. 正面   2. 背面   3. 旧照

图 5   天人头部残件

采自《云冈石窟》
第 14 卷图录编号
PL.50G

1. 正面   2. 背面   3. 旧照

图 6   供养天人头部

采自《云冈石窟》
第 14 卷图录编号
PL.50H

1. 正面　　　　　　　　2. 背面　　　　　　　　3. 旧照

图 7　供养天人头部

采自《云冈石窟》
第 14 卷图录编号
PL.50I

1. 正面　　　　　　　　2. 背面　　　　　　　　3. 旧照

图 8　供养天人头部残件

图 9　供养天人头部

采自《云冈石窟》
第 14 卷图录编号
PL.51D

1. 正面　　　　　　　　2. 背面　　　　　　　　3. 旧照

图 10　供养天人菩萨胸部残件

1. 正面　　　　　　　　2. 背面

图 11　供养天人头部胸部残件

采自《云冈石窟》
第 14 卷图录编号
PL.54D

1. 正面　　　　　　　　2. 背面　　　　　　　　3. 旧照

图 12　千佛残件

采自《云冈石窟》
第 14 卷图录编号
PL.54F

1. 正面　　　　　　　　　　　　　　　　2. 旧照

图 13　背光残件

采自《云冈石窟》
第 14 卷图录编号
PL.56F

1. 正面　　　　　　　　2. 背面　　　　　　　　3. 旧照

图 14　狮子头残件

1. 正面　　　　　　　2. 背面　　　　　　　1. 正面　　　　　　　2. 侧面

图 15　手部残件　　　　　　　　　　　　图 16　建筑残件

二、造像残件的出土、采集情况整理

据《云冈石窟》第十三卷·第十四卷《出土断石》记载，图录中的残件选自 1939 年、1940 年平整云冈石窟地面时收集残件中的一部分。当时这些残件存放在第 6 窟前的西客殿中。日本人还未对其做仔细整理，调查便被迫中断了。当长广和水野编写报告时，手头只有部分未整理残件的照片。其中除几件有明确出土、采集地点外，其他残件的具体出土、采集地点不明[①]。以下结合《云冈石窟》中的相关记载，以及上博藏云冈造像残件背后的墨书，对这批造像残件的出土、采集情况做一梳理。

据《云冈石窟》第十五卷中《云冈发掘记 2》记载，1939 年 9 月和 1940 年 9、10、11 月间，日本云冈调查队在对昙曜五窟窟前地面进行平整的同时，展开了考古发掘。调查队于 1940 年夏、秋两季，对第 16 至 20 窟即昙曜五窟进行清理工作。自 1940 年 7 月 23 日至 31 日，调查队清理了第 17 窟的地面，出土了若干石刻残件，其中有佛头一件，但不确定这些残件原来是否都属于第 17 窟[②]。本文中的第 1、2、3、4、6、7、8、10、14、15 号上博藏云冈造像残件背面墨书洞窟号码均为十七洞，即第 17 窟。故这 10 件造像残件应该是 1940 年 7 月 23 日至 31 日间，调查队清理第 17 窟时所得。第 1 号残件与第 17 窟窟壁上部的第一期千佛头部风格一致，或为其中脱落者。第 10 号残件为上半身，颈部戴项饰，两臂戴臂钏，残留绕肩的披帛痕迹，上身裸露斜披天衣，双手合十于胸前。在第 17 窟壁面的第二期佛龛两侧多雕有两身双手合十的浅浮雕立姿胁侍菩萨。第 10 号残件属于某尊此类胁侍菩萨。

其中第 4、6、15 号残件背后墨书表明，调查队对第 17 窟明窗也进行了清理。第 17 窟明窗两侧多雕凿云冈二期小龛像，第 4 号残件与此类小龛中的供养菩萨风格接近，或为其中脱落者。《出土断石》条目描述第 6 号残件为戴宝冠的小型供养菩萨，在第 16 窟明窗的佛龛中也有类似的供养者[③]。第 6 号残件脸部下方及冠顶残缺，与 PL.50G 残缺部位完全一致。第 17 窟明窗两侧多雕凿云冈二期小龛像，其中明窗东侧壁由下至上第三龛，主尊为交脚弥勒菩萨，两侧胁侍半跏趺坐思惟菩萨。主尊左侧胁侍菩萨的头部与第 6 号残件头冠和面部风格一致，而主尊右侧胁侍头部残缺。故推定第 6 号残件为此龛主尊右侧胁侍菩萨的头部。《出土断石》条目描述第 7 号残件为小型供养天人头部，在第 16 窟明窗两侧佛龛内也有类似的天人供养者[④]。同样在第 17 窟明窗两侧也多凿有云冈第二期的小龛像，第 7、8 号残件应该是从这些小龛上剥离的。第 15 号残件手中持宝瓶按于大腿之上，可见腿面上弧线状的阴刻衣纹。第 17 窟明窗东侧太和十三年上龛交脚菩萨像左手持宝瓶按于大腿之上与此残件一致。这件手部残件可能属于 17 窟明窗侧壁上某龛云冈第二期较晚阶段的交脚弥勒菩萨像。

自 1940 年 9 月 25 日至 11 月 26 日，由日比野丈夫、小野胜年两人主持完成昙曜五窟的窟前平整及清理工作，在此期间出土了大量石刻残件[⑤]。本文第 5 号残件背后墨书"十六洞 / 南面"，第 12 号残件背后墨书"十六洞明窗"，这两件残件应该是日比野丈夫、小野胜年主持清理昙曜五窟地面时于第 16 窟采集或

---

① 前揭《云冈石窟》第十三卷·第十四卷，第 84~85 页。
② 前揭《云冈石窟》第十五卷，第 91、185 页。
③ 前揭《云冈石窟》第十三卷·第十四卷，第 85 页。
④ 同③。
⑤ 前揭《云冈石窟》第十五卷，第 91、185 页。

发掘的。第 5 号残件表面有一层深色的皮壳，五官似未雕完，第 16 窟南壁受窟外日晒雨淋影响也有成片的深色区域，在这些区域的第二期龛像中主尊旁的胁侍菩萨也有类似的形象。第 12 号残件《出土断石》条目称采集于昙曜五窟前[1]。但据背后墨书可知条目中关于采集地点的记载不够精确。此千佛残件的风格与第 16 窟明窗两侧的千佛相同，雕凿于云冈第二期的较晚阶段[2]。且此残件背面有凿痕，在第 16 窟明窗东侧中上部外侧的缺失处也有凿痕，此千佛残件或是从该处凿下的。本文第 11 号残件背后墨书"二十洞"，是在第 20 窟前出土的。第 20 窟以主尊乳部为界，岩层明显分为上层黄色砂岩与下层紫红色砂岩两层。因紫红色砂岩质地软弱，造成第 20 窟西壁在第一期西壁胁侍佛完成不久就开始坍塌[3]。第 11 号残件的质地为黄色砂岩，第 20 窟西壁胁侍佛背光上方胡跪供养菩萨头顶的小型供养天人与此残件造型相似。此胡跪供养菩萨外侧有个二佛并坐龛，且龛像大部分已崩塌，在此二佛并坐龛右侧崩塌处，原来应有一身胡跪供养菩萨，其躯干现已找到[4]。第 11 号残件或是第 20 窟西壁上部某尊大型供养菩萨头顶脱落的小型供养天人。

三、造像残件流传情况

上博藏 16 件云冈造像残件属于上海市文物管理委员会（以下简称市文管会）接收日本归还文物中的一部分。具体情况是，市文管会于 1949 年 9 月接收一批日本归还文物，主要是由华东区贸易总公司储运处接管的存放在原中央信托局（黄浦码头）仓库内的物品，计有 475 箱（其中书籍 235 箱、古物 240 箱）。经查其中多是残破伪劣之品或根本并非文物者[5]。市文管会于 1950 年将整理结果检同清册报请上海市人民政府备案。市文管会遵奉上海市政府转发中央政务院指示应保持其原状，以备将来向美、日清算时做物证之用。直到 1954 年，为避免文物日久损坏，就这批文物的处理问题市文管会再次拟具报告请示上海市政府。上海市政府 1954 年 8 月 24 日(54)沪府文字第 3327 号批复，已经转呈奉中央人民政府政务院 1954 年 8 月 5 日(54)政文习字第 48 号批复，指示如下："一、1950 年考虑到当时的情况，本院曾决定'其赝品古物图书等应保持其原状，已备将来向美帝及日本清算时做物证之用'。现在看来短期内可资利用的可能性很小。该批赝品古物继续原封不动地保存到我国与日本媾和时做证的意义已不大。故同意上海市文物管理委员会的意见，上述古物图书不必继续原封不动地保存。目前即可进行处理。二、同意上海市文物管理委员会所提《关于处理日本归还文物问题的报告》中的处理原则，组织联合处理机构，对上述文物等进行鉴别处理。其中文物部分可交文物管理部门，非文物部分可交财政部门分别处理。"市文管会遵照上项指示，会同有关单位筹备成立处理日本归还文物委员会，对上述文物进行鉴别处理[6]。

据上博档案《关于处理日本归还与赔偿文物经过情况的报告》记载，1954 年 9 月 9 日，市文管会及市人民检察委员会、市文化局（并代表文委）、市财政局、上海博物馆、上海图书馆等有关单位召开筹备会

---

[1]　前揭《云冈石窟》第十三卷·第十四卷，第 85 页。

[2]　杭侃.《云冈第 20 窟西壁坍塌的时间与昙曜五窟最初的布局设计》，《文物》1994 年第 10 期，第 62 页。

[3]　杭侃.《云冈第 20 窟西壁坍塌的时间与昙曜五窟最初的布局设计》，《文物》1994 年第 10 期，第 56 页。

[4]　员小中、王雁翔.《久别重逢的石雕：云冈石窟窟前出土的几件石雕找到了位置》，《敦煌研究》2016 年第 2 期，第 41、42 页。

[5]　《上海文物博物馆志》编纂委员会编.《上海文物博物馆志》第 374、375 页，上海社会科学出版社，1997 年。

[6]　上海市人民政府档案《上海市人民政府批复（54）沪府文字第 3327 号》、《召开会议关于处理日本归还文物》，案卷号 211。

议，成立处理日本归还文物委员会（以下简称处理委员会）。推举市文管会徐森玉副主任为主任委员。处理委员会下设图书鉴别小组、古物鉴别小组和处理小组。在处理委员会历时五个多月的工作后。市文化局、上海博物馆派人于 1955 年 1 月 5 日来市文管会仓库照所选定之物分别提取日本归还文物中的古物部分，并办理签收手续，由市文化局出具领取清单。

据《上海博物馆领到上海市文化局拨交由上海市文物管理委员会转拨日本赔偿及归还物资中一部分文物清单》记载，在这批拨交给上博的日本归还文物中除云冈石佛断片外，还有云冈台上残瓦片、云冈西部台上瓦当、张家口万安北沙城汉墓土器壶碗残片、张家口万安北沙城汉墓土器、阳高县出土汉纸片（实系纱与绢）、阳高县出土汉漆器碎画片等文物。

上博收藏的日本归还文物中的云冈文物与 1939 年至 1940 年水野清一等人对云冈昙曜五窟及云冈台上佛寺遗址的发掘记录一致[①]，表明这些文物是其清理、发掘所得。其中上博藏云冈西部台上瓦当中有多件北魏 "传祚无穷" 铭文瓦当，这种瓦当在 1940 年 10 月 30 日至 11 月 22 日小野胜年、日比野丈夫等人对云冈西部台上北魏寺院遗址进行发掘时多有出土[②]。上博所藏者是此次出土瓦当中的一部分，剩余部分收藏在京都大学人文科学研究所（东方文化研究所为其前身）中[③]。

1941 年 9 月至 11 月间，以日本东亚考古学会委托在云冈石窟进行调查的东方文化研究所所员水野清一、长广敏雄等人为中心组成万安汉墓调查队，对万安县北沙城汉墓进行发掘[④]。1942 年 9 月 15 日至 11 月 7 日，由小野胜年、日比野丈夫主持阳高县古城堡汉墓的发掘，其间东方文化研究所的水野清一、长广敏雄、羽馆易等人参与发掘[⑤]。据上博档案《处理日本归还文物委员会第二次会议扩大会记录》中古物鉴别小组组长方诗铭汇报的情况记载："此项文物经过整理与鉴别，发现其中有汉代丝织品及漆器碎片系日本东方文化学院京都研究所由山西阳高县汉墓中掠夺而来的，非常珍贵，值得保存。"笔者已查到收藏于上博的阳高古城堡汉墓出土文物有，第十二号汉墓（耿婴墓）棺后即棺西侧出土的龙首漆盂（《阳高古城堡》图版 24-1、2），现在此漆盂的漆皮被分为内、外侧两件，分别保存于玻璃夹板中。夹板上附有 "十二号西隅漆盂 1 外侧" "十二号西隅漆盂 2 内侧" 的标记，与《阳高古城堡》中记载的此漆盂的出土信息一致。以及同墓出土漆盘残片（《阳高古城堡》图版 25-2）、漆器残片（《阳高古城堡》图版 70-4）、纱帽残片和覆于棺木之上的菱纹罗（《阳高古城堡》图版 30)等[⑥]。表明上博藏日本归还文物中标明源自万安北沙城以及阳高的文物，是由水野清一、长广敏雄、小野胜年、日比野丈夫等人在 1941 年发掘万安北沙城汉墓，1942 年发掘阳高古城堡汉墓时所获得的。

日比野丈夫在《阳高古城堡》后记中记载，阳高古城堡汉墓出土的文物保存在伪阳高县公署中，不知其下落。只有一部分文物因研究需要以 "借用" 的名义带回日本，保存在东方文化研究所中。抗战胜利后，

① 前揭《云冈石窟》第十五卷，第 91~98 页。
② 前揭《云冈石窟》第十五卷，第 97 页。
③ 前揭《云冈石窟·遗物篇》，第 35、36 页。
④ 〔日〕水野清一：东方考古学业刊乙种第五册《万安北沙城：蒙疆万安县北沙城及び忆安汉墓》，东亚考古学会，1946 年，第 1~7、35~48 页。
⑤ 〔日〕小野胜年、日比野丈夫：东方考古学业刊乙种第八册《阳高古城堡：中国山西省阳高县古城堡汉墓》，六兴出版，1990 年，第 9~12、118~120 页。
⑥ 前揭《阳高古城堡：中国山西省高县古城堡汉墓》，第 46、176、177、182、222 页。

李济博士赴日追索抗日战争期间日本从中国掠夺的文物，其间专门走访东方文化研究所。在李济先生的努力下，东方文化研究所收藏的阳高县古城堡汉墓出土的文物被全部追回①。

据《清理战时文物损失委员会第十次会议记录》记载，1946年李济、张凤举两委员以盟国对日委员会中国代表团顾问及专门委员名义赴日工作。李委员返国后拟另请徐森玉委员继续赴日。李济先生于此次会议上作赴日工作报告，其于1946年3月31日离沪当日抵东京，计留居日本33日，于京都参观住友、友成及东方文化研究所等六处②。据李济先生《抗战后在日所见中国古物报告书》记载："东方文化研究所向为日本研究汉学之一中心；战争期间，改隶大东亚省，对考古发掘大加努力，成一文化侵略机构。所有日本在中国之考古发掘皆为大东亚省所支持，以学术掩饰其侵略计划，主持者或自以为一大杰作。水野清一与长广敏雄二人，在大同一带不断工作，前后八年，以云冈为中心，东及阳高县万安，发掘汉墓十余座，并将云冈石佛个别摄影，已积五千余帧。问其在大同发掘品现存何处，水野答云均存各县县署，如阳高所掘者，则存阳高县衙门公署仓库，彼等只携照片归，及零碎标本云。水野氏作此语时，史克门少校亦在座，不甚置信也（后史少校告济云，见有邻目录内之漆器极似阳高所出之照片）。"③

根据李济先生的赴日工作报告，国民政府教育部属下的清理战时文物损失委员会在发给内政部社会司的公文中，关于办理收回在日文物事相方面共列八条。与本论文有关者为第四、八条。第四条，函请外交部向远东委员会提议各要点中，中国在原则方面的要求其中有："（一）凡一八九四年以后为日本自中国劫去一切文物必须交还，（二）在此期间凡未经中国政府允许由日本假借科学调查名义在中国各地所掘取之一切文物必须交还。"第八条："日本人水野清一与长广敏雄前在大冈（大同）阳高寿安等地发掘古物已代部（教育部）拟稿呈院（行政院）转饬有关各省府查报。"④据《经济部关于归还劫物问题的文书》记载："李济追还文物意见书案——清理战时文物损失委员会曾派李委员济赴日调查被劫文物，事后拟有意见书一份，经检同原件饬驻美顾大使相机提出于远东委员会。"⑤表明在李济先生等人努力下，国民政府相关部门已经开始启动对这批被劫文物的追索工作。

又据《中国驻日代表团视察被日本劫掠物资仓库的报告》记载，关于被劫物资盟军总部已饬令日本政府集中存放于东京、京都、大阪、福冈、名古屋和北海道小樽六处设立的仓库中。中国驻日代表团受盟军总部邀请派员于1947年4月28日至5月11日参观除小樽以外五个地点的被劫物资仓库。其中京都的被劫物资仓库设京都博物馆。中国驻日代表团成员于5月6日参观京都博物馆，该馆所列劫物多系古玩及张家口出土之残片。在该报告所附盟军总部提供的制成于1947年4月20日的京都博物馆储藏的劫掠物资英文目录中，第257号为"object for antisuarians"即古文物，数目为16、4、7、30、10件。附注有"5 Bags and some fragmengts fragments"即五个袋子和一些碎片⑥。该报告中提到的作为劫物储藏于京都博物馆的张家口出土之残片，当是上文提到的1941年9月至11月间水野清一等人组成的万安调查队发掘张家口万安北

①　前揭《阳高古城堡：中国山西省阳高县古城堡汉墓》，第255、256页。
②　南京国民政府教育部档案《清理战时文物损失委员会第十次会议记录》，全宗号5，卷号11682（2）。
③　李济著、徐文堪整理.《抗战后在日所见中国古物报告书》，见《李济文集》卷五，第175页，上海人民出版社，2006年。
④　南京国民政府教育部档案《呈报办理有关收回在日文物事项》，全宗号5，卷号11682（2）。
⑤　南京国民政府经济部档案《经济部关于归还劫物问题的文书》，全宗号4，卷号30722。
⑥　南京国民政府交通部档案《中国驻日代表团视察被日本劫掠物资仓库的报告》，全宗号20（2），卷号494。

沙城汉墓时出土的碎片，应该以陶片居多。而部分云冈与阳高出土的文物残件也应该在其中。

可知自1946年3月至4月间李济先生赴日于东方文化研究所追索这批水野等人在云冈、阳高和张家口万安北沙城汉墓获得的文物。至1947年4月20以前这批文物中的部分已被盟军总部饬令日方自东方文化研究所转移至设在京都博物馆的被劫物资仓库中。据上博藏品档案记载，上博藏云冈石窟造像残件，以及阳高、张家口万安北沙城出土的文物都是1948年日本归还的文物。可知抗战胜利后在李济先生等人努力下，这批文物被从日本追回中国了。

关于水野、长广等人在云冈调查时采集、发掘到的造像残件的下落。长广敏雄在其《云冈日记》中记载："把这些（造像残件）集中在西客殿严格保护起来以后，我们回国了。这批东西后来不知道怎样了？"西客殿是第6窟前由明末清初古建构成的"石佛古寺"的一部分，当时日本云冈调查队本部兼食堂及照相暗室就设于此[①]。上文引李济向水野询问其在大同发掘品现存何处，水野答云均存各县县署，如阳高所掘者，则存阳高县衙门公署仓库，彼等只携照片归，及零碎标本。又冈村秀典先生的《云冈石窟·遗物篇》中称云冈及周边古迹所收集的遗物，其中具有艺术价值的保存在当地，该研究所只是将呈残片状的资料作为标本带回。（云冈）石窟前出土的石佛残件和完整的瓦当等被安置在当地[②]。在2013年云冈石窟五华洞窟檐复建工地，出土了500多块云冈造像残件，其中有60多块上有日本人的墨书洞窟号码题记[③]。表明水野等人当时确实将许多云冈造像残件留在了当地。但上博藏日本归还文物中的云冈造像残件，其中有12件收录于《云冈石窟》第13卷、第14卷《出土断石》一节中并配有图录，见其具有一定的艺术和考古学价值。

四、结语

据本文研究，1939年9月及1940年9至11月间，水野清一、长广敏雄、小野胜年等人对云冈石窟的昙曜五窟，及窟顶台上寺院遗址等进行清理发掘，出土大量佛教造像残件及瓦当、瓦片等文物。水野等人将部分云冈造像残件及瓦当、瓦片等文物，连同1941年发掘万安北沙城汉墓、1942年发掘阳高古城堡汉墓时所获得的部分文物，于抗战结束前带回日本藏于东方文化研究所中。1946年3月、4月间，李济先生受国民政府教育部清理战时损失委员会委托，赴日调查抗战期间日本掠夺我国文物事宜，并专访东方文化研究所，成功追回其所藏部分水野等人在山西大同及周边地区采集、发掘的文物。而徐森玉先生本来是要接替李济先生赴日继续追索日本战时劫掠文物的，但因时局变化未能成行。徐先生在1954年主持了这批日本归还文物的处理工作，是否与其之前参与追索日本战时劫掠文物工作的经历相关？这批文物于1948年被成功追索回国，并于1955年由上海博物馆收藏。由这批文物存放于原中央信托局（黄浦码头）仓库可知，这批文物应该是由原轮船招商局的船只或相关国外船只自日本运回上海并交由原中央信托局储运处点收的[④]。具体运回日期和轮船名称待考。

水野等人于昙曜五窟采集或发掘的造像残件，有的被带回东方文化研究所，除被李济先生追回的一部

① 〔日〕长广敏雄.《云冈日记——大战中の佛教石窟调查》第106、196、200页，日本放送出版协会，1988年。
② 前揭《云冈石窟·遗物篇》，第i、ii页。
③ 员小中、王雁翔.《久别重逢的石雕：云冈石窟窟前出土的几件石雕找到了位置》，《敦煌研究》2016年第2期，第41页。
④ 沈云龙：近代中国史料丛刊续编第七十一辑《在日办理赔偿归还工作综述》第111~113页，台北：文海出版社，1980年。

分外，现在保存于京都大学人文科学研究所；有的被日本人或当地民工回填后又于近年被云冈考古工作者重新发掘出土。而上海博物馆收藏的这 16 件云冈造像残件的整理与披露，对这批残件的流传与收藏历史来说是非常重要的补充。上博藏云冈造像残件中有 12 件被《云冈石窟》第 13 卷、第 14 卷所收录，也是已知被《云冈石窟》刊载的残件中，数量最多的一处收藏。

（原文刊载于《故宫博物院院刊》2020 年第 8 期）

犍陀罗在中国
——云冈石窟窟顶西区北魏佛寺

郭凤妍

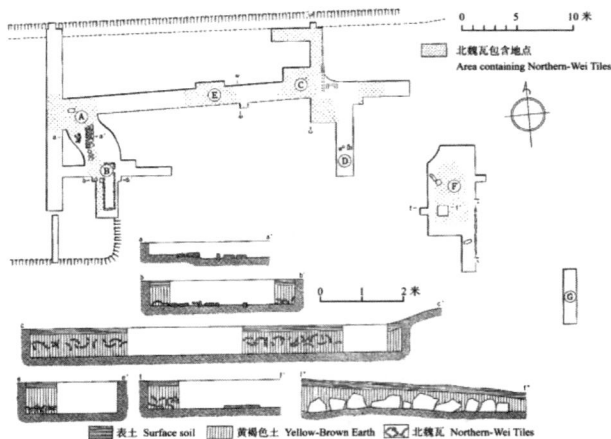

图1　水野、长广于西部台上发掘图（《云冈石窟》第十五卷）

云冈石窟（武州山石窟寺），坐落于山西大同武州山山麓，是中国甘肃以东地区最早出现的大型佛教石窟寺院。一般而言，一处寺院应同时具备"礼拜供养"和"栖止禅修"的功能。在印度以及新疆等地的石窟群，塔庙窟、僧坊窟（僧房窟）的分布，明确分担这两大功能，但在云冈石窟，无论塔庙窟（中心柱窟）、单室窟、前后室窟，或者中小型龛室等，都用作礼拜供养，而不见栖止禅修的窟室。

1938–1944 年，日本京都帝国大学（今京都大学）东方文化研究所（"二战"后更名"人文科学研究所"）的水野清一、长广敏雄等人，率领"云冈调查班"展开全面性调查与记录时，即有意识地找寻僧侣栖止禅修的场所。由于洞窟距前方武州川仅 15~17 米，虽在窟前发现木构建筑遗迹，但其紧贴崖面并无足够空间能供居住。于是水野等人将目光转向散布许多北魏瓦片的窟顶，分别对瓦片散布较集中的东部（第 3 窟正上方）与西部（33 窟以西）台地，进行发掘[①]。其中西部台地上的发掘工作，最后清理出大致呈"H"形的范围[②]（图1）。虽未能揭露出一个完整清晰的建筑面，但水野等人根据出土的"传祚无穷"瓦当、莲花纹瓦当、绿釉板瓦、押压波状纹板瓦等大量北魏建筑构件，以及使用过的生活用陶器，并考虑周边环境和关联性，推测该处应为一座佛教寺院[③]。1950

---

① 　a.〔日〕水野清一、长广敏雄.《云冈发掘记1》，《云冈石窟：西历五世纪における中国北部佛教窟院の考古学的调查报告：东方文化研究所调查昭和十三年—昭和二十年（十五）》，京都：京都大学人文科学研究所，1952 年，第 57~68 页。b.〔日〕水野清一、长广敏雄.《云冈发掘记2》，《云冈石窟：西历五世纪における中国北部佛教窟院の考古学的调查报告：东方文化研究所调查昭和十三年—昭和二十年（十五）》，京都：京都大学人文科学研究所，1955 年，第 91~99 页。

② 　自西向东，将出土较多瓦片的范围，标志为 A、B、C、D、E、F、G 等区。在东西探沟之西的 A、B 区，分别检出敷设板石的遗构，长约 3.4 米，宽约 0.7 米，以及用竖立板石围成的箱形遗构，长约 4.4 米，宽约 0.9 米。箱形遗构的性质不明，在其西侧有北魏瓦的堆积，出土"传祚无穷"瓦当、莲花纹瓦当、绿釉瓦和大致完整的板瓦、陶盆等，全为北魏时期遗物。C、D 区在东西探沟之东，E 区在其中央。C 区是一处用土坯砖筑成的建筑遗迹，或许为"炕"的一部分，除了许多北魏瓦片，如绿釉瓦、"传祚无穷"瓦当之外，还见较多的印绳纹砖、灰陶片和铁器等北魏生活器物的出土。邻近的 E 区甚至发现几乎完整的北魏灰陶盆和灰陶罐各一件。D 区以东 7 米为 F 区。在 F 区的东边也见竖立的石板，在其 2.5 米之西，有边长 1 米的正方形板石，可能为础石。在其周围多北魏瓦，出土有"传祚无穷"瓦当、莲花纹瓦当等。

③ 　a.〔日〕水野清一、长广敏雄.《云冈发掘记2》，《云冈石窟西历五世纪における中国北部佛教窟院の考古学的调查报告：东方文化研究所调查昭和十三年—昭和二十年（十五）》京都：京都大学人文科学研究所，1955 年，第 97~98 页。b.〔日〕冈村秀典编.《云冈石窟遗物篇：山西省北部新石器·秦汉·北魏·辽金时代の考古学的研究》，京都：朋友书店，2006 年，第 31~41 页。

年，雁北文物勘查团也曾抵达此处，进行踏查，并采集有"传祚无穷"瓦当等[①]。

2010年，配合云冈石窟窟顶的防渗水工程，山西省考古研究所与云冈石窟研究院、大同市考古研究所组成云冈考古队，对于窟顶西部遗址进行全面揭露。发掘面积共3460平方米。遗址东缘位于云冈石窟39窟上，西缘位于45窟30米处，南缘距窟顶20~30米，北缘进入山顶杏林。清理出北魏时期佛教寺院遗址一处，辽

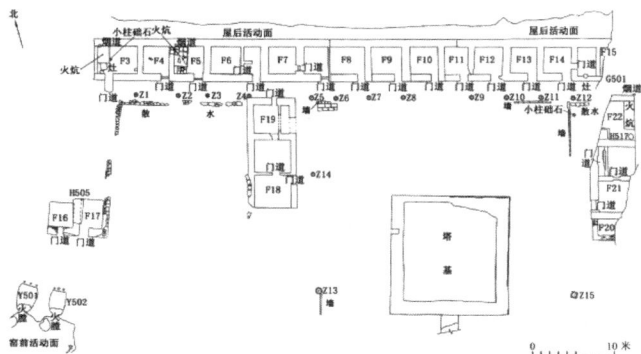

图2　窟顶西区佛寺遗址平面图（《云冈石窟窟顶西区北魏佛教寺院遗址》）

金时期房址一处及明清时期灰坑十余个。其中，北魏时期遗迹是一处较完整塔寺（图2），包括房址20间（套）、塔基1处，另外还有北魏陶窑2处、灰坑1个，出土包含有建筑构件、石刻和日用器物等遗物。

遗址中心，是位于东南部分的塔基，其平面近方形，南北长14.5米，东西宽14.4米，残高0.35~0.75米。南侧正中有一斜坡踏道，北高南低，长5.3米，宽1.9米，高0~0.3米。塔基主体为夯土，由三部分组成，第一部分是砌在塔基四周的石片，起到保护塔基的作用，虽然南边和西边的石片已经被破坏，但北边东半部及东边的石片依然存在；第二部分是塔基外围厚1.5米的夯土；第三部分是塔基中部的细砂土，质地较纯，紧密坚硬。塔基表面上有柱洞40个（D1~D40），大致呈东北—西南向，可划分为7排，每排5~8个，可能是原来以立柱加固佛塔的遗迹留存。并经过解剖在塔基中部未发现地宫或埋藏坑。

围绕塔基分布的是布于遗址北部的房址，其中可分北廊房、西廊房[②]、东廊房，以及西南排房。北廊房一排13间（套）（F3~F15），集中于遗址北中部，有单间和套间，面积不等，坐北朝南，门道西南向，为前廊后室的房屋结构。廊房均由夯土所筑，其中部分隔墙以土坯砌成。廊房前方现存柱础石12个（Z1~Z12），地面铺有石板，顺柱础东西向延伸，当为散水。西廊房一排现存2间（套）（F18、F19），位于遗址中部偏西，一南一北。F18为套间，门道东南向，F19则为单间，门道北向。房屋主墙为夯土墙，隔墙以土坯砌筑。房回廊前方有柱础石（Z14）。东廊房一排3间（套）（F20~F22），位于遗址东部，南北并列，门道西北向，其中F21为套间。墙面均为夯土墙，但F20西墙与南墙墙基以石片砌成。房前有一柱础石和筒瓦垒砌墙及小柱础石。西南排房2间（F16、F17），位于遗址西南部，均为单间，东西并列，坐北朝南，门道西南向[③]。墙体多为夯土墙，墙基以石板垒砌而成。其中无论北廊房、西廊房、东廊房还是西南排房，墙体表面均涂抹有草拌泥，屋内墙面则在草拌泥之上再敷一层白灰，此外在F6里间西壁中南部还发现两处涂有朱红颜色的表现[④]。

该遗址出土的遗物，以建筑构件为主，其中又以板瓦、筒瓦和瓦当的数量最多。板瓦均在前端下沿有

① 王逊．《云冈一带勘查记》，《雁北文物勘查团报告》，北京：中央人民政府文化部文物局，1951年，第16页。

② 《云冈石窟窟顶西区北魏佛教寺院遗址》中称为中部廊房。

③ 若将1940年水野等人在此处进行的发掘进行比对，则可大致推知日人当时发掘的地区应该在遗址西侧，日人记述在A区东南部分发现的铺石，可能是F17的东侧墙基部分，而C区以土坯筑成的建筑遗迹，则或许为F18的隔墙。

④ a.国家文物局编．《山西云冈石窟窟顶北魏寺庙遗址》，《2010中国重要考古发现》，北京：文物出版社，2011年，第127~130页。
b.云冈石窟研究所、山西省考古研究所、大同市考古研究所．《云冈石窟窟顶西区北魏佛教寺院遗址》，《考古学报》2016年第4期。

指压痕迹，可分釉陶板瓦[①]、黑衣压光板瓦[②]和灰陶板瓦；筒瓦则有黑色压光筒瓦[③]和灰色筒瓦两类；瓦当皆为泥质灰陶，正面呈圆形，其中"传祚无穷"文字瓦当占所有瓦当总数的百分之九十以上，另外还可见莲花纹瓦当以及莲花化生纹瓦当。除此之外，从该遗址出土的一件带"西窟"戳印的北魏陶片，我们或许可以推测北魏时期，也对窟群曾做过分区。

由于在部分房间中发现火坑，加上遗址中少见佛像，多见日用陶器，而可知这里应主要是僧侣栖止禅修的区域。若再加以出土不少的釉陶板瓦[④]，并且在部分墙面下部发现涂有朱红颜色[⑤]等的表现，均说明该遗址等级高，是为当时皇室所重视的寺院。

再通过发掘简报，我们发现各房址在墙面的构成上有所不同，可大致区分为两种，一种是主墙为夯土墙，隔墙以土坯砌成，如北廊房与西廊房；另一种则是墙面同样作夯土墙，但墙基由石片或石板砌成，如西南排房。倘若我们大胆假设建造墙基的石板、石片，来自开凿昙曜五窟的副产品，则也许西南排房的修建时间将稍稍晚于北廊房、西廊房和东廊房；更进一步地，则或可推测该寺院首先完成东侧院落，而后逐步完备西侧的生活设施。然而东廊房 F20 规模偏小，且西墙、南墙墙基以石片砌成，则可能是在原房址遭到破坏后，再行修造的房间。另外，遗址中以筒瓦和长石条垒砌的墙[⑥]，应该是更晚的修理痕迹[⑦]。

目前在云冈石窟大致可确定的北魏时期地面寺院有五处，除了窟顶西区佛寺，还有位于第 5、6 窟窟顶[⑧]，3 窟窟顶，1、2 窟窟顶以东 300 米处（以下简称窟顶东区），以及距窟群东端约一千米的西梁佛寺。根据出土品的初步分析，窟顶东区佛寺及西梁佛寺修建于迁都洛阳之后，其他三处则为平城时期寺院，只是第 5、6 窟窟顶堆积破坏严重，又 3 窟窟顶佛寺未全面揭露，其原先的布局形制，都仍待厘清。然而目前修造于迁都洛阳（太和十八年，494）前的地面佛寺，经考古发掘可见有建于太和三年（479）的思远寺，以及建造时间应在太和九年（485）至太和十四年（490）之间的思燕佛图。

思远寺，位于大同东北的方山南麓，是北魏文明太后冯氏陵园中的重要组成部分，北距永固陵直线距离约 800 米，西南约 100 米则是北魏斋堂。思远寺平面布局呈长方形，坐北朝南，有两层平台，其中第二层平台，平面长方形，为承载寺院建筑的基础，上有山门、实心体回廊式塔基基址和佛殿基址（图 3）。南部中央的实心体回廊式塔基基址，是寺院建筑主体工程，坐北朝南，平面正方形，边长约 18.2 米，又可

① 泥胎红色或灰白色。正面施较薄的绿黄色釉，背面有的施釉，釉的有流釉。
② 泥质灰陶。似在表面施黑色颜料或油脂，经刮压烧制光滑，形成一层薄硬皮，色泽发黑，保存好者甚至油光发亮，保存差者仍可见斑斑黑色，表面有竖向刮压痕迹。
③ 表面施黑色颜料，颜色均匀。经过刮压，凸面黑色光滑，凹面不光滑，有的保留较少黑色。
④ 通过《南齐书·魏虏传》记献文帝时"正殿西又有祠屋，琉璃为瓦"，以及《太平御览》卷 193 引《郡国志》"朔州太平城，后魏（景）穆帝治也。太极殿琉璃台瓦及鸱尾，悉以琉璃为之。"皆可知琉璃瓦乃当时的珍稀之物，使用于王室等级别的建筑之上。2008 年发掘大同操场城三号遗址时，在北侧夯土台基的夯土中，亦出土有一片釉陶板瓦残片，经研究大同操场城遗址是为北魏宫城建筑遗址。
⑤ 这种表现目前仅在大同操场城北魏皇宫遗址和方山永固陵前的陵寝遗址墙体上有发现。
⑥ 分别可见于北廊房及东廊房，其中北廊房 Z5（F7 前）东南部为筒瓦垒砌的墙，Z11（F14 前）向南则为筒瓦和长石条垒砌的墙，在东廊房前则有筒瓦垒砌墙。
⑦ 向井佑介曾对水野清一、长广敏雄 1940 年于窟顶西区寺院遗址发掘出土、带回京都大学的少量瓦当进行观察，并通过"传祚无穷"瓦当上所反映出来的木范裂痕程度，将其归划为"传祚无穷"同范瓦当的第三阶段，推估其年代应在公元 5 世纪 80 年代后半或其之后。然而通过 2010 年的发掘以及李崇峰的研究，推测该佛寺完工于北魏和平三年（462）之前，所以或许可以考虑水野、长广带回的瓦当，是晚期修理佛寺的遗物。
⑧ 山西省考古研究所、云冈石窟研究所、大同市考古研究所.《云冈石窟窟顶二区北魏辽金佛教寺院遗址》,《考古学报》2019 年第 1 期。

细分为塔心实体和环塔心殿堂式回廊两部分。塔心实体基部作正方形，南北残长 12.05 米，东西残长 12.2 米，残高 1.25 米[①]。环塔心殿堂式回廊则分布于塔心实体四周，由柱础石分布情况可知，塔基回廊四面，每面开间五间，除中间一间为回廊入口，面阔约 5 米，其余每间面阔约 3.3 米，进深 3 米，没有设置隔断墙，而可绕行塔心实体一周。位于北部的佛殿，与塔基在同一中轴线，坐北朝南，大同市博物馆通过仅存柱础石的分布，推测佛殿面阔 7 间，东西长约 21 米，进深 2 间，约 6 米。另外，在一层平台西北角，清理出有土坯砌成坑洞三行和灶台一个，以及大量火烧后留下的灰烬和有烧灼痕迹的土坯，推测可能是僧房[②]。

思燕佛图遗址，发现于辽宁朝阳北塔下层，是直接利用三燕宫殿夯土台基作为基础，布置柱网，起建塔体以及环绕塔体四周的殿堂（图 4）。位于第一层台基上的柱网，平面呈正方形，现存 4 圈柱础石及础窝，进深与面阔均为 7 间，长宽为 18.9 米。各础石上立有木柱，柱间以夯土筑成坚实的高台，形成土木混合结构的塔心实体。从第 3、4 圈柱子之间往外，用土坯砌筑，以便于设置佛龛，安置佛像。由于第 4 圈柱子包在土坯砌筑的塔心实体内，应为檐柱，若按中国传统古建筑结构特点，推测外侧应还有一圈廊柱，只是可惜柱础痕迹已破坏无遗。第二层台基上，南、西两面尚存部分殿堂遗迹，并于正对塔中心的一间见有漫道，两侧筑有土墙，其他各间则不设隔断墙，进一步可推测北魏时期的殿堂环塔一周，并且每面正对塔中心的一间都为漫道。然后在一层台基廊柱与二层殿堂的后檐墙之间，3 米多宽的空间，则为供人绕塔供养的礼拜道，于是通过礼拜道再经四面漫道而下，便可到二层台基上的殿堂[③]。

虽然目前对于内地佛寺的整体配置情况，

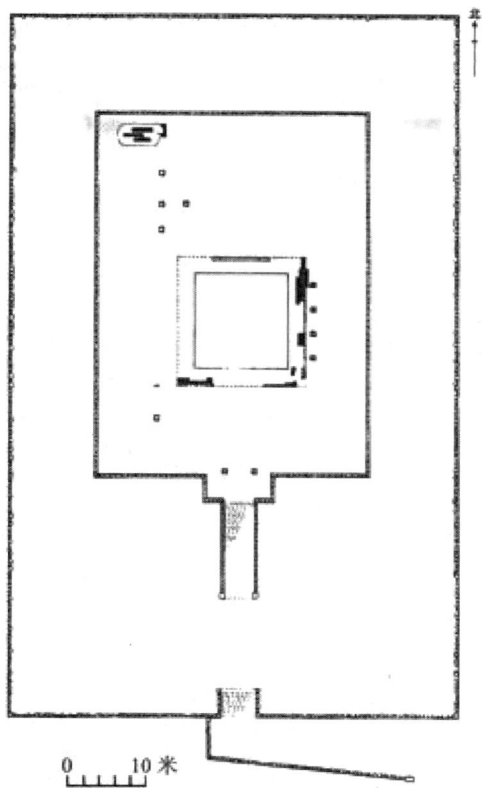

图 3　思远寺平面图（《大同北魏方山思远佛寺遗址发掘报告》）

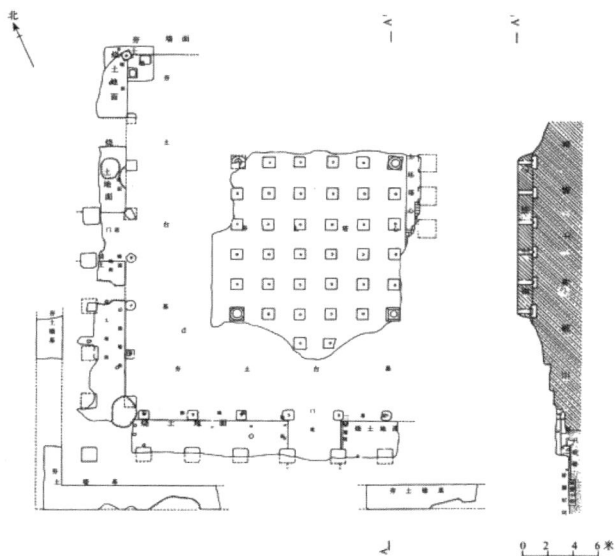

图 4　思燕佛图建筑遗迹平、剖面图（《朝阳北塔——考古发掘与维修工程报告》）

[①]　在塔基北侧 2 米位置，还清理出一道砂岩石条砌成的台阶，残长 7.2 米，宽 0.4 米，残 0.15~0.2 米，但根据其嵌入塔基内约 8~10 厘米的表现，推测应是后来增建的。

[②]　大同市博物馆.《大同北魏方山思远佛寺遗址发掘报告》，《文物》2007 年第 4 期。

[③]　辽宁省文物考古研究所、朝阳市北塔博物馆编.《朝阳北塔——考古发掘与维修工程报告》，北京：文物出版社，2007 年。

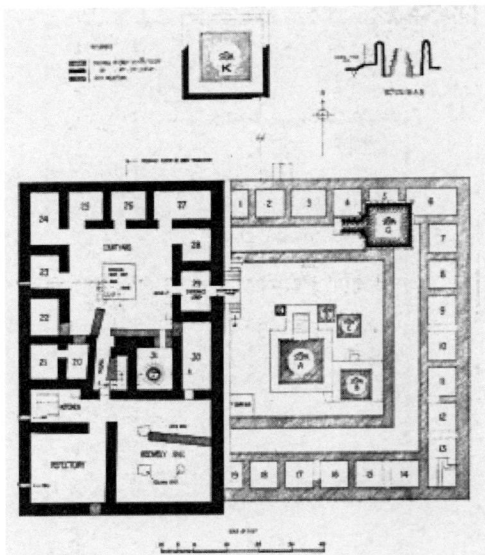

图 5　毕钵罗（Pippala）寺平面图
（Taxila, Volume III：pl.98）

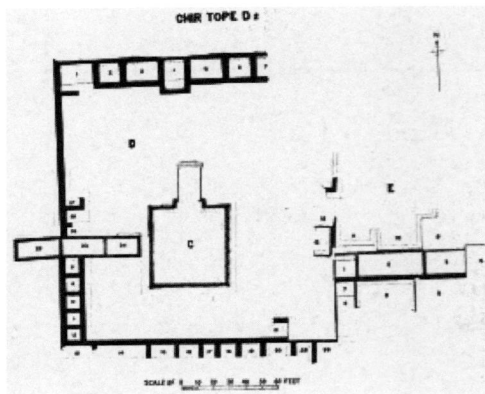

图 6　卡得尔莫拉（Khāḍeṛ Mohṛa）D2 寺平
面图（Taxila, Volume III：pl.69a）

还尚未明朗，通过大面积的清理和大范围的探查，仅大体掌握思远寺、思燕佛图这两处寺院，皆以佛塔为中心，后建佛殿，前筑山门，四周围有院墙。

若进一步根据发掘的情况，大致可将围绕佛塔四周的建筑性质区分为两种，一种是僧房，如云冈石窟窟顶西部佛寺；另一种则是殿堂式回廊，如思远寺、思燕佛图。依据思燕佛图的复原，可见居中是一座土木结构的方形重楼式塔，四周木构殿堂围绕[1]，与《后汉书·陶谦传》载东汉末笮融于徐州建浮屠祠"上累金盘，下为重楼，又堂阁周回，可容三千许人"[2]的表现相符，又四周殿堂面阔 11 间，其中不设隔断墙，除了是与上述"堂阁周回"相仿，也与《魏书·释老志》"魏明帝曾欲坏宫西佛图。外国沙门乃金盘盛水，置于殿前，以佛舍利投之于水，乃有五色光起，于是帝叹曰：'自非灵异，安得尔乎？'遂徙于道东，为作周阁百间"[3]的"周阁百间"相近。于是推测思燕佛图、思远寺，皆是延续文献记载有关东汉迄魏晋佛寺的建置[4]，即在重楼式佛塔周围起建堂阁的佛寺传统。

由于云冈石窟窟顶西区佛寺，其佛塔居中、四周僧房围绕的寺院布局，在中国各地还没有发现。其他地区，目前也仅见于巴基斯坦塔克西拉（Taxila）的毕钵罗（Pippala）早期寺院、卡得尔莫拉（Khāḍeṛ Mohṛa）D2 寺院、达摩拉吉卡（Dharmarājikā）M5 寺院，以及印度阿旃陀（Ajaṇṭā）石窟的地面寺院遗址[5]。

毕钵罗（Pippala）早期寺院，始建于帕提亚晚期或贵霜初期，

① 辽宁省文物考古研究所、朝阳市北塔博物馆编 .《朝阳北塔——考古发掘与维修工程报告》，北京：文物出版社，2007 年，第107、108 页。

② （南朝宋）范晔 .《后汉书》点校本，北京：中华书局，1965 年，第 2368 页。

③ （北齐）魏收 .《魏书》点校本，北京：中华书局，1947 年，第 3029 页。

④ 宿白 .《东汉魏晋南北朝佛寺布局初探》，《魏晋南北朝唐宋考古文稿辑丛》，北京：文物出版社，2011 年，第 230~247 页。

⑤ 然而，除了达摩拉吉卡西北寺院、毕钵罗早期寺院和阿旃陀寺院遗址，位于塔克西拉的金迪亚尔（Jaṇḍiāl）B 丘，也同样值得注意。金迪亚尔（Jaṇḍiāl）B 丘，亦称巴伯尔·汗纳（Babar-Khäna）塔寺，是一处佛塔置于方形院落中央，旁侧出土若干房舍的塔院遗址。1863 年，坎宁安（A.Cunningham）进行第一次发掘，虽然似乎仅发掘了晚期建筑遗迹，但其发表材料，显示在塔院周围的建筑，已引起学界的关注。再据马歇尔（John Marshall）的发掘报告可知，中央佛塔始建于塞种·帕提亚时期，在公元 3 或 4 世纪进行重建。早期的佛塔塔基为方形，边长不足 33 英尺（10.06 米），中央设有地宫宽 11 英尺，长 14 英尺（3.35 米 ×4.27 米），塔基南面有台阶踏道，由僧院入口到塔基踏道之间为狭窄的石砌小道。当早期佛塔及与之相连的建筑坍塌毁损后，在废墟上又建造一座佛塔和另一组建筑。晚期佛塔覆盖于早期佛塔之上，塔基呈圆形，直径 35 英尺（10.67 米）。虽然不能肯定现存房舍是否在当时为僧众居住的场所，但图中的 Q、R、S 确实有作为起居空间的可能。而方院西侧，看似为狭长房舍的 N、O、P，其实是凸起的平台地基。另外位于东北角的大型建筑 T，是为露天方院，从其北墙中部朝院内伸出的小室，则可能是佛堂。参见 A.Cunningham, *Archaeological Survey of India: Report for the Year 1872-1873,*1875. vol. V, pp.74-75. A. Cunningham, *Archaeological Survey of India: Four Reports made during the years; 1862-63-64-65,*1872. vol.I, pp.111-135. John Marshall Taxila: *An illustrated account of archaeological excavations carried out at Taxila under the orders of The Government of India between the Years 1913 and 1934.* London: Cambridge University Press, 1951, pp. 355-356.

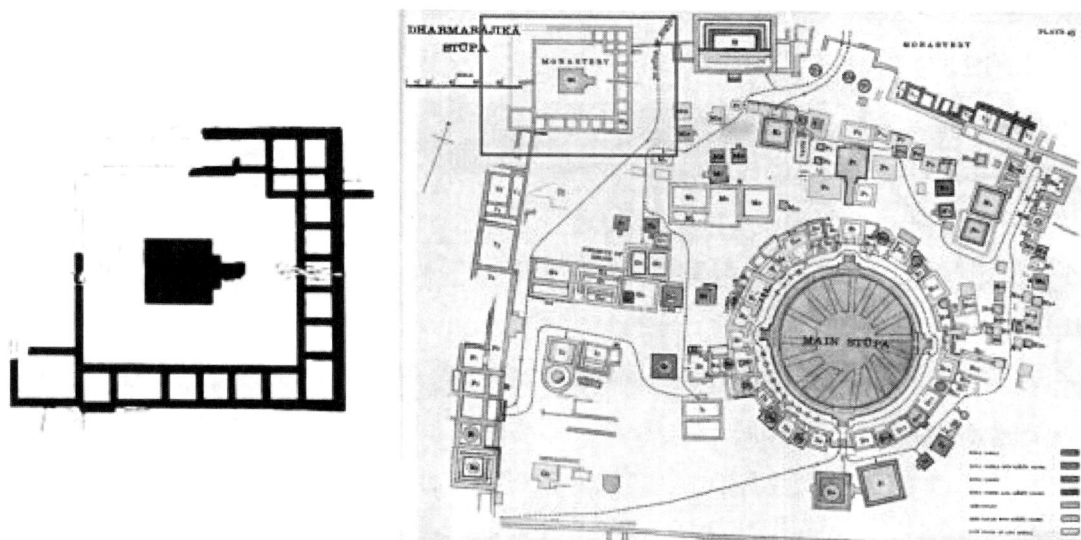

图 7　达摩拉吉卡（Dharmarājikā）寺平面图（Taxila, Volume III：pl.45）

约公元 1 世纪，在方形院落周围建置僧房，中央为方形塔基，塔基北面正中设置踏道。由于公元 4-5 世纪，在其西面兴建起另一座寺院，叠压于早期寺院的西侧廊房之上，于是可知早期寺院大约在此之前已成废墟。西面的晚期寺院，除了覆盖早期寺院西侧廊房，保留方形院落中的佛塔和周围僧房的后墙，拆除、铲平其余的建筑，将其改造成塔院，并使原早期寺院的僧房后墙成为晚期寺院的塔院围墙[1]（图 5）。

　　卡得尔莫拉（Khāder Mohrā）遗址，包含两组建筑，均兴建于 40-150 年之间，其中位于东面的 D2 为一方形院落，中央有方形塔基，塔基北面正中设置踏道，院落周围则为僧房，北、西、南三面保存较好，虽东面仅余部分残迹，但仍可见数间较大的房间，推测可能为聚会厅[2]（图 6）。

　　位于达摩拉吉卡佛塔区西北的寺院（图 7），方形院落南北宽 91 英尺（27.7368 米），东西长 105 英尺（32.004 米），中央为方形塔基，边长 20 英尺 6 英寸（6.2484 米），塔基东面正中设置踏道，长 10 英尺 6 英寸（3.2004 米）。周围建置僧房，西面与北面已毁，残存南面及东面共 17 间，僧房大小不一，推测西侧最大间可能为聚会厅，东北角小房间则为浴室。马歇尔推估其年代为公元 2 世纪，稍晚于上述卡得尔莫拉 D2 寺院[3]。

　　阿旃陀石窟的地面寺院遗址（图 8），位于石窟群中央的观景台上。遗址中央是一座矩形的砖造平台，

图 8　阿旃陀石窟地面寺院遗址（Indian Archaeology 2000-01-A Review, plate73）

① John Marshall, *Taxila：An illustrated account of archaeological excavations carried out at Taxila under the orders of The Government of India between the Years 1913 and 1934*. London：Cambridge University Press, 1951, pp.365~366.

② John Marshall, *Taxila：An illustrated account of archaeological excavations carried out at Taxila under the orders of The Government of India between the Years 1913 and 1934*. London：Cambridge University Press, 1951, pp.318~319, 321.

③ John Marshall, *Taxila：An illustrated account of archaeological excavations carried out at Taxila under the orders of The Government of India between the Years 1913 and 1934*. London：Cambridge University Press, 1951, pp.290~291, 321.

东西长4.95米，南北宽3.71米，应为塔基，目前在其南、北面分别可见一排5间小室和一排3间小室的排房，但西面仅有1间小室，三面小室入口均朝向中央塔基。东面未进行发掘，但推测该寺院的入口应于此面，朝向石窟前方的瓦格拉河（River Waghora）。从出土遗物和建筑装饰等文物，大致可推定该寺院在公元4世纪是主要用作生活居住的场所，周围小室即为僧房①。

若对上述佛塔居中、四周僧房围绕的寺院，进一步分析，可发现集中于公元1、2世纪的塔克西拉。塔克西拉在公元前4世纪，被旃陀罗笈多（Candrá-gupta）征服，纳入孔雀王朝（Mauryan Empire）版图。当时定都华氏城的孔雀王朝，为方便对新收复的旁遮普与印度河西侧一带进行管理，于是在塔克西拉设立次一级政府，宾头娑罗（Bindusāra）、阿育王（Aśoka）、鸠那罗（Kunāla）等后继者都曾在此担任总督。公元前3世纪，阿育王皈依佛教，并致力传播，达摩拉吉卡佛塔就在阿育王的命令下进行兴建以存放佛骨。公元前2世纪，随着孔雀王朝的瓦解，巴克特里亚王国（即大夏）的希腊人，入侵统治此地。在早期佛教文献，尤其佛教本生故事，如《大品》（Mahavagga）、巴利文《法句经》（Dhammapadatthakatha）之中，塔克西拉经常被提到，是学术的中心和世界知名教师的聚集之地。约是公元前1世纪，在大夏希腊人统治塔克西拉一百年之后，一系列的入侵者，塞人、安息人、贵霜人、白匈奴人来到这里。塞人统治期间，无论自建筑或者铭文，可知佛教仍为该地主要的宗教。到了公元1世纪，兴起于印度半岛北部的贵霜王朝（Kushan Empire）渐次扩张版图，大约是在阎膏珍（Vima Kadphises）时期，征服了塔克西拉。在早期贵霜国王的庇护下，佛教得到了迅速发展，连带整个西北地区出现大量的佛寺建筑、佛教造像，是为著名的犍陀罗佛教文化。在塔克西拉，这一时期也兴建立了很多的寺院，主要有喀拉宛（Kālawān），焦莲（Jauliañ）（图9）、莫拉莫拉杜（Mohṛā Morādu）等②。

我们注意到，上述的卡得尔莫拉D2寺院位达摩拉吉卡东南方向，与邻近四处遗址：吉尔托普（Chir Tope）A、B、C和D1，同属一组寺院，其中D1遗址于D2寺院西面，位置十分相近，可划归为同个遗址"D"，

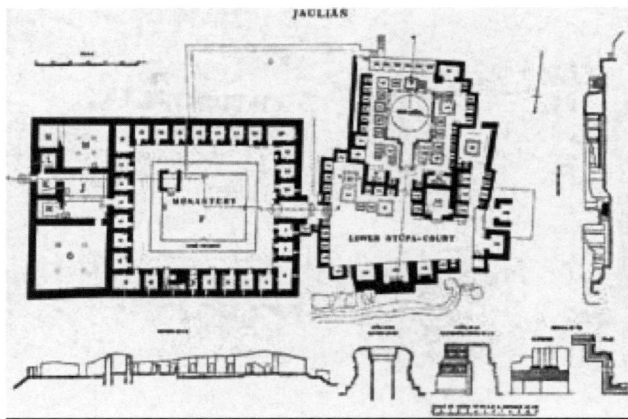

图9　焦莲（Jauliañ）寺平面图（Taxila, Volume III：pl.101）

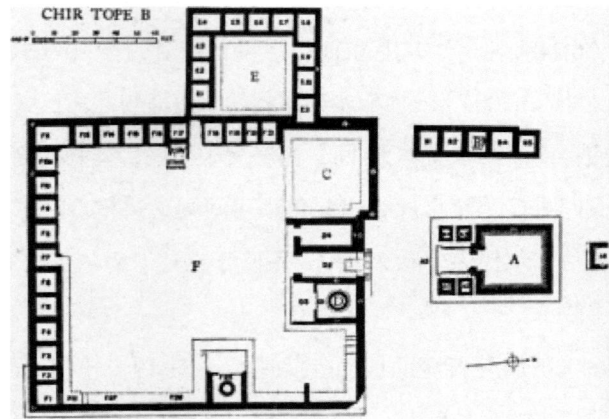

图10　阿克豪利（Akhauṛī）（Taxila, Volume III：pl.67）

① Indian Archaeology 1999-2000-A Review, New Delhi: Director General Archaeological Survey of India, 2005, p.102. Indian Archaeology 2000-01-A Review, New Delhi: Director General Archaeological Survey of India, 2006, pp.92~97.

② John Marshall, Taxila：An illustrated account of archaeological excavations carried out at Taxila under the orders of The Government of India between the Years 1913 and 1934. London：Cambridge University Press，1951，pp.11~77.

当地人把该遗址称作"卡得尔莫拉（Khāder Mohrā）"，另外把遗址 B 称作"阿克豪利（Akhaurī）"（图10）。根据墙体（花墙）的堆砌方式，马歇尔认为这四个遗址兴建于同一时期，约在 40–150 年之间。其中 A、B、C 及 D1 遗址，都以作为僧房的方形院落与坐落于院外的佛塔所构成 [①]。

通过吉尔托普这组大寺院，可以发现相较公元 1 世纪末之前混乱、缺乏隐蔽安全性的寺院布局，公元 1–2 世纪塔克西拉佛寺有两种主要形制，一种是居住区与礼拜区相结合，佛塔立于僧院中央，另一种则是分隔居住区与礼拜区，佛塔立于僧院之外。到了公元 2–5 世纪，根据笔者目前所掌握的材料，在大犍陀罗包含塔克西拉、白沙瓦谷地（Peshawar valley）、斯瓦特（Swat）及巴焦尔（Bajaur）等地已清理出土佛寺，则多为居住区、礼拜区分隔开来的布局，其中作为僧侣生活居住区的方形院落，模仿当地民宅的格局，布萨处（集会厅）、饭厅、厨房等空间分布在方形院落外侧，既不影响僧侣栖止禅修，也不妨碍信徒对佛塔进行礼拜供养。

虽然佛塔居中、四周僧房围绕的寺院布局，是早期犍陀罗佛寺的一种表现，却在犍陀罗地区一直没有成为主流，可是影响了公元 4、5 世纪印度阿旃陀石窟及云冈石窟窟顶西区地面佛寺的兴建，并借此可更进一步知道，印度的阿旃陀及中国的云冈，在公元 4、5 世纪皆属于犍陀罗文化影响所及范围。

云冈石窟窟顶西区佛寺遗址，由于坐落窟沿边缘，对于整个遗址南面仅清理至距窟顶 20~30 米处，遗址以南的情况不清楚，但通过上述毕钵罗早期寺院、卡得尔莫拉 D2 寺院、达摩拉吉卡 M5 寺院，我们能够推知原始在云冈窟顶西区佛寺的塔基南侧也有房址，且两端与东、西廊房相接，整体构成一个方形的封闭院落。再根据钻探知道塔基南面正中的斜坡踏道（图 11），可延伸至今窟顶边缘，因此若四周僧房大致与中央方塔等距，则南侧房址可能已经因滑落、坍塌而不存。

现存北、东、西三面廊房坐落塔基周围，门道开口均朝向塔基，但距离塔基较远的西南排房（F16、F17），门道西南向，开口并不朝向塔基，又 F16、F17 之间有灰坑，F16、F17 南面有两座陶窑，再考虑北廊房西端 F3、F5 内，设置有石片垒砌的火炕和炉灶等种种迹象，并且参考古代犍陀罗佛寺中的生活设施，通常分布于僧院周边，而可推测该遗址西侧或许是厨房、作坊等生活设施集中的区域。

从目前遗址揭露的情况来看，这座佛寺方形院落的入口，可能位于南侧厢房或是东侧厢房。虽然在上述毕钵罗早期寺院、卡得尔莫拉 D2 寺院、达摩拉吉卡 M5 寺院，由于遗址保存的情况，我们不能确定入口的位置，但通过同时期如吉尔托普 A、B、C 遗址，我们大致可知方形塔基的台阶踏道，大多正对方形院落的出入口，于是推想云冈窟顶西区佛寺的方形院落入口，更有可能位于正对塔基踏道的南侧厢房。只是如果出入口位于方形院落的南面，则将十分接近当时崖壁的

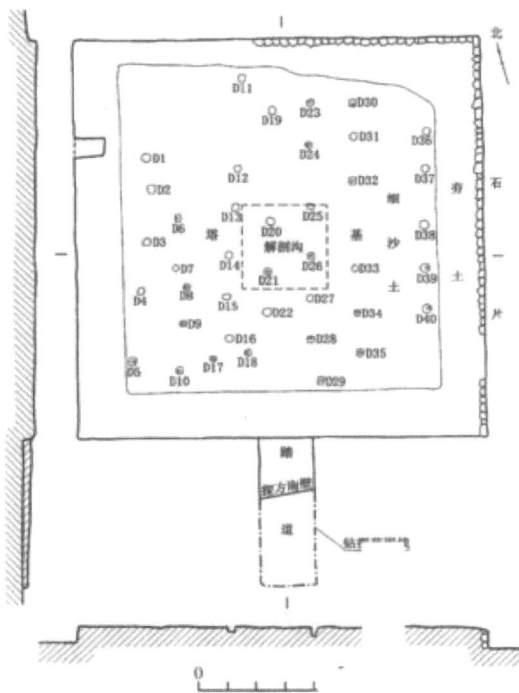

图 11　塔基遗迹平面、剖面图（《云冈石窟窟顶西区北魏佛教寺院遗址》）

① John Marshall, *Taxila: An illustrated account of archaeological excavations carried out at Taxila under the orders of The Government of India between the Years 1913 and 1934*. London: Cambridge University Press, 1951, pp.315~321.

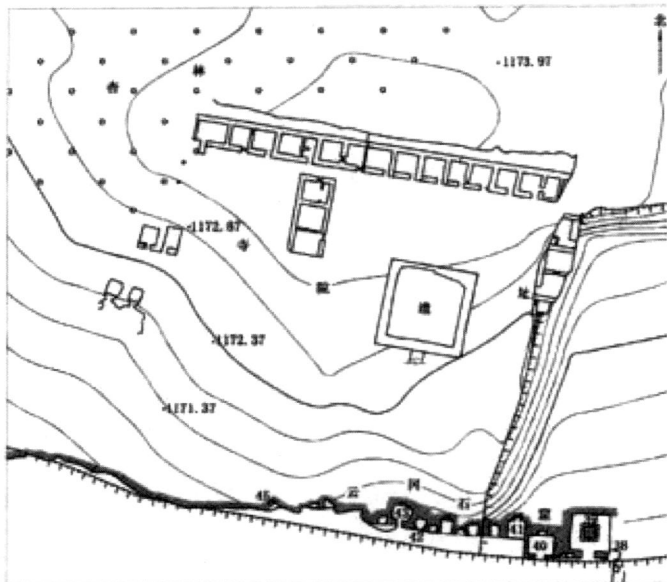

图 12　云冈窟顶西区佛寺遗址与石窟位置关系示意图
（《云冈石窟窟顶西区北魏佛教寺院遗址》）

边缘，于是进一步推想，崖面上可能修建阶梯或者坡道，以作为窟顶寺院与地面的连接道路。

虽然今日在寺院下方的崖面分布第 39 至 45 窟（图 12），但皆属迁都洛阳（太和十八年，494）之后开凿的洞窟。我们推想崖面上原初连接地面与窟顶寺院的道路，也许就在第 39 至 45 窟的开凿过程中被破坏而不复存在。虽然在那之后，或许出现其他的替代道路，但更有可能的是迁洛以后，窟顶西区佛教寺院的重要性不再，甚至遭到废弃，而不再需要连接地面与窟顶寺院的道路。

李崇峰根据遗址位置，认为窟顶西区佛寺可能就是《大金西京武州山重修大石窟寺碑》[①]（以下简称《金碑》）记，武州山石窟寺"上方一位石室数间"之译经、藏经处。并且通过费长房《历代三宝记》卷九《译经·西秦北凉元魏高齐陈氏》[②]和《历代三宝记》卷三《帝年下·魏晋宋齐梁周大隋》[③]，加以《历代三宝记》卷九引道慧《宋齐录》[④]，与现存《付法藏传》最早记录的梁僧佑《出三藏记集》[⑤]等文献记载的梳理，得知和平三年（462）昙曜于北台石窟译出《付法藏传》，十年后即延兴二年（472），西域沙门吉迦夜与昙曜，在北台共同翻译出《付法藏因缘经》。并以上述为基础，进一步认为，和平三年昙曜于北台石窟寺内召集僧众译经，即表明北台"石窟寺和平三年前已工毕"；倘若北台石窟寺在和平三年尚未全部完工，则其中的若干场所如"天竺僧陀番经之地"等，也应已投入使用，进而推测该佛寺完工于北魏和平三年之前[⑥]。

由于该佛寺与昙曜五窟的地点相近，我们已知昙曜五窟开凿时间，自文成帝和平初（460）到献文帝皇兴四年（470）前后，而窟顶佛寺可能在昙曜五窟开凿初期即已落成，意味着该寺院与昙曜五窟或许同时动工，只是相较于开凿洞窟，兴建地面佛寺耗费时间短。于是云冈石窟窟顶西区佛寺，也许是整个云冈石窟寺最早完工的部分。倘若以一处完整寺院，应同时具备有礼拜供养及栖止禅修的功能作为考虑，则将发现云冈窟顶西区佛寺，就如同上述印度阿旃陀石窟的地面寺院遗址，与石窟群的关系十分密切，是与昙曜五窟构

① 西京大石窟寺（武州山石窟寺）者，后魏之所建也，凡有十名，一通示 / 通乐、二灵岩、三鲸崇、四镇国、五护国、六天宫、七崇教 / 崇福、八童子、九华严、十兜率……明元始兴通乐，文成继起灵岩，护国、天宫则创自孝文，崇福则成于钳尔，其余诸寺次第可知。复有上方一位石室数间，按《高僧传》云：孝文时天竺僧施番（翻）经之地也。"（宿白.《〈大金西京武州山重修大石窟寺碑〉校注——新发现的大同云冈石窟寺历史资料的初步整理》，《中国石窟寺研究》，北京：文物出版社，1996 年，第 53~54 页。）

② "……至和平三年（462），诏玄统沙门释昙曜，慨前凌废，欣今载兴，故于北台石窟寺内集诸僧众，译斯传经，流通后贤，庶使法藏住持无绝。"

③ "昭玄沙门昙曜欣三宝再兴，遂于北台石窟寺，躬译《净度三昧经》一卷、《付法藏传》四卷，流通像法也"。

④ 昙曜初译《付法藏传》十年后，"西域沙门吉迦夜，魏言何事，延兴二年（472）为沙门统释昙曜于北台重译，刘孝标笔受"。

⑤ "《杂宝藏经》十三卷（阙）、《付法藏因缘经》六卷（阙）、《方便心论》二卷（阙）。右三部，凡二十一卷。宋明帝时，西域三藏吉迦夜于北国，以伪延兴二年，共僧正释昙曜译出，刘孝标笔受。此三经并未至京都。"

⑥ 李崇峰.《从犍陀罗到平城：以寺院布局为中心》，《佛教考古：从印度到中国》，上海：上海古籍出版社，2014 年，第 267~288 页。

成云冈石窟寺最早的景观。

由目前的考古发掘和研究情况来看，云冈窟顶西区佛寺不仅是整个云冈石窟寺最早完工的部分，同时也是迄今中国内地发现最早的佛寺遗址，其佛塔居中、四周僧房围绕的配置，不同于文献中记载东汉迄魏晋、重楼式佛塔周围起建堂阁的佛寺建置传统，是受到犍陀罗文化的影响。

由于云冈窟顶西区佛寺可能与昙曜五窟同时动工，又昙曜五窟一般认为是在"昙曜白帝"之后，由来自凉州的昙曜所主持开凿，于是推想窟顶西区佛寺的兴建，可能也由昙曜主持。自太武帝以来，北魏即与兴建佛寺较盛的西域诸佛教国家与地区来往频繁，如鄯善、焉耆、龟兹、疏勒、粟特和于阗、渴盘陁、罽宾等[1]，值得注意的是，与昙曜在延兴二年（472）共同翻译出《付法藏因缘经》的西域沙门吉迦夜（Kikkāya），即来自犍陀罗或迦湿弥罗（即今塔克西拉）[2]，又在昙曜之前任道人统的师贤"本罽宾国王种人"[3]，"罽宾"在公元4世纪到6世纪，应包含古代的乌苌、呾叉始罗、犍陀罗和迦毕试，此范围基本相当于今天学界所称之大犍陀罗或犍陀罗文化圈[4]。据此或许可进一步推想，云冈窟顶西区佛寺的设计，有来自犍陀罗地区的僧侣如师贤、吉迦夜等人一同参与规划。

（原文刊载于《石窟寺研究》2020年第10辑）

① 宿白.《平城实力的集聚和"云冈模式"的形成与发展》，《中国石窟寺研究》，北京：文物出版社，1996年，第123~125页。

② C. Willemen, A Chinese Kṣudrakapiṭaka (T.IV.203)，*AsiatisheStudienÉtudesAsiatiques*. vol. XLVI no.l, 1992, pp.507-515.

③ 魏收.《魏书》点校本，北京：中华书局，1947年，第3036页。

④ 李崇峰.《从犍陀罗到平城：以寺院布局为中心》，《佛教考古：从印度到中国》，上海：上海古籍出版社，2014年，第271、272页。

云冈石窟的皇帝大佛
——从鲜卑王到中国皇帝

〔日〕石松日奈子著　王云译

来到云冈石窟，看到第 20 窟的露天大佛〔图 1〕，任何人都会心生感动。依山雕凿而成的巨像，从体量上给予观者强大的视觉压力。造像单纯明了的造型，也散发着无限的魅力，从其浑圆的头部、大且长的耳朵、圆睁的眼睛、微笑的嘴唇以及饱满的面颊，可以感受到塑造者的自信。而且令人更为震惊的是，从位于其东侧的第 19 窟开始，还有六座与之规格相同的高 13 米至 17 米的大佛：

第 20 窟主尊如来坐像（禅定印）高 14 米　昙曜五窟

第 19 窟主尊如来坐像（施无畏印）高 16.8 米　昙曜五窟

第 18 窟主尊如来立像（左手握袈裟）高 15.5 米　昙曜五窟

第 17 窟主尊菩萨交脚像（转法轮印？）高 15.5 米　昙曜五窟

第 16 窟主尊如来立像（施无畏印）高 13.5 米　昙曜五窟

第 13 窟主尊菩萨交脚像（施无畏印）高 13.5 米

第 5 窟主尊如来坐像（禅定印）高 17 米

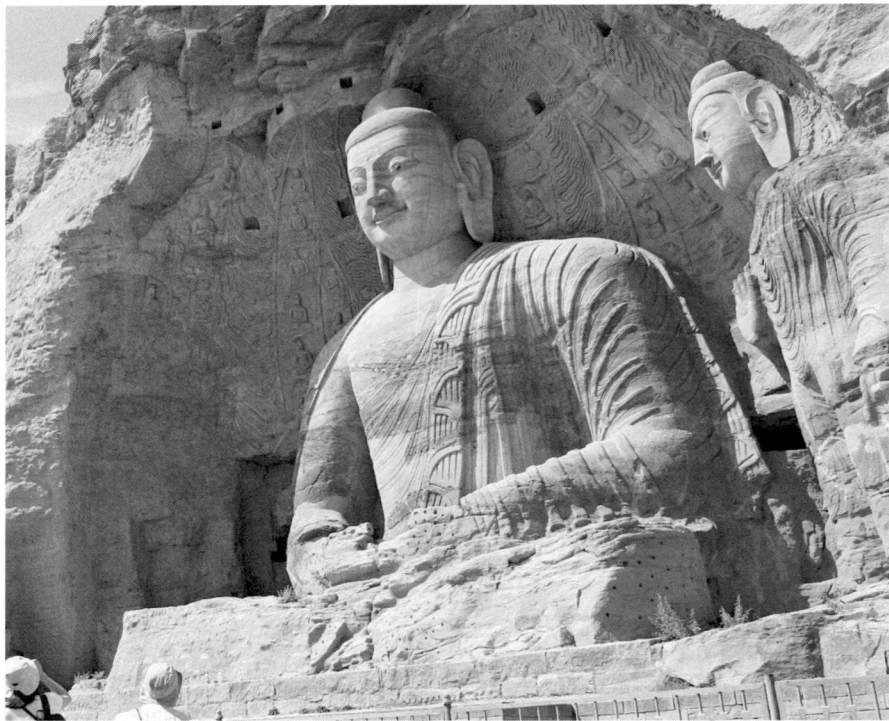

图 1　云冈石窟第 20 窟

北魏以平城为都城的三十余年间（460-494），是云冈石窟（武州山石窟寺）的全盛期，除西区外，第 1 窟到第 20 窟均开凿于这一时期。而在这 20 个洞窟中，大佛窟占了七个。这一事实在我们思考云冈石窟的特性及其在中国石窟史上的历史定位时都至关重要。

长广敏雄与水野清一携手对云冈石窟进行了系统的调查研究。对于云冈大佛，长广记载如下[①]：

巨像是纪念碑性的造像。

---

① 〔日〕长广敏雄.《永远の相と変化の相》，《大同石佛艺术论》京都：高桐书院，1946 年，第 14 页。

他"俯瞰"人群,这意味着将一个普通的、等大的人像巨形化,从而树立起一座巨像。巨像不是为一个个体,而是为一个族群、一个社会、一个民族、一个国家、一个时代而存在的。这正是其纪念碑性之所在。于是,佛像(即使并不巨大)原本具备的超人性和纪念碑性,更经由巨大化的形态而在巨像中得以加倍强化。大佛的魅力正源自这种双重性含义上的超人性和纪念碑性。

长广指出的"双重的超人性",是说云冈大佛的特性集中体现在两个方面:体量巨大,并且是佛像。

云冈大佛吸引人的主要原因,还在于其独特的风格。大村西崖曾经这样评价"观其雄伟样貌与姿态,既非中国风,亦非印度风,岂非拓跋族理想之大丈夫乎?!"[1]堪称大佛的佛教雕塑散布在中国各地且为数不少,如龙门奉先寺大佛、莫高窟东西大佛等。但与这些大佛不同的是,云冈石窟大佛具有某种"不像佛像"的气息。这种"不像佛像"的气息,也许正是因为它是以北魏皇帝为原型雕凿而成的。

本文集中讨论云冈石窟的如来型大佛,思考将皇帝表现为大佛的目的及其表现形式的特点。首先,笔者从造型的角度,将云冈的如来型大佛分为两种类型:最早期的第20、19、18窟的主尊为"鲜卑的皇帝大佛";而第16窟主尊则为"中国的皇帝大佛"。继而,笔者就北魏的皇帝崇拜与汉化、英雄造像的变化及其对地方的影响等问题展开讨论。第5窟大佛风化严重,后世补修甚多,已经很难看出当初的面貌了。不过,其背光西侧仅存的跪坐天人无头光且以衣裳裹足,完全是中国式的形象,笔者由此推测第5窟大佛也应该是中国式的。

一、鲜卑的皇帝大佛——
五帝与五佛

(一)大人崇拜与当今如来

北魏盛行皇帝崇拜,笔者推测其源头应为游牧时代的大人(部落首领)崇拜思想[2]。乌桓(丸)的风俗习惯与鲜卑相同,据《后汉书》记载,其世业与大人均非世袭,勇敢且有能力的人会被拥立为"大人",英雄式的大人会与天地之神一样受到人们的供奉。也就是说,鲜卑王原本都是"勇猛的英雄",这一含义在北魏建国之后依然存在。不过,鲜卑王无法仅靠勇猛统治汉人。于是,佛教行之有效地帮助鲜卑王树立起了一个新的形象。

图 2　第 16—20 窟全景旧貌

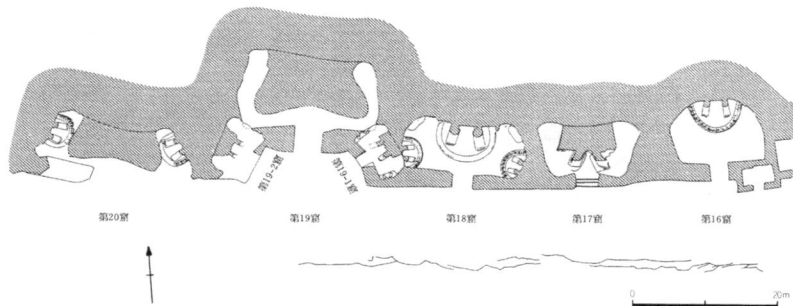

图 3　昙曜五窟平面图

① 〔日〕大村西崖.《支那美术史雕塑篇》,东京:佛书刊行会图像部,1915 年,第 182 页。
② 〔日〕石松日奈子.《北魏佛教造像史の研究》,东京:ブリュッケ,2005 年,第 57 页。

《魏书·释老志》中记载了道武帝时代（386—409 年在位）的道人统法果赞誉太祖（道武帝）为"当今如来"的名言：

> 法果每言太祖明叡好道，即是当今如来，沙门宜应尽礼，遂常致拜。谓人曰：能鸿道者，人主也，我非拜天子，乃是礼佛耳。

法果赞誉太祖"明叡好道"，称其为"当今如来"，经常礼拜。换言之，法果明确指出太祖就是佛陀，将皇帝定位在了国家佛教体制的顶点。法果的这种观念，是在理解了胡人的大人崇拜的基础上提出的，当佛教造像扩散到地方之后，这种观念确实助长了民间的臣民意识，成为人们的精神依托。

经历了从 446 年开始长达七年的严峻的灭佛运动之后，北魏文成帝（452—465 年在位）进一步强化了这一体制，复兴了佛法，并与道人统师贤以及之后的沙门统昙曜携手，建造了一批象征皇帝崇拜的佛教造像。

（二）"如帝身"的佛像

《魏书·释老志》中对复兴佛教的兴安元年（452）记载颇为有趣。

> 是年，诏有司为石像，令如帝身。既成，颜上足下，各有黑石，冥同帝体上下黑子。论者以为纯诚所感。

接着又有以下记载[①]：

> 兴光元年（454）秋，敕有司于五级大寺内，为太祖已下五帝，铸释迦立像五，各长一丈六尺，都用赤金二十五万斤。

五座释迦像应为佛像，但"石像"没有尊名，或许是"使如帝身"之意。长广敏雄认为应该是文成帝的"等身雕像"，并且是"北魏皇帝服制的佛像"[②]。对于"北魏皇帝的服制"是什么，长广没有讨论。不过，在孝文帝服制改革（486）之前，鲜卑族理应是着游牧民族的服装吧。

笔者认为这座石像不会是很世俗化的形象。因为如果造像身着世俗服饰，则必然穿靴。但是，据记载这座石像在完成之后，足下出现了黑石，与文成帝的黑子完全一样——这说明造像应该是裸足的如来像（或者菩萨像）。换言之，石像采取佛像的造型，雕造了作为文成帝化身的如来像。在此基础上进一步发展的结果就是两年以后在平城为五帝铸造的五座释迦佛立像。之后在营建昙曜五窟的皇帝大佛时，将其中的一座置换为了菩萨像。

（三）从五帝五佛造像到昙曜五窟

《魏书·释老志》中的一段文字，是我们对云冈石窟进行历史定位时的重要参考文献：

> 和平初（460），师贤卒。昙曜代之，更名沙门统。……昙曜白帝，于京城西武州塞，凿山石壁，开窟五所，镌建佛像各一。高者七十尺，次六十尺，雕饰奇伟，冠于一世。

这里记载的由昙曜开凿的武州塞的五个石窟，就是现在的第 16 到第 20 窟（图 2，图 3），这一点已经成为学术界公认，因此这五窟亦称"昙曜五窟"。《魏书》中称，佛像"高者七十尺，次六十尺，雕饰奇伟，冠于一世"。七十尺约为 19.6 米，六十尺约为 17 米[③]，比现存大佛尺寸略大。不过，在铭文中夸大造像尺

①　虽然还有一些文献记载为二万五千斤，但《册府元龟》《广弘明集》中亦为二十五万斤。从五座丈六佛所需的铜量来看，二十五万斤比较恰当。参照《魏书》卷一一四《释老志》，《校勘记》十八，中华书局，1997 年。

②　〔日〕长广敏雄.《佛像の服制》，前揭《大同石佛艺术论》，第 47 页。

③　参照卢嘉锡编.《中国科学技术史·度量衡卷》，科学出版社，2001 年。

寸的现象并不罕见，这里的七十、六十可能仅是为了取一整数。

关野贞、常盘大定认为，可以用五帝五佛的思想解释云冈的五座大佛，而昙曜奏请的五大佛正是为太祖以下的五帝建造的。只是，当时正值北魏建国后第四代皇帝（文成帝）之世，五帝中还缺一人。于是，关野和常盘认为应加上北魏建国之前的太祖平文帝（？－321）。这样，平文帝与建国后的四位皇帝（从道武帝到文成帝）就构成了五帝①。

之后，塚本善隆提出了一个新的观点，认为建国之后的四位皇帝加上景穆帝（428－451），正好是五帝。景穆帝是第三代太武帝（423－452年在位）的太子，他笃信佛教，反对灭佛，却在即位之前惨遭陷害忧虑而死，是一位悲剧性的皇太子。他并没有即位，《魏书·帝纪》中却有景穆帝一项。塚本还注意到，五窟中只有第17窟的主尊为交脚菩萨像，推测这正是将"死在太子之位上的景穆帝，表现为一生补处弥勒菩萨"②。后来，这个加上皇太子构成五帝五佛的见解，得到了以宿白为首的大多数中日学者的认可。

关于五帝的配置问题，如果以五窟中规模最大的第19窟（图4）为初代，按"昭穆"③制度左、右、左、右的顺序来排列，则第17窟的交脚菩萨像正好就是第四位景穆帝了。但从现状来看，原本应该出现在右端（最西端）的石窟并不存在，而第19窟虽然规模最大，却也不在五窟的中央。

杭侃的研究解决了这一问题④。即由于第20窟西侧的岩石状态不佳，才将第16窟的位置调整到了东端。这样就能得出如下结论：五窟从西边依次，第20窟为第三代太武帝，第19窟为第一代道武帝，第18窟（图5）为第二代明元帝，第17窟为景穆帝，第16窟为第四代

图4　第19窟主尊如来坐像

图5　第18窟主尊如来立像

① 〔日〕关野贞、常盘大定.《支那文化史迹》第一辑，京都：法藏馆，1941年。
② 〔日〕塚本善隆.《云冈石窟の佛教》，载于《印度学佛教学研究》第二卷第二号，1954年，第11页注释3。
③ 昭穆是中国宗庙的排列方式，中央为太祖即第一代，第二代以下按照以左为昭（第2、4、6代），以右为穆（第3、5、7代）的顺序排列。
④ 杭侃.《云冈第20窟西壁坍塌的时间与昙曜五窟最初的布局设计》，《文物》1994年第10期。

图 6　菀申等造如来立像上半身

图 7　第 20 窟主尊面部

文成帝①。至此，我们可以明确看出，云冈石窟最早计划修建的五座大佛，与在平城为五帝铸造的五佛实际出于同一思路。五座释迦佛是否具备佛教意义，尚不清楚。不过，在《魏书·礼志》北魏正式建国的天兴元年（398）一条中，有"于是始从土德、数用五、服尚黄、牺牲用白"的记载。说明五这个数字，对于北魏是一个特殊的数字。公元 400 年，宫中为神元帝（？ –277）以下的思帝（？ –294）、平文帝（？ –321）、昭成帝（320–376）、献明帝（？ –371，道武帝之父）建造了五帝庙。可见在铸造五座释迦佛像的半个世纪以前就有祭拜五帝的习俗，这一习俗应该来源于鲜卑，并在之后融进了北魏的佛教造像当中，随之诞生的便是五座释迦佛和昙曜五窟的皇帝大佛。

一次性地铸造五座丈六大佛并非易事。首先，要确保有足够的资金和作为材料的铜。其次，以当时北魏的技术是否能够铸造 5 米高的铜像，颇令人担忧。而且《魏书》里记载的是立像，而非坐像，这就存在让造像立在台座上的必要性。这五座释迦像已不复存在，其具体状况也就无从知晓了。所幸在现存作品中，有一件与之年代接近的金铜佛像。

太平真君四年（443）铭菀申等造如来立像（图 6）是一件像高 40 厘米的小型铜造像，也是在灭佛中幸存下来的北魏早期的重要作品。这件如来像的年代，比五座释迦铜佛像早约 10 年。造像双足分开站立在莲花台心（莲肉）上，通肩袈裟衣纹紧贴身体，依稀可见其下身体的起伏。与印度笈多佛像影响下的中亚佛像以及炳灵寺第 169 窟的西秦塑像（420 年前后）颇为相似。

但太平真君四年铭像和云冈石窟第 20 窟大佛（图 7）的头部差异甚大。首先，太平真君四年铭像头顶覆盖着线刻的波浪式卷发，正面做旋涡状的表现手法在公元 5 世纪的如来像中极为常见。云冈第 20 窟大佛的头顶却全无线刻（所谓素发），笔者认为原本也没有彩绘的头发，当初应该就是素发。值得注意的是，云冈石窟是以素发为主流的。虽在之后的第 6 窟和第 16 窟大佛等着中国服制的如来像头上，我们能看到波浪式卷发，但整体来看，

---

① 曾布川宽认为西面的第 20 窟是初代，之后历代皇帝向东依次排列。［日］曾布川宽.《云冈石窟考》，载于《东方学报》第 83 册，东京大学人文科学研究所，2008 年，第 19~20 页。

1. 第 20 窟主尊头部冈田健摄　　　2. 第 19 窟主尊头部采自前揭《云冈石　　　3. 第 18 窟主尊头部采自前揭《中国
　　　　　　　　　　　　　　　　　　　　窟》第 13 卷　　　　　　　　　　　　　　石窟云冈二》

图 8　第 18—20 窟主要头部

波浪式卷没有扎根云冈的迹象①。接下来看耳朵。佛经里说佛陀的耳朵长于凡人，所以佛像的耳朵也造得比普通人长。太平真君四年像的耳朵和耳垂都很长，但云冈第 20 窟大佛的耳朵却大得异常，不仅长，而且耳轮还很大。再进一步比较眼睛，太平真君四年像眼皮厚，眼睛小；云冈第 20 窟大佛的眼睛（嵌入的黑眼珠为后补），不但具有横向的宽度，而且睁得很大。这样的面部造型差别，使得佛像给人留下了不同的印象：太平真君四年像洋溢着一种充满异国情调的柔和感，而云冈第 20 窟大佛则传达出一种超人的力量感。

（四）鲜卑的皇帝大佛——第 20、19、18 窟

云冈石窟第 20 窟大佛的特征，在同时开凿的第 19 窟、第 18 窟大佛身上也能看到。这三座大佛虽然在图像以及细节表现手法上各有千秋，但风格极为相似，均属于昙曜五窟中最早期的造像。三座大佛均采用了西方式偏袒右肩袈裟形制，头部和身体都很立体并有一定的厚度。头部为素发，面颊到下颌造型极为饱满，耳朵巨大，眼睛张开，表情明快，充满了生机与力量（图 8）。如果说这三座大佛融合了北魏皇帝的意向，那么其共同的表现手法传达的或许正是云冈石窟开凿之初的北魏皇帝形象。

其中，大得非同寻常的耳朵尤为引人注目。云冈石窟大佛共有七座，其中这三座大佛的耳朵耳轮巨大、耳垂长且宽阔。如此巨大的耳朵，是否会有某种特殊的含义呢？笔者在《魏书》中发现了一丝线索，以下是关于道武帝年幼之时的记载②：

> 太祖道武皇帝，讳珪，昭成皇帝之嫡孙，献明皇帝之子也。母曰献明贺皇后。……以建国三十四年七月七日，生太祖于参合陂北，其夜复有光明。……弱而能言，目有光耀，广颡大耳，众咸异之。

英雄式的皇帝出生时发生异常现象、幼年时容貌异常并且聪慧非凡等，此类传说并不罕见。但是，对于道武帝"目有光耀，广颡大耳"的描述，却极为特殊和具体。这一段描述，也许意在塑造一位以卓越的

---

① 第 7 窟主室北壁下层的二佛并坐像中，东侧一身有波浪式卷发的痕迹。云冈石窟中，西方式如来像头顶波浪式卷发的例证极为罕见。

② 前揭《魏书》卷二《太祖纪》。

图 9　第 16 窟主尊如来立像

眼力和听力洞悉世间万物的领袖形象。于是，第 18~20 窟大佛也就具备了这一特征。

关于"大耳"，《魏书》对于侍奉过北魏太武帝至宣武帝的东阳王元丕（419-501）也有以下记载[①]：

> 丕、他、元三人，皆容貌壮伟，腰带十围，大耳秀目，须鬓斑白，百僚观瞻，莫不祗耸。

在这里，大耳显然也是勇敢健壮的相貌特征之一。

巨大的耳朵、睁大的眼睛，或许正是北魏造像以太祖道武帝异常的容貌为基础，创造出的理想的鲜卑皇帝形象特征。换言之，第 20、19、18 窟的大佛，具备伟岸的躯体、偏袒右肩的袈裟、素发、丰满的面部、巨大的耳朵、睁大的眼睛等鲜卑皇帝的形象特征。

二、中国的皇帝大佛——七帝与七佛

（一）第 16 窟的中国式如来像

昙曜五窟的四座如来大佛中，第 18~20 窟的三座身着西方式偏袒右肩式袈裟。第 16 窟主尊（图 9）的服装则完全不同，袈裟厚重，衣纹层层叠加，雕刻深入，并且覆盖双肩（双领下垂），内衣带于胸前打结后下垂。长广敏雄率先指出这种服装是公元 5 世纪 80 年代之后出现在中国的一种新样式[②]，其后这一角度的研究成果不断问世，在此已无须赘述。北魏中国式佛像的出现，是以第六代皇帝孝文帝的汉化政策，特别是服饰改革政策为背景的，这一点已经不存在争议。太和十年（486）正月的仪式中，孝文帝第一次穿上了中国皇帝的传统服装衮冕服，之后汉服变成了北魏的官方服装。皇帝脱下胡服换上汉服，所以北魏的佛像也改穿了中国式服装，长广的这一观点时至今日仍未褪色。但是，穿这种服装的佛像最早出现于何处？长广的北魏首创说，在今天已经很难获得直接认同。不过，即便是从云冈以外的地方传来的，这种形制在云冈的流行无疑也与服制改革密切相关[③]。

第 16 窟的大佛与其他三座西方式大佛的不同之处，不仅体现在服装上，也体现在体形与面相上。第 16 窟，佛身体修长，并且略嫌单薄，面长，脸颊至下颌不再那么饱满，而且表情静穆，散发着理智的光芒。头部以线刻表现波浪式的卷发。第 16 窟的大佛所表现的，已经不再是彪悍的鲜卑王，而是一位知书达理的中国皇帝了。

第 16 窟是 460 年由昙曜开凿的五窟之一，为什么主尊会与其他三尊不同，为中国式呢？从风格上看，16 窟前壁的西方式如来像和菩萨像要早于主尊。因此，可以认为主尊在完成之前，出于某种特殊的原因被

① 前揭《魏书》卷一四《东阳王元丕传》。
② 前揭长广敏雄《佛像的服制》，载前揭《大同石佛艺术论》，第 67~72 页。［日］长广敏雄.《云冈における佛像の服制》，《东方学报》第 15 册第 4 分册，1947 年。
③ 张焯推测太和十三年（489）以后出现"秀骨清像（"即中国式佛像），是因为徐州派僧人占据了主导地位。详见张焯.《徐州高僧入主云冈石窟》，《文物世界》2004 年第 5 期。

改造成了中国风格。那么，中国式的佛像样式是从哪里传到第16窟的呢？

（二）第6窟类型和第5窟类型

在云冈石窟中，主要造像采用中国式服装的有第1、2窟，第5、6窟，第14、15窟，第16窟以及西区诸窟，年代应晚于公元5世纪80年代后半期。其中，中国式如来像集中出现于第6窟。笔者认为，从云冈中国式佛像的体形、服装细节、头发表现手法等方面来看，存在第6窟和第5窟两个类型系统。风格成熟的第6窟类型是"从云冈之外传来的新样式"，第5窟类型则是"在第6窟样式影响下诞生的云冈式的新样式"[1]。

第6窟类型与第16窟主尊同样具有波浪式卷发，身裹厚重的双领下垂式袈裟，衣纹雕刻深入，内衣带于胸前打结后下垂。第6窟现存的二十四座如来立像和坐像均采用这一种形式（图10）。与第6窟像相似的造像，虽然还有第11窟西壁七佛列像、第13窟南壁七佛列像等，但从整体来看，此类风格在云冈还是比较罕见的[2]。而且，第6窟造像风格成熟，雕塑手法也极为精炼。窟内现存的二十四座如来像，虽然面相多样，但在制作上并无巧拙之分，制作者或许是一支水平统一的工匠团队。

与此相对，第5窟类型以第5窟西侧胁侍如来立像（图11）以及第19窟B（西）窟主尊倚坐佛像为代表，这一风格在云冈极为常见。佛像发式与第20窟大佛一样为素发，袈裟为中国式双领下垂；只是衣纹浅而平板，往往还不表现打结的衣带。迁都洛阳之后的云冈如来像几乎都采取这种形式。旧有的头部素发与新式的中国式服装组合在一起，风格尚不够成熟，雕工也巧拙不一。

笔者认为第5窟类型是云冈旧有的西方样式接受了高度成熟的第6窟类型影响的产物。第16窟的主尊，很可能与第18窟一样，原本计划也是雕刻一座西方式的如来像，但由于第6窟采用了最新的中国式佛像，第16窟大佛受其影响，亦被改造为一座中国式大佛。

图10　第6窟东壁上层如来立像

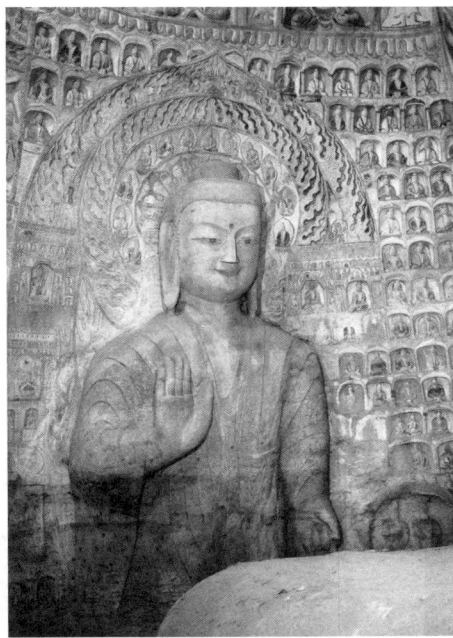

图11　第5窟西侧如来立像

（三）第19窟B窟如来倚坐像

在昙曜五窟中，还有一座佛像被改造过，即第19窟B窟的如来倚坐像。第19窟在五窟中规模最大，

---

[1]　前揭石松日奈子《北魏佛教造像史の研究》，第110页。此前，笔者也曾指出这两窟衣着形式不同。详见［日］冈田健、石松日奈子．《中国南北朝时代如来像着衣の研究（下）》，《美术研究》（日本），1993年357号，第225~227页。

[2]　第13窟南壁七佛列像风格接近第6窟类型，但很难确定到底有没有波浪式卷发。另外，东区的第2窟北壁的主尊，应该是一座中国式如来坐像，头部有波浪式卷发的痕迹，但由于风化严重，看不清胸前的衣带结。此外，第11窟外壁的追刻龛中也有一例。

1. 现状　　　　　　　　　　　　　　2. 旧貌（采自《云冈石窟》第 13 卷）

图 12　第 19B 窟主尊如来倚坐缘

左右各有一个附窟。左（东）侧的第 19 窟 A 窟主尊为身着西方式偏袒袈裟的倚坐像。右（西）侧的第 19 窟 B 窟外壁崩塌露出了主尊，为一座中国式倚坐像，身裹双领下垂式袈裟（图 12-1）。而且，第 19 窟 B 窟主尊与第 5 窟类型特征相同，即头部为素发，胸前无衣带结，衣纹平板。第 19 窟东侧附窟，原本的计划可能也是雕造一座西方式倚坐佛像，在完工之前受到了第 6 窟类型的影响，最终将其服装变成了中国式的。此像现存的面部已经补修，但通过老照片（图 12-2）我们会发现，其脸颊和下颌具有云冈初期那种充满野性的体量感。笔者推测，或许在方案变更之前头部已经基本完工。

那么，到底是谁改造了它？答案在台座侧面浮雕的男女供养人像中。台座右侧四名女性供养人排成一列，先头之人左手持举香炉，其后三人合掌，均着广袖衣服，头发绾成单髻；台座左侧排列着五名男性供养人，最后一人手持香炉，均戴头冠，着系带广袖衣服。昙曜五窟中，在与大佛关系密切之处刻画供养人，仅此一例。而且，他们都是身着高贵服饰的在家者，没有比丘和比丘尼在前引领。从这一状况推测，本像的改造工程不是在僧人或教团指导下完成的，而是由一个显赫的在家者组织。许是一支水平统一的工匠团队。

从供养人均身着汉服这一点，大致可以推测出改造工程的年代。公元 5 世纪 80 年代，云冈石窟开始出现胡服（鲜卑的游牧服装）供养人像，随着佛像的中国化，慢慢也出现了穿汉服的供养人像[1]。虽然第 11 窟明窗东侧太和十九年（495）龛的供养人像还穿着胡服，但此龛的如来像和菩萨像都已经着中国式服装，所以其胡服供养人像当是一个末期的例证。第 19 窟西侧附窟主尊的完成年代应在迁洛（494）前不久，改造者既非皇室也非教团，而是在家者组织。

（四）七佛与七庙制——第 11 窟与第 13 窟

第 11 窟西壁中层整齐地排列着七身第 6 窟类型的如来立像。第 11 窟是一个未完成的中心柱窟，窟周

---

① 〔日〕石松日奈子.《中国と中央アジアの佛教供养者像——石窟寺院を中心に——》，《古代中国中央アジアの佛教供养者像に関する调查研究》，平成二〇～二二年度科学研究费补助金基盘研究（C），清泉女子大学，2011 年。

图 13　第 13 窟南壁七佛列像

围的壁面上无秩序地凿出了许多形状、尺寸不一的西方式中小型佛龛，为后期追刻。西壁的七佛与周围中小型佛龛中的西方式佛像完全不同，身着中国式服装，而且与第 6 窟的如来像一样具有波浪式卷发，胸前的衣带结也极为醒目。另外，七身如来像的头顶有长长的瓦屋顶，表现的是七佛处于建筑物中的状态。

　　第 13 窟南壁明窗下，也有一列与第 6 窟类型相似的七身如来立像（图 13）。七身风格基本相同，看不出有明确的波浪式卷发，但胸前有下垂的衣带结，袈裟以及裙摆大幅向外伸出，这些表现手法均是学习第 6 窟佛立像的结果。如来立像上方还以浮雕的形式刻画出了三个瓦屋顶，分别覆盖在中间三身和左、右二身的头顶，这样就将七佛分成了三组。第 13 窟是一个以交脚菩萨为主尊的大佛窟，中层以上的壁面上和第 1 中断的，之后才出现了追刻龛。第 13 窟的追刻龛大多为西方式的，因此南壁明窗下的中国式七佛列像年代应该再晚一些。《云冈石窟》解说文判断，第 11 窟的七佛应为过去七佛[①]。

　　两组七佛列像的共同之处，在于以下三点：1. 同形等大的七身如来像并列；2. 身着表现衣带结的中国式服装；3. 头上覆盖屋顶。其中，最有意思的是其头上的屋顶。身处中国建筑屋顶之下、身着中国服装的七身如来像，到底是否可以看作佛教的过去七佛呢？

　　进一步看第 13 窟的七佛则如来像的背光。第 11 窟的七佛没有背光，第 13 窟的七佛则各有一个莲瓣形的背光。仔细观察就会发现，只有中间的一身背光形状完整，左、右两侧的三身背光都前后有所重叠。由此可以看出他们的前后关系是：中间的一身位于最前列，左右三身依次后退。如果是过去七佛，就应该按照从左到右或者从右到左的顺序，依次排列第一位的毗婆尸佛到第七位的释迦佛。那么，第 13 窟这样以中间的佛为主角，左右依次向后的排列方式又该作何解释呢？

　　笔者认为这种排列方式与昭穆制有关。昭穆是中国的宗庙排列方式，以中间为初代，接下来按顺序，

① 〔日〕水野清一、〔日〕长广敏雄．《云冈石窟》第八、九卷，京都大学人文科学研究所，1953 年。正文编的图版说明 47、48 虽然将七佛判断为过去七佛，却也说"令人感到费解的是，到底是因为什么才雕凿出了如此大的七佛列像呢？"

以左为昭（第二、四、六代），以右为穆（第三、五、七代）。对于庙的数量，有天子七庙、诸侯五庙、大夫三庙的规定。以第四身如来像为中心的云冈石窟七佛列像，与以太祖为中心的天子七庙的配置相似①。北魏太和十五年（491）孝文帝新建太庙的同时，整理了以往混乱的北魏历代皇帝与庙的关系，制定了新的天子七庙制②。孝文帝还进一步将北魏建国之前的王排除在外，制定了以道武帝为太祖，自己为第七代的新的七帝七庙制。此时，孝文帝应该已经身着中国式衮冕服，一派中国皇帝的风姿，因此新的七帝也理应是身着汉服的形象。七佛头顶的屋顶，表现的或许正是庙的屋顶。

在公元 5 世纪末的北魏，除云冈石窟以外，还存在一些与七帝、七庙有关的佛教造像。如太和十六年（492），即营建七庙的第二年，定州（河北）的道人僧晕就曾为七帝铸造三丈八尺的弥勒大佛和胁侍菩萨，并在正始二年（505）完工③。另外，美国大都会艺术博物馆藏有一件高 3.7 米的石造定光佛立像，在其太和十三年（489）与十九年（495）的铭文中，也能看到"皇帝陛下七庙之零"的字句，可见这应该是一件与七庙制有关的造像。如果说第 11 窟和第 13 窟的七佛列像是与天子七庙制有关的七帝如来像，那么其追刻的年代可能就在制定天子七庙制的 491 年之后不久。

（五）第 6 窟类型的如来立像与中国的皇帝大佛

通过以上研究，笔者认为中国式佛像出现在云冈石窟的契机，很可能是高度成熟的第 6 窟类型造像样式传到了云冈。那么，是谁又为什么在云冈石窟采用了这一形式呢？

首先，第 6 窟是谁发愿所造？笔者不赞同发愿人为孝文帝和冯太后的现有定论④。如果是皇帝或皇太后营建的石窟，必定会有行幸的记载。然而，《魏书》中的武州山石窟寺（或武州山）行幸记事，自 460 年工程开始以后共有五次，即 467 年 8 月（献文帝）、475 年 5 月（孝文帝）、480 年 8 月（孝文帝）、482 年 3 月（孝文帝）、483 年 5 月（孝文帝），之后就再也没有记录了⑤。另外，第 11 窟东壁有一个佛龛，是邑义（民间造像团体）在 483 年 8 月奉献的。由此，笔者推测，此后武州山石窟寺与皇家的关系逐渐疏远，一般的僧人和民间的信徒开始在此进行规模不等的奉献⑥，北魏皇室与武州山石窟的关系不再像以前那样紧密了。

---

① 关于佛像的配置与昭穆的关系，杭侃曾经提出昙曜五窟是按昭穆排列的。

② 前揭《魏书》卷一〇八《礼志》。

③ 贾恩绂等编纂.《定县志·金石篇上》，北魏《七宝瓶铭》，民国二十三年（1934）刊本。其拓本刊载于《北京图书馆藏中国历代石刻拓本汇编》第 3 册，中州古籍出版社，1989 年。关于定州七庙详见 [日] 佐藤智水.《北魏佛教の性格—北魏国家佛教成立の一考察》，《东洋学报》第 59 卷第 1~2 号，1977 年，第 55~56 页。冯贺军.《〈重修七帝寺碑记〉释解》，《故宫博物院刊》2002 年第 2 期。

④ 〔日〕石松日奈子.《云冈中期石窟新论——沙门统县曜の失脚と胡服供养者像の出现——》，*MUSEUM* 2003 年 587 号，165 页。前揭石松日奈子《北魏佛教造像史の研究》，第 89~91 页。

⑤ 此为译文新添补注①。冈村秀典以《资治通鉴》中记载 484 年"魏主如武州山石窟寺"为依据，认为《魏书》中关于 484 年 7 月行幸方山石窟寺的记载有误，即 484 年行幸的应为武州山石窟寺，而非方山石窟寺。并因此主张在 483 年之后皇帝也曾行幸武州山石窟。冈村认为《资治通鉴》比《魏书》更为可信。但是，《资治通鉴》中漏掉了《魏书》中记载的 467 年 8 月、477 年 5 月、482 年 3 月的三次行幸记载。因此，冈村认为《资治通鉴》比《魏书》更为可信的观点值得商榷。参见 [日] 冈村秀典.《云冈石窟编年论》，载《云冈石窟》第 17 卷，东京：科学出版社，2017 年，第 1~52 页。

⑥ 如在皇家洞窟第 17 窟明窗上，有一个太和十三年（489）铭的龛，就是比丘尼惠定为了极具个人性的目的——祈愿自己病愈供奉的。在皇家洞窟大佛面前的明窗上出现这样个人佛龛，说明此时对该洞窟已经没有皇家洞窟相应的管理措施了。

另外，继昙曜之后就任沙门都统的是方山思远寺的僧显[①]。思远寺比邻冯太后的陵墓方山永固陵，僧显应该是处于冯太后庇护之下的。思远寺创建之后，行幸方山次数骤然增多。实际上，有传言称在此前不久的承明元年（476）六月突然驾崩的献文帝（孝文帝之父），是被冯太后所毒杀的。笔者认为也正是因为这件事，昙曜与冯太后的关系破裂，最终导致昙曜被冯太后赶下了沙门统的位置[②]。除掉献文帝之后，冯太后作为太皇太后临朝称制，不仅代替年少的孝文帝处理朝政，也操纵着佛教界。

公元 5 世纪 80 年代，昙曜与北魏皇室的关系之所以会变化，张焯和佐藤智水认为太和五年（481）的沙门法秀谋反是一个导火索。张焯从北魏时期凉州僧人与徐州僧人的对立关系推测，法秀谋反之后徐州派僧人取代了凉州派，与北魏皇室更为密切[③]。佐藤智水则认为昙曜因被追究法秀谋反的责任，在太和六年至七年失去了教团统帅的权威[④]。总之，武州山石窟寺的状况发生了巨大的变化。

就在这种情况下，武州山石窟寺营建了新的石窟。《大金西京武州山重修大石窟寺碑》（1147 年刻）记载，

图 14　第 6 窟中心柱上层南面

---

① 此为译文新添补注②。《广弘明集》卷二四记载，孝文帝诏："今以思远寺主法师僧显、仁雅钦韵、澄风柔镜。深敏潜明、道心清凉。固堪兹任、式和妙众。近已口曰、可勒令为沙门都统。又副仪二事、淄素攸同。顷因曜统独济、遂废兹任。"对于"顷因曜统独济"，笔者解读为昙曜独揽大权。对此，赵昆雨提出"济"为"渡""救""益"之意，因此"独济"不是"独断"。详见赵昆雨.《云冈第 11 窟营凿的几个问题》，云冈石窟研究院编《2005 年云冈国际学术研讨会论文集（研究卷）》，文物出版社，2006 年。不过，"济"有"成"之意，在《礼记》以及《左传》有其用例。

外，对于"遂废兹任"，笔者解读为由于昙曜独断而废其"副官之职"（其大意为"曜统"即沙门昙曜近来因为"独济"，从而罢免副官一职。见［日］石松日奈子.《北魏佛教造像史研究》，文物出版社，2012 年，第 76 页）。对此，陈开颖批评道："石松氏此句认为'兹任'是指'沙门统'，遂得出废昙曜沙门统的结论，实乃断章取义之大谬。"（见陈开颖.《北魏沙门统昙曜地位丧失的再探讨——兼与石松日奈子商榷》，载《敦煌研究》2013 年第 5 期，第 115 页）陈氏显然误读了笔者的文章，在此基础上的批评也是不恰当的。希望陈氏和《敦煌研究》编辑部公开订正。

② 前揭石松日奈子《云冈中期石窟新论——沙门统昙曜的失脚与胡服供养者像的出现——》。前揭石松日奈子《北魏佛教造像史的研究》，第 124~125 页。笔者猜测第 13 窟主尊交脚菩萨巨像，可能是昙曜为死于非命的献文帝供养的弥勒大像。

③ 张焯.《徐州高僧与云冈石窟》，《文物世界》2004 年第 5 期，收录于《云冈石窟编年史》，文物出版社，2006 年。张焯依据《大周刊定众经目录》所载《大吉义呪经》一项中的"右后魏太和十年昙曜译。出达摩鬱多罗录"，指出昙曜死于太和十年（486）以后，赵昆雨也赞同这一观点。不过，《大正新修大藏经》所收《大吉义神呪经》序文中只记载了"元魏昭玄统沙门释昙曜译"，没有记载译经时间。《大周刊定众经目录》记载的出处为《达摩鬱多罗》。据《开元释教录》记载，"达摩鬱多罗"是北齐昭玄都释法上的别名，法上在武平年间做了《高齐众经目录》，笔者认为这正是《达摩鬱多罗录》。但《高齐众经目录》业已失传，其中是否有"太和十年"的记载也就无从确认了。对于《大周刊定众经目录》作为资料的可信度，《大藏经全解说大事典》的评价为"内容原封不动地反映了历代三宝纪的错误，可信度较低"（镰田茂雄）。（另外，《大周刊定众经目录》将这部经典的名称记作《大吉义呪经》，而其正确的名称应为《大吉义神呪经》。）综上，《大周刊定众经目录》中所记载的"太和十年"，很可能并不是经典的翻译时间，属于后世附会，其可信度也令人担忧。因此，不能依据《大周刊定众经目录》断定 486 年昙曜仍然健在。

④ ［日］佐藤智水.《中国における初期の"邑义"について（下）——北魏における女性の集团造像——》，《佛教文化研究所纪要》五一，京都：龍谷大学，2012 年，第 108 页。

图 15　庆阳北石窟寺第 165 窟

　　太和八年（484）至十三年（489），钳耳庆时（王遇）营造了崇教寺石窟①。钳耳庆时负责过方山永固陵的建造工程，是一个擅长石造建筑的宦官。笔者认为崇教寺石窟就是第 6 窟②。第 6 窟不仅有精彩的佛像，模仿木造多重塔的中心柱以及壁面精巧的建筑图案、装饰纹样也非同凡响（图 14）。能够汇聚雕刻技艺如此精湛的能工巧匠并能调配建造这样大规模石窟所需资金的人物会是谁呢？钳耳庆时的可能性极大。他曾在太和十二年（488）于澄城（长安以北）为二圣（孝文帝和冯太后）建造过双塔（晖福寺碑），并在武州山石窟寺为二圣开凿了石窟。

　　最近出现了认为第 5 窟（被认为与第 6 窟为双窟）开凿于公元 5 世纪 70 年代前半期的观点③。如果这样，第 5 窟可能就不是与第 6 窟成组开凿的了。第 5 窟的主尊整体被后世的补修覆盖，已经完全看不出当初的容颜了。然而，如前所述，从主尊背光上的飞天为不带头光的中国式飞天来看，原本的主尊也应该是一座中国式的如来坐像，完成年代应该推后至 490 年前后。

　　接下来，笔者想指出的是，采用了第 6 窟造像样式的第 16 窟大佛、第 11 窟和第 13 窟的七佛列像具有重要的共同点，即它们都是极为特殊的"中国皇帝如来像"。第 16 窟大佛原本就是昙曜为五帝建造的皇帝大佛之一，而第 11 窟和第 13 窟的七佛也很可能是与天子七庙制有关的七身皇帝如来像。换言之，孝文帝的汉化政策让北魏皇帝换上了中国服装，云冈的如来像也因此变成了中国式的；伴随着庙制从五帝五庙制

---

① 宿白 .《"大金西京武州山重修大石窟寺碑校注"——新发现的大同云冈石窟寺历史材料的初步整理——》，载于《北京大学学报·人文科学》1956 年第 1 期。宿白 .《〈大金西京武州山重修大石窟寺碑〉的发现与研究》，《北京大学学报（哲学社会科学版）》1982 年第 2 期。

② 前揭石松日奈子《云冈中期石窟新论——沙门统昙曜的失脚与胡服供养者像的出现——》。前揭石松日奈子《北魏佛教造像史的研究》，第 126~127 页。

③ 长广敏雄认为以坐佛为主尊的第 5 窟和以交脚菩萨像为主尊的第 13 窟为一组石窟。详见〔日〕长广敏雄 .《云冈石窟中国文化史迹》第 41~44 页，东京：世界文化社，1976 年。冈村秀典在介绍长广从图像学角度提出的"组窟方案"的基础上，从考古学的角度分析了石窟构造和装饰纹样，进而提出第 5 窟的开凿年代应该提早至自己分期中的"前三期"（5 世纪 70 年代前半期）。详见〔日〕冈村秀典 .《云冈石窟における大型窟の编年》，《国华》2016 年 1451 号，第 32~46 页。

转变为七帝七庙制，云冈的五帝五佛崇拜也变成了七帝七佛崇拜。同时，从第18~20窟大佛到第16窟大佛，往昔刚勇的鲜卑王像也变成了统领胡汉民众、知书达理的中国皇帝像。

关于中国式佛像的起源问题，目前南朝起源论颇具优势，不过本文对此暂且采取保留态度。近些年，中国国内的考古调查进展较快，关于南朝造像的报告也不断问世，笔者相信这一问题会有水落石出的一天。

三、余论：波及地方的皇帝如来像

云冈石窟七座大佛是以皇帝和皇太子为原型创造出来的。尤其是早期的第20、19、18窟的三座大佛，以太祖道武帝的容貌为基础，用闪亮的眼睛、巨大的耳朵表现了勇猛彪悍的鲜卑王。孝文帝的汉化政策引起社会变动的同时，也让第16窟大佛穿上了汉服，呈现出高贵而睿智的中国皇帝的形象。并且，重叠了皇帝意象的如来像，随着皇帝崇拜造像供养风潮的高涨，逐渐向地方和民间普及①。

现存北魏大型如来像，还有河北涿州桓氏一族造像（日本大仓集古馆藏，高3米）、前述河北定州赵氏一族定光佛立像（美国大都会艺术博物馆藏，489-495年，高3.7米）、定州张氏一族弥勒佛立像（美国宾夕法尼亚大学博物馆藏，高2.8米）以及来自河南新乡的三尊造像（日本大原美术馆藏，高2.5米）等。石窟以及岩壁造像的分布则更为广泛，如在甘肃省东部的庆阳北石窟寺第165窟（509年前后）中，矗立着七座高8米的如来像（图15），与之稍有距离的泾川南石窟寺（510）也有七佛立像。对于这些七佛立像，以往普遍认定为过去七佛。笔者则认为它们与云冈第11、13窟的七佛列像一样，可能也是七帝七佛造像。此外，甘肃省庄浪县陈家洞也有高5米的三座如来像，陕北的石窟和岩壁上也残留着一些5~6米的如来立像。

在此，需要注意的是，中国式佛像的形态有一定的地域性和时代性。如敦煌莫高窟北朝时期的主尊，倚坐像明显较多。洛阳龙门石窟北魏的主尊则多为坐像。另外，值得注意的是，在中国式如来立像大量发现的河北、山东，有不少如来像尊格为弥勒。

云冈石窟的七座大佛中有两座弥勒菩萨交脚像。对于菩萨像与皇帝、菩萨像与皇太子的关系，学术界存在多种观点。现世的皇帝和皇太子对应的到底是佛教中的哪个尊格？这是有待解决的新课题。

（原文刊载于《故宫博物院院刊》2020年第12期）

---

① 〔日〕佐藤智水．《北朝造像铭考》，《史学杂志》1977年八六编一〇号。〔日〕佐藤智水．《北朝佛教史论考》，《冈山大学文学部研究丛书》一五，1998年。

云冈石窟山顶佛教寺院遗址考古收获

张庆捷

云冈石窟位于山西省大同市区西 16 公里的武州山南麓，武州川水的北岸。遵照国家文物局指示，山西省考古研究所、云冈石窟研究院、大同市考古研究所组成云冈联合考古队，于 2010 年至 2012 年，配合云冈石窟山顶防渗水工程，发掘了云冈石窟山顶的两处北魏至辽金佛教寺院建筑遗址。

一、2010 年北魏佛教寺院遗址

第一处遗址位于云冈石窟山顶西部，南距十里河约 1 公里，东距明代军堡八字墙约 70 米，遗址南沿距窟顶边的距离是 20—30 米，对应山下具体石窟位置是，介于云冈石窟第 35 窟至第 42 窟之间。

2010 年，在勘查基础上，布 10 米 × 10 米发掘探方 29 个，后因为塔基南部在探方外，又整体南扩 7 米，扩方后，发掘面积达到 3600 平方米。共清理北魏时期房址 20 余间、陶窑 2 座、塔基 1 处、灰坑 1 个，辽金时期房址 2 座、路 1 条、灰坑 1 个，明清时期灰坑 13 个、沟 1 条（图 1）。

该遗址地层分四层，由上至下为现代层、明清层、辽金层和北魏文化层。

图 1　2010 年云冈石窟山顶北魏佛教寺院遗址全貌

第①层：黄褐色耕土，土质较软，结构疏松，含大量植物根系、少量炭粒、砂岩石块、料礓石、瓷片、瓦片、塑料制品等。深 0.1—0.3 米，叠压于此层的有现代坑、F1、方形塔基。

第②层：黄色粉沙土，土质略硬，结构较紧密、较纯净，含少量炭粒、小砾石、植物根系等。深 0.15—0.6 米，厚 0—0.45 米。该层部分探方有缺失，为明清文化层。出土有瓷片、陶片、瓦片等。叠压于此层的有 F1。

第③层：褐黄色花土，土质较硬，结构较紧密，含炭粒、料礓石、小砾石、草拌泥块、瓦石、白灰皮碎块等。深 0.13—1.35 米，厚 0—0.7 米。该层在部分探方不存在，为辽金文化层，出土有陶片、板瓦、筒瓦碎片、瓷片、石刻佛像残件、红颜料石臼等，陶片可辨器形有罐、盆、器、盖等。叠压于此层下的遗迹有 F1 和塔基。

第④层：黄褐色花土，土质较软，含少量硬土块、料礓石、碎石块、木炭屑。深 0.35—0.45 米，厚 0.2—0.35 米。此层为北魏文化层。出土较多瓦片、少量陶片、文字瓦当残片、莲花纹瓦当残片、陶莲花构件、石莲花座、石刻构建等。

遗址现存遗迹：

发现一组较完整的北魏寺院遗迹，具体有北房、东房、西房、南房、塔基和砖瓦窑遗迹，之外还有辽金房屋遗迹和小路遗迹。

其中北房遗迹长 61.5 米，坐北朝南，由 15 间房组成，其中辽金的两间叠压于北魏房址之上。清理出北魏房屋 13 间。北魏房有套间和单间之分，最大套间东西为 7.4 米，南北为 3.4 米，其中里间东西为 3.3 米，南北为 3.4 米，门宽 0.6 米；外间东西为 3 米，南北为 3.4 米，门宽 0.85 米。房前面为柱础和散水，现存柱础 12 个，砂岩质地，覆盆素面，直径基本相同，如 Z1，直径 0.52 米，柱洞直径 0.1 米。柱础与柱础之间距离不等，最长为 5 米，最短为 2.5 米。由遗迹观察，这排房应为前廊后室的建筑。房前柱础距前（南）墙约 1.9 米至 2 米。房墙为夯筑，厚 0.65—0.85 米，残高不等，最高为 1 米多。有的房内有土炕、火坑和烟道。

西房位于北房 F6 和 F7 南部，南北长 13.5 米，东西为 5.9 米，有房两间，F18 和 F19。房前发现柱础，结构与北房相同，也为前廊后室。

东房位于北房东端南部，长约 18 米，宽约 4.4 米，被一条现代沟打破，破毁严重，依稀可辨，共有三间房。

南房位于该遗址西南部分，南邻砖瓦窑，两间门朝南，如 F16，东西为 2.9 米，南北为 3 米，另一间又稍大些。还有的房门朝东，因破坏严重，难以清楚区别，只能看出大致轮廓。

塔基位于东西房中间靠南的位置，平面方形，边长南北 14 米，东西 14.3 米，现存高度约 0.35—0.7 米（图 3）。台基四周是 1.5 米厚的夯土，夯土外包有片石，南面正中有一斜坡踏道，踏道宽约 2.1 米，长约 5 米。

台基东、西两侧约 8 米处，各有一个大柱础，直径约 0.7 米。

砖瓦窑遗迹位于遗址西南角，发现陶窑两个，编号 Y501 和 Y502。如 Y501，窑室南北长 3.6，东西宽 1.85—2.36 米，深 1 米，窑门宽 0.72 米，残高 0.85 米。内并列三个三角形口的烟道，烟道直径

图 2 2010 年北魏佛教寺院遗址中的塔基遗迹　　图 3 带釉板瓦凹面

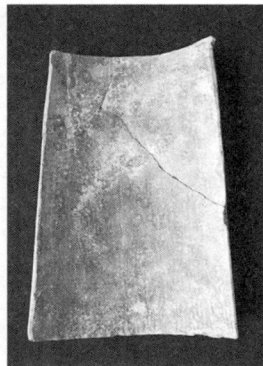

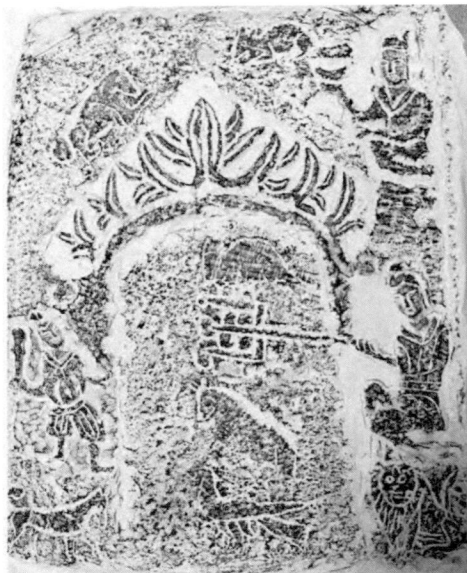

图 4　北魏佛教石板雕刻拓片

为 0.23—0.28 米。窑口前面是北魏工作面，土中夹杂不少木炭碎屑。

在北房建筑遗迹中部，存在两间辽金建筑遗迹。叠压于北房遗迹之上，编号 F1 和 F2 都是套间。

出土遗物主要是北魏建筑材料，在塔基周围探方，还发现釉陶板瓦，泥质红陶，泥条盘筑所制。梯形，形同素面板瓦。凹面带青绿色釉，凸面素面，前端有一排指压痕迹。现以带釉瓦（釉陶板瓦）T502 ④ 为例介绍，泥质红陶，泥条盘筑而成。平面呈梯形，前宽后窄，断面呈弧状，外表磨光，施青绿釉，背面素面，留有制作时陶拍使用痕迹，前端背面留有指压纹 18 个。瓦身通长 45.6cm，上宽 25.4cm，下宽 32cm，厚 0.8—1.4cm（图 4）。

建筑材料还有"传祚无穷"文字瓦当、莲花瓦当和莲花化身瓦当，还有莲花状建筑构件等。

在遗址间，出土大量北魏陶片，其中有的北魏陶器残片上还有"西窟"戳印。根据陶片，可见器形有陶盆、罐、钵等。另外发现一些石质佛像雕刻和供养人残片。

较醒目的是一件浅浮雕石板 (T512 ④：64)。呈长方形，上方钻有一圆孔，似为便于悬挂。高 46.5 厘米、上宽 34.5 厘米、下宽 37 厘米、厚 3 厘米。石板上窄下宽，正面有图像，中部为一圆拱尖楣龛，龛楣饰忍冬纹。龛内图像由上而下：上面有一鼠形动物图案，头左尾右，双尖耳直立向上。下面有一动物轮廓，种属不详，最下为一立鸟，头左尾右，尖喙，三只不同的禽兽均朝向左侧一方。龛外左上有一狗，头向右。龛外侧中

图 5　探方俯视图

部有一直立人，面部清晰，头束发髻，身穿"V"领的上衣，系腰带，下身穿袴裤，右手执棒状物。人下有一狗，头向右，双耳直立，尾巴上卷。龛顶右上隅有有一鼠形动物，其下有一人，跪姿，头戴尖顶帽，身穿"V"领上衣，右手上捧一钵，左手执一带柄器。龛外右侧中部有一人，半蹲半跪，束发髻，身穿"V"领上衣，腰系带，腰带中部似有带扣，右手执一件带柄方扇形器物，伸向龛内鼠形动物下方。龛外右下角有一雄狮，左耳向上，双目圆睁，阔口大张，颈部须髯发达下垂，前腿直立，后腿卧地（图 5）。

在辽金地层，残存河卵石排列的小径，宽约 0.5 米，弯弯曲曲，断断续续。

需要补充的是，在辽金房间遗迹地面上，残存许多煤粒炭屑，但在北魏房间地面，甚至陶窑前的工作面上，却不见煤炭踪迹。

二、2011—2012 年北魏辽金佛教寺院遗址

第二处遗址位于明代城堡东侧，2011 年发掘，西距城堡 5—27 米，具体位置在云冈第五、第 6 窟上面的山顶。

该处遗址地势平缓，南部有一座大土堆，怀疑是塔基。发掘之初，先布探方 20 个。塔基发掘后，又向北部布方，共布方 50 个（图 6）。

该遗址地层分四层，由上至下为现代层、明清层、辽金层和北魏文化层。

①层：近现代耕土层，为黄褐色土，土质松软，

图 6 2011 年云冈石窟山顶北魏辽金佛教寺院遗址

土内含有少量筒板瓦碎片、釉瓦片、石块、陶片、瓷片、植物根系等，地层厚 0.1—0.3 米，分布于整个发掘区内。

②层：明代文化层，为褐黄色粉沙土，土质较致密，土内含有少量石块、砖块、小礓石、植物根系等，此层厚 0—0.21 米。出土遗物有筒板瓦碎片、陶片、瓷片、釉瓦片、屋脊构建、滴水、瓦当等。

③层：辽金文化层，为褐色土质，土质较致密，土内含有较多的炭粒、少量的木炭粒、石块、砖块、料礓石、植物根系等，此层厚 0—0.3 米，绝大部分探方存在该层。出土遗物有筒板瓦碎片、陶片、瓷片、屋脊构建、瓦当残片、滴水等。③层发现化铁炉 30 座，铸造井台一处。

④层：北魏文化层，为黄褐花土，土质致密，图内含有少量料礓石、石块、夯土快、植物根系等。此层厚 0.1—0.6 米，分布在 T20607 及 T20707。出土遗物有筒瓦、板瓦残片、"传祚无穷"和"富贵万岁"瓦当、陶莲花饰件、残存柱础和塔基。

4 月发掘到 8 月下旬，探方基本发掘完毕，随后开始打掉隔梁。遗址面貌更清晰地展示出来，重要遗迹有塔基、石柱础、铸造井台、化铁炉、水井等遗迹（图 7）。

北魏至辽金塔基：

塔基位于遗址南部偏东，叠压于第 1 至第 3 层下，由北魏塔基和辽金塔基组合而成。其中北魏塔基平面近方形，底座南北长 14 米、东西宽 13.3 米、高 2.05—3.3 米，方向为北偏东 7 度。边缘用大小不等的砂岩片石和泥垒砌而成，片石长 10—18 米、宽 10—22 米、厚 0—8 厘米。底座上为塔身，平面呈方形，长 9 米、宽 9 米、高 0—1.3 米。塔身边缘由大小不等的砂岩片石垒砌而成。塔身砌石内为夯土，结构紧密，高

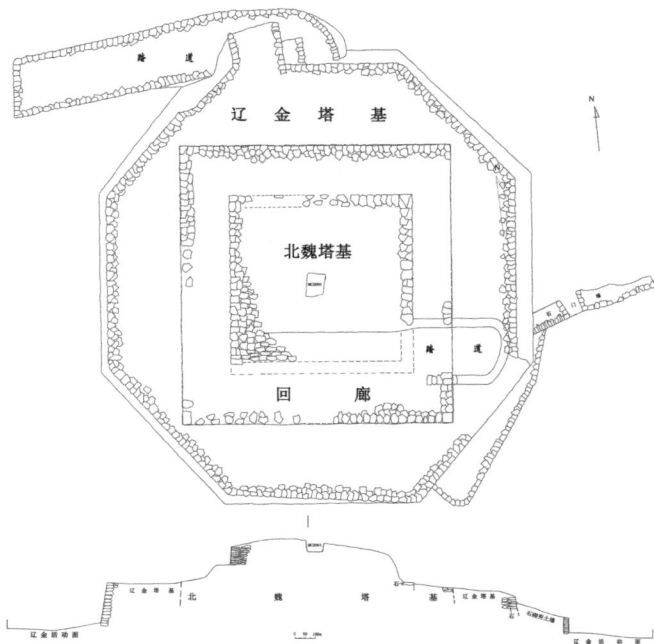

图 7 2011 年云冈辽金塔基平面图

于塔身，南北长 7 米、东西宽 7 米、高 0.15—1.5 米，夯层厚 10—12 厘米。在北魏夯土表层，发现一个埋藏坑（MC2001），形状近似长方，内有泥塑佛像和菩萨像残块。

辽金塔基围绕中部北魏方形塔基扩筑而成，辽金塔基上窄下宽，平面呈八边形梯形，底部南北长 22.1 米（包括北魏塔基）、东西宽 21.8 米，上部南北长 21.4 米、东西宽 20.6 米、下部每边长 9 米、上部每边长 8.2—8.3 米、砌石高 0.2—3.1 米。

北魏塔基和辽金塔基之间，填充大小不等的砂岩片石和石块，其中有北魏时期覆盆式柱础石残块、莲花瓣柱础石残块、长方形莲花饰件残石块等。为加固八边形石砌塔基，塔基由上而下，每隔约 0.4 米的片石和石块，即平铺一层木棍，起拉筋作用。

踏道位于塔基北部偏西，西南至东北向，塔基边缘和踏道用砂岩石块垒砌而成，石块长 0.3—0.75 米、宽 0.2—0.5 米、厚 0.1—0.2 米。

辽金铸造遗址：

位于塔基北部，包括铸造井台和 30 座化铁炉，中心是铸造井台，周围环绕 30 座化铁炉。铸造井台很特殊，为地穴式，由方形井、圆形工作台、通气道组成。东西长 3.5 米，南北长 3.5 米，深 2.4 米，地穴内有一个圆形工作台，直径 2.2 米，高 0.2 米。作坊四壁底部抹有草拌泥，并且被烤成红色。

化铁炉

三十座（编号炉 2001—2030）。位于发掘区中部偏东，平面布局以铸造井台为中心，近圆形排列，多数化铁炉体中心至铸造井台中心点直线距离为 10.75—12 米，少数距离不等。化铁炉平面近长方形，由炉室、炉膛、送风道和鼓风器组成。鼓风器在送风道前，平面呈长方形。堆积为深灰色土，结构疏松，含有砂岩石块、炭粒、锈蚀铁渣、烧裂的石块、硬土块等，可知化铁炉燃料主要是煤炭。出土遗物有坩埚残片、瓷片、陶片、瓦片等，可辨器形有北魏时期的水波纹陶片、辽金时期的坩埚、瓷碗、板瓦、筒瓦。

水井一处，打破生土及基岩。井从表面向下挖至基岩内。平面呈圆形袋状，口径 1.48 米、底径 2.20 米、深 13 米，包括井壁砌石范围和砌石井圈外的圆形井框两部。平面呈圆形，井壁用片石和凿过的弧形石块垒砌而成。井壁内外围填充物只有辽金器物残片，推知时代为辽金。

该遗址北部存在一个建筑遗迹，南北残长 4.45—5.85 米，东西宽 1.15—4.1 米。东侧南北向竖砌两层辽金长条砖，内平铺东西向辽金长条砖，西侧也竖砌两层辽金长条砖，之西平铺方砖。时代为辽金。

灰坑 354 座，时代为现代至辽金。出土遗物有北魏时的泥塑佛像残块、瓦当残片、陶片、石构件、筒瓦和板瓦残片等。还有辽金时期的陶罐、瓷碗、瓷罐、瓦当、板瓦、滴水等。出土遗物较重要者为泥菩萨像，均残，共二十四件。模制。

头像六件。均为菩萨类头部残像。面相丰圆，脸较圆鼓，长眉细目，鼻梁高直，口小唇薄且嘴角上翘，大耳垂，戴耳珰，耳门轮廓清晰。依据头上戴宝冠与发髻形状，分为二型。

A 型：四件。菩萨头像。头戴高宝冠。依据头冠装饰图案的不同，可分二亚型。

Aa 型：三件。莲花冠菩萨头像。MC2001：7，面相丰圆，五官俊秀，长眉细目，嘴角微微上翘（图 8：1）。MC2001：8，面相丰圆，长眉细目，鼻梁高直，口小唇薄，嘴角微翘（图 8：2）。MC2001：14，面相风化严重。头戴三面宝冠。发际中分，冠饰呈红色，头发呈黑色。残高 8.3 米、宽 4.2 米、孔底边长 1.6 米、两侧边长约 1.3

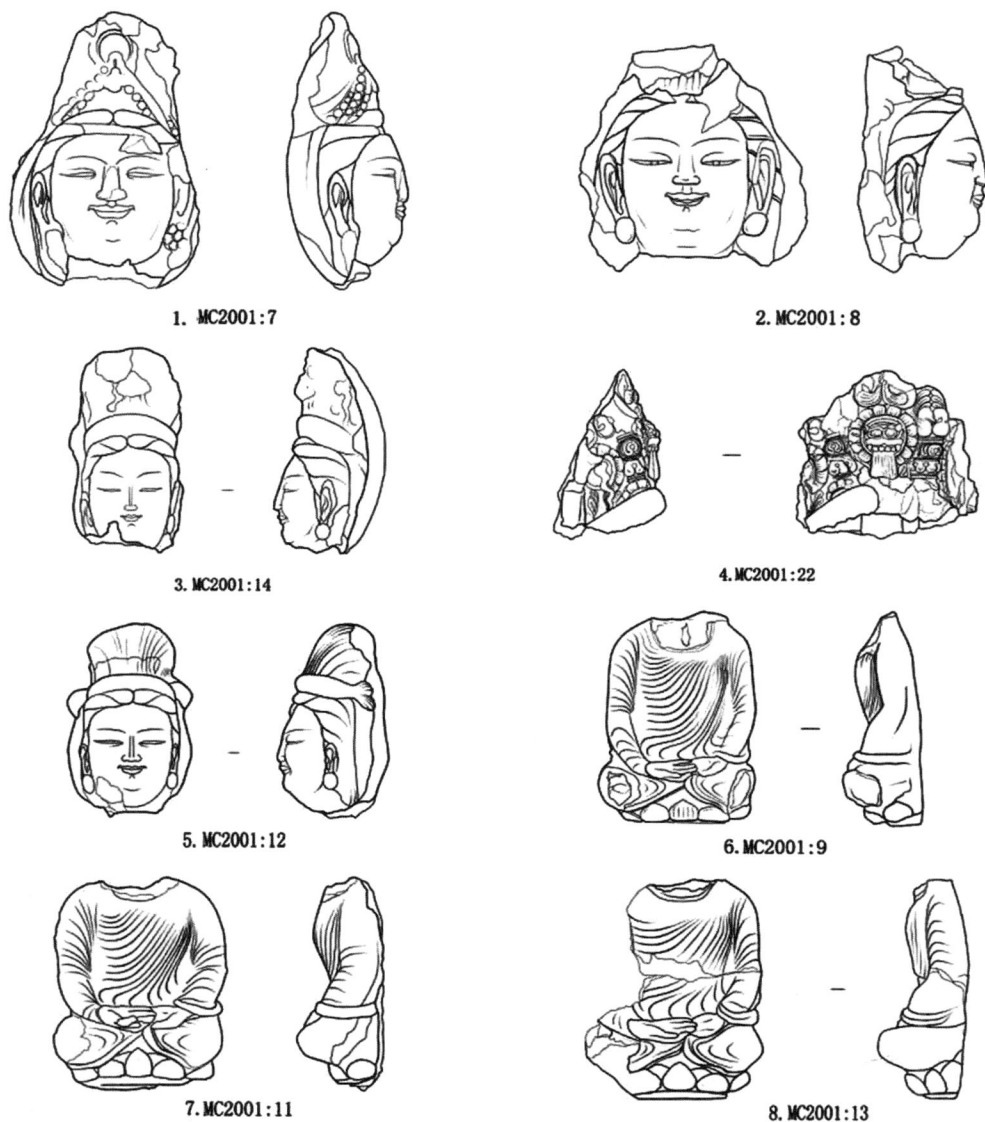

1. MC2001:7　　　　　　　　　　　2. MC2001:8

3. MC2001:14　　　　　　　　　　4. MC2001:22

5. MC2001:12　　　　　　　　　　6. MC2001:9

7. MC2001:11　　　　　　　　　　8. MC2001:13

0　　1　　2 cm

出土北魏泥塑

(1. MC2001:7、2. MC2001:8、3. MC2001:14、4. MC2001:22、5. MC2001:12、6. MC2001:9、7. MC2001:11、8. MC2001:13)

厘米、残深 4 厘米（图 8：3）。

Ab 型：一件（MC2001:22）。兽面冠菩萨头像。头冠为三面宝冠，中部塑一兽面装饰。头冠残高 8.8 厘米、宽 8.5 厘米、孔边长 1.8、深 2.3 厘米（图 8：4）。

B 型：二件。供养菩萨头像，束发。MC2001:12，面相丰圆，弯眉细目，残高 7.3 厘米、宽 4.4 厘米、孔边长 1—1.3 厘米、深 3.9 厘米（图 8：5）。

残身像十件。坐佛，坐于重层仰莲座上，着通肩袈裟，双手作禅定印。MC2001:9，佛像着圆领通肩袈裟，残高 8.8 厘米、残宽 6 厘米（图 8：6）。MC2001:11，佛像衣纹线条流畅，残高 8.5 厘米、宽 6.2 厘米（图 8：7）。MC2001:13，着圆领通肩袈裟，残高 8.5 厘米、腿部残宽 6.3 厘米、竖孔边长 0.4 厘米（图 8：8）。

三、收获与意义

两处佛教寺院遗址的考古收获，已如上述，分析归纳这些考古收获，还可以得到几点认识：

1. 遗址性质，2010 年发掘的山顶遗址，南部有塔基，北部有住房，有塔有院，塔在院中，周围是僧房，有中国佛教寺院早期的特征。类似塔院结构的建筑，也见于巴基斯坦的塔赫特巴希寺院遗址，为犍陀罗典型遗址；另一个是克什米尔的赛度谢里夫一号佛教遗址，约建于公元 1 世纪，[①] 俱是"浮屠居中建造，僧房周匝设置，这应是天竺僧伽蓝中国化的最初尝试"[②]。是一组塔院式结合的佛教建筑。不能忽视的是，出土遗物中，还有许多小型佛教石刻，因此从建筑结和出土器物两方面看，再结合文献记载和云冈独特的历史背景，都可以表明，这是一个佛教寺院遗址。

2011 年和 2012 年发掘的山顶遗址，主要遗迹有塔基、铸造工场、水井和建筑基址，出土器物中有大量小型佛教造像残块，因此可以认定，该遗址应该是一个佛教寺院遗址，但不是殿堂区域，未曾发现像样的建筑遗迹。

2. 遗址时代，2010 年发掘的山顶佛教遗址，塔基和北房、东房、西房、南房和陶窑遗迹，从地层和出土器物两方面观察，都属于北魏。尽管遗址中有辽金两间房和小路遗迹，但所占比例过小。况且出土器物绝大多数时代为北魏，因此可以说，该遗址的时代主要是北魏，而且应该是北魏迁都前的遗址。进一步分析，此遗址少见大同操场城北魏宫殿遗址和方山永固陵遗址常见的压光黑瓦和瓦当，塔基内也没有河北定州北魏太和七年塔基中的石函，所以说，它的时代可能早于定州北魏寺院遗址，是我国现存较早的佛教寺院遗址。

2011 年发掘的第二处佛教寺院遗址，单就佛塔看，塔心是夯土所建，夯层清楚，平面为方形，符合北魏佛塔特征。因为从塔的形制看，北魏塔平面一般是方形或长方形，云冈石窟诸窟内，雕刻有成百的石塔，低的有三层塔，高的有九层塔，平面多是方形，有人研究认为："云冈浮雕塔形，其造型的建筑特征，表现了实际的造塔式样，即为四面塔制。在北魏塔的形制中，可知方形的四面塔是主要的造塔规格[③]。"20 世纪 90 年代，云冈石窟研究院在山顶清理过一个北魏塔殿建筑基础，平面也是方形[④]。方山永固陵南端山下，也有一座北魏塔基（思远浮屠），"塔心实体基部作正方形，南北残长 12.05 米、东西残长 12.2 米、残高 1.25 米"[⑤]。原存于山西朔县崇福寺弥陀殿的北魏平城曹天度所造九层石塔，平面是方形[⑥]，甚至大同市博物馆所藏出土北魏石塔模型、五台山南禅寺北魏石塔[⑦]、山西沁县南涅水[⑧] 出土的北魏造像塔，平面亦为方形。另如河北、河南、辽宁发现的北魏塔，平面也多是方形，嵩岳寺塔是多边形。互相参证，可证明平面方形塔在北魏最为流行。

而且，在北魏塔心上部埋藏坑发现的泥塑佛教造像残块，时代属于北魏，因此推定，这是一座北魏佛

① 李崇峰.《从犍陀罗到平城：以寺院布局为中心》，《犍陀罗与中国》，文物出版社，2019 年 8 月版，第 367~375 页。

② 同上，第 383 页。

③ 张华.《云冈石窟浮服塔形浅议》，《文物世界》，2003 年第 4 期。

④ 刘建军.《云冈山顶佛塔基址发现及其相关问题》，《北魏平城研究文集》，山西人民出版社，2008 年 4 月。

⑤ 大同市博物馆.《大同北魏方山思远佛寺遗址发掘报告》，《文物》，2007 年 4 期，第 4~26 页。

⑥ 史树青.《北魏曹天度造千佛石塔》，《文物》，1980 年第 1 期。

⑦ 李裕群.《五台山南禅寺旧藏北魏金刚宝座石塔》，《文物》，2008 年第 4 期。

⑧ 刘永生.《沁县南涅水石刻》，《山西考古四十年》，山西人民出版社，1994 年，第 313~318 页。

塔，反映出早在北魏，这里曾是一座寺院。仔细分辨，这座塔的塔心是北魏的，周边八角形塔基却是后代补建，因此在塔基充填物中，杂有不少北魏石构建。辽金时代的塔平面多为八边形，实物有应县木塔、灵丘觉山寺塔等，内蒙和东北辽塔也多为平面八角形，与现存塔基一致。因此可以说，这座塔的内心是北魏的，外围是辽代利用原有北魏塔心又有所扩建，改变成辽代风格。塔基周围出土大量辽金瓦片和瓦当、脊兽等，也能反映塔的时代。综合考虑，该塔的时代，应该是北魏至辽金。在大同已经发现几座北魏辽金佛塔遗迹，它们的异同，成为北魏至辽金寺院佛塔演变的物证。

3. 遗址功能，2010 年发掘的北魏佛教寺院遗址，不仅有塔基，而且有北房、西房、南房和东房诸遗迹，这些建筑有的是前廊后室结构，典型如北房，房间数量较多，通过观察可知，有的房间有火炕和火坑，有使用痕迹，可见房间用途是居住。就出土器物分析，遗址存在数量不多的小型佛像残片，存量较多的是日用陶器残片，反映出这里是生活遗址，房间属于生活用房。房间面积不大，大的十几平方米，小的不足十平方米，出土许多陶器残片，房前柱础间距也证明开间不大的事实，可以肯定此建筑不是礼佛的殿堂。进一步观察，北房有的墙面涂有朱红颜色，这种墙面涂朱红的情况仅在大同操场城北魏皇宫遗址和方山永固陵前的陵寝遗址墙体上发现过，而且周围有许多板瓦、筒瓦和瓦当碎块，表明这批房都是很好的瓦房。通过前面的对比分析，可见这些房间装饰等级较高。结合以上几个方面综合考虑，该遗址不是礼佛场所，却可能是译经场所或者僧侣生活修行区。

该遗址出土的塔基是目前我国发现最早塔基之一，塔基中部没发现埋藏坑和埋藏物。塔基边长约 14 米，夯土筑成，推知它本身高度不是太高。洛阳北魏永宁寺塔遗址发现后，塔基边长约 100 米[1]。根据杨鸿勋和钟晓青的研究[2]，塔基边长和塔高之比，约为 1：1.5。以此推之，本塔基边长 14 米，高度约在 20 米左右。

在该遗址出土许多带釉板瓦，颜色是绿中泛黄，这批带釉瓦是目前北方地区最早的釉陶板瓦。它的大量发现，说明制作釉陶板瓦的技术已经成熟。带来的问题是，这些带釉瓦使用在哪里？根据遗址遗迹看，这里的建筑只有排房和佛塔，排房内外，存在大量陶制板瓦和筒瓦，按照一般情况分析，建筑材料与建筑本身的级别应当一致，顺此逻辑推测，陶制板瓦和筒瓦的质量和外观效果低于带釉陶瓦，应该是用于排房。佛塔等级高于排房，是该区域最高级别的礼仪建筑，带釉瓦是高级别建筑装饰材料，应该用于较高等级建筑，两者正相匹配。带釉瓦铺设于山顶 20 米高佛塔之上，在阳光照耀下，自然是流光溢彩，熠熠生辉，既是一个使游客仰望观赏、神摇目夺的景物，也给云冈石窟增添了更浓厚的佛教气氛。

2011 年发掘的寺院遗址塔基周围，没有发现房间，留存许多辽代琉璃瓦、琉璃瓦当和琉璃脊兽，表明这座塔在辽代也是大量使用了琉璃建筑材料。该塔基底部南北长 22.1 米、东西宽 21.8 米，如果还是按照北魏塔基与塔高之比推算，该塔高度超过 30 米，也是非常壮观。

然而在塔的北部区域，发现面积数百平方米的铸造遗址，反映出，该遗址的另一个用途是为寺院铸造铁器。

---

① 中国社会科学院考古研究所 .《北魏洛阳永宁寺 1979—1994 年考古发掘报告》，北京：中国大百科全书出版社，1996 年版；钱国祥 .《北朝佛寺木塔的比较研究（上）》，《中原文物》，2017 年第 4 期。

② 杨鸿勋认为，"塔复原高 49 丈，合 133.7 米，加复刹高 54 丈许，约为 147 米"。（杨鸿勋 .《关于洛阳永宁寺塔复原草图的说明》，《文物》，1992 年第 9 期。）钟晓青认为，"塔身复原后约合 123 米，露盘下至地 49 丈，加塔刹距地高（各层层高之和）复原高 45 丈，55 丈许，约为 150 米。"（钟晓青 .《北魏洛阳永宁寺塔复原探讨》，《文物》，1998 年第 5 期。）

　　铸造遗址与辽代云冈寺院再度繁盛有密切关系。三十个化铁炉环绕铸造井台，井台低于地面，如此完整的辽金铸造遗址极为少见，而且这种布局以前没有见过。查找史载，在《天工开物》[①]中有相关记载，《天工开物·冶铸篇》说："凡造万钧钟与铸鼎法同。掘坑深丈几尺，燥筑其中如房舍，埏泥作模骨。用石灰、三和土筑，不使有丝毫隙拆，干燥之后牛油、黄蜡附其上数寸。油蜡分两，油居十八，蜡居十二。其上高蔽抵晴雨（夏月不可为，油不冻结）。油蜡墁定，然后雕镂书文、物象，丝发成就。然后舂筛绝细土与炭末为泥，涂墁以渐而加厚至数寸。使其内外透体干坚，外施火力灸化其中油蜡，从口上孔隙熔流净尽。则其中空处即钟鼎托体之区也。……四面筑炉，四面泥作槽道，其道上口承接炉中，下口斜低，以就钟鼎入铜孔，槽旁一齐红炭炽围，洪炉熔化时，决开槽梗（先泥土为梗塞住），一齐如水横流，从槽道中枧注而下，钟鼎成矣。凡万钧铁钟与炉、釜，其法皆同，而塑法则由人省啬也。"

　　《天工开物》记载的"掘坑深丈几尺……四面筑炉"的地穴式方法与铸造遗址现状基本吻合，以遗址对比《天工开物》的记载，浇灌铁水的方式略有不同。由铸造遗址井台深度和直径观察，深度比《天工开物》记载要小，可知所铸的大型铸件高约 2 米，不是书中记载的高达一丈多的万均（斤）大钟，而应该是数千斤的一个铸件。如此重量的铸件，且在寺院，推测最有可能是大铁钟。意料之外的是，我们随后做调查时发现，这种掘地为坑、铸造铁钟的铸造方式，一直到今天，还在大同地区使用。

　　还需要注意，《天工开物》记载乃明代事象，而山顶铸铁遗址是五代或辽代早期遗址，据遗址化铁炉内遗存木炭做的年代测定，"经树轮校正该遗址年代为：890AD（11.1%）905AD，910AD（57.1%）970AD，860AD（95.4%）990AD。与历史朝代相对应该是在后唐、后晋或辽早期。"[②] 比《天工开物》所记方法提前数百年。可知早在《天工开物》数百年前，已经出现这种极富智慧的地穴式铸造井台，再环绕化铁炉的铸造技术。特别是，遗址化铁炉伴随有鼓风器座遗迹，清晰可辨。这些新发现，对探索辽代冶金铸造史有重要价值。

　　以上仅是对遗址性质、年代和用途的初步分析和评估，如果进一步考察，不难发现，北魏至辽、金两处佛教寺院遗址的发现，还具有更大价值或意义。具体地说，它对于重现和恢复云冈石窟北魏辽金时期的繁华旧貌提供了新的资料和证据。

　　首先，它的发现，有助于了解北魏前期云冈佛教寺院的布局和范围，《水经注》卷十三《漯水》曾描述云冈石窟当年盛况是"凿石开山，因岩结构，真容巨壮，世法所希。山堂水殿，烟寺相望，林渊锦镜，缀目所眺"。前四句完全可以印证，后四句现在只能想象，特别是"山堂水殿，烟寺相望"，意指云冈石窟不仅有大像洞窟，所谓"凿石开山，因岩结构，真容巨壮，世法所希"。而且还有山堂和水殿，什么是山堂？位于哪里？多大规模？有何用途？以前一概不知。这次佛教寺院遗址的发现，解答了这些问题。原来山上还有许多史书未载的寺院，这些寺院功能不一，有的供人观瞻，有的拱僧侣居住，甚至还有译经或修行的场所。山顶上的佛教建筑，就是《水经注》卷十三《漯水》里记载的"山堂"。所谓"山堂"，不是一处单体建筑，而是泛指云冈石窟山顶的佛教建筑群。

　　其次，2011 年的发现对于研究山顶寺院也提供了新的资料。在 2011 年发掘的遗址中，有一个明清灰坑，出土一块绿釉陶碗足部残片（T20504H2044：3），足底有刻字，共四字，是"天长寺枕"，分两列，刻于器

---

① （宋）宋应星.《天工开物》，中国社会出版社，2004 年，第 234 页。

② 刘培峰.《云冈石窟山顶铸造遗址初步研究》，见《云冈石窟山顶佛教寺院遗址发掘报告·附录》，文物出版社，2021 年，第 593 页。

图9 "天长寺枕"器物底部

物底部，右边"天长寺"三字由上至下，为一列，左侧与"天"平行，又有一个"枕"，单独成列，按习惯，应读为"天长寺枕"（图9）。观察该器物，为辽金碗的足部，因此说它是"枕"，显然抵牾，应该是有别的意思。初步分析，四个刻字中，"天长寺"当属一词，表示一个寺院名称，"枕"当为另一个词，有另外含义。按照如此理解，可以进一步推测，此碗乃天长寺定制，所以烧制前刻了寺名，以免混淆。值得注意的是，在该遗址与此相邻的一个探方中，一个辽金灰坑出土一片灰陶盆残片（T20503H2352：2），外壁也刻有"天长"二字，自上往下排列（图10）。两次出现"天长"，其中一个明确有"天长寺"，不能不令人猜想，"天长"应是一个佛寺的名称。两片陶片出土于该遗址，是纯属偶然，还是该寺院遗址就是"天长寺"遗址？

最后，关于云冈诸寺的名称，金皇统七年（1147）《大金西京武州山重修大石窟寺碑》有记载，其曰："西京大石窟寺者，后魏之所建也。凡有十名：一通（示）[乐]，二灵岩，三鲸崇，四镇国，五护国，六天宫，七崇（教）福，八童子，九华严，十兜率。"[①]。此十寺中，没有"天长寺"。另据北京图书馆藏《成化山西通志》卷五："石窟十寺，在大同府城西三十五里，后魏时建，始于神瑞，终于正光，凡七帝，历百十有一年。其寺，一同升，二灵光，三镇国，四护国，五崇福，六童子，七能仁，八华严，九天宫，十兜率。"其中也不见"天长寺"。上述诸寺的修建年代和具体地点，学界尚不清楚。本次发掘出的佛寺遗址原为哪个寺院？仅凭目前资料，证据不足，难以认定。"天长寺"器物的发现，带来新的信息，进一步分析，或许它是十大寺某个寺院的别称，抑或是一个辽金史碑不载的寺院名称。今后需要探讨的是，这个天长寺，是北魏已经存在的寺院，还是仅存在于辽金时期？无论是什么，都可以证明，从北魏到辽金，山顶沿线，确实存在着十个甚至更多佛教寺院，与山下石窟互相媲美，相映成辉，成为云冈石窟的重要组成部分。这批山顶佛教寺院遗址的陆续发现，是研究云冈石窟变迁的重要资料，显然有助于研究云冈佛教寺院在北魏和辽金时期的布局、规模与变化轨迹。

（原文刊载于《云冈研究》2021年第1期）

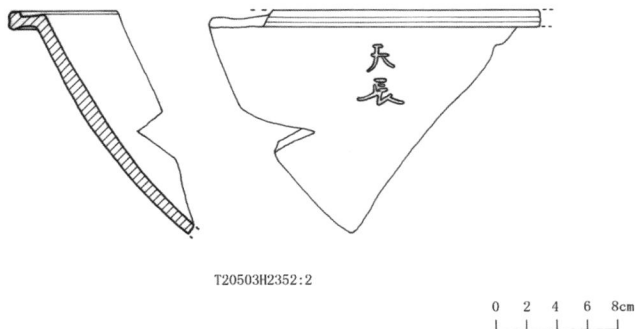

T20503H2352：2

图10 "天长"陶片

---

① 云冈十寺名称，见于《大金西京武州山重修大石窟寺碑》，该碑早年佚失。上世纪中叶，宿白先生在清人缪荃荪抄的《永乐大典》天字韵《顺天府》条引《析津志》文中发现该碑录文，见宿白．《〈大金西京武州山重修大石窟寺碑〉校注——新发现的大同云冈石窟寺历史材料的初步整理》，《北京大学学报·哲学社会科学版》1956年第1期。又见张焯．《〈大金西京武州山重修大石窟寺碑〉小议》，《云冈石窟编年史》第435页，文物出版社，2006年。（清）储大文：雍正十二年刻本《山西通志》第25《左云县》也载："石窟十寺在县东九十里武周山云冈堡，后魏建，始神瑞，终正光，历百年而工始竣。其寺，一同升、二灵光、三镇国、四防国、五崇福、六童子、七能仁、八华严、九天宫、十兜率。孝文帝巡游幸焉，内有元时石佛二十龛，壁立千仞，面面如来，其他石窟千孔，佛像万尊。"《雍正山西通志》载十寺名称与《成化山西通志》略有不同，然基本来自《成化山西通志》。

云冈石窟核心题材探源

——云冈与犍陀罗之一

韦　正

　　云冈石窟包含很多题材，一些题材不仅具有经典来源，而且集中反映造像思想，得到反复表现，构成云冈石窟的特色。这类题材可以称之为核心题材，主要包括三佛（三世佛、十方佛、千佛）、七佛、双佛（主要是释迦多宝并坐、双窟）、弥勒上下生、维摩文殊对坐这几种[①]。这些题材不是凭空产生的，不仅与中国境内早期石窟有关系，而且与域外石窟也有关系。云冈石窟之前的中国境内石窟主要是凉州石窟和克孜尔石窟，这两群石窟的年代问题都没有得到很好解决，笔者对凉州石窟的年代做了排比[②]，与董玉祥、杜斗城先生的意见接近[③]，下文主要依据这个年代意见进行讨论。克孜尔石窟至今没有合适的年代，但这里主要是壁画材料，与石窟造像毕竟有一定差距，下文会较少涉及。犍陀罗是佛像的起源地之一和佛教造像的核心区，这里虽然几乎没有石窟，但其他形式的造像很丰富，是理解包括云冈石窟在内中国石窟的源头所在。

　　犍陀罗地区的佛教遗存主要有寺院遗址、佛塔遗址，以及可移动的造像等物。这些与石窟都属于佛教遗存的一部分，共同体现佛教思想和艺术，因此它们在一定的条件下是能够用来与石窟进行对比研究的，当然这需要格外注意推论的合理程度。犍陀罗地区佛教造像主要包括单体造像、有较多胁从菩萨或护法的释迦佛"说法"背屏式造像、以释迦佛为中心的众多人物的"神变"浮雕装饰板三大类。其中装饰板的内容最丰富，能够涵盖前两项，所以我们下来主要用装饰板进行讨论。这些装饰板虽然属于佛塔等主体遗存的一部分，但本身又是比较独立的，这与中国的背屏式造像和造像碑比较接近。从中国的情况来看，背屏式造像和造像碑与同时期石窟有相当一部分内容是一致的，这使我们下面的具体讨论获得了更多的合理性。犍陀罗佛教遗存的年代多数不确定，但大体年代倒也无重大分歧，下文涉及的材料基本属于贵霜时期，都早于云冈石窟的开凿，所以有关材料的年代问题不妨碍我们的讨论。从空间距离上来看，距云冈石窟由近及远依次是河西走廊（凉州）、新疆和中亚（西域）、巴基斯坦北部（犍陀罗），佛教传入中国的途径也大体如此，但肯定不完全是接力式的。同样，与云冈石窟的关系大体也是这个层级，但肯定也不完全是等幅减弱的。本文将集中讨论云冈石窟与犍陀罗的关系，尝试客观评价作为佛教艺术源头的犍陀罗地区对云冈石窟的影响状况，讨论的立足点是云冈石窟的核心题材这一石窟的根本问题。

　　云冈与犍陀罗的关系从近代以来就备受研究者重视，云冈第 20 窟大佛非常凸起的衣纹、第 18 窟印度式面孔的弟子，以及近年云冈窟顶发掘的印度式寺院址，都显示云冈与犍陀罗关系密切，这些内容当然是

[①] 释迦说法犍陀罗和云冈都很常见，不单独讨论。

[②] 韦正、马铭悦.《河西早期石窟的年代与相关问题》，《敦煌研究》待刊。

[③] 董玉祥的论述主要见于其执笔的《河西走廊马蹄寺、文殊山、昌马诸石窟群》一文，载《河西石窟》（甘肃省文物考古研究所编，文物出版社，1987 年）一书。杜斗城的论述主要见于《河西佛教史》（杜斗城等著，中国社会科学出版社，2009 年）、《杜撰集》（兰州大学出版社，2013 年）。

非常重要的。但与核心题材相比，这些内容又相对属于外在的。核心题材反映的是佛教思想，但必然是与当地传统思想进行了调和的佛教思想。云冈是皇家石窟，它所反映的思想内容和意义就更为重要，这是本文选择云冈石窟核心题材进行讨论的重要原因。关于这个问题，马歇尔、富歇、亨廷顿、宫治昭、久野美树、贺世哲、李玉珉、何恩之、魏文斌等学者有卓越的研究，笔者对他们研究成果的理解不全面，自己掌握的资料也有限，加之思考浅薄，成文时间短促，挂一漏万之处势所难免。好在主要目的在于自学和提高，所以草成此文，希博雅君子勿以浅陋见责，如蒙不吝教示以广见闻则为幸甚。以下顺次检讨犍陀罗地区几类造像题材，然后进行适当讨论。

一、几类题材的简单检讨

（一）三佛

三佛可狭义地理解为三世佛。与三佛密切关联的是十方佛、千佛。三世说是佛教业感缘起和因果理论的必然产物，在部派佛教时期已经确立。十方佛和千佛是三世说的必然推论，属于佛教的宇宙论，在部派佛教时期尚没有被各方所接受，但在大乘佛教中是共识。犍陀罗地区十方佛尚没有明确例证[1]。千佛也不易证明，著名的舍卫城大神变装饰版上部两角图像相同，都是中间一结跏趺坐佛，周围为放射状立佛，似乎表现由中间主佛化现出千佛之意（图1）。与此类似的还有卡拉奇和白沙瓦的装饰板[2]（图2、3）。

三佛也不常见，而且也不易确定，这与云冈形成鲜明对比[3]。得到公认的三世佛是水野清一、长广敏雄

图1　舍卫城大神变　　　　　图2　卡拉奇大神变装饰板上　　　　图3　白沙瓦大神变装饰板上
　　　　　　　　　　　　　　　　　有千佛　　　　　　　　　　　　　有千佛

[1]　赖鹏举曾举出阿富汗卡克拉克石窟为例，认为半球形窟顶由9个小圆圈组成，每个小圆圈内中间主尊为一佛或菩萨，周围围绕11尊小坐佛，这样构成十方佛，时代在四五世纪（赖鹏举.《丝路佛教的图像与禅法》，第71~73页，圆光佛学研究所，2002年）。类似的半球形窟顶在库木吐喇石窟、吐峪沟石窟都有发现，年代难以早到五世纪。阿富汗卡克拉克石窟与新疆境内类似石窟的关系也不太清楚，用来作为十方佛的例证还不太完美。

[2]　Harald Ingbolt, *GANDHARA ART IN PARKSITAN*, Pathon Books, 1957. PL.XX.2. .XX.21.2

[3]　贺世哲提到呾叉始罗龙莲寺有三佛，没附图，也没有提供出处，见氏著《敦煌图像研究——十六国北朝卷》，第143页，甘肃教育出版社。有些犍陀罗装饰板上为三佛三菩萨间隔站立，不知是否属于三佛。

图 4　阿富汗肖托拉克出土石雕三尊像

图 5　勒科克在犍陀罗地区收集的装饰板

二位先生在《云冈图像学》中介绍的阿富汗肖托拉克出土的三尊像，中间大而两侧小，右侧立佛下有布发掩泥的童子，（图 4）可知为燃灯佛（定光佛）授记故事，因此肯定是三世佛[①]。比较能肯定的三佛是勒科克在犍陀罗地区收集的装饰版，中间佛陀为正面立像，两侧佛陀面向中间佛陀（图 5），这决定了三尊佛像之间具有内在联系。即使这块装饰版两端还向前延伸，也不能改变三尊佛像之间的一体性，因此将之作为三佛是成立的[②]。大英博物馆的一件收藏品也可肯定为三佛，上、下两层都是三佛居中两侧各一菩萨胁侍菩萨[③]（图 6）。可推测为三佛的有两件，都来自斯瓦特地区的布特卡拉一号寺院遗址，都是两尊佛陀与一尊菩萨的形式，后公布的那件弥勒菩萨位于右侧（以图像本身为基准）[④]（图 7）；早年公布的那件弥勒菩萨位于左侧，且右侧佛陀下部折断[⑤]（图 8）。不知理解为三佛合适与否的是焦莲寺小佛塔南面下部的三尊佛像[⑥]（图 9），于田热瓦克佛塔下部每一面也是三尊佛像（图 10）[⑦]。英国维多利亚和阿尔伯特博物馆收藏有类似佛塔，每面有三组独立的一佛二菩萨[⑧]（图 11）。几座佛塔下部每一面可以塑造出更多的佛像，但只塑造出三尊，所以三佛作为一个整体的可能性是存在的。

　　与犍陀罗相比，云冈石窟的三世佛非常突出，而且充分利用了石窟空间，以三壁三佛的形式加以强调。云冈三世佛的盛行，以往的研究强调鉴于太武帝灭佛之痛，佛教方面力图用三世佛来证明佛法不可灭，这自然是非常有道理的。但是，中国传统思想方面的影响也是不可低估的。"积善之家必有余庆、积恶之家必有余殃"的承负观点之外，世袭观点影响更深重。世袭制是中国古代社会的基本特点，皇位要世袭，家族血脉也如皇位一般要接续，祖先必须崇拜，子孙必承重望，与三世思想暗合。还需要注意的是，三壁三佛式造像可能不是云冈而是在麦积山石窟最早出现的，麦积山石窟的开凿者肯定不是皇帝之类的人物。麦积山所在的关中一带曾是三世

① 邓健吾先生首先提出此点，引起了其他学者的重视。见邓健吾.《麦积山石窟的研究及早期石窟的两三个问题》，《中国石窟·麦积山石窟》，文物出版社、平凡社，1998 年。

② 〔德〕阿尔伯特·冯·勒科克、恩斯特·瓦尔德施密特著，管平、巫新华译.《新疆佛教艺术》（上），图版 9，新疆教育出版社，2006 年。

③ 〔日〕栗田功.《ガンダーヲ美术 II 佛陀的世界》，二玄社，1990 年。Pl.288.

④ 意大利卡列宁等著，魏正中、王倩译.《犍陀罗艺术探源》，第 99 页，上海古籍出版社，2015 年。

⑤ MARYLIN MARTIN RHIE, *EARLY BUDDISM ART OF CHINA AND CENTRAL ASIA*, BRILL LEIDEN•BOSTON•KOLN 1999. Volume III, Fig.4.45.

⑥ Edited by Wannaporn Rienjang, Peter Stewart, *Problems of Chronology in Gandaran Art: Proceedings of the First International Workshop of the Gandhara Connections Project*, University of Oxford, 23rd- 24th March, 2017. P.154.

⑦ 自新疆维吾尔自治区文物局编.《新疆维吾尔自治区第三次全国文物普查成果集成——新疆佛教遗址》（上册），第 37 页，科学出版社，2015 年。

⑧ 编号 IM.208~1913。推测斯瓦特地区生产。http://collections.vam.ac.uk/item/O86733/fragment-unknown/

图 6　大英博物馆藏三佛装饰板

图 7　布特卡拉一号寺院遗址

图 8　布特卡拉一号寺院遗址

图 9　焦莲寺小佛塔南面下部的三尊佛像

图 10　于田热瓦克佛寺
（1906 年斯坦因拍摄）

图 11　英国维多利亚和阿尔伯特博物馆收藏佛塔底部座

图 12　Takht-i-Bahai 出土装饰板底座

图 13　白沙瓦博物馆藏装饰板底座（No.2018）

思想影响很大的地区，后秦君主姚兴与鸠摩罗什讨论三世问题为中国佛教史著名事件。云冈石窟的三世佛当是关中影响下的产物。但是，云冈石窟不是麦积山那样的普通石窟可比，特别是云冈昙曜五窟的大佛像，都象征着皇帝。从北魏僧人口中说出的"皇帝即当今如来"一语，把三世佛思想所具有的双重含义说得一清二楚。从秦始皇建立帝制开始，皇祚永传就成为中国历代王朝永恒不变的梦想，因此，三世佛的思想也正中北魏皇帝之下怀。所以说，云冈石窟是三世思想与"皇帝即当今如来"思想的巧妙糅合。云冈石窟中可能还存在转轮王思想[①]，这与皇帝即当今如来思想不矛盾，且转轮王思想在平城时代的背屏式造像中也有表现[②]。这些思想与犍陀罗既形成了联系，更形成了区别，而且区别是主要的，这是佛教中国化的深层次表现。

（二）七佛

七佛发现较多，宫治昭对犍陀罗地区、魏文斌对中国境内的七佛有过比较深入的讨论[③]。宫治昭举出的犍陀罗七佛有 6 件，但文中所附图像不多，鉴于本文的论题，这里仍有必要予以介绍。宫治昭介绍的第一件，收藏于白沙瓦博物馆，Takht-i-Bahai 出土（图 12）；第二件，也收藏于白沙瓦博物馆，编号 No.2018（图 13）；第三件，英国维多利亚和阿尔伯特博物馆藏，编号 IM.71-1939，斯瓦特出土（图 14）；第四件，也是维多利亚和阿尔伯特博物馆藏品，编号 IM.220-1913，斯瓦特出土（图 15）；第五件，穆罕默德·那利出土，拉合尔博物馆藏。不同于前四件都是横长方形板条状，这件是高度 1 米有余的宽长方形竖板状，上面人物众多，可水平分为三层，最下一层两侧各有几位供养人式人物，中间是七佛和弥勒菩萨，弥勒菩萨居左侧（图 16）；第六件，日本个人收藏，形状同前四件，弥勒菩萨居于右侧（图 17），宫治昭暗示这个底座与上面部分是否为一个整体需注意，这提示我们横长条形七佛造像板多数是作为一个完整装饰板的最下部分而存在的[④]，这对于理解造像思想有帮助，下详。我们还可以补充两件，一件是日本个人收藏品，七佛和弥勒被柱子分开[⑤]（图 18），另一件是霍尔博物馆藏品[⑥]（图 19）。宫治昭还提到一件罗马个人收藏的过去四佛与弥勒并列的例子，他没有提供图版。但另有一属于秣菟罗艺术的石残件，供养人前方是三佛一菩萨，被认

---

① 阎文儒.《云冈石窟研究》，第 250 页，广西师范大学出版社，2003 年。

② 碑林博物馆藏兴平出土北魏皇兴五年背屏式造像背面有相关图像，参见孙英刚.《"飞行皇帝"会飞吗？》，《文史知识》2016 年 6 期。

③ 〔日〕宫治昭著，李萍、张清涛译.《涅槃和弥勒的图像学》，第 208 页，文物出版社，2009 年。

④ 孙英刚、何平《犍陀罗艺术史》（三联书店，2018 年）图 10~25 是诺顿西蒙博物馆的一件文物，其中只有七佛而没有弥勒，而且不知是照片变形，还是文物本身就呈弧状弯曲，如果是后一种情况的话，这件文物就不排除作为圆形塔基的一部分了，那么七佛也就不容易成立了。

⑤ 〔日〕栗田功.《ガンダーヲ美术 II 佛陀的世界》，二玄社，1990 年.Pl.292.

⑥ 张宝玺《北凉石窟艺术》（上海辞书出版社，2006 年）第 42 页对此有简单介绍。

图 14 英国维多利亚和阿尔伯特博物馆收藏装饰板
底座之一

图 15 英国维多利亚和阿尔伯特博物馆收藏装饰板
底座之二

图 16 穆罕默德·那利出土装饰板拉合尔博物馆藏

图 17 日本个人收藏装饰板

图 18 日本个人收藏装饰板

图 19　霍尔博物馆藏品

图 20　秣菟罗风格的三佛一菩萨

图 21　罗里延·唐盖出土装饰板

为是过去佛和弥勒 [1]（图 20），也可能是七佛的一种变体吧。

云冈也重视七佛，这与犍陀罗是一致的，甚至还超过犍陀罗，这有多方面的原因。从教理上来说，无数劫本有无数佛，七佛与此间因缘甚深，为见证深定的诸佛，名实俱在，因而七佛之事迹容易令人起信。虽然七佛与小乘关系紧密，但从北魏佛教现实状况看，禅定非常盛行，下起普通僧人，上至北魏皇帝，皆不惮禅修之苦，重视七佛有其必然。再者，七佛与三佛的含义有重合之处，容易受到僧俗两边的欢迎。北魏祭天仪式中还有立"木主七"的习俗，文成帝以后又有七庙之说，这些都可与七佛产生联想。在背屏式造像或金铜造像中见不到七佛的身影，但发愿文中不乏"七世父母"之语，大概佛教和鲜卑旧俗的影响都有。这些对犍陀罗而言，都是不可想象的，但产生的影响却是很现实而明确的。不过，云冈早中期是七佛的盛世，云冈三期就很少见到七佛了，这是受到经龙门石窟转来的南方佛教影响的结果，这表明中国佛教不仅在实质上，也在表面上，与犍陀罗的关系正在不断疏远。

（三）双佛

双佛发现不多，检得并坐双佛一例，站立双佛二例。并坐双佛见于罗里延·唐盖出土的著名的装饰板上（图 21），现藏于加尔各答博物馆。久野美树认为装饰板上部的中间部分为佛塔，其下部有并坐二佛，旁边有二供养人 [2]。久野美树还认为二佛是释迦多宝，但李玉珉有不同意见，她认为二佛地位不突出，不能肯定是释迦多宝，装饰板内容与《法华经》的关系也不明确 [3]。久野美树认为装饰板上部中间部分为佛塔是合理的。从中国北方地区石窟和其他造像载体突出释迦多宝来看，李玉珉的意见似乎具有合理性，但这移之于犍陀罗未必合适。但无论如何，即使依据久野美树的观点，释迦

① 　MARYLIN MARTIN RHIE, *EARLY BUDDISM ART OF CHINA AND CENTRAL ASIA*, BRILL LEIDEN•BOSTON•KOLN 1999. Volume III, Fig.1.41

② 　〔日〕久野美树著，官芳秀译、魏文斌校 .《中国初期石窟及观佛三昧——以麦积山为中心》，《敦煌学集刊》，2006 年 1 期。

③ 　李玉珉 .《敦煌莫高窟二五九窟之研究》，台湾《美术史研究集刊》第 2 期，1995 年。

多宝并坐在犍陀罗也仅发现一例，与在云冈作为主要题材很不一样。

较简单的站立双佛装饰板藏于大英博物馆，中间二立佛，两侧各一胁侍菩萨（图22）。较复杂的站立双佛的装饰板发现于阿姆河南部阿富汗的阿肯查答·铁佩（AkhonzadaTepe）寺院遗址中[①]，装饰板上部是佛传故事，下部有二佛并列（图23），具体含义不明。这一装饰板的图案构成是反复呈现式的，左侧向前延伸的话，也应该是双佛。因此，双佛在这个装饰板上不是偶然出现的。装饰板下部的主要角色是持净瓶的弥勒。不知站立双佛与弥勒图像交替出现的含义是什么[②]。站立双佛在云冈石窟第11窟和第4窟都有发现，但鲜见讨论。第4窟中心柱的正背面，第11窟中心柱左、右、后三面，都是双佛并列形式，迄今不知其源头，也没有好的解释。偃师水泉石窟的主尊为并列大佛，不知含义是否与云冈相同。在阿肯查答·铁佩装饰板上，站立双佛的地位低于弥勒，这是与云冈不同的地方。

图22 大英博物馆藏站立双佛装饰板

图23 阿肯查答·铁佩寺院遗址出土装饰板

与双佛内涵接近的是双窟，云冈双窟现象备受瞩目，中外学者作了很多讨论。通常认为云冈双窟窟主意指孝文帝与冯太后，这在云冈自然是不错的。但张掖金塔寺东西窟、麦积山第74和78窟也都很可能是双窟，它们的年代也都很可能早于云冈。因此，双窟可能并不是云冈的新创。云冈双窟代表太皇太后与皇帝地位等同。金塔寺和麦积山的窟主情况不明，如果以后来的宾阳中洞、宾阳南洞分别对应孝文帝和文昭皇后来逆推，这两处双窟分别系为某夫妇所开也未可知。这几处石窟都属于北方民族政权控制下的产物。北方民族母系力量强大人所共知，妇人持门户为当时之习俗，在帝室则皇后、太后或太皇太后与皇帝势均力敌，时人称之为"二圣"。这类双窟所体现的其实就是二圣思想，并不为云冈所独有，但云冈最突出。

① Edited by Wannaporn Rienjang, Peter Stewart: *The Global Connections of Gandharan Art---Proceedings of the Third International Workshop of the Gandhara Connections Project*, University of Oxford, 18th-19th March, 2019. P148、149.

② 同样地点还发现了持净瓶的结跏趺坐佛装弥勒形象。这些形象如果综合研究的话，或许能得出更多的认识。

图 24　勒科克著录的犍陀罗门楣浮雕

图 25　勒科克著录的犍陀罗门楣浮
雕细部

虽然双佛在犍陀罗发现很少，但与云冈合看，内涵则相当丰富。从释迦多宝并坐，到双立佛，再到双窟，云冈与犍陀罗的差异是非常显著的。

（四）弥勒

弥勒在犍陀罗地区发现很多，不再一一列举，宫治昭的研究非常深入[1]。宫治昭通过七佛一菩萨中弥勒形象推定了三尊式中的一尊胁侍菩萨为弥勒（另一尊多是观音），确认了以往学界的推论。宫治昭进而推定了单体坐姿弥勒菩萨像的存在。对于犍陀罗艺术中是否有弥勒佛形象，宫治昭虽没有否定，但持保留态度。法显、宝云、法盛三人一致记载陀历（今巴基斯坦达丽尔 Darel）的木弥勒像高度一致，都为八丈，宫治昭通过《弥勒来时经》《弥勒下生成佛经》《弥勒大成佛经》推测这是一尊弥勒佛的下生大像。对于弥勒佛形象是否存在，这个问题是可以讨论的。勒科克著录了一件犍陀罗门楣浮雕，最上层拱形部分中间为一佛像，从像高和姿态来看，都似乎是倚坐佛形象[2]。第二层拱形部分中间坐像残损比较严重，右手是否持物（净瓶？）已经看不清楚，但项饰隐约可辨，可推定这是一尊菩萨形象。由于最下拱形部分为释迦佛，所以第二层拱形部分的菩萨为弥勒的可能性就存在了（图24、25）。如果上面的推测有道理的话，那么这件门楣浮雕不仅表现了法华思想，而且渲染了弥勒净土。将这件门楣浮雕与宫治昭所引李玉珉等人研究成果合并考虑的话，犍陀罗艺术中弥勒佛形象存在的可能性在增加。至于陀历下生弥勒佛像可能是宫治昭的一个误解，不仅这尊像无实物依据，而且《法显传》原文为："始入其境，有一小国名陀历。亦有众僧，皆小乘学。其国昔有罗汉，以神足力，将一巧匠上兜术天，观弥勒菩萨长短、色貌，还下，刻木作像。前后三上观，然后乃成。像长八丈，足趺八尺，斋日常有光明，诸国王竞兴供养。今故现在。"[3] 宝云记作"金薄弥勒成佛像"，法盛记作"牛头栴檀弥勒像"，玄奘记作"刻木慈氏菩萨像"。《法显传》的记载最早、最详细。即使中和几家记载，也不能得出为大倚坐弥勒佛像的结论。虽然我们对宫治昭的结论不完全接受，但宫治昭对弥勒图像的搜集之全和研究之深非常令人敬佩。根据

① 〔日〕宫治昭著，李萍、张清涛译.《涅槃和弥勒的图像学》，文物出版社，2009 年。
② 〔德〕阿尔伯特·冯·勒科克、恩斯特·瓦尔德施密特著，管平、巫新华译.《新疆佛教艺术》（上），第 59 页，新疆教育出版社，2006 年。图版的文字说明作立佛看待。
③ （东晋）法显撰、章巽校注.《法显传校注》，中华书局，2008 年，第 22 页。

宫治昭搜集的材料和研究成果，可以发现犍陀罗地区常见的弥勒形象在中国发现极少。站姿弥勒只有传陕西三原出土的三世纪青铜弥勒立像，但这件弥勒像多认为是被携入中国的域外物品（图26）。再晚就是北凉时期敦煌□吉德石塔和炳灵寺第169窟第6龛附近壁画中的弥勒，再往东就没有发现了[①]（图27、28）。弥勒佛形象倒是不少见，但如云冈第19窟、第7、8窟所见，多以弥勒上下生的组合形式出现。石窟与犍陀罗装饰板的载体形式不一样，可能导致了不同的情况。不过，中国的背屏式造像中也不乏交脚弥勒佛，如碑林博物馆藏皇兴五年的那一件。看来，中国与犍陀罗都很重视弥勒，但题材和表现形式都很不同。云冈石窟中对弥勒上下生都很重视，当由于是皇家石窟并且财力充足。其他石窟和造像载体更重视弥勒菩萨，可能与主要目的是追亡荐福有关。这些都是与犍陀罗很大的不同。

二、简单的讨论

犍陀罗装饰板多为单件物品，失去了当时的组合，给题材和造像思想的研究带来困难。在这些装饰板中，被称为"大神变"的竖向宽大浮雕装饰板是个例外，其上不仅人物众多，而且水平方向分若干层，可资对造像思想略作推测。这些装饰板的主体部分雷同，都是一佛二菩萨组合，主尊为坐于莲花座上的说法释迦。主体部分以下为台座，如前所述，相当一部分为七佛一菩萨组合。最上部的中间部分有若干件为佛塔形式，白沙瓦博物馆藏萨利·巴路尔出土装饰板上部中间的佛塔明确无疑（图29），上文提的加尔各答博物馆藏那罗延·唐盖出土装饰板上部中间为佛塔也不存在什么问题（参见图21），拉合尔博物馆藏穆罕默德·那利出土的同此（参见图16）。恰迪尕尔博物馆藏装饰板台座部分为佛钵供养，上部中间为交脚弥勒（图30）。这几件装饰板的台座和上部中间部分的性质很接近。佛钵供养本来具有释迦将佛位传给弥勒的含义，但理解为燃灯佛传位给释迦同样也能成立，不然这不能解释其为什么位于恰迪尕尔博物馆藏装饰板台座部分。在这种装饰板中，重要的是具体部位，图像从属于"位"。按照这个理解，装饰板下部和

图26 陕西三原出土约三世纪青铜弥勒立像

图27 炳灵寺169窟建弘题记旁的弥勒菩萨壁画

[①] 少数金铜造像会自铭弥勒，但形象上看不出与释迦的差别，或许是误题。

图 28　敦煌□吉德石塔上的站姿弥勒

图 29　萨利·巴路尔出土装饰板

中部分别表示的是过去和现在，那么上部表现未来的可能性就具备了，恰好恰迪尕尔博物馆藏装饰板上部中间是交脚弥勒，这与《法华经》中经言释迦多宝塔居于高空之中也是相通的，而且弥勒菩萨在《法华经》中也有重要的地位。这样，从上、中、下三大区域来说，相当一部分装饰板表现的应该是三世思想。从经典上来说，应该表现的是法华思想。装饰板上又有不少独立佛像，也有似乎由主佛幻化出来的众佛像，这些上文认为可理解为千佛，合起来就又可以理解为三世十方世界了。关于装饰板，特别是穆罕默德·那利出土的那件，富歇首倡大神变，亨廷顿认为是西方净土，哈里森和罗扎尼茨认为也有可能是阿閦佛净土，何恩之提示"巴焦尔藏经"中有《阿閦佛国经》，年代早到 50—150 年[①]，似乎对阿閦佛净土的说法是一种支持。这些说法都有一定的合理性，但不同说法的存在，就说明对这类装饰板的题材和思想做单一理解是困难而危险的。而且，这类带有展示性的手工业品，其对象更可能是普通信众甚至俗人，大致有个中心主题，而将其他相近内容拉杂到一起反而是正常的。

在上述讨论的基础上，再回头看那罗延·唐盖出土装饰板上部佛塔中的并坐双佛，就不是那么难以理解了。即使这件装饰板的年代如通常认为的公元 4 世纪后期，也不能保证它一定是严格按照《法华经》制造的。《法华经》和法华思想都是在漫长的过程中形成的，其萌芽的时间一定很早，释迦多宝并坐不一定受到重视，即使有所表现也不那么充分，是可以理解的。炳灵寺 169 窟西秦壁画中反复表现释迦多宝并坐，在云冈、麦积山、龙门等石窟中释迦多宝都是重要角色，但是在克孜尔石窟中却没有见到释迦多宝的踪影，可能正说明《法华经》在汉地特别受到重视，而在西域和犍陀罗受重视的程度不那么高。那么，将那罗延·唐盖那件装饰板上双佛理解为对释迦多宝的表现的话，虽是偶或一见，但可以说已经是了不起的事情了。因

①　亨廷顿等学者的看法均转自何恩之、魏正中著，王倩译《龟兹寻幽》，上海古籍出版社，2017 年，第 245、246 页。

此，并坐双佛性质认定的困难、
犍陀罗和云冈这类形象数量上的
悬殊，可能恰如其分地反映了犍
陀罗与云冈的联系与差异状况。
这再次证明云冈石窟的核心题材
经过选择。

云冈石窟对题材进行有意识
的选择还可以通过回避阿弥陀来
说明。塔克西拉古董商发现的带
铭文的一佛二菩萨残像，铭文内
容为阿弥陀和观音（图 31）。
宫治昭指出这件造像与秣菟罗出
土的有阿弥陀铭记的佛台座"一

图 30　恰迪尕尔博物馆藏装饰板

图 31　塔克西拉古董商发现的带铭文一佛二
菩萨残像

并证明阿弥陀信仰在印度的存在，作为数量稀少的例证而愈显重要"①。宫治昭不同意布拉夫和富斯曼将
这尊残损造像上与观音相对但已经不存的菩萨推定为大势至的观点。宫治昭根据自己的系统研究，认为当
是弥勒②，这个观点是有说服力的。炳灵寺第 169 窟第 6 龛附近的释迦和弥勒壁画中，弥勒为站姿（参见
图 27），一派犍陀罗造像特点，特别是项饰几乎与犍陀罗菩萨的完全一样。按照宫治昭的解读，与站姿弥
勒相对的菩萨虽然已不存或被覆盖在晚期壁画之下，但其本来为观音的可能性也是存在的。这幅壁画很可
能对应"建弘元（五）年"题记；如果不是，壁画的年代要更早。凉州对云冈的影响为人所津津乐道，第
6 龛附近的释迦和弥勒壁画显然没有对云冈发生什么作用。更有意思的是，第 6 龛为标准的西方三圣组合，
"无量寿佛""观世音菩萨""得大势至菩萨"榜题赫然在目，第 6 龛的年代以往认为是西秦时期，我们
认为可能要晚点，但也不能太晚，且云冈与第 6 龛之间也不存在相互影响。这不仅由于在云冈一、二期中
没有发现阿弥陀信仰的内容，显示与第 169 窟第 6 龛无涉。而且，北方地区北朝早期造像碑也很少发现阿
弥陀方面的内容，侯旭东说："总体上无量寿造像 510 年以后至北朝结束前较流行。此前 110 年间传世 216
尊造像中仅 3 尊为无量寿像，崇拜无量寿尚不流行。……概言之，无量寿崇拜早已存在，但影响极小，属
公元 6 世纪初渐兴的造像题材与崇拜对象，影响虽渐次扩大，但终北朝之世，信徒无多，势力尚弱。"③从
东晋以来，阿弥陀信仰在南方就很流行，反衬了在北方的不流行，炳灵寺第 169 窟第 6 龛的西方三圣很可
能是南方影响的产物。总之，阿弥陀的缺失更衬托了云冈对题材的选择性。

与回避阿弥陀形成对比的是云冈对维摩诘与文殊并坐题材的青睐。犍陀罗、中亚和新疆都没有这个题
材④。这个题材在中国最早的出现还是在炳灵寺第 169 窟中，维摩诘和侍者都是菩萨形态，这应该是中国佛

① 〔日〕宫治昭著，李萍、张清涛译.《涅槃和弥勒的图像学》，文物出版社，2009 年，第 228 页。
② 〔日〕宫治昭著，李萍、张清涛译.《涅槃和弥勒的图像学》，文物出版社，2009 年，第 225、228~230 页。
③ 〔日〕宫治昭著，李萍、张清涛译.《涅槃和弥勒的图像学》，第 114 页，文物出版社，2009 年。
④ 北京大学考古文博学院魏正中教授教示。

教人士和艺人的创意。这个题材在南方也很流行，但云冈中的维摩诘和文殊与南方无关，而是那个时代的共同特点。在云冈石窟中，维摩诘的形象随时代不断发生变化，说明其深受北魏贵族的追捧，也是包括北魏皇帝在内的北魏贵族不断名士化的证明，这更非犍陀罗地区僧俗所能想象。

三、小结

云冈是中国北方地区早期石窟的代表，中国北方地区石窟的主要源头在犍陀罗地区。以云冈核心题材为出发点，通过在犍陀罗地区的寻找和对比分析，可以看出七佛与弥勒是云冈与犍陀罗共通的，三佛、双佛则是在中国，特别是在云冈才受到特别重视的。即使是七佛和弥勒，其实也在云冈发生了较大的改变，附加了很多北魏时期和中国人的理解。这个转变当然不是在北魏时期一下子完成的，也不完全是在北魏境内完成的，对这个时空转变状况的探讨将是另一个需要给于更多关注并且十分有趣的话题。

（原文刊载于《云冈研究》2021 年第 1 期）

日本学界 21 世纪以来的云冈石窟研究述评

常钰熙

云冈石窟近代学术意义上的调查和研究肇始于日本。自 1902 年以来至抗日战争结束的四十余年中，屡有日本学者和摄影家往赴云冈，积累了大量的原始图文资料，并在此基础上开展了多种研究。从 20 世纪五六十年代至今，日本始终是海外云冈石窟研究的主阵地，许多论著亦为国内学界所重。近年来，国内陆续翻译了不少日文著述，并有学者介绍日本学界的研究成果。[①] 笔者于 2019 年至 2020 年赴日本京都大学人文科学研究所（以下简称"京大人文研"）访学，借此契机阅读了日本学界近年来较为重要的云冈石窟研究著述。本文试对 21 世纪以来日本云冈石窟研究的主要工作、观点和研究方法作一梳理，以期辨明各家研究理路，供国内学界参考。

一、考古资料的整理和编集

纵观日本学界对云冈石窟的调查和研究工作，最为重要的就是东方文化研究所（现京大人文研的前身之一）的水野清一、长广敏雄等人在 1938 年至 1944 年在云冈石窟进行的调查、测绘和试掘，以及基于这些工作形成的 16 卷 32 册《云冈石窟》报告（以下简称"原报告"）。[②] 报告的刊发为学界后续研究的深化奠定了基础，迄今仍是云冈石窟研究不可或缺的资料。不过，调查本身并未按计划完成，报告也未及整理和刊布调查所获的所有资料，另外，随着数十年来的研究推进，原报告中的部分观点也有修正的必要。进入 21 世纪之后，京大人文研的冈村秀典、向井佑介等整理了前述调查中采自云冈石窟及其周边地区的陶瓷器、瓦件等实物资料，承接原报告，以器物所属的遗址为目，编写并刊布了《云冈石窟》遗物篇。[③] 除披露了原报告中未及刊布的资料外，"遗物篇"最主要的研究成果有二，一是对云冈石窟及其周边出土的瓦件的分期，并基于瓦件年代重新考察了第 9、10 窟的绝对年代和云冈石窟上部东、西部"台上寺院"[④] 的年代，认为第 9、10 窟应如宿白所论，开凿于 480 年后半期，"东部台上寺院"应在 470 年，可能为昙曜译经的寺院，

① a. 张希.《百年云冈——二十世纪以来日本关于云冈石窟的文献概述》，《湖北美术学院学报》2018 年第 1 期；b. 徐小淑、孟红淼.《21 世纪以来日本对云冈石窟的考古学研究》，《山西大同大学学报（社会科学版）》2019 年第 3 期；c. 孟红淼、徐小淑.《20 世纪下半叶以来日本对云冈石窟的佛教美术研究》，《山西大同大学学报社会科学版）》2020 年第 3 期。

② 原报告陆续发表于 1951—1956 年，共 16 卷 32 册。1975 年，又补充了单行本《续补：第十八洞穴测图》，图版所刊线图为水野清一、田中重雄绘制，文本由日比野丈夫编写。参见〔日〕水野清一、长广敏雄.《云冈石窟：西历五世纪中国北部佛教窟院的考古学调查报告》，京都：京都大学人文科学研究所云冈刊行會，1951—1975 年。

③ 〔日〕冈村秀典编.《云冈石窟：山西省北部における新石器・秦汉・北魏・辽金时代的考古学的研究》，京都：朋友书店，2006 年。

④ 即国内习称的"窟顶佛寺"，其中"西部台上寺院"即云冈考古队于 2010 年大规模发掘的"窟顶西区佛寺"，参见张庆捷等.《云冈石窟窟顶西区北魏佛教寺院遗址》，《考古学报》2016 年第 4 期。"东部台上寺院"为日本人于 1940 年试掘的第 3 窟上部的建筑遗存。

"西部台上寺院"则要晚到迁都洛阳前后的 490 年。二是整理了云冈石窟辽金时期的建筑和生活遗存，指出北魏时代的遗迹、遗物大多见于石窟上部台地，而辽金时代的建筑构件和日用瓷器多见于窟前，因此云冈石窟的寺院景观在北魏和辽金时期差别较大。在原报告的基础上，"遗物篇"延续并发展了原报告编写者对云冈石窟寺院景观的关注，结合建筑遗痕、实物遗存和文献史料，将云冈石窟作为一处包含礼拜场所、修行场所和日常起居空间的综合佛教寺院，尝试从整体景观的角度，研究不同时期云冈石窟的面貌。

自 2013 年起，京大人文研又与中国社会科学院考古研究所合作，将原报告翻译为中文，并续补了《云冈石窟》17~20 卷（以下简称"新报告"），在中日两国正式出版[①]。新报告承袭了原报告"专文 + 综述 + 分述"的编写体例，一方面在原始资料方面有所补充。首先，补绘了部分大窟实测图[②]。其次，报告编写者延续了《云冈石窟》遗物篇对石窟景观的重视，刊布了一批反映石窟外部情况的航拍照片、外景照片等。文本部分的各窟概述中专辟"外壁及前庭部"小节，分述部分的图版解说也注意描述石窟所处的位置、地理形态，可以看到的周边景观，以及相关的建筑遗存发现情况[③]。再次，对进行了清理和发掘的窟龛，就发掘时拍摄的表现遗迹原貌、遗迹堆积情况进行了较为详细的图文介绍。最后，对调查时已经破损或经后世修补的窟龛造像，采用了更早时期保存相对完整的前人照片和剥除了后世修补之后的晚近照片。值得注意的是，新报告根据水野清一等的笔记，补充了此后在他地所见被盗走的尊像部件的照片和测绘图，文本部分还对一些窟龛涉及的盗掘和盗掘品的流传情况做了整理[④]。另一方面，新报告还结合数十年来中外云冈石窟调查和研究的成果，对石窟群的整体分期、个别石窟的年代辨析等学界关注较多的问题加以梳理，形成了新的认识，体现了京大人文研学者近年来云冈石窟研究的综合成果。

二、综合研究

《云冈石窟》新报告的日方主编冈村秀典撰写的《云冈石窟の考古学》一书作为"《云冈石窟》的副产物"，

---

① a. 中文版报告分三期出版：第一期为原报告 1~7 卷，2014 年出版；第二期为原报告 8~16 卷，2016 年出版；第三期为新报告 17~20 卷，2018 年出版。参见〔日〕水野清一、长广敏雄、京都大学人文科学研究所著，中国社会科学院考古研究所编译.《云冈石窟》，科学出版社，2014-2018 年；b. 日文版报告参见〔日〕水野清一、长广敏雄著，京都大学人文科学研究所、中国社会科学院考古研究所编.《云冈石窟》，东京：科学出版社东京，2013-2017 年。

② 由于日本战败、调查团仓促撤离，部分调查期间的测量图（包括 1975 年发表的第 18 窟实测图）未能带回日本。1957 年，应日本学者请求，中国政府将国民党统治时期扣押在华的测量原图返还日本，新报告根据上述诸图，补绘了第一、第 2 窟平面图；第 4 窟平面图；第 1 窟中心柱立面图；第 16 窟实测图。

③ 如原报告对第 3 窟的记录和研究主要关注石窟本身的雕刻，照片刊布亦较有限。新报告对第 3 窟的图版收录和文字解说即注意到原报告涉及较少的上室部分，在第 16 卷图版 PL.58~61 补收了泽村专太郎摄于 1923 年的第三、四窟全景，水野清一等调查期间拍摄的第三、四窟全景和第 3 窟上部、东西塔外景，并从石窟寺景观的角度出发，结合考古发现的实物遗存考察其建筑形态，指出第 3 窟上层"从隔着山谷的第 5 窟，恰好能够望见此处，可见石窟等的营造大概是在统一规划下进行的。"又如新报告第 17 卷 PL.85 第 4 窟外景的图版解说比起原报告 PL.102 重点介绍外壁、窟门和明窗的情况而言，着重描述了石窟所处的周边环境，以及调查采集的宋辽遗物、发现的建筑痕迹等。

④ 如第 7 窟主室东壁第二层南龛的"商主奉蜜"雕刻，20 世纪 40 年代调查时商主头像已经被盗。新报告第 18 卷的 PL.104~105 图版解说中补充了水野清一曾在大阪山中商会所摄的被盗头像照片，还附上了水野清一于 1951 年、1961 年拍摄的藏于东京五岛美术馆的头像，指出其大小和表现形式与商主相似，推测也是盗自第 7 窟。

是作者多年来对云冈石窟的研究成果总结①。全书在研究方法上强调类型学、图像学和空间（景观）分析，基于《云冈石窟》遗物篇和《云冈石窟》新报告的论考内容②，按新报告所分三期 9 小期梳理并介绍了各期的典型窟龛，并对各窟龛涉及的关键问题、石窟寺院的整体景观等加以探讨，形成了作者对云冈石窟系统的认知体系。参与了《云冈石窟》遗物篇和《云冈石窟》新报告编写的向井佑介则基于报告的整理工作，运用建筑考古的方法，结合文献记载及近年来的考古成果，在氏著《中国初期佛塔の研究》中讨论了云冈石窟上部、窟前诸处建筑遗存的年代及性质，以及云冈石窟佛塔风格的转变历程，并在此基础上考察了北魏时期云冈石窟的寺院景观。③

除上述以京大人文研学者为代表的、主要基于考古学的云冈石窟综合研究外，美术史界也不乏相关论著。石松日奈子关注云冈石窟的发展过程与北魏政治、社会变迁的密切联系。氏著《北魏佛教造像史の研究》在阐述北魏一朝的发端、风俗和祭祀传统等的基础上，讨论了不同要素对北魏佛教造像的具体影响。④ 书中也专辟章节讨论了平城时代佛教的发展和石窟营建背景、前期到中期诸窟的营建过程、中期后半段造像所见的汉化进程、胡服供养人的出现、云冈（平城）样式的传播等问题。⑤ 作者并不局限于造像本体，而是把云冈石窟切实地看作多种要素影响下的具象化的物质遗存，将其置于阔大的时空框架之下，关注石窟造像背后的人群与史事。

八木春生在其博士论文《中国南北朝時代美术史实论——云冈石窟研究を中心として——》基础上出版的专著《云冈石窟文样论》⑥ 也是这一时期美术史界较有代表性的综合论著。全书致力于揭示北魏佛教美术自云冈石窟到龙门宾阳洞的发展历程，以"形式论"为指导方法⑦，通过对细部形式的分析和比较，就云冈部分窟龛的年代、中期石窟的工匠系统、个别纹饰和雕刻题材所见的文化交流，以及云冈石窟和同时期其他地区石窟的关系等问题展开了讨论。此后，八木春生又撰专文考察了云冈西区第三期窟龛的形制、图像，及其反映的工匠群体的特征。⑧

---

① 〔日〕氏著《北魏平城期の云冈石窟》一文亦基于《云冈石窟》新报告和本书所作，此不详述。参见：a.〔日〕冈村秀典.《云冈石窟の考古学》，京都：临川书店，2017 年；b.〔日〕冈村秀典.《北魏平城期の云冈石窟》，〔日〕滨田瑞美主编.《アジア佛教美术论集后汉・三国・南北朝》，东京：中央公论美术出版，2017 年，第 161~192 页。

② a.〔日〕冈村秀典.《佛教寺院の西と东》，京都大学人文科学研究所.《シルクロード発掘 70 年・云冈石窟からガンダーラまで》，第 80~83 页，京都：临川书店，2008 年；b.〔日〕冈村秀典.《云冈石窟における大型窟の编年》，《国华》第 1451 号，2016 年；c.〔日〕冈村秀典.《云冈中期における佛教图像の变容》，《东方学报（京都）》第 91 册，2016 年。

③ 《中国初期佛塔の研究》一书中涉及云冈石窟的研究主要有两个部分，一是第五章根据建筑遗存的年代和特征，将现已发掘的寺院建筑与文献记载的景观如"石室数间""栉比相连三十余里"等对应，此章内容部分已发表于《云冈研究の新展开》一文。二是第六章通过对云冈石窟中心塔柱和塔形雕刻的研究，考察塔形雕刻的形制变化与石窟寺院整体景观变化的联系，此章内容发表于《云冈石窟》新报告第 19 卷。参见：a.〔日〕向井佑介.《中国初期佛塔の研究》，京都：临川书店，2019 年。b. 京都大学人文科学研究所.《シルクロード発掘 70 年・云冈石窟からガンダーラまで》。c. 京都大学人文科学研究所，中国社会科学院考古研究所编著.《云冈石窟》第 19 卷文本，第 1~19 页。

④ a. 日文版参见〔日〕石松日奈子.《北魏佛教造像史の研究》，东京：ブリュッケ，2005 年；b. 中文版参见〔日〕石松日奈子著，〔日〕篠原典生译.《北魏佛教造像史研究》，文物出版社，2012 年。

⑤ 其中部分内容又经整理，以中文发表。参见〔日〕石松日奈子著，〔日〕篠原典生译.《"皇帝即如来"・昙曜・云冈石窟北魏平城时代的佛教造像》，《紫禁城》2016 年第 10 期。

⑥ 〔日〕八木春生.《云冈石窟文样论》，京都：法藏馆，2000 年。

⑦ 日本学界习称的"形式论"与国内惯用的"类型学"概念相近，指通过形制分析开展研究。

⑧ 〔日〕八木春生.《云冈石窟第三期诸窟についての一考察》，《美学美术史论集》14，2002 年。

长期以来，学界对云冈石窟中小型窟龛的综合讨论较少。熊坂聪美的博士论文《云冈石窟における中小窟龛の研究》则以云冈石窟的中小型窟龛（文中称为"民间造像"）为研究对象，综合考察了云冈石窟民间造像的出现与发展情况、与同时期皇家窟龛的关系以及这些民间造像可能存在的多个工匠群体。[①] 文章最用力处有二：一是对昙曜五窟内的第一期龛（即文中认为与石窟主体工程同时的窟内中小型龛）的辨别和研究；二是聚焦中小型窟龛在云冈第二、三期之交的"汉化过渡期"前后的表现，从造像风格、窟龛形制、工匠群体等方面切入，考察较为深入。

三、以编年为中心的基础研究

自云冈石窟的"再发现"迄今已近百廿年，学界对各窟龛的年代和性质业已形成一些普遍认识。总体而言，中日学者大多承袭宿白和长广敏雄对云冈石窟的分期，即：以昙曜五窟为代表的大像窟为第一期（前期）；以诸如第 7、8 窟的双窟出现为第二期（中期）开端的标志，绝对年代对应北魏孝文帝即位；以 494 年迁都洛阳为界，将此后开凿的以云冈石窟西区窟龛为代表的中小型窟龛划入第三期（后期）。然而，由于分期依据和研究方法的差异，在一些关键窟龛的性质和期段划分上，仍然未达共识，主要包括：1. 昙曜五窟与北魏五帝的比对及其始凿顺序；2. 第 5 窟与第 6 窟是否为一组双窟，第 5 窟的开凿应在中期末段还是前期末段；3. 第 11、12、13 窟是否为同时营造的组窟，其开凿年代各自应在什么期段；4. 第 9、10 窟开凿的绝对年代；5.《金碑》所记营建年代明确的"崇教寺"的比定。这些基础认识的差异也反映出各家对诸如云冈窟龛、造像的汉化等深层问题的研究理路。

冈村秀典所著《云冈石窟编年论》附于《云冈石窟》新报告第 17 卷，是近年来日本学界所见为数不多的聚焦云冈石窟整体编年的研究论著。[②] 文章重新探讨了云冈石窟的分期和编年，依据对石窟形态、造像和部分纹饰的类型学研究，将云冈石窟分为前中后三期，各期又分 3 个小期，把第 5 窟和第 13 窟的始凿置于前期末段（"前 3 期"），且对中期几组双窟内部各洞窟开凿的前后顺序进行了更详细的考察。绝对年代方面，首先对上述各期分别界定，并在大体认同宿白观点的基础上提出诸多异见：一是将第 7、8 窟的始凿年代（即"中 1 期"的开始时间）置于冯太后实际掌权的 476 年之后；[③] 二是将争议较大的第 9、10 窟年代与《金碑》所记崇教寺的比定区分开，仅将其置于 480 年中期至后半段的位置；三是通过造像服制的考察将第 6 窟的年代置于 483 至 489 年之间，认为该窟可能是崇教寺。[④] 文章还结合云冈所见建筑遗存，梳理了石窟寺院的建设过程与景观变化。文中不少具体论证亦见于《云冈石窟》新报告的文本部分，可以说文章很大程度上代表了京大人文研学者对云冈石窟综合编年的基本认识。

---

① 　a.〔日〕熊坂聪美 .《云冈石窟における中小窟龛の研究》，博士学位论文，筑波大学，2019 年；b. 论文梗概参见〔日〕熊坂聪美 .《云冈石窟における中小窟龛の研究》，《世界遗产学研究》第 7 卷，2019 年。
② 　〔日〕冈村秀典著，张南南译 .《云冈石窟编年论》，京都大学人文科学研究所、中国社会科学院考古研究所编著 .《云冈石窟》第 17 卷文本，第 1~51 页。由于是报告整理过程中逐渐形成的总结性认识，文中部分观点亦散见于作者 2016 年发表的论文《云冈石窟における大型窟の编年》、2017 年出版的专著《云冈石窟の考古学》等，出处见前注。
③ 　曾布川宽亦持此观点。参见〔日〕曾布川宽 .《云冈石窟再考》，《东方学报（京都）》第 83 册，2008 年。
④ 　石松日奈子亦持此观点。参见：a.〔日〕石松日奈子 .《云冈石窟の皇帝大佛：鲜卑王から中华皇帝へ》，《国华》第 1451 号，2016 年；b. 现有中译版。参见〔日〕石松日奈子著，王云译 .《云冈石窟的皇帝大佛——从鲜卑王到中国皇帝》，《故宫博物院刊》2020 年第 12 期。

此后不久，冈村秀典又发表了《云冈石窟の初期造像——昙曜五窟の佛龛を中心として——》。①文章梳理了昙曜五窟基本尊像和窟内诸龛的雕凿时代及早晚关系，并且在此基础上探讨了昙曜五窟的造像过程、工匠在云冈各窟工程之间的移动，以及佛龛所见不同时期、不同人群的信仰特点等问题。与《云冈石窟编年论》相同，本文也基于作者主持整理的《云冈石窟》新报告，是在报告内已对各窟龛详细考察的基础上形成的整体认识。将昙曜五窟内部诸佛龛分别置于《云冈石窟》新报告所分的各期内，丰富了此前的分期内容。

同样关注昙曜五窟初期佛龛的还有熊坂聪美。氏著《云冈石窟昙曜五窟开凿期の佛龛について》②首先依据各龛的打破关系和造像风格，对昙曜五窟开凿期（460）的佛龛（文中称为"第一期龛"）加以辨识。通过对这些佛龛分布位置和造像题材的分析，将其分为三个阶段：第20、19窟最早，第18窟次之（作为前后两个阶段的转折点），第17、16窟最晚。文章认为，这些佛龛最初仅仅作为个人开龛、与大窟整体设计基本无关，此后逐渐被纳入壁面装饰的总体规划，并推测昙曜五窟主体的营造工程也依据此顺序开展。文章在辨识昙曜五窟开凿期佛龛时，注重观察这些佛龛与周围明确完工于石窟开凿期的千佛、天人像等的位置关系，以判定其与大窟主体工程的相对早晚。近年来，这种重视遗迹形成过程、借助空间关系辨析雕造顺序的方法颇为中日学界重视，③该文即是一例。

美术史家曾布川宽基于样式论和图像学，在《云冈石窟再考》一文中重新考察了云冈各期大窟争议较大的主要问题，并据此形成了一套石窟开凿顺序及编年理论④。文章在传统的云冈三期论的基础上将第二期（孝文帝即位至迁都洛阳）分成前、后两个半期，从而将云冈石窟分为四期。支持文章分期和编年的关键论点主要有：第一，参考同时期其他皇家石窟、帝陵的排布顺序，重新比定各窟对应的北魏皇帝，认为昙曜五窟对应的诸帝应从早到晚、从西向东排布，除第16窟之外，第13窟也是为文成帝开凿的大窟，工程中断于文成帝之死。第二，认为第7、8窟，第9、10窟，第11、12窟是依次开凿的3组双窟，均为孝文帝在位前期实行的皇家工程，在既有的云冈造像中"释迦佛—弥勒菩萨"对应"先帝—今上"⑤的认识基础上，进一步提出双窟主要部位的倚坐佛是对应冯太后的弥勒佛。绝对年代上，沿袭长广敏雄、八木春生等美术史家的观点，将第9、10窟置于永固陵之前。第三，认为第5、6窟是孝文帝在冯太后死后为献文帝所造的一组双窟，与之同期的第1、2窟则为《金碑》记载的崇教寺，开凿于云冈石窟新旧服制的交替时期。此外，文章通过与典型唐、辽造像的样式比对，支持水野清一和长广敏雄的观点，认为第3窟的三尊像补雕于辽，并提出其造像组合和风格皆以第9窟后室的三尊像为范本。

同是基于样式论以及与佛教经典的比附，吉村怜的《云冈·昙曜五窟の大佛》一文则提出了完全不同的认识：第一，第16窟主尊的佛衣是云冈前期完成的，之所以汉化程度很高是因为参与初期开凿的就有拓来的

① 〔日〕冈村秀典.《云冈石窟の初期造像——昙曜五窟の佛龛を中心として——》，《东方学报（京都）》第93册，2018年。

② 〔日〕熊坂聪美.《云冈石窟昙曜五窟开凿期の佛龛について》，《佛教艺术》第332号，2014年。此文构成了熊坂聪美的博士论文《云冈石窟における中小窟龛の研究》第二章的内容。

③ 彭明浩对这些空间关系有详细的划分和举例论述。参见彭明浩.《云冈石窟的营造工程》，文物出版社，2017年。

④ 〔日〕曾布川宽.《云冈石窟再考》，《东方学报（京都）》第83册，2008年。

⑤ 这一观点最早为佐藤智水所倡，参见〔日〕佐藤智水.《云冈佛教の性格——北魏国家佛教成立の一考察——》，《东洋学报》59卷第1·2号，1977年。他在此观点的基础上进而提出云冈石窟第17窟应对应石窟开凿时的"今上"文成帝。目前，中外学界大多认为17窟对应未当上皇帝即去世的太子拓跋晃（景穆帝）。

南朝工匠。第二，第 18 窟主尊是卢舍那佛，[①] 反映了太武帝统一华北、挥师西域的功绩。第三，昙曜五窟原本以第 19 窟为中心，按右上左下的顺序排列历代皇帝，原本的第 17 窟应该开在第 20 窟以西，由于第 20 窟的崩塌导致第 18 窟移动，第 16 窟也随之东移。[②] 但是，对于南朝工匠参与了云冈石窟的初期建设，并且南朝式样为献文帝时期的北魏统治者所采用等观点，文章缺乏有力的直接证据。此文承续 20 世纪 90 年代前后氏著《云冈石窟编年论——宿白·长广学说批判》、《昙曜五窟造营次第》诸文，可大致反映吉村怜对云冈诸窟年代、主要窟龛性质及其形成过程的基础认知。[③] 对于吉村怜提出的石窟编年体系，中日学界迄今回应不多。

围绕昙曜五窟开展讨论的还有小森阳子。氏著《昙曜五窟新考——试论第 18 窟本尊为定光佛》一文从第 18 窟主尊立佛的性质切入，根据图像特征和相似题材的比对，认为第 18 窟主尊应为定光佛，与周围小像、浮雕等，共同表现了定光佛授记的场面。文章由此推测昙曜五窟整体体现三世佛思想，第 18 窟为过去佛定光佛，第 17 窟为未来佛弥勒，而第 16、19、20 窟主尊则是释迦佛，因而第 18 窟应处于昙曜五窟的中心位置，对应太祖道武帝。[④] 从结论而言，该文与吉村怜《昙曜五窟论》[⑤] 的部分观点一致。然而，文章仅探讨了第 17 与 18 窟对应的皇帝，尚未涉及对昙曜五窟营造历程和各窟关系的整体探讨。

在具体编年的基础上，也有学者对云冈石窟整体的性质变化加以考察。石松日奈子《云冈中期石窟新论——沙门统昙曜の失脚と胡服供养者像の出现——》、[⑥]《云冈第 11 窟太和七年邑义造像和武州山石窟寺的变化》[⑦] 等文将石窟形态和造像风格变化的现象与从历史文献所推荐可能存在的人事变动联系起来，从石窟性质和管理者变化的角度对云冈中期窟龛做出了新的解释。她提出，云冈石窟中期应以太和七年为界分为前后两段，随着石窟的主要管理者昙曜的失势和皇家寺院向方山思远寺的转移，"始于为皇帝而营造的云冈石窟也逐渐从与国家佛教体质相适合的教化场，向着胡族和邑义为主导的民间造像场所演变"。[⑧] 由于文献材料的缺乏，云冈诸窟尤其是中期以降的营建主体和管理制度迄今线索寥寥，相关研究亦不多见。即如文章所言昙曜的失势，单从文献而言也并无明文记载。但如此规模的石窟群，其营造和管理在当时确应存在一套较为成熟、且随着北魏政治文化发展而变动的体系。石松日奈子试图通过对"人"的把握而理解"物"的样态，为今后的研究提供了有益的启示。

---

① 　该观点最早的提出者是松本荣一，吉村怜发扬了此说。参见：a.〔日〕吉村怜.《云冈·昙曜五窟の大佛》，《佛教艺术》第 295 号，2007 年；b.〔日〕松本荣一.《敦煌畫の研究》，东京：东方文化学院东京研究所，1937 年；c.〔日〕吉村怜.《卢舍那法界人中像の研究》，《美术研究》第 203 号，1959 年；d.〔日〕吉村怜著，贺小萍译.《卢舍那法界人中像の研究》，《敦煌研究》1986 年第 3 期；e.〔日〕吉村怜.《卢舍那法界人中像再论——华严教主卢舍那佛と宇宙主的释迦佛》，《佛教艺术》第 242 号，1999 年。

② 　〔日〕吉村怜著，苏哲译.《古代佛、菩萨像的衣服及其名称》，云冈石窟研究院编.《2005 年云冈国际学术研讨会论文集·研究卷》，文物出版社，2006 年，第 157~172 页。

③ 　a.〔日〕倶载吉村怜.《天人诞生图の研究东アジア佛教美术史论集》，东京：东方书店，1999 年；b. 中译本参见：〔日〕吉村怜著，卞立强译.《天人诞生图研究：东亚佛教美术史论集》，上海古籍出版社，2009 年。

④ 　a.〔日〕小森阳子.《云冈石窟昙曜五窟：第 18 窟本尊定光佛說の提起》，《佛教艺术》第 266 号，2002 年；b. 译文参见〔日〕小森阳子.《昙曜五窟新考——试论第 18 窟本尊为定光佛》，云冈石窟研究院编.《2005 年云冈国际学术研讨会论文集·研究卷》，第 324~338 页。

⑤ 　〔日〕吉村怜.《昙曜五窟论》，《佛教艺术》第 73 号，1969 年。

⑥ 　〔日〕石松日奈子.《云冈中期石窟新论——沙门统昙曜の失脚と胡服供养者像の出现——》，《MUSEUM》第 587 号，2003 年。

⑦ 　〔日〕石松日奈子著，〔日〕篠原典生译.《云冈第 11 窟太和七年邑义造像和武州山石窟寺的变化》，云冈石窟研究院编.《2005 年云冈国际学术研讨会论文集·研究卷》，第 301~308 页。

⑧ 　〔日〕石松日奈子著，姜捷译.《云冈中期石窟新论——沙门统昙曜的地位丧失和胡服供养人像的出现》，《考古与文物》2004 年第 5 期。

四、以云冈中后期窟龛为主体的"汉化"问题研究

"汉化"作为北魏王朝自进入冯太后、孝文帝执政时期以来的时代主题，也是处在这一时期的云冈中后期石窟的核心论题。在这一问题上，美术史界着力尤多，主要的研究手段是基于样式论的风格考察和基于类型学的形制分析。此外，学者们还将不同的样式特征与工匠群体结合起来，就其传播路径和发展历程等加以探讨，深化、发展了既往认识。

总体上看，近年来日本学界围绕云冈中后期窟龛及其汉化历程讨论较多的当属第 5 窟与第 6 窟，其中又以壁面图像保存相对完善、雕刻较为精美的第 6 窟最受瞩目。

安藤房枝对第 6 窟中心柱佛传故事图中争议较大的中心柱东面下层南拱柱内面浮雕进行了重新比定，认为其与第 9 窟的睒子本生图相似性较大，可能都是表现"布施"的场面，其构图与王母宫石窟中心柱西南隅浮雕图相同，皆为净饭王夫妇施行的大规模布施。他进而讨论了第 6 窟中心柱佛传浮雕图的图像系统，认为其一方面采用了西方传入的定型化的佛传图像，另一方面又出现了很多的净饭王夫妇相关的图像。云冈石窟与包括北魏皇室和高官在内的世俗贵族关系密切，净饭王夫妇相关图像如此之多，可能也受到这一背景的影响。①

在此基础上，安藤房枝又考察了第 6 窟佛传图像的艺术风格和构成特点，认为从佛传图像的角度看，第 6 窟并不是和第 5 窟组合而成的双窟之一，而是在既有的西方式佛传图像的基础上沿袭第 7、8 窟的谱系，但脱离了"双窟"的框架，在独立的单个石窟之中形成了连环画式的新的图像系统，是云冈石窟汉化进程中的重要转折点。② 自《云冈石窟》原报告以来，学界多认为第 5、6 窟是云冈中期后段同时开凿的一组双窟。近年来部分学者从石窟形制、造像和纹饰形态等角度，对第 5、6 窟的"双窟"性质提出质疑。③ 安藤房枝从图像构成切入，承袭八木春生对第 5、6 窟分属两组工匠团体作品的认识，④ 进一步论证了第 6 窟的独立性。

小泽正人关注第 6 窟中心柱和四壁上层主尊立像在细节表现上的差异，以此考察上述诸像以及第 6 窟上层佛龛的雕造。他承袭并发展了长广敏雄的观点，认为这些佛立像基本是同一时期由同一组工匠雕造的，又通过对佛像服制、头光和身光纹饰等的比对，指出在设计上应将其看作中心柱立像和四壁立像两组，其中四壁立像又分为两种类型，大体按照东西对称、邻龛交互的原则排布。⑤

---

① 〔日〕安藤房枝.《云冈石窟第 6 窟中心柱の佛伝说话浮彫について「布施」图像の创出の问题を中心に》，《美学美术史研究论集》第 23 号，2008 年。

② 〔日〕安藤房枝.《云冈第 6 窟の图像构成について——佛传图像に焦点を当てて——》，《东方学报（京都）》第 85 册，2010 年。

③ a.〔日〕冈田健、石松日奈子：《中国南北朝时代の如来像着衣の研究（下）》，《美术研究》第 357 号，1993 年；b.〔日〕八木春生：《云冈石窟第五及び第 6 窟についての一考察》，《艺术研究报》第 16 册，1996 年；c.〔日〕八木春生：《关于云冈石窟第 5、6 窟的工人系统》，云冈石窟研究院编：《2005 年云冈国际学术研讨会论文集·研究卷》，第 263~272 页；d. 杭侃：《云冈第五窟刍议》，中国古迹遗址保护协会石窟专业委员会、龙门石窟研究院编：《石窟寺研究》第 8 辑，第 53~63 页，科学出版社，2018 年；e. 京都大学人文科学研究所、中国社会科学院考古研究所编著：《云冈石窟》。

④ a.〔日〕八木春生.《云冈石窟第五及び第 6 窟についての一考察》，《艺术研究报》第 16 册，1996 年；b.〔日〕八木春生.《关于云冈石窟第 5、6 窟的工人系统》，云冈石窟研究院编.《2005 年云冈国际学术研讨会论文集·研究卷》第 263~272 页。

⑤ 〔日〕小泽正人.《云冈石窟第 6 窟上层龛如来立像の制作についての一考察》，成城大学大学院文学研究科编.《美学美术史论集》14，2002 年。

　　熊坂聪美讨论了第 5 窟诸龛的开凿过程及其风格特点。氏著《云冈石窟第 5 窟と民间造像》[①] 总体继承水野清一和长广敏雄的观点，即认为第 5 和第 6 窟是云冈第二期后段由官方组织开凿的一组双窟，将第 5 窟置于云冈二、三期之间造像风格由"西方式"向"中国式"的汉化过渡期中，整理了窟内四壁佛龛体现的"新样式"。文章还联系与第 5 窟时代相近的第 11、13 窟内诸龛和昙曜五窟补刻佛龛，通过数例相似造像的比较，指出第 5 窟作为国家工程，同第 11、13 窟一道对云冈石窟汉化过渡期的民间造像产生了极大的影响。需要注意的是，全文所论与其说是"第 5 窟"，不如说是分块讨论第 5 窟内外诸龛的各类纹饰、造像及其与同时期民间造像的关系。由于对文中涉及的具体造像的形制、纹饰的出现和流行时期学术界已基本达成共识，因此即使学界对第 5 窟（第 13 窟同）的始凿年代尚无定论，本文却几乎不受影响，直接采取"以龛代窟"的做法，以窟内具有代表性的龛像作为时代划分的依据，将第 5 窟的营造置于云冈中期末段，并将窟内出现的早期因素归结为承袭前代"旧样式"的做法。

　　关于云冈石窟中期开始出现的塔形装饰及其汉化，近年来亦有新论。斋藤龙一承袭长广敏雄对云冈塔形装饰的分类，[②] 以出现于云冈中期的中心柱窟为研究对象，整理诸窟发展和演变历程，在此基础上考察了在云冈中心柱窟影响下其他地区的中心柱窟。他强调，模拟楼阁式塔的中心柱既承载了汉晋时期将塔与升仙紧密联系的传统思想，又被赋予了沟通天地的内涵，体现了云冈汉化之一端。[③] 向井佑介则将长广敏雄的三种分类改称为楼阁式重层塔、石塔形重层塔和覆钵式塔，分别梳理这些装饰在云冈石窟中的出现和发展过程，尤其对变迁过程尚无定论的楼阁式重层塔（包括模拟楼阁式塔的中心柱）详加考察。他还将佛塔装饰的设计纳入云冈石窟整体景观的组成部分，进一步明确了云冈中期佛塔形制大体由石塔形重层柱向楼阁式重层塔转变的历程，并认为石质塔柱及塔形雕塑的变化与同时期石窟周围的大量木构建筑一道，构成了新的寺院景观。[④] 长期以来，学界对云冈石窟中心塔柱和塔形雕刻的研究大多关注其本身的样式，较少将之与石窟寺院的整体面貌联系起来，向井佑介的研究提供了可资借鉴的新视角。

　　此外，学者们还就云冈中期诸窟龛的造像样式、工艺源流、图像特点等开展了多角度的探讨。

　　石松日奈子从造像风格和尊像组合切入，探讨云冈石窟的汉化进程及其历史背景。她首先以昙曜五窟的主尊为例，讨论北魏统治者将皇帝表现为大佛的目的及其表现形式的特征，将五座主尊分为两类，最早雕造的第 20、19、18 窟主尊为"鲜卑皇帝大佛"，而直到云冈中期才完工的第 16 窟主尊则是"中国皇帝大佛"，[⑤] 随着汉化改革的推进，云冈石窟也出现了第 6 窟造像类型和第 5 窟造像类型两种样式。其中，被认为是"云冈之外传入的新样式"的第 6 窟类型影响了第 16 窟主尊、第 19–2 窟主尊的造像风格。此外，又根据第 11

① 　本文基于〔日〕熊坂聪美博士论文《云冈石窟における中小窟龛の研究》第三章。参见〔日〕熊坂聪美.《云冈石窟第 5 窟と民间造像》，《佛教艺术》第 4 号，2020 年。

② 　长广敏雄将云冈石窟的塔形装饰分为瓦顶木构重层塔（塔 A）、石构重层塔（塔 B）、窣堵坡状单层塔（塔 C）三类。参见〔日〕长广敏雄.《大同石佛艺术论》，京都：高桐书院，1946 年。

③ 　〔日〕齐藤龍一.《中国云冈石窟における中心柱窟の展开とその影响》，《美学美术史论集》14，2002 年。

④ 　〔日〕向井佑介著，冉万里译.《云冈石窟的佛塔意匠》，京都大学人文科学研究所、中国社会科学院考古研究所编著.《云冈石窟》第 19 卷文本，第 1~19 页。

⑤ 　在日本的云冈石窟研究语境中，"中国"可理解为类似汉文化圈的概念，"中国式"则是与"西方式"相对的概念，含义大致与国内研究所称的"汉式"对应，如褒衣博带、双领下垂的佛衣形制，线条柔和、秀骨清像的造像形态等。同理，日本学界习称的云冈石窟的"中国化"意即国内常用的"汉化"。

窟西壁、第 13 窟南壁两处七佛排布的位置先后顺序及其头顶的屋形龛，指出其应与北魏孝文帝 491 年新定庙制有关，过去七佛分别象征着从道武帝到孝文帝的七任皇帝，由中间向两边的排列顺序也受到了昭穆制度的影响。从"鲜卑王"到"中国皇帝"，从昙曜五窟时代的"五帝五佛"到此时的"七帝七佛"，尊像风格的转变体现了北魏孝文帝时期的汉化政策和社会变革进程。[①]

熊坂聪美整理了始见于云冈二期的"天盖龛"[②]的发展情况，将其分为Ⅰ式和Ⅱ式两类，Ⅱ式为龛内左右有下垂的流苏或帐幕，且有立柱形成方形的封闭空间者，此外即为Ⅰ式。两式之下又各分 A、B 两种，A 为尊像上部直接装饰宝盖者，B 为宝盖之下还有尖楣圆拱或盝顶者。Ⅰ A 式出现于 470 年代，多见于第 29 窟以东的中型窟；Ⅰ B 式出现于 480 年代，多见于第 21 窟以东和第 39 窟的佛龛；Ⅱ A 式约出现于 507 年以降，多见于第 30 窟以西的小窟；Ⅱ B 式约出现于 515 年以降，多见于第 14~16 窟和第 19 窟的补刻佛龛。通过和同时期巩义、洛阳、成都等地的同类佛龛比对，她认为见于云冈三期以后的Ⅱ A 式受到了外来因素（洛阳和南朝）的强烈影响，Ⅱ B 式则是本地旧有形式的延伸，并据此推测此时可能存在不同的工匠群体。[③]

冈村秀典辨析了云冈中期以第 7、8 窟，第 9、10 窟，第 12 窟，第 6 窟为代表的造像题材，关注这一阶段造像题材的重心转变及其反映的信仰变迁。[④]同属京大人文研、参与了《云冈石窟》新报告编纂工作的稻本泰生集中考察了第 9、10 窟的浮雕图像。如前所述，文献所记北魏孝文帝包括服制改革在内的各项汉化政策的时间节点是已知的，但由于日本佛教美术史家多承袭长广敏雄的观点，认为第 9、10 窟完成于方山永固陵之前，早于多数汉化政策的推行时点，故多将研究重点放在其认定开凿于 480 年后半至迁洛前后的第 5、6 窟，第 11、12、13 窟上。稻本泰生则承袭新报告对云冈中期各窟的年代认识，即认为第 7、8 窟开凿于 476 年至 480 年前半期，第 9、10 窟开凿于 480 年后半期，从而将第 7、8 窟到第 9、10 窟的本生、因缘故事浮雕题材及其体现的伦理观的转变也纳入到云冈石窟的汉化研究之中。氏著《云冈石窟の佛教説話浮雕本生·因緣圖を中心に》以第 7 窟与第 8、9 窟与第 10 两组双窟中的佛教故事浮雕为中心，在题材考证的基础上指出从第 7、8 窟到第 9、10 窟，窟内本生、因缘图的主题由过激的自我牺牲向更为平和的鼓励日常修善转变，其目的是为了与以"孝"为中心的中国传统理论相适应。他进而强调，对云冈石窟佛教艺术的汉化问题，不能仅关注尊像、供养人服制或建筑形式的外在变化，也应该从包括伦理观在内的更综合的角度来讨论。[⑤]

五、结语

21 世纪以来，海外的云冈石窟研究仍以日本学界最为活跃，研究成果亦颇可观，主要收获大致有三。

一是以京大人文研学者为主体的对云冈石窟考古资料的整理和研究。除前文已介绍的《云冈石窟》遗

① 〔日〕石松日奈子：《雲岡石窟の皇帝大仏：鮮卑王から中華皇帝へ》，《國華》第 1451 号，2016 年。
② 文章所指"天盖龛"即中国学者习称的宝盖龛和方形帐幕龛。
③ 〔日〕熊坂聪美.《云冈石窟の天盖龛——第 3 期における工人系统理解のための手がかりとして》，《中国考古学》第 17 号，2017 年。此文也是熊坂聪美的博士论文《云冈石窟における中小窟龛の研究》第六章的内容。
④ 〔日〕冈村秀典：《雲岡中期における佛教圖像の變容》，《東方學報（京都）》第 91 册，2016 年。
⑤ 〔日〕稻本泰生.《云冈石窟の佛教说话浮彫本生·因缘图を中心に》，《国华》第 1451 号，2016 年。

物篇、《云冈石窟》17~20 卷等考古报告的编纂和相关专论外，人文研学者还借 2009 年人文研下属汉字信息研究中心改组之机，将所藏云冈石窟的 1 万余张照片、近 800 张拓片全部电子化。此后，冈村秀典主持成立了云冈石窟研究小组（"共同研究班"），定期会集考古学、美术史学和佛教学者，结合上述电子资料和新近研究成果重新阅读、分析《云冈石窟》报告原文，持续至今。2011 年，又将原报告制成 PDF 文档，全文刊布于京都大学学术信息库"KURENAI"上，[①] 为海内外学者提供了便利。

二是对现有认识的深化。进入 21 世纪以来，相关研究仍以美术史视角为主，属于佛教美术的范畴。学者们大多立足样式论和形式论，围绕诸窟龛的造像形态、图像构成、雕刻纹样、工艺风格进行了细致的分析和比对，并进一步探讨了各窟编年、设计思想、营建人群、文化源流等问题。然而，石窟寺是一类特殊的地面建筑遗存，围绕上述各要素（尤其是不同窟龛之间）进行的形制分析不易得到地层关系的检验，分析对象的选择和解读方式因人而异，往往产生不同的结论。具体到云冈石窟的研究中，即体现为各家对以石窟编年为核心的基础认识依然存在分歧，形成了相异的认知体系。

三是对既往研究的拓展。部分学者考察了此前讨论不多的云冈第三期诸窟、中小型窟龛等问题，一定程度上填补了此前的研究空白。也有学者将云冈石窟营造的动态过程和北魏政治、社会、文化变迁更加紧密地结合起来，不论是对实施工程的工匠群体的研究，还是对发愿开窟的主导人群的观察，乃至对云冈石窟研究的关键——"汉化"问题，都产生了更多层面的解读。另外，不同于以往的研究大多关注石窟造像本身，学者们基于考古调查和发掘成果，对石窟所处的外部环境、石窟本体与木构建筑共同构成的寺院景观等问题开展了更为深入的探讨。

同时也应看到，21 世纪以来日本的云冈石窟研究总体而言在方法论上的突破有限，新近研究虽然不断充实着业已形成的理论体系，但不同的体系之间较难对话。这实则是中日学界共同面临的问题，其根源或在于基础工作的开展不足：日本学界现已不具备在云冈石窟实施长期持续的田野工作的条件，而自 20 世纪三四十年代日本东方文化研究所的调查和测绘之后，国内迄今未有针对云冈石窟本体开展的全面、系统的考古工作，也未编成相应的考古报告。基础材料久未更新，后续研究难以深入，新的研究思路也缺乏可资检验的客观依据。[②] 此外，虽然许多日本学者具备不俗的中文功底，与中国学界交流亦颇密切，国内也已经翻译了不少日文著述，但一些特定术语尚未形成一套两国学界公认的翻译标准。[③] 今中国国内"云冈学"方兴未艾，正宜借他山之玉砥砺同行。在海内外学者的共同努力下，凭借不断丰富的基础材料和更为充分的学术交流，云冈石窟研究当可迈向新的台阶。

（原文刊载于《四川文物》2021 年第 3 期）

---

① https://repository.kulib.kyoto-u.ac.jp/dspace/handle/2433/139069。

② 例如前文所述中日学界皆注意到的通过窟龛开凿的避让、打破关系等痕迹分析其形成前后，以及对未完成窟龛、造像的考察分析工程实施过程，由于既有考古工作缺乏对此类现象的详细整理和记录，相关研究无所依凭。

③ 例如日文论著中的"如来""如来像"实为中文语境的"佛""佛像"，日文论著中的"本尊"实为中国学者习称的"主尊""主像"，又如前注所提及的"中国式""中国化"，有的译者皆直接使用日文著述的汉字原文，此不具述。

云冈石窟雕刻的打击乐器

王烜华

打击乐器是一种以打、摇动、摩擦、刮等方式产生效果的乐器种类。打击乐器可能是最古老的乐器，是乐队中掌握节奏的重要部分，有的打击乐器还能做出旋律与和声的效果，统称鸣膜乐器。在云冈发现的 9 种石雕打击乐器模型可分为两种，一是原物以木与兽皮制作的细腰鼓、担鼓、行鼓、鸡娄鼓、齐鼓、毛员鼓、两杖鼓；二是原物以金属制作的钹和碰铃。

一、细腰鼓

细腰鼓又称腰鼓，是为历史悠久的汉族打击乐器。宋代陈旸《乐书》这样说："杖鼓、腰鼓、汉魏用之。[1] 大者以瓦，小者以木类，皆广首纤腹，宋萧思话（406-455）所谓细腰鼓是也。……右击以杖，左拍以手，后世谓之杖鼓、拍鼓，亦谓之魏鼓。每奏大曲入破时，与羯鼓、大鼓同震作，其声和壮而有节也。"[2]

关于细腰鼓在古代的使用，《宋书·萧思话传》记述："思话年十许岁，未知书，以博诞游遨为事，好骑屋栋，打细腰鼓。"[3] 南朝梁宗懔《荆楚岁时记》亦曰："十二月八日为腊日……谚语：'腊鼓鸣，春草生。'村人并击细腰鼓。"[4]

在云冈，如上所述细腰鼓，不在少数。这些以"广首纤腹"为主要特征的鼓类，出现在几乎所有乐伎乐器雕刻中，目前统计为 71 例，是云冈石雕打击乐器数量最多的一种（图 1）。云冈石窟中细腰鼓的雕刻也相对精细，不仅雕出两头大、中间细的所谓"广首纤腹"形，中间的"纤腹"处还往往雕刻了两三层"束腰"带；乐伎携挎细腰鼓的形式，既有右高左低斜挎胸腰间者，也有左高右低斜挎胸腰间者。除"束腰"带外，有的鼓身上还雕刻了装饰花纹。

在北魏司马金龙墓中的石雕乐伎乐器雕刻中，亦分别以圆雕和浮雕的形式两次显现细腰鼓的形象，并且被装饰的华丽无比。这一方面是由于石质细腻允许雕刻家作细致的描绘，另一方面也反映了细腰鼓在北魏时的真实面貌。古代细腰鼓的形象，不仅见于中国魏晋墓室壁画与佛教石窟的壁画和雕刻，也见之于印度、阿富汗、柬埔寨等国家的佛教遗迹中。

图 1　第 16 窟南壁西侧坐佛像圆拱龛左上隅乐伎演奏束腰鼓

① （宋）陈旸.《乐书》，北京：海豚出版社，2018 年，第 122 页。
② （宋）陈旸.《乐书》，北京：海豚出版社，2018 年，第 131 页。
③ （南朝）沈约.《宋书》，北京：中华书局，1974 年。
④ （南朝·梁）宗懔.《中国史学基本典籍丛刊·荆楚岁时记》，北京：中华书局，2018 年，第 93 页。

图 2　第 8 窟后室北壁乐伎演奏担鼓

二、担鼓

担鼓，又称檐鼓，古代打击乐器。隋唐时期用于西凉、高丽诸部乐。《旧唐书·音乐志》说："檐鼓，如小瓮，先冒以革而漆之。"①

担鼓之准确形状，除以上引文所讲外，还有《乐书》所附的担鼓图，也有五代伊用昌《忆江南》所形容的"梭肚两头栾"的诗文在存。② 对此，有的学者认为："所谓'梭肚'，是指鼓身中部尺寸较大，似织机所用梭之中部。此'梭肚'一语，遂由担鼓的风靡，而转化为'鼓肚'。所谓'两头栾'是指担鼓其形由梭肚起至两端鼓面口径渐小（此所谓"栾"，即缩小之意）；两端鼓面同大而同小于鼓之梭肚，故称'两头栾'。"③

云冈石窟所雕形状为"梭肚两头栾"的担鼓（图 2），初步统计有 29 例。图像可见，大多数由乐伎（演奏者）将鼓右高左低斜挎左侧腰间，右手臂屈肘，手掌指尖向上，拍击右鼓面，左手臂略屈肘，手掌指尖向下，拍击左鼓面。这种挎乐器方位及其演奏方法，是云冈雕刻的众多鼓式的基本演奏样式。另有两种方法也可见到，一是乐器正面横置胸部，两手臂屈肘抬起，手掌指尖向上，两手拍击两鼓面；二是乐器正面横置腹部，两手臂向下略屈肘，手掌指尖向下，两手拍击两鼓面。这两种演奏方法其实可归纳为一种，只是由于乐器位置的高低而手臂在上或在下演奏而已。雕刻于第 12 窟前室北壁最上层的一例担鼓演奏方法则较为特殊：演奏者将鼓以右手揽于左侧腰部，右手攥拳于右肩角位置，似以拳头击奏鼓面。这种演奏方法我们在云冈雕刻的其他类型的鼓中也有发现，其中第 16 窟南壁西侧尖拱龛楣上方所雕一例毛员鼓，其演奏者以左手揽鼓，右手扬起，手中握着一个类似圆球的击打器，似用以击奏鼓面。但雕刻在第 12 窟的一例担鼓，由于面积较小且雕刻不十分细致，并未发现右手握着什么击奏之类的东西。

此外，云冈雕刻的担鼓，还有一例是未演奏形式的。第 6 窟南壁佛传故事"耶输陀罗入梦"的画面中，雕刻了 4 个持乐器而未演奏的供养人乐伎，其中一人为担鼓的演奏者，其将鼓竖着放置于半盘着的左腿上，两手臂弯曲，右手压左手放置于鼓面上。云冈石窟的乐伎，持乐器而未演奏者，还有二列，其中第 37 窟东壁佛传故事"乘象投胎"乐伎中有一持一头大，一头小之行鼓的乐伎，与第 6 窟这一持担鼓者一样，将鼓竖着，手放在鼓面上的情形。这些造像在刻画乐伎服务于主体内容的同时，通过乐器及其演奏者的关系，将乐器演奏者休息时的状态描写的生动而富有生活情趣。

① 　（五代）刘昫等.《旧唐书》，北京：中华书局，1997 年，第 133 页。
② 　（清）曹寅，彭定求等.《全唐诗》，延吉：延边人民出版社，2004 年，第 24 页。
③ 　牛龙菲.《敦煌壁画乐史资料总录与研究》，敦煌：敦煌文艺出版社，1991 年，第 343 页。

三、行鼓

《清朝通典》载："行鼓，一名陀罗鼓，上大下小，匡贴金铜钉铵，环系以黄绒绦，跨于马上，下马陈乐，则悬之于架。按：唐有三面鼓，鼓形如缸，首广下锐，冒以魠皮，类此。"[1]

此外，在《清朝文献通考》[2]和《清朝续文献通考》[3]中都有对于行鼓的记述，内容大体一致。不知为什么，到目前为止，还没有发现比这些清代文献更早记录行鼓这种中国古代打击乐器的文字记载。

与以上文字描述特征相对应，云冈石窟雕刻中的乐伎人

图 3　第 11 窟东壁上层南侧乐伎演奏行鼓

物，当有挎行鼓作演奏状的图像。足以证明行鼓早在 1500 多年前就已出现，只是缺乏记载了。但由于行鼓的大小形状与其他一些古代鼓类不易区分，以至不少时候，这种以"一头大一头小"为特点的鼓，被与其他类型的几种鼓型所混淆，被称为"担鼓"的有之，被称为"齐鼓"的有之。

担鼓。这种鼓是石窟中较易认识的一种，它的特点是"中间粗而两头细"，并且两头鼓面同样大小，与今天人们见到的"腰鼓"相仿；齐鼓。除具有"一头大一头小"的特征外，在两头鼓面中央还雕刻了凸起的半圆球的所谓"脐"，齐鼓的名称正源于此，所以，这个"脐"是最主要的特征。由此我们知道，云冈石窟雕刻的行鼓只是表现了"一头大一头小"的特征，与担鼓"中间粗而两头细"有着明显的区别，也与齐鼓两头鼓面中央凸出的"脐"不同，区别明显。

排除了担鼓和齐鼓的特征后，行鼓的特征就较为明确了：一头大一头小、鼓面没有凸出的"脐"，并与担鼓、齐鼓等鼓类一样横挎在乐伎腹部位置，并以双手击打演奏的，即是行鼓。此外，云冈石窟雕刻的行鼓，有将鼓框雕出鼓肚的，这个样子很容易与担鼓相混淆；也有鼓框为直线，整个鼓形呈梯形的；还有的将鼓框雕刻成整体向下弯曲的形象。

出现在云冈石窟中的行鼓不算太多，但也并非个别。初步统计达到 18 例（图 3）。但由于云冈石窟中的乐伎乐器雕刻，是作为佛教各类人物及其所阐述的佛教经典的辅助内容出现的，包括行鼓在内的所有乐器的外在表现，所以并没有塑得精细而准确，只是雕出一个大致的形象而已。好在人们在与云冈石窟同为北魏平城时代的司马金龙墓出土的石雕作品中，看到了多种雕刻较为细致准确的乐器，其中就有行鼓。

司马金龙墓中的石雕中，分别以圆雕和浮雕的形式两次雕刻了夜叉乐伎演奏行鼓的形象。圆雕形象出现在下方上圆的石雕帐座的一角：乐伎右侧身左回头晗首。左腿屈膝脚着地，臀部下蹲，右腿屈膝向上踢，舞姿。乐器右高左低置左侧腰间，左手臂屈肘向外甩，手拍下鼓面，右手臂屈肘，手掌向上，拍击上鼓面。乐伎左上侧为虎的形象雕刻。

浮雕形象出现在石棺床侧面：乐伎左腿屈向内肘，膝向外，脚斜踩右脚跟，右腿屈膝向下，脚踩地，

① （清）嵇璜、刘墉等.《清朝通典》，杭州：浙江古籍出版社，1988 年，第 215 页。
② （清）张廷玉等.《清朝文献通考》，上海：商务印书馆，1936 年，第 411 页。
③ （清）刘锦藻.《清朝续文献通考》，杭州：浙江古籍出版社，2000 年，第 265 页。

两脚相会，臀部坐地。乐器右高左低置胸，右手臂向上弯曲前伸，左手臂向内弯曲，手抚下鼓面。两处行鼓的外观装饰，均为鼓身中部刻阴线三条，两侧刻菱形图案。

从上述云冈石窟三种不同鼓的式样特点分析，我们肯定了司马金龙墓石雕（石棺床浅浮雕第 10 个乐伎和帐座圆雕之一）所表现的正是行鼓。① 同时我们也发现，石棺床浅浮雕与帐座圆雕乐伎演奏行鼓的方向不同。浅浮雕乐伎将鼓的大头置于右手高位置，以右手拍击大鼓面，以左手拍击小鼓面，而圆雕乐伎演奏行鼓正与此相反，是以右手拍击小鼓面，以左手拍击大鼓面。我们在云冈石窟也看到了这种情况，说明行鼓在演奏中的左右方位是可以对换的。所不同的是，司马金龙墓所雕行鼓比云冈石窟所有行鼓雕刻都更加细致入微，显得更加漂亮。

很长时间以来，人们对雕刻绘画中古代鼓类的认识，多以有关史书记载为准进行对比定名，由于对行鼓记载较其他鼓类少而往往被忽视。从司马金龙墓行鼓的表现（既有浅浮雕，又有圆雕）看，这种打击乐器在北魏时被广泛运用和被重视程度是非常明显的。② 由此也促进了人们对云冈石窟行鼓雕刻的重视和研究。

四、鸡娄鼓

图 4　第 2 窟东壁上层乐伎演奏鸡娄鼓

鸡娄鼓，古代龟兹、疏勒、高昌诸部乐常用打击乐器。《中国音乐词典》：“鸡娄鼓，古代打击乐器。……鼓框近于圆形，两端张有面积狭窄的革面。”③《古今乐录》记述：“鸡娄鼓，正圆，而首尾可击之处平可数寸。”④ 马瑞临《文献通考》说：“鸡娄鼓，其形如瓮，腰有环，以绶带系之腋下。”⑤

云冈石窟乐伎雕刻中持上述“正圆，而首尾可击之处平可数寸”之鸡娄鼓，目前统计有 8 例，数量不多。图像显示，鸡娄鼓在云冈石窟雕刻中的演奏方法有两种：一是乐器正面置胸部，两手臂屈肘，小臂向前上方，手掌指尖向上，以两手分别拍击两鼓面（图 4）。这种方式的乐伎雕刻，有时将两手紧贴两鼓面，有时一手贴鼓面，一手离开鼓面，有时两手全部离开鼓面；二是将鼓斜置与胸腹间，一手臂屈肘，小臂向上，手掌拍击鼓面，另一手臂屈肘，小臂向下，手掌拍击鼓面。这种方式为云冈石窟乐伎雕刻很多鼓类的基本演奏方法。

如果云冈石窟雕刻由于石质粗糙且年久风化，不易体现最初（北魏）所雕之原型的话，出土于 20 世纪 60 年代末的北魏司马金龙墓内石棺床之“童子天人乐伎”演奏鸡娄鼓的形象，则是雕刻于灰色细砂岩上，并毫无风化痕迹的，与云冈石窟同一时间（公元 5 世纪中叶）地点（北魏平城）的完整石雕鸡娄鼓形象：

---

① 山西省大同市博物馆，山西省文物工作委员会：山西大同石家寨北魏司马金龙墓，文物，1972。

② 同①

③ 缪天瑞，吉联抗，郭乃安主编 .《中国音乐词典》，北京：人民音乐出版社，1985 年。

④ （南朝·陈）释智匠撰 .《古今乐录》，北京：中华书局，1979 年，第 182 页。

⑤ （宋）马瑞临 .《文献通考》，太原：山西古籍出版，2003 年，第 106 页。

鼓框近于球形，鼓身雕有菱形格装饰图案，两鼓面大小相当，乐伎将鼓身正面置于上腹部，两鼓面分别于左右，两手臂弯曲，展开于两侧，呈舞姿拍击状。这一形象正是云冈石窟中鸡娄鼓形象及其演奏方法的再现。

查阅现代文献资料，中国不少石窟寺表现的乐伎（壁画或石雕）都有鸡娄鼓形象的出现。如新疆克孜尔石窟、敦煌莫高窟、洛阳龙门石窟等，都有这种打击乐器不同形式的表现。关于鸡娄鼓由西域传入中原的时间，《隋书·音乐志》记载说："龟兹者，起自吕光灭龟兹（384）因得其声。……其乐器有竖箜篌、琵琶、五弦、笙、笛、竖笛、筚篥、毛员鼓、都昙鼓、答腊鼓、腰鼓、羯鼓、鸡娄鼓、铜钹、贝等。" [1](p202)

五、齐鼓

亦曰击奏膜鸣乐器。"齐"从"脐"简化而来，因鼓面设"脐"，故名。即在鼓面中心粘一圆形贴置薄膜，以抑制噪声，改善音质，也便于定音。此种打击乐器从西域传入中原。隋唐时期，主要用于西凉、高丽等部伎。宋·陈旸《乐书》说："状如漆桶，一头差大，设齐于鼓面，如麞脐然，西凉、高丽之器也。" [2](p203)《通典·乐四》："齐鼓，如漆桶，大头设脐于鼓面，如麞脐，故曰齐鼓。" [3](p198)《清朝文献通考·乐九》："齐鼓，状如漆桶，一头差大，设脐于鼓面，如麞脐然。西凉、高丽之器也。" [4](p471)

本文记录云冈石窟中的齐鼓雕刻现存6例，虽说是鼓类打击乐器中较少的一种，但其往往出现在雕刻规模较大

图 5　第 16 窟南壁西侧坐佛圆拱龛左上隅乐伎演奏齐鼓

且位置较突出的龛像中。如第 16 窟南壁西侧坐佛圆拱龛左上隅（图 5），第 12 窟前室北壁窟门门楣下沿的飞天伎乐群中等。图像显示，云冈的齐鼓被塑造为一头大、一头小，且大小鼓面中央都有一个凸出的半圆球。符合文献之"一头差大，设脐于鼓面"的记载。演奏中，乐伎往往将齐鼓斜置于胸腹部，以两手各拍击两头之鼓面。同时我们注意到，大小鼓面之斜置高低亦有严格规范。上述第 16 窟供养天乐伎和第 12 窟飞天乐伎两身演奏齐鼓的图像显示，二者皆为小鼓面高、大鼓面低的斜置方式。

①　（唐）魏徵等 .《隋书》，北京：中华书局，1997 年，第 202 页。
②　（宋）陈旸 .《乐书》，北京：海豚出版社，2018 年，第 203 页。
③　（唐）杜佑 .《通典》，杭州：浙江古籍出版社，1988 年，第 198 页。
④　（清）张廷玉等撰 .《清朝通典》，上海：商务印书馆，1936 年，第 471 页。

图 6　第 16 窟南壁西侧坐佛像圆拱龛楣左上隅乐伎演奏毛员鼓

六、毛员鼓

毛员鼓，古代打击乐器。《文献通考·乐九》："毛员鼓，其制类昙而大，扶南天竺之乐器也。"[①] 范文澜 蔡美彪等《中国通史》第二编第四章第五节："三四八年，天竺送给前凉音乐一部，乐器有凤首、箜篌、琵琶、五弦、笛、铜鼓、毛员鼓、都昙鼓等。"[②]

以上所述归为三点：1. 毛员鼓是由扶南（古代中南半岛上的古老王国）及天竺（古印度）传到中国的乐器。2. 毛员鼓比都昙鼓（古印度乐器名，《旧唐书·音乐志二》："都昙鼓，似腰鼓而小，以槌击之。"）大。3. 348 年，古印度将包括毛员鼓在内的不少乐器送给中国北方的前凉国（前凉是十六国时期的北方大国，疆域面积 120 多万平方公里）。

对于云冈的毛员鼓雕刻的判定，以上三条中的第二条似有参考价值。古人既然能够将都昙鼓作为参照来比较毛员鼓，说明两者的共同点较多。由此推定，"似腰鼓"，即是毛员鼓亦似腰鼓，而"以槌击之"，即使用槌楗演奏而非以手掌拍击。如此，笔者虽然在云冈的调查中，只发现 4 处具备此种"似腰鼓"而"以槌击之"的乐伎演奏鼓的雕刻，它们的共同点都是以左手臂揽挎鼓身，右手持楗或持圆形物，作演奏状。其中，出现在第 16 窟南壁西侧坐佛圆拱龛龛楣左上隅的乐伎演奏毛员鼓最为典型（图 6）。

图 7　第 5-11 窟顶部二飞天演奏两杖鼓

七、两杖鼓

两杖鼓，有古文献称其是"羯鼓"的另一称呼。唐·南卓《羯鼓录》（收录于《新唐书》）记其"如漆桶，山桑木为之，下以小牙床承之。击用两杖……杖用黄檀、狗骨、花椒等木。……枲用刚铁，钢当精炼，枲当至匀"。[③(p234)] 其名又称"两杖鼓"。亦是说，羯鼓是用山桑木围成漆桶形状，下面用床架承放，用两只鼓槌敲击。因为鼓较大较重而需用床架承托，两只鼓槌敲击，当是演奏者双手各执一槌而击。

在云冈的调查中，虽然没有以床架支撑的鼓形，却有演奏者以双手各执鼓槌敲击鼓面的乐伎，替代床架的则是双手托起鼓身的另一乐伎。初步调查，云冈现存这种两杖鼓演奏形式的有 4 列，其中 3 例为雕刻在洞窟顶部的飞天乐伎形式，出现在第 5-11 窟（图 7），第 30 窟和第 38 窟，1 例为化生乐伎，出现在第 38 窟音乐树的雕刻中。

---

① 　（清）张廷玉等撰.《清朝通典》，上海：商务印书馆，1936 年，第 406 页。

② 　范文澜，蔡美庆等.《中国通史》，北京：中国社会科学出版社，2013 年，第 342 页。

③ 　（北宋）欧阳修.《新唐书》，北京：中华书局，1975 年，第 234 页。

鉴于云冈的两杖鼓雕刻之鼓腔中间直径略大于两侧鼓面的实际，赵昆雨先生于 2007 年发表在《敦煌研究》第 2 期的《云冈石窟乐舞雕刻研究》一文以为，云冈雕刻的两杖鼓"颇似河北磁县湾漳北朝壁画墓中揭鼓之制"，并予以进一步说明，"揭鼓，北朝仪仗队鼓吹部中所用乐器。[1] 按"揭"，义释抗、扛，因其鼓体较大，通常需由一人背扛。云冈两杖鼓在演奏形式上和鼓的形状上，均与揭鼓有相似之处，是否为同一乐器，尚待考证。"

八、钹

钹，因以响铜制作而称铜钹。是为外来之打击乐器。据《隋书·音乐志》："天竺者，起自张重华据有凉州（346–353），重四译来贡男伎，天竺即其乐焉。……乐器有……铜钹等九种。"[2] 以上说明，这种乐器于南北朝时期由印度传入我国。据说"铜钹"是公元前 800 年亚述人已经开始使用的乐器，"在伦敦不列颠博物馆中藏有这个时期的三副钹，……此外，埃及新国王的铜钹则是一种中型的，由一根绳系着两片钹。……"[3]

宋代陈旸《乐书》关于铜钹的记载，有这样的文字："铜钹，……今浮屠氏法曲用之，……"[4] 可见，铜钹是佛教音乐

图 8　第 16 窟南壁西侧坐佛圆拱龛右上隅乐伎演奏钹

中的重要乐器之一。鸠摩罗什所译《妙法莲花经·方便品第二》有"箫笛弦管，螺钹铂铜，齐声而并演宫商，合韵而皆吟法曲"的颂词。[5] 由此说明佛教音乐运用铜钹由来已久。既是通过丝绸之路传入中国，又是一种具有音色嘹亮清脆的打击乐器；既是乐器，也是佛教法器。因此，在铜钹业已传入中国之后所开凿的最大佛教石窟寺的云冈石窟，出现铜钹的形象，就是很自然的事情了。

在云冈，目前可以明确辨别为铜钹的有 12 例，其中出现在第 16 窟的两例演奏钹的乐伎，分别为供养天人和夜叉（图 8）。作为云冈石窟较早出现的乐器演奏者形象，亦为以后大量出现的乐伎形象奠定了基础。同时我们看到，由于一对或上下叩击、形如"礼帽"的铜钹形制较为简单，雕刻相对明了清楚，而钹的大小也仅与演奏者的手形大小相当。

无独有偶，在北魏司马金龙墓中石雕棺床侧面的夜叉乐伎队伍中，也有一例演奏铜钹的乐伎形象。与云冈石窟出现的铜钹一样，其大小与演奏者的手形近似，但又与云冈多为上下叩击不同，其演奏方式是将双手臂屈肘向内，两手各执单钹于胸前拍奏，即是以左右相叩的形态出现的。不可忽视的是，司马金龙墓的石雕中出现包括铜钹在内的诸多佛教音乐常用乐器，正是受到云冈石窟的影响而为。而作为北魏上层统治集团的高级官僚的司马金龙笃信佛教的事实，也与当时的社会意识形态相适应。

---

[1]　赵昆雨 .《云冈石窟乐舞雕刻研究》，《敦煌研究》，2007 年第 2 期。

[2]　（唐）魏征等 .《情书》，北京：中华书局，1997 年，第 210 页。

[3]　周菁葆，《丝绸之路的音乐文化》，乌鲁木齐：新疆人民出版社，1987 年，第 78 页。

[4]　（宋）陈旸 .《乐书》，北京：海豚出版社，2018 年，第 136 页。

[5]　鸠摩罗什译 .《妙法莲华经》，杭州：西泠印社出版社，2011 年，第 237 页。

　　无论云冈还是北魏墓葬的石雕作品，钹这种传入中国不久（100年左右）的乐器，雕刻为一种灵活轻巧的小型乐器，其形象比中国戏曲乐队"武场"中常用的"铙钹"要小很多，与来自西方的现代军乐队中之"小镲"非常相似。

图 9　第 2 窟东壁乐伎演奏碰铃

九、碰铃

　　碰铃，古代称星、铃钹。满、蒙古、藏、纳西、汉等民族均曾使用的乐器。因流传地区的不同，而有碰钟、双星、撞铃、双磬等不同的名称，陕西则称甩子，也有简称为铃的。流行于全国各地。历史悠久，南北朝时（386–589）已在我国流传。包括云冈在内的不少石窟或其他图像中，可见演奏碰铃的伎乐人形象，但存量较少。唐代贞元年间（785–805）骠国（缅甸）来汉地献乐，称其为铃钹。由此推知，铃和钹似有相像之处。在互联网中搜索"碰铃"一词，就有将北魏司马金龙墓中乐伎双手以平行姿势演奏钹的，说成是演奏碰铃予以介绍。

　　在笔者对云冈乐器的调查中，碰铃这种至今还在乐队中普遍使用的打击乐器，只在第 2 窟和第 6 窟的天宫乐伎中各有 1 身乐伎演奏碰铃，但二图均因风化原因，乐伎肢体及其乐器形态并不十分明显（图 9）。雕刻数量如此极少的原因，大概是将这种身材小巧的打击乐器作为乐器中的配角了。

　　在云冈石窟雕刻的乐器中，打击乐器有 9 种之多，这无不体现了古代乐器乐伎在佛教艺术中的地位，同时见证了北魏王朝的辉煌，更加证明了打击乐器在乐队中的重要地位。作为中国大型佛教石窟群之一，云冈艺术雕刻所表现的乐器乐伎数量种类繁多，蕴含了丰富的音乐舞蹈信息，为我们提供了不可多得的学习参考材料。

（原文刊载于《山西大同大学学报（社会科学版）》2021 年第 3 期）

云冈石窟维摩诘图像研究

赵昆雨

东晋兴宁中（364），瓦官寺初置，顾恺之于寺北小殿画维摩诘像，"画讫，光彩耀目数日"，这被公认的史上最早的维摩诘像。"自隋已前多画屏风，未知有画幛"[1]，事实上，早在西晋，"善人物"的张墨即已作"屏风一，维摩诘像"[2]，只是不及顾创维摩影响广远而已。

如今，顾创维摩诘像早已沦佚，未能传世。现知存世最早的维摩诘图像实例是炳灵寺 169 窟西秦时代的壁画[3]，该窟北壁共见两例：一是 10 号龛主佛西胁侍菩萨，头戴宝冠，立姿，若非旁侧墨书"维摩诘之像"题记，实

图 1　炳灵寺 169 窟北壁 11 号龛"维摩诘之像"

难分辨其属。二是 11 号龛长方形帷帐内的维摩诘，头梳高髻，长发披肩，上身半袒，下身盖被褥，半卧榻上示疾，头顶上方绘伞盖（图 1），旁侧墨书"维摩诘之像"题记。此像虽有"清羸示病之容"，却无"隐几忘言之状"，或可理解为顾创之前的做法，抑或为画工依经自创。故然，炳灵寺 169 窟维摩诘像在当时仅为孤例，没有形成广泛影响，但其居帐、蓄须、卧躺等细节特征，被此后的维摩诘造像吸收。时隔约半个世纪，维摩诘像在云冈第 7 窟粉墨登场，其居帐、执麈、戴尖顶帽、蓄三角须、坐榻示疾的样式，不仅吸收了此前维摩诘像的特点，还结合了北魏平城地区社会生活的因素，形成戎华兼采的新样式。继而，云冈第 1、2 窟、第 6 窟均效之，直至云冈晚期，维摩诘造像转盛，大小窟龛，屡见不鲜。

经调查，云冈现存维摩诘图 49 幅［附表·一］，题材丰富，表现形式多样，有问疾品、菩萨行品、香积品、观众生品、嘱累品等，多依据鸠摩罗什译《维摩诘所说经》雕刻。以下从其产生、表现形式和图像特点分别加以阐述。

一、云冈维摩诘图像出现的历史机缘

北魏太延五年（439）八月，太武帝亲率攻打凉州。九月，北凉亡；十月，徙其宗室、士民三万余家于平城，沙门佛事遂皆俱东，平城成为北方新的佛教文化中心。凉州造像集团是开创云冈早期（460–471）昙曜五窟（第

---

① 张彦远.《历代名画记》，人民美术出版社，1963 年，第 31 页。

② 同上，第 108 页。

③ 炳灵寺 169 窟北壁 6 号龛外东侧，现存建弘元年（420）墨书题记，这是中国石窟寺有确切纪年的最早洞窟。

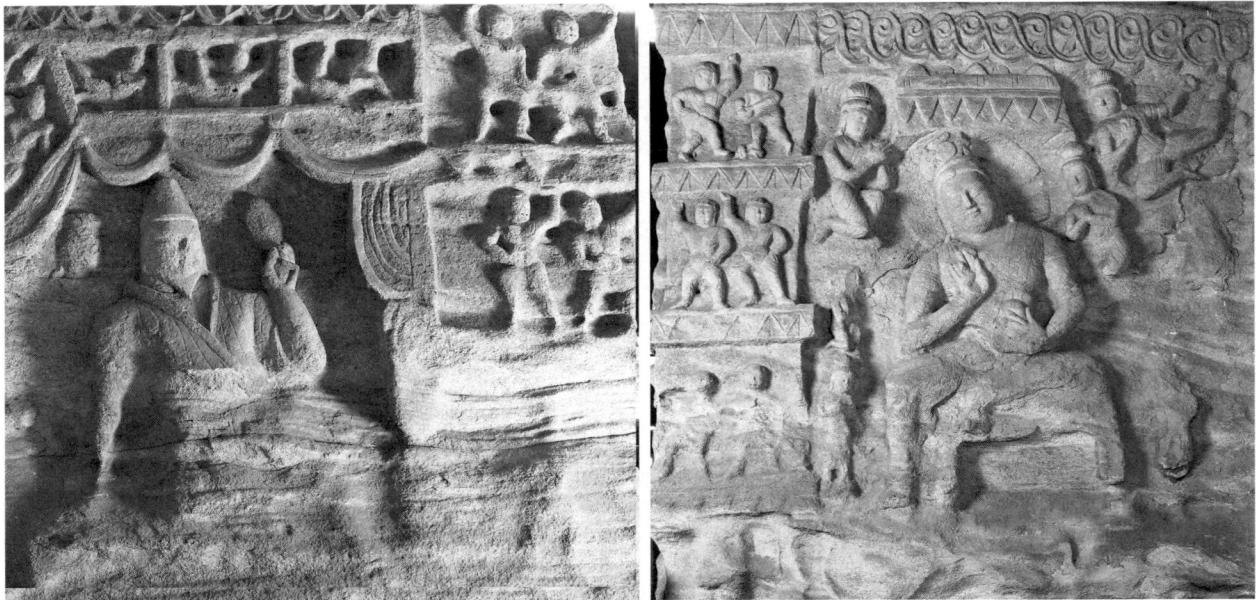

图 2　云冈第 7 窟后室南壁 "问疾品"

16–20 窟）的最基本力量，沙门统昙曜 "以禅业见称"，由其主持营建的这五所洞窟，注重表现习禅僧人谛观的形象，风格概括洗练。和平六年（465），年仅 25 岁的文成皇帝崩逝，12 岁的拓跋弘即皇帝位，是为献文帝。皇兴元年（467）秋八月，献文帝行幸武州山石窟寺，此行或预示着昙曜五窟的竣工[①]，同时也标志云冈献文时代的来临。

　　云冈维摩诘题材造像出现在中期之始的第 7、8 窟。第 7 窟后室南壁窟门东侧雕 "维摩示疾"，西侧雕 "文殊来问"（图 2），这也是目前所见最早的维摩、文殊作对称布局的实例。第 8 窟后室南壁窟门两侧同样周围有对称布局维摩诘题材造像，因风化漫漶，内容不明。第 7、8 窟是一组前后室结构的双窟，约凿于孝文帝延兴元年（471）前后。孝文帝时年 5 岁，营窟造像之事显然与他无甚干系，冯氏尽管 "家世奉佛"，但至少在承明元年（476）六月献文帝暴崩之前，冯氏的精力与兴趣不在武州山。因此，这组双窟应是献文帝势力所为。

　　献文帝天安元年（466），刘宋徐州刺史薛安都举城归附，彭城入魏，佛教相传。其中，昙度、慧记、道登三位高僧，原在徐州受业于僧渊传习成实论，昙度神清敏悟，鉴彻过人；慧记兼通数论；道登善涅槃、法华。皇兴三年（469）五月，徙青、齐二州人口至平城。山东入魏前归辖东晋南朝达 60 余年，其地佛教多承魏晋风尚，重义理，阐教法。青齐之地高僧、艺匠北上至平城，为平城佛教艺术注入了新鲜的南朝风气。北凉佛教造像集团式微，来自河北、山东、长安等地工匠成为营窟造像的主流。此时，随着徐州、长安这些义学发达地区的佛教成为平城佛教的新来源，《法华经》《维摩诘所说经》题材内容在云冈石窟中开始盛行[②]。

　　由炳灵寺 169 窟卧榻维摩诘像到云冈第 7 窟产生的坐榻维摩诘像的演变过程中，主要受到了流行于北

---

① 　按犍陀罗造像传统，洞窟中的主像一经镌就，该窟即告完工。昙曜五窟抑或若此。
② 　宿白.《平城实力的集聚和 "云冈模式" 的形成与发展》，《中国石窟·云冈石窟》（一），文物出版社，1991 年，第 187~189 页。

魏平城的墓葬壁画中墓主人坐榻像的启发与影响①。早在汉代画像石、画像砖中，刻画坐榻人物像即已为传统，魏晋时期墓葬中更是屡见不鲜。辽阳上王家村晋代壁画墓右小室正壁宴饮图中的男主人，居帐端坐于方榻上，头戴冠，蓄须，右手持麈尾，背后设朱色屏障②。云南昭通后海子东晋壁画后室（北壁）下层，墓主人头戴平顶小冠，右手执麈尾，盘膝坐于蒲垫上③。北魏平城墓葬绘画中亦多见坐榻人物像，太延元年(435)沙岭破多罗太夫妇墓中有两幅墓主人坐榻像，一幅是漆皮画，男主人头戴黑色风帽（图3），"上唇绘有两撇八字胡，下巴绘有一撮山羊胡，面部涂红。身着褐色交领袍衫，有红、黄边饰，服饰通体宽大。左手放在黑色兽足的凭几上，右手握着一个红柄团扇（麈尾），上施黑、红两色，图案是一条站立的黄色回首龙。女主人……与男主人并坐于榻上。榻后为一漆围屏，围屏红色边框，中心部分遍涂黄色，用红色勾画菱形纹"④。另一幅是墓室东壁壁画（图4），男主人"头戴垂裙的黑帽，身着窄袖交领袍衫，左手扶在黑色凭儿上，右手持麈尾举于肩。……两位主人的靠背上有鱼鳞纹装饰"⑤。和平二年（461）梁拔胡墓壁画中，墓主人头戴黑色鲜卑帽，端坐于帷帐内的床榻上，身后有长方形围屏，床榻下画出壸门。1997年出土的智家堡北魏墓石椁壁画上，男主人同样是"头顶戴有垂裙的黑帽，面部涂红，身着粉红色窄袖交领袍衫，服饰通体宽大，衣袖袖口较窄而上部宽大。右手持麈尾举于肩，麈尾椭圆形，有兽面图案，外围为兽毛，兽面用墨线勾勒，通体敷红色。身前置三兽足红色凭儿。男主人左臂弯曲抚于其上。夫妇所坐之

图 3　北魏沙岭壁画墓墓主人坐榻漆皮画采自《文物》2006年第 10 期封面

图 4　北魏沙岭壁画墓东壁墓主人坐榻像

① 邹清泉.《北魏坐榻维摩画像源流考释》一文认为，北魏坐榻维摩画像即由汉晋坐榻人物演绎而来，源头在云冈。原载《敦煌研究》2010 年第 4 期。

② 李庆发.《辽阳上王家村晋代壁画墓清理简报》，《文物》1959 年第 7 期。

③ 云南省文物工作队.《云南省昭通后海子东晋壁画墓清理简报》，《文物》1963 年第 12 期。

④ 大同市考古研究所.《山西大同沙岭北魏壁画墓发掘简报》，《文物》2006 年第 10 期。

⑤ 前揭《山西大同沙岭北魏壁画墓发掘简报》。

榻……两侧有立杆，支起一帐架，上为菱形红色帐顶。顶部及两侧立杆都有帐幔，束于顶部与两侧杆上。墓主人夫妇背后有围屏，上沿边框涂成红色，下面为垂鳞纹"[1]。其他如云波里北魏壁画墓等，也都出现了墓主人坐榻、后设曲尺形围屏的形象。墓葬绘画中如此成熟并且为数较丰的手举麈尾、居帐坐榻的贵族人物形象，可说是云冈创造坐榻维摩诘样式的艺术源泉。

二、云冈维摩诘故事图的表现样式

图 5　云冈第 5-11 窟西壁对框式"问疾品"

云冈维摩诘图像自第 7、8 窟产生以来，至"终乎正光"的晚期洞窟，经历了 50 余年，此间不仅题材内容异常丰富，表现形式也富于变化。总的来看，主要有以下几种形式。

（一）对框式

这是云冈最先出现的维摩诘故事构图样式，又分二型：一者，同一故事题材内容中的人物作对称布局，如"问疾品"，文殊、维摩诘隔门对坐。进入云冈晚期，洞窟规模缩小，南壁空间基本上被窟门占据，文殊、维摩诘则转至佛龛拱楣外两隅相隔而对（图 5）。此式中，一般多以文殊居右、维摩诘居左进行配置。二者，同经不同题材内容作对称布局，此式初见于第 8 窟后室南壁，后至第 1 窟更为典型。第 1 窟南壁窟门东侧雕"香积品"，西侧雕"佛国品"，二者既有区别又有关联，反映了洞窟设计的统一性。

（二）同框式

文殊、维摩诘置于同一画面的故事表述形式，有时佛陀也加入其中，如第 6 窟"菩萨行品"，维摩诘为方便度众，佯装有病，文殊菩萨受命问疾，二人相见后高谈阔论，互斗机锋，阐释佛法。最后，维摩诘以不可思议之神通力会同文殊共见佛陀，佛陀"各令复坐，即皆受教"。画面中，释迦居中，文殊置右，维摩诘置左（图 6），整个画面充满轻松愉悦的情绪而不失庄重。第 14 窟前室西壁第二层南侧凿一方龛，表现"观众生品"故事内容[2]。画面中，维摩诘衣宽身瘦，右手举麈尾；文殊像残，但依据残存轮廓可辨识其面向维摩诘。天女身着菩萨装，左手提下垂状的莲花，右手持如意，站于他们二人之间，面部朝向维摩诘（图 7）。

图 6　云冈第 6 窟南壁"菩萨行品"

①　王银田、刘俊喜.《大同智家堡北魏墓石椁壁画》，《文物》2001 年第 7 期。
②　关于此故事题材内容的考释，参见卢少珊《北朝隋代维摩诘经图像的表现形式与表述思想分析》，《故宫博物院院刊》2013 年第 1 期，第 70~71 页。

图 7　云冈第 14 窟西壁同框式"观众生品"

图 8　云冈第 31 窟后室南壁同框式"问疾品"

第 31 窟后室南壁方形龛内的"问疾品"故事图，文殊、维摩诘也同框出现（图 8），文殊居右，左手抚膝，右手上举，倚坐于台上，裙长及地。左侧的维摩诘身体后倾，倚坐榻上，这也是云冈晚期少有的坐榻维摩诘像。第 32–10 窟外崖大场景式的"香积品"浮雕故事也属于此类构图形式。

（三）多框式

西晋以来，维摩诘画像"并不是作为宗教信仰供奉而绘制的，一直到东晋前期情况还是如此"[①]。张墨、顾恺之、陆探微以及张僧繇等人所画维摩诘均为单人像。这一情形发生改变，始于袁倩。据《太平广记》记载："齐袁倩，陈郡人。……善图写，画人面与真无别。"[②]袁倩活动于刘宋、南齐、梁初，师从陆探微，"北面陆氏，最为高足。象人之妙，亚美前脩。……又维摩诘变一卷，百有余事，运思高妙，六法备呈，置位无差，若神灵感会，精光指顾，得瞻仰威容。前使顾、陆知惭，后得张、阎骇叹"[③]。所谓"维摩诘变一卷，百有余事"，贺世哲先生推测袁倩的这幅《维摩诘经变》很可能类似于顾恺之《女史箴图》卷与《洛神赋图》卷那样的长卷变相图[④]。可以确定的是，南朝已出现了具有连续故事表现特点的多框式维摩诘故事图。

虽然学界无法确定袁倩的维摩诘经变长卷会不会影响云冈，但云冈在第 5 窟中确实也出现了类似图式。

图 9　云冈第 5 窟南壁多框式维摩诘经变故事

① 宿白.《张彦远和历代名画记》，文物出版社，2008 年，第 40 页。

② 李昉，等.《太平广记》，《四库全书》第 347 册，第 666 页。

③ 张彦远.《历代名画记》，人民美术出版社，1963 年，第 135 页。

④ 贺士哲.《敦煌壁画中的维摩诘经变》，《敦煌研究文集：敦煌石窟经变篇》，甘肃民族出版社，2000 年，第 11 页。

该窟南壁西侧现存一组补刻造像龛 ①，三个尖楣圆拱龛一字并排（图 9），龛内均一佛跌坐，人物造型与风格完全一致，显然是经过统一设计精心构创的。每龛龛基位置都留出方形题铭石，两侧侍立僧侣，最外侧雕维摩诘经变故事，所有人物均不刻画面部、衣饰等细节。西龛下半部早年被凿毁，但题铭石右侧可识一坐佛残迹，内容不明，故事由此向东发展。中龛为"问疾品"内容，文殊居左，舒相坐，旁立一高发髻侍者；维摩诘居右，头戴尖顶帽，左手持麈尾，右手后撑，旁立一俗装供养者。东龛，左侧雕"菩萨行品"，文殊居左，坐于高台上，正侧身与右侧的维摩诘对话，维摩诘整体形象小于文殊，左手持麈尾，右手后撑，坐于矮榻上。二者之间雕一佛高高在上，手结禅定印，结跏趺坐，如同第 6 窟南壁"菩萨行品"雕刻那样。右侧雕"嘱累品"，一交脚弥勒坐于长方形台座上，面部转向西侧，表示与前面故事情节有关联性，这是云冈石窟中的一种特殊雕刻语言。弥勒双手合掌，双足由地神托扛，旁立一菩萨，亦面西而观。"嘱累品"是《维摩诘所说经》中的最后一品，短小、精简，主要讲释迦嘱咐弥勒要广宣流布此经，利益群生。弥勒当即表示："若未来世，善男子、善女人求大乘者，当令手得如是等经，与其念力，使受持读诵，为他广说。世尊，若后末世，有能受持读诵、为他说者，当知皆是弥勒神力之所建立。" ② 如果不是在像第 5 窟这样一个特定的、具有连续性的图式中让弥勒登场，"嘱累品"这样的题材的确不易表现并被认识。由此让我们想到诸如第 5-36 窟、第 13-4 窟、第 39 窟等在盝形龛拱楣外布置文殊、维摩诘题材造像，龛内雕交脚弥勒像的实例中，亦不知是否与"嘱累品"题材存有关联。

多框式故事图既可以龛为单元独立成篇，又具前后发展的连续性，此式较早地在云冈出现，显示了当时平城在粉本资源上以及艺术家的设计能力方面所占据的优势。

三、云冈中、晚期维摩诘图像内容及其特点

（一）中期洞窟

云冈中期洞窟约开凿于孝文帝迁都洛阳前的太和年间（471-494），是云冈石窟营造工程最辉煌的阶段，窟内造像风格胡汉交糅，外来佛教石窟艺术发生中国化由此开始。本期以大型洞窟为主，多为模拟汉式传统建筑样式并成组结对的双窟，主要有第 7、8 窟、第 9、10 窟、第 1、2 窟及第 5、6 窟四组，另有第 11、12、13 窟一组。其中，第 7、8 窟是此期最早的一组双窟。

云冈中期时，维摩信仰虽得到高度重视，但尚未形成通俗信仰。中期洞窟内现存维摩诘题材造像 20 余件，但真正属于此期的不足一半，其他多为穿插于中期洞窟内外的晚期窟龛造像。不过，中期维摩诘图像虽然数量不多，影响却极大，它们全部设计在洞窟的南壁，均为大型造像龛形制。第 7、8 窟借助窟门做对框式布局，这种形式直接影响了第 1、2 窟，后者则在内容设计上进行了一些调整变化。文殊、维摩诘造像自第 7 窟出现，无论是造型还是表现样式均显示出成熟的设计理念，维摩诘头戴尖顶帽，蓄三角形须，着交领半袖上衣，左手上举执叶形麈尾，右手扶榻面西而坐，身后有靠背（图 2），隔门与文殊菩萨相对；伞盖下，

① 〔日〕水野清一、长广敏雄著，中国社会科学院考古研究所编译《云冈石窟》第二卷第 15 页，认为此处"最初可能计划雕凿二佛并坐龛，只是后出于某种原因而变成如今的三个小龛"。科学出版社，2014 年。
② （后秦）鸠摩罗什译.《维摩诘所说经》，《大正藏》第 14 册，第 556 页。

文殊菩萨头戴三面宝冠，上身斜披络腋，左腿屈盘，右腿垂地，坐于方形台几上。文殊顶伞盖、维摩诘居帐的空间规划布局形式以及维摩诘独特的造型从这时起就已成为典范并影响余后。

本期维摩诘图像在题材上各有所重，第7窟突出表现的是"问疾品"，第8窟窟门两侧亦采用对框式构图，但内容不同于第7窟，与8窟二龛均为帐形龛，龛旁竖立大型莲花装饰支架，高大的粗茎分出两枝，枝头各一团莲，粗茎腰部绑缚花卉，两侧舒放忍冬叶，具有浓郁的外来风格。东侧龛帐内主像头部崩毁，仅存圆形头光，著田相格、袒右肩僧裙（图10），内衬僧祇支，左手

图10　云冈第8窟后室南壁东侧采自〔日〕水野清一、长广敏雄《云冈石窟》第四卷

叉腰，右手上举，面向东，舒相坐姿。他的对面原来有一身形较小的人物造像，现已风化殆尽，二者应做对话状。最上端七身供养天并排合掌，残损不堪。该画面因与主像对坐的关键性人物已不复存在，具体题材内容尚不清楚。西侧龛内主像为剃发形（图11），无头光，或表现的是弟子，抑或为贵族信众。其左手上举，右手叉腰，身体前探，坐姿不明。身后现存三俗装人物，头戴大头垂裙帽，类似鲜卑装束。主像的对面残存一异域人物形象，圆脸，深目，五官集中，戴大耳环，面露悦色，其身形较小，右手上举，似与主像在做交谈状。二人举手之上方有不明雕刻遗痕，若此处原雕为两身俗装人物像，那么加上现存的三身，画面可能表现的是"佛国品"题材，即主像为毗耶离城长者子宝积，五身俗人代表五百长者子，与其对坐的人物是正在讨论净土问题的舍利弗。总之，第8窟南壁表现的是为维摩诘故事题材无疑。

第1窟南壁窟门东西两侧对称布局屋形龛，西侧龛内表现的是"佛国品"故事内容[①]。此处着重谈一下东侧龛的题材问题，该龛内以维摩诘为主像，倚坐于方形床榻上（图12），上穿交领半袖衣，领襟镶边，衣服上阴刻弧形纹，袖口宽博。维摩诘右手后撑，左手应持麈尾，惜手部已崩毁，身后雕背屏。下端，二身着通肩僧衣的比丘双手合掌胡跪。维摩诘的左前方雕一菩萨装人物，身形既矮又小，侧身倚坐于方台上。上身披十字交叉帔帛，下裙贴腿，左手平伸，右手上举，与维摩诘对话交流。在已见的文章中，多认为此中表现的是文殊与维摩诘。水野清一、长广敏雄即称："东侧龛是以维摩为中心，配以文殊菩萨的屋形龛……是对《维摩诘所说经》的形象化表现，与第7窟南壁东、西龛的形式相异，与第

图11　云冈第8窟后室南壁西侧采自〔日〕水野清一、长广敏雄《云冈石窟》第四卷

① 〔日〕水野清一、长广敏雄著，中国社会科学院考古研究所编译.《云冈石窟》第一卷第16页，科学出版社，2014年。

图 12　云冈第 1 窟南壁东侧龛 "香积品"

6 窟南壁相近。但将维摩与文殊同纳一龛，且以维摩为主尊，实为异例。"[1]就云冈来看，凡文殊与维摩诘同时出现的场景中，二者一概作对等表现，无主次之分。此处，"文殊菩萨"既矮又小并为侧面像，其尊格岂不被矮化？对此，该文又如是解释："将维摩诘塑造得较大，而文殊相对较小，尤为值得注意。此场景显然用于阐明鸠摩罗什所译《维摩诘所说经》的情节，其中维摩诘是主要人物，文殊菩萨只是次要角色，因此维摩诘自然塑造得比文殊大。"[2]近来，又有研究者认为该画面表现的是借座灯王故事[3]，亦不可取。

2017 年纽约亚洲艺术周展上，第 1 窟南壁东龛维摩诘被盗头像现身，像高 35.5cm，维摩诘头戴长筒帽，长眉细目，蓄三角形短须，笑容超然，为年少形象。1921 年东京文求堂与山本写真馆发行的山本明与岸正胜摄影集《云冈石佛》中可看到第 1 窟南壁东侧龛被盗前的旧照，屋形龛脊顶左上角可见一托钵飞天，其身后另雕一飞天，手中托着更大的器物，照片中只取其身体一半，亦或举钵。非常巧合的是，卢芹斋编号为 937 的石雕飞天藏品与此十分相近，该像高 30.48 厘米，头梳高发髻，右手叉腰，左手正是托一口大钵。当时的记录显示，其出处及时代为 "河南龙门石窟公元 6 世纪灰砂岩雕刻"，实际上这是错误的。经比对研究，此正是云冈第 1 窟南壁被盗飞天像[4]（图 13）。托钵飞天虽游离于龛外，却是该题材图像中的一个极其重要的细节。

图 13　云冈第 1 窟南壁托钵飞天被盗前后对照

据《维摩诘所说经》"香积佛品"，维摩诘运用不可思议之神通力，给大众示现自己的化身是如何到众香国请回香饭供诸闻法菩萨用食，借此方便，演说佛法："于是舍利弗心念：日时欲至，此诸菩萨当于何食？……维摩诘即入三昧，以神通力示诸大众上方界分，过四十二恒河沙佛土，有国名众香，佛号香积，今现在。其国香气，比于十方诸佛世界人天之香，最为第一……于是香积如来以众香钵盛满香饭，与化菩萨……

① 前揭〔日〕水野清一、长广敏雄《云冈石窟》第一卷，第 16 页。
② 同上，第 39 页。
③ 王友奎.《大同云冈第 1、2 窟图像构成分析》，《敦煌学辑刊》2017 年第 6 期。
④ 赵昆雨.《云冈石窟流失造像复位研究》，《敦煌研究》2018 年第 5 期。

时化菩萨既受钵饭，与彼九百万菩萨俱。承佛威神及维摩诘力，于彼世界忽然不现，须臾之间至维摩诘舍。时维摩诘即化作九百万师子之座严好如前，诸菩萨皆坐其上。是化菩萨以满钵香饭与维摩诘，饭香普熏毘耶离城及三千大千世界。"[1]画面中托钵的飞天即维摩诘化身的菩萨，其身后随行飞天若亦手中托钵，则代表由众香国同行的菩萨。如此，该画面表现的是"香积品"故事内容，龛内与维摩诘对坐的人物是舍利弗，而非文殊菩萨。

第2窟南壁东半部早年已坍塌崩毁，所雕内容无从考知。西侧龛内雕刻内容虽得以幸存，却因风化漫漶以及被盗等原因而残缺不齐。屋形龛内主像为一菩萨，右手上举，侧身向东，周围有数名比丘及供养者，其中最重要的是右侧着通肩衣人物，他双手合掌侍立，具圆形头光，其头部被盗，由盗凿残迹看，不似比丘，疑有冠饰。毫无疑问，主像是为文殊，但由于残缺严重，难以推断着通衣者是否为维摩诘，也难以断定是何题材。王友奎先生依据壁面上开敷的莲花认为，此处表现的是"观众生品"题材[2]，从目前资料来看此说是可信的。

第6窟南壁窟门与明窗之间开凿大型屋形龛，表现"菩萨行品"故事（图6），幅宽达3.8米、高2.6米，可见维摩诘题材在窟中之重。龛内，佛像梳波状发式高居须弥座上，双目俯视，唇薄含笑，右手上举施无畏印，左手施与愿印。右侧，文殊头戴花蔓冠，弓眉、细目、长耳，表情温雅。帔帛宽博遮臂，左手搭膝自然下垂，右手微握上举，收右腿坐于四足矮榻上，身后的围屏与现实生活中的相似，这样的木质实物可见于北魏司马金龙墓中。辩才无碍的维摩诘居佛左侧，头戴尖顶帽，一绺长须，微眯的双目透射出睿智和深邃。维摩诘左手托倚床榻，后有网状饰纹的围屏。榻多用于坐，少用于卧，画面中的维摩诘正是身体后倾、垂足而坐的样子。维摩诘右手高举麈尾，上穿交领长袍，衣服上用阴线刻出波状花纹，腰间系带收身，袖口宽博，下穿裤，足蹬鞋。维摩诘这种高蹈超世的风度受到无数名僧名士的效仿追摹。

（二）晚期洞窟

太和十八年孝文帝迁都洛阳以后，平城已然沦为一座废都，消耗着其作为一代京师的最后奢华。由留居平城的中下层官吏及百姓营凿的云冈晚期洞窟（494-524），远离了政治思想的束缚，犹如挣脱脐带般的自由与超越。这一时期，讲论《法华》《维摩》蔚然成风，孝文帝本人亦"尤精释义"，云冈晚期维摩诘造像得到空前的发展，仅"问疾品"故事图即达26处。"维摩示疾当然是一种方便，他以此方便说法教化众生。但更重要的是他的整个人格就是方便的显现。这是完全不同于拘于戒律与教条的自由开放的人生。在他的身上体现了大乘佛教居士阶层的弘通开放的先进的思想潮流。提倡方便，

图14 云冈第32-15窟南壁"观众生品"

---

① （后秦）鸠摩罗什译.《维摩诘所说经》，《大正藏》第14册，第552页。

② 前揭王友奎《大同云冈第1、2窟图像构成分析》。

图15 云冈第 32-11 窟北壁维摩诘　　　　　图 16　第 35 窟南壁维摩诘图像中的隐几

大大发展了大乘佛教开阔自由的一面，突出了它的重实践的品格"①。

　　随着佛教艺术发展的中国化，云冈晚期维摩诘造像标志性的三角形须被抹平，服饰亦胡风不再，特别是下裳后部，特别注重表现垂散的密褶。此外，维摩诘等造像中的文殊也出现了新的变化，如第 32-15 窟南壁画面右端的文殊菩萨，身体微微前探，与对面的维摩诘论道（图 14）。文殊身披帔帛，菩萨装，呈结跏趺坐姿，在云冈，这样的坐姿只通用于佛像。文殊身上披覆的帔帛在腿面上交叉，悬覆台座的衣裾同样表现为佛衣的样式，这些都是新的变化。文殊菩萨身旁合掌恭立一人，穿交领宽袖袍，头顶竟然雕出只适于表现佛像的肉髻，很难想象，工匠将这组造像作如此表现是出于怎样的心态。画面左侧的维摩诘头戴尖顶帽，身披氅衣，左手扶几，右手执尘尾，神情沉定自若。旁立一俗装女性，头梳双髻，上身穿宽袖交领衣，下穿裙，左手上举托莲，右手微抬亦似执莲，面迎维摩诘。画面表现的是"观众生品"的题材内容。

　　云冈晚期维摩诘题材画幅一般都较小，但开始注重维摩诘造像内心深层的表现，第 32-11 窟北壁的维摩诘，头戴尖顶帽，外披氅衣，内穿交领汉装，左手执桃形尘尾，右肘凭几而靠，舒相而坐。他低首自乐，笑容意味深长，表现了"明了众生心之所趣，又能分别诸根利钝"的机敏睿智（图 15）。

　　第 35 窟南壁窟门与明窗之间的维摩诘图像，相对来讲画幅为云冈晚期最大。该故事图的布局位置受染于之前的第 6 窟，场景设计在一横长方形的屋形龛内（图 16），右半崩毁，仅左半残存。维摩诘头戴尖顶帽，上围大氅，内着对襟衣，半躺于方台上，台上另设隐几。维摩诘左手扶几，右手执尘尾上举，背靠围屏。特别是其相交的两腿，飘扬的裙摆，如御风的飞天一样，表现手法自由不拘。

　　本期坐榻维摩诘像基本消失，但在图像中坤没了"曲木抱腰"的隐几。隐几，亦称凭几，是基于踞坐之姿而配置的生活用具，放于就坐者身前，疲倦时可将前臂搭放在几上，汉末始流行。汉代的隐几几面呈长方形，类似案几，魏晋南北朝时期与其不同，几面呈曲弧形，三兽蹄状足，"弧曲的弧面向外，人坐时

---

① 孙昌武.《中国文学中的维摩与观音》，天津教育出版社，2005 年，第 45 页。

凭几高度如腰处，人可凭隐其上"①。隐几在平城北魏墓葬壁画中的应用要早于云冈石窟雕刻，北魏沙岭壁画墓所绘的男主人即坐隐几，弧曲几面的正中央突出一条黑色兽足几腿，墓主人一手搭扶几上。太和十八年以后，云冈始见隐几雕刻，其制与墓葬壁画中所见完全一致。第13-4窟、第14窟、第32-15窟、第35窟都刻意表现出隐几的弧曲，第5-34窟维摩诘身前只雕一条兽足腿以象征隐几。第5-11窟西壁维摩诘右手执麈尾，左手扶隐几，身前不见半圆弧形的几面，身体明显后

图17　云冈第32-10窟外崖浮雕"香积品"

仰，分明是将曲弧转向后面当靠背使用，隐于身后不见，这倒真正称得上是"隐几"。这样的实例另见于第32-11窟、第19窟等。当然，这也许是出于匠人对隐几构造及其使用上的认识问题。

云冈晚期，净土信仰开始在平城传播并流行，洞窟中屡见"讬生净土"②"愿讬生西方妙乐国土，莲花化生"③"长辞苦海，腾神净土"④等造像题铭。作为大乘经典的《维摩诘所说经》本身即蕴含着深刻浓厚的净土思想，此时的维摩信仰显露出由崇尚玄学清谈转向对来世佛国净土的追求。因此，反映维摩诘示现神通、教化众生的故事雕刻内容不断涌现。特别是关于"诸余净土之所无有"的众香国"香积品"，不但故事场面大，人物亦多。第32-10窟摩崖浮雕画面右端有一攒尖顶方亭（图17），顶边装饰花蕾及宝珠状物，所见三个角也都雕有金博山，亭柱间悬挂垂幔。亭内，维摩诘宽衣博袖，坐于床榻上，尽管风化，仍可从轮廓大致可以看出其左手执麈尾前伸，举目前望。帐外法树下聚集了很多天女，她们均面东拱手而立，瞩目致礼。亭顶上方共有三身飞天驰翔，其中二飞天体形较大，天带灵动，她们手捧圆钵，侧脸端视亭内的维摩诘尊者，此捧钵送香饭的二飞天，一是维摩诘的化身，二是众香国随行的菩萨。此外，树冠上方还有一体形较小的飞天，准确地说是一莲花化生童子，他左手上举，

图18　云冈第33-3窟外崖窟门上方浮雕维摩诘故事
采自〔日〕水野清一、长广敏雄《云冈石窟》第十五卷

① 杨泓.《逝去的风韵》，中华书局，2007年，第59页。

② 出自第4窟南壁正光口年为亡夫侍中平原太守造像铭："□亡者讬生净土，西」■■■■□之玄源神？□□明于？」■■■皇祚永隆，惠泽其敷，」■■■■□灵相：识凭□□」■■■■」正光□□■月廿三日■。"今已不存。按，造像铭中"□"意为不识文字，"■"意为文字泐失反有字位，"？"意为疑义字位。

③ 出自19-2延昌四年清信士元三造像铭："延昌四年，岁次乙／未，九月辛丑朔，十／五日乙卯，清信士／元三？为：亡？父母王凤皇／■■■亡■■■／■造像一区。上为／皇帝陛下、因皇太／后，下？及七世父母、所囯／父母，愿？讬生西方妙乐国土，莲花化／生。■愿已身■■／。"

④ 出自第38窟外壁窟门上方造像铭："藉此微福，愿亡儿生々遇口，长辞苦海，腾神净土。"

图19　云冈第33-3窟外崖窟门上方右侧持钵飞天

图20　云冈第13-4窟南壁"香积品"

图21　云冈第5-34窟西壁"香积品"

右手单托一物，也类似饭钵，或许这里强调的是净土之饭。画面左半部崩毁无存，可能表现的是文殊菩萨出场的阵势。此浮雕图像布局形式独特，人物造型灵秀飘逸，这种风格的造像作品在云冈突然出现，应是受到洛阳地区粉本的影响。

类似风格的图像另见于第33-3窟，该窟窟门拱楣两侧浮雕维摩诘故事（图18），两幅画面中的人物各自呼应，各具焦点，说明是两个故事。左侧画幅中浮雕一座单层多边覆钵形塔，下有须弥座，覆钵上立三刹。故事的主体内容泐蚀漫漶，可辨识一菩萨装人物，于叶片形高座上呈舒相坐姿，对面另有两人探身说话。画面可能表现的是"佛国品"中维摩诘所在的毗耶离城。毗耶离在今印度比哈尔邦首府以北的巴萨尔，当时是佛教兴行的地方。佛陀在毗耶离城说法时，维摩诘为方便度众，从妙喜国化生于该城当居士，委身俗世，辅助佛陀教化。"于是佛以足指按地，即时三千大千世界若干百千珍宝严饰，譬如宝庄严佛无量功德宝庄严土，一切大众叹未曾有，而皆自见坐宝莲华"[1]。右侧画幅中的主体是一座几近风化了的类四阿式帐顶，顶上饰物隐约可见，帐内维摩诘像已无存。帐外，文殊菩萨头戴冠，迎面相对，身后分别有执伞盖、持团扇和举幡旗的侍者。值得注意的是停驻在上空的一飞天，虽然略有风化，仍可辨识其右手上举，左手自然下垂，手中托一圆钵（图19），可能表现的是"香积品"故事内容。事实上，云冈晚期"香积品"故事雕刻更多情况下是通过托钵飞天的人物形象，赋予画面更多的内容表达，画面构图更合理，雕刻技艺娴熟。如第13-4窟盝形龛，龛楣外左、右两上隅，右端雕文殊跣坐像，左端雕维摩诘坐隐几，一方面是"问疾品"的格局，但二人之间另雕一飞天，飞天双手捧钵驰向维摩诘，则又表现"香积品"的内容（图20），画面中人物结合紧密，布局得当，一幅画面中贯穿了两个故事内容。第5-34窟西壁、第32-12窟西壁也出现了同样构图的"香积品"画面，只是文殊、维摩诘之间的飞天改为二人共同捧钵，则更

---

① （后秦）鸠摩罗什译.《维摩诘所说经》，《大正藏》第14册，第538页。

增了一些装饰意味（图 21）。

宿白先生说："平城既具备充足的人力、物力和包括工巧在内的各种人才；又具有雄厚的佛事基础，包括建寺造像的丰富经验；还和早已流行佛教的西域诸国往还密切，包括佛像画迹的传来。在这种情况下，北魏皇室以其新兴民族的魄力，融合东西各方面的技艺，创造出新的石窟模式，应是理所当然的事。"[1] 固然，《维摩诘所说经》源于印度，但维摩诘造像创自中国。更确切地说，其萌发于六朝，经西秦过渡，定型于云冈。云冈石窟以肇，开创了维摩诘造像的新样式、新题材、新时代，由此产生的维摩诘图像模式对北朝诸石窟寺形成了广泛深远的影响。

（原文刊载于《故宫博物院院刊》2021 年 7 月）

---

[1]　前揭云冈石窟文物保管所编《中国石窟·云冈石窟（一）》，文物出版社，1991 年，第 197 页。

附表一：云冈石窟维摩诘故事雕刻一览表

分期	窟号	分布位置	龛内主像				表现样式			位置				题材内容	维摩诘居坐形式			补充说明	小计
			坐佛	二佛并坐	倚坐佛	交脚菩萨	对框式	同框式	多框式	文殊左	文殊右	维摩左	维摩右		居帐	坐榻	隐几		
早期	19	北壁佛手支柱	√				√					√	√	问疾品			√	云冈晚期补龛	1
	19-2	北壁					√					√		问疾品			√	延昌四年补龛	1
中期	1	南壁窟门东侧					√						√	香积品		√			1
		南壁窟门西侧											√	佛国品		√		主像非维摩诘，坐榻	1
	2	南壁窟门西侧						√		√				观众生品？					1
	5	南壁东侧	√					√		√			√	问疾品					1
		南壁西侧							√	√			√	问疾品		√			1
									√	√			√	菩萨行品		√			1
									√					嘱累品					1
	5-10	西壁	√				√					√	√	问疾品			√	云冈晚期附窟	1
	5-11	西壁	√				√					√	√	问疾品		√	√	云冈晚期附窟	1
	5-34	西壁		√			√					√	√	香积品				云冈晚期附窟	1
	5-36	南壁窟门西侧	√				√				√			问疾品				云冈晚期附窟	1
		西壁龛南壁			√		√			√				问疾品					1
	6	后室南壁						√				√	√	菩萨行品		√			1
	6-1	北壁	√				√					√	√	问疾品			√	云冈晚期附窟	1
	7	南壁窟门两侧					√			√			√	问疾品		√			1
	8	南壁窟门东侧					√							题材不明	√				2
		南壁窟门西侧					√							佛国品？	√				
	11-16	南壁窟门两侧					√					√	√	问疾品		√		云冈晚期附窟	1
	13	南壁			√		√					√	√	问疾品					1
					√		√					√	√	问疾品			√		1
晚期	13-4	西柱北面	√				√					√	√	问疾品			√		1
		西柱东面		√			√					√	√	问疾品		？			1
		东壁窟南壁			√		√					√	√	香积品			√		1
		南壁	√									√	√	问疾品		？			1
	13-12	西壁	√					√				√	√	菩萨行品			√		1
	13-32	西壁	√				√		√			√	√	问疾品		？			1
	14	西壁						√				√	√	观众生品			√		1
		东壁						√		√		√		问疾品		？			1
		东柱南面						√					√	问疾品					1
	31	后室南壁						√				√	√	问疾品？		√			1
	32-10	北壁						√					√	香积品	√				1
	32-11	北壁						√		√				香积品					1
	32-12	西壁			√			√						香积品					1
	32-15	南壁						√				√		观众生品			√		1
	33-3	北壁					√							香积品	√				2
														佛国品？					
		西壁	√				√		√				√	观众生品	√		√		1
	35	窟门东壁					？						√	问疾品				延昌四年造像龛	1
		南壁		√			√					√	√	问疾品		√	√		1
	35-1	西壁	√				√						√	问疾品	√	？			1
	36-3	西壁			√		√							问疾品					1
	37	南壁					√					√	√	问疾品					1
	39	南壁	√				√					√	√	问疾品			√		2
				√			√					√	√	问疾品			√		1
					√		√					√	√	问疾品			√		1
							√					√	√	问疾品					1
总计																			49

云冈石窟窟顶西区北魏佛教寺院遗址

云冈石窟研究院、山西省考古研究所、大同市考古研究所

为配合云冈石窟窟顶防水工程，经国家文物局批准，由山西省考古研究所、云冈石窟研究院、大同市考古研究所组成云冈考古队，于 2010 年 5 月 18 日至 10 月 30 日，发掘了云冈石窟窟顶西区北魏佛教寺院建筑遗址。

一、遗址概况

遗址位于大同市南郊区（今云冈区）云冈镇云冈石窟窟顶西部，东距大同市约 16 公里，南距十里河约 1 公里，西北距吴官屯煤矿约 1500 米，东距明城堡约 70 米（图 1）。以石窟位置定位，遗址东缘位于云冈石窟第 39 窟上，西缘位于第 45 窟 30 米处，南缘距窟顶 20—30 米，北缘进入山顶杏林（图 2，图版 1-1）。遗址塔基中心点地理坐标为北纬 40° 06′ 38.3″、东经 113° 07′ 15.0″，海拔约 1173 米。遗址为略有起伏的缓坡地，种植有树木，由于自然冲刷及人类生产活动，文化堆积遭到破坏。

在该区发掘 10 米 × 10 米探方 29 个，为把塔基和窑前活动面清理完整，南部探方统一向南扩方 7 米，发掘面积共 3460 平方米。清理出北魏时期佛教寺院遗址一处，辽金时期房址一处，明清时期灰坑十余个（图 3，图版 1-2，图版 2）。

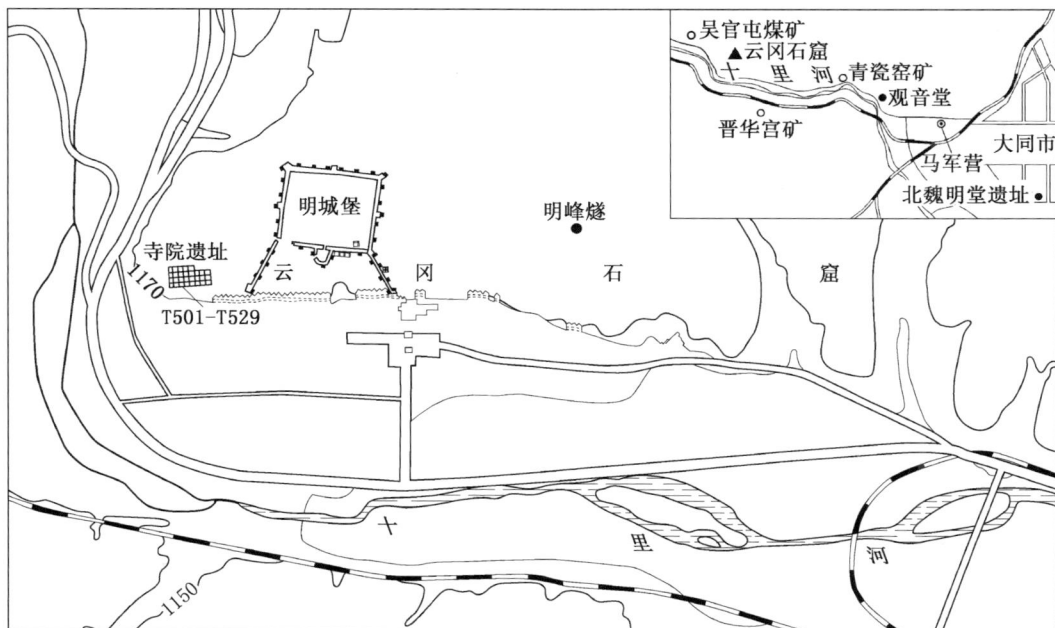

图 1　云冈石窟窟顶西区北魏寺院遗址发掘位置示意图

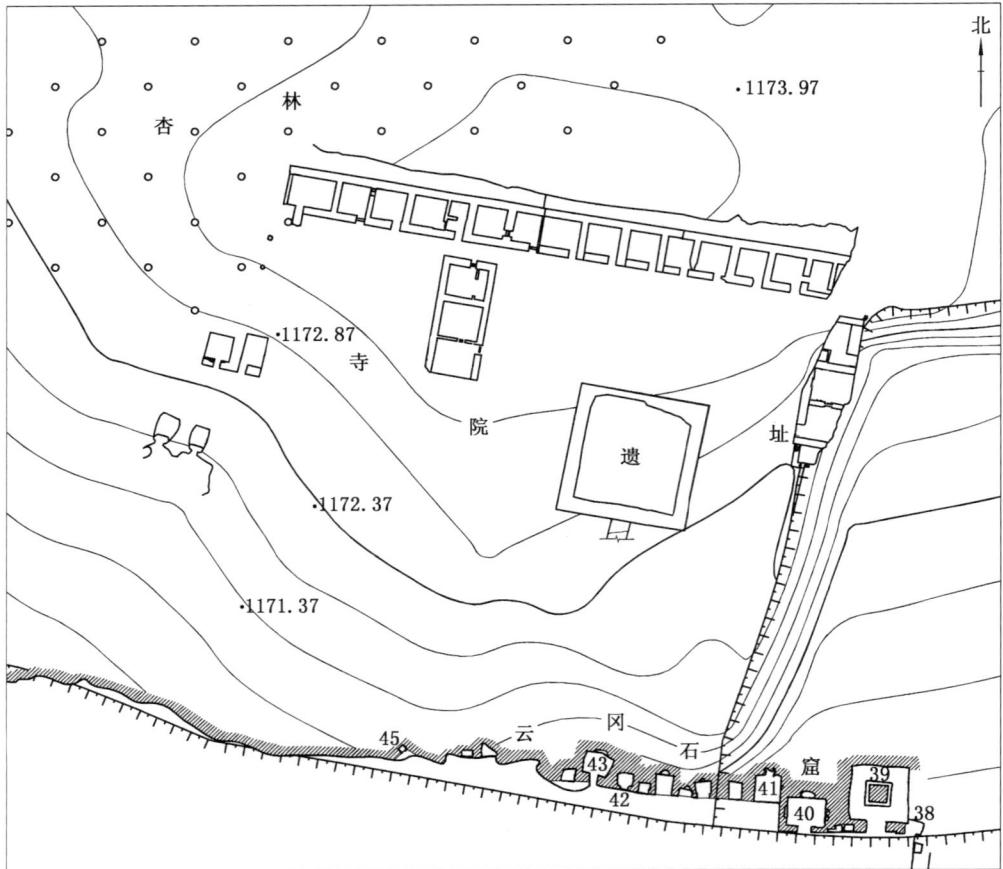

图 2　云冈石窟窟顶西区北魏寺院遗址与石窟位置关系示意图

二、地层堆积

遗址地势东北高西南低，呈缓坡向西南延伸。地层堆积有四层。现以 T517—T520 东壁剖面和 T508、T512、T516、T520 南壁剖面为例说明。

（一）T517—T520 东壁剖面

第 1 层：黄褐色土，深 0.1—0.3 米。土质较软，结构疏松，含大量植物根系、少量炭粒、砂岩石块、料礓石、瓷片、瓦片等。叠压于此层下的有现代坑、F1、塔基。

第 2 层：黄色粉沙土，深 0.15—0.6 米、厚 0—0.45 米。土质略硬，结构较紧密、较纯净，含少量炭粒、小砾石、植物根系等。部分探方无此层。出土有瓷片、陶片、瓦片等。该层为明清时期。叠压于此层下的有 F1。

第 3 层：褐黄色花土，深 0.13—1.35 米、厚 0—0.7 米。土质较硬，结构较紧密，含炭粒、料礓石、小砾石、草拌泥块、瓦、白灰皮碎块等。部分探方无此层。出土有陶片、板瓦、筒瓦碎片、瓷片、石刻佛像残件、石臼等，可辨器形有陶罐、盆、器盖等。该层为辽金时期。叠压于此层下的遗迹有 F1 和塔基。

第 4 层：黄褐色花土，深 0.35—0.45 米、厚 0.2—0.35 米。土质较软，含少量硬土块、料礓石、碎石块、木炭屑。出土较多瓦片、少量陶片、文字瓦当残片、莲花纹瓦当残片、陶莲花饰件、石莲花座、石刻等。该层为北魏时期（图 4）。

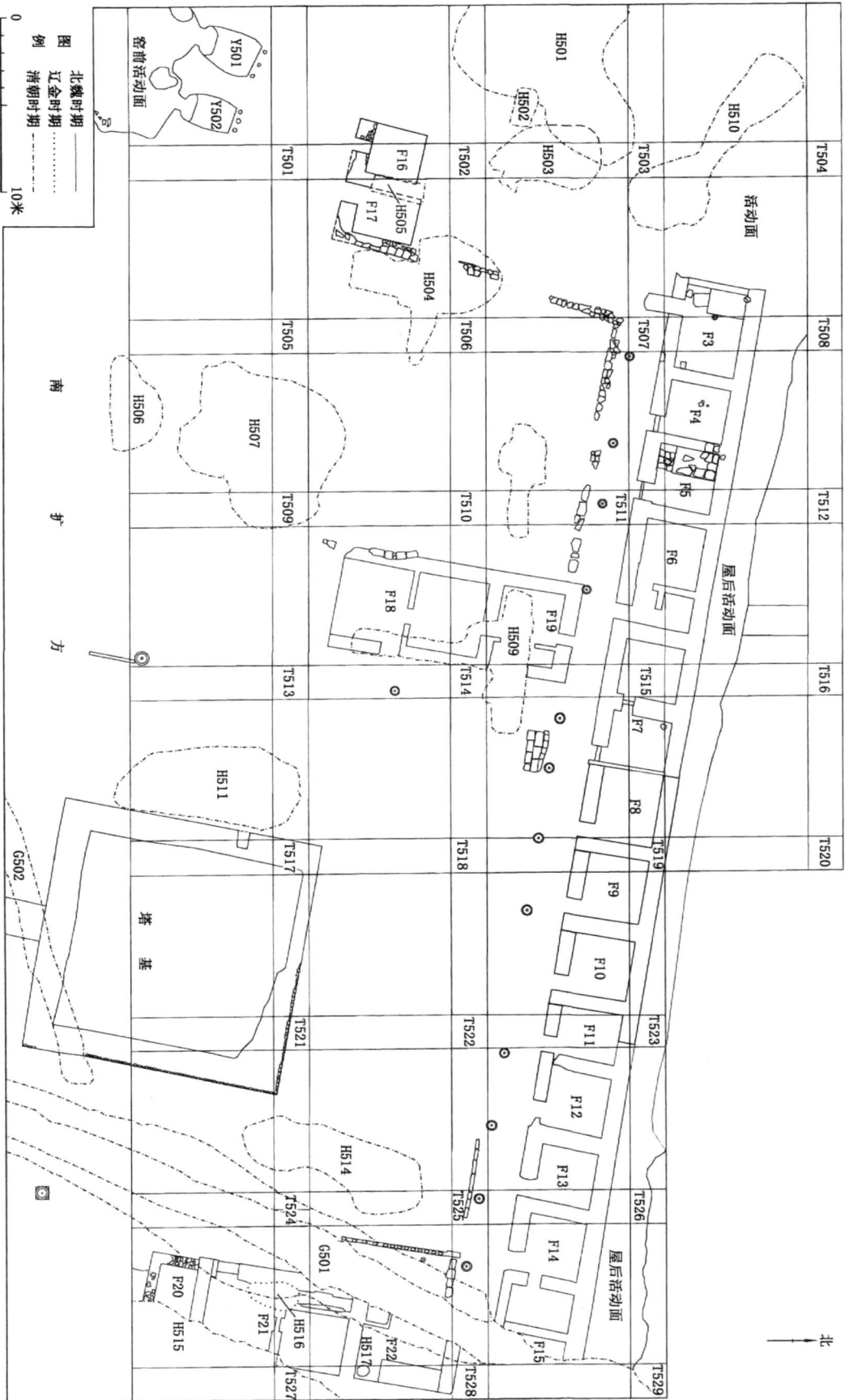

图 3　云冈石窟窟顶西区佛教寺院遗址平面图

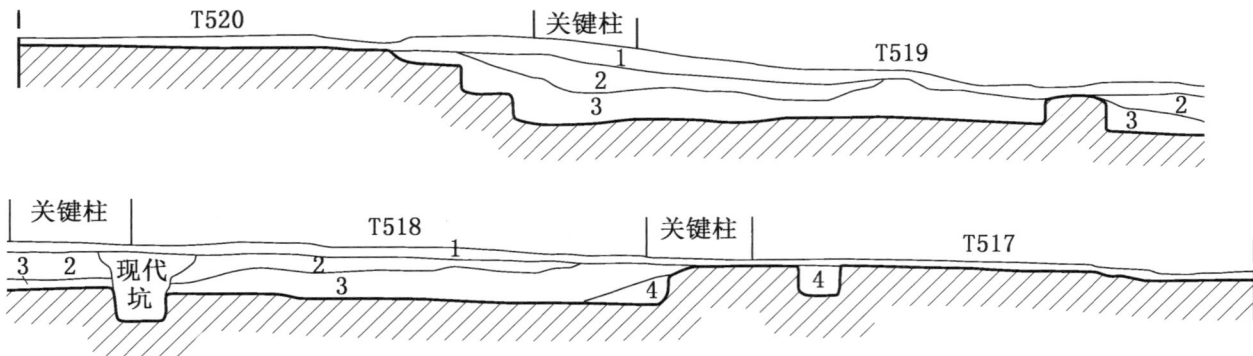

图 4　T517—T520 东壁剖面图
1. 黄褐色土　2. 黄色粉沙土　3. 褐黄色花土　4. 黄褐色花土

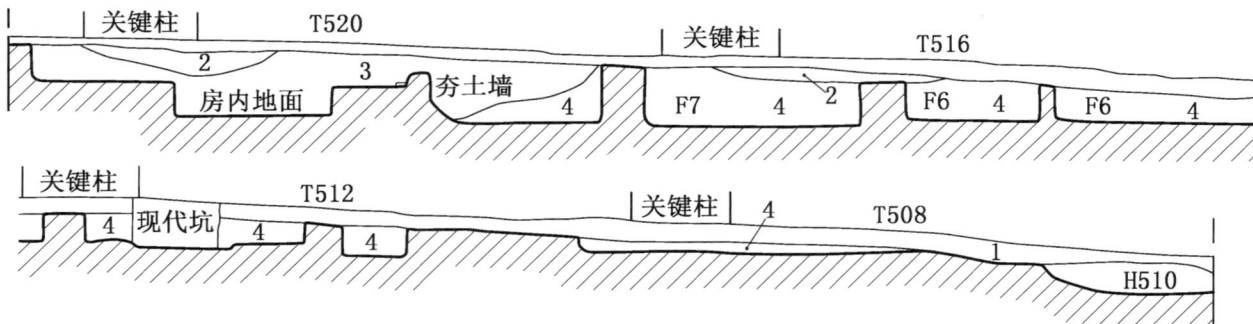

图 5　T508、T512、T516、T520 南壁剖面图
1. 黄褐色土　2. 黄色粉沙土　3. 褐黄色花土　4. 黄褐色花土

（二）T508、T512、T516、T520 南壁剖面

第 1 层：黄褐色土，深 0.1—0.35 米。土质较软，含大量植物根系、料礓石、砂岩石块、炭粒、瓷片、瓦片、炉渣等。叠压于此层下的有 F4—F7 墙体，被现代坑打破。

第 2 层：黄色粉沙土，深 0.35—0.65 米、厚 0—0.45 米。土质略硬，结构较紧密，较纯，含较多的植物根系、少量小砾石、石块、炭粒等。部分探方无此层。出土有陶片、瓷瓦片等。该层为明代。叠压于此层下的有 F6、F7 墙体。

第 3 层：褐黄色花土，深 0.15—1.35 米、厚 0—1.15 米。土质较硬，结构较紧密，含炭块和炭粒、料礓石、瓦石、硬土块、草拌泥块等。部分探方无此层。出土陶片、瓦片等，可辨器形有盆、罐等。该层为辽金时期。叠压于此层下的遗迹有 F1，F1 打破 F7—F9。

第 4 层：黄褐色花土，深 0.3—1.2 米、厚 0—1 米。土质较软，含少量硬土块、草拌泥块、料礓石、石块、木炭块、白灰皮碎块、烧土粒等。出土大量的北魏瓦片、文字瓦当残块、陶莲花饰件、石莲花座、石柱础、建筑构件、石刻佛像、陶片等。可辨器形有陶盆、罐、壶、钵等。此层遗迹有 F3—F7。为北魏时期（图 5）。

三、遗迹

（一）北魏时期

北魏时期遗迹是一处较完整塔院式结构的佛教寺院，包括房址 20 间（套）、塔基 1 处。另外有北魏陶窑 2 座、灰坑 1 个（图 6）。

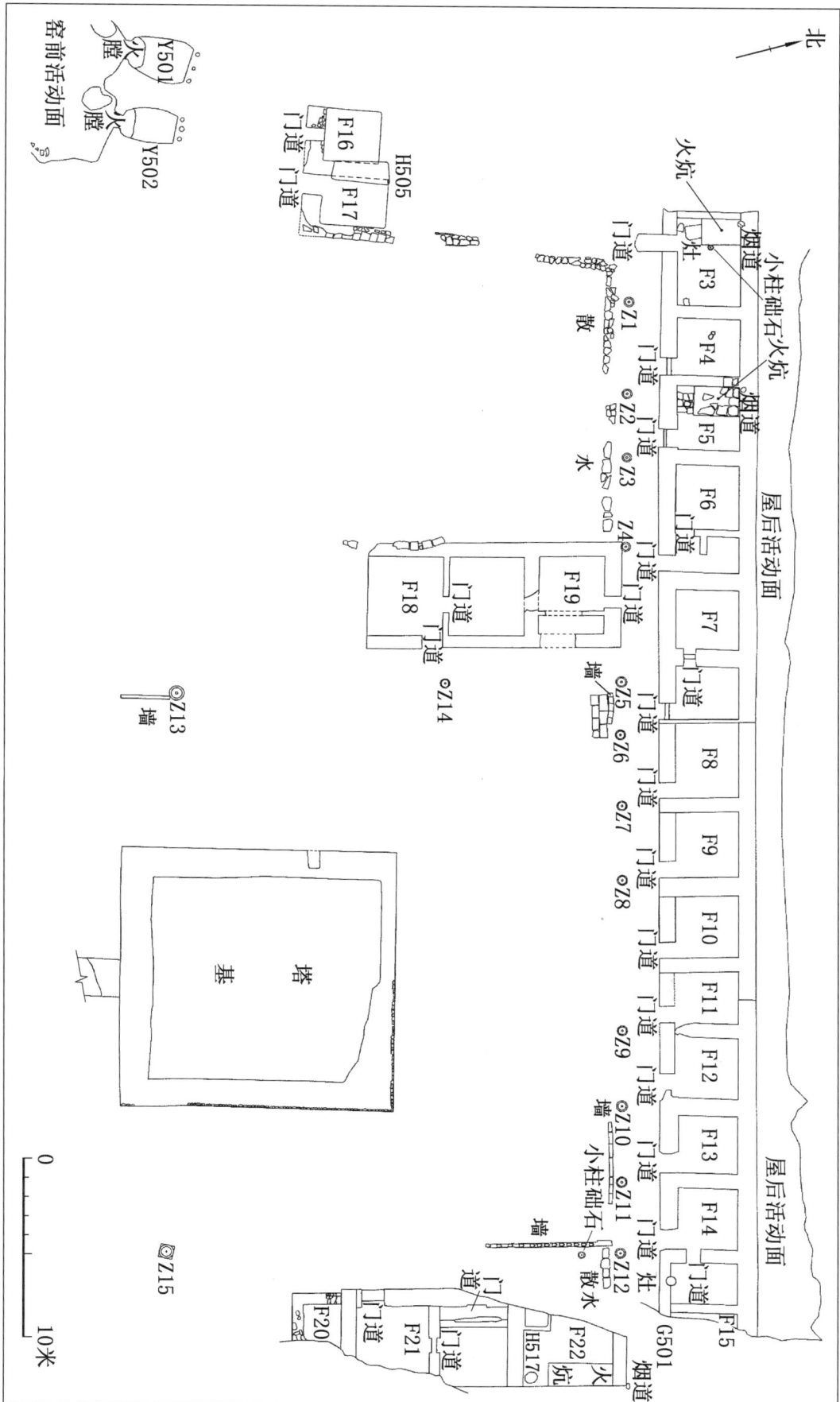

图 6 云冈石窟窟顶西区北魏佛教寺院遗址平面图 Z1—Z15. 柱础石

北

小柱础石'火坑
火坑
烟道
灶 F3
门道
屋后活动面

Z1 散
门道 F4
Z2 烟道
门道 F5

水
Z3
F6
门道

F18
门道
F19
门道
F7
门道

Z14
墙

Z4
Z5
Z6 墙
门道
F8
门道

Z7
F9
门道

Z8
F10
门道

Z9
F11
门道
F12
门道

墙
Z10
小柱础石
Z11 墙
F13
门道

F14
门道
散水
Z12
灶 F15
G501
烟道

门道
门
道
F21
门道
F20
H517
H505
H505
火坑 F22
火
烟道

Z13
墙

塔基

Z15

门道
F16
门道
F17

Y501
火膛
火膛
Y502
窑前活动面

0   10米

屋后活动面

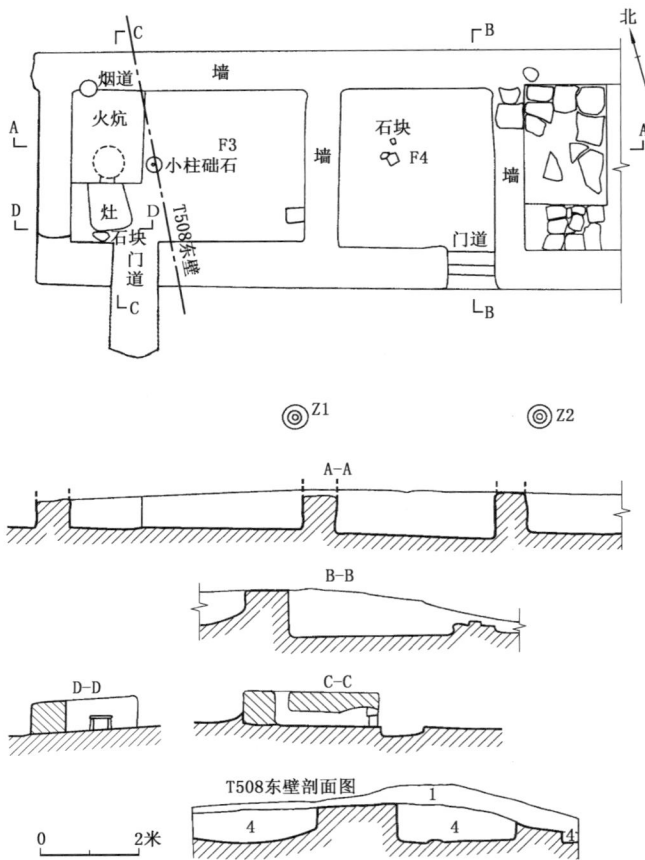

图 7 F3、F4 平面、剖面、剖视图
1. 黄褐色耕土 4. 黄褐色花土 Z1、Z2. 柱础石

1. 房屋 20 间（套）。位于塔基北部，分别为北廊房一排 13 间（套）、西南排房 2 间、中部廊房一排 2 间（套）、东廊房一排 3 间（套）。地面建筑有单间和套间，皆有门道（图版 3）。

（1）北廊房 13 间（套，F3—F15）。有单间和套间，主要集中于北中部。坐北朝南，方向 191 度。东西长 61—62.5 米、南北宽 10—10.6 米。中部 F8—F11 被 F1、F2（辽金）叠压，东部被 G501 打破。为前廊后室的房屋结构。

廊房主墙均由夯土所筑，前墙夯层长 10—13 厘米、宽 0.75—0.9 厘米。后墙夯层与前墙相近，宽约 0.85 厘米。隔墙有的是夯土墙，有的用土坯所砌，夯土墙宽度与前后墙相近，宽 0.5—0.75 厘米。土坯墙长 0.26 米、宽 0.16 米、高 0.06 米。有的房间有火炕，有的有灶。内墙抹草拌泥，外抹白灰，草拌泥厚 1—1.5 厘米、白灰墙皮厚 0.1—0.4 厘米。前后外墙抹草拌泥，厚 1—5 厘米。屋内有一层褐黄色活动面，土质较硬，结构紧密，四周略高，中间稍低，厚 2—6 厘米（图版 4，图版 5-1）。

房回廊前有柱础石 12 个（Z1—Z12），直径 51—55 厘米、孔径 10—10.7 厘米、深约 6 厘米。前墙南边缘至柱础石间距 1.8—2.1 米。廊长 60.8 米、宽 1.8—2.1 米。廊前地面铺有石板，顺柱础东西向延伸，长 15 米、宽 0.75 米，当为散水（图版 5-2）。

前廊柱础石南有用筒瓦和长石条垒砌的墙两处。一处用筒瓦垒砌的墙被 F1 院墙叠压，长 1.2 米、宽 0.18 米、高 0.1 米。另一处墙位于 F13、F14 柱础石之南，用长石条和筒瓦砌成，长 4.4 米、宽 0.12—0.15 米、高 0.2 米。

房后有护坡和活动面，护坡长 61 米、宽 0.3—0.5 米、高 0.2—0.3 米。护坡北面是一层活动面，长 62.5 米、宽 1.8—2 米、高 0—5 厘米。

房前、房后和房内填黄褐色花土，土质较软，结构疏松，含有陶片、草拌泥块、硬土块、料礓石、木炭块或粒、白灰墙皮碎块、植物根系等。可辨器形有陶盆、罐、钵等。

北廊房门道西南向，各房间面积不等，形制有别，现以 F3、F4、F6、F7、F14 为例说明。

F3 是北廊房中面积最大的单间房，位于西侧第一间。F4 是北廊房最小的单房间，位于西数第二间。以 T508 东壁地层为例。第 1 层，黄褐色耕土，厚 0.2—0.5 米，叠压于此层下有 F3、后墙和火炕，出土有北魏时期的板瓦、筒瓦碎片。第 4 层，黄褐色花土，厚 0.2—0.8 米，叠压于此层下有廊前地面和房后护坡及活动面。出土有北魏时期板瓦、筒瓦残片及完整筒瓦、陶建筑构件、陶片等（图 7）。

F3 平面呈长方形，南北 3.25 米、东西 4.85 米，墙体夯土高 0.17—0.75 米。房内有火炕、灶、烟道、小柱础石，门道开于南壁偏西侧。

火炕位于房内西北部，平面呈长方形，长 2 米、宽 1.7 米、高 0.65—0.75 米，由石片垒砌而成。灶位于火炕的南端，平面近长方形，长 1 米、宽 0.8 米、深 0.1—0.2 米。北中部有一烧火口延伸入火炕内。立面呈长方形，长 0.8 米、宽 0.3 米、高 0.25 米。

火炕东南部有一小柱础石，直径 0.35 米、孔径 0.05 米、高出地面 0.05 米。火炕西北部有一烟道，直径 0.3 米、高 0.7 米。

门道位于房屋西南部，长 1 米、宽 0.85 米、高 0.05—0.08 米。门向西南，方向 192 度。

F4 平面近正方形，南北长 3.4 米、东西宽 3.25 米。墙体夯土长 0.6—0.9 米、宽 0.2—1 米。门道位于房间的东南部，长 1 米、宽 0.8 米、高 0.2 米。门道中间有门槛，东西长 1 米、宽 0.2 米、高 0.07 米。门槛内外各有一台阶，房内台阶高 0.15 米、房外台阶高 0.1 米。

F3 与 F4 回廊前有两个柱础石（Z1、Z2）。Z1 位于西南部，Z2 位于东南部。直径 0.51 米、孔径 0.11 米、深 0.06 米。两柱础间距 5 米。房南墙距 Z1 和 Z2 有 1.8 米。Z1 和 Z2 中心点向南 0.65 米处有一条石片铺砌成的散水。

F6 是北廊房中套间最多的，位于北排房中部，F7 的西部。F7 是北廊房中最大的套间，位于北排房中部。其层位情况，以 T512、T516、T520 南壁地层堆积为例说明。第 1 层，黄褐色耕土，厚 0.15—0.37 米，叠压于此层下的有 F6、F7 和隔墙，出土有北魏时期板瓦、筒瓦等。第 2 层，黄色粉沙土，厚 0—0.2 米。第 3 层，褐黄色花土，厚 0—1.1 米。第 4 层，黄褐色花土，厚 0.05—1.03 米，叠压于此层下的有 F6、F7 房内地面，

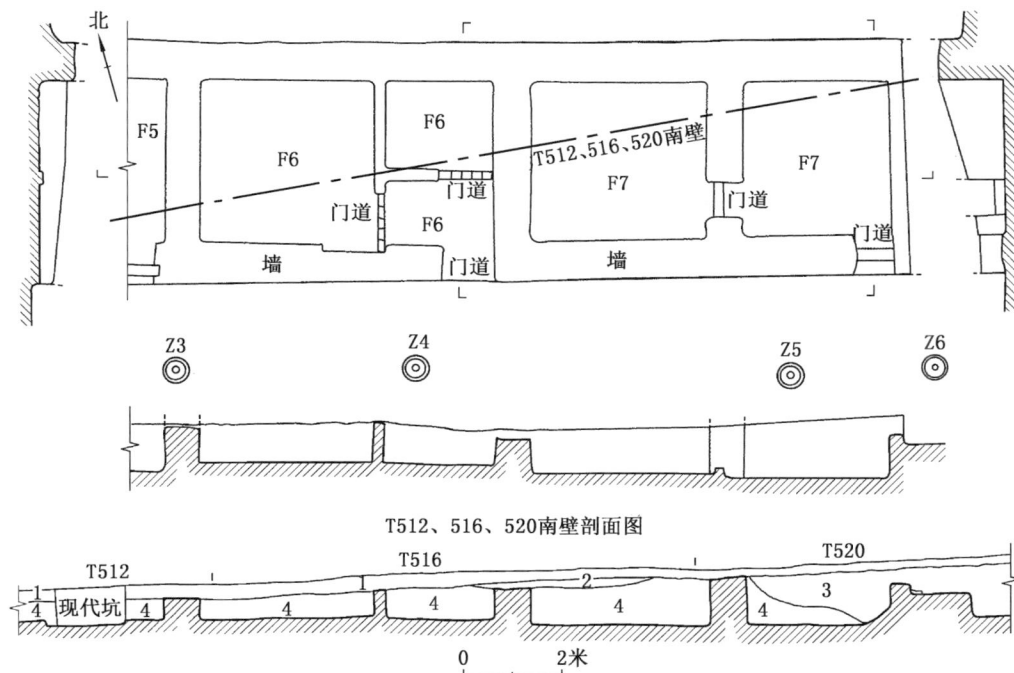

图 8 F6、F7 平面、剖面、剖视图
1. 黄褐色耕土 2. 黄色粉沙土 3. 褐黄色花土 4. 黄褐色花土 Z3—Z6. 柱础石

出土有北魏时期的板瓦、筒瓦、雕刻石板、"传祚无穷"瓦当、陶盆等（图 8）。

F6　套间。平面近方形和长方形，东西并列，西部为里间，东部为外间，又分为南北里外间。西部里间平面近方形，南北 3.5 米、东西 3.6 米，门道位于东南部，长 1.25 米、宽 0.18 米、高 0.3—0.6 米。东部里间平面呈长方形，南北 1.85 米、东西 2.2 米。门道位于东南部，长 1.1 米、宽 0.18 米、高 0.07 米。东部外间平面呈长方形，南北 1.35 米、东西 2.2 米。主门道位于东南部，长 1.05 米、宽 0.8 米、高 0.25—0.3 米。

主墙是夯土墙，长 0.7—0.85 米、宽 0.25—0.8 米。隔墙是用褐色土坯垒砌而成。里间西壁中南部有两处涂有朱红颜色，呈不规则形，一处面积为 5×8 厘米；另一处面积为 6×9 厘米，距房内地面高 0.15—0.2 米，应为墙脚。

房回廊前有两个柱础石（Z3、Z4），Z3 位于里间外西南部，Z4 位于主门道外西南部，Z3 和 Z4 直径均约 0.51 米、孔径 0.11 米、深 0.06 米；Z3 中心点至 Z4 中心点直线间距 4.9 米、距前墙 1.8 米。柱础石南侧用石片铺砌散水。

F7　里外间。平面呈长方形，坐北朝南，东西并列。西部是里间，长 3.65 米、宽 3.3 米。门道位于东南部，与东部外间相连，长 0.75 米、宽 0.3 米、高 0.4—0.55 米，门道内门槛长 0.75 米、宽 0.2 米、高 0.1—0.2 米，室内地面高于外间地面 0.1 米。外间长 3.3 米、宽 3 米，主门道位于东南部，门道长 0.85 米、宽 0.8 米、高 0.4—0.5 米，门槛长 0.85 米、宽 0.55 米、高 0.07 米，门槛高出外间和廊内地面 0.07 米（图 8）。

房间主墙是夯土墙，夯层厚约 0.12 米、墙高 0.5—1.25 米，主门道向南。

房回廊前有两个柱础石（Z5、Z6）。Z5 位于主门道西南部，Z6 位于门道东南部，被 F1 院墙叠压。Z5 中心点距 Z6 中心点 2.95 米。（Z5 直径 0.5 米、孔径 0.1 米、深 0.06 米）距前墙南 2.1 米。Z5 东南部有用筒瓦垒砌的墙，东部被 F1 院墙叠压，墙长 1.2 米、宽 0.18 米、高 0.1 米，墙南平铺石板，长 0.55—0.9 米、宽 0.42—0.5 米，当为散水。Z6 直径 0.51 米、孔径 0.11 米、深 0.06 米。

F14　是北廊房中最小的套间。位于北排房东头第一间。其层位情况，以 T529 地层堆积为例说明。第 1 层，黄褐色耕土，厚 0.1—0.3 米。第 2 层，黄色粉沙土，厚 0—0.4 米。第 3 层，褐黄色沙土，厚 0—0.85 米，叠压于此层下的有 F14、后墙体。第 4 层，黄褐色花土，厚 0—1 米，叠压于此层下的有 F14、廊前地面和房后护坡及活动面（图 9）。

F14 平面呈长方形。里外间，东西并列，坐北朝南。东为里间，长 3.3 米、宽 1.2 米。门道位于西南，长 0.8 米、宽 0.7 米、高 0.5 米。西为外间，长 3.4 米、宽 3.35 米，门道位于东南向，长 1.2—1.25 米、宽 0.9 米、高 0.6 米—0.7 米。

墙体夯土残长 0.6—1.1 米、宽 0.5—0.95 米。里间前墙有一灶，一半在墙内，一半在墙外，平面呈圆形，直径 0.4 米、高 0.5 米，青灰色烧结面厚 1 厘米、红烧土厚 0—5 厘米。

房回廊前有两个柱础石（Z11、Z12）。Z11，位于门道西南，直径 0.55 米、孔径 0.11 米、深 0.06 米。Z12，位于门道东南，直径 0.51 米、孔径 0.11 米、深 0.06 米。两柱础中心点间距 3.65 米、距前墙 2 米。Z11 中心点向南 0.6 米处，有筒瓦和长石条垒砌的墙，顺着柱础石东西向展开，长 4.4 米、宽 0.12—0.15 米、高 0.2 米。Z12 南有用石片铺砌的散水。

（2）西南排房　2 间（F16、F17）。单间。位于遗址西南部，东西长 7.1 米、南北宽 4.15—4.3 米，坐北朝南，东西并列。东部和南部被破坏，门道西南向。F16 是单间房，位于南排房西部。F17 是大单间房，位于南排房东部。其层位情况，以 T502 东壁地层堆积为例说明。第 1 层，黄褐色耕土，厚 0.07—0.3 米，叠压于

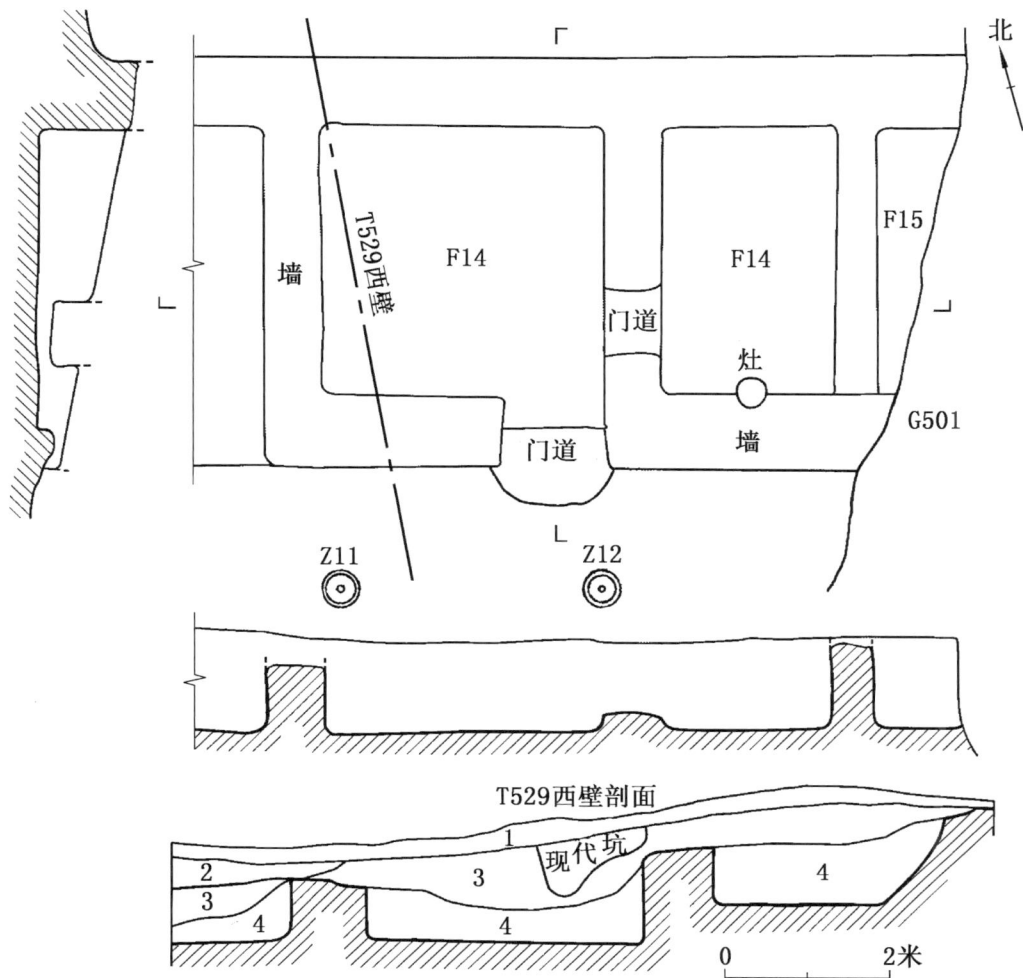

图9 F14平面、剖面、剖视图
1. 黄褐色耕土 2. 黄色粉沙土 3. 褐黄色沙土 4. 黄褐色花土 Z11、Z12. 柱础石

此层下的有F16的后墙生土，出土有北魏时期板瓦、筒瓦残片。第4层，黄褐色花土，厚0—0.55米，叠压于此层下的有F16及门道，出土有北魏时期的板瓦、筒瓦、釉陶板瓦、铁钉、陶片等（图6，图10）。

F16 平面近方形，南北长3米、东西宽2.9米。东墙、西墙、北墙为夯土墙，墙基为一层石片，长4—7米、宽0.1—0.12米。前墙用石片、瓦片垒砌长0.8—1米、宽0—0.35米。壁上抹草拌泥，厚0.8—1.5厘米。

屋内有一层黄褐色的活动面，厚0—8厘米。质地较硬，四周略高，中间稍低，门道位于房间的中部。门道长1米、宽0.7米、高0—0.35米。门向西南，方向191度。

F17 平面呈长方形，南北长3.5米、东西宽2.7米。西墙和北墙是夯土墙，夯层厚约0.11米。东南部破坏严重，只存墙基。墙基由石板垒砌而成，高0—0.3米、厚0.7—1米。房内壁抹草拌泥，外抹白灰。

屋内有一层褐黄色活动面，厚1—8厘米。门道位于房间西南部，南北1米、东西1.1米、高0—0.3米，门向西南，方向192度。房内活动面呈水平状，从门道向南延伸至门前。

（3）中部排房 2间（套，F18、F19）。位于遗址中部偏西，一南一北。南北长13.4米、东西宽8.25米，被H509打破，南部破坏至生土。一门道东南向，另一门道北向。

各房主墙是夯土墙，夯层厚0.1—0.12米、墙长0.35米、宽0.7—0.9米。隔墙是用褐色和黄色土坯垒砌而成，

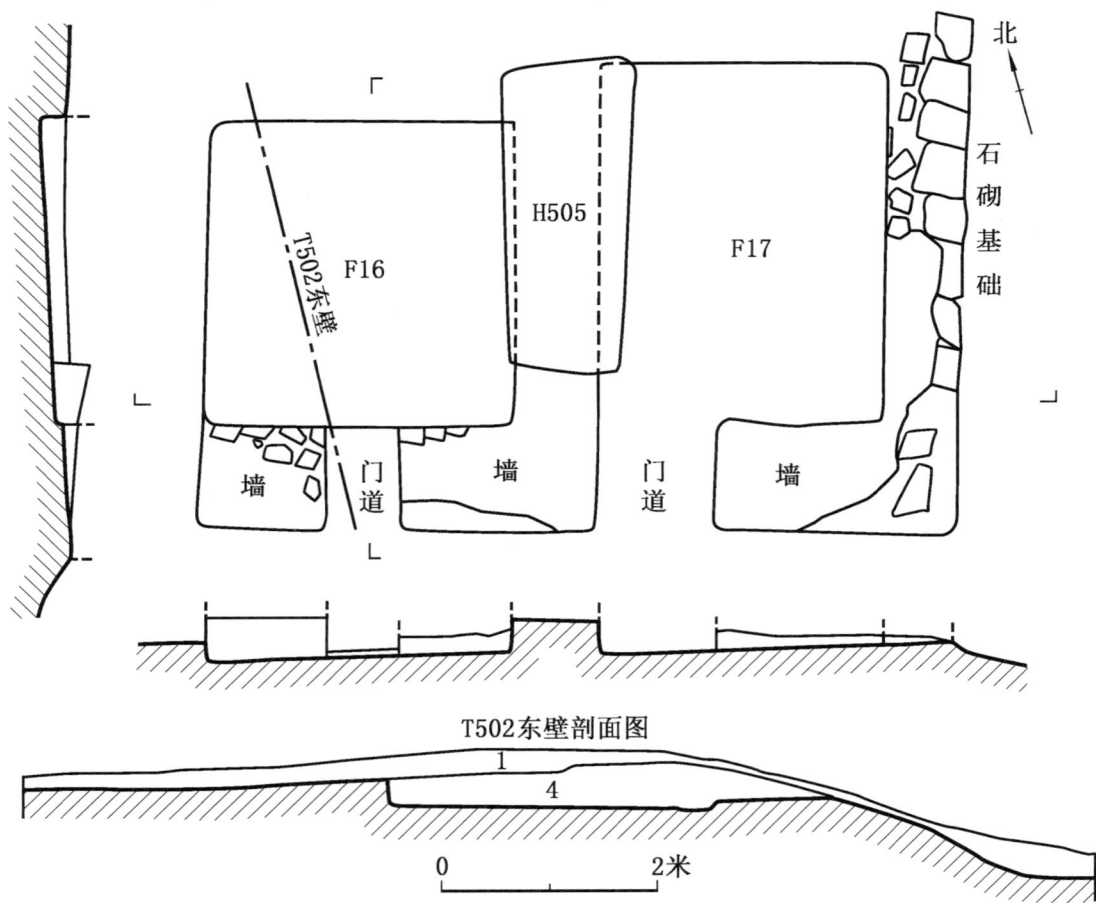

图 10　F16、F17 平面、剖面、剖视图
1. 黄褐色耕土　4. 黄褐色花土

土坯长 0.3 米、宽 0.25 米、高 0.13 米。房内壁和前墙外壁抹草拌泥，厚约 1.5 厘米。屋内有一层褐黄色活动面，厚 2—7 厘米，质地较硬，结构紧密，四周略高，中间稍低，深 0—0.06 米。

　　房回廊前有柱础石（Z14），直径 0.5 米、孔径 0.1 米、深 0.06 米。前墙距 Z14 中心点 2 米。房后有护坡和活动面，护坡长 11.4 米、宽 0.3—0.4 米、高 0.15 米，活动面厚 1—8 厘米。

　　其层位情况，以 T514 北壁地层堆积为例说明。第 1 层，黄褐色耕土，厚 0.1—0.13 米，出土有北魏时期的板瓦、筒瓦残片等，叠压于此层下的有 F18 的墙体。第 2 层，黄色粉沙土，厚 0—0.15 米。第 3 层，褐黄色花土，厚 0—0.09 米。第 4 层，黄褐色花土，厚 0.1—0.4 米，出土有北魏时期板瓦和筒瓦残片、釉陶板瓦残片、陶片等。叠压于此层下的有 F18、廊前和房后有护坡（图 6，图 11）。

　　F18　套间。位于西排房南头。里外间，南北并列。平面呈长方形，北部是里间，东西长 4.4 米、南北宽 4 米。房子门道位于东南部，和外间相连。房子门道长 0.8 米、宽 0.3 米。里外间之间有一道 0.7 米高的门槛。外间在南部，东西长 4.4 米、南北宽 4 米。主门道位于房间东北部，长 1.1 米、宽 0.7 米。

　　主墙是夯土墙，高 0—0.13 米。隔墙是用褐色和黄色土坯垒砌而成，高 0.13 米。主门道东南向，方向 259 度。

　　房内呈水平状向东延伸至回廊内，廊内活动面呈东北—西南向。房回廊前有柱础石（Z14），位于门道东北，直径 0.5 米、孔径 0.1 米、深 0.06 米。Z14 中心点距前墙东边缘 2 米，房内地面高出房后地面 0.15 米。

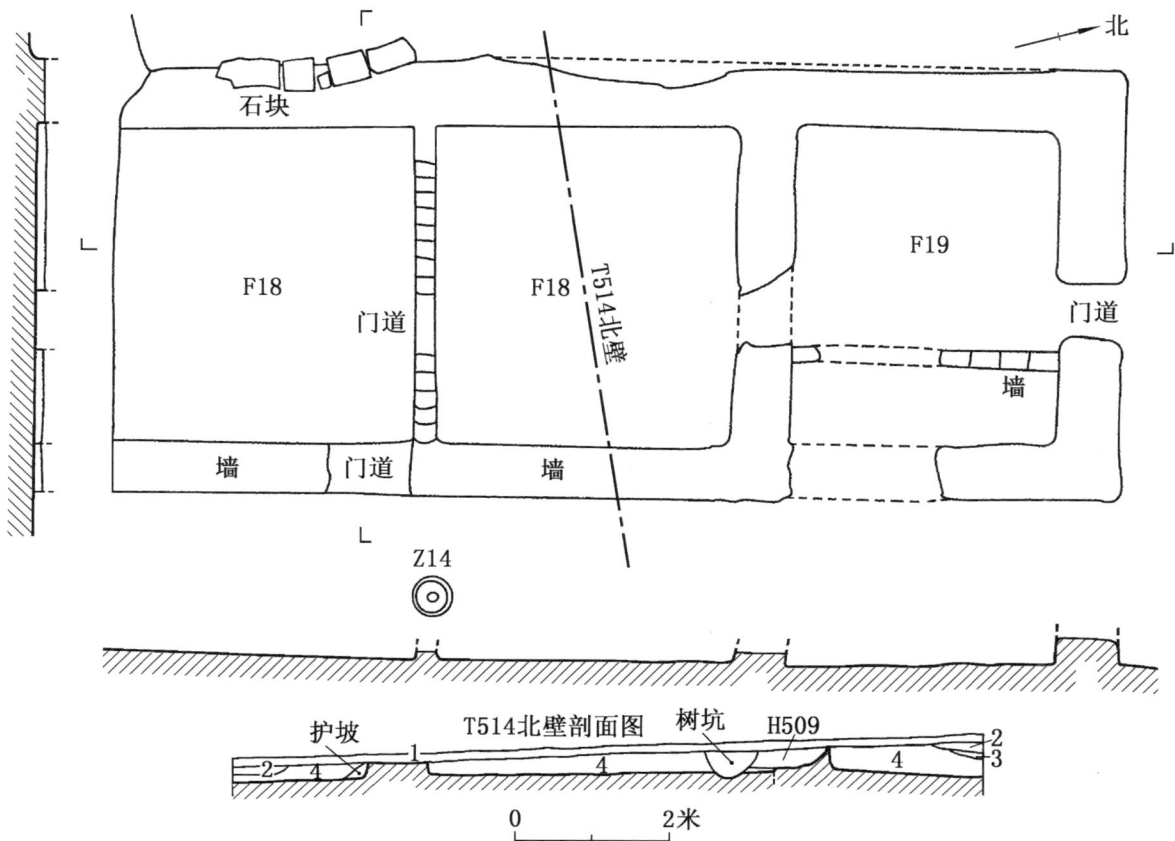

图 11　F18、F19 平面、剖面、剖视图
1.黄褐色耕土　2.黄色粉沙土　3.褐黄色花土　4.黄褐色花土　Z14.柱础石

F19　单间房。位于西排房北头。平面呈长方形，东西长 4.4 米、南北宽 3.5 米。房内东部有一道土坯垒砌的南北向墙体，中南部被 H509 打破，北段残长 1.6 米、南段残长 0.35 米、宽 0.5 米、高 0.23 米，土坯长 0.4 米、宽 0.17 米、高 0.13 米。

主墙为夯筑，高 0.05—0.5 米。门道位于房间北部，长 0.85 米、宽 0.75 米、高 0.35—0.5 米。房内壁抹草拌泥，外有抹白灰的痕迹。屋内有一层褐色活动面。门道东北向，方向 12 度。

（4）东排房　3 间（套，F20—F22）。位于遗址东部，南北并列。南北长 18.2 米、东西宽 4.7—8.75 米，西北部被 G501 打破，东南部被 H515 打破。墙为夯土墙，夯层厚 0.1—0.12 米、墙长 0.6—1 米、宽 0—0.15 米。房间内壁和外壁抹草拌泥，厚 1—1.5 厘米。房前有一柱础石和筒瓦垒砌墙，小柱础石，直径 0.25 米、孔径 0.04 米；墙长 6.8 米、宽 0.2 米、高 0.1 米。门道西北向。

其层位情况，以 T528 为地层堆积例说明。第 1 层，黄褐色耕土，厚 0—0.75 米。第 2 层，黄色粉沙土，厚 0—0.4 米。第 3 层，褐黄色花土，厚 0—0.45 米，叠压于此层下的有 F22 隔墙、火炕和 F21 隔墙。第 4 层，黄褐色花土，厚 0.25—0.55 米，出土有北魏时期的板瓦和筒瓦残片等。叠压于此层下的有 F20—F22（图 6，图 12）。

F20　单间房。位于东排房南部。平面呈长方形，东西长 2.25—3.1 米、南北宽 2.2 米。西墙墙基用石片砌成，北墙是夯土墙，高 0—0.15 米。因南墙破坏严重，仅存部分石片砌成的墙基。

F21　套间。位于东排房中部。平面呈长方形，南北并列，里间东西 3.3 米、南北 3.55 米、墙高约 0.5 米，门位于南部中间，门道长 0.8 米、宽 0.6 米、高 0.25 米，门槛长 0.8 米、宽 0.2 米、高 0.1 米。外间东西长 3.25—3.95 米、南北宽 3.75 米。主门道位于西南部，长 1.15 米、宽 0.95 米、高 0.04 米，方向 101 度。门道长 1.15 米、宽 0.5—0.55 米、高 0.04 米。

F22　单间。位于 F21 的北部。平面呈长方形，东西 3—3.8 米、南北 4.75 米、夯土墙厚约 0.9 米。房内有火炕、烟道、隔墙。火炕为长方形，长 3.3 米、宽 1.2 米、高 0.35 米。烟道口径约 0.3 米。

2. 塔基　1 座。位于遗址东南部（T517、T518、T521、T522、T524 和南扩方），北部有辽金时期的活动面和路，南部中间踏道离窟沿较近，故未清理到头（图 6）。廊房与柱础石间距 1 米、塔基西缘与西廊房前墙间距 11.4 米、塔基东缘与东廊房前墙间距 9.85 米。

其层位情况，以 T524 北壁地层堆积为例说明。第 1 层，黄褐色耕土，厚 0.1—0.4 米。叠压于此层下的有塔基。第 2 层，黄色粉沙土，厚 0—0.65 米，叠压于此层下的有塔基东边缘砌石。第 4 层，黄褐色沙土，厚 0.33—0.55 米，出土有北魏时期的板瓦和筒瓦残片、"传祚无穷"瓦当残片、陶莲花饰件、陶片等。叠压于此层下的有塔基东部地面。

塔基坐北朝南，方向 191 度，与北房方向相同。平面近方形，南北长 14.5 米、东西宽 14.4 米、高 0.35—0.75 米。踏道位于塔基南部正中间，平面呈长方形，北高南低，长 5.3 米、宽 1.9 米、高 0—0.3 米（图 13，图版 6，图版 7，图版 8-1）。

塔基西南部和东南部有两个柱础石（Z13、Z15）。Z13，直径 0.75 米、孔径 0.14 米、深 0.05 米，中心点与塔基西边缘间距 8.65 米。Z15，位于 T524 南扩方处，Z15 开口于第 4 层，打破地面。直径 0.75 米、孔径 0.14 米、深 0.05 米，Z15 中心点与塔基东边缘间距 8.1 米（图 6）。

塔基主体为夯土，由三部分组成，第一部分是砌在塔基四周的石片，宽 0.2—0.3 米，起到保护塔基的作用。南边和西边的石片已经被破坏，但北边东半部及东边的石片依然存在。第二部分

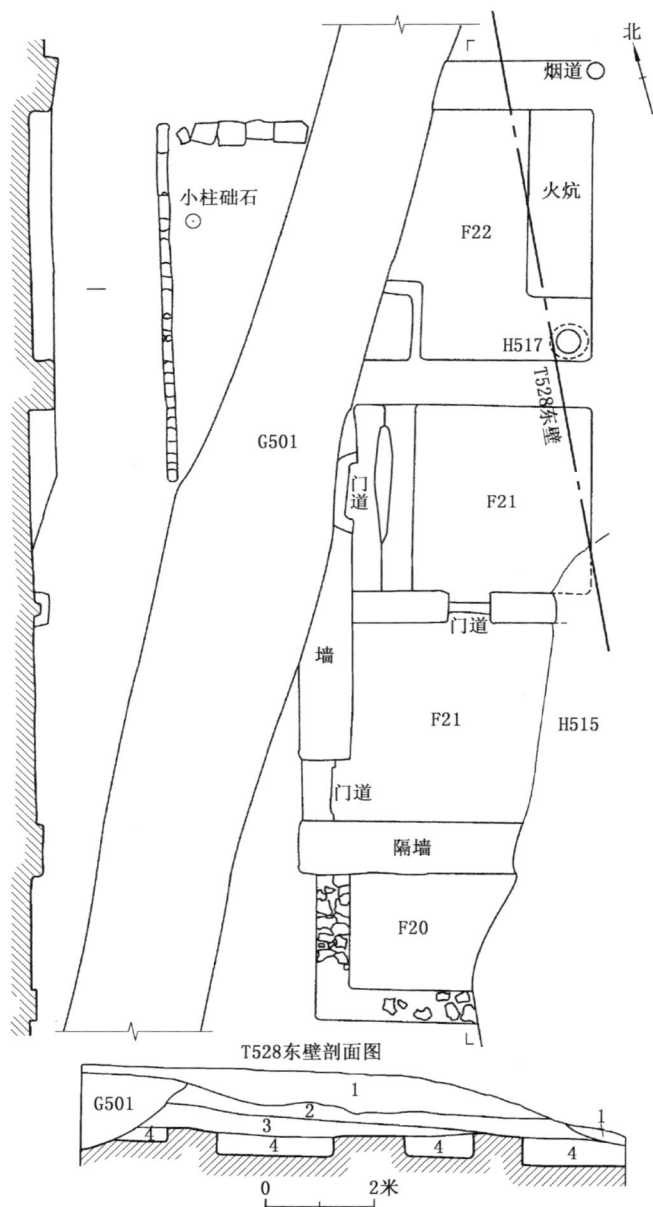

图 12　F20、F21 和 F22 平面、剖面、剖视图
1. 黄褐色耕土　2. 黄色粉沙土　3. 褐黄色花土　4. 黄褐色花土

是塔基外围的夯土，宽 0.9—2.6 米、高约 0.13 米，夯窝有圆形和圆角长方形两种。圆形夯窝直径 10 厘米、深 2.5 厘米，圆角长方形夯窝长 10 厘米、宽 7.5 厘米、深 1.5 厘米。第三部分是塔基中部的细沙土，质地较纯，紧密坚硬。

塔基上有柱洞 7 排 40 个（D1—D40），排列有序，每排 5—8 个，呈东北—西南向。柱洞平面有长方形、圆形、方形、椭圆形、不规则形，应为原来塔的立柱（图 13）。经解剖塔基中部未发现地宫或埋藏坑遗迹。

塔基中部解剖沟以东壁地层夯土堆积为例。第 1 层，黄褐色花土，厚 7—20 厘米，结构致密。第 2 层，杂土，厚 36—42 厘米，含杂质较多，有白灰渣、鹅卵石等，结构致密。第 3 层，黄褐色花土，厚 5—10 厘米，结构致密。第 4 层，黄褐色花土，厚 0—15 厘米，结构致密。第 5 层，黄褐色花土，厚 5—18 厘米，结构致密。

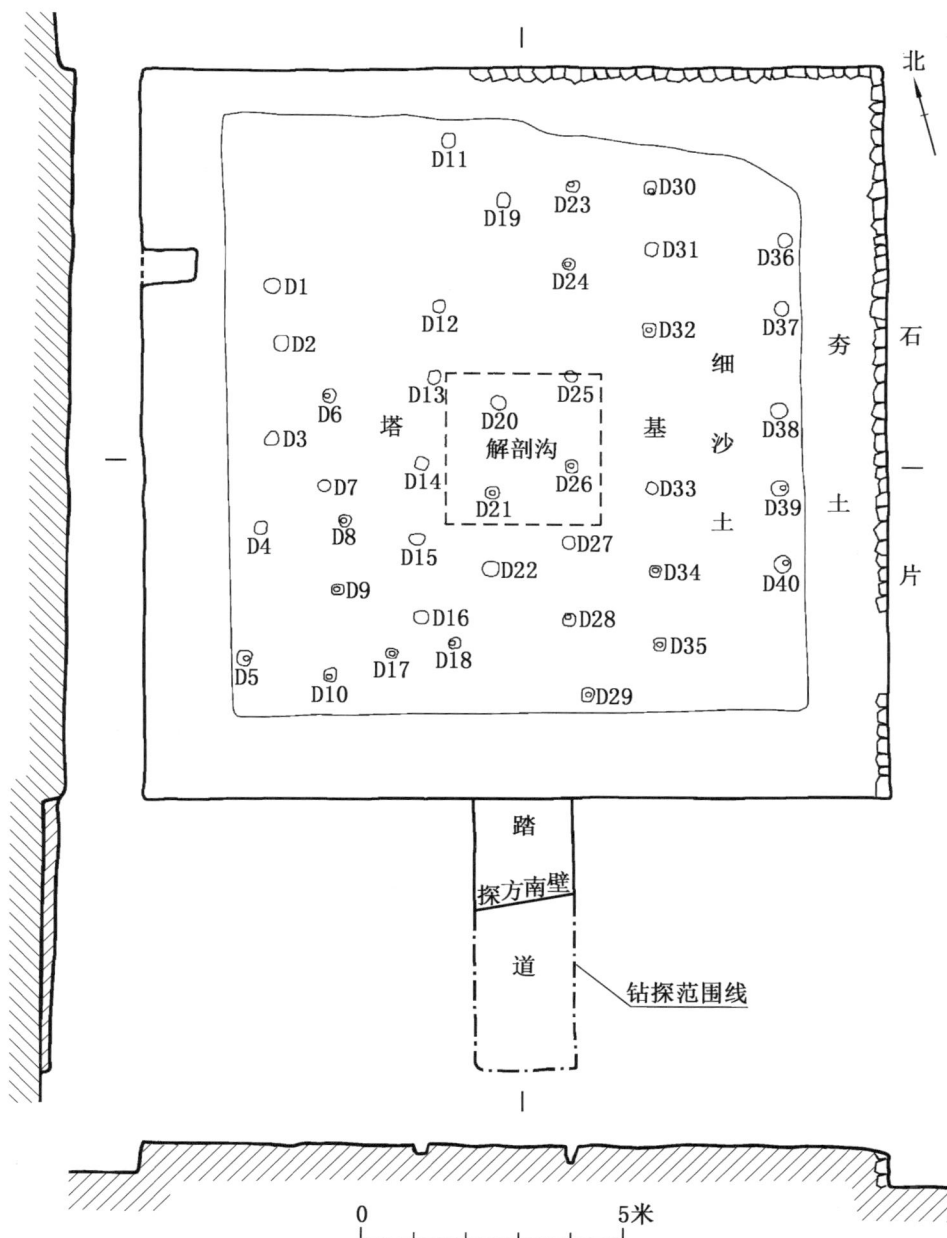

图 13　云冈石窟窟顶佛教寺院遗址塔基遗迹平面、剖面图

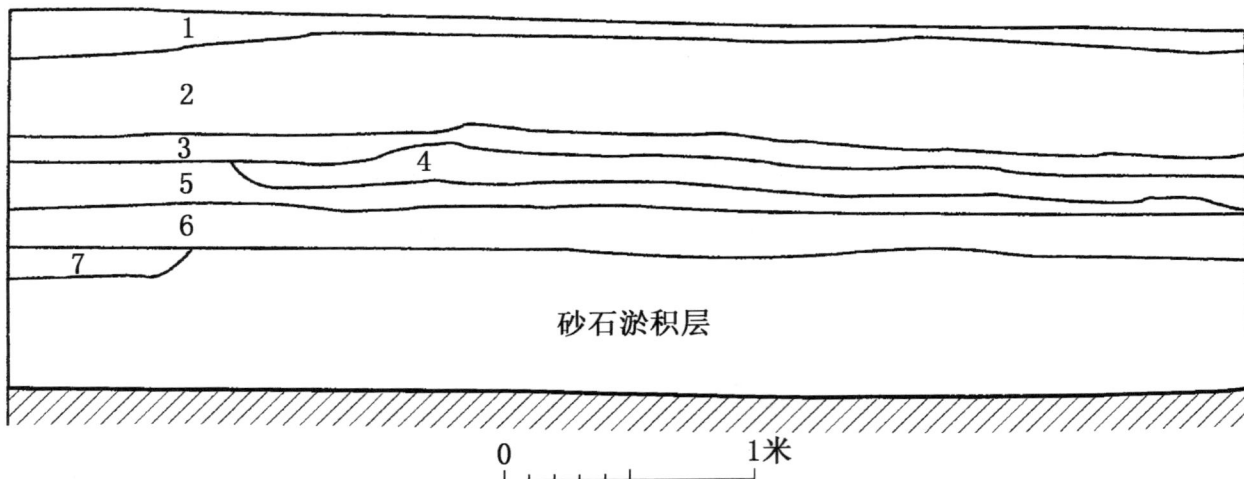

图 14　塔基解剖沟东壁剖面图
1.黄褐色花土　2.杂土　3.黄褐色花土　4.黄褐色花土　5.黄褐色花土　6.黄褐色花土　7.黄褐色花土

第 6 层，黄褐色花土，厚 12—18 厘米，结构致密。第 7 层，黄褐色花土，厚 0—11 厘米。第 7 层下为砂石淤积层（图 14）。

3.陶窑 2 座（Y501、Y502）。位于发掘区西南部，东西并列。西为 Y501，东为 Y502。东北—西南向，生土向下用草拌泥土坯垒砌窑室周壁，窑壁抹一层厚 0.6 厘米的草拌泥。土坯长 0.32 米、宽 0.13 米、高 0.08 米。陶窑由窑前活动面、窑门、火膛口、火膛、窑室、烟道等组成（图 6，图版 8-2）。

以 T501 南壁、西壁地层堆积为例。第 1 层，黄褐色耕土，厚 0.1—0.3 米。叠压于此层的有北魏时期的两座陶窑及生土。

Y501 窑室比 Y502 稍大，窑前场地低于 Y502 窑前场地 0.2 米，窑前有活动面。窑室和窑前填土内含有瓦片、陶片、文字瓦当等。Y502 叠压于第 1 层下，打破生土。

窑前活动面呈不规则形。东北深，西南浅，南北长 4.4—5.3 米、东西宽 4 米、深 0.45—0.8 米。活动面色泽发黑，不见炭屑。窑门西南部有一椭圆形坑，坑内有大量草木灰、木炭块等，长 1.88 米、宽 1.34 米、深 0.15—0.2 米。前壁较规整，底部不平。前壁地面上有一层踩踏的灰褐色土，质地较硬，结构紧密，靠近窑门处厚 8 厘米，向南逐渐变薄。

窑门位于窑前活动面偏西，顶部残，呈拱门状，窑门西宽东窄，长 0.7—0.9 米、宽 0.4—0.68 米、高 0.6—0.7 米。门底部有一火膛口，呈"凹"字形，长 0.26 米、宽 0.2 米、高 0.12 米。

火膛呈喇叭形，东西两侧延伸较深，平底，东西两壁和窑门内壁烧结面呈青灰色，壁面挂有烧流，呈乳丁状。南北 0.6—0.7 米、东西 1.2—1.6 米、深 0—0.2 米，底部有一层厚约 0.2 米的灰黑色草木灰和木炭屑堆积。

火膛北为窑室，平面近长方形，顶部残，直壁，底部北高南低，壁烧成约厚 0.14 米的青灰色面，内为 0—0.1 米厚的红烧土，窑室南北长 2.1—2.2 米、东西宽 1.5—1.9 米、深 0.68—0.8 米。窑室北壁有三条烟道，呈等腰三角形，高 0.3 米。中间主烟道较宽，左右烟道较窄，左侧间距 0.24 米、右侧间距 0.34 米、主烟道直径 0.26 米、左右烟道直径 0.2 米（图版 9-1）。

窑室和窑前填土分二层。第1层，黄褐色花土，厚约0.6米，土质较软，结构疏松，含青灰色草拌泥土坯块、红烧土块或粒、木炭碎块、石块、料礓石、植物根系等。出土有较多的瓦片、少量陶片、文字瓦当残片等，可辨器形有陶盆、罐等。第2层，灰褐色土，厚约0.2米，土质松软，结构柔软，以草木灰为主，含青灰色土坯碎粒、烧土碎粒、木炭粒、料礓石、石块等，出土有瓦片、陶片、建筑构件残片、文字瓦当残片等。可辨器形有陶罐、盆。

4. 灰坑　1个（H517）。位于F22东南角，开口于第4层下，打破生土。平面呈圆形，腹径大于口径，呈罐形，平底。口径0.4米、腹径0.64米、底径0.2米、深0.7米。填灰色土，土质松软，结构柔软，以草木灰为主，含少量烧土粒、小石粒等，出土可辨器形有陶钵、盆。

（二）辽金时期

辽金遗迹包括房址2座、路1条、灰坑1座。

1. 房址　2座（F1、F2），位于发掘区北中部偏东，东西并排。东西长15.8米、南北宽11.9米。平面呈长方形和北宽南窄的斗形。房址填土内含有瓦片、陶片和石片，值得注意的是，辽金房址内有许多煤渣，而在北魏房址中不见。

其层位情况，以T519、T520北壁地层堆积为例说明。第1层，黄褐色耕土，厚0.15—0.25米，叠压于此层下的有F1西墙、F1、F2的隔墙和F2的东墙。第2层，黄色粉沙土，厚0—0.3米。第3层，褐黄色花土，

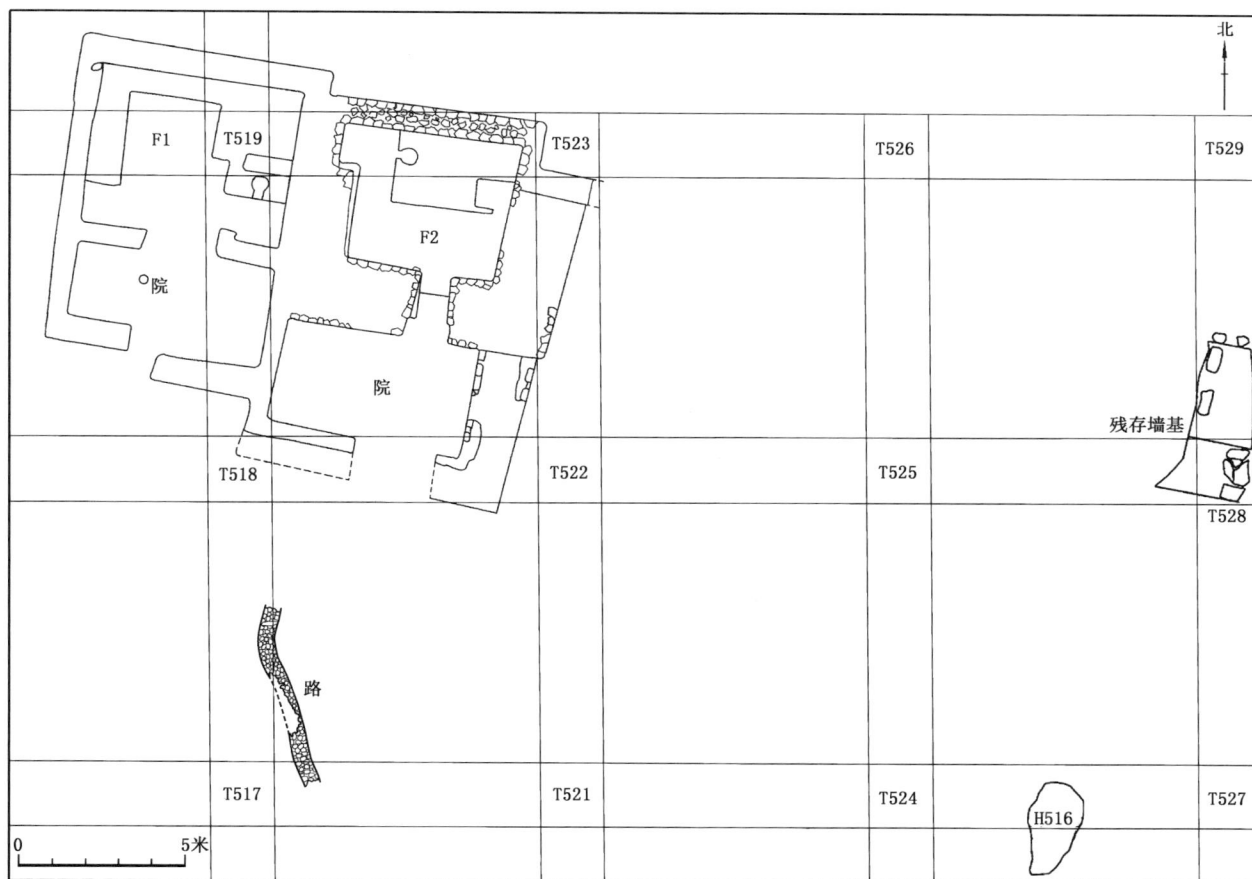

图15　云冈石窟窟顶西区寺院遗址辽金遗迹平面图

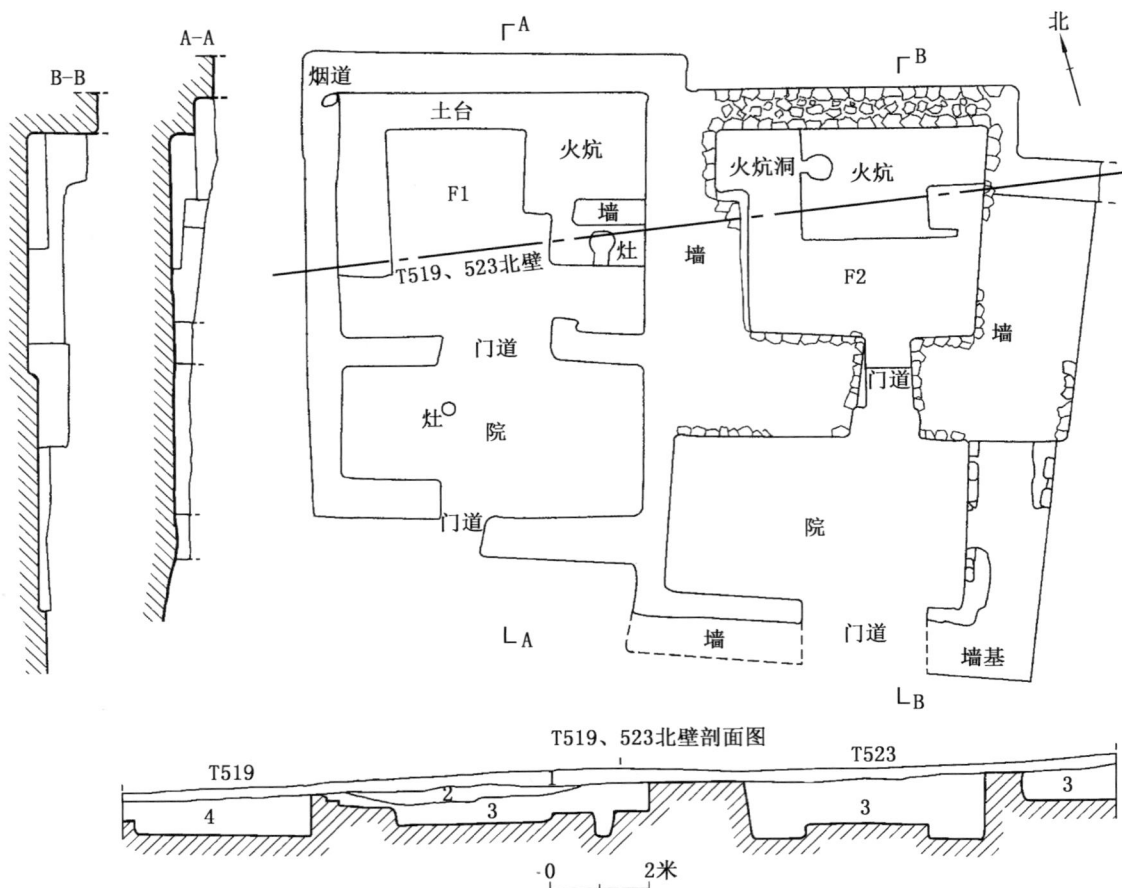

图 16 F1、F2 平面、剖视图
1. 黄褐色耕土 2. 黄色粉沙土 3. 褐黄色花土

厚 0.1—1.4 米，叠压于此层下的有 F1 和灶台、F2 及火炕，出土有辽金时期的石锅、陶盆、板瓦、筒瓦等（图 15，图版 9-2）。

F1 南北 5 米、东西 6.1 米，墙体分别用土坯、石片和残瓦片垒砌而成，墙长 0.6—2 米、宽 0.35—1.05 米。房内壁抹草拌泥，并且贴有零散的瓦片，外抹白灰墙皮。

房内有灶台、火炕和土台。灶台位于房内东部偏南，长 1.9 米、宽 1.05 米、高 0.2 米。灶口直径 0.5—0.9 米、深 0.5 米。灶内有草拌泥，厚 0.01 米，烧结面呈红褐色。灶接近底部有一圆形火道，向北延伸至火炕内，直径 0.15 米。房内西北角有一用板瓦垒砌的烟道，平面呈椭圆形，口径 0.2—0.3 米、高 0.4 米。

灶台北部是火炕，长 2.5 米、宽 2.4 米、高 0.5 米。灶与火炕之间有一堵东西向的墙，长 1.45 米、宽 0.5 米、高 0.4 米。

土台位于房间西北部，与火炕相连，土台长 3.75 米、宽 0.75—1.1 米、高 0.5 米。火炕、墙和土台用土坯垒砌而成，面上抹一层草拌泥，厚 1—2.5 厘米。土坯长 0.45 米、宽 0.13 米、高 0.2 米。

屋内有一层褐色活动面，厚 0.05 米，质地较硬，四周略高，中间稍低，深 0—0.05 米。南壁中央开门，门向西南，方向 190 度。门道长 2.2 米、宽 0.6 米、高 0.4 米。

院西窄东宽，东西长 6 米、南北宽 2.35—3.15 米、墙长 0.7—1 米、宽 0.25—0.37 米。院内有灶，位于中部偏西，直径 0.25 米、略高出活动面 0.01 米。院内活动面和处理地面硬土厚 0.1 米，呈水平状略带斜坡向南延伸。大门开在正南方，门道长 0.95 米、宽 0.85 米、高 0.37 米（图 16）。

F2 平面近方形，北宽南窄，南北 4.3 米、东西 4.4—5.35 米、墙长 0.8—2.2 米、宽 0.4—1.7 米。墙内用石片垒砌，墙外用残瓦片垒砌。墙内贴有碎瓦片，内抹草拌泥，外抹白灰，草拌泥厚 1—3 米、白灰皮厚 0.2—0.4 厘米。前墙和东墙壁抹草拌泥。

房内遗迹有火炕、灶和火炕洞，火炕位于房内东北部，长 3.7 米、宽 2.3 米、高 0.35 米，火炕面用石片铺砌。

灶位于火炕的西侧偏北，平面呈瓢形，北侧长 0.5—0.65 米、南侧长 1.2—1.4 米、宽 0.65 米、口径 0.55—0.65 米、深 0.3 米。灶面和火炕面高 0.35 米。底部有一长 0.2 米的方形火道向火炕内东部延伸。烟道在房内东北角，平面呈圆形，直径 0.2 米、高 1.25 米，烟道外有 1 厘米厚的褐色土。

火炕洞位于火炕的西部，平面呈长方形，半封闭状，东南部有一个缺口。火炕洞长 1.1 米、宽 0.8 米、高 0.35 米、缺口长 0.45 米、宽 0.15 米、高 0.35 米。

室内有一层褐色活动面，厚 0.05 米，活动面下有 0.1 米厚的地面硬土，四周略高，中间稍低，深 0—0.06 米。南壁偏东处开门，门向西南，方向 195 度。门道内有一个 0.2 米高的台阶，呈水平状向南延伸至院内。门道长 2.1 米、宽 0.9—1.4 米、高 0.65 米（图 16）。

院内呈长方形，长 5.9 米、宽 3.3 米。大门在院的东南部，长 2.45 米、宽 1.3 米、高 0.15 米、院墙长 0.75—2 米、宽 0.15—0.45 米。活动面和地面硬土厚 0.15 米，夹杂着不少炭屑，呈水平状到大门外，略带斜坡向南延伸。

2. 路 1 条（L501）。位于 F2 院外西南部。叠压于第 3 层下，打破第 4 层，被现代坑和第 2 层打破。平面呈弧线长条形，西北—东南向，长 6 米、宽 0.5 米。路面用小卵石、瓦片、石片铺成，东西两侧用竖砌瓦片砌成路牙，路面高出东西两侧活动面 1 厘米。小卵石直径 0.05—0.1 米、瓦片长 0.15—0.3 米、厚 0.02 米、石片长 0.15—0.3 米。路砌在 F2 院外西南部活动面上，南部略带斜坡向上延伸，被第 2 层破坏（图 15）。

3. 灰坑 1 个（H516）。位于遗址东部，开口于第 2 层下，打破第 4 层、F21 以及生土，被 G501 打破。不规则形，近直壁内收，口大底小，平底。口径 1.8—3.4 米、底径 1.4—3.2 米、深 1—1.1 米。坑内填土至自上而下为基本相同的黑褐色土，土质较软，结构疏松，含有烧土块或料礓石、石块等，出土有瓦片、陶片等，可辨器形有陶盆等。

（三）明清时期

1. 灰坑 13 个（H502—511、H514—516）。有不规则形 10 个、长方形 2 个、"T"字形 1 个。以斜壁和弧壁为主，多为不规则形底和圜底，平底少，一般坑口直径 1—5 米、深 0.2—0.8 米、最深约 1.7 米。出土遗物有瓷片、陶片及北魏时期的瓦片、陶片、文字瓦当等，可辨器形有瓷碗、瓷罐、陶盆等。

2. 沟 1 条（G501）。位于遗址东部，东北—西南向。叠压于第 1 层下，打破第 2 至第 4 层、H516、F21、F22 及生土。平面呈长条形，斜壁。长 40 米、宽 7—9.5 米、深 2.5—3 米。填黄色粉沙土，土质较软，结构疏松，含有炭粒、料礓石、石块或粒、植物根系。出土有陶片、瓷片、早期瓦片等，可辨器形有瓷碗等。

四、出土遗物

北魏辽金遗址出土有建筑构件、石刻、日用器物等。

（一）北魏时期

出土建筑构件、石刻和日用器物。

1. 建筑构件　1176 件。有板瓦、筒瓦、瓦当、莲花饰件、柱础等。

板瓦　554 件。多不完整。部分瓦为泥条盘筑，有不规整横纹。前端开始逐渐变薄。有釉陶板瓦、黑衣压光板瓦和灰陶板瓦三类。

釉陶板瓦　334 件。仅复原数件，泥胎红色或灰白色。正面施较薄的绿黄色釉，背面有的施釉，有的有流釉。平面呈梯形，断面呈弧状，多数瓦两侧向下倾斜，形成向下的斜坡，与灰陶板瓦倾斜角度相反，似是切割后再次加工。前端下沿有指压痕迹，数量不等。少数瓦两侧平直，呈不规则形或圆形。素面。T502④：10，泥质红陶。前宽后窄，外表光滑，施青绿釉，有少量釉斑，前端背面留有十八个水波状指压纹。长 45.6 厘米、上宽 25.4 厘米、下宽 32 厘米、厚 0.8—1.4 厘米（图 17-1，图版 10-1）。

黑衣压光板瓦　完整者 20 余件。泥质灰陶。似在表面施黑色颜料或油脂，经刮压烧制光滑，形成一层薄硬皮，色泽发黑，保存好者甚至油光发亮，保存差者仍可见斑斑黑色，表面有竖向刮压痕迹。平面呈梯形，两侧向上倾斜，形成向上的斜坡。凸面下沿有水波状指压痕迹。下端距边沿 6 厘米处开始变薄。T516④：25，通长 47.6 厘米、上宽 30.5 厘米、下宽 32 厘米、厚 0.5—1.8 厘米（图版 10-4）。T516④：4，通长 50.8 厘米、上宽 28.6 厘米、下宽 32.4 厘米、厚 0.4—1.8 厘米（图版 10-2，图版 10-3）。

灰陶板瓦　修复完整者 200 余件。泥质灰陶，泥条盘筑。有的制作规整，有的较粗糙。平面呈梯形，上窄下宽，断面呈弧状。两侧上倾形成斜坡。下端距边沿 6 厘米处逐渐变薄，形成斜坡。T524④：1，凹面有布纹。长 52.1 厘米、上宽 27.6 厘米、下宽 33.2 厘米、厚 0.6—2.2 厘米（图版 10-5）。T502④：2，凹面两侧可见布纹，下端距边沿 6 厘米处逐渐变薄。通长 45.4 厘米、上宽 24 厘米、下宽 29.8 厘米、厚 0.3—2.1 厘米（图版 10-6）。T512④：28，凹面布纹明显，下端距边沿 6 厘米处逐渐变薄。凹面饰布纹。长 50 厘米、上宽 28.6 厘米、下宽 32.8 厘米、厚 0.4—2.4 厘米（图版 10-7）。T529④：31，凹面布纹明显，下端

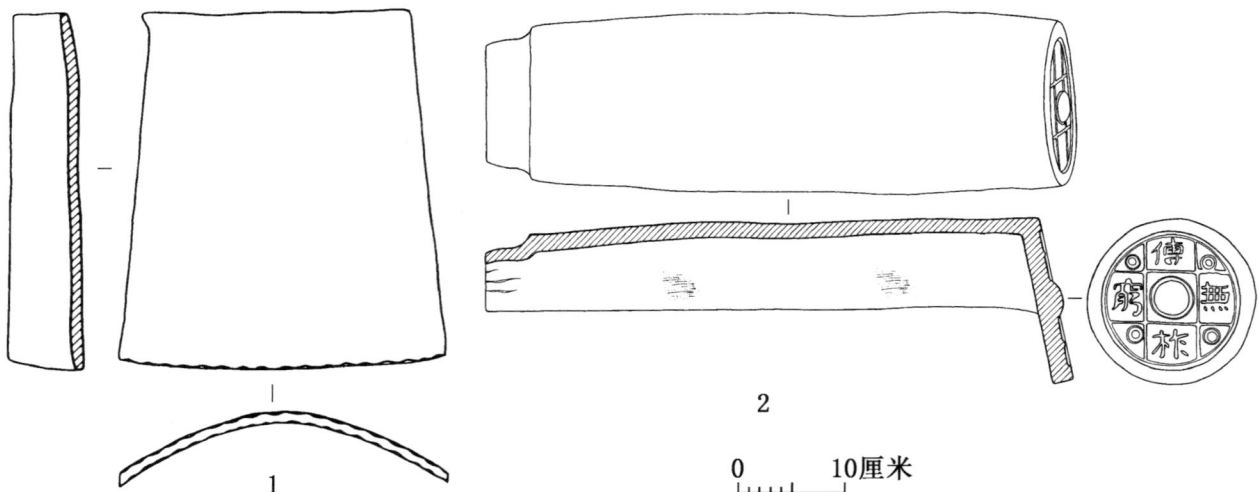

图 17　出土北魏时期建筑构件
1. 釉陶板瓦（T502④：10）　2. 灰陶筒瓦（T525④：1）

距边沿 6 厘米处逐渐变薄，形成斜坡。长 48.6 厘米、上宽 31.4 厘米、下宽 35.8 厘米、厚 0.5—2.1 厘米（图版 10-8）。T526 ④：31，凹面有布纹，近下端处变薄。长 48 厘米、上宽 24 厘米、下宽 28 厘米、厚 0.5—2.2 厘米（图版 10-9）

筒瓦　236 余件。泥质灰陶。断面均为二分之一圆弧形。瓦舌较长，略向前倾。凹面后端近边沿 2—3 厘米处逐渐变薄。根据表面颜色和加工工艺，分为黑衣压光筒瓦和灰色筒瓦两类。

黑衣压光筒瓦　完整和修复者 36 件。泥质灰陶。表面施黑色颜料，颜色均匀。经过刮压，凸面黑色光滑，凹面不光滑，有的保留较少黑色。断面呈半圆形，瓦舌前倾，个别带瓦头。内有布纹。T528 ④：5，舌平面呈梯形，后端近边沿处变薄。长 42.4 厘米、宽 15—15.4 厘米、厚 1—1.7 厘米、舌长 5 厘米、宽 9.7—12.4 厘米（图版 11-1，图版 11-2）。T528 ④：2，平面呈梯形，舌平面呈倒梯形。残长 44 厘米、宽 21.2—21.8 厘米、厚 2—3.4 厘米、舌长 7 厘米（图版 11-5）。T514 ④：2，舌平面呈梯形。长 46.6 厘米、宽 14.8—16.6 厘米、厚 0.5—2.3 厘米、舌径 11.2—12.5 厘米（图版 11-3，图版 11-4）。T516 ④：3，上部磨平。残长 48 厘米、宽 23—24 厘米、厚 1.3—2.4 厘米（图版 11-6）。

灰陶筒瓦　完整和修复者 200 余件。泥质灰陶，制作较规整，弧形表面有的有陶拍痕迹。断面呈半圆形，平面近长方形，舌平面呈梯形，瓦舌前倾，平面呈梯形。内饰布纹。T507 ④：1，瓦身和瓦舌连接处微内凹。长 41 厘米、宽 11.4—13.6 厘米、厚 0.8—1.6 厘米、舌长 3.2 厘米、宽 9—11 厘米（图版 12-1，图版 12-2）。T516 ④：5，凹面下端近口沿处变薄。瓦身通长 45.9 厘米、宽 14.6—17 厘米、厚 0.6—2.3 厘米、舌长 5.8 厘米、宽 10.6—12.8 厘米（图版 12-3）。T527 ④：15，胎上厚下薄。瓦身长 36.5 厘米、宽 15—15.3 厘米、厚 0.8—2.7 厘米、舌长 6 厘米、宽 11—13.4 厘米（图版 12-4）。T517 南扩 ④：15，长 44.5 厘米、宽 15.2—17.6 厘米、厚 0.8—2.4 厘米、舌长 4 厘米、宽 11.8—13.6 厘米（图版 12-5）。T511 ④：33，长 49.4 厘米、宽 15—18.3 厘米、厚 1.2—2.5 厘米、舌长 4 厘米、宽 9.2—12.6 厘米（图版 12-6）。T525 ④：1，带完整瓦当，瓦当与瓦背呈 105 度角。瓦当是另外与瓦身黏接的，从背面可见瓦当与筒瓦结合处有很厚的黏接泥条。长 44.8 厘米、宽 15.2—16 厘米、厚 1—2.6 厘米、舌长 4.2 厘米、宽 11.4—13.1 厘米（图 17-2）。

瓦当　374 余件。泥质灰陶，模制。正面呈圆形，根据瓦当表面形制，可分为三型。

A 型：360 余件。T524 ④：112，边轮内饰一周凸弦纹，当面以"井"字形分隔成九格，中部为凸起大圆心，圆心四面分布"传祚无穷"四字，隶书体。四字间有四个小乳丁，乳丁外饰一周凸弦纹。当径 15.3 厘米、边轮宽 1.1—1.7 厘米、中心大圆形乳丁直径 3.4 厘米、四角小乳丁直径 0.6 厘米（图版 13-1）。

B 型：12 件。莲花纹。T524 ④：111，当心饰一圆心，外饰一周连珠纹和八组双瓣莲花，每组花瓣中间贯穿一条由连珠纹至边轮的直线。直径 14 厘米、厚 1.5 厘米、乳丁直径 3 厘米、边轮宽 0.8—1.7 厘米、瓦身残长 9 厘米、厚 1.3 厘米（图版 13-2）。T525 ④：43，当心有一乳丁，外饰一周凸弦纹，外侧由七组双莲瓣组成。瓦当直径 17 厘米、厚 2.2 厘米、边轮 0.8—1.2 厘米、乳丁直径 3.8 厘米（图版 13-3）。

C 型：2 件。莲花化生纹。T517 南扩 ④：84，当心凸起，饰一童子上半身，身体两侧饰帔帛，面部稍残，双手合十，之外由十一片莲瓣组成一周，莲瓣均为双瓣，花瓣饱满，线条疏畅，外饰一周凹弦纹。直径 13.4—14.2 厘米、厚 1.8—2.8 厘米、边轮 1.4—2 厘米（图 18-1，图版 13-4）。

图18　出土北魏时期建筑构件
1. C 型瓦当（T517 南扩④：84）　2.、4A 型莲花饰件（T528④：3）
T502④：1　3. 柱础（T529④：22）

莲花饰件 完整或较完整者8件。泥质灰陶，模制。据形状不同，可分三型。

A 型：6件。连珠纹，八组莲瓣。中为方孔。T528④：3，连珠纹外饰一周凹弦纹，外饰一周八组双瓣莲花纹，每组之间有圆珠隔开，外端有削痕。背面光滑。底径14.2厘米、高3.2厘米、方孔边长3厘米、连珠纹珠径0.5厘米（图18-2）。

B 型：1件（T513④：1）。六组莲瓣。外饰六组双花瓣一周，背面光滑。直径12厘米、内孔径3厘米、外孔径4厘米、高3.6厘米（图版13-5）。

C 型：1 件（T516④：2）。六组莲瓣，方孔四周有圆轮廓。外饰一周六组双瓣莲花纹，外端有削痕。背面光滑。底径10.5厘米、高3.5厘米；内孔径2.8厘米、外孔径3.4厘米（图版13-6）。

柱础　4件。砂岩。T529④：22，制作粗糙。上部为圆形莲花座，下部为方形底座，中间有一圆形柱洞，上部平面为六组双瓣莲花，底部有凿痕，器物表面残留红色颜料。直径12.5厘米、残高3.5厘米、座长14厘米、高4厘米、孔径2厘米（图18-3）。T502④：1，覆盆式，中部有一方孔。外饰六组双莲瓣纹。座径13厘米、方孔径3厘米、高4.8厘米（图18-4）。

2. 石刻　10件。砂岩。有雕刻石板、石龛像、佛像残片、塔刹相轮等。

雕刻石板　1件（T512④：64）。平面近长方形，上窄下宽。中部为一尖顶龛，下沿外翻上卷，顶部下饰变形忍冬纹。龛内图像有一鼠形动物图案，头左尾右，双尖耳直立向上。其下有一动物，种属不详，头左尾右，双圆耳直立向上；最下为一立鸟，头左尾右，眼部明显。龛外左上有一狗，头向右，眼部明显，双耳斜立，尾上卷，俯卧。左龛沿下有一直立人，面部清晰，头戴发冠，身穿"V"领上衣，腰系带，下身穿灯笼裤（袴），右手执棒状物，左手张开伸向右侧，似作舞蹈。人下有一狗，做行走状，头向右，双耳直立，眼部明显，尾上卷，四腿站立，迈步。龛顶右上有一狐形动物，头向左，眼部明显，双耳直立，尾向右自然伸展，俯卧。右下一人，呈跪姿，面部清晰，头戴尖顶帽，身穿"V"领上衣，右手捧一钵形器，左手执一件带柄法器。右沿下一人，头戴发冠，身穿"V"领上衣服，腰系带，腰带中部似有带扣，右手执一件带柄方扇形法器，伸向龛内鼠形动物下方。石牌右下角有一雄狮，左耳向上，双目圆睁，口部大张，须髯垂向下，前腿直立，后腿卧地，尾直立上扬。石牌中上方钻一圆孔，似为便于悬挂。高 46.5 厘米、上宽 34.5 厘米、下宽 37 厘米、厚 3 厘米、孔外径 2 厘米、内径 1 厘米、龛高 32.5 厘米、宽 17.9—18.9 厘米、龛顶距石牌上端 5.2 厘米（图 19-1，图 37-1）。

龛像　1 件（T515④：55）。双面雕刻，上窄下宽。正面雕刻佛龛，龛为尖顶，右沿外翻上卷，龛内刻有一坐佛，面部、右肩残缺，头顶略尖，双手合十，置于双脚上，盘坐。背面中下部残缺，中上部残存两佛，位于佛龛内，龛顶与正面相同。通高 16 厘米、宽 14.6 厘米、厚 4.5 厘米、正面佛龛高 8.8 厘米、宽 8.4 厘米、进深 1.4 厘米、背面佛龛残高 5.3 厘米、宽 9.2 厘米、进深 1.2 厘米（图 19-2）。

佛像残片　7 件。有的为佛像局部，有的仅为纹饰。T522②：22，双面皆刻有佛像。正面右侧残存

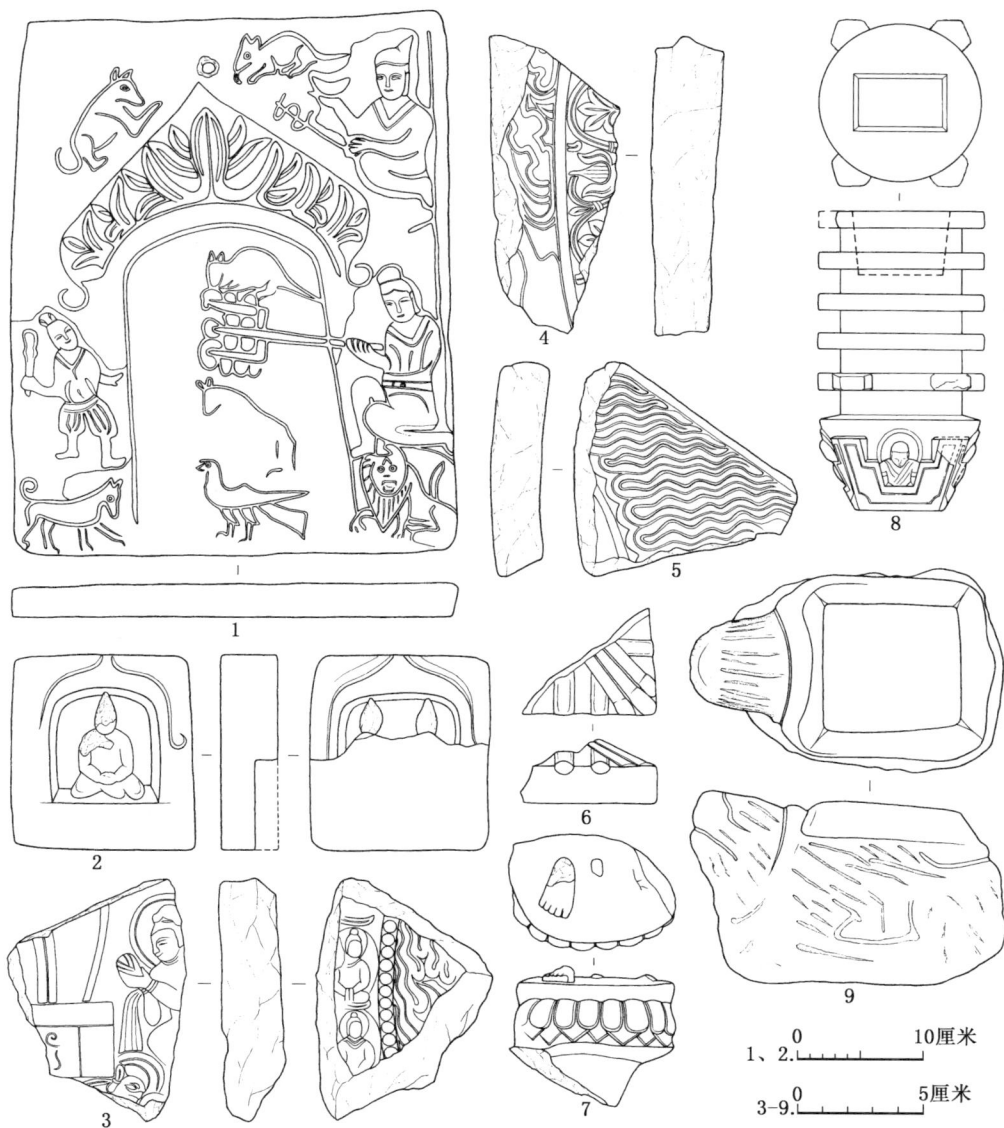

图 19　出土北魏时期石刻
1. 雕刻石板（T512④：64）　2. 龛像（T515④：55）　3—7. 佛像残片（T522②：22、T525④：42、T522②：23、T522④：5、T524 南扩④：11）　8. 塔刹相轮（T517④：84）　9. 龟（T512④：16）

一佛右半身像，背光，高发髻，面部清晰，圆领，双手捧一件桃形器，似有丝带从手腕下垂；左侧残存线条似一矮柜；背面左侧残存盘腿打坐佛像，上下各排列一尊，背光，高发髻，面部表情不清，右侧为火焰纹，与佛像之间用连珠纹隔开。正面残高10厘米、残宽7.2厘米、厚2.4厘米（图19-3）。T522④：4和T528③：10，两件拼合，呈不规则三角形，正反两面皆刻有佛像。正面残存佛像下半身，衣着纹路清晰。背面为佛像上半身，头部缺失，双手合十，右臂外侧衣带明显，脚踩莲花座。高12厘米、宽9.8厘米、厚4厘米（图版14-2，图版14-3）。T525④：42，图案为左侧火焰纹，右侧忍冬纹，中间以粗弧线条隔开。高12.8厘米、宽5厘米、厚2.4厘米（图19-4）。T522②：23，平面呈不规则三角形，残存佛像背光少许。刻有火焰纹。残高10厘米、宽7.6厘米、厚2厘米（图19-5）。T522④：5，基本呈三角形，现存图案为屋檐一角，有瓦垄三段，延伸至屋檐外，残存脊，中间高，两侧低。长5.3厘米、宽4厘米、厚2.6厘米（图19-6）。T525④：9，平面呈不规则三角形，正面残存佛像下半身，衣着纹路明显，右侧残存两条竖线、两条斜线。背面左下角残存二条弧线纹、二截披帛，右侧光滑。素面。残高7.6厘米、残宽8.6厘米、厚0.4—2.6厘米（图版14-4，图版14-5）。T524南扩④：11，底座刻有八瓣莲花，座上方残存一右脚，五个脚趾清晰。座长6.4厘米、高6厘米、厚4.2厘米、脚长2.4厘米、宽0.9—1.3厘米（图19-7）。

石塔刹相轮　1件（T517④：84）。塔轮共五层，最上层残缺，顶部残留一个方形榫卯构件，方形底座四周各刻有一尊半身背光佛像，衣着纹路清晰，佛像左、右、下刻有两道线形成凹槽。高12.5厘米、轮径6.2厘米、底座长4.6厘米、宽3.6厘米，轮距1.1厘米、轮厚0.7厘米，佛像高2.1厘米、宽1.5厘米，顶部孔径2.8厘米、宽2.2厘米、深2.2厘米（图19-8，图版15-1）。

3.日用器物　41件。有石器、陶器。

石器4件。有龟、灯、槽、须弥座等。

龟　1件（T512④：16）。砂岩。外表粗糙，盖呈方形。长12.8厘米、宽8.6厘米、高7.2厘米；头部长3.8厘米、宽3.8厘米（图19-9）。

灯　1件（T507④：31）。砂岩。椭圆口，口内有凹槽，座呈椭圆形。口饰一周凸弦纹。灯柱高16厘米、灯口长14厘米、宽11.9厘米、口厚2.3厘米、通高22.2厘米（图20-1，图版15-2）。

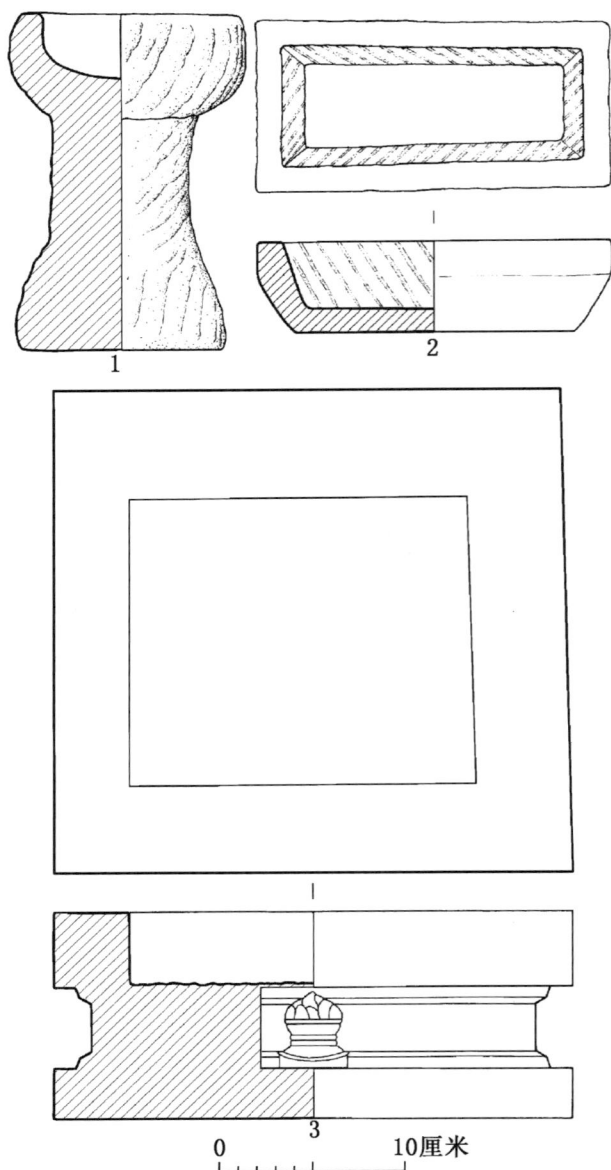

图20　北魏时期遗物
1.石灯（T507④：31）　2.石槽（T514④：6）
3.石须弥座（T515④：9）

槽　1件（T514④∶6）。砂岩。外表粗糙。平面呈长方形，立面呈梯形，槽内斜壁留有雕凿痕迹。槽长18.8厘米、宽9.5厘米、高4.2厘米（图20-2）。

须弥座　1件（T515④∶9）。砂岩。打磨较光滑。平面近方形，中间有一长方形凹槽，槽有凿痕，束腰，中部雕刻有一博山炉图案，四个立面中部有双棱内凹，底部有凿痕。长27.4厘米、宽26.8厘米、高11.4厘米（图20-3，图版15-3）。

陶器　37件。有罐、单耳罐、盘口罐、盆、杯、圜底钵、纺轮、残陶片、支钉等。

罐　2件。泥质灰陶。鼓腹，平底。T515④∶11，泥条盘筑。侈口，宽平沿，圆唇，粗颈。素面。距底1.2厘米处有一钻孔，孔径1.5厘米。口径32.6厘米、腹径46.6厘米、底径17.4厘米、高66厘米（图21-7，图版15-4）。T512④∶3，轮制。侈口，圆唇。颈、肩、腹部各饰一周凹弦纹，颈下部至腹部有数十周暗纹。口径13厘米、腹径19厘米、底径8厘米、高23厘米（图21-5，图版15-5）。

单耳罐　1件（T512④∶2）。泥质灰陶。盘口，平沿，尖唇，矮颈、鼓腹，平底。肩部饰一周凹弦纹。口径14厘米、腹径20厘米、底径11厘米、高14.2厘米（图版15-6）。

盘口罐　2件。T508④∶2，泥质灰陶。方唇，矮领，鼓腹，平底。肩腹部各饰两周凹弦纹。口径14.6厘米、腹径18.6厘米、高12.4厘米（图21-1）。

盆　20件。T516④∶9，泥质灰陶。口沿下翻，圆唇，弧腹，平底。盆内饰六周凹弦纹，上部两周弦纹间饰一周水波纹。口径30厘米、底径12厘米、高8.6厘米（图21-2，图版16-1）。T519④∶16，泥

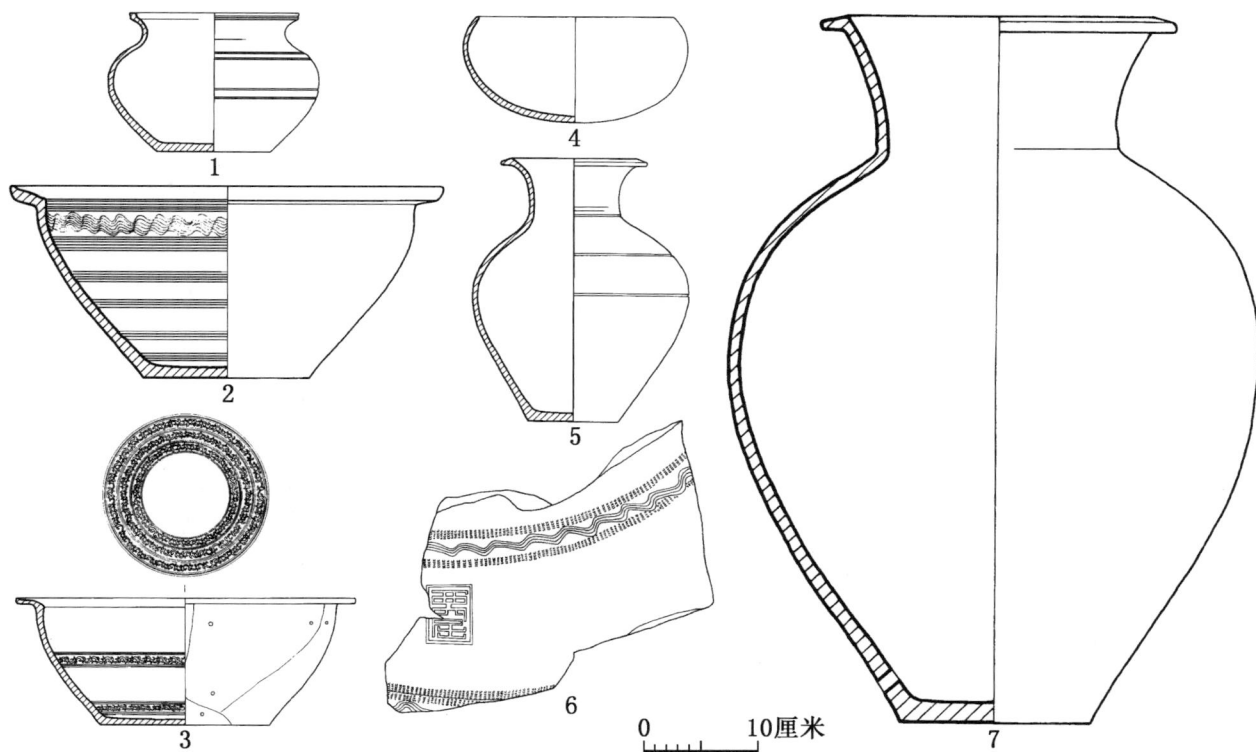

图21　出土北魏时期陶器
1. 盘口罐（T508④∶2）　2、3. 盆（T516④∶9、T519④∶16）　4. 圜底钵（T529④∶11）
5. 罐（T512④∶3）　6. 残陶片（T527④∶1）　7. 罐（T515④∶11）

条盘筑。微敛口，圆唇，鼓腹，平底。内饰二周忍冬纹、数周暗纹，盆底饰三周忍冬纹，器腹有八孔，孔径 0.3 厘米。口径 29.6 厘米、底径 14.8 厘米、高 10.5 厘米（图 21-3，图版 16-2）。

杯　1 件（T508 ④：3）。泥质灰陶，手制。直筒形，平底。口径 6.8 厘米、底径 4 厘米、高 8 厘米。

圜底钵　6 件。T529 ④：11，泥质灰陶，轮制。敛口，圆唇，鼓腹，圜底。口径 17.6 厘米、腹径 18.6 厘米、高 10 厘米（图 21-4，图版 16-3）。

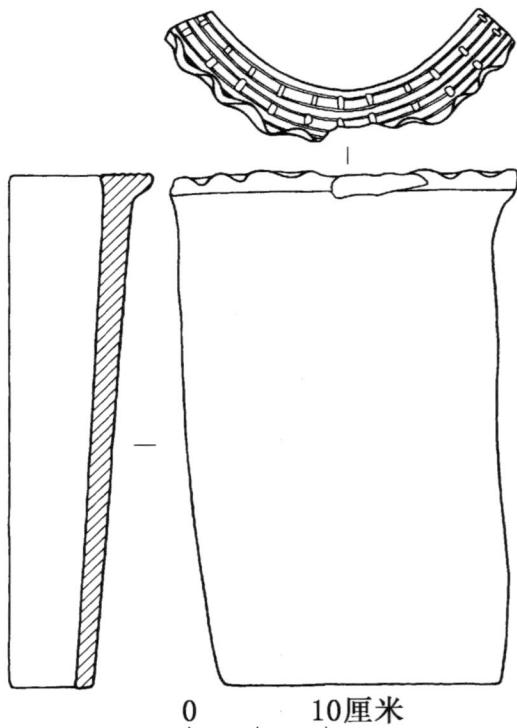

图 22　出土辽金时期板瓦
（T523 ③：1）

纺轮　3 件。T511 ④：12，泥质灰陶。圆形，中间有二孔，一个穿透，另一个未穿透，边缘磨制。器表饰方格纹。直径 8.6—9.6 厘米、穿透孔径 0.5 厘米。

残陶片　1 件（T527 ④：1）。泥质灰陶。呈不规则长方形，有"西窟"戳印，不太清晰。文字上部有两组方格纹，方格纹中间饰水波纹。残长 34 厘米、残宽 18 厘米、厚 0.9—1.4 厘米（图 21-6，图版 16-4）。

支钉　1 件（T529 ④：24）。泥质灰陶，捏制。锥形。素面。底径 3 厘米、高 4.4 厘米。

（二）辽金时期

出土建筑构件和日用器物。

1. 建筑构件　12 件。有板瓦、筒瓦等。

板瓦　5 件。T523 ③：1，泥质灰陶。外表粗糙，平面呈梯形，断面呈弧状，内饰布纹，滴水上饰五周弦纹，滴水下有指压纹。滴水宽 4.8 厘米、厚 1.4—2.5 厘米、瓦长 40.4 厘米、宽 24—25 厘米（图 22，图版 16-5）。

筒瓦　7 件。T523 ③：8，泥质灰陶。截面为半圆形，瓦舌内凹，舌平面呈梯形，内壁饰布纹。用宽 4—5 厘米泥条盘筑。长 35.5 厘米、宽 19.3—20 厘米、厚 2.1—5 厘米、舌长 3.4 厘米（图版 16-6）。

2. 日用器物 6 件。有陶罐、陶盆、铁铃等。

陶罐　2 件。T523 ③：1，泥质灰陶，轮制。直口，沿外翻，圆唇，矮颈，鼓腹，微凹底。肩饰一周凹弦纹。口径 7.2 厘米、腹径 12 厘米、

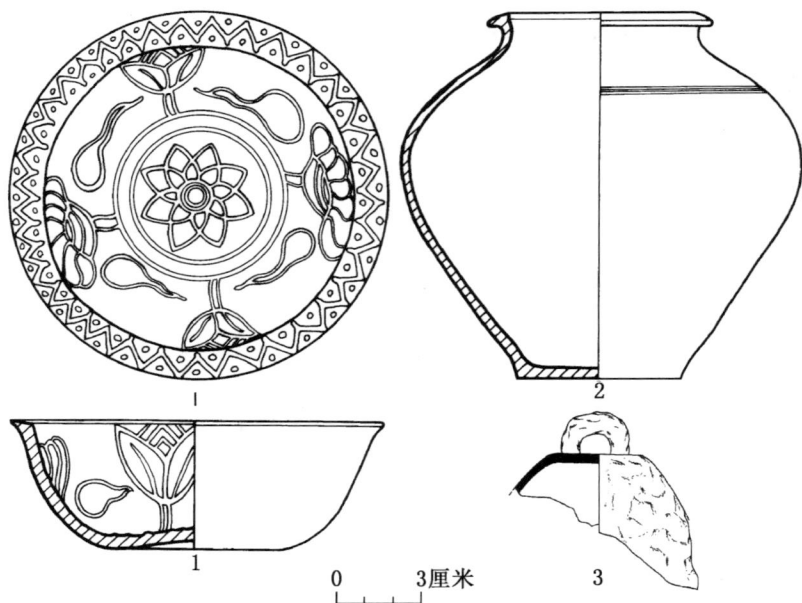

图 23　出土辽金时期遗物
1. 陶盆（T519 ③：2）　2. 陶罐（T523 ③：1）　3. 铁铃（T518 ③：1）

底径 6 厘米、高 11 厘米（图 23-2）。

陶盆　3 件。T519③：2，泥质灰陶，模制。侈口，折沿，尖唇，弧腹，微凹底。沿下有一周指压痕迹，腹和凹底有按压的指纹痕迹。内底部中间饰一个小圆点乳凸，外饰两周弦纹，之外饰八个单莲瓣凸起的花纹一周，莲花纹外饰两周凸弦纹，腹饰一组对称凸起的莲花和荷花花纹，花纹之间有花草细枝纹饰，沿上饰一周连续锯齿纹，齿空隙处各饰二周小圆点乳凸。口径 13.6 厘米、底径 7 厘米、高 5.5 厘米（图 23-1）。

铁铃　1 件（T518③：1）。桥形钮，圆穿，钮下一侧有一椭圆形孔。残长 6.4 厘米、高 4.5 厘米、钮高 1.8 厘米、宽 2.4 厘米、孔径 0.7 厘米（图 23-3）。

五、结语

云冈石窟窟顶是第一次经过大规模科学发掘的寺院遗址，发现塔基、北廊房、西廊房、东排房、南排房和陶窑等，房间的格局标示了院落范围。遗址原应有塔有院，塔在院中，是塔院结构的一组建筑，为北魏时期云冈佛教寺院群中的一处早期寺院[①]。

建筑已使用釉陶板瓦。大同操场城北魏宫殿遗址和方山永固陵遗址常见的黑衣压光板瓦和瓦当在本遗址出土数量不多[②]，多是灰色陶瓦和瓦当，瓦当种类也少，以文字瓦当为主，不见北魏太和年间常用的兽面瓦当，塔基内也没有类似河北定州北魏太和五年塔基中的埋藏坑和石函[③]。综合考虑，它的初建年代要早于定州北魏寺院遗址，北魏迁都洛阳后逐渐衰败，辽金时期或利用此遗址再次建房。

北魏遗址中的北廊房和中部廊房均为前廊后室结构，有的房间有火炕，遗址中少见佛像，多见日用陶器，说明这里不是礼佛区，而是僧侣的生活区或译经藏经场所。有的墙面下部涂有朱红颜色，这种情况仅在大同操场城北魏皇宫遗址和方山永固陵前的陵寝遗址墙体上发现过[④]，说明房间装饰等级较高。

出土遗物主要是北魏时期的建筑材料，残瓦最多。据初步统计，板瓦有十万余件，筒瓦有八万余件，板瓦中包括釉陶板瓦。1940 年，这里曾出土少量釉陶板瓦[⑤]。2008 年，大同操场城北魏 3 号遗址古井内也出土过数件釉陶砖，同遗址的夯土台出土过釉陶板瓦残件[⑥]，本次出土的釉陶板瓦是出土数量最多的一次。釉陶瓦仅见板瓦，在当时已广泛使用，为北朝釉陶瓦的使用时间和使用范围提供了可靠证据。另外，北魏陶片中有一件有"西窟"戳印，表明早在北魏时期就已对窟群做过分区。

塔基遗迹是目前我国发现最早的塔基之一，塔基呈方形，塔的平面也应为方形。云冈北魏诸窟雕刻的塔有 120 余座，平面均为方形[⑦]。二十世纪九十年代，云冈石窟研究院在山顶发掘一座北魏塔基，平面呈方

① 宿白.《〈大金西京武州山重修大石窟寺碑〉校准》，《北京大学学报（人文科学版）》1956 年第 1 期。

② 山西省考古研究所、大同市考古研究所、大同市博物馆、山西大学考古系.《大同操场城北魏建筑遗址发掘报告》，《考古学报》2005 年第 4 期。

③ 河北省文化局文物工作队.《河北定县出土北魏石函》，《考古》1966 年第 5 期。

④ 云冈研究院、山西省考古研究所、大同市考古研究所.《云冈石窟山顶佛教寺院遗址发掘报告》（全三册），文物出版社，2021 年。

⑤〔日〕水野清一、长广敏雄.《云冈发掘记·西部台上北魏寺院址发掘》，《云冈石窟》，京都大学人文科学研究所，1955 年；〔日〕冈村秀典.《云冈石窟——遗物篇》，京都大学人文科学研究所研究报告，朋友书店，2006 年。

⑥ 徐国栋、林海慧.《北魏平城时期的板瓦和筒瓦》，《华夏考古》2014 年第 4 期。

⑦ 张华.《云冈石窟浮雕塔形浅议》，《文物世界》2003 年第 4 期。

形[①]。原存于山西朔县（今朔州）崇福寺弥陀殿的北魏平城曹天度所造石塔，平面也呈方形[②]。互相参证，可知平面呈方形的塔流行于北魏前期。塔基边长约 14 米，夯筑，没有发现埋藏坑和埋藏物，说明塔基建造时间较早。塔是该遗址最主要的建筑之一，遗址出土不少釉陶板瓦，应该用于高级建筑。本遗址最高级的建筑是塔，因此推测釉陶瓦当用于塔的顶部。

该遗址的发掘印证了《水经注》描写云冈石窟当年"山堂水殿，烟寺相望"的气象，不仅有助于了解北魏前期云冈寺院的范围和布局，也有助于研究中国古代佛教寺院的布局演变。

附记：本次发掘领队为张庆捷，参加发掘的人员有黄继忠、张庆捷、吕金才、冀保金、李白军、江伟伟、任建光、温小龙、员新华、冀晋东、渠传祥、许进智。照片由吕金才、员新华拍摄，插图由江伟伟、高振华、白曙璋绘制，发掘得到山西省文物局和大同市文物局的支持，在此一并感谢。

执笔者：张庆捷、张　焯、黄继中、李白军、江伟伟、冀晋东

（原文刊载于《考古号刊》2016 年第 4 期）

---

① 刘建军.《云冈山顶佛塔基址发现及其相关问题》，《北魏平城研究文集》，山西人民出版社，2008 年。
② 史树青.《北魏曹天度造千佛石塔》，《文物》1980 年第 1 期。

附表一　柱础统计表

长度单位：米

柱础编号	直径	位置	备注
Z1	0.51	F3 东南	距离 Z2 中心点 5
Z2	0.55	F4 东南	距离 Z3 中心点 3.6
Z3	0.52	F5 东南	距离 Z4 中心点 4.9
Z4	0.55	F6 西南	距离 Z5 中心点 7.7
Z5	0.55	F7 西南	距离 Z6 中心点 3
Z6	0.51	F7 东南	距离 Z7 中心点 4.1
Z7	0.51	F8 东南	距离 Z8 中心点 4.1
Z8	0.51	F9 东南	距离 Z9 中心点 8.25
Z9	0.53	F11 东南	距离 Z10 中心点 4.35
Z10	0.51	F12 东南	距离 Z11 中心点 4.25
Z11	0.51	F13 东南	距离 Z12 中心点 3.7
Z12	0.51	F14 东南	距离 Z15 中心点 24.2
Z13	0.75	塔基西南角偏西北	距离 Z14 中心点 14.2
Z14	0.51	F8 东北	距离 Z5 中心点 9.4
Z15	0.75	塔基东南角偏西北	距离 Z13 中心点 31.15

注：柱础均为素面。

附表二　带釉板瓦分布统计表

探方号	数量	探方号	数量
T501	1	T518	0
T502	4	T519	5
T503	3	T520	1
T504	7	T521	0
T505	0	T522	1
T506	4	T523	0
T507	3	T524	3
T508	4	T525	2
T509	1	T526	0
T510	213	T527	3
T511	9	T528	9
T512	4	T529	20
T513	2		
T514	7		
T515	11		
T516	1		
T517	16		
小计	290	小计	44
总计		334	

注：表中多为釉陶板瓦碎块的数量，太小碎片未统计。

北魏佛教寺院遗址

1. 寺院遗址远眺（西南—东北）

2. 寺院遗址发掘区（东—西）

图版 1　云冈石窟窟顶西区北魏佛教寺院遗址

1. 发掘区全景（东—西）

2. 房址遗迹（F1、F4—F7，北—南）

图版 2　云冈石窟窟顶西区北魏佛教寺院遗址

1. 房址（F1、F4—F7，东—西）

2. 房址（F3—F7，东—西）

图版 3　云冈石窟窟顶西区北魏佛教寺院房址

1. 房址 F5 雕刻石板出土情况（俯视）

2. 房址（F12—F15，俯视）

图版 4　云冈石窟窟顶西区北魏佛教寺院房址

1. 房址（F3—F7，俯视）

2. 北排房廊柱础石（东—西）

图版 5　云冈石窟窟顶西区北魏佛寺遗址

1. 塔基遗迹（俯视）

2. 塔基全景（北—南）

图版 6　云冈石窟窟顶西区北魏佛寺遗址

1.塔基西边缘（西—东）

2.塔基东边缘垒砌片石（东—西）

图版 7　云冈石窟窟顶西区北魏佛寺遗址

1. 塔基北边缘（北—南）

2. 陶窑遗迹（Y501、Y502，南—北）

图版 8　云冈石窟窟顶西区北魏佛寺遗址

1. 陶窑遗迹（Y502，南—北，北魏）

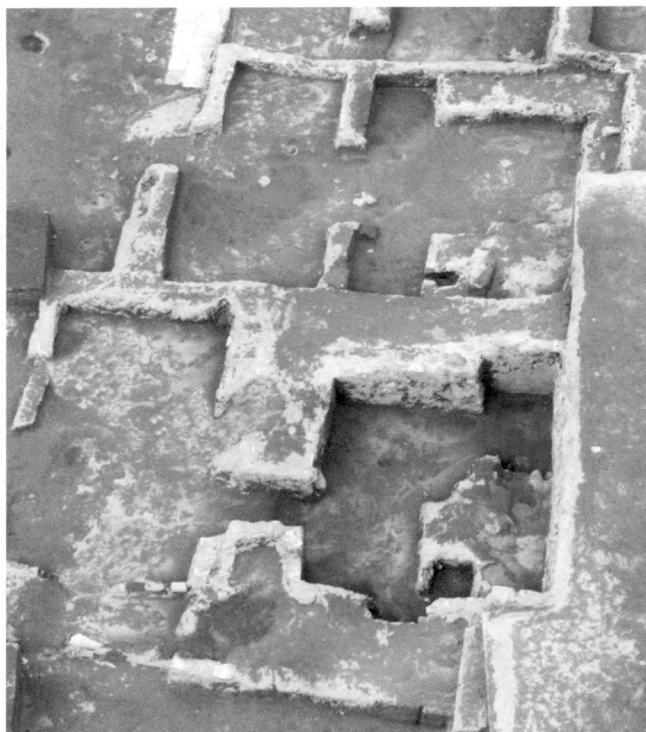

2. 房址（F1、F2，东—西，辽金）

图版 9　云冈石窟窟顶西区佛寺遗址

1. 釉陶板瓦（T502④：10）　2. 黑衣压光板瓦（T516④：4，凹面）　3. 黑衣压光板瓦（T516④：4，凸面）

4. 黑衣压光板瓦（T516④：25）　5. 灰陶板瓦（T524④：1）　6. 灰陶板瓦（T502④：2）

7. 灰陶板瓦（T512④：28）　8. 灰陶板瓦（T529④：31）　9. 灰陶板瓦（T526④：31）

图版 10　云冈石窟窟顶西区北魏佛寺遗址出土板瓦

1. T528④：5（凸面）

2. T528④：5（瓦舌）

3. T514④：2（凸面）

4. T514④：2（凹面）

5. T528④：2

6. T516④：3

图版 11　云冈石窟窟顶西区北魏佛寺遗址出土黑衣压光筒瓦

1. T507④：1（凸面）

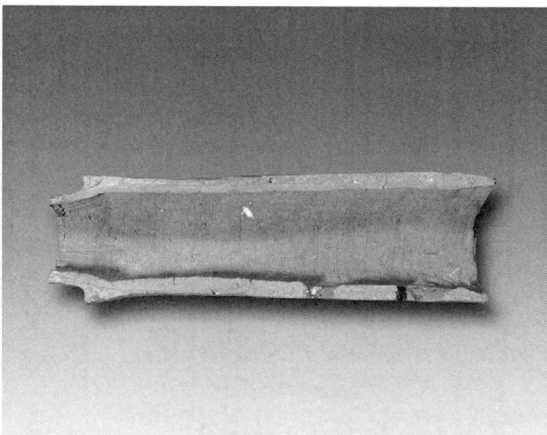

2. T507④：1（凹面）

3. T516④：5

4. T527④：15

5. T517 南扩④：15

6. T511④：33

图版12　云冈石窟窟顶西区北魏佛寺遗址出土灰陶筒瓦

1. A 型瓦当（T524④：112）　　　2. B 型瓦当（T524④：111）

3. B 型瓦当（T525④：43）　　　4. C 型瓦当（T517 南扩④：84）

5. B 型莲花陶饰件（T513④：1）　　　6. C 型莲花陶饰件（T513④：2）

图版 13　云冈石窟窟顶西区北魏佛寺遗址出土建筑构件

1. 雕刻石板（T512④：64）

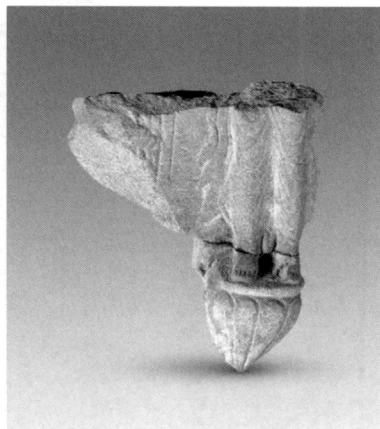

2. 佛像残片（T522④：4 和
T528③：10，正面）

3. 佛像残片（T522④：4 和
T528③：10，背面）

4. 佛像残片（T525④：9，正面）

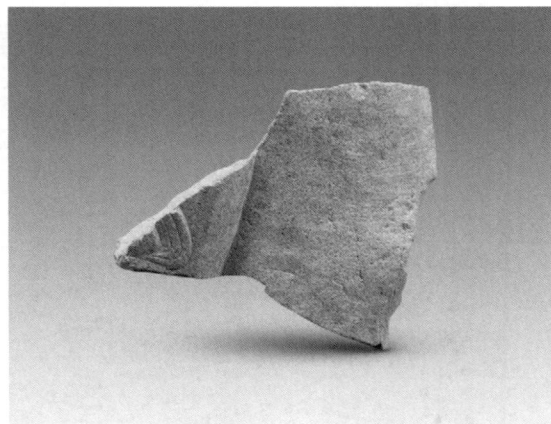

5. 佛像残片（T525④：9，背面）

图版 14　云冈石窟窟顶西区北魏佛寺遗址出土石刻

1. 石塔刹相轮（T517④：84）

4. 陶罐（T515④：11）

2. 石灯（T507④：31）

5. 陶罐（T512④：3）

3. 石须弥座（T515④：9）

6. 陶单耳罐（T512④：2）

图版 15　云冈石窟窟顶西区北魏佛寺遗址出土遗物

1. 陶盆（T516④：9，北魏）

2. 陶盆（T519④：16，北魏）

3. 陶圜底钵（T529④：11，北魏）

4. 残陶片（T527④：1，北魏）

5. 板瓦（T523③：1，辽金）

6. 筒瓦（T523③：8，辽金）

图版 16　云冈石窟窟顶西区佛寺遗址出土遗物

云冈石窟窟顶二区北魏辽金佛教寺院遗址

山西省考古研究所、云冈石窟研究院、大同市考古研究所

为配合云冈石窟窟顶防渗水工程，经国家文物局批准，由山西省考古研究所、云冈石窟研究院、大同市考古研究所组成云冈考古队，于 2011 年 5 月 1 日至 11 月 10 日，发掘了云冈石窟第 5、6 窟窟顶佛寺遗址。

一、遗址概况

遗址位于云冈石窟窟顶东部，东距大同约 15 公里、南距十里河约 1 公里，遗址在云冈石窟窟顶明军堡八字墙东侧与龙王沟西侧之间，地理坐标为东经 40°06′37.7″，北纬 113°07′31.9″。第 5、6 窟窟顶部遗址为北高南地的缓坡地，出于自然冲刷、修建明代云冈窟顶军堡等原因，堆积破坏严重（图 1，图 2，图版 1-1）。

发掘遗址布 10 米 ×10 米探方四十五个，10×8 米探方三个，发掘面积 4740 平方米。发掘北魏至辽金时期塔基一座，北魏建筑遗迹一处、夯土墙一处、灰坑一个；辽金铸造场地一处、熔铁炉三十个、水井一处、石墙一处、灰坑一百一十六座，明清灰坑一百六十六个，第 1 层下开口的灰坑七十个（图 3，图版 1-2）。

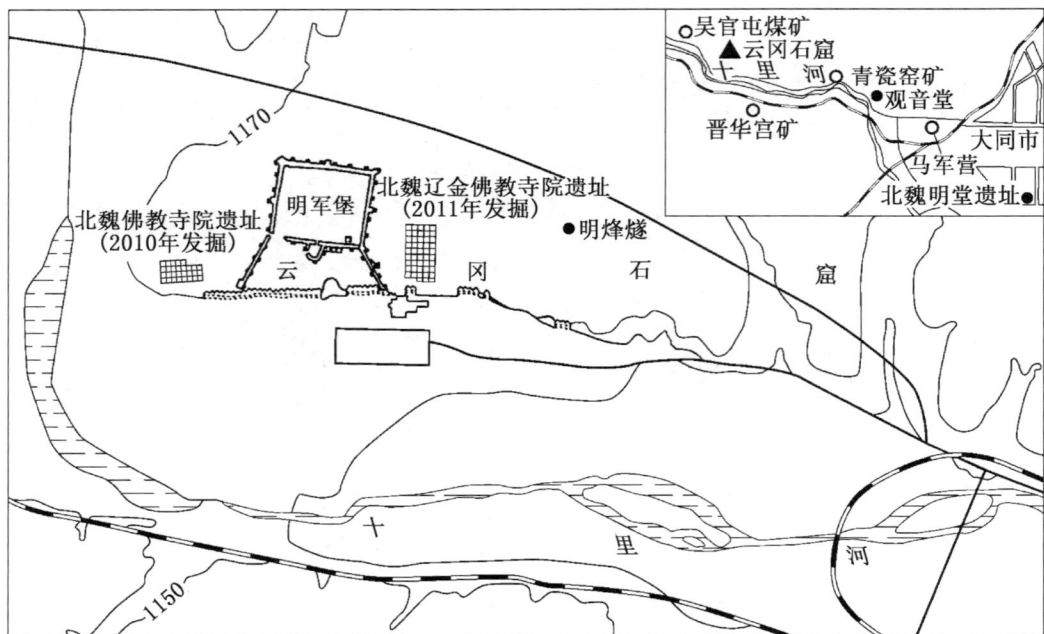

图 1　云冈石窟窟顶二区北魏辽金佛教寺院遗址发掘位置示意图

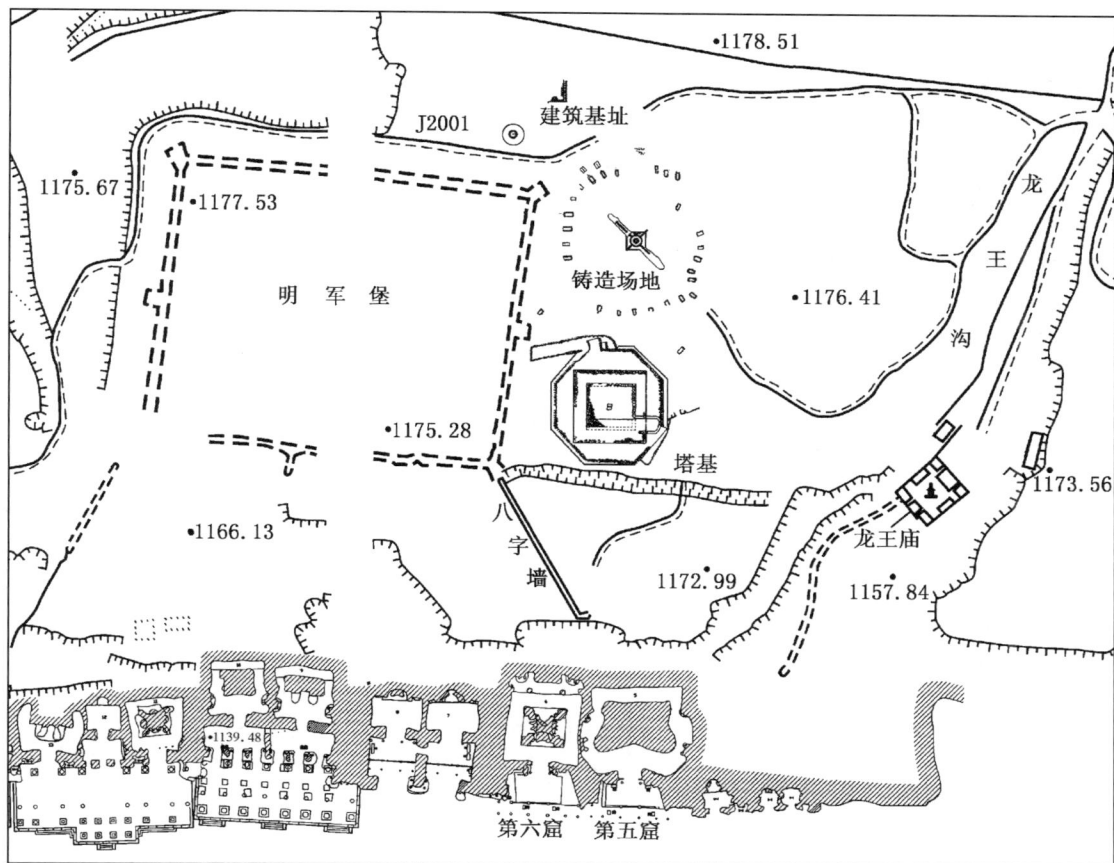

图 2　云冈石窟窟顶二区北魏辽金佛教寺院遗址分布平面示意图

二、地层堆积

遗址地势北部平坦，中南部呈斜坡状延伸至第 5、6 窟窟顶边沿，东南部呈陡坡延伸至龙王沟断崖，中部高出地表 4.6 米。主要是北魏时期文化遗存和辽金时期遗存。遗址地层堆积分为四层，以 T20607 西壁剖面、T20204—T20207 北壁剖面和 T20805 北壁剖面为例说明。

（一）T20607 西壁剖面

第 1 层：黄褐色耕土，深 0.1—0.35 米。结构疏松，含有植物根系和少量砂岩石块、小砾石、料礓石、炭粒、筒瓦和板瓦残片、瓦当残块、砖块、陶片、瓷片等。为现代扰土层。开口于此层下的有 H2188、H2204。

第 2 层：黄色粉砂土，深 0.15—0.45 米、厚 0—0.25 米。结构疏松，含有砂岩石块和小砾石等。出土有筒瓦和板瓦残片、瓦当残片、陶片、瓷片，可辨器形有陶盆、瓷碗等。为明清文化层。叠压于此层下的有 H2190、H2204。

第 3 层：褐黄色花土，深 0.45—0.55 米、厚 0—0.25 米。结构较紧密，含有砂岩石块、炭粒、兽骨等。出土遗物有筒瓦和板瓦残片、瓦当残片、陶片、瓷片等，可辨器形有陶盆、陶罐、瓷碗等。为辽金文化层。

第 4 层：黄褐色花土，深 0.65—0.75 米、厚 0—0.2 米。结构致密，含有砂岩石块或石粒、小砾石、兽骨等。出土遗物有大量的板瓦和筒瓦残片以及少量陶片等，可辨器形有板瓦、筒瓦、陶盆。为北魏文化层。

T21007　　　　T20907　　　　　T20807　　　　　　T20707　　　　　T20607　　　　T2050

H2295 H2296 H2302　H2321　　　　　　　H2316　　　　　H2251　　H2218　炉20

H2301　　　　H2317　　　H2315　H2321　H2321　H2250 H2364 H2244

H2299 H2300　　　　　　　　　　　　　　H2314 H2238　　　炉2017　炉2009　Z2

H2302　H2307　　　　　　H2365　H2237　H2228　炉2016　H2212 H2204

H2297 H2298　H2306　　　　H2191　H2304　　　　Z1 H2190

H2282　H2281　H2303　　　　　　　炉2030 H2036　H2265 H2350

H2290　H2294　　　　　　　　　　H2268　H2179 H2351

H2287　　T21006　　T20906　　H2305　T20806　　T20706　H2253　H2188 H2211

H2309 H2278 H2308　H2259　　　　　　　　　　H2257 H2231

H2310 H2313　　　　H2280 H2246　H2276　G2001 H2293　H2182 H2226 H2218　H2210 H2220 H2232

H2279　H2249　　　　　　　　　　H2221　H2199 H2200 H2202 H2233

H2312　H2247 H2239　H2355　　　　H2206　炉2015 H2255　H2360 H2259 H2269

H2248　　　　　　　　　　　H2254　工作通道

T21005 H2311　T20905　H2362 H2356 T20805　　T20705　炉2023　T20605 H2347 H2095

H2277　H2260　H2235 H2275　　　　　　炉2022 炉2022　H2097

H2292　　　　　　　H2261　H2265 H2353 H2222 H2223 H2234 H2240　炉2029 炉2003 H2155

H2262　　　　　　　H2224　H2153 H2056

H2289 H2291 H2230　建筑基址　H2263　H2263 H2174 H2229 H2189　H2217 H2154

H2241　H2261　H2227 H2226 H2157

T21004 H2283 T20904　　　T20804 H2215 H2161 T20704 H2341

H2214　H2149 H2148

H2284 H2276　H2104 H2103　H2345 H2309 H2093 H2150

H2119 H2107 H2106 H2129 H2128　H2038 H2135 H2027 H2041 H202

H2273　H2083 H2068 H2086 H202

H2001　H2030 H2035 H203

H2065　H2246 H203 H203

T21003 T20903　T20803 H2271 H2055 T20703 T20603 H2123

H2034　H2125 H2126 H2

H2138 H2140 H2089

H2139 H2042

H2137 H2122 H2091

H2272　H2136 H2120 H2056

H2103 H2121 H2142

H2152 H2026

H2141 H2

0

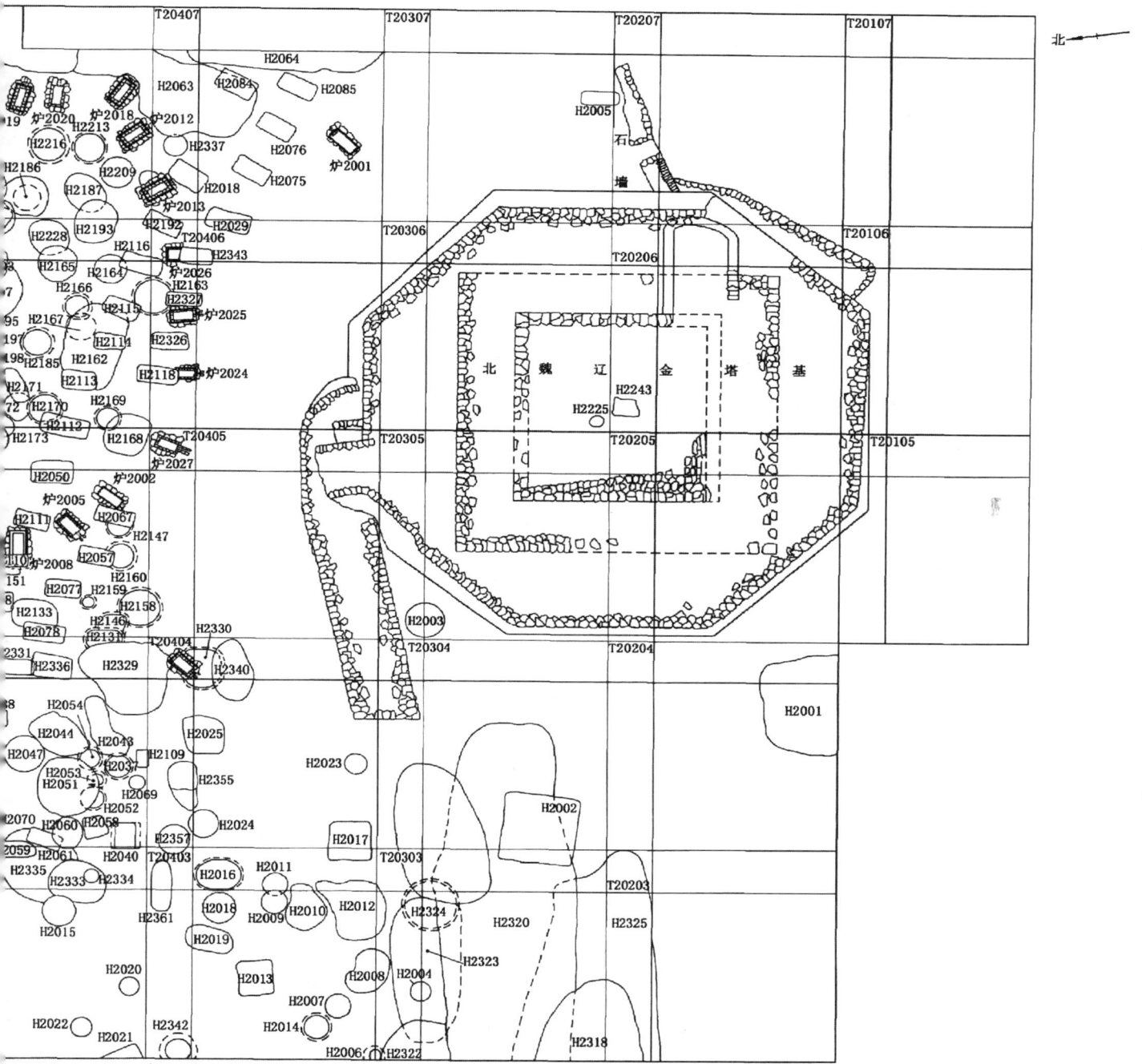

图 3　云冈石窟窟顶二区探方与遗迹分布平面图

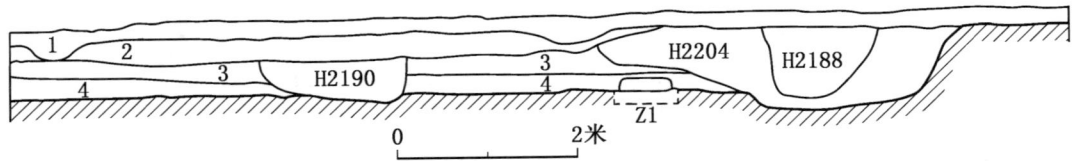

图 4　T20607 西壁剖面图
1. 黄褐色耕土　2. 黄色粉砂土　3. 褐黄色花土　4. 黄褐色花土

此层下部有柱础石（图 4）。

（二）T20204—T20207 北壁剖面

第 1 层：黄褐色土，深 0.05—0.8 米。结构疏松，含有大量植物根系和少量炭粒或炭块、砂岩石块、料礓石、砖瓦碎片、瓷片等。叠压于此层下的有第 2 层和北魏石砌夯土塔基。

第 2 层：黄色粉砂土，深 0.35—2.2 米、厚 0—2.05 米。结构较疏松，含有较多大小不等的砂岩片石、少量炭块或炭粒、砖瓦碎块等。出土遗物有筒瓦残片、瓦当残片等，可辨器形有陶盆、陶罐、陶瓮、瓷碗、瓷罐等。为明清文化层。叠压于此层下的有第 3 层、辽金塔基及踏道、石砌夯土墙、中部北魏石砌夯土塔基。

第 3 层：黄褐色花土，深 0.65—2.6 米、厚 0—2 米。结构疏松，含少量炭粒、砂岩石块或片石、烧土粒等。出土遗物有筒瓦和板瓦残片、瓦当残片、屋脊构件残片、陶片、瓷片等，可辨器形有兽面瓦当、文字瓦当、陶盆、陶罐、瓷碗、瓷罐、瓷瓮等。为辽金文化层。叠压于此层下的有塔基底部活动面（图 5）。

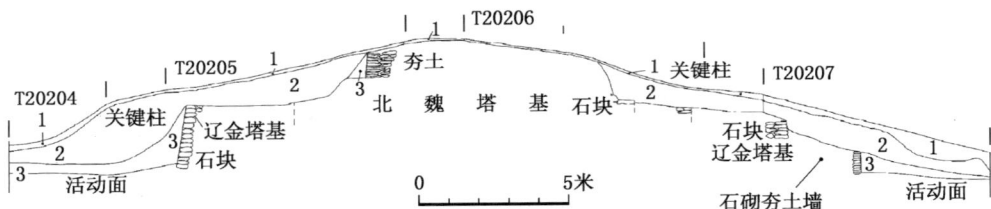

图 5　T20204—T20207 北壁剖面图
1. 黄褐色土　2. 黄色粉砂土　3. 黄褐色花土

（三）T20805 北壁剖面

第 1 层：黄褐色土，深 0.05—0.25 米。结构疏松，含有炭粒、砖残片、陶片、瓷片等。为现代耕土层。叠压于此层下的有第 2 层。

第 2 层：黄色土，深 0.1—0.55 米、厚 0.05—0.35 米。含沙量较大，结构较致密，含炭粒、石灰粒等。出土遗物有瓦片、瓦当残片、陶片、瓷片等，可辨器形有兽面瓦当、瓷碗等。为明清文化层。叠压于此层下的有第 3 层、H2275、台基。

第 3 层：黄褐色花土，深 0.35—0.7 米、厚 0—0.25 米。结构疏松，含有碎石块或粒、炭粒、石灰粒等。出土遗物有筒瓦和板瓦残片、兽面瓦当残片、瓷片等，可辨器形有陶盆、瓷碗等。为辽金文化层。叠压于此层下的有 H2275 和建筑基址（图 6）。

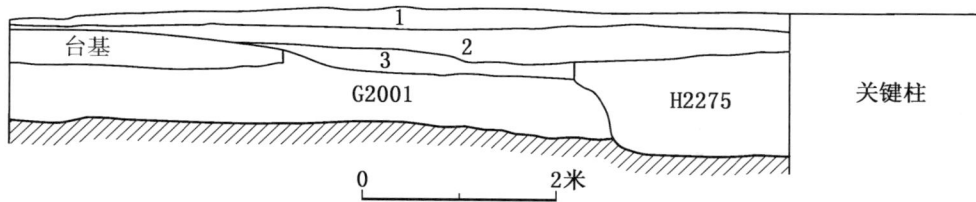

图 6 T20805 北壁剖面图
1. 黄褐色土 2. 黄色土 3. 黄褐色花土

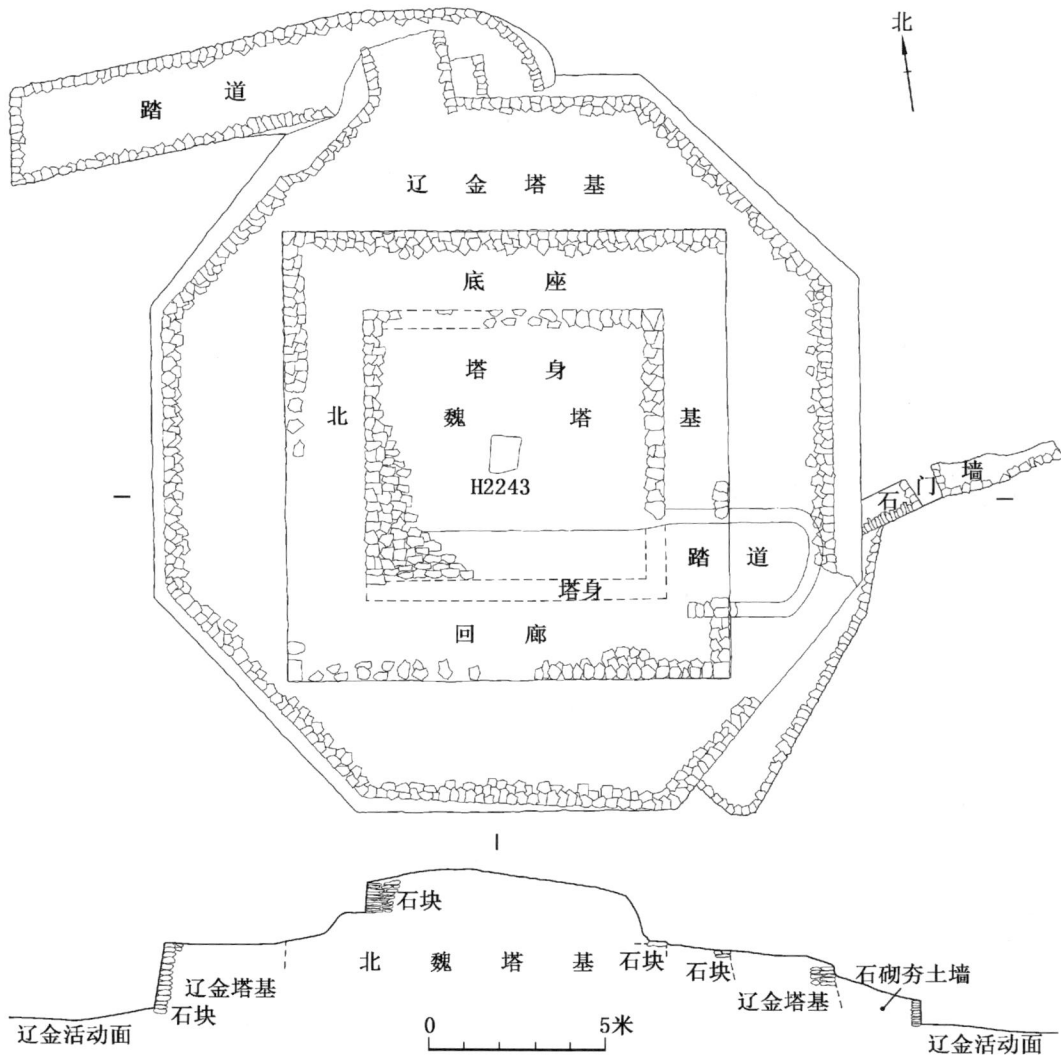

图 7 塔基平、剖面图

三、北魏遗迹

（一）塔基

一座。位于遗址南部偏东，叠压于第 1 至 3 层下，被辽金塔基包围，又被现代墓打破。塔基坐北朝南，平面近方形，由底座和塔身两部分组成。底座南北长 14 米、东西宽 13.3 米、高 2.05—3.3 米，方向为北偏东 7 度。塔身平面呈方形，长 9 米、宽 9 米、高 0—1.3 米。塔身边缘由大小不等的砂岩片石夹泥包砌而成，砌石高 0—1.1 米，壁面抹有厚约 2 厘米的草拌泥，片石长 2—6 厘米，宽 15—40 厘米、厚 0—5 厘米。塔身砌石内为夯土，结构致密，南北长 7 米、东西宽 7 米、高 0.15—1.5 米，夯层厚 0.1—0.12 米。四周有回廊，南北回廊宽各 2.5 米、西回廊宽 2.4 米、东回廊宽 1.9 米。踏道位于塔基东南部，平面近长方形，西高东低，长 4.7 米、宽 2.4 米、高 0—0.7 米（图 7，图版 2）。

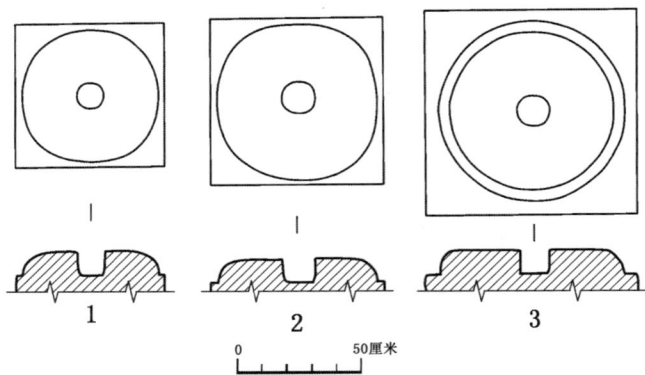

图 8　柱础石
1.Z1　2.Z2　3.Z3

（二）柱础石

三个（Z1—Z3）。Z1 位于 T20607 西北部，T20606 东梁下北部。方座覆盆式。底座边长 0.5 米、覆盆径 0.45 米、高 0.1 米、孔径 0.11 米、深 0.1 米。Z2 位于 T20607 北中部偏西，底座边长 0.7 米、覆盆径 0.65 米、孔径 0.12 米、深 0.1 米。Z1 至 Z2 中心点距离为 3.38 米。Z3 位于 T20506 北梁下中部、关键柱下西北部、T20606 东南角及梁下，底座边长 0.85 米、高 0.1 米、覆盆径 0.75 米、高 0.1

米、孔径 0.12 米、深 0.1 米。Z1 至 Z3 中心点直线距离为 7.9 米、Z3 至 Z2 中心点距离为 6.35 米（图 8）。

（三）灰坑

一个（H2243）。位于遗址 T20206 北梁西部，叠压于第 1 层下，打破塔身夯土，平面近长方形，东西壁较直，南北壁略内收，平底。南北长 0.9—1.2 米、东西宽 0.9—0.96 米、深 0.6 米。坑内堆积褐色土，含有较多的白灰墙皮碎块、少量石块、砾石、木炭粒等。出土有北魏时期的泥塑头像和身像等（图 9）。

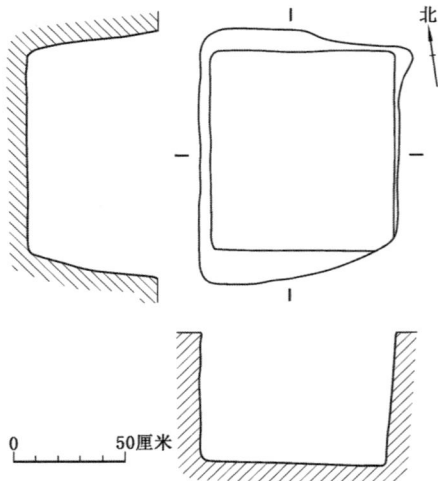

图 9　H2243 平、剖面图

四、辽金遗迹

（一）塔基

一座。位于遗址南部偏东。塔基及踏道叠压于第 1 至 3 层下，打破并包围北魏塔基，被现代墓打破。塔基上窄下宽，平面呈八边形，底部南北长 22.1 米、东西宽 21.8 米，上部南北长 21.4 米、东西宽 20.6 米、下部每边长 9 米、上部每边长 8.2—8.3 米、砌石高 0.2—3.1 米。东南部砌石加固东南壁基础，长 10 米、宽

0.35—0.75 米、高 0.05—0.1 米。

辽金塔基围绕北魏塔基扩建而成，塔基间有砂岩片石和石块等，为加固塔基，每铺砌一层厚约 0.4 米的片石和石块，在上面平摆着一层呈扇形的木料，木料长 1.5—2.5 米、直径 0.05—0.1 米、间距 0.5—0.6 米，起拉筋作用。

踏道位于塔基北部，西南至东北向，上窄下宽，平面近长方形，西南低，东北高。东西长 16.3 米、南北宽 2.9—3 米、高 0—2.6 米，方向为北偏东 7 度。塔基边缘和踏道用砂岩石块垒砌而成，石块长 0.3—0.75 米、宽 0.2—0.5 米、厚 0.1—0.2 米。其中塔基北部偏西处有一段向北延伸的砌石路，是建筑时期往塔基上运输材料走的路，塔建成后废弃，被使用时期东西走向上塔的路包住（图 7）。

（二）铸造场地

包括铸造井台一处、熔铁炉三十个（图 3，图版 3-1）。

1. 铸造井台 一处。以铸造井台为中心，呈圆形分布着熔铁炉。位于发掘区中南部偏东的 T20606 南部和 T20506 北部及 T20507 西北部，叠压于第 3 层下，打破 H2271、H2176、H2183、第 4 层和生土，被 H2231 打破。铸造井台内堆积分三层。

第 1 层：浅灰褐色土，深 0.4—1.25 米。结构较致密，含有较多的炭粒和少量砂岩石块、小砾石、红烧土块、锈蚀铁渣等。

第 2 层：红褐色土，深 0.4—1.75 米、厚 0—0.5 米。结构较疏松，含有较多砂岩片石烧成蓝色块状物和少量炭粒、红烧土块、锈蚀铁渣等。

第 3 层：灰褐色土，深 0.45—2.1 米、厚 0.35—1.6 米。结构较致密，含较多炭粒或炭屑、少量蓝色块状物、红烧土块等。出土遗物有瓦片、陶片、瓷片等，可辨器形有筒瓦、板瓦、釉筒瓦、陶盆、陶坩埚、瓷碗等。

铸造井台遗迹由方形井、圆形工作台、通气道和工作通道组成。中央井平面近方形，纵剖面呈梯形，上口东西长 3.6 米、南北宽 3.4 米、下口东西长 3.3 米、南北宽 3.22 米、深 2.7 米。井四壁抹有 1.2 米高的草拌泥，厚 0—1.5 厘米，均烤成红色。铸造井内中部为圆形工作台，平面呈圆形，外径 2.2 米、高 0.24 米、边缘凸起 0.08 米、宽 0.14 米、内径 1.94 米。圆形工作台面、凸起面和立面均抹厚 0.3 厘米的白灰，表面呈褐色。工作台和模型内圈是用土坯砖夹泥垒砌而成，土坯长 0.22 米、宽 0.13 米、厚 0.05 米。工作台中部有一个用土坯砖垒砌而成的圆形内圈，口小底大，平底内收。底部平面呈方形，高出平台 0.4 米、外径 1 米、内径 0.5—0.54 米、深 0.7 米、边长 0.4 米。通气孔位于圆形工作台底部四角，立面呈长方形，与筒瓦扣制的通气道相接，高 0.2 米、宽 0.15 米。井台对称置有四条通气道，均是用筒瓦相扣筑成。西南部和东北部通气道呈 94 度角延伸出地面，西南部高 2 米、东北部高 2.3 米。东南部呈 15 度斜坡向上延伸至 3.6 米处被损毁，西北部呈 33 度斜坡向上延伸至 6.2 米处时，为筒瓦直立扣制，高 0.45 米，并高出铸造井台地面约 0.05 米。工作通道位于铸造井台西北部和东南部，西北部呈斜坡向下延伸至铸造井台时，需下一个 0.48 米高的台阶进入铸造井台地面，长 5.15 米、宽 0.9—1.1 米。东南部呈斜坡向下延伸直接进入铸造井台地面，长 5.4 米、宽 1.05—1.3 米。（图 10，图版 3-2）。

熔铁炉 三十个（炉 2001—2030）。位于发掘区中部偏东，平面以铸造井台为中心，近圆形排列，多数熔铁炉体中心至铸造井台中心点直线距离为 10.75—12 米，少数距离不等。熔铁炉平面呈长方形，由炉室、炉膛、送风道和风箱组成。炉室平面呈长方形，用砂岩片石和泥包砌而成，底部砖砌平台内收 10—12 厘米，应为放置炉条处。炉膛位于炉室下部，平面呈长方形，平底，是用长条形整砖或半砖和泥垒砌而成，顺砌砖二至三层高。进风口立面呈长方形，其中炉 2023 和炉 2003 进风口位于炉膛西北壁第二层砌砖上中部，炉 2001 位于炉膛东北壁第二层砌砖上中部。送风道在炉膛外侧，平面呈漏斗形或长条形，用半砖或草拌泥垒砌而成，呈斜坡向下延伸入炉膛。在送风道前，平面呈长方形，有双风箱或单风箱（图 3）。

炉 2023　位于 T20705 西南部，叠压于第 3 层下。东南至西北走向。炉室四壁烧结面脱落，底部暴露烧裂的石块。炉体残长 146 厘米、宽 100 厘米、炉室长 106 厘米、宽 60 厘米、深 6—12 厘米，炉室片石长 12—28 厘米、宽 12—22 厘米、厚 0—7 厘米。炉膛长 88 厘米、宽 40 厘米、深 18 厘米，砖长 24 厘米、宽 12 厘米、厚 6 厘米。进风口宽 16 厘米、高 10 厘米。送风道在炉膛西北部，平面呈漏斗形，东南窄西北宽，长 132 厘米、宽 16—36 厘米、高 10—12 厘米，与炉膛底部进风口夹角为 8 度。风箱位于送风道西北部，平面呈长方形，直壁，平底，中部开口

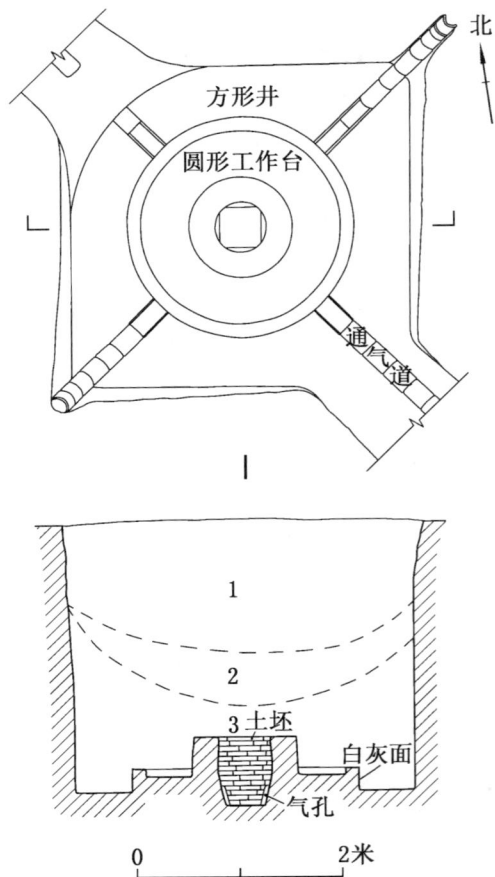

图 10　铸造井台平面、剖视图
1. 浅灰褐色土　2. 红褐色土　3. 灰褐色土

和送风道相连，两个风箱同时往炉膛内送风，周边隔断皆由宽 5 厘米的草拌泥硬土筑成，风箱壁外围地面是经过人工处理的夯土，结构致密。两个风箱规格相同，长 100 厘米、宽 36 厘米、高 4—14 厘米、口宽 16 厘米（图 11）。

炉 2003　位于 T20605 北中部偏西，叠压于第 2 层和第 3 层下，打破生土。熔铁炉为东西向。炉室壁面抹一层厚约 2 厘米的草拌泥，四壁因高温烧烤形成厚 0—5 厘米的黑色乳丁状烧结面，底部厚约 15 厘米处有烧裂的石块。炉体长 220 厘米、宽 112 厘米、炉室长 150 厘米、宽 72 厘米、深 53—58 厘米，炉室片石长 12—34 厘米、宽 12—20 厘米、厚 0—6 厘米。炉膛长 128 厘米、宽 60 厘米、深 10 厘米，砖长 24 厘米、宽 12 厘米、厚 5 厘米。进风口高、宽各 10 厘米。送风道位于炉膛西部，平面呈长条形，长 70 厘米、宽 10 厘米、高 0—10 厘米，送风道与炉膛底部进风口夹角为 20 度。风箱位于送风道西部，平面呈长方形，中

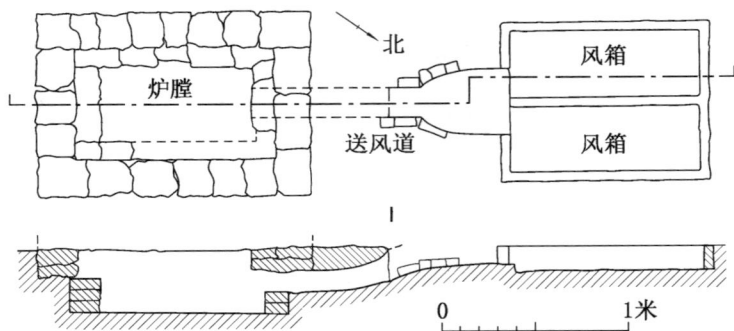

图 11　炉 2023 平面、剖视图

部开口，直壁，平底。风箱地面是经人工处理的硬土，结构致密。风箱长 80 厘米、宽 40 厘米、深 4—8 厘米、口宽 10 厘米、深 4 厘米（图 12）。

炉 2001　位于 T20407 南部偏西，叠压于第 2 层下，打破生土。西南至东北走向。炉室四壁均匀抹一层厚约 2 厘米的草拌泥，四壁高温烧烤壁面有厚 0—8 厘米的黑色乳丁烧结面。炉体通长 162 厘米、宽 102 厘米、炉室长 120 厘米、宽 55 厘米、深 28—44 厘米，炉室片石长 6—39 厘米、宽 5—15 厘米、厚 0—16 厘米。炉膛长 100 厘米、宽 25 厘米、深 12 厘米，砖长 24 厘米、宽 12 厘米、厚 6 厘米。进风口高 6 厘米、宽 10 厘米。送风道位于炉膛西北部，平面呈长条形，呈斜坡状向下延伸入炉膛内，长 54 厘米、宽 10 厘米、高 0—2 厘米，送风道与炉膛底部进风口夹角为 4 度（图 13）。

（三）石墙

一处。位于发掘区东南部、塔基东侧。石墙呈西南至东北向，墙体边缘是用大小不等的砂岩片石和泥包砌而成，砌石内为夯土，结构致密。长 6.5 米、宽 0.6—1 米、高 0—0.8 米。石墙西南部紧靠塔基，与塔基东南壁紧靠。片石长 15—35 厘米、宽 15—25 厘米、厚 0—8 厘米。石墙西部有一道门，北宽南窄，平面呈梯形，门道东西两侧壁面抹有厚 1.5 厘米的草拌泥。门道长 1 米、宽 0.7—0.85 米、高 0.6 米。门道北和门道内活动面高于门道南活动面 0.15 米，方向为北偏东 13 度。

（四）井

一口（J2001）。位于遗址 T20804 南部偏西，T20704 北梁下中部偏西，叠压于第 2 层下，打破生土及基石，被 H2273、H2274 和现代沟打破。井挖至基石。平面呈圆形袋状，口径 1.48 米、底径 2.2 米、深 13 米，框径 4.1 米、深 11.04 米。有井壁砌石井圈和圆形井框两部分。井壁砌石厚 0.22—0.58 米，井壁外至井框中间填充片石、石块和沙土。井壁由基石凿成的内弧形砂岩长条石和砂岩片石相互交替叠压垒砌而成。内弧形条石长约 40 厘米、宽 32—64 厘米、厚 25 厘米、片石长 65 厘米、宽 22—58 厘米、厚 0—12 厘米。一般以每两层内弧

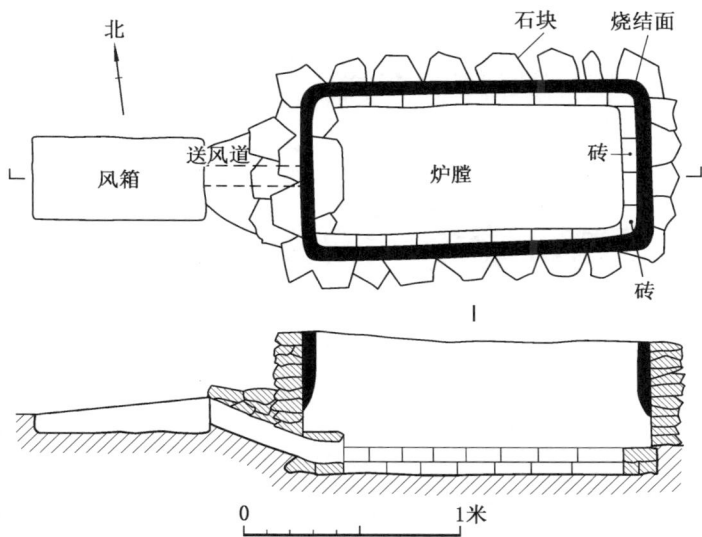

图 12　炉 2003 平面、剖视图

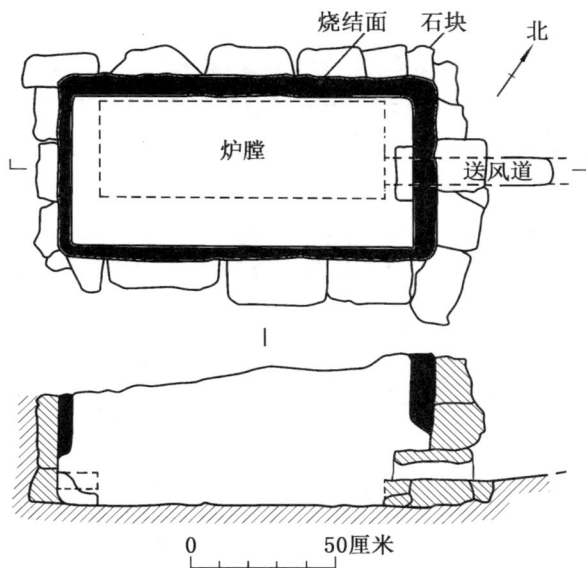

图 13　炉 2001 平面、剖视图

形长条石作为一个间隔,隔断间部分为片石,每隔段高 0.65—0.9 米。井口壁砌石深 8.9 米。井壁砌石的圆形井框与井壁砌石呈同心圆分布,之外为自然黄色粉砂层和小砾石堆积层。井内堆积为红褐色沙土,结构疏松。有炭粒、炭渣、铁锈渣、砂岩石块、料礓石、鹅卵石、瓦片、砖块等。出土遗物有筒瓦和板瓦残片、瓦当残片等,器形有筒瓦、板瓦、瓦、莲花纹瓦当、兽面瓦当、砖、陶盆、陶罐、瓷碗等。井壁砌石为灰褐色沙土,结构疏松,含有炭粒、炭渣、砂岩石块、料礓石、鹅卵石、碎瓦片等。出土遗物有瓦片、瓷片、陶片等,可辨器形有板瓦、筒瓦、脊兽残件、兽面瓦当、瓷碗等(图 14)。

（五）灰坑

一一六个。有不规则形状三十三个(H2008、H2010、H2012、H2025、H2039、H2043、H2058、H2059、H2063、H2064、H2065、H2080、H2099、H2171、H2180、H2194、H2195、H2196、H2205、H2208、H2223、H2224、H2227、H2240、H2248、H2257、H2268、H2270、H2328、H2329、H2340、H2352、H2365),圆形袋状二十五个(H2007、H2014、H2037、H2052、H2053、H2054、H2145、H2147、H2158、H2159、H2160、H2163、H2164、H2166、H2167、H2169、H2170、H2173、H2185、H2213、H2216、H2271、H2330、H2342、H2353),圆筒形二十三个(H2009、H2011、H2018、H2022、H2060、H2069、H2070、H2144、H2153、H2154、H2165、H2175、H2176、H2178、H2183、H2186、H2193、H2197、H2198、H2203、H2209、H2229、H2337),圆锅形九个(H2023、H2024、H2047、H2051、H2100、H2172、H2186、H2226、H2249),圆角长方形九个(H2061、H2109、H2132、H2151、H2222、H2269、H2336、H2347、H2349),长方形袋状二个(H2040、H2146),方形三个(H2013、H2156、H2215),椭圆形八个(H2019、H2133、H2155、H2162、H2187、H2207、H2234、H2348),椭圆形袋状四个(H2061、H2131、H2338、H2341)。下面按其不同形状举例介绍。

H2249　位于 T20906 中北部偏西,开口于第 3 层下,打破生土,被 H2246 打破。平面形状呈圆锅形,斜弧壁,圜底。口径 2.75 米、深 0.78 米。坑内堆积黄褐色土,结构较疏松,含有炭粒、

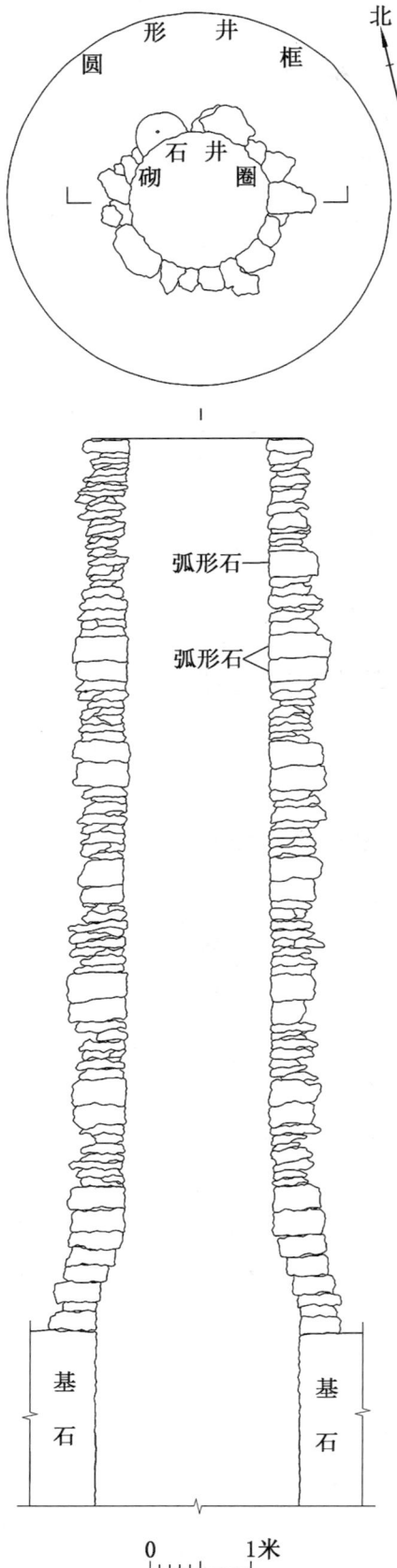

图 14　J2001 平面、剖视图

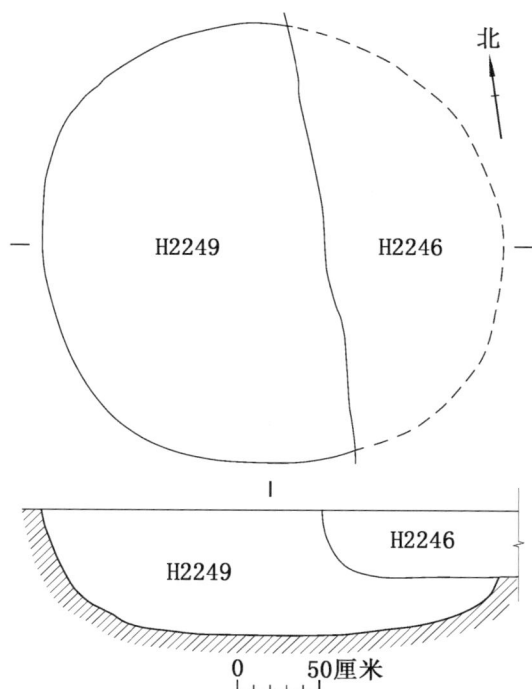

图 15　H2249 平、剖面图

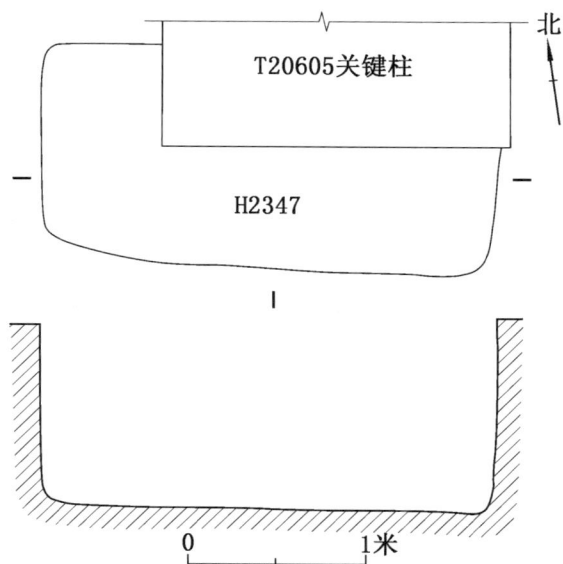

图 16　H2347 平、剖面图

大小不一的砂岩石块等，出土遗物有大量瓦片、少量陶器、瓷片等，可辨器形有兽面瓦当、板瓦、筒瓦、陶罐、盆、碗、盖器和瓷碗等（图 15）。

H2347　位于 T20605 东北角，开口于第 3 层下，打破生土。平面呈圆角长方形，直壁，平底，壁面白灰厚约 5 厘米，有芦苇痕迹。长 2.62 米、宽 1.3 米、深 1.14 米。坑内堆积分二层。第 1 层，灰褐色土，厚 0.45 米，结构较疏松，内有较多的石灰块、少量炭粒、砂岩石块等。出土遗物有陶片、瓷片、瓦片等，可辨器形有板瓦、筒瓦、兽面瓦当、陶罐和瓷碗等。第 2 层，白灰层，厚 0.69 米，结构致密，出土物含有少量石块（图 16）。

五、北魏遗物

二二九件。有建筑构件、石器、泥塑、陶器等。

（一）建筑构件

一九九件。有板瓦、筒瓦、瓦当和建筑饰件等。

板瓦　修复完整者三件。泥质灰陶。泥条盘筑。平面近梯形，剖面呈弧状。凸面修整，两面均有手指压痕，前沿捏成花边。H2365：3，凹面磨光，两侧边全切修整。长 44.5 厘米、径 28—32 厘米、厚 1.3—2.2 厘米（图 17-1，图版 4-1）。T20607 ④：6，凹面饰布纹，一侧有切痕，宽端凸凹，窄端齐切。长 49 厘米、瓦径 26.8—33.5 厘米、厚 2.6—3.5 厘米（图 17-2，图版 4-2）。

筒瓦　一件（T20407 ④：1）。夹砂灰陶。泥条盘筑。凹面布纹清晰，凸面有磨光并刷有一层青灰色陶衣。瓦舌前倾，凹面两侧抹平，端头平齐。长 35.4 厘米、径 14—14.5 厘米、厚 1.2—2 厘米、舌长 6.5 厘米、厚 1—

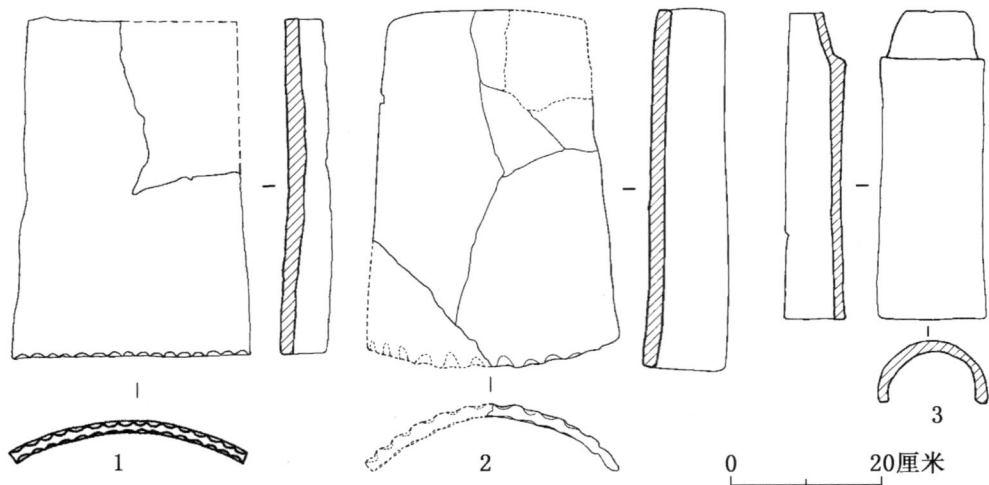

图 17　出土北魏建筑材料
1. 板瓦（H2365：3）　2. 板瓦（T20607④：6）　3. 筒瓦（T20407④：1）

1.5 厘米（图 17-3，图版 4-3）。

瓦当　一八二件。模制。依据文字与图案的不同，可分五型。

A 型：七十一件。万岁富贵当。泥质灰陶。H2365：8，由瓦当和檐头筒瓦相黏接成钝角。当面以"井"字形界格划分，中央饰大乳丁，四周有"万岁富贵"字，四角扇形区各饰一小乳丁，凸面有一长方形钉孔。孔长 3.8 厘米、宽 1.8—2.5 厘米、身长 42.1 厘米、径约 16.8 厘米、厚 0.6—2.4 厘米、舌长 3.5 厘米、厚 1.5 厘米、当径 14 厘米、厚 1.6-2 厘米、边轮宽 1.3 厘米（图 18-1，图版 4-4）。

B 型：一○八件。"传祚无穷"当。夹砂灰陶。T20503③：5，檐头筒瓦，当面以"井"字形界格划分，

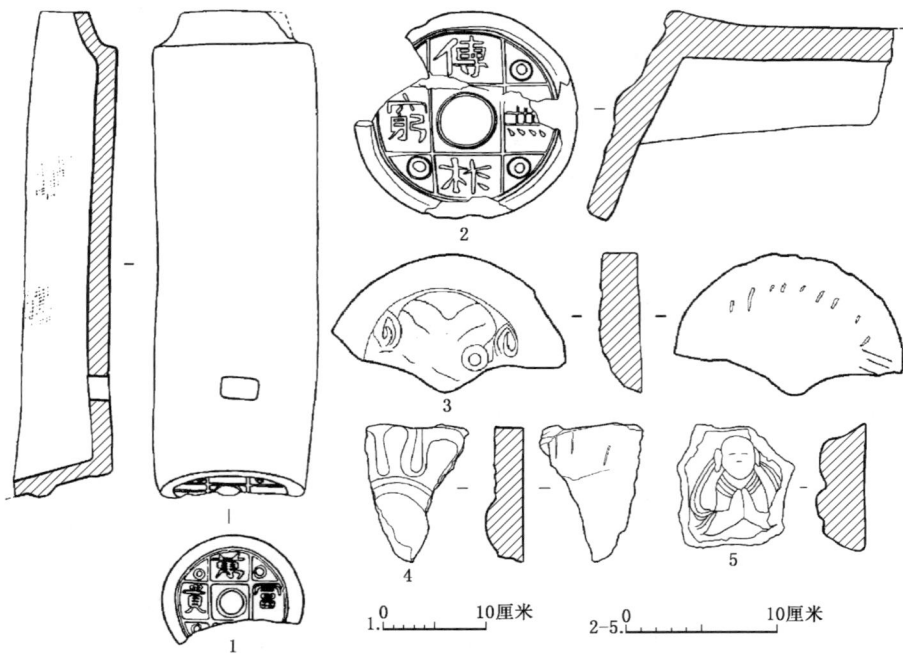

图 18　出土北魏瓦当
1.A 型（H2365：8）　2.B 型（T20503③：5）
3.D 型（H2057：1）　4.C 型（H2047：2）　5.E 型（T20405②：17）

中央饰大乳丁，四周有"传祚无穷"字，四角扇形区各饰一个小乳丁。身残长 12—15 厘米、瓦径 14.3 厘米、厚 1.6 厘米、当径 14.7 厘米、厚 1.4 厘米、边轮宽 0.9 厘米（图 18-2，图版 4-5）。

C 型：一件（H2047：2）。莲花纹当。泥质灰陶。当心饰大乳丁，周围饰一周凸弦纹，外饰复瓣莲花。残长 9.5 厘米、残宽 6.8 厘米、厚 1.5—2.9 厘米（图 18-4，图版 4-6）。

D 型：一件（H2057：1）。兽面当。泥质灰陶。当心饰一浮雕兽头，额头饰两条抬头纹，最上一条呈"V"字形，双耳上尖下圆，双目圆睁，眼角上翘。直径 16 厘米、边轮宽 2.4 厘米、厚 1.5—3 厘米（图 18-3）。

E 型：一件（T20405②：17）。化生童子当。泥质灰陶。模制。当心为化生童子，上半身立在中央，双手合十，有帔帛从身后顺臂进肘间。长 9 厘米、宽 7.5 厘米、残厚 3.4 厘米（图 18-5，图版 5-1）。

建筑饰件　十三件。砂岩，雕刻。圆形，平底，中部凸起的圆形区域内穿方孔。外饰一周莲瓣。依据花瓣形状不同，可分二型。

A 型：七件。复瓣双层莲瓣。T20607④：10，直径 12.6 厘米、厚 5 厘米（图 19-1，图版 5-2）。

B 型：六件。单瓣双层莲瓣。T20304③：21，直径 11.5 厘米、厚 4.9 厘米（图 19-2，图版 5-3）。

（二）泥塑

十六件。模制。有头像、身像等。

头像　六件。完整四件。面相丰圆，圆鼓脸，长眉细目，高直鼻梁，小口，薄唇，嘴角上翘，大耳垂，耳廓清晰。依据头上戴宝冠与梳髻的不同，分为二型。

A 型：四件。头戴高宝冠。依据头冠装饰图案的不同，可分二亚型。

Aa 型：三件。莲花冠菩萨头像。头发呈黑色。H2243：7，五官俊秀，两耳戴莲花形耳珰，正面宝冠中央装饰一朵大团莲，从莲心中穿出"人"字形联珠纹带，与冠下发饰构成三角状，联珠带相结处塑一六瓣小花，中分发式，头发于两鬓抿于耳后，耳后两侧为下垂的冠披，右侧冠披可辨两道清晰的褶缘，面部和冠饰略施红色，颈部有竖孔，近方形。孔壁残留秸秆状印痕。残高 13.7 厘米、宽 9.6 厘米、竖孔边长 1.7 厘米、深 7.6 厘米（图 20-1，图版 5-4）。H2243：8，两耳戴圆饼形耳珰，头发于两鬓垂于耳后，耳朵两侧残存下垂的冠披，颈部和头顶有竖孔相通，孔壁残留秸秆状印痕。残高 12.5 厘米、宽 11.5 厘米（图 20-2，图版 5-5）。H2243：14，风化。头戴三面宝冠，从正面的团莲中央发丝相叠的发髻向外凸出，呈三角形，两侧面为略小的莲花装饰，中央垂下一缕发丝，发际中分，头发于两鬓抿于耳后，束髻，颈部留三角形小竖孔。冠饰呈红色。残高 8.3 厘米、宽 4.2 厘米、孔底边长 1.6 厘米、两侧边长约 1.3 厘米、残深 4 厘米（图 20-3，图版 5-6）。

Ab 型：一件（H2243：22）。兽面冠菩萨头像。三面宝冠，正面中央为一圆形大莲花，由十二个莲瓣组成，中部塑一兽面装饰。左右两侧面莲花略小，莲花中部垂下一缕弯曲的发丝。三面的莲花上部残存卷曲的枝叶。

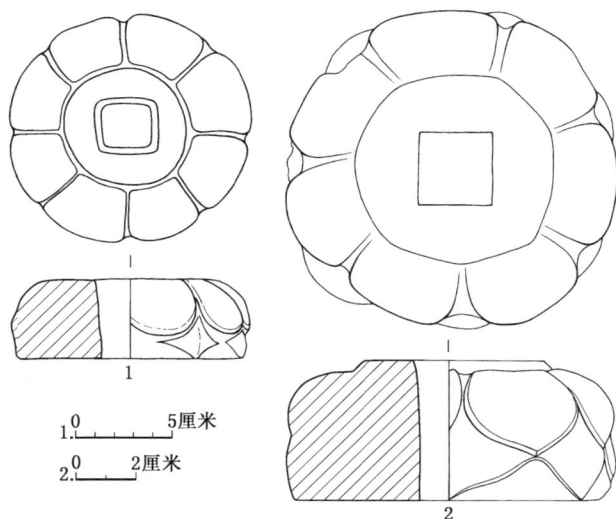

图 19　出土北魏石建筑饰件
1.A 型（T20607④：10）　　2.B 型（T20304③：21）

0　　5厘米
1.

0　　2厘米
2.

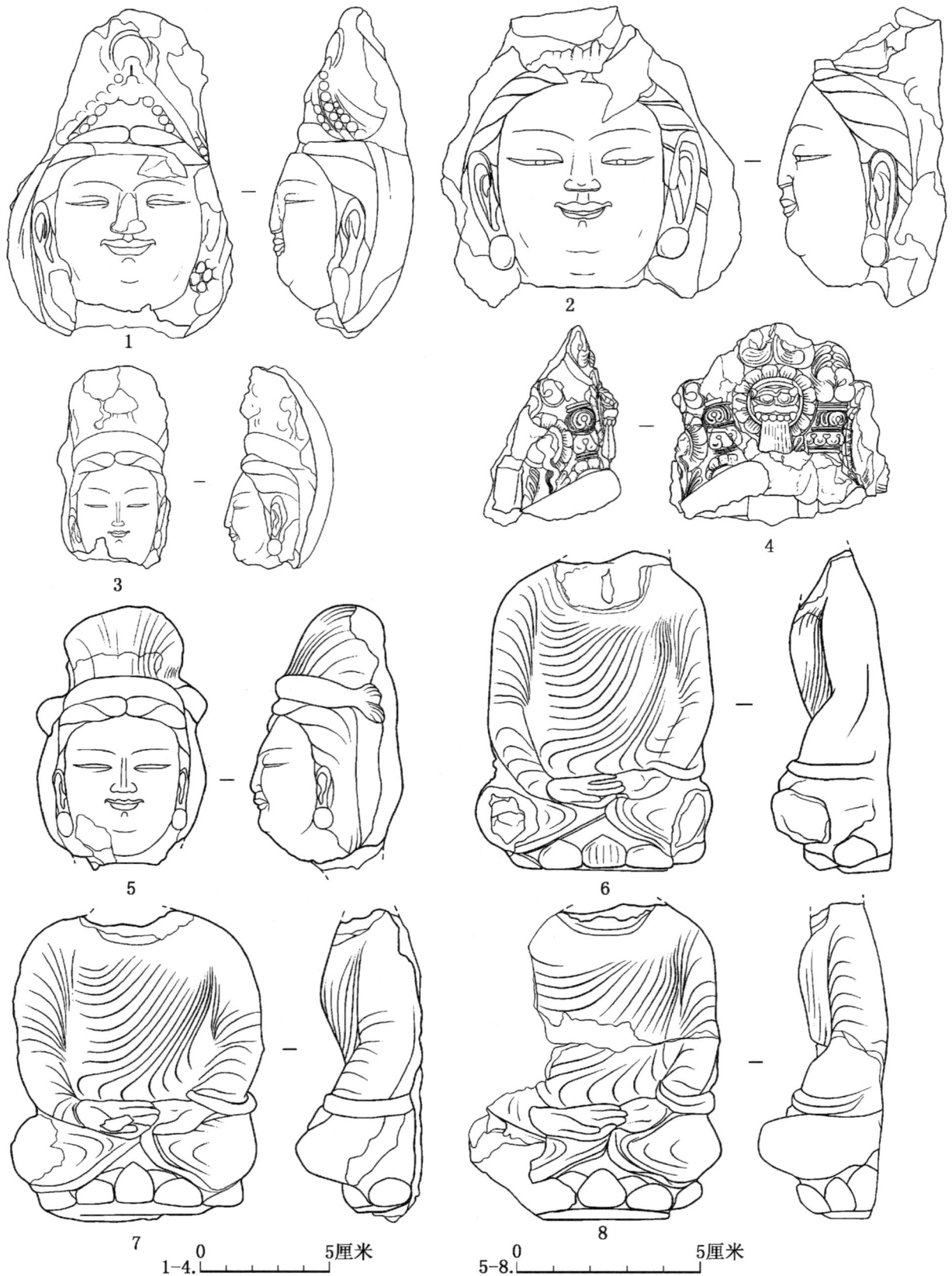

图 20   出土北魏泥塑
1—3.Aa 型头像（H2243：7、H2243：8、H2243：14）   4.Ab 型头像（H2243：22）
5.B 型头像（H2243：12）   6—8. 身像（H2243：9、H2243：11、H2243：13）

大小莲花之间均以莲柱相隔。莲柱用三道双线凸弦纹分成四层，下面三层塑表现形式不同的莲瓣，上面雕对鸟纹。背面有抹平痕迹。头冠下部有一近方形的竖孔，孔壁有秸秆状印痕。残高8.5厘米、宽8.8厘米、孔边长1.8厘米、深2.3厘米（图20-4，图版6-1）。

B型：二件。供养菩萨头像，高髻。H2243：12，两耳戴圆饼耳珰，发际中分至两鬓抿于耳后，发髻呈扇形，发丝细密，束带绕至头部于两侧打结后下垂形成飘带。束带呈红色，头发呈黑色，背面残留红色。颈部有竖孔。残高7.3厘米、宽4.4厘米、孔边长1—1.3厘米、深3.9厘米（图20-5，图版6-2）。

身像　十件。坐佛，结跏趺坐于重层仰莲座上。佛像著通肩袈裟，左手腕及双腿之处衣褶比较厚重，袈裟局部残存红色。双手作禅定印，右手叠加于左手之上，掌心朝上，呈白色。背面有抹平痕迹，多凹凸不平。颈部与身躯相接之处有小竖孔，其孔壁存有秸秆状印痕。H2243：9，佛像着圆领通肩袈裟，袈裟上残留大面积红色，左胸前有一片补塑泥块，双膝局部残损。仰莲座外层由五个莲瓣组成，左侧的三个莲瓣上刻划数道凹弦纹，仅正中莲瓣两侧各伸出一个内层小莲瓣尖。残高8.8厘米、残宽6厘米、竖孔边长0.4厘米、深3.5厘米（图20-6，图版6-3）。H2243：11，佛像衣纹线条流畅，袈裟及莲瓣均有红色残迹，手掌呈白色，右手与右膝稍有残损。仰莲座上的外层五个莲瓣和内层二个莲瓣保存完好。背面不平，额外贴加一层薄泥片。残高8.5厘米、宽6.2厘米（图20-7，图版6-4）。H2243：13，由腰部断成上下两段。着圆领通肩袈裟，袈裟及莲瓣残留部分红色。仰莲座仅存四个外层莲瓣和二个内层莲瓣。颈部与身躯相接处有近似半圆形的小竖孔，孔壁残留秸秆状印痕。残高8.5厘米、腿部残宽6.3厘米、竖孔边长0.4厘米（图20-8，图版6-5）。

（三）石器

五件。砂岩。有石刻件、门枕石。

石刻件　四件。雕刻。T20905②：7，上部残存两个对称的花叶及左侧旁的花叶，下部残存卷曲花叶的上部。残长16厘米、宽7.5厘米、厚2—4厘米（图21-1，图版7-1）。T20304③：58，呈不规则长方形，

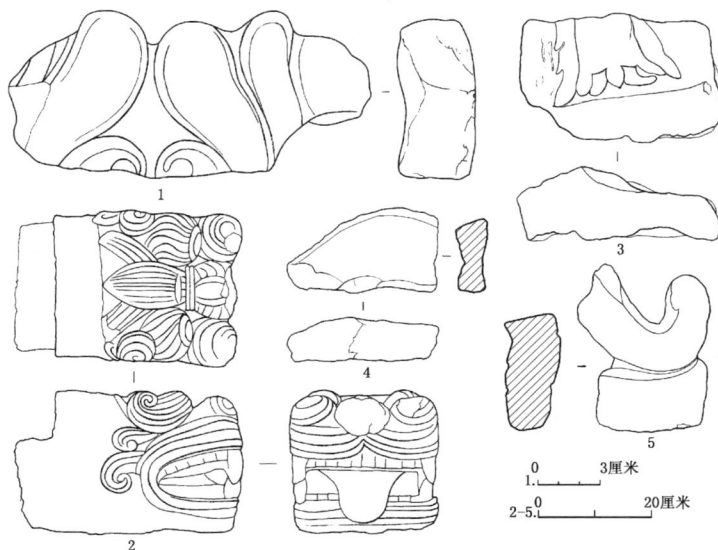

图21　出土北魏石刻
1、3—5.石刻件（T20905②：7、T20304③：58、T20306②：3、T20306②：14）2.门枕石（T20306③：4）

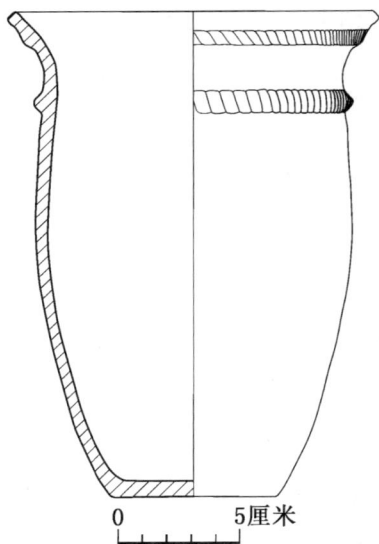

图 22　出土北魏陶罐（H2053：2）

一面雕刻人物。残长 33.5 厘米、残宽 22 厘米、厚 10.5 厘米、内框长 24 厘米、高 14.5 厘米（图 21-3，图版 7-2）。T20306 ②：3，似宽叶状，一面有凿痕。残长 25 厘米、宽 2.5—14.5 厘米（图 21-4，图版 7-3）。T20306 ②：14，柱头装饰，上部卷云状，下部呈长方形。高 29 厘米、宽 22.5—28.5 厘米、厚 7.5 厘米（图 21-5，图版 7-4）。

门枕石　一件（T20306 ③：4）。雕刻。兽首形方座，眼、口、鼻、舌清晰。长 42 厘米、宽 27 厘米、高 27 厘米（图 21-2，图版 7-5）。

（四）陶器

罐　一件（H2053：2）。夹砂灰陶。侈口，圆唇，深腹内收，平底。唇下饰一周斜线压印纹，上部饰一周附加堆纹。口径 14.5 厘米、底径 8 厘米、高 19.9 厘米（图 22，图版 7-6）。

六、唐代遗物

瓷器　十七件。器形有青釉盏、绿釉碗、复色釉碗、白釉碗、黄釉罐等。

青釉盏　一件（T20605 ③：12）。敞口，圆唇，弧腹，饼足。胎色泛灰，胎质坚硬，夹细小黑砂，内外均施青釉，外施釉不及底，上化妆土，釉面光亮。口径 13 厘米、饼足径 6.6 厘米、高 3.6 厘米（图 23-1，图版 8-1）。

绿釉碗　一件（T20403 ③：12）。敞口，圆唇，弧腹，饼足。胎色泛红，胎质较硬，内施满釉，外施釉至口沿下。口径 23 厘米、饼足径 9.2 厘米、高 6.5 厘米（图 23-2）。

复色釉碗　九件。敞口，圆唇，弧腹，圈足，外底凹。胎色灰白，胎质较坚硬，内施白釉，外施酱釉。T20304 ②：1，口径 14.2 厘米、圈足径 6.4 厘米、高 3.6 厘米（图 23-3）。H2176：2，口径 16.9 厘米、

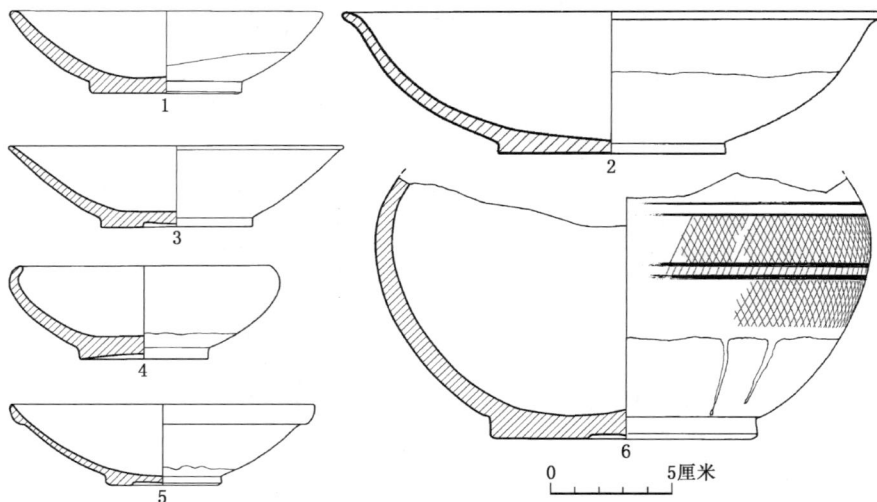

图 23　出土唐代瓷器
1. 青釉盏（T20605 ③：12）　2. 绿釉碗（T20403 ③：12）　3. 复色釉碗（T20304 ②：1）
4、5. 白釉碗（H2340：2、H2268：6）　6. 黄釉罐（H2212：19）

圈足径7.8厘米、高5.5厘米（图版8-2）。H2358：1，口径13.2厘米、圈足径6.5厘米、高3.5厘米（图版8-3）

白釉碗　四件。H2340：2，敛口，圆唇，弧腹，饼足。胎色灰白，胎质较坚硬，釉色白中泛青，上化妆土，釉面光亮。口径10.4厘米、饼足径5.3厘米、高4厘米（图23-4，图版8-4）。H2268：6，敞口，圆唇，弧腹，圈足。胎色灰白，胎质较坚硬，内施满釉，外施釉不及底，釉色泛白，器内壁底部有积釉现象和小砂粒。口径12.5厘米、圈足径4.8厘米、高3.5厘米（图23-5，图版8-5）。

黄釉罐　二件。轮制。H2212：19，弧腹，圈足。器表饰席纹和平行暗弦纹，器内壁饰数周平行暗纹。胎色青灰，胎质较坚硬，内施满釉，外施釉不及底。圈足径11.3厘米、残高12厘米（图23-6，图版8-6）。

七、辽金遗物

有建筑构件、石器、陶器、瓷器。

（一）建筑材料

修复完整者三九五件。有筒瓦、板瓦、檐头板瓦、瓦当、瓦当范、陶雀替、陶脊兽残件、砖等。

筒瓦　修复完整者七件。泥质灰陶。泥条盘筑。H2182：6，凹面饰布纹，凸面修整。侧面切痕宽窄不一。短舌呈斜坡状，舌与身凸面相接处内凹，相对一端端头平齐。长36厘米、径18—18.6厘米、厚2.7—4.5厘米、瓦舌残长3厘米、厚2.5厘米（图24-1，图版9-1）。

板瓦　修复完整者五件。泥质灰陶。泥条盘筑。平面呈梯形，断面呈弧形。H2365：2，凹面饰布纹，凸面简单修整，两侧边切痕较小，凹面一侧残存切痕，两端等长，一端斜切，另一端齐切。长37.8厘米、径22.7—25厘米、厚2—2.5厘米（图24-2，图版9-2）。

檐头板瓦　修复完整者五十件。泥条盘筑。凹面饰布纹。有泥质檐头板瓦和琉璃檐头板瓦两类。

（1）泥质檐头板瓦　三十八件。泥质灰陶。炉2029：1，端面划出五道泥条，第一道泥条戳切，第三道和第四道泥条之间有压印纹饰，下方的泥条有被按压成波浪状，残存五个凹坑。瓦残长7.5—17.4厘米、径22厘米、厚2厘米（图24-3，图版9-3）。H2379：4，端面划出五道泥条，第二道泥条倾斜并压印有旋涡状纹饰，第四道泥条戳切，

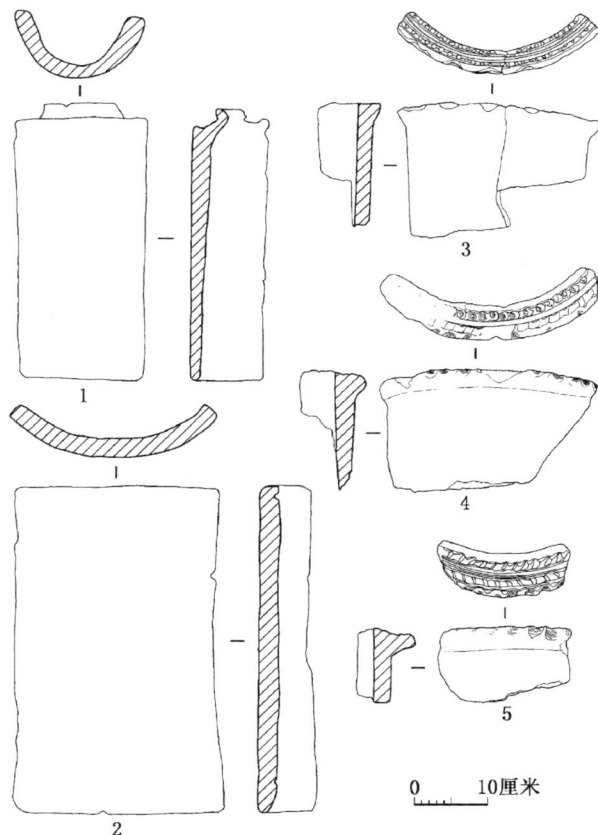

图24　出土辽金建筑材料
1. 筒瓦（H2182：6）　2. 板瓦（H2365：2）
3、4. 泥质檐头板瓦（炉2029：1、H2379：4）
5. 琉璃檐头板瓦（J2001：11）

下方的泥条向上按压，残存七个凹坑。瓦身两侧面切痕较大。残长 4.2—15.8 厘米、径 25.5 厘米、厚 2.8 厘米（图 24-4，图版 9-4）。

（2）琉璃檐头板瓦　十二件。泥质红陶。露明部分施绿釉，施釉前通体刷一层化妆土。J2001 : 11，端面划出七道泥条，第二道和第四道泥条戳切，下方的泥条以缠细绳的棒状物斜向上按压，残存七个凹坑。残长 9.5—11.3 厘米、残径 17 厘米、厚 2 厘米、端面高 6.3 厘米、厚 0-3 厘米（图 24-5，图版 9-5）。

瓦当　修复完整者三二二件。模制。圆形。有兽面瓦当、兽首衔环瓦当、化生童子瓦当、迦陵频伽瓦当、莲花纹瓦当、合角瓦当。

（1）兽面瓦当　九十三件。泥质灰陶。边轮低窄。依据兽面嘴齿状态不同，可分四型。

A 型：六十九件。嘴闭合，獠牙外凸。轮制。当心凸起，兽面清晰，双目圆睁，粗眉上翘，额头上有三道抬头纹，双耳竖直，鼻呈蒜头形，嘴闭合，獠牙外凸，口角上有胡须。外饰一周联珠纹。T20305 ③：36，瓦凹面饰布纹，凸面修整。残长 13.5—22 厘米、直径 15.2 厘米、中心厚 2.5 厘米、边缘厚 1.2 厘米、边轮宽 1.8—2 厘米（图 25-1，图版 9-6）。

图 25　出土辽金兽面瓦当

1.A 型（T20305 ③：36）　2.B 型（T20407 ④：2）　3.C 型（T20705 ②：12）　4.D 型（T20506 ③：9）

B 型：三件。张嘴露牙，獠牙外凸。T20407 ④：2，当心兽面凸起。双目圆睁，眉毛上卷，额头上有一道"八"字形抬头纹，双耳朝天，鼻呈蒜头形，张嘴露牙，獠牙外凸。直径 16.5 厘米、中心厚 3.8 厘米、边缘厚 1.4—1.8 厘米、边轮宽 1.4—1.8 厘米（图 25-2，图版 10-1）。

C 型：十九件。大嘴，牙齿多模糊。当心兽面高凸，双目圆睁，眉毛上翘，双耳竖直，鼻呈三角形张嘴。外饰一周联珠纹。T20705 ②：12，直径 14.5 厘米、中心厚 4.6 厘米、边缘厚 1.2 厘米、边轮宽 2.1—2.6 厘米（图 25-3，图版 10-2）。

D 型：二件。张嘴露牙和舌头。T20506 ③：9，兽面稍凸，双目圆睁，眼眶清晰，粗眉上翘，双耳竖直，张嘴，獠牙外凸。直径 15.5 厘米、中心厚 2.1 厘米、边缘厚 1.3 厘米、边轮宽 1.8—2.2 厘米（图 25-4）。

（2）兽首衔环瓦当　一三五件。泥质灰陶。当面当心兽面高凸，小眼圆睁，眉毛上翘，鼻呈三角形，嘴闭合衔环，外饰一周联珠纹。T20407 ③：6，直径 15 厘米、中心厚 4.3 厘米、边缘厚 1 厘米、边轮宽 2.4 厘米（图 26-1，图版 10-3）。

（3）迦陵频伽瓦当　七十一件。泥质灰陶。当心稍凸，为侧身迦陵频伽。头带冠，左臂弯曲，右手上举物，下半部为鸟身，两翼张开，一爪随当面弯曲上卷。外饰二周凸棱，内饰一周联珠纹。H2003：4，直径约 12 厘米、中心厚 3.5 厘米、边缘厚 1.3 厘米、边轮宽 2.3—3 厘米（图 26-2，图版 10-4）。

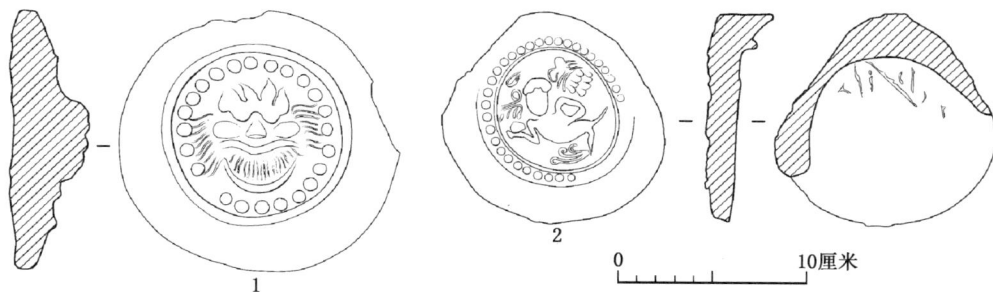

图 26　出土辽金瓦当
1. 兽首衔环瓦当（T20407 ③：6）　　2. 迦陵频伽瓦当（H2003：4）

（4）莲花纹瓦当　十六件。有绿釉莲花纹瓦当和泥质莲花纹瓦当。

绿釉莲花纹瓦当　三件。泥质红陶，外施绿釉。边轮较宽。当心以凸起的大小乳丁组成花蕊，外饰一周联珠纹。T21003 ③：5，直径 16 厘米、中心厚 2.7 厘米、边缘厚 1.3 厘米、边轮宽 2.8—3 厘米（图 27-1，图版 10-5）。

泥质莲花纹瓦当　十三件。灰陶。依据当面莲花图案，可分二型。

A 型：十二件。当心饰凸起乳丁与一周联珠纹，莲瓣刻划勾状叶茎，外饰二周凸棱，凸棱之间绕大联珠纹。T21003 ③：3，饰复瓣双层团莲。直径 18 厘米、中心厚 2.5 厘米、边缘厚 0.7 厘米、边轮宽 3.2—3.8 厘米（图 27-2）。T20507 ②：1，边轮低窄，饰六瓣复瓣双层团莲。直径 17.4 厘米、中心厚 2.2 厘米、边缘厚 1.3 厘米、边轮宽 1.8—3.2 厘米（图 27-3，图版 10-6）。

B 型：一件。当心饰凸起乳丁，外饰莲瓣纹及"T"字形图案，莲瓣呈三角状，莲瓣外有一周凸棱，边轮压一周联珠纹，外饰压平联珠纹。T20905 ②：11，残径 12 厘米、中心厚 3.3 厘米、边缘厚 1.3 厘米（图

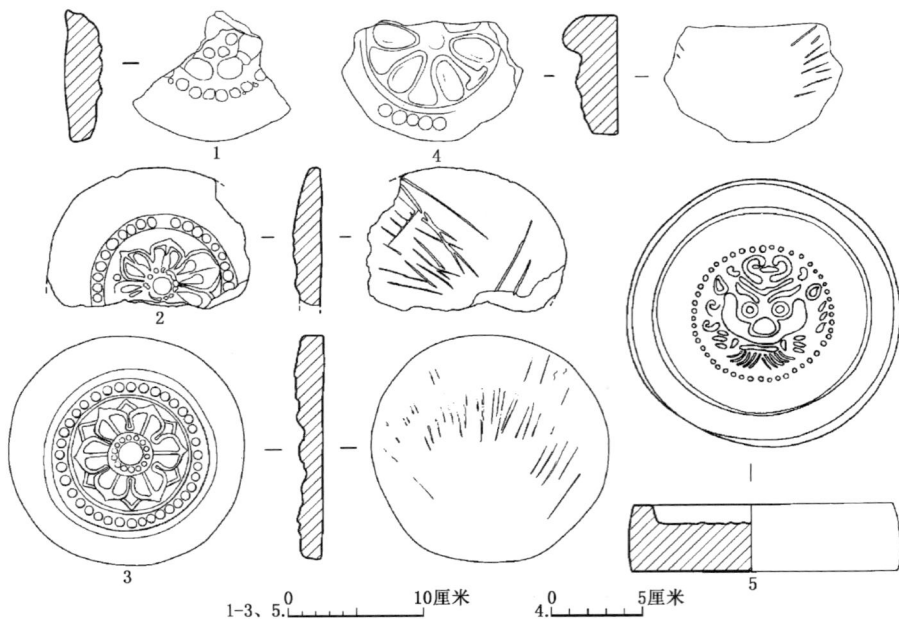

图 27 出土辽金建筑材料
1. 绿釉莲花纹瓦当（T21003 ③：5） 2、3.A 型泥质莲花纹瓦当（T21003 ③：3、T20507 ②：1）
4.B 型泥质莲花纹瓦当（T20905 ②：11）5. 瓦当范（H2378：6）

27-4，图版 11-1）。

（5）合角瓦当 七件。泥质灰陶。H2055：7，筒瓦与瓦当相接处呈锐角，瓦当上部残留三个乳丁。外饰一周联珠纹。身残长 6.6—17.6 厘米、宽 0—12.5 厘米、残高 22.4 厘米、厚 1.3—2.7 厘米。

瓦当范 修复完整者一件（H2378：6）。泥质灰陶。模制。兽面内凹，双目圆睁，眉毛向上翘，双耳竖直，鼻呈三角形，张嘴，牙齿模糊，兽面边缘鬃毛卷曲，兽面外缘饰一周联珠纹。边轮宽 2.3 厘米、口径 19.2 厘米、底径 20.2 厘米、高 5.2 厘米（图 27-5，图版 11-2）。

陶雀替 修复完整者二件。泥质灰陶。呈直角三角形。T20305 ③：30，正面斜边雕刻勾云纹，砖侧面随纹饰卷曲成弧形。背面有沟纹六条。残长 28 厘米、厚 6.3 厘米（图 28-1，图版 11-3）。

脊兽残件 六件。T20304 ③：14。泥质灰陶。残留有红色颜料。仅存下颌及唇部周围上卷的胡须，门齿呈宽板状，两侧獠牙较长。残长 21.6 厘米、宽 31 厘米、高 14 厘米（图 28-3，图版 11-4）。

砖 修复完整者二件。泥质灰陶。T20406 ③：9，长方形。正面有裂纹，底面有六条沟纹，侧面留有白灰痕迹。长 40 厘米、宽 18.8 厘米、高 6.8 厘米（图版 11-5）。H2285：1，方形。底面有十三条沟纹。长 36.4 厘米、厚 6.3 厘米（图版 11-6）。

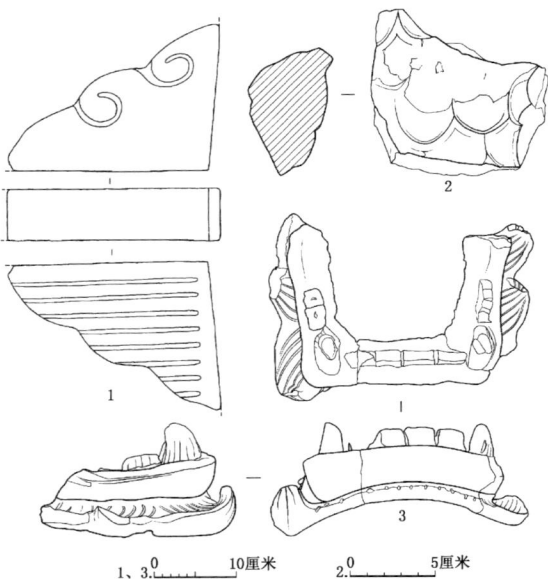

图 28 出土辽金建筑材料
1. 陶雀替（T20305 ③：30） 2. 石雕（H2041：2）
3. 陶脊兽残件（T20304 ③：14）

（二）石器

石雕　七件。H2041：2，砂岩。雕刻四层鳞片，排列整齐。残长9厘米、残宽6.2—7.7厘米、厚0.6—7.2厘米（图28-2，图版12-1）。

（三）陶器

二五六件。器形有盆、盏、器盖、罐、瓶、盘、盏托、碗、釜、甑、深腹盆、盒、纺轮、圈、饰件、构件、砚台、坩埚等。

盆　一一七件。有卷沿盆、平沿盆、敛口盆。

（1）卷沿盆　八十三件。泥质灰陶。圆唇。H2270：1，敞口，弧腹，平底。器表有旋坯痕，器内壁有数周暗纹。口径42.5厘米、底径17.7厘米、高16厘米（图29-1，图版12-2）。H2249：9，侈口，鼓腹，平底。口沿、器表及器内壁饰数周暗纹，器底有修整刮痕。口径27.2厘米、腹径28厘米、底径19.4厘米、高12.6厘米（图29-2，图版12-3）。H2124：7，侈口，凹沿，斜弧腹，平底。器表有数周旋坯痕。器内壁有数周暗纹。口径27.8厘米、底径16厘米、高10.3厘米（图29-3，图版12-4）。T20505③：3，敛口，鼓腹，平底。器表有数周旋坯痕，口径47.5厘米、底径22.5厘米、高16.1厘米（图29-4）。T20303②：3，敞口，鼓腹。口径24.8厘米、底径14.3厘米、高10.2厘米（图版12-5）。T20304②：45，敞口，斜腹，平底。外沿饰一周凹弦纹，口沿、内壁、底有数周暗纹。口径40.8厘米、底径23.3厘米、高9.3厘米（图29-5，图版12-6）。T20303②：16，直口，鼓腹，平底。器底有修整刮痕。口径31.4厘米、底径23.6厘米、高10.8厘米（图29-6）。H2051：8，敞口，斜腹，平底。器表有旋坯痕。口径41.2厘米、底径20.5厘米、高13.9厘米（图29-7，图版13-1）。

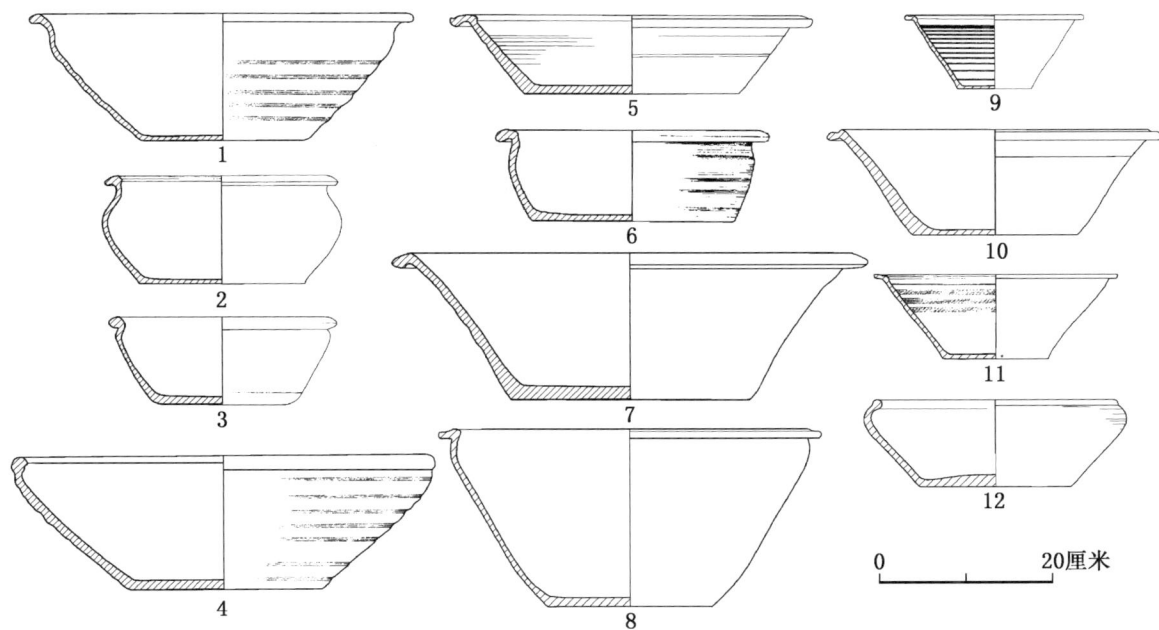

图29　出土辽金陶器
1—7.卷沿盆（H2270：1、H2249：9、H2124：7、T20505③：3、T20304②：45、T20303②：16、H2051：8）8—11.平沿盆（H2102：1、H2152：2、H2341：3、T20605③：41）12.敛口盆（H2277：5）

（2）平沿盆　二十七件。泥质灰陶。敛口，圆唇，平底。H2102：1，斜弧腹。口沿中部饰一周凹弦纹。口径 43 厘米、底径 17.7 厘米、高 21.5 厘米（图 29-8，图版 13-2）。H2341：3，敞口，弧腹。口沿上部饰一周凹弦纹，器底有修整刮痕。口径 38.2、底径 19 厘米、高 12.7 厘米（图 29-10）。H2355：6，口径 54.5 厘米、底径 23.8 厘米、高 18 厘米（图版 13-3）。H2152：2，斜腹，腹有三个钻孔。内沿饰上下二周凸棱和二周菱形纹，底有修整刮痕。口径 41.7 厘米、底径 15.7 厘米、高 17.5 厘米（图 29-9，图版 13-4）。T20605③：41，斜腹，腹部有一个钻孔。内沿饰一周凸棱，沿上饰一周凹弦纹，内壁饰四周短竖线夹长方格纹饰。口径 70.3 厘米、底径 30.8 厘米、高 24.1 厘米、孔径 0.7 厘米（图 29-11，图版 13-5）。

（3）敛口盆　七件。H2277：5，泥质灰陶。尖唇，斜腹，平底。口沿和腹部饰数周暗纹，器底有修整刮痕。口径 29.5 厘米、腹径 31 厘米、底径 19 厘米、高 10.6 厘米（图 29-12，图版 13-6）。

盏　四十四件。泥质灰陶。轮制。敞口，圆唇。T20204③：6，弧腹，假圈足平底。器底有修整刮痕。口径 8.8 厘米、底径 3.8 厘米、高 2.9 厘米（图 30-1，图版 14-1）。H2340：1，斜腹，平底。口径 9.9 厘米、底径 4.1 厘米、高 3.5 厘米（图 30-2）。

器盖　十件。泥质灰陶。手制。敞口，尖唇，平底。T20405③：25，平沿。沿内饰一周凹弦纹。口径 14.7 厘米、底径 6.5 厘米、高 4.8 厘米（图 30-4，图版 14-2）。H2249：3，弧腹。器表沿下饰一周指压的痕迹，中间饰二周凹弦纹，器内壁饰花卉纹。口径 16.6 厘米、底径 9.8 厘米、高 4.6 厘米（图 30-5）。

罐　十一件。泥质灰陶。轮制。鼓腹，平底。H2287：2，敛口，溜肩，肩部对称有二个桥形耳，沿部饰二周凸弦纹，唇部饰二周凹弦纹。口径 25.2 厘米、腹径 33 厘米、底径 12.5 厘米、高 32.3 厘米（图 30-6，图版 14-3）。T20307③：8，罐底残片，内底压印文字。残长 6.8 厘米、残宽 6.5 厘米、残厚 0.8-1.5

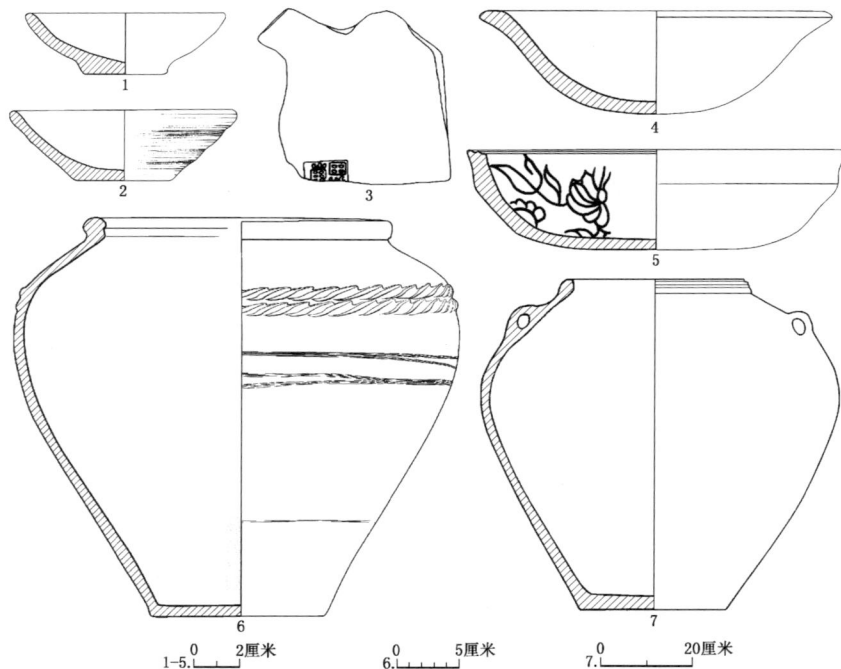

图 30　出土辽金陶器

1、2. 盏（T20204③：6、H2340：1）　3、6、7. 罐（T20307③：8、H2287：2、H2204：2）

4、5. 器盖（T20405③：25、H2249：3）

厘米（图 30-3，图版 14-4）。H2204：2，直口，圆唇，圆肩。肩部饰二周附加堆纹。口径 50 厘米、腹径 99 厘米、底径 39 厘米、高 92 厘米（图 30-7，图版 14-5）。

瓶　四件。泥质灰陶。轮制，溜肩。H2249：8，侈口，尖唇，束颈，深鼓腹弧收，底微凹。唇部饰一周凹弦纹。口径 10.5 厘米、腹径 14 厘米、底径 7.5 厘米、高 27.8 厘米（图 31-1，图版 14-6）。H2199：1，口残，鼓腹，大平底。器表饰数周暗纹，口径 7.1 厘米、腹径 23 厘米、底径 16 厘米、高 22 厘米（图 31-2，图版 15-1）。

盘　二件。H2025：3，弧腹，平底。口部饰一周栉齿纹。口径 17.3 厘米、底径 11.5 厘米、高 6.2 厘米（图 31-3）。

盏托　三件。泥质灰陶。轮制。H2188：2，直口，圆唇，折肩，浅弧腹，平底，底部中间有一斜壁小盏，尖唇。器底有修整刮痕。口径 12.2 厘米、底径 6.6 厘米、高 3.3 厘米、小盏口径 4.3 厘米、深 1.1 厘米（图 31-4，图版 15-2）。

碗　六件。泥质灰陶。轮制，圆唇，弧腹。H2180：1，敞口，假圈足。器底饰二周凹弦纹。口径 11.2 厘米、底径 4.6 厘米、高 4.4 厘米（图 31-5，图版 15-3）。H2025：6，敞口，平底。素面。口径 22.6 厘米、底径 10.5 厘米、高 8.5 厘米（图 31-6，图版 15-4）。

釜　一件（H2324：1）。夹砂灰陶。轮制。敛口，圆唇，鼓腹，凹底。素面。口径 26.5 厘米、腹径 28.5 厘米、底径 15.1 厘米、高 19 厘米（图 31-7，图版 15-5）。

甑　一件（H2277：27）。泥质灰陶。轮制。敛口，卷沿，圆唇。唇部饰一周凹弦纹，近口沿饰一周附加堆纹，腹部饰二周凹弦纹，内壁饰数周暗纹及几何纹。口径 53.5 厘米、残高 21 厘米（图 31-8，图版 16-3）。

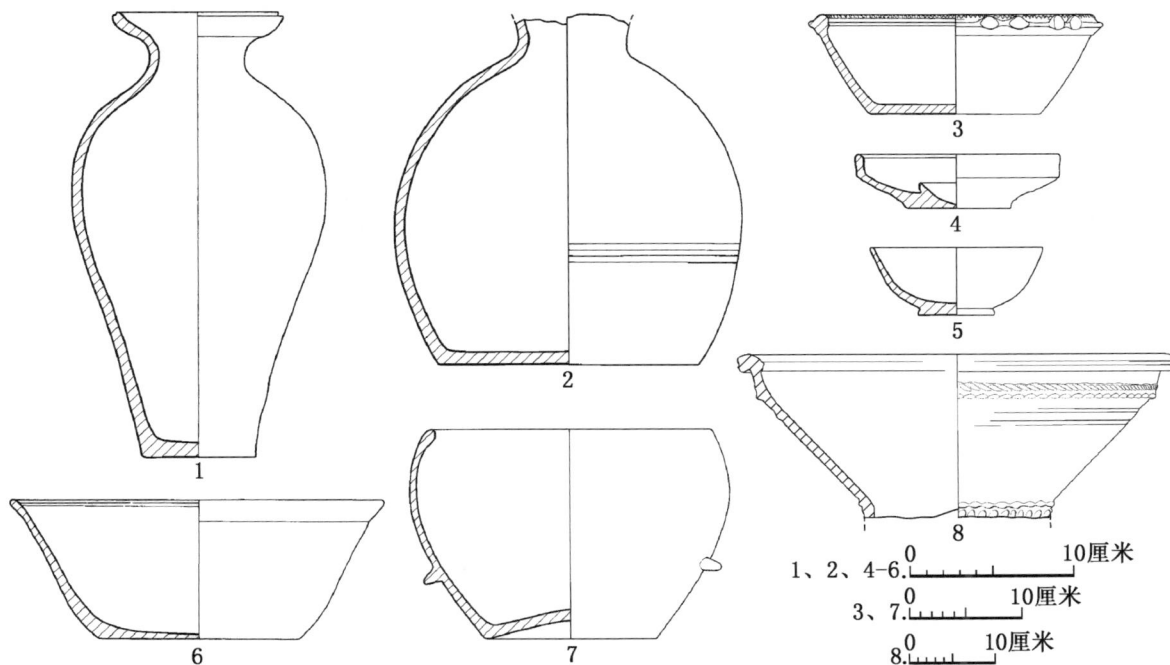

图 31　出土辽金陶器
1、2. 瓶（H2249：8、H2199：1）　3. 盘（H2025：3）　4. 盏托（H2188：2）
5、6. 碗（H2180：1、H2025：6）　7. 釜（H2324：1）　8. 甑（H2277：27）

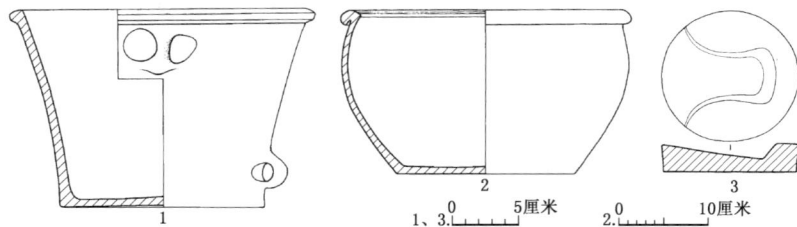

图 32　出土辽金陶器
1、2. 深腹盆（T20707 ①：1、H2212：2）　3. 砚台（H2277：15）

深腹盆　二件。泥质灰陶。轮制。T20707 ①：1，敞口，折沿，圆唇，深腹。口沿下部有一对称的耳，腹部有一耳。口径 24.3 厘米、底径 15.2 厘米、高 14.8 厘米（图 32-1）。H2212：2，敛口，卷沿，圆唇，鼓腹弧收，平底。器内外均饰数周暗纹，内沿上方饰一周凹弦纹。器底有修整刮痕。口径 33 厘米、底径 20 厘米、高 18.8 厘米（图 32-2，图版 16-1）。

盒　一件（H2163：5）。泥质灰陶。泥条盘筑。敛口，折肩，直腹内收，平底。口沿饰一周凹弦纹，器表饰数周暗纹。磨光。口径 21.8 厘米、底径 17.9 厘米、高 11.5 厘米（图 33-1，图版 16-2）。

纺轮　十一件。泥质灰陶。素面。T21006 ②：22，中间有孔。磨光。直径 5.6 厘米、孔径 1 厘米、厚 1 厘米（图 33-2）。H2330：1，中间有孔，一面磨光，一面粗糙。直径 8.3 厘米、孔径 1.7 厘米、厚 1.4 厘米（图 33-3）。

圈　四件。泥质灰陶。泥条盘筑。T20505 ③：2，敛口，圆唇，鼓肩，弧腹，平底。肩部饰三周凹弦纹。上口径 33 厘米、下口径 38 厘米、高 14.5 厘米（图 33-4，图版 16-4）。

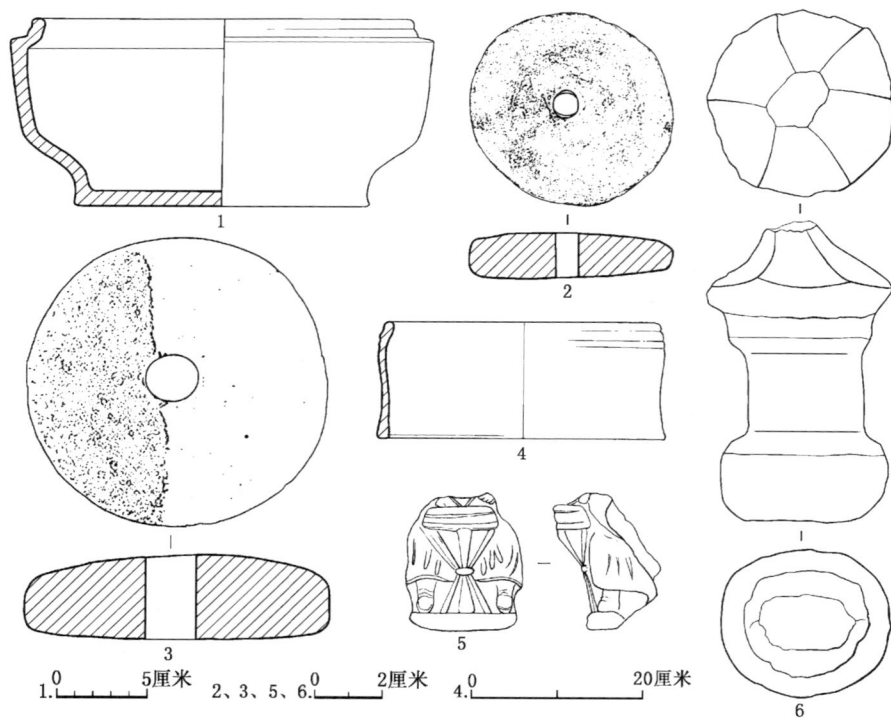

图 33　出土辽金陶器
1. 盒（H2163：5）　2、3. 纺轮（T21006 ②：22、H2330：1）　4. 圈（T20505 ③：2）
5. 饰件（T20106 ②：3）　6. 构件（T20307 ③：4）

饰件　四件。T20106②：3，泥质红陶。模制。中间有一条支架竖直，两侧支架撇开，上部承托一圆台并残留模制痕迹，支架两侧脚和支架立于圆形台上。残高 4.2 厘米、宽 3.3 厘米、厚 0.3—1.5 厘米（图 33-5）。

构件　四件。泥质灰陶。手制。上面呈六面伞形，中部为圆柱形，下部圆形外凸，中空。颈部饰一周凸棱。T20307③：4，高 8.9 厘米、直径 3.6—5.8 厘米（图 33-6，图版 16-5）。

砚台　四件。泥质灰陶。模制。H2277：15，圆形，内凹，呈"几"字形。直径 9.7 厘米、厚 2.1 厘米、扇形宽 4.2—7.2 厘米（图 32-3，图版 15-6）。

坩埚　二十七件。夹砂灰褐陶。模制。平沿，圆唇，深腹，圜底。器表有手摸斜向痕迹和烧流铁渣痕迹，内壁饰布纹，残存少量铁渣。H2257：8，口径 14.5 厘米、高 30.1 厘米（图 34，图版 16-6）。

（四）瓷器

一三八件。器形有碗、钵、盘、盏、瓶、罐、矮足杯、瓮、洗、碗底等。

碗　六十件。轮制。敞口，弧腹，圈足。H2357：1，斜唇。胎色泛灰，胎质稍坚硬，夹黑砂粒，内施满釉，外施釉不及底，釉色黄白，上化妆土，内底有二处垫珠痕和数周旋坯痕。口径 22.5 厘米、圈足径 7.6 厘米、高 7.8 厘米（图 35-1，图版 17-1）。T20204②：14，方唇。胎色黄白，胎质稍松，夹黑砂，内施满釉，外施釉不及底，釉色泛黄，上化妆土，内底残留五处垫珠痕。口径 21.9 厘米、圈足径 9 厘米、高 7.1 厘米（图 35-2）。H2001：1，圆唇。胎色牙白，胎质稍坚硬，内施满釉，外施釉不及底，釉色黄白，内底残留四处垫珠痕。口径 22.3 厘米、圈足径 8 厘米、高 6.8 厘米（图 35-3）。T20407③：1，侈沿，圆唇，斜腹。胎色灰白，胎质稍坚硬，内施白釉，外施透明釉至上腹部，釉面光亮，上化妆土，器内外壁有修整刮痕。口径 21.5 厘米、圈足径 7.6 厘米、高 7 厘米（图 35-4，图版 17-2）。H2277：53，弧腹。胎色灰白，夹黑砂，

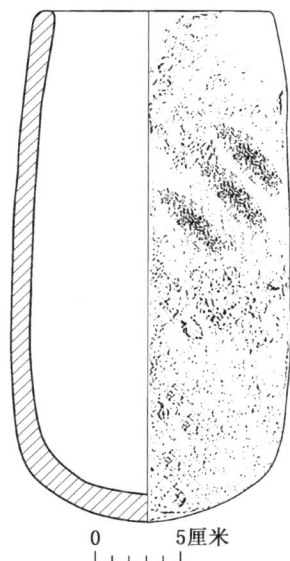

图 34　出土辽金陶坩埚（H2257：8）

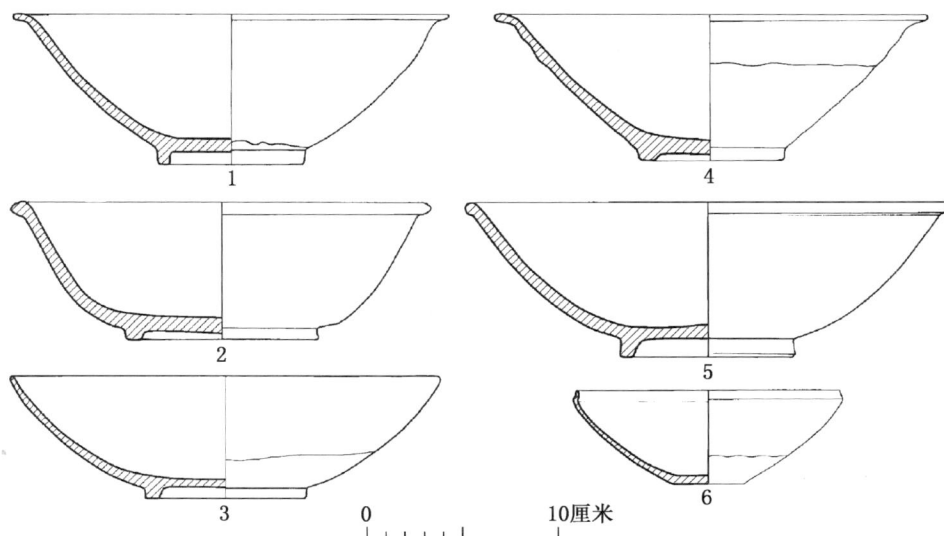

图 35　出土辽金瓷碗

1—5. 碗（H2357：1、T20204②：14、H2001：1、T20407③：1、H2277：53）　6. 钵（H2320：9）

内施满釉，外施釉不及底，釉色泛黄，内底有二处垫珠痕。口径 24.5 厘米、足径 8.7 厘米、高 8.4 厘米（图 37-5，图版 17-3）。

钵　一件（H2320：9），敛口，尖唇，弧腹，小平底。胎色白，胎质细腻，白釉，细腻润泽。口径 13.6 厘米、底径 3.8 厘米、高 4.9 厘米（图 35-6，图版 17-4）。

盘　三十八件。轮制。圈足。T20403②：10，敞口，圆唇，弧腹。胎色黄白，胎质稍坚硬，内施满釉，外施釉不及底，釉色泛黄，上化妆土，内底残留二处垫珠痕。口径 17.5 厘米、圈足径 7.7 厘米、高 4.8 厘米（图 36-1）。T20106②：5，敞口，圆唇，浅弧腹。胎色灰白，胎质稍坚硬，内施满釉，外施釉不及底，釉色牙白，施化妆土。口径 18.2 厘米、圈足径 6.6 厘米、高 4.7 厘米（图 36-2）。T21006②：8，侈沿，弧腹。胎色牙白，胎质稍坚硬，内施满釉，外施釉不及底，足沿不施釉，釉色牙白，釉面光素，内底残留有五处垫珠痕。口径 19.8 厘米、圈足径 7.3 厘米、高 4.5 厘米（图 36-3，图版 17-5）。T21006①：41，敞口，圆唇，浅弧腹。胎色灰白，胎质稍坚硬，内外施釉，足沿不施釉，釉色泛白、光洁，内底有六处垫珠痕，器表有修整刮痕。口径 15.9 厘米、圈足径 5.8 厘米、高 4.1 厘米（图 36-4，图版 17-6）。H2218：4，敞口，圆唇，浅弧腹。胎色黄白，胎质稍坚硬，内施满釉，外施釉不及底，釉色黄白，内底可见三处垫珠痕，内腹中部有一周竖向水草纹饰，内底印有莲瓣纹饰。口径 19.2 厘米、圈足径 8.7 厘米、高 4.7 厘米（图 36-5，图版 18-1）。T20304③：10，圆唇，弧腹。胎色牙白，胎体坚硬，内外施透明釉，釉色牙白，腹流釉，有旋坯痕。口径 14.5 厘米、圈足径 6.2 厘米、高 4.1 厘米（图 36-6，图版 18-2）。

盏　十七件。轮制。敞口。圈足。H2378：2，尖唇，弧腹。胎色灰白，胎质稍坚硬，内施满釉，外施釉不及底，釉色灰白、光亮，器内底略凸并有一周刮痕，外底有一乳凸。口径 9.6 厘米、圈足径 3 厘米、高 3.1 厘米（图 37-1，图版 18-3）。T20405②：2，圆唇外凸，弧腹。胎色土黄，夹白砂，胎质稍坚硬，

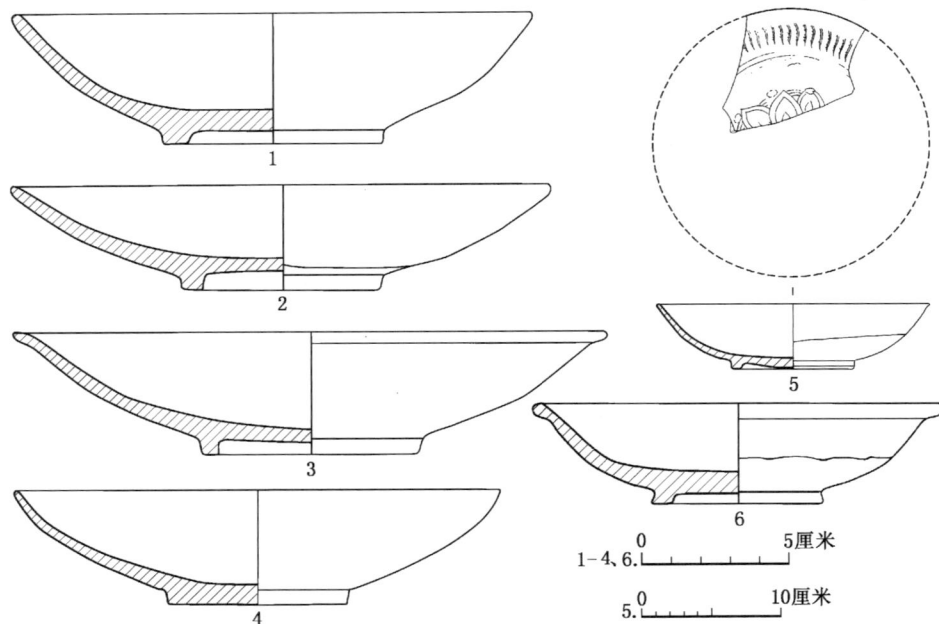

图 36　出土辽金瓷盘

1.T20403②：10　2.T20106②：5　3.T21006②：8　4.T21006①：41　5.H2218：4　6.T20304③：10

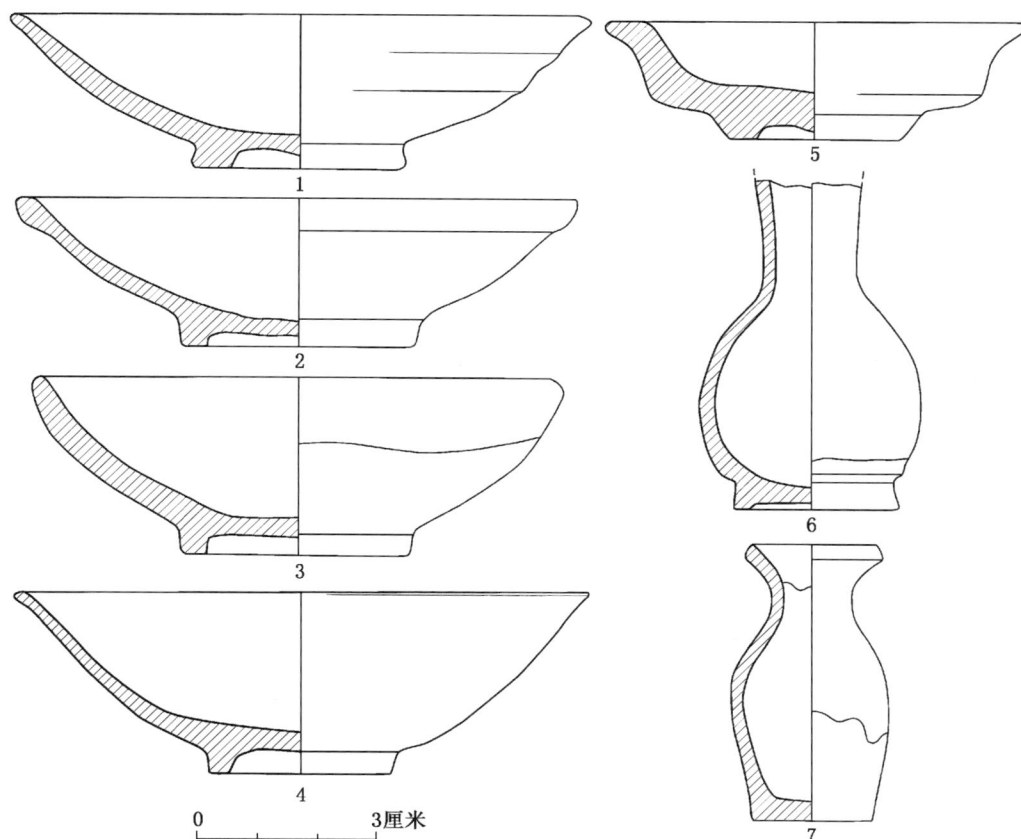

图 37　出土辽金瓷器
1—5. 盏（H2378 ∶ 2、T20405 ②∶ 2、H2276 ∶ 7、H2378 ∶ 1、T20607 ②∶ 24）
6、7. 瓶（T20507 ②∶ 2、T20304 ③∶ 17）

釉色泛黄，上化妆土。口径 9.7 厘米、圈足径 4.2 厘米、高 2.8 厘米（图 37-2，图版 18-4）。H2276 ∶ 7，
圆唇外凸，弧腹。胎色灰白，胎质较坚硬，内施满釉，外施釉至口沿处，釉色黄白、光亮，上化妆土，器
内壁有积釉和开片现象，内底有一处垫珠痕。口径 9.1 厘米、圈足径 4.4 厘米、高 3.1 厘米（图 37-3，图版
18-5）。H2378 ∶ 1，尖唇，弧腹。胎色灰白，胎质稍坚硬，内施满釉，外施釉不及底，釉色灰白、光亮，
内底略凸并有一周刮痕，外底有一乳突。口径 9.6 厘米、圈足径 3 厘米、高 3.1 厘米（图 37-4，图版 18-
6）。T20607 ②∶ 24，折沿，尖圆唇，折腹，外底有乳突。胎白，胎质坚硬，内外施釉，足沿不施釉，釉色白，
釉面光洁。口径 7.5 厘米、圈足径 3.1 厘米、高 2.3 厘米（图 37-5，图版 19-1）。

　　瓶　十二件。轮制。T20507 ②∶ 2，细颈，溜肩，鼓腹，圈足。胎色较白，胎质较坚硬，釉色较白、光亮，
有开片现象，釉仅施到腹部。圈足径 2.9 厘米、残高 5.8 厘米（图 37-6，图版 19-2）。T20304 ③∶ 17，喇
叭口，溜肩，鼓腹，平底。胎色灰白，胎质稍疏，夹黑白砂粒，仅施半釉，釉色白中泛青，有开片。口径 2.8
厘米、底径 2.1 厘米、高 4.9 厘米（图 37-7，图版 19-3）。

　　罐　六件。轮制，鼓腹。T20807 ②∶ 2，敛口，圆唇，弧肩，圈足。胎色泛黄，胎质稍坚硬，内不施釉，
外施釉不到底，上化妆土，白釉，器表肩部至腹中部饰三周凸棱，下腹饰二周凸棱。口径 7.3 厘米、圈足径 6.6
厘米、高 9.6 厘米（图 38-1，图版 19-4）。T21006 ①∶ 19，敛口，折沿，尖圆唇，平底。胎色土黄，胎
质稍坚硬，内施满釉，外施釉不及底，釉色泛黄，釉面不甚光洁，上化妆土，器内壁施化妆土不均匀。口

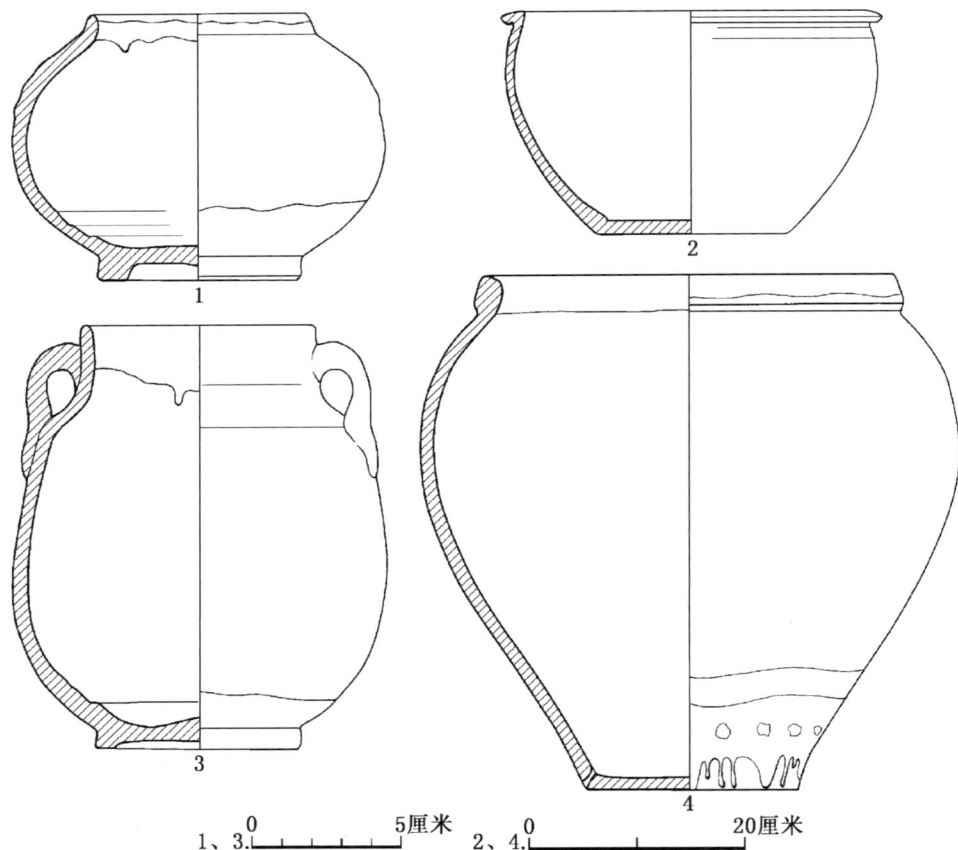

图 38　出土辽金瓷罐
1.T20807 ②：2　2.T21006 ①：19　3.H2378：5　4.T20507 ②：3

径 34.6 厘米、底径 17 厘米、高 20.5 厘米（图 38-2，图版 19-5）。H2378：5，直口，圆唇，折肩，肩部有桥形耳，弧腹，圈足。胎色灰白，胎质稍坚硬，内施釉至口沿处，外施釉不及底，釉色黄白、光亮，内壁有数周修整刮痕，外底心有墨书题记，字迹模糊。口径 8 厘米、圈足径 7 厘米、高 15.3 厘米（图 38-3，图版 19-6）。T20507 ②：3，敛口，方唇，平底。胎色白，胎质坚硬，夹黑白砂粒，内施酱釉，外施白釉泛黄，沿上不施釉，上化妆土，底有一钻孔，器底有四处圆形支钉痕迹。口径 37.4 厘米、底径 19 厘米、高48 厘米（图 38-4，图版 20-1）。T20106 ②：4，敛口，方唇，溜肩，双耳，圈足。胎色黄白，胎质粗疏，夹黑白砂粒，胎体较重，内外施茶色釉，釉面有旋坯痕流釉。口径 13.6 厘米、腹径 20.6 厘米、圈足径 9.5厘米、高 20.4 厘米（图 39-1，图版 20-2）。

矮足杯　一件（H2282：1）。轮制。敞口，卷沿，折腹，细柄，平底。胎色土黄，胎体较坚硬，内壁仅在卷沿处施釉，外壁施釉到手柄处，施绿釉，足底修整。口径 10.2 厘米、圈足径 5.6 厘米、高 6 厘米（图39-2，图版 20-3）。

瓮　一件（H2370：3）。轮制。直口，鼓腹，平底。胎色黄白，胎质较坚硬，内外施黑釉，下腹部刮一周釉。口径 45.5 厘米、底径 20.3 厘米、高 62.5 厘米（图 39-4，图版 20-4）。

洗　一件（J2001：26）。轮制。直口，圆唇外凸，弧腹，平底微凹。内外壁施釉，釉色黑亮，胎色灰白，胎质稍疏，夹黑白砂，有气孔，器表口沿下有一处乳丁，近底有两处乳丁纹饰，中间有一兽面纹。

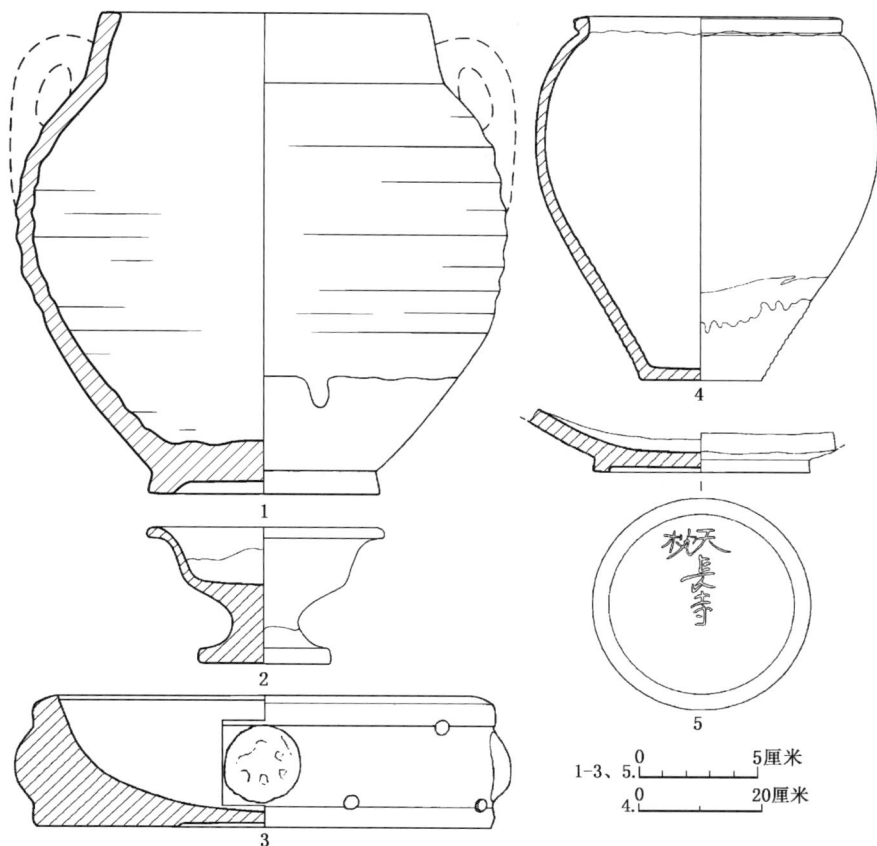

图 39 出土辽金瓷器

1. 罐（T20106②：4） 2. 矮足杯（H2282：1） 3. 洗（J2001：26） 4. 瓮（H2370：3） 5. 碗底（H2044：3）

口径 22.7 厘米、底径 20.6 厘米、高 6 厘米（图 39-3）。

碗底 一件（H2044：3）。轮制。圈足内刻"枕天长寺"。红胎，胎质较坚硬，器施绿釉，复原圈足径 9 厘米（图 39-5，图版 20-5）。

八、几点认识

该遗址是一处佛教寺院，遗址中遗迹和遗物的时代主要是北魏和辽金时期。塔基中心形状平面近方形，具有北魏风格。此外还有北魏柱础石、瓦当、板瓦、筒瓦等。塔心夯土以外补建的石块砌成的塔基外围，平面为正八角形。时代属于辽金时期。铸造井台、熔铁炉、水井以及辽金琉璃瓦和建筑构件等，具有鲜明的辽代特征。据北魏遗迹遗物看，这次发掘的塔基和板瓦、筒瓦等建筑材料，与 2010 年发掘的一区北魏寺院遗址塔基和出土陶瓦相近，时代均在迁都前。就大同地区而言，现已发现北魏早期塔基四座①，北魏塔图

---

① 在云冈窟顶已经发掘三座塔基，参见刘建军《云冈山顶佛塔基址发现及其相关问题》，《北魏平成研究文集》，太原：山西人民出版社，2008 年，第 269~277 页；云冈石窟研究院、山西省考古研究所、大同市考古研究所.《云冈石窟窟顶西区北魏佛教寺院遗址》，《考古学报》2016 年第 4 期。另在大同永固陵南面山下北魏寺院遗址也有一个方形塔基。

像一百二十余个①，还有曹天度石塔②、五台山南禅寺北魏石塔③，其平面均为方形，在山西晋东南沁县发现的北魏塔也是方形④。而辽金塔平面多为八边形，该地区塔的平面也演变为八角形。如山西应县辽代木塔、灵丘觉山寺辽代舍利塔、大同市南郊塔山禅房寺的辽金砖塔，浑源圆觉寺的金代砖塔，均是平面为八角形的塔。

　　铸造场地与辽金寺院建设有密切关系。三十个熔铁炉环绕铸造井台，井台低于地面，这种布局以前没有见过，但是在《天工开物》载："凡造万钧钟，与铸鼎法同。掘坑深丈几尺，燥筑其中如房舍，埏泥作模骨。用石灰、三合土筑，不使有丝毫隙拆。干燥之后以牛油、黄蜡附其上数寸。油蜡分两，油居十八，蜡居十二。其上高蔽抵晴雨（夏月不可为，油不冻结）。油蜡墁定，然后雕镂书文、物象，丝发成就。然后春筛绝细土与炭末为泥，涂墁以渐，而加厚至数寸。使其内外透体干坚，外施火力灸化其中油蜡，从口上孔隙熔流净尽，则其中空处即钟鼎托体之区也。……四面筑炉，四面泥作槽道，其道上口承接炉中，下口斜低以就钟鼎入铜孔，槽旁一齐红炭炽围，洪炉熔化时，决开槽梗（先泥土为梗塞住），一齐如水横流，从槽道中枧注而下，钟鼎成矣。凡万钧铁钟与炉、釜，其法皆同，而塑法则由人省啬也。"⑤这次发掘，首次以实物展示了《天工开物》记载的铸钟方法，可与文献相互印证。

　　由井台深度比书中记载要小可知，所铸的大型铸件高约 2 米，不是书中记载的高达一丈多的万钧大钟，而应该是数千斤的铸件。这么重的铸件，又是在寺庙中，推测应是铁钟。

　　该遗址发掘是至今与《天工开物》记载最接近的宋辽金时代的铸造遗址，据冶金史专家介绍，这是国内宋辽金时期唯一保存下来的完整铸造遗址。特别是遗址内风箱遗迹的发掘，对研究《天工开物》和冶金铸造史有重要价值。

　　遗址与 2010 年发掘的一区（西区）寺院遗址相同，是云冈寺院的重要组成部分，它的发现，有助于了解云冈寺院在北魏至辽金不同时期的布局、范围与繁盛程度。

　　塔基是该遗址最重要遗迹。内部夯土是北魏遗物，外部八角是辽金补建，成为北魏至辽金寺院佛塔演变的物证。按照塔的建筑结构，有实心塔和空心塔之分。在二区寺院遗址发掘的塔基，轮廓为八角形，中部为北魏夯土的的实心塔。

　　附记：本次发掘领队为张庆捷，参加发掘的有张庆捷、吕金才、冀保金、冀晋东、渠传祥、谷敏、文莉莉、任建光、张洁、江伟伟、王鹏、陈悦新、照片由吕金才、员新华、张海雁拍摄，插图由江伟伟、刘欢、王娜、高振华绘制。

　　执笔者　谷　敏　张庆捷　张　焯　王雁卿

　　　　　　刘建军　吴　娇　冀晋东

（原文刊载于《考古学报》2019 年第 1 期）

---

① 张华.《云冈石窟浮雕塔形浅议》，《文物世界》2003 年第 4 期。

② 史树青.《北魏曹天度造千佛石塔》，《文物》1980 年第 1 期。

③ 李裕群.《五台山南禅寺旧藏北魏金刚宝座石塔》，《文物》2008 年第 4 期。

④ 山西省考古研究所.《沁县南涅水石刻》，《山西考古四十年》，太原：山西人民出版社，1994 年，第 313~318 页。

⑤（明）宋应星.《天工开物》，中国社会出版社，2004 年。

1. 寺院遗址（南—北）

2. 发掘区全景（东—西）

图版 1　云冈石窟窟顶二区北魏辽金佛教寺院遗址

1. 塔基全景（俯视）

2. 塔基东部（东—西）

图版 2   云冈石窟窟顶二区北魏辽金佛教寺院遗址

1. 铸造场地全景（东—西）

2. 铸造井台局部（俯视）

图版 3　云冈石窟窟顶二区北魏辽金佛教寺院遗址

1. 板瓦（H2365：3）

2. 板瓦（T20607④：6）

3. 筒瓦（T20407①：1）

4. A型瓦当（H2365：8）

5. B型瓦当（T20303③：5）

6. C型瓦当（H2047：2）

图版 4　云冈石窟窟顶二区佛教寺院遗址出土北魏建筑材料

1. E型瓦当（T20405②：17）

2. A型石建筑饰件（T20607④：10）

3. B型石建筑饰件（T20304③：21）

4. Aa型泥塑头像（H2243：7）

5. Aa型泥塑头像（H2243：8）

6. Aa型泥塑头像（H2243：14）

图版5　云冈石窟窟顶二区佛教寺院遗址出土北魏遗物

1. Ab型头像（H2243：22）

2. B型头像（H2243：12）

3. 身像（H2243：9）

4. 身像（H2243：11）

5. 身像（H2243：13）

图版 6　云冈石窟窟顶二区佛教寺院遗址出土北魏泥塑

1. 石刻件（T20905②：7）

2. 石刻件（T20304③：58）

3. 石刻件（T20306②：3）

4. 石刻件（T20306②：14）

5. 门枕石（T20306③：4）

6. 陶罐（H2053：2）

图版7　云冈石窟窟顶二区佛教寺院遗址出土北魏遗物

1. 青釉盏（T20605③：12）

2. 复色釉碗（H2176：2）

3. 复色釉碗（H2358：1）

4. 白釉碗（H2340：2）

5. 白釉碗（H2268：6）

6. 黄釉罐（H2212：19）

图版 8　云冈石窟窟顶二区佛教寺院遗址出土唐代瓷器

1. 筒瓦（H2182：6）

2. 板瓦（H2365：2）

3. 泥质檐头板瓦（炉2029：1）

4. 泥质檐头板瓦（H2379：4）

5. 琉璃檐头板瓦（J2001：11）

6. A型兽面瓦当（T20305③：36）

图版 9　云冈石窟窟顶二区佛教寺院遗址出土辽金建筑材料

1. B型兽面瓦当（T20407④：2）

2. C型兽面瓦当（T20705②：12）

3. 兽首衔环瓦当（T20407③：6）

4. 迦陵频伽瓦当（H2003：4）

5. 绿釉莲花纹瓦当（T21003③：5）

6. A型泥质莲花纹瓦当（T20507②：1）

图版 10　云冈石窟窟顶二区佛教寺院遗址出土辽金瓦当

1. B型泥质莲花纹瓦当（T20905②：11）

2. 瓦当范（H2378：6）

3. 陶雀替（T20305③：30）

4. 陶脊兽残件（T20304③：14）

5. 砖（T20406③：9）

6. 砖（H2285：1）

图版 11　云冈石窟窟顶二区佛教寺院遗址出土辽金建筑材料

1. 石雕（H2041：2）

2. 陶卷沿盆（H2270：1）

3. 陶卷沿盆（H2249：9）

4. 陶卷沿盆（H2124：7）

5. 陶卷沿盆（T20303②：3）

6. 陶卷沿盆（T20304②：45）

图版 12　云冈石窟窟顶二区佛教寺院遗址出土辽金遗物

1. 卷沿盆（H2051：8）

2. 平沿盆（H2102：1）

3. 平沿盆（H2355：6）

4. 平沿盆（H2152：2）

5. 平沿盆（T20605③：41）

6. 敛口盆（H2277：5）

图版 13　云冈石窟窟顶二区佛教寺院遗址出土辽金陶器

1. 盏（T20204③：6）

2. 器盖（T20405②：25）

3. 罐（H2287：2）

4. 罐底残片（T20307③：8）

5. 罐（H2204：2）

6. 瓶（H2249：8）

图版 14　云冈石窟窟顶二区佛教寺院遗址出土辽金陶器

1. 瓶（H2199：1）

2. 盏托（H2188：2）

3. 碗（H2180：1）

4. 碗（H2025：6）

5. 釜（H2324：1）

6. 砚台（H2277：15）

图版 15　云冈石窟窟顶二区佛教寺院遗址出土辽金陶器

1. 深腹盆（H2212：2）

2. 盒（H2163：5）

3. 瓯（H2277：27）

4. 圈（T20505③：2）

5. 构件（T20307③：4）

6. 坩埚（H2257：8）

图版 16　云冈石窟窟顶二区佛教寺院遗址出土辽金陶器

1. 碗（H2357：1）

2. 碗（T20407③：1）

3. 碗（H2277：53）

4. 钵（H2320：9）

5. 盘（T21006②：8）

6. 盘（T21006①：41）

图版 17 云冈石窟窟顶二区佛教寺院遗址出土辽金瓷器

1. 盘（H2218：4）　　　　　　　　　2. 盘（T20304③：10）

1. 盏（H2378：2）　　　　　　　　　4. 盏（T20405②：2）

5. 盏（H2276：7）　　　　　　　　　6. 盏（H2378：1）

图版 18　云冈石窟窟顶二区佛教寺院遗址出土辽金瓷器

1. 盏（T20607②：24）

2. 瓶（T20507②：2）

3. 瓶（T20304③：17）

4. 罐（T20807②：2）

5. 罐（T21006①：19）

6. 罐（H2378：5）

图版 19　云冈石窟窟顶二区佛教寺院遗址出土辽金瓷器

1. 罐（T20507②：3）

2. 罐（T20106②：4）

3. 矮足杯（H2282：1）

5. 碗底（H2044：3）

4. 瓮（H2370：3）

图版 20　云冈石窟窟顶二区佛教寺院遗址出土辽金瓷器

云冈石窟山顶东部北魏佛教建筑遗址发掘报告

云冈研究院、山西省考古研究院、大同市博物馆

为了配合云冈石窟"八·五"保护维修工程，经国家文物局批准，由山西省考古研究所、云冈石窟文物研究所、大同市博物馆组成联合考古队，于 1993 年 7 月 5 日至 10 月 31 日对云冈石窟第 1 至 4 窟的窟前遗址进行第二阶段考古发掘工作。期间根据当地群众反映，在云冈石窟东部围墙之外一处小山包的顶部发现有盗洞，依据群众提供线索勘查后发现地表人为干扰痕迹明显，并在盗洞东南部扰土的附近发现了一些人工加固过砂岩石块，为此，联合考古队采取紧急措施，于 1993 年 8 月 29 日至 9 月 16 日对其进行抢救性考古发掘工作，发现了一处北魏佛教建筑遗址。

一、位置与地理环境

该遗址位于大同市南郊区（今云冈区）云冈镇云冈村北的云冈石窟山顶东部，地理坐标为北纬 40° 06′ 56.8″，东经 113° 08′ 01.0″（图 1）。东距大同市约 15 千米，南距十里河约 0.7 千米。以建筑遗址的夯土台基中心定位，其正西方向 271° 即为现在云冈石窟第 1 窟的位置，两者之间相距约 300 米（图 2）。因为遗址的位置恰好正在小山包的顶部，又靠近山崖边缘地带，所以地表起伏比较大，因此形成了中部高高突起，东、北两侧为缓坡，西侧是缓坡状山体，而南侧 10 余米处即为山体断崖。据 20 世纪 40 年代照片资料可知，当时这部分断崖的崖壁上曾经有过小规模的营造窟龛活动[1]（图 3），20 世纪 50 年代修建 109 国道时将这些小型窟龛损毁。

该遗址的发掘先以小山包顶部为基点（即建筑基址最高处）开正南北和正东西方向探沟两条，清理之后发现地层十分简单，仅有二层，所以将两条探沟分割的 4 个区域，以探沟为界调整成 10 米 × 10 米 4 个探方，编号 T9301 至 T9304 探方，发掘面积约 360 平方米，发现北魏建筑遗址一座（图 4，图 5），出土建筑构件、石雕造像、生活用具等标本约 230 余件文物。

二、地层堆积

由于遗址所处位置为中部较高，东、南、西侧三面略低的小山包顶部，且南面为断崖。地层堆积相对简单：第①层为黄土层，厚 0.03—0.32 米，为近现代扰土层。第②层的土层呈粉褐色，厚 0.05—1.3 米，

---

[1]〔日〕京都大学人文科学研究所、水野清一、长广敏雄著，中国社会科学院考古研究所编译.《云冈石窟（第一卷）》，北京：科学出版社，2014 年，第 37 页，图版 2A。

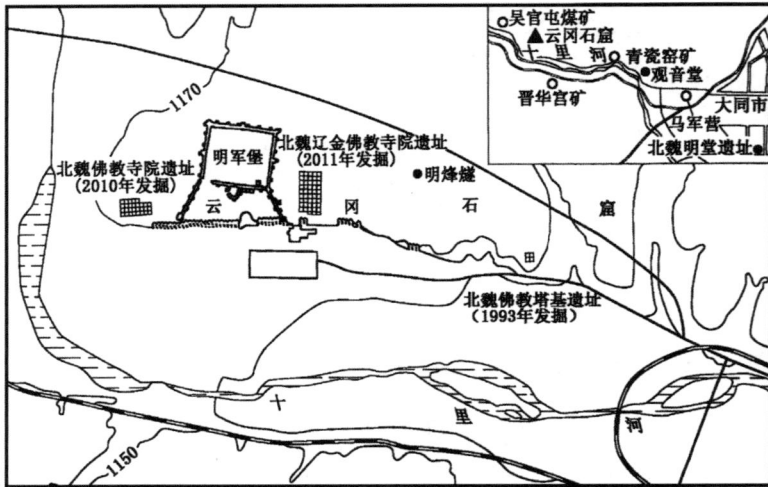

图 1　1993 年云冈石窟山顶东部北魏佛教建筑遗址发掘位置示意图

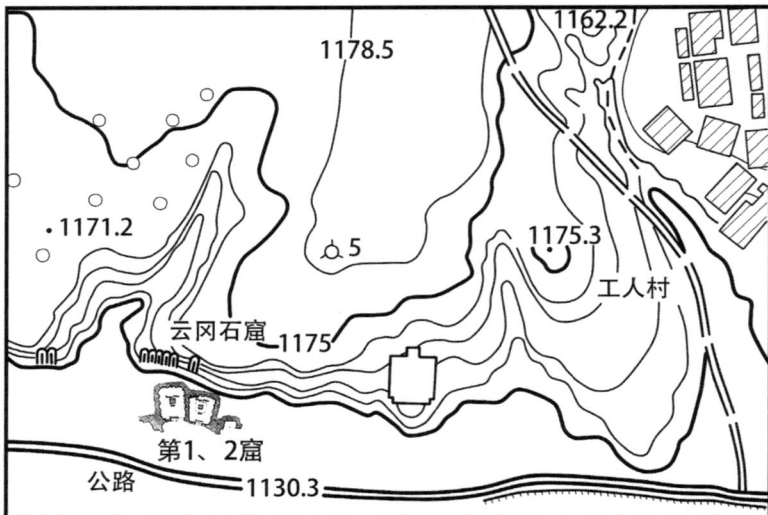

图 2　1993 年云冈石窟山顶东部北魏佛教寺院遗址与石窟位置关系示意图

图 3　20 世纪 40 年代断崖面上小型窟龛及山顶东部发掘前原貌

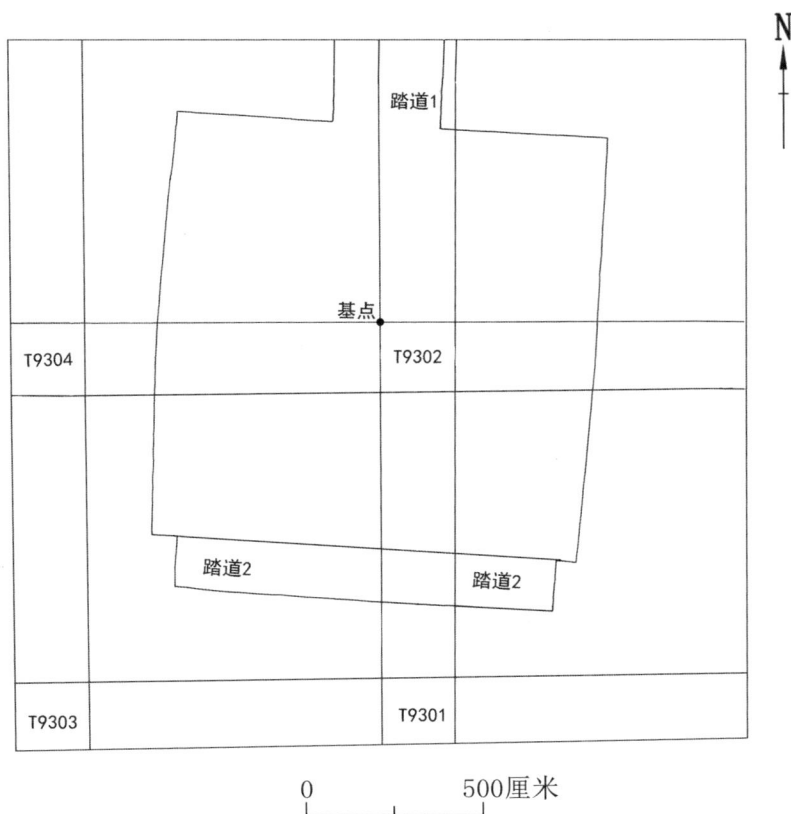

图 4　1993 年云冈石窟山顶东部北魏佛教建筑遗址探方及遗迹分布平面图

图 5　1993 年云冈石窟山顶东部北魏佛教建筑遗址发掘现场

为北魏文化层。现以 T9302、T9304 南壁剖面和 T9303、T9304 东壁剖面为例说明。

（一）T9302、T9304 南壁剖面

第①层：黄色土，深 0.03—0.25 米。土质较软，结构松散，含少量植物根系、砂岩石块、瓦片等物。土层薄厚不均匀，东侧较厚，西侧较薄，此层为近现代扰土层，靠近东端为耕土。第①层下面叠压有第②层、夯土台基和建筑遗迹。

第②层：粉褐色土，深 0.25—0.5 米，厚 0.1—1.2 米。土质略硬，结构紧密，含少量木炭粒及植物根系等物。由于遗址恰处于小山包的顶部，所以形成靠近夯土台基附近处的堆积较厚，而远离台基的东、西两侧向外逐渐变薄。夯土台基周围出土了大量的筒瓦、板瓦、瓦当、建筑饰件等，夯土台基之上出土较多石刻造像残件及少许的红烧土块，此层为北魏文化层。第②层之下为夯土台基上面中央方座（坛）外侧的地面和台基之外周围的地面（图 6）。

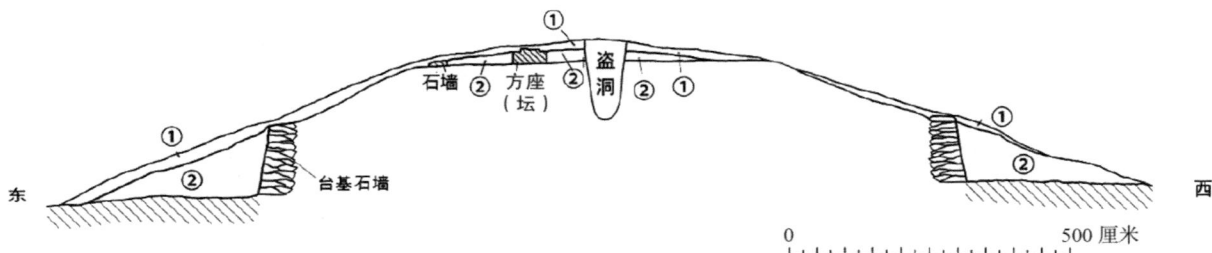

图 6　1993 年云冈石窟山顶东部北魏佛教建筑遗址 T9302、T9304 南壁剖面图

（二）T9303、T9304 东壁剖面

第①层：黄色土，深 0.05—0.32 米。土质较软，结构松散，含大量植物根系和少量砂岩石块、瓦片及近现代瓷片等物。土层薄厚不均匀，南、北两端略厚，中间较薄，此层为近现代扰土层。第①层下面叠压有第②层、夯土台基和建筑遗迹。

第②层：红褐色土，深 0.1—0.2 米，厚 0.05—1 米。土质略硬，结构较紧密，含少量木炭粒及植物根系等物。靠近夯土台基的南侧处堆积较厚，再向南逐渐变薄。台基的南侧出土较多筒瓦、板瓦、文字瓦当、建筑饰件等，夯土台基之上出土较多石刻造像残件，烧土中有少量陶器残片、墙皮、红烧土块等物，此层为北魏文化层。第②层之下为夯土台基上面中央方座（坛）外侧的地面和台基之外周围的地面（图 7）。

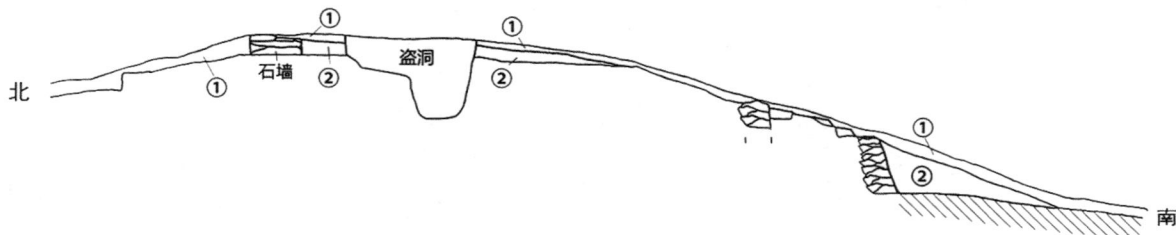

图 7　1993 年云冈石窟山顶东部北魏佛教建筑遗址 T9303、T9304 东壁剖面图

三、遗迹

这是一处典型的北魏佛教建筑遗址。目前清理发掘出土北魏建筑遗迹包括夯土台基、踏道、方座（坛）、墙体等（图8），现依次分别予以记述。

（一）建筑基址

位于云冈石窟山顶东部的山崖处，南面临近十里河的河谷，北面为缓坡状的山地，建筑遗址就分布在T9301、T9302、T9303、T9304内，由台基和踏道两部分组成（图8）。

1. 台基

坐北朝南，方向186°，以台基南北轴线为基线。台基底平面近似于方形，其内部均以夯土填筑，四周全部用石片包砌，四面墙体的底部中间微微向外凸出，且保存十分完整。东墙底边长12.5米，南墙底边长12.15米，西墙底边长12.4米，北墙底边长12.25米。台基的上部损毁比较严重，每面包石砌筑的墙体中部较高，达1.35米；两端（即四角）则较低，约0.65米。与此同时，每面墙体与地面并非完全垂直，从下至上微微向内倾斜，经过对东侧、西侧的包砌石墙测量可知，向内收分值均为8°。包石砌筑的墙体均以砂岩石片垒砌，石墙的外面砌筑整齐，石墙的内侧参差不齐，石片之间缝隙则以褐色黏土填充，墙体厚约0.6米。台基内夯

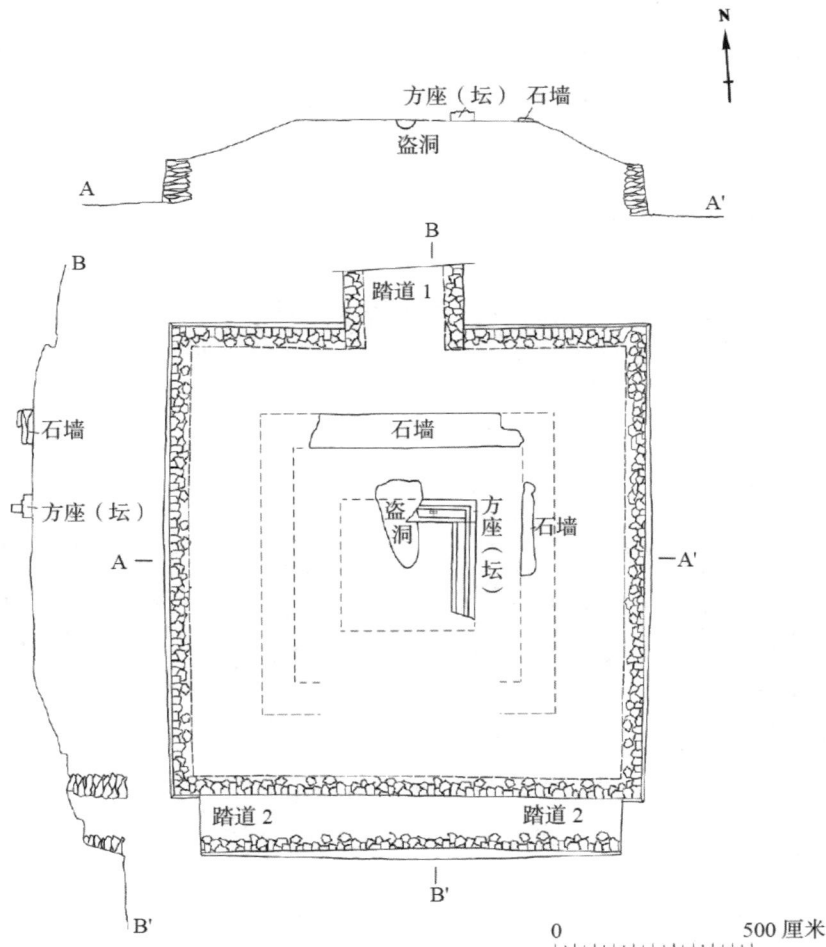

图 8　1993 年云冈石窟山顶东部北魏佛教建筑遗址平、剖面图

土在发掘时未进行解剖，2014 年 11 月 18 日通过调查暴露的台基内夯土发现，第①层，黄褐色花土，厚约 0.2 米，结构致密。第②、③层，均为杂土，厚各约 0.18 米左右，含杂质较多，有白色砂石、鹅卵石等，结构紧密。第④层，杂土，厚 0.4 米左右，含大量的白色砂石、鹅卵石等，结构紧密。第⑤层，红褐色土，厚约 0.7 米，结构致密。第⑤层之下为地面，系夯筑过黑土。由于台基上部的四周墙体和夯土全部损毁，建筑台明已经不存在，根据台基底部四边尺寸和墙体收分推测台明东西与南北尺度较为接近，约为 12 米的正方形。

2. 踏道

踏道共有二条，分别位于台基的南侧与北侧。北侧编号为踏道 1，南侧编号为踏道 2。

踏道 1 位于台基的北侧正中间。呈南北向，平面为长方形，南高北低，为斜坡状，仅清理了 1.6 米。踏道 1 的东西宽 3.05 米，上面被第①层耕土层扰乱破坏。踏道的内部以夯土填筑，东、西两侧面均为包石砌筑的墙体，砌筑方法与台基四周的包石砌墙基本相同。踏道内的夯土南面紧挨着台基内夯土填筑，虽然台基与踏道的两者夯土连成一体，但它们之间分界线十分清晰，说明夯土工程分两次修筑完成（图 9）。同时，踏道 1 东、西两侧的包石墙体直接伸到台基的北面包石砌墙之内，且与其呈 90° 相连接，所以台基与踏道 1 的外面包石砌筑墙体二者连成一体。这说明了夯土台基与踏道 1 之间的结构关系（图 10）。不过踏道 1 东侧包石砌筑墙体的上部被现代扰土坑破毁。

踏道 2 位于台基的南侧，紧贴台基南面用石片砌筑修成，呈东西向，平面为长方形，中间高、两端低，可以分别由东、西两侧向上攀登到建筑台基的中央。踏道 2 全部用砂岩石片垒砌，南面外侧的墙体砌筑整齐，其内全部用石片填补，连成一体，其砌法与台基四周墙体相同，石片间的缝隙以褐色黏土填充。踏道 2 的东、西两侧似为斜坡慢道状，可从东、西两侧不同方向登上建筑台基（图 11）。踏道 2 的东侧斜坡慢道，

图 9　夯土台基之上的北侧外檐墙体建筑遗迹及北侧踏道 1 遗迹

图 10　夯土台基的北侧包石墙体与踏道 1 东侧包石墙体遗迹关系

西高东低，斜坡长 4.8 米，宽 1.35—1.4 米，残高 0.13—1.35 米。在中部墙体外侧有一个现代植树破坏的扰坑。踏道 2 的西侧斜坡慢道与东侧斜坡慢道对称，两者共为一体，并且方向、砌筑方法相同，只不过是东高西低，斜坡长 5.2 米，宽 1.35—1.4 米，残高 0.25—1.1 米。踏道 2 与夯土台基并非同时一起砌筑，而是分两次完成，即先砌筑夯土台基，然后紧依夯土台基南侧砌筑了踏道 2，因此二者结构分明，各为一体。从通过踏道 2 的布局和结构等推测，这样两侧斜坡慢道设置，可能与该建筑距离南面山崖较近有关。

台基之四周的②层北魏粉褐色土呈倾斜状堆积，靠近台基边沿地带堆积层比较厚，往外延伸并逐渐变薄。东、南、西三面均向外延伸 3—3.15 米，北面因考古发掘面积有限，只向外延伸了 1.6 米，具体情况不明。堆积层内出土了大量的北魏筒瓦、板瓦、瓦当、陶质建筑饰件和石雕门枕石等。与此同时，台基周围的地表高度几乎接近，且在同一水平面上。地表不仅十分平整，而且坚硬，根据 2014 年 8 月 18 日在台基外东侧和南侧考古钻探可知，这层地表厚约 1 厘米的硬土面就是台基周围的活动面。

（二）建筑遗迹

夯土台基之上的中央只保留着该建筑基址的局部，整座建筑的台明亦已经损坏，发掘时只残存部分方座（坛）和周围的一小部分墙体（图 8）。

1. 方座（坛）

位于夯土台基上面的中央，现仅存建筑基座的东北角一部分遗迹。其全部用石块垒砌，外侧为经过细

图 11　1993 年云冈石窟山顶东部北魏佛教建筑遗迹及南侧踏道 2 遗迹

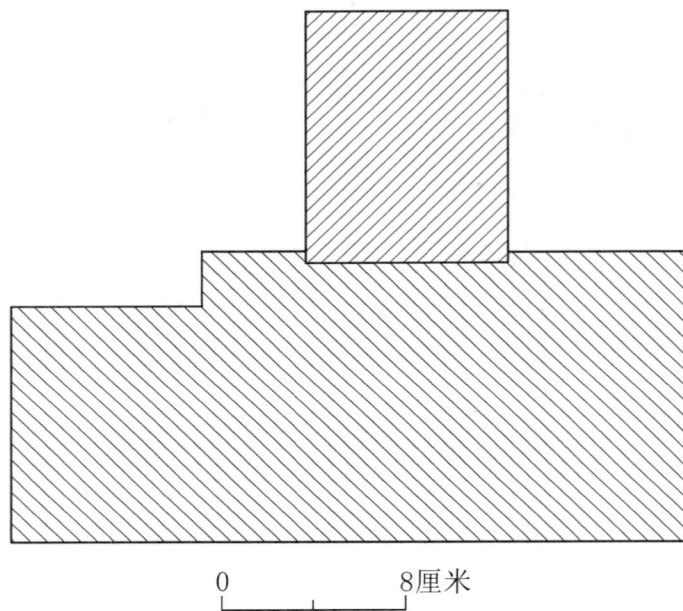

0　　　　　8厘米

图 12　建筑遗址方座（坛）结构图

图 13　夯土台基之上的方座（坛）结构及现代盗洞

图 14　土台基上的北侧外檐墙体外壁彩绘

加工凿成的规整石条，内部填充大小不同的粗坯石料。东面与北面墙体残存长度亦各不相同，分别为 3.15 米、1.75 米，两者相交为直角，西面与南面已经全部损毁，根据残存遗迹与台基位置关系推测原来建筑基座平面呈方形，也即为方座（坛）样式。同时，残留的方座（坛）也似须弥座式样，只保存着束腰和下枋两部分构件。下枋为两层，东面和北面的下枋形制完全相同，制作方法也一致，加工方式采用同一块石料雕凿出成品——即所谓"联办"做法。下枋的宽高一致，分别为 0.6 米、0.265 米。下枋分为两层，下高上低，分别为 0.22 米、0.045 米，由外向内逐层收缩，宽度依次为 0.17 米、0.09 米，同时上面凿有一条纵向凹槽，宽 0.23 米，深 0.01 米，这样可以将束腰石构件的下部嵌入其内，以便下枋与束腰相互连接（图 12）。现仅存北面束腰构件 2 块，均为长方形石块，形制相同。一块保存完整，另一块残缺，长度分别为 0.8 米、0.46 米，高与厚相同，均为高 0.22 米，厚 0.19 米。为了增加方座（坛）的稳固性，两块束腰构件相互连接用"腰铁（燕尾榫）"相固定，束腰构件上面的卯口长 0.22 米，宽 0.06 米，腰宽 0.03 米，深 0.02 米。整个方座（坛）下枋和束腰构件的外面雕饰十分平整，说明其曾进行过"做细"处理（图 13）。

2. 墙体

方座（坛）的外侧，东、北两侧均残存石砌墙体遗迹，用不规则的石片和黄泥砌筑而成，墙体的内外两面都比较整齐。北面的墙体残存长 5.55 米、宽 0.8 米、高 0.36 米，距中央方座（坛）北面约 1.3 米。墙体内、外壁面均施以厚约 0.03 米泥背层，外侧墙面抹白灰地仗层，表面残存小块的赭红色彩（图 14），其与出土的莲花建筑饰件上色彩相同，估计为墙壁施彩残留下的颜色。东面墙体仅保留北段很小一部分的内墙，墙体残长 2.42 米、宽 0.35 米、高不足 0.12 米，破坏十分严重，砌筑方法与北墙相同。靠近方座（坛）一侧比较平整，距离约为 1.15 米。其墙体若向北延伸，与北面墙体形成直角。因此推测，方座（坛）的东、西两侧外面墙体应该是建筑外檐墙体。

值得注意的是，方座（坛）东面和北面的墙体之间都保存着当时的活动面，并且处于同一水平面上。虽然，方座（坛）的西面、南面墙体已经破坏无存，不过，残损的方座（坛）西、南面相对比较平整，略微低于方座（坛）东面和北面的高度。残存方座（坛）西、南侧仍保留着一个平整面，因此推测其为方座（坛）周围的地面。与此同时，方座（坛）的东、南、北面都发现有第②层北魏红褐色烧土层堆积，并在方座（坛）的东面、北面和石砌墙体间出土了大量北魏石刻残件和少量陶片等，这些都是建筑倒塌之时形成的堆积，所以可以确定这个平面应为方座（坛）四周的地面。其类似于云冈石窟塔庙窟中心塔柱周围之地面。

上述方座（坛）周围地面和台基四周地面的确定，可以从方座（坛）东面地面测量至台基之下东侧地面垂直高度约 2.3 米，估计这应该为该建筑的台基高度。

四、遗物

出土遗物标本 230 件，主要有建筑材料、石雕造像、生活用品等。其中，建筑材料的板瓦、筒瓦、瓦当、莲花饰件、石刻造像等，主要出土于夯土台基之下的四周。石刻雕像的佛教人物造像、装饰纹样等和少量的生活用品的陶器残片等，主要出土于方座（坛）的周围。除大多数为北魏遗物外，只出土了隋代五铢钱币一枚。

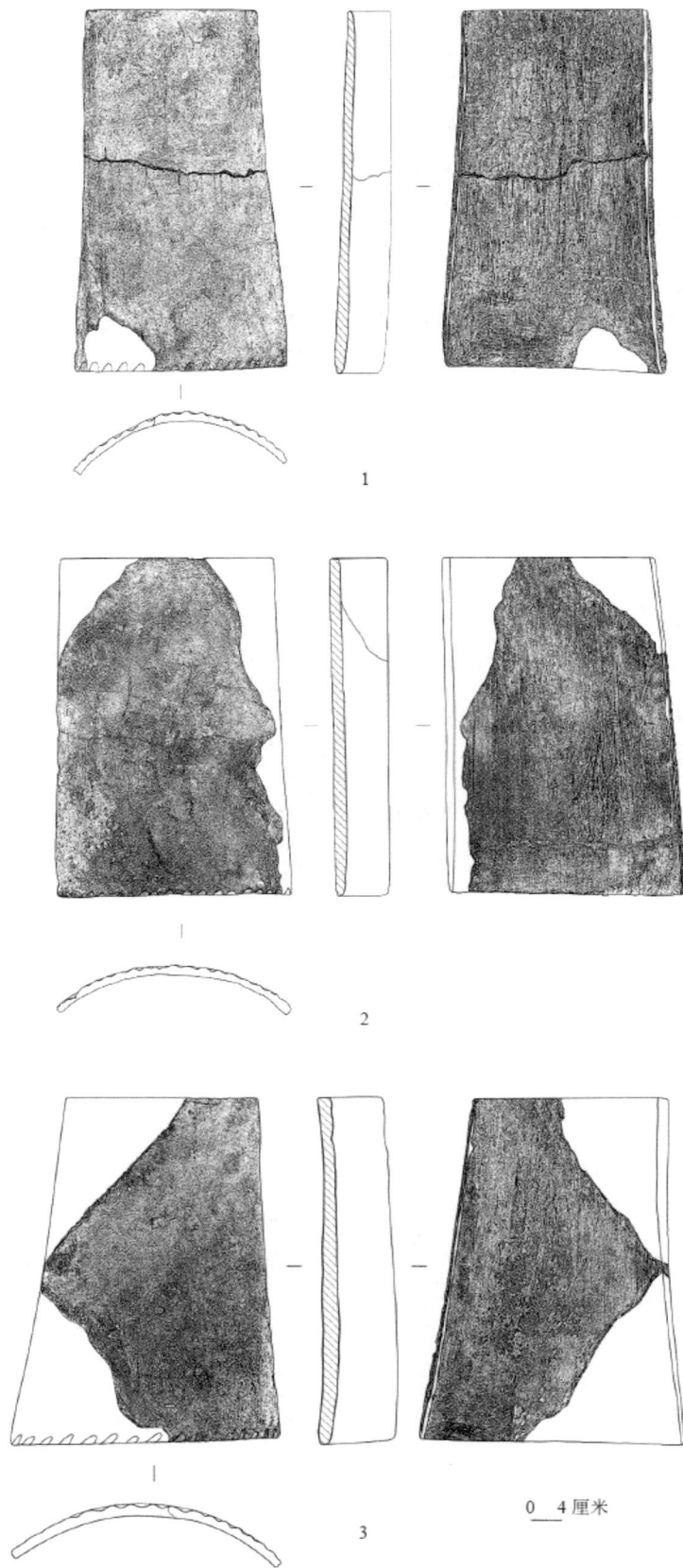

图 15　北魏板瓦 A 型
1. A 型板瓦（T9301 ②：67）　2. A 型板瓦（T9302 ②：18）
3. A 型板瓦（T9303 ②：4）

0　4 厘米

（一）北魏

主要有建筑材料、石刻造像、生活用品等三大类。

1. 建筑材料

共出土标本 147 件，可分为陶质和石质两类等。其中，陶质建筑构件板瓦 7 件、筒瓦 5 件、瓦当 70 件、莲花建筑饰件 50 件。石质建筑构件门枕石 7 件。其他建筑构件 8 件。

（1）陶质建筑构件

132 余件。泥质灰陶或泥质红陶等。主要有板瓦、筒瓦、瓦当、莲花饰件等。

① 板瓦 7 件。泥质灰陶，胎质较硬，泥条盘筑。平面呈梯形，断面呈弧状。宽端的凸面有指压印痕，窄端全切，两侧面半切且有破面。凹面为布纹，凸面有绳纹拍打的痕迹。根据工艺和凹面涂刷颜色及是否压光分二型。

A 型 3 件。凹面有纵向的木条压痕，表面涂黑并进行过刮压处理，似黑衣压光。标本 T9301 ②：67，宽端残，中间厚，两端较薄。凹面不平且有明显的纵向木条压痕，粗布纹清晰，宽端处略向外展并逐渐变薄，凹面距宽端 13 厘米处有一条横向浅凹槽，系坯体泥条之间的衔接缝，表面涂黑并留有纵向刮压的痕迹。凸面略为平整，接近窄端处的绳纹拍痕比较集中，宽端有指压印痕，但局部残损。两侧面切痕较浅，宽约 0.7—0.9 厘米，破面亦未修整。复原后长 52.3—54.3 厘米、宽 32—39.5 厘米、厚 1.7—2.5 厘米（图 15-1，图 16-1、2）。标本 T9302 ②：18，残，瓦体宽端处逐渐变薄。凹面上的粗布纹较模糊，距宽端约 8 厘

1 黑衣压光板瓦（T9301②：67）凹面

2.黑衣压光板瓦（T9301②：67）凸面

3.黑衣压光板瓦（T9302②：18）凹面

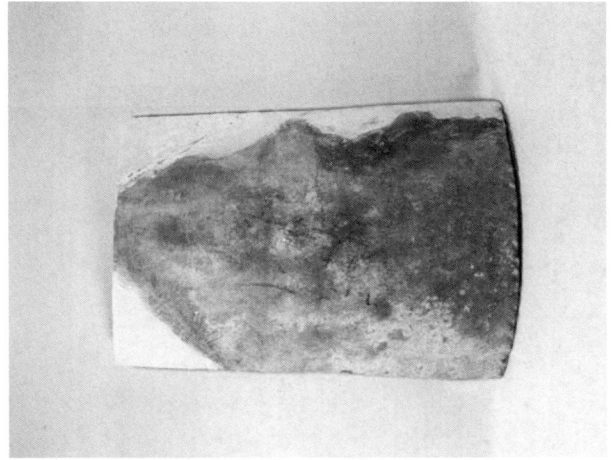

4.黑衣压光板瓦（T9302②：18）凸面

5.黑衣压光板瓦（T9303②：4）凹面

6.黑衣压光板瓦（T9303②：4）凸面

图16　北魏板瓦A型

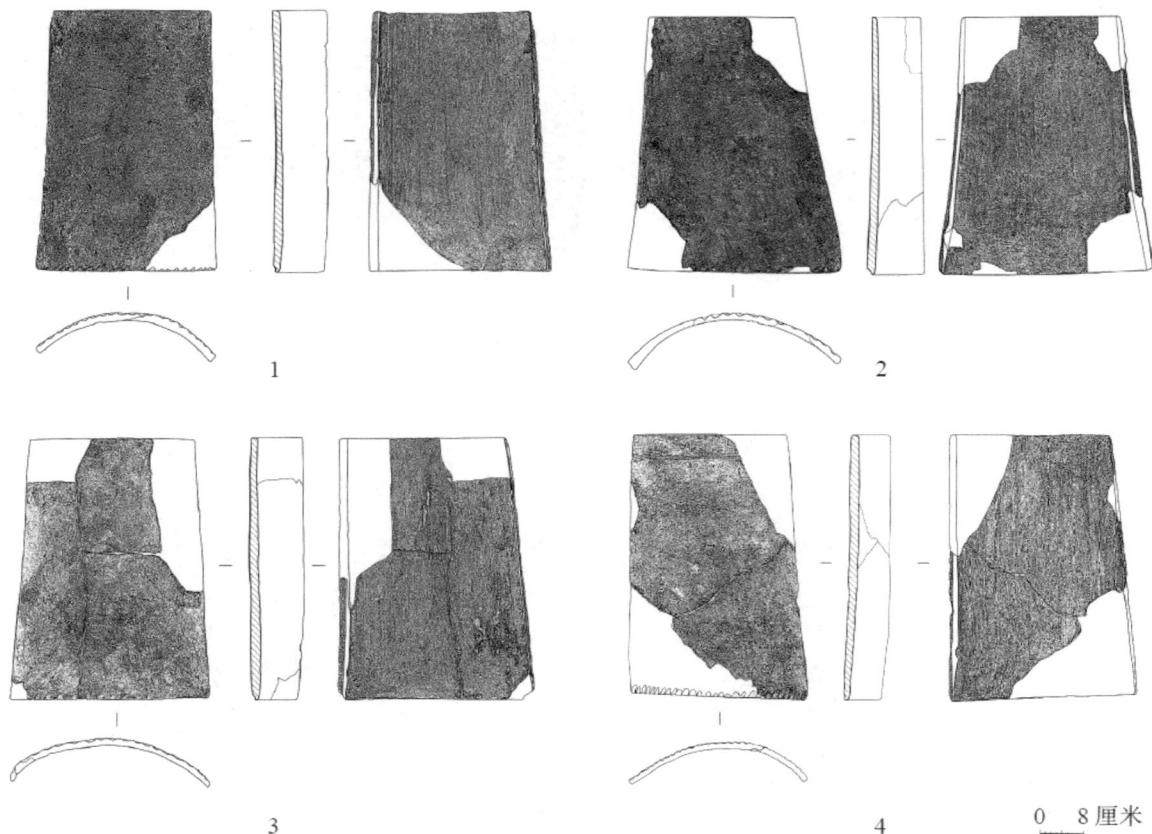

图 17　北魏板瓦 B 型
1. B 型板瓦（T9304 ②：4）　　2. B 型板瓦（T9301 ②：69）
3. B 型板瓦（T9301 ②：70）　4. B 型板瓦（T9303 ②：5）

米处有一条横向浅凹槽，系泥条接缝，表面黑色较均匀，刮压的痕迹不甚明显。凸面较平整，有绳纹拍痕，宽端有指压印痕。复原后长 52—52.5 厘米、宽 36—37 厘米、厚 1.5—2.5 厘米（图 15-2，图 16-3、4）。标本 T9303 ②：4，残，凹处的粗布纹模糊，中间已经糟朽。凸面较平整，绳纹拍痕较多。侧面切痕浅，破面未修整。复原后长 53.6—54 厘米、宽 37 厘米、厚 2—2.5 厘米（图 15-3，图 16-5、6）。

　　B 型 4 件。凹面纵向木条压痕明显，布纹较模糊，表面有很薄一层土黄色或白色涂料刷痕。有的窄端的凸面有多条并列弦纹。标本 T9304 ②：4，残，瓦体薄厚较均匀，宽端处不外展，凹面上有很薄的一层土黄色涂料刷痕。凸面平整，绳纹拍痕较少，宽端有指压印痕，捺压较浅而密集。两侧面切痕较浅，破面未修整。复原后长 51—52 厘米、宽 31.5—34.5 厘米、厚 2.5 厘米（图 17-1，图 18-1、2）。标本 T9301 ②：69，残，瓦体薄厚较均匀，凹面有断续的横向浅凹槽，泥条宽约 9.5 厘米，上面有一层土黄色涂料刷痕。凸面较平整，中部有绳纹拍痕和一条横向刮痕，宽端有指压印痕，捺压较浅而疏朗。两侧面半切，破面未修整。复原后长 52.5 厘米、宽约 35—40 厘米、厚 2—2.5 厘米（图 17-2，图 18-3、4）。标本 T9301 ②：70，残，瓦体宽端处外展。凸面平整，仅有一处绳纹拍痕，宽端有指压印痕，捺压较浅而疏朗。复原后长 51.5—54 厘米、宽 34.5—41.5 厘米、厚 1.7—2.5 厘米（图 17-3，图 18-5、6）。标本 T9303 ②：5，残瓦体宽端较薄，中间与窄端稍厚。凹面有一层白色涂料刷痕。凸面平整，无拍痕，在距窄端约 4 厘米处并列四条弦纹。两侧面有切痕，破面未修整。复原后长51.5—52.2厘米，宽32.5—36厘米，厚1.3—2厘米（图17-4，图18-7、8）。

②筒瓦5件。泥质灰陶或泥质红陶，胎质较坚硬，泥条盘筑。断面均呈半圆弧形。瓦舌较长，略向前倾。凹面布纹较粗。根据胎质、加工工艺和凸面有无刷涂颜色及是否压光分二型。

1. 灰陶板瓦（T9304②：4）凹面

2. 灰陶板瓦（T9304②：4）凸面

3. 灰陶板瓦（T9301②：69）凹面

4. 灰陶板瓦（T9301②：69）凸面

5. 灰陶板瓦（T9301②：70）凹面

6. 灰陶板瓦（T9301②：70）凸面

7. 灰陶板瓦（T9303②：5）凹面

8. 灰陶板瓦（T9303②：5）凸面

图 18　北魏板瓦 B 型

A 型 2 件。泥质灰陶，胎质坚硬。凸面施黑色材料，经过刮压表面黑色呈竖条状且光滑，似黑衣压光。断面为半圆弧形。瓦舌前倾。内有布纹。标本 T9301②：64，完整，泥条盘筑。凸面的黑色刮压竖条痕迹明显，接近尾端处有绳纹拍痕，中间泥条比较清晰，泥条宽约 4—5 厘米。瓦舌平面呈梯形，向外逐渐变薄。两侧面切痕较小，宽约 0.5—0.8 厘米，破面未修整。通长 58 厘米、瓦舌长 5 厘米、瓦径 16.5—17.5 厘米、厚 1.3—2 厘米（图 19-1，图 20-1、2）。标本 T9302②：17，残，凸面的瓦脊及两侧的纵向黑色刮压竖条痕迹比较明显。两侧面切痕较深，宽约 1—1.5 厘米，破面未修整。复原后长 57.4 厘米，瓦舌长 5 厘米，瓦径 17—17.8 厘米，厚 1.8—2 厘米（图 19-2，图 20-3、4）。

B 型 3 件。泥质灰陶或泥质红陶，胎质坚硬。凸面经过刮压有黑色竖条纹，外面刷涂一层白色材料；或凸面经过刮压有黄色竖条纹，外表刷涂一层黄色材料。内有布纹。断面呈半圆弧形。标本 T9301②：65，残，凸面的刮压痕迹十分明显，且有少量绳纹拍痕，表面刷涂一层白色材料。两侧面切痕较深，约 1 厘米，破面未修整。复原后长 58.2 厘米、瓦舌长 5 厘米、瓦径 16.3—17.3 厘米、厚 1.6—2 厘米（图 19-3，图 21-1、2）。标本 T9301②：80，完整。凸面中部有 2 处绳纹拍痕，表面有刮压痕迹，并刷涂不均匀的黄色材料且有结垢。凹面的尾端稍微抹薄，两侧面切痕约半，宽 1—1.2 厘米。通长 57.5 厘米、瓦舌长 5 厘米、瓦径 17.5—18 厘米、厚 2.2—2.5 厘米（图 19-4，图 21-3、4）。标本 T9301②：68，前后两端均残。泥质夹砂红陶，胎质较坚硬。凸面有刮压痕迹，表面刷涂一层黄色材料。两侧面切痕深浅不一，宽约 1—1.5 厘米，破面未修整。残长 44.5 厘米、舌残长 4 厘米、瓦径 17.5—17.8 厘米、厚 2—2.3 厘米（图 19-5，图 21-5、6）。

③瓦当 70 件，较完整 1 件。泥质灰陶，含少量粗砂粒，小白点云母石较多，有气孔，烧制紧密。瓦当当面呈圆形，当心大乳钉加一周凸弦纹。当面以"井"字分隔，当心四面为"传祚无穷"四字，书体阳文近于篆隶之间，四角小乳钉加一周凸弦纹。边轮突起较高，内饰凸弦纹。标本 T9301②：71，完整。当面仅"穷"字部分笔画变形且模糊，其余 3 字清晰。中间大乳钉高凸，周围一周凸弦纹十分清晰。四角小乳钉部分残损，周围一周凸弦纹模糊。背面连接少许残筒瓦。瓦当直径 16.5 厘米，厚 2.2 厘米，边轮宽 2 厘米，

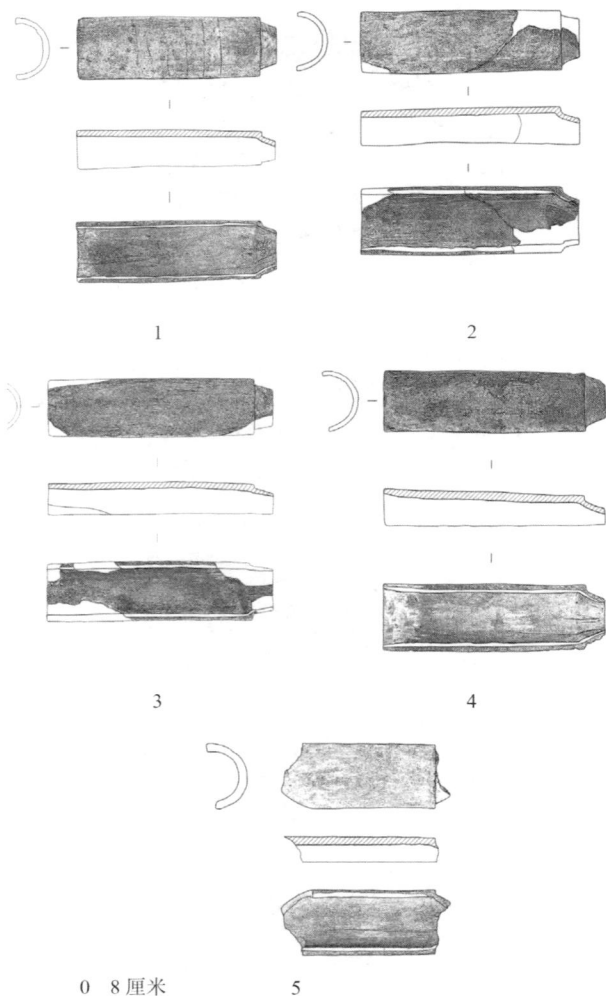

0　8 厘米

图 19　北魏筒瓦 A 型、B 型
1、2. A 型筒瓦（T9301②：64、T9302②：17）
3. B 型筒瓦（T9301②：65）
4、5. B 型筒瓦（T9301②：80、T9301②：68）

1. 黑衣压光筒瓦（T9301②∶64）凸面

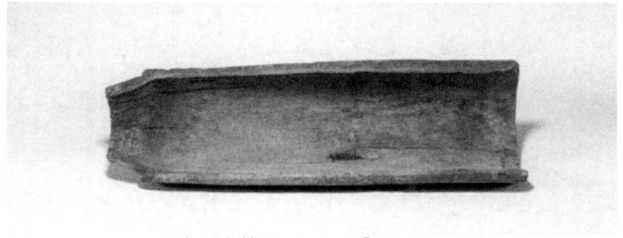

2. 黑衣压光筒瓦（T9301②∶64）凹面

3. 黑衣压光筒瓦（T9302②∶17）凸面

4. 黑衣压光筒瓦（T9302②∶17）凹面

图 20　北魏筒瓦 A 型

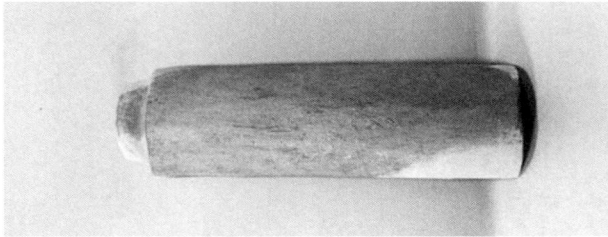

1. 灰陶筒瓦（T9301②∶65）凸面

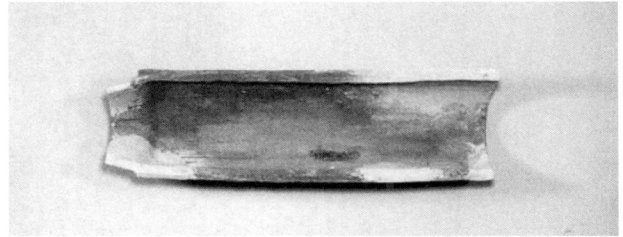

2. 灰陶筒瓦（T9301②∶65）凹面

3. 红陶筒瓦（T9301②∶80）凸面

4. 红陶筒瓦（T9301②∶80）凹面

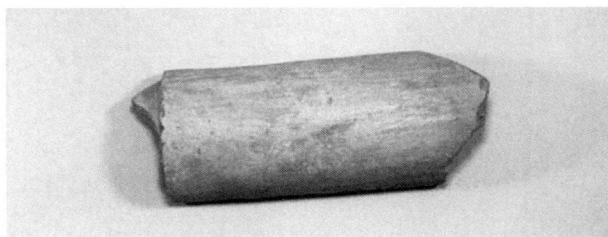

5. 红陶筒瓦（T9301②∶68）凸面

6. 红陶筒瓦（T9301②∶68）凹面

图 21　北魏筒瓦 B 型

边轮高 1 厘米（图 22-1，图 23-1）。标本 T9302 ②：19，基本完整。仅"祚"字与大乳钉之间残缺一小角。"传祚无穷"四字字迹清晰，笔画坚挺有力，大、小乳钉圆凸高挺，周围一周凸弦纹较规整。背面与少许筒瓦连接。瓦当直径 16.6 厘米、厚 2.2 厘米、边轮宽 2 厘米、高 1 厘米（图 22-2，图 23-2）。标本 T9303 ②：6，残。当面边轮残缺损接近五分之三。传祚无穷"四字字迹清晰完整。仅"祚"字与"无"字之间的小乳钉残损，其他大、小乳钉规整，周围一周凸弦纹较清晰。瓦当厚 1.9 厘米、边轮宽 1.8—2.2 厘米、高 1 厘米（图 22-3，图 23-3）。标本 T9301 ②：72，残。当面仅"无"字保存完整，字迹比较清晰，"穷"字缺损，"传、祚"二字残破。除"祚"与"无"两字间的下角小乳钉残缺外，其他大、小乳钉与凸弦纹较规整。瓦当直径 16.3 厘米、厚 2 厘米、边轮宽 2 厘米、高 1 厘米（图 22-4，图 23-4）。标本

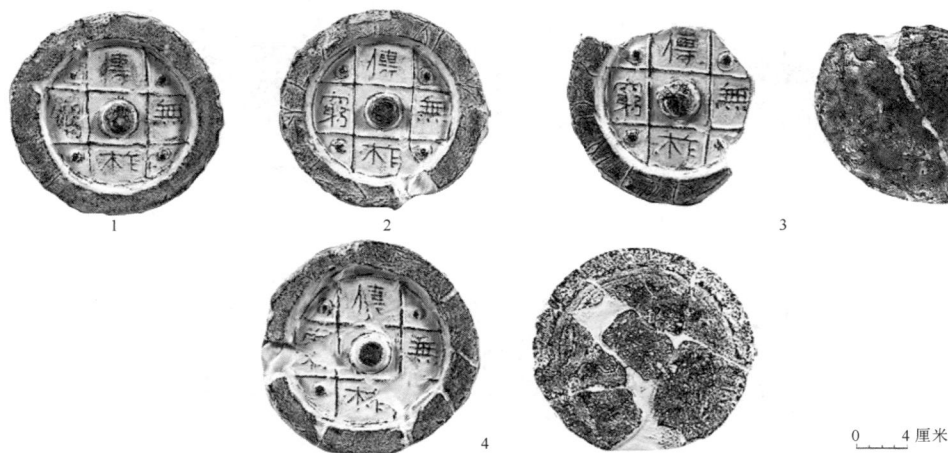

图 22　北魏"传祚无穷"瓦当
1."传祚无穷"瓦当（T9301 ②：71）　2."传祚无穷"瓦当（T9302 ②：19）
3."传祚无穷"瓦当（T9303 ②：6）　4."传祚无穷"瓦当（T9301 ②：72）

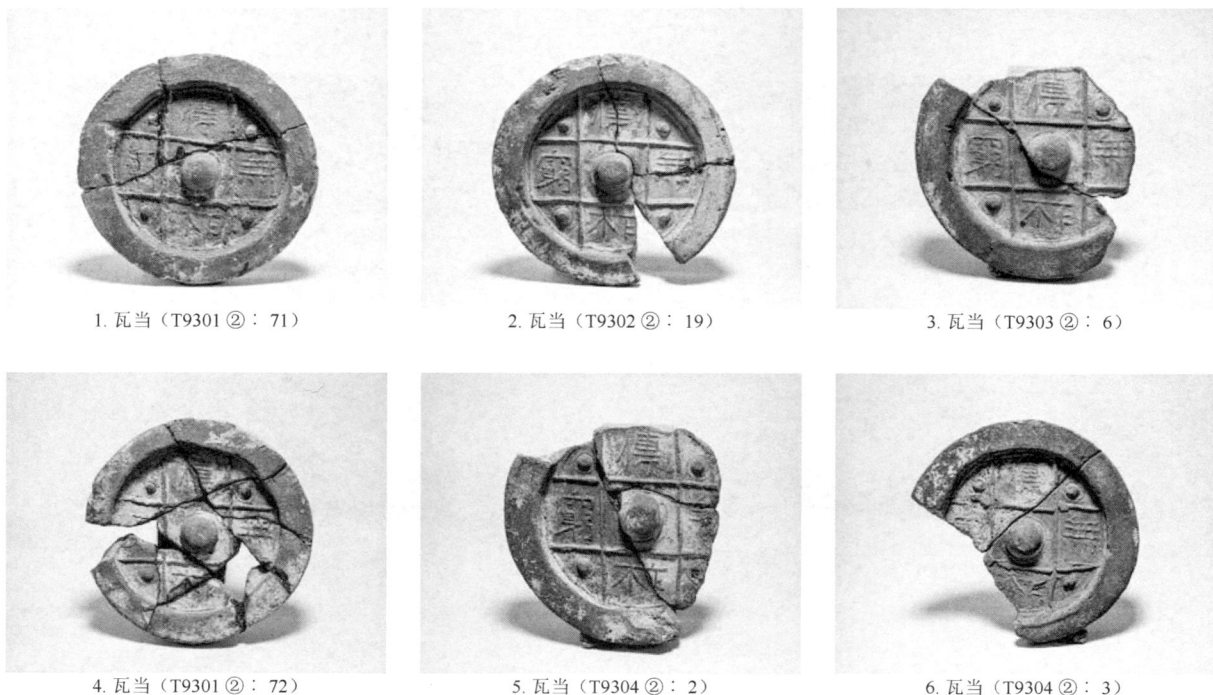

1. 瓦当（T9301 ②：71）　　2. 瓦当（T9302 ②：19）　　3. 瓦当（T9303 ②：6）

4. 瓦当（T9301 ②：72）　　5. 瓦当（T9304 ②：2）　　6. 瓦当（T9304 ②：3）

图 23　北魏瓦当

图 24　北魏"传祚无穷"瓦当
1. "传祚无穷"瓦当（T9304②：2）　　2. "传祚无穷"瓦当（T9304②：3）
3. "传祚无穷"瓦当（T9301②：73）　　4. "传祚无穷"瓦当（T9301②：74）

T9304②：2，残。当面边轮仅存 1/3，其余皆残缺。四字中仅"无"字残损一半，其余三字字迹较清晰。大、小乳钉高凸，周围一周凸弦纹规整。厚 1.9 厘米（图 24-1，图 23-5）。标本 T9304②：3，残。当面"祚、穷"二字残损，仅"无"字清晰，"传"字模糊。现存大乳钉和 1 个小乳钉规整，周围凸弦纹亦清晰，另 2 个小乳钉模糊。瓦当直径 16 厘米、厚 2.1 厘米、边轮宽 2 厘米、高 0.9 厘米（图 24-2，图 23-6）。标本 T9301②：73，残。少部分边轮残缺，当面字迹较模糊。当心大乳钉和其中 2 个小乳钉较规整，另 2 个小乳钉残破，周围凸弦纹较模糊。背面在中心偏下处划一条横直线，似为对接筒瓦时作为参照。瓦当直径 16

4. 瓦当（T9301②：75）　　　　　　5. 瓦当（T9301②：76）

图 25　北魏瓦当

667

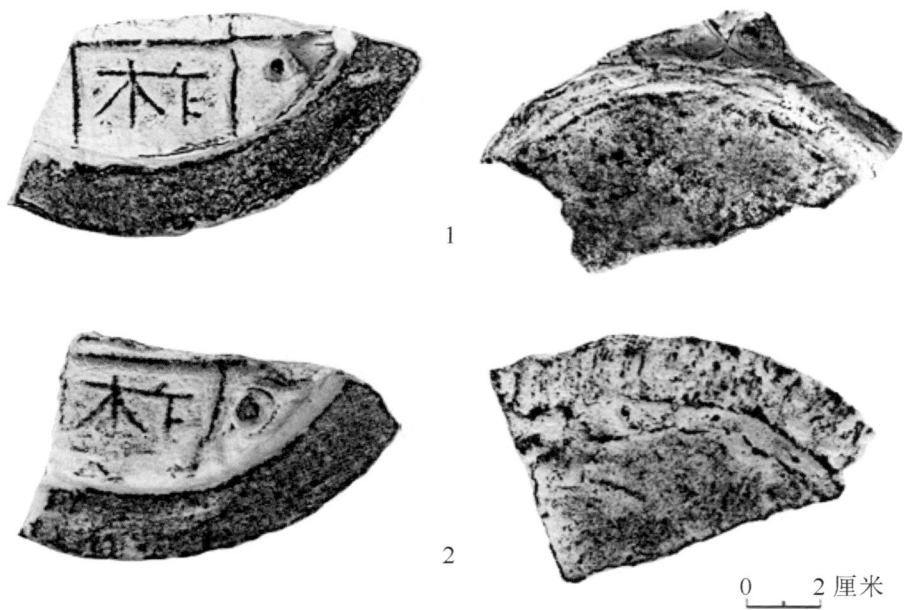

图 26　北魏"传祚无穷"瓦当
1."传祚无穷"瓦当（T9302 ② : 20）　2."传祚无穷"瓦当（T9301 ② : 75）

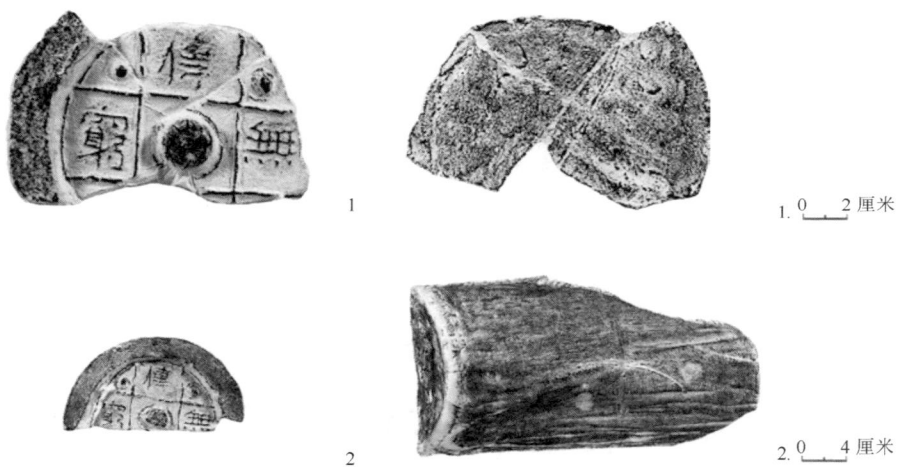

图 27　北魏"传祚无穷"瓦当
1."传祚无穷"瓦当（T9301 ② : 76）　2."传祚无穷"瓦当（T9303 ② : 7）

1. 瓦当（T9303 ② : 7）正面　　　　　　　　　2. 瓦当（T9303 ② : 7）侧面

图 28　北魏瓦当

厘米、厚 2.2 厘米、边轮宽 1.8—2.2 厘米、高 1 厘米（图 24-3，图 25-1）。标本 T9301 ②：74，残。仅存少许当面，背面有与筒瓦连接痕迹。当面"传"字保存完整，"无"字残半，残存 2 个小乳钉十分规整，周围的凸弦纹清晰。边轮宽 2 厘米、高 1 厘米（图 24-4，图 25-2）。标本 T9302 ②：20，残。仅存少许当面，背面有与筒瓦连接的痕迹。当面"祚"字保存完整，现存 1 个小乳钉十分规整，周围凸弦纹清晰。边轮宽 1.9 厘米、高 1 厘米（图 26-1，图 25-3）。标本 T9301 ②：75，残。仅存少许当面，背面与筒瓦连接处有数条划斜线。当面"祚"字保存完整，仅存 1 个小乳钉，周围凸弦纹残损。瓦当厚 2.2 厘米（图 26-2，图 25-4）。标本 T9301 ②：76，残。残存部分当面，边轮缺损严重仅剩 1/6。当面除"祚"字残缺外，其他 3 字保存完好，字迹清晰。仅存当心大乳钉和 2 个规整的小乳钉，周围凸弦纹亦清晰。瓦当厚 1.9 厘米（图 27-1，图 25-5）。标本 T9303 ②：7，残。当面缺损且粗糙，"祚"字残缺，其他字迹十分模糊。仅存当心的大乳钉和 2 个小乳钉也残损严重。瓦当与筒瓦相连接处夹角大于 90°，筒瓦残长 28 厘米，直径 16 厘米，厚 2.2 厘米。瓦当直径 16 厘米、厚 2.2 厘米、边轮宽 2.1 厘米、高 0.8 厘米（图 27-2，图 28-1、2）。

④莲花建筑饰件 50 件。泥质灰陶，模制。似覆盆状，底面呈圆形。中间为双层方孔，上层大、下层小。方孔外饰六组双瓣莲花纹，莲瓣比较饱满。标本 T9303 ②：3，较完整。莲瓣饱满，莲瓣间缝隙有土红色，

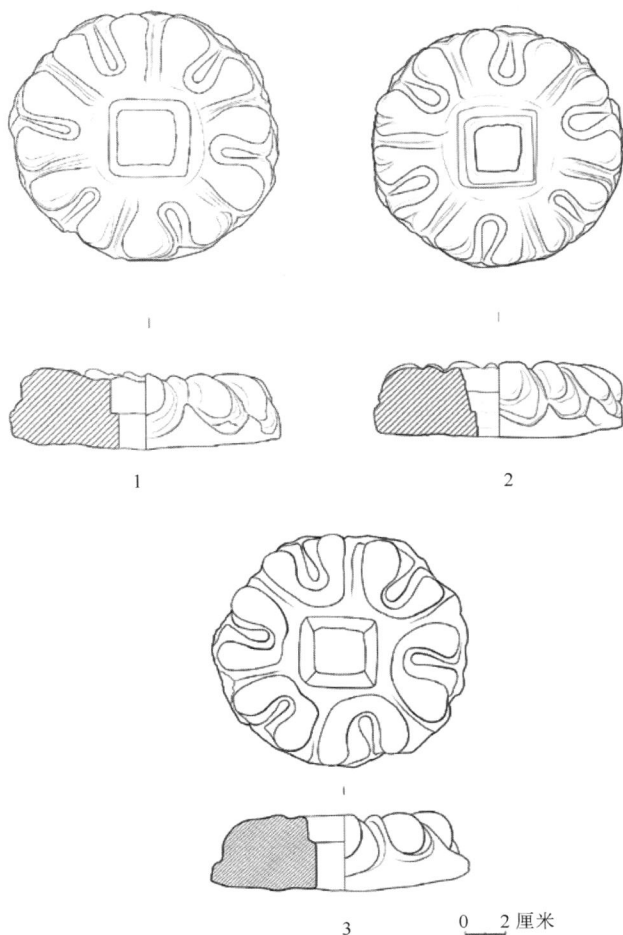

1. 莲花饰件（T9303 ②：3）

2. 莲花饰件（T9302 ②：16）

3. 莲花饰件（T9301 ②：63）

图 30 北魏莲花建筑饰件

0   2 厘米

图 29 北魏莲花建筑饰件
1. 莲花饰件（T9303 ②：3）
2. 莲花饰件（T9302 ②：16）
3. 莲花饰件（T9301 ②：63）

其中一瓣稍有残缺。底面比较粗糙。底径 13 厘米、高 3.5 厘米、上面方孔边长 4 厘米、下面方孔边长 3.3 厘米，孔壁较直（图 29-1，图 30-1）。标本 T9302②：16，完整。莲瓣十分饱满，六组莲瓣及方孔内均涂有土红色，色彩保存较好。底面较平。底径 12.5 厘米、高 3.8 厘米、上面方孔边长 4 厘米、下面方孔边长 3.3 厘米，孔壁斜直（图 29-2，图 30-2）。标本 T9301②：63，完整。莲瓣饱满，上面涂土红色，莲瓣凸出的表面稍有磨损。底径 12.5 厘米、高 3.8 厘米、上面方孔边长 4 厘米、下面方孔边长 3.3 厘米，孔壁较直（图 29-3，图 30-3）。

（2）石质建筑构件

7 件。均为黄砂岩质地，兽首门枕石。整个构件为长条形或长条弯曲形。前端以圆雕技法刻成兽首，中间为一条深槽，后端凿成方形或不规则形。前端的兽首双目圆睁，阔口露齿，门齿、臼齿呈板状，长舌外吐遮住下面的部分门齿或者舔上面门齿，上下两侧各露一颗獠牙，上唇部有波状虬须，两侧额为圆耳或尖圆耳，额上刻成莲瓣形状。眼、口、鼻、舌清晰，依据造型分为 A、B 型。

A 型 5 件。长舌向外伸出，并遮住下面的部分门齿。标本 T9303②：1，前端雕成兽头，鼻子较高，额顶上饰莲瓣，双眼均呈圆形，圆耳。正面上门齿有六颗，排列整齐，外伸的舌头遮住下面的部分门齿，最外端上下各有一颗犬齿。两侧面上下臼齿均为三颗。中间凿有深槽，后部呈不规则形，底部中间高凸。长 61 厘米、宽 22.5 厘米、高 25 厘米（图 31-1，图 32-1、2）。标本 T9303②：2，前端的兽头雕刻与 T9303②：1 较为相似，中间横槽的中央有一小方孔，推测为支撑门框立颊卯口，长 11 厘米、宽 7 厘米、深 2 厘米。后部凿成方形。兽头圆目外凸，形象生动，眉梢微微上卷，两耳由后颚于外眼角部伸出，似圆形，末端稍有残损。长 56.5 厘米、宽 26 厘米、高 22.5 厘米（图 31-2，图 32-3、4）。标本 T9301②：61，前

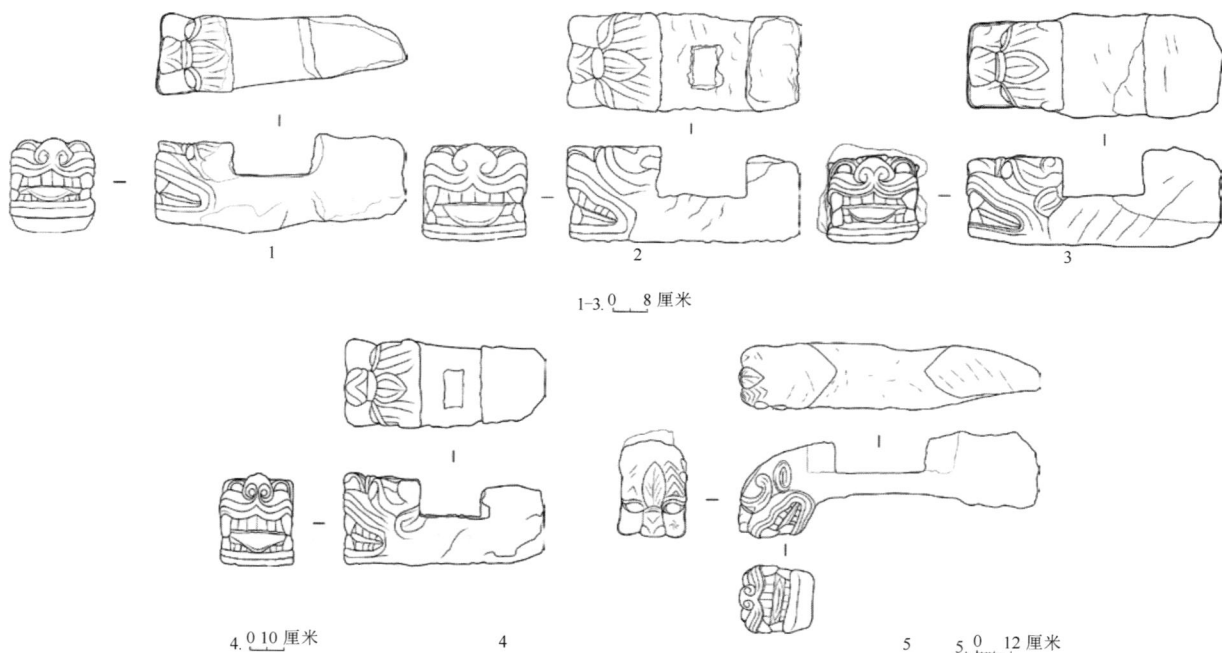

1-3. 0 ___ 8 厘米

4. 0 ___ 10 厘米　　　　　　5. 0 ___ 12 厘米

图 31　北魏兽首门枕石 A 型
1. A 型兽首门枕石（T9303②：1）　2. A 型兽首门枕石（T9303②：2）　3. A 型兽首门枕石（T9301②：61）
4. A 型兽首门枕石（T9302②：14）　5. A 型兽首门枕石（T9301②：62）

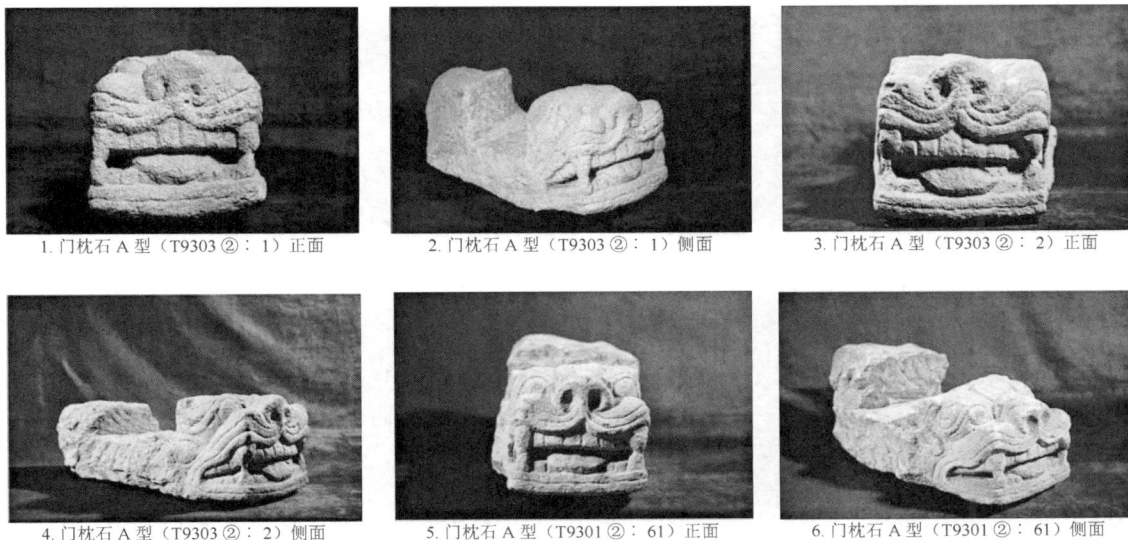

1. 门枕石 A 型（T9303 ②：1）正面　　2. 门枕石 A 型（T9303 ②：1）侧面　　3. 门枕石 A 型（T9303 ②：2）正面

4. 门枕石 A 型（T9303 ②：2）侧面　　5. 门枕石 A 型（T9301 ②：61）正面　　6. 门枕石 A 型（T9301 ②：61）侧面

图 32　北魏兽首门枕石 A 型

端的造型与 T9303 ②：1 基本相似。中间的横槽近似长方形，长 26.5 厘米、宽 19 厘米、深 12 厘米。后端凿成方形，有一条裂隙。兽头圆目外凸，眼上缘的眉梢上卷，两耳介于后颚与眉梢之间，似尖圆状。长 57 厘米、宽 26.5 厘米、高 28.5 厘米（图 31-3，图 32-5、6）。标本 T9302 ②：14，前端的造型与 T9303 ②：1 基本相似。中间的横槽近似长方形，长 23.5 厘米、宽 17 厘米、深 10.5 厘米，底部有一小方坑。后端凿成方形，缺一角。兽头圆目外凸，眼上缘的眉梢上卷，两耳介于后颚与眉梢之间，残。长 56.5 厘米，宽 26.5 厘米、高 26.5 厘米（图 31-4，图 33-1、2）。标本 T9301 ②：62，整个构件为长条弯曲形，前端的造型与 T9303 ②：1 基本相似。中间的凹槽为不规则形，后端似三角形。

1. 门枕石 A 型（T9302 ②：14）正面　　2. 门枕石 A 型（T9302 ②：14）侧面

3. 门枕石 A 型（T9301 ②：62）

4. 门枕石 B 型（T9302 ②：15）正面　　5. 门枕石 B 型（T9302 ②：15）侧面

图 33　北魏兽首门枕石 A 型、B 型

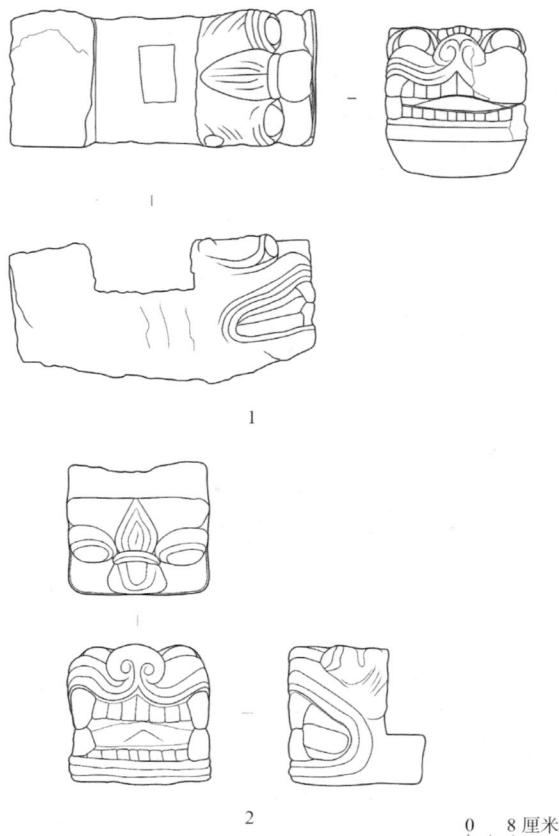

图 34　北魏兽首门枕石 B 型
1. B 型兽首门枕石（T9302 ② : 15）
2. B 型兽首门枕石（T9304 ② : 1）

兽头圆目外凸，眼上缘的眉梢上卷，两耳介于后颚与眉梢之间，似长圆状。长 105 厘米、宽 24 厘米、高 30 厘米（图 31-5，图 33-3）。

B 型 2 件。长舌向外伸出微微上卷，仅舔触到上面的门齿。标本 T9302 ② : 15，前端兽头的左侧上颚与下颚及犬牙均残损，造型与 A 型较为相似。两眼圆睁，双目凸显，鼻孔深陷，舌尖刚舔触到上门齿的局部，上面门齿残存五颗，下面门齿有十颗，排列整齐，保存完好。右侧上下各有一犬齿，两侧面的上下臼齿不分颗粒，连成一体。中间横槽近似方形。长 20.5 厘米、宽 20 厘米、深 9.5 厘米。底面的中间高凸。长 59 厘米、宽 25 厘米、高 29 厘米。（图 34-1，图 33-4、5）。标本 T9304 ② : 1，仅存前端的兽首，接近方形，中间与后端残缺。两目圆睁，阔口露齿，两侧有一对尖圆耳。上下门齿排列整齐，共有 15 颗，左右有对称一对犬齿，两侧面的臼齿不分颗粒，连成一体。舌头外伸，舌尖上舔着上齿，舌下面刻三角纹。残长 28 厘米、宽 28 厘米、高 26 厘米（图 34-2，图 35-1、2）。

（3）其他建筑构件

8 件。铁质。主要有泡钉、铁钉、铁条等。

①泡钉 1 件。（标本 T9301 ② : 50），铁质。由圆形钉帽与方形铁钉组合而成，钉帽为半球形，中空，无沿。球面中部开孔，方形铁钉插入孔内进行铆固。铁钉现已弯曲，表面锈蚀严重，为板门上饰件，钉帽直径 5.5 厘米、高 1.5 厘米、厚 0.2 厘米。钉长 10 厘米、径 0.6 厘米（图 36，图 39-1）。

②铁钉 7 件。形制相同，铁质。钉身的断面皆为方形，前端方尖，后端呈扁平，大小不一，长短不等，有三种不同的规格。标本 T9301 ② : 51，长铁钉。通长 28.5 厘米、最大截面径 0.8 厘米 ×1 厘米，钉身弯曲且锈蚀严重（图 37-1、图 39-2）。标本 T9301 ② : 49，短铁钉。通长 12.5 厘米、截面径 0.5 厘米，钉身稍弯曲且锈蚀，后端变形（图 37-2，图 39-3）。

③铁条 1 件，铁质，长度 8—12.5 厘米，皆为残片。标本 T9301 ② : 81，残，似长条形，宽 2.3—2.6 厘米、厚 0.2—0.4 厘米、长度 9.2 厘米，一端呈圆弧形或趋于方形，另一端残断且上面留有铆钉，两端均有残缺，锈蚀比较严重（图 38，图 39-4）。

2. 石刻造像

共出土石刻残像 65 件。质地多为黄色砂岩，少量为粉色砂岩。主要有佛教人物造像残件和装饰纹样残件两类，出土位置多集中于台基上的塔座东面、北面回廊之间。

1 门枕石 B 型（T9304②：1）正面　　　　　2. 门枕石 B 型（T9304②：1）侧面

图 35　北魏兽首门枕石 B 型

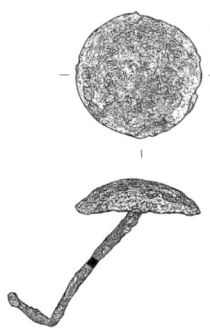

0　　2 厘米

图 36　北魏泡钉
（T9301②：50）

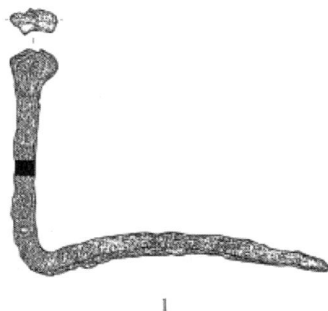

图 37　北魏铁钉
（1. T9301②：51、
2. T9301②：49）

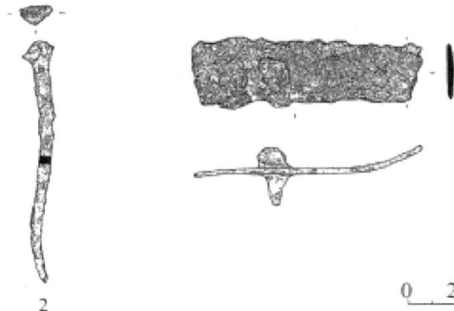

图 38　北魏铁条
（T9301②：81）

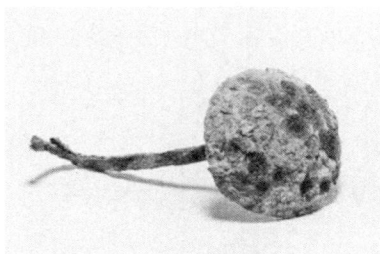

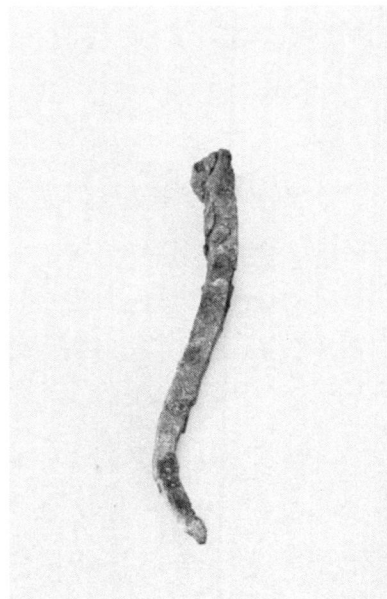

1. 泡钉（T9301②：50）　　　　2. 铁钉（T9301②：51）

4. 铁条（T9301②：81）　　　　　　3. 铁钉（T9301②：49）

图 39　北魏铁器

（1）人物造像残件

56 件。主要有佛、菩萨、力士、弟子、供养天人、千佛等尊像人物残件。除千佛龛像因较小保存比较完整之外，其他造像均残缺严重，仅存头、身、手和臂、腿和脚等局部，仅存的残像现无法拼接完整。根据造像内容和部位的区别，分为头部、身躯、手臂及脚足、千佛像龛类。

①头像 11 件。有菩萨、弟子、力士、飞天、魔众及其他等。

菩萨头像 1 件。（标本 T9304①：1），黄砂岩质地，圆雕，完整。头戴三面宝冠，冠的正、侧面均饰莲花，莲花之间刻三叶忍冬纹。额头之上发髻中分。面相丰圆，长眉细目，鼻梁高直，嘴部轮廓分明，嘴角深陷，双耳垂肩。表情典雅文静，形象丰满圆润。高 27.6 厘米、宽 11.8 厘米、厚 14.8 厘米（图 40，图 42-1、2）。

弟子头像 1 件。（标本 T9301②：3），黄细砂岩质地，圆雕，完整。头顶的额际线中部微微向下弯曲，面相丰圆，双目紧闭，长眉入鬓，鼻梁高直，嘴角微微微上翘，两耳下垂。表情十分谦和、自然。高 12.5 厘米、宽 7.4 厘米、厚 6.8 厘米（图 41，图 42-3、4）。

力士头像 3 件。粉砂岩或黄砂岩质地，高浮雕。标本 T9301②：2，粉砂岩质地，面部多处裂隙已修复，保存基本完整。头梳逆发，面相方圆，双目圆睁，细眉弯曲，鼻梁宽直，嘴唇微凸，表面残留土红色彩。高 15.3 厘米，宽 13 厘米，厚 7.8 厘米（图 43-1、图 44-1）。标本 T9301②：53，粉砂岩质地，由三块残石雕拼接而成，修复后基本完整，唯左额和左颊少许残缺。额头之上发髻中分，梳成细缕，面相方圆，五官集中，曲眉细目，鼻梁较高，嘴唇较薄且稍微突出，嘴角深陷。右颊残留土红色彩。高 13 厘米、残宽 10 厘米、厚 5 厘米（图 43-2，图 44-2）。标本 T9301②：41，残，黄砂岩质地，仅存面部中间部位的一部分，

图 40　北魏菩萨头像（T9304①：1）　　　　　图 41　北魏弟子头像（T9301②：3）

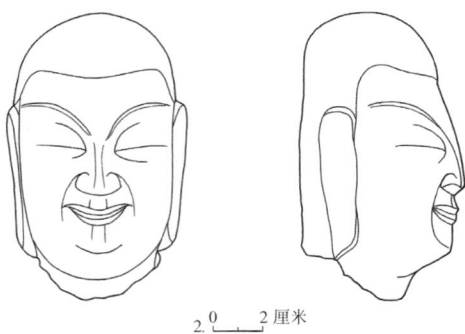

1. 菩萨像（T9304①：1）正面　　2. 菩萨像（T9304①：1）侧面　　3. 弟子像（T9301②：3）正面　　4. 弟子像（T9301②：3）侧面

图 42　北魏菩萨、弟子头像

左额及两颊皆已残缺。发髻中分，分成细缕，双目微闭，左眼仅存内眼角，细眉弯曲，眉头紧蹙，额间饰圆形白毫。鼻梁高直，鼻根处束结，嘴唇棱角分明，嘴角残缺。头像表面敷以土红色彩。残高 12.5 厘米、宽 6.5 厘米、厚 3.5 厘米（图 43-3，图 44-3）。

飞天头像 2 件。均为黄砂岩质地，高浮雕。标本 T9302 ②：35，较完整，头梳大髻，面相丰圆，细眉弯曲，双目紧闭，鼻梁高直，小嘴微张。高 13 厘米、宽 7.2 厘米、厚 5.5 厘米（图 45-1，图 47-1）。标本 T9301 ②：8，头部完整，背面与岩石连接一体，面相丰圆，头梳高髻，细眉长目，鼻梁高直，两耳垂肩，造型概括洗练。残石高 12.5 厘米、宽 18.1 厘米、厚 18.3 厘米；飞天头像高 11 厘米、宽 6 厘米（图 45-2，图 47-2）。

魔众头像 3 件。标本 T9301 ②：52，残。黄砂岩质地，高浮雕。长方形石块的上面有 1 个细腰卯口，正面存魔众头像及二人物身躯的局部。魔众头像完整。头为猴首，两眼圆凸，嘴含果物，形象生动有趣。前面存一人物右肩，背后有一人物上身。残石高 19.4 厘米、长 50.5 厘米、厚 16 厘米。魔众头高 18.5 厘米（图 46-1，图 47-3）。标本 T9302 ②：31，黄砂岩质地，高浮雕。微向右侧，右脸及眼均残，头发一缕缕下垂，眉骨高挑，鼻梁高直，鼻根紧锁，左眼圆凸，嘴唇上撇，面部棱角分明，表情凶恶可怖，人物特征明显，

图 43　北魏力士头像
1. 力士头像（T9301 ②：2）　　2. 力士头像（T9301 ②：53）　　3. 力士头像（T9301 ②：41）

1. 力士头像（T9301 ②：2）　　　　2. 力士头像（T9301 ②：53）　　　　3. 力士头像（T9301 ②：41）

图 44　北魏力士头像

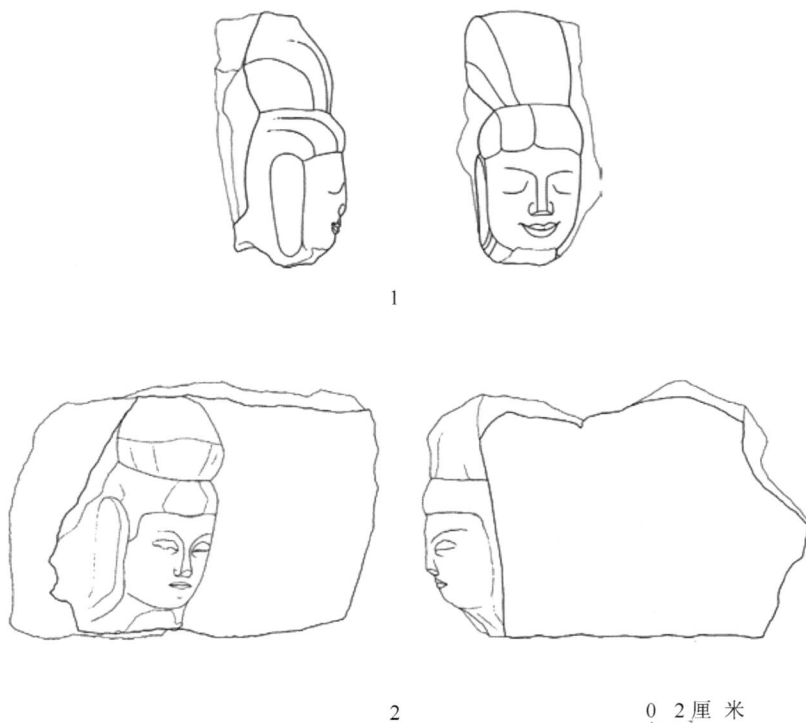

图 45 北魏飞天头像
1. 飞天头像（T9302 ②：35） 2. 飞天头像（T9301 ②：8）

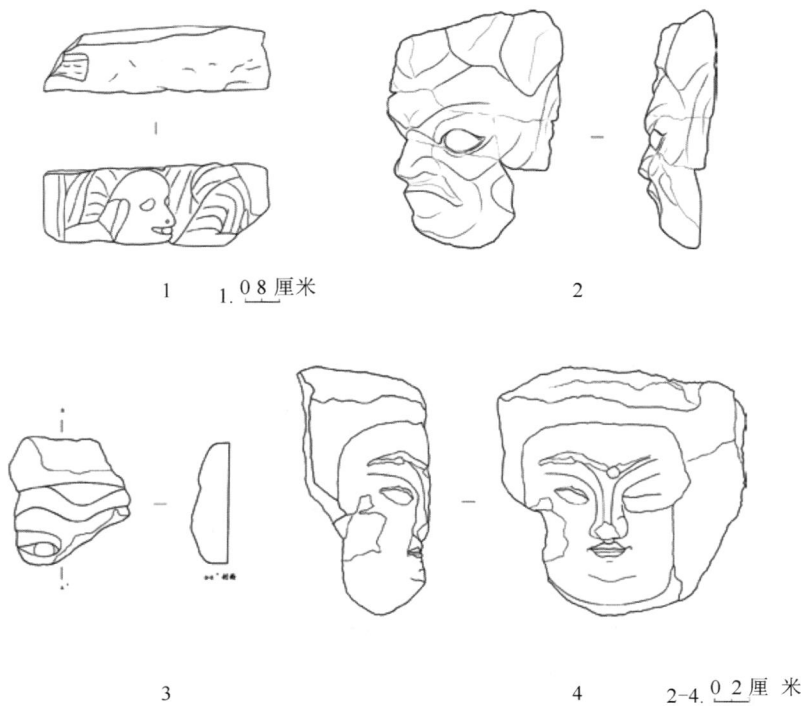

图 46　北魏魔众、其他人物头像
1. 魔众头像（T9301 ②：52）　　2. 魔众头像（T9302 ②：31）
3. 魔众头像（T9302 ②：2）　　4. 其他头像（T9301 ②：39）

头发上残留土红色彩。残高 13.5 厘米、宽 10 厘米、厚 3 厘米（图 46-2，图 47-4）。标本 T9302 ②：2，残。黄砂岩质地，高浮雕。仅存额部及右眼。额头较高且有两道深皱细纹，眼较大，眼球呈圆形外凸，怒目圆睁，形象生动。残高 7.4 厘米、宽 6.8 厘米、厚 2 厘米（图 46-3，图 47-5）。

其他头像 1 件。（标本 T9301 ②：39），残。粉砂岩质地，高浮雕，基本完整。右颊残缺，下颌较小，广额丰颐，双目紧闭，细眉弯曲，鼻梁较直但鼻尖残缺，小嘴深陷，嘴角略翘，唇部较薄。面部简洁概括，形象比较生动，但惜无法确定人物尊格。除左侧残留土红色彩外，其他表面均有一层灰色结垢。高 14 厘米、宽 14 厘米、厚 7.5 厘米（图 46-4，图 47-6）。

1. 飞天头像
（T9302 ②：35）

2. 飞天头像（T9301 ②：8）

3. 魔众头像（T9301 ②：52）

4. 魔众头像（T9302 ②：31）

5. 魔众头像（T9302 ②：2）

6. 其他人物头像（T9301 ②：39）

图 47　北魏飞天、魔众、其他人物头像

②身躯残件 25 件。主要有佛、力士、飞天、供养天人、魔众及其他等。

佛像等残件 2 件。粉砂岩质地，高浮雕。标本 T9301 ②：32，残。仅为身躯左侧的一部分，左侧衣领线条清晰，左臂之上有四条弧形衣纹线，肩与颈之间残留着少许的衣领，似为佛像左肩残件。高 18 厘米、宽 8 厘米、厚 6.8 厘米（图 48-1，图 50-1）。标本 T9301 ②：17，残。仅为左肩及臂的局部。左肩部和左臂上残存衣纹线，特别是内侧仍保留着斜搭下垂的衣领，其线条流畅，似为佛像左肩残件。胸和衣领及肘部等残留土红色彩。高 12.3 厘米、宽 9 厘米、厚 3.5 厘米（图 48-2，图 50-2）。

力士残件 3 件。标本 T9301 ②：11，残。黄砂岩质地，系石雕转角的一部分，A、B 两面均有雕刻。A 面像残存下身局部和左腿，系蹲姿，身穿犊鼻裤，左脚掌触地，脚腕部戴镯。可能为力士像。B 面像仅存右脚少许。残高 27.5 厘米、宽 32.8 厘米、厚 18 厘米（图 49-1，图 50-3）。标本 T9301 ②：7，残。粉砂岩质地，为上身右侧一部分。胸部微隆且高挺，胸前残存项圈少许，右臂上伸高举，手腕戴镯，右手残缺。胸部涂土红色彩，表面有一层青灰色结垢。可能为力士像。高 29 厘米、宽 16 厘米、厚 12.3 厘米（图 49-2，图 50-4）。标本 T9302 ②：9，残。粉砂岩质地，亦为石雕转角的一部分。A、B 两面各存造像一只手臂。其中，A 面存少许头发，头梳逆发，左手上举作托物状，拇指与其他手指合拢，手指细长，手腕部戴镯。B 面仅残留右手臂局部，可识三指。A、B 两面的手臂之上均残留土红色彩，表面存一层青灰色结垢。可能为力士像。高 9.5 厘米、宽 14 厘米、厚 8.4 厘米（图 49-3，图 50-5）。

飞天残件 5 件。粉砂岩质地，高浮雕。标本 T9301 ②：28，残。仅存上身左侧的一部分。左胸微微隆起，左肩部残留斜向上搭的帔帛，臂腕向下弯曲，戴臂钏，饰手镯。在帔帛及臂上敷土红色彩，似为飞天像上身左侧残件。高 15.4 厘米、宽 12.6 厘米、厚 7.9 厘米（图 51-1，图 52-1）。标本 T9301 ②：30，残。仅存上身左侧的一部分。上身袒裸，左臂上举，胸前存很小一部分项圈，手腕上饰镯，腋下残留土红色彩，表面有青灰色结垢，似飞天像上身左侧残件。高 16 厘米、宽 7.6 厘米、厚 4.1 厘米（图 51-2，图 52-2）。标本 T9301 ②：33，残，仅存上身的右前臂。前伸上举，肘腕部搭帔帛，手腕上戴镯，手已残缺。臂上残留有土红色彩，表面有灰色结垢，局部有黑色烟熏痕迹，似飞天像的右手臂。残高 19 厘米、宽 7.5 厘米、厚 6.5 厘米（图 51-3，图 52-3）。标本 T9301 ②：29，残。仅存上身的右臂。右臂前伸上举，臂上缠绕帔帛，线条流畅，手腕上戴镯，残缺之手仅存一小部分手掌。表面残留土红色彩，局部有黑色结垢。似为飞天像的右手臂。残高 10.3 厘米、宽 13.6 厘米、厚 11.2 厘米（图 51-4，图 52-4）。标本 T9301 ②：46，残，仅存上身的右臂。右臂前伸向下弯曲，臂上缠绕帔帛，线条流畅，手腕上戴镯。表面残留土红色彩，局部有灰色结垢。似为飞天像的右手臂。高 14.3 厘米、宽 13.3 厘米、厚 8.3 厘米（图 51-5，图 52-5）。

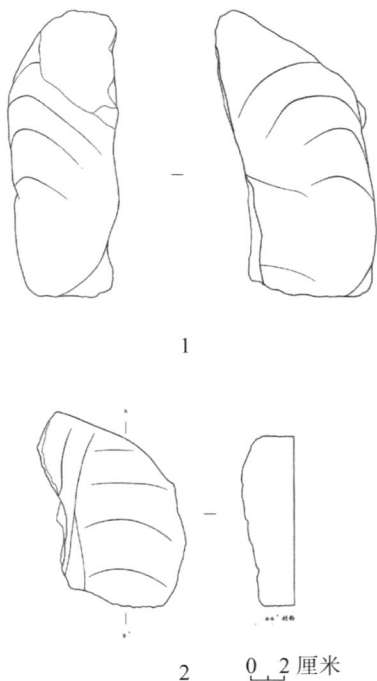

图 48　北魏造像身躯
1. 佛像身躯（T9301 ②：32）
2. 佛像身躯（T9301 ②：17）

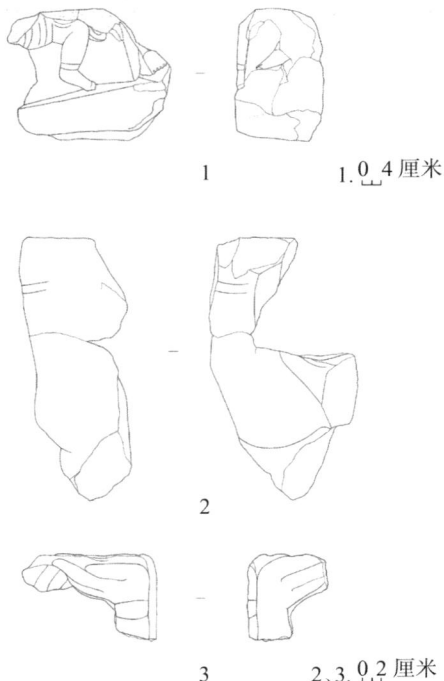

图 49 北魏造像身躯
1. 力士残件（T9301 ②：11）　2. 力士残件（T9301 ②：7）
3. 力士残件（T9302 ②：9）

1. 佛像身躯残件
（T9301②：32）

2. 佛像身躯残件
（T9301②：17）

3. 力士身躯残件（T9301②：11）

4. 力士身躯残件（T9301②：7）

5. 力士身躯残件（T9302②：9）

图50　北魏佛像、力士身躯

　　供养天残件12件。黄砂岩质地或粉砂岩质地，高浮雕或圆雕。标本T9301②：12，头部残，身躯基本完整。黄砂岩质地，高浮雕，胡跪状，右臂及右手残缺。上身袒裸，颈饰项圈，胸部丰满，右乳部残损，腹部微微凸起，上面刻有一个小三角，似肚脐，左手抚摩左膝。下穿长裙，衣纹线条流畅。人物形象优美，造型概括洗练，姿态优雅生动，高30.8厘米、宽22厘米、厚6厘米（图53-1，图56-1）。标本T9302②：11，头部残。黄砂岩质地，上身基本完整。穿双领下垂大衣，双手置于胸前，共握一物，似供养状。衣纹线条流畅，简练概括。高11.3厘米、宽16.5厘米、厚3.5厘米（图53-2，图56-3）。标本T9301②：45，头残。黄砂岩质地，仅存胸部及双肩。穿双领下垂大衣，左、右两肩各有3或4条衣纹褶皱，线条自然流畅。残高8.6厘米、宽21.4厘米、厚5.5厘米（图53-3，图56-4）。标本T9301②：95，残。黄质地砂岩，著圆领衣。仅存上身右侧局部，右手及臂也仅存轮廓。表面风化剥蚀严重。高16.2厘米、宽10.5厘米、厚6.7厘米（图53-4，图56-5）。标本T9302②：34，残。粉砂岩质地，仅存上身左部，左手上举于胸前，作供养状。衣纹线似弧状，十分流畅。表面有烟熏痕迹。高12厘米、宽8.6厘米、厚2.4厘米（图54-1，图56-2）。标本T9301②：31，残。黄砂岩质地，仅存上身右部，作供养状，右手已残缺，衣纹线条流畅，呈阶梯状。高11.6厘米、宽8.2厘米、厚2.4厘米（图54-2，图57-1）。标本T9301②：47，残。粉砂岩质地，仅存

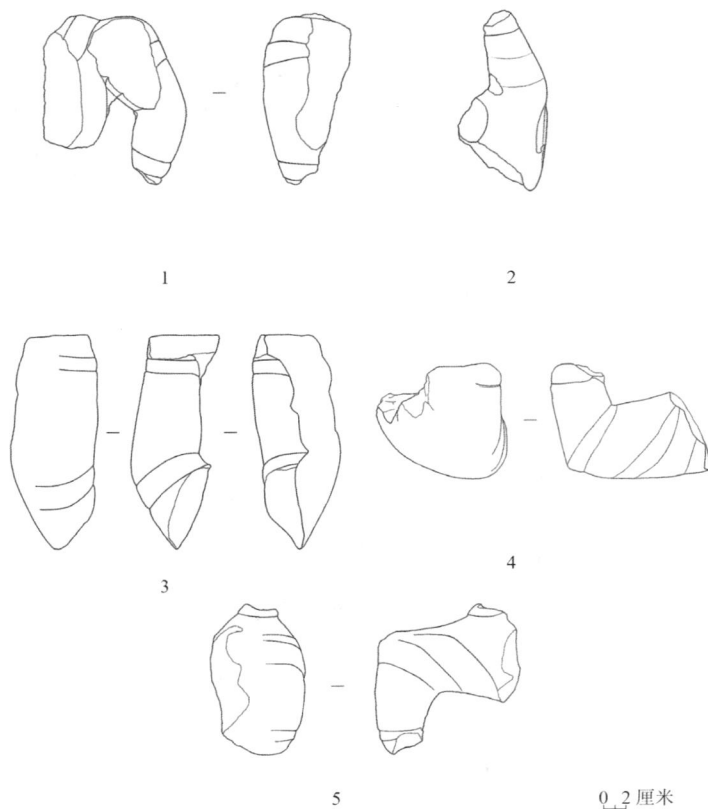

图 51 北魏飞天身躯
1. 飞天残件（T9301 ②：28）2. 飞天残件（T9301 ②：30）
3. 飞天残件（T9301 ②：33）4. 飞天残件（T9301 ②：29）5. 飞天残件（T9301 ②：46）

1. 飞天（T9301 ②：28）

2. 飞天
（T9301 ②：30）

3. 飞天
（T9301 ②：33）

4. 飞天（T9301 ②：29）

5. 飞天（T9301 ②：46）

图 52 北魏飞天像身躯

上身局部，著"V"领衣，衣纹线清晰，双手合十于胸前，左肩、臂均已残损，右肘亦残缺。两手仅雕出轮廓，十分概括。高 10.5 厘米、宽 12.7 厘米、厚 5.7 厘米（图 54-3，图 56-6）。标本 T9301 ② : 43，残。粉砂岩质地，高浮雕，双手及右肩局部均已残缺。似"V"领衣，双手置于胸前，衣纹线条清晰可辨。高 11.7 厘米，宽 15 厘米，厚 8 厘米（图 54-4，图 57-5）。标本 T9301 ② : 34，残。黄砂岩质地，高浮雕，仅存上身左侧。

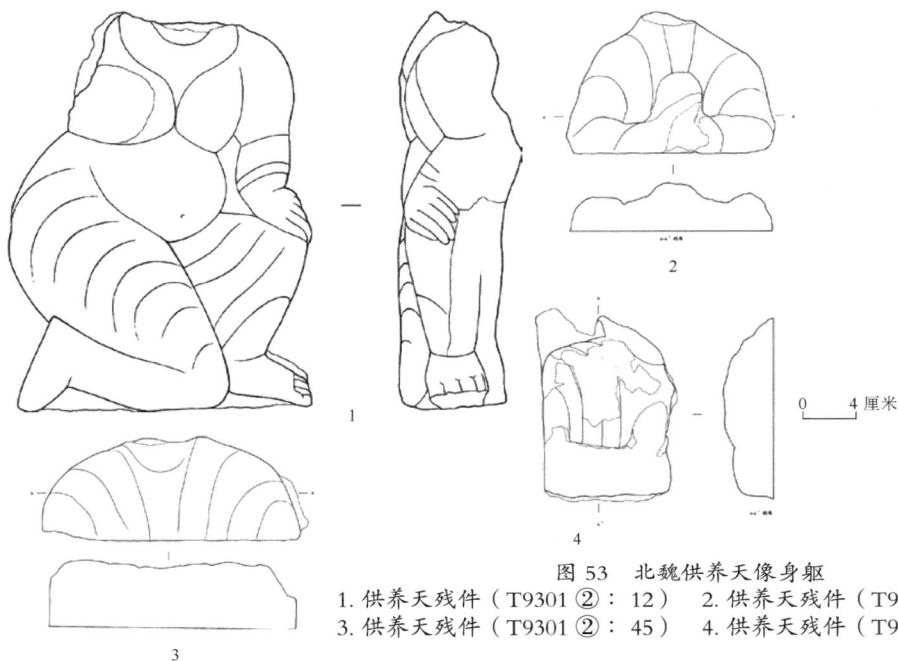

图 53 北魏供养天像身躯
1. 供养天残件（T9301 ② : 12）　　2. 供养天残件（T9302 ② : 11）
3. 供养天残件（T9301 ② : 45）　　4. 供养天残件（T9301 ② : 95）

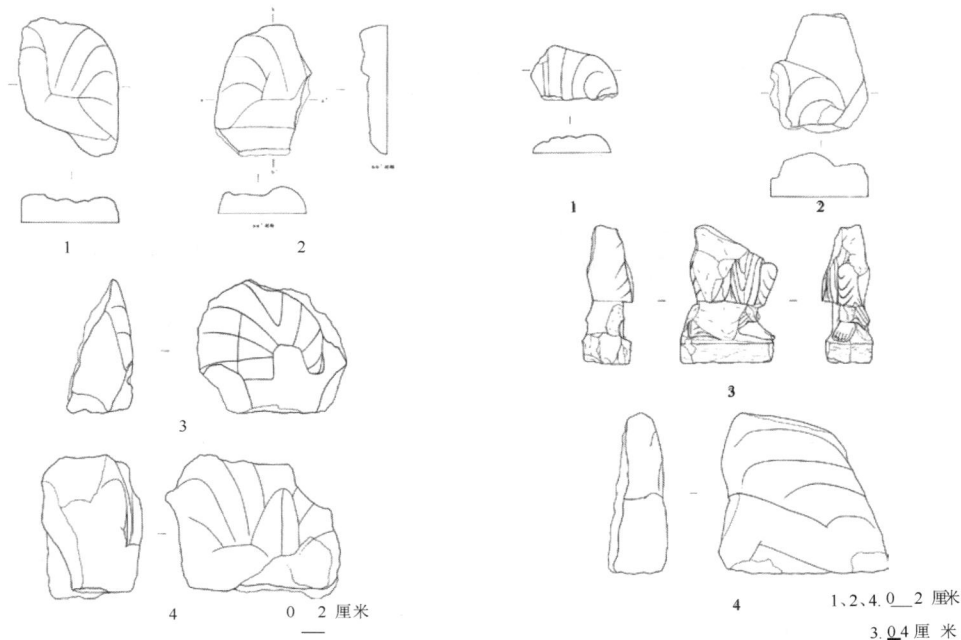

图 54 北魏供养天像身躯
1. 供养天残件（T9302 ② : 34）
2. 供养天残件（T9301 ② : 31）
3. 供养天残件（T9301 ② : 47）
4. 供养天残件（T9301 ② : 43）

图 55 北魏供养天像身躯
1. 供养天残件（T9301 ② : 34）
2. 供养天残件（T9302 ② : 44）
3. 供养天残件（T9301 ② : 35）
4. 供养天残件（T9301 ② : 36）

左肩部阶梯状衣纹，线条流畅。高 5.5 厘米、宽 8.4 厘米、厚 2 厘米（图 55-1，图 57-6）。标本 T9301②：44，残。砂岩质地，高浮雕，仅存上身左肩部，左肩衣纹线自然流畅。后面为平整的石壁，且有加工凿痕。石块残高 13.4 厘米、宽 9.3 厘米、厚 6.8 厘米。左肩高 8.1 厘米、宽 7 厘米、厚 2 厘米（图 55-2，图 57-4）。标本 T9301②：35，残。细黄砂岩质地，圆雕，单体造像，仅存下半身一部分，胡跪状。左腿呈屈膝，脚部雕刻细腻，右腿跪于地，且与臀部均残损。衣裙呈"U"字形弧状衣纹，线条自然流畅，层次分明。脚踏方座，座高 4 厘米，表面雕刻十分粗糙。像残高 28.8 厘米、宽 18.5 厘米、厚 9.2 厘米（图 55-3，图 57-2）。标本 T9301②：36，残。黄砂岩质地，浮雕，仅存下半身的局部，长跪状。臀部与腿部雕弧形衣纹线，自然流畅。残高 16 厘米、宽 16.5 厘米、厚 5.8 厘米（图 55-4，图 57-3）。

魔众残件 1 件。标本 T9301②：18，残。黄砂岩质地，高浮雕，仅存下身右侧衣裙的一小部。下穿大裙，裙摆外张，右脚外撇，脚后跟残损，从衣着上看可能为魔王波旬像。高 24 厘米、宽 17.8 厘米、厚 11.6 厘米（图 58-1，图 59-1）。

其他残件 2 件。标本 T9301②：5，粉砂岩质地，高浮雕。上身的右臂和下身的左腿残缺，右腿仅存局部。穿"V"领衣，腰间束带，衣纹线条流畅自然。左臂前伸手部已残，肘下和手腕处涂有土红色彩。高 28 厘米、宽 19 厘米、厚 12 厘米（图 58-2，图 59-2）。

③手和足残件 8 件。主要有佛或菩萨、供养天的手、足以及其他残件。

标本 T9301②：16，残。黄砂岩质地，圆雕。右手掌心部朝外，四指并列且略微分开，手背后面的四指连成一体，掌心不存，拇指残损。可能为佛像或菩萨像说法的右手。高 13.4 厘米、宽 11.5 厘米、厚 5.3 厘米（图 60-1，图 61-1）。标本 T9301②：42，残。黄砂岩质地，高浮雕。左手朝下，手掌稍微伸开，拇指与食指等四指相捻，四指微内屈，相握成持物之状，所持之物不明，食指局部残损。手指纤长，手背

1. 供养天（T9301②：12）   2. 供养天（T9302②：34）   3. 供养天（T9302②：11）

4. 供养天（T9301②：45）   5. 供养天（T9301②：95）   6. 供养天（T9301②：47）

图 56　北魏供养天像身躯

1. 供养天（T9301②：31）　　2. 供养天（T9301②：35）　　3. 供养天（T9301②：36）　　4. 供养天（T9301②：44）

5. 供养天（T9301②：43）　　6. 供养天（T9301②：34）

图 57　北魏供养天像身躯

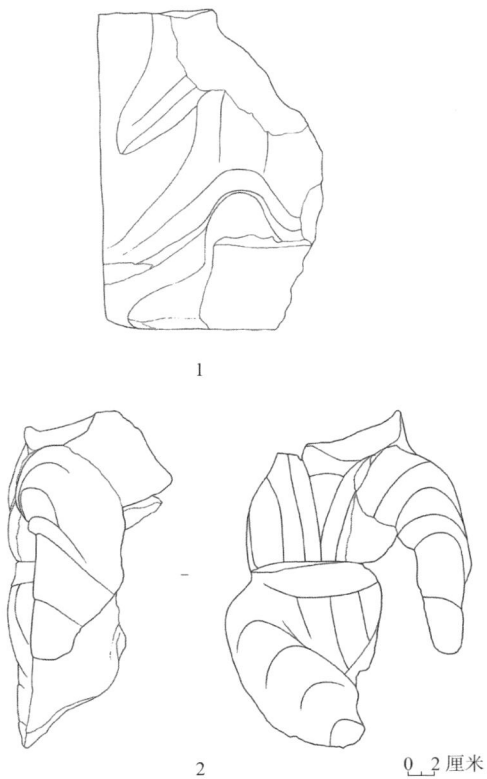

1

2　　　0　2厘米

图 58　魔众及其他像身躯
1. 魔众残件（T9301②：18）2. 其他残件（T9301②：5）

1. 魔众残件（T9301 ②：18）　　　　　2. 其他残件（T9301 ②：5）

图 59　北魏魔众及其他像身躯

丰满，肌肤圆润。可能为菩萨像之左手。高 19.3 厘米、宽 21.5 厘米、厚 13 厘米（图 60-2，图 61-2）。标本 T9301 ②：48，残。粉砂岩质地，浮雕。右手基本完整，仅存少许前臂。手前伸展，拇指与食指等四指握物朝上，四指并拢，食指修长。可能为菩萨像之右手。高 8.5 厘米、宽 10.4 厘米、厚 8 厘米（图 60-3，图 61-3）。标本 T9301 ②：13，残。黄砂岩质地，高浮雕，仅存局部双手的手掌和左手腕处衣端少许袖口，手指全部残缺，双手合十，作供养状。高 7.5 厘米、宽 6.9 厘米、厚 7.4 厘米（图 62-1，图 63-1）。标本 T9302 ②：12，残。黄砂岩质地，浮雕。仅存右手局部手掌，手指修长，四指微拢，似持物状，所持之物不明。高 6.5 厘米、宽 5.7 厘米、厚 2.5 厘米（图 60-4，图 61-4）。标本 T9302 ②：5，残。粉砂岩质地，浮雕，仅存腰与右臂的局部。腰间束带，右手拇指、食指伸开且残损，其他三指握入掌心。残高 19.3 厘米、宽 18 厘米、厚 10.9 厘米（图 62-2，图 63-2）。标本 T9301 ②：40，残。黄砂岩质地，仅存右脚，只雕出轮廓，未分趾。高 10.3 厘米、宽 14.5 厘米、厚 7 厘米。脚长 7.9 厘米、宽 5 厘米、厚 3.5 厘米（图 62-3，图 63-3）。标本 T9302 ②：33，残。黄细砂岩质地，高浮雕。仅存右足及少许的裤脚。脚长 7.3 厘米、高 4.2 厘米、厚 2.8 厘米（图 62-4，图 63-4）。

④千佛像龛残件 11 件。砂岩质地，高浮雕。4 件千佛龛像较完整，余皆为龛楣的局部。完整的千佛龛像接近长方体，正面雕凿圆栱尖楣小龛，内刻坐佛，其他面均为粗坯凿痕。

标本 T9301 ②：84，仅一端残损，正面并列 2 个圆栱尖楣龛。龛内雕结跏趺坐佛，高肉髻，面相模糊，著通肩式和双领下垂式袈裟，双手相合于腿上且被袈裟遮住。方形龛柱，素面龛楣且较平。长 30 厘米、高 26 厘米、厚 17 厘米（图 64-1，图 65-1）。标本 T9301 ②：78，正面残存上、下两层龛，各有 4 龛。上层龛楣残缺，下层仅存龛楣，皆为圆栱尖楣龛，素面龛楣。上层龛内为结跏趺坐佛像，双手相合于腿上，有的为禅定印，有的被袈裟或衣角遮住，头部全部风化或残缺，身著通肩式或双领下垂式袈裟，相间排列。

1. 手残件　　　2. 手残件　　　3. 手残件
（T9301②：16）　（T9301②：42）　（T9301②：48）

4. 手残件（T9302②：12）

0 2 厘 米

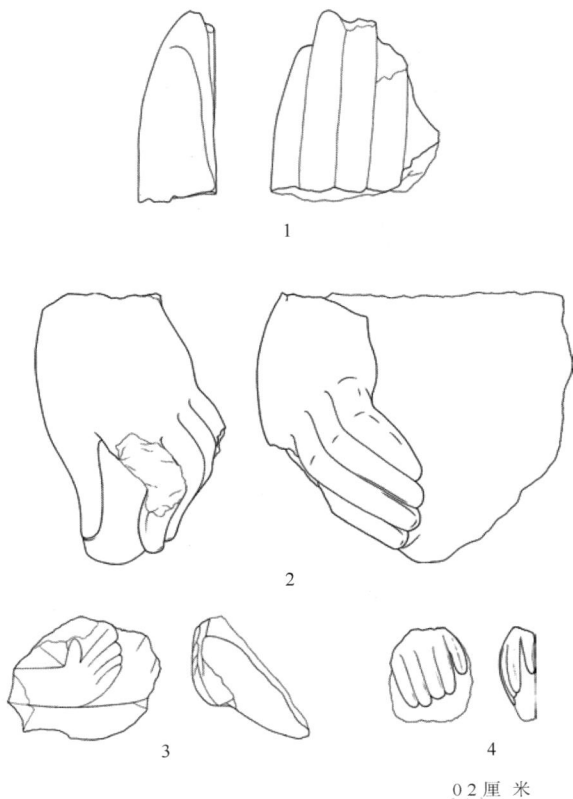

图 60　北魏佛、菩萨像手残件
1. 手残件（T9301②：16）　2. 手残件（T9301②：42）
3. 手残件（T9301②：48）　4. 手残件（T9302②：12）

图 61　北魏手残件

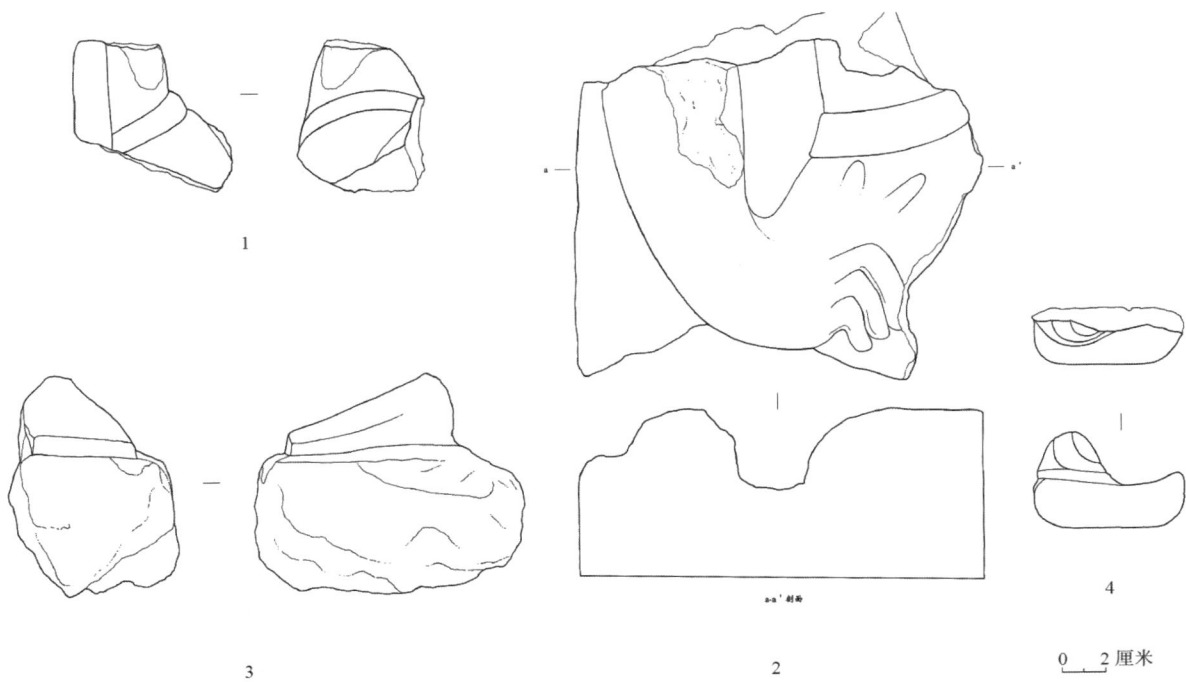

0　　2厘米

图 62　北魏供养天、魔众及其他等手、足残件
1. 手残件（T9301②：13）　2. 手臂残件（T9302②：5）　3. 足残件（T9301②：40）　4. 足残件（T9302②：33）

1. 手臂及脚足残件（T9301 ②：13）

2. 手臂及脚足残件（T9302 ②：5）

3. 手臂及脚足残件（T9301 ②：40）

4. 手臂及脚足残件（T9302 ②：33）

图 63　北魏手臂及脚足残件

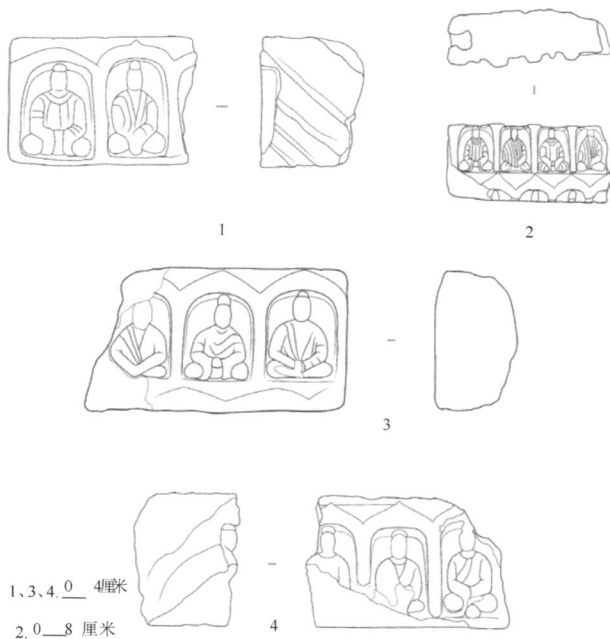

图 64　北魏千佛龛像
1. 千佛像残件（T9301 ②：84）
2. 千佛像残件（T9301 ②：78）
3. 千佛像残件（T9301 ②：79）
4. 千佛像残件（T9301 ②：77）

长 56 厘米、高 23 厘米、厚 19 厘米（图 64-2，图 65-2）。标本 T9301 ②：79，仅一端残损。正面上部三龛并列，龛内雕结跏趺坐佛，高 14.5 厘米，双手相合于腿上，残损严重。中间龛内坐佛著通肩式袈裟，两侧龛内坐佛著双领下垂式袈裟，相间排列。方形龛柱，素面龛楣。下端残留少许圆栱尖楣龛楣面。残石长 42 厘米、高 24 厘米、厚 14 厘米（图 64-3，图 65-3）。标本 T9301 ②：77，两端均已残损。正面并列 3 个圆栱尖楣龛，龛内雕结跏趺坐佛，高 16.8 厘米，双手相合于腿上，头残，身躯严重风化。中间龛内坐佛著双领下垂式袈裟，两侧龛内坐佛著通肩式袈裟。方形龛柱，素面龛楣。长 34.5 厘米、高 23 厘米、厚 18 厘米（图 64-4，图 65-4）。

（2）装饰纹样残件

9 件。黄砂岩质地，浮雕或高浮雕。主要有莲花瓣饰件、莲瓣纹饰带、三角纹饰带和山花蕉叶残件等。

①莲花瓣饰件残件 1 件。标本 T9301 ②：20，

残。黄砂岩质地，高浮雕。上为残缺的横枋局部，下为宝装双瓣莲花，丰肥饱满，莲瓣之上刻蔓草线纹，线条流畅。高37厘米、宽23厘米、厚20厘米（图66-1，图67-1）。

②莲瓣纹饰带残件3件。标本T9302②：3，黄砂岩质地，浮雕，长方形石块的正面雕莲瓣纹饰带，莲瓣纹一列三个，均为双瓣，十分饱满。其他面均为粗坯凿痕。高16厘米，宽33厘米，厚11厘米（图66-2，图67-2）。

③三角纹饰带残件3件。黄砂岩质地，浮雕，均为长方体块石，正面雕三角垂幔纹带，其他面均为粗坯凿痕或残断面。标本T9302②：1，一侧残缺，正面上部为一列三角纹，前三后二，三角下垂的两斜边上刻阴线，下端2个折叠垂幔，用阴刻线雕就。样式简洁，形象逼真。高20厘米、宽41厘米、厚14厘米（图68-1，图67-3）。标本T9301②：1，一侧残缺，正面上部为一列三角纹，前一后一，下端2个折叠垂幔。高21厘米、宽16.5厘米、厚9厘米（图68-2，图67-4）。标本T9301②：94，正面上部为一列三角纹，前二后二，三角下垂的两斜边上刻阴线，下端4个折叠垂幔，用阴刻线施就。其他均为粗坯凿痕，上面左右两侧各有1个卯口。高20厘米、宽37.5厘米、厚16.5厘米（图68-3，图67-5）。

④山花蕉叶饰件残件2件。黄砂岩质地，浮雕。标本T9302②：8，仅存局部方形檐部与山花蕉叶的一个角部。A、B两面檐部均为素面，上面残存高14厘米山花蕉叶的局部。A面山花蕉叶内侧叶瓣卷曲，线条流畅。B面山花蕉叶残损严重，内侧有细腰卯口。山花蕉叶残高23厘米，宽25厘米，厚22厘米，檐部高约8厘米（图69-1，图70-1、2）。标本T9302②：4，仅存局部方形檐部与山花蕉叶的一个角部。A、B两面檐部为素面且残损，上面仅保存高约3厘米山花蕉叶的很小一部分。高10.8厘米、宽14.5厘米、厚15厘米（图69-2，图70-3、4）。

1. 千佛像残件（T9301②：84）

2. 千佛像残件（T9301②：78）

3. T9301②：79

4. T9301②：77

图65 北魏千佛龛像

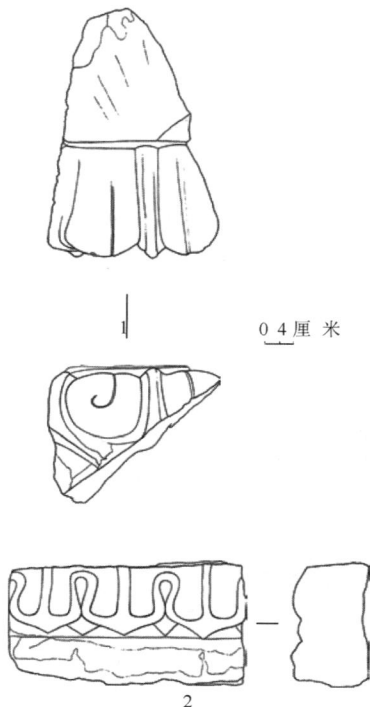

图 66　北魏装饰纹样
1. 莲花瓣饰件（T9301②：20）
2. 莲瓣纹饰带（T9302②：3）

（3）其他方形檐部

8 件。黄砂岩质地，均残，表面上残留红色颜料。标本 T9301②：26，为方形檐部的建筑转角部分。A、B 两面十分平整，表面涂土红色彩。高 17 厘米、残宽 13 厘米、残长 10 厘米（图 69-3）。

3. 生活用品

仅出土了少量的陶盆、陶罐等残片，共 9 片。

（1）盆均为口沿、壁、底部残片，饰方格印纹、凹旋纹、水波纹等。盆口沿残片 2 件。标本 T9301②：82，残，泥质灰陶。为宽折沿外敞，口沿外卷呈圆形。壁厚 1 厘米（图 71-1，图 73-1）。标本 T9301②：83，残，泥质黑灰陶。仅存折沿部分，口沿的唇部已残。壁厚 1.1 厘米（图 71-2，图 73-2）。盆壁残片 1 件。标本 T9301②：86，残，泥质灰陶。内壁上为水波纹，中间为一组凹弦纹，下为两组方格印。外壁上为凹弦纹，下为一组方格印纹。壁厚 0.9 厘米（图 71-3，图 73-3）。盆底残片 1 件。标本 T9301①：1，残，泥质灰陶，内底为两组方格印纹，为盆底残片。厚 0.7 厘米（图 71-4，图 73-4）。

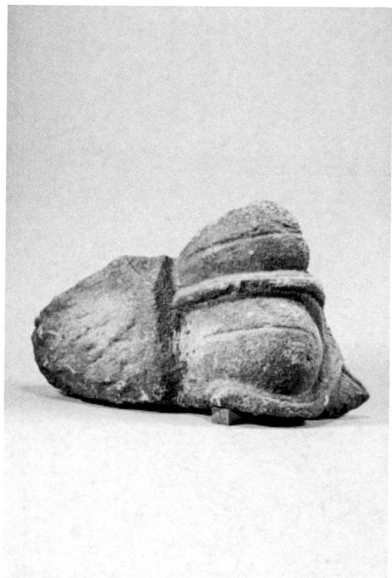

1. 莲花瓣残件（T9301②：20）
2. 莲瓣纹饰带残件（T9302②：3）
3. 三角纹饰带残件（T9302②：1）
4. 三角纹饰带残件（T9301②：1）
5. 三角纹饰带残件（T9301②：94）

图 67　北魏装饰纹带

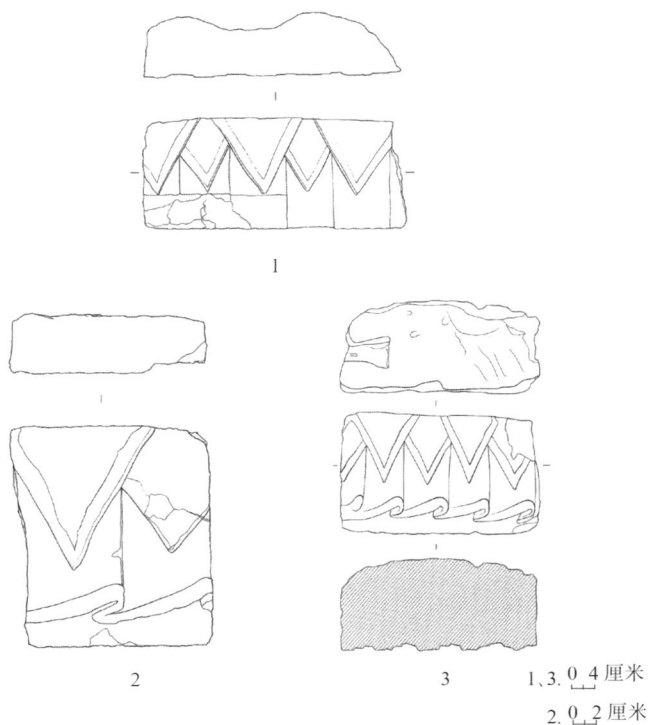

图 68　北魏三角纹饰带
1. 三角纹饰带（T9302②：1）
2. 三角纹饰带（T9301②：1）
3. 三角纹饰带（T9301②：94）

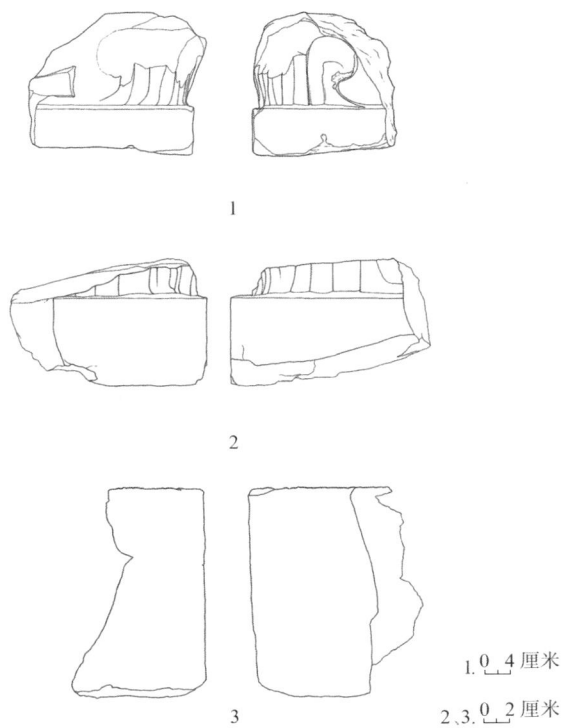

图 69　北魏山花蕉叶饰件等
1、2. 山花蕉叶饰件（T9302②：8、T9302②：4）
3. 方形塔檐（T9301②：26）

1. 塔檐与山花蕉叶残件（T9302②：8）A面

2. 塔檐与山花蕉叶残件（T9302②：8）B面

3. 塔檐与山花蕉叶残件（T9302②：4）A面

4. 塔檐与山花蕉叶残件（T9302②：4）B面

图 70　北魏山花蕉叶纹样

（2）陶罐肩部残片 2 件。泥质灰陶，外壁肩部有陶索印或旋纹和水波纹饰带。标本 T9301 ②：87，残。外壁肩部有一组陶索印纹带，壁厚 0.9 厘米（图 72-1，图 73-5）。标本 T9301 ②：85，残。外壁肩部有一组旋纹和水波纹带，壁厚 0.8 厘米（图 72-2，图 73-6）。

（二）隋代

五铢 1 枚。（标本 T9301 ①：2），基本完整，铜质。方孔圆钱。外廓较宽，约 0.2 厘米。"五"字上下两横平行，中间交叉二笔为斜直线，左侧添加一竖直线。"铢"字模糊不清。直径 2.4 厘米、穿宽 0.8 厘米、肉厚 0.1 厘米、重量 2.6 克（图 74，图 75）。

五、结语

该遗址位于云冈石窟山顶最东端，是目前经过科学发掘、保存信息量最为丰富和相对完整的一座建筑遗址。这里，根据该目前发现的建筑遗迹和出土文物等考古资料，对云冈石窟山顶东部北魏佛教建筑遗址

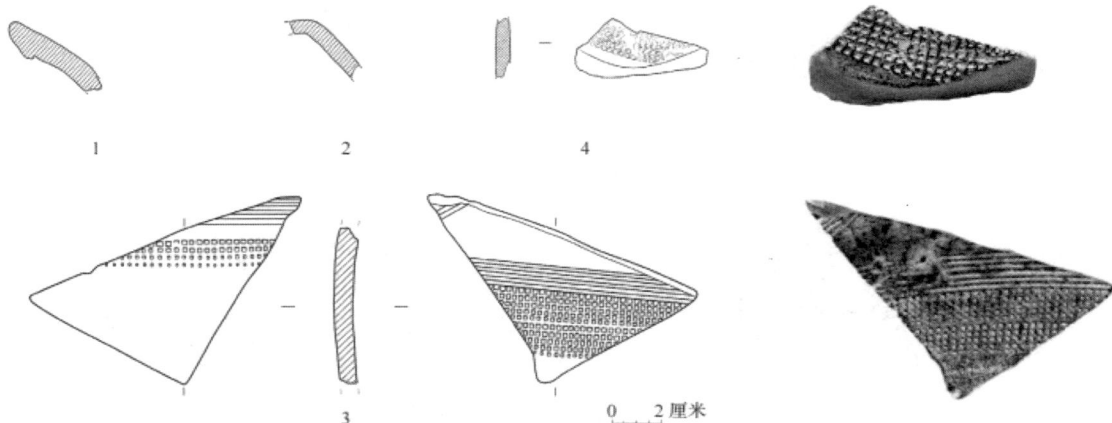

图 71　北魏陶盆残片
1、2. 盆口沿残片（T9301 ②：82、T9301 ②：83）
3. 盆壁残片（T9301 ②：86）4. 盆底残片（T9301 ②：1）

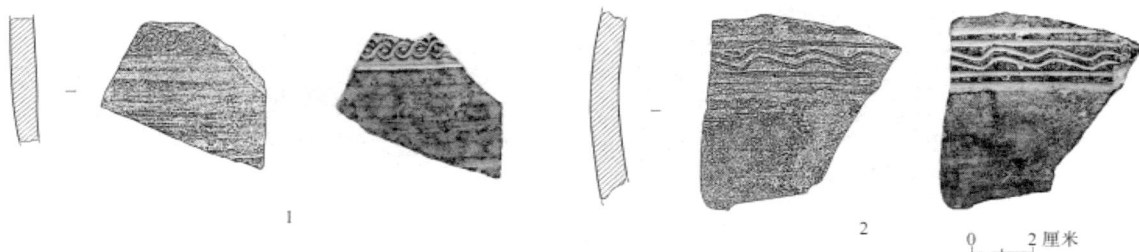

图 72　北魏陶罐残片
1. 罐肩部残片（T9301 ②：87）　2. 罐肩部残片（T9301 ②：85）

1. 盆（T9301②：82）　　2. 盆（T9301②：83）　　3. 盆（T9301②：86）

4. 盆（T9301①：1）　　5. 罐（T9301②：87）　　6. 罐（T9301②：85）

图 73　北魏陶盆、罐残片

五铢（T9301①：2）

图 74　隋　五铢钱币

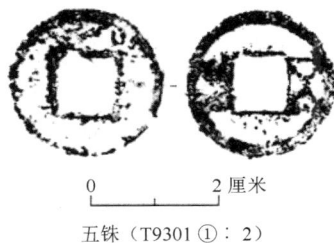

0　　　　2 厘米

五铢（T9301①：2）

图 75　隋　五铢钱币拓片

结构形式、建筑年代以及功能作用等相关问题谈几点初步认识。

（一）建筑形制和结构

该建筑遗址是研究北魏时期云冈石窟寺院建筑十分重要的实物资料。北魏时期重要建筑的台基一般修筑的比较坚固，现在发现的主要有 2010 年发掘的云冈山顶一区（西区）北魏佛教寺院的塔基遗迹，平面呈方形，塔基内为夯土和细砂土填筑，四周用石片包砌，是目前我国发现早期塔基之一[1]。20 世纪 80 年代发掘的平城之北方山思远佛寺遗址的塔基平面呈长方形，台基内用三合土和玄武岩碎石块分层夯筑，四周用玄武岩加工的石条错缝垒砌，制作工艺精细[2]。洛阳永宁寺遗址的木塔基座也为方形，基座边比地基外缘高出约 0.5 米，其地基采用就地挖坑、填土，分层夯筑而成，夯土地基高超过 2.5 米，由此建起构筑稳固可靠基础[3]。云冈山顶东部发掘的这座建筑基址的台基，平面亦为方形，台基内以细砂土和夯土填筑，四周全部为石片包砌的墙体，台基的四面外侧比较整齐，砌墙的石片之间缝隙用褐色泥土填补，以便连接紧密。可见这座建筑台基与大同、洛阳北魏建筑相似，都修建了较大的夯土台基。

[1] 云冈石窟研究院、山西省考古研究所、大同市考古研究所 .《云冈石窟窟顶西区北魏佛教寺院遗址》，《考古学报》2016 年第 4 期。
[2] 大同市博物馆 .《大同北魏方山思远佛寺遗址发掘报告》，《文物》2007 年第 4 期。
[3] 中国社会科学院考古研究所 .《北魏洛阳永宁寺——1979-1994 年考古发掘报告》，北京：中国大百科全书出版社，1996 年，第 13 页。

　　台基之上建筑遗迹仅存中央的方座（坛）东北角局部，东、北两面均保存部分石砌墙体。方座（坛）的东沿距台基东侧边缘距离 4.3 米，北沿距台基北侧边缘距离 4.4 米，推测其西沿和南沿与台基边缘距离估计大致应相同，所以估计方座（坛）边长 3.2—3.4 米之间。值得注意是方座（坛）的两层下枋用同一块石料雕成，下高上低，由外向内逐层收缩，其断面似"台阶"状。下枋与束腰石构件连接处凿有凹槽，充分地考虑了方座（坛）稳固功能。这种工程做法与 20 世纪末云冈石窟第 20 窟前发现的石砌台基遗址和大同城南柳行里发现的北魏明堂遗址西门、南门石砌台基遗址的结构都十分相似[①]。如果从方座（坛）外立面观察：虽然其上枋无存，但是从两层下枋向上逐层叠涩，中间收缩束腰石的样式推测应为须弥座。而且，与此类似的须弥座在云冈洞窟中比较常见。一种是佛像的台座，即为营建一窟（龛）主像（单体或一组）的像座，所有的雕像、台座都与洞窟壁面连接；另一种是佛塔的底座，浮雕塔往往直接雕刻于洞窟壁面，而圆雕塔则位于洞窟地面中央，且与窟顶相连，第 1、2 窟，第 6 窟，第 11 窟，第 39 窟，以及被认为未完成的第 3 窟、第 4 窟等均为塔庙窟[②]，这是云冈石窟主要洞窟类型之一。

　　由于该建筑遗址台基上中央束腰须弥座局部已经损坏，究竟这是单体造像或者一组造像的坛座，还是佛塔的底座，具体情况不明。不过我们从出土的石雕造像残件可以找到一些线索，或许对分析究竟是造像的坛座，还是佛塔的底座有所帮助。首先，T9302②：8 和 T9302②：4 两件残损的山花蕉叶建筑构件值得研究者注意，因为这两件文物应该属于方形佛塔建筑顶部位置的角隅，其直角相邻的 A、B 两面均雕刻蕉叶图形，显然是佛塔建筑之物。其次，出土的佛、菩萨、弟子、力士、飞天、供养天人等大量残件均为高浮雕或浅浮雕人物像，系佛龛造像损毁之物，而有趣的 T9301②：52 这件人身兽头像，属于故事图中的魔众形象，这是云冈塔庙窟的中央塔柱上[③]和壁面上[④]比较多见造像内容之一。再次，除此之外千佛龛像和莲瓣纹与三角纹装饰带雕饰图样也引起关注：前者如 T9301②：84、T9301②：77、T9301②：78、T9301②：79 千佛龛列像的重层形式，一般多出现在洞窟壁面上，塔柱的雕刻上均未见到；后者 T9302②：3 莲瓣纹条状装饰带，一般多为壁面多层龛像的上下层之间的装饰带，而 T9302②：1 和 T9301②：1 的三角纹条状装饰带，多用于洞窟壁面与窟顶交接处或者为塔顶部最上层，所以台基上面的东檐墙、北檐墙遗迹尽管残存的较少，但是作为整体建筑的不可分割部分，显然是中央方座（坛）的殿堂建筑之物。总之，在目前出土的文物十分有限的情况下，现在很难确定出土文物的具体位置，如果再结合台基上现存的方座（坛）遗迹进行综合考虑，选择方座或方坛难以排除其一，这是值得重视的一个现象。

　　无独有偶，在近年的云冈石窟之西鲁班窑石窟[⑤]保护维修工程中，配合洞窟加固对这处石窟进行了清理，

① 王银田、曹臣明、韩生存 .《山西大同市北魏平城明堂遗址 1995 年的发掘》,《考古》2001 年第 3 期。刘俊喜、张志忠 .《北魏明堂辟雍遗址南门发掘简报》,《山西省考古学会论文集（三）》, 太原：山西古籍出版社，2000 年，第 106~112 页。

② 〔日〕京都大学人文科学研究所、水野清一、长广敏雄著, 中国社会科学院考古研究所编译 .《云冈石窟（第一卷）》, 北京：科学出版社，2014 年，第 29 页。

③ 〔日〕京都大学人文科学研究所、水野清一、长广敏雄著, 中国社会科学院考古研究所编译 .《云冈石窟（第一卷）》, 北京：科学出版社，2014 年，第 46 页，图版解说 55。

④ 〔日〕京都大学人文科学研究所、水野清一、长广敏雄著, 中国社会科学院考古研究所编译 .《云冈石窟（第三卷）》, 北京：科学出版社，2014 年，第 65~66 页，图版解说 105~111。

⑤ 〔日〕京都大学人文科学研究所、水野清一、长广敏雄著, 中国社会科学院考古研究所编译 .《西湾石窟与吴官屯石窟》,《云冈石窟（第十五卷 西方诸窟）》, 北京：科学出版社，2016 年，第 60、61、88、89 页，图版解说 103~105。

发现了类似的情况：三座洞窟平面均为四角呈圆弧状的方形，壁面下层雕力士像，中间全部为千佛列像（龛），上端与窟顶交接处装饰三角纹的华盖。值得注意的是洞窟中央有方形须弥座（坛），可惜仅存束腰以下部分，其平面形制和中央方座结构[①]都与云冈山顶东部的建筑遗址相似，因此我们推断云冈石窟山顶东部的这处地面建筑应为塔（坛）殿形制的建筑遗址。

（二）建筑遗址年代

根据这处遗址的文化堆积、建筑遗迹和出土文物，再结合云冈石窟的洞窟形制、造像内容和雕刻风格，推定云冈山顶东部建筑遗址营造时间为北魏二期[②]。具体原因如下：首先在造像方面，如 T9301 ②：32 和 T9301 ②：17 的两件残佛像，虽然仅保存着上半身，可衣纹线清晰可辨，尤其是左衣领上的折带纹雕饰处理手法十分明显，显然属于半袒右肩式或者为袒右肩式的佛衣袈裟，其样式从一期开始，延续到二期。T9304 ①：1 为菩萨头像，头戴三面莲花宝冠，面相丰圆，两耳垂肩，这种菩萨头冠也是二期前段 [太和十三年（489）前] 菩萨造像比较常见的样式。同时，T9301 ②：2、T9301 ②：53、T9301 ②：41 等三件力士头像，其面相方圆，逆发上竖，有的双目圆睁，有的眉间饰圆形白毫，眉头紧蹙，双目紧闭，也是云冈二期造像特征。值得注意的是属于方形塔身角隅 T9301 ②：11 的力士像，A 面保留的下半身左腿，穿犊鼻裤、脚腕处戴钏，这类造像都是云冈二期太和十年（486）前后的造像特征[③]。

其次，云冈北魏佛塔的基座主要有方座和束腰座两种形式，洞窟内浮雕塔的实例最早出现于二期。方形塔座仍沿袭了天安元年（466）曹天度在平城地区单体佛教造像石塔的样式[④]，第 11 窟四壁和明窗浮雕的佛塔，方形基座或束腰式基座两种都在使用[⑤]，第 13 窟浮雕佛塔只有束腰式基座[⑥]，而第 5 窟和第 6 窟佛塔的塔座全部为束腰须弥式塔座的样式，值得注意是佛塔的束腰座样式反映了一段时期流行风尚[⑦]。除上述浮雕佛塔之外，圆雕也出现在第 6 窟中心塔柱下层塔座[⑧]和上层四隅九层方塔基座上。这些都是云冈二期后段

---

① 资料正在整理之中，详情参见《鲁班窑石窟发掘报告》，待刊。

② 关于云冈石窟的洞窟编年问题，中日学者尽管分歧较大。云冈二期第 1、2，5、6、7、8、9、10，11 至 13 窟等大型洞窟的主要问题集中在考古学相对年代及其先后顺序上，但是宿白、水野清一、长广敏雄、冈村秀典等先生对其洞窟的大致时间争议不大，都划定在延兴元年至太和十八年（471~494）之间。关于云冈石窟分期问题参见宿白 .《云冈石窟分期试论》，《中国石窟寺研究》，北京：文物出版社，1996 年，第 76~88 页；〔日〕冈村秀典 .《云冈石窟编年论》，《云冈石窟（第十七卷）》，北京：科学出版社，2018 年，第 1~50 页。

③ 宿白 .《云冈石窟分期试论》，《中国石窟寺》，北京：文物出版社，1996 年，第 76~88 页；原文载《考古学报》1978 年第 1 期。

④ 史树青 .《北魏曹天度造千佛石塔》，《文物》1980 年第 1 期；韩有富 .《北魏曹天度造千佛石塔塔刹》，《文物》1980 年第 7 期。

⑤ 云冈石窟文物保管所 .《中国石窟·云冈石窟（二）》，北京：文物出版社，1994 年，图版说明 81、91、94、97；〔日〕京都大学人文科学研究所、中国社会科学院考古研究所 .《云冈石窟（第十九卷）》，北京：科学出版社，2018 年，图版说明 7、30；〔日〕京都大学人文科学研究所、水野清一、长广敏雄著，中国社会科学院考古研究所编译 .《云冈石窟（第八卷）》，北京：科学出版社，2016 年，第 21 ~ 26 页，图版说明 6、8、9、14、34、67A~D；张焯主编 .《云冈石窟全集（第九卷）》，青岛：青岛出版社，2017 年，图版 221、222、223、224、230、231。

⑥〔日〕京都大学人文科学研究所、中国社会科学院考古研究所 .《云冈石窟（第十八卷）》，北京：科学出版社，2018 年，图版说明 119。

⑦ 云冈石窟文物保管所 .《中国石窟·云冈石窟（一）》，北京：文物出版社，1994 年，图版说明 48、49、90、113；〔日〕京都大学人文科学研究所、中国社会科学院考古研究所 .《云冈石窟（第十七卷）》，北京：科学出版社，2018 年，图版说明 108、109A、109B。

⑧〔日〕京都大学人文科学研究所、水野清一、长广敏雄著，中国社会科学院考古研究所编 .《云冈石窟（第三卷）》，北京：科学出版社，2014 年，图版说明 138。

比较流行的佛塔实物。

另外，这处塔殿遗址还有大量的北魏时期陶质建筑构件遗物。如板瓦宽端凸面用手指捺压波状纹，黑衣压光筒瓦、灰陶筒瓦和红陶筒瓦上均刷涂一层土黄色材料。"传祚无穷"文字瓦当，书体在篆隶之间。莲花建筑饰件都雕饰成双瓣形式，丰硕饱满。等等，都有着十分显著的北魏平城时期建筑特点。

综上所述，云冈石窟山顶东部佛教建筑遗址的年代为北魏太和十三年至太和十八年（489–494）之间，它是目前平城地区目前发现的唯一一座石雕砌筑与木结构建筑相结合，共为一体的地面佛教塔殿建筑实例。

（三）北魏寺院布局的形式

魏晋南北朝时期，塔通常含有寺院之意，汉文史料中也多有建塔即建寺的记载[①]。受到以供奉舍利的佛图（塔）为中心的印度佛寺影响，中国的佛寺制度在发展过程中吸收和借鉴了外来有益成分，也显示出自身所独有的特色。2010 年云冈石窟山顶西区发现一处北魏佛教寺院遗址，其布局为佛塔位于庭院中央，周围环绕回廊，回廊后为僧房，由塔与僧舍共同组成了一座的早期佛寺，但这里不是礼佛区，而是僧侣的生活区或译经藏经之所[②]。换言之，此处即为北魏高僧昙曜等于北台（武州山）石窟寺内召集僧众译经的地方，似表明这就是 1147 年曹衍撰《大金西京武州山重修大石窟寺碑》记载中"复有上方一位石室数间，按《高僧传》云：孝文时天竺僧陁番（翻）经之地也"[③]。倘若此处推断无误，云冈山顶西区北魏佛寺当初设计集遵循了"犹依天竺旧状而重构之"的原则，在罽宾寺院制度的基础上，把塔院与僧院合二为一，甚或直接采纳类似毕钵罗早期寺院之布局，浮图（佛塔）居中建造，僧房周匝设置，这应是天竺僧伽蓝中国化的最初尝试[④]。

云冈石窟山顶东部的这座建筑遗址，其南面距离山体现存崖壁仅 10 余米，该崖壁不仅 20 世纪 60 年代云冈维修工程时曾经在这里进行过采石[⑤]，而且在距崖壁南面约 20 米处即为 20 世纪 50 年代修筑的 109 国道，当时修建公路时也对山体断壁崖面进行过修整，故其崖壁形成已久，直到现在仍作为景区的消防通道继续使用。根据调查，20 世纪 109 国道的修建是依原有古代交通要道拓展修筑而成的，北魏时期该处山体断崖的崖壁上雕凿着四个三期小龛[⑥]，并且其山顶之上即为 20 世纪末 90 年代发现的这处北魏建筑遗址。目前云冈石窟山顶经过考古发掘可以确定的北魏佛教寺院建筑遗址有三处[⑦]，无论是寺院的规划选址，还是建筑的空间营造都有许多相似之处，诸如佛塔建筑普遍靠近整个寺院南部，这似乎说明当初在设计时特别注重寺

① 宿白 .《东汉魏晋南北朝佛寺布局初探》，《魏晋南北朝唐宋考古文稿辑丛》，北京：文物出版社，2011 年，第 230~247 页；原文载《庆祝邓广铭教授九十华诞论文集》，河北出版社，1997 年，第 31~49 页。

② 云冈石窟研究院、山西省考古研究所、大同市考古研究所 .《云冈石窟窟顶西区北魏佛教寺院遗址》，《考古学报》2016 年第 4 期。

③ 宿白 .《〈大金西京武州山重修大石窟寺碑〉校注》，《中国石窟寺研究》，北京：文物出版社，1996 年，第 52~75 页；原文载《北京大学学报》（人文科学版）1956 年第 1 期。

④ 李崇峰 .《从犍陀罗到平城：以寺院布局为中心》，《佛教考古：从印度到中国 1》，上海：上海古籍出版社，2014 年，第 267 ~ 288 页。

⑤ 根据当时参加云冈石窟工程维修人员的叙述，20 世纪 60 年代曾经在这里进行过大量采石工程，所采集的石料都为修补洞窟之用。

⑥〔日〕京都大学人文科学研究所、水野清一、长广敏雄著，中国社会科学院考古研究所编译 .《云冈石窟（第一卷）》，北京：科学出版社，2014 年，第 37 页，图版解说 2A。

⑦ 云冈石窟山顶目前发现可以确定为北魏时期佛教寺院遗址的主要有三处：西部窟群的山顶北魏佛教寺院遗址，详细情况参见前揭《云冈石窟窟顶西区北魏佛教寺院遗址》；中部窟群的山顶北魏佛教寺院遗址，详细情况参见山西省考古研究所、云冈石窟研究院、大同市考古研究所 .《云冈石窟窟顶二区北魏辽金佛教寺院遗址》，《考古学报》2019 年第 1 期；东部窟群的山顶北魏佛教寺院遗址即为本报告。

院的空间布局，同时也考虑了山下石窟寺院的礼拜场所和山上僧侣生活居所两者之间关系的营造，更进一步证实了郦道元《水经注》记载"山堂水殿，烟寺相望"描述。

那么，云冈石窟山顶东部北魏佛教建筑遗址虽然远离了现存云冈主体窟群，但是这处佛教建筑遗址的位置紧邻山体的断崖，与 2009 年和 2011 年两次在云冈山顶上发现的北魏佛教寺院遗址的布局相似。同样也是山下的崖壁上开凿窟龛，寺院建筑修建在山顶的边缘地带的布局特征。如果再考虑目前发现的这座建筑遗址，在台基南、北两侧分别设置了专门踏道，当然南面踏道 2 设置为东西方向结构方式，充分考虑受前面山体断崖的空间限制，以方便僧侣、信众登上佛教建筑进行宗教活动；那么台基的北面设置了呈南北方向的踏道 1，估计并非一座孤立的单体建筑，但是具体情况究竟如何有待于将来考古发掘之后再进行深入研究[①]。

附记：本文初稿完成后，承蒙李裕群、曹臣明师友提出宝贵意见，谨此致谢。本次发掘领队为王克林、解廷琦。参加发掘的人员有曹臣明、王雁卿、李树云、刘建军、李雪芹。照片由员新华、张海雁、张旭云、刘洪斌拍摄，插图有兰静、赵晓丹、刘欢、王娜绘制。

执笔者：刘建军、关晓磊、郭东恒、赵　楠、文莉莉、郭静娜

（原文刊载于《石窟寺研究》，2021 年第 11 辑）

---

① 刘建军.《新中国云冈石窟的考古发现》，《中国文化遗产》2007 年第 5 期；刘建军.《云冈山顶佛路基址发现 魏平城研究文集》，太原：山西人民出版社，2008 年，第 269~277 页。

图书在版编目（CIP）数据

云冈石窟申遗成功20周年纪念文集 / 云冈研究院编

. —— 南京 : 江苏凤凰美术出版社, 2022.7

ISBN 978-7-5741-0147-0

Ⅰ. ①云… Ⅱ. ①云… Ⅲ. ①云冈石窟 – 文集②文化

遗产 – 保护 – 世界 – 文集 Ⅳ. ①K879.22-53②K103-53

中国版本图书馆CIP数据核字（2022）第120857号

项目统筹　毛晓剑

责任编辑　郭　渊

项目协力　王　超

装帧设计　王　超

责任校对　吕猛进

任监印　生　嫄

申遗成功20周年纪念文集

版社（南京市湖南路1号 邮编：210009）

公司

限公司

印刷

及其相关问题》，《北

695

京市湖南路1号

承印厂调换